westermann

Dr. Klaus Ringhand, Ingo Patett

Entwickeln und Bereitstellen von Anwendungssystemen für IT-Berufe

5. Auflage

Bestellnummer 22538

Diesem Buch wurden die bei Manuskriptabschluss vorliegenden neuesten Ausgaben der DIN-Normen, VDI-Richtlinien und sonstigen Bestimmungen zu Grunde gelegt. Verbindlich sind jedoch nur die neuesten Ausgaben der DIN-Normen und VDI-Richtlinien und sonstigen Bestimmungen selbst.
Die DIN-Normen wurden wiedergegeben mit Erlaubnis des DIN Deutsches Institut für Normung e. V. Maßgebend für das Anwenden der Norm ist deren Fassung mit dem neuesten Ausgabedatum, die bei der Beuth-Verlag GmbH, Burggrafenstraße 6, 10787 Berlin, erhältlich ist.

Die in diesem Produkt gemachten Angaben zu Unternehmen (Namen, Internet- und E-Mail-Adressen, Handelsregistereintragungen, Bankverbindungen, Steuer-, Telefon- und Faxnummern und alle weiteren Angaben) sind i. d. R. fiktiv, d. h., sie stehen in keinem Zusammenhang mit einem real existierenden Unternehmen in der dargestellten oder einer ähnlichen Form. Dies gilt auch für alle Kunden, Lieferanten und sonstigen Geschäftspartner der Unternehmen wie z. B. Kreditinstitute, Versicherungsunternehmen und andere Dienstleistungsunternehmen. Ausschließlich zum Zwecke der Authentizität werden die Namen real existierender Unternehmen und z. B. im Fall von Kreditinstituten auch deren IBANs und BICs verwendet.

Zusatzmaterialien zu Entwickeln und Bereitstellen von Anwendungssystemen für IT-Berufe

Für Lehrerinnen und Lehrer

Lösungen zum Schulbuch: 978-3-427-22544-7
Lösungen zum Schulbuch Download: 978-3-427-22541-6

BiBox Einzellizenz für Lehrer/-innen (Dauerlizenz)
BiBox Klassenlizenz Premium für Lehrer/-innen und
bis zu 35 Schüler/-innen (1 Schuljahr)
BiBox Kollegiumslizenz für Lehrer/-innen (Dauerlizenz)
BiBox Kollegiumslizenz für Lehrer/-innen (1 Schuljahr)

Für Schülerinnen und Schüler

BiBox Einzellizenz für Schüler/-innen (1 Schuljahr)
BiBox Einzellizenz für Schüler/-innen (4 Schuljahre)
BiBox Klassensatz PrintPlus (1 Schuljahr)

© 2025 Westermann Berufliche Bildung GmbH, Ettore-Bugatti-Straße 6-14, 51149 Köln
service@westermann.de, www.westermann.de

Das Werk und seine Teile sind urheberrechtlich geschützt. Jede Nutzung in anderen als den gesetzlich zugelassenen bzw. vertraglich zugestandenen Fällen bedarf der vorherigen schriftlichen Einwilligung des Verlages. Wir behalten uns die Nutzung unserer Inhalte für Text und Data Mining im Sinne des UrhG ausdrücklich vor. Nähere Informationen zur vertraglich gestatteten Anzahl von Kopien finden Sie auf www.schulbuchkopie.de.

Für Verweise (Links) auf Internet-Adressen gilt folgender Haftungshinweis: Trotz sorgfältiger inhaltlicher Kontrolle wird die Haftung für die Inhalte der externen Seiten ausgeschlossen. Für den Inhalt dieser externen Seiten sind ausschließlich deren Betreiber verantwortlich. Sollten Sie daher auf kostenpflichtige, illegale oder anstößige Inhalte treffen, so bedauern wir dies ausdrücklich und bitten Sie, uns umgehend per E-Mail davon in Kenntnis zu setzen, damit beim Nachdruck der Verweis gelöscht wird.

Druck und Bindung: Westermann Druck GmbH, Georg-Westermann-Allee 66, 38104 Braunschweig

ISBN 978-3-427-22538-6

Vorwort

Das vorliegende Lehrbuch behandelt als **ein Band** der IT-Buchreihe das Thema „Software" von der Analyse über die Entwicklung bis zum Einsatz im Routinebetrieb. Software wird dabei als Produkt betrachtet, entsprechend gehen die Ausführungen über das reine Programmieren hinaus. Zwei weitere Bände der IT-Buchreihe behandelten kaufmännische bzw. technische Aspekte der Informationsverarbeitung. In diesem Band geht es um die Entwicklung und Bereitstellung der Anwendungssysteme in Gestalt der Software für die Informationsverarbeitung

Dieses Lehrbuch spannt den Bogen von der Grundstufe bis zur Fachstufe der Berufsausbildung in den neu geordneten IT-Berufe. Die Ausbildungsordnung dieser Berufsgruppe ist seit August 2020 in Kraft. Die Autoren der Buchreihe haben sich zum Ziel gesetzt, auf **Basis der Anforderungen der beruflichen Praxis** und in Übereinstimmung mit der neuen Ausbildungsordnung und des entsprechenden Rahmenlehrplanes handlungs- und kompetenzorientierte Unterrichtsmedien und -hilfen zur Verfügung zu stellen.

Das Grundanliegen dieses Lehrbuches war und ist es, den **gesamten Verlauf der Entwicklung und Bereitstellung** von Anwendungssystemen abzubilden. Lehrkräfte und Schüler sollen damit eine Gesamtsicht auf die Tätigkeiten im Bereich der IT-Berufe bekommen. Entsprechend begleiten wir die Anwendungen vom Auftrag über Entwurf und Codierung bis hin zur Nutzung im Routinebetrieb bei der Automatisierung betrieblicher Prozesse. Die einzelnen Phasen werden reduziert auf das Wesentliche dargestellt, für Details gibt es zahllose andere wertvolle Quellen.

Alle Bände gestalten ihre handlungsorientierten Inhalte auf der Basis von Strukturen und Geschäftsprozessen des **Modellunternehmens ACI GmbH**, einem typischen Systemhaus der IT-Branchen, dessen Weiterentwicklung in den jeweiligen Neuauflagen abgebildet wird. Für die Leserinnen und Leser entsteht so ein starker Praxisbezug, für die Auszubildenden besteht die Möglichkeit, sich mit den beschriebenen Personen zu identifizieren.

Der vorliegende Band bezog sich ursprünglich auf das Lernfeld 6 der Rahmenrichtlinie für die Ausbildung in den IT-Berufen. Durch die Neuordnung wurde dieses große Themenfeld zu Recht aufgeteilt und auf mehrere Lernfelder verteilt. Durch die Orientierung auf die Einrichtung IT-gestützter Arbeitsplätze verschmelzen in den Lernfelder Themen aus den Bereichen Hardware, Aministration und Software, sodass Themen aus der Softwareentwicklung **in mehreren Lernfeldern** angesprochen werden. Entsprechend kann das Lehrbuch in der Grundstufe im Lernfeld 1 (Unternehmen), im Lernfeld 4 (Informationssicherheit), im Lernfeld 5 (Softwareentwicklung) und im Lernfeld 8 (Datenverwaltung) eingesetzt werden. Für die Fachstufe finden die Fachinformatiker und informatikerinnen der Spezialisierungen Anwendungsentwicklung sowie Daten- und Prozessanalyse Ausführungen zu den Lernfeldern 10, 11 und 12.

Entsprechend den aktuellen Anforderungen der Praxis und in Übereinstimmung mit den Lernfeldern im Rahmenlehrplan wurden Kapitel gekürzt und neue Kapitel in das Lehrbuch aufgenommen. Passend zum **Lernfeld 4** wurde das **Kapitel 6 „Gewährleistung der Informationssicherheit"** aufgenommen. Das Thema hat angesichts der allgemeinen Bedrohungslage an Bedeutung gewonnen. Es wird hier jedoch nicht einfach durch ein Kapitel abgehandelt, vielmehr wird in allen Phasen der Entwicklung und Nutzung der Anwendungssysteme sicherheitsbewusstes Verhalten gefordert und demonstriert.

Das Lernfeld 10c der Fachinformatikerinnen und -informatiker für Daten- und Prozessanalyse „**Werkzeuge des maschinellen Lernens**" bildet die Brücke zum Thema „Künstliche Intelligenz". Anwendungen der KI begleiten uns bereits seit einiger Zeit, aber erst durch die Öffnung der Chatbots für die Allgemeinheit sind sie verstärkt in das öffentliche Bewusstsein getreten. Auszubildende in den IT-Berufen müssen diese Technik kennen, verstehen und nutzen können. Auch die Autoren haben sich dieses technischen Hilfsmittels bedient.

Die **ausgewählten Algorithmen** (Kapitel 8) verbinden die Programmierung mit der Daten- und Prozessanalyse. Letzteres ist nicht nur eine neue Ausbildungsrichtung der Fachinformatiker und informatikerinnen, sondern vor allem eine Voraussetzung für die Steuerung und Verbesserung von industriellen Fertigungsprozessen, Bedienprozessen, logistischen Prozessen und anderen Prozessen. Entsprechend bildet das **Kapitel 16 „Daten- und Prozessanalyse"**, passend zu den Lernfeldern 10, 11 und 12 der Fachinformatikerinnen und -informatiker Daten- und Prozessanalyse, den Abschluss des Lehrbuches.

Die Ausbildungsordnung verlangt die kritische Auseinandersetzung mit Produkten der IT-Wirtschaft, wobei diese Produkte oder Verfahren in der Regel an Unternehmen oder Organisationen gebunden sind. Daher lässt sich die Nennung von **Produkten und Unternehmen** sowie die Abbildung von Geschäftszeichen zur Orientierung nicht vermeiden. Weder eine Herausstellung noch Werbung für diese Produkte ist damit beabsichtigt. Wenn möglich wurden kostenfreie Open-Source-Produkte verwendet.

Die Autoren danken Herrn Julien Josch für seine kritischen Bemerkungen und Korrekturhinweise.

Folgende Markierungen in den Kapiteln dienen der besseren Orientierung:

S	Situationsbeschreibung
W	Wissenscontainer
G	Geschäftsprozessübersicht
Aufgaben	Aufgaben zur Übung und Vertiefung

Die Verfasser

Inhaltsverzeichnis

1 Das Unternehmen — 9

1.1	Der Ausbildungsbetrieb	9
1.2	Organisation des Unternehmens	10
1.2.1	Ablauforganisation	12
1.2.2	Aufbauorganisation	13
1.3	Ausbildungsinhalte und Spezialisierungen	14
1.3.1	Was machen Kaufleute für IT-System-Management?	14
1.3.2	Was machen die Kaufleute für Digitalisierungsmanagement?	15
1.3.3	Was machen Fachinformatiker/-innen für Anwendungsentwicklung?	16
1.3.4	Was machen Fachinformatiker/-innen für Systemintegration?	17
1.3.5	Was machen Fachinformatiker/-innen für Daten- und Prozessanalyse?	18
1.3.6	Was machen Fachinformatiker/-innen für digitale Vernetzung?	19
1.4	Vorstellung der Auszubildenden und einiger Beschäftigter	20
1.5	Aufgabe der Auszubildenden	22

2 Projektmanagement — 24

2.1	Grundlagen der Arbeit in Projekten	24
2.1.1	Projekte und Prozesse	24
2.1.2	Begriffe aus der Arbeit in Projekten	25
2.1.3	Projektziele und Zielkonflikte	26
2.1.4	Stakeholder	27
2.2	Projektorganisation	27
2.2.1	Organisation des Projektteams	28
2.2.2	Organisation der Projektleitung	30
2.2.3	Führung des Projektteams	31
2.3	Projektplanung	32
2.3.1	Vorgänge und Arbeitspakete	32
2.3.2	Netzpläne PERT/CPM	35
2.3.3	Vorgangsbeziehungen	37
2.3.4	Gantt-Diagramme	38
2.3.5	Ressourcen und Ressourcenplanung	38
2.3.6	Meilensteine	39
2.3.7	Projektmanagementsoftware	39
2.4	Projektdurchführung und Projektkontrolle	41
2.4.1	Projektfortschrittskontrolle	42
2.4.2	Basisplan und Planänderungen	42
2.4.3	Protokollierung des Aufwandes	42
2.4.4	Auswertung und Berichte	42
2.5	Projektmanagement und Prozessqualität	43

3 Software und Softwaretechnologie — 44

3.1	Software als Produkt	44
3.1.1	Was ist Software?	44
3.1.2	Software in der Hand der Anwenderinnen und Anwender	45
3.1.3	Systematik der Software	46
3.1.4	Softwarequalität	50
3.2	Entwicklung von Software	54
3.2.1	Nutzwertanalyse zur Make-or-Buy-Entscheidung	54
3.2.2	Softwarelebenszyklus	56
3.2.3	Phasen der Softwareentwicklung	56
3.2.4	Softwaretechnologie	61
3.3	Vorgehensmodelle zur Softwareentwicklung	67
3.3.1	Phasenmodelle	67
3.3.2	Trial and Error (Versuch und Irrtum)	68
3.3.2	Wasserfallmodell	69
3.3.4	Prototyping	70
3.3.5	Spiralmodell	71
3.3.6	V-Modell	73
3.3.7	Extreme Programming (XP)	74
3.3.8	Scrum	77
3.3.9	Kanban	81
3.3.10	DevOps	81
3.4	Produktion von Software	83
3.4.1	Prozessqualität sichert Produktqualität	83
3.4.2	Anforderungen an die Auszubildenden	83
3.5	Der Entwicklungsauftrag	84
3.5.1	Einsetzbare Werkzeuge für die Softwareentwicklung	84
3.5.2	Die Aufgabenstellung	85

4 Analyse — 87

4.1	Systematische Vorgehensweise	87
4.1.1	Problem, Aufgabe, Lösung	87
4.1.2	Systemverständnis	88
4.2	Analyse der vorgesehenen Anwendung	92
4.2.1	Vorbereitung der Systemanalyse	94
4.2.2	Die Erfassung als erster Schritt der Systemanalyse	96
4.2.3	Durchsicht vorhandener Dokumente	100
4.2.4	Analyse des Istzustandes	100
4.2.5	Geschäftsprozesse als Gegenstand der Analyse	102
4.2.6	Automatisierung einzelner Prozessschritte	104

4.2.7	Datenintegration über die gesamte Wertschöpfungskette	105
4.2.8	Schaffung integrierter Anwendungssysteme	108

5 Design — 111

5.1	Modellierung	111
5.1.1	Modelle als Brücke zwischen Realität und Implementierung	111
5.1.2	Modellarten	113
5.1.3	Qualität von Modellen	115
5.1.4	Tools zur Modellierung	117
5.2	Orientierung an Referenzmodellen	119
5.2.1	Modularisierung durch Softwarebausteine	119
5.2.2	Referenzmodelle oder Business Frameworks	121
5.2.3	Ausgewählte betriebswirtschaftlich-technische Standardanwendungen	122
5.2.4	Empfehlungen zur Softwarearchitektur	123
5.3	Entwurf von Testszenarien	125
5.4	Orientierung an Vorgehensmodellen	126
5.4.1	Vorgehensweise nach dem V-Modell XT	126
5.4.2	Grundkonzept des V-Modell XT	128
5.4.3	Vorgehensbausteine und Tailoring	132
5.4.4	Projektdurchführungsstrategien	133
5.4.5	Qualitätssicherung	134
5.4.6	Zusammenfassung zum Vorgehensmodell	135
5.5	Dokumente zum Entwicklungsauftrag aus Analyse und Design	136
5.5.1	Von der Vision zum Modell	136
5.5.2	Projektvorbereitung und Kick-off-Meeting	137
5.5.3	Lastenheft	139
5.5.4	Ablaufplan	144
5.5.5	Pflichtenheft	145
5.5.6	Abnahme des Pflichtenheftes durch den Auftraggeber	155

6 Gewährleistung der Informationssicherheit — 158

6.1	Begriffe der Informationssicherheit	158
6.1.1	Datensicherheit	158
6.1.2	IT-Sicherheit	159
6.1.3	Datenschutz	159
6.1.4	Informationssicherheit	160
6.1.5	IT-Compliance	161
6.1.6	Cybersecurity	161
6.2	Gefährdungen	163
6.2.1	Schadprogramme/Malware	165
6.2.2	Botnetze	166
6.3	Schutzbedarf auf persönlicher Ebene	168
6.3.1	Verlust persönlicher Daten	168
6.3.2	Diebstahl der eigenen Identität	169
6.3.3	Sozialer Druck und Erpressung	170
6.3.4	Stromausfall zuhause	171
6.4	Datenschutz	172
6.4.1	Grundsätze des Datenschutzes	173
6.4.2	Rechte der Betroffenen	174
6.5	Maßnahmen zur Abwehr von Gefährdungen	175
6.5.1	TOM in der DSGVO	175
6.5.2	Maßnahmen zum Schutz vor Malware	176
6.5.3	Maßnahmen gegen Datenverlust	176
6.5.4	Maßnahmen zur Sicherung der Kommunikation	177
6.5.5	Maßnahmen zum Schutz der Integrität der Daten	180
6.5.6	Maßnahmen zur Gewährleistung der Vertraulichkeit	181
6.5.7	Zugriffsschutz durch persönliche Merkmale	183
6.6	Organisation der Informationssicherheit im Unternehmen	187
6.6.1	Informationssicherheitsmanagementsystem ISMS	188
6.6.2	Unterstützung durch das BSI	189
6.6.3	Beauftragte	191
6.6.4	IT-Sicherheitsrichtlinie	191
6.6.5	Informationssicherheit als Dienstleistung	192
6.7	Schutzbedarfsfeststellung im Arbeitsbereich	193
6.7.1	Vorbereitung der Dokumente für den Sicherheitsprozess	193
6.7.2	Abgrenzung des Geltungsbereiches	194
6.7.3	Methodik der Basis- und Kernabsicherung	194
6.7.4	Methodik der Standard-Absicherung	195
6.8	Normen, Gesetze und Standards zur Informationssicherheit	201
6.8.1	ISO/IEC 2700x Normfamilie	201
6.8.2	Gesetze und Verordnungen zur Informationssicherheit	201
6.8.3	Gesetze und Verordnungen zum Datenschutz	202

7 Werkzeuge zur Softwareentwicklung — 204

7.1	Überblick zu den Werkzeugen	204
7.2	Klassische Darstellungs-mittel für den Entwurf	205
7.2.1	Struktogramm	205
7.2.2	Pseudocode	207

7.3	UML (Unified Modeling Language)	208
7.3.1	Überblick zu UML	208
7.3.2	Anwendungsfalldiagramm	210
7.3.3	Klassendiagramm	212
7.3.4	Sequenzdiagramm	216
7.3.5	Zustandsdiagramm	218
7.3.6	Aktivitätsdiagramm	219
7.3.7	Kommunikationsdiagramm	221
7.3.8	Komponentendiagramm	221
7.4	Objektorientierter Entwurf	224
7.4.1	Objekte in der Softwareentwicklung	224
7.4.2	Tools zur Unterstützung von OOA und OOD	225
7.4.3	Fallstudie zur Entwicklung des Webshops mit UML	226
7.5	Computersprachen	237
7.5.1	Entwicklung der Computersprachen	237
7.5.2	Programmiersprachen	238
7.5.3	Übersetzer formaler Sprachen	244
7.6	Entwicklungsumgebungen	247
7.6.1	Die Java-Technik	247
7.6.2	Eclipse als Java-Entwicklungsumgebung	249

8 Programmierung in Java und C# — 252

8.1	Auswahl einer Programmiersprache	252
8.2	Das erste Programm	253
8.2.1	Grundlagen von Java	253
8.2.2	Programm in Java mithilfe von Eclipse erstellen	254
8.2.3	Grundlagen der Programmiersprache C#	255
8.2.4	Programm in C# mithilfe von Visual Studio erstellen	255
8.3	Grundlegende Sprachelemente	257
8.3.1	Grundgerüst eines Programmes	257
8.3.2	Reservierte Wörter	257
8.3.3	Kommentare	258
8.3.4	Datentypen	258
8.3.5	Literale	260
8.3.6	Variablen und Konstanten	260
8.3.7	Operatoren	261
8.3.8	Ein- und Ausgabe in der Konsole	262
8.3.9	Kontrollstrukturen	265
8.3.10	Funktionen	274
8.3.11	Felder und Zufallszahlen	276
8.3.12	Exception Handling	278
8.4	Objektorientierte Programmierung (OOP)	280
8.4.1	Klassen, Methoden, Zugriffsrechte und Objekte	280
8.4.2	Vererbung	284
8.4.3	Überladen und Überschreiben von Methoden	285
8.4.4	Abstrakte Klasse und Interface	286
8.5	Programmierung einer grafischen Benutzeroberfläche	291
8.5.1	Programmierung in Java	291
8.5.2	Programmierung in C#	293

9 Algorithmen — 296

9.1	Rekursive Algorithmen	297
9.2	Suchalgorithmen	299
9.2.1	Lineare Suche	299
9.2.2	Binäre Suche	300
9.3	Sortieralgorithmen	300
9.3.1	Selection Sort	301
9.3.2	Exchange Sort	302
9.3.3	Bubble Sort	302
9.3.4	Quicksort	303
9.4	Verschlüsselungsalgorithmen	305
9.4.1	Cäsar-Chiffre	306
9.4.2	Vigenère-Chiffre	307

10 Datenbankanwendungen — 310

10.1	Von der Datei zur Datenbank	310
10.1.1	Dauerhafte externe Speicherung von Daten	310
10.1.2	Dateiorganisation	311
10.1.3	Datenbanken	312
10.1.4	ANSI-SPARC-Architektur für Datenbanksysteme	313
10.2	Entwurf von Datenbanken	315
10.2.1	Datenanalyse	315
10.2.2	Entity-Relationship-Modell (ER-Modell)	315
10.3	Relationales Datenbanksystem	320
10.3.1	Relationales Datenbankmodell	320
10.3.2	Datenbankbegriffe	327
10.3.3	Normalisierung	328
10.4	Datenbankzugriffe mit SQL	331
10.4.1	Grundlagen der SQL	332
10.4.2	Beispieldatenbank	336
10.4.3	Anlegen und Löschen einer Datenbank	336
10.4.4	Anlegen, Ändern und Löschen von Tabellen	337
10.4.5	Anlegen und Löschen von Indexen	339
10.4.6	Einfügen, Ändern und Löschen von Datensätzen	339
10.4.7	Datenabfrage in SQL	341
10.4.8	Benutzer- und Rechteverwaltung mit SQL	345
10.4.9	Transaktion	346

10.4.10	Stored Procedures und Trigger	347
10.5	Weitere Datenbanksysteme	348
10.5.1	NoSQL-Datenbanksysteme	348
10.5.2	Verteilte Datenbanksysteme	349
10.5.3	In-memory-Datenbanken	350
10.5.4	Die H2 Database	352
10.6	Die Datenbank im ACI-Webshop	354
10.6.1	Architektur des WebShops	355
10.6.2	Das Datenmodell des ACI-WebShops	355
10.6.3	Die Rolle von SQL im ACI-WebShop	356
10.6.4	Datensicherheit im ACI-WebShop	356

11 Webanwendungen 357

11.1	Technische Kommunikation	357
11.1.1	Client-Server-Systeme	357
11.1.2	Formen der Client-Server-Kommunikation	358
11.1.3	Dokumente der Client-Server-Kommunikation	358
11.2	HTML bzw. HTML5	359
11.2.1	Entwicklung von HTML zu HTML5	359
11.2.2	Textauszeichnung und Textformatierung	361
11.2.3	Tabellen und Listen	363
11.2.4	Sprünge mittels Links	365
11.2.5	RGB – Farbmodell	367
11.2.6	Cascading Style Sheets (CSS)	368
11.2.7	Formulare	373
11.2.8	Navigation und Struktur von Webauftritten	377
11.3	Datenaustauschformate	379
11.3.1	XML	379
11.3.2	JSON	382
11.4	Clientseitige Programmierung	383
11.4.1	Skripte	383
11.4.2	JavaScript	384
11.4.3	Applets	387
11.5	Serverseitige Programmierung	389
11.5.1	Arbeitsteilung zwischen HTTP-Server und Webserver	389
11.5.2	Servlets	390
11.5.3	Deployment	394
11.5.4	Verwendung des Servlets	394
11.6	ACI-Webshop: Servlet mit Datenbankzugriff	396
11.6.1	Installationshinweise	396
11.6.2	Datenbankzugriff aus Java mit SQL	398
11.6.3	Datensicherung und Fehlerbehandlung beim Datenbankzugriff	400
11.6.4	Antwort des Servlets	400
11.6.5	Servlet mit Datenbankabfrage	403
11.7	PHP	405
11.7.1	Arbeitsweise	405
11.7.2	Anweisungen, Variablen und Kontrollstrukturen	406
11.7.3	Funktionen	407
11.7.4	Arbeit mit Formularen	408
11.7.5	Arbeit mit einer Datenbank	410

12 Maschinelles Lernen und künstliche Intelligenz 412

12.1	Von Daten zu Wissen und zur Intelligenz	412
12.2	Der Begriff der künstlichen Intelligenz	414
12.3	Beispiele für den Einsatz von KI im täglichen Leben	414
12.4	Wie funktioniert künstliche Intelligenz?	415
12.5	Wie lernen KI-Systeme?	415
12.6	Künstliche neuronale Netze	417
12.7	Arbeit von Chatbots	418
12.8	Erzeugung eines Quellprogramms	418
12.9	Risiken der künstlichen Intelligenz	419
12.10	Die richtigen Fragen an den Chatbot stellen	420
12.11	EU-Verordnung über künstliche Intelligenz	420

13 Testverfahren 423

13.1	Zielstellung	423
13.2	Überblick	423
13.3	Teststufen	424
13.4	Testverfahren	425
13.4.1	Statische Testverfahren	426
13.4.2	Dynamische Testverfahren	426
13.5	Schnittstellen testen	431
13.6	Pentest	433
13.7	Testdokumentation	434

14 Dokumentation 436

14.1	Rolle der Dokumentation im Softwarelebenszyklus	436
14.1.1	Dokumentation als kollektives Gedächtnis der Entwicklerinnen und Entwickler	437
14.1.2	Dokumentation als Hilfe für Benutzerinnen und Benutzer	438
14.1.3	Programm ohne Dokumentation	441
14.2	Dokumentationsarten	441
14.2.1	Entwicklungsdokumentation	443
14.2.2	Anwendungsdokumentation	446
14.3	Erstellung der Dokumentation	448

14.3.1	Formulardokumentation	448
14.3.2	Parallele Dokumentation	449
14.3.3	Werkzeuge zur Dokumentationserstellung	449
14.3.4	Dokumentation in der ACI GmbH	453

15 Routinebetrieb von IT-Systemen 455

15.1	Informationsmanagement	455
15.1.1	Entwicklungsstufen im betrieblichen Informationsmanagement	455
15.1.2	Strategische, taktische und operative Aufgaben des Informationsmanagements	456
15.2	Organisationsmanagement	458
15.3	Informationsinfrastrukturmanagement	459

16 Daten- und Prozessanalyse 461

16.1	Einsatzbeispiele für die Daten- und Prozessanalyse	461
16.2	Vorbereitende Arbeiten	461
16.2.1	Vorgehensweise bei der Datenanalyse	461
16.2.2	Datenbeschaffung	462
16.2.3	Datensicherheit und Datenschutz	463
16.2.4	Datenmenge, Arbeit mit Stichproben	463
16.2.5	Vorbereitung der Daten	465
16.3	Deskriptiver Statistik	466
16.3.1	Minimum und Maximum	467
16.3.2	Mittelwert, Median und Modus	468
16.3.3	Streuung oder Standardabweichung	468
16.4	Zeitreihenanalyse und Trendrechnung	469
16.4.1	Trendrechnung	469
16.4.2	Sättigungskurve	471
16.5	Regression und Korrelation	471
16.5.1	Regression	471
16.5.2	Korrelation und Korrelationskoeffizient	472
16.6	Visualisierung der Daten	472
16.7	Clusteranalyse	473
16.7.1	Clusterbildung oder Gruppenerkennung	473
16.7.2	Arbeit mit den Clustern	474
16.8	Pivot-Tabellen	475
16.9	Prozessanalyse	478
16.9.1	Prozessqualität	479
16.9.2	Prozesskennzahlen	481

Anhang 482

SQL Befehle und Funktionen (Auszug, orientiert an MySQL) 482
PHP Befehle und Funktionen (Auszug) 484
Sachwortverzeichnis 486

Sachwortverzeichnis 486

Literaturverzeichnis: 496

Bildquellenverzeichnis 497

1 Das Unternehmen

Vorstellung des Ausbildungsunternehmens mit seinen Tätigkeiten → seiner territorialen Struktur → der Aufbauorganisation und Ablauforganisation → Vorstellung des Personals mit besonderem Blick auf die Auszubildenden → betriebliche Erwartungen an die Ausbildungsberufe im IT-Bereich → Vorstellung einer Komplexaufgabe für die Auszubildenden

Eine Ausbildung in IT-Berufen erfolgt als duale Ausbildung an zwei Lernorten: an der Berufsschule und im Ausbildungsbetrieb. An der Berufsschule werden theoretische Kenntnisse vermittelt und im Ausbildungsbetrieb lernen die Auszubildenden die praktischen Arbeitsprozesse kennen. Um im Lehrbuch den Praxisbezug herzustellen wird ein fiktives Unternehmen, ein Modellunternehmen, eingeführt, in dem die Auszubildenden ihre praktische Arbeit leisten und Praxiserfahrungen sammeln können.

Der Ausbildungsbetrieb ist eine Betriebsstätte im Rahmen eines Unternehmens. Das Unternehmen ist hier eine juristische Einheit, geschaffen zur Organisation wirtschaftlicher Tätigkeit. Das Personal, zu dem auch die Auszubildenden zählen, führen diese Tätigkeiten aus und sind damit die Basis für den Erfolg des Unternehmens. Die Beschäftigung mit einem Modellunternehmen bietet die Gelegenheit, den Aufbau und die Organisation des Unternehmens kurz vorzustellen und die Auszubildenden in diese Strukturen einzuordnen.

Im 1. Kapitel wird die ACI GmbH als Ausbildungsbetrieb vorgestellt. Es werden die Schwerpunkte der wirtschaftlichen Tätigkeit beschrieben und die gewählte Organisationsstruktur abgebildet. Im Rahmen der Organisation werden die handelnden Personen vorgestellt. Dabei fokussieren wir uns auf die Auszubildenden. Abschließend erhalten die Auszubildenden einen komplexen Entwicklungsauftrag.

ACI-Standorte

1.1 Der Ausbildungsbetrieb

Die ACI GmbH wurde als Ladengeschäft für den Verkauf von Hard- und Software sowie zur Beratung lokaler Gewerbetreibender in Hamburg Eppendorf gegründet. Durch den erfolgreichen Einsatz eines Web- shops konnte der Vertrieb von Hard- und Software landesweit ausgebaut werden. Mit einer neuen Zentrale in Hamburg-Sachsenfeld (Lager, Marketing, Softwareentwicklung und Vertrieb Nord), dem Ladengeschäft in Eppendorf und einer Geschäftsstelle in Frankfurt am Main (Vertrieb Süd) entwickelte sich die ACI GmbH zu einem IT-Systemhaus. In den letzten Jahren wuchs der Bedarf nach IT-Beratungsleistungen. Im Rahmen der Digitalisierung ihrer Geschäftsprozesse und für Vorhaben in der Prozessautomatisieren nutzen die Kunden[1] mehr und mehr die Kompetenz der ACI GmbH. Die Geschäftsleitung hat entsprechend reagiert und die IT-Beratung ausgebaut, in einer eigenen Abteilung gebündelt und einen neuen Standort in Leipzig geschaffen.

Das Unternehmen wurde 1984 gegründet und hat sich seither erfolgreich entwickelt. Neben einem umfangreichen Softwareangebot für Gewerbetreibende werden fast alle Arbeitsfelder eines IT-Systemhauses von der Anwendungsberatung und -schulung (Consulting) bis hin zur Konzeption und Installation von IT-Infrastruktur abgedeckt. Der eigene Webshop ist die Basis des Vertriebsnetzes und wird von den Kunden regelmäßig genutzt. Neben dem Vertrieb von Hardware und Fremdsoftware entwickelt ACI im Auftrag ihrer Kundschaft auch eigene Software. Damit entstehen IT-gestützte Anwendungssysteme, die von ACI auch betreut und gewartet werden.

Im Bereich „Applications" hat sich ACI einen guten Namen als Systempartnerin der DATEV eG erworben und betreut über 400 Steuerberatungskanzleien. Das Softwareportfolio wurde durch ein professionelles Dokumentenmanagementsystem (DMS) erweitert. Im Bereich betriebswirtschaftliche Software (ERP-Systeme; Enterprise Resource Planning Systems) ist die ACI GmbH Vertriebspartnerin einer innovativen Mittelstandssoftware. Consulting- und Schulungsmaßnahmen werden laufend zu neuen IT-Technologien sowie Applikationen angeboten.

Der IT-Infrastrukturbereich erstreckt sich von der Lieferung einzelner IT-Komponenten zur Einrichtung IT-gestützter Arbeitsplätze bis hin zur Konzipierung und Installation komplexer IT-Netzsysteme. Aufgrund des Fullservice-Konzepts von ACI gewinnen der Support- und After-Sales-Bereich immer größere Bedeutung. Individuell abgestimmte Betreuung von Hard- und Software wird mit Wartungsverträgen und einem 24-Stunden-vor-Ort-Service angeboten.

Aufgrund der großen Zahl von kleinen und mittelständischen Unternehmen (KMU) als Kunden ist individuelle Softwareanpassung ein besonderes Merkmal der Leistungskraft von ACI und sichert dem Unternehmen eine gute Kundenbindung. Drei fest angestellte Softwareentwicklerinnen und -entwickler und bei Bedarf auch freiberufliche Programmiererinnen und Programmierer bieten Anpassungen im Rahmen der bestehenden Softwarepartnerschaften an. Sie programmieren kleine Applikationen in Java, Python oder C#, richten Homepages oder Internetshops für die Kundschaft ein, beraten und unterstützen bei Datenbankapplikationen und schulen Personal „on the job".

Mit dem eigenen „ACI-Powershop" im Internet werden Stammkunden über einen exklusiven Internetzugang Großhandelspreise für eine Vielzahl von IT-Komponenten angeboten. Ein 24-Stunden-Lieferservice ist bei vielen Lagerartikeln selbstverständlich.

In den letzten Jahren ist der Bedarf nach Beratung im Bereich Digitalisierung und Prozessautomatisierung stark gestiegen. Die ACI GmbH hat hierfür eine eigene Abteilung am Standort Leipzig aufgebaut, welche sie auch durch neue Auszubildende personell stärken will.

Die umfangreichen Kundenkontakte werden durch ein IT-Servicemanagement-Tool unterstützt. Das Tool wurde im Wesentlichen selbst entwickelt und enthält neben dem Webshop auch Komponenten zur intelligenten Bearbeitung von telefonischen Anfragen, ein Helpdesk-System, Tools zum Monitoring und zur Fernwartung sowie ein Ticketsystem zur Auftragsverwaltung. Das ITSM-Tool wird ständig weiterentwickelt. Aktuell arbeitet man an einem auf künstlicher Intelligenz beruhenden Chatbot zur Beantwortung von Kundenanfragen. Das Service-System ist sehr vielgliedrig und wird ständig weiterentwickelt. Auch die Auszubildenden werden hierzu einen oder mehrere Entwicklungsaufträge erhalten.

1.2 Organisation des Unternehmens

Zum Verständnis der Organisation eines Unternehmens ist es wichtig, die Tätigkeiten, also die Geschäftsprozesse im Unternehmen zu identifizieren und zu verstehen. Der Begriff des Geschäftsprozesses sowie die Grundlagen der Geschäftsprozessidentifikation, der Modellierung und des Geschäftsprozessmanagements werden im Fachgebiet „Wirtschafts- und Geschäftsprozesse" behandelt.

Analysiert man die Gesamtaufgabe des Unternehmens, so lassen sich daraus Teilaufgaben ableiten. Zur

---

[1] Der Begriff „Kunde" wird im Folgenden in Zusammenhang mit der ACI GmbH in der Regel nicht gegendert, da es sich hier um Unternehmen handelt und nicht um natürliche Personen; ebenso „Auftraggeber", „Auftragnehmer", „Hersteller", „Anbieter" und „Lieferant".

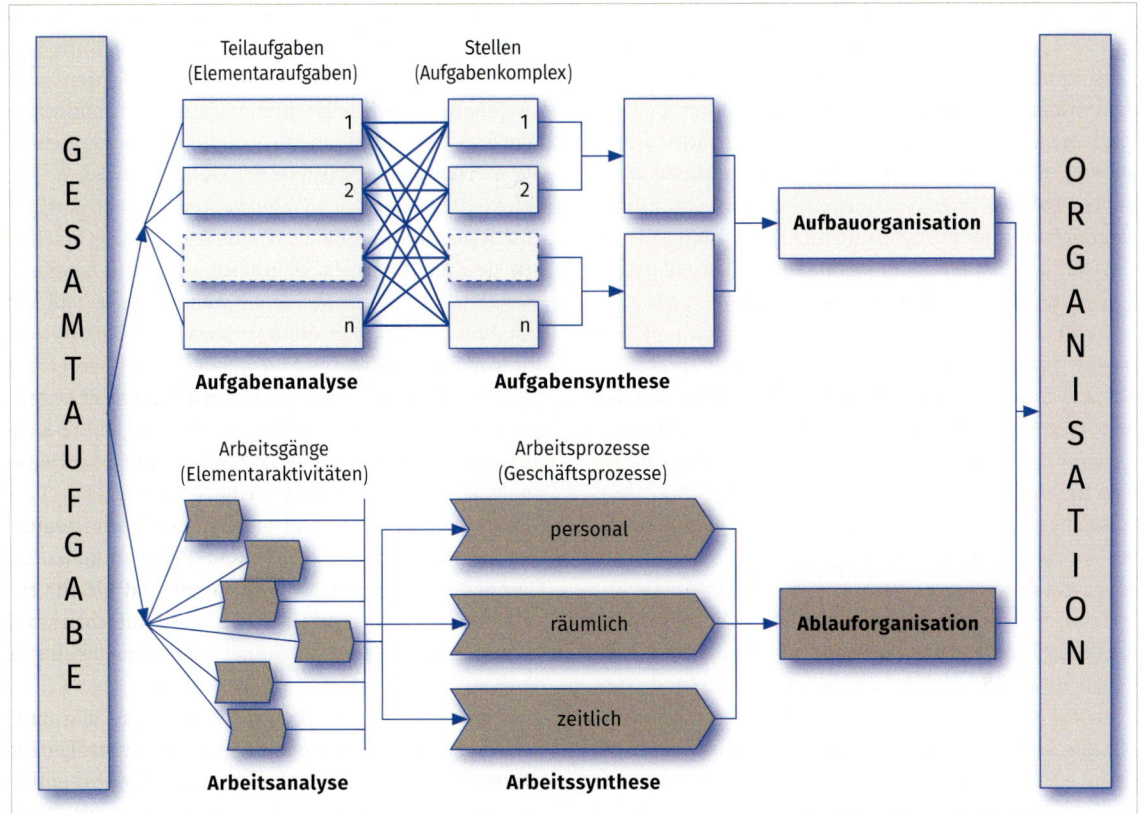

Organisation und Aufgaben (Quelle: Anlehnung an Bleicher 1987)

Lösung dieser Teilaufgaben müssen im Rahmen der Arbeitsanalyse notwendige Arbeitsgänge als Aktivitäten gefunden und abgegrenzt werden. Die notwendigen Tätigkeiten für die Bearbeitung der einzelnen Teilaufgaben werden in der Beschreibung von Stellen zusammengefasst. Zu einer Stelle kann es im Unternehmen je nach Umfang der anfallenden Aufgaben mehrere Planstellen geben, die durch geeignetes Personal zu besetzen sind. Nach der Besetzung übernimmt der Mitarbeiter oder die Mitarbeiterin die in der Stellenbeschreibung genannten Aufgaben und führt die dort beschriebenen Tätigkeiten aus. Zur Anleitung und Kontrolle der Mitarbeiter und Mitarbeiterinnen werden die Stellen in Abteilungen zusammengefasst, wo eine Abteilungsleitung die Verantwortung für alle dazugehörigen Teilaufgaben übernimmt.

Die ACI GmbH verbindet ihr Geschäftsziel mit der Unterstützung von Kunden aus dem Bereich der kleinen und mittelständischen Unternehmen (KMU) bei Aufbau, Betrieb und Weiterentwicklung ihrer betrieblichen Informationssysteme. Dementsprechend setzt sich die unternehmerische Gesamtaufgabe folgendermaßen zusammen:

1. Einrichtung von IT-Arbeitsplätzen beim Kunden
   Diese Tätigkeit umfasst die Planung, Beschaffung und Einrichtung der notwendigen Hard- und Software, einschließlich der IT-Sicherheitsvorkehrungen und der Netzwerktechnik.

2. Entwicklung, Anpassung und Wartung von Software sowohl von Fremdsoftware im Auftrag von Kunden als auch von Software für die Organisation der eigenen Arbeitsprozesse

3. Beratung, Planung und Umsetzung von Kundenprojekten zur Digitalisierung der jeweiligen Geschäftsprozesse bis hin zur Automatisierung von Fertigungs-, Bearbeitungs- oder Bedienprozessen

Das operative Geschäft von ACI zeichnet sich nicht nur durch eine schlanke Verwaltung aus, sondern auch durch eine professionelle Marketing- und Vertriebsabteilung, die ihre Angebotspalette eng nach den Bedürfnissen der Kunden ausrichtet und dadurch kostengünstige Lösungen bereitstellen kann. Die Organisationsstruktur des Unternehmens wird durch das Organigramm verdeutlicht.

1.2.1 Ablauforganisation

Zur Lösung der Teilaufgaben müssen die notwendigen Aktivitäten in ihrer zeitlichen Abfolge unter Beachtung der wechselseitigen Abhängigkeiten organisiert werden. Der Ablauf dieser Aktivitäten in ihrer zeitlichen Abfolge, ihrer personellen Verantwortung und räumlichen Zuordnung führt zur Identifikation der Geschäftsprozesse und bildet den Inhalt der Ablauforganisation.

Geschäftsprozesse bestehen aus einer Folge von Aktivitäten, werden durch einen Input gestartet und führen zu einem vordefinierten Ergebnis, welches direkt oder indirekt durch das ausführende Unternehmen bei seinen Kunden verwertet werden kann. Ergebnisse der Geschäftsprozesse können Produkte oder Dienstleistungen beziehungsweise Unterstützungsleistungen bei der Erstellung dieser Ergebnisse sein. Man unterscheidet primäre und sekundäre Geschäftsprozesse.

Primäre Geschäftsprozesse führen zu Ergebnissen, die direkt beim Kunden verwertet werden können. Die Bearbeitung von Kundenaufträgen ist allgemein ein primärer Geschäftsprozess. Der Kunde übergibt mit seinem Auftrag den Start und den inhaltlichen Input für den Prozess. Der Prozess ist abgeschlossen, wenn der Kunde sein Produkt oder seine Dienstleistung erhalten hat.

Sekundäre Geschäftsprozesse unterstützen die primären Geschäftsprozesse durch die Bereitstellung von Ressourcen und die Verrechnung der erbrachten Leistungen. Auf diese Weise ermöglichen sie die einzelnen primären Geschäftsprozesse und sichern langfristig die wirtschaftliche Existenz des Unternehmens.

Teilweise unterscheidet man zusätzlich noch tertiäre Geschäftsprozesse, die der Weiterentwicklung und damit dem langfristigen Überleben des Unternehmens dienen. Den tertiären Geschäftsprozessen werden insbesondere die Forschungs- und Entwicklungsleistungen zugeordnet.

Die „gelebten" Geschäftsprozesse in einem Unternehmen sind nicht immer ideal organisiert. Sie sind historisch entstanden und geprägt durch Situationen, die heute eventuell nicht mehr wirksam sind. Geschäftsprozesse sind auch geprägt durch die subjektiven Einflüsse der beteiligten Personen. Aufgabe des Geschäftsprozessmanagements ist es, die Geschäftsprozesse zu kontrollieren und weiterzuentwickeln. Dazu gehört auch die Abbildung bzw. Dokumentation der Aktivitäten und Ergebnisse im betrieblichen Informationssystem. Auf diesem Weg entstanden mächtige Softwaresysteme, die fast alle Aktivitäten im Unternehmen erfassen und durch ihren Datenbestand abbilden (Enterprise-Resource-Planning-Systeme, ERP-Systeme). Erst diese Softwaresysteme ermöglichen durch die Erfassung, Speicherung und Bereitstellung aller

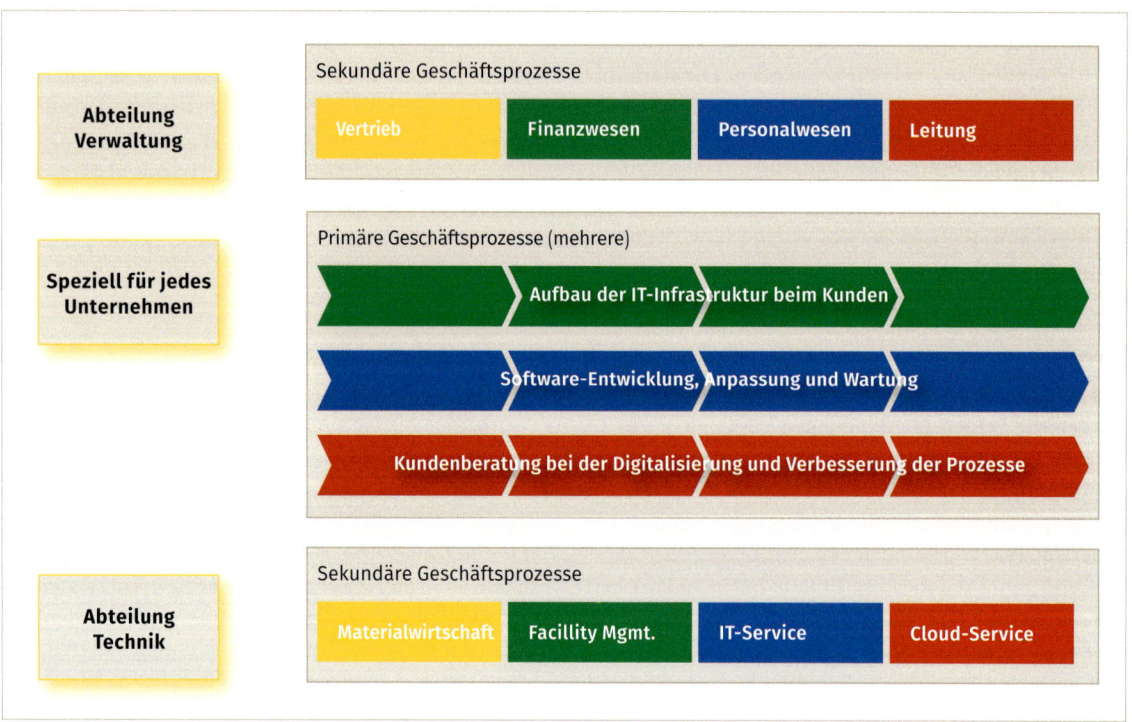

Ebenen der Geschäftsprozesse

Daten über eine zentrale Datenbank eine effektive Planung und Kontrolle aller Geschäftsprozesse im Unternehmen.

S Die Auszubildenden wollen die von den Geschäftsprozessen der Auftragsbearbeitung geprägte Auftragssituation „Beratung und Verkauf von IT-Komponenten im Handelsgeschäft und im Webshop" durch ihre Softwareentwicklung abbilden. Sie konzentrieren sich auf die prozessorientierte Sicht.

1.2.2 Aufbauorganisation

Für die Lösung der Teilaufgaben müssen parallel zur Entwicklung der Ablauforganisation die notwendigen Aktivitäten mit handelnden Personen verbunden werden. Der Ablauf dieser Aktivitäten in ihrer zeitlichen Abfolge wird durch die Geschäftsprozesse beschrieben. Die personelle Verantwortung und räumlichen Zuordnung führt zur Organisationsstruktur des Unternehmens und bildet den Inhalt der Aufbauorganisation. Die sekundären Geschäftsprozesse werden getragen von der Abteilung Einkauf/Lager und von der Abteilung Verwaltung. Die primären Geschäftsprozesse laufen inhaltlich getrennt in folgenden drei Abteilungen:

Abteilung Kundensysteme

- Vertrieb von Hard- und Software
- Einrichtung von IT-gestützten Arbeitsplätzen
- Aufbau und Einrichtung lokaler Netzwerke
- Lieferung, Installation und Betreuung der kundenspezifischen IT-Infrastruktur
- Aufbau und Betrieb von Cloud-Diensten
- Kundenservice mit Wartungsverträgen, Schulungen und Anpassung von Software

Abteilung Softwareentwicklung

Entwicklung von Anwendungssoftware in den Produktsparten:
- Dokumentenmanagementsystem (DMS),
- Enterprise-Resource-Planning-Systeme (ERP) und
- individuelle Lösungen.

Abteilung IT-Beratung

- Digitalisierungsmanagement
- Prozessautomatisierung
- IT-Sicherheit

Es ist sinnvoll, sich mit der Organisationsstruktur im Unternehmen zu beschäftigen, um einen Eindruck vom Ausbildungsunternehmen zu bekommen. Dazu dient das dargestellte Organigramm.

Das Organigramm zeigt, wie das Unternehmen aufgebaut ist; es bildet die Aufbauorganisation des Unternehmens ab. Neben der Aufbauorganisation ist die Organisation der betrieblichen Abläufe von Bedeutung.

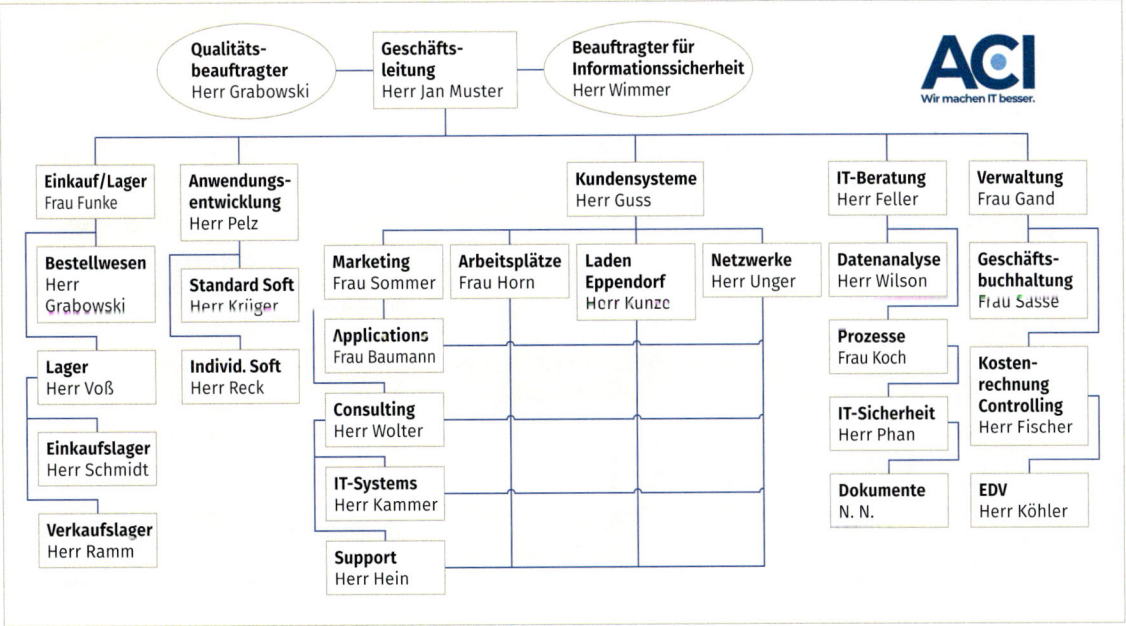

Organigramm der ACI GmbH

Innerhalb der betrieblichen Abläufe müssen die Geschäftsprozesse identifiziert werden.

Ein wachsendes Unternehmen wie ACI versucht, kompetentes Personal durch gezielte Ausbildung im eigenen Haus zu gewinnen. Die Auszubildenden der IT-Berufe durchlaufen die einzelnen Arbeitsbereiche der ACI GmbH nach einem festen Ausbildungsplan. Es hat sich bewährt, dass sie in den ersten beiden Jahren alle drei Monate den Ausbildungsplatz wechseln. So lernen sie möglichst viele Bereiche des Unternehmens kennen, wobei je nach Ausbildungsberuf besondere Aufgabenbereiche vertieft werden.

Das erste Jahr der Ausbildung dient insbesondere der Einarbeitung in verschiedene Aufgabenbereiche. Im zweiten Ausbildungsjahr erhalten die Auszubildenden mehr Eigenverantwortung. Ende des zweiten Ausbildungsjahres und im dritten Jahr sollen sie möglichst selbstständig Aufgabenbereiche wahrnehmen und an größeren Kundenprojekten teilnehmen.

Die vorgesehenen Spezialisierungen in den Berufsbildern der IT-Berufe nach der Neuordnung 2020 sind für die laufenden Aufgaben der ACI GmbH gut einsetzbar.

1.3 Ausbildungsinhalte und Spezialisierungen

Die IT-Berufe werden unterteilt in kaufmännische und technische Berufe. Zu den kaufmännischen Berufen zählen die Kaufleute für IT-System-Management (SM) und die Kaufleute für Digitalisierungsmanagement (DM). Zu den technischen Berufen zählen die IT-System-Elektroniker und -Elektronikerinnen und die Fachinformatikerinnen und -informatiker, welche nach vier Fachrichtungen spezialisiert unterrichtet werden.

1.3.1 Was machen Kaufleute für IT-System-Management?

Kaufleute für IT-Systemmanagement arbeiten häufig in IT-Systemhäusern wie der ACI GmbH, die sich auf den Vertrieb von IT-Systemen spezialisiert haben und andere Unternehmen mit Hardware, Software und Services ausstatten.

Kunden sind Kleinbetriebe bis hin zu mittelständischen Unternehmen, also Handwerksbetriebe, Arztpraxen, Steuerberatungskanzleien, aber auch mittelständische Produktionsbetriebe. Mögliche Einsatzbereiche sind der Aufbau von IT-Arbeitsplätzen beim Kunden, der technische Service hierzu oder die IT-System-Betreuung. Auch im Marketing oder in der Produkt- und Programmentwicklung finden Kaufleute für IT-System-Management Einsatz.

Aus Sicht der ACI GmbH erbringen Kaufleute für IT-System-Management folgende Leistungen. Sie …
- informieren und beraten ihre Kunden zu allen Fragen rund um IT-Produkte und IT-Dienstleistungen,
- analysieren kundenspezifische Anforderungen und entwickeln Konzepte für IT-Lösungen,
- erstellen passende Angebote, erarbeiten Kostenkalkulationen und ermitteln Finanzierungsmöglichkeiten,

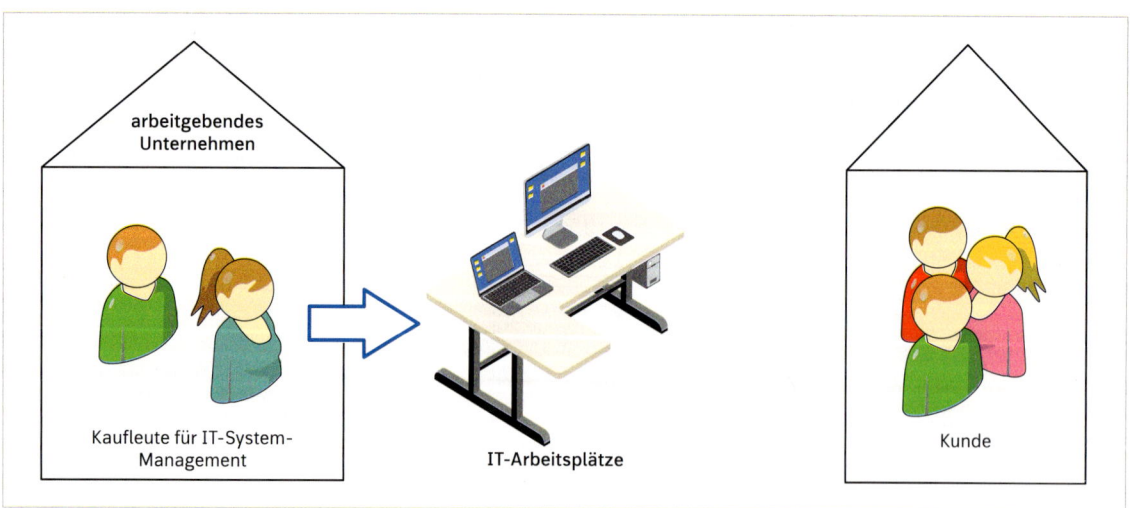

Tätigkeit der Kaufleute für IT-System-Management

- beschaffen die benötigte Hard- und Software,
- bereiten Verträge vor und schließen sie ab, vereinbaren Serviceleistungen,
- wirken bei der Installation von IT-Systeme mit,
- beraten beim Aufbau von Systemen zur Cyber-Sicherheit und zum Datenschutz,
- unterstützen und begleiten Kunden nach Bereitstellung neuer IT-Systeme, weisen in die Benutzung ein oder führen Produktschulungen durch,
- führen Produkt- und Zielgruppenanalysen sowie Marketingmaßnahmen durch und
- halten sich ständig über Neuentwicklungen im IT-Bereich auf dem Laufenden.

1.3.2 Was machen die Kaufleute für Digitalisierungsmanagement?

Kaufleute für Digitalisierungsmanagement (früher Informatikkaufleute) sind in allen Branchen innerhalb der kaufmännischen Prozesse tätig. **Sie arbeiten an der Digitalisierung der Prozesse im eigenen Unternehmen** und können in ganz verschiedenen Bereichen der IT-Anwendung arbeiten. Sie bilden die Schnittstelle zwischen den kaufmännischen Abteilungen und dem IT-Bereich. Sie ermitteln, welche IT-Systeme benötigt werden, um aus der Digitalisierung von Geschäftsprozessen wirtschaftlichen Nutzen zu ziehen und sie beschaffen und installieren diese Systeme. Außerdem koordinieren und organisieren sie die Aktivitäten hinsichtlich der Cyber-Sicherheit und des Datenschutzes.

Sie erstellen Softwarebeschreibungen und Hilfeprogramme für die Anwenderinnen und Anwender im eigenen Hause. Wenn IT-Systeme neu eingerichtet oder umgestellt wurden, sind die Kaufleute für Digitalisierungsmanagement Ansprechpersonen, um ihre Kolleginnen und Kollegen zu unterstützen. Tauchen Probleme auf, sind sie für den Support zuständig und helfen bei der Installation oder Instandhaltung sowohl von Hardware als auch von Software. Deshalb beherrschen Kaufleute für Digitalisierungsmanagement auch einige Programmiertechniken und -logiken. Sie müssen außerdem die betriebliche Organisation und ihre Abläufe und Strukturen verstehen und Prozesszusammenhänge selbstständig erkennen.

Aus Sicht der ACI GmbH erbringen Kaufleute für Digitalisierungsmanagement folgende Leistungen:
- Analysieren von Geschäftsprozessen
- Weiterentwicklung von Geschäftsmodellen mit dem Ziel der Digitalisierung
- Auswählen, kalkulieren und beschaffen neuer Komponenten von Hard- und Software
- Verhandeln von Verträgen
- Mitarbeiten beim Aufbau von Systemen zur Cyber-Sicherheit und zum Datenschutz
- Bewahren von rechtlicher Sicherheit (Compliance)
- Abstimmung mit den Geschäfts- und Leistungsprozessen vom Kunden
- Beurteilung und Betreuung gängiger IT-Systeme
- Support für Kolleginnen und Kollegen

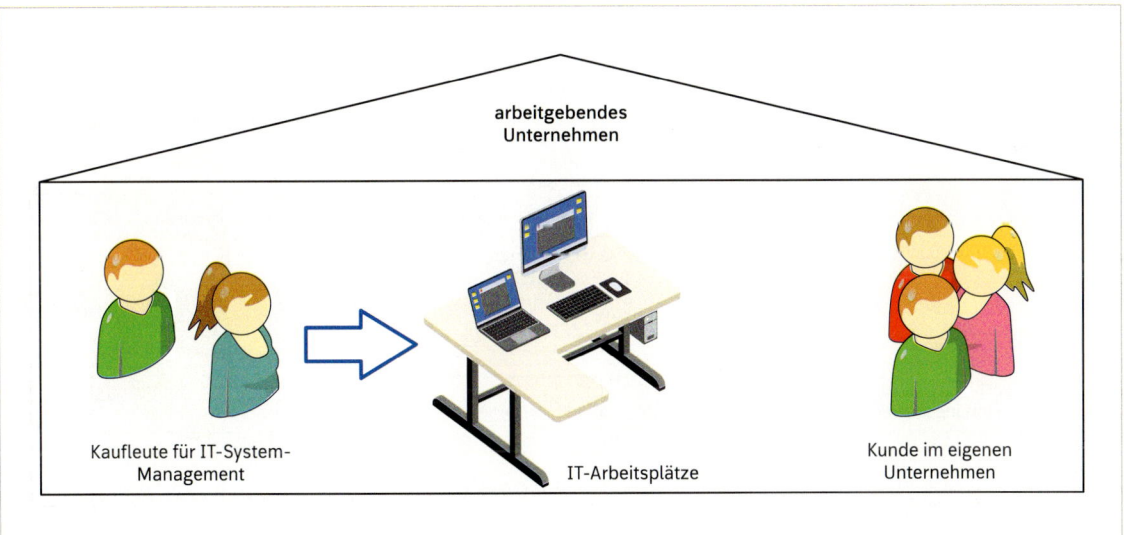

Tätigkeit der Kaufleute für Digitalisierungsmanagement

1.3.3 Was machen Fachinformatiker/-innen für Anwendungsentwicklung?

Fachinformatikerinnen und -informatiker für Anwendungsentwicklung erstellen im Auftrag der Kunden Software für unterschiedlichste Anwendungsbereiche. Dabei decken sie ein breites Feld ab – von kaufmännischen Programmen bis hin zur Steuerung von Fertigungsprozessen. Vor Beginn der Programmierung müssen sie sich im Beratungsgespräch zunächst ein genaues Bild machen von dem, was der Kunden wünscht: Anforderungsanalyse, Entwurf, Implementierung, Test, Dokumentation und User-Schulung gehören zu ihren Aufgaben. Sobald die Software entwickelt ist, muss sie in einer Testumgebung geprüft werden. Nach der erfolgreichen Abnahme organisieren die Fachinformatikerinnen und -informatiker für Anwendungsentwicklung die Auslieferung (deployment), die Installation und die Wartung der Software. Sie sind somit für den gesamten Software-Lebenszyklus zuständig.

Dabei dürfen sie auch die Kosten nicht vergessen. Viele Arbeitsstunden sind notwendig, um eine Software umzusetzen, viele Entwicklerinnen und Entwickler arbeiten an den Projekten. Eine Kostenkalkulation und die Erstellung von Kostenvoranschlägen gehören mit zu ihren Aufgaben.

Die Technologie im IT-Sektor ändert sich fortlaufend. Dementsprechend müssen Fachinformatikerinnen und -informatiker für Anwendungsentwicklung ihre Kenntnisse immer auf dem aktuellen Stand halten, sich mit wenigsten zwei Programmiersprachen, dem Betriebssystem und diversen Schnittstellen zu Bibliotheken auskennen. Dazu sind oft Recherchen in englischsprachigen Texten notwendig.

Aus Sicht der ACI GmbH erbringen Fachinformatikerinnen und -informatiker für Anwendungsentwicklung folgende Leistungen:

- Software nach Kundenwunsch entwickeln
- Anwendungen testen und anpassen
- Konzepte und Kostenvoranschläge erstellen
- User schulen und betreuen, Dokumentationen erstellen
- Mitarbeiten beim Aufbau von Systemen zur Cyber-Sicherheit und zum Datenschutz
- Anforderungen zur Cyber-Sicherheit und zum Datenschutz bereits in der Entwicklung beachten (Security by design, privacy by default)
- Neue Marktentwicklungen verfolgen

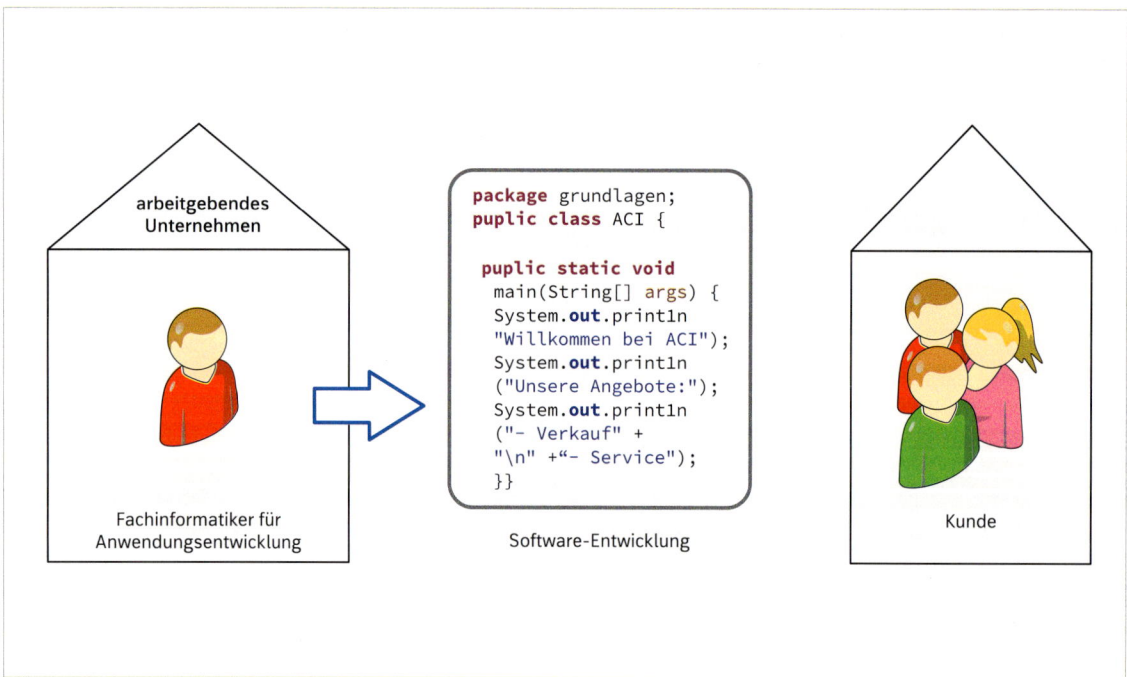

Tätigkeit der Fachinformatiker/-innen für Anwendungsentwicklung

1.3.4 Was machen Fachinformatiker/-innen für Systemintegration?

Fachinformatikerinnen und -informatiker für Systemintegration sind für die Planung, den Aufbau, die Einrichtung und die Pflege der IT-Infrastruktur beim Kunden zuständig. Sie beschaffen, installieren und betreiben Hardware- und Softwarekomponenten und sorgen dafür, dass sie miteinander kompatibel sind.

Vor Beginn der Installation neuer Komponenten müssen sie sich im Beratungsgespräch zunächst ein genaues Bild machen von dem, was der Kunden wünscht: Anforderungsanalyse, Entwurf, Umsetzung, Test, Dokumentation und User-Schulung gehören zu ihren Aufgaben. Sobald neue Komponenten in die Infrastruktur integriert wurden, müssen diese im Gesamtsystem getestet werden. Dazu gehört es auch, die verwendete Software zu verstehen, eventuelle Schnittstellen zu programmieren oder Skripte für die Installation und Wartung zu erstellen.

Fachinformatikerinnen und -informatiker für Systemintegration bieten IT-Support und Fehlerbehebung an. Sie lernen, wie man IT-Systeme plant, installiert, konfiguriert und wartet. Dieser Aufwand muss bezahlt werden; entsprechend gehören auch die Kostenkalkulation und die Erstellung von Kostenvoranschlägen mit zu ihren Aufgaben. Mit ihrem Blick auf das Gesamtsystem der IT-Infrastruktur können Fachinformatikerinnen und -informatiker für Systemintegration auch wichtige Aufgaben bei der Gewährleistung der Cyber-Sicherheit im Unternehmen bzw. als Dienstleistung für Kunden übernehmen.

Aus Sicht der ACI GmbH erbringen Fachinformatikerinnen und -informatiker für Systemintegration folgende Leistungen:

- IT-Systeme planen, installieren, konfigurieren und warten
- Verbinden von Betriebssystemen und Netzwerkkomponenten mit Anwendungen
- Schnittstellen programmieren und Skripte erstellen, die Systemintegration testen
- Personal schulen und den IT-Support organisieren und durchführen
- Hard- und Softwareanfragen lösen
- Mitarbeiten beim Aufbau von Systemen zur Cyber-Sicherheit und zum Datenschutz
- Anforderungen zur Cyber-Sicherheit und zum Datenschutz bereits in der Einbindung neuer Komponenten beachten
- Neue Marktentwicklungen verfolgen

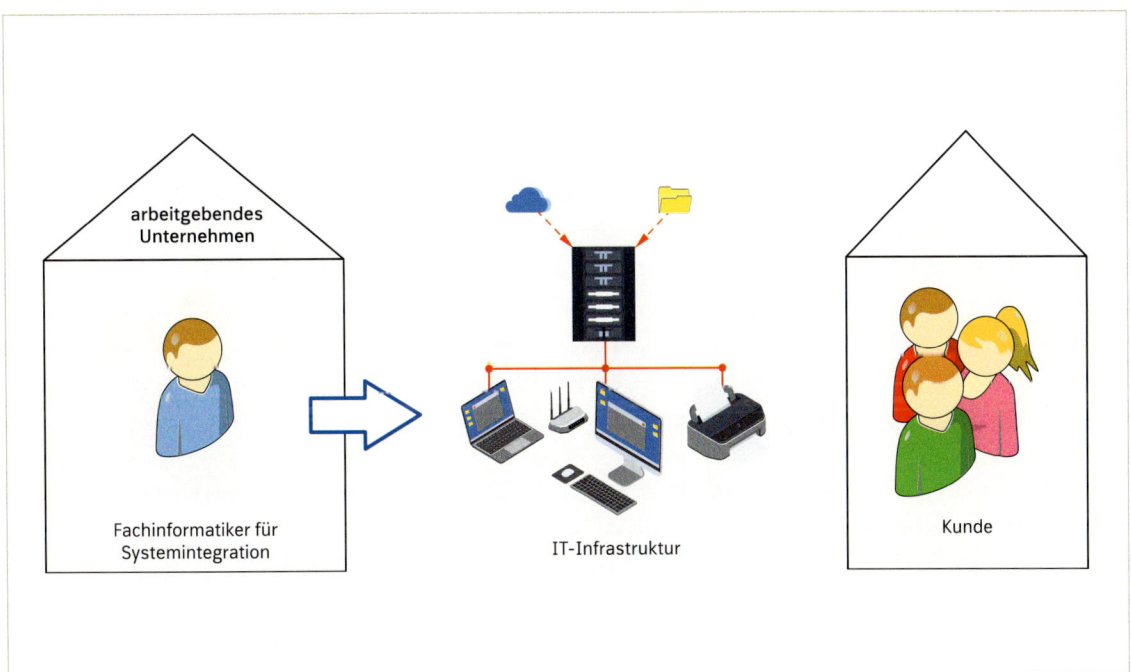

Tätigkeit der Fachinformatiker/-innen für Systemintegration

1.3.5 Was machen Fachinformatiker/-innen für Daten- und Prozessanalyse?

Fachinformatikerinnen und -informatiker für Daten- und Prozessanalyse analysieren alle Arten von Geschäftsprozessen und entwickeln anhand der erhobenen Daten Lösungen zur Verbesserung dieser Prozesse. Sie sollten ein Verständnis haben für die Vielfalt von Geschäftsprozessen in Beschaffung, Logistik, Fertigung, Distribution und Recycling bis hin zu Verwaltungsprozessen. Mithilfe der Prozessanalyse untersuchen sie systematisch betriebswirtschaftliche oder technische Aspekte dieser Prozesse. Sie gliedern sie in ihre Prozessschritte. Anhand der Datenanalyse können die Prozesse statistisch untersucht, modelliert, im Ablauf simuliert und schließlich optimiert werden.

Auch die Fachinformatikerinnen und -informatiker für Daten- und Prozessanalyse müssen sich vor Beginn der Analyse und Reorganisation im Beratungsgespräch ein genaues Bild machen von dem, was der Kunden wünscht: Anforderungsanalyse, Modellierung, Reorganisation, Simulation, Dokumentation und User-Schulung gehören zu ihren Aufgaben. Sobald Vorschläge zur Reorganisation der Prozesse vorliegen, müssen diese mittels Simulation getestet werden. Dazu gehört es auch, die verwendete Software zu verstehen, eventuelle Schnittstellen zu programmieren oder Skripte zur Prozesssteuerung zu erstellen.

Fachinformatikerinnen und -informatiker für Daten- und Prozessanalyse beachten bei der Reorganisation von Geschäftsprozessen die Anforderungen zur Gewährleistung von Cyber-Sicherheit und Datenschutz. Aus Sicht der ACI GmbH erbringen Fachinformatikerinnen und -informatiker für Daten- und Prozessanalyse folgende Leistungen:

- Analysieren von Geschäftsprozessen
- Erheben und auswerten von Prozessdaten, Datenanalyse
- Sicherung der Datenqualität bzw. Einführung von Maßnahmen zur Verbesserung der Datenqualität
- Prüfung, Normierung und Harmonisierung der Daten
- Modellierung von Geschäftsprozessen
- Nutzung geeigneter Systeme zur Simulation von Geschäftsprozessen bis hin zur Entwicklung von Skripten zum Workflow-Management
- Anforderungen zur Cyber-Sicherheit und zum Datenschutz bereits in der Einbindung neuer Komponenten beachten
- Neue Marktentwicklungen verfolgen

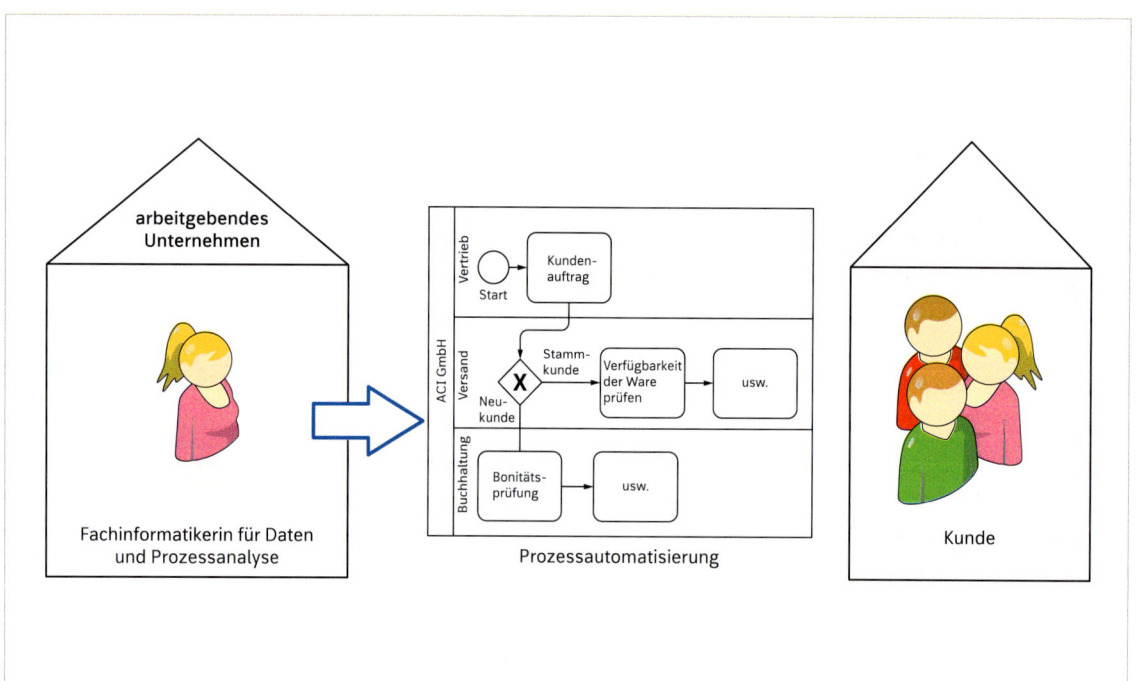

Tätigkeit der Fachinformatiker/-innen für Daten- und Prozessanalyse

1.3.6 Was machen Fachinformatiker/-innen für digitale Vernetzung?

Fachinformatikerinnen und -informatiker Digitale Vernetzung haben die Aufgabe, verschiedene informationstechnische Systeme, Maschinen, Geräte oder Produkte digital zu verbinden. Die digitale Kommunikation steht dabei im Mittelpunkt ihrer Tätigkeit. Sie ist möglich zwischen Menschen und Maschinen, aber auch von Maschine zu Maschine bzw. zwischen Menschen.

Die Fachinformatikerinnen und -informatiker Digitale Vernetzung entwickeln Kommunikationslösungen für vernetzte Systeme, besonders im Rahmen cyberphysischer Systeme. Auch hier ist es wichtig, sich in einem Beratungsgespräch ein genaues Bild davon zu machen, was der Kunden wünscht: Anforderungsanalyse, Entwurf, Umsetzung, Test, Dokumentation und User-Schulung gehören zu den Aufgaben. Kundenwünschen müssen erfragt, bestehende Kommunikationssysteme analysiert und Schwachstellen identifiziert werden.

Neben der technischen Ebene spielen inhaltliche Aspekte eine große Rolle. Sendende und empfangende Personen wie Geräte müssen sich verstehen, aufeinander reagieren und sich aufeinander einstellen. Bei autonome Assistenz- und Transportsysteme werden Fragen der Dialogführung bis hin zum Einsatz von Komponenten künstlicher Intelligenz eine große Rolle spielen. Auch die Fachinformatikerinnen und -informatiker Digitale Vernetzung beachten bei der Gestaltung der Kommunikationssysteme die Anforderungen zur Gewährleistung von Cyber-Sicherheit und Datenschutz. Methoden der Authentifikation werden hier eine besondere Rolle spielen.

Aus Sicht der ACI GmbH erbringen Fachinformatikerinnen und -informatiker Digitale Vernetzung folgende Leistungen:

- Analysieren von bestehenden Kommunikationssystemen
- Erheben und auswerten von Kommunikationsprozessen, Datenanalyse
- Einführung von Methoden zur sicheren Authentifikation der Kommunikationspartner/-innen
- Optimierung von Kommunikationswegen und -inhalten
- Modellierung von Kommunikationsprozessen
- Nutzung geeigneter Systeme zur Simulation von Kommunikationsprozessen bis hin zur Entwicklung von Skripten zur Prozesssteuerung
- Anforderungen zur Cyber-Sicherheit und zum Datenschutz bereits in der Einbindung neuer Komponenten beachten
- Neue Marktentwicklungen verfolgen

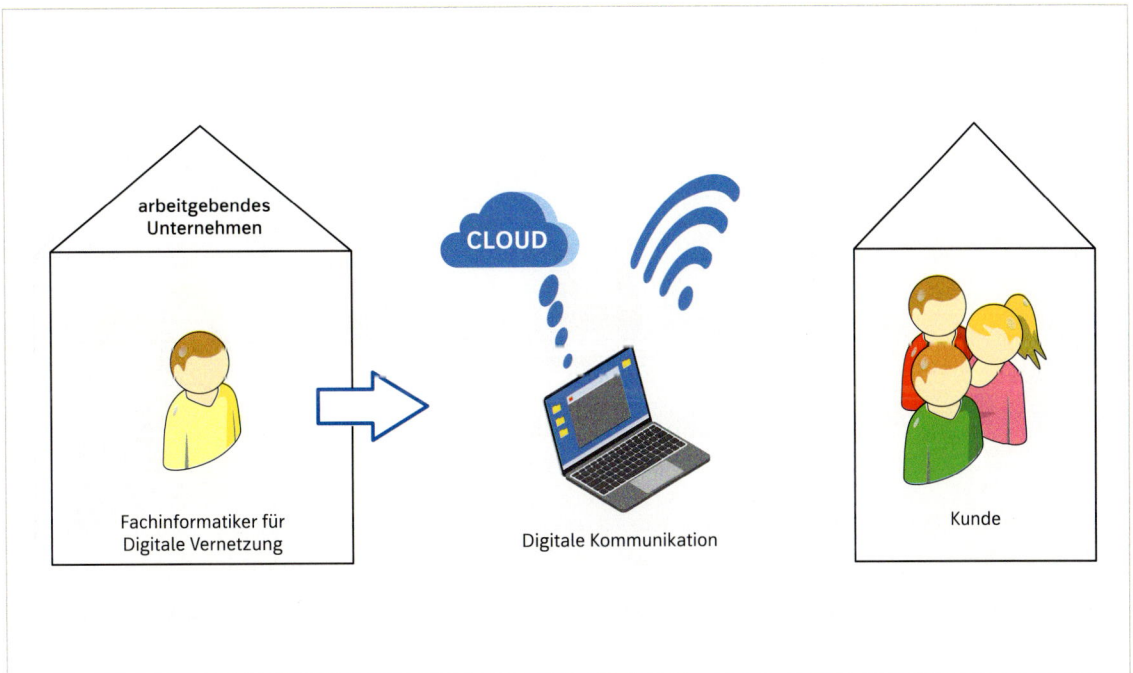

Tätigkeit der Fachinformatiker/-innen für digitale Vernetzung

1.4 Vorstellung der Auszubildenden und einiger Beschäftigter

Als wachsendes Unternehmen versucht die ACI, kontinuierlich neues kompetentes Personal durch gezielte Ausbildung im eigenen Haus zu gewinnen. Deshalb werden gegenwärtig fünf Auszubildende beschäftigt, die unter der Anleitung ihres Ausbildungsleiters im Rahmen der Ausbildung alle Bereiche des Unternehmens kennen lernen.

Felix Nagler	ist Auszubildender als Kaufmann für **IT-System-Management**.
Céline Schwabe	ist Auszubildende als Kauffrau für **Digitalisierungsmanagement**.
Leon Quanto	ist Auszubildender als Fachinformatiker **Anwendungsentwicklung**.
Svenja Nowak	ist Auszubildende als Fachinformatikerin **Daten- und Prozessanalyse**.
Aslan Yilmas	ist Auszubildender als Fachinformatiker **Systemintegration**. (Eventuell möchte er noch wechseln in die Fachrichtung Digitale Vernetzung)

S Im Zuge des Durchlaufs durch die verschiedenen Arbeitsbereiche des Unternehmens sind die Auszubildenden im Bereich „Anwendungsentwicklung" angekommen. Hier sollen sie die Aktivitäten von ACI bei der Entwicklung, Anpassung und Betreuung von Software kennen lernen. Sie werden von Herrn Pelz als Leiter der Abteilung Anwendungsentwicklung und seinen Mitarbeitern, Herr Krüger und Herr Reck, quasi an Bord begrüßt.

Der Ausbilder, Herr Pelz, erstellt die Ausbildungspläne, hält Kontakt mit der Berufsschule, führt mit allen Auszubildenden einmal pro Woche eine Besprechung oder Schulung durch und steht ihnen als zentraler Ansprechpartner in allen Ausbildungsfragen zur Verfügung.

Onboarding ist ein moderner Begriff zur Bezeichnung der Sozialisation in einer Organisation. Neue Arbeitskräfte sollen sich so das notwendige Wissen, die Fähigkeiten und das Verhalten aneignen, um effektiv handelnde Mitglieder einer Organisation zu werden.

Herr Pelz bittet zuerst die Auszubildenden, sich kurz vorzustellen und ihre Motivation bezüglich der Ausbildung im Fach „Programmierung" darzustellen. Er versucht, die Aussagen der Auszubildenden sofort zu kommentieren.

Leon Quantor ist Auszubildender als Fachinformatiker für Anwendungsentwicklung. Er ist begeistert, endlich ordentlich programmieren zu lernen. Er hat schon einige Programme in Java und Python erstellt und kann es kaum erwarten, am Rechner zu arbeiten.

Herr Pelz weist Leon auf den Unterschied zwischen dem „Programmieren im Kleinen" und dem „Programmieren im Großen" hin. Kleine, selbstgeschriebene Programme müssen einfach nur funktionieren, während große, kommerzielle Programme sich bei den vor-

Onboarding-Meeting der Auszubildenden

her unbekannten Käuferinnen und Käufern bewähren müssen. Das verlangt in vieler Hinsicht eine andere Herangehensweise. Die anderen Auszubildenden sehen ihr Verhältnis zum Programmieren kritischer.

Felix Nagler ist Auszubildender als Kaufmann für IT-System-Management. Er ist auch skeptisch und hat etwas Angst davor, die abstrakten Aufgaben nicht zu beherrschen.

Wichtig für die Kaufleute im IT-System-Management ist das Verständnis des gesamten Entwicklungsprozesses einer Software mit seinen Schritten vor und nach der Programmierung. Hier müssen gerade die Kaufleute im IT-System-Management die Verbindung zwischen Entwicklerinnen und Entwicklern und Kunden herstellen und aufrechterhalten. Sie müssen dafür sorgen, dass die Software nach Maßgabe des Kunden und unter Einhaltung betriebswirtschaftlicher Grundsätze entwickelt wird. Gleiches gilt übrigens auch für Kaufleute im Digitalisierungsmanagement, wobei diese als interne Kundinnen und Kunden die Arbeitskräfte ihrer eigenen Organisation betreuen.

Céline, die zukünftige Kauffrau für Digitalisierungsmanagement, wundert sich, dass eine Abteilung, die für das Unternehmen ACI doch offensichtlich wichtig ist, nur aus drei Mitarbeitern besteht. Schließlich hatte der Geschäftsführer, Herr Muster, den Bereich Applications im Geschäftsportfolio besonders hervorgehoben.

Herr Pelz greift die Frage von Céline auf und verbindet seine persönliche Vorstellung und die seiner Mitarbeiter auch mit einer ausführlicheren Darstellung der Arbeitsaufgaben.

Leon, der zukünftige Fachinformatiker für Anwendungsentwicklung, hatte bereits von der Möglichkeit gehört, als Freelancer zu arbeiten. Er fragt sich aber, warum diese Fachleute mit besonderem Spezialwissen nicht als feste Angestellte in das Unternehmen eingebunden werden, und äußert diese Frage nun auch.

Herr Pelz gibt ihm Recht, dass es oft besser wäre, auf diese Fachleute als fest Angestellte zurückgreifen zu können. Schließlich hat er die laufenden organisatorischen Dinge mit den Verträgen (Honorarverträge, Werkverträge, Beraterverträge usw.) sowie der Abrechnung zu klären. Andererseits weiß er aber auch, dass diese Fachleute hohe Ansprüche bezüglich ihrer Vergütung haben. Für die „netto-orientierten" Gehaltsempfängerinnen und -empfänger sind das oft sehr hohe Beträge. Dabei darf man jedoch nicht vergessen, dass sich die Selbstständigen selbst versichern und auch für ihre Altersvorsorge etwas zurücklegen müssen.

Ein Unternehmen allein kann diese Fachleute kaum vollständig auslasten. Besonders bei mittelständischen Unternehmen liegen nicht kontinuierlich Entwicklungs- oder Schulungsaufträge vor. Wünscht z. B. ein Kunde von ACI eine Schulung seiner Belegschaft, kann man den Kunden nicht auf einen Zeitpunkt vertrösten, zu dem die ACI-Fachkräfte freie Kapazitäten haben. Andererseits können auch das Personal von ACI nicht

Mitarbeiter	Arbeitsaufgabe	Schwerpunkte/Softwareprodukte
Herr Pelz	Abteilungsleiter	Er ist Projektverantwortlicher bei den jeweiligen Entwicklungsprojekten, verantwortlich für die Softwaretechnologie und die Koordinierung des Einsatzes von externen Selbstständigen (Freelancerinnen und Freelancern).
Herr Krüger	Standardsoftware (Standard Soft)	Sein Aufgabengebiet umfasst vorrangig die Softwarelösungen der DATEV eG. Er betreut über 400 Steuerberatungskanzleien in ganz Deutschland. Parallel dazu kümmert er sich um alle Kunden, die Office-Programme, kaufmännische Programme zum Rechnungswesen, zur Auftragsbearbeitung, zur Lohn- und Gehaltsabrechnung sowie zum Dokumentenmanagement (DMS) bei ACI erworben haben.
Herr Reck	Individualsoftware (Individual Soft)	Den größten Teil seiner Arbeitszeit widmet er dem selbstentwickelten Programm zur Hausverwaltung. Es ist zurzeit bei über 200 Kunden installiert. Bei Bedarf arbeitet er zusätzlich mit den freiberuflichen Programmiererinnen und Programmierern zusammen. Gemeinsam bieten sie Programmanpassungen an, programmieren kleine Applikationen in Java, Visual Basic oder PHP, erstellen Homepages oder Internetshops für Kunden, beraten und unterstützen bei Datenbankapplikationen oder schulen Personal.
freiberufliche Fachkräfte (Freelancer)	Softwareentwicklung, Kundenberatung und Softwarevertrieb, Kundenschulung	Das Unternehmen ACI arbeitet im Softwarebereich mit zahlreichen freiberuflichen Fachkräften jeweils für begrenzte Zeiträume und begrenzte Themen zusammen. Die Freiberufler/-innen sind Fachleute in ihren Bereichen und verdienen ihr Geld durch ihren Einsatz für mehrere Unternehmen.

die laufenden Prozesse unterbrechen, nur um die Kundenschulung durchzuführen. Hier greift das Unternehmen auf einen Pool freier Fachleute zu und bietet dem Kunden die Schulung durch einen bekannten und vertrauenswürdigen freien Dozenten oder eine Dozentin im Auftrag der Firma ACI an.

Leon ist skeptisch, ob er mit seinem Berufsabschluss den Einstieg in das Geschäft der Freien schaffen kann. Sicherlich sind diese „Fachleute" studierte Informatikerinnen und Informatiker mit einem Bachelor oder Master als Abschluss. Welche Chancen hat er mit seinem späteren Berufsabschluss?

Herr Pelz kann ihn beruhigen. Neben den guten theoretischen Kenntnissen spielen bei den Freiberuflerinnen und Freiberuflern die praktischen Erfahrungen und die soziale Kompetenz eine wesentliche Rolle. Der Auftraggeber kann nicht mit Theoretikerinnen und Theoretikern zusammenarbeiten, die alles diskutieren und infrage stellen, aber keine Ergebnisse abliefern. Natürlich sind neue Ideen auch von den Selbstständigen stets gefragt, aber sie müssen in die Produkte einfließen.

Die soziale Kompetenz als Fähigkeit, miteinander zu reden, pünktlich und zuverlässig zu liefern sowie im Team die Leistungen der anderen anzuerkennen, ist neben der fachlichen Kompetenz nicht zu vernachlässigen. Dieses Verhalten lernt man am besten im Rahmen einer Festanstellung, in einem festen Team und bei der Bewältigung zahlreicher Aufgaben. Wenn dieser Rahmen dann „zu eng" wird, dann sollte der Betreffende über einen Wechsel oder den Schritt in die Selbstständigkeit nachdenken.

Céline fragt sich, warum die von anderen erstellte und bereits verkaufte Standardsoftware weiterhin so viel Arbeit verursacht. Herr Krüger fühlt sich hier angesprochen. Er antwortet mit einem lapidaren Satz: „Die Welt ändert sich und die Software muss an diese Änderungen angepasst werden." Das ist einerseits schlecht, denn dies erfordert viel Arbeit und muss vorausschauend schon bei der Softwareentwicklung berücksichtigt werden. Andererseits bedeuten diese notwendigen Arbeiten „Lohn und Brot" für viele Beschäftigte in der IT-Branche.

Was ändert sich denn? Es verändern sich die technischen Einsatzbedingungen, neue Hardware und neue Betriebssysteme dominieren auf dem Markt und sollen mit der Software genutzt werden. Es ändern sich aber auch gesetzliche Grundlagen von kaufmännischen Prozessen. Große Änderungen, wie der Jahrtausendwechsel und die Umstellung auf die Euro-Währung, wurden zwar erfolgreich bewältigt, aber neue Mehrwertsteuersätze oder Änderungen in den Sozialabgaben sind immer wieder zu erwarten.

Nach der Vorstellungsrunde möchte Herr Pelz von den Azubis wissen, welches Projekt sie bereits in der Berufsschule realisiert haben und welches betriebliche Projekt sie in den kaufmännischen Abteilungen des Unternehmens kennen gelernt haben.

Felix, der zukünftige Kaufmann für IT-System-Management, verweist auf das Microsoft-Access-Projekt, das die Azubis bei der ACI GmbH im Rahmen ihrer kaufmännischen Ausbildung realisiert haben. Das Projekt unterstützt kaufmännische Prozesse im Bereich der Warenwirtschaft. ACI bietet in seinen Niederlassungen und über den Internetshop diverse Artikel aus dem Bereich Hard- und Software an. Das Warenwirtschaftssystem verwaltet die Stammdaten zu den Artikeln sowie die Kunden- und die Lieferantendaten und ermöglicht über diesen Weg die Abbildung der kaufmännischen Prozesse vom Einkauf bis zum Verkauf der Waren. Parallel dazu werden auch die Personaldaten verwaltet. Das System ermöglicht, die Arbeitszeiten und die Entgelte der Angestellten sowie deren Urlaubszeiten zu bearbeiten.

Technisch ist dieses Warenwirtschaftssystem mit einer Access-Datenbank verbunden. Die Ein- und Ausgaben erfolgen über die von Microsoft Access angebotenen Formulare und Berichte.

1.5 Aufgabe der Auszubildenden

Vom Bereich Verkauf besteht der Wunsch, die Arbeitsplätze im Warenwirtschaftssystem mit Hardware, Software und Vernetzung weiter zu vervollkommnen, sodass es in den Vertriebsniederlassungen Nord und Süd eingesetzt werden kann. Frau Horn, verantwortlich für den Internetshop, wünscht sich ebenfalls eine Verbindung zwischen dem Shopsystem und dem internen Warenwirtschaftssystem.

Svenja präsentiert eine Microsoft-Access-Lösung für das Warenwirtschaftssystem. Felix weist darauf hin, dass die vorliegende Lösung nur im lokalen Betrieb von einem einzigen Rechner aus nutzbar ist. Er sieht in dieser Lösung eigentlich nur einen Prototyp für das noch zu schaffende Warenwirtschaftssystem. Außerdem weiß Felix aus Erfahrungen während des bisherigen Einsatzes des Systems, dass es noch diverse Schwachstellen enthält. Anlässlich einer Vorführung des Programms vor seiner Berufsschulklasse war er sich eigentlich sicher, dass das System gut funktioniert, und musste feststellen, dass seine Klassenkameradinnen und -kameraden beim „Spielen und Experimentieren" diverse Fehler und unklare Beziehungen entdeckten.

Aufgaben

1. Welche IT-Ausbildungsberufe gibt es, die bei der ACI GmbH nicht ausgebildet werden?
2. Erläutern Sie die Unterschiede zwischen den kaufmännischen und technischen IT-Berufen.
3. Welche Voraussetzungen sollte man für eine Ausbildung zum Fachinformatiker oder zur Fachinformatikerin für Anwendungsentwicklung mitbringen?
4. Wie sieht der typische Arbeitsalltag der Kaufleute für IT-System-Management aus?
5. Welche Programmiersprachen und Technologien werden in der Ausbildung in der Fachrichtung Anwendungsentwicklung vermittelt?
6. Wie wichtig sind Soft Skills wie Teamarbeit und Kommunikation in IT-Berufen?
7. Welche Rolle spielt die IT-Sicherheit in den verschiedenen IT-Ausbildungsberufen?

2 Projektmanagement

Merkmale eines Projektes im Kontrast zu Prozessen → Arbeiten in Projekten → Beteiligte an Projekten → Organisation der Projektarbeit → Projektplanung → Überwachung und Anpassung von Projektzielen

In der IT-Entwicklung und IT-Beratung sind immer wieder neuartige Aufgaben zu bearbeiten. Entsprechend arbeiten die Fachkräfte in Projekten und müssen die Projektorganisation kennen.

2.1 Grundlagen der Arbeit in Projekten

2.1.1 Projekte und Prozesse

Prozesse umfassen die Folgen von Aktivitäten, die aus einem definierten Input ein definiertes Ergebnis erstellen. Prozesse wiederholen sich ständig. Die Aktivitäten und ihre Beziehungen zueinander werden kontinuierlich verändert um die Prozesse als Ganzes zu verbessern, zu beschleunigen, kostengünstiger zu realisieren und um die Qualität der Ergebnisse abzusichern. Prozessqualität sichert die Produktqualität.

Projekte haben mit konkreten Zielen und Inhalten einmaligen Charakter. Eine Software muss nicht mehrfach entwickelt werden. Aber auch von Projekten erwartet man Ergebnisse in geforderter Qualität. Auch Projekte werden als Folge von einzelnen Arbeitsschritten abgearbeitet. Zahlreiche Erfahrungen aus erfolgreichen und erfolglosen Projekten haben zur Empfehlung dieser Abfolge von Arbeitsschritten geführt. Damit bekommt die Softwareentwicklung trotz ihrer Einmaligkeit einen gewissen Prozesscharakter.

Von der wohlorganisierten Abfolge von Aktivitäten in der Softwareentwicklung wird auch die Sicherung der Qualität der Softwareprodukte erwartet. Die zahlreichen Vorgehensmodelle in der Softwareentwicklung beschreiben den Prozess der systematischen Entwicklung von Software. Man bindet sich in seiner einmaligen kreativen Arbeit der Softwareentwicklung an diese Vorgehensmodelle, um damit die Qualität des Produktes Software zu sichern und gleichzeitig den Prozess der Entwicklung effizient und planbar zu gestalten.

Berufliche Tätigkeit			
Einmalige Tätigkeit*		Sich wiederholende Tätigkeit*	
PROJEKT		PROZESS	
Vorteil	Nachteil	Vorteil	Nachteil
Immer wieder neue Herausforderungen	Risiko des Scheiterns	Erfahrungen geben Sicherheit	Monotonie durch ständige Wiederholung
Ziel: Ergebnis in geforderter Qualität in der vorgegebenen Zeit und zu den vorgegebenen Kosten erreichen		Ziel: sichere Bearbeitung möglichst vieler Aufgaben in der zur Verfügung stehenden Zeit	
* Die Einschätzung, ob etwas einmalig oder wiederholend ist, liegt stark bei der ausführenden Person und kann sich je nach Perspektive unterscheiden.			

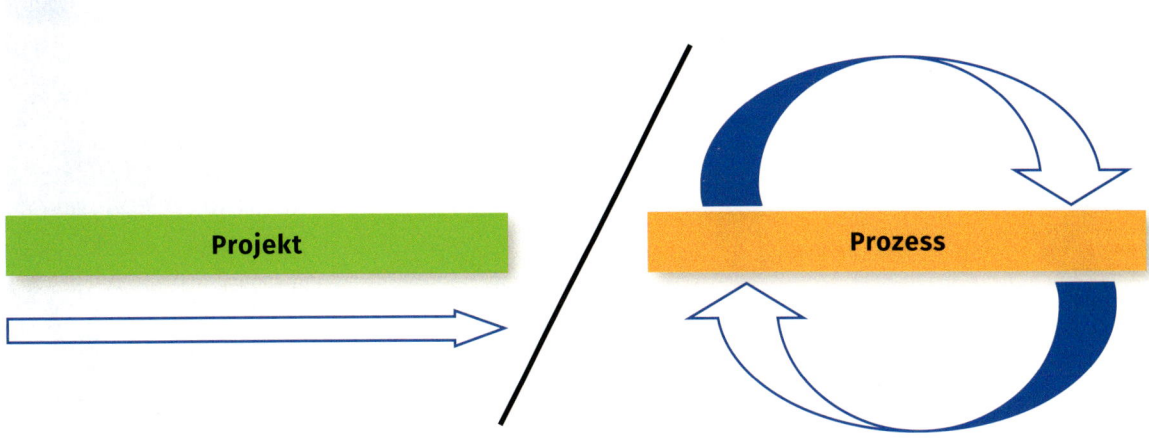

Einmaligkeit und Wiederholung als Merkmale von Projekt und Prozess

2.1.2 Begriffe aus der Arbeit in Projekten

Projekt

> **W** Nach DIN 69 901 ist ein **Projekt** ein Vorhaben, das im Wesentlichen durch die Einmaligkeit der Bedingungen in ihrer Gesamtheit gekennzeichnet ist, wie z. B.:
> - Zielvorgaben
> - zeitliche, finanzielle, personelle oder andere Begrenzungen
> - Abgrenzungen gegenüber anderen Vorhaben
> - projektspezifische Organisation

Aus der Definition wird deutlich, was den Unterschied zwischen **Projekten** und **Routineaufgaben** ausmacht: **Einmaligkeit.** Die Aufgabenstellung wiederholt sich nicht, weshalb keine ständige Struktureinheit zu schaffen ist. Jedes Projekt ist abgeschlossen, hat einen Anfang und einen Endpunkt, an dem das Ergebnis abgerechnet wird. Routineaufgaben wiederholen sich ständig, sie können im Detail geregelt werden und sind damit automatisierbar.

Aus der Einmaligkeit der Aufgabenstellung ergibt sich auch deren **Neuartigkeit**. Die Aufgabe hat einen hohen Innovationswert und ist kreativer zu bearbeiten als die üblichen Routineaufgaben, die formal nach Vorgaben abzuarbeiten sind.

In der Definition eines Projektes spielen **Umfang, Komplexität** oder **Schwierigkeitsgrad** der Aufgabenstellung keine Rolle. Auch einfache Aufgaben können als Projekt bearbeitet werden.

Die Entscheidung ist stark subjektiv, ob etwas als einfach oder schwer, als komplex oder simpel oder als umfangreich oder schlank empfunden wird. Für eine Berufsschulklasse ist eine Betriebsbesichtigung in einer fremden Stadt sicherlich schwerer zu organisieren als für ein Reiseunternehmen. Jeder Mensch muss für sich seine Position zu Projekten finden: Neugierige und kreative Persönlichkeiten werden die ständig wechselnden Projekte begrüßen, während „einfache Geister" eher die Ruhe und Sicherheit in der Routinetätigkeit suchen.

Wie so oft in der Praxis sucht man – als den Erfolg versprechenden Weg – einen Ausgleich zwischen den Extremen Kreativität und Routine:
- Auch die einmaligen Aufgabenstellungen der verschiedensten Projekte werden im Rahmen vorgegebener **Modelle** bearbeitet. Die Softwaretechnologie zeigt uns den Weg der Bearbeitung, bringt Routine in den Prozess der Projektbearbeitung und sichert so den qualitativ erfolgreichen Abschluss der Projekte.
- Die Softwaretechnologie hilft auch, die Komplexität und Schwierigkeit der Aufgabenstellungen aufzubrechen und in kleine beherrschbare Teilaufgaben und eventuell wiederverwendbare Lösungen zu zerlegen. Komplexe Lösungswege werden in **Arbeitspakete** aufgegliedert und als **Vorgänge** im Projekt behandelt. Dafür stehen die Prinzipien der Lokalität, der Schnittstellen und der Wiederverwendbarkeit.

Projektmanagement

Das Management von Softwareprojekten muss diesen Weg beschreiben und die allgemeinen Erfahrungen aus dem Projektmanagement mit den speziellen Erkenntnissen zur Softwaretechnologie verbinden.

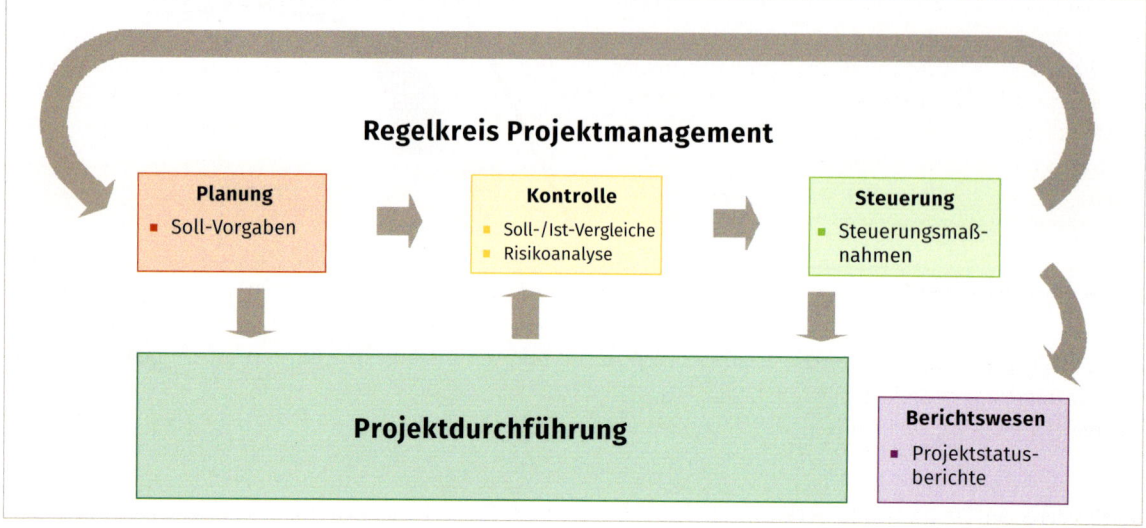

> **W** **Projektmanagement** ist nach DIN 69901 die Gesamtheit von Führungsaufgaben, -organisation, -techniken und -mitteln für die Abwicklung eines Projektes.
> Oft wird der Begriff „Projektmanagement" auch mit Personen bzw. Managerinnen und Managern gleichgesetzt, die dazu berufen sind, die Durchführung eines Projektes zu leiten. Deren Aufgabe besteht darin,
> - das Projekt zu planen,
> - die Durchführung des Projektes zu kontrollieren und zu steuern und
> - die Ergebnisse und Erkenntnisse aus dem Projekt auszuwerten.

Diese Aktivitäten lassen sich in einem Regelkreis für das Projektmanagement zusammenfassen.

Eine wichtige Quelle von Informationen über Projektmanagement publiziert das US-amerikanische Project Management Institute (PMI) regelmäßig in neuen Auflagen als „Project Management Body of Knowledge", kurz PMBoK.

> **What is Project Management?**
> Project management is the application of knowledge, skills, tools and techniques to project activities to meet project requirements. Project management is accomplished through the application and integration of the project management processes of initiating, planning, executing, monitoring and controlling, and closing.
> The project manager is the person responsible for accomplishing the project objectives.
> Managing a project includes:
> - Identifying requirements
> - Establishing clear and achievable objectives
> - Balancing the competing demands for quality, scope, time and cost

> - Adapting the specifications, plans, and approach to the different concerns and expectations of the various stakeholders.[1]
>
> Quelle: PMBok 2004

2.1.3 Projektziele und Zielkonflikte

Bei der Projektplanung, -durchführung und -auswertung geraten die Beteiligten mit ihren unterschiedlichen Interessen und Zielen oft in Konflikte. Der Projektplan muss von den Vorgaben des Auftraggebers ausgehen. Der Auftraggeber (oft auch als Projektsponsor bezeichnet) bestimmt die folgenden Projektziele:

Sachziel	Was soll inhaltlich erreicht werden? Welche Ergebnisse werden erwartet? (Leistung)
Zeitziel	Wann sollen die Ergebnisse vorliegen? (Termin)
Kostenziel	Was darf das Projekt maximal kosten? (Budget)

Die Projektplanung muss das **magische Zieldreieck** des Projektmanagements (dynamisches Projektdreieck) beachten, wo Leistung, Kosten und Termine abgebildet werden.

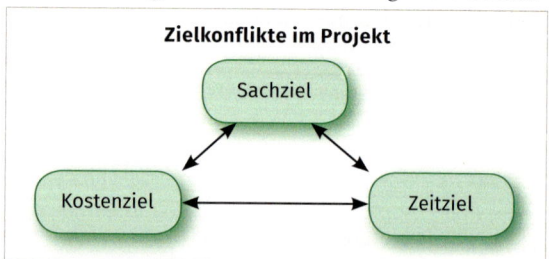

[1] Quelle: Project Management Institute (Hrsg.): A Guide to the Project Management Body of Knowledge (PMBOK® Guide), 3. Aufl., Newtown Square, Penn. 2004; online unter: https://www.pmworkplace.com/PMP/A_Guide_to_the_Project_Management_Body_of_Knowledge_PMBOKGuide/LiB0007.html [05.07.2024].

Noch komplizierter wird es bei der Projektüberwachung (und Projektsteuerung), wenn Abweichungen vom Plan auftreten und damit die Erreichung einzelner Ziele im magischen Zieldreieck gefährdet ist. Hier kommen nicht nur die objektiven Zielkonflikte zum Tragen, sondern auch die subjektiven Interessen der Beteiligten.

2.1.4 Stakeholder

> **W** Als **Stakeholder** werden alle Personen bezeichnet, die ein Interesse am Projekt haben oder vom Projekt in irgendeiner Weise betroffen sind (ISO 10006).

Stakeholder oder „interessierte Parteien" sind die an der Durchführung bzw. dem Erfolg des Projektes interessierten Personen oder Gruppen. Stakeholder haben ein bestimmtes Interesse an einem Projekt, d.h., sie können durch das Projekt profitieren, aber auch belastet, eingeschränkt oder sogar überflüssig werden. Sie können an Inhalten, Zielen, Aktivitäten, Ressourcen oder Ergebnissen interessiert sein. Mögliche Stakeholder sind Kunden, Entwicklungspartner, Anwender und Anwenderinnen, eigenes Personal, Vertriebspartner, Anteilseignerinnen und -eigner und Inhaberinnen und Inhaber der Unternehmen, aber auch Lobbyisten und Lobbyistinnen. Sie können auf die Projekte fordernd, fördernd, hindernd oder neutral einwirken.

Durch ein gezieltes Stakeholder-Management muss es gelingen, alle Stakeholder zu erkennen und ihre Position zum Projekt zu bestimmen. Man muss die Ansprüche der fordernden und fördernden Stakeholder herausarbeiten und mit den Projektzielen in Einklang bringen. Außerdem muss man durch Maßnahmen der Information und Einbeziehung versuchen, die hindernden zu fördernden Stakeholdern oder zumindest zu neutralen zu entwickeln.

RACI ist ein Konzept, auf dessen Grundlage Rollen und Verantwortlichkeiten definiert werden. RACI steht für „**R**esponsible" (zuständig für die Durchführung), „**A**ccountable" (verantwortlich für die Aktivität), „**C**onsulted" (sollte beteiligt werden, kann wertvollen Input liefern) und „**I**nformed" (muss über den Fortschritt informiert werden, z.B. die Stakeholder).

2.2 Projektorganisation

In Kapitel 1 wurden die Tätigkeitsfelder der ACI GmbH aufgezeigt; man beschäftigt sich mit der Kundenberatung, dem IT-Service und der Anwendungsentwicklung. In allen drei Gebieten werden die Mitarbeiter und Mitarbeiterinnen immer wieder mit neuen Anforderungen (Kundenwünschen, Bearbeitungsfehlern oder Entwicklungsaufträgen etc.) konfrontiert. Es gibt aber auch sich wiederholende Aufgaben (Kontaktaufnahme, Leistungsabrechnung, Dokumentation etc.), sodass die Mitarbeiter und Mitarbeiterinnen sowohl in Projekten als auch in Prozessen arbeiten.

Gegenstand dieses Lehrbuches ist die Anwendungsentwicklung mit dem Schwerpunkt „Softwareentwicklung". In Kapitel 3 wird näher auf Software als Produkt und die notwendige Technologie zur Produktion von Software eingegangen. Jedes Produkt „Software" muss als Grundlage für die Vervielfältigung einmal entwickelt werden, sodass
seine Entwicklung ein einmaliger Prozess ist, weshalb von Softwareprojekten gesprochen wird. Die Massenfertigung des Softwareproduktes ist dann schließlich durch einfaches Kopieren problemlos möglich.

Für die Softwareentwicklung trifft damit die Projektdefinition vollständig zu, denn ein Projekt ist ein Vorhaben, das im Wesentlichen durch die Einmaligkeit der Bedingungen in ihrer Gesamtheit gekennzeichnet ist (siehe DIN 69901). Das Management von Softwareprojekten verbindet die allgemeinen Erfahrungen aus dem Projektmanagement mit den speziellen Erkenntnissen zur Softwaretechnologie.

Auf effektive Art und Weise soll ein möglichst qualitativ hochwertiges Softwareprodukt entstehen und dieser Vorgang muss entsprechend organisiert, also gemanagt werden.

> **S** Svenja erinnert ihre Mitazubis hier an Murphys Gesetze, wonach schiefgeht, was nur schiefgehen kann. Als sie nach diesem "Gesetz" im Internet suchte, hat sie herausgefunden, dass sich die Sammlung der Aussprüche über die Fehleranfälligkeit komplexer Systeme unter dieser Bezeichnung stetig erweitert. Die Aussagen sind keineswegs gesetzmäßig, entsprechen aber den Lebenserfahrungen von Entwicklerinnen und Entwicklern.

Das Management von Softwareprojekten muss dazu beitragen, all das, was schiefgehen kann, auszuschließen oder wenigstens in seinen negativen Auswirkungen zu begrenzen. Entscheidend ist dabei die Art und Weise der Einbeziehung der **Ressource Mensch** als kreative Kraft in der Softwareentwicklung.

Programmieren im Kleinen	**Software entwickeln**
▪ für mich selbst	**(Programmieren im großen Stil)**
▪ Funktionsweise ist wichtig	▪ für noch unbekannte Nutzende
	▪ Qualität muss den Anforderungen entsprechen

Baustelle eines Eigenheims: Organisation wie beim Programmieren im Kleinen

Großbaustelle: Organisation wie beim Programmieren im Großen

Beim „Programmieren im Kleinen" steht der Softwareentwickler oder die -entwicklerin allein. Er oder sie muss sich nur selbst organisieren, motivieren und disziplinieren. Bei der „Softwareentwicklung im Großen" müssen die **Arbeiten im Team** abgestimmt und organisiert werden. Man stelle sich nur das Bild der Großbaustelle vor, auf der eine Vielzahl von Arbeitskräften planmäßig handeln muss, damit ein großes Gebäude entsteht.

2.2.1 Organisation des Projektteams

In der Definition wird als Merkmal eines Projektes bereits auf die projektspezifische Organisation hingewiesen. Für jedes Projekt sind spezielle Organisationsstrukturen zu bilden.

> **W** Die **Projektorganisation** stellt (nach DIN 69901) die „Gesamtheit der Organisationseinheiten und der aufbau- und ablauforganisatorischen Regelungen zur Abwicklung eines bestimmten Projektes" dar. Die Projektorganisation stützt sich in der Regel auf vorhandene Bestandteile der Betriebsorganisation und ergänzt diese um projektspezifische Regelungen.

Als spezielle Ziele der Projektorganisation stehen im Vordergrund:
- **Begrenzung von Mängeln der traditionellen Organisation,** durch welche die horizontale und die vertikale Zerteilung des Unternehmens für den Arbeitsprozess nur noch „operative Inseln" übrig lässt

- **straffe, interdisziplinäre Leitung** von besonders wichtigen Unternehmensaufgaben (Projekten) durch ihre Herauslösung aus den stabilen Unternehmensstrukturen (Leitungslinien und Befugnisse)

Zur Überwindung dieser Konstruktionsmängel traditioneller Organisation haben sich im Wesentlichen drei Organisationsmodelle für die Projektarbeit herausgebildet:

Reine Projektorganisation

Alle Mitarbeitenden am Projekt arbeiten nur für das Projekt, sind nur der Projektleitung unterstellt und damit zu einer zeitweiligen Struktureinheit zusammengefasst. Klare Verantwortungsabgrenzung und einheitliche Leitung stehen hier dem nur zeitweiligen Einsatz der Mitarbeitenden und ihrer Auswahl und Herauslösung aus vorhandenen Strukturen gegenüber.

Der Begriff „Projektorganisation" bezieht sich gemäß DIN auf die Organisation des Projektes selbst. Demgegenüber wird der Begriff „Reine Projektorganisation" zur Beschreibung der Organisationsform eines rein projektorientiert arbeitenden Teams verwendet.

Die reine Projektorganisation findet sich kaum in einem Unternehmen klassischer Prägung. Sie ist typisch für Netzwerke von gleichberechtigten Parteien oder für kleine Unternehmen mit einheitlicher Qualifikation aller Mitarbeitenden. Eine Sonderform nehmen Projektgesellschaften ein, die temporäre Unternehmen zur Durchführung eines Großprojektes sind (z. B. eine eigene GmbH für den Bau einer Brücke).

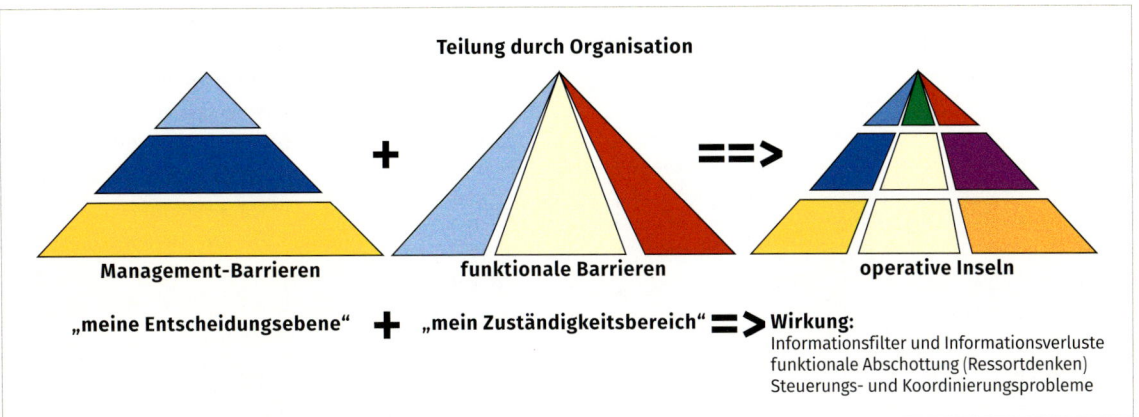

Konstruktionsmängel traditioneller Organisationsformen

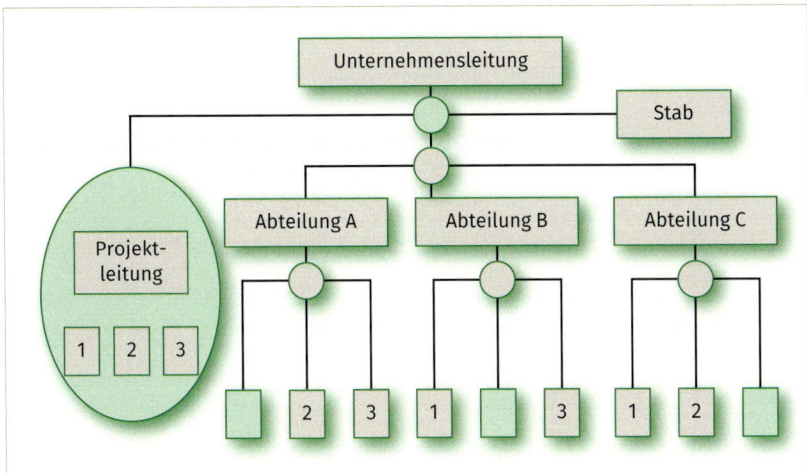

Reine Projektorganisation

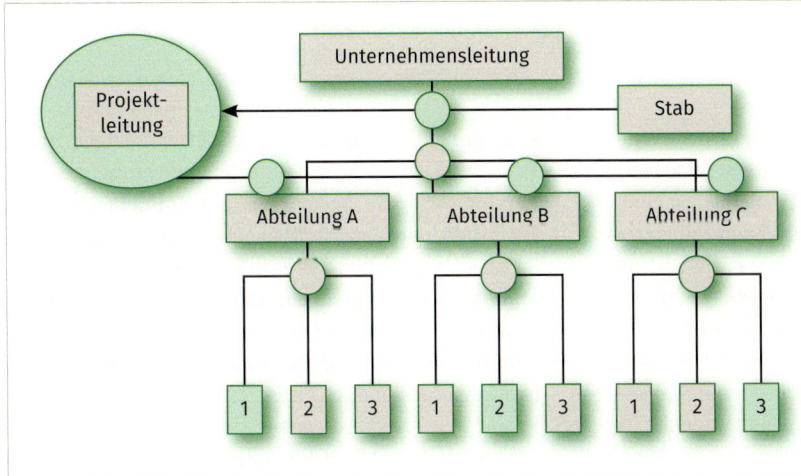

Einfluss-Projektorganisation

Projektkoordination/Einfluss-Projektorganisation

Die Projektleitung koordiniert nur die Arbeiten an der Projektaufgabe, die in den vorhandenen Strukturen gelöst wird. Sie übt keine Entscheidungsbefugnisse aus. Das fördert die Flexibilität und die Nutzung vorhandener Informationen, schmälert jedoch die Gesamtverantwortung und verzögert nötige Entscheidungen.

Matrix-Projektorganisation

Damit werden die Kompetenzen zwischen der Projektleitung und den Linieninstanzen geteilt. Diese Form fördert die Ganzheitlichkeit und die zielstrebige Koordinierung der Projektaufgabe, wobei ein hoher Kommunikationsaufwand und Kompetenzkonflikte hinderlich wirken können.

Die Matrix-Projektorganisation ist die am häufigsten praktizierte Form der Projektorganisation. Da ein Projekt zeitlich beschränkt ist, erhält es keine dauerhaften Mitarbeitenden. Die Projektmitarbeitenden werden vielmehr aus der Linienorganisation für das Pro-

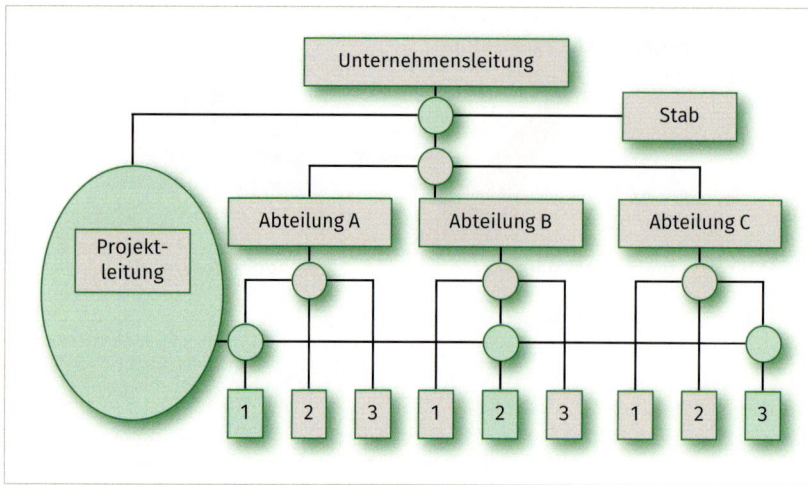

Matrix-Projektorganisation

jekt in einem bestimmten Umfang freigestellt. Die Projektmitarbeitenden finden sich also in einer „Matrix" zwischen Linienorganisation und Projektorganisation wieder.

Für die Auswahl der jeweils geeigneten Form stehen **Auswahlkriterien der Projektorganisation** zur Verfügung, die vor allem Bedeutung und Umfang der Aufgabe sowie personelle Voraussetzungen berücksichtigen.

Kriterien	Formen der Projektorganisation		
	Einfluss-Projektorganisation	Matrix-Projektorganisation	Reine Projektorganisation
Bedeutung des Projektes für das Unternehmen	gering	groß	sehr groß
Umfang des Projektes	gering	groß	sehr groß
Unsicherheit der Zielerreichung	gering	groß	sehr groß
Technologie	Standard	kompliziert	neu
Zeitdruck	gering	mittel	hoch
Projektdauer	kurz	mittel	lang
Komplexität	gering	mittel	hoch
Bedürfnis nach zentraler Steuerung	mittel	groß	sehr groß
Personaleinsatz	nebenamtlich (Stab)	teilzeitlich (variabel)	vollamtlich
Projektleitungspersönlichkeit	wenig relevant	qualifiziert	sehr fähig

2.2.2 Organisation der Projektleitung

Bei der Projektplanung, -durchführung und -auswertung kommt dem Einsatz der Ressource „Mensch" eine besondere Bedeutung zu. An jedem Projekt sind neben den direkten Projekt-Mitarbeitern und -Mitarbeiterinnen auch mehrere andere Personen mit unterschiedlichen Interessen beteiligt, sogenannte Stakeholder (siehe 2.1.4).

Diese Personen müssen sich organisieren und ihre Beziehungen zueinander definieren. Die Projektmitarbeitenden finden sich im Projektteam zusammen und die Projektverantwortlichen organisieren sich im **Lenkungsausschuss**.

Der Lenkungsausschuss ist das oberste beschlussfassende Gremium der Projektorganisation. In ihm sollten alle Projektbeteiligten (Stakeholder) in geeigneter Weise vertreten sein. Die Minimalbesetzung des Lenkungsausschusses besteht aus der Projektleitung und einer Vertretung des auftraggebenden Unternehmens. Es muss von Anfang an festgelegt sein, wie der Lenkungsausschuss Entscheidungen trifft. Der Lenkungsausschuss sollte sowohl zu festgelegten Berichtszeitpunkten als auch zu Meilensteinen zusammenkommen und Entscheidungen treffen.

Das Projektteam selbst kann weiterhin in kleinere Teams aufgegliedert sein, wobei aber jedes Team durch einen Teamleiter oder eine Teamleiterin und das gesamte Projekt durch die Projektleitung zu vertreten ist. Bei größeren Projekten oder der gleichzeitigen Bearbeitung mehrerer Projekte werden auch mehrerer Projektteams eingesetzt. Unter Führung des Lenkungsausschusses können die einzelnen Projektteams dann auf die Unterstützung eines Projektbüros und die spezialisierten Leistungen eines Teams zur Qualitätssicherung zurückgreifen.

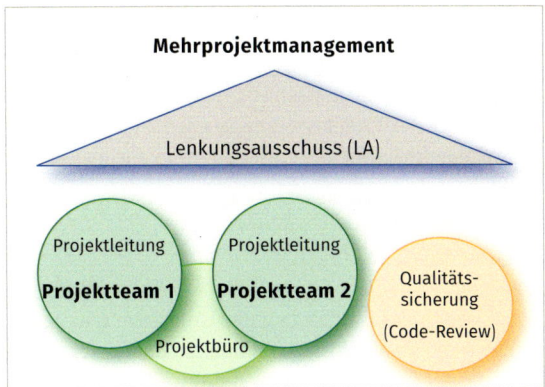

2.2.3 Führung des Projektteams

Team-Entwicklung

Das bekannteste Modell zur Beschreibung der Etappen in der Entwicklung eines Teams stammt von Bruce Tuckman, veröffentlicht im Jahre 1965. Tuckman beschreibt darin die folgenden vier Phasen:
1. forming
2. storming
3. norming
4. performing

Eine etwas modifizierte Variante hilft, die Entwicklung eines Projektteams zu begleiten, zu analysieren und zu beeinflussen.

Formierung	Die Gruppe sucht sich.
	Die Gruppe sucht ihre Aufgaben.
	„Kick-off-Meeting" als erster Treffpunkt zum Kennenlernen
Konflikt	Diskussionen in der Gruppe
	Rollenverteilung unter den Gruppenmitgliedern
	Durchsetzung der Arbeitsregeln/-normen
	Anpassung der Einzelnen
Hauptarbeit	Die Aufgabenerfüllung steht im Mittelpunkt.
	Die Gruppe wächst zusammen.
Reife	Die Gruppe sucht kritisch neue Aufgaben/Lösungen.
	Die Gruppenbeziehungen haben sich stabilisiert.

Für alle Projektgruppen ist das Zusammenwachsen zu einer Gemeinschaft, der Prozess der Gruppenbildung eine Grundbedingung zur erfolgreichen Lösung ihrer Aufgaben. Je aktiver die einzelnen Beteiligten hieran mitwirken (sich gegenseitig suchen), desto schneller kann die Gruppe ihre Wirksamkeit erreichen. Das führt schließlich zu stabilen Gruppenbeziehungen.

Im Prozess der Gruppenbildung treten vielfältige Probleme auf. **Kommunikationsprobleme** spielen dabei eine besondere Rolle. Sie zeigen sich als:
- **Erklärungsprobleme,** bei der klaren Einordnung des Details ins Ganze der Aufgabe
- **Veränderungsprobleme** bei der stetigen Anpassung an neue Bedingungen
- **Erfahrungsprobleme** die durch völlig unterschiedliche berufliche Lebenserfahrungen entstehen

Die Art und die Fähigkeit der Problemlösung kann somit die Gruppenbildung wesentlich beeinflussen. Dazu sind die **Barrieren** zu beseitigen, die der Gruppenarbeit im Wege stehen. Unklare Zielsetzung, fehlende Eigenverantwortung der Teammitglieder oder dominierendes Konkurrenzdenken zählen dazu.

Am wirksamsten wird die Gruppenbildung durch **konstruktive Kommunikation** unterstützt. Einen deutlichen Hinweis auf die Bedeutung der Kommunikation findet man bei der agilen Softwareentwicklung (siehe Kapitel 3, Thema Scrum). Konstruktive Kommunikation bedeutet:
- **Offenheit** in der Gruppe, um Konflikte möglichst schnell auszutragen
- **Toleranz** gegeneinander, um durch respektvolle Beziehungen die Anderen auch zum Zuhören zu bewegen (die Art, wie man unterschiedliche Meinungen äußert)
- **Symmetrie** zwischen den Kommunikationsparteien, also Gleichberechtigung

Team-Konflikte

Konflikte im Team entstehen zumeist in der zweiten Phase der Gruppenbildung; sie treten aber auch im weiteren Verlauf der Arbeit ständig auf, wobei das Team dann selbst bereits eine **Teamkultur** entwickelt, die diese Konflikte entschärft oder zu konstruktiven Kräften für das Projektziel umwandelt.

Aus der **Herkunft** der Mitglieder der Projektgruppe durch
- Berufung von Mitarbeitenden oder
- Zeitverträge mit Betriebsfremden

ergibt sich bereits der erste Unterschied der Teammitglieder nach der Bindung an das Unternehmen.

Die Auswahl der Mitarbeitenden in der Projektgruppe unterliegt einem weiteren Kriterium: dem Verhältnis zwischen fachlicher und sozialer Kompetenz.

Fachliche Kompetenz (berufsspezifische und methodische) erhöht vor allem die Leistungseffizienz der Einzelnen. **Soziale Kompetenz** umfasst Kooperations-, also speziell Kommunikationsfähigkeit sowie Arbeitsverhalten/Motivation und ist entscheidend für die Leistungsfähigkeit der Gruppe verantwortlich. Beide Befähigungen sollten im vorteilhaften Verhältnis zueinander stehen.

Schließlich sind damit Ansprüche an alle Gruppenmitglieder bezüglich Kreativität, Kritik- und Lernfähigkeit sowie Gemeinschaftsarbeit gestellt.

Besonders hoch sind die **Ansprüche an die Projektleitung**. Sie zeigen sich vor allem in
- **Teamfähigkeit,** zu der stets Ausdauer und Toleranz gehören;
- Fähigkeit zum **Generalisieren,** also dem komplexen Denken, dem Einordnen der Details ins Ganze;
- **Praxisorientierung,** gepaart mit den Methoden der Lösungssuche, die stets kritisch erfolgt, sodass sie bei erkennbarer Unpraktikabilität bis zum Abbruch der Arbeit führt;
- Gespür für **Wirtschaftlichkeit** mit der Bewertung der einzelnen Schritte sowie der Chancen und Risiken des Projektes;
- ausreichendem **Durchsetzungsvermögen** gepaart mit hoher Zielstrebigkeit.

Die Ziele der Projektmitglieder können in den folgenden Merkmalen zusammengefasst werden:
- materielle Anerkennung
- moralische Anerkennung
- Sicherung des Arbeitsplatzes
- Abwechslung im Arbeitsleben
- neue fachliche Erkenntnisse
- neue soziale Kontakte
- neue Arbeits-, Lebens- und Umwelterfahrungen

Zwischen den Teammitgliedern und der Projektleitung entstehen zwangsläufig Konflikte bedingt durch ihre Bindung zum Unternehmen, ihre fachliche und soziale Kompetenz sowie ihre fachliche Verantwortung für das Team.

Wichtig ist in dieser konfliktgeladenen Atmosphäre die ständige Motivation der Projektmitarbeitenden:
- positive Motivation, Leistung anerkennen, Mitarbeitende mit Rückgrat belohnen, Kreativität fördern
- keine Negativmotivation, keine Strafen oder Drohungen, keine Entlassungen
- Förderung der Orientierung an den Unternehmenszielen, Leitbild und Leitkultur, dabei aber keine Orientierung am subjektiven Anspruch einer einzelnen Führungskraft

Aufgaben

1. Beschreiben Sie Ziele und Merkmale der Projektorganisation.
2. Was heißt Neuartigkeit in der Projektaufgabe?
3. Kennzeichnen Sie die Vor- und Nachteile der typischen Formen der Projektorganisation.
4. Für welche Projektaufgabe wird die reine Projektorganisation bevorzugt?
5. Wodurch unterscheidet sich die Berufung von der Einstellung von Projektmitarbeitenden?
6. Welche Barrieren behindern den Gruppenbildungsprozess?
7. In welchem Verhältnis stehen fachliche und soziale Kompetenz der Mitarbeitenden von Projektgruppen zueinander?

2.3 Projektplanung

2.3.1 Vorgänge und Arbeitspakete

Als erster Schritt ist die Komplexität und Schwierigkeit der Aufgabenstellungen aufzubrechen und in kleine beherrschbare und eventuell wiederkehrende Teilaufgaben zu zerlegen. Komplexe Lösungswege werden in **Arbeitspakete** aufgegliedert und als **Vorgänge** in der Projektplanung behandelt.

Diese Arbeitspakete müssen so lange weiter in immer kleinere Arbeitspakete untergliedert werden, bis man den Aufwand an Zeit und Ressourcen, der zur erfolgreichen Durchführung jedes Arbeitspaketes benötigt wird, mit möglichst hoher Sicherheit abschätzen kann.

> **W** **Arbeitspakete** beschreiben Teilaufgaben mit eindeutiger Zielsetzung und Ergebniserwartung. Sie sind Teile des Projektes, die im **Projektstrukturplan** nicht weiter aufgegliedert werden und auf einer beliebigen Gliederungsebene liegen können.

Bei der Anwendung von Tools aus der Projektplanungssoftware spricht man dann nicht mehr von Arbeitspaketen, sondern in Abhängigkeit von der Komplexität der Arbeitspakete abgestuft von **Teilprojekten**, **Sammelvorgängen** oder **Vorgängen**. Der Aufwand an Zeit und Ressourcen muss bei Anwendung dieser Tools nur für die Vorgänge als kleinste Einheiten geschätzt werden. Der Aufwand für Sammelvorgänge, Teilprojekte und das Gesamtprojekt errechnet sich automatisch.

Für die Gliederung von Projekten existieren zwei unterschiedliche Herangehensweisen. Je nach Art des Projektes und der bereits durchgeführten Planung sollte man sich für eine der beiden Vorgehensweisen entscheiden.

Top-down-Vorgehensweise
Man beginnt mit der Grobplanung (top = **oben**). Anschließend wird jeder Teilpunkt der Grobplanung weiter unterteilt (down = **nach unten**), bis am Ende die Einzelvorgänge bezüglich Dauer, Ressourcenaufwand und Inhalt klar beherrschbar sind. Man erstellt zuerst die Gliederung des Projektes und untersetzt dann die einzelnen Gliederungspunkte durch untergeordnete Gliederungsebenen oder Einzelaktivitäten.

Bottom-up-Vorgehensweise
Man arbeitet sich bei dieser Methode von unten nach oben durch. Sie ist dann sinnvoll einsetzbar, wenn bereits alle oder fast alle Einzelvorgänge auf unterster Ebene (bottom = **unten**) aufgelistet sind und nach einer zweckmäßigen Reihenfolge und nach Zusammenfassungsmöglichkeiten (up = **nach oben**) gesucht wird. Das Gliederungsgerüst entsteht so durch die Systematisierung der vielen vorhandenen Einzelvorgänge.

Beim Erstellen der Projektgliederung und der Abschätzung des Aufwandes kann ein Software-Tool nur formale Unterstützung leisten. Für inhaltliche Belange ist das **Fachwissen des Projektteams** gefragt. Die Software hilft nur beim Visualisieren der Projektgliederung und beim Kalkulieren des Gesamtaufwandes. Auf diese Weise werden jedoch Fehler im vorgesehenen Ablauf (Zeitziel) und Budgetüberschreitungen (Kostenziel) schnell sichtbar.

> **S** Herr Pelz verweist seine Azubis hier auf agile Programmierung (siehe Kapitel 3). Dort arbeitet man bewusst mit möglichst kleinen Arbeitspaketen. Der Aufwand zur Programmierung sollte im Stunden- oder Minutenbereich liegen. Zur Sicherung des Erfolges arbeiten zwei Programmierer/-innen an jedem Arbeitspaket. Die Strukturierung der Aufgabe in möglichst kleine Arbeitspakete erfolgt in der Gruppe. Alle Gruppenmitglieder lassen ihr Wissen in diesen Strukturierungsprozess einfließen. Kommunikation im Team ist das Erfolgsgeheimnis.

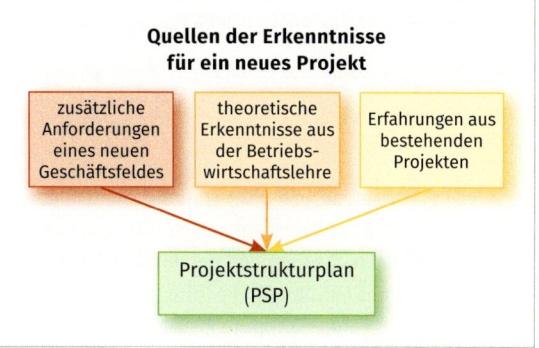

Mindmap zum Projektstrukturplan

> **W** Der **Projektstrukturplan (PSP)** liefert die Darstellung einer Projektstruktur als möglichst vollständige hierarchische Anordnung aller Elemente bzw. Arbeitspakete eines Projektes. Verschiedene Darstellungsformen sind hierfür gebräuchlich, z. B.
> - **Organigramm:** diese Darstellungsform wird in den meisten Fällen gewählt
> - **Listendarstellung:** mit Nummerierung und Einrückungen, eine mit der Textverarbeitung einfach zu erstellende Alternative
> - **Mindmap:** mit einer sehr guten visuellen Wirkung und logisch dem Organigramm oder der Listendarstellung gleichwertig. Mindmapping-Tools unterstützen besonders gut den kreativen Prozess.

Die Elemente des Projektstrukturplanes erhalten jeweils eine eindeutige Bezeichnung, den sogenannten **Projektstrukturplan-Code (PSP-Code)**. Der PSP-Code entspricht allgemein der Gliederungsnummerierung bei einer Listendarstellung des Projektstrukturplanes.

Projektstrukturplan (Version 1.0)
1. Front-End beim Kunden
1.1. Katalogangebot präsentieren
1.2. Hinweis auf Sonderangebote
1.3. Warenkorb zusammenstellen
1.4. Anmeldung als Kunde
1.5. eigene Kundendaten pflegen
1.6. Kundenkonto einsehen

2. **Backoffice bei ACI**
2.1. Warenbestand verwalten
2.2. Bestellung bearbeiten
2.3. Lieferung ausführen
2.4. Fakturieren
2.5. Zahlungsverkehr
2.6. Retouren
2.7. Kundendaten pflegen
3. **Sicherung der Datenübertragung**
3.1. Verschlüsselung
3.2. Signatur prüfen
3.3. Zugriffe protokollieren

Ausgangspunkt für die Wahl der Arbeitspakete im Projektstrukturplan sind die Erfahrungen aus dem bestehenden Projekt auf der Basis von Microsoft Access und die theoretischen Kenntnisse zu
- Warenwirtschaft,
- Auftragsbearbeitung,
- Zahlungsverkehr,
- Kundenkontaktpflege

sowie die zusätzlichen Anforderungen aus neuen Geschäftsfeldern.

S An dieser Stelle setzen sich die Azubis zusammen, um endlich Klarheit über das zu entwickelnde Softwareprodukt zu bekommen. Sie erstellen den Projektstrukturplan mithilfe eines Mindmapping-Tools. Dazu versammeln sie sich vor einem Computer. Felix, der zukünftige Kaufmann für IT-System-Management, protokolliert und strukturiert die Hinweise aller Beteiligten. Die Software visualisiert die bisherige Projektstruktur und bietet einfache Möglichkeiten zur Ergänzung bzw. Veränderung dieser Struktur. Als erstes Ergebnis entsteht eine Mindmap (siehe unten).

S Die beteiligten Azubis und Herr Pelz diskutieren heftig, wie weit die einzelnen Punkte bereits zum gegenwärtigen Zeitpunkt zu detaillieren sind. Herr Pelz beruhigt die Gemüter. Er hält die Detaillierung bis zur vierten Gliederungsebene zum gegebenen Zeitpunkt sogar für riskant. Später wird sich eine kleine Projektgruppe mit diesen Unterpunkten beschäftigen, und deren Aufgabe ist dann die weitere Untersetzung.

Die Azubis diskutieren über die Struktur ihres Projektes. Welche Aufgaben sind zu lösen? Kann man Aufgaben weiter unterteilen in Teilaufgaben? Wie sind die Teilaufgaben sinnvoll zusammenzufassen (top down und button up). Sie nutzen dazu ein Mind-Map-Tool mit einer Projektionsfläche. Hier sehen alle den Arbeitsfortschritt, können neue Vorgänge einfügen, bestehende Vorgänge verändern und die Zuordnung modifizieren. Im Ergebnis entsteht folgende Mind-Map:

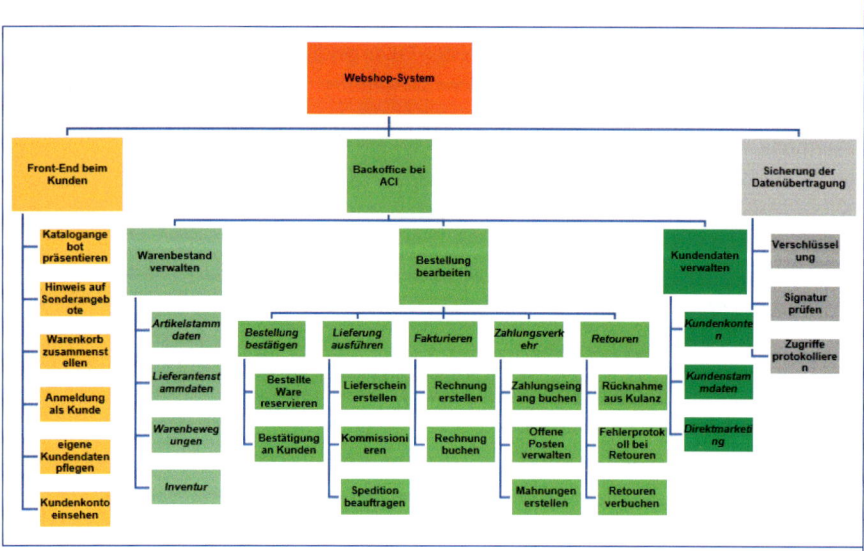

Damit ist das erste Dokument im Rahmen der Projektarbeit erstellt. Herr Pelz schlägt nun folgenden Projektstrukturplan in Listenform vor:

Er verweist seine Auszubildenden auch darauf, dass genau diese Darstellungsformen des Projektstrukturplanes (Diagramm als Organigramm oder Mindmap sowie die Listenform) von vielen Industrie- und Handelskammern (IHK) im Rahmen des „Onlineverfahrens zur Bestätigung der Projektanträge" abgefordert werden.

Nach der Festlegung der Projektstruktur muss nun der Projektablauf geplant werden. Dazu muss statt der statischen die dynamische Seite von Projekten betrachtet werden. Hierzu werden andere Darstellungsmittel und andere Softwaretools eingesetzt. Ein allgemein bewährtes Tool zur Projektablaufplanung ist Microsoft Project, worauf sich die folgenden Betrachtungen beziehen.

Sichten auf ein Projekt	
Statisch	Dynamisch
Grundfragen	
▪ Was ist zu tun?	▪ Wann ist es zu tun? ▪ In welcher Reihenfolge ist es zu tun?
Begriffe	
▪ Arbeitspaket	▪ Vorgang
Darstellungsmöglichkeiten	
Projektstrukturplan als ▪ Mindmap ▪ Numerierte Liste ▪ Organigramm	▪ Netzplan ▪ Gantt-Diagramm
Einsetzbare Tools	
▪ Mindjet MindManager	▪ Microsoft Project ▪ ACOS PLUS.1

2.3.2 Netzpläne PERT/CPM

W ▶ Ein **Vorgang** ist ein Begriff aus der Netzplantechnik und bezeichnet ein Ablaufelement, das ein bestimmtes Geschehen beschreibt. Jeder Vorgang steht für ein Arbeitspaket.

W ▶ Ein **Netzplan** ist eine grafische Darstellung von Abläufen und deren Abhängigkeiten. Die Vorgänge bilden die Knoten in den Netzplänen. Eine gebräuchliche Form der Darstellung von Knoten zeigt die folgende Darstellung:

FAZ			FEZ
Vorgangsbezeichnung			
Vorgangsnummer	Vorgangsdauer		GP
SAZ			SEZ

Die Erläuterungen für die verwendeten Abkürzungen sind in der Übersicht zusammengefasst.

FAZ	Der früheste mögliche Anfangszeitpunkt zeigt an, dass dieser Vorgang frühestens zu diesem Termin begonnen werden kann.
FEZ	Der früheste mögliche Endzeitpunkt zeigt an, wann dieser Vorgang frühestens beendet werden kann. Addiert man zum FAZ die Vorgangsdauer, so erhält man den FEZ.
SEZ	Der späteste mögliche Endzeitpunkt zeigt an, wann dieser Vorgang spätestens zu beenden ist, um das **zeitliche Ziel** des gesamten Projektes nicht zu gefährden. Der SEZ-Wert wird bei der Rückwärtsrechnung vom Endtermin aus bestimmt und ist abhängig vom spätesten Anfangszeitpunkt seines Nachfolgers. Besitzt ein Vorgang mehrere Nachfolger, so berechnet sich der SEZ-Wert aus dem kleinsten Wert der SAZ aller seiner Nachfolger.
SAZ	Der späteste mögliche Anfangszeitpunkt SAZ zeigt an, dass dieser Vorgang spätestens zu diesem Termin begonnen werden muss, um das **zeitliche Ziel** des gesamten Projektes nicht zu gefährden. Zieht man vom SEZ die Vorgangsdauer ab, so erhält man den SAZ.
GP	Der Gesamtpuffer des Vorganges gibt an, um welchen Zeitraum dieser Vorgang verschoben werden kann, ohne das **zeitliche Ziel** des gesamten Projektes zu gefährden. Er ergibt sich jeweils aus der Differenz der spätesten Anfangs- oder Endzeitpunkte und der frühesten Anfangs- oder Endzeitpunkte.

Bemerkung: Der Vorgang 1 beginnt üblicherweise zum Zeitpunkt 0 (Null), damit kann man beim letzten Vorgang im frühesten und spätesten Endzeitpunkt genau die Gesamtdauer des Projektes ablesen.

Im Netzplan erscheinen die Vorgänge als Rechtecke mit der oben erklärten Beschriftung. Die Rechtecke werden mit Linien oder Pfeilen verbunden und stellen damit den Ablauf eines Projektes dar. Die Darstellung des Ablaufes folgt den üblichen Lesegewohnheiten und verläuft von links nach rechts und von oben nach unten. Die Linien stellen die Vorgangsbeziehungen dar und beschreiben die zeitliche Beziehung zwischen den Vorgängen, auch als **Parallelläufigkeit** bezeichnet. Dabei wird der Vorgang links vom aktuellen Vorgang **„Vorgänger"**, der Vorgang rechts **„Nachfolger"** genannt.

Netzpläne basieren auf **Netzknoten.** Mit ihrer Hilfe kann man die Vorgangsbeziehungen darstellen und eventuell auch ohne Hilfe eines Computers die Termine berechnen. Dazu sind eine **Vorwärtsrechnung** und eine **Rückwärtsrechnung** notwendig.

> **W** **Vorwärtsrechnung (progressive Berechnung)**
>
> Berechnung der frühesten Zeitpunkte aller Ereignisse und Vorgänge im Netzplan ausgehend vom Starttermin des Projektes ($FAZ_1 = 0$).
> $FEZ_i = FAZ_i + Dauer$
> $FAZ_{i+1} = \max(FEZ_i)$

> **W** **Rückwärtsrechnung (retrograde Berechnung)**
>
> Berechnung der spätesten Zeitpunkte aller Ereignisse und Vorgänge im Netzplan ausgehend vom vorwärts berechneten Endtermin des Projektes.
> $SEZ_i = \min(SAZ_{i+1})$
> $SAZ_i = SEZ_i - Dauer$

Netzplantechnik mit kritischem Weg (CPM, Critical Path Method)

CPM ist ein mathematisches Modell, das die Gesamtdauer eines Projektes auf Grundlage der Dauer und Abhängigkeiten der einzelnen Vorgänge berechnet. Es gibt an, welche Vorgänge zeitkritisch sind (bezogen auf den geplanten Endtermin des Projektes). Die Abfolge der kritischen Vorgänge bildet den **kritischen Weg,** eine Verzögerung der kritischen Vorgänge verzögert automatisch auch das Projekt. CPM ist heute ein fundamentales Verfahren in der Projektmanagementsoftware und wird in den Tools in Verbindung mit der PERT-Darstellung verwendet.

> Auf dem **kritischen Weg** liegen alle Vorgänge, bei denen die frühesten und spätesten Zeitpunkte übereinstimmen bzw. deren Gesamtpuffer (GP) gleich null ist. Wenn diese Vorgänge verschoben werden, d. h., wenn sich ihre Dauer oder ihre Anfangszeiten ändern, dann ändert sich der Projektendtermin. **W**

Program Evaluation Review Technique (PERT)

PERT-Netzpläne (program evaluation and review technique) sind eine grafische Darstellung des Projektes als Reihe verbundener Vorgänge, welche besonders zur Erstellung und Feinabstimmung des Projektplanes sowie zur Ermittlung der Reihenfolge von Vorgängen einschließlich ihrer Anfangs- und Endtermine geeignet sind.

Die Festlegung der zeitlichen Beziehungen zwischen den Vorgängen, auch die Entscheidung über deren mögliche gleichzeitige Bearbeitung (parallele Anordnung), ist eine wichtige, durch Fachkenntnisse zu bestimmende Entscheidung im Rahmen der **Projektplanung.**

Netzplan mit kritischem Weg

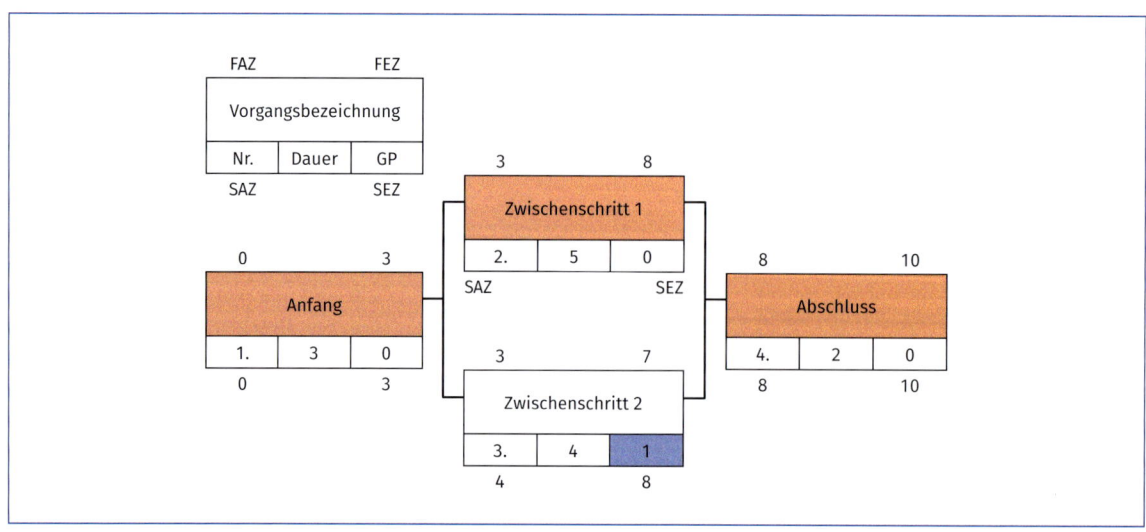

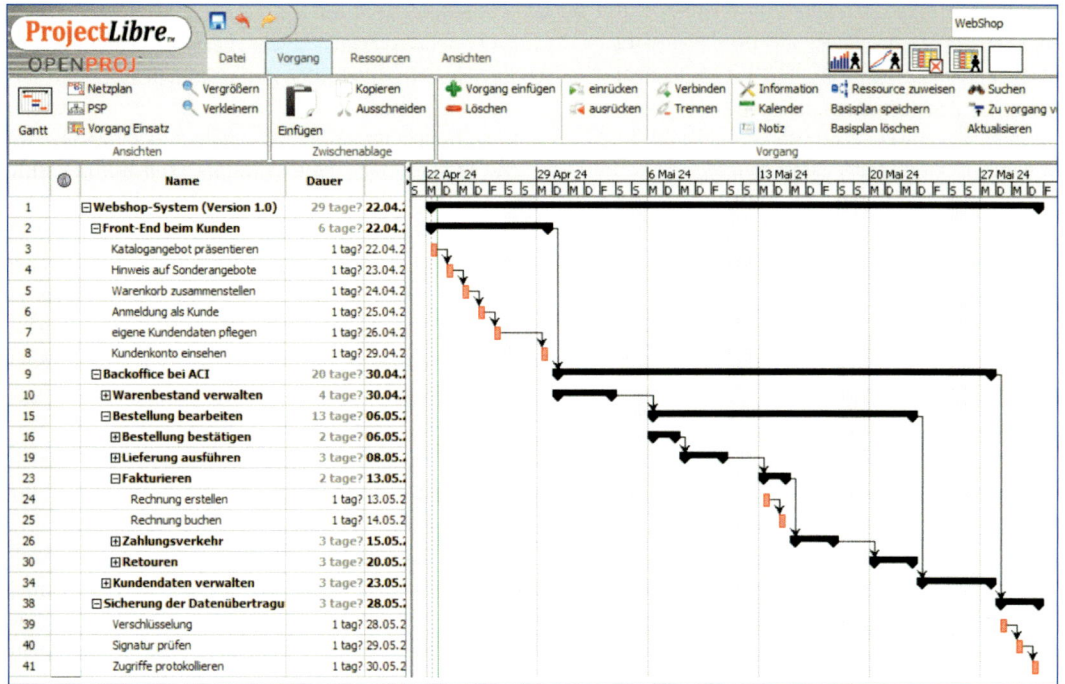

Darstellung des kritischen Weges

2.3.3 Vorgangsbeziehungen

W		Vorgangsbeziehungen
Normalfolge	**EA:** Ende-Anfang-Beziehung	Der nachfolgende Vorgang beginnt erst, wenn der Bezugsvorgang beendet ist, z. B. erst waschen, dann trocknen.
Endfolge	**EE:** Ende-Ende-Beziehung	Das Ende der Vorgänge muss aufeinander abgestimmt sein, z. B. sollten für ein gutes Mittagessen in der Familie Fleisch und Beilagen zur gleichen Zeit gar werden, damit sie warm serviert werden können.
Anfangsfolge	**AA:** Anfang-Anfang-Beziehung	Der Anfang der Vorgänge muss aufeinander abgestimmt sein, z. B. müssen mit Beginn der Arbeiten auf einer Baustelle auch mobile Toiletten bereitstehen.
Sprungfolge	**AE:** Anfang-Ende-Beziehung	Das Ende des nachfolgenden Vorganges wird bestimmt durch den Beginn des Bezugsvorganges, z. B. müssen einige Belegarbeiten als Prüfungsleistung an Universitäten spätestens zwei Monate nach Einreichung des Themas abgeschlossen sein.

Vorgangsbeziehungen

S Die Azubis stellen sich folgende Fragen: Was muss zuerst getan werden? Was baut aufeinander auf? Der übliche Hinweis: „Erst das Fundament, dann das Haus!" ist eindeutig, hilft aber schon bei den neuerdings üblichen Bodenplatten nicht weiter, denn hier müssen zuerst die Ver- und Entsorgungsrohre unter die Bodenplatte gelegt werden.

Herr Pelz erinnert an die Vorgehensmodelle aus der Softwaretechnologie. Hier wird sehr viel ausgesagt zur notwendigen Reihenfolge der Aktivitäten: „Erst der Entwurf, dann die Implementierung!"

2.3.4 Gantt-Diagramme

Der Netzplan visualisiert lediglich die Anordnungsbeziehungen zwischen den Vorgängen, die Zeitinformation ist nur in den Beschriftungen enthalten. Das **Balkendiagramm,** auch **Gantt-Diagramm** nach seinem Erfinder benannt, ordnet alle Elemente in ihrer zeitlichen Abfolge über eine Zeitachse, sodass Zeitdauer und Zeitdifferenzen ebenfalls grafisch dargestellt werden. Während Netzplan und Balkendiagramm grundsätzlich aufeinander darstellbar sind, stellen Strukturpläne eine von der Zeitplanung unabhängige Sicht auf das Projekt dar. Sie visualisieren logische Zusammenhänge hierarchisch und kennen keine Anordnungsbeziehungen. Mithilfe von Projektmanagement-Tools kann man die Vorgangsbeziehungen sehr gut als Balkendiagramm darstellen.

2.3.5 Ressourcen und Ressourcenplanung

Ressourcen sind **Personal** und **Sachmittel,** die zur Durchführung von Vorgängen bzw. Arbeitspaketen und damit zur Realisierung von Projekten benötigt werden. „Einsatzmittel" lautet der korrekte deutsche Begriff, der auch in der DIN verwendet wird.

Ressourcen können von unterschiedlicher Natur sein, wobei grundsätzlich Produktions- oder Hilfsmittel gemeint sind. Dazu gehören humane Ressourcen, also Personal, aber auch Maschinen, Fahrzeuge oder andere Arbeitsgeräte, sowie Verbrauchsmaterialien. Gemeinsam besitzen alle Arten von Ressourcen folgende Merkmale:

- **Knappheit:** Die Ressourcen stehen nur in begrenztem Umfang oder zu bestimmten Zeiten zur Verfügung.
- **Aufwand:** Der Einsatz von Ressourcen verursacht Kosten.

Projektkosten werden unterschieden nach einmaligen Kosten der Ressourcenbereitstellung (z. B. Reisekosten) und zeitabhängigen Kosten für die Einsatzzeit der Ressourcen (z. B. Miete oder Stundensätze. DIN 69903 unterscheidet noch nach **Kostenarten** und **Kostenträgern.**

Die **Ressourcenplanung** verbindet die Vorgänge mit den Ressourcen. Aus Sicht des Projektes muss versucht werden, die Einsatzzeiten für personelle Ressourcen möglichst gering zu halten, da sie mit entsprechenden Kosten das Projektbudget belasten. Aus Sicht des Arbeitgebers ist eine möglichst gleichmäßige und hohe Auslastung der Mitarbeitenden bzw. der humanen Ressourcen gewünscht. Auch dieser Konflikt muss durch geschicktes Management der Ressourcen entschärft oder vermieden werden. Die Ressourcenplanung ergänzt dabei die Verfahren CPM und PERT (siehe 2.3.2), die zunächst nur die Zeitkriterien berücksichtigen, um Methoden zum Ressourcenmanagement und zur Kostenplanung. Jedem einfachen Vorgang müssen Ressourcen zugeteilt werden. Sammelvorgänge und Meilensteine erhalten allerdings keine Ressourcen zugewiesen und haben zudem eine Dauer von null Zeiteinheiten.

Da in der Regel sowohl das **Budget** als auch die Ressourcen für die Projektdurchführung begrenzt sind, kommt der Kosten- und Ressourcenplanung eine große Bedeutung zu. Ressourcen können zugewiesen oder durch weniger teurere Ressourcen ausgetauscht werden, bis das Budget eingehalten wird.

Ressourcen sind aber auch in ihrer **Verfügbarkeit** begrenzt. Arbeitstag und Arbeitszeit sind endlich. Gleiche Ressourcen können nicht gleichzeitig in verschie-

Darstellung der Projektkosten in der Projektstatistik

denen Vorgängen eingesetzt werden. Projektmanagementsoftware hilft mit ihrer Ressourcenplanung, die komplexen Zusammenhänge zu beachten sowie Ressourcenkonflikte zu erkennen und eventuell auch automatisch zu beseitigen.

Der **Projekt-** und die **Ressourcenkalender,** die zur Erfassung der Arbeitszeiten sowie der geltenden Feiertage bzw. arbeitsfreien Tage dienen, bilden die Grundlage für die Ermittlung der Verfügbarkeit der Ressourcen. Ein Kapazitätsabgleich vergleicht die Ressourcenkapazitäten mit dem geplanten Einsatz der Ressourcen in den Vorgängen. Bei Kapazitätsüberschreitungen werden einzelne Vorgänge so lange verzögert (nach hinten verschoben), bis die benötigte Ressource wieder zur Verfügung steht. Für alle um eine bestimmte Ressource konkurrierenden Vorgänge kann hierzu eine Prioritätenfolge festgelegt werden.

Kostenstellen sind die im Projekt eingesetzten Ressourcen; sie verursachen Kosten. Kostenträger sind die im Unternehmen hergestellten Produkte. Hier ist das ein Projekt oder Teilprojekt mit einem definierten Ergebnis, dem die Projektkosten nach dem Verursacherprinzip zugeordnet werden. Jedes Projektmanagement-Tool bietet mit der Projektstatistik eine schnelle Information über den Stand der Projektkosten und differenziert nach

- **berechneten** Kosten im vorliegenden aktuellen Plan mit eventuellen Planänderungen;
- **geplanten** Kosten nach dem einmal fixierten ursprünglichen Basisplan;
- **aktuellen** Kosten nach dem Stand der Projektrealisierung;
- **Abweichungen** zu den geplanten Kosten.

2.3.6 Meilensteine

Aslan setzt mit einem Tool zum Projektmanagement einen Vorgang auf eine Dauer von „0". Daraufhin wird dieser Vorgang automatisch als Meilenstein erkannt und entsprechend dargestellt.

> **Meilensteine** sind Ereignisse mit besonderer Bedeutung. Sie markieren die Fertigstellung eines bedeutenden Projektergebnisses. Meilensteine haben die Dauer 0 (Null).
> Ein Meilenstein wird durch einen Zeitpunkt bzw. einen Termin beschrieben. Weiterhin ist er nach einem überprüfbaren Kriterium mit „ja" oder „nein" zu beantworten. Meilensteine definieren die Zwischenetappen eines Projektes. Sie besitzen eine Funktion im **Controlling** und entsprechend hoch ist ihre Bedeutung im Projektmanagement.

Der **Lenkungsausschuss** und alle Projektverantwortlichen orientieren sich wesentlich an der zeitlichen und inhaltlichen Erfüllung von Meilensteinen. Bei der Projektplanung sind einerseits ausreichend viele Meilensteine festzulegen, sodass in nicht zu großen Abständen der Projektfortschritt einfach überprüft werden kann. Andererseits muss man die Zahl der Meilensteine überschaubar halten, sodass effizientes **Controlling** möglich ist.

2.3.7 Projektmanagementsoftware

Das Projektmanagement wird durch zahlreiche Softwareprodukte unterstützt. Diese Software beschränkt sich im Allgemeinverständnis fälschlicherweise oft nur auf den Planungsprozess, dabei unterstützen diese Systeme allgemein

- die Ablaufplanung,
- die Projektdurchführung und Projektkontrolle mit Plankorrekturen sowie
- die Projektauswertung.

Bei der **Ablaufplanung** erweisen sich die automatischen Berechnungen von Terminen und Kosten sowie die Visualisierung des Ablaufes als besonders nützlich. Für die Projektkontrolle kann man den Projektfortschritt

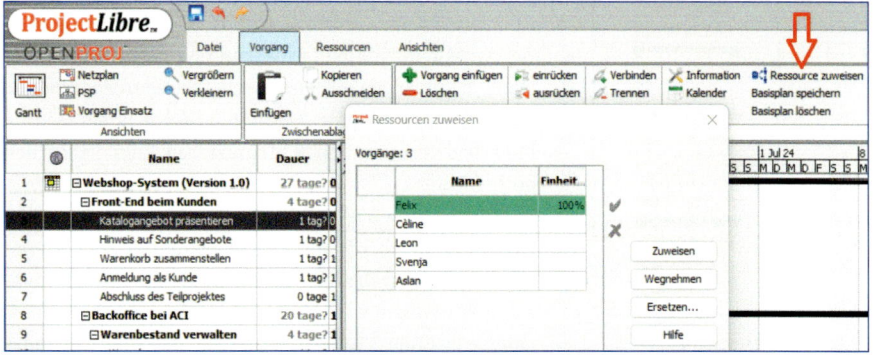

durch die Erfassung des Realisierungsgrades der einzelnen Vorgänge dokumentieren.

Besonders wichtig ist aber die **Flexibilität** dieser Systeme, wodurch **Plankorrekturen** relativ einfach vorgenommen werden können. Bei Abweichungen kann man den Plan leicht ändern. Der Computer berechnet schnell einen neuen Plan unter Beachtung der alten Ziele. Nach diesem neuen Plan kann dann weitergearbeitet werden.

Für die **Projektauswertung** gibt es zahlreiche vorgefertigte Berichte. Sie können auch die Abweichungen zwischen dem aktuellen Plan und dem ursprünglichen Basisplan dokumentieren.

Die Firma Microsoft bietet mit ihrem Produkt **Microsoft Project** eine universell einsetzbare Projektmanagementsoftware an, die weite Verbreitung gefunden hat. Daneben gibt es zahlreiche spezialisierte Softwarelösungen vor allem für das Baugewerbe, die zu den allgemeinen Projektmanagementleistungen auch spezielle Kalkulationen, Darstellungen und Präsentationstechniken enthalten. Es existieren aber auch zahlreiche andere Tools, darunter auch Open-Source-Software. Die folgenden Ausführungen beziehen sich auf die Arbeit mit ProjectLibre, welches nach dem Download als Freeware genutzt werden kann. Es wird auch eine Cloud-Lösung angeboten.

Um der Projektleitung die aufwendige Arbeit mit Projektplänen, Ablaufdiagrammen, Netzplänen und Berichten zu erleichtern, bietet ProjectLibre die verschiedensten Möglichkeiten der **Projektdarstellung.** Anhand einfacher Tabellen lassen sich die Projektdaten erfassen, verwalten, aktualisieren und auswerten.

Alle **Veränderungen** in den Tabellen wirken direkt auf alle anderen Komponenten des Planes. Analog zur Tabellenkalkulation werden veränderte Werte sofort mit ihren Konsequenzen für den gesamten Projektplan durchgerechnet. So können positive oder negative Folgen von Änderungen sofort erkannt und in ihrer Wirkung bewertet werden.

Projektmanagement-Tools ersparen der Projektleitung die aufwendige Arbeit zur **Visualisierung des Projektplanes** in **Balkendiagrammen** oder **Netzplänen.** Planänderungen sind in der Praxis bedingt durch unterschiedlichste Ereignisse ständige Realität. Sie führen nicht mehr zum operativen Chaos, sondern können dank der Projektmanagementsoftware in die Pläne eingearbeitet werden und eine systematische Weiterarbeit ist sofort mit den veränderten Plänen möglich.

Die **Datenbasis** des Projektmanagementprogramms sind **Vorgänge** und **Ressourcen,** deren Beziehungen im Stil von Microsoft Excel in großen Tabellen verwaltet und berechnet werden.

Nach der Zusammenstellung der zur Lösung des Projektes notwendigen Vorgänge und ihrer sinnvollen Gliederung anhand des Projektstrukturplanes (PSP) müssen die geschätzte **Vorgangsdauer** und die **Vorgangsbeziehungen** festgelegt werden.

Die **Dauer** eines Vorganges ist die Zeit, die eine Ressource zur Ausführung dieses Vorganges benötigt. In der Projektplanung steht folgende Formel im Mittelpunkt:

> **Dauer = Arbeit / Einheiten an Ressourcen** W

Für eine Einheit an Ressourcen sind somit die Dauer eines Vorganges und die notwendige Arbeit an diesem Vorgang in Zeiteinheiten gleich. Werden später (in einer späteren Zuordnung von Ressourcen) mehr Ressourcen eingesetzt, so bleibt die Arbeit konstant und die Dauer verringert sich (Voreinstellung: **Feste Einheiten**). Wenn für einen Vorgang ein Arbeitsaufwand von 8 Stunden geplant ist, dann dauert er beim Einsatz von einer Arbeitskraft auch 8 Stunden. Setzt man eine zweite Arbeitskraft ein, verdoppelt somit den Ressourceneinsatz, dann halbiert sich die Dauer auf 4 Stunden.

Bei der Voreinstellung **Feste Dauer** bleibt die Dauer konstant, d. h., zusätzlich eingesetzte Ressourcen erhöhen damit die aufgewandte Arbeitszeit (was z. B. bei technologisch determinierten Reifeprozessen oder Fahrzeiten gilt).

Die bekannten Vorgänge und Vorgangsbeziehungen (siehe Kapitel 2.3.3) spiegeln die inhaltlich, technologisch bedingten Beziehungen zwischen zwei oder mehreren Vorgängen wider, d. h., sie definieren, wie ein Vorgang von Ende oder Anfang eines anderen Vorganges

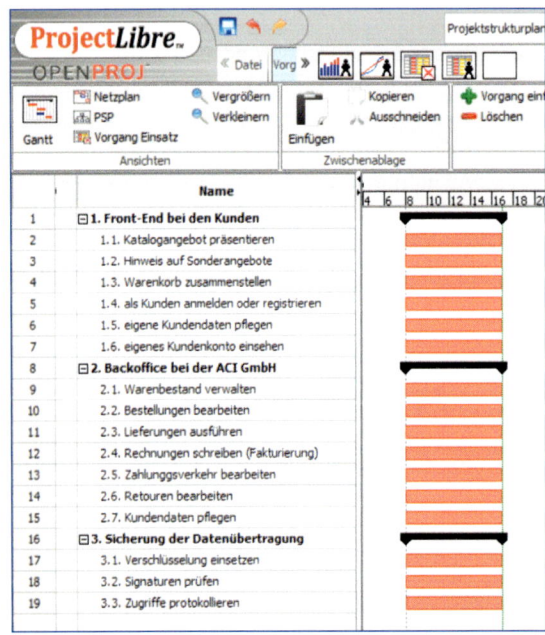

Projektstrukturplan

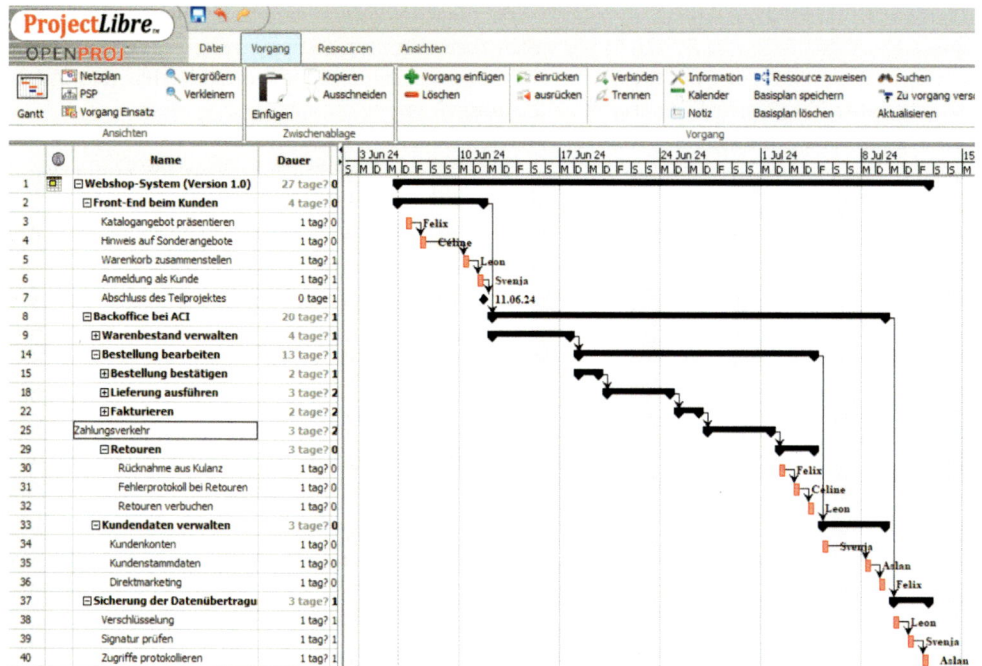

Gantt-Diagramm

abhängt. In ihrer Summe sind diese Beziehungen für den zeitlichen Ablauf des Projektes sehr wichtig. Zur Umsetzung der Projektgliederung werden die Vorgänge eines Projektes in Sammelvorgänge, einfache Vorgänge und Meilensteine unterschieden.

Auf der Grundlage dieser Daten wird dann vom Programm der Projektplan berechnet. Für das Projekt können folgende Daten abgerufen werden:
- Anfangs- und Endzeitpunkt eines jeden Vorganges
- berechnete Pufferzeiten, falls von der Planung her möglich
- Gesamtdauer des Projektes
- Kennzeichnung des **kritischen Pfades**
- berechnete Kosten anhand der Kosten für die Ressourcen

Zur visuellen Darstellung des Projektplanes gibt es verschiedenen Ansichten. Die wichtigste und am häufigsten eingesetzte Darstellung ist das Balkendiagramm oder Gantt-Diagramm.

2.4 Projektdurchführung und Projektkontrolle

Die Azubis erstellen auf der Grundlage des theoretischen Wissens zum Management von Softwareprojekten ihren ersten eigenen Projektplan, der in der Abbildung dargestellt ist.

Nach der Planung wird durch die Projektmanagementsoftware die Kontrolle der Projektdurchführung unterstützt. Zur Lösung der Projektaufgabe selbst kann die Projektmanagementsoftware keinen Beitrag leisten. Aber der erreichte **Arbeitsstand** kann protokolliert und mit den Planwerten verglichen werden.

2.4.1 Projektfortschrittskontrolle

Für die Projektfortschrittskontrolle muss der Bearbeitungszustand der aktuellen Vorgänge erfasst werden. Das kann eine 100-prozentige Realisierung oder eine prozentual anteilige Realisierung sein. Erledigte Vorgänge werden sofort im Ablaufplan fixiert. Sie können dann logischerweise nicht mehr verschoben werden, weder automatisch noch manuell.

Die Darstellung erledigter oder teilweise erledigter Vorgänge erfolgt zusammen mit dem kritischen Weg.

Auch die DIN 69903 nimmt Bezug auf den aktuellen Leistungsstand (Fertigstellungsgrad) und die bis dahin angefallenen aktuellen Kosten (Fertigstellungswert).

> Der **Fertigstellungsgrad** bezeichnet das Verhältnis der zu einem Stichtag erbrachten Leistung zur Gesamtleistung eines Vorganges, Arbeitspakets oder Projektes.
>
> Der **Fertigstellungswert** bezeichnet die dem Fertigstellungsgrad entsprechenden Kosten eines Vorganges, Arbeitspakets oder Projektes.

2.4.2 Basisplan und Planänderungen

Die **Ablaufkontrolle und Projektüberwachung** stellt einen Vergleich von Planungsvorgaben (gespeichert als **Basisplan**) mit dem tatsächlichen Arbeitsfortschritt dar. So wird der Projektleitung ermöglicht, Veränderungen zu erkennen und darauf zu reagieren, bevor sich Probleme ergeben. Durch frühzeitiges Eingreifen sollen kosten- und zeitträchtige Fehler vermieden werden. Zur Unterstützung der Kontrolle ermöglichen Projektmanagementprogramme deshalb neben der Eingabe von Plandaten (Solldaten) auch die Eingabe der aktuellen Daten, also des Standes der Realisierung der geplanten Vorgänge (**Arbeitsfortschrittserfassung**). Dadurch werden die geplanten und die tatsächlichen Projektdaten protokolliert, um sie miteinander zu vergleichen.

Die Einarbeitung des realen Arbeitsfortschrittes erfordert oft eine Überarbeitung des gesamten weiteren Planes. Hierzu bietet die Projektmanagementsoftware die notwendige Unterstützung. Der überarbeitete, neu berechnete Plan kann für die weitere systematische Arbeit am Projekt genutzt werden. Für die Projektauswertung steht der ursprüngliche Plan als **Basisplan** ebenfalls weiter zur Verfügung.

2.4.3 Protokollierung des Aufwandes

Mit der Erfassung des Projektfortschritts wird gleichzeitig auch der Aufwand an den verplanten Ressourcen festgeschrieben. Eine lokal begrenzte Korrektur oder Präzisierung der angefallenen Kosten von bereits erledigten Vorgängen ist allerdings nicht vorgesehen.

Die Projektstatistik zeigt aber anhand der geplanten und planmäßig eingesetzten Ressourcen und ihrer planmäßigen Kosten den aktuellen Stand der angefallenen sowie die verbleibenden planmäßigen Kosten an.

2.4.4 Auswertung und Berichte

Projektmanagerinnen und -manager sind häufig verpflichtet, Mitarbeitende und andere Personen über das Projekt zu informieren:
- Der Lenkungsausschuss muss die Projektplanung beurteilen und beschließen.
- Buchhaltung und Kostenrechnung müssen zur Planung und zu den laufenden Kosten des Projektes Informationen bekommen.
- Kunden und Vorgesetzte verlangen regelmäßige Statusberichte über den Projektfortschritt.

Projektmanagementsoftware unterstützt sowohl den Ausdruck der Ansichten von Balkendiagrammen, Netzplänen oder Kalendern als auch die Erstellung zahlreicher Berichte.

Das Erstellen von Ansichtsausdrucken erfordert, dass eine Darstellungsform ausgewählt wird, die den spezifischen Anforderungen entspricht (Gantt-Diagramm, PERT-Netzplan, tabellarische Darstellung etc.).

Standardbericht	wichtige Einzelberichte
Übersicht	Projektübersicht
Vorgangsstatus	- abgeschlossene Vorgänge - bald beginnende Vorgänge
Kosten	- Kostenanalyse - Kostenrahmen - Zeitplan zum Kostenanfall
Ressourcen	Wer macht was und wann?
Arbeitsauslastung	Arbeitsauslastung nach Ressourcen oder Vorgängen
Anpassung	individuell veränderte Standardberichte

Als Alternative zum Ausdruck von Ansichten stellt Microsoft Project zum Beispiel **Standardberichte** zur Verfügung, mit denen die gewünschten Projektinformationen ausgedruckt werden können.

Neben der Nutzung von Standardberichten besteht zusätzlich die Möglichkeit, völlig neue individuelle Berichte zu erstellen.

2.5 Projektmanagement und Prozessqualität

Auch in der Softwareentwicklung ist ein gut und systematisch organisierter Entwicklungsprozess eine notwendige Voraussetzung für die Schaffung qualitativ hochwertiger Softwareprodukte. Die methodische Durchdringung des Projektmanagements, der Einsatz bewährter Organisationsformen für die Projektarbeit und die Unterstützung durch leistungsfähige Softwarewerkzeuge bieten alle Voraussetzungen für eine qualitativ gesicherte Organisation des Prozesses der Bearbeitung von Softwareprojekten.

Auch wenn jedes Softwareprojekt neu und einzigartig ist, so kann doch der Prozess seiner Bearbeitung systematisch organisiert werden. Durch die Sicherung der Prozessqualität in der Softwareentwicklung entsteht eine wesentliche Voraussetzung für Produkte mit gesicherten qualitativen Eigenschaften.

Aufgaben

1. Erläutern Sie den Unterschied zwischen einem Prozess und einem Projekt.
2. Beschreiben Sie kurz die Aufgaben und die Zusammensetzung des Lenkungsausschusses im Rahmen des Projektmanagements.
3. Beschreiben Sie die „Matrix-Organisation" als Organisationsmodell von Projektteams im Unternehmen und benennen Sie zwei Vorteile und zwei Nachteile dieses Organisationsmodells jeweils vom Standpunkt der Projektmitarbeitenden und der Projektmanagerinnen und -manager.
4. Wie bestimmt man den kritischen Pfad in einem Projektplan?
5. Projektarbeit erfordert in den meisten Fällen Teamarbeit. Erläutern Sie kurz die typischen Phasen der Teamentwicklung während der Bearbeitung des Projektes.

3 Software und Softwaretechnologie

Software muss verstanden werden als Produkt für den Markt, so wie viele andere Produkte auch. Das macht eine Qualitätssicherung notwendig. Entsprechend muss die Produktion von Software gut organisiert sein. Eine Softwaretechnologie ist notwendig. Vorgehensmodelle geben eine gute Orientierung.

3.1 Software als Produkt

Zu den unternehmerischen Aktivitäten der ACI GmbH gehört die Entwicklung von Anwendungssoftware mit den Produkten „Dokumentenmanagementsystem (DMS)" und „Enterprise-Resource-Planning-System (ERP)" sowie von individuellen Lösungen. Diese Softwaresysteme werden entwickelt zum Verkauf an die Kunden. Software wird damit zu einem Produkt, das sich auf dem Markt durchsetzen muss.

Natürlich entwickelt man in der ACI GmbH auch Software für den eigenen Bedarf. Diese Entwicklungen dienen auch der persönlichen Qualifizierung, sollten aber allen Anforderungen an professionelle Software mit Produktcharakter genügen.

Die Auszubildenden erhalten den Auftrag zur Entwicklung von Software für einen Webshop. Ein derartiger Entwicklungsauftrag erscheint zuerst widersinnig, schließlich gibt es bereits nachnutzbare Lösungen, also fertige Softwareprodukte auf dem Markt. Diese Nachentwicklung bringt aber für die Ausbildungssituation auch Vorteile. Man kann seine Ergebnisse stets an den Leistungen anderer Lösungen messen. Sind andere Lösungen besser, so muss man nacharbeiten. Man kann stolz sein auf sein Produkt, wenn die eigene Lösung besser ist, z. B. im Leistungsumfang, in der Bedienung oder im Ressourcenverbrauch. An diesem kleinen Vergleich wird deutlich, dass man Kriterien für derartige Bewertungen benötigt. Zum Produkt Software gehören auch die Bewertung und Sicherung seiner Qualität.

3.1.1 Was ist Software?

> **Software** sind Programme oder ein Verbund von Programmen, die zugehörige Dokumentation und weitere Daten, die zum Betrieb eines Rechnersystems erforderlich sind. (vgl. ISO/IEC-Norm 24765:2017 - Systems and software engineering --Vocabulary)

Das ist eine sehr allgemeine, aber für die weiteren Ausführungen nützliche Betrachtungsweise. Im engeren Sinne versteht man unter Software eine Folge von zusammenhängenden, maschinenverständlichen Anweisungen, die in Verbindung mit einer geeigneten Hardware die Verarbeitung von Daten ermöglichen. Diese Betrachtung schränkt Software auf das Programm ein, der IEEE-Standard fügt dem aber noch vorgeschriebene Abläufe, Dokumentationen und Daten bei. Letztere sind notwendig, um aus dem Programm ein Produkt zu entwickeln, das von Anwenderinnen und Anwendern erfolgreich genutzt werden kann.

Allein der einfache Download eines als Freeware angebotenen Programms verhilft den Anwenderinnen und Anwendern allgemein nicht zu einer erfolgreichen Anwendung. D. h., sie suchen zusätzlich nach einer Dokumentation und brauchen zumindest Hinweise auf die vorgeschriebenen Abläufe für die ordnungsgemäße Installation der Programme. Aufwerten können sie ihre Arbeitsmöglichkeiten mit dem Programm dann durch das Herunterladen von dazugehörigen Daten, z. B. in Gestalt von Beispieldateien oder durch sogenannte Add-ins. Softwareanbieter packen Programme, Abläufe, Dokumentationen und zusätzliche

Daten oft in einer komprimierten Datei zusammen und stellen so ihre „Software" zum Download bereit.

Die Leistungen von Software werden zunehmend als Dienste über das Internet angeboten (Software as a Service, kurz SAS). Ein bekanntes Beispiel ist Microsoft Office 365. Programme und Dateien bleiben standardmäßig auf dem Server im Internet.

3.1.2 Software in der Hand der Anwenderinnen und Anwender

Für die Anwenderinnen und Anwender ist die Software ein Werkzeug zur besseren oder leichteren Gestaltung von kommerziellen oder privaten Tätigkeiten. Die **Software** wird zu einem **Produkt,** das
- durch fremde, unbekannte Anwendende eingesetzt wird,
- in einer fremden, und damit für die Entwicklerinnen und Entwickler weitgehend unbekannten Umgebung seine Aufgaben erfüllen soll.

Software wird nicht nur als eigenständiges Produkt verkauft, sondern ist in immer größerem Maße ein eingebetteter Bestandteil anderer Produkte (embedded software). Die Software erfüllt hier überwiegend Steuerungsaufgaben, aber auch allgemeine datenverarbeitende Aufgaben. Und der Bedarf an derartiger Software nimmt in den nächsten Jahren weiter zu. Schon heute wird die Mehrzahl aller produzierten CPUs in eingebetteten Systemen verwendet. Die qualitativ hochwertige digitale Kommunikation (z.B. bei Handy, Rundfunk und Fernsehen) ist ohne Software nicht realisierbar. Elektronische Steuerungen sind heute in beinahe jedem Haushaltsgerät anzutreffen. Sie ermöglichen fast menschenleere Produktionsstätten, in denen Roboter die Fertigung der Wirtschaftsgüter übernehmen (Industrie 4.0). Bekannt ist auch, dass ein Auto der Mittelklasse heute mehr Elektronik an Bord hat als die Mondlandefähre aus der Zeit der Apollo-Raumkapseln.

Die weiteren Betrachtungen sollen sich aber auf Software als eigenständiges Produkt konzentrieren. Die folgenden Aussagen zur Softwarequalität und zur Softwaretechnologie lassen sich analog auf die eingebettete Software übertragen.

Zunächst ist Software ein Produkt wie jedes andere. Software sollte als technisches Produkt betrachtet werden, das wie andere Produkte systematisch entwickelt werden kann und durch feststellbare Eigenschaften (Funktionalität, Qualität) gekennzeichnet ist. Software weist aber einige besondere Merkmale auf, die beim Umgang mit ihr beachtet werden müssen:

> **Besondere Eigenschaften von Software**
> - Software ist immateriell, d.h. nur durch den Datenträger materiell und „fassbar".
> - Software kann nicht ohne Weiteres betrachtet werden, Computer und passende Betriebssysteme sind notwendig.
> - Kopie und Original sind völlig gleich. Das Erstellen von Kopien verursacht kaum Aufwand.
> - Software wird nicht gefertigt, sondern nur entwickelt. Jede Softwareentwicklung ist eine individuelle Leistung, je nach Umfang der Software erbracht durch kleine oder große Teamarbeit.
> - Software verschleißt nicht, aber Software „altert" in dem Maße, in dem sich ihre Umwelt ändert.

Was wir als natürlich empfinden, verknüpft sich mit materiellen Eigenschaften. An Software ist nichts natürlich. Erfahrungen aus der natürlichen Welt sind auf die Software nicht übertragbar, werden aber dennoch ständig übertragen. Zum Beispiel stellt die Wartung nicht den alten Zustand wieder her, sondern schafft einen neuen Zustand. Software unterliegt keinem Verschleiß, sie veraltet aber, da sich ihr Umfeld und ihre Einsatzbedingungen verändern. Die Verwendung bei einer großen Anzahl von Anwendenden erscheint bei Software extrem lukrativ, wenn der Aufwand für Anpassungen relativ gering ausfällt. Programmiererinnen und Programmierer unterschätzen allerdings meist das Problem der Anpassbarkeit.

Die Entwicklung und Bereitstellung von Anwendungen in der IT muss eine Verbindung zwischen dem aktuell technisch Machbaren und den Anforderungen der Kunden schaffen.

> Die Firma ACI GmbH nutzt die im eigenen Haus entwickelte Software selbst als gewerblicher Kunde, also als ein Nutzer der IT, der unter Einsatz von IT-Anwendungen seine gewerbliche Tätigkeit ausüben, ausweiten und rationeller gestalten will.
>
> ACI ist zugleich Auftraggeber und Anwender für ein Warenwirtschaftssystem mit eingebundenem Webshop, das die Auszubildenden entwickeln sollen. Diese Eigenentwicklung versetzt die Firma ACI GmbH damit zugleich in die Rolle von Auftraggeber und Auftragnehmer.

3.1.3 Systematik der Software

3.1.3.1 System- oder Anwendungssoftware

Nach ihrem Einsatzgebiet Softwareprodukte, wird zwischen Anwendungssoftware und Systemsoftware unterschieden.

> **W** **Systemsoftware** dient zum Betreiben (daher auch Betriebssystem) der Hardware, während **Anwendungssoftware** zur Bearbeitung einer fachlich-inhaltlichen Aufgabenstellung bei den Anwenderinnen und Anwendern benötigt wird.
> **Systemsoftware** ist zum Betrieb und zur Steuerung der Hardware erforderlich und umfasst außerdem hardwarenahe, anwendungsneutrale Entwicklungs- und Verwaltungsprogramme.

Ursprünglich wurde die Systemsoftware direkt vom Hardwarehersteller entwickelt und ausgeliefert; heute wird Systemsoftware auch von hardwareunabhängigen Softwareunternehmen angeboten. Zur Systemsoftware werden alle Softwareprodukte gerechnet, die anwendungsunabhängig sind und damit für unterschiedlichste Anwendungen eingesetzt werden können. So gehören zur Präsentationssoftware u. a. die Browser, mit denen die Informationsangebote aus dem Internet betrachtet werden können. Der Browser wiederum bietet den Rahmen für den Einsatz aktiver Komponenten (z. B. JavaScript), womit sich Anwendungssoftware realisieren lässt. Ähnlich verhält es sich mit den Datenbankmanagementsystemen, die als solche anwendungsunabhängig sind, aber im Rahmen von betriebswirtschaftlichen Anwendungen zur Datenverwaltung eingesetzt werden.

> **W** **Anwendungssoftware** umfasst alle Programme, die betriebswirtschaftliche, technisch-wissenschaftliche oder branchenbezogene Anwendungen unterstützen. Die Anwendungssoftware lässt sich in folgende Bereiche aufteilen:
> - **Betriebswirtschaftliche Anwendungssoftware:** Sämtliche für betriebswirtschaftliche Zwecke genutzte Software. Soweit es sich um notwendige Aufgaben handelt, versuchen die meisten Unternehmen hierfür Standardsoftware einzusetzen.
> - **Technische Anwendungssoftware:** Unterstützung technischer bzw. mathematischer Aufgaben, wie z. B. Software für grafische Darstellungen, technische Berechnungen und Architekturlösungen.
> - **Branchensoftware:** An der Schnittstelle zwischen betriebswirtschaftlichen und technologischen Aufgaben werden branchenspezifische Aufgaben unterstützt (z. B. Berechnung der Taxigebühren aus Fahrweg und Standzeiten oder medizinische Diagnosesysteme auf Basis von künstlicher Intelligenz etc.)

Systemsoftware wird heute fast ausschließlich als Standardsoftware vertrieben, während Anwendungssoftware nicht für alle Problemstellungen standardmäßig vorhanden ist und dann individuell entwickelt oder zumindest stark modifiziert werden muss.

> **S** Das von den Auszubildenden zu erstellende Warenwirtschaftssystem mit dem angebundenen Webshop ist eindeutig eine Anwendungssoftware aus dem Bereich der betriebswirtschaftlichen Anwendungen.

```
                        Software
                       /        \
            Systemsoftware    Anwendungssoftware
```

Systemsoftware:
- Betriebssysteme
- Softwareentwicklungswerkzeuge
- Dienstprogramme
- Datenbankmanagementsysteme
- Präsentationssoftware/Browser
- Netzwerksoftware
- diverse Tools

Anwendungssoftware:
- betriebswirtschaftliche Anwendungen
- wissenschaftlich-technische Anwendungen
- Spiel-, Lern- und Unterhaltungssoftware
- Büro- und Verwaltungssoftware
- Branchensoftware
- Sicherheitssoftware

Systematik der Software

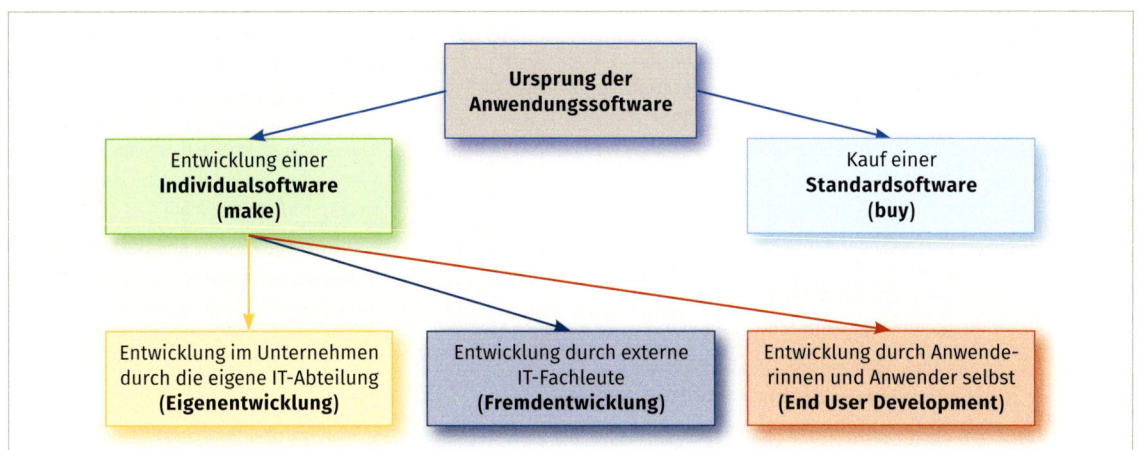

Ursprung der Anwendungssoftware

Die folgenden Ausführungen konzentrieren sich auf die Anwendungssoftware und hier speziell auf die betriebswirtschaftlichen Anwendungen.

3.1.3.2 Standard- oder Individualsoftware

Nach dem Ursprung der Anwendungssoftware unterscheidet man Standardsoftware und Individualsoftware. Individualsoftware wird speziell für die Bearbeitung der Aufgaben der Anwenderinnen und Anwender entwickelt, während Standardsoftware frei am Markt zum Kauf angeboten wird und in gleicher Struktur bei verschiedenen Anwenderinnen und Anwendern zum Einsatz kommt.

Oft entwickelt sich aus einer Individualsoftware durch Ausbau und Erweiterung des Funktionsangebotes eine am Markt angebotene Standardsoftware. Diese Software, erstellt als Werkzeug für einen speziellen Anwender, eine Anwenderin oder eine begrenzte Gruppe wird damit zu einem allgemein verfügbaren Werkzeug und damit zu einem Standardwerkzeug.

> **W** Unter **Standardsoftware** versteht man vorgefertigte Software, die zum Kauf angeboten und von vielen Unternehmen für vergleichbare Problemstellungen genutzt wird. Bereits bei der Entwicklung sind die fachlichen und technischen Anforderungen mehrerer, im Einzelnen noch nicht bekannter Anwendender zu berücksichtigen.
> **Individualsoftware** wird für ein einzelnes Unternehmen bzw. eine spezialisierte Aufgabenstellung entwickelt. Gründe hierfür sind entweder ein fehlendes Angebot an Standardsoftware oder strategische Überlegungen (siehe Vor- und Nachteile).

Für die Entscheidung zwischen dem Einsatz einer Standardsoftware und der Entwicklung einer Individualsoftware ist es sinnvoll, die jeweiligen Vor- und Nachteile aufzulisten und individuell für das Unternehmen zu bewerten.

Standardsoftware	
Vorteile	Standardsoftware kann mit relativ geringem finanziellem Aufwand erworben und damit genutzt werden. Der oft immense Entwicklungsaufwand verteilt sich auf die Menge der Lizenznehmenden und fällt damit für die Einzelnen relativ gering aus.
	Standardsoftware steht zu dem geplanten Einsatzzeitpunkt allgemein in vollem Funktionsumfang zur Verfügung.
	Standardsoftware beinhaltet die Erfahrungen des Entwicklers/der Entwicklerin und allgemein auch vieler Anwendender. Man kauft damit nicht nur eine Software, sondern auch das Know-how zur Bearbeitung der vorgesehenen Aufgaben. Im privaten Bereich erwirbt man z. B. eine Software zur Erstellung der Steuererklärung und erwartet von dieser Software auch inhaltliche Hinweise.
	Standardsoftware wird allgemein von den Entwicklerinnen und Entwicklern weiter betreut, aktualisiert und damit an veränderte technische, organisatorische und gesetzliche Einsatzbedingungen angepasst.
Nachteile	Standardsoftware ist ein Standardwerkzeug, das allen zur Verfügung steht. Man kann diese Software zwar unterschiedlich gut, vollständig und effektiv nutzen, sie

		bietet an sich jedoch keinen Wettbewerbsvorteil. Bei den Autorennen der Formel 1 würde das bedeuten, dass alle Teams mit dem gleichen, serienmäßig erstellten Fahrzeug an den Start rollen. Standardsoftware bietet eine Vielzahl von Funktionalitäten, die von den Anwendenden nicht genutzt werden, diese eventuell bezüglich ihrer Unwissenheit frustrieren und zusätzlich enorme Ressourcen im Rechnersystem binden.
		Die Anwendenden von Standardsoftware sind abhängig vom Softwareanbieter. Er bestimmt den Innovationszyklus (Auslieferung neuer Release-Stände). Sein Verschwinden vom Markt durch Konkurs oder Übernahme gefährdet die weitere Nutzbarkeit der Standardsoftware.

		Individualsoftware
W	Vorteile	Individualsoftware sollte „Maßkonfektion" sein, speziell zugeschnitten auf die zu lösenden Aufgaben im Unternehmen, ohne jegliche ungenutzte Zusätze und mit optimalem Ressourceneinsatz. Damit kann ein Unternehmen seine Alleinstellungsmerkmale am Markt abbilden und zu einem Wettbewerbsvorteil entwickeln.
		Fremdentwicklungen können den Alleinstellungsvorteil mit dem Vorteil in Kosten und Kompetenz verbinden. Die externen IT-Fachkräfte erstellen eine maßgeschneiderte Lösung kostengünstig unter Wiederverwendung bewährter Programmbausteine.
		Eigenentwicklungen ermöglichen es, spezielles Know-how ohne Preisgabe an externe IT-Fachkräfte oder Standardsoftwareentwickler/-innen in die Anwendungssoftware einzubinden. Gleichzeitig entfällt die Abhängigkeit von unternehmensexternen Leistungen.
		End User Development wird durch spezielle Tools in der Standardsoftware unterstützt, z. B. durch die Makroaufzeichnung und die VBA-Entwicklungsumgebung in den Office-Produkten. Damit können die Anwendenden Aufgaben sehr schnell, flexibel und ohne Abstimmungsaufwand mit IT-Fachleuten lösen. Hierzu sind auch die „Low Code"-Plattformen zu rechnen, die grafische Modellierung in ausführbare Programme umsetzen.

Nachteile	Individualsoftware wird meist in den einmaligen Kosten der Entwicklung teurer als Standardsoftware. Sie steht oftmals nicht zum geplanten Termin bereit und ist fehleranfälliger als Standardsoftware, da ein breiter Kreis von Anwendenden als potenzielle Tester/-innen entfällt.
	Zur Weiterentwicklung und Wartung der Software ist eigenes Personal notwendig, was wiederum zu erheblichen laufenden Kosten führen kann.

Bei der „make or buy"-Entscheidung spielt die Abschätzung der **Investitionssicherheit** für die Unternehmen eine entscheidende Rolle. Die Investition in eine bestimmte betriebswirtschaftliche Anwendungssoftware ist eine Entscheidung mit sehr langem Zeithorizont. Bei der Investition sind die Lizenz- oder Entwicklungskosten meist nur der geringste Aufwandsposten. Die Umstellung der internen Organisation auf die Anforderungen der Anwendungssoftware, die Schulung der Mitarbeitenden, die Einführung neuer Systematiken, neuer Nummernsysteme, neuer Belege und neuer Bearbeitungsabläufe einschließlich neuer Verantwortlichkeiten kann in einem größeren Unternehmen über Jahre dauern. Diese Investition muss sicher sein, und wenn die Anwendungssoftware schließlich fehlerfrei funktioniert, ist das Unternehmen hochgradig abhängig von der Software. Ein Computerausfall und damit auch ein Ausfall der Software legt das ganze Unternehmen lahm.

Funktioniert die Software und harmoniert sie mit der betrieblichen Organisation, so gilt: „Never touch a running system!". Betriebswirtschaftliche Anwendungssoftware wird teilweise 20 Jahre und länger genutzt. Der erschreckte Blick auf die alte Software zur letzten Jahrtausendwende oder die Langlebigkeit der Programmiersprache COBOL sind Beweise für die langen Nutzungszeiten betriebswirtschaftlicher Anwendungssoftware.

S Die Auszubildenden der ACI GmbH erhielten bekanntlich die Aufgabe, das bestehende Warenwirtschaftssystem mithilfe der Programmiersprache Java neu zu programmieren und damit dessen Einsatz auf anderen Rechnersystemen der Niederlassungen der ACI GmbH zu ermöglichen. Bei dieser Gelegenheit ist diese Anwendungssoftware um eine neue Komponente, den Webshop, zu ergänzen. Es handelt sich somit um den Auftrag zur Eigenentwicklung bei gleichzeitiger Sicherung aller Investitionen des Unternehmens in die Organisation des Warenwirtschaftssystems.

Software und Softwaretechnologie

3.1.3.3 Vergütung der Softwareentwicklungsleistungen

> Auszug aus dem „Gesetz über Urheberrechte und verwandte Schutzrechte"
> Abschnitt 8: Besondere Bestimmungen für Computerprogramme
>
> **§ 69a Gegenstand des Schutzes**
> (1) Computerprogramme im Sinne dieses Gesetzes sind Programme in jeder Gestalt, einschließlich des Entwurfsmaterials.
> (2) Der gewährte Schutz gilt für alle Ausdrucksformen eines Computerprogramms.
> Ideen und Grundsätze, die einem Element eines Computerprogramms zugrunde liegen, einschließlich der den Schnittstellen zugrunde liegenden Ideen und Grundsätze, sind nicht geschützt.
>
> **§ 69b Urheber in Arbeits- und Dienstverhältnissen**
> (1) Wird ein Computerprogramm von einem Arbeitnehmer in Wahrnehmung seiner Aufgaben oder nach den Anweisungen seines Arbeitgebers geschaffen, so ist ausschließlich der Arbeitgeber zur Ausübung aller vermögensrechtlichen Befugnisse an dem Computerprogramm berechtigt, sofern nichts anderes vereinbart ist.
> (2) Absatz 1 ist auf Dienstverhältnisse entsprechend anzuwenden.

Die Entwicklung von Software ist nach dem Urheberrecht als schöpferische Leistung geschützt. Der Urheber oder die Urheberin kann die von ihm erstellte Software anderen gegen Entgelt oder kostenlos zur Nutzung übergeben. Die Nutzungsbedingungen werden allgemein im Rahmen eines **Lizenzvertrages** geregelt.

Erstellt ein Mitarbeiter oder eine Mitarbeiterin im Auftrag und auf Anweisung seines Arbeitgebers eine Software, so stehen dem Arbeitgeber alle Verwertungsrechte an der Software zu.

S Wenn die Auszubildenden im Auftrag der ACI GmbH eine Anwendungssoftware entwickeln, so sind und bleiben sie die Urheber/-innen dieser Software. Sie dürfen diese Software jedoch nicht selbst als eine Standardsoftware an andere Unternehmen verkaufen, denn alle vermögensrechtlichen Befugnisse stehen der ACI GmbH zu. Die ACI GmbH wiederum kann Lizenzen an andere Unternehmen vergeben.

Fremdentwicklungen erfolgen nach Anweisungen und auf Kosten des Auftraggebers. Die IT-Fachleute, auch die selbstständigen, stehen dabei in einem Dienstverhältnis zum Auftraggeber. Ähnlich wie bei den Arbeitnehmenden verbleiben zwar die Urheberrechte bei ihnen, es stehen ihnen aber keine vermögensrechtlichen Befugnisse bezüglich der erstellten Software zu. Eindeutig ist das Arbeitnehmerverhältnis bei Eigenentwicklungen durch unternehmensinterne IT-Abteilungen oder bei Entwicklungen für Endnutzende.

Proprietäre Software
Der Begriff der proprietären Software spiegelt das Urheberrecht an der Software mit allen ausgrenzenden Konsequenzen wider. Eine Person oder ein Unternehmen verfügt über die exklusiven Rechte an einer Software. Man verweigert auf dieser Grundlage anderen Personen den Zugang zum Quelltext und verbietet das Kopieren, Verändern, Anpassen und das Weitergeben der Software. Das Recht zur Nutzung wird nur unter bestimmten Auflagen (Lizenzvertrag) und kostenpflichtig (Lizenzgebühr) gewährt.

Trotz dieser Verwertungsmöglichkeiten wird immer mehr Software, Systemsoftware und Anwendungssoftware, kostenlos zur Nutzung angeboten. Hierfür gibt es einige weit verbreitete Modelle:

Public-Domain-Software, Freeware
Diese Software wird von den Entwickelnden als „öffentliches Gut" deklariert und steht allen potenziellen Nutzerrinnen und Nutzer kostenlos zur Verfügung. Softwareentwicklungen an öffentlichen Einrichtungen, Universitäten oder Ministerien werden meist von der Allgemeinheit über Steuern finanziert und sollten dann auch der Allgemeinheit kostenlos zur Verfügung stehen (siehe z. B. V-Modell XT). Hier wird Software als fertiges Produkt angeboten, dessen Nutzung kostenfrei ist. Die Interna, wie z. B. der Quellcode, bleiben für die Anwendenden unsichtbar. Eine Weiterentwicklung oder Anpassung der Produkte durch die Anwendenden ist damit bei Public-Domain Software weitgehend ausgeschlossen.

Shareware
Die Software wird unter den Interessierten kostenlos verteilt. Anwendende können teilhaben an den Leistungen dieses Produktes. Die Anwendenden können die Software zuerst kostenlos testen. Zur Freischaltung aller Leistungsmerkmale, zur Überwindung lästiger Lizenzierungshinweise oder bei Ablauf einer Testfrist können sich die Anwendenden nach Zahlung der Lizenzgebühr als regulärer Nutzerinnen und Nutzer registrieren lassen.

Die Sharewareentwicklerinnen und -entwickler versuchen ihre Kundschaft durch den kostenlosen Einstieg zu finden. Mehrheitlich wird die Software weiter kostenlos genutzt, nur wenigen Sharewareentwicklern und -entwicklerinnen gelang der Durchbruch zu marktbeherrschenden Positionen. Auch hier bleiben die Interna, wie z. B. der Quellcode, für die Anwendenden unsichtbar. Eine Weiterentwicklung oder Anpassung der Sharewareprodukte durch die Anwendenden ist ausgeschlossen.

Open Source
Bei der Open-Source-Software wird der Quellcode durch die Entwicklerinnen und Entwickler offengelegt und meist über das Internet für alle zugänglich gemacht. Alle Interessierten haben das Recht und die Möglichkeit, den Quellcode zu ergänzen und zu erweitern. Entdeckte Fehler und entsprechend korrigierter Quellcode sowie Programmverbesserungen müssen anschließend wieder der Allgemeinheit zugänglich gemacht werden. Damit entstehen „Open Source Communities" als Gruppen von enthusiastischen Softwareentwicklerinnen und -entwicklern, die sich im Wesentlichen über das Internet austauschen.

Wichtig ist diesen Entwicklerinnen und Entwicklern die Offenheit des Quellcodes. Damit soll der Nachweis erbracht werden, dass die Anwendenden weder durch verborgene Komponenten ausspioniert noch sonst wie geschädigt werden, wobei die Überprüfung dieses Anliegens bei oftmals mehreren Millionen Zeilen Quellcode schwerfällt.

Als Open-Source-Projekte sind inzwischen wichtige und allgemein anerkannte Softwareprodukte entstanden:

Betriebssystem	Linux
Datenbankmanagementsystem	MySQL
Office-Paket	LibreOffice
Webserver	Apache
Webbrowser	Mozilla Firefox

Open-Source-Produkte können im nichtkommerziellen Bereich kostenlos eingesetzt werden. Für kommerzielle Anwendungen werden durch Unternehmen, die von der jeweiligen Open Source Community autorisiert wurden, Lizenzgebühren erhoben. Ansonsten finanzieren sich die Open-Source-Entwicklerinnen und -Entwickler durch Dienstleistungen, Schulungen, Publikationen und durch Anpassungsleistungen zu den Open-Source-Produkten.

Die Open-Source-Bewegung hat ihren Ursprung im GNU-Projekt von Richard Stallmann und sieht ihre rechtliche Basis in der GNU General Public License (GPL). Das GNU-Projekt entstand Anfang der 80er-Jahre und hatte das Ziel, ein freies Betriebssystem in der Art von Unix („**G**NU is **n**ot **U**NIX") zu entwickeln.

> **Die GNU General Public License (GPL) gewährt jedermann vier Freiheiten:**
> 1) Das Programm darf ohne Einschränkungen genutzt werden.
> 2) Kopien dürfen kostenlos verteilt werden.
> 3) Der Quellcode ist einsehbar und darf verändert werden.
> 4) Geänderte Versionen dürfen nach 2) publiziert werden, wobei 3) zu sichern ist.

3.1.4 Softwarequalität

Entwicklerinnen und Entwickler möchten ihre Software als Produkt nach den dargestellten Verwertungsmöglichkeiten selbst vermarkten oder vermittelt durch die Arbeitgeber verkaufen. Sie wollen von der Entwicklung und Bereitstellung sowie späteren Betreuung ihrer Produkte leben. Und die Anwenderinnen und Anwendern sollen bezahlen.

Die Anwenderinnen und Anwender müssen durch die Nutzung des Produktes **einen Vorteil** haben. Sie müssen zumindest erwarten können, dass sie dank der Nutzung des Produktes mehr verdienen oder ihren Aufwand verringern. Dazu brauchen sie auch die Sicherheit, dass das Produkt die erwarteten Eigenschaften hat und die zugesicherten Leistungen über lange Zeit stabil erbringt.

> Die Begriffe „Qualität" und „Qualitätsmanagement" werden in der Norm EN/ISO 9000 behandelt. Die Qualität eines Produktes bestimmt sich danach durch den Grad der Erfüllung der Anforderungen der Nutzenden des Produktes. Es gibt somit keine absolute Qualität. Die Qualitätsmerkmale sind abhängig von den Anforderungen der Nutzenden an das Produkt. Qualität gibt an, in welchem Maße das Produkt den Anforderungen entspricht.

Anwenderinnen und Anwender haben Anforderungen an die **Qualität des Produktes,** die die Entwicklerinnen und Entwickler erfüllen müssen. Festlegungen zur Softwarequalität sind daher ein wesentlicher Ausgangspunkt für alle Überlegungen zur Softwareentwicklung.

3.1.4.1 Qualitätsmerkmale nach ISO/IEC 25000

Mit der Norm ISO/IEC 25000 findet sich ein Standard zur Bestimmung und Messung der Softwarequalität. Der gesamte Standard gliedert sich in eine Vielzahl von Teilen mit folgenden Schwerpunkten:

- Qualitätskriterien
- Qualitätsmodell
- Qualitätsmessung
- Vorgaben zum Software-Engineering

Die Norm ISO/IEC 25000 wurde im Jahre 2005 veröffentlicht und enthält die Norm ISO/IEC 9126, in die wiederum die DIN 66272 aufgenommen wurde. Die Norm ISO/IEC 9126 ist somit in der ISO/IEC 25000 aufgegangen und wird durch diese Norm ersetzt. Eingesetzt wird die Norm beim Festlegen der Anforderungen vor und während der Fertigung von Softwareprodukten bzw. bei der Qualitätsbeurteilung von bereits vorhandener Software.

Die Qualitätsmerkmale der Software sollen im Folgenden noch etwas genauer erläutert und mit Beispielen untersetzt werden. Die Kenntnis der Qualitätsmerkmale macht die möglichen Fehler deutlich. Fehlerquellen werden aufgezeigt und Fehler können so vermieden werden.

Das Qualitätsmodell bestimmt die Softwarequalität anhand folgender Merkmale:

Nr.	Qualitätsmerkmal	Kommentar
Q1	Funktionalität	Entspricht die Software den inhaltlichen Anforderungen der Anwender/-innen?
Q2	Zuverlässigkeit	Kann die Software im Routinebetrieb stabil genutzt werden? Wie häufig treten Fehler auf?
Q3	Benutzbarkeit	Ist die Software einfach zu lernen und intuitiv zu bedienen?
Q4	Effizienz	Wie sind die Erwartungen zum Ressourcenverbrauch und zum Antwortzeitverhalten erfüllt?
Q5	Änderbarkeit	Kann die Software an veränderte Einsatzbedingungen angepasst werden?
Q6	Übertragbarkeit	Kann die Software auf andere Hardware und andere Betriebssysteme übertragen werden?

Q1: Funktionalität	Gibt es Funktionen mit festgelegten Eigenschaften und erfüllen diese Funktionen die definierten Anforderungen?
Richtigkeit	Liefert die Software die richtigen oder vereinbarten Ergebnisse oder Wirkungen, z. B. die benötigte Genauigkeit von berechneten Werten? **Negatives Beispiel:** unbehandelte Rundungsfehler
Angemessenheit	Eignung der Funktionen für spezifizierte Aufgaben, z. B. aufgabenorientierte Zusammensetzung von Funktionen aus Teilfunktionen **Negatives Beispiel:** Erfassung von Daten, die nie ausgewertet werden
Interoperabilität	Fähigkeit, mit vorgegebenen Systemen zusammenzuwirken **Negatives Beispiel:** Daten sind in gängigem Format nicht einlesbar.
Ordnungsmäßigkeit	Erfüllung von anwendungsspezifischen Normen, Vereinbarungen, gesetzlichen Bestimmungen und ähnlichen Vorschriften **Negatives Beispiel:** Rechnungsausdrucke enthalten keine Umsatzsteuernummer.
Sicherheit	Fähigkeit, einen unberechtigten Zugriff (versehentlich, aber auch vorsätzlich) auf Programme und Daten zu verhindern. Negatives Beispiel: Eingabefelder in der Software sind nicht geschützt gegen SQL-Injection (vgl. Kapitel 6). (Das Thema „Sicherheit" wird aufgrund der aktuellen Entwicklung im Bereich der Computer-Kriminalität auch als eigenständiges Qualitätsmerkmal behandelt.)

Q2: Zuverlässigkeit	Fähigkeit der Software, ihr Leistungsniveau unter festgelegten Bedingungen über einen festgelegten Zeitraum zu bewahren
Reife	geringe Häufigkeit des Versagens durch Fehlerzustände **Negatives Beispiel:** Softwareabsturz in unregelmäßigen Abständen
Fehlertoleranz	Fähigkeit, ein spezifiziertes Leistungsniveau bei Softwarefehlern oder Nichteinhaltung der spezifizierten Schnittstellen zu bewahren **Negatives Beispiel:** Bei Eingabefehlern erscheint keine Mitteilung, dafür stürzt das Programm komplett ab.

Wiederherstellbarkeit	Fähigkeit, bei einem Versagen das Leistungsniveau wiederherzustellen und die direkt betroffenen Daten wiederzugewinnen **Negatives Beispiel:** Nach einem Programmabsturz sind die vorher bearbeiteten Dateien nicht mehr verwendbar.

Q3: Benutzbarkeit	**Aufwand, der zur Benutzung erforderlich ist, und individuelle Beurteilung der Benutzung durch eine festgelegte oder vorausgesetzte Benutzergruppe.** Die Benutzbarkeit wird gesondert behandelt unter dem Begriff „Softwareergonomie".
Verständlichkeit	Aufwand für die Nutzer/-innen, das Konzept und die Anwendung zu verstehen
Erlernbarkeit	Aufwand für die Nutzer/-innen, die Anwendung zu erlernen (z. B. Bedienung, Ein- und Ausgabe)
Bedienbarkeit	Aufwand für die Nutzer/-innen, die Anwendung zu bedienen **Negatives Beispiel:** Von Version zu Version verlagern sich die Menüpunkte an andere Positionen.

Q4: Effizienz	**Verhältnis zwischen dem Leistungsniveau der Software und dem Umfang der eingesetzten Betriebsmittel unter festgelegten Bedingungen**
Zeitverhalten	Antwort- und Verarbeitungszeiten sowie Durchsatz bei der Funktionsausführung **Negatives Beispiel:** Antwortzeiten von Dialogsystemen liegen bei über drei Sekunden.
Verbrauchsverhalten	Anzahl und Umfang der benötigten Betriebsmittel für die Erfüllung der Funktionen **Negatives Beispiel:** Die Zeit zum Starten von Office-Anwendungen, z. B. von Microsoft Excel, ist zu lang im Verhältnis zur Schnelligkeit der späteren Bearbeitung.

Q5: Änderbarkeit/ Wartbarkeit	**Aufwand, der zur Durchführung vorgegebener Änderungen notwendig ist.** Änderungen sind Korrekturen, Verbesserungen oder Anpassungen an Veränderungen der Umgebung, der Anforderungen oder der funktionalen Spezifikationen.
Analysierbarkeit	Aufwand, um Mängel oder Ursachen von einem Versagen zu diagnostizieren oder um änderungsbedürftige Teile zu bestimmen **Negatives Beispiel:** Ein vorliegender Quelltext ohne Dokumentation und Kommentare ist durch Unbeteiligte kaum zu verstehen.
Modifizierbarkeit	Aufwand zur Ausführung von Verbesserungen, zur Fehlerbeseitigung oder Anpassung an Veränderungen in der Einsatzumgebung
Stabilität	Wahrscheinlichkeit des Auftretens unerwarteter Wirkungen von Änderungen **Negatives Beispiel:** Änderungen an einer Stelle dürfen keine unerwarteten Nebeneffekte auf andere Programmteile erzeugen.
Prüfbarkeit	Aufwand, der zur Prüfung der geänderten Software notwendig ist

Q6: Übertragbarkeit/ Kompatibilität	**Eignung der Software, von einer Umgebung in eine andere übertragen zu werden.** Die Umgebung kann die organisatorische Umgebung sowie die Hardware- oder Softwareumgebung einschließen.
Anpassbarkeit	Es besteht die Möglichkeit, Software an verschiedene, festgelegte Umgebungen anzupassen. **Negatives Beispiel:** Die Software versagt bei einem Update des Betriebssystems.
Installierbarkeit	Aufwand, der zum Installieren der Software in einer festgelegten Umgebung notwendig ist
Konformität	Grad, in dem die Software Normen oder Vereinbarungen zur Übertragbarkeit erfüllt **Negatives Beispiel:** Datenaustausch bei der Verwendung von ANSI-Codierung auf der einen Seite und ASCII-Codierung auf der anderen Seite
Austauschbarkeit	Möglichkeit, diese Software anstelle einer anderen Software zu verwenden, sowie der dafür notwendige Aufwand

Die zahlreichen **negativen Beispiele** zeigen, wie anfällig Software für Fehler ist. Eine wichtige Aufgabe im Prozess der Softwareentwicklung besteht deshalb darin, Fehler zu erkennen und Fehler zu vermeiden. Diese beiden Ansätze sind Bestandteil des Qualitätsmanagements.

Auf die zahlreichen Probleme der Messung der Qualität kann an dieser Stelle nicht weiter eingegangen werden. Die oben erwähnte Norm ISO/IEC 25000 widmet dem Thema „metrics" drei Kapitel. Damit werden mögliche Maße und Maßeinheiten zur Messung der Softwarequalität vorgeschlagen. Erst eine objektive Messung der Softwarequalität macht es möglich, diese auch objektiv zu beurteilen, zu bewerten und zu steuern.

Ohne derartige Messungen bewegt sich die Beurteilung der Softwarequalität im Bereich subjektiver Urteile:
- Was den einen gefällt, missfällt den anderen.
- Was für die einen zu langsam läuft, geht den anderen zu schnell.
- usw.

Die Qualitätsmessung ist Voraussetzung für ein aktives Qualitätsmanagement, denn es gilt:

> "You can't manage what you can't measure."

3.1.4.2 Qualitätsmanagement

> **W** **Qualitätsmanagement** umfasst alle Tätigkeiten der Gesamtführungsaufgabe und legt die Qualitätspolitik, Ziele und Verantwortungen fest, die durch Mittel wie Qualitätsplanung, Qualitätslenkung, Qualitätssicherung und Qualitätsverbesserung im Rahmen des Qualitätsmanagementsystems verwirklicht werden.

Qualitätsmanagement beginnt mit der **Qualitätsplanung**. Hier muss festgelegt werden, welche Qualitätsmerkmale in welchem Umfang zu erfüllen sind. Auf die Erfüllung dieser Merkmale muss dann bei der Entwicklung und Testung der Software besonderes Gewicht gelegt werden. Bei einer Betriebssystemkomponente mit ständiger Aktivität sollte sicherlich das Merkmal der Effizienz besonders beachtet werden, während bei einer Buchhaltungssoftware eher die Merkmale der Funktionalität und Bedienbarkeit im Mittelpunkt stehen.

Die **Qualitätslenkung** ist eine aktive Aufgabe im Softwareentwicklungsprozess. Qualitätslenkung bedeutet, alles zu tun, um das Entstehen von Fehlern zu vermeiden. Wenn man von Anfang an alles richtig macht, systematisch arbeitet und klaren Arbeitsanweisungen folgen kann, dann wird man Fehler vermeiden. Die folgenden Ausführungen zur Softwaretechnologie entsprechen diesem Ansatz, wobei das Ziel in der möglichst fehlerfreien Produktion von Software besteht. Qualitätslenkung beschäftigt sich mit den vorbeugenden Maßnahmen bei der Erstellung, damit nach Fertigstellung des Produktes keine Korrekturen erforderlich sind.

Zur **Qualitätssicherung** gehört das weite Feld der Softwaretests. Nach Fertigstellung des Produktes oder möglichst schon nach Fertigstellung einzelner Entwicklungsstufen wird die Software getestet. Das ist ein passives, analytisches Herangehen. Nach Erstellung des Produktes wird dessen Qualität festgestellt, eventuell sind dann Korrekturen bei mangelnder Qualität notwendig. Kapitel 13 beschäftigt sich mit dem Softwaretest.

Qualitätsverbesserung bedeutet, aus den Erfahrungen bei der Softwareentwicklung zu lernen. Fehler kann man machen, aber man muss aus Fehlern lernen, um sie in ähnlichen Situationen zu vermeiden.

> **W** **Fazit: Software** ist ein Produkt wie Millionen andere Produkte auf dem Markt.

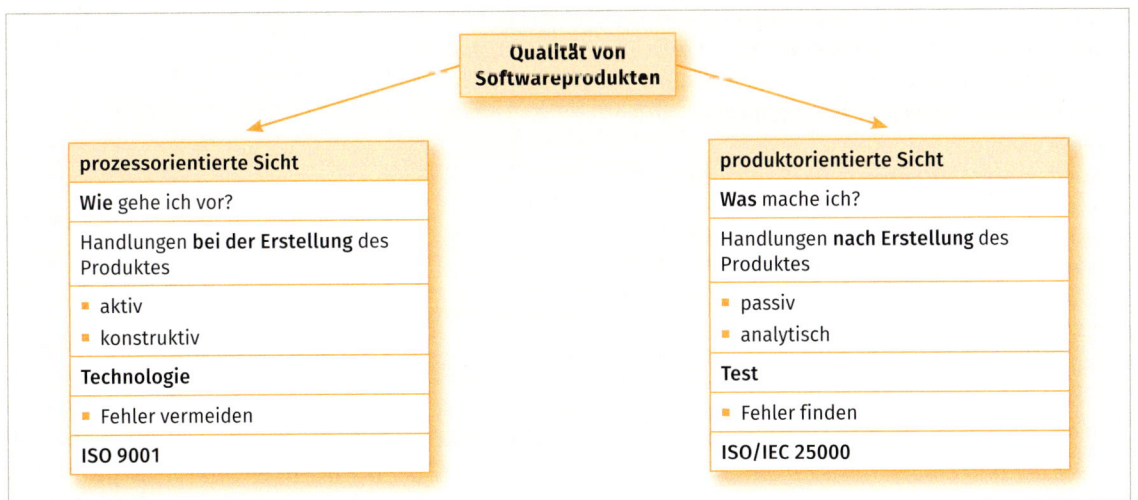

prozessorientierte Sicht	produktorientierte Sicht
Wie gehe ich vor?	Was mache ich?
Handlungen **bei der Erstellung** des Produktes	Handlungen **nach Erstellung** des Produktes
▪ aktiv ▪ konstruktiv	▪ passiv ▪ analytisch
Technologie	Test
▪ Fehler vermeiden	▪ Fehler finden
ISO 9001	ISO/IEC 25000

Qualität von Softwareprodukten

> **Software** wird erstellt für die Anwenderinnen und Anwender. Meistens sind es anonyme Anwenderinnen und Anwender, die man zum Zeitpunkt der Erstellung noch gar nicht kennt.
> **Software** kann systematisiert werden in System- und Anwendungssoftware bzw. dem Ursprung nach in Standard- und Individualsoftware.
> **Software** ist ein spezifisches Produkt. Sie muss nur einmal entwickelt werden, die Herstellung für die Anwender und Anwenderinnen geschieht durch einfaches Kopieren. Anwender und Anwenderinnen bezahlen dafür, dass sie eine Lizenz zur Nutzung erwerben und ein qualitativ gesichertes Produkt erhalten. Die Qualitätssicherung ist somit ein wesentlicher Ausgangspunkt für alle Überlegungen zur Softwareentwicklung.

Aufgaben

1. Anhand welcher Merkmale kann man die Funktionalität einer Software beurteilen?
2. Eine Software speichert die erfassten Daten auf Ihre Anweisung hin auf einem USB-Stick. Während des Schreibvorganges stellt die Software fest, dass die Speicherkapazität des USB-Sticks erschöpft ist, der Speichervorgang bricht ab, eventuell „hängt sich die gesamte Software auf". Wie kann man die Zuverlässigkeit dieser Software verbessern?
3. Zur Benutzbarkeit einer Software gehört auch die Verständlichkeit der verwendeten Fachbegriffe. Diskutieren Sie in diesem Zusammenhang die Verwendung von deutschsprachigen Funktionsbezeichnungen in Microsoft Excel wie z. B. für die Funktionen „Mittelwert( )", „Ganzzahl( )" oder „SummeWenn( )".
4. Wie ist die Effizienz einer Software zu beurteilen, wenn man Betriebssystemfunktionen und anwenderseitige Funktionen miteinander vergleicht?
5. Welches Qualitätskriterium wird verletzt, wenn man viel Aufwand betreiben muss, um eine Software auf neue Mehrwertsteuersätze oder veränderte Krankenversicherungsmodalitäten umzustellen?
6. Wodurch wird die Übertragbarkeit von Java-Programmen gewährleistet?
7. Diskutieren Sie die Unterschiede zwischen der produktorientierten Sicht und der prozessorientierten Sicht im Qualitätsmanagement von Softwareprodukten.
8. Welcher Sicht im Qualitätsmanagement ist die Forderung: „Von Anfang an alles richtig machen!" zuzuordnen?

3.2 Entwicklung von Software

3.2.1 Nutzwertanalyse zur Make-or-Buy-Entscheidung

Besteht das Ziel darin, Anwendungssysteme zur Bearbeitung betriebswirtschaftlicher Aufgabenstellungen bereitzustellen, steht man schnell vor der Frage, ob diese Aufgabenstellung durch die Entwicklung einer neuen Software oder durch den Einkauf einer am Markt erhältlichen Standardsoftware zu lösen ist. Im Kapitel 3.1.3.2 haben wir die möglichen Vor- und Nachteile von Standardsoftware gegenüber der Individualsoftware bereits diskutiert.

Für eine fundierte Entscheidung zwischen der Eigenentwicklung und der am Markt erhältlichen Standardsoftware sind folgende Merkmale zu vergleichen:
- Kosten als quantitativer Aspekt
- Leistungsmerkmale der Standardsoftware in Bezug auf die geforderten oder notwendigen Leistungsmerkmale der gewünschten Anwendung als qualitativer Aspekt

Für den qualitativen Vergleich der Angebote eignet sich die sogenannte **Nutzwertanalyse**. Hier werden die qualitativen und quantitativen Merkmale der Standardsoftware und der möglichen Eigenentwicklung mit den Anforderungen an das Produkt aus der Systemanalyse verglichen. Die Anforderungen sind zu gewichten, wobei die Summe der Gewichtungen 100 ergeben sollte. Es kann auch obligatorische Anforderungen geben, deren Nichterfüllung sofort zum Ausschluss möglicher Softwareprodukte führt.

Der Grad der Erfüllung der Anforderungen durch die zur Auswahl stehenden Produkte ist zu bewerten. Hier hat sich eine Skala von 0 bis 5 bewährt, wobei der Wert 0 die Nichterfüllung und der Wert 5 die vollständige Erfüllung signalisiert.

Die Softwareprodukte und die Anforderungen sind in einer Tabelle zusammenzustellen. Die Summe der Produkte aus der Gewichtung und der Bewertung führt dann spaltenweise zu einer Gesamteinschätzung pro Produkt.

In der aufgeführten Nutzwertanalyse werden zwei Produkte im Sinne von Standardsoftware und eine mögliche Eigenentwicklung nach fachlichen und kommerziellen Kriterien bewertet. Sie können dann anhand der erreichten Bewertungspunkte verglichen werden. Unter den fachlichen Kriterien gibt es ein notwendiges Kriterium, welches die Software unbedingt erfüllen muss. Notwen-

Nutzwertanalyse mit Beispieldaten

A	B	C	D	E	F	G	H
		\multicolumn{2}{c}{Produkt 1}	\multicolumn{2}{c}{Produkt 2}	\multicolumn{2}{c}{Eigenentwicklung}			
Anforderung	Gewichtung	Punkte	Wert = B * C	Punkte	Wert = B * E	Punkte	Wert = B * G
\multicolumn{8}{c}{Fachliche Kriterien}
Kriterium # 1	notwendig	5		5		5	
Kriterium # 2	10 %	4	40	2	20	5 (*)	50
Kriterium # 3	15 %	3	45	5	75	5 (*)	75
Kriterium # 4	25 %	4	100	4	100	5 (*)	125
Design und Nutzerakzeptanz des Produktes	10 %	5	50	4	40	5 (*)	50
\multicolumn{8}{c}{Kommerzielle Kriterien}
Bewertung des Lieferanten	5 %	4	20	3	15	5 (*)	25
Sicherheit der termingerechten Bereitstellung	5 %	5	25	5	25	3	15
Einmalige Kosten (Lizenz, Entwicklung)	20 %	4	80	5	100	1 (**)	20
Laufende Kosten (Wartung, Anpassung etc.)	10 %	3	30	2	20	4 (**)	40
Summe	**100 %**		**390**		**395**		**400**

dige Kriterien bezeichnet man auch als „KO"-Kriterien.
(*) Bei der Bewertung der Eigenentwicklung sollte man davon ausgehen, dass sämtliche fachlichen Anforderungen zur vollen Zufriedenheit erfüllt werden können. Sie werden daher mit der maximalen Punktzahl von 5 bewertet. Auch das Design und die zu erwartende Nutzerakzeptanz der Software sind als fachliches Kriterium zu betrachten.

Von den möglichen kommerziellen Kriterien werden hier die Bewertung der Lieferfirma hinsichtlich der Investitionssicherheit, die Sicherheit einer termingerechten Bereitstellung sowie die einmaligen und laufenden Kosten herangezogen.

(**) Die Gewichtung und Bewertung der einmaligen und laufenden Kosten erfolgt im Sinne eines qualitativen Kriteriums. Wie wichtig ist der Preis der Software und wie bewertet man die Höhe des Preises bzw. die Preisunterschiede bei den Produkten? Bezüglich der termingerechten Bereitstellung und der zu erwartenden Kosten muss die Eigenentwicklung hier objektiv und kritisch bewertet werden, sodass sie im Vergleich gegenüber der Standardsoftware wahrscheinlich schlechter abschneidet.

Die Gewichtung zwischen fachlichen und kommerziellen Kriterien ergibt ein Verhältnis von 60 zu 40. Diese Zahlen sowie die Vergabe der Punkte pro Produkt und Kriterium sind hier nur exemplarisch zu verstehen. Die Wahl dieser Zahlen drückt in jedem Fall das Anforderungsverhalten aus, sie sollten im Ergebnis eines umfangreichen Diskussionsprozesses zwischen Anwendenden und verantwortlichen Führungskräften ermittelt werden.

3.2.2 Softwarelebenszyklus

Der Softwarelebenszyklus beschreibt, welche Etappen ein Softwareprodukt von der Idee zu seiner Entwicklung, seiner Entstehung und Nutzung bis hin zur Erneuerung durchlaufen wird, wobei in der Regel bestimmte Etappen selbst wieder zyklisch durchlaufen werden. Für dieses Modell gibt es die verschiedensten Darstellungsformen. Dabei wird von den folgenden Etappen ausgegangen:

Die Softwareentwicklung ist nur ein Abschnitt im Softwarelebenszyklus und Gegenstand der Etappen
- Initialisierung (Analyse)
- Entwurf (Design),
- Realisierung (Codierung und Test) und
- Integration.

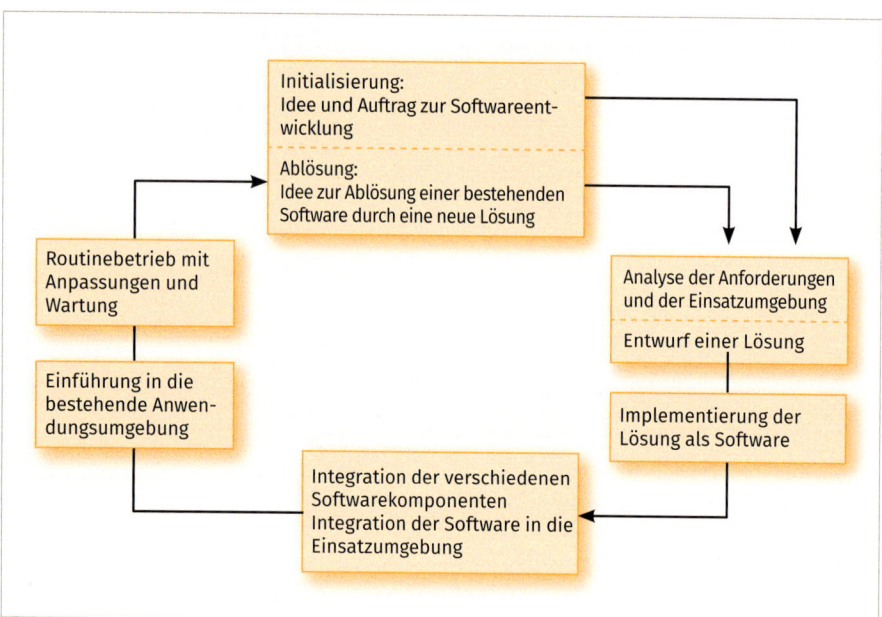

Softwarelebenszyklus

3.2.3 Phasen der Softwareentwicklung

Die Phasen der Softwareentwicklung sind abzuleiten aus den üblichen Schritten zur systematischen Bearbeitung eines Problems.

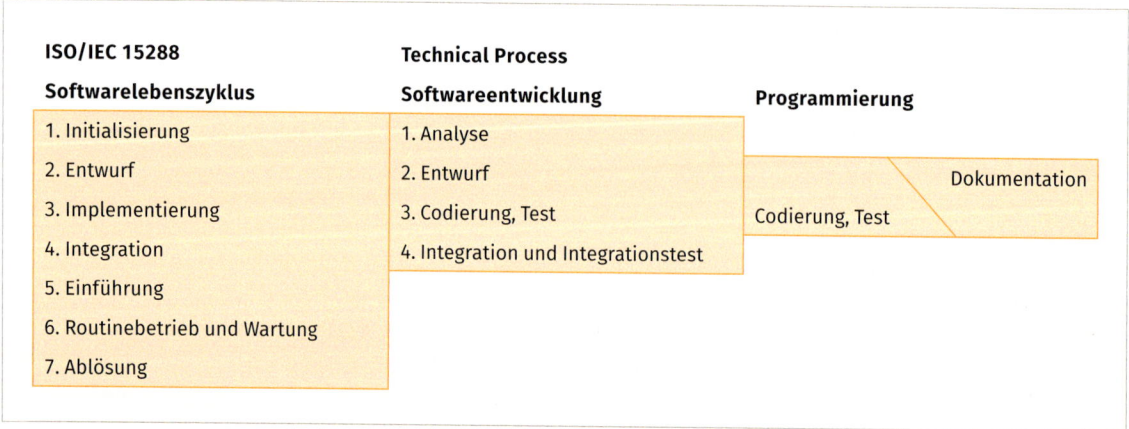

Programmierung als Teil des Softwarelebenszyklus

56   Software und Softwaretechnologie

Problem	→ → →	Aufgabe	→ → →	Lösungsweg	→ → →	nutzbare Lösung
	Analyse		Entwurf		Implementierung	

Im Einzelnen kann man von folgenden Bearbeitungsphasen ausgehen:

Phase	Situation	Arbeitsaufgabe	Situationen aus dem Modellunternehmen ACI
Problem	Es besteht ein **latentes Problem** – irgendetwas verläuft nicht so, wie es sein sollte.	Eine besondere Pflicht des Managements besteht darin, **Probleme zu erkennen und deren Überwindung anzuregen.**	Es stagniert der Absatz. Die Konkurrenz auf dem Markt konnten in den letzten Jahren neue Kunden gewinnen; die eigenen Kunden bemängeln die fehlende Flexibilität und Schnelligkeit im Angebot und in der Geschäftsabwicklung. Das **Problem** liegt in der Organisation des Vertriebes, der allein über die Ladengeschäfte und Außendienstmitarbeitenden abgewickelt wird.
Analyse	Ein **Problem** resultiert aus bestehenden Widersprüchen. Die **Widersprüche** sind zu erkennen und die sich widersprechenden Seiten sind zu identifizieren.	Die Kenntnis der sich widersprechenden Seiten führt zur **Formulierung von möglichen Aufgabenstellungen,** deren Lösung zur Überwindung des Widerspruchs führen kann.	Die Organisation des Vertriebes steht im Widerspruch zu den Anforderungen des Marktes. Die Analyse der Marktsituation zeigt, dass die Konkurrenz ihre Umsatzsteigerungen durch die Einrichtung von Webshops erzielt. Das Management von ACI formuliert daher die **Aufgabenstellung,** einen neuen Webshop einzurichten. Als Dokument entsteht ein **Lastenheft.**
Entwurf	Für die formulierte Aufgabenstellung ist eine Lösung zu finden. Unter vielen möglichen Lösungen ist eine Lösung auszuwählen und der **Lösungsweg** in nachvollziehbarer Weise zu beschreiben.	Der **Algorithmus** als nachvollziehbarer Weg zur Lösung ist zu finden und aufzuschreiben. Gleichzeitig sind die Daten abzugrenzen und das **Datenmodell** zu beschreiben.	Die Geschäftsleitung beauftragt die Azubis, einen **Entwurf** für einen Webshop unter Beachtung der gegebenen Struktur des Warenwirtschaftssystems bei der ACI GmbH zu erstellen. Als Dokument entsteht ein **Pflichtenheft.**
Implementierung	Der ausgewählte Lösungsweg ist in einer **automatisierbaren Form** festzuschreiben.	Die **Programmierung** und der **Test** der Komponenten sind vorzunehmen.	Ein **Softwareprodukt** ist zu erstellen, der Entwurf ist durch Programmierung und Dokumentation umzusetzen. Als Dokumente entstehen der **Quellcode** und die Programmdokumentation.
Einführung	Der Lösungsweg wird in der bestehenden Umgebung **integriert** und für die zukünftigen Anwendende **gangbar** gemacht.	Der in automatisierbarer Form beschriebene Lösungsweg ist in die bestehende **Anwendungsumgebung** zu integrieren und die **Anwendenden** sind in seine Nutzung einzuführen.	Das einzusetzende Softwareprodukt ist aus verschiedenen Teilen **zusammenzusetzen.** Bei ACI muss so z. B. die bestehende Warenwirtschaft mit der neuen Lösung für den Webshop **verbunden** werden. Als Dokumente entstehen die **Anwenderdokumentation** und die Installationsanleitung.
Dokumentation	Der ausgewählte Lösungsweg ist in einer **automatisierbaren Form** festzuschreiben.	Die bisher realisierten Arbeitsschritte sind zu beschreiben, um so eine **spätere Anpassung** oder Fehlersuche zu ermöglichen.	Die Teile der Dokumentation entstehen möglichst **parallel** zu den bisherigen Arbeitsschritten.

3.2.3.1 Analyse

Das Problem ist benannt, die Widersprüche im Hintergrund sind zu erkennen, mögliche Aufgaben zur Überwindung der Widersprüche sind zu finden und unter den vielen möglichen Aufgaben ist jene auszuwählen, die einfach realisierbar ist und deren Umsetzung den größten Erfolg bei der Überwindung der Widersprüche verspricht (siehe Grafik „Weg vom Problem zur konkreten Aufgabenstellung").

In der Phase der Analyse wird die beschriebene Problemstellung mit allen angrenzenden Faktoren auf tiefgründige Art und Weise betrachtet. Dabei sollten folgende Fragestellungen durchdacht werden:

> **Aufgaben der Analyse**
> - Inwieweit ist die vom Management formulierte und nun zu lösende Aufgabenstellung korrekt und vollständig beschrieben und an welchen Stellen müssen Veränderungen bzw. Ergänzungen vorgenommen werden?
> - Zu welchen Ergebnissen soll die Ausführung des Programms unter bestimmten Bedingungen führen und in welchem Zustand endet das Programm (Output)?
> - Welche Eingabewerte bzw. Zustände sollen das Programm starten und während des Programmablaufs bearbeitet, verändert und verwaltet werden (Input)?
> - Welche Ausnahmen (z. B. nicht zugelassene Eingabewerte) sind bei der Entwicklung des Programms zur Problemlösung zu berücksichtigen, die die fehlerfreie Ausführung des Programms hemmen würden?
> - Welche funktionalen Beziehungen gibt es zwischen Eingabe- und Ausgabewerten?

Weg vom Problem zur konkreten Aufgabenstellung

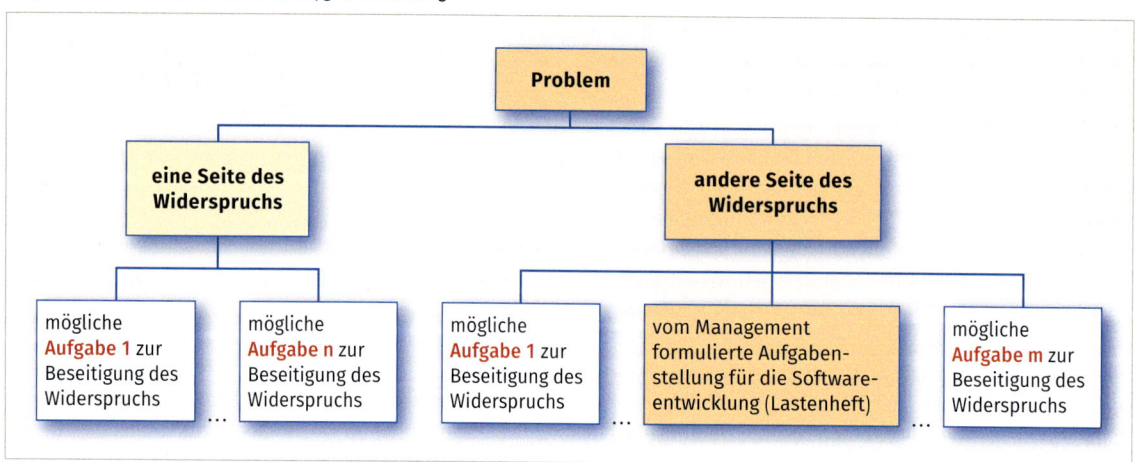

Wurden diese Fragestellungen ausreichend durchdacht, eine exakte Aufgabenstellung formuliert und erste Lösungsansätze aufgezeigt, kann in die Phase des Entwurfs gewechselt werden. Oberflächliches Arbeiten in der Phase der Analyse kann allerdings zu einem enormen zusätzlichen Arbeitsaufwand führen, da alle folgenden Entwicklungsphasen auf den Erkenntnissen der Analyse aufbauen. Darum sollte man in dieser Phase mit großer Sorgfalt arbeiten.

3.2.3.2 Entwurf

Die Aufgabenstellung ist formuliert. Über die Zweckmäßigkeit der vorliegenden Aufgabenstellung ist nicht weiter zu diskutieren. Es sind Lösungswege zu suchen und unter den möglichen Lösungswegen ist der am einfachsten zu realisierende Lösungsweg auszuwählen.

In der Entwurfsphase stehen Überlegungen im Vordergrund, wie man die nun exakt formulierte Aufgabenstellung mithilfe eines Algorithmus lösen kann. Dies ist ein sehr kreativer Prozess, der nicht automatisierbar ist, wohl aber durch geeignete Werkzeuge unterstützt und vorangetrieben werden kann.

Dabei sollte immer überlegt werden, ob sich die Aufgabe in einfachere Teilaufgaben splitten lässt, um dafür einfache Lösungswege zu finden. Anschließend müssen die Teillösungen zur Lösung des komplexeren Gesamtproblems zusammengefügt werden (Integration).

Im Kapitel 5 steht das Design für den Webshop der ACI GmbH im Mittelpunkt und es wird dabei der Einsatz von speziellen Werkzeugen zur Unterstützung der Entwurfsarbeiten demonstriert.

3.2.3.3 Implementierung

Der Entwurf liegt vor. Als Implementierung bezeichnet man die Überführungen der im Entwurf entwickelten Konzepte zur Lösung der Aufgabe in das in einer bestimmten Programmiersprache verfasste, funktionierende Programm, d. h., der beschriebene Lösungsweg ist zu programmieren und zu testen.

Codierung
Wenn in der Phase des Entwurfes mit großer Genauigkeit und Detailliertheit gearbeitet wurde, dann ist die Umsetzung in Programmcode während der Implementierung ein eher formaler Prozess.

Zuerst wird der Programmcode mithilfe eines Editors eingegeben und gespeichert. Anschließend wird dieser Quellcode kompiliert oder einem Interpreter übergeben und, falls keine Fehler vorhanden sind, in ein ausführbares Programm überführt. Wenn doch Fehler gefunden werden, dann müssen sie mit dem Editor neu überarbeitet werden. Ist die Kompilierung erfolgreich, kann das Programm ausgeführt werden und die Phase der Implementierung ist abgeschlossen.

Kapitel 8 zeigt die Implementierung mittels der Programmiersprache Java bzw. C# und demonstriert dabei den Einsatz des Werkzeuges **Eclipse** als Entwicklungsumgebung zur Unterstützung von Programmierung und Test.

Test
In der Testphase wird überprüft, ob das entwickelte Programm die vorgegebene Aufgabenstellung löst. Dafür werden dem Programm systematisch Eingabewerte nach vorher geplanten Szenarien übergeben und die erzielten Ergebnisse mit den erwarteten Ergebnissen verglichen.

Da Programme oftmals komplexe Zusammenhänge modellieren, kann man davon ausgehen, dass sie nicht auf Anhieb korrekt funktionieren. Oft liefern Programme im Normalfall korrekte Ergebnisse, versagen jedoch in Ausnahmefällen. Genau diese Ausnahmen müssen beim Testen besonders berücksichtigt werden.

> **W** Es ist unmöglich, die **Fehlerfreiheit** eines Programms nachzuweisen. Es ist nur möglich, das Vorhandensein von **Fehlern** nachzuweisen und diese Fehler zu dokumentieren bzw. zu beseitigen.

Beim Testen sollten verschiedene Szenarien entwickelt werden, auch bewusst solche, bei denen das Auftreten von Programmfehlern vermutet wird, um die Funktionalität der Software zu überprüfen. Bevor die Szenarien dann ausgeführt werden, sollte man zu erwartende Ergebnisse definieren, die bei fehlerfreier Funktion des Programms erzielt werden sollen. Die erwarteten Ergebnisse werden dann mit dem tatsächlichen Antwortverhalten des Programms bei der Durchführung von Tests in jedem Szenario verglichen. Es folgt nun die Fehlerbehandlung, worauf eine erneute Testphase folgen sollte, um sicherzustellen, dass kein neues Fehlverhalten durch die vorgenommenen Veränderungen erzeugt wird. Man kann allerdings nie davon ausgehen, dass alle Fehler beseitigt sind. Unterschieden werden folgende Fehler:

Fehlerart	Beschreibung
syntaktischer Fehler	Fehler **formaler** Art bei der Anwendung einer Programmiersprache, vergleichbar mit einem Rechtschreibfehler; wird vom Compiler oder Interpreter automatisch erkannt
semantischer Fehler	Fehler **inhaltlicher** Art; das Programm ist formal korrekt, liefert aber falsche Ergebnisse; semantische Fehler offenbaren sich häufig erst in der Routinenutzung

Eclipse als Entwicklungsumgebung unterstützt bei der Suche nach syntaktischen Fehlern und besonders der **Debugger-Modus** eignet sich zur Suche nach semantischen Fehlern.

3.2.3.4 Integration und Integrationstest

Die einzelnen getesteten Programme liegen vor. Die Entwicklung eines Softwareproduktes erfolgt jedoch meist arbeitsteilig unter Einbeziehung vieler Mitarbeitender, die jeweils eigene Programme als Komponenten des zukünftigen Softwareproduktes erarbeitet haben. Diese Komponenten sind nun zusammenzuführen (Integration im Inneren) und das neue Softwareprodukt ist in die Anwendungsumgebung zu integrieren.

Es gibt eine **horizontale** (aufeinander folgende) Arbeitsteilung zwischen den spezialisierten Mitarbeitenden in den Phasen Analyse, Entwurf, Implementierung, Test und Dokumentation. Hinzu kommt eine **vertikale** (gleichzeitige Arbeit zu einer Zeit) Arbeitshäufung, besonders in der Phase der Implementierung. Hier müssen zahlreiche Programmierer und Programmiererinnen anhand eines detailliert ausgearbeiteten Entwurfs (oft auch als Spezifikation bezeichnet) einzelne Programme oder Programmbausteine (Module oder Objekte) entwickeln. Der Bedarf an Personal nimmt dabei von der Analyse zur Programmierung hin deutlich zu.

Der detailliert ausgearbeitete Entwurf soll gewährleisten, dass die einzelnen und von verschiedenen Personen erstellten Programmbausteine schließlich zu einem Ganzen mit einem einheitlichen Erscheinungsbild in Form und Funktion zusammengeführt werden können. Hierzu muss quasi alles festgeschrieben werden, oft bis ins kleinste Detail.

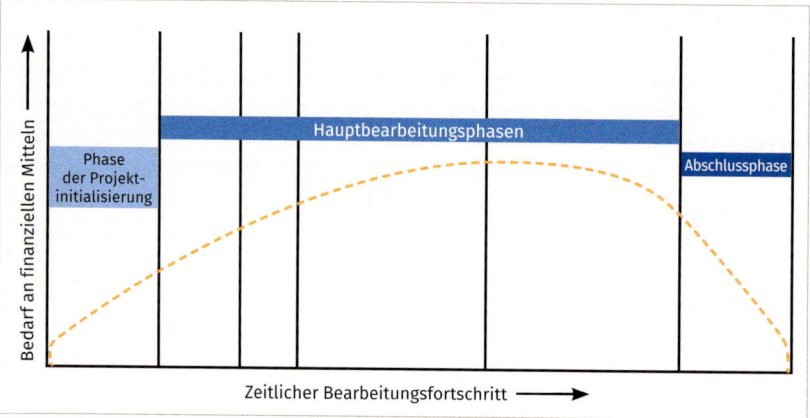

Bedarf an Ressourcen in den Phasen des Projektes

Diese möglichen Angaben aus dem Entwurf machen bereits deutlich, wo überall Fehlerquellen für die Integration der Softwarebausteine liegen können. Auch wenn jedes Modul oder Objekt für sich gut funktioniert, so kann es doch im Zusammenspiel aller Softwarebausteine versagen. Der Integrationstest sollte wenigstens die Abwesenheit von vermuteten Fehlern nachweisen.

Ein schlimmer Fehler, der an dieser Stelle eventuell auffällt, sind die sogenannten **Seiteneffekte.** Programme oder Module kommunizieren nicht ordentlich über die Schnittstellen miteinander, sondern nutzen gemeinsam eine globale Variable. In kleinen Softwaresystemen mag das noch überschaubar und kontrollierbar sein, aber in großen Systemen kann es vorkommen, dass ein drittes Programm diese globale Variable ebenfalls nutzt und mit Werten belegt, deren Verwendung letztlich zum Chaos führt.

Bei der Integration sind neben den selbst entwickelten Programmbausteinen auch fremde Komponenten zu berücksichtigen, z. B. aus Standardbibliotheken. Auch hier muss die korrekte Ansprache und Parametrisierung getestet werden.

Herr Pelz erinnert die Auszubildenden zur Verdeutlichung der Integrationsprobleme an den Versuch, eine Software so zu entwickeln, dass alle jeweils einzelne Programmbausteine entwickelt. Neben den zeitlichen Problemen wird es dabei schon zu Gestaltungsfragen heftige Meinungsverschiedenheiten geben: Welche Schriftart ist zu verwenden? Wie groß muss die Schrift sein? Welche Hintergrundfarbe sollen wir wählen?

Ebene	Integration (im Inneren)	Beispiel
Layout	• Verwendung von Farben, Schriftarten, Schriftgrößen, Anordnung der Elemente auf dem Bildschirm • Verwendung von Begriffen • Struktur und Bezugnahme auf die Hilfe etc.	• Arial oder Times New Roman • „beenden" über das Menü oder die System-Schaltflächen
Daten	• Inhaltliche Interpretation der Daten und deren Dimension • Beschreibung der Schnittstellen etc.	• Beziehen wir uns auf Brutto- oder Nettopreise? • Gilt der Preis pro Stück oder pro Verpackungseinheit?
Verarbeitung	• Verwendung einheitlicher Algorithmen • Beachtung von Verfahren zur Vermeidung von Kalkulationsfehlern etc.	(a / b) * c oder (a * c) / b Andere Rechenreihenfolge kann wegen interner Genauigkeitsgrenzen zu verschiedenen Ergebnissen führen.

3.2.3.5 Dokumentation

Der Softwareentwicklungsprozess erfordert viele Dokumente. Der Quellcode ist nur ein Dokument unter vielen. Die folgenden Dokumente entstehen bei einer „Softwareentwicklung im Großen":

> **W** **Dokumente in der Softwareentwicklung**
> - Lastenheft vom Auftraggebenden Unternehmen als Basis für die Auftragserteilung
> - Projektplan vom Entwicklungsteam mit der Zeit- und Ressourcenplanung
> - Pflichtenheft als Angebot vom entwickelnden Unternehmen
> - Anforderungsspezifikation als Ergebnis der genauen Anforderungsanalyse
> - Entwurfsbeschreibung unter Verwendung von allgemeinen Darstellungsmitteln (z.B. UML, EPK oder Datenmodellen mit ERM)
> - Protokolle von Reviews zur Spezifikation und zum Entwurf
> - Quellcode bei der Implementierung des lauffähigen Systems
> - Testprotokoll sowohl für Black-Box- als auch für White-Box-Tests
> - Protokolle von Reviews und Programmcode-Inspektionen
> - Dokumentation (Kommentierung des Programms, Benutzerhandbuch oder Onlinehilfe, Installationsanleitung)
> - Abschlusspräsentation des lauffähigen Systems für den Auftraggeber
> - Abnahmeprotokoll

Etappen der Softwareentwicklung und parallele Dokumentation

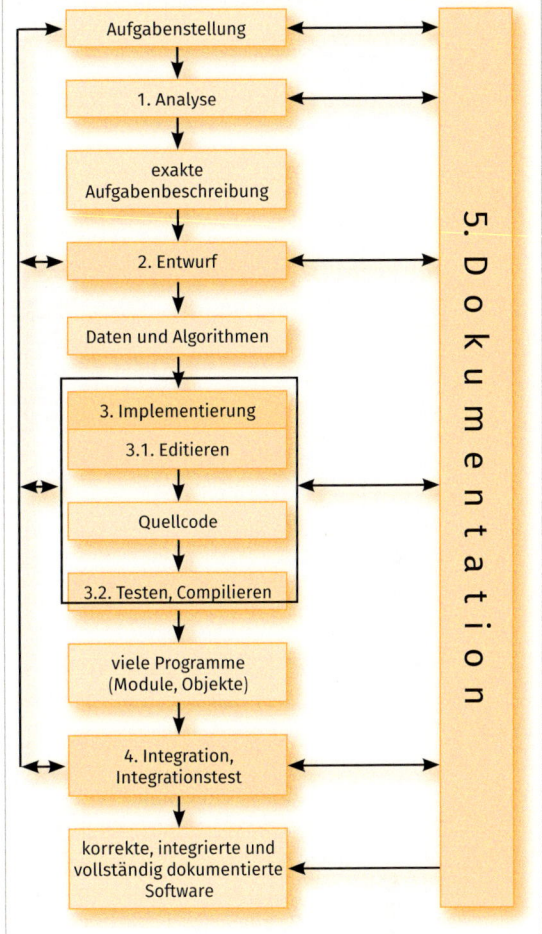

Bezüglich der inhaltlichen Korrektheit und der Arbeitseffizienz empfiehlt es sich, die Dokumente, also auch die Dokumentation, parallel zu den anderen Arbeiten zu erstellen.

Während des Durchlaufs der Programmentwicklungsphasen werden alle Gedanken, Vorgehensweisen und Entwicklungen dokumentiert und schriftlich festgehalten, um auch externen Personen, die nicht unmittelbar in den Programmentwicklungsprozess integriert sind, das Verständnis für den Programmcode und die Argumente für die Auswahl des gewählten Weges zu ermöglichen. Es muss klar werden, was gemacht wurde und warum es so gemacht wurde.

Außerdem wird dadurch eine Erweiterung des Programms bzw. eine Wiederverwendung von Programmteilen oder -entwicklungsschritten für andere Problemstellungen vereinfacht.

3.2.4 Softwaretechnologie

Bei den Darstellungen zur Softwarequalität wurde bereits der prozessorientierte Ansatz behandelt. Auch die Softwareentwicklung muss als Teil eines **Geschäftsprozesses** verstanden werden. Dieser Prozess muss so gestaltet werden, dass der Weg über klar beschriebene und wiederholbare Schritte zu vollständigen und gesicherten Ergebnissen führt.

Wenn man von Softwaretechnologie spricht, meint man damit die eingesetzte Technologie im Prozess der Softwareentwicklung.

> Die **Softwaretechnologie** umfasst die zielorientierte Bereitstellung und systematische Verwendung von
> - Prinzipien,
> - Methoden,
> - Verfahren (Konzepten, Notationen) und
> - Werkzeugen
>
> für die arbeitsteilige Entwicklung von umfangreichen Softwaresystemen. **W**

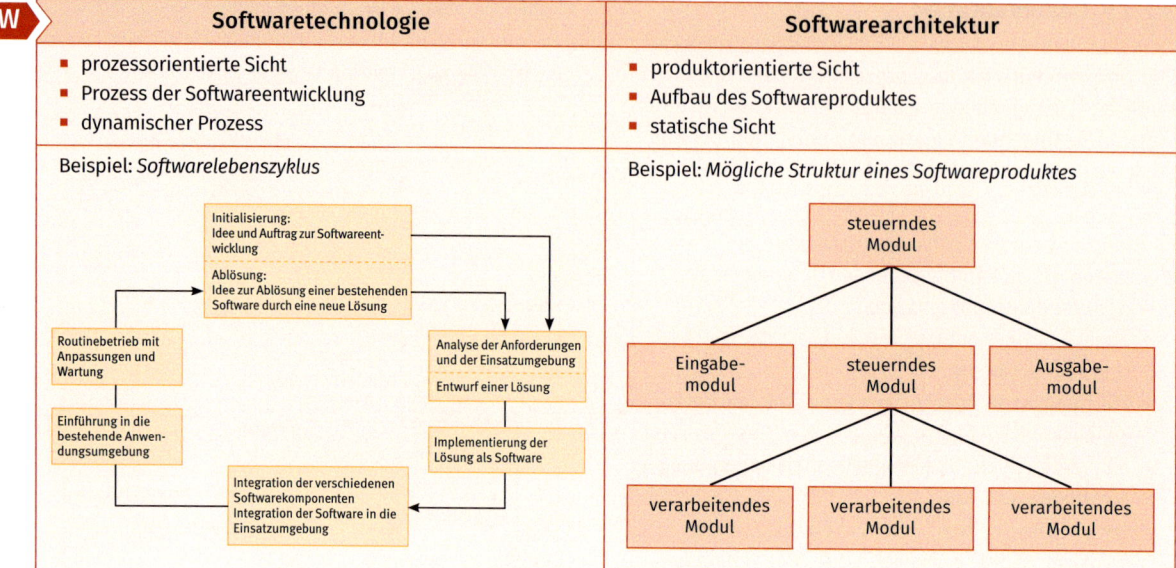

2.3.4.1 Prinzipien

Prinzipien sind oft sehr allgemein und abstrakt; sie sagen nichts darüber aus, was man zu ihrer Durchsetzung im konkreten Fall zu tun hat. Trotzdem sind Prinzipen und deren konsequente Beachtung (Prinzipientreue) allgemein ein Schlüssel zum Erfolg.

Aus dem Bereich der Organisation unserer Gesellschaft kennen wir zahlreiche Prinzipien, wie das
- Gleichheitsprinzip, z.B. „Gleichheit von Mann und Frau" oder „Gleicher Lohn für gleiche Arbeit",
- Prinzip der lokalen Verantwortung, z.B. durch die unterschiedlichen Verantwortlichkeiten von Bund, Ländern und Gemeinden oder
- Föderalismusprinzip.

> Umgangssprachlich versteht man unter einem **Prinzip** einen Grundsatz, an den man sich hält. Dieser Grundsatz kann das Ergebnis theoretischer Überlegungen sein oder er wurde aus Erfahrungen hergeleitet und durch diese bestätigt.

An diesen Beispielen wird deutlich, dass die Prinzipien keine Hilfe zu ihrer Umsetzung vermitteln, aber dass die Verletzung dieser Prinzipien sehr schnell zu großen gesellschaftlichen Problemen führen kann.

Für die Entwicklung von Software wird die Einhaltung folgender Prinzipien empfohlen, die in der folgenden Übersicht zusammengefasst sind.

Nr.	Prinzip	Pro	Kontra
1	**Einfachheit** • Sucht einfache Lösungen! • Less is more!/Weniger ist mehr!		
	Geniale Dinge sind immer einfach, einfach zu verstehen und einfach in der Funktion. • „Einfach zu verstehen" sichert die Akzeptanz unter den Menschen und damit die große Verbreitung. • „Einfach in der Funktion" gewährleistet eine einfache und damit kostengünstige bzw. schnelle Realisierung, was wiederum zur großen Verbreitung beitragen kann.			

62 Software und Softwaretechnologie

Nr.	Prinzip	Pro	Kontra
2	**Lokalität** Tut alles dort, und nur dort, wo es auch hingehört!		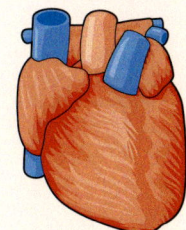
	Programme sollten nur überschaubare Funktionen erfüllen, z. B. verarbeitende oder steuernde Funktionen. Die lokale Verantwortlichkeit bedeutet, das alles dort getan wird, wo es fachlich und inhaltlich hingehört, und auch nicht mehr. Die zur Verarbeitung oder Steuerung notwendigen Daten sind zwischen den Programmen über Schnittstellen auszutauschen. Alle Daten, deren Werte die jeweilige Funktion zu verantworten hat, sind auch durch diese Funktion zu speichern und vor Missbrauch zu schützen (**Geheimhaltungsgebot**). Die lokale Verantwortlichkeit wirkt auch als ein Strukturierungsprinzip. Die Programme innerhalb des Softwareproduktes erhalten eine Rangordnung. Elemente gleicher Rangordnung stehen auf derselben Stufe und bilden eine Schicht oder Ebene (**Hierarchisierung**). Innerhalb der Hierarchie dürfen keine zirkulären Beziehungen auftreten.		
3	**Automatisierung** Lasst den Computer arbeiten, er ist schneller und zuverlässiger als der Mensch!	 Prozessor mit einer Taktfrequenz von 2 · 2,6 GHz	 Menschliches Herz mit 80–120 Schlägen pro Minute.
	Der Computer ist schneller und zuverlässiger in der Arbeit als seine Entwickler/-innen. Optimierungsbestrebungen sollten erst einsetzen, wenn man irgendwo objektiv an Grenzen stößt. Es ist stets zu bedenken: - Wenn man Speicherplatz spart, dann bleibt der Rest des Speichers ungenutzt, - und wenn man dem Prozessor Arbeit abnimmt, dann läuft er trotzdem, nämlich im Wartezustand. Viele bekannte Anwendungen sind erfolgreich, weil sie den Rechner ständig arbeiten lassen, z. B. werden in Excel nach jeder Eingabe alle Formeln neu berechnet.		
4	**Wiederverwendbarkeit** Denkt an die Wiederverwendbarkeit der Entwicklungsprodukte!		
	Programme werden mit wenigen Ausnahmen zur Bearbeitung einer Menge ähnlicher Aufgaben entwickelt und nicht für einen einzelnen konkreten Anwendungsfall. Nur sehr wenige oder schlechte Programme sind Wegwerfprodukte. Ein Programm kann innerhalb eines Softwareproduktes wiederholt zur Bearbeitung ähnlicher Aufgaben aufgerufen werden; es kann aber auch an verschiedenen Stellen des Softwareproduktes oder auch in anderen Softwareprodukten wiederverwendet werden. Das **Abstrahieren**, d. h. das Hervorheben des Wesentlichen und das Absehen von speziellen, untergeordneten Details, führt zum Erkennen gleicher Merkmale in der Menge der ähnlichen Aufgaben und damit zu wiederverwendbaren Lösungen.		

5	**Standardisierung**		
	Verwendet fertige Bausteine und erfindet die Welt nicht ständig neu!		

Das Prinzip der Standardisierung impliziert natürlich auch die **Wiederverwendung**. Die Verwendung fertiger Softwarebausteine bietet zwei Vorteile:
- Der **Aufwand** zur Erstellung entfällt.
- Die Softwarebausteine sind erwartungsgemäß **korrekt,** d.h., das Risiko von Fehlern oder allgemein von Qualitätsmängeln ist gering.

Dem steht natürlich der zusätzliche Aufwand zum Finden und Beschaffen der Softwarebausteine gegenüber. Eine unsachgemäße Nutzung der Softwarebausteine kann auch zu Fehlern führen, doch die Vorteile überwiegen.

6	**Kommunikationsschnittstellen**		
	Kommuniziert über saubere Schnittstellen!		

Lokalität und Wiederverwendung setzen eine Kommunikation zwischen den Softwarebausteinen voraus. Diese Kommunikation sollte standardisiert erfolgen. Das weltweit erfolgreichste Softwaresystem, unser Internet, konnte nur entstehen und global erfolgreich werden dank der standardisierten Kommunikationsschnittstelle TCP/IP.
Die Bedeutung der Kommunikationsschnittstelle wird heute allgemein erkannt und unterstützt. XML ist der zu empfehlende Standard für die Kommunikation von Computer zu Computer.

7	**Verständlichkeit**		
	Schreibt lesbaren und verständlichen Programmcode!		

Programme müssen in erster Linie von Computern verstanden werden, dennoch ist eine **allgemein verständliche Notation,** eine bildhafte Darstellung oder die Verwendung einer höheren Programmiersprache sinnvoll, die Begriffe einer natürlichen Sprache enthält. Eine allgemein verständliche Notation ermöglicht dem Menschen die schnelle Einarbeitung in das Programm, fördert die Verständlichkeit und Lesbarkeit des Programms und erleichtert damit die Wartung und Pflege des gesamten Softwareproduktes.
Zu einem gut lesbaren, strukturiert geschriebenen und gut kommentierten Programm gehört auch eine **Dokumentation.** Software besteht laut Definition aus „Programmcode und Dokumentation" und ist letztlich nur so gut wie das schwächste Glied dieser Kette. Die Dokumentation ist nicht nur ein Hilfsmittel für Anwender und Anwenderinnen, sie ist auch eine Hilfe zum Verständnis des Programmcodes und muss integraler Bestandteil der Softwareentwicklung sein.

Prinzipien sind sehr allgemeine Aussagen. Ihre Formulierung ist nicht einfach und ihre Diskussion führt schnell weg vom eigentlichen Prinzip hin zu den möglichen Methoden der Umsetzung. Dabei verschwimmen auch die Grenzen zwischen den Begriffen „Prinzip" und „Methode" sehr schnell. Einzelne Methoden werden so stark verallgemeinert, dass sie schon quasi den Status eines Prinzips haben. **Prinzipien** benennen einen Grundsatz, dessen Einhaltung für alle folgenden Vorhaben verbindlich ist. **Methoden** sind handlungsorientiert, sie dienen der Durchsetzung der Prinzipien. Es gilt der folgende Zusammenhang von Prinzip, Methode, Verfahren und Werkzeug.

3.2.4.2 Methoden

> Methoden sind planmäßig angewandte und begründete Handlungsvorschriften, um Aufgaben einer bestimmten Klasse zu lösen.

Methoden beziehen sich auf ein Prinzip oder auf mehrere Prinzipien. Methoden machen Prinzipien anwendbar. Die Handlungsvorschrift beschreibt, wie ein Ziel mit einer festgelegten Schrittfolge erreicht wird. Methoden sollen anwendungsneutral sein, dieselben Methoden sollen daher für verschiedene Anwendungsumgebungen gelten. Die folgenden Beispiele verdeutlichen dies.

Top-down-Dekomposition	**Auflösung der Komplexität, Erkennen einer Hierarchie zwischen verarbeitenden und steuernden Komponenten.** Die im Verarbeitungs- und Steuerungsprozess anfallenden Aufgaben und Verantwortlichkeiten sind zu erkennen und einzelnen Bausteinen zuzuordnen. Diese Methode leistet einen wesentlichen Beitrag zur Umsetzung des Prinzips der lokalen Verantwortlichkeiten.
Modularisierung	**Auflösung der Komplexität, Abgrenzen lokaler Verantwortlichkeiten.** Die Modularisierung ist eine allgemeine Methode aus den Ingenieurwissenschaften und dient insbesondere der Erzeugung überschaubarer Teilsysteme zur Sicherung der Einfachheit und Wiederverwendung, wenn Komponenten unter Umständen auch in anderen Systemen wiederverwendet werden können. Auf die Softwareentwicklung angewandt bewirkt diese Methode die Aufteilung des Systems in überschaubare Teile mit klar definierten Schnittstellen. Dabei sollen einzelne Module ausgetauscht oder geändert werden können, ohne dass Veränderungen im übrigen System erforderlich sind. Diese Methode leistet einen Beitrag zur Umsetzung der Prinzipien der Wiederverwendbarkeit, der Einfachheit und der lokalen Verantwortlichkeiten. Entsprechend kleine Module erleichtern die Verständlichkeit. Die Modularisierung ist eine methodische Triebkraft für die strukturierte und objektorientierte Programmierung.
strukturierte Programmierung	**Das Ziel der strukturierten Programmierung besteht darin, Algorithmen so darzustellen, dass ihr Ablauf einfach zu erfassen und zu verändern ist.** Die Grundkonzepte der strukturierten Programmierung wurden Ende der 60er-Jahre entwickelt und lassen sich mit folgenden Stichworten charakterisieren: ▪ Bildung von funktional abgegrenzten Programmeinheiten (Lokalität) ▪ hierarchische Programmorganisation ▪ Definition einer zentralen Programmsteuerung ▪ Beschränkung der Ablaufsteuerung ▪ Beschränkung der Datenverfügbarkeit
	Die strukturierte Programmierung bedient sich zahlreicher Darstellungsmittel zur Verbesserung der Verständlichkeit: ▪ Programmablaufpläne (PAP) ▪ Struktogramme (Nassi-Shneiderman-Diagramme) ▪ Pseudocode (als Mischung von formalen und umgangssprachlichen Darstellungsmitteln in Textform) Auch diese Methode leistet einen Beitrag zur Umsetzung der Prinzipien der Wiederverwendbarkeit und der lokalen Verantwortlichkeiten. Die grafischen Darstellungsmittel erleichtern die Verständlichkeit.

objektorientierte Programmierung	Die objektorientierte Programmierung wurde entwickelt, um den Objekten in der Realität durch die Modelle näher zu kommen. In einer komplexen Anwendung werden reale Objekte abgegrenzt und anschließend programmiert. Komplexe Systeme werden dadurch deutlich überschaubarer. Bei der objektorientierten Programmierung geht es um die Einheit der Daten und der zugehörigen Dienste. Die Trennung von Daten und Algorithmen ist aufgehoben. Die objektorientierte Programmierung benötigt von Anfang an geeignete Entwurfs- und Dokumentationstechniken. Ein objektorientierter Entwicklungsprozess ▪ beginnt mit der objektorientierten Analyse (OOA), ▪ geht über zum objektorientierten Design (OOD), ▪ erst dann folgt die objektorientierte Programmierung (OOP). Innerhalb dieser Phasen werden die gleichen Entwurfs- und Dokumentationstechniken verwendet (Klassendiagramme, UML-Diagramme). Objektorientierung erhöht die Wiederverwendbarkeit, das Verhalten von bereits entwickelten Klassen kann durch das Prinzip der Vererbung an neue Klassen übertragen und damit an neue Situationen angepasst werden. Bedingt durch dieses Prinzip versucht man Klassen möglichst allgemein zu entwerfen. Objektorientierte Systeme sind leichter zu warten und erweiterbar, Objekte und Klassen können leichter überprüft und ausgetauscht werden. Die Prinzipien der Wiederverwendbarkeit und der lokalen Verantwortlichkeit werden durch diese Methode hervorragend unterstützt. Die Lokalität wird durch die Kapselung der Daten und die Geheimhaltung interner Strukturen gefördert.
Standardisierung	Ein einheitliches Erscheinungsbild von Programmen und Dokumenten (Einhaltung der Programmierrichtlinien) erleichtert dem Menschen die schnelle Einarbeitung in das Programm, fördert die Verständlichkeit und Lesbarkeit des Programms und ermöglicht damit eine einfache Wartung und Pflege des gesamten Softwareproduktes. Die Standardisierung wird unterstützt durch die Vorgabe und Einhaltung betrieblicher und überbetrieblicher Konventionen und Normen (Namenskonventionen für Variablennamen, Style-Guides für die Benutzeroberfläche etc.).

W Prinzip	Lokalität: Abbildung der lokalen Verantwortlichkeiten					
Methoden	Strukturierte Programmierung			Objektorientierte Programmierung		
Verfahren	Bildung von **Prozeduren** und **Funktionen** Beschränkung auf **Sequenz, Zyklus** und **Alternative**			Klassendefinition	Vererbung	Polymorphismus
Tool	FORTRAN-Compiler	Pascal-Compiler	C-Compiler	Java in Eclipse	Java in Eclipse	Java in Eclipse

Daraus erwächst eine weitere Möglichkeit der Darstellung des Zusammenhangs von Prinzip, Methode, Verfahren und Werkzeug.

3.2.4.3 Verfahren

Verfahren sind ausführbare Vorschriften oder Anweisungen zum gezielten Einsatz von Methoden. Verfahren beinhalten i. d. R. klare Vorschriften oder Handlungsanweisungen zur Behandlung bestimmter Problemklassen.

Die Abgrenzung zu Methoden ist oft fließend. In der Literatur werden beide Begriffe oft synonym verwendet. Eine Methode kann durch mehrere alternative oder durch mehrere zusammengesetzte Verfahren realisiert werden. Die folgenden Beispiele unterstützen diese Aussage:
▪ Beschreibung aller Klassen und ihrer Beziehungen in einem Diagramm (z. B. mittels UML)
▪ Implementierung jeder Klasse in einer eigenen Unit (z. B. in Delphi)
▪ Festlegung der Gliederung für Spezifikationen (z. B. im Projekthandbuch)
▪ Festlegung zur Vergabe von Bezeichnern (z. B. die ungarische Notation)
▪ Formulierung und Organisation eines Verfahrens zur Qualitätskontrolle (z. B. Meilensteine mit Projektverteidigungen)

In der Softwareentwicklung werden verschiedene Verfahren eingesetzt, um eine Idee zu einem lauffähigen Softwareprodukt weiterzuentwickeln.

3.2.4.4 Werkzeuge/Tools

Software umfasst nach IEEE Standard 610.12 Programme, Abläufe, Regeln, auch Dokumentationen und Daten, die mit dem Betrieb eines Rechnersystems verbunden sind. All das muss im Prozess der Softwareentwicklung erstellt werden, und dazu benötigen die Softwareentwickler leistungsfähige Werkzeuge.

Diese Werkzeuge (Tools) sind immer konkrete Produkte eines Herstellers. Sie orientieren sich an den Entwicklungsmethoden und unterstützen konkrete Verfahren.

Im Softwareentwicklungsprozess entstehen viele Dokumente (siehe auch Kapitel 14 „Dokumentation"). Diese vielen Dokumente sollen helfen, die **Qualität des Softwareproduktes** sicherzustellen, denn die „Entwickler und Entwicklerinnen sollen nicht nur ein System richtig bauen, sondern auch ein richtiges System bauen".

Die Qualität der Dokumente kann durch den Einsatz guter Werkzeuge unterstützt werden. Derartige Klassen von Werkzeugen sind in der Übersicht zusammengefasst.

Werkzeugklasse (Die konkreten Werkzeuge sind Objekte zu der jeweiligen Klasse.)	Beschreibung
Textverarbeitungsprogramm	Erstellen und bearbeiten der Dokumentation
Formulargenerator	Generieren von Teilen der Dokumentation
Projektmanagementsystem	Projektplanung mit Ressourcen; Projektüberwachung
Entwicklungsumgebung	Quelltexte erfassen, kompilieren und debuggen; Softwareprojekte verwalten
Compiler, Interpreter	Übersetzen des Quelltextes, Ausführen des Quelltextes
Debugger	Ablaufverfolgung am fertigen Programm zum Auffinden semantischer Fehler
Linker	Verbinden des neuen Programms mit bestehenden Programmbibliotheken
Diagramm-Editor	Erstellen von Entwurfsdarstellungen, speziell für das Model Driven Development (MDD)
Blueprint-Programme	formal aufbereitete Ausgabe von Quelltexten zu Dokumentationszwecken
Programmgeneratoren	Generierung von Quellcode aus grafischen Darstellungen (Model Driven Development)

Die bewusste Zusammenstellung von Werkzeugen zur Softwareentwicklung fasst man auch unter dem Begriff **CASE-Tools** (**C**omputer **A**ided **S**oftware **E**ngineering) zusammen.

3.3 Vorgehensmodelle zur Softwareentwicklung

3.3.1 Phasenmodelle

Die Aufgliederung der Softwareentwicklung in einzelne, zeitlich nacheinander ablaufende Phasen entspricht im Allgemeinen dem Prozessgedanken. Die damit verbundene Festlegung von Tätigkeiten und Zwischenergebnissen ist eine Voraussetzung zur Sicherung einer arbeitsteiligen, planmäßigen und wirtschaftlichen Projektabwicklung, verbunden mit einer wirksamen Qualitätssicherung. Dieser Ausgangspunkt führt zur Definition von sogenannten **Phasenmodellen,** welche das Vorgehen bei der Softwareentwicklung beschreiben. Sie bestimmen den organisatorischen Rahmen, in dem die Erstellung einer Software stattfindet. Die für die Systementwicklung relevanten Aktivitäten können zu Phasen zusammengefasst werden, in denen die

- Vorgaben,
- Tätigkeiten und
- zu erarbeitenden Ergebnisse

bekannt sind. Die erarbeiteten Ergebnisse einer Phase müssen einer genauen Prüfung unterzogen werden, bevor sie für die weitere Bearbeitung in einer späteren Phase freigegeben werden können.

Diese Prüfung der Ergebnisse führt zu einer Entscheidung über die weiteren Arbeiten am Softwareprodukt. Erweisen sich die bisherigen Arbeitsergebnisse als korrekt und vollständig, kann die Arbeit fortgesetzt werden und es erfolgt die **Freigabe** der Ergebnisse. Stellt man jedoch Fehler oder Mängel fest, so sind **Rückgriffe** auf frühere Arbeitsergebnisse und deren Korrekturen notwendig, z. B. die Wiederaufnahme der Analyse, wenn sich beim Entwurf Missverständnisse oder Lücken in der Anforderungsdefinition zeigen. Es kann Rückgriffe zur Korrektur oder Ergänzung der Ergebnisse der gerade abgeschlossenen Phase geben. Möglich sind auch **Rückgriffe über mehrere Phasen**, wenn z. B. während der Integration festgestellt wird, dass die in der Entwurfsphase festgelegte Datenstruktur ungeeignet ist.

Die Kosten für Rückgriffe steigen mit ihrer Weite. Die teuersten Rückgriffe sind zu spät erkannte notwendige Veränderungen in der Aufgabenstellung. Die Software leistet nicht das, was die Anwender und Anwenderinnen erwarten, also kann man mit der Entwicklung quasi wieder von vorn beginnen.

Die meisten Fehler mit den schlimmsten Konsequenzen werden nach dieser Tabelle im Entwurf gemacht. Hier setzen auch zahlreiche Werkzeuge an, um diese Fehlerhäufigkeit zu reduzieren.

Die in Phasen strukturierte Softwareentwicklung wird überschaubarer, wodurch die Prüfbarkeit und rechtzeitige Korrektur von Fehlern in den einzelnen Erstellschritten erleichtert wird. Die verschiedenen Vorgehensmodelle greifen regelnd in die Arbeitsgebiete der Softwareprojekte ein, wie z. B. in das Konfigurations- und Qualitätsmanagement oder in die Systementwicklung.

3.3.2 Trial and Error (Versuch und Irrtum)

Das wohl einfachste Phasenmodell wird von den meisten Anfängerinnen und Anfängern beim Programmieren praktiziert. Die „Softwareentwicklung im Kleinen" unterteilt es dabei in folgende Phasen:

- **Codieren:** Die im Kopf des Entwicklers oder der Entwicklerin entstandenen Algorithmen oder die Vorstellungen von einer Benutzeroberfläche werden mittels einer Programmiersprache in einer möglichst komfortablen Entwicklungsumgebung abgebildet.
- **Fehlersuche und -beseitigung:** Syntaktische Fehler, also Fehler in der Notation mittels der Programmiersprache, erkennen Compiler oder Interpreter schnell. Für die inhaltlichen Fehler (semantische Fehler) gibt es Debugger, mit denen man den Ablauf des Programms und die Entwicklung der Variablenwerte verfolgen kann.

Die Entwickler und Entwicklerinnen wiederholen diese beiden Phasen so lange, bis
- das Programm irgendwie akzeptabel funktioniert,
- sie frustriert aufgeben und feststellen, dass sie ja eigentlich nie Programmierer/-innen werden wollten,
- sie einsehen, dass ein irgendwie ausgearbeiteter und schriftlich fixierter Entwurf wohl doch notwendig ist.

Dieses Vorgehensmodell führt nicht mit Sicherheit zum Ziel, der Arbeitsfortschritt ist nicht kontrollierbar und für eine Zusammenarbeit im Team ist es schon gar nicht geeignet. Für die Entwicklung von „Softwareprodukten im Großen" ist dieses Phasenmodell nicht geeignet.

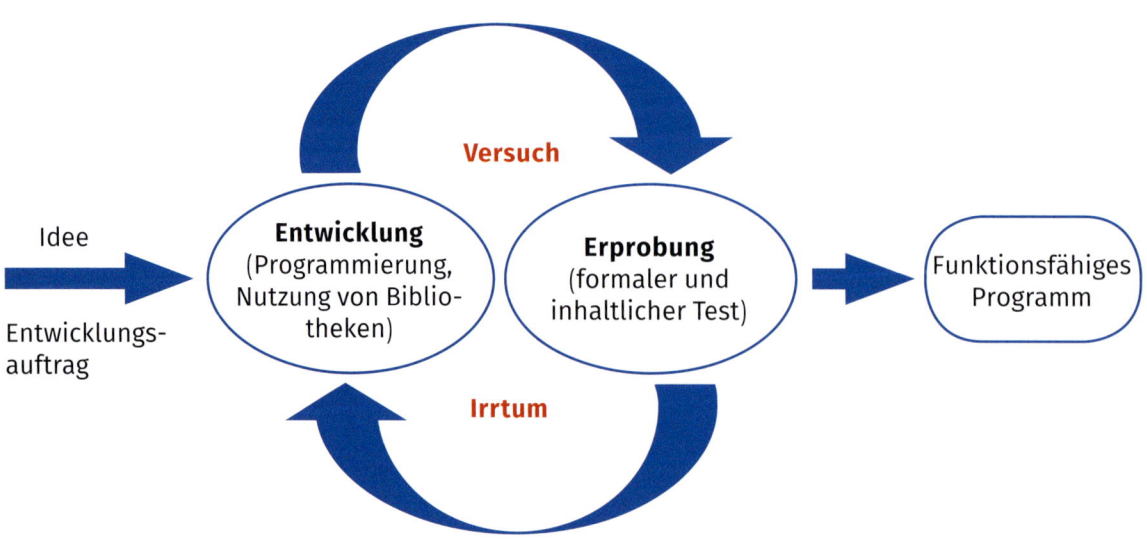

Trial and Error-Phasenmodell

3.3.2 Wasserfallmodell

Die systematische Untersuchung des Softwareentwicklungsprozesses führte zuerst zum sogenannten Wasserfallmodell. Die Abbildung zur Bestimmung der Phasen durch die Festlegung sinnvoller Entscheidungszeitpunkte enthält bereits die Treppenstufen oder Kaskaden des Wasserfalls. Das Modell verführt zur Vermutung oder Vision, dass Software im Ergebnis eines linearen Entwicklungsprozesses entstehen kann. Es wird mit einer Aufgabenstellung begonnen und durch eine Reihe von Transformationen entsteht am Ende ein fertiges Produkt.

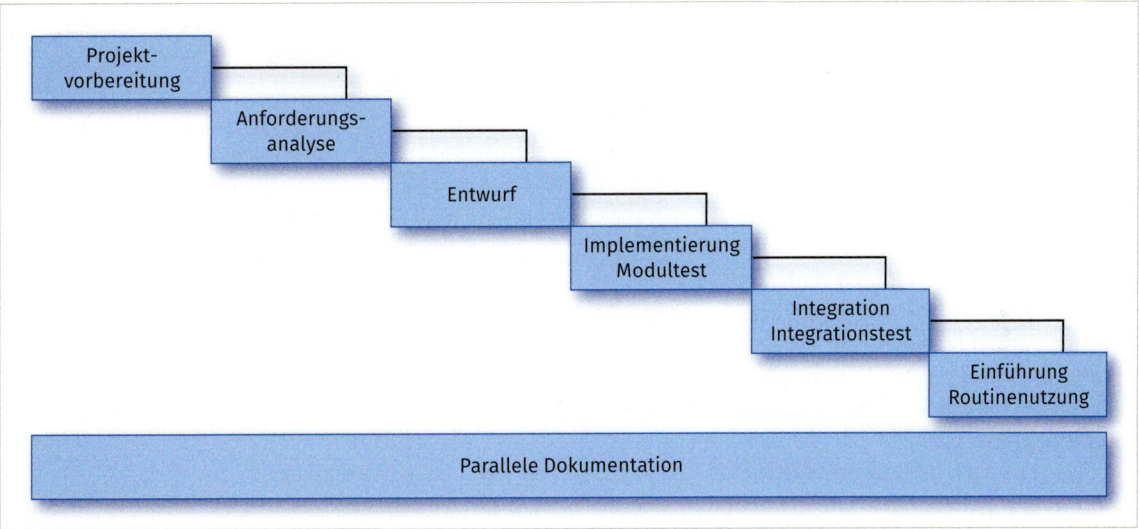

Wasserfallmodell

Das Wasserfallmodell beschreibt den Entwicklungsprozess als sequenziellen Ablauf von Phasen:
- Jede Phase wird vollständig abgeschlossen, bevor die nächste Phase begonnen werden darf.
- Jede Phase produziert genau definierte Ergebnisse, die als Input für die nächste Phase dienen.
- Rückgriffe und Iterationen zwischen aufeinander folgenden Phasen sind nicht gewollt und nur begrenzt möglich. (Beim Wasserfall spritzt auch etwas Gischt wieder auf die höhere Ebene zurück.)
- Am Ende jeder Phase steht ein Prüfschritt.

Das Wasserfallmodell hat wohl die breiteste Akzeptanz in Theorie und Praxis gefunden. Es ermöglicht auch eine Bezugnahme auf das Modell vom Softwarelebenszyklus. Folgende Phasen werden allgemein unterschieden, wobei es verschiedene Bezeichnungen für diese Phasen gibt:

Phasenbezeichnung	alternative Bezeichnungen, auch mit teilweise abweichenden Inhalten	Phasen im Softwarelebenszyklus
Initialisierung	Aufgabenstellung, Projektauftrag	Initialisierung
Analyse	Ist-Analyse, Zustandsaufnahme, Anforderungsanalyse	Entwurf
Entwurf	Design, Spezifikation	
Realisierung	Programmierung, Implementierung, Test	Implementierung
Einführung	Integration	Integration, Einführung
Nutzung	Routinebetrieb, Wartung	Routinebetrieb

Dieses Vorgehen eignet sich für größere Softwareprojekte, bei denen alle Phasen komplett durchlaufen und erfahrbar gemacht werden sollen. Die notwendige begleitende Dokumentation protokolliert den Arbeitsfortschritt.

Pilotsystem	Kern des zukünftigen Produktes, mögliche Basis für Anpassungen an veränderte Anforderungen

3.3.4 Prototyping

Das Wasserfallmodell bringt ein Problem mit sich. Erst nach Abschluss aller Phasen entsteht ein lauffähiges Softwareprodukt, das dem Auftraggeber vorgeführt werden kann. In vielen Fällen zeigen sich erst dann Probleme, die eventuell auf eine unvollständige Aufgabenstellung zurückzuführen sind. Das Wasserfallmodell gestattet kaum Rückgriffe auf vorherige Phasen. Aus der Verteilung im Auftreten von Fehlern während der Softwareentwicklung resultiert, dass die meisten Fehler mit den schlimmsten Konsequenzen im Entwurf entstehen.

Um diesen Schwierigkeiten zu begegnen, erstellt man analog zur Praxis in der Konsumgüterindustrie mit möglichst einfachen Mitteln und wenig Aufwand einen Prototyp des zukünftigen Produktes, der potenziellen Anwendern und Anwenderinnen vorgeführt werden kann.

Im Verlauf des Erstellungsprozesses ist die Entwicklung verschiedener Arten von Prototypen vorstellbar:

Art des Prototyps	Funktion bei zukünftigen Anwendenden
Demonstrationsprototyp	vermittelt einen ersten Eindruck des zukünftigen Produktes, dient der Akquisition; Anwenderinnen und Anwender sollen von den Möglichkeiten überzeugt werden
Funktionsprototyp	Veranschaulichung spezieller Aspekte des Systems; dient der Kommunikation mit dem Kunden während der Analyse; veranschaulicht die Bedienoberfläche (horizontaler Prototyp) oder spezielle Funktionalitäten (vertikaler Prototyp)
Labor-Prototyp	prüft Umsetzbarkeit der Entwurfsentscheidungen; dient Designern und Entwicklerinnen innerhalb der Entwurfsphase

Während ein **horizontaler** Prototyp nur ausgewählte Komponenten einer Systemschicht enthält, realisiert der **vertikale** Prototyp eine Funktionsauswahl.

Arten von Prototypen

Evolutionäres Prototyping

Ein spezieller Ansatz ist das evolutionäre Prototyping. Evolutionär bedeutet, der historischen Entwicklung zu folgen. Software ist häufig Weiterentwicklungen unterworfen und der sachgemäße Umgang mit Änderungen kann zu einem verbesserten Produkt führen. Prototyping liefert frühe Versionen eines Softwaresystems zur Begutachtung durch die Anwender und Anwenderinnen Es ist dann geeignet, wenn die vollständigen Anforderungen noch nicht vorliegen und alternative Lösungsmöglichkeiten erprobt werden sollen. Prototyping muss systematisch erfolgen und darf dabei keinesfalls als Aufwertung des Trial-and-Error-Modells verstanden werden.

Evolutionäres Prototyping bedeutet:
Der Prototyp
- ist ein Pilotsystem, das bereits im Anwendungsbereich eingesetzt werden kann;
- bildet den Kern des zu entwickelnden Systems;
- ist kein Wegwerfprodukt;
- muss „nach allen Regeln der Kunst" entwickelt werden;
- entspricht einem Wachstumsmodell.

Die Arbeit mit dem Prototyp ist eine gute Gelegenheit, die Eigenschaften des zukünftigen Softwareproduktes mit dem Kunden und mit seinen Mitarbeitenden, die später mit der Software arbeiten sollen, zu diskutieren und die Anforderungen zu präzisieren. Als besonderes Phänomen erlebt man hier, dass die Kunden oft viel weniger an Leistung von der Software erwarten, als die Entwicklerinnen und Entwickler voller Stolz in ihr Produkt implementieren wollen. Die Einbeziehung des Kunden in den Entwicklungsprozess mag diesen Trend etwas verlangsamen. Die Nutzung von Prototypen führt jedoch zu einer besseren Qualität der Softwareprodukte. Zusätzlich erweist sich die **psychologische Wirkung** beim Kunden als enorm nützlich, denn die zukünftigen Anwender und Anwenderinnen betrachten die Software auch als ihr Produkt und werden sich dem System in ihrer künftigen Arbeit nicht widersetzen. Der Erfolg eines Softwareproduktes ist schließlich stark von der Bereitschaft der Anwendenden abhängig, mit der Software zu arbeiten.

Wichtig für das Prototyping sind geeignete Werkzeuge zur schnellen Erstellung eines Prototyps mit wenig Aufwand (auch als „Rapid Prototyping" bezeichnet). Im Sinne des evolutionären Prototyping sollten diese Werkzeuge jedoch keine Wegwerfprodukte liefern, sondern ein Kernsystem für weitere Entwicklungen. Für die Erstellung eines Prototyps der Benutzeroberfläche ist z. B. der Aufbau eines Formulars mittels Microsoft Access gut geeignet.

S Die vorliegende auf Microsoft Access basierte Lösung zu dem Warenwirtschaftssystem der ACI GmbH kann als Prototyp für die geplante netzwerkfähige Softwarelösung auf Java-Basis angesehen werden. Als horizontaler Prototyp verdeutlicht die Access-Lösung die mögliche Bedienoberfläche, als vertikaler Prototyp kann man den Zugriff auf einzelne Funktionen ansehen, z. B. auf den Warenbestand.

3.3.5 Spiralmodell

Das Wasserfallmodell geht davon aus, dass sich die in der einen Phase ausgearbeiteten Ergebnisse in der nächsten Phase auch realisieren lassen. Das Risiko des Scheiterns in der folgenden Phase wird nicht beachtet. Im Spiralmodell wird die Softwareentwicklung **als iterativer Prozess** verstanden, in dem sich bestimmte Phasen stets wiederholen.

Bei den Iterationen stehen jedoch nicht die oben angesprochenen Rückgriffe wegen fehlerhafter Vorarbeiten im Mittelpunkt. Die Iterationen verdeutlichen vielmehr, dass man vor jedem weiteren Entwicklungsschritt (Phase 3) genau planen (Phase 4) und sich erneut Gedanken zu den Zielen sowie möglichen Alternativen für die Entwicklung (Phase 1) machen sollte, wobei besonders die Risiken der einzelnen Alternativen bewertet und reduziert werden müssen (Phase 2). Jeder Umlauf der Spirale enthält die folgenden Aktivitäten:

- Festlegung von Zielen, Alternativen und Rahmenbedingungen (determine objectives, alternatives, constraints)
- Evaluierung der Alternativen sowie Erkennen und Reduzieren von Risiken (evaluate alternatives; identify and resolve risks)
- Realisierung und Überprüfung des Zwischenprodukts (develop, verify next level product)
- Planung der Projektfortsetzung (plan next phases).

Am Ende jedes Umlaufs steht ein Review, bei dem der aktuelle Projektfortschritt bewertet wird. Anschließend werden die Pläne für den nächsten Umlauf angenommen sowie die dabei einzusetzenden Ressourcen festgelegt oder aber die Entwicklung wird abgebrochen.

Die Fläche der Spirale repräsentiert die **akkumulierten Kosten,** die während der bisherigen Entwicklungsarbeiten angefallen sind.

Ein Umlauf in der Spirale kann mit folgenden Schritten verdeutlicht werden:

1. Ziele, Alternativen und Rahmenbedingungen

Jeder Umlauf der Spirale beginnt mit der Identifikation von Zielen, Alternativen und Rahmenbedingungen. Am Beginn jedes Umlaufs werden die inhaltlichen Vorgaben für das zu entwickelnde Softwareprodukt festgelegt (z. B. Funktionalität, Nutzung von Programmbibliotheken zur Wiederverwendung, spezielle Qualitätskriterien). Parallel werden alternative Vorgehensweisen herausgearbeitet (z. B. Einsatz von anderen Entwicklungswerkzeugen oder der Fremdbezug der Software (Make-or-buy-Entscheidung). Als Rahmenbedingungen werden Einschränkungen bezüglich Zeit, Personal, Budget sowie Hard- und Softwareumgebungen festgelegt.

2. Evaluierung der Alternativen bezüglich der Ziele und Randbedingungen – Reduktion der Risiken

In der zweiten Phase des aktuellen Umlaufs werden die Alternativen hinsichtlich der festgelegten Ziele und Einschränkungen untersucht und bewertet. Es tauchen in der Regel Fragen, Unschärfen und Unwägbarkeiten auf, die jede Entscheidung für oder wider eine Alternative (bzw. die Verwerfung aller Alternativen) zu ei-

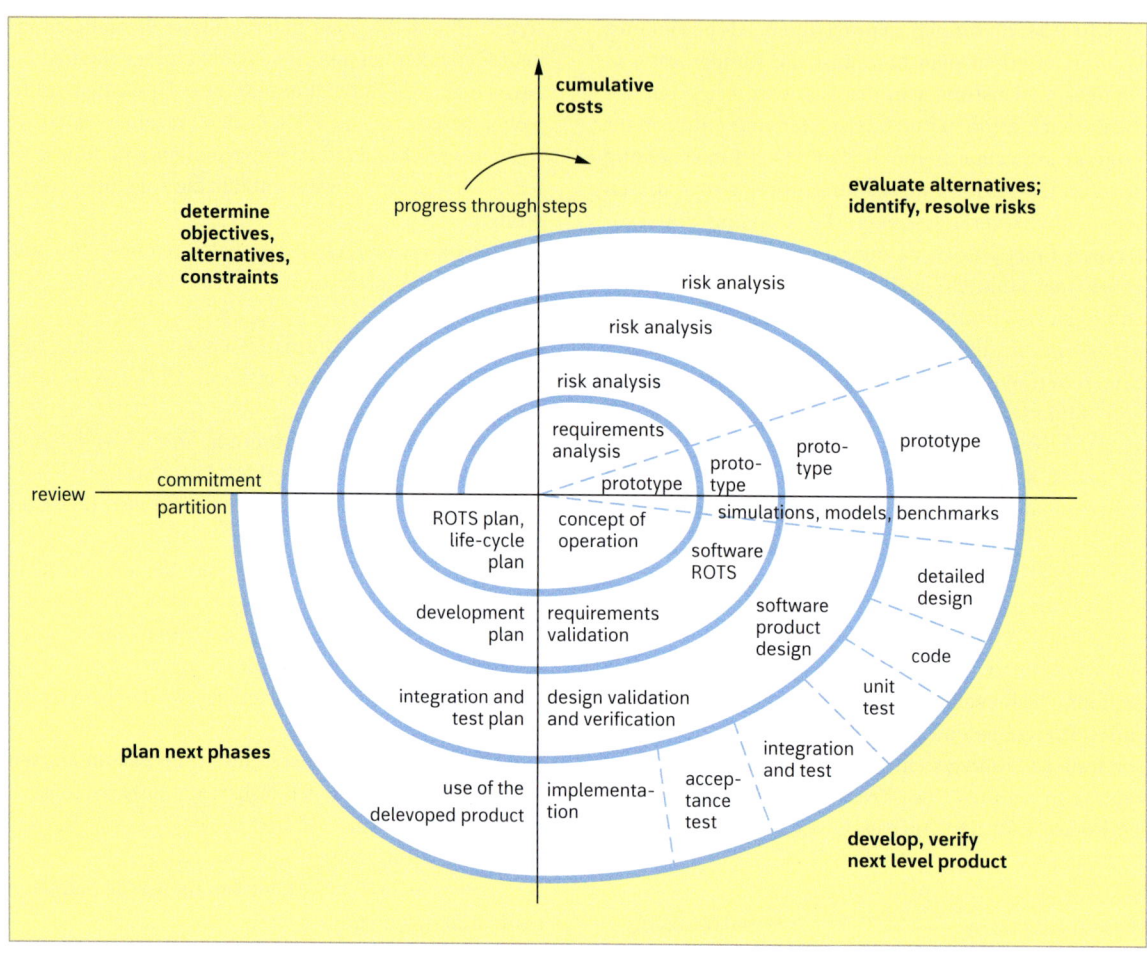

Spiralmodell (nach Vorgehensmodell in der Softwareentwicklung von Barry W. Boehm, 1988)

ner unsicheren Entscheidung machen. Unsichere Entscheidungen sind aber Risikoquellen des Projektes. Der Grad der Unsicherheit bzw. das Risiko sollte daher (immer unter Berücksichtigung der zugehörigen Kosten) so weit wie möglich reduziert werden. Dazu können so unterschiedliche Techniken wie z. B. Prototyping, Simulation, Datenmodellierung, Benchmark-Tests, Marktforschung mittels Umfragen oder Literaturrecherchen eingesetzt werden.

3. Realisierung und Überprüfung
In der dritten Phase des aktuellen Umlaufs wird die gewählte Alternative unter Einhaltung der Ziel- und Ressourcenvorgaben realisiert und getestet. Unter Berücksichtigung des Restrisikos kann sehr flexibel und unter Einsatz des gesamten Software-Engineering-Repertoires (von evolutionärem Vorgehen über transformationelle Entwicklung bis zur verstärkten Orientierung auf Wiederverwendung) vorgegangen werden. Die Entscheidung für eine Methode bzw. eine sinnvolle Kombination mehrerer Vorgehensweisen erfolgt ausschließlich risikoorientiert und nur bezogen auf den aktuellen Umlauf.

4. Planung, Review und Planungskonsens
Zum Abschluss des aktuellen Umlaufs wird auf der Grundlage des aktuellen Projektstands der nächste Spiralumlauf inhaltlich und organisatorisch geplant. Die Planung muss nicht auf die unmittelbar folgende Phase beschränkt bleiben. Sie kann vielmehr mehrere Umläufe betreffen. Erlaubt ist auch die Aufteilung des Projektes in weitgehend unabhängige Teilprojekte, die von verschiedenen Entwicklungsteams parallel durchgeführt und erst zu einem späteren Zeitpunkt integriert werden. Nach diesen Vorarbeiten greift der Kontrollmechanismus des Spiralmodells: In einem Review werden die Projektfortschritte und alle entwickelten Produkte des letzten Zyklus analysiert, die Ergebnisse bewertet und die Projektperspektiven diskutiert, bis unter allen beteiligten Parteien Konsens über die Situation im Projekt besteht.

phase	circle 1	circle 2	circle 3	circle 4
determine objectives, alternatives, constraints				
evaluate alternatives; identify and resolve risks	requirements analysis	prototypes	prototypes	
	risk analysis	risk analysis	risk analysis	
develop, verify next level product	simulations, models, benchmarks	simulations, models, benchmarks	simulations, models, benchmarks	detailed design
	concept of operations	software ROTS	software product design	object oriented design
		requirements validation	design validation and verification	unit test
				integration and test
				acceptance test
				implementation
plan next phases	ROTS*) plan, life-cycle plan	development plan	integration and test plan	use of the developed product

*) ROTS – Research Off-the-Shelf; Off the shelf refers to products, that have already been designed and made.

Sind die technischen oder wirtschaftlichen Risiken einer Projektfortsetzung zu hoch, so enden die Spirale und die Softwareentwicklung an diesem Punkt. Erfolgt kein Abbruch, so liegt am Ende des letzten Umlaufs die neue oder modifizierte Software vor.

Spiralmodell	
Vorteile	**Nachteile**
unabhängige Planung und Budgetierung der einzelnen Umläufe in der Spirale	hoher Managementaufwand
flexible, rein risikoorientierte und dennoch kontrollierte Reaktion auf den momentanen Projektstand	nur für größere Projekte geeignet
realisierbare integrierte Qualitätssicherung	schwierige Risikobewertung
einfache Anpassungen	

Das Spiralmodell zeigt erstmalig die Idee der zyklischen Bearbeitung von Entwicklungsprojekten, wie sie später im Extrem Programming und bei Scrum wiederzufinden ist.

3.3.6 V-Modell

Das V-Modell in seiner ursprünglichen Form aus dem Jahre 1993 gliedert den Softwareentwicklungsprozess in folgende sieben Phasen:
1. Systemanforderungen: Definition der Anforderungen und Rahmenbedingungen.
2. Systemarchitektur: Entwurf der Gesamtarchitektur des Systems.
3. Komponentenentwurf: Detaillierter Entwurf der Systemkomponenten.
4. Implementierung: Entwicklung und Codierung der Komponenten.
5. Komponententest: Prüfung jeder einzelnen Komponente.
6. Integrationstest: Zusammenführung der Komponenten und Testen der Integration.
7. Systemtest: (Gesamtsystem wird getestet) und Abnahme (Endgültige Überprüfung und Abnahme des Systems.)

Die letzten drei Phasen bilden die Tests für die Produkte der ersten drei Phasen. Dabei werden **drei Sichten** auf das Softwareprodukt unterschieden:
- Anwendersicht
- Sicht der Softwarearchitektur
- Sicht der Implementation

Ordnet man den Sichten die jeweiligen Entwicklungsphasen auf der einen Seite und die Testphasen auf der anderen Seite zu, so entsteht ein V-Modell:

Von unten nach oben betrachtet erfolgt mit dem **Modultest** zunächst der Test einzelner Module, die aus Entwurf und Implementierung hervorgegangen sind. Sie weisen den höchsten Detaillierungsgrad aller im Laufe der Softwareentwicklung entstandenen Produkte auf. Die **Systemintegration** überprüft die Korrektheit des Systementwurfs. Die **Systemabnahme** zeigt die Richtigkeit der anfangs erstellten Anforderungen.

Die Produkte der ersten drei Phasen werden zusammen mit den Tests zu deren Überprüfung als Modelle bezeichnet.
- Das **Anwendermodell** besteht aus Anforderungsanalyse, Systemspezifikation und abgenommenem System.
- Das **Architekturmodell** besteht aus technischer Spezifikation, Spezifikationen des Teilsystems, getestetem Teilsystem und getestetem System.
- Das **Implementierungsmodell** besteht aus Spezifikationen zu den Modulen und getesteten Modulen.

Das V-Modell strukturiert den Softwareentwicklungsprozess ähnlich dem Wasserfallmodell in einer sequenziellen Abfolge von Phasen. Als wesentlichen Fortschritt betont es die Zusammengehörigkeit von Produkten und Tests. Produkte und Qualitätssicherung dieser Produkte stehen somit im Mittelpunkt der Überlegungen zum V-Modell. Als Produkte werden die zahlreichen Dokumente angesehen, die bereits bei den Softwarewerkzeugen aufgeführt wurden.

Diese **Produktorientierung** gestattet auf der Basis des V-Modells die Entwicklung und das Angebot von Werkzeugen, die direkt die Erstellung dieser Produkte unterstützen. Im Kapitel 5.4 folgen weitere Details zur aktuellen Version des V-Modells, dem V-Modell XT.

V-Modell

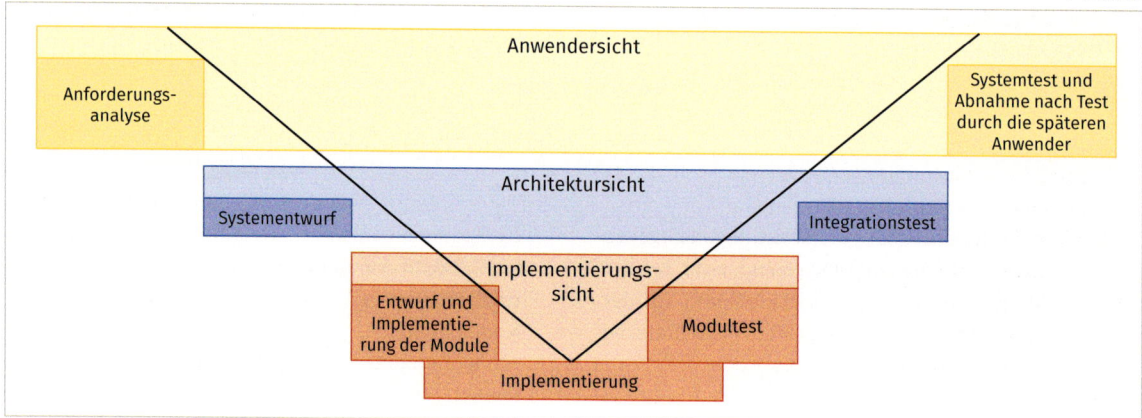

3.3.7 Extreme Programming (XP)

Extreme Programming (XP) ist ein alternativer Ansatz zu den gängigen Modellen zur Softwareentwicklung. XP ist ein Entwicklungsmodell, welches sich vorwiegend an den Bedürfnissen der Kunden orientiert. Das zeigt auch das wichtigste Motto von XP:

> „Der Kunde bekommt das, was er braucht, und genau dann, wann er es braucht."

XP ist nur für Teamarbeit von drei bis etwa zehn Entwicklerinnen und Entwicklern geeignet. Alle Mitarbeitenden werden in den Entwicklungsprozess mit einbezogen. So gehören neben den Softwareentwicklern und -entwicklerinnen auch das Management und die Kunden zum Entwicklungsteam.

Jedes XP-Projekt sollte grundsätzlich auf folgenden **vier Werten** basieren:
- Kommunikation
- Einfachheit
- Feedback
- Mut und Respekt (Courage)

Die Programmiererinnen und Programmierer kommunizieren mit Kunden und Kollegen und Kolleginnen. Sie halten das Design und die Schnittstellen einfach und sauber. Feedback bekommen die Programmiererinnen und Programmierer durch das Testen, und zwar schon vom ersten Tag an. Der Kunde erhält so früh wie möglich eine lauffähige Version, die dann nach spezifischen Wünschen weiterentwickelt wird (siehe „Evolutionäres Prototyping"). Eine derartige offene (couragierte), einfache und schnelle Kommunikation bewirkt eine hohe Kreativität und Flexibilität im Team. Bei weniger als drei Teammitgliedern entsteht die kritische Kreativität nicht und bei mehr als zehn Teammitgliedern leidet die offene und einfache Kommunikation. So zeigt es zumindest die Erfahrung.

XP ist im Grunde ein beschleunigtes Spiralmodell mit sehr viel evolutionärem Prototyping. Es besteht aus einer Folge von Ansätzen, die, jeder für sich allein betrachtet, keinen Effekt auf das gesamte Modell haben. Erst alle Komponenten zusammen ergeben ein völlig neues Modell der Softwareentwicklung.

XP hat gegenüber anderen Modellen der Softwareentwicklung einige entscheidende **Vorteile:**

- Es ist durch die einfachere Arbeitsweise möglich, die Programmierkosten drastisch zu senken.
- Vor der Programmierung der Module werden alle Tests automatisiert und können während der ganzen Projektzeit durchgeführt werden, d.h., schon bevor der erste Programmcode geschrieben wird, kann eine hohe Qualität garantiert werden.
- Änderungen zu den Anforderungen des Kunden bedeuten in XP kein Problem.

> **Extreme Programming (XP)**
>
> Es gibt einige Grundregeln, die zu beachten sind. Dazu gehören:
> 1. Mache das Einfachste, das funktionieren kann.
> 2. Entwickeln ist eine komplizierte Tätigkeit, die Kommunikation benötigt.
> 3. Zusammenarbeit soll Spaß machen.

Der folgende Ablauf eines XP-Projektes soll die typischen Zusammenhänge verdeutlichen.

Beginn: Für jedes Projekt wird als Erstes ein Pflichtenheft mit den bisher bekannten „User Storys" erstellt. Die Arbeit an einer neuen Software beginnt mit dem „Extreme Planning". Auf Karteikarten verteilt werden die „User Storys" notiert. Den Entwicklerinnen und Entwicklern werden dann einzelne Karteikarten mit einer „User Story" als Aufgabe zugeteilt.

User Storys: Die User Storys schildern das, was das Produkt lösen soll. Diese Form der Beschreibung ist auch in der Unified Modeling Language (UML) gebräuchlich. Dort heißt die Form „Use Case".

Nr.	User Storys in einer Autowerkstatt	Story Points
1	Als Meisterin oder Meister kann ich alle Kunden und Fahrzeuge sehen, die für diesen Tag für die Werkstatt eingeplant sind.	2
2	Als Meisterin oder Meister kann ich mich über die Werkstattgeschichte der Fahrzeuge meiner Kundinnen informieren.	5
3	Als Servicekraft kann ich einem Kunden einen Werkstatttermin geben.	1
4	Als Servicekraft kann ich einer Kundin eine Rechnung ausdrucken.	3

Die Aufgaben werden mit Prioritäten und Schwierigkeitsgraden versehen (Story Points). Die Storys sind so weit herunterzubrechen, dass der Aufwand zur Realisierung einer Story im Bereich weniger Stunden oder Minuten liegt. Die Bewertung der Storys erfolgt im Team, sodass allen Einzelnen die eigene Zuständigkeit, d.h. die eigene „User Story", und die der anderen genau bekannt sind und niemand sich überfordert fühlt.

Die Storys können jederzeit geändert werden; damit erreicht man eine hochgradige Flexibilität.

Dauer: Die für das Design verantwortliche Gruppe entscheidet, was zu welcher Zeit implementiert wird. Danach wird die Dauer der Entwicklung abgeschätzt.

Programmierung: Programmiert wird immer zu zweit (pair programming), da so die Effizienz sehr gesteigert werden kann. Fehler werden viel eher erkannt, die Implementierung wird durch Diskussionen besser und die Aufmerksamkeit ist größer. Es sollten jedoch nicht immer die gleichen Mitarbeitenden zusammenarbeiten, sondern jeden Tag neue Gruppen entstehen.

Arbeitszeit/Kreativzeit: 40 Stunden sind die Grenze der Arbeitszeit pro Woche, da Erholung wichtig ist. Falls eine Aufgabe früher als erwartet gelöst wird, sollte man besser früher den Arbeitstag beenden und nicht noch am selben Tag eine neue Aufgabe beginnen.

Parallele Dokumentation: Dokumentation ist zu jeder Zeit notwendig. Es wird dabei zwischen Design-, Programmcode-, Reporting- und Requirement-Dokumentation unterschieden.

Folgende Übersicht verdeutlicht die Besonderheiten in den Arbeitspraktiken beim Extreme Programming (XP) gegenüber dem traditionellen Vorgehen.

Entwicklungs- praktiken	Vorgehen nach XP	Vorgehen traditionell
Kommunikation	Ein stetiger Austausch wird räumlich und organisatorisch gefördert und erwartet.	Alle müssen ihre eigenen Aufgaben lösen und sich darauf konzentrieren (möglichst in separaten Arbeitsräumen).
Mut	Eine offene Atmosphäre erlaubt, Fehler anzusprechen und gemeinsam aus Fehlern zu lernen.	Angst vor dem Eingeständnis von Fehlern, versäumten Terminen und Missverständnissen mit Kunden führt zu Fehlentwicklungen im Projekt.

(Fortsetzung auf folgender Seite)

Entwicklungs-praktiken	Vorgehen nach XP	Vorgehen traditionell
kollektives Eigentum	Programmcode und andere Dokumente gehören dem Team, wobei alle dafür verantwortlich sind, sie aber auch für eigene Aufgaben wiederverwenden können.	Jede Person wird für ihre Arbeitsergebnisse verantwortlich gemacht. („Nur wer nichts macht, macht auch keine Fehler!")
Pair Programming	Man arbeitet zu zweit am Rechner, denn vier Augen sehen mehr als zwei und Fragen sind schneller geklärt.	Da alle für ihre Ergebnisse verantwortlich sind, lässt sich niemand „in die Karten gucken".
Integration	Die stetige Integration der Ergebnisse erlaubt ein Feedback zum eigenen Entwicklungsprodukt und erhöht die Qualität des Gesamtproduktes.	Das Testen und besonders die Abstimmung mit anderen Entwicklern und Entwicklerinnen für einen Integrationstest kostet Zeit und wird daher als unnütz und als Zeitverschwendung eingestuft.
testgetriebene Entwicklung	Die Arbeitspakete sind im Umfang möglichst klein zu halten und schnell zu testen. Testen hat einen sehr hohen Stellenwert.	Testen kostet nur Zeit.
Kundeneinbeziehung	Der Kunde wird in die Kommunikation einbezogen, er ist Teammitglied und zur aktiven Mitarbeit aufgerufen.	Der Kunde ist König, aber wenn er nicht weiß, was er will, muss er für die Änderungen zusätzlich bezahlen.
Refactoring	Ungünstige Entwürfe (suboptimales Design) und Fehler werden akzeptiert, denn erkannte Fehler sind überwundene Fehler.	Die Transformationsidee besagt: „Wenn meine Vorgaben richtig sind, kann ich auch richtige Ergebnisse produzieren." Fehler sind verpönt, erstellte Programme laufen angeblich immer perfekt.
keine Überstunden	Die Einhaltung der regulären Arbeitszeit ist Pflicht, denn Regenerationszeiten sind wichtig für kreative Arbeit.	Terminüberschreitungen sind Fehler und Fehler darf es nicht geben, daher sind regelmäßige Überschreitungen der regulären Arbeitszeit durchaus notwendig.
Iterationen	Das Spiralmodell dreht sich schnell, die Arbeitspakete sind von geringem Umfang und die Ergebnisse sollen schnell vorliegen. Ein Release wird in viele handliche Iterationen unterteilt.	Die Abstimmung für einen Integrationstest mit anderen Entwicklerinnen und Entwicklern kostet Zeit und ist Zeitverschwendung. Iterationen sind nicht nötig. Es wird an einem Release, an einem sogenannten „großen Wurf" gearbeitet.
Stand-up-Meeting	Kommunikation ist ständig gefordert, niemand darf sich zurückziehen, ein täglicher strukturierter Austausch ist Pflicht.	Große, lange und langweilige Projektmeetings bieten wenigstens etwas Zeit zur Entspannung. Die Teilnehmerzahl und der Inhalt sind häufig zu aufgebläht.
Dokumentation	Es wird dokumentiert, wo es sinnvoll ist. Das Team und das kollektive Eigentum am Produkt verlangen schon automatisch nach Dokumenten.	Dokumente sind die Belege meiner Arbeit. Alles muss standardisiert dokumentiert werden, viele Formulare sind auszufüllen, eventuell auch mit dem Zusatz „nicht relevant". Die aufgeblähte Dokumentation wird aber nicht genutzt.
Metapher	Die ständige Kommunikation führt auch zu einer gemeinsamen Sprache und zu einem besseren gemeinsamen Verständnis. Auch mit dem Kunden findet sich so schnell ein gemeinsames Vokabular.	Kunde und Entwicklung sprechen in ihren Fachsprachen, denn alle sind wichtig und müssen ihre Kompetenz durch den Gebrauch von Fachbegriffen nachweisen.
Team	Das Team ist alles, die einzelnen Entwickler/-innen können nur im Team wirken. Das Team nimmt die Aufgaben an, bewertet sie und verteilt die Arbeitspakete. Feedback wird von allen erwartet.	Ein Team von Fachkräften führt zur Abschottung und zum Aufbau eines Wissensmonopols. Das Team ist ein notwendiges Übel. Am besten hätte man das ganze Projekt allein gemacht.
Standards	Standards werden genutzt oder auch selbst gesetzt, wo es sinnvoll erscheint. Wichtig ist die Wiederverwendbarkeit von Dokumenten in anderen Projekten oder Projektteilen.	Für alles gibt es Standards. Alles muss standardisiert dokumentiert werden, Formulare sind auszufüllen, eventuell auch mit dem Zusatz „nicht relevant".

Entwicklungs-praktiken	Vorgehen nach XP	Vorgehen traditionell
Qualität	Durch das ständige Testen und die Verantwortung des Teams für alle Teile wird die Qualität zu einem inhärenten Bestandteil.	Im klassischen Zielkonflikt des Managements von Inhalt, Zeit und Kosten kann der Inhalt und damit zuerst die Qualität vernachlässigt werden, wenn Zeit oder finanzielle Mittel knapp werden.

Viele Start-up-Unternehmen in der IT-Branche sind heute nach diesen Praktiken von XP organisiert. Für die Berufseinsteigerinnen und -einsteiger ergeben sich hier besondere Anforderungen an ihre Soft Skills wie Kommunikations- und Teamfähigkeit.

Extreme Programming stellt einen Ansatz für die Art des iterativen Arbeitens in der Softwareentwicklung dar. Dabei wird die Idee des Spiralmodelles aufgegriffen und damit die starre Struktur des Wasserfallmodelles mit seiner sequentiellen Folge von Bearbeitungsphasen überwunden. Die Idee des Extreme Programming wird in Vorgehensweisen wie Scrum oder Crystal aufgegriffen und weiter angepasst.

> **Charakteristika des Extreme Programming (XP)**
> - User Storys beschreiben GUIs (Grafical User Interface, Benutzeroberfläche), Funktionalitäten und Testszenarien.
> - Der Kunde ist während der Entwicklungszeit anwesend (**On-site Customer**).
> - Jeweils zwei Entwickler/-innen entwickeln gemeinsam (**Pair Programming**).
> - Vor der Entwicklung selbst werden **automatisierbare Testfälle** programmiert.
> - Auf unnötige Features wird verzichtet (**Simple Design**).
> - Häufige Iterationen mit dem Ergebnis lauffähiger Programme können vom Kunden begutachtet werden (**Small Releases**).
> - Programmcode kann jederzeit von allen restrukturiert werden (**Refactoring**).
> - Von verschiedenen Teammitgliedern produzierter Programmcode wird häufig zusammengeführt (**Continuous Integration**).
> - Jedes Teammitglied ist für jeden Programmcodeanteil verantwortlich (**Collective Ownership**).
> - Es werden Konventionen zum Aufbau des Programmcodes erstellt, um die Lesbarkeit zu erleichtern (**Coding Standards**).

3.3.8 Scrum

Scrum stellt eine agile (dynamische) Vorgehensweise der Softwareentwicklung dar. Der Begriff „Scrum" ist eigentlich eine Bezeichnung für einen Spielzug in der Sportart Rugby und bedeutet etwa so viel wie „Gedränge". Es ist eine Methode, die einfach zu verstehen, jedoch schwierig zu meistern ist. In Scrum werden keine speziellen Vorschriften zur Programmierung festgelegt. Vielmehr handelt es sich um Vorgaben für das Projektmanagement bzw. den Prozess der Softwareentwicklung. Es gibt wenige eindeutige Regeln, wobei der Fokus auf folgenden Merkmalen liegt:
- Kommunikation der Projektmitglieder
- Vorgehensweise im Allgemeinen
- Verwendung von Artefakten

Scrum ist gut mit anderen Methoden für das Projektmanagement kombinierbar.

Die Entwicklung des Softwareproduktes erfolgt in Scrum innerhalb von **Iterationen,** also sich wiederholenden Entwicklungszyklen bis zu dessen Fertigstellung.

Scrum basiert auf den folgenden Werten:
- Transparenz
- Inspektion
- Adaption

Die **Transparenz** soll ein gemeinsames Verständnis des Projektteams schaffen, sodass alle Teammitglieder stets den Überblick im Projekt behalten. Die **Inspektion** der Ergebnisse ist fest im Prozess verankert, soll ihn jedoch nicht behindern. **Adaption** bedeutet, dass das Inspizierte so schnell wie möglich angepasst werden soll, insofern Verbesserungsmöglichkeiten identifiziert wurden.

3.3.8.1 Rollen

In Scrum gibt es die folgenden Rollen, die gemeinsam das Scrum Team bilden:

- Product Owner (Produkteigner/-in)
- Scrum Master
- Development Team (Entwicklungsteam)

Rolle	Beschreibung
Product Owner	Der oder die Product Owner ist eine Person, die alle Anforderungen an das Produkt formuliert, darunter das übergeordnete Ziel, das auch Vision genannt wird. Auch die Stakeholder können ihre Anforderungen an den/die Product Owner herantragen. Die Entscheidung, welche Anforderungen umgesetzt werden, trifft der/die Product Owner letztendlich allein.
	Product Owner kann der Kunde selbst oder dessen Vertretung sein. Er oder sie ist dafür verantwortlich, dass alle Anforderungen an das Produkt eindeutig formuliert und priorisiert werden, sodass sie vom Entwicklungsteam verstanden werden. Dies geschieht durch das sogenannte Product Backlog, für dessen Pflege der oder die Product Owner ebenfalls zuständig ist.
	Der oder die Product Owner sollte stets zur Verfügung stehen, also möglichst nicht räumlich getrennt sein vom Entwicklungsteam, um dem Grundsatz der engen Zusammenarbeit mit dem Kunden zu entsprechen.
Scrum Master	Der oder die Scrum Master hat die Aufgabe, die Einhaltung der zur Anwendung von Scrum gehörenden Regeln, Praktiken und Prozesse zu sicher. Dazu schult er oder sie u. a. Mitarbeitende und unterstützt die Entwicklung eines Bewusstseins für die dynamische Arbeitsweise und die Scrum-Methode im Unternehmen. Die Beratungsleistung des/der Scrum Masters kann von der gesamten Organisation in Anspruch genommen werden, insbesondere aber von dem jeweiligen Scrum Team. Für die Organisation gilt der/die Scrum Master als eigentliche Hilfe bei der Einführung und Anpassung von Scrum sowie beim dynamischen Vorgehen. Allerdings führt er/sie in einem Projekt lediglich eine beratende Funktion aus und greift nicht in das eigentliche Projektgeschehen ein.
	Zu den Leistungen für das Entwicklungsteam zählen das Coaching zur Selbstorganisation und zur funktionsübergreifenden Zusammenarbeit. Zusätzlich kann der/die Scrum Master bei Bedarf Ereignisse (Events oder Meetings) in Scrum moderieren. Den einzigen Eingriff in das Projektgeschehen unternimmt der/die Scrum Master im Falle von „Impediments", also Hindernissen und Beeinträchtigungen. Trifft das Entwicklungsteam auf eine Beeinträchtigung, die sie nicht selbst lösen kann, versucht der/die Scrum Master, diese Beeinträchtigung zu beseitigen.
	Der/Die Scrum Master unterstützt den/die Product Owner bei der Erstellung und Kommunikation des Product Backlogs.
Development Team	Das Development Team erstellt in eigener Organisation das sogenannte Produktinkrement und besteht idealerweise aus 3 bis 9 hoch qualifizierten Fachkräften. Diese Größe reicht aus, um alle Arbeiten erledigen zu können und flexibel zu bleiben.
	Das Team sollte fachübergreifend alle Fähigkeiten und Kompetenzen aufweisen, die zur Lieferung des Produktes nötig sind. Darum unterscheidet Scrum im Development Team keine weiteren Rollen. Alle Mitglieder des Development Teams werden als Entwickler/-innen bezeichnet, ungeachtet dessen, was sie genau tun. Das Entwicklungsteam wird auch nicht in weitere Teams unterteilt. Es ist gemeinsam für die gelieferten Ergebnisse verantwortlich.

3.3.8.2 Artefakte (Dokumente)

In Scrum stellen sogenannte Artefakte die Transparenz und das gemeinsame Verständnis des Projektes und des Produktes sicher, wobei folgende „Dokumente" vorgeschrieben sind: Product Backlog, Sprint Backlog, Inkrement, Definition of Done.

Insbesondere beim Inkrement handelt es sich nicht um ein klassisches Dokument, sondern um Software. Deshalb erscheint der Begriff „Artefakt" passender.

Artefakt	Beschreibung
Product Backlog	Das Product Backlog ist eine geordnete Liste aller Anforderungen an das Produkt. Im Gegensatz zu einem Lasten- oder Pflichtenheft erlangt es bis zum Projektende keine Vollständigkeit. Es ist ein dynamisches Dokument, worin alle Anforderungen, Funktionalitäten, Eigenschaften und Änderungen festgehalten und priorisiert werden.

Artefakt	Beschreibung
	Das Product Backlog ist die einzige Quelle, die die Anforderungen beschreibt. Die jeweiligen Einträge nennen sich Items und werden typischerweise mit einer Beschreibung, Priorisierung und Aufwandsschätzung versehen. Die Ordnung der Items erfolgt nach Ermessen des/der Product Owners, was beispielsweise anhand der Priorität, des Risikos oder der Notwendigkeit einzelner Items erfolgen kann.
Sprint Backlog	Für jeden Iterationszyklus existiert ein weiteres „Backlog". Dieses sogenannte Sprint Backlog beinhaltet eine ausgewählte Menge an Items, die in dem darauf folgenden Zyklus abgearbeitet werden sollen.
	Die Aufgaben werden nach ihrer Priorität in das Sprint Backlog aufgenommen und abgearbeitet. Dazu wählt das Development Team nur hoch-priorisierte Items aus dem Product Backlog zur Abarbeitung aus. Über die Menge der Aufgaben, die in einer Iteration abgearbeitet werden können, entscheidet ebenfalls das Development Team. Zuerst beschreibt das Sprint Backlog deshalb die Eigenschaften, die das Produkt am Ende einer Iteration besitzen soll. Darin wird festgehalten, welche Arbeit und welche Aufgaben in der jeweiligen Iteration noch zu erledigen sind und welche Aufgaben bereits verrichtet wurden. Daher ist auch das Sprint Backlog kein statisches Dokument. Das Sprint Backlog unterliegt ständiger Veränderung, wodurch das Scrum Team in der Lage ist, den Status des Sprints stets transparent zu halten.
Inkrement	Ein Inkrement ist in Scrum das Ergebnis einer Iteration. Es ist die Summe der Ergebnisse aus allen Entwicklungszyklen. Ein Inkrement muss am Ende einer Iteration potenziell einsatz- bzw. releasefähig sein.
Definition of Done	Die Definition of Done beschreibt das gemeinsame Verständnis des Teams darüber, was „done", also fertig, bedeutet. Diese Definition unterscheidet sich je nach Scrum-Team und verändert sich zusätzlich im Projektverlauf. Im Laufe des Scrum-Prozesses wird diese Definition in ihrem Umfang wachsen, bzw. eindeutiger und genauer werden.

Das Development Team (Entwicklungsteam) leistet die eigentliche Implementierungsarbeit in sogenannten Sprints. Dies sind die zuvor erwähnten Entwicklungszyklen, an deren Ende ein fertiges Produktinkrement steht.

In Scrum haben die Aktivitäten jeweils eine fest definierte Länge, die proportional zur Sprintlänge als **Timebox** bezeichnet wird. Der Verlauf der Events kann wie folgt zusammengefasst werden:

Timeboxes in Scrum	
Event	Timebox bei einer Sprintlänge von 30 Tagen
Sprint Planning Meeting	8 Stunden
Sprint	30 Tage
Daily Scrum	15 Minuten
Sprint Review	4 Stunden
Sprint Retrospektive	3 Stunden

Ablauf und Ereignisse in Scrum (Quelle: In Anlehnung an Schwaber, K./Sutherland, J. 2011, S. 5ff.)

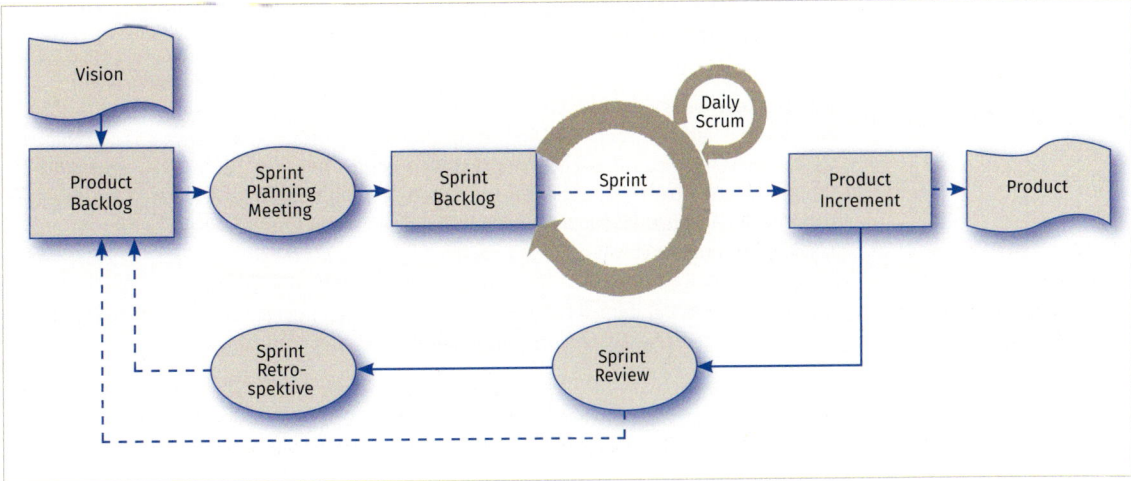

Schritt	Name	Beschreibung
1	Product Backlog	Der/Die Product Owner erstellt aus der Vision ein initiales Product Backlog.
2	Sprint Planning Meeting	Das erste Sprint Planning Meeting wird abgehalten, um den ersten Sprint zu planen. Dieses Meeting besteht aus zwei Teilen, die jeweils die Hälfte des Meetings beanspruchen. ■ Im ersten Teil stellt der oder die Product Owner dem Entwicklungsteam die Items aus dem Product Backlog vor, sodass sie dem Team verständlich sind. Wie viele Items in einem Sprint umgesetzt werden, entscheidet das Development Team. Daraufhin wird ein Sprint Goal definiert, was einem Meilenstein entspricht. Das Sprint Goal erlaubt den notwendigen Spielraum in den zu implementierenden Funktionalitäten, da es allgemeiner als die Anforderungen gehalten wird. ■ Im zweiten Teil des Sprint Planning Meetings wird das Sprint Backlog angelegt. Hierin werden die Items beschrieben und ein Plan zur Abarbeitung dieser Items definiert. Die einzelnen Aufgaben werden so eingeteilt, dass ein Arbeitspaket nicht mehr als 8 Stunden benötigt, also im Wesentlichen einem Arbeitstag entspricht.
3	Sprint	Im Prinzip ist ein Sprint ein Projekt mit einer Dauer bis zu einem Monat. Alle Sprints in einem Projekt haben jeweils die gleiche Dauer. Darin wird ein Produktinkrement erstellt. Deshalb beinhaltet jeder Sprint die folgenden Abschnitte: ■ Definition ■ Entwurf ■ Planung ■ Implementierungsarbeit ■ Test Während eines Sprints werden die Rahmenbedingungen und das Development Team nicht verändert. Auch die Qualitätsziele bleiben unverändert. Nur der Inhalt kann mit dem/der Product Owner verhandelt werden, wobei trotzdem das Sprint Goal erreicht werden muss.
4	Daily Scrum	Auf Basis des Sprint Backlogs wird vom Development Team die tägliche Arbeit während des Sprints verrichtet. Dabei gibt es jeden Tag zur gleichen Zeit und am gleichen Ort das **Daily Scrum**. Das ist ein 15-minütiges Meeting des Development Teams, das im Allgemeinen dazu dient, die Anzahl der Meetings zu senken. Dabei werden die Veränderungen der letzten 24 Stunden besprochen. Zusätzlich geben alle Teilnehmenden einen Ausblick auf die Tagesziele. Der/Die Scrum Master nimmt nicht aktiv am Meeting teil. Er oder sie stellt jedoch sicher, dass die Timebox eingehalten wird und dass das Meeting stattfindet.
5	Sprint Review	Im Anschluss an die Auslieferung des Produktinkrements folgt das Sprint Review. Dabei wird dem/der Product Owner und ggf. weiteren Stakeholdern das aktuelle Produkt vorgestellt. Zu diesem Zeitpunkt können bereits weitere Anforderungen gestellt und aufgenommen werden. Des Weiteren wird diskutiert, was im nächsten Sprint zu tun ist. Auch das Product Backlog wird besprochen und die Resultate des Meetings fließen direkt in Product Backlog ein. Konstruktive Kritik kann in diesem Meeting ebenso besprochen werden wie die Probleme und deren Lösungen während des letzten Sprints.
6	Sprint Retrospektive	Abschließend wird die Sprint Retrospektive abgehalten. Dabei handelt es sich um eine Art **Lessons Learned** (gewonnene Erkenntnisse), wobei sich das Scrum Team selbst reflektiert. Der jeweils vorhergehende Sprint wird untersucht. Die Teilnehmenden analysieren, was beibehalten werden sollte und was auf welche Weise verändert werden kann, um das Vorgehen noch effektiver zu gestalten. Dementsprechend wird die **Definition of Done** angepasst. Das Ziel besteht darin, die Produktqualität durch die Prozessqualität anzuheben. Darauf folgen weitere Zyklen, in denen das Produkt vervollständigt wird.

vgl. Ken Schwaber/Jeff Sutherland: Der Scrum Guide. Der gültige Leitfaden für Scrum: Die Spielregeln, November 2020 veröffentlicht unter https://scrumguides.org/docs/scrumguide/v2020/2020-Scrum-Guide-German.pdf [18.11.2024]

3.3.9 Kanban

Kanban ist eine agile Methode zur Arbeitsorganisation und Visualisierung von Aufgaben und kann auch in der Softwareentwicklung erfolgreich eingesetzt werden. Ursprünglich wurde Kanban im Produktionsumfeld entwickelt, hat sich aber als flexibles Framework erwiesen, das auf verschiedene Arbeitsbereiche angewendet werden kann.

In der Softwareentwicklung kann Kanban helfen, den Arbeitsfluss zu visualisieren, die Transparenz zu erhöhen und die Effizienz des Teams zu verbessern. Hier sind die grundlegenden Prinzipien und Elemente von Kanban in der Softwareentwicklung:

1. Kanban-Board: Ein Kanban-Board ist eine visuelle Darstellung des Arbeitsprozesses. Es besteht aus Spalten, die den verschiedenen Status oder die verschiedenen Phasen der Entwicklung repräsentieren. Zum Beispiel könnten die Spalten „To Do", „In Bearbeitung" und „Fertiggestellt" sein. Jede Aufgabe oder User Story wird auf dem Board als Karte oder Ticket dargestellt und durch die Spalten bewegt, um den Fortschritt anzuzeigen.

2. Begrenzte Work in Progress (WIP): Kanban legt Wert darauf, die Anzahl der Aufgaben zu begrenzen, die gleichzeitig in Bearbeitung sind. Dadurch wird vermieden, dass das Team überlastet wird und sich die Arbeit staut. Jede Spalte im Kanban-Board hat eine Begrenzung für die Anzahl der Aufgaben, die sich gleichzeitig darin befinden dürfen.

3. Pull-System: Das Kanban-System basiert auf einem Pull-Prinzip, bei dem Aufgaben nur dann in Bearbeitung genommen werden, wenn Kapazitäten verfügbar sind. Wenn ein Teammitglied Kapazität hat, zieht es eine neue Aufgabe aus der „To Do"-Spalte in die „In Bearbeitung"-Spalte.

4. Kontinuierliche Verbesserung: Kanban fördert eine Kultur der kontinuierlichen Verbesserung. Durch regelmäßige Meetings und Rückmeldungen werden Engpässe identifiziert, Probleme behoben und der Arbeitsprozess optimiert.

Durch die Verwendung von Kanban in der Softwareentwicklung können Teams den Arbeitsfluss sichtbar machen, Engpässe identifizieren, die Zusammenarbeit fördern und die Lieferzeit von Software reduzieren. Es ermöglicht eine effektive Planung und Priorisierung der Aufgaben sowie eine bessere Kommunikation innerhalb des Teams und mit den Stakeholdern.

3.3.10 DevOps

DevOps ist eine Kombination der Begriffe „Development" (Entwicklung) und „Operations" (Betrieb). Es handelt sich um eine Arbeitskultur, Methodik und einen Satz von Praktiken, die darauf abzielen, die Zusammenarbeit zwischen dem Entwicklungsteam (Dev) und den Betriebsteams (Ops) zu verbessern, um Software effizienter und zuverlässiger bereitzustellen.

Traditionell waren die Entwicklungsteams für die Erstellung und Aktualisierung der Software verantwortlich, während die Betriebsteams für deren Bereitstellung, Überwachung und Wartung zuständig waren. Diese Trennung führte jedoch häufig zu Kommunikationsproblemen, Verzögerungen bei der Auslieferung von Software und Ineffizienzen im Entwicklungsprozess.

DevOps zielt darauf ab, diese Lücke zu überbrücken, indem es eine enge Zusammenarbeit und Integration zwischen den Entwicklungs- und Betriebsteams fördert. Durch den Einsatz von Automatisierung, kontinuierlicher Integration und kontinuierlicher Bereitstellung (CI/CD), gemeinsamer Verantwortung und einem iterativen Ansatz ermöglicht DevOps eine schnellere und zuverlässigere Auslieferung von Software.

Einige der Hauptprinzipien und Praktiken von DevOps umfassen:

1. **Kulturelle Veränderung**
   Eine Kultur der Zusammenarbeit, Transparenz und gemeinsamen Verantwortung wird gefördert, um Silos zwischen Teams aufzubrechen.
2. **Automatisierung**
   Durch den Einsatz von Automatisierungstools können Entwicklungs- und Bereitstellungsprozesse beschleunigt und standardisiert werden.
3. **Kontinuierliche Integration (CI)**
   Entwicklerinnen und Entwickler integrieren regelmäßig ihren Code in ein gemeinsames Repository, um Konflikte frühzeitig zu erkennen und die Qualität der Software sicherzustellen.
4. **Kontinuierliche Bereitstellung (CD)**
   Die Software wird kontinuierlich und automatisiert durch verschiedene Umgebungen (z. B. Entwicklung, Test, Produktion) bereitgestellt.
5. **Überwachung und Feedbackschleifen**
   Die Leistung der Software wird überwacht, um frühzeitig Probleme zu erkennen und kontinuierliche Verbesserungen zu ermöglichen.

DevOps ermöglicht es Unternehmen, schneller auf die Anforderungen des Marktes zu reagieren, die Qualität der Software zu verbessern, Risiken zu minimieren und eine bessere Zusammenarbeit zwischen den Teams zu fördern.

Ein Beispiel zeigt, wie DevOps in der Praxis angewendet werden kann:

Angenommen, ein Softwareunternehmen entwickelt eine Webanwendung. Vor der Einführung von DevOps würden die Entwickler und Entwicklerinnen ihre Änderungen am Code machen und diesen an das Betriebsteam weitergeben, das dann die Aufgabe hatte, die Anwendung einzusetzen und zu betreiben.

Mit der Einführung von DevOps ändert sich dieser Prozess grundlegend. Die Entwicklungs- und Betriebsteams arbeiten eng zusammen, um eine kontinuierliche Bereitstellung und Aktualisierung der Software zu ermöglichen.

Hier ist eine Schritt-für-Schritt-Beschreibung des Prozesses:

1. **Entwicklung**
   Die Entwicklerinnen und Entwickler arbeiten an neuen Funktionen oder Bugfixes und schreiben den Code. Sie nutzen dabei Versionskontrollsysteme wie Git, um ihre Änderungen zu verwalten.
2. **Kontinuierliche Integration (CI)**
   Die Entwickler und Entwicklerinnen führen regelmäßig Tests und Builds auf dem Code aus und integrieren ihn in ein gemeinsames Repository. Dabei werden automatisierte Tests durchgeführt, um sicherzustellen, dass der Code korrekt funktioniert und keine Fehler enthält.
3. **Automatisierte Bereitstellung**
   Wenn der Code erfolgreich getestet und integriert wurde, wird er automatisch in einer Staging-Umgebung (Testumgebung) bereitgestellt. In dieser Umgebung wird die Anwendung weiteren Tests unterzogen, um sicherzustellen, dass sie korrekt funktioniert und den Anforderungen entspricht.
4. **Kontinuierliche Bereitstellung (CD)**
   Wenn die Tests in der Staging-Umgebung erfolgreich verlaufen sind, wird die Anwendung automatisch in die Produktionsumgebung bereitgestellt. Dies geschieht in der Regel mithilfe von Tools und Skripten, die den Bereitstellungsprozess automatisieren.
5. Überwachung und Feedback: Nach der Bereitstellung der Anwendung wird sie kontinuierlich überwacht, um Leistungsindikatoren wie Auslastung, Antwortzeiten und Fehler zu erfassen. Das Feedback aus der Überwachung wird genutzt, um bei Bedarf Anpassungen und Verbesserungen vorzunehmen.

Dieser iterative Prozess ermöglicht es den Teams, schnellere Release-Zyklen zu haben, da neue Funktionen und Fehlerbehebungen kontinuierlich in die Produktion überführt werden können. Durch die enge Zusammenarbeit zwischen Entwicklung und Betrieb können Probleme frühzeitig erkannt und behoben werden, was zu einer höheren Qualität und Zuverlässigkeit der Software führt.

Natürlich können die konkreten Implementierungen von DevOps je nach Unternehmen und Projekt variieren, aber dieses Beispiel veranschaulicht die grundlegenden Prinzipien und Praktiken von DevOps.

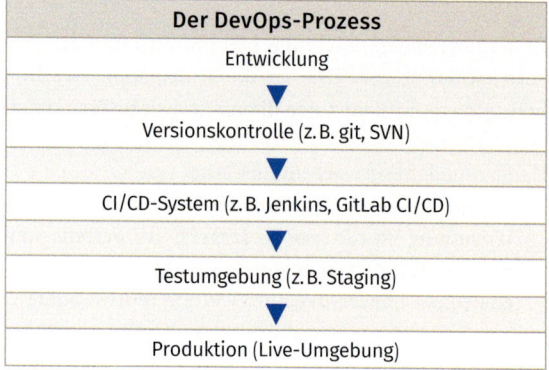

Dieses Diagramm veranschaulicht den grundlegenden Fluss des DevOps-Prozesses, bei dem die Zusammenarbeit zwischen den Teams, die Automatisierung und die kontinuierliche Bereitstellung im Mittelpunkt stehen. Es ist jedoch wichtig anzumerken, dass die tatsächliche Implementierung von DevOps je nach Organisation und Projekt variieren kann.

> **Zusammenfassung**
>
> Die Entwicklung von Software ist jeweils ein einmaliger Prozess. Aus den Erfahrungen der bisher praktizierten Softwareentwicklungen, auch im Vergleich zu anderen technischen Entwicklungen, lassen sich einzelne Phasen im Entwicklungsprozess abgrenzen. Diese Phasen werden mit unterschiedlichen Inhalten abgegrenzt und in den Phasenmodellen zusammengefasst.
>
> Die Softwaretechnologie, auch als Softwareengineering bezeichnet, entwickelt Prinzipien, Methoden, Verfahren und Werkzeuge zur Softwareentwicklung. Zusammengefasst mit den Phasenmodellen werden so Vorgehensmodelle entwickelt, die eine systematische, effiziente und in der Qualität gesicherte Produktion von Software ermöglichen sollen.
>
> Das V-Modell XT unterstützt die arbeitsteilige Entwicklung großer Softwaresysteme, während das Extreme Programming XP vorrangig die Kommunikation und Kreativität kleiner Entwicklergruppen beflügelt.

Aufgaben

1. Wieso verringert das Spiralmodell das Entwicklungsrisiko?
2. Welche Nachteile der klassischen Phasenmodelle führten zum Prototyping-Modell?
3. Welche Arten von Prototypen gibt es?
4. Wieso charakterisiert man das V-Modell als produkt- orientiertes Modell?
5. Nennen Sie grundlegende Konzepte des Extreme Programming (XP).
   a) Begründen Sie jeweils das mit dem Konzept verfolgte Ziel.
   b) Finden sich Ansätze dieser Konzepte auch in anderen Vorgehensweisen?
   c) Wie wird das Prinzip der Wiederverwendung beim Extreme Programming unterstützt?
6. Versuchen Sie, die hier vorgestellten Vorgehensmodelle zu gruppieren. Welche Vorgehensweisen sind an welcher Stelle ähnlich?

3.4 Produktion von Software

3.4.1 Prozessqualität sichert Produktqualität

Die Entwicklung von Software führt zu einem Produkt mit entsprechenden Erwartungen an seine Qualität. Diese Qualitätserwartungen müssen bekannt sein und im Prozess der Softwareentwicklung umgesetzt und gewährleistet werden. Das sind hohe Ansprüche, die die Softwareentwicklerinnen und -entwickler zu erfüllen haben.

Zum Glück sind die bisherigen Erkenntnisse bei der Bewältigung dieser anspruchsvollen Aufgabe hilfreich. Wir wissen, dass jede Softwareentwicklung eine einmalige Aufgabe ist. Gibt es eine Software bereits, dann kann man sie ohne Verlust kopieren, man muss sie nicht nochmals entwickeln. Außerdem wissen wir, dass die Entwicklung einer Software aus einer Folge von Aktivitäten besteht, also als ein Prozess verstanden werden kann. Alles zur Thematik „Geschäftsprozess und Geschäftsprozessmanagement" kann auch auf den Prozess der Softwareentwicklung angewendet werden. Ein qualitativ gut organisierter Entwicklungsprozess sichert die Qualität des Produktes, also der Software. Der Qualitätsanspruch entsteht dabei sowohl beim Kunden als auch beim herstellenden Softwareunternehmen. Die Softwareentwicklung muss dabei auch wirtschaftlich sinnvoll sein, also effizient und verwertbar. Diese Erkenntnisse führen zur notwendigen Beschäftigung mit folgenden Themen:

1. **Projektmanagement,** denn auch wenn jede Softwareentwicklung neu und ein einmaliger Vorgang ist, so durchläuft sie doch stets gleichartige Arbeitsphasen und kann und muss daher auch als Prozess gesehen werden. Und jede Softwareentwicklung ist ein Projekt, d. h. ein einmaliger Vorgang mit besonderen Bedingungen und Zielkriterien
2. **Softwaretechnologie,** denn der Prozess der Softwareentwicklung hat seine eigenen Regeln und Besonderheiten. Die Erfahrungen und theoretischen Überlegungen führten bereits zur Entwicklung von zahlreichen Vorgehensmodellen, also einer Beschreibung von Inhalt und Reihenfolge der notwendigen Aktivitäten zur Softwareentwicklung.
3. **Werkzeuge zur Softwareentwicklung,** denn um gute Arbeit leisten zu können, braucht man gute Werkzeuge. Softwareentwickler und -entwicklerinnen müssen diese Werkzeuge aber auch souverän beherrschen, d. h., sie müssen sie gut kennen und zielorientiert einsetzen. An erster Stelle stehen die Programmiersprachen und ihre Entwicklungsumgebungen. Das vermehrte Angebot von Bibliotheken mit wiederholt nutzbaren Klassen für spezielle Verarbeitungssituationen führt dazu, dass man heute von Frameworks spricht, die die Softwareentwicklung wesentlich erleichtern.

Auch die Azubis werden diese Arbeitsweisen und Werkzeuge zur Softwareentwicklung beherrschen lernen und im Zuge ihrer Anwendung den Übergang vom einfachen Programmieren zur Softwareentwicklung erkennen.

3.4.2 Anforderungen an die Auszubildenden

Programmieren oder Software entwickeln? Hier schaltet sich Herr Pelz ein, der den Erfahrungsbericht (siehe Onboarding-Meeting) von Felix in seiner Berufsschulklasse sehr interessant findet. Er verweist auf den Unterschied zwischen einer Programmierung im Kleinen und einer echten Softwareentwicklung, dem Programmieren im Großen.

Diese Beziehung lässt sich sehr anschaulich am Beispiel einer Baustelle verdeutlichen:
Die **Programmierung im Kleinen** haben die Azubis bisher bei ACI realisiert und waren mit ihrer Lösung offensichtlich auch sehr zufrieden. Sie wird auch von den beteiligten Mitarbeitenden angenommen. Sobald die Lösung aber auf fremde, bisher unbeteiligte Nutzende stößt,

zeigen sich Probleme. Andere Klassenkameradinnen und -kameraden in der Berufsschule waren nicht beteiligt beim Entwicklungsprozess, besitzen keine unmittelbare Kenntnis von den Entwicklungsmotiven, vom Aufbau und der internen Logik der Software. Derartige Verhältnisse sind aber typisch für die Anwenderinnen und Anwender von Software. Diese Anwender sind die anonymen Nutzenden, die Kundschaft der Softwareentwicklung.

> „Ich weiß, das ist der ‚DAU – der dümmste anzunehmende User', mit dem man in der Softwareentwicklung immer rechnen muss", wirft Leon lachend ein.

Im Entwicklungsprozess von Anwendungen wird unterschieden zwischen
- einfachen Programmen für die persönliche Nutzung und
- Software für anonyme Nutzerinnen und Nutzer.

> Herr Pelz beendet seine Ausführungen mit folgender Bemerkung: „Auch wir werden es im Rahmen eurer Ausbildung kaum schaffen, mit euch Software im Sinne der Programmierung im Großen zu entwickeln. Aber ihr sollt wenigstens die Prinzipien, Methoden und Werkzeuge kennen lernen, die eine professionelle Softwareentwicklung ermöglichen."

3.5 Der Entwicklungsauftrag

3.5.1 Einsetzbare Werkzeuge für die Softwareentwicklung

Neben der erforderlichen, auf Freeware basierenden Java-Entwicklungsumgebung **Eclipse** stehen weitere Entwicklungstools zur Verfügung. Mit diesen Tools werden notwendige Voraussetzungen für die Anwendungsentwicklung geschaffen. Die Entwicklerinnen und Entwickler dieser Tools bieten kostenlose Versionen über das Internet an. Die Funktionen der Tools ergeben sich aus der Übersicht auf dieser Seite.

Die **Vorgehensweise** im Softwareentwicklungsprozess orientiert sich an den Vorgaben des internationalen Standards ISO/IEC/IEEE 15288:2023 Systems and software engineering — System life cycle processes, wobei die eigentliche Softwareentwicklung auf den Teil „Technical Processes" begrenzt wird. Zusätzlich bieten die Vorgaben aus dem ISO/IEC 15288 in englischer Sprache auch Gelegenheit, diesen Teil der Abschlussprüfung vorzubereiten.

Bei den Prozessen, die der technischen Realisierung bzw. Programmierung vorgelagert sind, erfolgt eine Orientierung am **V-Modell® XT** zum Planen und Durchführen von Projekten. Das V-Modell XT wird vom Beauftrag-

Tool	Leistung
Mindmapping-Tools (z. B. Mindmanager)	... ermöglichen die einfache Erstellung von Mindmaps und deren Verbindung zu Arbeitsergebnissen aus dem Entwicklungsprozess. Effiziente Teamarbeit und Integration in der Projektarbeit als besondere Herausforderungen im Softwareentwicklungsprozess werden dadurch unterstützt.
Java	... ist eine objektorientierte Programmiersprache und Bestandteil der Java-Technologie, unterstützt durch das Unternehmen Oracle. Mit zahlreichen frei verfügbaren Entwicklungsumgebungen, Compilern und Bibliotheken hat sich Java zum Favoriten innovativer Softwareentwickler/-innen entwickelt.
Eclipse	... ist ein Open-Source-Framework, das im Wesentlichen als Entwicklungsumgebung für Projekte unter Verwendung der Programmiersprache Java eingesetzt wird. Der Quellcode von Eclipse wurde Ende 2001 von IBM freigegeben.
MySQL	... ist ein relationales und SQL-orientiertes Datenbankmanagementsystem, das als Open-Source-Projekt für verschiedene Betriebssysteme zur Verfügung steht. MySQL wird gegenwärtig vom Unternehmen Oracle ähnlich wie Java angeboten.
Microsoft Visio	... kann zur Erfassung und Darstellung zahlreicher Modelle, z. B. für Mindmaps, ERD, Geschäftsprozessmodelle, aber auch für Raumpläne und Schaltpläne eingesetzt werden.
ArgoUML	... ist ein Open-Source-Tool zur Modellierung. Es unterstützt die Standard-Diagramme nach UML 1.4 inklusive einer rudimentären Code-Generierung. ArgoUML ist in Java geschrieben und kann in Eclipse eingebunden werden.
PHP	... ist ein rekursives Akronym und steht für „**P**HP: **H**ypertext **P**reprocessor". PHP ist eine Skriptsprache zur Erstellung dynamischer Webseiten mit umfangreicher Datenbankunterstützung sowie zahlreichen Funktionsbibliotheken.
XAMPP	... ist ein Akronym und steht für eine Zusammenstellung von freier Software, die das einfache Installieren und Konfigurieren des Webservers **A**pache mit der Datenbank **M**ySQL und den Skriptsprachen **P**HP bzw. **P**erl ermöglicht.

ten der Bundesregierung für Informationstechnik (www.cio.bund.de) über das Informationstechnikzentrum Bund (ITZBund) in Zusammenarbeit mit der TU-Clausthal und anderen Partnern bereitgestellt. Die jeweils aktuelle Version findet sich auf der Webseite der TU-Clausthal (https://ftp.tu-clausthal.de/pub/institute/informatik/v-modell-xt/Releases/; vgl. auch Kapitel 5.4.1). Die Aktivitäten aus dem V-Modell® XT werden zum Bestandteil der Ausschreibungen, der Werkverträge und der Abrechnung der erbrachten Leistungen. Damit können die Auszubildenden sowohl mit der Rolle des Kunden als auch des Lieferanten von IT-Entwicklungsleistungen konfrontiert werden. Als Kunde und Auftraggeber müssen sie dem Lieferanten klare Vorgaben machen und den Gesamtprozess des IT-Lebenszyklus erfolgreich managen. Als Entwickler und Entwicklerinnen müssen sie vor allem Teamarbeit praktizieren und die Vorgaben des Auftraggebers respektieren.

Besonders die Fachinformatikerinnen und -informatiker neigen am Anfang zur „Softwareentwicklung im Kleinen". Sie schreiben geniale Programme und wundern sich über die zu geringe Anerkennung, denn sie programmieren im Endeffekt mehr für sich als für den Auftraggeber. Kaufleute für IT-System-Management und Kaufleute für Digitalisierungsmanagement verstehen sich mehr als Kundinnen und Kunden oder Auftraggebende der IT-Entwicklungsleistungen. Sie erfahren durch die folgenden Darstellungen mehr über die Konsequenzen ihrer Anforderungen im Entwicklungsprozess. Auch die Fachinformatiker und Fachinformatikerinnen für Systemintegration benötigen das notwendige Fachwissen für arbeitsteilige Entwicklungsprozesse. Statt der „Softwareentwicklung im Großen" steht für sie die „IT-Systementwicklung im Großen" als zukünftige Aufgabe im Vordergrund.

Die Ausführungen zur Entwicklung und Bereitstellung von Anwendungssystemen im IT-Bereich gliedern sich dementsprechend in folgende Schwerpunkte:

- Rolle des Ausbildungsbetriebes und der sich dort ergebenden Aufgabenstellungen (bereits in diesem Kapitel erfolgt)
- Anforderungen an betriebliche Anwendungen und die Qualität der Software
- Projektmanagement
- Analyse und fachlicher Entwurf des Anwendungssystems
- DV-technischer Entwurf
- Programmentwurf, Programmierung und Test
- Datenbankanwendung
- Web-Programmierung
- Dokumentation
- Routinebetrieb mit Projekteinführung und Wartung

Methodisch sollen die Auszubildenden im Rahmen ihrer Ausbildung die Bereitstellung einer Anwendung mit allen notwendigen Arbeitsschritten exemplarisch kennenlernen. Dabei erfordern die begrenzte Zeit in der Ausbildung und der Umfang dieses Buches ein „Top-down-Herangehen", wobei von einem realitätsnahen, komplexen Problem ausgegangen wird und sich der weitere Bearbeitungsprozess von Schritt zu Schritt auf die Lösung einzelner Teilaufgaben beschränkt.

Die Problemstellung konzentriert sich bei ACI auf die flexible Anbindung ihrer Niederlassungen und Kunden an das Warenwirtschaftssystem. Die Analyse befasst sich aber nur mit einem Teilaspekt, nämlich mit den funktionalen Anforderungen an einen Webshop. Der Entwurf beschränkt sich auf das Datenmodell und in der Realisierung wird nur ein einfaches Servlet mit seinen Client- und Server-Komponenten demonstriert, womit der Datenaustausch zwischen Datenbank, Server und Client verdeutlicht wird. Sehr viele Aspekte bleiben auf diesem Weg noch unbeachtet. Sie bilden aber gleichzeitig die Grundlage für weiterführende Aufgaben und Arbeitsaufträge, die als selbstständige Arbeit in Begleitung zu diesem Buch absolviert werden können.

3.5.2 Die Aufgabenstellung

Zum besseren Verständnis der Geschäftsprozesse haben die Auszubildenden auf der Basis von Microsoft Access an einer eigenen ERP-Software mit der Bezeichnung **ACI Business Software** mitgewirkt. An dieser Software werden wesentliche Vorgänge aus

- der Auftragsbearbeitung und dem Bestellwesen,
- der Lohn- und Gehaltsabrechnung,
- dem Personalwesen sowie
- dem Rechnungswesen

erklärt und geübt. Diese Software wird von den Auszubildenden laufend weiterentwickelt.

Die **Aufgabenstellung** lautet: Entwicklung eines webbasierten Warenwirtschaftssystems mit einfachen Komponenten der Lagerverwaltung und der Bestandspflege.

Mehrere Vertriebsniederlassungen, regional verteilt im gesamten Bundesgebiet, arbeiten zusammen und betreiben bundesweit einen zentralen Lagerort.

Die Vertriebsniederlassungen unterhalten Ladengeschäfte, die nur über eine geringe Lagerfläche verfügen. Von den angebotenen Waren werden in den Läden nur wenige Exemplare vorrätig gehalten. Im täglichen Verkauf abgesetzte Komplettsysteme, Bauteile oder Software werden über Nacht aus dem Zentrallager nachgeliefert.

Die Bestellung der Waren aus den Läden soll gegenüber dem zentralen Lager über das Internet mithilfe eines webbasierten Warenwirtschaftssystems (Webshop-System) erfolgen.

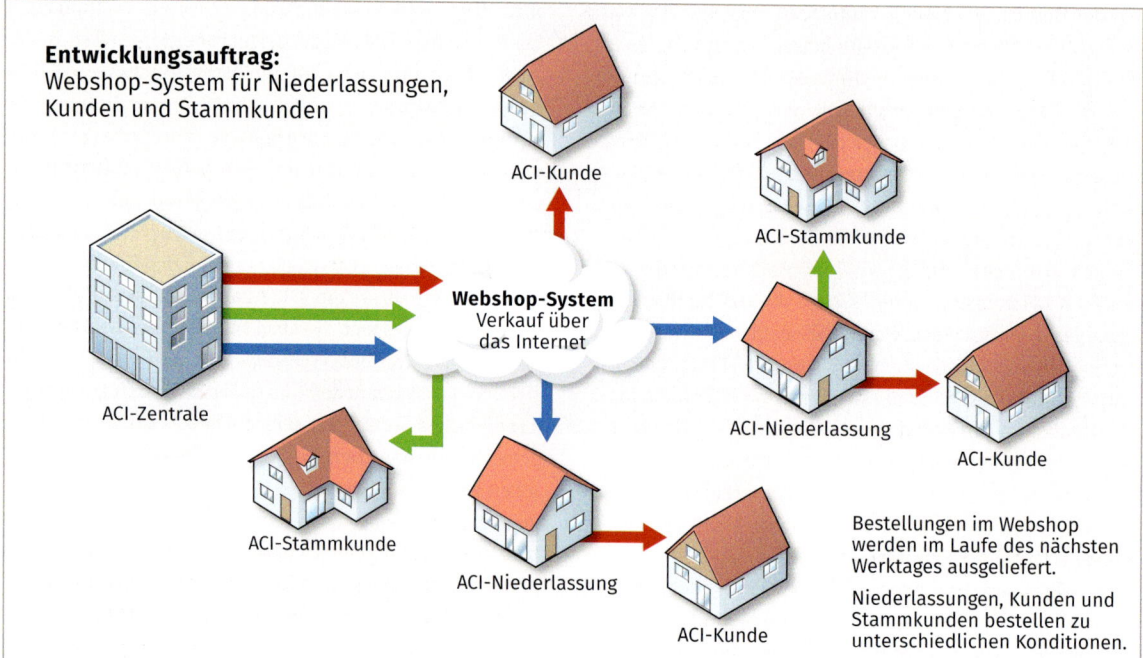

Entwicklungsauftrag:
Webshop-System für Niederlassungen, Kunden und Stammkunden

Bestellungen im Webshop werden im Laufe des nächsten Werktages ausgeliefert.

Niederlassungen, Kunden und Stammkunden bestellen zu unterschiedlichen Konditionen.

Die ACI-Software existiert und soll erweitert werden. Mit der Lernsoftware „**ACI Teach Business Software**" liegt eine Lösung vor, mit der ein Einstieg in das Bestellwesen, die Auftragsbearbeitung und das Rechnungswesen erfolgen kann. Es handelt sich um eine mit Microsoft Access realisierte Software, zu deren Nutzung bei den Anwendern und Anwenderinnen Microsoft Access als Laufzeitumgebung installiert sein muss. Zum Programm gibt es eine gut ausgebaute Onlinehilfe. Die Datenstrukturen sind aus dem Datenbankmodell erkennbar.

Diese Software dient als Prototyp für die aufzubauende Lösung. Gleichzeitig soll die Funktionalität um eine webbasierte Datenhaltung erweitert werden. Alle Niederlassungen der Firma ACI, der Webshop sowie der Vertrieb Nord in Hamburg, die Niederlassung in Leipzig und der Vertrieb Süd in Frankfurt am Main sollen auf den gleichen Datenbestand in allen Funktionsbereichen, wie Lagerhaltung, Personalwesen oder Debitorenbuchhaltung, zugreifen können. Damit wird eine Arbeit mit einheitlichen Daten in allen Unternehmensbereichen angestrebt, die den bisher notwendigen Abstimmungsaufwand reduzieren soll.

Das Webshop-System soll zusätzlich durch eine App für Android ergänzt werden, um mit Smartphones den aktuellen Bestellzustand abfragen zu können.

4 Analyse

Analyse des Anwendungssystems; System als Menge von Komponenten und Beziehungen; Unterscheiden von Problem und Aufgabe; Analyse der Anforderungen zukünftiger Anwender; Ableitung von Aufgabenstellungen

4.1 Systematische Vorgehensweise

S Bisher haben die Auszubildenden erfahren, wie das Ausbildungsunternehmen ACI organisiert ist und welche Leistungen es am Markt anbietet. Eine wichtige Komponente im Portfolio des Unternehmens ist die Entwicklung und Bereitstellung von Anwendungssoftware für betriebswirtschaftliche Aufgaben. Dabei wurde betont, dass Software als Produkt zu betrachten ist – ein Produkt, das sich in der Anwendung beim Kunden bewähren muss. Die Kunden bezahlen für dieses Produkt und erwarten eine entsprechende Qualität des Produktes. Daher wurden den Auszubildenden an erster Stelle die Qualitätskriterien von Software vermittelt.

Im letzten Kapitel wurde erläutert, was die Auszubildenden über die Organisation der Arbeit bei der Softwareentwicklung wissen müssen. Die Softwareentwicklung muss so organisiert werden, dass einerseits die Qualität der Software gesichert wird und andererseits die Entwicklung rationell und unter Einhaltung von zeitlichen und finanziellen Beschränkungen im Unternehmen durchgeführt werden kann.

Die Softwareentwicklung verläuft kommerziell im Rahmen von Projekten. Jede Software muss nur einmal entwickelt werden, d. h., es handelt sich um einen einmaligen Vorgang, der unter speziellen Bedingungen technischer, finanzieller und personeller Art organisiert werden muss. Die Auszubildenden erhielten in Kapitel 2 eine Einführung in die Organisation der Arbeit in Projekten. Dem schloss sich ein Überblick über bewährte Vorgehensmodelle für die Softwareentwicklung an. Es handelt sich hierbei um theoretisch anerkannte Empfehlungen zur Organisation der Arbeit bei der Softwareentwicklung, wie sie in Unternehmen unterschiedlicher Größe praktiziert bzw. im Sinne einer Best Practice von kompetenten Stellen empfohlen werden.

Mit diesen Kenntnissen zur Arbeit in Projekten und einem Grundwissen zur Organisation der Softwareentwicklung kann nun die eigentliche Anwendungsentwicklung beginnen mit der Analyse des Istzustandes und der Anforderungen der zukünftigen Nutzerinnen und Nutzer.

4.1.1 Problem, Aufgabe, Lösung

Bevor man mit der langwierigen Arbeit zur Entwicklung einer Software beginnt, sollte man sich genau über die Aufgabenstellung im Klaren sein. Was will man mit der Software erreichen? Eine Software reagiert streng formal, d. h., für jede zu erwartende Situation muss die Reaktion der Software vorausgedacht werden. Hierzu benötigt man eine klare, detaillierte und daher meist recht umfangreiche Aufgabenstellung. Häufig gehört daher die Ausarbeitung der detaillierten Aufgabenstellung, bekannt unter der Bezeichnung „Pflichtenheft", zu den Arbeitsaufgaben von Softwareentwicklerinnen und -entwicklern.

Hier meldet sich Céline zu Wort: „Deshalb lernen wir in der Berufsschule auch viele andere Fächer und Inhalte, wie Wirtschafts- und Sozialkunde, Geschäftsprozesse und betriebliche Organisation oder Rechnungswesen und Controlling. So können wir die Verwendung der Software im Unternehmen besser verstehen. Außerdem lernen wir, was die Software alles leisten sollte. Es reicht nicht nur, gut programmieren zu können, was besonders Leon, der zukünftige Fachinformatiker für Anwendungsentwicklung, verstehen sollte." **S**

Zum besseren Verständnis der Aufgabenstellung für eine Softwareentwicklung ist es oft sinnvoll, sich Gedanken über den Weg der Entstehung der Aufgabenstellung zu machen. Ausgangspunkt für den Auftrag zur Entwicklung einer Software ist üblicherweise ein wirtschaftliches oder organisatorisches Problem. So kann zum Beispiel die Anzahl der Geschäftsvorfälle mit konventionellen Mitteln nicht mehr beherrscht werden und das Unternehmen muss zur Wettbewerbssicherung neue Verfahren einführen. So hat die ACI GmbH die Einrichtung eines Webshops beschlossen, um im Wettbewerb um Kunden auch den Onlinevertrieb bedienen zu können.

Ein betriebliches Problem ist ein Ausdruck für Widersprüche zwischen den betrieblichen Situationen im Hintergrund (siehe Abbildung). Bei der ACI GmbH erfolgt der Verkauf von Hard- und Software bisher traditionell über die Niederlassungen, aber anderseits erwarten die Kunden von ihrem IT-Serviceanbieter die Möglichkeit zum Einkauf jederzeit über einen Onlineshop. Das Unternehmen muss also reagieren. Entweder man verliert die Kunden oder man erweitert den Vertrieb mit einem passenden Webshop. Deshalb haben die Auszubildenden die Aufgabe zur Entwicklung einer Software für einen Webshop. erhalten. Diese Aufgabenstellung ist aber nur eine von mehreren möglichen Varianten. Die Unternehmensleitung hätte auch eine fertige Software einkaufen können oder den eigenen Webshop unter der Schirmherrschaft eines großen Anbieters betreiben können.

Die Auswahl und Formulierung der Aufgabenstellung ist eine verantwortungsvolle Aufgabe des Managements. Im IT-Bereich wird diese Aufgabenstellung als sogenanntes Lastenheft vorgelegt.

Zu jeder Aufgabenstellung gibt es unterschiedliche Lösungswege. Die Umsetzung der Lösung kann auf den unterschiedlichen Wegen mit mehr oder weniger Aufwand verbunden sein. Der Aufwand hängt wiederum ab von dem Wissen und den Erfahrungen der Mitarbeitenden, von der Organisation der Arbeit und von den einsetzbaren technischen Hilfsmitteln.

S Herr Pelz bringt folgendes Beispiel zur Illustration der Begriffe Problem, Aufgabe und Lösung:
Wir haben oft Probleme mit dem Smartphone oder dem Tablet, wenn sich das Gerät wegen zu geringer Batterieladung droht abzuschalten. Der Widerspruch besteht zwischen dem Energiebedarf des Computers und der verfügbaren Batterieladung. Zur Überwindung dieses Widerspruchs kann man sich folgende Aufgaben stellen:

1. Alle Anwendungen geordnet beenden und das Gerät abschalten. (Auch so verschwindet das Problem, jedoch ohne Lösung.)
2. Schnell eine Möglichkeit zum Laden der Batterie schaffen.
3. Den Energieverbrauch des Gerätes reduzieren.
Die ersten beiden Aufgaben können nur die Anwender lösen. Die dritte Aufgabe kann das Computersystem in Grenzen selbst lösen.
Wenn wir uns der Aufgabe ‚Laden der Batterie' stellen, kann es wieder verschiedene Lösungswege geben:
2.1. Ladegerät besorgen, anschließen und von einer Steckdose laden
2.2. Ausreichend geladene Powerbank besorgen und anschließen
2.3. Laden über eine USB-Steckdose
Die Entscheidung, welchen Lösungsweg man wählt, ist oft eher eine wirtschaftliche. Das Laden über eine USB-Steckdose ist einfach und billig, man braucht nur ein Kabel. Aber sind auch überall USB-Dosen verfügbar? Das Laden aus der Powerbank ist sicher und schnell, verlangt aber eine zusätzliche Investition und eine gute Organisation (man muss vorbereitet sein, die Powerbank muss geladen sein).
Das Beispiel zeigt, dass es zur Überwindung eines Problems mehrere alternative Aufgabenstellungen und zur Lösung einer Aufgabe auch mehrere alternative Lösungswege geben kann. Welche Aufgabe man sich stellt und welchen Lösungsweg man wählt, hängt von den wirtschaftlichen Möglichkeiten und den persönlichen Fähigkeiten ab."

4.1.2 Systemverständnis

Bei der Einarbeitung in die Aufgabenstellung für eine Softwareentwicklung ist es außerdem sinnvoll, sich Klarheit über die Einordnung der Aufgabe in die zahlreichen Beziehungen und Zusammenhänge im Bereich der späteren Anwendung der Software zu verschaffen. Dabei hilft ein kurzer Ausflug in die Systemtheorie, schließlich werden Begriffe wie „Anwendungssystem", „IT-System" oder „Systemanalyse" recht häufig verwendet. Aber was ist eigentlich ein System?

Bei der genaueren Betrachtung wirtschaftlicher Tätigkeit stößt man schnell auf ein komplexes Geflecht von Akteuren und Akteurinnen und Aktionen, die aufeinander einwirken und sich gegenseitig beeinflussen.

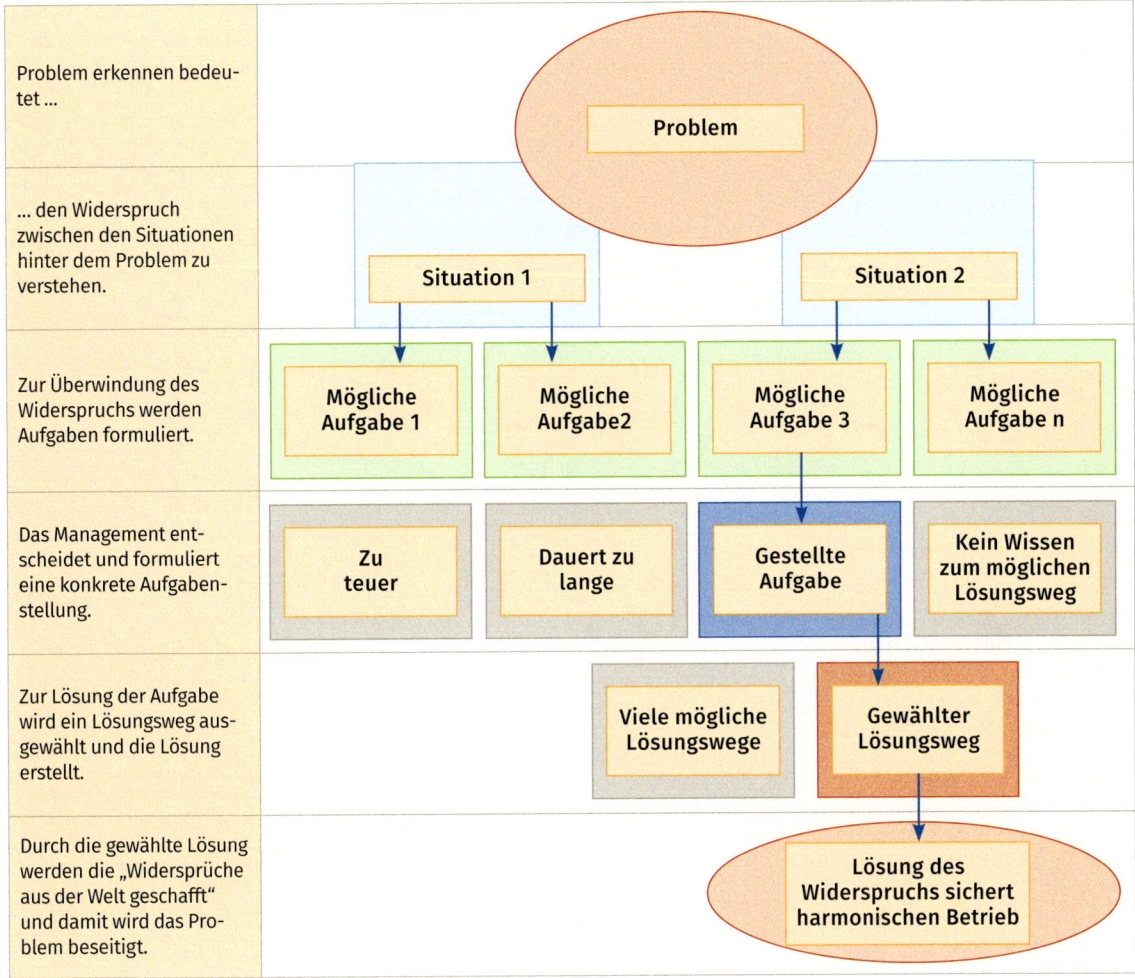

Der Weg vom Problem zur Lösung kann über verschiedene Pfade führen.

Die Kunden bestellen bestellt eine Ware, ein herstellendes Unternehmen fertigt sie an, die Lagerwirtschaft hält sie bereit, ein Transporteur liefert sie und ein Handelsunternehmen verkauft diese Ware – diese Lieferkette stellt nur die materielle Seite dar. Das Ganze wird noch durch finanzielle und informelle Aspekte erweitert: Bezahlung, Vergütung, Preiskalkulationen, Versteuerung, Marketing, innerbetriebliche Kommunikation usw.

Wenn es gelingt, die relevanten Komponenten und ihre Beziehungen vollständig zu erfassen und von den nicht relevanten Komponenten abzugrenzen, dann erkennt man das zu untersuchende System. Die Abgrenzung von den nicht relevanten Komponenten ist sehr wichtig, denn sie erleichtert uns das Verständnis. Wir sehen, was wichtig und was nicht wichtig ist.

Das System wird durch das Beziehungsgeflecht seiner Teile charakterisiert. Diese Sichtweise hilft den Analysten, Struktur in das Untersuchungsobjekt zu bringen. Ohne diese Struktur würden sie von der unüberschaubaren Zahl von Zusammenhängen, Vorgängen und Akteuren, Effekten und Konzepten überfordert. Der Begriff „Systemanalyse" unterstreicht die Spezifik dieser Herangehensweise bei der Analyse.

Das „Denken in Systemen" bedeutet.

- Abgrenzung der Aufgabenstellung nach außen gegenüber anderen Systemen
- Wahrnehmung der Schnittstellen zu diesen externen Systemen
- Intensive Auseinandersetzung mit den Komponenten und Beziehungen innerhalb des betrachteten Systems

Die Methode der Systemanalyse besteht darin, das untersuchte System von seiner Umgebung abzugrenzen

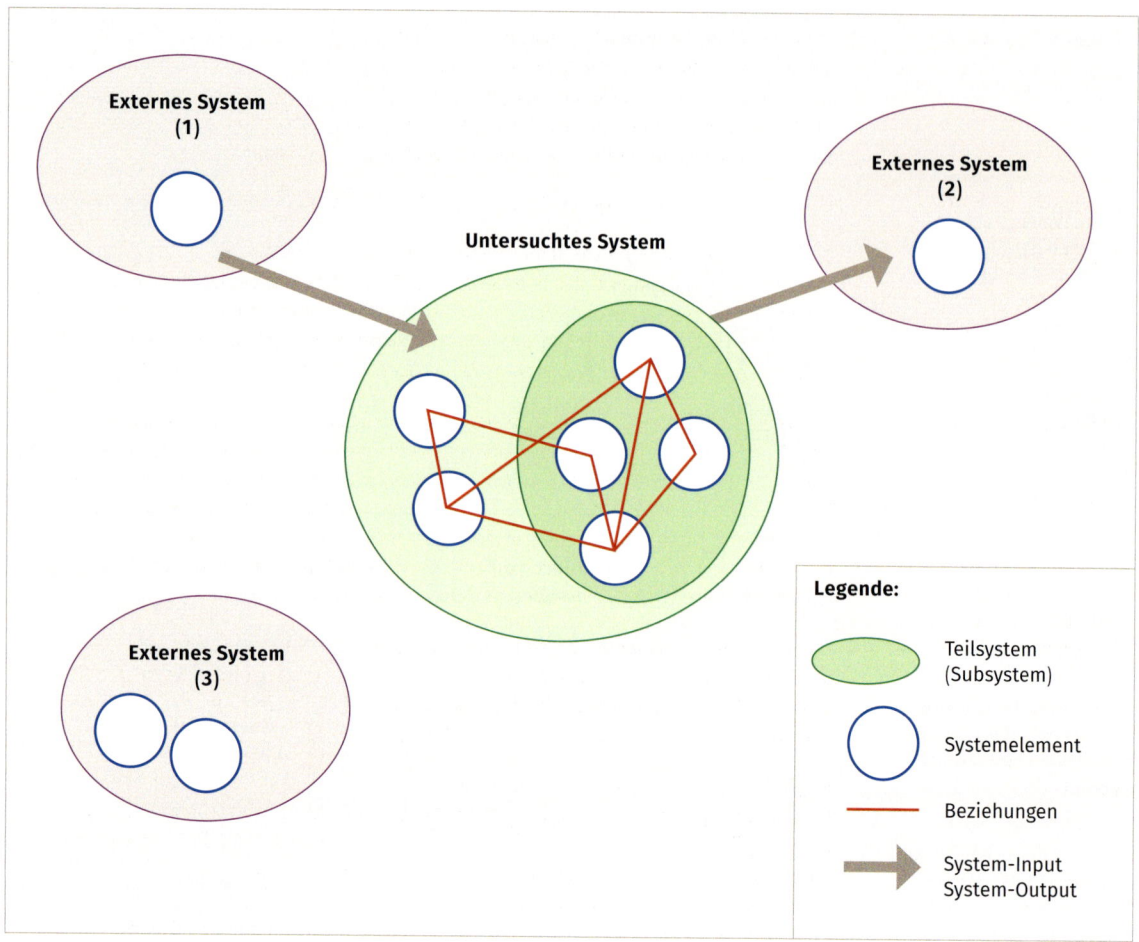

Begriffe aus der Systemtheorie

und dann in ein Modell, das sogenannte Analysemodell, umzusetzen. Das Modell muss die relevanten Eigenschaften des Systems darstellen und bezogen auf den Zweck der gesamten Untersuchung wiedergeben. Das Modell ist damit die geeignete Basis für eine anschließende Systementwicklung.

Grundlage der Systemtheorie:
„Das Ganze (das System) ist mehr als die Summe seiner Teile."
(Aristoteles)

Merkmale von Systemen

Merkmal	Beschreibung
Systemziel	Das Systemziel bestimmt, welche Systemelemente zu einem System gehören und welche Beziehungen zwischen diesen Elementen im System bestehen. Die im System enthaltenen Elemente und die Beziehungen zwischen den Elementen dienen dem Systemziel und erbringen die Systemleistung. Die Zielsetzung erlaubt die Ausgrenzung von solchen Elementen und Beziehungen, die keinen Beitrag zum Systemziel leisten. Aus diesem Zusammenhang ergibt sich, dass die Festlegung eines Systemziels für eine Systemanalyse von fundamentaler Bedeutung ist. Dieses Systemziel prägt den Betrachtungsgegenstand der Analyse ganz maßgeblich.
Systemgrenze	Trennlinie zwischen dem untersuchten System und der Systemumgebung

Offenes System	In der Regel ist die Systemgrenze durchlässig, sodass Systemelemente über die Systemgrenze hinweg mit Systemelementen anderer Systeme in Beziehung stehen. In diesem Fall spricht man von einem **offenen System**. Bei einer Beeinflussung des Systems von außen handelt es sich um einen **System-Input**, in umgekehrter Richtung um einen **System-Output**. In der Regel bilden offene Systeme den Gegenstand von Systemanalysen.
Geschlossenes System	Es existiert eine Systemgrenze ohne Austauschbeziehungen mit der Umgebung.
Systemelement	Die Systemelemente sind die Akteurinnen und Akteure im System, die aktiv oder passiv das Erreichen des Systemzieles beeinflussen. Jedes Systemelement ist durch eine Menge von Attributen gekennzeichnet. Die Beziehungen zwischen den Systemelementen verändern die Attributswerte. Beispiel: Die Bestellung eines Artikels durch einen Kunden reduziert den verfügbaren Warenbestand im Lager.
Beziehung	Die Beziehungen zwischen den Systemelementen können unterschiedlicher Art sein. Es kann sich dabei um **statische Ordnungsbeziehungen** oder um **dynamische Wirkungsbeziehungen** handeln, womit ein Element ein anderes Element beeinflusst. In einem Unternehmen bestehen zwischen den organisatorischen Einheiten des Unternehmens statische Ordnungsbeziehungen, die diese Einheiten in eine hierarchische Struktur einordnen (siehe Organigramm). Wenn dagegen ein Kunde eine Bestellung an die Warenwirtschaft weitergibt, entsteht eine dynamische Wirkungsbeziehung zwischen diesen Systemelementen.
Systemstruktur	Die Art, in der die Elemente durch Beziehungen verknüpft sind, bestimmt die Systemstruktur. Die Systemstruktur wird allgemein durch einen der folgenden Begriffe charakterisiert: Netzstruktur, Ringstruktur, zyklische Struktur, Serienstruktur, hierarchische Struktur.
Komplexität	Eng mit der Systemstruktur verbunden ist das Merkmal der Komplexität von Systemen. Unter dem Begriff **Systemkomplexität** wird zuerst eine **strukturelle Komplexität** verstanden, die von der Anzahl der Systemelemente und der Anzahl der Beziehungen abhängt. Je mehr Elemente ein System umfasst und je mehr Beziehungen diese Elemente untereinander haben, desto komplexer ist ein System. Alternativ zur strukturellen Komplexität kann auch die **zeitliche Komplexität** bestimmt werden. Diese hängt von der Zahl der möglichen Systemzustände in einem Betrachtungszeitraum ab.
Systemzustand	Ein Systemzustand ergibt sich durch die Gesamtheit der Zustände der enthaltenen Elemente. Der Zustand eines Elements resultiert wiederum aus der Wertekonstellation, die ausgewählte Attribute des Elementes aufweisen. Diese Attribute werden auch als **Zustandsgrößen** bezeichnet. Wenn sich der Zustand eines Systems im Zeitverlauf ändert, handelt es sich um ein **dynamisches System**, ansonsten um ein **statisches System**.
Systemverhalten	Folge von Zustandsänderungen über einen Betrachtungszeitraum
Teilsysteme, Subsysteme	Das Ziel der Modellierung besteht nach erfolgreicher Analyse in der Reduktion der Komplexität von Systemen. Dabei reduziert man die Anzahl der Systemelemente, indem man diese zu Teilsystemen zusammenfasst.
Regelkreis	In der Wirtschaft weisen Systeme oft eine Ringstruktur auf, in der ausgewiesene Elemente eine Regelfunktion realisieren. Die Regelung hat den Zweck, das Systemverhalten auch bei äußeren Störungen stabil zu halten, sodass die Systemfunktion erhalten bleibt und weiter dem Systemziel dient.
Kybernetisches System	Systeme, die einen oder mehrere Regelkreise enthalten, werden auch als kybernetische Systeme bezeichnet. Der Grundaufbau eines kybernetischen Systems besteht aus einer Regelstrecke und einem Regler. Die Regelstrecke ist der Teil des Systems, der durch die Regelung beeinflusst wird. Hier handelt es sich um den eigentlichen Arbeitsprozess des Systems. Der Regler ist der Teil des Systems, der den Arbeitsprozess so beeinflusst, dass

(Fortsetzung auf folgender Seite)

dessen Verhalten im gewünschten Bereich bleibt. Zu diesem Zweck wirkt der Regler mit Stellgrößen auf die Regelstrecke ein. Das Beispiel eines Regelkreises im System „Projektmanagement" ist bereits bekannt.

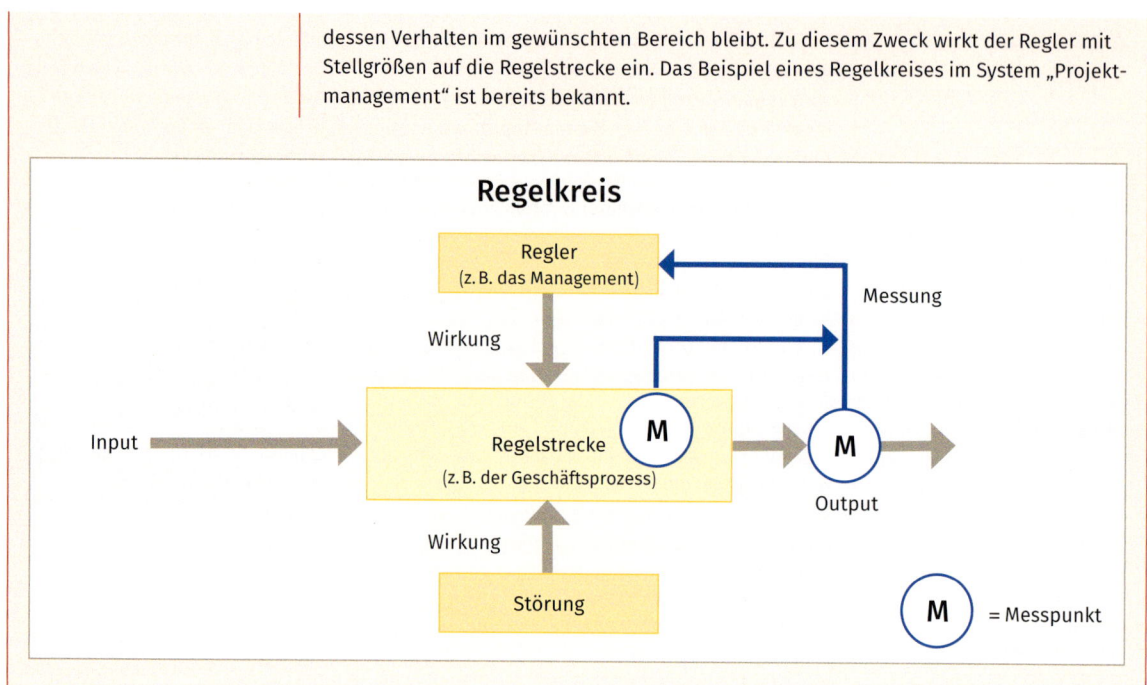

Kybernetik

Der Begriff „Kybernetik" stammt aus dem Griechischen und wurde von Norbert Wiener in seinem 1948 erschienenem Werk „Cybernetics or Control and Communication in the Animal and the Machine" in die moderne Wissenschaft eingeführt. Wichtig war ihm, die Methoden von Kontrolle und Kommunikation aus der Natur und Tierwelt auf die Maschinen zu übertragen. Dabei spielt die Rückkopplung als Ergebnis von Messung und Kommunikation sowie Kontrolle und Regelung eine zentrale Rolle. So können lernende und sich selbst organisierende Systeme entstehen.

Heute spricht man weniger von Kybernetik, die zugrunde liegenden Ideen bilden aber eine wesentliche Grundlage aller Computersysteme. Der aus „Cybernetics" abspaltete Begriff „Cyber" hat sich als Bezeichnung für die virtuelle Realität aller Computeranwendungen verselbstständigt.

Die Auszubildenden verschiedener Fachrichtungen werden am Aufbau und der Entwicklung von cyberphysischen

Systemen und der Implementierung von maschinellem Lernen und künstlicher Intelligenz arbeiten und damit auch auf einer weit höheren Ebene die Ideen der Kybernetik nutzen.

4.2 Analyse der vorgesehenen Anwendung

Im Kapitel 3 zur Softwaretechnologie wurde die Notwendigkeit der Aufgliederung der Softwareentwicklung in einzelne, im Allgemeinen zeitlich nacheinander ablaufende Phasen betont. Die sich daraus ergebende Festlegung von Tätigkeiten und Zwischenergebnissen ist eine Voraussetzung zur Sicherung einer arbeitsteiligen, planmäßigen und wirtschaftlichen Softwareentwicklung, verbunden mit einer wirksamen Qualitätssicherung. Dieser Ausgangspunkt führte zur Definition von sogenannten Phasenmodellen oder allgemeinen Vorgehensmodellen.

In Anlehnung an das Wasserfallmodell wird von folgenden Phasen im Lebenszyklus eines Softwareproduktes ausgegangen:

Phase	Inhalt	Ergebnis
Analyse	• systemorientierte Betrachtung • Erfassung des Istzustands • Aufdecken von Schwachstellen • Analyse der Anforderungen • Prognose der Entwicklung	• **Abgrenzung** des Einsatzgebiets • **Modell** des Istzustands • präzisierte **Anforderungen**
Design	Beschreibung des zu schaffenden Systems (fachlicher Entwurf)	• **Systemarchitektur** • Systemschnittstellen • Testszenarien • **Pflichtenheft** (Anforderungsspezifikation aus Sicht des Auftragnehmers)
	Programmentwurf (programmtechnischer Entwurf)	• Datenausgaben und -eingaben • Benutzerschnittstellen • Datenmodell • Entwurf der Algorithmen
Implementierung	• Programmierung, Modultest	• lauffähige Module
Integration	• Integration, Integrationstest	• lauffähiges Softwareprodukt
Einführung, Routinebetrieb und Wartung	• Abnahmetest • Fehlerkorrektur • Anpassung	• freigegebenes Softwaresystem • Updates
Dokumentation	Beschreibung der Arbeitsschritte und Protokollierung der Ergebnisse, auch der Entscheidungen bezüglich der weiteren Entwicklungsarbeiten	• Programmdokumentation • Problemdokumentation • Benutzerhandbuch • Installationshinweise • Betriebsanleitung

Dem Wasserfallmodell entsprechend sind die Ergebnisse einer Phase jeweils die Ausgangsbasis für die Arbeit in der nächsten Phase. Dabei läuft die Arbeit nicht zwangsläufig linear hintereinander ab. Rücksprünge sind notwendig, wenn die Ergebnisse einer Phase nicht den Anforderungen entsprechen. Dann muss die gleiche oder eine frühere Phase erneut durchlaufen werden.

Die weiteren Ergebnisse und zu erstellenden Dokumente verbinden **Analyse** und **Design** eng miteinander. Oft werden beide Phasen auch von denselben Fachleuten bearbeitet, den Systemanalytikern und -analytikerinnen. Deshalb erfolgt die Betrachtung beider Phasen hier im Folgenden auch gemeinsam.

Das wesentliche Ergebnis von Analyse und Design ist das **Pflichtenheft**. Das Pflichtenheft wird vom Auftragnehmer für die Softwareentwicklung erstellt. Es enthält die Beschreibung, wie sich der Auftragnehmer die Realisierung aller Anforderungen des Auftraggebers vorstellt. Der Auftragnehmer verpflichtet sich zur Entwicklung einer Software mit den dargestellten Leistungen. Daher stammt die Bezeichnung „Pflichtenheft", denn es enthält die Pflichten des Auftragnehmers bzw. die Leistungen, zu deren Erbringung man sich verpflichtet. Ein eventuell vorliegendes **Lastenheft** des Auftraggebers wird Bestandteil des Pflichtenhefts. Im Pflichtenheft werden die Vorgaben der Auftraggeber von den Entwicklerinnen und Entwicklern um mögliche Realisierungsansätze ergänzt. Dabei ist zu gewährleisten, dass alle Anforderungen mit diesen Lösungsansätzen realisiert werden können. Im Pflichtenheft wird definiert, **wie** und **womit** die Anforderungen zu realisieren sind.

Analyse und Design werden als die kritischen Phasen im Softwarelebenszyklus angesehen, denn hier gemachte Fehler fallen meist erst bei der Einführung oder im Routinebetrieb auf und verursachen damit erhebliche Kosten für eine erneute Implementierung.

In den Phasen Analyse und Design geht es darum, sich einen Überblick über die Einsatzbedingungen des zukünftigen Softwareproduktes zu verschaffen und die Anforderungen des Auftraggebers genau zu erfassen. Letztendlich ist es das Ziel, den Leistungsumfang des zu entwickelnden Systems genau zu beschreiben. Aus dieser Analyse entsteht das **fachliche Design** des zukünftigen Softwareproduktes. Die Erläuterung zum Design und zum programmtechnischen Entwurf folgen im Kapitel 5 „Design".

Die Beschreibung des fachlichen Entwurfs ist unabhängig von technischen Details, vom Stand der technischen Machbarkeit und absehbaren Aspekten der späteren Implementierung zu erstellen. Diesen **Abstand zur Implementierung** zu gewinnen, fällt besonders den Programmierern und Programmiererinnen nicht leicht, denn sie „verkaufen" im Design gern ihre subjektiven Erfahrungen. Wenn sie meinen, dass eine Implementierung zu aufwendig ist (oder subjektiv nicht machbar ist oder nicht beherrscht wird), fällt dieser Leistungsaspekt unter den Tisch. Dafür werden andere Leistungen aufgenommen (die man schon in der Schublade hat), auch wenn sie eigentlich nicht notwendig sind.

Ein guter Ausgangspunkt für die Analyse ist die **Dokumentation des Istzustandes.** Das Dokumentieren zwingt die Erstellerin oder den Ersteller zur bewussten Auseinandersetzung mit dem Istzustand, und die erstellten Dokumente sind zugleich eine hervorragende Basis für die Kommunikation mit anderen Beteiligten, z. B. mit dem Auftraggeber oder den späteren Entwicklerinnen und Entwicklern. Hier gilt: „Ein Bild sagt mehr als tausend Worte". Anhand der erstellten Dokumente kann man diskutieren über die

- Vollständigkeit der Darstellung,
- Schwachstellen der bestehenden Lösung,
- Abgrenzung zu anderen Problemstellungen und
- Perspektive der neuen Lösung.

Bei der Dokumentation und Diskussion entsteht ein Gefühl dafür, was das zu erstellende Softwareprodukt alles leisten soll. Viele Anforderungen der späteren Nutzenden werden nicht offen angesprochen; sie stellen für die zukünftigen Anwenderinnen und Anwender eine Selbstverständlichkeit dar, die sie nicht für erwähnenswert halten und über die sie sich keine Gedanken machen. Die Kunst der Analyse besteht u. a. darin, diese versteckten Anforderungen aufzuspüren und in die Dokumentation aufzunehmen.

Die Dokumente und Darstellungen, die in der Phase der Analyse entstehen, sollten so gestaltet sein, dass sie sowohl von den zukünftigen Entwicklern und Entwicklerinnen als auch von den Anwendenden verstanden werden. Hierzu eignen sich besonders standardisierte Darstellungen, wie z. B. die Use-Case-Diagramme der UML (vgl. Kapitel 7.3).

Im Ergebnis der Analyse des Istzustandes und der Anforderungen des Auftraggebers sowie einer anschließenden Schwachstellenanalyse wird ein Soll-Konzept erstellt, das die fachliche Zielsetzung des zu schaffenden Softwareproduktes in der Sprache des Auftraggebers und der zukünftigen Anwenderinnen und Anwender wiedergibt. Es sollte folgende Beschreibungen enthalten:

- die zu lösenden fachlichen Aufgabenstellungen
- das organisatorische und technische Umfeld
- den Funktionsumfang
- die Qualitätsanforderungen
- die Abschätzung des zu bewältigenden Verarbeitungsaufwandes
- das Anforderungsniveau der zukünftigen Benutzerinnen und Benutzer an die Bedienung

Damit wäre der Anfang gemacht für die Anwendungsentwicklung. Die Auftraggeber schildern im Lastenheft ihr Problem, analysieren die Widersprüche und geben für das erwartete Produkt eine Zielstellung vor. Die Auftragnehmer analysieren den Istzustand und die Anforderungen der Auftraggeber, formulieren für sich die Aufgabenstellungen, zu deren Lösung sie sich verpflichten.

4.2.1 Vorbereitung der Systemanalyse

4.2.1.1 Vorgehensweise

Ein wesentlicher Aspekt der Systemanalyse ist das Zerlegen der Systeme in ihre Bestandteile. Die Bestandteile des Systems dienen in der Folge als Bausteine für den Aufbau eines Modells des Systems. Das System wird somit in seine Bestandteile zerlegt, bevor diese Bestandteile dann abstrakt in einem Modell wiederum zu einem Ganzen zusammengefügt werden. Dabei können unterschiedliche Zerlegungsstrategien verfolgt werden. Im Rahmen der Analyse von Informationssystemen kommen allgemein die folgenden Strategien zum Einsatz:

- prozessorientierte Systemanalyse
- datenorientierte Systemanalyse
- objektorientierte Systemanalyse
- ereignisorientierte Systemanalyse

Bei der **prozessorientierten Systemanalyse,** die auch als funktionsorientierte oder verarbeitungsorientierte Systemanalyse bezeichnet wird, stehen die Prozesse und ihre Strukturierung im Vordergrund. Dieser Ansatz wurde bisher bei der Geschäftsprozessmodellierung praktiziert.

Zu den Hauptaufgaben der prozessorientierten Systemanalyse gehören:

- Abgrenzung des zu untersuchenden Gesamtprozesses im Wirtschaftskreislauf

- exakte Bestimmung des Prozessziels
- Abgrenzung der einzelnen Prozessschritte im Gesamtprozess
- Charakterisierung der einzelnen Prozessschritte durch Merkmale (Attribute)
- Spezifizierung der Prozessschritte durch ihr Verhalten und durch ihren Beitrag zur Erreichung des Systemzieles

Die Daten werden bei der prozessorientierten Systemanalyse nur beiläufig als Aus- und Eingabedaten der einzelnen Prozessschritte betrachtet. Im Mittelpunkt steht der Geschäftsprozess.

> **Die typische Fragestellung zur prozessorientierten Systemanalyse lautet:**
> - Welche Funktionen stellt das System bereit?
> - Aus welchen Teilfunktionen sind diese Funktionen aufgebaut?

Ausgangspunkt für die **datenorientierte Systemanalyse** ist die Erfassung der vom System gelieferten Ausgabedaten. Das Systemziel wird beschränkt auf die Transformation der Eingabedaten in die Ausgabedaten. Diese auf die Daten reduzierte, abstrakte Denkweise ist den meisten Informatikerinnen und Informatikern angenehm; sie vernachlässigt jedoch den wirtschaftlichen Hintergrund.

> **Die typische Fragestellung zur datenorientierten Systemanalyse lautet:**
> - Welche Daten werden ausgegeben?
> - Wie sind die Ausgabedaten strukturiert?
> - Welche Daten werden eingegeben oder stehen gespeichert zur Verfügung?
> - Aus welchen Teilstrukturen sind diese Daten zusammengesetzt?

Mit der **objektorientierten Systemanalyse** versucht man die wesentlichen Nachteile der beiden bisher besprochenen Analysemethoden zu kompensieren. Die prozessorientierte Sicht vernachlässigt die Daten und die datenorientierte Sicht kümmert sich nicht um die Prozesse. Die objektorientierte Systemanalyse betrachtet die Systemelemente als Objekte mit eigenen Attributen (Daten) und Methoden (Verarbeitungsprozessen). Die Beziehungen zwischen den Objekten wirken als Nachrichten zwischen den Objekten. Die Zusammenfassung der Objekte zu Klassen sichert ein einheitliches Verhalten aller Objekte einer Klasse.

> **Die typische Fragestellung zur objektorientierten Systemanalyse lautet:**
> - Welche Objekte existieren?
> - Welche Klassen kann man bilden?
> - Wie sind die Beziehungen der Objekte untereinander (Nachrichten)?
> - Welche Leistungen erbringen die einzelnen Objekte?
> - Wie stehen die Objekte hierarchisch zueinander (Vererbung)?

Die **ereignisorientierte Systemanalyse** setzt im Grunde ein System in Gestalt eines Regelkreises voraus. An den Messgliedern werden Zustandsänderungen erfasst und als Ereignisse gewertet. So verändert z. B. eine Warenentnahme den Warenbestand, was zu dem Ereignis einer Mindestbestandsunterschreitung führen kann.

Die ereignisorientierte Systemanalyse ergänzt damit die objektorientierte Systemanalyse um die sehr wichtige inhaltliche Betrachtung der Nachrichten zwischen den Objekten.

> **Die typische Fragestellung zur ereignisorientierten Systemanalyse lautet:**
> - Auf welche Ereignisse muss ein System (geplant) reagieren?

In Abhängigkeit von der Zerlegungsstrategie haben sich unterschiedliche methodische Ansätze zur Durchführung und Dokumentation einer Systemanalyse entwickelt. In diesem Buch werden insbesondere folgende Ansätze hervorgehoben:
- **ereignisorientierte** Zerlegung mit dem Ziel der Darstellung als **ereignisgesteuerte Prozesskette (EPK/eEPK)**
- **datenorientierte** Zerlegung mit dem Ziel der Darstellung als **Entity-Relationship-Diagramm (ERD)** und somit als Grundlage für Datenbankanwendungen
- **objektorientierte** Zerlegung mit dem Ziel der Darstellung mittels **UML** als Grundlage der objektorientierten Programmierung

Unabhängig von der Zerlegungsstrategie ist die konkrete Vorgehensweise der Systemanalyse im Wesentlichen darauf ausgerichtet, ein Modell des analysierten Systems zu erstellen, das dem Erkenntnisziel der Systemanalyse angemessen ist.

4.2.1.2 Anforderungen an die Qualität der Systemanalyse

An die Systemanalyse werden im Rahmen der Entwicklung eines Softwareproduktes hohe Anforderungen gestellt:

W Richtigkeit	Die ermittelten Gegebenheiten des Istzustandes, die zusätzlichen Anforderungen zur Verbesserung und die zukünftigen Veränderungen in den Einsatzbedingungen müssen korrekt erkannt werden. Das im Ergebnis der Systemanalyse erstellte Modell muss adäquat zur Realität und offen für Anforderungen und zukünftige Veränderungen sein. Mögliche Fehlerquellen sind: • Verwendung überholter und nicht aktualisierter Unterlagen • Missverständnisse bei der Situationsaufnahme • fehlerhafte Interpretation von Aussagen • mangelhafte Vorgaben und Informationen	
Vollständigkeit	Eine unvollständige Systemanalyse bewirkt, dass das Softwareprodukt bestimmte Prozessschritte oder Funktionen nicht abbildet. Ist eine Systemanalyse unvollständig, so besteht die Gefahr, dass auch die weiteren darauf aufbauenden Entwicklungsschritte lückenhafte Ergebnisse produzieren. Mögliche Fehler sind: • fehlende Funktionen • fehlende Prozessschritte • unvollständige Daten • unvollständige Erfassung der Komplexität von Operationen	
Wirtschaftlichkeit	Die notwendigen Ergebnisse der Systemanalyse sind mit einem Minimum an Aufwand zu erreichen. Die Systemanalyse ist kein Selbstzweck, sondern muss die Voraussetzungen für die nächsten Phasen schaffen. Auch hier gilt das Wirtschaftlichkeitsprinzip. Mögliche Fehler sind: • keine klare Trennung von wesentlichen und weniger wichtigen Aspekten • zu viel Aufwand für weniger wichtige Aspekte • „Detail-Verliebtheit" mit quasi „kriminalistischer" Ursachenforschung	
Erkennen von Verbesserungsmöglichkeiten	Bei der Analyse ist der Istzustand nicht einfach nur zu erfassen und abzubilden, es sind auch seine Schwachstellen zu erkennen und aufzuzeigen. Aus dieser Erkenntnis resultieren die Verbesserungsmöglichkeiten. Hierbei kann man aber auch über das Ziel „hinausschießen" und den Istzustand ignorieren, da das Bestehende sowieso veraltet und durch neue Konzepte zu ersetzen ist. Mögliche Fehler sind: • Ignoranz gegenüber den im bestehenden System abgebildeten Notwendigkeiten • Ignoranz gegenüber aktuellen Erkenntnissen zur Verbesserung von Prozessen	

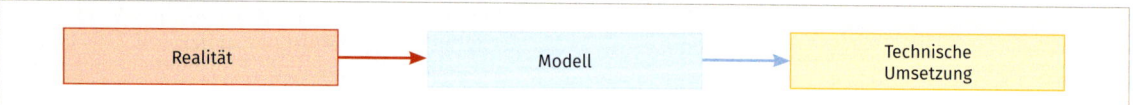

Modell als Vermittler zwischen Realität und Umsetzung

4.2.2 Die Erfassung als erster Schritt der Systemanalyse

4.2.2.1 Gegenstand der Erfassung

Aufgabe der Systemanalyse ist die Ermittlung folgender Sachverhalte, wobei die Erfassung in jedem Punkt konkrete, möglichst messbare Werte liefern muss. Allgemeine Aussagen helfen hier nicht weiter. Die bekannten Aussagen aus dem Lastenheft sind für die einzelnen zu erfassenden Fakten gute Beispiele.

Gegenstand der Erfassung im Rahmen der Systemanalyse	Beschreibung
Gegebenheiten	Der Istzustand ist zu ermitteln und zu analysieren hinsichtlich - handelnder Systemelemente, - deren Beziehungen untereinander, - Schwachstellen im bestehenden System, - Verbesserungsmöglichkeiten.
Abgrenzung und Schnittstellen (System-Input, System-Output)	- Was gehört alles nicht zum System? - Welche Komponenten soll das zukünftige Softwareprodukt enthalten bzw. nicht enthalten? - Welche Lösungen anderer Anbieter sind zu verwenden? - Welche Schnittstellen bestehen? - Welche Austauschformate werden verwendet?
funktionale Anforderungen	An ein neues Softwareprodukt werden neben den bisherigen Anforderungen auch neue, zusätzliche Anforderungen gestellt. Die bisherigen Anforderungen können beibehalten oder modifiziert werden. Wichtig ist zu analysieren, ob die Anforderungen angemessen und erforderlich sind. Alle Anforderungen sollten danach unterschieden werden, ob sie zwingend notwendig oder nur wünschenswert sind: - Muss-Kriterien - Kann-Kriterien
allgemeine Qualitätsanforderungen	Neben den funktionalen Anforderungen sind auch allgemeine Qualitätsanforderungen (nicht-funktionale Anforderungen) zu beachten. Forderungen im Bereich der Ergonomie oder der Benutzbarkeit hängen meist stark vom Erfahrungsniveau der zukünftigen Anwendenden ab. Zu den allgemeinen Qualitätsanforderungen gehören z. B.: - Antwortzeitverhalten - verwaltbare Datenmengen - verfügbare Onlinehilfe
zukünftige Entwicklungen	Neben dem Istzustand und den erkennbaren Anforderungen sollten in der Analyse auch absehbare zukünftige Entwicklungen berücksichtigt werden. Dies darf nicht in Spekulation ausarten, absehbare Tendenzen sollten jedoch nicht ignoriert werden, z. B.: - mobiler Zugang über Smartphone - Übertragung von Bild- oder Videodaten - Integration von Komponenten der künstlichen Intelligenz
Ursachen	Bei der Systemanalyse genügt es nicht, die Elemente und deren Beziehungen aufzunehmen und darzustellen. Man sollte auch die Ursachen dafür verstehen, d. h., warum die Dinge so sind, wie sie heute sind. Jede Anforderung und jede Maßnahme hat ihre Ursachen. Oft bestehen die Maßnahmen noch, obwohl ihre Ursachen längst entfallen sind.
Abstraktionen und Systematiken	Bei der Aufnahme und Darstellung der Elemente und Beziehungen sind auch Gemeinsamkeiten zu erkennen. Ähnliche Objekte können zu Klassen zusammengefasst werden. Objekte mit ähnlichen Eigenschaften erben ihr Verhalten aus der Klasse. Diese Abstraktion führt zu einer Systematik der Systemelemente und reduziert damit die Menge der zu implementierenden Klassen.

4.2.2.2 Erfassungstechniken

Für die Erfassung der Informationen über das zu untersuchende System benötigt man klare Ziele, ansonsten verliert man sich in der Menge möglicher Quellen und Darstellungen. Wichtig ist zuerst die Abgrenzung des Systems.

Weiterhin kann im vorliegenden Fall „Bereitstellung von Anwendungssystemen" von der Abbildung von Geschäftsprozessen ausgegangen werden (prozessorientierte Systemanalyse). Hierzu gibt es eine ausreichende theoretische Basis, wie z. B. die Abgrenzung von Prozessschritten in den Wertschöpfungsketten.

> **Praktische Schritte in der Systemanalyse**
> 1. Untersuchungsbereich abgrenzen und die Grenzen benennen. Was mache ich und was mache ich nicht?
> 2. Theorie (Betriebswirtschaftslehre) einbeziehen und die Entsprechungen für die Lehrsätze der Theorie in der Praxis suchen.

Das Ansprechen von beteiligten Personen liefert aktuelle und authentische Informationen über das System. Wichtig ist, dass man vorher weiß, was man erfragen möchte. Man darf nie vergessen, dass die beteiligten Personen ihre Arbeitszeit für diese Erfassung aufwenden. Die möglichen Techniken der Befragung haben unterschiedliche Vor- und Nachteile, die auf der folgenden Seite dargestellt werden.

Die Beobachtung oder Simulation der untersuchten Prozesse ist ebenfalls sehr zeitaufwendig. Besonders authentisch wird die Beobachtung, wenn die analysierende Person die Gelegenheit bekommt, in dem beobachteten Prozess für eine bestimmte Zeit selbst mitzuarbeiten. Für die Simulation von Prozessen sind kei-

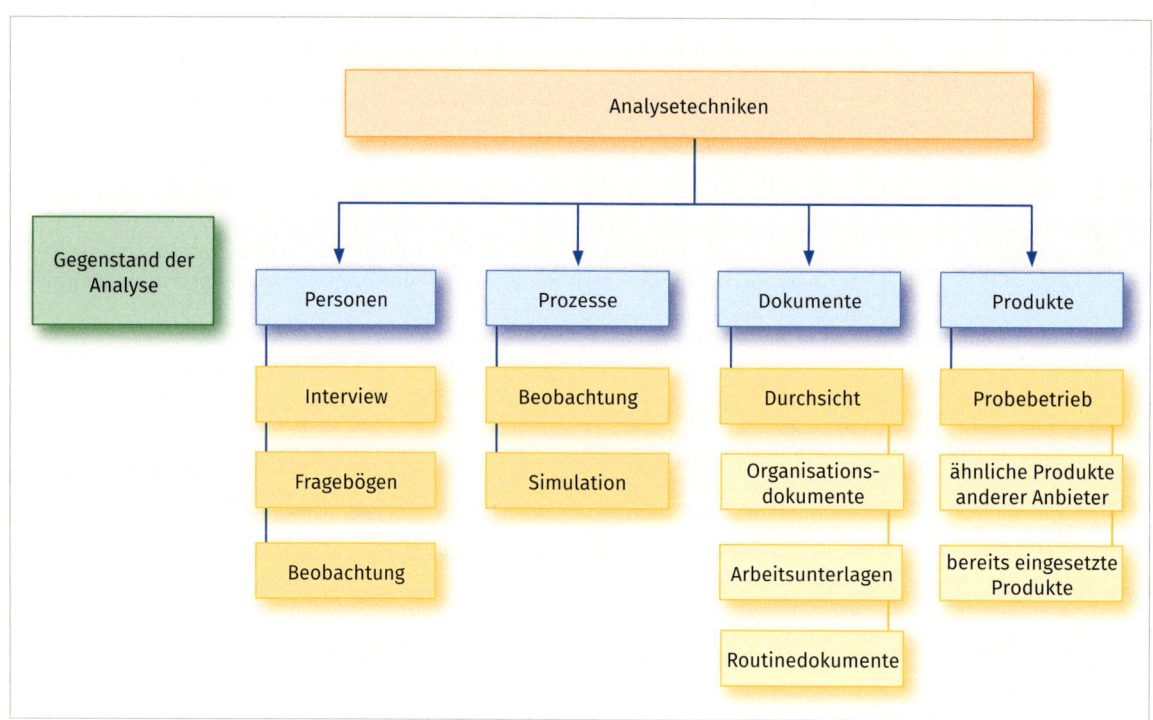

Techniken der Systemanalyse

ne aufwendigen Installationen notwendig. Oft reichen Modellbauten und Modellfahrzeuge zum besseren Verständnis der Prozesse.

Die Durchsicht von vorliegenden Dokumenten ist in jedem Falle notwendig. Die meisten Unternehmen haben z. B. im Rahmen ihrer Zertifizierung nach ISO 9000 wertvolle Organisationsdokumente zur Unternehmensstruktur und zu den Prozessabläufen erstellt. Wichtig ist auch die Beachtung von unternehmensinternen Gestaltungsrichtlinien (**Style Guide, Corporate Design**).

Interview	
Vorteile	Nachteile
Der persönliche Kontakt zwischen Analytiker/-innen und Informationsgebenden fördert die Bereitschaft zur Auskunft.	Für jedes Interview ist der zeitliche Aufwand bei allen Beteiligten hoch.
Alle gestellten Fragen werden mit sehr großer Wahrscheinlichkeit auch beantwortet.	Die Angaben in einem einzelnen Interview sind durch eine hohe Subjektivität geprägt, die bedingt durch den hohen Aufwand auch nicht durch eine große Zahl von Interviews ausgeglichen werden kann.
Unklarheiten oder Missverständnisse sowohl hinsichtlich der Fragestellung als auch bezüglich der Interpretation der Antworten können direkt geklärt werden.	Interviews beziehen sich sinnvollerweise auf Informationen, die die Informationsgebenden direkt aus ihrem Gedächtnis heraus beantworten können. So scheidet die Erfassung von Faktendaten (z. B. Mengengerüste, Statistiken, historische Daten) bei der Technik des Interviews aus.
Der persönliche Kontakt mit der analysierenden Person vermittelt den Informationsgebenden das Gefühl der Wertschätzung und den Eindruck, an der Entwicklung beteiligt zu sein. Diese psychologischen Faktoren können die Auskunftsbereitschaft erheblich steigern.	Die ausführliche Dokumentation der Befragungsergebnisse verlangt allgemein einen hohen Aufwand.

Fragebogen	
Vorteile	Nachteile
Es besteht die Möglichkeit zur gleichzeitigen Informationsgewinnung innerhalb eines großen Personenkreises.	Der Vorbereitungsaufwand ist etwas höher als beim Interview.
Für die Analytiker/-innen ist diese Technik deutlich weniger zeitaufwendig als die Durchführung von Interviews.	Der Rücklauf der Fragebögen ist in vielen Fällen sehr bescheiden, sowohl im Hinblick auf die Anzahl der Antworten (häufig nicht mehr als 30 %, teilweise deutlich weniger) als auch auf die Termintreue.
Es ist keine zusätzliche Dokumentation der Antworten erforderlich. Es besteht eventuell die Möglichkeit, die Antworten direkt einer automatischen Auswertung zugänglich zu machen.	Ein prinzipieller Mangel ist die fehlende Aufklärungsmöglichkeit von Missverständnissen hinsichtlich der Fragestellung und Beantwortung.

Beobachtung	
Vorteile	Nachteile
Ergebnisse sind objektiv durch den Verzicht auf eine eventuell verfälschende Verbalisierung und verbale Kommunikation von Sachverhalten.	Der zeitliche Aufwand für die Analytiker/-innen (mit Ausnahme des Selbstaufschreibens) ist durch die Beobachtungszeiten sehr hoch.
Es besteht eine hohe Effektivität, denn die Sachverhalte können ohne Einschränkung aufgenommen werden.	Die Einschränkung auf ein kleines Spektrum an beobachtbaren Sachverhalten ist negativ zu beurteilen und führt zu einer relativ geringen Einsatzhäufigkeit dieser Technik im administrativen Bereich.
Der Arbeitsablauf wird (im Idealfall) nicht gestört, sodass die Beobachtung besonders für die Erfassung zeitlicher und quantitativer Aspekte geeignet ist.	Eine Beobachtung wird in der Regel von den Beobachteten als sehr unangenehm empfunden. Außerdem kann das Wissen um die Beobachtung ihr Verhalten deutlich beeinflussen.

4.2.3 Durchsicht vorhandener Dokumente

S Für die ACI GmbH liegt als Organisationsdokument beispielsweise bereits ein Organigramm vor, das im Rahmen der Erfassung der Aufbauorganisation der ACI GmbH erfasst wurde (siehe Abbildung unten).

Bei der Durchsicht der Dokumente darf man sich nicht „verzetteln". Dieses Wort macht das Problem deutlich: Man hat oft mit zu vielen Zetteln zu „kämpfen".

Während die Organisationsdokumente fast immer einen bereits veralteten Zustand abbilden, sind die persönlichen Arbeitsunterlagen der Mitarbeitenden meist aktuell und sehr informativ. Interessant ist auch die Gestaltung der Routinebelege, wie Briefe, Rechnungen, Hausmitteilungen etc. Auch hier ist es wichtig, zu wissen, was man sucht.

Zu den wichtigen Dokumenten gehört das **Lastenheft**, denn hier werden die Anforderungen des Auftraggebers formuliert. Aber auch ein Lastenheft muss nicht perfekt sein und bedarf oft einer weiteren Analyse.

Der Probebetrieb mit Produkten anderer Anbieter kann bei Analysten und Analystinnen das Bewusstsein für Stärken und Schwächen im eigenen Konzept entwickeln und die Frage beantworten: „Was machen andere besser und was machen wir besser?"

Der Probebetrieb mit anderer, bereits eingesetzter Software vermittelt einen Eindruck von den Arbeitserfahrungen der zukünftigen Anwendenden. Auch hier können viele Fragen beantwortet werden:
- An welche Bedienoberflächen sind die Benutzenden gewöhnt.
- Welchen Service erwartet man von der Software?

Dieser Erwartungshorizont der Anwenderinnen und Anwender ist oft viel geringer, als die Entwicklerinnen und Entwickler voraussetzen.

4.2.4 Analyse des Istzustandes

Die Analyse führt zu den möglichen Widersprüchen zwischen den Anforderungen des Auftraggebers und dem erkannten Istzustand des Systems.

Zur **Analyse der Anforderungen** wird von den Projektmitarbeiternden zuerst ein **Fragenkatalog** erstellt. Grundlage für den Fragenkatalog ist das Lastenheft mit seinen formulierten und protokollierten Anforderungen des Auftraggebers. Im Fragenkatalog vermischen sich die Informationserfassung und die Analyse.

Der Fragenkatalog enthält aber auch schon Ideen zum Design der zukünftigen Softwarelösung, die hier erstmalig gegenüber dem Auftraggeber angesprochen werden.

Der Fragenkatalog wird dem Auftraggeber vorgelegt und nach einer angemessenen Vorbereitungszeit mit ihm besprochen.

Organigramm als Organisationsdokument

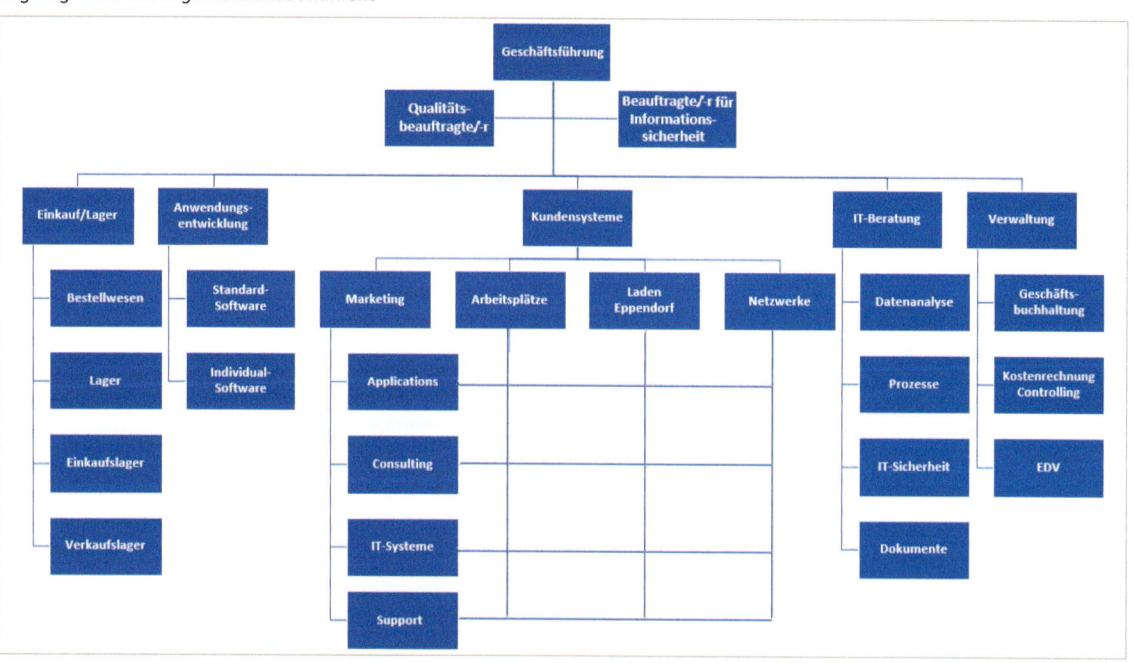

Projektdokumentation		
Projektname	ACI-Webshop	
Dokumententitel	Fragenkatalog	
Erstellt von	Svenja Nowak	Erstellt am:
Dokumentablage	E:\Projekt\Dokumente\Fragenkatalog.doc	16. März 20xx
Änderungshinweise	(zum Nachtragen des Namens eines geänderten Dokuments)	(Änderungsdatum)

1. **Ausgangssituation**
   a. Welche Probleme/Schwierigkeiten bestehen mit dem vorhandenen System?
   b. Welche Projekt-Stakeholder sind betroffen?

2. **funktionale Anforderungen**
   a. Was sind die konkreten Use Cases (Anwendungsfälle), die den Prozess abbilden?
   b. Welches fachliche Datenmodell liegt dem Projekt zu Grunde?
   c. Welche Nummernsysteme und Systematiken werden im bestehenden Warenwirtschaftssystem genutzt (skizzieren!)?

3. **nicht funktionale Anforderungen**
   a. Welche Vorschläge/Anregungen gibt es bezüglich des Designs bzw. Layouts der Bedienoberfläche (Corporate Identity, Corporate Design)?
   b. Welche Hardware (Leistungsparameter) wird im Unternehmen und in den Niederlassungen genutzt?
   c. Welche Betriebssysteme sind im Unternehmen und in den Niederlassungen vorhanden?
   d. Wie viel Speicherkapazität steht für das Projekt bereit?
   e. Wie werden Datensicherheit und Datenschutz gewährleistet?

4. **Lebenszyklus**
   a. Wie sieht die funktionale Systemarchitektur aus Anwendersicht aus?
   b. Wie bettet sich diese Architektur in die funktionalen Abläufe von Nachbarsystemen ein?

5. **Lieferumfang**
   a. Wie soll der Support ohne Schulungsleistungen von den Entwicklern und Entwicklerinnen gewährleistet werden? (Um den Mitarbeitenden einen reibungslosen eigenen Support anzubieten, sind einige Schulungsstunden empfehlenswert.)
   b. Welche Installations- und Integrationsdienstleistungen werden benötigt?

6. **Abnahmekriterien**
   a. Welche konkreten messbaren KPIs (Key Performance Indicators) haben Sie sich für die Abnahmekriterien der Qualitätsziele vorgestellt?
   b. Was bedeutet beispielsweise die Forderung, dass die Software stabil laufen soll?

Der hier vorliegende Fragenkatalog ist nicht zu verwechseln mit einem Fragebogen aus den Erfassungstechniken der Systemanalyse. Dort werden viele Anwendende zwar mit denselben Fragen konfrontiert, während hier nur die offenen Fragen zusammengefasst sind, die von einer kompetenten Stelle beantwortet werden müssen bzw. deren Klärung von den Verantwortlichen zu veranlassen ist.

> **S** Herr Pelz erinnert die Azubis zuerst an die betriebswirtschaftlichen Darstellungen der Organisation der wirtschaftlichen Tätigkeit des Unternehmens. Ausgehend vom Begriff des Prozesses möchte er die Auszubildenden durch die Vermittlung der folgenden Sachverhalte bewusst an ihre Aufgabe heranführen. Zur Einordnung der geplanten betriebswirtschaftlichen Anwendung in den Unternehmenskontext wählt er folgenden Weg:

1. Begriff des Geschäftsprozesses allgemein	• Beschreibung verschiedener Sichten auf die betrieblichen Tätigkeiten • prozessorientierte Sicht als die am besten geeignete Sicht vom Standpunkt der Informationsverarbeitung • Prozessschritte und Prozessketten
2. Abbildung der Geschäftsprozesse	• Abbildung einzelner Prozessschritte oder ganzer Prozessketten • Prozessmodelle einzelner Geschäftsvorfälle • Integration der Prozessketten im Unternehmen • horizontale und vertikale Integration der Daten • unternehmensübergreifende Integration von Daten und Prozessen
3. Softwaretechnische Realisierungen	• Insellösungen und betriebswirtschaftliche Standardsoftware • Enterprise-Resource-Planning-(ERP)-Systeme • Referenzprozesse, Business Objects, Enterprise Application Integration (EAI) und Webservices
4. Was machen wir?	• Konsequenzen für das Projekt der Auszubildenden

Im Folgenden werden die Geschäftsprozesse als Gegenstand der Analyse in der Anwendungsentwicklung etwas detaillierter untersucht und abgebildet.

4.2.5 Geschäftsprozesse als Gegenstand der Analyse

Die Strukturen eines Unternehmens und deren Zusammenwirken können auf unterschiedliche Weise dargestellt werden. Für die Modellierung der betrieblichen Organisation unterscheidet man verschiedene Ausgangspunkte und Sichten:

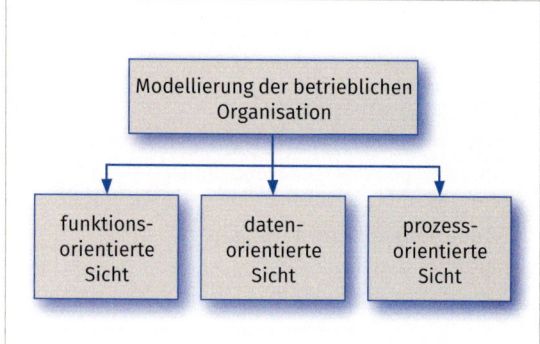

1. Die **funktionsorientierte Sicht** stellt die einzelne Stelle oder Struktureinheit des Unternehmens in den Mittelpunkt und betrachtet deren Hierarchie (Organigramm) und deren Input-Output-Verhalten, also die Transformation des Inputs in den Output (Stellenbeschreibung). Es wird festgelegt, wer wann bei welchem Input welche Arbeit zu verrichten hat und welcher Output zu erbringen ist.

2. Die **prozessorientierte Sicht** betrachtet den wirtschaftlichen Prozess als Ganzes. Der Output der einen Struktureinheit ist der Input der anderen Struktureinheit. Die Struktureinheiten beeinflussen sich in ihrem Verhalten wechselseitig.

3. Die **datenorientierte Sicht** betrachtet die Kommunikation zwischen den Struktureinheiten, also den Datenstrom zwischen den Struktureinheiten.

Ein klassischer Ansatz für die Modellierung in der Informationsverarbeitung ist die datenorientierte Sicht, die die Daten als Abbild der Leistungs-, Geld- und Informationsflüsse im Unternehmen und zu seiner Umwelt versteht.
Gegenwärtig werden zur Darstellung der Zusammenhänge im Unternehmen eher prozessorientierte Modelle gewählt.

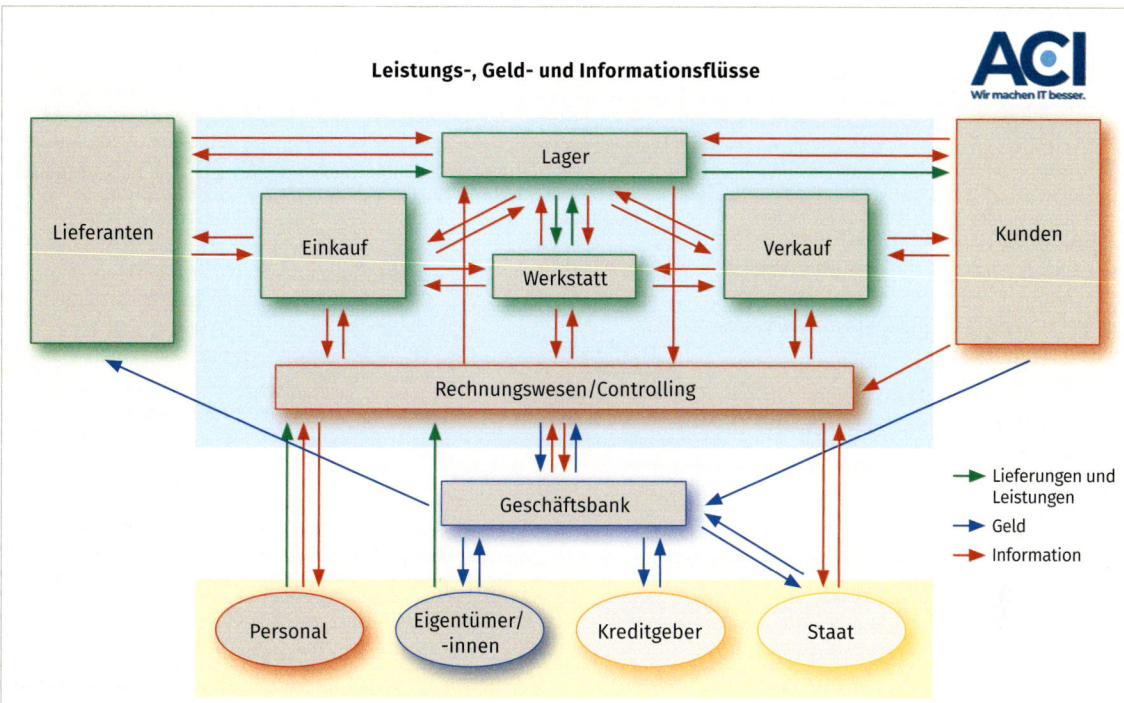

Leistungs-, Geld- und Informationsflüsse im Unternehmen als Beispiel für die datenorientierte Sicht (Quelle: Gratzke, J.: Wirtschafts- und Geschäftsprozesse)

> **W** **Prozess**
>
> Ein **Prozess** ist eine Folge von Bearbeitungs- oder Bedienungsschritten, die durch einen Input gestartet wird und zu einem vordefinierten Ergebnis führt. Diese Folge kann beliebig oft wiederholt werden. Das Besondere eines **Geschäftsprozesses** besteht darin, dass er zu einem möglichst wirtschaftlich verwertbaren Ergebnis führt.

Die Bearbeitungs- oder Bedienungsschritte werden auch als Prozessschritte oder Unterprozesse bezeichnet. Grafisch stellt man die Prozesse häufig mit allen Details als EPK (ereignisgesteuerte Prozesskette) dar. Hier werden sie im folgenden Text vereinfacht durch ineinandergreifende, vorwärtsweisende Symbole als Wertschöpfungskette dargestellt.

Wertschöpfungskette mit aus vier Prozessschritten

Die **prozessorientierte Sicht** hat sich in den Unternehmen weitgehend durchgesetzt, denn sie bietet eindeutige Vorteile:

- Durch die anschauliche Darstellung in übersichtlichen Modellen werden die unternehmensweiten Prozesse für alle Beteiligten nachvollziehbar.
- Prozessketten können bei veränderten Marktsituationen, neuen Produkten oder Technologien relativ schnell durch den Austausch oder die Umorganisation einzelner Prozessschritte angepasst werden. Die Flexibilität des Unternehmens erhöht sich damit.
- Beim Einsatz integrierter Anwendungssysteme kommunizieren die Prozessschritte schneller und qualitativ besser miteinander. Wartezeiten und die Mehrfachbearbeitung von Daten entfallen.
- Durch das Workflow-Management können die einen Geschäftsprozess begleitenden Informationsflüsse gesteuert und optimiert werden.

Ein Beispiel für die prozessorientierte Sicht ist der Geschäftsprozess in der Auftragsbearbeitung, die auf der folgenden Seite als Prozesskette mit mehreren Prozessschritten (Unterprozessen) dargestellt wird.

Die Auszubildenden wollen die durch die Geschäftsprozesse der Auftragsbearbeitung geprägte Auftragssituation „Beratung und Verkauf von IT-Komponenten im Handelsgeschäft und im Internetshop" durch ihre Softwareentwicklung abbilden. Sie konzentrieren sich auf die prozessorientierte Sicht.

Analyse der vorgesehenen Anwendung 103

Aktivitäten zu den Prozessschritten

Geschäftsprozess der Auftragsbearbeitung

Anfrage und Beratung	Auftragsannahme	Warenwirtschaft	Auslieferung	Kundendienst
• Kundenanfrage • Bonitätsprüfung • Machbarkeitsstudie	• Angebotspreis kalkulieren • Angebot erstellen • Kapazitätsanfrage • Lieferantenanfrage	• Einkauf/Lager • Warenstammdatenpflege • Warenbestand verwalten • Bestellungen auslösen • Lieferantenstammdatenpflege	• Kommissionierung • Lieferpapiere erstellen • Fakturierung (Rechnung erstellen) • Transporteur beauftragen • Transportsicherung	• Installation, Montage beim Kunden • Überprüfung • Übergabe • Wartung • Instandsetzung • Havariedienst • Demontage

4.2.6 Automatisierung einzelner Prozessschritte

Für die Automatisierung von Prozessen, wie z. B. durch den Einsatz von unterstützenden Softwaresystemen, sind die **Formalisierbarkeit** und die **Häufigkeit der Wiederholungen** bei diesen Prozessen unmittelbare Voraussetzungen:

- **Formalisierbar** bedeutet, dass die Dinge und Abläufe klar beschrieben sind und in dieser Form auch wiederholbar sind. Beiträge zur Formalisierung sind z. B. Antragsformulare (alle müssen die gleichen Angaben machen), Eingabemasken, Menüauswahl oder klare Dienstvorschriften (Was ist in welcher Situation zu tun?) sowie die Klassifizierung der Objekte wirtschaftlicher Tätigkeit, was schließlich zur Einführung einer Vielzahl von Identifikationsschlüsseln führt (z. B. Personalnummer oder Artikelnummer).
- Die **Wiederholbarkeit** der Vorgänge ist wichtig, damit sich der Aufwand für die Automatisierung überhaupt lohnt. Laufen Prozesse nur einmal oder selten ab, kann im normalen wirtschaftlichen Umfeld die Steuerung durch den Menschen kostengünstiger sein.

S Aslan wirft hier eine zutreffende Bemerkung ein: „Kaum formalisierbar sind sicherlich die Tätigkeiten im Frisiersalon. Jeder Mensch hat eine andere Kopfform und andere Schönheitsvorstellungen. Auch wenn täglich tausenden Menschen die Haare geschnitten werden müssen, so wird es wohl kaum einen Automaten für diese Aufgabe geben."

Wie im Modellunternehmen ACI sind spezifische Lösungen als Projekte einzelner Abteilungen historisch entstanden, gefördert durch den hohen Wiederholungsgrad von Abläufen in diesen betrieblichen Funktionsbereichen und durch die Möglichkeit zur Formalisierung innerhalb dieser Prozesse. Förderlich für die Entwicklung dieser Lösungen war auch die unmittelbare Verantwortlichkeit der fachlich zuständigen Führungskräfte.

Die entstandenen computergestützten Lösungen für einzelne Geschäftsprozesse werden auch als **Insellösungen** bezeichnet. Inseln deshalb, weil sie „im weiten Meer" der Geschäftsprozesse innerhalb des Unternehmens unabhängig voneinander existieren. Es gibt keine direkte Kommunikation zwischen diesen Lösungen, keinen automatischen Datenaustausch. Trotzdem können diese Lösungen sehr nützlich und effektiv sein.

Solche Insellösungen sind z. B. Softwaresysteme zur Lagerhaltung, die bei Warenbewegungen laufend den neuen Bestand berechnen und auf Unterschreitung des Mindestbestandes testen. Dann wird automatisch eine Bestellanforderung ausgelöst oder wenigstens der zuständige Disponent oder die zuständige Disponentin informiert. Diese Lösungen enthalten dann auch raffinierte Algorithmen zur Optimierung der Lagerwirtschaft, wo ein Optimum zwischen den Lagerhaltungskosten und den Bestellkosten ermittelt wird.

S Felix, der angehende Kaufmann für IT-System-Management, erinnert sich hier an die *Andler'sche* Formel. Aslan, der Auszubildende zum Fachinformatiker Systemintegration, verweist auf die Transportgutverfolgung, wie er sie bei der DHL kennen gelernt hat. Dort kann man über das Internet abfragen, wo sich ein versandtes oder erwartetes Paket gerade befindet.

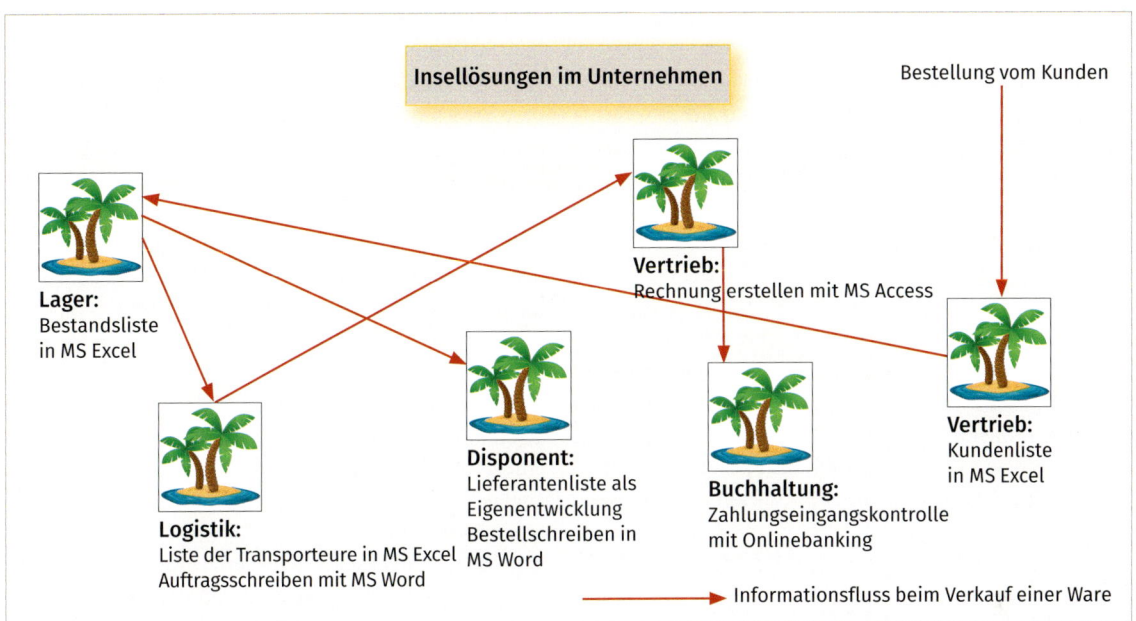

Insellösungen im Unternehmen

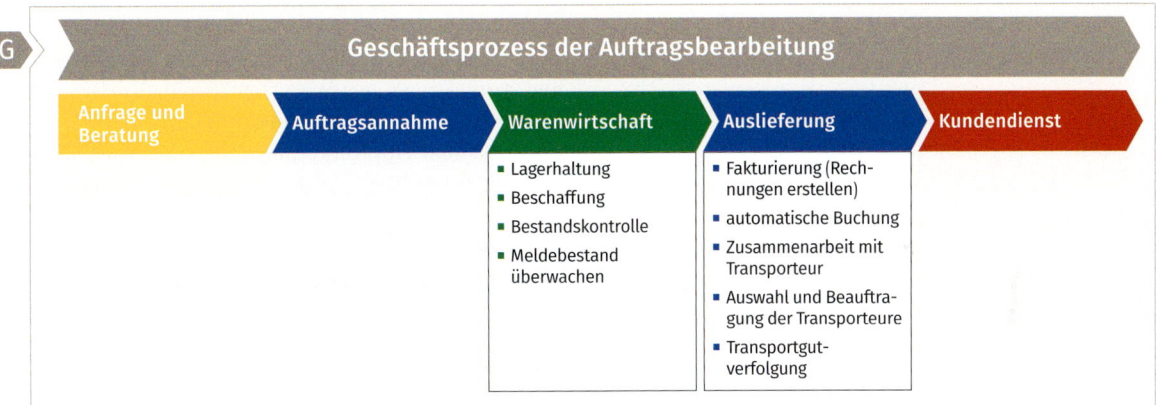

Insellösungen zu den einzelnen Prozessschritten

4.2.7 Datenintegration über die gesamte Wertschöpfungskette

S ▸ Herr Pelz muss die einsetzende Begeisterung seiner Auszubildenden für geniale Insellösungen vorerst bremsen. Was nützen uns gute Insellösungen, wenn das gesamte Unternehmen nicht gut läuft? Die Insellösungen müssen überwunden werden. Die „Inseln" müssen miteinander kommunizieren und sich in den Gesamtablauf einfügen können. Der Gesamtprozess der unternehmerischen Tätigkeit ist zu optimieren, nicht nur einzelne Schritte.

Trotz des Erfolges oder gerade wegen des Erfolges der Insellösungen gibt es Bestrebungen zur Zusammenfassung dieser Systeme. Triebkräfte für die **Integration** der betrieblichen Funktionsbereiche über eine Softwarelösung sind die

- Notwendigkeit zur Verbesserung der **Zusammenarbeit** der einzelnen Prozessschritte untereinander (horizontale Integration),
- Notwendigkeit zur **Optimierung** der Datenverarbeitungslösungen im Unternehmen sowie
- Anforderungen des **Managements** nach zusammenfassenden Berichten über die Unternehmensbereiche (vertikale Datenintegration).

Die Anforderungen des Managements sollten das Gesamtinteresse des Unternehmens nach einer erfolgreichen wirtschaftlichen Tätigkeit widerspiegeln. Sie bilden damit einen guten Ausgangspunkt für die weiteren Betrachtungen zur Integration. Für das Verständnis einer Vielzahl von betrieblichen Anwendungssystemen und ihrer Systematik ist die Managementpyramide ein gutes Anschauungsmaterial.

Auf oberster Ebene agiert das **strategische** Management. Es arbeitet an Strategien, die das langfristige Überleben und Wachsen des Unternehmens sichern. Das strategische Management lebt quasi in der Zukunft, denn es muss den Kundenbedarf und die Wettbewerbssituation für die Zukunft prognostizieren und das Unternehmen in seiner Entwicklung auf diese zukünftige Situation vorbereiten.

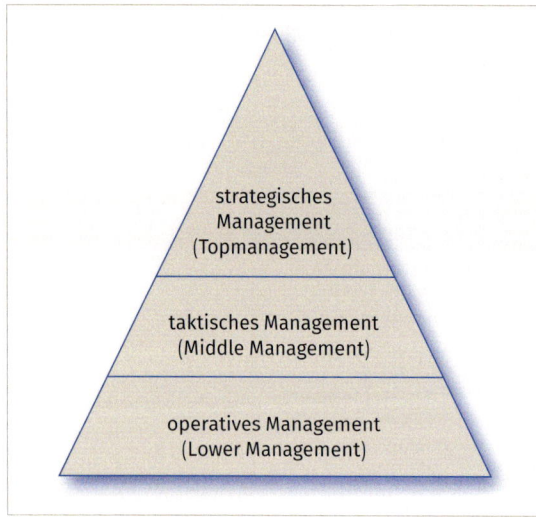

Managementpyramide

S In unserem Modellunternehmen ACI bildet der Geschäftsführer, Herr Jan Muster, zusammen mit dem Qualitätsbeauftragten Herrn Grabowski das **strategische** Management. Allein schon das Hinzuziehen eines Qualitätsbeauftragten in das strategische Management bildet eine strategische Entscheidung, die die Orientierung des Unternehmens auf Qualität in allen Prozessen unterstreicht.

S Zum **taktischen** Management gehören im Modellunternehmen alle Abteilungsleiterinnen und -leiter: Frau Funke für den Bereich Einkauf/Lager, Herr Pelz selbst für die Softwareentwicklung, Herr Guss für die Kundensysteme, Herr Feller für den Bereich IT-Beratung und Frau Gand für die allgemeine Verwaltung. Im mittleren Management haben sie mittelfristige Planungsaufgaben zu lösen, z. B. die Einsatzplanung des Personals oder die Ablaufplanung für die Bearbeitung der einzelnen Verwaltungsaufgaben.

Auf unterster Ebene handelt das operative Management, wozu in unserem Modellunternehmen unter anderem der Lagerleiter, Herr Voß, oder die Leiterinnen und Leiter der Vertriebsniederlassungen gehören. Sie lösen kurzfristige **operative** Aufgaben z. B. in der Kundenberatung oder der Installation und Inbetriebnahme unmittelbar beim Kunden.

Basierend auf der Managementpyramide lässt sich die Systempyramide zeichnen. Die Systempyramide ist gut geeignet, die Beziehung zwischen Managementebene und spezifischem betrieblichen Anwendungssystem zu verdeutlichen. Auf unterster Ebene erscheinen hier die Administrations- und Dispositionssysteme.
- Administration: Verwaltung, Aufzeichnung, Registrierung
- Disposition: Zuordnung, Verteilung

Auch die ermittelten Prozessschritte Warenwirtschaft und Auslieferung aus dem Geschäftsprozess der Auftragsbearbeitung gehören in diese Ebene der Administrations- und Dispositionsprozesse. Hier werden die realen Prozesse mengen- und wertmäßig abgebildet.

Beispiele für mengenmäßige Abbildung	Beispiele für wertmäßige Abbildung
Anzahl der verkauften Stücke einer Ware	Umsatz in Euro am heutigen Tag
Anzahl der für einen Auftrag geleisteten Arbeitsstunden	Kosten der Installationsleistungen im Rahmen eines Auftrags
verbrauchter Treibstoff für den Pkw beim Außendienst in Liter	Kosten des Außendienst pro Monat

Auf der operativen Ebene spielt die **horizontale Datenintegration** eine große Rolle. Zum Beispiel muss die Warenwirtschaft über eingehende Aufträge der Kunden informiert werden, Waren für bestätigte Aufträge sind als bestellte Ware zu reservieren. Genauso muss die Warenwirtschaft gegenüber der Auftragsannahme die Verfügbarkeit der Waren signalisieren.

Auch die parallel verlaufenden finanziellen und personellen Prozesse erhalten Daten aus den mengenorientierten Prozessschritten. So muss das Rechnungswesen von der Beschaffung über einen Wareneingang informiert werden, da die daraus resultierende Forderung in nächster Zeit zu bezahlen ist. Oder die Vertriebsniederlassungen wartet auf die Meldung, dass ihnen vom Personalwesen ein Außendienstmitarbeitende zugeteilt wurden, usw.

Für das mittlere und strategische Management sind Planungs- und Kontrollsysteme von Bedeutung, d. h., es werden **Berichte** aus der operativen Ebene benötigt. Hierzu ist eine **vertikale Datenintegration** notwendig.

Management-Support-Systeme verarbeiten die Daten aus dem Unternehmen, generieren Berichte und ermöglichen operative Auswertungen. Gleichzeitig verbinden sie die Daten aus dem Unternehmen mit Daten aus dem Umfeld des Unternehmens (Kaufkraftentwicklung, Marktanalysen usw.).

> **W** Berichte zu erstellen, bedeutet, Daten „nach oben" zu melden.

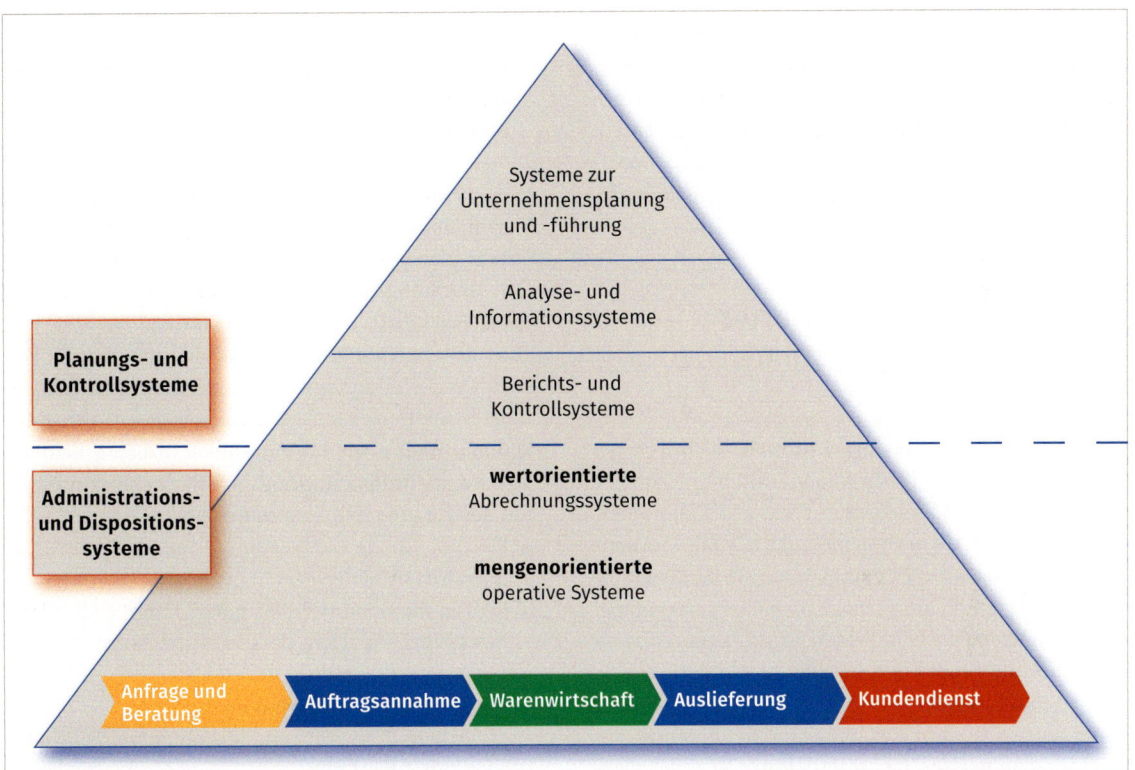

Systempyramide

> **W** Unter einem **Management Support System (MSS)** – auch als Managementunterstützungssystem (MUS) bezeichnet – wird ein Software- bzw. Anwendungssystem verstanden, das das Management bei seinen taktischen und strategischen Aufgaben unterstützt.

Unter dem Oberbegriff **MSS** lassen sich eine Reihe von DV-Anwendungssystemen zusammenfassen:
- **MIS**: **M**anagement **I**nformation **S**ystem; basiert auf regelmäßig erstellten und vorher definierten **Berichten** als Listen und Zusammenfassungen statistischer Art (Anzahl, Summen, Durchschnitte, Abweichungen usw.). Hierzu gehören auch die regelmäßig zu erstellenden Quartals- und Jahresbilanzen.
- **EIS**: **E**xecutive **I**nformation **S**ystem (auch FIS: Führungsinformationssystem); ermöglicht zusätzlich die operative Erstellung von Berichten und gewährleistet weitestgehend eine Information nach dem **Ausnahmeprinzip** („Nur wenn es brennt, wird es gemeldet!").
- **DSS**: **D**ecision **S**upport **S**ystem (auch EUS: Entscheidungsunterstützungssystem); bereitet Entscheidungen durch die Aufbereitung der Daten in **Modellen** oder **Simulationen** vor. Wichtige Modelle sind hier die Vorhersagemodelle (Prognosen), um zukünftige Entwicklungen beurteilen zu können.
- **ESS**: **E**xecutive **S**upport **S**ystem (auch FUS: Führungsunterstützungssystem); für die hier verwendeten Modellrechnungen und Simulationen werden neben den unternehmensinternen Daten auch Daten aus dem **wirtschaftlichen Umfeld** herangezogen (z. B. Daten zur demografischen Entwicklung, zur Kaufkraftentwicklung usw.).

S Herr Pelz bemerkt die vielen Fragezeichen in den Augen seiner Auszubildenden. Céline spricht es aus: „Wozu brauchen wir das?" Herr Pelz erinnert an das Bild mit den Baustellen zur Verdeutlichung des Unterschiedes beim Programmieren im Kleinen und im Großen: „Beim Programmieren im Großen steht ihr mit eurem Projekt nicht frei und allein wie bei einem Einfamilienhaus, sondern ihr müsst euch an das Konzept und die Pläne der Großbaustelle halten. Nur so kann das Bauwerk seine Funktion erfüllen und die Software als Anwendung geeignet sein. In der Software muss jedes Teil, Objekt oder Modul seine genau definierte Funktion erfüllen (nicht mehr und nicht weniger) und die Daten müssen in vereinbarter Form bereitgestellt werden, damit sie auch von anderen Teilen, von anderen Prozessschritten oder als Management-Informationen genutzt werden können."

4.2.8 Schaffung integrierter Anwendungssysteme

Die Integrationsbestrebungen führten historisch gesehen zunächst zu großen, monolithischen Systemen mit einer fast unübersehbaren Fülle von Funktionen. Man bezeichnet diese Systeme auch als **ERP**-Systeme (**E**nterprise **R**esource **P**lanning), denn sie umfassen die Verwaltung und Planung möglichst aller unternehmerischen Ressourcen vom Personal und Kapital (Finanzen) über die Produktion bis hin zu Marketing, Forschung und Entwicklung.

Enterprise Resource Planning heißt: **Planung des Ressourceneinsatzes im Unternehmen**. Zu den planbaren Ressourcen im Unternehmen gehören das Kapital (die finanziellen Mittel), der Einsatz der technischen Einrichtungen und der Arbeitskräfte sowie die Ressource Daten bzw. Wissen. Die in einem Unternehmen vorhandenen Ressourcen sind möglichst effizient für den betrieblichen Ablauf einzuplanen. Unterstützt wird dieser Planungs- und Kontrollprozess durch Software in Gestalt der sogenannten ERP-Systeme.

Ausgangspunkt für die Schaffung von ERP-Systemen ist die Abbildung der Waren-, Geld- und Informationsströme im Unternehmen, also die datenorientierte Sicht. Die unternehmerischen Sachverhalte werden als Daten erfasst und durch entsprechende Softwaresysteme gespeichert, verwaltet und ausgewertet. Für den unternehmerischen Leistungs- und Steuerungsprozess lassen sich mittels der Software auf Basis der gespeicherten Daten die für Entscheidungen notwendigen Informationen generieren und abrufen.

Neben den Argumenten zur horizontalen Datenintegration gab es weitere **Triebkräfte** für die Integration der betrieblichen Funktionsbereiche in derartigen monolithischen Softwarelösungen:
- technische Möglichkeiten der Informationsverarbeitungstechnik, besonders dank der extrem leistungsfähigen Datenbankmanagementsysteme und der Datenkommunikationstechnik
- in Funktionsumfang und Betriebssicherheit überzeugende Standardsoftware
- Notwendigkeit zur Standardisierung von Prozessen
- einheitliche gesetzliche Vorgaben im Rechnungswesen (Bilanzrichtlinien usw.) oder einheitliche Regelungen im Personalwesen durch Tarifverträge
- Forderungen zur Qualitätssicherung nach ISO 9000

Die Abbildung „Integrierte Systeme" verdeutlicht die Verbindung der Geschäftsprozesse in integrierten Systemen. Neben der bisher betrachteten Auftragssituation „Beratung und Verkauf von IT-Komponenten im Handelsgeschäft und im Internetshop" werden hier auch die Prozesse des Rechnungswesens und des Personalwesens einbezogen. Sie ergänzen in ihren Leistungen den Kernprozess der Auftragsbearbeitung und kommunizieren mit den einzelnen Prozesselementen. So wird im **Rechnungswesen** z. B. der Zahlungsverkehr mit den Kunden und Lieferanten kontrolliert:
- Hat der Kunde die Rechnung innerhalb der Zahlungsfrist ordnungsgemäß beglichen?
- Wie ist die Bonität des Kunden? Kann man aus der Erfahrung erwarten, dass er seine Rechnung ordnungsgemäß bezahlt?

Im **Personalwesen** werden unter anderem
- die Arbeits-, Urlaubs- und Krankheitszeiten der Belegschaft erfasst und
- der Personaleinsatz für die Tätigkeiten im Lager oder im Kundendienst geplant (disponiert).

Integrierte betriebliche Anwendungssysteme sollten weitgehend alle Geschäftsprozesse abbilden. Eine durchgehende Integration und eine Abkehr von Insellösungen führen zu einem **zentralen Softwaresystem,** in dem Ressourcen unternehmensweit verwaltet werden können.

Alle Module besitzen einen Kontakt zu den Kern-Funktionalitäten:
- **Datenbank** zur Speicherung aller Stamm- und Bewegungsdaten
- **Rollensystem** zur Verwaltung der Benutzerinnen und Benutzer und ihrer Rechte
- **Entwicklungssystem** zur Unterstützung bei der Anpassung und Erweiterung des Systems

W **Zu den typischen Funktionsbereichen einer ERP-Software im Rahmen betrieblicher Anwendungssysteme gehören:**

1. Fertigungssteuerung (Arbeitsplätze, Arbeitspläne, Stücklisten, Fertigungsaufträge usw.)
2. Materialwirtschaft (Beschaffung, Lagerhaltung, Disposition, Bewertung usw.)
3. Instandhaltung (Planung und Kontrolle der Durchführung, Wartungspläne usw.)
4. Controlling (Kosten- und Leistungsrechnung, Kennziffern usw.)
5. Rechnungswesen (Haupt- und Nebenbuchhaltungen, Anlagenbuchhaltung, Abschlüsse usw.)
6. Zahlungsverkehr (Forderungen, Verbindlichkeiten, offene Posten, Finanzanlagen usw.)
7. Vertrieb (Anfrage, Angebot, Auftrag, Reklamationsbearbeitung usw.)
8. Beschaffung (Bedarfsermittlung, Bestellanfragen, Lieferantenauswahl, Bestellung usw.)
9. Transport und Logistik (Transportauftrag, Kommissionierung, Warenausgang usw.)
10. Kundenkontaktmanagement (Marketingaktivitäten, Kundenanalyse usw.)
11. Dokumentenmanagement (Archiv, Ablage, Dokumentenaustausch usw.)
12. Forschung und Entwicklung (Analyse, Konstruktion, Simulation usw.)
13. Bürosystem und Portal (Bürokommunikation, Office-Software, Intranet-Portal, Terminplanung usw.)
14. Personalwesen (Entgeltrechnung, Personalzeitwirtschaft, Personalentwicklung usw.)

Der Bedarf an den aufgeführten Funktionsbereichen einer ERP-Software wird von der Größe des Unternehmens sowie dem zur Verfügung stehenden Investitionsvolumen für Hardware, Lizenzen und Implementierung bestimmt.

S Herr Pelz empfiehlt den Auszubildenden, dass sie sich bei ihren Entwicklungsarbeiten an bestehenden und am Markt erfolgreichen ERP-Systemen orientieren sollen. Auch das ist Teil der Analyse, dass man vergleichbare Produkte analysiert und sich an ihren erfolgreichen Konzepten orientiert.

Bei der weiteren Arbeit ist das „Top-down-Herangehen" mit den Einschränkungen bezüglich der behandelten Bereiche zu beachten. Von den vielen möglichen Funktionsbereichen einer ERP-Software stehen zunächst nur die Komponenten zum Vertrieb (Anfrage, Angebot, Auftrag, Reklamationsbearbeitung usw.) im Vordergrund. Hinzu kommen Kernkomponenten wie das Datenbankmanagementsystem, die Benutzerverwaltung mit einem Rollenkonzept und die Entwicklungsumgebung mit Schnittstellen zum Web und zu Fremdsystemen. Das Rollenkonzept reduziert sich auf die Anmeldung als „registrierte Benutzende". Die Datenbank ist notwendig zur zentralen Verwaltung der Datenbestände. Es soll jedoch keine Insellösung nur für den Vertrieb geschaffen werden. Basis für die Integration sind die zentrale Datenbank und die Möglichkeit zur flexiblen Anbindung an die Kernkomponenten über das Internet.

Sogenannte KMU (kleine und mittlere Unternehmen) benötigen z. B. selten Module für Forschung und

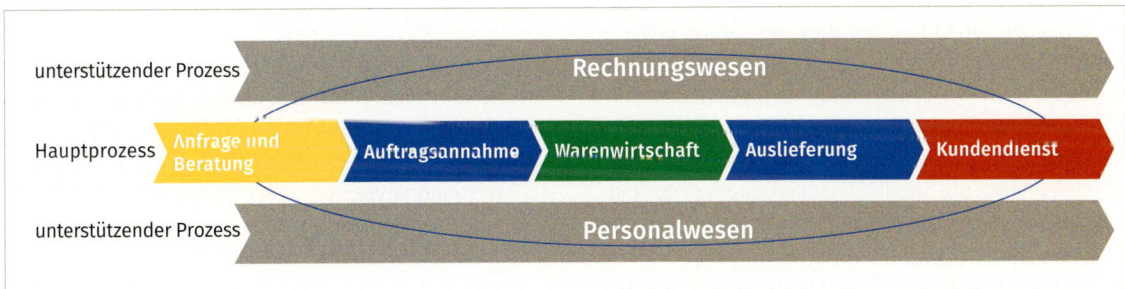

Integrierte Systeme

Entwicklung. Andererseits stellen unterschiedliche Wirtschaftszweige teils sehr stark abweichende Anforderungen an betriebliche Anwendungssysteme. Somit bieten die meisten großen Anbieter Branchenlösungen an, deren Teilpakete speziell auf bestimmte Branchen zugeschnitten sind.

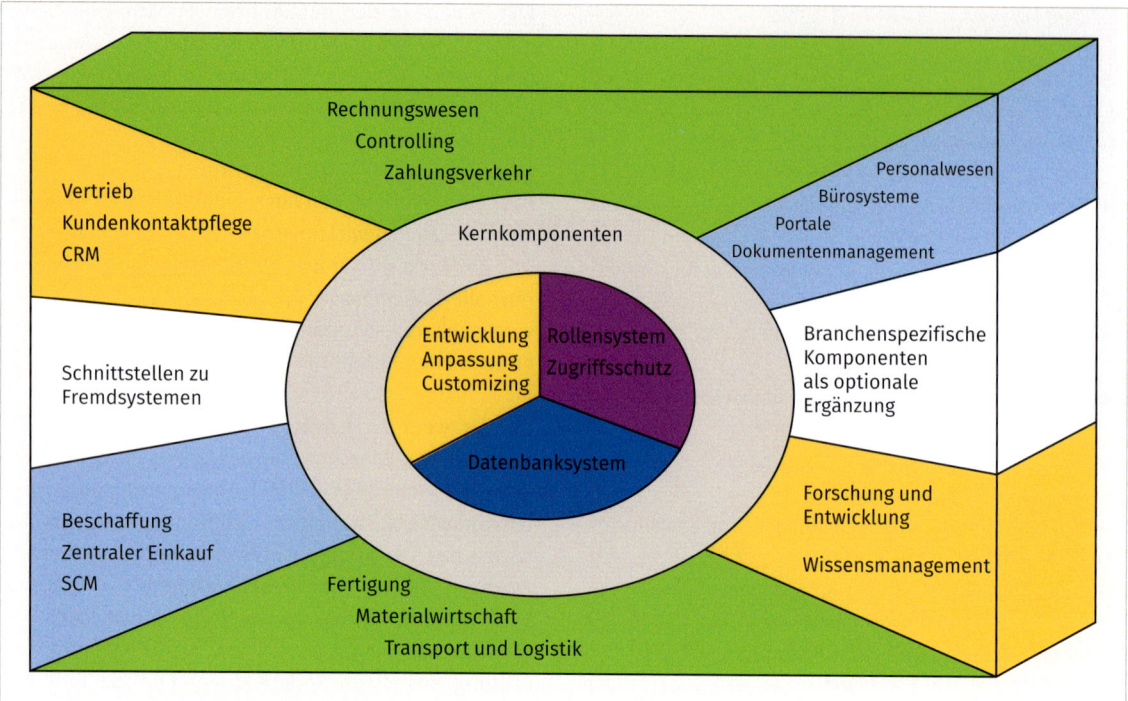

Kernkomponenten und Funktionsbereiche integrierter betrieblicher Informationssysteme

Aufgaben

1. Informieren Sie sich zu den möglichen Darstellungsformen für die Modellierung von Geschäftsprozessen.
2. Ein Prozess setzt sich aus mehreren Prozessschritten bzw. Unterprozessen zusammen. Ein Prozessschritt kann wiederum auch als Prozess betrachtet werden und selbst wieder aus zahlreichen Prozessschritten bestehen. Wie bezeichnet man eine derartige Form der Definition und Darstellung?
3. Was kennzeichnet einen Geschäftsprozess und über welche Besonderheiten verfügt er?
4. Informieren Sie sich über das in Ihrem Ausbildungsunternehmen eingesetzte ERP-System.
5. Dokumentieren Sie den Geschäftsprozess der Einstellung als Auszubildende in Ihrem Ausbildungsunternehmen.
6. Erläutern Sie, was unter primären, sekundären und tertiären Geschäftsprozessen verstanden wird.
7. Ordnen Sie den Prozess der Einstellung von Auszubildenden den primären, sekundären oder tertiären Geschäftsprozessen zu und begründen Sie Ihre Auswahl.
8. Aus welchen Gründen werden Systemanalysen durchgeführt?
9. Durch welche allgemeinen Merkmale lassen sich Systeme jeglicher Art beschreiben?
10. Wann sprechen wir von offenen Systemen?
11. Erläutern Sie den Begriff „Regelkreis" im Rahmen der Systemtheorie.
12. Erläutern Sie am Beispiel eines Unternehmens den Unterschied und gleichzeitig den Zusammenhang zwischen der vertikalen und der horizontalen Subsystembildung.
13. Ist es möglich, dass innerhalb der horizontalen Subsystembildung eine weitere Subsystembildung erfolgen kann (Subsysteme in Subsystemen)?
14. Welche Bedeutung haben Modelle im Rahmen der Systemanalyse?
15. Nach welchen unterschiedlichen Sichten werden Informationssysteme zerlegt, bevor sie dann in einem Modell zu einem Ganzen zusammengefügt werden?
16. Welche zwei wesentlichen Arbeitsphasen sind in der Systemanalyse zu durchlaufen und welche Hauptaufgaben sind in den beiden Phasen zu erfüllen?
17. Welche Arbeitsergebnisse bringt eine umfassende Systemanalyse hervor?

5 Design

Design oder Entwurf des Anwendungssystems in Gestalt von Modellen, Modelle zu Struktur und Funktionsweise der Software; Referenzmodelle und Vorgehensmodelle geben eine Orientierung, Beispiele zur objektorientierten Vorgehensweise, Dokumente zum Entwicklungsauftrag aus Analyse und Design, Lastenheft, Pflichtenheft

Der Begriff „Design" kommt vom lateinischen „designare", zeichnen, und hat sich über die englische Sprache auch bei uns etabliert. Er beschreibt neben dem skizzenhaften Zeichnen eines neuen Produktes auch den Prozess der gestaltenden Tätigkeit. Im Kontext der Entwicklung von IT-Anwendungen werden die neuen Softwareprodukte designt, also entworfen und gestaltet.

In der Analyse wird die bestehende Anwendungssituation als System betrachtet und in seine Teile zerlegt, im Design wird es wieder zusammengebaut, aber auf einem neuen Niveau.

Die Design-Phase dient der Vorbereitung der eigentlichen Implementierung. Vieles muss vorher bedacht werden, bevor man mit der Programmierung beginnen kann. Im Wesentlichen sind folgende Themen zu bedenken:
- Die Architektur der Softwarelösung, d.h. ihre modulare Struktur: Aus welchen Bausteinen soll sie sich zusammensetzen?
- Die Schnittstellen der Softwarelösung, d.h. die Art und die Wege der Kommunikation mit anderen Komponenten.
- Die Sicherheit der Softwarelösung: Datensicherheit und Datenschutz müssen noch vor der Implementierung bedacht und gewährleistet werden.
- Die Zukunftsfähigkeit der Softwarelösung, d.h., es müssen Wartbarkeit, Kompatibilität und Update-Fähigkeit gesichert werden.

Überlegungen zum Design spielen auch bei der Daten- und Prozessanalyse eine wichtige Rolle, schließlich sollen die Prozesse nicht nur analysiert werden, sie sollen später auch reorganisierte und verbessert werden. Auch dazu ist Prozess-Design notwendig. Man kann an laufenden Prozessen keine Änderungen ohne Konsequenzen vornehmen. Daher ist es notwendig, die Änderungen vorher an einem Modell der Prozesse vorzunehmen. Damit ist man wieder bei dem Design als gestaltende Tätigkeit.

5.1 Modellierung

5.1.1 Modelle als Brücke zwischen Realität und Implementierung

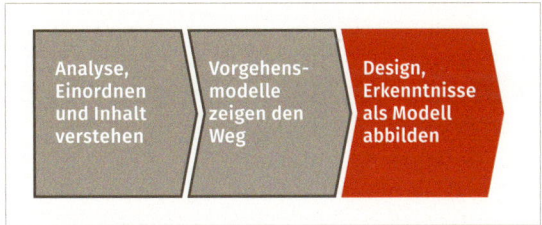

Vor der Realisierung eines Anwendungssystems, also vor dem Programmieren, Testen, Integrieren und Installieren der Lösung, liegt die Phase des Designs. Das Bearbeiten dieser Phase ist ein wesentlicher Beitrag zur Sicherung der Qualität des zu erstellenden Softwareproduktes. Die Dokumente des Designs sollten publiziert und diskutiert werden. Die Korrektheit und Vollständigkeit der Vorstellungen der Auftraggeber und der Entwickler bezüglich des zukünftigen Softwareproduktes können anhand der Dokumente des Designs überprüft, abgestimmt und verbessert werden.

Das Design und die erstellten Dokumente sollten
- nicht viel Aufwand verursachen,
- von allen Beteiligten leicht verstanden werden,
- langfristig als Belege nutzbar sein und

- möglichst automatisch in der nächsten Phase der Entwicklung verwendbar oder überführbar sein.

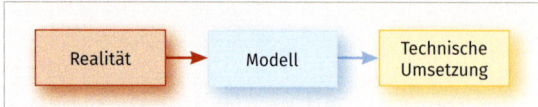

Modell als Vermittler zwischen Realität und Umsetzung

Für die Dokumentation der Ergebnisse des Designs nutzt man verschiedene Darstellungsformen, auch Modelle genannt. Das Modell ist dabei das Ergebnis eines Konstruktionsprozesses, es wird neu geschaffen und beschreibt das aufzubauende System. Dabei werden die als nicht relevant angesehenen Eigenschaften des Systems weggelassen, d. h., das Modell ist Ergebnis eines Abstraktionsprozesses.

> **Modelle** sind zweckgebundene Abbildungen von Systemen.
>
> Jedes Modell, das im Ergebnis einer Systemanalyse entsteht bzw. modelliert wird, ist ein manipulierbarer Vertreter des untersuchten Systems, der durch eine Abbildung entsteht.
>
> Jedes Modell hat eine Stellvertreterfunktion für das System, das durch das Modell abgebildet wird.

Wir kennen verschiedene Arten von Modellen:
- physische Modelle, z. B. kleine Häuser oder ganze Städte aus Architektur und Städtebau
- analoge Modelle, z. B. die geografische Karte als Abbild einer Stadt oder eines Verkehrsnetzes
- mathematische Modelle, z. B. über den Zusammenhang von Fallhöhe und Fallgeschwindigkeit

Als Voraussetzung für das Entwickeln und Bereitstellen von betrieblichen Anwendungssystemen muss die Geschäftstätigkeit des Unternehmens durch ein Modell abgebildet werden. Gegenstand der Modellierung sind dabei die Aufbau- und Ablauforganisation im Unternehmen. Für die Modellierung gelten die folgenden Sichten als wesentliche Ausgangspunkte:
- **Organisationssicht**
  Betrachtung von beteiligten Organisationseinheiten zur Abwicklung der Geschäftsprozesse (Aufbauorganisation)
- **Funktionssicht**
  Betrachtung von ausgeführten bzw. auszuführenden Tätigkeiten oder Aktivitäten der Organisationseinheiten innerhalb der Geschäftsprozesse
- **Aufgabensicht**
  Betrachtung der Aufgabeninhalte der Organisationseinheiten für den Zweck der Erfüllung bzw. Durchführung der Tätigkeiten innerhalb der Geschäftsprozesse

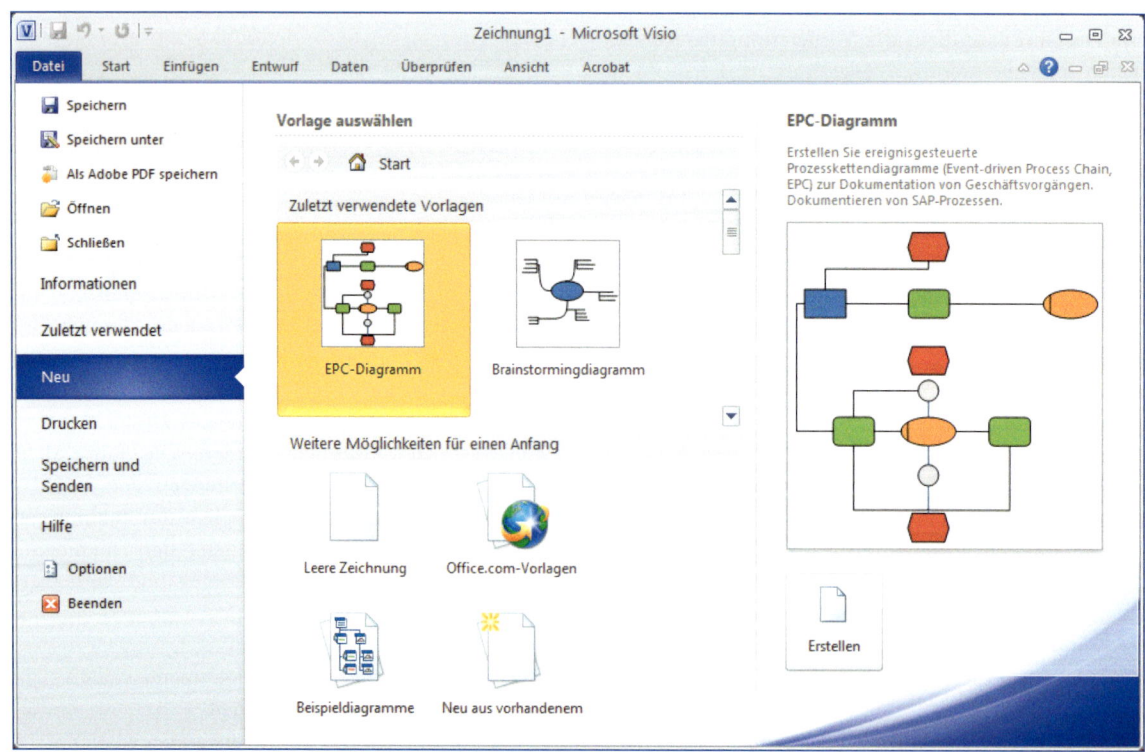

Möglichkeiten zur Geschäftsprozessmodellierung mit Microsoft Visio

- **Arbeitsplatzsicht**
  Betrachtung der Aufgaben eines Arbeitsplatzes und deren Abhängigkeiten sowie des Grades der Beeinflussung eines Arbeitsplatzes durch die Geschäftsprozesse
- **Sicherungssicht**
  Betrachtung der Risiken und Gefahren bei der Ausführung von Geschäftsprozessen (Ablauforganisation)
- **Prozesssicht**
  Betrachtung des wirtschaftlichen Prozesses als Ganzes mit dem Ziel der Untergliederung in einzelne Prozessschritte
- **Informationsflusssicht**
  Betrachtung der Informationswege und des Flusses von Informationen zwischen den Organisationseinheiten bei der Ausführung von Geschäftsprozessen
- **Datensicht**
  Betrachtung von strukturierten/formalisierten und unstrukturierten Informationsobjekten im Zusammenhang mit der Ausführung der Geschäftsprozesse

Die formulierten Anforderungen an das Design gelten gleichermaßen für die Modellierung. Die Modelle müssen ohne viel Aufwand erstellt werden. Dafür stehen zahlreiche Werkzeuge zur Verfügung, wie Microsoft Visio oder ARIS.

Alle diese Werkzeuge arbeiten mit grafischen Darstellungen unter Verwendung von mehr oder weniger standardisierten Symbolen. Ein Bild sagt mehr als tausend Worte – so sind auch die grafischen Modelle schnell erfassbar und dank der Standardisierung meist auch allgemein verständlich. Gute Tools helfen nicht nur beim Zeichnen der Modelle, sondern verstehen die Modellobjekte auch inhaltlich, sodass sich automatische Prüfungen auf Vollständigkeit, Widerspruchsfreiheit, formale Korrektheit und Redundanzfreiheit durchführen lassen.

In ihren vollständigen Versionen unterstützen gute Tools dann auch die Konvertierung der Modelle in ausführbare Komponenten, wie in der folgenden Tabelle dargestellt.

Modell	Konvertierungsergebnis
Datenmodell	→ SQL-Anweisungen zum Erzeugen der Tabellen
Funktionsbeschreibung	→ Klassendefinition in einzelnen Programmiersprachen
Geschäftsprozess	→ Workflow-Beschreibung

Diese Konvertierung ist ein Bestandteil der angestrebten Technologie des modellgestützten Entwickelns (Model-Driven Development).

5.1.2 Modellarten

Neben den bereits angesprochenen Modellarten (physische, analoge und mathematische Modelle) spielen die grafischen Modelle eine besondere Rolle. Sie werden in vielfältiger Weise bei der Entwicklung von Softwarelösungen eingesetzt.

Grafische Modelle bilden die Systeme unter Verwendung grafischer Symbole ab. Bei der Verwendung möglichst weniger und eindeutiger Symbole können grafische Modelle visuell leicht erfasst werden und sind von allen Betrachtenden leicht zu verstehen. Damit erfüllen diese Modelle ihre Aufgabe als Mittel zur Kommunikation und Dokumentation. Die Modelle werden so zu einer wichtigen Schnittstelle zwischen den Auftraggebern aus den betrieblichen Prozessen und den Entwicklern und Entwicklerinnen von Anwendungssystemen.

Die Vertreterinnen und Vertreter der Praxis sollten ihre Situation und ihre Abläufe in den Modellen wiedererkennen. Gleichzeitig sollten die Modelle abstrakt genug sein für eine Umsetzung mithilfe der formalen Mittel der Software. Die Modelle sind geeignete Mittel der Kommunikation, wenn sich die Auftraggeber und die Entwickler anhand der Darstellungen im Modell verständigen können. Die Modelle werden dabei wahrscheinlich verändert. Damit eine Bereitschaft zu Änderungen besteht, müssen diese Änderungen durch die Unterstützung von Tools einfach realisierbar sein. Erst wenn man sich auf eine Darstellung geeinigt hat, wird das Modell zum Mittel der Dokumentation. Das abstrakte Abbild der Realität wird festgeschrieben und dokumentiert. Später kann dieses Abbild als Basis weiterer Arbeiten herangezogen werden.

In den abzubildenden Systemen, im konkreten Fall in den abzubildenden Unternehmen, sind stets relativ **stabile Zustände** und mehr oder weniger häufig **wiederkehrende Abläufe** zu unterscheiden. Die Zustände sind statische, die Abläufe dynamische Sachverhalte. Für beide Sachverhalte gibt es spezielle Darstellungsmittel und Modellarten.

Die folgende Darstellung von Modellen für statische und dynamische Sachverhalte bietet eine Übersicht über verschiedene Modellarten, die bei der Entwicklung von Anwendungssystemen eingesetzt werden. Die Abbildungen der Modelle sind relativ klein, alle Details daher nicht immer erkennbar.

Darstellung statischer Sachverhalte

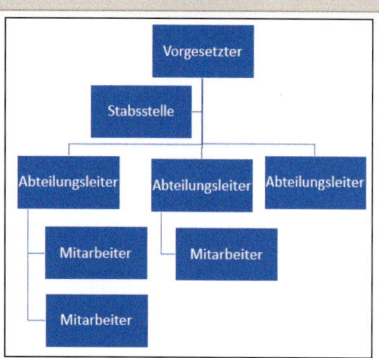

Organigramm

Das **Organigramm** ist das wichtigste Darstellungsmittel in der Organisationssicht. Hiermit wird die Aufbauorganisation des Unternehmens dargestellt. Die grafischen Darstellungen unterscheiden sich je nach gewählter Organisationsform (Stab-Linien- oder Matrix-Organisation).

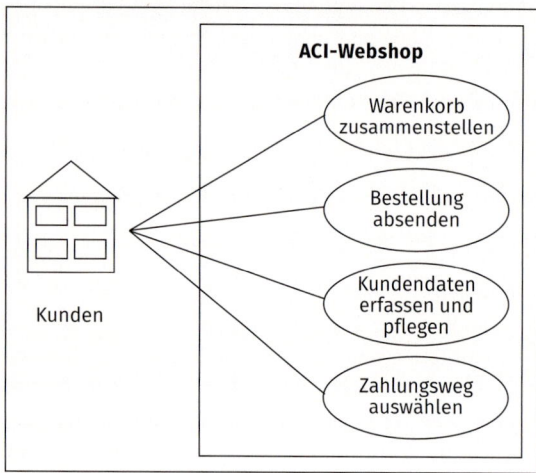

Use Case in UML

Das **Use-Case-Diagramm in UML** verbindet die Aufgabensicht und die Funktionssicht mit eindeutigem Blick auf die zu entwickelnde Anwendungssoftware. Es wird dargestellt, was der Akteur für Aufgaben hat und wie die Bearbeitung der Aufgaben in der Software durch die Funktionen zu unterstützen ist.

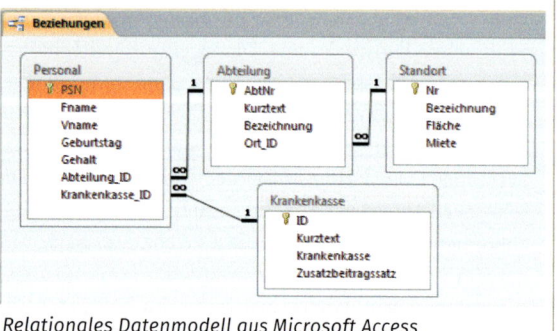

Relationales Datenmodell aus Microsoft Access

Das **Entity-Relationship-Diagramm (ERD)** gehört ebenfalls zu den Modellen, die einen Zustand, also einen statischen Sachverhalt abbilden. Hier wir die Datensicht unterstützt. Das Modell zeigt, wie die Attribute zu Tabellen (Relationen) zusammengefasst werden und welche Beziehungen (relationships) zwischen diesen Tabellen bestehen.

Darstellung dynamischer Sachverhalte

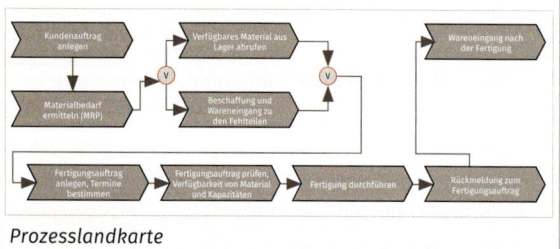

Prozesslandkarte

Die **Prozesslandkarte** dient zur Darstellung von Geschäftsprozessen aus einer sehr allgemeinen Perspektive. Es geht um die Gesamtsicht über alle relevanten Prozesse. Die Bezeichnung „Prozesslandkarte" leitet sich aus dem im Englischen verwendeten Begriff „process landscape" ab und wird im deutschen Sprachgebrauch auch als „Wertschöpfungskette" bezeichnet. Die Verwendung des Begriffes „Landkarte" verdeutlicht jedoch besser die Überblicksfunktion dieses Modelles.

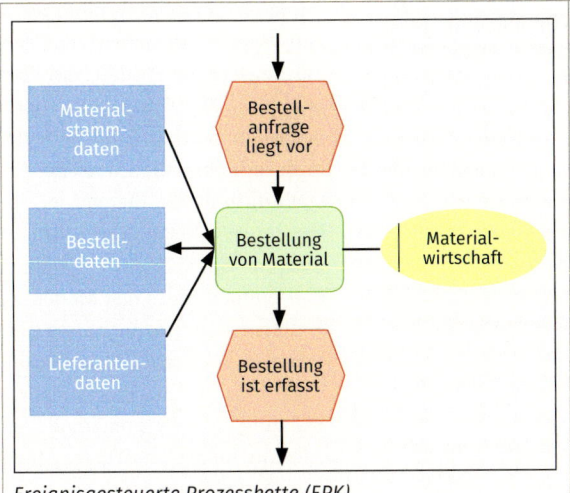

Ereignisgesteuerte Prozesskette (EPK)

Nach dem Überblick mittels der Prozesslandkarte bieten die **ereignisgesteuerten Prozessketten (EPK)** die Darstellung der Geschäftsprozesse im Detail an (engl.: event driven process chain – EPC). Hier wird deutlich, welche Ereignisse die einzelnen Funktionen auslösen, wer diese Funktionen ausführt, wer dafür verantwortlich ist und welche Datenobjekte bei der Ausführung der Funktionen verwendet werden bzw. dabei entstehen.

Das **Struktogramm** ist ein Modell zur Darstellung des Programmablaufes. Es enthält Symbole der drei Grundelemente für jeden Algorithmus: Sequenz, Zyklus und Alternative. Es kann dabei auch die Verschachtelung der einzelnen Programmelemente ineinander sehr gut dargestellt werden. Die im Struktogramm verwendete Notation werden im Kapitel 7 näher erläutert.

Hier soll es auch nicht um die Details gehen, sondern um eine Übersicht zu den relevanten Modellarten.

5.1.3 Qualität von Modellen

Die Qualität jedes Produktes, so auch der Modelle, wird bestimmt durch den Grad der Erfüllung der Erwartungen der Nutzer und Nutzerinnen an dieses Produkt. Man kann aus den Erwartungen der Vertreterinnen und Vertreter der betrieblichen Praxis die Anforderungen an ein qualitativ gutes Modell bzw. die Qualitätskriterien ableiten.

Wenn man sich mit der Qualität von Modellen beschäftigt, muss man auch über Möglichkeiten zur exakten Bestimmung, also der **Messung der Qualität** nachdenken. Die Bedingungen für die Schaffung eines guten Modells werden mit klaren, messbaren Kriterien gleichgesetzt. Für die Messung sind zahlenmäßig bestimmbare Merkmale notwendig, die jedoch nicht bei jedem Qualitätskriterium ableitbar sind.

An erster Stelle unter den Qualitätskriterien steht die **Relevanz**. Es nützt das schönste Modell nichts, wenn es nicht die Dinge abbildet, die es abbilden sollte. Leider beeindrucken Modelle oft durch eine ansprechende Gestaltung, enthalten aber nicht die ihrer Bestimmung nach wichtigen Komponenten. Die Relevanz ist schwer messbar. Das Modell sollte nur jene Ausschnitte der Realität abbilden, die dem verfolgten Zweck entsprechen. Das Modell sollte nur genau so viele Elemente und Beziehungen enthalten, wie für dessen Nutzung notwendig sind.

Nach der Relevanz ist die **Korrektheit** eines Modelles ein notwendiges Qualitätskriterium. Ein Modell ist korrekt, wenn es inhaltlich und formal richtig ist. Die formale oder **syntaktische** Korrektheit ist gegeben, wenn ein Modell vollständig und widerspruchsfrei (konsistent) bezüglich der festgelegten Modellierungsmethode ist. Die inhaltliche oder **semantische** Korrektheit ist gegeben, wenn die abgebildeten Sachverhalte der Realität entsprechen.

Erwartungen an ein Modell	Bedingungen für qualitativ gutes Modell (Qualitätskriterien)
Modell bildet die für die Entwicklung wichtigen Eigenschaften des betrachteten Systems ab.	Relevanz
Modell bildet die Komponenten und Beziehungen des betrachteten Systems richtig ab.	Korrektheit
Modell verursacht nicht viel Aufwand zur Erstellung.	Wirtschaftlichkeit
Modell sollte von allen Beteiligten leicht verstanden werden.	Klare und eindeutige Symbole
Modell sollte als Kommunikationsmittel dienen.	Systematischer Aufbau
Modell sollte mit unterschiedlichen Modellen relativ leicht vergleichbar sein.	Vergleichbarkeit und Standardisierung
Modell sollte die Ergebnisse der Diskussion aufnehmen können.	Änderbarkeit und Anpassbarkeit
Modell sollte möglichst automatisch in der nächsten Phase der Entwicklung verwendbar oder dahin überführbar sein.	Formalisierung
Modell sollte langfristig als Beleg nutzbar sein.	Archivfähige Ablage

Die formale Korrektheit ergibt sich durch die Einhaltung von bestimmten Regeln bei der Modellierung. So sollten beispielsweise die Ablaufmodelle einen Anfang (Startpunkt) und ein Ende (Zielpunkt) haben. Bei den EPKs kennen wir die Regeln, dass Ereignis und Funktion in der Ablaufkette stets abwechselnd aufeinanderfolgen. Hält man diese Regeln ein, sind die Modelle formal korrekt. Das kann eventuell auch durch das entsprechende Tool zur Modellierung überprüft werden.

Die formale Korrektheit erleichtert die Überprüfung der inhaltlichen Korrektheit. Bei einer EPK sollten beispielsweise alle beschriebenen Informationsobjekte auch irgendwann gelesen werden. Die zuständigen Organisationseinheiten in einer EPK sollten sich in dem korrespondierenden Organigramm wiederfinden. Außerdem sollte sich jede Organisationseinheit aus dem Organigramm auch im EPK wiederfinden. Wenn die Organisationseinheit keiner Funktion zuzuordnen ist, wozu existiert sie dann? Eine derartige Konsistenzprüfung der Modelle kann ebenfalls durch das entsprechende Tool zur Modellierung durchgeführt werden. Teilweise ermöglichen diese Tools auch eine Simulation der beschriebenen Abläufe, wodurch die Korrektheit im Sinne der Funktionsfähigkeit des Modells nachweisbar ist.

Auch das Kriterium „**Wirtschaftlichkeit**" ist eine notwendige Bedingung für die Erstellung von Modellen guter Qualität. Jedes Modell ist nur ein Hilfsmittel, dessen Erstellung nicht mehr Aufwand verursachen darf, als das angestrebte Produkt der Entwicklung. Die Wirtschaftlichkeit der Modellierung kann man gut messen, indem die Dauer der Erstellung und die Menge der gebundenen Ressourcen bestimmt werden. Schnell soll es gehen und einfach muss das Modell zu erstellen sein. Der bewusste Einsatz von Tools zur Modellierung kann hier helfen, aber auch die Nutzung von Referenzmodellen oder die mehrfache Verwendung von Modellbausteinen.

Die ersten hinreichenden Bedingungen leiten sich aus der Anforderung ab, dass ein Modell als **Kommunikationsmittel** dienen soll. Über das Modell teilt die modellierende Person den Beteiligten mit, was sie für wichtig erachtet und wie sie die Beziehungen der Komponenten zueinander sieht. Diese Botschaft sollten die anderen Beteiligten schnell und klar verstehen. Hierzu ist es gut, wenn ein Modell wenige, klare und eindeutige Symbole verwendet. Gleiche Sachverhalte sind stets mit gleichen Symbolen abzubilden. Nützlich für eine schnelle Verständigung sind standardisierte Symbole, die die Beteiligten bereits aus anderen Modellen kennen.

Ein systematischer und gut strukturierter Aufbau von Modellen trägt ebenfalls zur leichteren Lesbarkeit und damit zum schnelleren Verständnis bei. Die Modelle sollten übersichtlich und optisch auch leicht lesbar sein. Oft ist die Zerlegung in Teilmodelle sinnvoll. Das kann auch bedeuten, dass man zielgruppenorientierte Sichten von den Modellen erstellt. Die Sicht der Prozesslandkarte hat einen Überblickcharakter und ist für jene Zielgruppe geeignet, die Gesamtzusammenhänge sehen will. Die EPK ergänzt die Prozesslandkarte und zeigt zu den Prozessschritten die Details mit Funktionen, Zuständigkeiten und Informationsobjekten.

Im Interesse der **Wirtschaftlichkeit** werden bei der Erstellung der Modelle **spezialisierte Tools** eingesetzt. Diese Tools unterstützen die weiteren hinreichenden Bedingungen für die Erstellung guter Modelle und ermöglichen die leichte Änderbarkeit und Anpassbarkeit der Modelle. In der Kommunikation auf der Basis der Modelle entstehen neue Ideen, die umgehend in die Modelle einbezogen werden können. Die Mindmaps, die beim gemeinsamen Brainstorming entstehen, sind ein gutes Beispiel hierfür.

Die Tools sollten nicht allein das Zeichnen der Modelle unterstützen. Eine Formalisierung bei den verwendeten Symbolen ist ebenfalls notwendig. Microsoft Visio bietet hierzu die Shapes als Sammlung fertiger Symbole. Die Modellierung unter Verwendung fester Formalismen unterstützt dann auch die Umwandlung der Modelle in abarbeitungsfähige Programmfragmente. Die modellgetriebene Softwareentwicklung als alter Traum wird so mehr und mehr zur Realität.

Die Tools können die Modelle abspeichern, ausdrucken und archivieren. Damit generieren sie Dokumente, die im weiteren Entwicklungsprozess verwendet werden können, die aber auch häufig eine Grundlage für vertragsähnliche Dokumente (z. B. Pflichtenheft) bilden.

5.1.4 Tools zur Modellierung

5.1.4.1 ARIS und ereignisgesteuerte Prozessketten (EPK)

Für die Modellierung von Geschäftsprozessen gibt es zahlreiche Darstellungsmittel und Softwarewerkzeuge. Ein Pionier auf diesem Gebiet ist Prof. Scheer mit dem von ihm erstellten ARIS-Modell.
Das Modell beschreibt einerseits die notwendigen Arbeitsschritte, wie Fachkonzept, DV-Konzept sowie Implementierung, und grenzt andererseits die in das Modell einzubeziehenden Sichten (Organisation, Daten, Steuerung und Funktionen) voneinander ab.

Diese Arbeitsschritte werden auch bei der eigenen Anwendungsentwicklung durchlaufen:
- Im **Fachkonzept** geht es zuerst um die fachlichen Anforderungen, wobei es hier falsch ist, wenn man bereits „die Brille der Informatiker/-innen" aufsetzt. Die fachlichen Anforderungen an die Organisation, die Steuerung, die Daten und Funktionen sind hier zu klären, ohne an eine Form der Realisierung zu denken.
- Im **DV-Konzept** ist die Brücke zu schlagen von den Anforderungen zu den Realisierungsmöglichkeiten. Hier wird das DV-orientierte Modell der zu entwickelnden Programme und Datenstrukturen erstellt.
- Die **Implementierung** beinhaltet dann die Umsetzung in Gestalt eines Programms mit Daten und Funktionen.

Die Arbeitsschritte sind aus Kapitel 3 bereits als Phasen der Softwareentwicklung bekannt. Dieses Phasenkonzept erleichtert es, Veränderungen in den Geschäftsprozessen oder Veränderungen in der Informationsverarbeitungstechnik umzusetzen. So sind z. B. Änderungen in der Implementierungstechnologie (neue Hardware, neue Betriebssysteme) unter Beibehaltung des Fachkonzeptes möglich.

In der Phase des Fachkonzeptes werden die verschiedenen Sichten auf den abzubildenden Geschäftsprozess besonders deutlich:
- Die **Organisationssicht** erfasst alle vom Geschäftsprozess berührten organisatorischen Einheiten und Stellen innerhalb des Unternehmens und stellt deren Beziehungen dar (Organigramm).

ARIS-Architektur von Software (nach IDS Scheer AG)

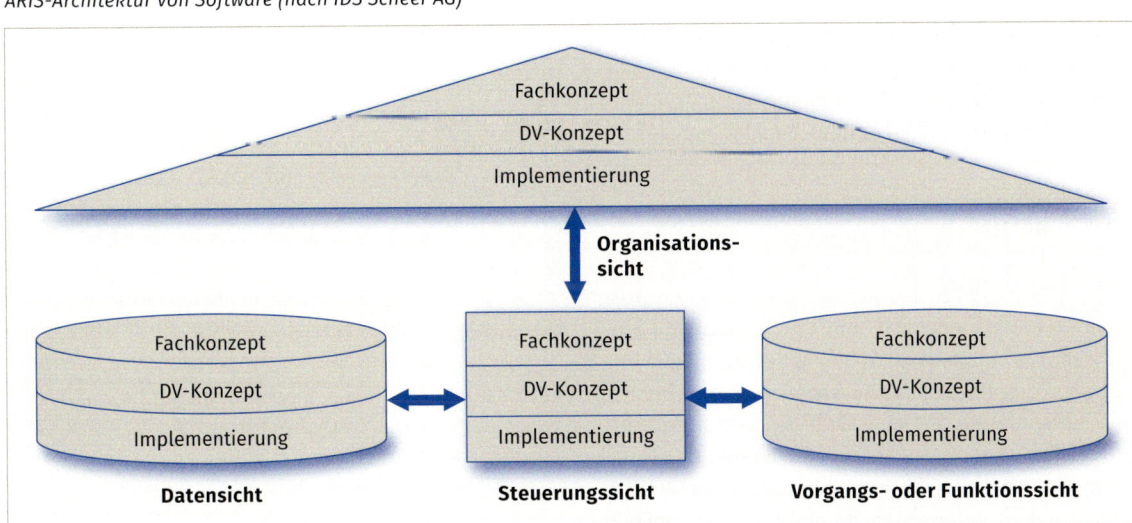

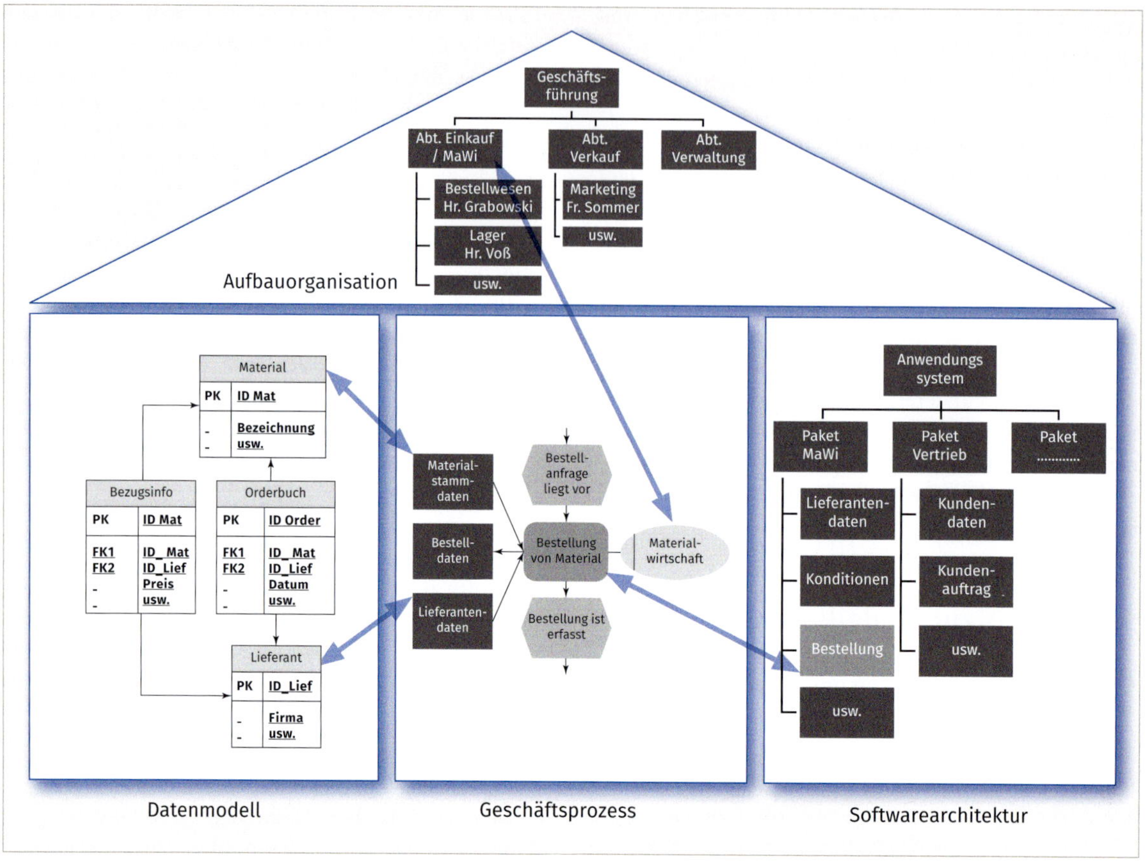

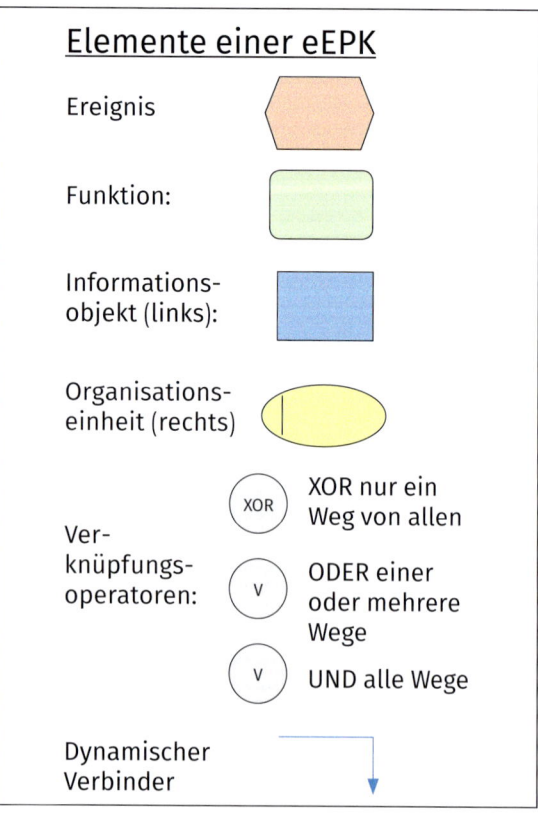

ARIS-Haus der Anwendungsarchitektur

- Die **Datensicht** stellt alle zu verwendenden Daten mit ihren Beziehungen zueinander in Form strukturierter Datenmodelle dar. (**ERM: E**ntity **R**elationship **M**odel)
- Die **Steuerungssicht** beschreibt die zeitlich-logische Reihenfolge der Funktionsabarbeitung für alle Steuerungsaktivitäten im Geschäftsprozess.
- Die **Funktionssicht** stellt alle Funktionen, die innerhalb des Geschäftsprozesses ausgeführt werden, in einer hierarchischen Anordnung von Funktionen und Teilfunktionen dar. (Methoden der Objekte)

5.1.4.1 BPMN

BPMN (Business Process Modeling and Notation) ist ein im englischen Sprachraum und zunehmend global verbreiteter Standard für die Modellierung von Geschäftsprozessen. BPMN-Diagramme ermöglichen es, Geschäftsprozesse auf eine einfache und leicht verständliche Art zu visualisieren. Alle an den Prozessen Beteiligten (Stakeholder) können die Diagramme lesen und verstehen, was es einfacher macht, Arbeitsabläufe

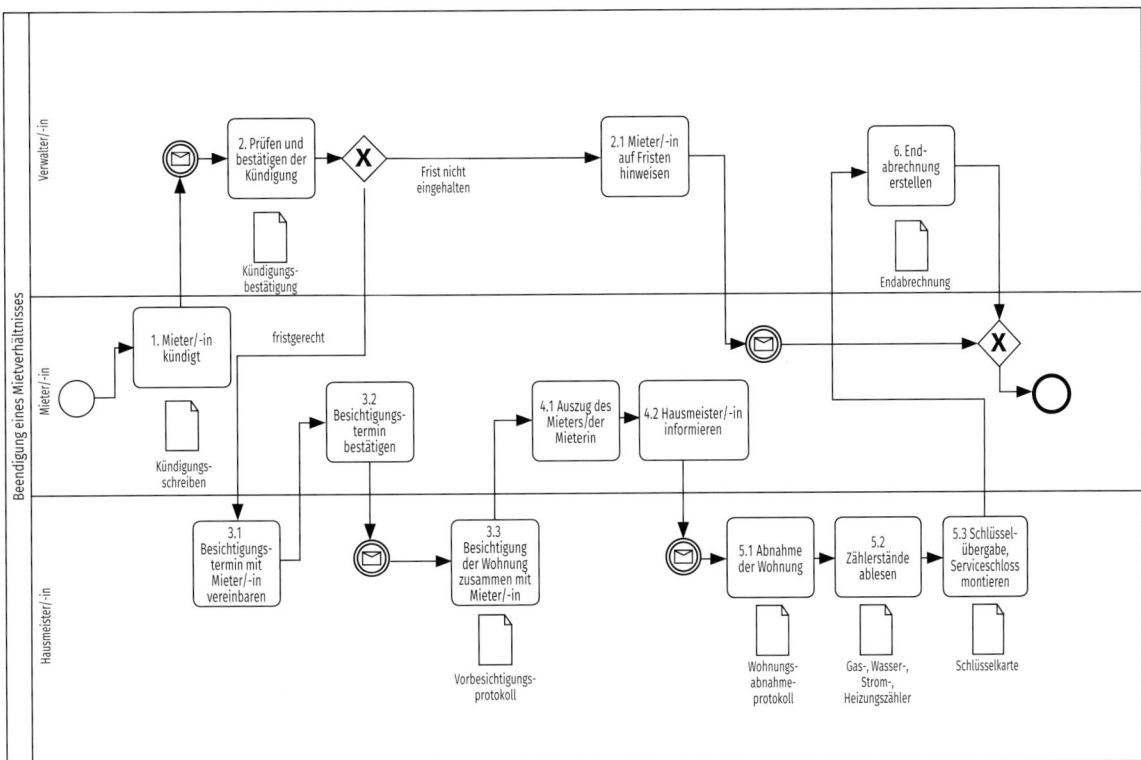

BPMN-Diagramm

gemeinsam zu diskutieren, um sie effektiv und effizient zu gestalten. Durch wenige Symbole und klare Strukturen löst diese Sprache mit grafischen Symbolen die Mehrdeutigkeiten textueller Beschreibungen von Prozessen auf. Die Abfolge von Geschäftsaktivitäten, Verantwortlichkeiten und Datenflüsse, die zum Abschluss eines bestimmten Prozesses erforderlich sind, werden visuell darstellt.

BPMN wird seit 2005 von der internationalen Object Management Group (OMG) betreut und weiterentwickelt. Dieses offene Konsortium trägt dazu bei, dass BPMN-Diagramme einfach in einem standardisierten Format zwischen verschiedenen Tools zur Modellierung ausgetauscht werden können. Die BPMN 2.0.1-Spezifikation wurde als internationale Norm ISO/IEC 19510:2013 veröffentlicht.

Die Tools zur Erstellung der BPMN-Diagramme unterstützen allgemein die Erstellung von XML-Dokumenten (Extensible Markup Language), die für die Ausführung verschiedener Prozesse erforderlich sind. Dadurch wird die computergestützte Simulation der Prozessabläufe ermöglicht. Ein verwandter XML-Standard ist die Business Process Execution Language (BPEL) für Webdienste.

5.2 Orientierung an Referenzmodellen

5.2.1 Modularisierung durch Softwarebausteine

Für die Schaffung von ERP-Systemen als integrierte Systeme gibt es prinzipiell zwei denkbare Ansätze:
- Schaffung großer **monolithischer Systeme,** die eine möglichst umfassende Abdeckung aller Geschäftsprozesse eines Unternehmens erreichen. Die Integrationsbasis ist hier eine zentrale Datenbank, über die die einzelnen Anwendenden ihre Daten austauschen. Die SAP AG verfolgte in den ersten Jahren ihres Bestehens diese Strategie mit ihrem äußerst erfolgreichen Produkt **SAP R/3®**.
- Schaffung **modularer Systeme** mit vielen Bausteinen, aus denen man für das Unternehmen ein integriertes System zusammensetzen kann, das möglichst alle Geschäftsprozesse des Unternehmens abdeckt. Die Kommunikation der einzelnen Module kann dabei über die Webservices realisiert werden. Auf diesem Wege ist es auch möglich, externe

Parteien einzubeziehen, wie Banken oder staatliche Stellen. Die SAP AG hat sich mit dem aktuellen Produkt **SAP Business Suite** auch zu diesem Weg bekannt.

Die Schaffung von Modulen ist für Softwareentwicklerinnen und -entwickler nichts Neues und seit langer Zeit wird schon von der modularen Programmierung gesprochen. Die Programmiersprachen erlauben die Entwicklung von Funktionen und Prozeduren.

Der elementare Baustein zukünftiger betriebswirtschaftlicher Anwendungen wird aber das Business Object sein. Die objektorientierte Denkweise in der Softwareentwicklung hat sich schon seit Jahren durchgesetzt. Durch die Business Objects sind nun die typischen Akteurinnen und Akteure der betriebswirtschaftlichen Prozesse abzubilden. Das Verhalten der Objekte bildet schließlich das Verhalten der Akteure in den Prozessen ab.

> Herr Pelz schaltet sich hier mit einer Bemerkung ein: „Erfahrungsgemäß versuchen auch die Azubis bei ihren Programmieraufgaben sich auf fertige Objekte zu stützen. Das sind zwar nicht immer klassische Business Objects, aber fertige und erprobte Klassen aus Programmbibliotheken tun es auch. Vor dem Selbstentwickeln steht immer das große Suchen."

Business Objects

> Herr Pelz setzt hier die Diskussion fort: „Die Behandlung von ‚Business Objects' ist für euch als Auszubildende hier sicherlich etwas abstrakt. Der Prototyp der ACI Teach Business Software unter Microsoft Access stellt eine Insellösung dar. Die Verbindung ähnlicher Systeme im Betrieb zu einem komplexen ERP-System dürfte auch nachvollziehbar sein, aber die Business Objects sind etwas Neues!" Svenja wirft ein: „Business Objects haben doch sicher etwas mit objektorientierter Programmierung zu tun." Herr Pelz setzt daraufhin seine Ausführungen fort.

Von der Firma SAP AG gibt es eine weithin bekannte Darstellung für ein Business Object, die auch die Merkmale der objektorientierten Programmierung allgemein verdeutlicht.

Jedes Business Object ist die programmtechnische Abbildung eines **betriebswirtschaftlichen Sachverhaltes**. Es umfasst wie jedes Objekt (in der Softwareentwicklung) die Funktionalität (Methoden) und die Daten (Attribute) dieses Sachverhaltes.

Den **Kern** eines Business Objects bilden die zum Objekt gehörenden Daten und Funktionen (Methoden), d. h. die Funktionen, die zur Bearbeitung dieser Daten zulässig sind, z. B. das Anlegen, Ändern oder Erweitern der Daten. Diese Daten und ihre möglichen Bearbeitungs-

Aufbau eines Business Objects (nach SAP AG)

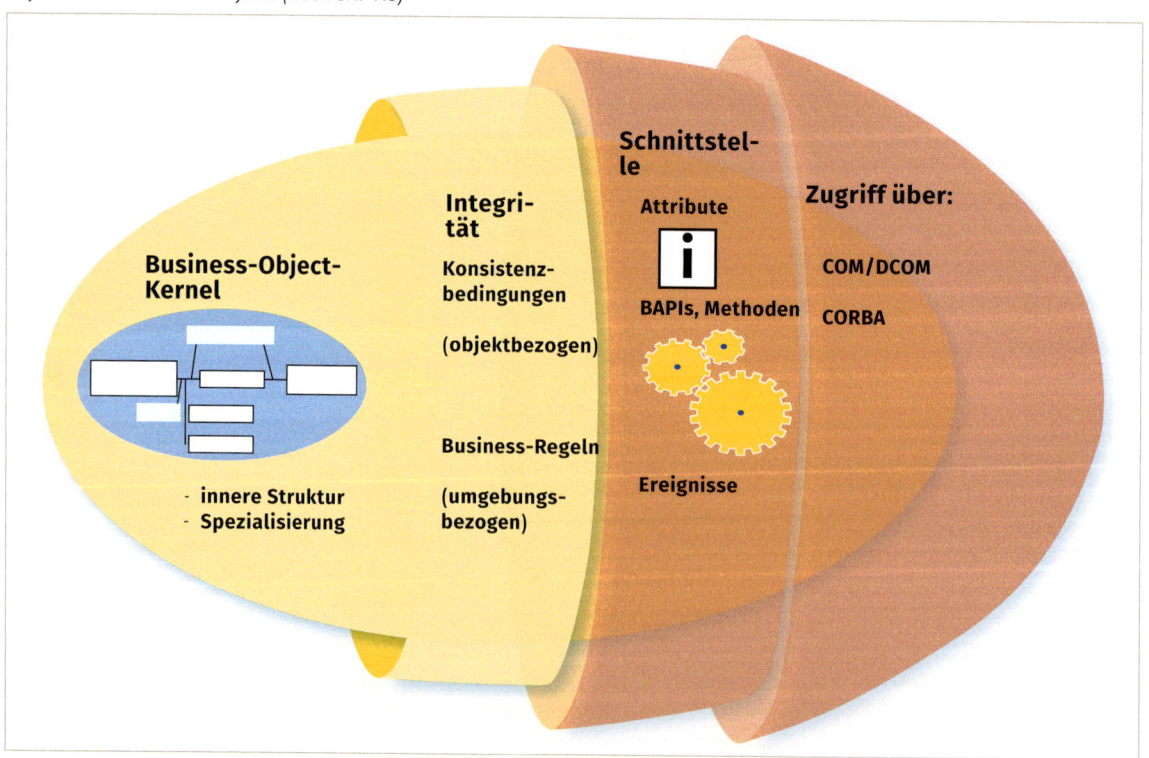

COM, Component **O**bject **M**odel, ist eine Zugriffsmethode unter Windows und bietet Lösungen für den Zugriff auf Objekte, die außerhalb der Anwendung liegen. Sie basiert auf der OLE-Technik. (**OLE: O**bject **L**inking and **E**mbedding: Verbundene Objekte werden entweder durch einen Link erreicht oder eingebettet in die Anwendung.)	Datenaustausch von Anwendungsprogramm zu Anwendungsprogramm unter einem Windows-Betriebssystem
DCOM, Distributed **C**omponent **O**bject **M**odel, ist eine Zugriffsmethode unter Windows und macht OLE auch auf verteilten Systemen verfügbar.	Datenaustausch von Anwendungsprogramm zu Anwendungsprogramm über ein Netzwerk hinweg, aber nur unter mehreren Windows-Betriebssystemen
CORBA steht für **C**omponent **O**bject **R**equest **B**roker **A**rchitecture und ist ein vom Betriebssystem unabhängiger Standard für die Kommunikation der Objekte untereinander.	Datenaustausch von Anwendungsprogramm zu Anwendungsprogramm, auch zwischen verschiedenen Betriebssystemen (z. B. Windows und Linux)

funktionen werden durch die **Konsistenzbedingungen** nach außen geschützt. Eine Konsistenzbedingung (Constraint) ist in diesem Zusammenhang eine Regel, die einen korrekten Zustand des Objektes gewährleistet (z. B. kann ein Lagerbestand niemals negativ werden).

Business Rules sind Regeln, die ein Objekt einhalten muss, damit es sich seinem Umfeld gegenüber wirtschaftlich korrekt verhält. Zum Beispiel kann eine Verkaufsorganisation nur an einen Kunden verkaufen, zu dem Informationen bezüglich der Geschäftsbeziehung vorliegen, andernfalls müssen diese Informationen vor dem Verkauf zunächst erfasst werden.

Die **Schnittstelle** beschreibt die erlaubten Zugriffsmöglichkeiten auf das Business Object. Dabei kann es sich um den erlaubten Zugriff auf öffentliche Daten (public attributes) handeln oder um den für Objekte typischen Zugriff über angebotene Methoden bzw. Ereignisse. Methoden werden hier als **BAPI**s bezeichnet (**B**usiness **A**pplication **P**rogramming **I**nterface).

Von außen, also auch von anderen Business Objects, erfolgt der Zugriff mithilfe der hier beschriebenen standardisierten Verfahren. Diese Schnittstellen dienen damit dem Datenaustausch zwischen den Objekten.

Herr Pelz muss sich hier etwas bremsen, denn er merkt, dass die Kaufleute unter den Auszubildenden seinen Ausführungen schwerer folgen können. Deshalb kehrt er zu betriebsorganisatorischen und kaufmännischen Fragen zurück.

5.2.2 Referenzmodelle oder Business Frameworks

Es gibt zahlreiche betriebswirtschaftliche Prozesse, die in gleicher Weise in jedem Unternehmen zu bearbeiten sind. So verwalten alle Unternehmen beispielsweise ihren Zahlungsverkehr oder verändern ihren Personalbestand durch Einstellungen oder Entlassungen. Bei aller Ähnlichkeit in den Prozessen besitzen aber alle Unternehmen auch ihre spezifischen Prozesse.

Für die Standardprozesse bieten die Entwickler und Entwicklerinnen von ERP-Systemen standardisierte Module oder Business Objects an. Diese werden von den Entwicklerinnen und Entwicklern in einer Umgebung zusammengefasst, die einen idealtypischen Geschäftsprozess abbildet. Hier sind all die Dinge berücksichtigt, die auch im Rahmen der allgemeinen Betriebswirtschaftslehre vermittelt werden. Diese Verbindungen der Business Objects zu einem idealtypischen Geschäftsprozess komplexer Art werden auch als **Referenzmodelle** oder **Business Frameworks** bezeichnet.

In einem Referenzmodell wird dargelegt, welche Business Objects in welcher Kombination sinnvoll oder notwendig sind und wie die Anwendungen (z. B. Einkaufsinformationssystem und Einkauf/Bestandsführung) Daten miteinander austauschen. Bei der Einführung der Software im Unternehmen können die Anwenderinnen und Anwender sich auf diese Referenzmodelle stützen und diese entweder direkt übernehmen oder entsprechend anpassen. Diese Anpassung bezeichnet man als **Customizing,** als das „Zuschneiden auf den Kunden".

Werden die Referenzmodelle unverändert übernommen, besteht die vom Hersteller garantierte Sicherheit der korrekten und vollständigen Abbildung des Geschäftsprozesses. Damit nutzt man jedoch ein Standardwerkzeug und kann keinen Wettbewerbsvorteil gegenüber der Konkurrenz auf dem Markt erringen, die das gleiche Werkzeug nutzen. Trotzdem ist die Nutzung eines derartigen Standardwerkzeuges oft immer noch besser als die „Handarbeit".

Durch das Customizing können die Referenzmodelle oder Business Frameworks modifiziert und so an die besonderen Bedingungen im Unternehmen angepasst werden. Parallel ist es möglich, die enthaltenen

Business Objects durch Eigenentwicklungen zu ersetzen. Wichtig hierfür ist ein konsequentes Konzept zum Aufbau der Software, auch als **Softwarearchitektur** bezeichnet. Die Softwarearchitektur muss die Aktualisierung, Erweiterung und Kombinationsfähigkeit der Softwarebausteine auf lange Sicht garantieren.

> **S** Herr Pelz erinnert die Auszubildenden: „Bitte denkt hier nochmals an die Probleme der Großbaustelle! Das entstandene Gebäude, wie auch unsere zu entwickelnde Software, soll über längere Zeit genutzt werden. Die Nutzungsbedingungen ändern sich aber mit der Zeit. Neue Mieterinnen und Mieter erwarten einen anderen Zuschnitt der Räume. Neue Softwarenutzende wollen Verbindungen zu neuen Parteien herstellen und Daten austauschen. Dazu muss unsere Software eine sichere und offene Architektur besitzen."

5.2.3 Ausgewählte betriebswirtschaftlich-technische Standardanwendungen

Im Laufe der Zeit haben sich einige allgemein anerkannte Standardanwendungen im betriebswirtschaftlich-technischen Bereich abgegrenzt. Die hierfür verwendeten Abkürzungen schwirren den Informatikern und Informatikerinnen im Bereich der Anwendungsentwicklung ständig um die Ohren. Sie stehen jedoch nicht für konkrete Produkte einzelner Hersteller, sondern eher für allgemeine Leistungsmerkmale von Softwareprodukten aus diesem Anwendungsbereich.

Neben den bereits bekannten Abkürzungen ERP, CRM und SCM folgen noch weitere Begriffe, allerdings ohne Anspruch auf Vollständigkeit.

Kürzel	Bedeutung	Funktionsumfang
ERP	**E**nterprise **R**esource **P**lanning	Planung des Ressourceneinsatzes im Unternehmen. Zu den planbaren Ressourcen im Unternehmen gehören das Kapital (die finanziellen Mittel), der Einsatz der technischen Einrichtungen und der Arbeitskräfte sowie die Ressource Information oder Wissen.
CAD	**C**omputer **A**ided **D**esign	computergestütztes technisches Design; wichtig ist die Verwendung von Bibliotheken mit vorgefertigten Konstruktionselementen
CAE	**C**omputer **A**ided **E**ngineering	computergestützte technische Entwicklung
CAP	**C**omputer **A**ided **P**lanning	computergestützte Planung
CAS	**C**omputer **A**ided **S**elling	computergestützter Vertrieb, heute eher CRM (siehe unten)
EDI	**E**lectronic **D**ata **I**nterchange	elektronische Datenübertragung (zu Banken, Versicherungen usw.)
PPS	**P**roduktions**p**lanung und -**s**teuerung	Systeme bezogen auf den eigentlichen Produktionsprozess; vielfach aber auch mit betriebswirtschaftlichen Zusatzfunktionen ausgestattet
MRP I	**M**aterial **R**equirements **P**lanning	Bedarfsplanung hauptsächlich durch Stücklistenauflösung
MRP II	**M**anufacturing **R**esource **P**lanning	Planung von Produktionsaufträgen unter Beachtung von Produktionskapazitäten und Absatzprognosen
CAM	**C**omputer **A**ided **M**anufacturing	computergestützte Produktion
CAQ	**C**omputer **A**ided **Q**uality Assurance	computergestütztes Qualitätsmanagementsystem
TQM	**T**otal **Q**uality **M**anagement	computergestütztes Qualitätsmanagementsystem (moderne Bezeichnung)
BDE	**B**etrie**bs**d**at**en**e**rfassung	mobile Datenerfassung, kontinuierliche Messwerterhebung
PDE	**P**rozess**d**at**en**e**rfassung	automatische Erfassung von Daten an Produktionsanlagen, z. B. durch Zählen oder Wiegen
MDE	**M**aschinen**d**at**en**e**rfassung	automatische Erfassung von Maschinenlaufzeiten
SCM	**S**upply **C**hain **M**anagement	Überwachung der Lieferkette mit Transportpositionsverfolgung
CRM	**C**ustomer **R**elationship **M**anagement	Pflege der Kundenbeziehungen; Einsatz erfolgt vielfach im Callcenter-Bereich
POS	**P**oint **o**f **S**ale	Kassenterminal bei elektronischer Zahlungsverbuchung

5.2.4 Empfehlungen zur Softwarearchitektur

Die Softwarearchitektur spielt neben anderen Aspekten wie Ergonomie, Skalierbarkeit, Offenheit und Funktionalität beim Entscheidungsprozess für eine ERP-Software eine entscheidende Rolle. In der Regel ist die ERP-Auswahl für eine längere Zeit bindend. Da die Architektur wesentliche Bereiche wie

- Offenheit zur Integration anderer Komponenten,
- Performance und Skalierbarkeit,
- Erweiterbarkeit,
- Aufnahme von neuen Trends

bestimmt, kann sich eine Fehlentscheidung bei der Entwicklung oder der Auswahl eines ERP-Systems direkt in ungeplanten Kosten niederschlagen.

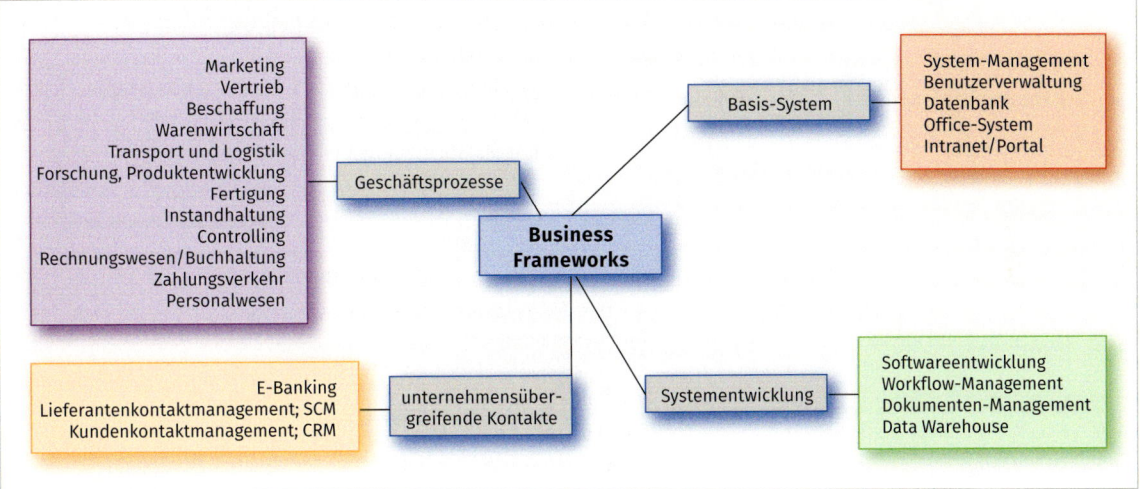

Business Frameworks

S Die Softwarearchitektur der durch die Azubis zu erstellenden Anwendung soll durch folgende Merkmale gekennzeichnet sein:
- Einsatz frei verfügbarer Entwicklungswerkzeuge wie Java
- Verwendung von standardisierten Schnittstellensprachen wie SQL und XML
- konsequente objektorientierte Programmentwicklung in Design und Programmierung zur Schaffung wiederverwendbarer Business Objects
- konsequente Nutzung der Internettechnologie mit ihren Standards

Ein gutes Beispiel für ein Business Framework veröffentlichte ein Software-Partner unseres Modellunternehmens ACI GmbH. Hier soll die Fülle nicht erschlagen, aber es ist trotzdem zweckmäßig, sich an den Technologien großer Softwareentwickler zu orientieren, auch wenn in der Ausbildung nur kleine Bausteine erstellt werden können.

Daraus ergibt sich für die geplante eigene Anwendung der Azubis eine Zielstellung mit folgenden Merkmalen:

- Die Anwendung soll Leistungen aus dem Business Framework „Vertrieb" enthalten.
- Es werden eigene Business Objects entwickelt.
- Die Business Objects wirken im Rahmen einer Webservice-Application zusammen (siehe Grafik „Softwarearchitektur" auf folgender Seite).

Die Systemarchitektur der zu entwickelnden Anwendung für den Bereich „Vertrieb" in der ACI GmbH wird dem dargestellten Konzept entsprechend auf Business Objects aufbauen. Die Business Objects werden in Java entwickelt und sind als Bytecode portabel auf verschiedenen Betriebssystemen einsetzbar. Es gibt Basis Business Objects, die die Verbindung zur Datenbank und zum Web sichern, und es gibt Business Objects, die die Aktivitäten in Geschäftsprozessen abbilden. Aus der Zusammenstellung inhaltlich passender Business Objects entsteht ein Business Framework und unter Einsatz verschiedener Business Frameworks entsteht schließlich das betriebliche Anwendungssystem.

Die zu entwickelnde Anwendung für den Bereich **Vertrieb** stellt nur einen Teil des betrieblichen Anwen-

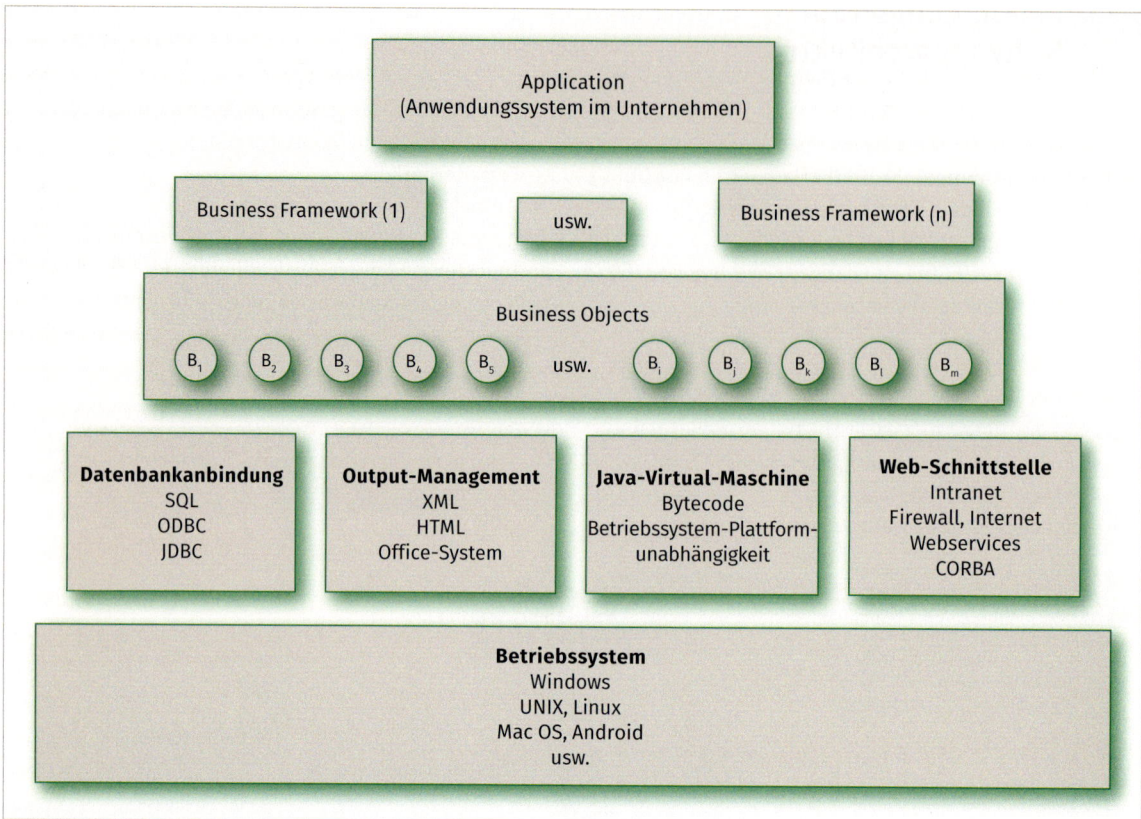

Softwarearchitektur

dungssystems in der ACI GmbH dar. Die zu entwickelnde Anwendung wird damit ein Business Framework neben vielen anderen in der ACI GmbH sein. Orientieren sich alle erstellten Business Frameworks im Unternehmen an der dargestellten Architektur, so ist ihr Zusammenwirken durch Datenaustausch und wechselseitige Aktivierung von Methoden gesichert.

Aufgaben

1. Erklären Sie die drei Schichten zur Kapselung der Daten in einem Business Object.
2. Warum gibt es Standards für den Zugriff auf Business Objects?
3. Was versteht man unter dem Customizing einer Standardsoftware?
4. Was bezwecken die Anbieter betriebswirtschaftlicher Standardsoftware mit der Bereitstellung von Referenzmodellen?
5. Worin liegt der Unterschied von PPS- und ERP-Systemen?
6. Welche Parallelen gibt es zwischen den Aufgaben der Softwarearchitektur und den Aufgaben der Architektur am Bau, wenn Sie an den bildlichen Vergleich von „Softwareentwicklung im Großen" mit der Großbaustelle denken?
7. Was ist damit gemeint, wenn man bei Software von einer „offenen Architektur" spricht?
8. Bestimmen Sie die Objekte (Personen, Gegenstände, Hilfsmittel usw.), die an dem einfachen Geschäftsprozess des Kaufs einer Ware in einem Ladengeschäft beteiligt sind, z. B. beim Kauf von Brot in einer Bäckerei. Ermitteln Sie einige für den Geschäftsprozess wesentliche Merkmale (Daten) dieser Objekte und schreiben Sie diese auf.
9. Bestimmen Sie die Objekte, die an dem Geschäftsprozess des Verzehrs einer Mittagsmahlzeit in einer Gaststätte mit Bedienung beteiligt sind.
    a) Ermitteln Sie einige für den Geschäftsprozess wesentliche Merkmale (Daten) dieser Objekte und schreiben Sie sie auf.
    b) Was vereinfacht den Geschäftsprozess in der Systemgastronomie, z. B. in einem Fastfoodrestaurant?
10. Recherchieren Sie frei verfügbare CAD-ähnliche Systeme (Wohnungsplaner, Küchenplaner, Garten-

planer usw.) und verschaffen Sie sich einen Überblick über die mitgelieferten Objektbibliotheken.
11. Sicherlich nutzen Sie die Dienste eines Providers für Ihren E-Mail-Verkehr. Versuchen Sie, die Architektur der hierbei eingesetzten Softwaresysteme zu skizzieren; achten Sie hierbei auch auf die räumliche Verteilung.

5.3 Entwurf von Testszenarien

Zur Design-Phase gehört auch die Formulierung von Testszenarien. Diese Testaufgaben werden bewusst zu einem sehr frühen Zeitpunkt ohne Kenntnis des erst später zu entwickelnden Softwareproduktes festgeschrieben. Damit wird die Möglichkeit für einen Black-Box-Test gesichert. Man formuliert Testaufgaben, ohne die interne Struktur und die Funktionsweise der Software zu kennen. Diese Testaufgaben können auch vor Vollendung des Softwareproduktes jederzeit eingesetzt werden.

Wichtig ist die Formulierung und Fixierung der Verbindung zwischen Input und Output, zwischen Situation und Ergebnis. Später kann man dann überprüfen, ob der Input den erwarteten Output bewirkt, ob in der provozierten Situation das erwartete Ergebnis produziert wird.

Zur Erfassung der Testszenarien bietet sich eine Tabellenform an. Dazu folgen mit Test-Nr. 1 bis 4 einige sehr einfache Beispiele:

Test-Nr. 1	**Komponente**/Gegenstand des Tests	Anmeldeformular
	Anforderungen an das System	Ein bekannter Nutzer oder eine bekannte Nutzerin des Webshops meldet sich konkret mit Passwort an.
	erwartetes Ergebnis	Das Formular zur **Katalogauswahl** für Webshop-Benutzer/-innen öffnet sich.
	Prüfergebnis: Test liefert erwartetes Ergebnis.	ja/nein

Test-Nr. 2	**Komponente**/Gegenstand des Tests	Anmeldeformular
	Anforderungen an das System	Ein registrierter Mitarbeiter oder eine registrierte Mitarbeiterin der ACI-Niederlassung meldet sich korrekt mit Passwort an.
	erwartetes Ergebnis	Das Menü zum **Warenwirtschaftssystem** öffnet sich.
	Prüfergebnis: Test liefert erwartetes Ergebnis.	ja/nein

Test-Nr. 3	**Komponente**/Gegenstand des Tests	Anmeldeformular
	Anforderungen an das System	Unbekannter Nutzer oder unbekannte Nutzerin des Webshops meldet sich neu an.
	erwartetes Ergebnis	Das Formular zur **Anmeldung** für Webshop-Benutzer/-innen öffnet sich.
	Prüfergebnis: Test liefert erwartetes Ergebnis.	ja/nein

Test-Nr. 4	**Komponente**/Gegenstand des Tests	Anmeldeformular
	Anforderungen an das System	Bekannter Nutzer oder bekannte Nutzerin des Webshops meldet sich mit fehlerhaftem Passwort an.
	erwartetes Ergebnis	Ein Hinweisfenster mit dem Hinweis auf die fehlerhaften Anmeldedaten erscheint. Der Zugang bleibt weiterhin verschlossen.
	Prüfergebnis: Test liefert erwartetes Ergebnis.	ja/nein

Dieser Entwurf von Testaufgaben in der Design-Phase schafft die Verbindung zu der Idee des V-Modells, wie es bereits in Kapitel 3.3.5 beschrieben wurde. Der Entwicklungsprozess bewegt sich entlang der beiden Seiten des V, links liegen die Schritte der Entwicklung und rechts die Schritte der Bereitstellung. Entwicklungs- und Bereitstellungsaktivitäten liegen gedanklich auf einer horizontalen Ebene. So stehen auch die Testaufgaben dem Entwicklungsauftrag auf einer Ebene gegenüber.

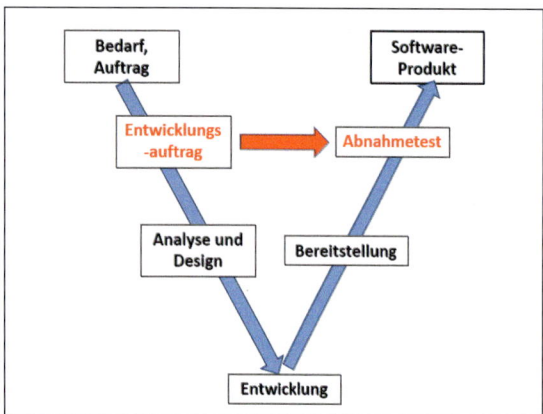

5.4 Orientierung an Vorgehensmodellen

Das in weiten Bereichen der Wirtschaft und Verwaltung verbindliche Vorgehensmodell „V-Modell XT" bietet zahlreiche Vorlagen zur Gestaltung der Dokumente im Prozess der Softwareentwicklung an. Das V-Modell XT bestimmt die Gliederung der Dokumente, macht Vorgaben zu ihrem Inhalt und benennt die Verantwortlichen als Rollen im Projekt.

Bevor mit der Erstellung des Pflichtenheftes begonnen wird, empfiehlt sich das Studium der Vorgaben des V-Modells XT. Hier wird daher kurz die Vorgehensweise nach dem V-Modell XT beschrieben, woraus auch die Quelle für die Gliederung des Lastenheftes (siehe Kap. 5.5.2) und die nachfolgend zitierte Anleitung zum Erstellen des Pflichtenheftes erkennbar wird.

> **Vorgehensmodell** W
> Ein Vorgehensmodell ist eine Arbeitsanleitung, die beschreibt, wie und in welcher Reihenfolge Arbeiten bei der Organisation und Durchführung eines Projektes durchzuführen sind.

5.4.1 Vorgehensweise nach dem V-Modell XT

Das V-Modell®XT ist ein Vorgehensmodell für die Entwicklung von IT-Systemen für Wirtschaft und Verwaltung. Es gibt Empfehlungen für das Vorgehen bei der Entwicklung von Hard- und Softwaresystemen und wurde erstmals im Jahre 1992 von der Bundeswehr veröffentlicht. Seither wurde es mehrfach überarbeitet; aktuell gilt die Version 2.4, veröffentlicht im Sommer 2024. Das daraus abgeleitete „V-Modell®XT Bund" ist das auf die Bedürfnisse der Bundesverwaltung als Auftraggeber zugeschnittene Modell für die Planung und Durchführung von IT-Projekten. Der Zusatz „XT" steht für „eXtrem Tailoring" und unterstreicht die flexible Anpassbarkeit an spezifische Projektumfelde.

Das V-Modell®XT wurde unter Einbeziehung von wissenschaftlichen Einrichtungen und Praxispartnern im Auftrag des Beauftragten der Bundesregierung für Informationstechnik (heute: CIO Bund) entwickelt Aktuell wird das V-Modell XT durch den hierfür gegründeten Verein WEIT e. V. weiterentwickelt und gepflegt. Für das V-Modell XT Bund ist das ITZBund (Informationstechnikzentrum Bund) zuständig.

Der CIO Bund ist der zentrale Ansprechpartner für Länder und Wirtschaft bei der Zusammenarbeit mit der Bundesregierung in IT-Fragen der öffentlichen Verwaltung des Bundes. Das ITZBund gehört zum Geschäftsbereich des Bundesministeriums der Finanzen und arbeitet ressortübergreifend als zentraler IT-Dienstleister für die gesamte Bundesverwaltung.

Der CIO Bund publiziert das V-Modell®XT im Internet auf seiner Web-Seite unter „Digitaler Wandel"® „Architektuen und Standards". Das V-Modell®XT ist unter der Apache License Version 2.0 freigegeben, damit frei verfügbar und von allen kostenlos nutzbar.

Allein die Bezeichnung V-Modell unterliegt als Wortmarke dem Markenrecht; entsprechend ist die Trademark ® wenigstens bei der ersten Nennung im Text anzugeben (V-Modell®XT) und die Bundesrepublik Deutschland als Trademark-Inhaberin zu nennen.

Die Anwendung des V-Modell XT ist für die Behörden der Bundesverwaltung **verbindlich.** Will eine Behörde einen Auftrag zur Softwareentwicklung vergeben, so muss nach dem V-Modell XT Bund vorgegangen werden. Auftragnehmer der Bundesverwaltung, also auch Unternehmen aus der freien Wirtschaft, müssen ebenfalls nach diesem Vorgehensmodell arbeiten. Wenn Unternehmen häufig Aufträge des Bundes bearbeiten, bietet sich das Vorgehen nach dem V-Modell XT auch als unternehmensinterner Standard an.

Das V-Modell XT gliedert sich in ein Teilmodell für **Auftraggeber** und in ein Teilmodell für **Auftragnehmer**. Für beide Seiten werden einheitliche Begriffe, einheitliche Dokumente sowie einheitliche Vorgehensbausteine und Bewertungsvorschriften festgelegt.

Das V-Modell XT definiert die Aktivitäten (Tätigkeiten) und Produkte (Ergebnisse), die während der Entwicklung von Systemen durchzuführen bzw. zu erstellen sind. Es legt die Verantwortlichkeiten aller Projektbeteiligten fest. Das Modell regelt also detailliert, **„wer wann was"** in einem Projekt zu tun hat. Nur das **„Wie"** bleibt den Ausführenden freigestellt, d. h., die Methoden der Softwareentwicklung sind frei wählbar.

Das V-Modell XT soll für unterschiedliche Projekte einsetzbar sein. Seine Begrifflichkeiten bewegen sich daher auf einer sehr abstrakten Ebene. Man spricht hier von einem **generischen,** d. h. von einem allgemein anwendbaren, nicht weiter spezifizierten Modell. Es ist sehr abstrakt, anwendungsunabhängig und methodenneutral aufgebaut und es gibt keinen Hinweis auf das „Wie".

Ein Tool zum Modell, der Projektassistent, generiert einen fast leeren Rahmen, erzeugt jedoch die Gliederung und Inhaltsbeschreibung von Produkten (wie dem Lastenheft), hilft den Benutzer und Benutzerinnen aber nicht beim Eintragen der spezifischen Inhalte, was eigentlich auch kein Tool leisten kann.

Die Anpassung auf die möglichen Anwendungsgebiete geschieht durch das **Tailoring**, durch das „Zuschneiden" auf das gewünschte Einsatzgebiet. Das V-Modell XT bietet unter Einsatz seines Projektassistenten das Zuschneiden auf folgende Projektgegenstände jeweils aus Auftraggeber- oder Auftragnehmersicht an:
- Einführung und Pflege eines organisatorischen Vorgehensmodells
- eingebettete Systeme
- Hardwaresysteme
- Komplexe Systeme
- Softwaresysteme
- Systemintegration

Zusätzlich bietet die Rubrik umfassende Informationen rund um das V-Modell XT. Einsteigerinnen und Einsteiger können das V-Modell XT über eine virtuelle Präsentation kennenlernen.

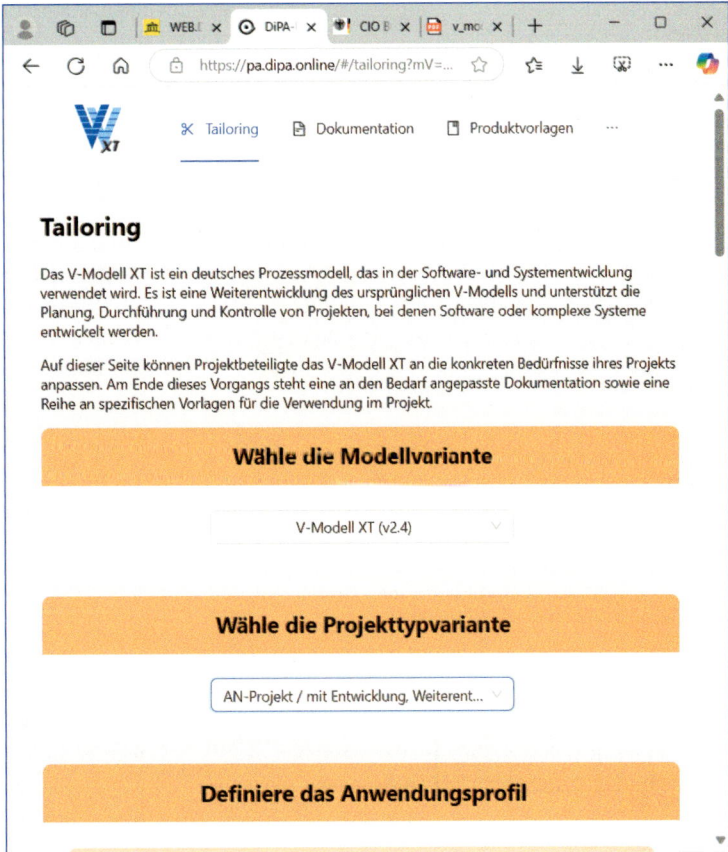

Die folgende Tabelle fasst den Dialog mit dem Projektassistenten beispielhaft zusammen:

V-Modell Projektassistent (v2.4)		
Wähle die Modellvariante	V-Modell XT (v2.4) V-Modell XT Bund (v2.4)	
Wähle die Projekt-typvariante	Wähle die Projekt-typvariante	
	/ mit Entwicklung, Weiterentwicklung oder Migration / mit Wartung und Pflege	
Definiere das Anwendungsprofil		
Ist eine kaufmännische Projektplanung und -verfolgung notwendig?		Ja / Nein
Sollen quantitative Projektkennzahlen gemessen und analysiert werden?		Ja / Nein
Müssen im Projekt Aspekte der Informationssicherheit (**Security**) oder des Datenschutzes (**Privacy**) berücksichtigt werden?		Ja / Nein
Müssen im Projekt Aspekte der Funktionssicherheit (**Safety**) berücksichtigt werden?		Ja / Nein
Was ist der Entwicklungsgegenstand des Projekts?		SW / HW / SW und HW
SW → Hauptgegenstand des Projekts ist ein Softwaresystem, also ein Programm im weitesten Sinn. Softwaresysteme sind zum Beispiel E-Commerce-Anwendungen oder Programme zur Adressverwaltung.		
Sollen, soweit sinnvoll und möglich, Fertigprodukte evaluiert und eingesetzt werden?		Ja / Nein
Müssen im Projekt Aspekte der Barrierefreiheit und/oder der Software-Ergonomie berücksichtigt werden?		Ja / Nein
Wird das System nach der Entwicklung in den IT-Betrieb überführt?		Ja / Nein
Sollen während der Systementwicklung Unteraufträge vergeben werden?		Ja / Nein
Soll in diesem Projekt ein Altsystem migriert werden?		Ja / Nein
Generiere Dokumentation		

5.4.2 Grundkonzept des V-Modell XT

Das V-Modell strukturiert den Softwareentwicklungsprozess ähnlich dem Wasserfallmodell in einer sequenziellen Abfolge von Phasen. Als wesentlichen Fortschritt betont es die Zusammengehörigkeit von Produkten und den Tests, die diese Produkte überprüfen.

Produkte und die Sicherung der Qualität dieser Produkte stehen somit im Mittelpunkt der Überlegungen zum V-Modell. Als Produkte werden die zahlreichen Dokumente angesehen, die bereits bei der Einführung des Begriffes „Software" aufgeführt wurden.

Beispiel für die Anwendung des V-Modell XT

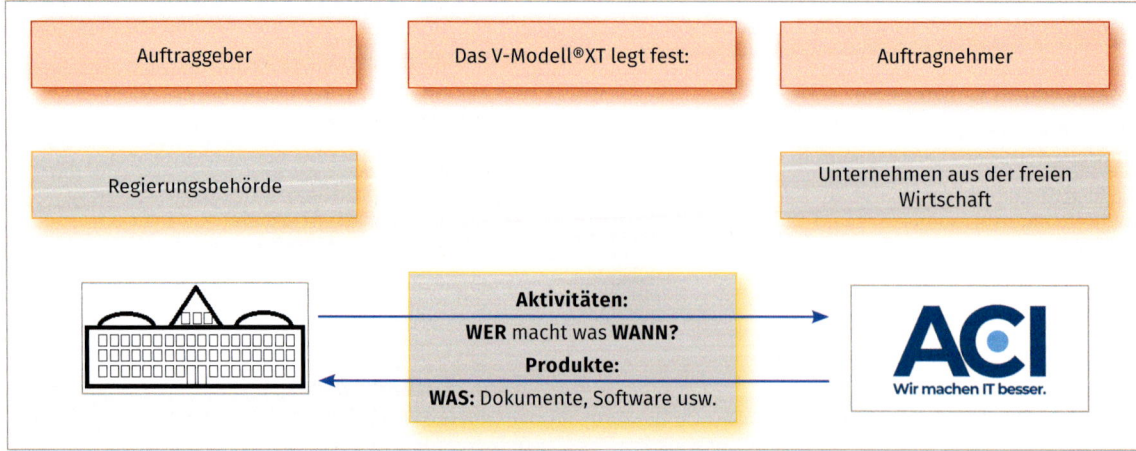

Die folgenden Ausführungen zum V-Modell XT beschränken sich auf Softwareentwicklungsprojekte und auf die Sicht der Auftragnehmer. Das V-Modell XT bietet darüber hinaus noch wesentlich mehr Vorgaben zu Aktivitäten, Produkten, Rollen und Vorgehensbausteinen, deren Studium durchaus empfehlenswert ist.

5.4.2.1 Produkte stehen im Mittelpunkt

Das V-Modell ist produktorientiert. Jedes Ergebnis, auch jedes Zwischenergebnis ist ein Produkt. Bei der Betrachtung der Phasen der Softwareentwicklung wurde bereits dargestellt, dass die Softwareentwicklung Dokumente produziert. Der Quellcode ist nur ein Dokument unter vielen. So entstehen auch die folgenden Dokumente bei einer „Softwareentwicklung im Großen":

1. **Lastenheft** vom Auftraggeber als Basis für die Auftragserteilung
2. **Projektplan** vom Entwicklungsteam mit Zeit- und Ressourcenplanung
3. **Pflichtenheft** als Angebot vom Entwicklungsunternehmen
4. **Anforderungsspezifikation** als Ergebnis der genauen Anforderungsanalyse
5. **Entwurfsbeschreibung** unter Verwendung von allgemeinen Darstellungsmitteln (z. B. UML, EPK oder Datenmodelle mit ERM)
6. Protokolle von **Reviews** zur Spezifikation und zum Design
7. **Quellcode** bei der Implementierung des lauffähigen Systems
8. **Testprotokoll** für Black-Box- und für White-Box-Tests
9. Protokolle von **Reviews** und Code-Inspektionen
10. **Dokumentation** (Kommentierung des Programms, Benutzerhandbuch oder Onlinehilfe, Installationsanleitung)
11. **Abschlusspräsentation** des lauffähigen Systems für den Auftraggeber
12. **Abnahmeprotokoll**

In den Schaubildern zum V-Modell XT wird die zentrale Stellung der Produkte wie folgt dargestellt (siehe Schaubild auf der vorigen Seite).

Ein Produkt ist das Ergebnis einer Aktivität. Verantwortlich für das Produkt ist eine Person, die im Entwicklungsprozess eine bestimmte Rolle übernimmt.

S Aslan wendet sich hier an Herrn Pelz: „Ich soll zu unserem Kick-Off-Meeting das Protokoll erstellen. Jetzt habe ich mir das Dokument zum V-Modell im Internet angesehen und dort Hilfe gesucht. Das sind aber über 400 Seiten. Wie finde ich dort etwas zu unserem Kick-Off-Meeting?" Herr Pelz beruhigt ihn: „Das V-Modell ist ein generisches Modell, also ein unspezifisches Modell. Es bietet quasi für alle etwas. Und das XT (eXtrem Tailoring) verweist darauf, dass es für die spezifischen Projektaufgaben zugeschnitten, also reduziert werden kann. Das V-Modell enthält Hinweise für Auftraggeber und für Auftragnehmer, Hinweise für Hardware- und Software-Projekte usw. So kommen die 400 Seiten zusammen. Der Projektassistent hilft, die relevanten Produkte auszuwählen.

Übringens verwenden wir das V-Modell XT in der Ausbildung gerade wegen dieses generischen Herangehens. Auch die Auszubildenden in den anderen IT-Berufen finden hier Vorlagen für Dokumente, die sie im Rahmen von Projekten erstellen müssen. Außerdem garantieren derartige von zentralen Stellen angebotenen Vorlagen die Vollständigkeit, d. h. die Beachtung aller Aspekte, aller Schritte vom Auftrag über die Schutzbedarfsanalyse bis hin zur logistischen Absicherung der Auslieferung."

Der Projektassistent liefert eine Vielzahl von Vorlagen für Dokumente, unter anderem auch für das Lastenheft und das Pflichtenheft, die im Rahmen der Bearbeitungsaktivitäten projektbezogen zu vervollständigen sind. Es folgt eine Übersicht über die Vorlagen für den Auftragnehmer einer Softwareentwicklung, generiert durch den Projektassistenten.

```
☐ Alles auswählen
  > ☑ Anbahnung und Organisation
  > ◼ Planung und Steuerung
  > ☐ Risikomanagement
  > ☐ Problem- und Änderungsmanagement
  > ◼ Qualitätssicherung
  > ☐ Berichtswesen
  > ☑ Systemanalyse
  ∨ ☑ Systementwurf
      > ☑ 🗎 Pflichtenheft (Gesamtsystementwurf)
      > ☑ 🗎 Systemarchitektur
      > ☑ 🗎 SW-Architektur
      > ☑ 🗎 Implementierungs-, Integrations- und Prüfkonzept System
      > ☑ 🗎 Implementierungs-, Integrations- und Prüfkonzept SW
      > ☑ 🗎 Sicherheitskonzeption
      > ☑ 🗎 Erweiterung der Vorgaben zur Informationssicherheit
      > ☑ 🗎 Erweiterung der Vorgaben zum Datenschutz
      > ☑ 🗎 Datenbankentwurf
  > ☐ Systemspezifikation
  > ☐ Logistikelemente
  > ☐ IT-Organisation und Betrieb
  > ☐ Lieferung und Abnahme
```

Produkte für den Auftragnehmer
(Anmerkung: Später behandelte Dokumente sind fett gedruckt)

Anforderungen und Analyse
1. Anwenderaufgabenanalyse.rtf
2. **Make-or-Buy-Entscheidung.rtf**
3. Anforderungen.rtf (**Lastenheft,** findet sich beim **Auftraggeber** an dieser Stelle)

Angebots- und Vertragswesen
1. Angebot.rtf
2. Bewertung der Ausschreibung.rtf

Berichtswesen
1. Besprechungsdokument.rtf
2. Kaufmännischer Projektstatusbericht.rtf
3. Metrikauswertung.rtf
4. Projektabschlussbericht.rtf
5. Projektstatusbericht.rtf
6. Projekttagebuch.rtf
7. QS-Bericht.rtf

Konfigurations- und Änderungsmanagement
1. Änderungsentscheidung.rtf
2. Änderungsstatusliste.rtf
3. Problem-Änderungsbewertung.rtf
4. Problemmeldung Änderungsantrag.rtf
5. Produktkonfiguration.rtf

Planung und Steuerung
1. Arbeitsauftrag.rtf
2. Kaufmännische Projektkalkulation.rtf
3. Projektfortschrittsentscheidung.rtf
4. Projekthandbuch.rtf
5. Projektplan.rtf
6. QS-Handbuch.rtf
7. Risikoliste.rtf
8. Schätzung.rtf

Prüfung
1. Nachweisakte.rtf
2. Prüfprotokoll Benutzbarkeit.rtf
3. Prüfprotokoll Dokument.rtf
4. Prüfprotokoll Prozess.rtf
5. Prüfprotokoll Systemelement.rtf
6. Prüfprozedur Systemelement.rtf
7. Prüfspezifikation Benutzbarkeit.rtf
8. Prüfspezifikation Dokument.rtf
9. Prüfspezifikation Prozess.rtf
10. Prüfspezifikation Systemelement.rtf

Systementwurf
1. **Datenbankentwurf.rtf**
2. Implementierungs-, Integrations- und Prüfkonzept SW.rtf
3. Implementierungs-, Integrations- und Prüfkonzept System.rtf
4. Implementierungs-, Integrations- und Prüfkonzept Unterstützungssystem.rtf
5. **Mensch-Maschine-Schnittstelle (Styleguide).rtf**
6. **Softwarearchitektur.rtf**
7. Systemarchitektur.rtf
8. Unterstützungs-Systemarchitektur.rtf

Systemspezifikation
1. Externe-Einheit-Spezifikation.rtf
2. Gesamtsystemspezifikation (**Pflichtenheft**).rtf
3. SW-Spezifikation.rtf
4. Systemspezifikation.rtf

Die in der folgenden Grafik verwendete Notation (Pfeile, Ziffern, Sterne) wird im Kapitel 7.3.3 beim UML-Klassendiagramm erläutert.

Produkte im Zentrum aller Aktivitäten

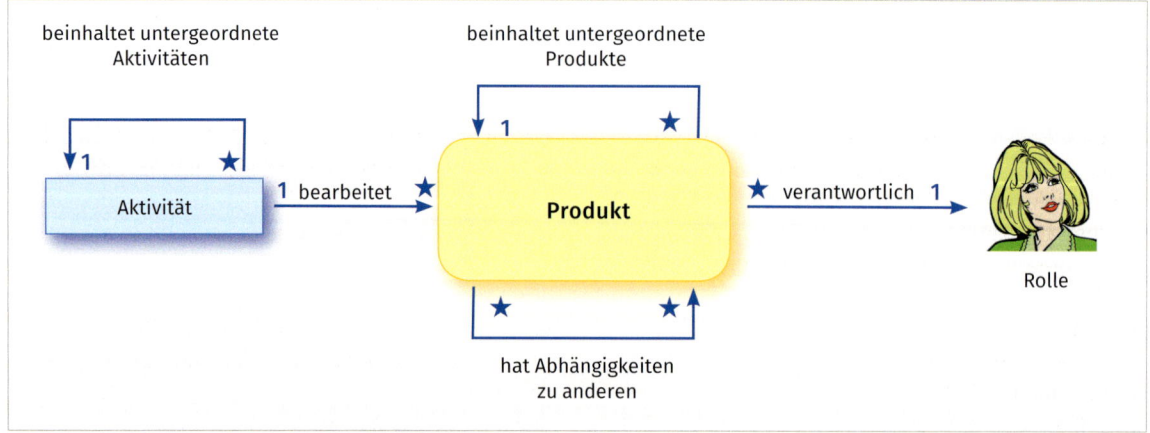

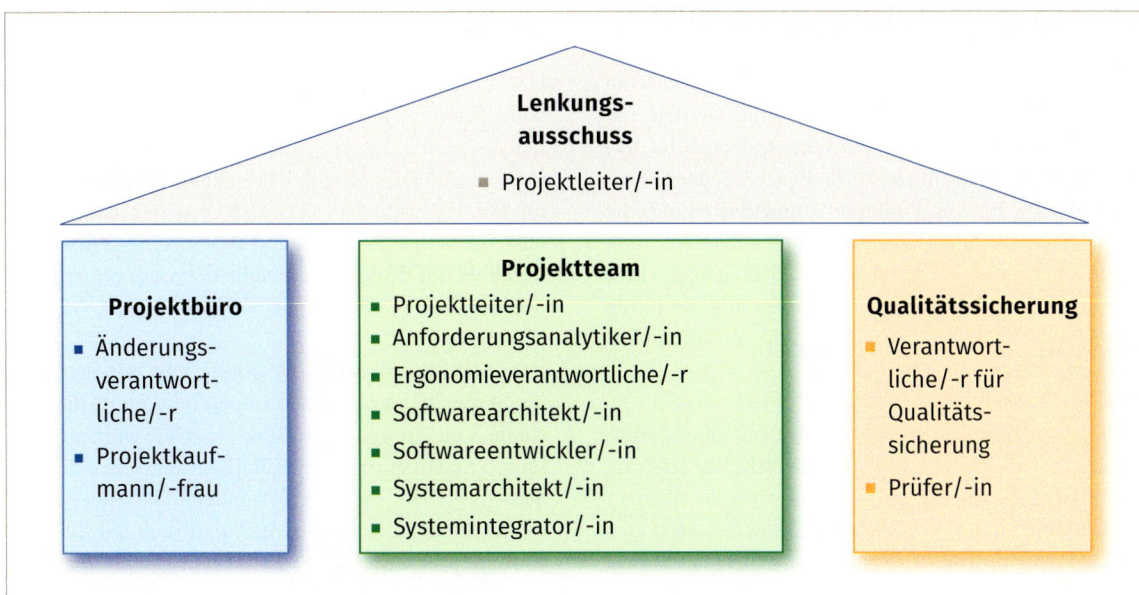

Rollen beim Auftragnehmer in der Softwareentwicklung (vgl. Kap. 2.2 Projektorganisation)

S Diese Fülle der Vorlagen begeistert Svenja schon: „Endlich gibt es umfangreiche Hinweise, wie die Dokumente zur Softwareentwicklung aussehen sollen, verbunden mit Hinweisen auf eine entsprechenden Autorität im Hintergrund. Wenn die staatlichen Auftraggeber das so vorgeben, dann müssen sich die Auftragnehmer danach richten. Hauptsache, die Softwareunternehmen übernehmen das auch für ihren internen Gebrauch. Es sieht ja alles sehr gut geregelt aus – man kann natürlich auch sagen, dass es sehr bürokratisch aussieht. Es muss viel Papier produziert werden, aber wenigstens gibt es Vorgaben zum Inhalt der Papiere. Und das Las-tenheft von Frau Horn war doch sehr hilfreich. Aber wo bleiben bei dem vielen Papier eigentlich wir, die Softwareentwicklerinnen und -entwickler?"

5.4.2.2 Rollen

Das V-Modell XT ordnet den am Projekt beteiligten Personen Rollen zu. Beim Auftragnehmer unterscheidet man unter anderem folgende Rollen im Projektteil „Softwareentwicklung" (in alphabetischer Reihenfolge):

1. Änderungsverantwortliche Person
2. Anforderungsanalytiker/-in beim Auftragnehmer
3. Ergonomieverantwortliche/-r
4. Lenkungsausschuss
5. Projektkaufmann/-frau
6. Projektleiter/-in
7. Prüfer/-in
8. Verantwortliche/-r Qualitätssicherung
9. Softwarearchitekt/-in
10. Softwareentwickler/-in
11. Systemarchitekt/-in
12. Systemintegrator/-in

Und es gibt noch einige mehr. Diese Rollen kann man dem bereits bekannten Schema zur Projektorganisation gut zuordnen.

Hier finden sich auch die Rollen der Softwarearchitekten und -entwicklerinnen wieder, die den Fachinformatikerinnen und -informatikern Anwendungsentwicklung entsprechen, sowie die Rolle des Projektkaufmanns oder der Projektkauffrau (siehe Dokumentenvorlage „Make-or-Buy-Entscheidung.rtf"), die beim Auftragnehmer von einem Kaufmann oder einer Kauffrau für IT-System-Management ausgefüllt werden kann. Beim Auftraggeber kann diese Rolle der der Kaufmann oder die Kauffrau für Digitalisierungsmanagement übernehmen. Interessant ist auch die Herausstellung eines oder einer Ergonomieverantwortlichen (siehe Dokumentenvorlage „Mensch-Maschine-SchnittstelleStyleguide.rtf"), wodurch die besondere Bedeutung der Softwareergonomie für die Akzeptanz bei den Anwenderinnen und Anwender unterstrichen wird.

Die Fachinformatikerinnen und -informatiker Systemintegration finden ihre Rolle als Systemarchitektinnen und Systemintegratoren. Projektleitung und Anforderungsanalyse entfallen dagegen eher auf die Informatikerinnen und Informatiker mit Studienabschlüssen.

5.4.3 Vorgehensbausteine und Tailoring

Ein Vorgehensbaustein fasst mehrere Aktivitäten zu einer Einheit zusammen. Aktivitäten werden von einem Menschen erbracht, der eine Rolle ausübt. Aktivitäten wiederum führen zu Produkten. Jeder Vorgehensbaustein ist eine konkrete Aufgabenstellung, die im Rahmen eines V-Modell-Projektes auftreten kann. Der Vorgehensbaustein kapselt dabei diejenigen Produkte, Aktivitäten und Rollen, die für die Erfüllung dieser Aufgabenstellung relevant sind und damit inhaltlich zusammengehören.

Produkte werden im V-Modell als Rechteck mit abgerundeten Ecken dargestellt, Aktivitäten erscheinen in Form von Rechtecken. Vorgehensbausteine sind die elementaren Einheiten des V-Modells. Ein V-Modell setzt sich also aus verschiedenen Vorgehensbausteinen zusammen.

Das Gesamtmodell umfasst ca. 120 Vorgehensbausteine. Für die Softwareentwicklung werden davon 22 empfohlen. In jedem Projekt ist die Verwendung der folgenden vier Vorgehensbausteine Pflicht. Sie werden auch als Kern des V-Modells bezeichnet:
- Projektmanagement
- Konfigurationsmanagement
- Qualitätsmanagement
- Problem- und Änderungsmanagement

Das Tailoring beim V-Modell XT beschreibt die Auswahl der für ein konkretes Projekt relevanten Vorgehensbausteine. Dieses „Zuschneiden" erfolgt im Dialog mit Unterstützung des Projektassistenten. Hier erfolgt die Auswahl der relevanten Vorgehensbausteine je nach gewählter Situation und Position zum Projekt. Im Ergebnis des Tailoring entsteht dann ein angepasstes und reduziertes projektspezifisches V-Modell.

Vom Standpunkt der Entwicklung und Bereitstellung von Anwendungssystemen interessieren natürlich besonders die Vorgehensbausteine zur Softwareentwicklung. Die entsprechende Abbildung auf der nächsten Seite zeigt die hierzu gehörenden Aktivitäten, Produkte und Rollen, die sich hier natürlich auf die Softwarearchitektinnen und Softwareentwickler beziehen.

Die in den Grafiken „Vorgehensbaustein und seine Bestandteile" und „Vorgehensbaustein Softwareentwicklung" verwendete Notation wird im Kapitel 7.3 bezüglich UML erläutert.

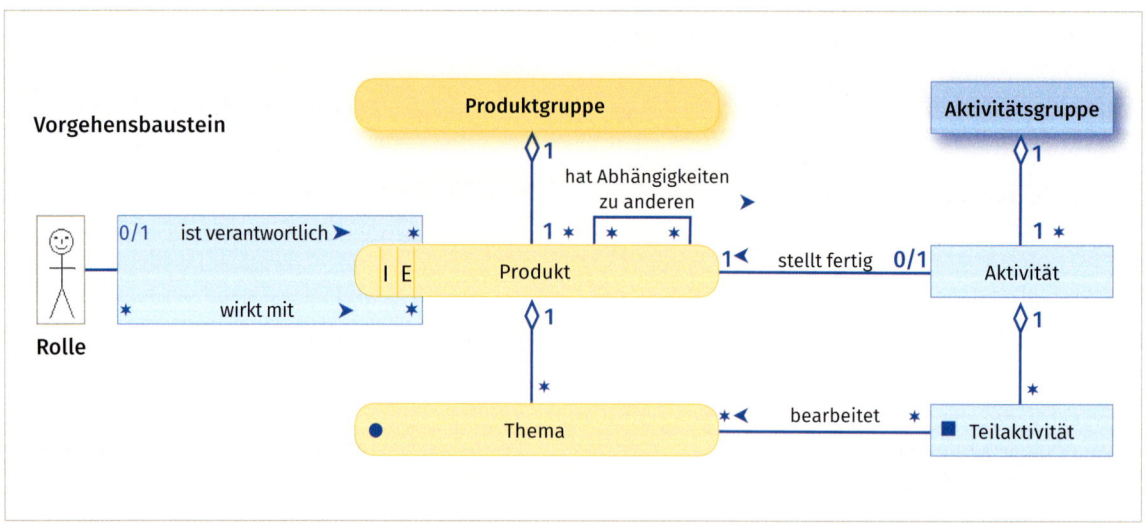

Vorgehensbaustein und seine Bestandteile

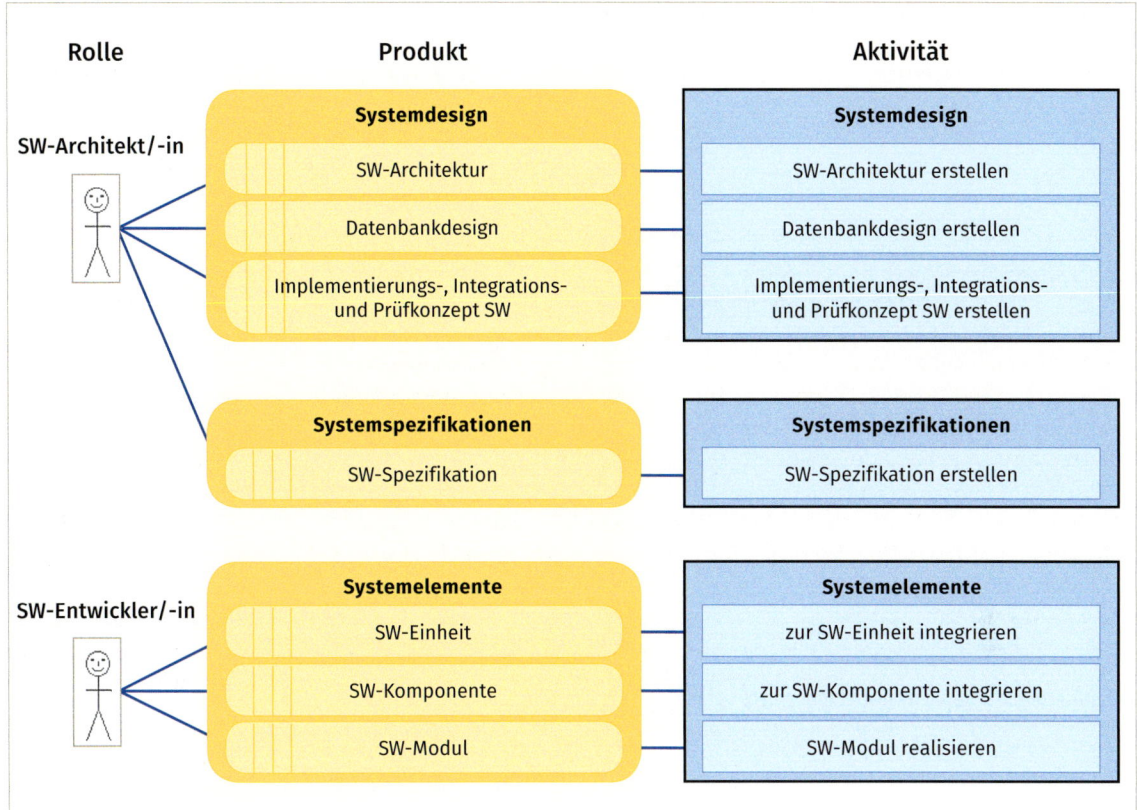

Vorgehensbaustein Softwareentwicklung

5.4.4 Projektdurchführungsstrategien

Der inhaltliche und zeitliche Ablauf eines Projektes ist in der Regel komplex. Um eine zuverlässige Planung und Steuerung des Projektes zu ermöglichen, muss ein geordneter Projektablauf entwickelt werden. Hierfür stellt das V-Modell den Anwender und Anwenderinnen einen Katalog von sogenannten Projektdurchführungsstrategien zur Verfügung. Eine Projektdurchführungsstrategie definiert einen grundlegenden Rahmen für die geordnete und nachvollziehbare Durchführung eines Projektes.

Die Vorgehensbausteine selbst sind elementar, sie geben keinerlei Hinweise auf eine mögliche Reihenfolge der Durchführung von Aktivitäten. Die Projektdurchführungsstrategie legt die Reihenfolge der Aktivitäten und damit auch die Reihenfolge der Vorgehensbausteine fest.

Für jeden Projekttyp bietet das V-Modell mindestens eine geeignete Projektdurchführungsstrategie an.

Projektdurchführungsstrategien für die Softwareentwicklung

- **Inkrementelle Systementwicklung** (aus gleichartigen Teilen wachsend – Phasenmodell: Wasserfallmodell)
- **Komponentenbasierte Systementwicklung** (aus Bausteinen aufgebaut – Phasenmodell: Spiralmodell)
- **Agile Systementwicklung** (sehr dynamisch und anpassungsfähig – Phasenmodell: Scrum)

Im Kick-off-Meeting zum Projekt der Auszubildenden wurde die Vorgehensweise nach dem Wasserfallmodell festgelegt. Als Projektdurchführungsstrategie empfiehlt sich damit die inkrementelle Entwicklung.

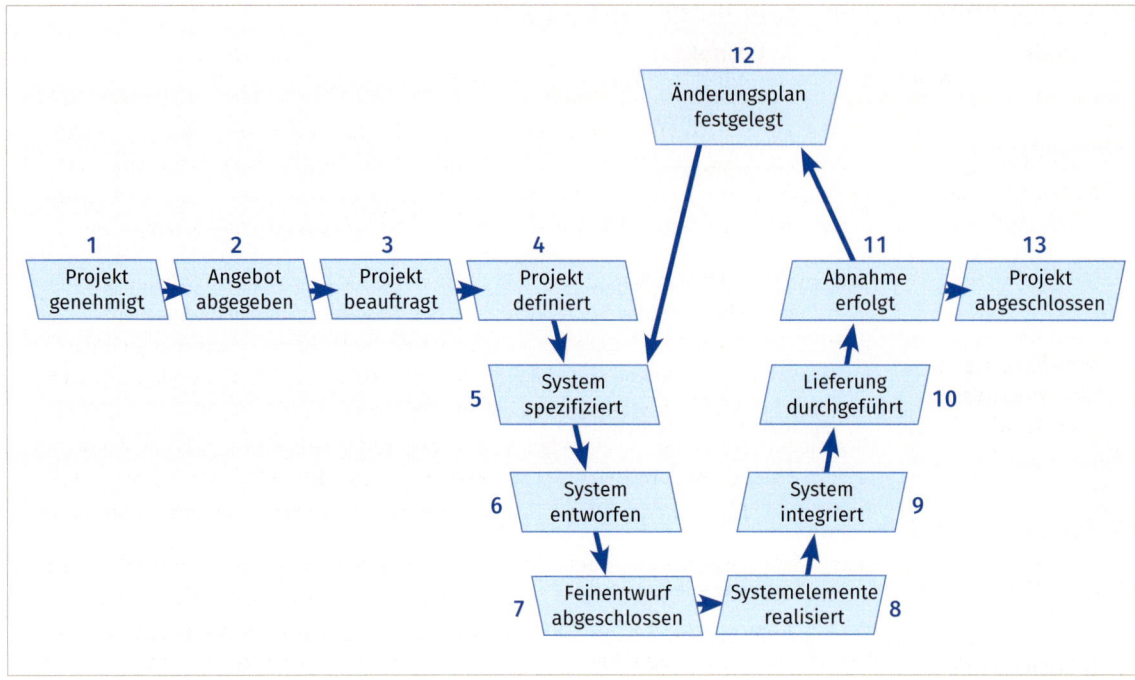

Durchführungsstrategie des Auftragnehmers bei inkrementeller Entwicklung

5.4.5 Qualitätssicherung

Bei allen bisherigen Themen spielte das „V" aus dem V-Modell eigentlich keine Rolle. Die Idee des ursprünglichen V-Modells, bereits in der Spezifikations-, Design- und Entwicklungsphase Kriterien zur Überprüfung der Qualität der Entwicklungsergebnisse zu formulieren, wird auch im V-Modell XT bewahrt (vgl. Kap 5.3 Entwurf von Testszenarien und Abnahmekriterien).

Die Produkte der Phasen auf der linken Seite des „V" bilden zusammen mit Abnahmen auf der rechten Seite des „V" die bekannten vertikalen Modellebenen:

- **Die Ebene des Anwendermodells** besteht aus dem definierten Projekt im Ergebnis der Anforderungsanalyse und der Systemspezifikation (links) und dem abgenommenen System (rechts).
- **Die Ebene des Architekturmodells** besteht aus dem Systemdesign (links) und dem erfolgreich integrierten und getesteten System (rechts).
- **Die Ebene der Implementierung** besteht aus dem DV-technischen Feinentwurf und den realisierten und getesteten Systemelementen (Modulen).

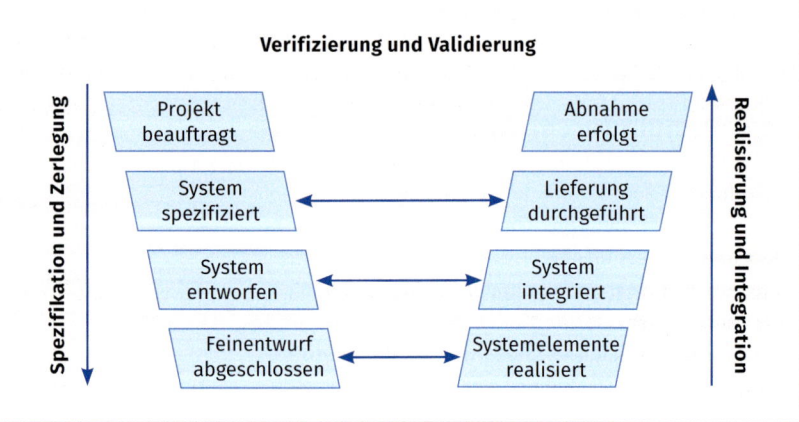

Qualitätssicherung nach klassischem V-Modell

Als wesentliche Besonderheit betont das V-Modell die Zusammengehörigkeit von Produkten und Tests zur Überprüfung dieser Produkte. Produkte und die Sicherung der Qualität dieser Produkte stehen somit im Mittelpunkt aller Überlegungen zum V-Modell. Als Produkte werden die zahlreichen Dokumente angesehen.

Diese Produktorientierung gestattet auf der Basis des V-Modells Werkzeuge zu entwickeln und anzubieten, die direkt die Erstellung dieser Produkte unterstützen.

5.4.6 Zusammenfassung zum Vorgehensmodell

W	Welche Ziele verfolgt das V-Modell und wie werden diese Ziele erreicht?
Minimierung der Projektrisiken	Durch die standardisierten Vorgehensweisen sowie die Beschreibung der zugehörigen Ergebnisse und der verantwortlichen Rollen erhöht das V-Modell die Transparenz und verbessert die Planbarkeit von Projekten. Planungsabweichungen und Risiken werden bereits frühzeitig erkannt. Prozesse lassen sich besser steuern und damit wird das Projektrisiko eingedämmt.
Verbesserung und Gewährleistung der Qualität	Das V-Modell regelt detailliert, „wer wann was" in einem Projekt zu tun hat. Es liefert konkrete Hilfestellungen bei der Entwicklung und enthält Anleitungen und Empfehlungen, wie Arbeiten durchzuführen sind. Diese Vorgaben ermöglichen auch bei komplexen und umfangreichen Projekten eine systematische Durchführung. Dadurch werden Projekte besser plan- und nachvollziehbar, verlaufen zuverlässiger und liefern Ergebnisse von hoher Qualität. Ein standardisiertes Vorgehensmodell stellt sicher, dass die Ergebnisse vollständig und von gewünschter Qualität sind. Definierte Zwischenergebnisse können frühzeitig geprüft werden. Einheitliche Produktinhalte machen die Ergebnisse besser lesbar, verständlicher und leichter überprüfbar.
Eindämmung der Gesamtkosten über den ganzen Projekt- und Systemlebenszyklus	Durch die Anwendung des standardisierten Vorgehensmodells lässt sich der Aufwand für die Entwicklung, Herstellung, den Betrieb sowie die Pflege und Wartung eines Systems auf transparente Weise kalkulieren, abschätzen und steuern. Die erzeugten Ergebnisse sind einheitlich und leichter nachvollziehbar. Diese Tatsachen verringern die Abhängigkeit des Auftraggebers vom Auftragnehmer und führen zu vermindertem Aufwand in anschließenden Aktivitäten und Projekten. Durch die Vorgabe der Gestaltung von Entwicklungsdokumenten und ihrer Strukturen seitens des Modells müssen diese Dokumente nicht mehr selbst entworfen werden und die Kommunikation wird sowohl innerhalb des Unternehmens als auch extern zu anderen Unternehmen oder Behörden vereinfacht. Zusätzlich wird die Projektplanung durch die Vorgabe von definierten und standardisierten Aktivitäten erleichtert.
Erkennen von Verbesserungsmöglichkeiten	Die standardisierte und einheitliche Beschreibung aller relevanten Bestandteile und Begriffe ist die Basis des wechselseitigen Verständnisses aller Projektbeteiligten. So werden Reibungsverluste zwischen Nutzenden, Auftraggeber, Auftragnehmer und Entwicklungsteam reduziert.

Aufgaben

1. Was versteht man unter einem Vorgehensmodell in der Softwareentwicklung?
2. Welche Vorteile bieten Vorgehensmodelle für IT-Projekte?
3. Nennen und beschreiben Sie drei bekannte Vorgehensmodelle in der Softwareentwicklung.
4. Wie unterscheidet sich das agile Vorgehensmodell von traditionellen Vorgehensmodellen?
5. Welche Rolle spielen Stakeholder in Vorgehensmodellen?
6. Was sind die Hauptziele des V-Modell XT?
7. Welche Phasen umfasst das V-Modell XT und wie sind sie strukturiert?
8. Was versteht man unter „Tailoring" im Kontext des V-Modell XT?
9. Wie wird die Qualitätssicherung im V-Modell XT implementiert?
10. Welche Rolle spielt die Dokumentation im V-Modell XT?

5.5 Dokumente zum Entwicklungsauftrag aus Analyse und Design

5.5.1 Von der Vision zum Modell

S Die Azubis Svenja und Leon erhalten die Aufgabe, den ACI-Webshop zu modellieren. In diesem Onlineshop sollen beliebig viele Artikel angeboten werden, die von Kunden ausgewählt, in einen Warenkorb gelegt und schließlich nach Angabe der Zahlungsmethode bestellt werden können. Vor der eigentlichen Modellierung erarbeiten sich die Azubis eine möglichst genaue Beschreibung des Prozesses der Kundenbestellung. Sie dokumentieren damit ihre Vorstellungen, ihre Vision von dem Produkt und seiner Funktionsweise.

Die folgenden Schwerpunkte sind eine wesentliche Ausgangsbasis für die Aufgabenstellung. Eine derartige Auflistung wird oftmals als **Visionsdokument** bezeichnet, kann aber auch mit dem bereits vorgestellten Lastenheft gleichgesetzt werden. Im Detail soll der Onlineshop folgende Funktionalitäten bieten:

Vereinfachtes Lastenheft (Visionsdokument) zum IT-System „ACI-Webshop"

1. Jeder **Kunde** muss sich im System des ACI-Webshops **anmelden**, was durch Eingabe eines Namens und eines Passwortes geschieht.

2. Neue **Kunden** müssen sich zuerst registrieren und dabei ihren Kundennamen und ihr Passwort festlegen.

3. Die **Kunden** können sich die Artikel aus dem Angebot ansehen, detaillierte Informationen zu einem bestimmten Artikel abrufen und den Artikel in den **Warenkorb** legen. Hierbei können sie auch die Anzahl der bestellten Artikel festlegen.

4. Alle erhältlichen Artikel besitzen eine eindeutige Artikelnummer, einen Namen und einen Preis. Außerdem sollen Artikel vom **Verkäufer** aus dem Angebot entfernt werden können, ohne dass deren Daten aus dem System gelöscht werden. Die Artikel werden als **gesperrt** gekennzeichnet.

5. **Kunden** dürfen wählen, auf welche Weise sie ihre Bestellung bezahlen. Als **Zahlungsmethoden** stehen Nachnahme, Bankeinzug und Vorauskasse zur Verfügung. Je nach gewählter Zahlungsmethode fallen zusätzliche Kosten an. Für die Zusendung der Rechnung ist eine Rechnungsanschrift anzugeben.

6. Während des Bestellvorgangs bestimmen die **Kunden** die **Art der Lieferung**. Hierzu wählen sie einen Transporteur, die Art der Verpackung und geben eine Lieferanschrift ein. Grundsätzlich wird nicht zwischen Rechnungs- und Lieferanschrift unterschieden. Der Kunde kann jedoch unterschiedliche Adressen für Rechnung und Lieferung angeben.

7. Die Rechnungs- und die Lieferanschrift des Kunden bestehen aus dem Unternehmensnamen, einer Anrede, die aus einer Liste gewählt wird, sowie Vor- und Nachname, Straße, Hausnummer, Postleitzahl und Ort. Beim Absenden der Bestellung müssen die **Kunden** ihre **E-Mail-Adresse** angeben, an die am Ende des Bestellvorgangs eine E-Mail zur Bestätigung der Bestellung geschickt wird.

8. Die Kosten für Verpackung und Versand werden separat ausgewiesen. Wenn der Wert einer Bestellung eine festgelegte Grenze überschreitet, werden keine Verpackungs- und Versandkosten in Rechnung gestellt.

9. Kundendaten müssen bei der Eingabe auf Vollständigkeit und Richtigkeit überprüft werden, soweit dies technisch möglich ist. Fehlen Daten oder sind Daten falsch angegeben, müssen verständliche Hinweise ausgegeben werden, damit der Mangel behoben werden kann.

10. Der **Kunde** muss seine **Bestellung** absenden. Vorher muss er die Korrektheit seine Artikelauswahl sowie der Angaben zur Zahlung und Lieferung bestätigen und die AGB der ACI GmbH anerkennen.

Dieses Visionsdokument muss sehr genau angesehen und sorgfältig analysiert werden. Bei der Analyse sind die Objekte aus der Sicht der Anwendung zu erkennen, abzugrenzen und ihr Zusammenwirken ist zu ermitteln. Welche Komponenten gehören zum System und welche Beziehungen haben sie zueinander (vgl. Kap. 4.1.2, Systemverständnis). Hier ist stets die fachliche Sicht mit ihren Fachtermini zu verwenden. Es wäre völlig falsch, Aspekte und Begriffe der Implementierung zu verwenden. An dieser Stelle geht es noch nicht um Datenbanken oder Texte als String-Variable.

Für die Entwicklerinnen und Entwickler ist es schwer, sich auf die Fachterminologie aus dem Fachbereich einzustellen. Hier sei auf die bereits besprochenen Analysetechniken verwiesen. Die Techniken der Systemanalyse enthalten unter anderem die Möglichkeit, sich mit Personen aus dem Fachbereich zu unterhalten, sie zu interviewen und sie bei ihrer Arbeit zu beobachten. Oder man studiert die bereitgestellten Dokumente aus dem Fachbereich.

Für die Modellierung einer Software für eine Stadtbibliothek kann es zum Beispiel nützlich sein, die Benutzerordnung der Bibliothek genauer zu studieren. Schließlich kann es auch sinnvoll sein, die Arbeitsweise ähnlicher Softwareprodukte zu analysieren.

Wenn man etwas völlig Neues machen will, wozu noch keine Erfahrungen, keine Dokumente und schon gar keine vergleichbaren Produkte vorliegen, dann wird das Visionsdokument seinem Namen besonders gerecht. Die Vision sollte so viele Details wie möglich beschreiben, die möglichst mit vertrauten Personen diskutiert werden. Erfolgreiche Produkte bis hin zu denen von Weltkonzernen sind im Team entstanden, auch wenn heute meist nur Einzelpersonen an deren Spitze stehen. Wichtig ist die Vision und deren konsequente Umsetzung.

5.5.2 Projektvorbereitung und Kick-off-Meeting

Nach den vielen theoretischen Vorüberlegungen und der Formulierung eines Visionsdokuments beginnen die Azubis in der Phase „Analyse und Design" mit der Umsetzung ihrer Entwicklungsaufgabe. Für die weitere Arbeit orientieren sie sich am Wasserfallmodell. Nach dem Wasserfallmodell ergibt sich eine Vorgehensweise in folgenden Schritten:
1. Kick-off-Meeting durchführen
2. Vorlage des Lastenheftes durch den Auftraggeber
3. Erstellen des Projektplanes
4. Analyse der Ausgangssituation und der Anforderungen
5. Modellierung des Prozesses, der Benutzeroberfläche und Erstellung des Datenmodells
6. Erstellen des Pflichtenheftes
7. Vorlage des Pflichtenheftes zur Abnahme durch den Auftraggeber

S Herr Pelz lädt die Azubis sowie Herrn Reck, Herrn Köhler und Frau Horn vom Bereich Vertrieb für den Start der Arbeiten am Projekt zu einem Kick-off-Meeting ein.

Als Protokollant wird Aslan Yilmas bestimmt. Für das Meeting legt Herr Pelz folgende Tagesordnung fest:

Tagesordnung für das Kick-off-Meeting zum Projekt: Webshop
(1) Vorstellung der Anwesenden
(2) Anforderungen der Fachabteilung an das Projekt (Frau Horn)
(3) Benennung der Projektmitarbeitenden, Organisation des Projektarbeit
(4) Benennung einer Projektleitung
(5) Benennung der Mitglieder des Lenkungsausschusses
(6) Namensfindung für das Projekt
(7) Vereinbarungen zur Entwicklungstechnologie
(8) Vereinbarungen zur Qualitätssicherung
(9) Termin des nächsten Meilensteines und vorzulegende Ergebnisse
(10) Sonstiges

Protokoll vom Kick-off-Meeting

	Projektdokumentation	
Projektname	**ACI-Webshop**	
Dokumententitel	**Protokoll: Kick-off-Meeting**	
Erstellt von	**Aslan Yilmas**	Erstellt am:
Dokumentenablage	E:\Projekt\Dokumente\Protokoll_01.doc	25. Febr. 20xx
Änderungshinweis	(zum Nachtragen des Namens eines geänderten Dokuments)	(Änderungsdatum)

	Tagesordnung	**Ergebnis**
1	Vorstellung der Anwesenden	▪ Herr Pelz, Abteilungsleiter Softwareentwicklung ▪ Herr Reck, Abteilung Softwareentwicklung, verantwortlich für Individualsoftware ▪ Frau Horn, Abteilung Verkauf, verantwortlich für den Betrieb des Internetshops ▪ Azubis: Céline Schwabe, Svenja Nowak, Felix Nagler, Leon Quanto, Aslan Yilmas ▪ Herr Köhler, EDV-Leiter bei ACI
2	Anforderungen der Fachabteilung	Frau Horn trägt als fachlich Verantwortliche für den Webshop die Vorstellungen der Fachabteilung vor. Hierzu wird von ihr ein **Lastenheft** vorgelegt.
3	Benennung der Projektmitarbeitenden, Organisation der Projektarbeit	Herr Reck und die Azubis: ▪ Céline Schwabe ▪ Svenja Nowak ▪ Felix Nagler ▪ Leon Quanto ▪ Aslan Yilmas
		Die Arbeit des Projektteams erfolgt im Rahmen einer **Matrixorganisation**. Die Projektmitarbeiter/-innen verbleiben disziplinarisch in ihren Fachabteilungen. Die Azubis wenden etwa 50 % ihrer im Ausbildungsbetrieb verfügbaren Arbeitszeit für das Projekt auf.
4	Projektleiter	Herr Reck, mit etwa 20 % seiner Arbeitszeit
5	Lenkungsausschuss	▪ Herr Pelz als Ausschussvorsitzender ▪ Herr Reck als Projektleiter ▪ Frau Horn als Vertretung des Auftraggebers ▪ Herr Köhler als Verantwortlicher für den Routinebetrieb der zu erstellenden Softwarelösung
6	Namensfindung	Das Projekt erhält den Namen „ACI-Webshop"

(Fortsetzung auf folgender Seite)

7	Entwicklungstechnologie	Als Vorgehensmodell wird das **Wasserfallmodell** gewählt. Bei der Entwicklung sind ausschließlich folgende frei verfügbare und kostenlose Werkzeuge einzusetzen: • Für die Erstellung der Dokumente in Analyse und Design sind die Vorgaben und Hilfsmittel des **V-Modells XT** zu verwenden. • Programmiert wird in **Java** in der Entwicklungsumgebung **Eclipse.** • Als Datenbankmanagementsystem ist **mySQL** zu nutzen. • Die Erstellung dynamischer Webseiten erfolgt mittels **JS**P (**J**ava **S**erver **P**age). • Als Webserver wird die Nutzung von **Tomcat** eingeplant.
8	Qualitätssicherung	• Durch das Projektteam sind bereits im Rahmen des Pflichtenheftes 10 **Testszenarien** vorzulegen. • Für ein **Code-Review** ist Herr Krüger aus der Abteilung Softwareentwicklung zu gewinnen. • Die **Black-Box-Tests** sind durch die Mitarbeitenden im Vertrieb Nord und Vertrieb Süd vorzunehmen.
9	nächster Termin	20. März 20xx
	vorzulegende Ergebnisse	• Pflichtenheft: verantwortlich Herr Reck • Projektplan: verantwortlich Herr Reck
10	Sonstiges	keine Bemerkungen

5.5.3 Lastenheft

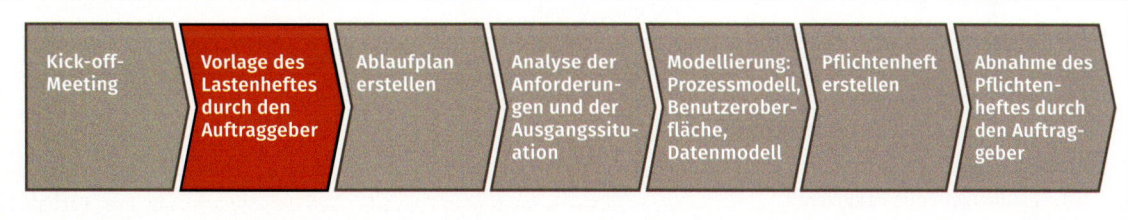

S Der Entwicklungsauftrag der ACI GmbH wurde bereits im Kapitel 1 nach der Vorstellung des Unternehmens und der handelnden Personen angesprochen. Dieser Situation entsprechend folgen nun die vom Auftraggeber festgeschriebenen Anforderungen an das Projekt. Frau Horn von der Abteilung Verkauf hat das Lastenheft erstellt und sich bei dessen Gliederung und bei der Formulierung der Inhalte an den Vorlagen aus dem V-Modell XT orientiert.

Projektdokumentation		
Projektname	ACI-Webshop	
Dokumententitel	Lastenheft	
Erstellt von	Frau Horn	Erstellt am:
Dokumentenablage	E:\Projekt\Dokumente\Lastenheft.doc	28. Febr. 20xx
Änderungshinweise	(zum Nachtragen des Namens eines geänderten Dokuments)	(Änderungsdatum)

Lastenheft

Inhaltsverzeichnis:

1. Ausgangssituation und Zielsetzung
- 1.1 Ausgangssituation
- 1.2 Zielsetzung

2. Funktionale Anforderungen
- 2.1 Muss-Kriterien
- 2.2 Kann-Kriterien
- 2.3 Abgrenzungskriterien

3. Nicht-funktionale Anforderungen
- 3.1 Einsatzumgebung Hardware
- 3.2 Einsatzumgebung Software
- 3.3 Einsatzumgebung Orgware
- 3.4 Leistungsparameter Datenvolumen
- 3.5 Leistungsparameter Verarbeitungsgeschwindigkeit
- 3.6 Maßnahmen zur Gewährleistung der Datensicherheit
- 3.7 Maßnahmen zur Gewährleistung des Datenschutzes

4. Lebenszyklus des Gesamtsystems
- 4.1 Zeitpunkt des Einsatzes
- 4.2 Abzulösende Systeme
- 4.3 Zu erwartende wachsende Anforderungen

5. Lieferumfang
- 5.1 Zu übergebende Dokumente
- 5.2 Software-Bereitstellung
- 5.3 Installation und Datentransfer
- 5.4 Schulungsleistungen
- 5.5 Supportleistungen

6. Abnahmekriterien
- 6.1 Qualitätsziele
- 6.2 Testszenarien

1. Ausgangssituation und Zielsetzung

1.1 Ausgangssituation

Das Unternehmen ACI bietet in seinen Niederlassungen diverse Artikel aus den Bereichen Hardware, Software und Zubehör an. Ein Warenwirtschaftssystem verwaltet die Stammdaten zu den Artikeln sowie die Kunden- und Lieferantendaten. Das Programm ermöglicht die Abbildung der kaufmännischen Prozesse vom Einkauf bis zum Verkauf der Waren. Parallel dazu werden auch Personaldaten verwaltet, wodurch die Arbeitszeiten und die Entgelte der Belegschaft sowie deren Urlaubszeiten mit dem System bearbeitet werden können. Technisch ist dieses Warenwirtschaftssystem mit einer Microsoft-Access-Datenbank verbunden. Die Ein- und Ausgaben erfolgen über die unter Microsoft Access erstellten Formulare und Berichte.

(Fortsetzung auf folgender Seite)

Vom Bereich Verkauf besteht der Wunsch, dieses System weiter zu vervollkommen, sodass es auch in den Vertriebsniederlassungen Nord und Süd eingesetzt werden kann. Gleichzeitig wird eine Verbindung zwischen dem geplanten Webshop und dem internen Warenwirtschaftssystem angestrebt.

1.2 Zielbestimmung

Ziel des Projektes ist die Entwicklung von Web-Komponenten zu dem bestehenden Warenwirtschaftssystem mit dem Zugriff auf die Bestandsverwaltung sowie der Aufbau eines Webshops für direkte Bestellungen der Kunden der ACI GmbH. Das Projekt soll insgesamt folgende Prozesskette abbilden:

Der Webshop ist im Prozessschritt „Angebot und Bestellung" anzusiedeln. Die hier erfassten Daten müssen allen anderen Schritten in der Prozesskette zur Verfügung stehen. Sie dienen auch als Basis für ein **Managementinformationssystem** im Rahmen der vertikalen Datenintegration. Eine Speicherung der Daten in einer **zentralen Datenbank** ist daher notwendig.

Die **Orte für die Ausführung** der einzelnen Prozessschritte sind räumlich getrennt. Anfragen können in den Vertriebsniederlassungen in Hamburg oder Frankfurt am Main eingehen. Bestellungen sollen auch über das Internet im sogenannten PowerShop möglich sein. Die Warenwirtschaft wird in der Zentrale in Eppendorf realisiert und der Kundendienst findet dezentral beim Kunden statt. Die **Kommunikation** innerhalb der Prozessschritte sollte deshalb über das Internet erfolgen.

2. Funktionale Anforderungen
2.1 Muss-Kriterien

1. Die Software muss die **Vertriebsniederlassungen** bei der Warenbestellung aus einem Zentrallager unterstützen. Die Vertriebsniederlassungen, regional verteilt im gesamten Bundesgebiet, sollen zusammenarbeiten und zukünftig bundesweit von einem zentralen Lagerort versorgt werden. Zu den Vertriebsniederlassungen gehören Ladengeschäfte, die nur über wenig Lagerfläche verfügen. Von den angebotenen Waren können in den Läden nur wenige Exemplare vorrätig gehalten werden.
Im täglichen Verkauf abgesetzte Komplettsysteme, Bauteile, Software oder Zubehör sollen über Nacht aus dem Zentrallager nachgeliefert werden. Die Bestellung der Waren von den Läden gegenüber dem Zentrallager soll über das Internet mithilfe des webbasierten Warenwirtschaftssystems erfolgen.
2. Die Software muss den **Stammkunden** der ACI GmbH die direkte Bestellung von Hardware, Software und Zubehör aus der gesamten Angebotspalette über das Internet im Rahmen eines Webshops ermöglichen.
3. Bei einer **Bestellung** muss die Verfügbarkeit der Ware im Bestand des Zentrallagers überprüft werden. Ist eine Ware nicht in ausreichender Menge verfügbar, so ist diese Bestellposition abzuweisen. Die erfolglosen Bestellungen sind zur Verbesserung des Warenangebotes zu protokollieren.
4. Erfolgreiche Bestellungen, d. h. Bestellungen zu Waren, von denen ausreichende Mengen im Zentrallager lagern, sind durch eine **E-Mail an den Kunden** zu bestätigen. Außerdem muss die bestellte Menge sofort reserviert und damit für weitere Zugriffe durch Bestellungen gesperrt werden.
5. Das System hat die **Lieferscheine** und **Rechnungen** zu den Bestellungen zu erstellen.
6. Das System muss eine **Schnittstelle** zum laufenden Warenwirtschaftssystem besitzen. Sortimentspflege, Preisbildung und Wareneingänge finden im bestehenden Warenwirtschaftssystem statt.
7. Ein **Administrator** oder eine **Administratorin** muss die Möglichkeit besitzen, die Kundenlisten manuell zu pflegen und gegebenenfalls Kunden zu sperren.
8. Die Bedienung erfolgt im Internet über eine browserunabhängige **Benutzeroberfläche**.

2.2 Kann-Kriterien

1. Die Software soll auch **neuen Kunden** die direkte Bestellung von Hardware, Software und Zubehör aus der Angebotspalette der ACI GmbH über das Internet im Rahmen eines Webshops ermöglichen. Die Authentizität der Neukunden muss gesichert werden.
2. Für die Auswahl von Waren soll im Webshop der **Artikelkatalog** mit Artikelnummer, Beschreibung und Bruttopreis angezeigt werden.

(Fortsetzung auf folgender Seite)

3. Der Artikelkatalog ist durch eine systematische Anzeige zusammenhängender Artikelgruppen aufzuwerten. Nach Möglichkeit ist eine **Volltextsuche** vorzusehen und die Artikel sind durch **Bilder** zu illustrieren.
4. Die Software soll eine **differenzierte Rechnungslegung** ermöglichen. Es ist dabei zwischen folgenden Kundengruppen zu unterscheiden:
   – Vertriebsniederlassungen,
   – Stammkunden,
   – Web-Kunden.
   Den Kundengruppen sind die Waren zu verschiedenen Konditionen zu berechnen.
5. Die Zugriffe aller Benutzenden werden in einer **Logdatei** erfasst, die vom Administrator bzw. der Administratorin eingesehen und ausgewertet werden kann.
6. Die Bedienung erfolgt im Internet über eine browserunabhängige **Benutzeroberfläche.** Die Größe der Objekte der Ein- und Ausgabemasken soll sich dynamisch der Bildschirmauflösung bei den Nutzenden anpassen.
7. Nutzerinnen und Nutzer können ihre Bestellungen auf dem eigenen Computer als **Textdatei** speichern.
8. Der Administrator bzw. die Administratorin kann sich zu den eingegangenen Bestellungen **statistische Angaben** wie **Anzahl der Bestellungen in einer Warengruppe** oder **Anzahl der Bestellungen pro Kunde** anzeigen lassen.
9. Die Artikeldaten entstammen der ACI-Warenwirtschaft, die unter Microsoft Access läuft.

2.3 Abgrenzungskriterien

1. Kunden außerhalb der EU werden nicht beliefert.
2. Die Bonität der Kunden wird nicht geprüft.
3. Es sind nur einfache Maßnahmen zur **Zugriffssicherheit** vorzusehen.
4. Die **Pflege des Warenbestandes** erfolgt ausschließlich über das bestehende Warenwirtschaftssystem.

(Anmerkung: Die ersten drei Abgrenzungskriterien sind nur in der Modellsituation akzeptabel.)

3. Nicht-funktionale Anforderungen

3.1 Einsatzumgebung Hardware

Die Software ist lauffähig auf der **vorhandenen Hardware** in der Zentrale, in den Vertriebsniederlassungen und beim Kunden. Zusätzliche Investitionen in Hardware sind auszuschließen.

3.2 Einsatzumgebung Software

Die Software ist lauffähig auf den **vorhandenen Betriebssystemen** in der Zentrale, in den Vertriebsniederlassungen und beim Kunden. Zusätzliche Investitionen in Software sind auszuschließen. Falls notwendig, ist Public-Domain-Software einzusetzen.

3.3 Einsatzumgebung Orgware

Der Betrieb der Software setzt möglichst **keine zusätzlichen organisatorischen Regelungen** voraus. Die Nummernsysteme und Systematiken aus dem Warenwirtschaftssystem sind zu übernehmen. Zusätzliche **Arbeitskräfte** für den Betrieb der Software sind auszuschließen. Die Aufgabe des Administrators bzw. der Administratorin ist einem Mitarbeiter oder einer Mitarbeiterin als zusätzliche Arbeitsaufgabe zu übertragen.

3.4 Leistungsparameter Datenvolumen

Gegenwärtig gibt es 400 Stammkunden. Durch gute Werbung und Multiplikatoreneffekt ist mit ca. 2.000 wiederkehrenden Gelegenheitskunden zu rechnen. Die Vertriebsniederlassungen und die Gelegenheitskunden generieren maximal **50 Bestellungen pro Tag** mit durchschnittlich 3 Bestellpositionen. Pro Bestellposition fallen 120 Zeichen an. Die Datenmenge wird begrenzt durch die Speicherkapazität der vorhandenen Hardware und die Kapazität von Microsoft Access.

3.5 Leistungsparameter Verarbeitungsgeschwindigkeit

Die **Antwortzeit** für die Kundeneingaben soll unter drei Sekunden liegen. Die Bestellbestätigungen per E-Mail sollte innerhalb von 10 Sekunden beim Kunden sein.

3.6 Maßnahmen zur Gewährleistung der Datensicherheit

- Schutz vor Datenverlust
- Schutz vor unbefugtem Lesen und Auswerten der Daten
- Schutz vor Manipulation der Daten

3.7 Maßnahmen zur Gewährleistung des Datenschutzes

- Einholen der Zustimmung zur Erfassung, Speicherung, Verarbeitung und Weitergabe der Daten
- Beachten der Rechte der Betroffenen

(Fortsetzung auf folgender Seite)

4. Lebenszyklus des Gesamtsystems

4.1 Zeitpunkt des Einsatzes
Der Webshop soll zum 01. Sept. 20xx eröffnet werden.

4.2 Abzulösende Systeme
Es gibt bezüglich der Webshop-Funktionalität **keine abzulösenden Systeme**.

4.3 Zu erwartende wachsende Anforderungen
Die Anzahl der Vertriebsniederlassungen soll langfristig auf **6 Niederlassungen** im gesamten deutschsprachigen Raum wachsen. Die Anzahl der Gelegenheitskunden im Webshop kann nach Erfahrungen anderer Shopbetreiber auf 10.000 wachsen.

5. Lieferumfang

5.1 Zu übergebende Dokumente
Zu übergeben sind die **Systemdokumentation,** ein **Benutzerhandbuch** für den Betrieb in den Niederlassungen, **Administrationshinweise,** eine **Schnittstellenbeschreibung** zum Warenwirtschaftssystem und eine **Installationsanleitung** in gedruckter Form und als *.pdf-Datei auf CD zusammen mit der Software.

5.2 Bereitstellung der Software
Die gesamte Software wird **auf CD** übergeben. Die clientseitigen Zugriffskomponenten für die Vertriebsniederlassungen werden als **Download** aus einem geschützten Bereich angeboten und dort auch gegebenenfalls aktualisiert. Für die Gelegenheitskunden entfällt die Bereitstellung der Software. Sie nutzen ihre eigenen Browser und laden die Daten vom Server der ACI GmbH.

5.3 Installation und Datentransfer
Die Software für die Vertriebsniederlassungen ist in komprimierter Form bereitzustellen, wobei sie sich selbst entpackt und **selbstständig die Installation startet.**
Ein Datentransfer aus Vorgängerlösungen ist nicht notwendig.

5.4 Schulungsleistungen
entfallen

5.5 Supportleistungen
Der Support in der Zentrale und in den Vertriebsniederlassungen wird durch das **Personal der ACI GmbH** gewährleistet.

6. Abnahmekriterien

6.1 Qualitätsziele
- **Funktionalität:** Den Nutzern und Nutzerinnen des Webshops muss das volle Spektrum der Waren aus dem Warenwirtschaftssystem zur Auswahl angeboten werden. Die Bestellungen sind auf ihre Realisierbarkeit entsprechend dem verfügbaren Warenbestand zu prüfen.
- **Zuverlässigkeit:** Die Software kann im Routinebetrieb stabil genutzt werden. Fehler treten nur durch Ausfälle im Internet oder in der Stromversorgung auf.
- **Benutzbarkeit:** Die Bedienung muss robust, intuitiv, einfach und gut strukturiert gestaltet sein, damit Nutzerinnen und Nutzer das System ohne Schulungsaufwand nutzen können.
- **Effizienz:** Die Performance der Anwendung muss in Verbindung mit dem Warenwirtschaftssystem so ausgelegt sein, dass Anwender und Anwender ohne längere Wartezeiten agieren können. Der Webshop sichert Antwortzeiten unter drei Sekunden.
- **Änderbarkeit:** In der Programmstruktur wird die Erweiterbarkeit mitberücksichtigt, um später Änderungen leicht integrieren zu können.
- **Übertragbarkeit:** Die Software des Webshops kann auf andere Hardwaresysteme und Betriebssysteme mit Standardbrowsern übertragen werden.

6.2 Testszenarien
Durch das Projektteam sind im Rahmen des Pflichtenheftes 10 Testszenarien vorzulegen.

5.5.4 Ablaufplan

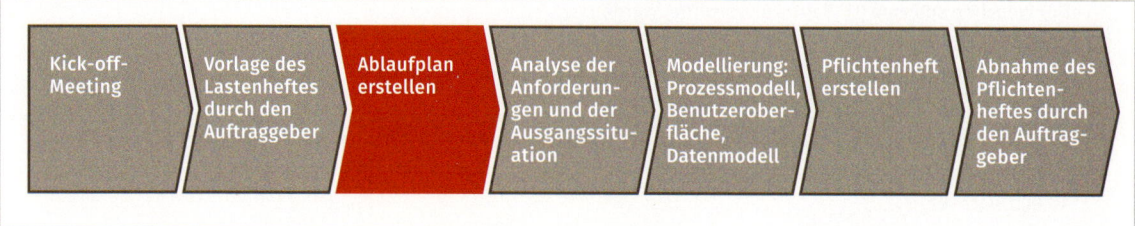

Der Ablaufplan bzw. Projektplan wird mit dem bekannten Tool **Microsoft Project** erstellt. Für die Planung gelten folgende Ausgangspunkte:
- der ursprünglich entwickelte Projektstrukturplan (PSP) **als inhaltliche Richtschnur**
- die im Wasserfallmodell vorgegebenen und zu durchlaufenden Arbeitsschritte **für den formalen Ablauf**
- der Termin 31.08.20xx, zu dem laut Lastenheft das Projekt für die Routinenutzung zur Verfügung stehen soll, **als formales Zeitziel**.

Projektdokumentation		
Projektname	ACI-Webshop	
Dokumententitel	Projektplan	
Erstellt von	Herr Reck	Erstellt am:
Dokumentenablage	E:\Projekt\Dokumente\Projektplan.doc	03. März 20xx
Änderungshinweise	(zum Nachtragen des Namens eines geänderten Dokuments)	(Änderungsdatum)

Projektplan

Inhaltsverzeichnis:
1. Ausgangssituation
2. Vorgänge und Ablaufplan
3. Personelle Ressourcen im Projekt
4. Projektstatistik

1. **Ausgangssituation**
   Die Entscheidung zur Durchführung des Projektes ist bereits gefallen. Inhaltlich ist ein bestehendes Warenwirtschaftssystem durch neue Funktionalitäten zu erweitern. Das Projektteam ist benannt.

2. **Vorgänge und Ablaufplan**

   Der Projektplan wurde mit Microsoft Project erstellt und umfasst 76 Vorgänge, die hier nicht im Detail abgebildet werden können. Zur Sicherung der Übersichtlichkeit wurden Sammelvorgänge gebildet, die zahlreiche Einzelvorgänge zusammenfassen.

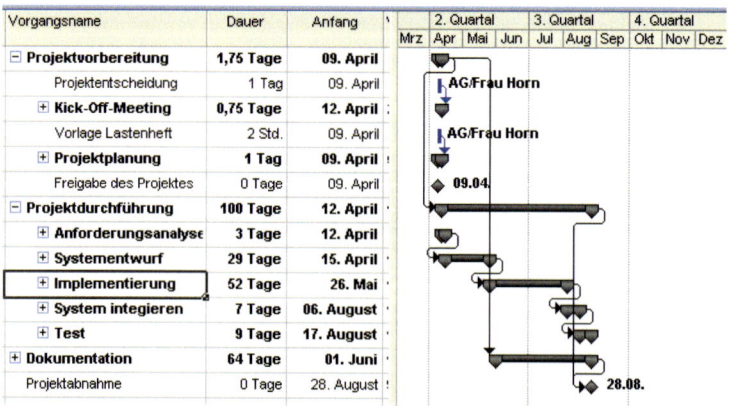

(Fortsetzung auf folgender Seite)

3. **Personelle Ressourcen im Projekt**

In die Ressourcenliste wurden zuerst alle am Projekt beteiligten Personen und Organisationseinheiten aufgenommen. Das bedeutet noch nicht, dass diese Ressourcen auch einzelnen Vorgängen im Projekt zugeteilt werden müssen. Alle am Projekt interessierten Personen bezeichnet man auch als Stakeholder des Projektes.

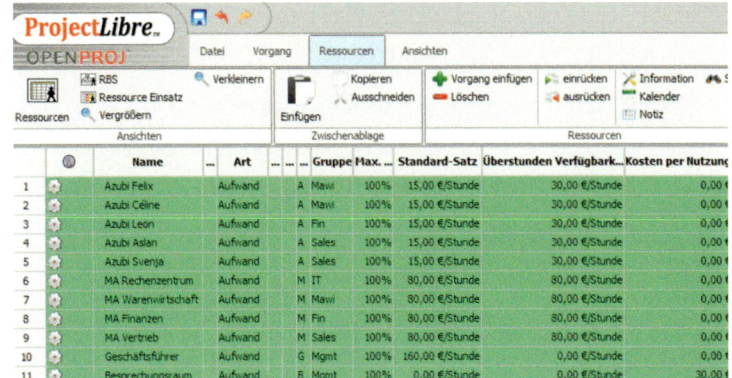

4. **Projektstatistik**

Der Aufwand mit 2136 Arbeitsstunden für das Projekt ist erheblich. Die Kosten des Projektes ergeben sich als Produkt von Arbeit mal Stundensatz der Ressourcen. Auch die Auszubildenden verursachen Kosten im Projekt, denn schließlich muss man deren Ausbildungsvergütung, Betreuungskosten und weitere Sozialleistung auch anteilig zurechnen.

Auf die Schritte „Analyse der Anforderungen und der Ausgangssituation" und „Modellierung: Prozessmodell, Benutzeroberfläche, Datenmodell" wird hier nicht weiter eingegangen. Diesen Themen widmen sich die nachfolgenden Kapitel zu den Werkzeugen der Softwareentwicklung und der Anwendung von Datenbanken.

5.5.5 Pflichtenheft

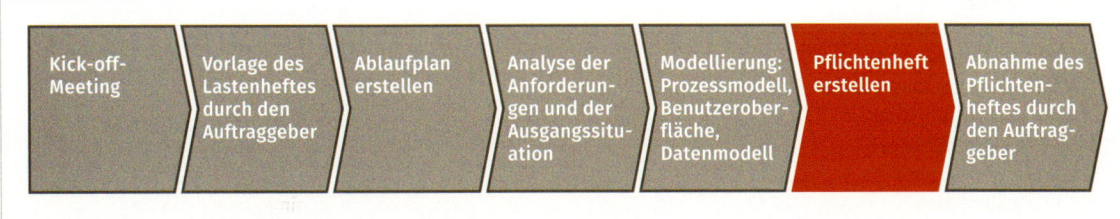

Das V-Modell XT bietet über seinen Projektassistenten auch eine Vorlage zur Erstellung des Pflichtenheftes an.

Die hier zitierte Gliederung für ein Pflichtenheft ist nur eine Variante von vielen. Hier wurde eine Vorlage für die Produkte aus dem Projektassistenten zum V-Modell XT gewählt.

Für die Auszubildenden in den IT-Berufen ist die Vorgabe einer Dokumentengliederung nach dem **„online-Prüfungsverwaltungssystem"** der IHK relevant für die Einreichung ihres **Projektantrages,** der quasi einem Pflichtenheft gleichzusetzen ist.

Projektdokumentation		
Projektname	**ACI-Webshop**	**ACI** — Wir machen IT besser.
Dokumententitel	**Pflichtenheft**	
Erstellt von	**Herr Reck, Svenja Nowak**	Erstellt am:
Dokumentenablage	E:\Projekt\Dokumente\Pflichtenheft.doc	10. April 20xx
Änderungshinweise	(zum Nachtragen des Namens eines geänderten Dokuments)	(Änderungsdatum)

Pflichtenheft

Inhaltsverzeichnis:

1. Ausgangssituation und Zielsetzung
    1.1 Ausgangssituation
    1.2 Zielsetzung

2. Funktionale Anforderungen
    2.1 Softwarearchitektur, Leistungen der Komponenten
    2.2 Anwendungsfälle, Use Cases
    2.3 Datenmodell
    2.4 Abgrenzungskriterien

3. Nicht-funktionale Anforderungen
    3.1 Einsatzumgebung Hardware
    3.2 Einsatzumgebung Software
    3.3 Einsatzumgebung Orgware
    3.4 Leistungsparameter Datenvolumen
    3.5 Leistungsbereich Benutzerführung
    3.6 Leistungsparameter Verarbeitungsgeschwindigkeit

4. Lebenszyklus des Gesamtsystems
5. Schnittstellenübersicht
6. Lieferumfang
    6.1 Zu übergebende Dokumente
    6.2 Software-Bereitstellung
    6.3 Installation und Datentransfer
    6.4 Schulungsleistungen
    6.5 Supportleistungen

7. Abnahmekriterien
    7.1 Qualitätsziele
    7.2 Testszenarien

1. Ausgangssituation und Zielsetzung

1.1 Ausgangssituation

Anlass zur Durchführung des Projektes sind die erkannten Defizite im Fernhandel der ACI GmbH. In den Niederlassungen und über das Internet sollen den Kunden diverse Artikel aus den Bereichen Hardware, Software und Zubehör angeboten werden. Stakeholder des Projektes sind bei der ACI GmbH die Abteilungen Verkauf und Softwareentwicklung, die Mitarbeiter/-innen der Vertriebsniederlassungen Nord und Süd und diverse, noch über das Internet zu gewinnende Kunden. Die Geschäftsleitung erwartet im Ergebnis der Routinenutzung der Projektergebnisse eine Steigerung des Umsatzes um etwa 20 %.

Das bestehende Warenwirtschaftssystem ist weiter zu nutzen. Es verwaltet die Stammdaten zu den Artikeln, Kunden und Lieferanten. Die aufzubauende Lösung muss auf das bestehende Warenwirtschaftssystem zurückgreifen.

Technische Veränderungen an der Hardware in der Zentrale wie auch in den Niederlassungen sollen nicht erfolgen. Spezielle Software kann in der Zentrale und in den Niederlassungen installiert werden, jedoch nicht bei den Kunden, die man über das Internet erreichen will.

(Fortsetzung auf folgender Seite)

1.2 Zielbestimmung

Ziel des Projektes ist die Entwicklung von Web-Komponenten als Ergänzung zu dem bestehenden Warenwirtschaftssystem mit Zugriff auf die dortige Bestandsverwaltung. Der Webshop muss erstens die Web-Kunden ansprechen und für sie erreichbar sein. Hierzu ist der Zugriff über den jeweiligen Standardbrowser zu ermöglichen. In den Niederlassungen kann spezielle Software installiert werden, die einen privilegierten Zugriff auf die Daten des Warenwirtschaftssystems mit speziellen Leistungen (Vorbestellungen, Preisänderungen usw.) ermöglicht.

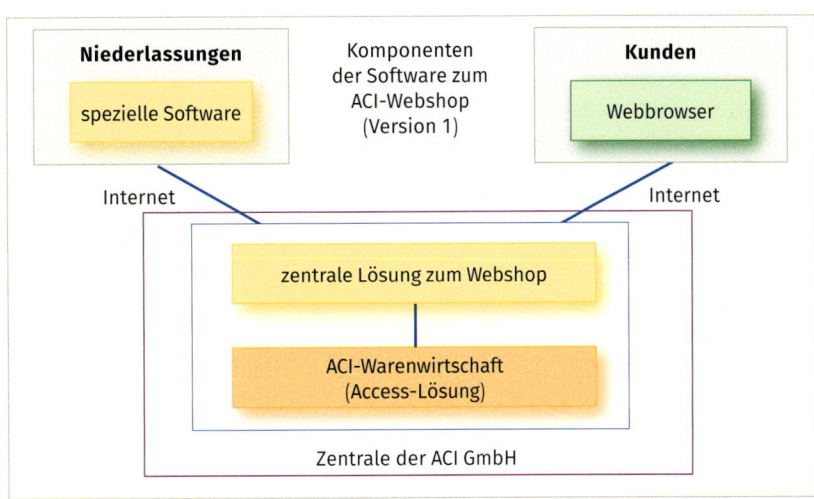

ACI-Webshop

Die **Orte für die Ausführung** der einzelnen Softwarekomponenten sind räumlich getrennt. Anfragen können in den Vertriebsniederlassungen in Hamburg oder Frankfurt am Main eingehen. Kundenbestellungen müssen zu jeder Zeit und von jedem Ort über das Internet im ACI-Webshop möglich sein. Die Warenwirtschaft wird in der Zentrale in Eppendorf realisiert und der Kundendienst findet dezentral beim Kunden statt. Die **Kommunikation** der Softwarekomponenten erfolgt über die standardisierten Protokolle im Internet.

2. Funktionale Anforderungen
2.1 Softwarearchitektur, Leistung der Komponenten

Die Software setzt sich aus **vier Komponenten** zusammen:
- Datenbanklösung als Abbild des zentralen Datenbestandes im ACI-Warenwirtschaftssystem
- Webservice für die Datenkommunikation mit den Niederlassungen
- Web-Client als Frontend für die Niederlassungen
- Erzeugung dynamischer Webseiten für den Abruf in einer Standardbrowser-Kommunikation

Der **Web-Client** muss die **Vertriebsniederlassungen** bei der Warenbestellung aus einem Zentrallager unterstützen. In der Zentrale bietet der Webserver den Zugriff auf die **Datenbank**.

Die **dynamischen Webseiten** ermöglichen den **Stammkunden** der ACI GmbH die direkte Bestellung von Hardware, Software und Zubehör aus der Angebotspalette der ACI GmbH über das Internet im Rahmen eines Webshops. Für die Auswahl von Waren soll im Webshop der Artikelkatalog mit Artikelnummer, Beschreibung und Bruttopreis angezeigt werden. Die Bedienung erfolgt im Internet über eine browserunabhängige Benutzeroberfläche.

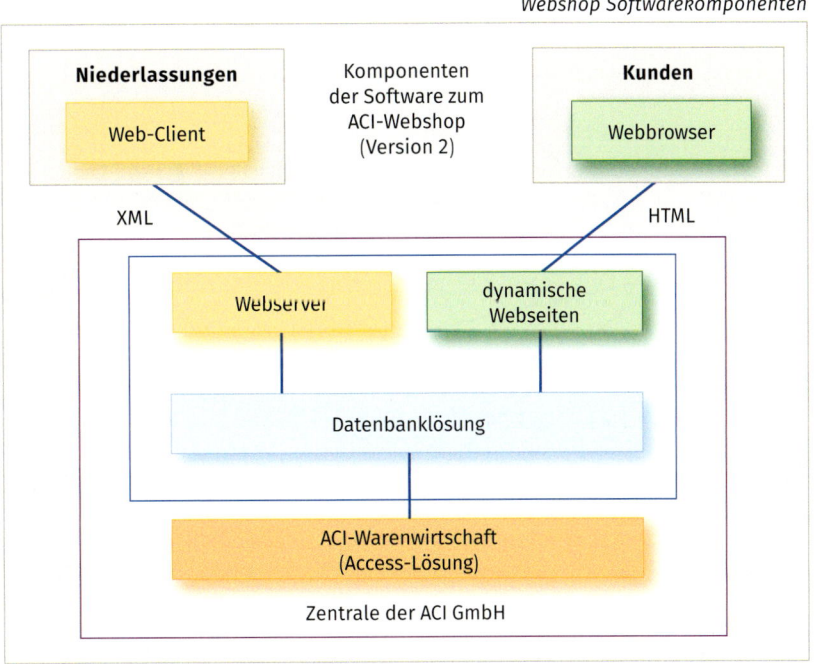

Webshop Softwarekomponenten

(Fortsetzung auf folgender Seite)

Neukunden können sich über die dynamischen Webseiten anmelden und werden so zu Stammkunden. Die Authentizität der Neukunden muss gesichert werden.

Für die Arbeit der Webshop-Komponenten wird eine eigene **Datenbanklösung** aufgebaut, in der die Daten aus dem Warenwirtschaftssystem gespiegelt werden. (Anmerkung: Dies ist eine praktisch nicht zu akzeptierende Variante, die ausschließlich im Interesse der Realisierung einer Musterlösung gewählt werden muss.)

Die Arbeitsmöglichkeiten der Vertriebsniederlassungen und der Web-Kunden unterscheiden sich erheblich. Die Vertriebsniederlassungen haben besondere **Privilegien** in der Arbeit mit dem Datenbestand:

- Für die Vertriebsniederlassungen gelten spezielle **Rabatte** auf alle Preise.
- Vertriebsniederlassungen können **neue Artikelstammdaten** aufnehmen, also Waren definieren, die dann durch die Zentrale zu beschaffen sind.
- Vertriebsniederlassungen können Artikel zu einem bestimmten Termin **bestellen** und **reservieren.**

Bei einer **Bestellung** durch Web-Kunden muss die **Verfügbarkeit** der Ware im Bestand des Zentrallagers überprüft werden. Ist eine Ware nicht in ausreichender Menge verfügbar, so ist diese Bestellposition abzuweisen. Die erfolglosen Bestellungen sind zur Verbesserung des Warenangebotes zu protokollieren.

Erfolgreiche Bestellungen von Waren, die in ausreichender Menge im Zentrallager lagern, sind durch eine **Mitteilung im Browser** zu bestätigen. Außerdem muss die bestellte Menge sofort reserviert und damit für weitere Zugriffe aus anderen Bestellungen gesperrt werden.

Das System muss eine Schnittstelle zu dem laufenden Warenwirtschaftssystem besitzen. Sortimentspflege, Preisbildung und Wareneingänge finden im bestehenden Warenwirtschaftssystem statt. Die Artikeldaten entstammen dem Warenwirtschaftssystem, realisiert unter Microsoft Access.

Ein Administrator oder eine Administratorin muss die Möglichkeit haben, die Listen der Web-Kunden manuell zu pflegen und gegebenenfalls Web-Kunden zu sperren.

2.2 Anwendungsfälle (Use Cases)

(Anmerkung: Von den möglichen Anwendungsfällen kann hier aus Platzgründen nur ein Anwendungsfall exemplarisch abgebildet werden.)

UML Use Cases des Web-Kunden

(Fortsetzung auf folgender Seite)

Nummer Use Case	1 – als Stammkunde anmelden
Kurzbeschreibung	Anmelden als Stammkunde am System „ACI-Webshop".
Akteure und Akteurinnen	▪ Mitarbeiter/-in der Niederlassung (MA Niederlassung) ▪ Web-Kunde
Vorbedingungen	Die Benutzerdaten sind bereits im System hinterlegt.
essenzieller Ablauf	1) Der Benutzer/Die Benutzerin öffnet das Programm „ACI-Webshop". 2) Das System lädt das Formular „frmLogin". Die Benutzerin/Der Benutzer befindet sich nun im Log-in-Dialog. 3) Der Benutzer/Die Benutzerin gibt Benutzername und Passwort ein. 4) Die Benutzerin/Der Benutzer klickt auf die Schaltfläche „Anmelden". (V1 - V2) 5) Das System überprüft die Daten auf Richtigkeit. (V3) 6) Das System schließt das Log-in-Formular und lädt das Menü „frmMenu".
Variationen	V1) Der Benutzer/Die Benutzerin klickt auf die Schaltfläche „Neuer Kunde". Use Case endet. V2) Die Benutzerin/Der Benutzer klickt auf die Schaltfläche „Abmelden". Use Case endet. V3) Wenn der Benutzername unbekannt ist oder das falsche Passwort eingegeben wurde, erscheint die Mitteilung: „Anmeldung nicht möglich!".
Nachbedingung	Das Formular „frmMenu" kann initialisiert werden.
Ergebnis	Der Benutzer/Die Benutzerin ist angemeldet und befindet sich im Hauptmenü.

2.3 Datenmodell

Das Datenmodell orientiert sich am Datenmodell des Warenwirtschaftssystems, da die Datenbank aus dem Warenwirtschaftssystem für den Webshop nur gespiegelt wird. Die folgende Übersicht ist aus der Microsoft-Access-Umgebung zum Warenwirtschaftssystem entnommen.

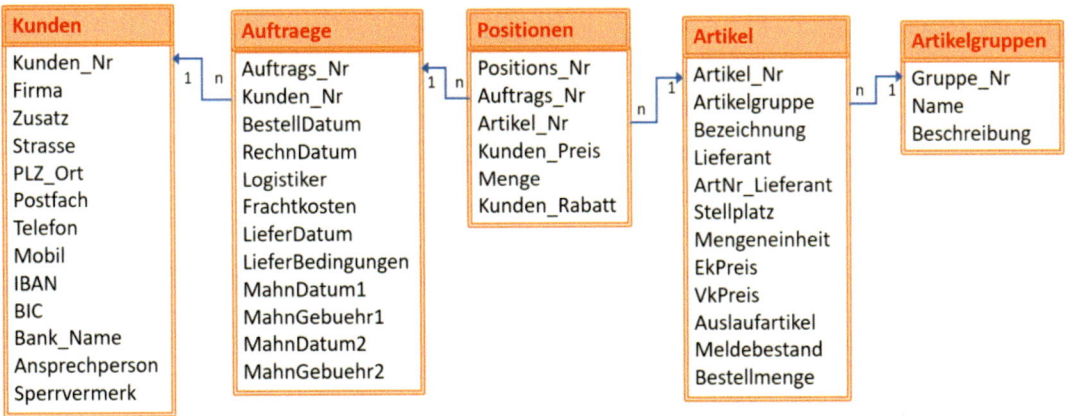

Für den notwendigen Anmelde- und Authentifizierungsprozess sind die Kundendaten um zwei Merkmale zu ergänzen:
- Benutzername   String, maximal 50 Zeichen
- Passwort   String, maximal 20 Zeichen

2.4 Abgrenzungskriterien

(Anmerkung: Die ersten **drei** Abgrenzungskriterien sind nur in der Modellsituation akzeptabel, alle weiteren Abgrenzungen dienen der Vereinfachung und bedeuten für praktisch genutzte Systeme einen schwerwiegenden Leistungsmangel.)
- Kunden außerhalb der EU werden nicht beliefert.
- Es sind keinerlei Maßnahmen zur **Datenarchivierung** vorzusehen.
- Die Bonität der Kunden wird nicht überprüft.

Die folgenden Abgrenzungen stellen eine Einschränkung gegenüber dem Lastenheft dar und dienen allein der Vereinfachung der weiteren Entwicklungsaufgaben.

(Fortsetzung auf folgender Seite)

- Die **Pflege des Warenbestandes** erfolgt ausschließlich über das bestehende Warenwirtschaftssystem.
- Der Artikelkatalog wird nicht durch Bilder und Systematiken aufgewertet.
- Die Benutzerin/Der Benutzer erhält keine E-Mail zu seiner Bestellung. Er oder sie selbst kann die Bestellung nicht speichern.
- Eine Logdatei sowie Statistiken zum Kaufverhalten wird es vorerst nicht geben.
- Die Rechnungslegung (Fakturierung) muss über das Warenwirtschaftssystem angesprochen werden.
- Die dynamischen Webseiten werden ohne Anpassung an die Parameter der jeweiligen Browser erstellt, also beispielsweise mit festen Objektgrößen.

3. Nicht-funktionale Anforderungen

3.1 Einsatzumgebung Hardware

Die Software ist lauffähig auf der **vorhandenen Hardware** in der Zentrale, in den Vertriebsniederlassungen und beim Kunden. Zusätzliche Investitionen in Hardware sind auszuschließen.

3.2 Einsatzumgebung Software

Die Software ist lauffähig auf den **vorhandenen Betriebssystemen** in der Zentrale, in den Vertriebsniederlassungen und beim Kunden. Zusätzliche Investitionen in Software sind auszuschließen. Es ist nur frei verfügbare Software zur Entwicklung zu verwenden. Gearbeitet wird mit folgenden Produkten:
- MySQL als Datenbankmanagementsystem
- Java als Programmiersprache für alle drei Komponenten
- Eclipse als Entwicklungsumgebung
- Tomcat als Server zum Betrieb der Webservices

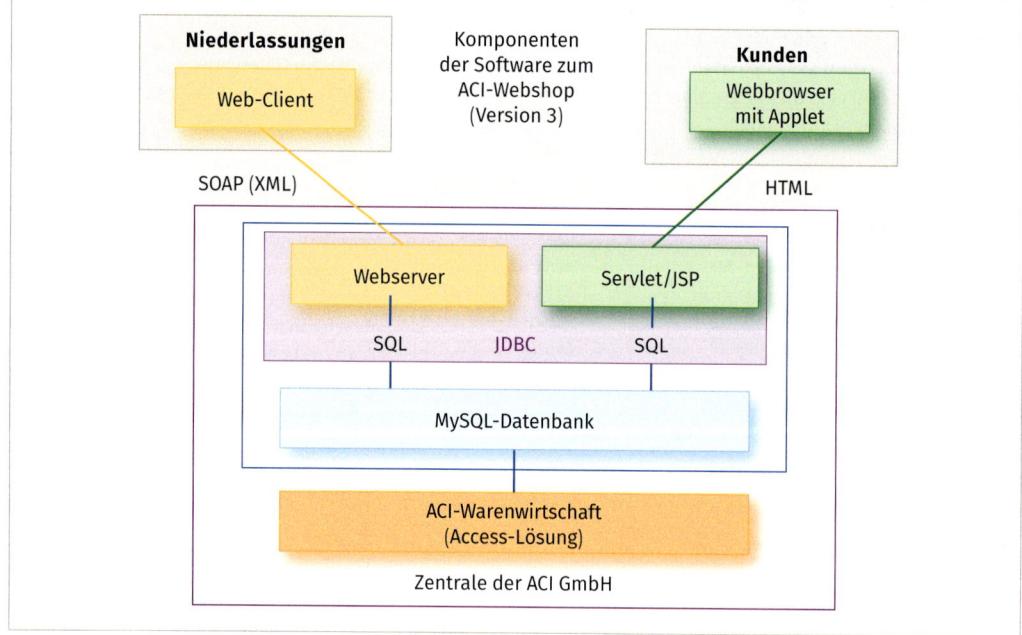

Softwaretools für den ACI-Webshop

3.3 Einsatzumgebung Orgware

Der Betrieb der Software setzt möglichst **keine zusätzlichen organisatorischen Regelungen** voraus. Die Nummernsysteme und Systematiken sind aus dem Warenwirtschaftssystem zu übernehmen.

Nummernsystem	Systematik	Beispiel
Kundennummer	Dxxxxx „D" für Debitor, gefolgt von fünf Ziffern	D24001
Artikelnummer intern (extern wird die EAN verwendet)	xxxxx numerisch, fünf Stellen, ohne Systematik	50009 – LCD-Monitor 22 Zoll

(Fortsetzung auf folgender Seite)

3.4 Leistungsparameter Datenvolumen

Laut Lastenheft erzeugen die Vertriebsniederlassungen pro Web-Kunden maximal **50 Bestellungen pro Tag** mit durchschnittlich 3 Bestellpositionen. Pro Bestellposition fallen 120 Zeichen an. Daraus errechnet sich folgender Speicherbedarf:

täglich	monatlich	jährlich	pro Dekade
50 · 3 · 120 = 18.000 oder 18 KB	30 · 18.000 = 540.000 oder 540 KB	365 · 18.000 = 6.570 KB oder 6,6 MB	10 · 6,6 = 66 MB

Auch ohne Datenarchivierung sind diese 66 Mbyte absehbar über 10 Jahre auf jedem gängigen Personalcomputer speicherbar. MySQL erzeugt auch keinen nennenswerten Overhead zu den reinen Nutzdaten, sodass die Datenmenge kein Problem darstellt.

3.5 Leistungsbereich Benutzerführung

Die Gestaltung der Softwarekomponenten hat sich am Aussehen der Benutzeroberfläche des Warenwirtschaftssystems zu orientieren.

Im Einzelnen gelten folgende Formatvorgaben:

Gestaltungselement	Ausprägung
Schaltflächen	kleine Quadrate als Menüpunkte ohne Text und ohne Bilder
Schriftart	Arial
Schriftgröße	Datenanzeige: 10 Menü: 12 bis 18
Hintergrundfarbe im Menü	ockergelb RGB: 250; 100; 0
Hintergrundfarbe in den Masken	grau-rosa RGB: 255; 190; 255
Anordnung	In den Masken ist die Schaltfläche zum Verlassen oben links angeordnet.
Logo	Im Hauptmenü erscheint das ACI-Logo.
Navigationsschaltflächen	in den Masken oben links angeordnet

(Fortsetzung auf folgender Seite)

3.6 Leistungsparameter Verarbeitungsgeschwindigkeit
Die **Antwortzeit** für die Kundeneingaben muss unter drei Sekunden liegen. Die Bestätigungen von Bestellungen per E-Mail sollte innerhalb von 10 Sekunden beim Kunden eintreffen.

3.7 Leistungsparameter Datensicherheit
- Passwortsicherheit
- Härtung von Betriebssystemen auf Server und Client
- Organisation der regelmäßigen Erstellung von Backups
- Verschlüsselung der Daten auf den Kommunikationswegen
- Verwendung von Zertifikaten

3.8 Leistungsparameter Datenschutz
- Einholen der Zustimmung der Kunden zur Erfassung, Speicherung, Verarbeitung und Weitergabe ihrer Daten
- Datenminimierung
- Zeitstempel der letzten Aktualisierung mitführen
- Pseudonymisierung durch Kundennummern
- Vorbereitung eines Reports für Kundenanfragen zu den eigenen Daten entsprechend der Auskunftspflicht

4. Lebenszyklus des Gesamtsystems
Alle Anforderungen des Lastenheftes zum Lebenszyklus werden in das Pflichtenheft übernommen.

4.1 Zeitpunkt des Einsatzes
Der Webshop soll zum **01. Sept. 20xx** eröffnet werden.

4.2 Abzulösende Systeme
Es gibt bezüglich der Webshop-Funktionalität **keine abzulösenden Systeme**.

4.3 Zu erwartende wachsende Anforderungen
Die Anzahl der Vertriebsniederlassungen soll langfristig auf **6 Niederlassungen** im gesamten deutschsprachigen Raum anwachsen. Nach Erfahrungen anderer Shopbetreiber kann mit etwa 10.000 Gelegenheitskunden gerechnet werden.

5. Schnittstellenübersicht

Schnittstelle	Kommunikationsstandard
Application – Datenbank	JDBC mit eingebettetem SQL
Web-Client – Webservice	SOAP auf Basis von XML
Browser – Servlet/JSP	HTML

6. Lieferumfang

6.1 Zu übergebende Dokumente
- Systemdokumentation
- Benutzerhandbuch für den Betrieb in den Niederlassungen
- Administrationshinweise
- Schnittstellenbeschreibung zum Warenwirtschaftssystem
- Installationsanleitung in gedruckter Form und auf CD zusammen mit der Software als *.pdf- Datei

6.2 Software-Bereitstellung
Die gesamte Software wird **auf CD** übergeben. Die clientseitigen Zugriffskomponenten für die Vertriebsniederlassungen werden als **Download** aus einem geschützten Bereich angeboten und dort gegebenenfalls auch aktualisiert.
Für die Web-Kunden entfällt die Bereitstellung der Software. Sie nutzen ihre eigenen Webbrowser und laden die Daten vom Server der ACI GmbH.

6.3 Installation und Datentransfer
Die Software für die Vertriebsniederlassungen ist in einer komprimierten Form bereitzustellen, die sich selbst entpackt und selbstständig die Installation startet. Ein Datentransfer aus Vorgängerlösungen ist nicht notwendig.

6.4 Schulungsleistungen
entfallen

(Fortsetzung auf folgender Seite)

6.5 Supportleistungen
Der Support in der Zentrale und in den Vertriebsniederlassungen wird durch das **Personal der ACI GmbH** gewährleistet.

7. Abnahmekriterien
7.1 Qualitätsziele
Die Qualitätsanforderungen an die Software aus dem Lastenheft werden ohne Abstriche gewährleistet.

7.2 Testszenarien
Der Test ist genau vorzubereiten. Für die folgenden Testfälle sind bereits Stammdaten zu erfassen, auf die dann im Rahmen der Tests zugegriffen wird.

Testdaten:

Kundentabelle: zwei Datensätze	Feld	Datensatz 1	Datensatz 2
	Nr	D24006	D00001
	Firma	Der BüroMarkt GmbH	Niederlassung Nord
	Benutzername	Büromarkt	NL Nord
	Passwort	(Hash-Code)	(Hash-Code)
	Zusatz	Zentraleinkauf	
	Straße	Köthener Straße 22	Hauptstr. 10
	PLZOrt	39104 Magdeburg	20010 Hamburg
	Postfach	14 55	
	Telefon	0391 6363630	040 234 567 80
	Mobil	0153 12345678	0170 1234567
	Bankverbindung	Postbank Berlin	Volksbank
	IBAN	DE56 1001 0010 0025 5300 60	DE16 1204 0000 1111 2222 30
	BIC	PBNKDEFFXXX	CMBKDEFFXXX
	Sperrvermerk	0	0

Artikeltabelle: ein Datensatz	Feld	Datensatz 1
	ArtNr	30100
	Artikelgruppe	30 (Zubehör)
	Artbez1	externe Festplatte 1 TByte
	Artbez2	USB-3.0-Anschluss
	LiefererA	Toshiba
	ArtNrLiefererA	200.777.260
	Stellplatz	R10/25
	ME	Stück
	Epreis	26,80
	Vpreis	48,90
	Auslaufartikel	nein
	Meldebestand	10
	Bestellmenge	10

(Fortsetzung auf folgender Seite)

Testfall: Nr./Komponente	11 / Servlet „Benutzerzugang"
Anforderungen an das System	Das Anmelden an das System erfolgt als Web-Kunde, die Kundendaten existieren bereits im System, die Eingabe von Benutzername und Passwort ist korrekt.
Prüfkriterien	Der Benutzer/Die Benutzerin erhält Zugang zum Webshop.
Prüfmethode	Funktionsüberprüfung
Testdaten	Benutzername: „Büromarkt"/Passwort: „start"
Soll-Ergebnis	Die Maske mit der Artikelliste öffnet sich.
Prüfergebnis	Das Ist-Ergebnis entspricht dem Soll-Ergebnis.

Testfall: Nr./Komponente	12 / Servlet „Benutzerzugang"
Anforderungen an das System	Das Anmelden an das System erfolgt als Web-Kunde, die Kundendaten existieren bereits im System, die Eingabe des Benutzernamens ist korrekt, das Passwort ist falsch.
Prüfkriterien	Die Benutzerin/Der Benutzer erhält keinen Zugang zum Webshop.
Prüfmethode	Fehlerprovokation
Testdaten	Benutzername: „Büromarkt"/Passwort: „sstart"
Soll-Ergebnis	Die Maske mit der Artikelliste öffnet sich nicht, dafür erscheint eine Fehlermeldung mit dem Hinweis auf falsche Zugangsdaten.
Prüfergebnis	Das Ist-Ergebnis entspricht dem Soll-Ergebnis.

Testfall: Nr./Komponente	13 / Servlet „Benutzerzugang"
Anforderungen an das System	Das Anmelden an das System erfolgt als Web-Kunde, die Kundendaten existieren noch nicht im System, der eingegebene Benutzername ist unbekannt, das Passwort spielt keine Rolle.
Prüfkriterien	Der Benutzer/Die Benutzerin erhält keinen Zugang zum Webshop.
Prüfmethode	Fehlerprovokation
Testdaten	Benutzername: „Neuling"/Passwort: „start"
Soll-Ergebnis	Die Maske mit der Artikelliste öffnet sich nicht, dafür erscheint eine Fehlermeldung mit dem Hinweis auf falsche Zugangsdaten.
Prüfergebnis	Das Ist-Ergebnis entspricht dem Soll-Ergebnis.

Testfall: Nr./Komponente	21 / Web-Client
Anforderungen an das System	Das Anmelden an das System erfolgt als Mitarbeiter/-in der Niederlassung „Nord", die Eingabe von Benutzername und Passwort ist korrekt.
Prüfkriterien	Der Benutzerin/Der Benutzer erhält Zugang zum Web-Client.
Prüfmethode	Funktionsüberprüfung
Testdaten	Benutzername: „Nord"/Passwort: „moinmoin"
Soll-Ergebnis	Die Maske zum Anlegen eines Warenkorbes öffnet sich.
Prüfergebnis	Das Ist-Ergebnis entspricht dem Soll-Ergebnis.

(Fortsetzung auf folgender Seite)

Testfall: Nr./Komponente	22 / Web-Client
Anforderungen an das System	Das Anmelden an das System erfolgt als Mitarbeiter/-in der Niederlassung „Nord", die Eingabe des Benutzernamens ist korrekt, das Passwort ist falsch.
Prüfkriterien	Der Benutzer/Die Benutzerin erhält keinen Zugang zum Web-Client.
Prüfmethode	Fehlerprovokation
Testdaten	Benutzername: „Nord" / Passwort: „tagtag"
Soll-Ergebnis	Die Maske zum Anlegen eines Warenkorbes öffnet sich nicht, dafür erscheint eine Fehlermeldung mit dem Hinweis auf falsche Zugangsdaten.
Prüfergebnis	Das Ist-Ergebnis entspricht dem Soll-Ergebnis.

Anmerkung:
Die Liste der Testfälle mit genauer Beschreibung der Situation, der Eingaben und der Ergebnisse ist bereits zum Zeitpunkt des Designs ausführlich aufzustellen, wobei hier aus Platzgründen auf eine Fortsetzung verzichtet wird.

5.5.6 Abnahme des Pflichtenheftes durch den Auftraggeber

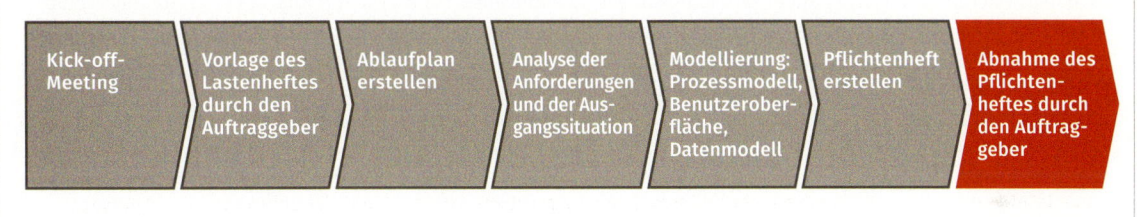

Wie für das Pflichtenheft bietet das V-Modell XT über seinen Projektassistenten auch eine Vorlage zur Erstellung der Abnahmeerklärung an. Diese Vorlage wird im Folgenden ohne den bekannten Kopf in einer etwas verkürzten Form zitiert.

	Projektdokumentation		
Projektname	**ACI-Webshop**		
Dokumententitel	**Abnahmeerklärung Pflichtenheft**		
Erstellt von	**Vorlage aus dem V-Modell XT**	Erstellt am:	
Dokumentenablage	E:\Projekt\Dokumente\Abnahme_01.doc	10. April 20XX	
Änderungshinweise	(zum Nachtragen des Namens eines geänderten Dokuments)	(Änderungsdatum)	

1. Einleitung
In der Abnahmeerklärung erklärt der Auftraggeber sein Einverständnis mit der vom Auftragnehmer erbrachten (Teil-)Lieferung oder seine Ablehnung. Bei allen Lieferungen, die laut Vertrag abgenommen werden müssen, hat der Auftragnehmer ein Recht auf die Ausstellung einer Abnahmeerklärung. Mit der Abnahmeerklärung können rechtliche Folgen verbunden sein, wie die Fälligkeit vereinbarter Zahlungen.

(Fortsetzung auf folgender Seite)

Im Falle der Ablehnung der Abnahme obliegt es dem Auftragnehmer nachzuweisen, dass der Liefergegenstand doch vertragsgemäß erstellt wurde, oder er muss die festgestellten Mängel innerhalb der gesetzten Frist beseitigen. Die Ablehnung der Abnahme kann für beide Seiten erhebliche Folgen nach sich ziehen, wie vereinbarte Vertragsstrafen.

2. Beurteilung der Lieferung
Der Liefergegenstand ist in Art und Umfang zu beschreiben. Die Abnahmeprüfergebnisse werden zusammengefasst und beurteilt. Anhand der Prüfergebnisse ist zu entscheiden, ob die Abnahme erteilt werden kann, unter Vorbehalt erfolgt oder nicht erteilt wird. Im Fall einer Abnahme unter Vorbehalt wird die Mängelliste mit Fristsetzung zur Nachbesserung ebenfalls hier dokumentiert.

3. Anhang: Prüfprotokoll Lieferung
Im Anhang befindet sich eine Kopie vom Prüfprotokoll Lieferung. Es dient der Dokumentation der Prüfung gegenüber dem Auftragnehmer.

4. Abkürzungsverzeichnis

Abkürzung	Erklärung

5. Literaturverzeichnis

6. Abbildungsverzeichnis

Vorgaben zur Prüfung des Dokuments
Inhaltliche und formale Vorgaben für das Produkt sind dem Teil 5: „V-Modell-Referenz Produkte des V-Modell XT" und gegebenenfalls einer zugehörigen Prüfspezifikation „Dokument" zu entnehmen. Für die Überprüfung des Produktes hinsichtlich seiner inhaltlichen Konsistenz zu bereits fertiggestellten Produkten sind die folgenden Produktabhängigkeiten zu überprüfen.

Produktumfang für die Abnahme einer Lieferung (ohne Vertrag):
- betroffene Produkte
- Projekthandbuch
- Beschreibung

Für jedes in der Projektdefinition festgehaltene Ziel der Erstellung müssen Exemplare der **Produkte Abnahmeerklärung, Prüfspezifikation Lieferung** und **Prüfprotokoll Lieferung** erstellt werden, wenn sich die Sachverhalte nicht bereits aus einem Vertrag ergeben.

Ausgehend von den Anforderungen werden die Inhalte der **Prüfspezifikation Lieferung** erarbeitet. Die Abnahmeprüfung wird auf Basis dieser **Prüfspezifikation Lieferung** durchgeführt und im **Prüfprotokoll Lieferung** dokumentiert. Dieses Protokoll wird als Beleg über die erfolgte Abnahmeprüfung der Abnahmeerklärung beigefügt.

Quelle: Projektassistent zum V-Modell XT

Wie man sieht, liefert der Projektassistent zum V-Modell XT die Gliederung mit passenden Hinweisen. Die konkreten Inhalte zu den Gliederungspunkten muss man selbst ergänzen. Die Inhalte sind abhängig von der Aufgabenstellung, diese kann der Projektassistent hier nicht beachten.

Aufgaben

1. Erklären Sie die Bedeutung und die Hauptziele eines Kick-Off-Meetings.
2. Untersuchen Sie die Rolle von Kick-Off-Meetings im Projektmanagement und deren Einfluss auf den Projektverlauf.
3. Analysieren Sie die Vorteile und möglichen Herausforderungen von virtuellen Kick-Off-Meetings im Vergleich zu physischen Meetings.
4. Definieren Sie den Begriff „Lastenheft" und erläutern Sie dessen Bedeutung im Projektmanagement.
5. Untersuchen Sie die typischen Inhalte und Struktur eines Lastenhefts.
6. Diskutieren Sie die Unterschiede zwischen einem Lastenheft und einem Pflichtenheft.
7. Analysieren Sie den Prozess der Anforderungserhebung und -dokumentation im Lastenheft.
8. Recherchieren Sie die Vor- und Nachteile der Verwendung von Lastenheften in verschiedenen Branchen.
9. Definieren Sie den Begriff „Pflichtenheft" und erläutern Sie dessen Bedeutung im Projektmanagement.
10. Untersuchen Sie die typischen Inhalte und Struktur eines Pflichtenhefts.
11. Analysieren Sie die verschiedenen Methoden zur Validierung und Verifikation von Pflichtenheften.
12. Recherchieren Sie die Bedeutung und Anwendung von Pflichtenheften in der agilen Softwareentwicklung.

6 Gewährleistung der Informationssicherheit

Von den Begriffen der Informationssicherheit zu den potenziellen Gefährdungen; persönlicher Erfahrungsbereich der IT-Sicherheit; besondere Rolle des Datenschutzes zum Schutz der Personen vor Missbrauch ihrer Daten; mögliche technisch-organisatorische Maßnahme (TOM); Empfehlungen des Bundesamtes für Sicherheit in der Informationsverarbeitung (BSI) mit der Methode zur Schutzbedarfsfeststellung im Arbeitsbereich; Gesetze und Standards zur Informationssicherheit

6.1 Begriffe der Informationssicherheit

Die Informationssicherheit umfasst die Bereiche Datensicherheit, IT-Sicherheit und die IT-Compliance inklusive Datenschutz.

6.1.1 Datensicherheit

> **W** Daten sind Aufzeichnungen unterschiedlichster Art. Heute werden Daten meist in digitaler Form aufgezeichnet, damit man sie einfach maschinell verarbeiten kann. Aus Daten können Informationen gewonnen werden.

Daten bilden die Ausgangsbasis moderner Informationssysteme. Gesammelte Daten können für Unternehmen sehr wertvoll sein, denn Daten sind der Rohstoff der digitalen Wirtschaft (das „Öl des 21. Jahrhunderts"). Mittels Datenanalyse werden neue, wertvolle Informationen gewonnen. Daraus ergeben sich drei elementare Forderungen an die Datensicherheit:

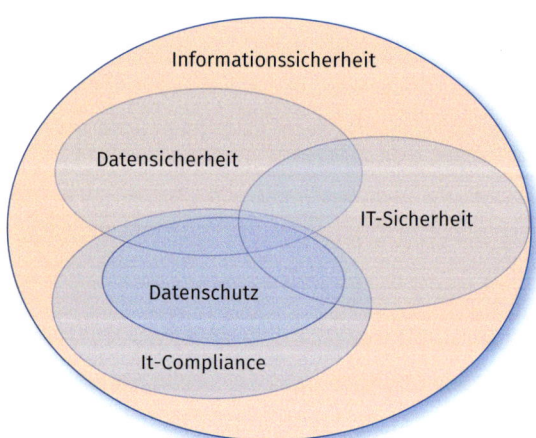

Beziehungen zwischen den Begriffen der Informationssicherheit

Sicherung der …	Erklärung	Gefährdungen
Verfügbarkeit der Daten	Daten stehen zur richtigen Zeit am richtigen Ort bereit	Datenverlust
Integrität der Daten	keine unerlaubten Veränderungen an den Daten	Manipulation der Daten
Vertraulichkeit der Daten	nur autorisierte Nutzende können die wichtigen Informationen aus den Daten ermitteln	Spionage

6.1.2 IT-Sicherheit

Die Abkürzung IT steht allgemein für Informationstechnik. Bei der IT-Sicherheit geht es um den sicheren Betrieb der Technik. Zur **Informationstechnik** gehört neben den Computern auch die gesamte IT-Infrastruktur, die zum Betreiben von Computern notwendig ist, inklusive Kommunikationstechnik und Stromversorgung.

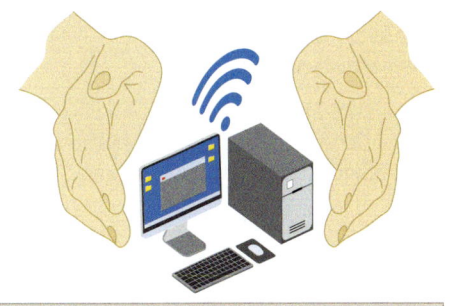

Grundlage von Informationssystemen ist die Informationstechnik. Computer als Verarbeitungseinheiten arbeiten zusammen mit Speichereinheiten, Telekommunikationstechnik und Präsentationstechnik. Diese Komponenten können lokal im Unternehmen angesiedelt sein („on-premises") oder Dank Internet und Cloud-Computing als Software as a Service (SaaS/off-premises) weltweit geografisch verteilt sein. Wichtig ist, dass alle Komponenten korrekt funktionieren. Auch hier ergeben sich drei elementare Forderungen an die IT-Sicherheit:

Anforderung an die IT-Sicherheit	Erklärung	Gefährdungen
Verfügbarkeit der Technik	Alle notwendigen Komponenten müssen zur Zeit der Nutzung bereitstehen und funktionieren.	▪ Ausfall defekter Hardware-Komponenten ▪ Ausfall der Kommunikationsnetze ▪ Defekte Datenträger
Integrität der Technik	keine unerlaubten Veränderungen an der Technik	▪ Umleitung des Datenzugriffs auf veraltete Daten ▪ Abhöreinrichtungen an Datenleitungen ▪ fehlerhafte Algorithmen in Systembibliotheken führen zu falschen Berechnungsergebnissen
Vertrauenswürdige Funktion der Technik	souveräne, selbstbestimmte Nutzung der Technik durch die Anwendenden	▪ Die Technik macht das und nur das, was die Nutzenden wollen, ergänzt eventuell durch Assistenzfunktionen. ▪ keine unerwarteten selbständigen oder fremdbestimmten Aktionen der Technik

6.1.3 Datenschutz

Beim Datenschutz geht es primär nicht um den Schutz der Daten, sondern um den Schutz des Menschen. Juristisch ausgedrückt geht es um den Schutz natürlicher Personen. Der Datenschutz funktioniert nicht ohne Datensicherheit, es geht aber primär um den Schutz der natürlichen Personen vor Missbrauch ihrer Daten, was zu ihrem Nachteil führen kann. Der englische Begriff **„privacy protection"** ist etwas aussagefähiger, aber auch hier wird nur ein Aspekt betont, nämlich der Schutz der Privatsphäre. Beim Schutz der Person vor dem Missbrauch ihrer Daten geht es um wirtschaftliche oder soziale Kontakte der Person.

Der Datenschutz ist in der europäischen Union streng geregelt. Auf die Details wird später eingegangen.

Anforderung an den Datenschutz	Erklärung	Beispiele für Gefährdungen
Verfügbarkeit der Daten	Die notwendigen Daten stehen zur richtigen Zeit an der richtigen Stelle zur Verwendung bereit.	▪ Bewerbungsdaten liegen nicht vor und führen zur Nichtbeachtung der Bewerber/-innen ▪ Verträge können nicht abgeschlossen werden, da persönliche Daten nicht verfügbar sind
Integrität der Daten	Die notwendigen Daten stehen zur richtigen Zeit an der richtigen Stelle zur Verwendung bereit.	▪ Manipulation von Zeugnispapieren führen zur Einstellung ungeeigneter Personen ▪ Manipulation persönlicher Daten kann zu unberechtigtem Bezug von Sozialleistungen führen

Anforderung an den Datenschutz	Erklärung	Beispiele für Gefährdungen
Zweckgebundene Verwendung der Daten	Es dürfen nur die für den jeweiligen Zweck notwendigen Daten erhoben werden (Datenminimierung).	- Weitergabe von Daten an Dritte für unaufgeforderte Marketingzwecke - Verknüpfung von Daten, die zu unterschiedlichen Zwecken erhoben wurden zur Gewinnung neuer Erkenntnisse zur Person
Wahrung der Rechte der Betroffenen	Die Daten gehören den Betroffenen. Sie geben die Daten zur Durchführung von Geschäftsbeziehungen weiter. Sie haben das Recht, informiert zu werden, welche Daten über sie gespeichert werden und wer diese Daten zu welchen Zwecken verarbeitet.	- Die Daten werden ohne Erlaubnis zu Marketingzwecken weitergegeben, was u. a. zu zahlreichen E-Mails mit Werbeangeboten führen kann. - Wenn der ursprüngliche Grund der Erhebung nicht mehr fortbesteht (z. B. Mietvertrag) und gesetzliche Vorgaben keine weitere Archivierung vorschreiben, dann sind die Daten zu löschen.

6.1.4 Informationssicherheit

> **W** Informationen sind Nachrichten mit Neuigkeitswert, sie helfen, Ungewissheit zu beseitigen. Informationen haben einen Wert. Institutionen betreiben einen hohen Aufwand zur Bereitstellung von Informationen. Sie sollten auch einen entsprechenden Aufwand zum Schutz dieses Wertes betreiben.

Informationen werden mithilfe von Informationssystemen aus Daten gewonnen. Daten sind Aufzeichnungen, sie haben eine längerfristige Existenz. Informationen sollten aktuell und zielgerichtet bereitgestellt werden, sie haben damit einen eher temporären Charakter („Wen interessieren schon die Nachrichten von gestern?").

Informationssicherheit setzt Datensicherheit, also verfügbare, vertrauenswürdige und spezifische Daten, sowie IT-Sicherheit, also funktionierende, vertrauenswürdige und nur den konkreten Anforderungen entsprechend arbeitende Technik, voraus. Aus dem temporären Charakter der Information ergeben sich die speziellen Anforderungen an die Informationssicherheit:

Anforderungen an die Informationssicherheit	Erklärung	Gefährdungen
Verfügbarkeit der Information	Die Informationen dienen als Grundlage für Entscheidungen. Entsprechend müssen die notwendigen Informationen zum Zeitpunkt der Entscheidung am richtigen Ort zur Verfügung stehen.	Informationen, die uns zu spät oder gar nicht erreichen, weil sie an die falschen Empfänger/-innen gerichtet waren. Erhält man z. B. keine Information über die Dauer der Verspätung eines Zuges, so bleibt die Ungewissheit. Man muss auf dem Bahnsteig warten. Weiß man, dass der Zug erst in 15 Minuten kommt, dann kann man sich noch etwas zu Essen oder einen Kaffee in der Bahnhofshalle kaufen.
Korrekte und wahre Informationen auf Basis korrekter und wahrheitsgetreuer Daten	Unvollständige, qualitativ minderwertige oder veraltete Daten bzw. bewusst manipulierte Daten führen zu falschen Informationen.	Fehlerhafte oder manipulierte Daten können zu falschen Entscheidungen führen. Ein manipuliertes Zeugnis kann z. B. Bewerberinnen oder Bewerbern bei der Einstellung einen Vorteil verschaffen und dem Unternehmen langfristig wegen der fehlenden Qualifikation Nachteile erbringen.

Anforderungen an die Informationssicherheit	Erklärung	Gefährdungen
Vertrauenswürdige Informationen auf Basis korrekter und sicherer Verarbeitungsprozesse	Fehlerhaft bzw. bewusst manipulierte Verarbeitungsprozesse führen zu falschen Informationen.	Fehler in Berechnungen oder auch nur in der Darstellung von Ergebnissen können zu Fehlentscheidungen führen. Besonders kritisch wird das durch die Möglichkeit der Manipulation von komplizierten Algorithmen im Bereich der künstlichen Intelligenz.
Legale Informationen, Informationsbeschaffung auf Basis von Compliance-Regeln	Informationen sollten nur unter Einhaltung gesetzlicher und moralischer Vorgaben beschafft werden. Unternehmen können sich auch selbst Compliance-Regeln vorgeben. Außerdem gibt es gesetzliche Vorgaben zur notwendigen Informationsbereitstellung (Berichterstattung), welche bedient werden müssen. Auch das Zurückhalten von Informationen kann ein Verstoß gegen gesetzliche Vorgaben sein.	▪ illegale Informationsbeschaffung ▪ Sabotage von Informationskanälen ▪ bei Verstoß gegen den Datenschutz durch Unternehmen droht Bußgeld (bis zu 4 % des jährlichen Umsatzes oder max. 20 Millionen Euro) ▪ gewerbsmäßiger Verkauf unberechtigt gesammelter personenbezogener Daten kann mit Freiheitsstrafe bis zu drei Jahre bestraft werden ▪ Nichtinformieren des Arbeitgebers bei Erkrankung mit bestimmten Infektionskrankheiten

6.1.5 IT-Compliance

Compliance ist ein Begriff für Rechtstreue, regelkonformes Verhalten und Rechtssicherheit in Unternehmen und Verwaltungen. IT-Compliance bezieht dies auf den Bereich der Informations- und Telekommunikationstechnik.

Die wichtigsten Themen der IT-Compliance ergeben sich aus gesetzlichen Regelungen, z. B.
- Gewährleistung des Datenschutzes
- Einhaltung der Grundsätze der ordnungsgemäßen Buchführung (GoB siehe HGB)
- Einhaltung von Archivierungsfristen
- Datenbereitstellung für verpflichtende Berichterstattungen (Meldungen an Sozialversicherungsträger, Berufsgenossenschaften, Wirtschaftsverbänden, Steuererklärung, Publikation von Bilanzen etc.)
- Beachtung des Urheberrechtes (z. B. bei der lizensierten Nutzung von Software, Bildrechte etc.)
- Haftungsfragen bei der Nutzung der Ergebnisse von Datenanalysen

Diese Liste kann damit nicht abgeschlossen werden. Die fortschreitende Digitalisierung eröffnet immer neue Felder, die auch einer rechtlichen Regelung bedürfen. Neben den allgemeinen Rechtsvorschriften unterwerfen sich die Unternehmen und Verwaltungen oft auch selbstgestellten Compliance-Regeln, die im Rahmen der Selbstdarstellung die Vertrauenswürdigkeit des Unternehmens betonen und als Wettbewerbsfaktor genutzt werden.

Wichtig ist es, diese Compliance-Regeln beim Personal zu kommunizieren und ein Compliance-Bewusstsein zu entwickeln, denn gerade in der Informationsverarbeitung ist vieles möglich, aber nicht alles zulässig bzw. moralisch akzeptabel (z. B. die interne Recherche zu den Gesundheitsdaten und Krankschreibungen von Kolleginnen und Kollegen).

6.1.6 Cybersecurity

Cybersecurity ist aktuell der umfassendste Begriff in diesem Kontext. Er umfasst den gesamten Cyberspace (Raum der weltweiten Vernetzung) mit den Elementen **Cybercrime** und **Cyberkrieg**. Cybercrime umfasst alle kriminellen Aktivitäten unter Nutzung der Ressourcen des Internets. Besonders das Darknet ist ein Freiraum für Cyberkriminalität. Neben verbotenen materiellen Gütern wie Schusswaffen und Drogen werden hier auch digitale Waffen und digitale Angriffsszenarien offen kommerziell angeboten.

Von Cyberkrieg spricht man, wenn sich staatliche Stellen der digitalen Waffen bedienen und anderen Staaten oder Organisationen damit einen Schaden zufügen wollen. Die Angriffe richten sich besonders häufig auf die Infrastruktur des Gegners, z. B. auf Kraftwerke, Hochspannungsleitungen, Flughäfen oder Logistikunternehmen. Zahlreiche Elemente der Infrastruktur werden daher als kritische Infrastruktur eingestuft und bedürfen eines besonderen Schutzes.

Zur Erinnerung: Der Begriff „Cyber" leitet sich vom Begriff der Kybernetik ab und beschreibt heute alle Bereiche der digitalen Steuerung und Kommunikation (vgl. Kapitel 4).

Begriff	Bedeutung	Bemerkung
Datensicherheit	Daten sind sicher vor - Verlust, - Verfälschung, - Missbrauch.	Ohne die Bereitstellung und Auswertung von Daten funktionieren wesentliche Bereiche der modernen digitalen Gesellschaft nicht.
IT-Sicherheit	IT-Systeme sind sicher bezüglich - Datenübertragung, Kommunikation, Netze, - Speicherung, - Applikationen, Software und Betriebssystem, - Energieversorgung.	Technik funktioniert zuverlässig und wird nicht durch Fremde missbraucht und ferngesteuert.
Datenschutz	Schutz der Person vor Missbrauch ihrer Daten	Besser: privacy protection
Informationssicherheit	Werte bewahren - Information als Nachricht mit Neuigkeitswert verstehen→ wertvoll und schützenswert - Bereitstellung sicherer, valider und aussagekräftige Informationen, nicht zu viele Informationen (Spam, Fake News etc.) - Daten als Aufzeichnungen, aus denen Informationen gewonnen werden können	Verwendung des Begriffs eher im englischen Sprachraum
Cybersicherheit	- Gewährleistung der Informationssicherheit - Abwehr von Cyberkriminalität - Abwehr von Angriffen im Cyberkrieg	auch Cyberkrieg, Cyber-War

Aufgaben

1. Diskutieren Sie den Unterschied in den Begriffen „Daten" und „Informationen".
Bedenken Sie dazu folgenden Sachverhalt: Der Betreiber einer Webseite sammelt, mit dem bewusst erteilten Einverständnis durch die Nutzerinnen und Nutzer, zahlreiche Daten über die Nutzung seiner Webseite. Diese Daten wertet der Betreiber mithilfe eigener oder fremder Algorithmen aus, um Informationen über die Nutzerinnen und Nutzer zu bekommen. Auf Basis der Datenschutzgrundverordnung haben die betroffenen Personen ein Auskunftsrecht. Der Betreiber der Webseite muss den Nutzerinnen und Nutzern die über sie gespeicherten Daten bereitstellen. Wissen sie damit auch, welche Informationen der Betreiber über sie hat?

2. Einer international erfolgreichen Erfinderin werden die Unterlagen, konkret die Messergebnisse zum Nachweis der Wirksamkeit ihrer Erfindung, gestohlen. Ist das eine Verletzung des Datenschutzes oder der Datensicherheit?

3. Leider gewinnt der Cyber-Krieg mehr und mehr an Bedeutung. Diskutieren Sie aktuelle Vorfälle, bei denen Teile der kritischen Infrastruktur eines Landes durch ausländischen Einfluss geschädigt wurden.

6.2 Gefährdungen

W Sicherheit ergibt sich durch den Ausschluss von Bedrohungen.

Bedrohungen können zu Schäden führen. Der Schaden bezieht sich dabei auf einen konkreten Wert wie Vermögen, Wissen, Gegenstände oder Gesundheit. Schaden bedeutet Verlust an Vermögen, Wissen oder Gegenständen, aber auch entgangener Gewinn oder Beeinträchtigung der Gesundheit.

Übertragen in die Welt der Daten sind alle Aktivitäten eine Bedrohung, welche die Verfügbarkeit, Integrität oder Vertraulichkeit von Daten beeinträchtigen könnten, wodurch den Datennutzenden ein Schaden entstehen kann. Beispiele für Bedrohungen sind Wasserschäden durch Starkregen (höhere Gewalt), Verlust eines USB-Sticks (menschliche Fehlhandlungen), Stromausfall (technisches Versagen) oder Computerviren (vorsätzliche Handlungen).

W Trifft eine Bedrohung auf eine Schwachstelle (insbesondere technische oder organisatorische Mängel), so entsteht eine Gefährdung.

„Eine Gefährdung ist eine Bedrohung, die konkret über eine Schwachstelle auf ein Objekt einwirkt. Eine Bedrohung wird somit erst durch eine vorhandene Schwachstelle zur Gefährdung für ein Objekt."

(Quelle: BSI [Hrsg.]: IT-Grundschutz-Kompendium, Bonn 2023, PDF S. 37/Glossar S. 3)

Gefährdung = Bedrohung trifft auf Schwachstelle

S Leon, der zukünftige Fachinformatiker, fragt sich: „Sind Schadprogramme nun eine Bedrohung oder eine Gefährdung für Anwendende?"

Herr Pelz antwortet: „Auf Basis der Definition des BSI sind alle Anwendenden prinzipiell durch Schadprogramme im Internet bedroht. Anwendende, die eine mit Schadprogrammen infizierte Datei heruntergeladen, werden dann durch das Schadprogramm gefährdet, wenn ihr IT-System anfällig für diesen Typ des Schadprogramms ist. Für Anwendende mit wirksamem Virenschutz, einer Konfiguration, die das Funktionieren des Schadprogramms verhindert, oder einem Betriebssystem, das den Code des Schadprogramms nicht ausführen kann, bedeutet das geladene Schadprogramm hingegen keine Gefährdung."

- Höhere Gewalt
- Vorsätzliche Handlung
- Technisches Versagen
- Organisatorische Mängel
- Fahrlässigkeit

Elementare Gefährdungen	
(1) Höhere Gewalt Feuer, Wasser, Hochwasser und Überschwemmung, Blitzschlag, Erdbeben oder Erdrutsch, Streik und Ausfälle der Infrastruktur	**(2) Menschliches Fehlverhalten** Fehlbedienungen, unsachgemäße Behandlung, irrtümliche Aktionen
(3) Organisatorische Fehler Nichtbeachtung baulicher und technischer Vorschriften, Einsatz von nicht ausreichend geschultem Personal, fehlende regelmäßige Kontrollen, Lizenzverletzungen, unberechtigter Zugriff durch Personal oder Kunden	**(4) Technisches Versagen** Ausfall der Energieversorgung, Hardwareausfall, Softwarefehler oder Kompatibilitätsprobleme, Fehlfunktion von Komponenten
(5) Vorsätzliche Handlungen Aktionen mit krimineller Energie zur Vorteilsnahme, Einbruch und Entwendung von technischen Komponenten, Spionage und Entwendung geistigen Eigentums, Manipulation und Veruntreuung, Sabotage oder Vandalismus	

Das Bundesamt für Sicherheit in der Informationstechnik (BSI) unterscheidet in seinem IT-Grundschutz-Kompendium zahlreiche elementare Gefährdungen, die dort auch detailliert beschrieben werden.

Elementare Gefährdungen laut BSI IT-Grundschutz Kompendium

G 0.1 Feuer
G 0.2 Ungünstige klimatische Bedingungen
G 0.3 Wasser
G 0.4 Verschmutzung, Staub, Korrosion
G 0.5 Naturkatastrophen
G 0.6 Katastrophen im Umfeld
G 0.7 Großereignisse im Umfeld
G 0.8 Ausfall oder Störung der Stromversorgung
G 0.9 Ausfall oder Störung von Kommunikationsnetzen
G 0.10 Ausfall oder Störung von Versorgungsnetzen
G 0.11 Ausfall oder Störung von Dienstleistern
G 0.12 Elektromagnetische Störstrahlung
G 0.13 Abfangen kompromittierender Strahlung
G 0.14 Ausspähen von Informationen (Spionage)
G 0.15 Abhören
G 0.16 Diebstahl von Geräten, Datenträgern oder Dokumenten
G 0.17 Verlust von Geräten, Datenträgern oder Dokumenten
G 0.18 Fehlplanung oder fehlende Anpassung
G 0.19 Offenlegung schützenswerter Informationen
G 0.20 Informationen oder Produkte aus unzuverlässiger Quelle
G 0.21 Manipulation von Hard- oder Software
G 0.22 Manipulation von Informationen
G 0.23 Unbefugtes Eindringen in IT-Systeme
G 0.24 Zerstörung von Geräten oder Datenträgern
G 0.25 Ausfall von Geräten oder Systemen
G 0.26 Fehlfunktion von Geräten oder Systemen
G 0.27 Ressourcenmangel
G 0.28 Software-Schwachstellen oder -Fehler
G 0.29 Verstoß gegen Gesetze oder Regelungen
G 0.30 Unberechtigte Nutzung oder Administration von Geräten und Systemen
G 0.31 Fehlerhafte Nutzung oder Administration von Geräten und Systemen
G 0.32 Missbrauch von Berechtigungen
G 0.33 Personalausfall
G 0.34 Anschlag
G 0.35 Nötigung, Erpressung oder Korruption
G 0.36 Identitätsdiebstahl
G 0.37 Abstreiten von Handlungen
G 0.38 Missbrauch personenbezogener Daten
G 0.39 Schadprogramme
G 0.40 Verhinderung von Diensten (Denial of Service)
G 0.41 Sabotage
G 0.42 Social Engineering
G 0.43 Einspielen von Nachrichten
G 0.44 Unbefugtes Eindringen in Räumlichkeiten
G 0.45 Datenverlust
G 0.46 Integritätsverlust schützenswerter Informationen
G 0.47 Schädliche Seiteneffekte IT-gestützter Angriffe

(Quelle: BSI (Hrsg.): IT-Grundschutz-Kompendium, Bonn 2023, Gesamtinhaltsverzeichnis, PDF S. 7)

6.2.1 Schadprogramme/Malware

In der Regel werden die Begriffe Schadprogramm, Schadsoftware und Malware synonym verwendet. Malware ist ein Kunstwort, abgeleitet vom englischen Ausdruck „Malicious Software", und bezeichnet Software, die entwickelt wurde, um gezielt unerwünschte und meistens schädliche Funktionen auszuführen. Das BSI weist in seiner Liste allgemeiner Gefährdungen unter Punkt G 0.39 „Schadprogramme" auf diese Gefährdungen hin. Beispiele sind:
- Computerviren,
- Würmer und
- Trojanische Pferde/Trojaner.

Malware ist üblicherweise für eine bestimmte Betriebssystemvariante konzipiert und wird daher in der Regel für verbreitete Systeme wie Windows, Android oder Linux programmiert.

Malware/Schadprogramme	
 *Computervirus*	Ein Computervirus ist zunächst ein Programm wie viele andere. Es ist nur durch zwei besondere Eigenschaften gekennzeichnet: - Es verbreitet sich, indem es sich selbst in noch nicht infizierte Dateien kopiert und diese so anpasst, dass das Virus mit ausgeführt wird, wenn das Wirtsprogramm gestartet wird. - Es enthält eine Schadfunktion, die üblicherweise erst nach einer gewissen Inkubationszeit ausgeführt wird, damit die Infektion den Benutzenden nicht sofort auffällt. Zu den infizierbaren Dateien zählen nur ausführbare Objekte: normale Programmdateien, Programmbibliotheken, Skripte oder Dokumente mit Makros. Besonders gefährdet sind die Bootsektoren (auch wenn diese normalerweise vom Betriebssystem nicht als Datei angesehen werden). Sie werden beim Startvorgang immer abgearbeitet; dadurch wird auch der Virus gestartet.
 *Computerwurm*	Auch bei den sogenannten Würmern handelt es sich um Programme. Sie sind durch folgende zwei besondere Eigenschaften gekennzeichnet: - Würmer können sich wie Viren selbst kopieren und durch Ausnutzung der Kommunikationsschnittstellen selbstständig verbreitet. - Während Computerviren Dateien in ihrer Verzeichnisumgebung infizieren, versuchen Computerwürmer, sich über das Netzwerk zu verbreiten. Sie nutzen dazu Sicherheitslücken auf dem Zielsystem aus, wie zum Beispiel - Design- und Programmierfehler in Netzwerkdiensten - Netzwerkdienste, die Standardpasswörter oder gar kein Passwort benutzen - offene Ports, Lücken in der Firewall Die Schadfunktion von Würmern besteht meist darin, anderen Programmen den Zugang zum befallenen System zu ermöglichen (Backdoor-Opener). Ein Wurm kann sich dann wie ein Virus in eine andere Programmdatei einfügen. Meistens versucht er sich jedoch nur an einer unauffälligen Stelle im System mit einem unauffälligen Namen zu verbergen und verändert das Zielsystem so, dass beim Systemstart neben anderen Programmen auch der Wurm aufgerufen wird.
 *Trojanisches Pferd*	Ein Trojanisches Pferd, oft kurz Trojaner genannt, ist ein Programm mit einer verdeckten, nicht dokumentierten Funktion oder Wirkung. Ein Trojanisches Pferd verbreitet sich nicht selbst, sondern wirbt mit der Nützlichkeit des Wirtsprogrammes für seine Installation durch Benutzende. Es ist also eine Malware, die sich als legitime Software ausgibt. Den Trojaner lädt man sich somit unbewusst selbst auf sein System. Trojaner werden von Cyberdieben und Hackern eingesetzt, um Zugang zum System der Benutzenden zu erlangen.

Benutzende werden in der Regel mit einer Social-Engineering-Masche (vgl. Kap. 6.5.7.6) dazu verleitet, Trojaner auf ihr System herunterzuladen und auszuführen. Einmal aktiviert, können Cyberkriminelle den Computer dann mithilfe des Trojaners ausspionieren, vertrauliche Daten stehlen und Backdoor-Zugang zu dem System erhalten. Die Schadfunktionen können Folgendes umfassen:
- Daten werden gelöscht.
- Daten werden blockiert oder verschlüsselt.
- Daten werden modifiziert und verfälscht bzw. kopiert und damit gestohlen.
- Die Ressourcen des Computers werden für fremde Zwecke eingesetzt; Diebstahl von Computerleistung.
- Die System-/Netzwerkleistung wird eingeschränkt.

Im Gegensatz zu Computerviren und Würmern können sich Trojaner nicht selbst replizieren.

Schadprogramme sind aus Sicht des Betriebssystems Programme wie alle anderen. Sie müssen immer durch Nutzende aktiviert werden. Das kann auf verschiedene Weise geschehen:
- Zusammen mit einem Wirtsprogramm → klassische Viren oder Trojaner
- Beim Starten des Computers → Bootsektor-Viren
- Zusammen mit Office-Dokumenten → Makro-Viren
- Zusammen mit einer Webseite → aktive Komponenten auf der Webseite, z. B. JavaSkript

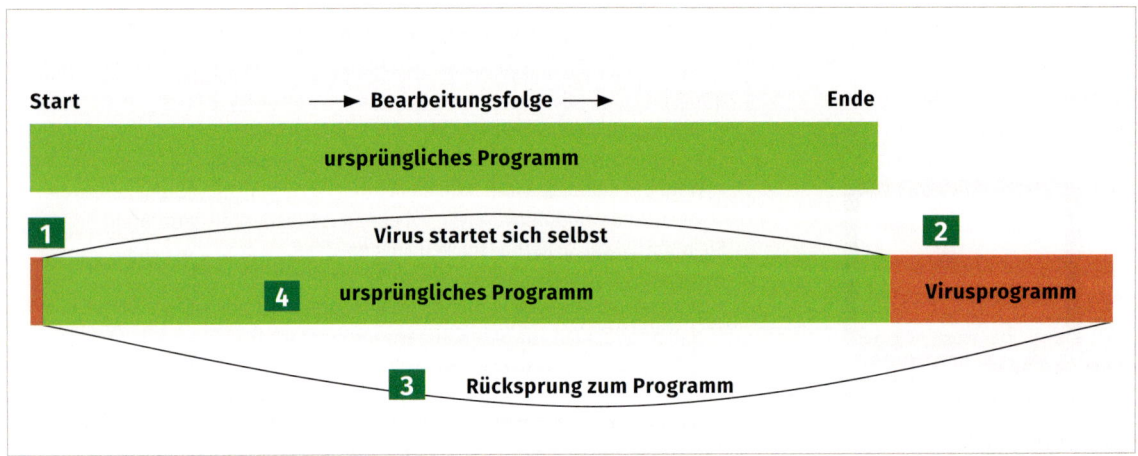

Aktivierung eines Virusprogrammes bei einer befallenen Datei

6.2.2 Botnetze

Viren, Würmer oder Trojaner sind oft nur „Türöffner" für andere Programme. Diese Bots (von englisch: robot, „Roboter") arbeiten innerhalb des laufenden Systems und erlauben anderen von außen den Zugriff auf das System. Man kann diesen Zustand mit der Fernwartung (remote access) eines Computersystems vergleichen. Es geht den externen Benutzenden jedoch nicht um die Behebung von Störungen. Sie wollen die Ressourcen des Computers für ihre Zwecke gebrauchen. In der Regel fällt dieser Missbrauch den regulären Benutzenden nicht auf. Die extrem hohe Leistungsfähigkeit der Computer macht das möglich.

Die Remote-Steuerung des infizierten Computers ermöglicht Cyberkriminellen so gut wie jede beliebige Nutzung des infizierten Gerätes: vorhandene Dateien zu lesen, zu versenden oder zu löschen, neue Programme zu empfangen und zu starten, um so den Computer von fernzusteuern. Dies wird häufig dazu eingesetzt, viele Computer zu einem Netzwerk zusammenzuschließen. Solche sogenannten Botnets oder Zombie-Netzwerke können mit gesammelter Rechenkraft für viele kriminelle Zwecke eingesetzt werden.

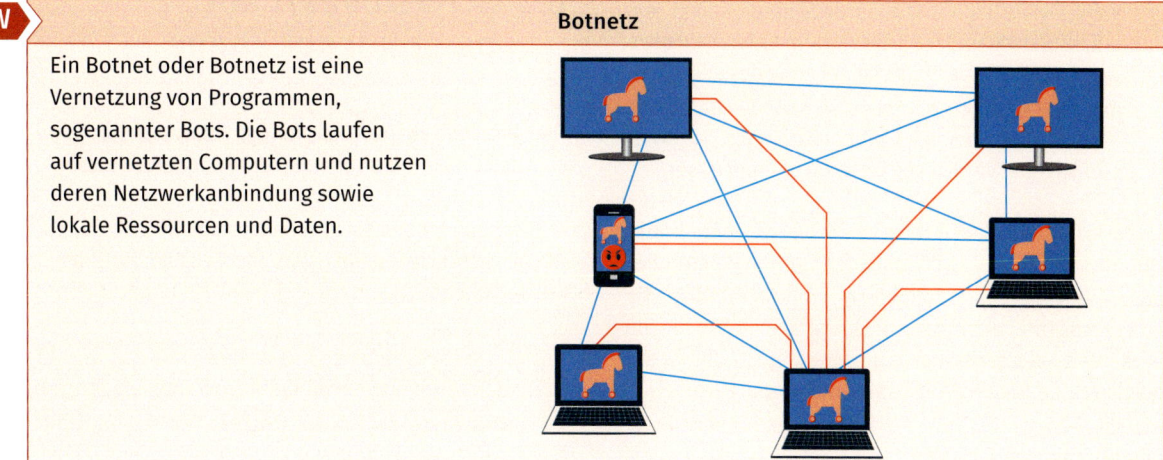

Botnetz

W Ein Botnet oder Botnetz ist eine Vernetzung von Programmen, sogenannter Bots. Die Bots laufen auf vernetzten Computern und nutzen deren Netzwerkanbindung sowie lokale Ressourcen und Daten.

An sich ist ein Botnetz nichts Negatives. Entwickelt wurde das Konzept zur Lösung extrem rechenaufwendiger Aufgabenstellungen. Forschungsinstitute haben so z. B. ihre Computerressourcen gebündelt. Oft wurden auch Freiwillige mit ihren Computern eingebunden.

S Herr Pelz: „Das Konzept können auch Azubis im privaten Bereich anwenden. Statt mit Oma oder Opa lange per Telefon über Probleme am Computer zu diskutieren, installiert man bei ihnen und bei sich eine Software zur Fernwartung und kann sich dann auf den anderen Arbeitsplatz schalten, um dort gewünschte Einstellungen vorzunehmen."

Werden die Ressourcen fremder Computer jedoch ohne Einverständnis der Eigentümerinnen und Eigentümer fremdgesteuert, kann es gefährlich werden. Sie werden zu Zombie-Computern unter Steuerung Krimineller. Fremde okkupieren quasi den Rechner und nutzen ihn für ihre Zwecke. Das muss uns selbst nicht einmal auffallen – die Computer sind heute so leistungsfähig, dass eine Fremdnutzung kaum zu Verzögerungen führt. Unangenehm wird es, wenn der Rechner für kriminelle Aktivitäten missbraucht wird und der eigene Rechner von den Ermittlungsbehörden als Quelle identifiziert wird. Dann ist man in Erklärungsnot.

Chancen und Risiken von Botnetzen	
Remote Access	**Zombie-Computer**
Der Fernzugriff auf einen Computer kann zur Fernwartung genutzt werden. TeamViewer ist z. B. eine Fernwartungssoftware mit Screen-Sharing; man arbeitet praktisch von fern auf dem anderen Computer. Die Software arbeitet als Onlinedienst durch Firewalls und NAT sowie Proxyserver hindurch. Für Privatnutzende ist TeamViewer als Freeware verfügbar.	Ein Zombie-Computer ist ein Computer, der mit dem Internet verbunden ist und von einem Computervirus oder Trojaner kompromittiert wurde, sodass er verwendet werden kann, um Aufgaben unterschiedlicher Art unter Remote-Steuerung auszuführen.

Krimineller Missbrauch von Zombie-Computern in Botnetzen

- Spam-Schleuder
  Millionen Computernutzende erhalten unerwünschte E-Mails vom okkupierten Rechner. Man merkt das eventuell durch Rückmeldungen über nicht zustellbare E-Mails vom Mail-Delivery-System.
- Ausgangspunkt für Distributed-Denial-of-Service-Angriffe (DDoS Attack)
  Fremde Server werden so stark mit Anfragen überschüttet, bis sie zusammenbrechen (Denial of Service, engl. für „Verweigerung des Dienstes").
- Brute-Force-Angriffe
  Unter zahlreichen Möglichkeiten und Verfahren, ein Passwort zu rekonstruieren, ist das sog. Brute-Force-Cracking wohl das bekannteste und älteste aller Verfahren. Hierbei werden systematisch alle möglichen Kombinationen aus definierbaren alphanumerischen Zeichen und Sonderzeichen kombiniert und ange-

wandt. Der Erfolg einer solchen Methode hängt von der Komplexität und der Länge des zu untersuchenden Passwortes sowie der Prozessorleistung des angreifenden Computers und dem verwendeten Algorithmus ab. Die hierfür notwendige Computerleistung erbringen oft andere im Rahmen von Botnetzen.

Cyberkriminelle legen häufig riesige Zombie- oder Bot-Netzwerke an, die Tausende, Zehntausende oder gar Millionen von Computern umfassen, über die DDoS-Angriffe besonders wirksam sein können. Sie verkaufen oder vermieten dann den Zugriff auf dieses Netzwerk an andere Verbrecherinnen und Verbrecher, die die Netzwerke zum Beispiel für groß angelegte Spam-Kampagnen nutzen.

Aufgaben

1. Welches der folgenden Merkmale trifft allgemein auf das Schadprogramm Computervirus zu?
   a) Zerstört die befallenen Dateien
   b) Dringt in fremde Systeme ein, um dort weitere Viren freizusetzen
   c) Befällt immer die Bootsektoren des Betriebssystems
   d) Versuchen aktiv über die Internetverbindung in neue Systeme einzudringen
   e) Kopiert sich selbst in ausführbare Dateien
2. Welches der folgenden Merkmale trifft allgemein auf das Schadprogramm Computerwurm zu?
   a) Zerstört die befallenen Dateien
   b) Dringt in fremde Systeme ein, um dort Viren freizusetzen
   c) Befällt immer die Bootsektoren des Betriebssystems
   d) Versuchen aktiv über die Internetverbindung in neue Systeme einzudringen
   e) Kopiert sich selbst in Textdateien
3. Welches der folgenden Merkmale trifft allgemein auf ein Bot-Netzwerk zu?
   a) Bot-Netze stören die Arbeit auf den Host-Computern, indem sie den Start von Programmen verhindern.
   b) Bot-Netze verbreiten Schadprogramme von Computer zu Computer.
   c) Bot-Netze arbeiten als Roboter und durchforsten das Netz nach Schwachstellen.
   d) Bösartige Bot-Netze werden beispielsweise zum Sammeln von E-Mail-Adressen für Werbezwecke genutzt.
   e) Bot-Netze entstehen durch das gleichzeitige Booten von Computern.

6.3 Schutzbedarf auf persönlicher Ebene

Herr Pelz möchte die Azubis für das Thema Schutzbedarf sensibilisieren und beginnt daher mit der persönlichen Erfahrungswelt.
- Wer hatte bereits einen Schadensfall?
- Welche Schwachstelle hat zu dem Schaden geführt?
- Welche Maßnahmen hat man zum Schutz getroffen?

Im privaten Bereich wird eine breite Palette von IT-Systemen eingesetzt, von den klassischen Computern bis hin zu den zahlreichen Steuerungen von Haushaltsgräten (smart home) oder dem Auto. Dem Ausbildungsziel entsprechend steht die private Nutzung von PCs, Smartphone, Laptops oder Tablets im Fokus. Sie werden genutzt für:
- die Bearbeitung von Aufgaben aus der Ausbildung, Recherchen, zum Erstellen von Texten, Präsentationen oder Kalkulationen
- Erledigung von Arbeitsaufgaben
- private Kommunikation via E-Mail oder Social Media
- Hobbies, Gaming, Fotosammlung und Bildbearbeitung, Streaming von Videos oder Filmen etc.
- Online-Shopping, auch für die Buchung von Tickets oder Fahrkarten
- Online-Banking
- u. v. m.

Fast alle verbringen täglich mehrere Stunden vor oder mit diesen Geräten. Wenn das den Benutzenden wichtig ist, dann sollten sie auch für den Schutz der Geräte und deren ordnungsgemäßer Funktion sorgen. Gleiches gilt für Smarthome-Komponenten, welche zunehmende Bedeutung gewinnen durch die Steuerung der gesamten Haustechnik. Auf deren Schutzbedarf kann hier jedoch nicht eingegangen werden.

6.3.1 Verlust persönlicher Daten

Leon hatte mal einen Totalschaden mit seinem Laptop. Das Gerät war durch eine hastige Bewegung vom Tisch gefallen und auf einem Fliesenboden stark beschädigt worden. Damit war auch der Text einer Belegarbeit auf dem Computer nicht mehr erreichbar. Zum Glück hatte er eine Kopie in der Cloud.

Mit Datenverlust wurden sicherlich alle bereits konfrontiert. Besonders in stressigen Zeiten achtet man nicht ausreichend auf die Sicherung der Daten.

> **Beispiel für Datenverlust: Dokumentation der Projektarbeit futsch**
>
> Lehrkräfte kennen das Phänomen: Kurz vor dem Abgabetermin melden Auszubildende, dass die Datei mit ihrer Projektarbeit nicht mehr lesbar ist, dass der Laptop abgestürzt ist oder die Projektarbeit aus sonstigen Gründen nicht mehr auffindbar ist. Die Projektarbeit ist verloren.
> Nur in wenigen Fällen sind es technische Fehler, die zum Datenverlust führen. Meist sind es organisatorische Fehler, die gerade in Stresssituationen schnell passieren.

Datenverlust ist unangenehm und verursacht unnötigen Aufwand zur Rekonstruktion der Daten. Dabei sind Schutzmaßnahmen wie die Erstellung eines Backup einfach und klar.

6.3.2 Diebstahl der eigenen Identität

S Svenja hat einmal erlebt, dass jemand auf ihren Namen eingekauft hat. Plötzlich erhielt sie Zahlungsaufforderungen und Mahnung von Lieferanten, die sie gar nicht kannte. Nach einer Anzeige bei der Polizei und einigen E-Mails mit den Lieferanten war schließlich Ruhe.

Beim Identitätsdiebstahl eignen sich fremde Nutzende von IT-Systemen die Merkmale berechtigter Nutzender an. Sie hacken z. B. den E-Mail- oder Facebook-Account und kommunizieren über diesen Account unter fremden Namen. Das kann unangenehm sein für die Akzeptanz in der Community, es kann aber auch zu wirtschaftlichen Schäden führen. Typisch sind Online-Einkäufe unter fremden Namen (mit falscher Identität). Wenn es den Tätern oder Täterinnen dann noch gelingt, die Warensendung abzufangen, können sie so einen materiellen Vorteil erreichen. Die Geschädigten müssen dann nachweisen, dass sie nicht bestellt und die Ware auch nicht erhalten haben, was vielfach schwer sein kann.

> **W** **Identität und Identifikation**
>
> Identität ist die Gesamtheit der Merkmale, die eine Person, einen Gegenstand oder ein Objekt kennzeichnen und als Individuum von anderen unterscheiden. Diese speziellen, also abgrenzenden Merkmale können biologischer Art sein; es kann sich aber auch um spezielles Wissen oder einen speziellen Besitz handeln.
> Der Computer kennt nicht die Person mit ihrer individuellen Persönlichkeit, er kennt nur wenige Identifikationsmerkmale, wie den Benutzernamen und das Passwort. Erst durch den Einsatz von Verfahren der künstlichen Intelligenz lassen sich Personen auch anhand von individuellen Merkmalen erkennen (z. B. Gesichtserkennung)..

Klassisch ist die Überprüfung der Identität anhand eines **speziellen Wissens** (vgl. 6.5.7.2). Benutzende kennen ihre Benutzernamen und Passwörter. Durch die Eingabe von Benutzername und Passwort in der richtigen Kombination werden zulässige Benutzende erkannt.

Der kritische Punkt ist die notwendige Geheimhaltung des Passwortes. Passwörter müssen gleichzeitig nicht trivial und trotzdem merkbar sein. Triviale Passwörter können erraten oder durch das sogenannte Social Engineering (vgl. Kap. 6.5.7.6) ermittelt werden. Im Bereich der privaten Anwendungen ist man für die Auswahl, für die Komplexität und die Art des Merkens der Passwörter selbst zuständig. Entsprechend muss man auch die Konsequenzen beim Verlust des Passwortes oder beim Identitätsdiebstahl tragen.

Der Passwortschutz spielt auf betrieblicher Ebene eine besondere Bedeutung, deshalb finden sich später dazu noch weitere Ausführungen.

> **Phishing** **W**
>
> Phishing bezeichnet den Versuch, über gefälschte Webseiten, E-Mails oder Kurznachrichten an persönliche Daten einer anderen Person zu gelangen und damit Identitätsdiebstahl zu begehen.

Typische Werkzeuge sind die sogenannten Phishing-Mails oder Phishing-Webseiten. Der Absender oder die Absenderin meldet sich üblicherweise als vertraute Geschäftspartnerin, als Hausbank, Internet-Provider oder Telefongesellschaft und fordert unter irgendeinem Vorwand die „Kundinnen und Kunden" zur Angabe von Passwörtern und anderen Merkmalen wie PIN oder TAN auf. Dazu täuschen diese falschen E-Mails oder Webseiten meist das Design der Original-Absendenden vor.

> **Spyware**
>
> Ein anderer Weg geht über die sogenannte Spyware. Üblicherweise wird im Rahmen eines Botnetzes die Spyware zur Beobachtung der Benutzeraktivitäten eingesetzt. Hierzu reicht ein einfacher Keylogger, der alle Eingaben der Benutzenden an der Tastatur eines Computers protokolliert und an seine Auftraggeber versendet. Damit werden die Überwachung der Benutzeraktivitäten und die Rekonstruktion von Passwörtern oder PINs möglich. Ein Keylogger kann durch eine einfache Manipulation des Eingabestreams auf Betriebssystemebene realisiert werden.

Die Verwendung von Passwörtern dient im Rahmen der technischen Zugriffskontrolle zur Authentifikation registrierter Benutzender. Zur Identifikation hätte der Benutzername gereicht, die Kenntnis des Passwortes als spezielles Wissen dient dem Nachweis der behaupteten Eigenschaft, diese Person zu sein. Wenn die angegebenen Benutzernamen im System bekannt ist, also die Benutzenden registriert sind, und das geheime, aber im System gespeicherte Passwort eingeben, erhalten sie die Zugriffsrechte, können also mit dem System arbeiten.

> **Authentisierung und Authentifizierung**
>
> Benutzende authentisieren sich gegenüber dem IT-System, indem sie ihre Merkmale (bekannte, geheime oder spezielle Merkmale) eingeben oder einlesen lassen. Die Authentifizierung ist der Nachweis einer behaupteten Eigenschaft eines Benutzers oder einer Benutzerin. Durch die Kenntnis des geheimen Passwortes weisen Benutzende nach, dass sie die registrierte Person sind. Umgangssprachlich wird hierfür auch der Begriff Authentifikation verwendet. Benutzende melden sich mit Benutzername und Passwort an. Die Authentifizierung erfolgt durch das System, durch den Server. Hier wird erkannt, ob das Passwort zu dem Benutzernamen gehört. Damit wird der Nachweis erbracht, dass die Benutzenden auch die Personen sind, die sie behaupten zu sein.
>
>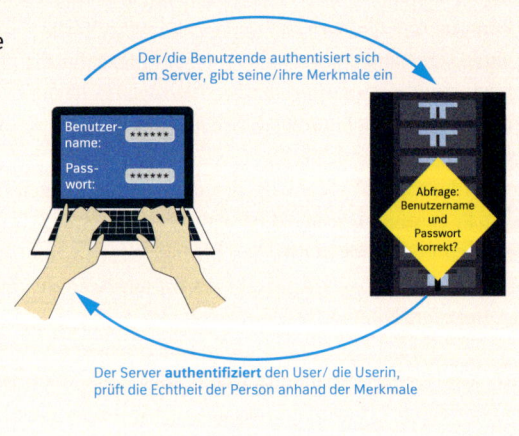

Im Web wird die überwältigende Mehrheit der Accounts mit nur einem Merkmal geschützt: Für den Login in einen E-Mail-Account, bei Cloud-Diensten oder Onlineshops reicht für gewöhnlich ein Passwort. Gerät dies in falsche Hände, kann die persönliche Identität gegenüber diesen Systemen nicht mehr eindeutig abgesichert werden. Man spricht daher auch von Identitätsdiebstahl.

6.3.3 Sozialer Druck und Erpressung

Leider kommt es auch im privaten Bereich immer häufiger zu Erpressungsversuchen durch Cyberkriminelle. Ansatzpunkte sind Drohungen zur:
- Verschlüsselung oder Löschung aller Daten auf den Geräten
- Verbreitung intimer und indiskreter Bilder oder Videos

Für den ersten Fall wird sogenannte Ransomware eingesetzt. Sie muss durch eine Malware auf den fremden Rechner gelangt sein. Das kann nur ein gutes Antivirenprogramm verhindern.

> **Ransomware**
>
> Ransomware (engl. „ransom" bedeutet Lösegeld) kann private Daten auf dem fremden Computer verschlüsseln oder den Zugriff auf sie verhindern, um für die Entschlüsselung oder Freigabe ein Lösegeld zu fordern.

Das Opfer wird in der Regel per E-Mail informiert und aufgefordert, innerhalb weniger Tage ein Lösegeld zu überweisen, meist in Form von Bitcoin, damit der Zahlungsweg verschleiert werden kann. Nach Zahlungseingang wird die Aufhebung der Sperre oder Verschlüsselung in Aussicht gestellt. Ob das wirklich passiert, ist nicht gesichert.

Für die Erpressung mit intimen oder indiskreten Inhalten braucht es keine spezielle Software. Der Erpresser oder die Erpresserin muss nur Zugang zum Computer haben, um die Kamera zu aktivieren und von dort die Bilder mitzuschneiden. Dazu muss man nur auf Betriebssystemebene die Kanäle umleiten, ähnlich wie beim Keylogger. Wenn man einmal im System ist, dann ist das keine große Kunst. Beim Laptop sieht man vielfach, dass die Kamera zugeklebt ist, bei Bedarf kann man ja die Klebung entfernen. Beim Smartphone denkt niemand daran, dabei ist das Smartphone praktisch ständig aktiv und die Frontkamera ist immer auf die benutzende Person gerichtet – beim Telefonieren und auch auf der Toilette.

Eventuell gibt es nicht einmal eine Basis für eine Erpressung, trotzdem versuchen Kriminelle die Nutzenden einzuschüchtern.

6.3.4 Stromausfall zuhause

Felix berichtet von einem Freund aus Bangladesch. Dort kam es in der Vergangenheit häufig zu Stromausfällen. Wegen Energiemangel wurden ganze Regionen oder Stadtbezirke einfach vom Netz genommen. Aber die Informatikerinnen und Informatiker störte das nicht zu sehr, ihre Laptops haben ja einen Akku und arbeiten weiter. Mit Desktop-Computern arbeitet dort kaum jemand.

Die Bedeutung einer gesicherten Energieversorgung wird bei der Haustechnik besonders deutlich. **Smarthome** ist das Stichwort für IT-Systeme auf persönlicher Ebene. Die Steuerung von Jalousien, Beleuchtung, Heizung, Waschmaschine und vielem mehr erfolgt „smart" und vernetzt. Das intelligente Wohnen bekommt immer mehr Bedeutung und findet Einzug in viele Wohnungen und Einfamilienhäuser. Aber alles hängt nicht nur am WLAN oder Netzwerkkabelverbindungen, sondern auch an der Steckdose. Eine gesicherte Energieversorgung ist für alle Geräte im Smarthome notwendig.

In unserer Region, bei unserer guten Infrastruktur, erscheint uns eine gesicherte Energieversorgung als selbstverständlich. Dabei darf man aber nicht vergessen: Ohne Energiezufuhr laufen die IT-Systeme nicht. Ein erstes Schutzziel muss daher die gesicherte Energieversorgung sein.

Zum Anfang dieses Kapitels sind wir bereits auf die Bedeutung der gesicherten Energieversorgung näher eingegangen. Einen echten „Blackout" möchte keiner erleben, schon ein kleiner „Blackout" beim Smartphone kann beunruhigend sein.

In diesem Kontext sollte man auch die breite Diskussion um die Energiewende beachten. Die IT-Systeme entwickeln sich zu den größten Verbrauchern von Elektroenergie. Rechenzentren zur Kommunikationssteuerung, Cloud-Service-Anbieter, Block-Chain-Services, Bitcoin-Miner und Streamingdienste gehören heute zu den größten Energiekonsumenten.

Zusammenfassung

> **Schutzbedarf im privaten Bereich**
>
> - Schutz der Daten, hauptsächlich vor Verlust
> - Schutz der Person, besonders vor Identitätsdiebstahl
> - Schutz der IT-Systeme vor Missbrauch, besonders als Zombie-Computer
> - Schutz der Energieversorgung

Als notwendige technisch-organisatorische Maßnahmen (TOM, vgl. Kap. 6.5.1) ergeben sich daraus:
- Sicherung der Geräte vor Verlust durch Achtsamkeit
- Sparsamer Umgang mit persönlichen Daten
- Installation und Betrieb eines Antivirenprogrammes
- Installation, Betrieb und Administration einer Firewall
- Mitführen von Ladekabeln und Ladegeräten bzw. Powerbanks für mobile Geräte
- regelmäßig Sicherungskopien erstellen oder die Daten in der Cloud bei einem vertrauenswürdigen Anbieter sichern

Aufgaben

1. Welche der folgenden Maßnahmen stellt einen Schutz gegen die Bedrohung „Datenverfälschung" dar?
   a) Daten auf Viren scannen
   b) Sicherheitskopie erstellen
   c) Daten mittels UNICODE codieren

d) Zertifikat zu den Daten ausstellen
   e) Back-up erstellen
2. Welche der folgenden Maßnahmen stellt einen Schutz gegen die Bedrohung „Datenmissbrauch" dar?
   a) Daten auf Viren scannen
   b) Zertifikat zu den Daten ausstellen
   c) Daten verschlüsseln
   d) Daten mit Signatur sichern
   e) Sicherheitskopie erstellen
3. Welche Aufgabe hat eine Powerbank?
   a) Schützt als mobiler Zusatzakku vor Energieausfall
   b) Verbessert den Empfang von Smartphones in Funklöchern
   c) Verwaltet ein Zusatzguthaben für Datenvolumen bei der Smartphone-Nutzung
   d) Funktioniert als starker Partner bei der Sicherung der Datenübertragung
   e) Dient der gesicherten Speicherung von Daten mobiler Geräte

6.4 Datenschutz

Beim Datenschutz geht es nicht um den Schutz der Daten allgemein, sondern um den Schutz der Person vor dem Missbrauch ihrer Daten. Der englische Begriff „privacy protection" trifft diesen Sachverhalt besser, wobei es nicht allein um die Privatsphäre geht, sondern eher um die öffentliche Wahrnehmung eines Menschen, basierend allein auf den über ihn verfügbaren Daten.

In Deutschland werden personenbezogene Daten grundsätzlich als schutzwürdig betrachtet. Es gelten Bundes- und Landedatenschutzgesetze, die den Schutz solcher Daten regeln. Dennoch gibt es einige Ausnahmen, in denen bestimmte personenbezogene Daten als weniger schutzwürdig betrachtet werden können.

1. Der Name einer Person gilt in der Regel nicht als besonders schutzwürdig, da er oft öffentlich bekannt ist und zur Identifizierung einer Person verwendet wird.
2. Angaben zum Beruf einer Person werden normalerweise nicht als besonders schutzwürdig angesehen, es sei denn, es handelt sich um sensible Berufe wie Richterin, Staatsanwalt oder bestimmte Sicherheitsdienste.
3. Daten über Personen, die **in öffentlichen Funktionen** tätig sind, wie Politikerinnen und Politiker oder Beamte, können als weniger schutzwürdig betrachtet werden, da sie im öffentlichen Interesse stehen.

Es ist jedoch zu beachten, dass selbst diese Daten bestimmten Datenschutzbestimmungen und -prinzipien unterliegen. Personenbezogene Daten sollten grundsätzlich vertraulich behandelt und nur für den vorgesehenen Zweck verwendet werden.

Negativ ausgedrückt greift der Datenschutz nicht bei Unternehmensdaten, ausgenommen Kundendaten von natürlichen Personen. Die Daten aus der Bilanz, Daten zur Prozesssteuerung oder Angaben zu Absatzmärkten sind nicht durch den Datenschutz gesichert.

Auswahl personenbezogener Daten

Familienstand
Name: Celine Schwabe
Adresse: Hauptstraße 123
12345 Musterstadt
Religion
Sozialversicherungsnummer: 123-45-6789
Geburtsdatum: 10. Januar 20xx
Krankenversicherung
Telefonnummer:+49 00 2345678901
E-Mail-Adresse: c.schwabe@example.com
Name der Mutter
Schulabschluss
Staatsangehörigkeit: Deutsch
Passnummer: ABC123456
Geburtsort
Bankkontonummer: 1234567890
Beruf: Auzubildende
Anzahl der Kinder
Mitglied einer Gewerkschaft
und viele mehr

Hier müssen die allgemeinen Maßnahmen zur Informationssicherheit greifen.

6.4.1 Grundsätze des Datenschutzes

Die Datenschutz-Grundverordnung (DSGVO) enthält ausführliche Artikel zu den Grundsätzen:

> **KAPITEL II – Grundsätze**
> Artikel 5 – Grundsätze für die Verarbeitung personenbezogener Daten
> Artikel 6 – Rechtmäßigkeit der Verarbeitung
> Artikel 7 – Bedingungen für die Einwilligung
> Artikel 8 – Bedingungen für die Einwilligung eines Kindes in Bezug auf Dienste der Informationsgesellschaft
> Artikel 9 – Verarbeitung besonderer Kategorien personenbezogener Daten
> Artikel 10 – Verarbeitung von personenbezogenen Daten über strafrechtliche Verurteilungen und Straftaten
> Artikel 11 – Verarbeitung, für die eine Identifizierung der betroffenen Person nicht erforderlich ist

6.4.1.1 Verbotsprinzip mit Erlaubnisvorbehalt

Ein wesentlicher Grundsatz des Gesetzes ist das so genannte **Verbotsprinzip mit Erlaubnisvorbehalt.** Dieses besagt, dass die Erhebung, Verarbeitung und Nutzung von personenbezogenen Daten im Prinzip verboten sind. Nur wenn die Person einwilligt, dürfen die Daten der Einwilligung entsprechend verarbeitet werden.

Rechtmäßigkeit der Verarbeitung

Eine Verarbeitung ist nur dann erlaubt, wenn
- eine klare **Rechtsgrundlage** gegeben ist, d. h., das Gesetz erlaubt oder fordert die Datenverarbeitung in diesem Fall. Beispielsweise müssen Verkäuferinnen und Verkäufer zum Abschluss eines Kaufvertrages die Daten der Käuferinnen und Käufer erfassen und speichern.
- oder die betroffene Person ausdrücklich (meist schriftlich) ihre **Zustimmung** zur Erhebung, Verarbeitung und Nutzung gegeben hat.

Achtung: Auch durch eine Handlung (**konkludente Handlung**) kann man Einverständnis ausdrücken, z. B.:
- setzt man sich in einen Raum, um an einer Veranstaltung teilzunehmen;
- beantwortet man Fragen zu einem Preisausschreiben, um daran teilzunehmen;
- bestätigt man, dass die Webseite Cookies setzen darf

und willigt damit gleichzeitig ein (konkludent durch das Handeln), dass die persönlichen Daten gespeichert und verarbeitet werden dürfen.

Beispiel für konkludentes Einverständnis:

Sie nehmen an einer Veranstaltung Teil, melden sich an und schon haben Sie Ihr Einverständnis gegeben, Ihre Daten für Werbung zu nutzen.

> **Kleingedrucktes**
>
> Diese Einladung erfolgt durch XYZ GmbH.
>
> Die Firma ABC GmbH, *Straße Nr., PLZ, Ort, Telefon, E-Mail* verarbeitet und verwendet mit Ihrer Anmeldung erstmals Ihre persönlichen Daten (Name, Anschrift, optional Telefonnummer und E-Mail) zum Zweck der Organisation und Durchführung der Veranstaltung. Sie haben unter *datenschutz@ABC.de* oder unter *Telefonnummer* jederzeit das **Recht auf Widerspruch, Korrektur, Auskunft, Einschränkung der Verarbeitung, Datenübertragbarkeit oder Löschung Ihrer Daten** oder aber das **Recht auf Beschwerde bei der zuständigen Datenschutzbehörde**. Ihre Daten können nach der Durchführung der Veranstaltung gemäß gesetzlichen Vorschriften für den Zeitraum von **bis zu zehn Jahren gespeichert** werden. Wenn Sie keine werbliche Ansprache erhalten möchten, können Sie der Verarbeitung und Nutzung Ihrer Daten für diese Zwecke uns gegenüber unter XYZ GmbH, Adresse widersprechen.

6.4.1.2 Datenvermeidung und Datensparsamkeit

Alle Datenverarbeitungssysteme sollen sich an dem Ziel ausrichten, keine oder so wenig personenbezogene Daten wie möglich zu verwenden.

Leon stellt fest: „So wenig personenbezogene Daten wie möglich' – das Prinzip finde ich gut." Immer wieder regt er sich auf, wenn bei einer Anmeldung nach scheinbar unnützen Daten gefragt wird. „Wozu fragen die mich zum Beispiel nach meinem Geburtsdatum und nach meiner Adresse, wenn ich mich bei einem Computerspiel anmelde?"

Herr Pelz weist darauf hin, dass er wahrscheinlich einen Vertrag eingeht und bei fälligen Zahlungen die Mahnungen und die Pfändung an seine Adresse gehen. Außerdem kann aus dem Geburtsdatum das Alter ermittelt werden. Für die Nutzung vieler Computerspiele muss man eine bestimmte Altersgrenze erreicht haben.

6.4.1.3 Verarbeitung, für die eine Identifizierung der Person nicht erforderlich ist

Müssen personenbezogene Daten doch gespeichert werden, so ist von den Möglichkeiten der Anonymisierung und Pseudonymisierung Gebrauch zu machen.

Anonymisierung	Bildung eines neuen Identifikationsmerkmals (Schlüssel) unabhängig von der Person, z. B. eine fortlaufende Nummerierung. Es besteht keine Möglichkeit, von den Daten auf die Person zu schließen.
Pseudonymisierung	Bildung eines neuen Identifikationsmerkmals (Schlüssel) in Abhängigkeit von der Person. Über separat gespeicherte Tabellen, die nur ausgewählten Personen zugänglich sind, besteht die Möglichkeit mittels gemeinsamer Schlüsselwerte die Person zu identifizieren. Beispiel: Gehaltsdaten werden einer Personalnummer zugeordnet. Nur über eine separate List ist über die Personalnummer die echte Person zu identifizieren.

6.4.2 Rechte der Betroffenen

Die DSGVO enthält ausführliche Artikel zu den Rechten der Betroffenen, auf die hier nicht weiter eingegangen werden muss. Der Text der Verordnung ist sehr aussagekräftig.

> **KAPITEL III – Rechte der betroffenen Person**
>
> Abschnitt 1 – Transparenz und Modalitäten
> Artikel 12 – Transparente Information, Kommunikation und Modalitäten für die Ausübung der Rechte der betroffenen Person
>
> Abschnitt 2 – Informationspflicht und Recht auf Auskunft zu personenbezogenen Daten
> Artikel 13 – Informationspflicht bei Erhebung von personenbezogenen Daten bei der betroffenen Person
> Artikel 14 – Informationspflicht, wenn [...] Daten nicht bei der [...] Person erhoben wurden
> Artikel 15 – Auskunftsrecht der betroffenen Person
>
> Abschnitt 3 – Berichtigung und Löschung
> Artikel 16 – Recht auf Berichtigung
> Artikel 17 – Recht auf Löschung („Recht auf Vergessenwerden")
> Artikel 18 – Recht auf Einschränkung der Verarbeitung
> Artikel 19 – Mitteilungspflicht im Zusammenhang mit der Berichtigung oder Löschung [...]
> Artikel 20 – Recht auf Datenübertragbarkeit
>
> Abschnitt 4 – Widerspruchsrecht und automatisierte Entscheidungsfindung im Einzelfall
> Artikel 21 – Widerspruchsrecht
> Artikel 22 – Automatisierte Entscheidungen im Einzelfall einschließlich Profiling

Aufgaben

1. Wer oder was steht im Mittelpunkt aller Bemühungen um den Datenschutz?
2. Webseiten verwenden Cookies, um ihre Funktionsfähigkeit zu verbessern oder sicherzustellen. Warum muss man hierzu sein Einverständnis geben?
3. Welche Rechte hat Betroffene gegenüber Unternehmen, die Daten zu ihrer Person erfassen und speichern?

4. Welche der folgenden Maßnahmen dient nicht dem Datenschutz?
   a) Zugangskontrolle zu Datenverarbeitungssystemen
   b) Zugriffskontrolle auf Daten
   c) Zutrittskontrolle zu Computeranlagen
   d) Auftragskontrolle in der Datenverarbeitung
   e) Erstellung von Back-ups

6.5 Maßnahmen zur Abwehr von Gefährdungen

6.5.1 TOM in der DSGVO

Gemäß Art. 24 Abs. 1 DSGVO müssen Verantwortliche für die Verarbeitung von Daten technische und organisatorische Maßnahmen (TOM) umsetzen, um die Einhaltung der DSGVO sicherzustellen und nachweisen zu können, dass mit den Daten korrekt umgegangen wird. Weiterhin soll mit den TOM die Sicherheit der Verarbeitung der Daten gewährleistet werden.

Art. 32 DSGVO gibt dabei erste Anstöße, welche Maßnahmen man sich unter den technischen und organisatorischen Maßnahmen vorstellen kann. Die Auflistung ist beispielhaft und nicht als abschließend anzusehen, da den Verantwortlichen ein gewisser Spielraum bei der Auswahl ihrer TOM zugeschrieben wird.

Eine Hälfte der TOM stellen die **technischen Maßnahmen** dar. Sie haben Einfluss auf die eigentliche (technische) Verarbeitung. Darunter fallen sämtliche Maßnahmen, die die Sicherheit von den eingesetzten IT-Systemen bis hin zur Sicherheit des Gebäudes, in dem sie sich befinden, gewährleisten. Beispiele können etwa sein:
- Verschlüsselung der Daten auf dem Datenträger bzw. bei der Datenübermittlung
- Einsetzen einer Firewall
- automatische Back-ups
- Einsatz einer USV und Notstromaggregat

Die andere Hälfte bilden die **organisatorischen Maßnahmen**. Sie beeinflussen die Rahmenbedingungen der technischen Verarbeitung. Sie stellen dementsprechend alle nicht-technischen Maßnahmen dar. Beispiele hierfür sind:
- Schulung des Personals im Datenschutz
- Vertraulichkeitsverpflichtung des Personals
- Vier-Augen-Prinzip
- Bestimmung der zugriffsberechtigten Personen

Art. 32 DSGVO: Sicherheit der Verarbeitung

(1) Unter Berücksichtigung des Stands der Technik, der Implementierungskosten und der Art, des Umfangs, der Umstände und der Zwecke der Verarbeitung sowie der unterschiedlichen Eintrittswahrscheinlichkeit und Schwere des Risikos für die Rechte und Freiheiten natürlicher Personen treffen der Verantwortliche und der Auftragsverarbeiter **geeignete technische und organisatorische Maßnahmen**, um ein dem Risiko angemessenes Schutzniveau zu gewährleisten; diese Maßnahmen schließen gegebenenfalls unter anderem Folgendes ein:

a) die **Pseudonymisierung** und **Verschlüsselung** personenbezogener Daten;

b) die Fähigkeit, die **Vertraulichkeit, Integrität, Verfügbarkeit** und Belastbarkeit der Systeme und Dienste im Zusammenhang mit der Verarbeitung auf Dauer sicherzustellen;

c) die Fähigkeit, die Verfügbarkeit der personenbezogenen Daten und den Zugang zu ihnen bei einem physischen oder technischen Zwischenfall rasch wiederherzustellen;

d) ein Verfahren zur regelmäßigen Überprüfung, Bewertung und Evaluierung der Wirksamkeit der technischen und organisatorischen Maßnahmen zur Gewährleistung der Sicherheit der Verarbeitung.

[...]

In der alten Version des Bundesdatenschutzgesetzes (BDSG) aus der Zeit vor Inkrafttreten der europäischen Datenschutzgrundverordnung (DSGVO) gab es eine Anlage zum § 9 Satz 1, die in sehr präziser Form acht TOM aufgelistet hat, die hier nochmals zitiert werden sollen:

1. Unbefugten den Zutritt zu Datenverarbeitungsanlagen, mit denen personenbezogene Daten verarbeitet oder genutzt werden, zu verwehren (**Zutrittskontrolle**),
2. zu verhindern, dass Datenverarbeitungssysteme von Unbefugten genutzt werden können (**Zugangskontrolle**),
3. zu gewährleisten, dass die zur Benutzung eines Datenverarbeitungssystems Berechtigten ausschließlich auf die ihrer Zugriffsberechtigung unterliegenden Daten zugreifen können, und dass personenbezogene Daten bei der Verarbeitung, Nutzung und nach der Speicherung nicht unbefugt gelesen, kopiert, verändert oder entfernt werden können (**Zugriffskontrolle**),

> 4. zu gewährleisten, dass personenbezogene Daten bei der elektronischen Übertragung oder während ihres Transports oder ihrer Speicherung auf Datenträger nicht unbefugt gelesen, kopiert, verändert oder entfernt werden können, und dass überprüft und festgestellt werden kann, an welche Stellen eine Übermittlung personenbezogener Daten durch Einrichtungen zur Datenübertragung vorgesehen ist (**Weitergabekontrolle**),
> 5. zu gewährleisten, dass nachträglich überprüft und festgestellt werden kann, ob und von wem personenbezogene Daten in Datenverarbeitungssysteme eingegeben, verändert oder entfernt worden sind (**Eingabekontrolle**),
> 6. zu gewährleisten, dass personenbezogene Daten, die im Auftrag verarbeitet werden, nur entsprechend den Weisungen des Auftraggebers verarbeitet werden können (**Auftragskontrolle**),
> 7. zu gewährleisten, dass personenbezogene Daten gegen zufällige Zerstörung oder Verlust geschützt sind (**Verfügbarkeitskontrolle**),
> 8. zu gewährleisten, dass zu unterschiedlichen Zwecken erhobene Daten **getrennt verarbeitet** werden können.
>
> Quelle: BDSG (alt) 2010

6.5.2 Maßnahmen zum Schutz vor Malware

Antivirenprogramme arbeiten im Wesentlichen als **Scanner**; sie erkennen ein Virusprogramm anhand seiner Programmcodesequenz. Die zu suchende Codesequenz muss bekannt sein. Daher schützen Antivirenprogramme nur vor bekannten Viren. Bei Benutzung eines solchen Programms ist es wichtig, alle Updates und die von den Herstellern bereitgestellten aktualisierten Virensignaturen einzuspielen.

Die Entwicklerinnen und Entwickler von Viren kennen diese Schwachstelle der Antivirenprogramme und versuchen ständig durch neue Virenprogramme bzw. Modifikationen der Programmsequenz bekannter Viren die Scanner auszutricksen. Geheimhaltung zu den Methoden der Scanner erschwert dieses Vorgehen.

Antivirenprogramme können in der Regel in zwei Betriebsmodi ausgeführt werden:
- manuell, indem das Antivirenprogramm jeweils auf Aufforderung der Benutzenden alle Dateien **einmalig überprüft** („on demand"),
- automatisch, wobei alle Schreib- und Lesezugriffe auf die Festplatte und teilweise auch auf den Arbeitsspeicher **laufend überprüft** werden („on access").

Anhand ihres Verhaltens, z. B. durch den Versuch, sich selbst zu kopieren, können viele Antivirenprogramme auch unbekannte Viren entdecken, was jedoch nicht immer zuverlässig funktioniert. Auch bei bekannten Viren liegt die Erkennungsrate der Antivirenprogramme nie bei 100 %, sie können also keinen vollständigen Schutz bieten.

Der Einsatz von Antivirenprogrammen ist deshalb nur eine technische Maßnahme, neben der auch zahlreiche organisatorische Maßnahmen zum Schutz von Computerviren relevant sind, z. B.:
- Verbot zur Nutzung eigener oder fremder Datenträger (Infektionsgefahr)
- Regelmäßige Updates zum Schutz vor erkannten Schwachstellen der Software
- Verbot des Surfens auf nicht zugelassenen Webseiten (White List, siehe Kap 6.5.4.4 Firewall)

6.5.3 Maßnahmen gegen Datenverlust

Vor Verlust von Daten kann man sich einfach durch die Erstellung einer Kopie schützen. Geht das Original verloren, kann man mit der Kopie weiterarbeiten. Auf einem Speichermedium redundant gesicherte Daten werden als **Back-up** bezeichnet. Das Wiederherstellen der Originaldaten aus einer Sicherungskopie bezeichnet man als **Restore**.

Sicherungsarten/Back-up-Arten
1. Komplett-/**Vollsicherung**: Alle Dateien werden entsprechend der Verzeichnisstruktur gesichert.
2. Speicherabbildsicherung (**Image**): Ohne Rücksicht auf Datei- oder Programmstrukturen wird der Speicherinhalt fortlaufend gelesen und auf einen Datenträger kopiert.
3. **Differenzielle Sicherung:** Nur die Dateien, die seit der letzten Komplettsicherung geändert wurden oder neu hinzugekommen sind, werden gespeichert. Grundlage der Wiederherstellung ist die letzte Komplettsicherung plus die letzte differenzielle Sicherung. Gegenüber einer neuen Vollsicherung kann so Speicherplatz und Zeit gespart werden.

4. Inkrementelle Sicherung: Nach einer Komplettsicherung werden nur die Dateien gespeichert, die seit der letzten inkrementellen Sicherung geändert wurden oder neu hinzugekommen sind. Grundlage der Wiederherstellung ist die Komplettsicherung plus der Folge der inkrementellen Sicherungen (aufwendig im Restore, sparsam bezüglich Speicherplatzes).

Das Erstellen von Back-ups ist nicht mit der Archivierung zu verwechseln. Die **Pflicht zur Datensicherung** in Unternehmen ergibt sich aus den gesetzlichen Vorschriften über eine ordnungsgemäße, nachvollziehbare, revisionssichere Buchführung (HGB). Von der kurzzeitigen Aufbewahrung unterscheidet sich die längerfristige **Datenarchivierung**, die anderen Gesetzmäßigkeiten unterliegt.

Das Erstellen von Back-ups ist eine technische Maßnahme. Daneben gibt es auch zahlreiche organisatorische Maßnahmen zum Schutz vor Verlust der Daten, z. B.:
- Planung der regelmäßigen Erstellung von Back-ups
- Lagerung der Back-up-Datenträger an einem räumlich getrennten sicheren Ort (Schutz gegen Feuer und Wasser)
- regelmäßige Übungen zur Wiederherstellung (Restore)

6.5.4 Maßnahmen zur Sicherung der Kommunikation

6.5.4.1 Gefahr einer Person-in-the-Middle-Attacke

Bei der Übertragung von Daten, also bei der Kommunikation zwischen einem sendenden Gerät oder einer sendenden Person und dem empfangenden Gerät oder der empfangenden Person, wird üblicherweise das Internet genutzt. Die Kommunikation über das Internet ist offen und für Fremde lesbar. Für die Sicherung der Kommunikation ergeben sich daraus folgende Fragen:
- Ist der Absender/die Absenderin wirklich die Person, die sie vorgibt zu sein?
  → Problem der **Identität**
- Wurde der Inhalt der Nachricht während der Übertragung verändert?
  → Problem der **Integrität**
- Wurde die Nachricht wirklich versandt und hat der Empfänger oder die Empfängerin die Nachricht wirklich erhalten?
  → Problem durch das **Abstreiten von Handlungen**

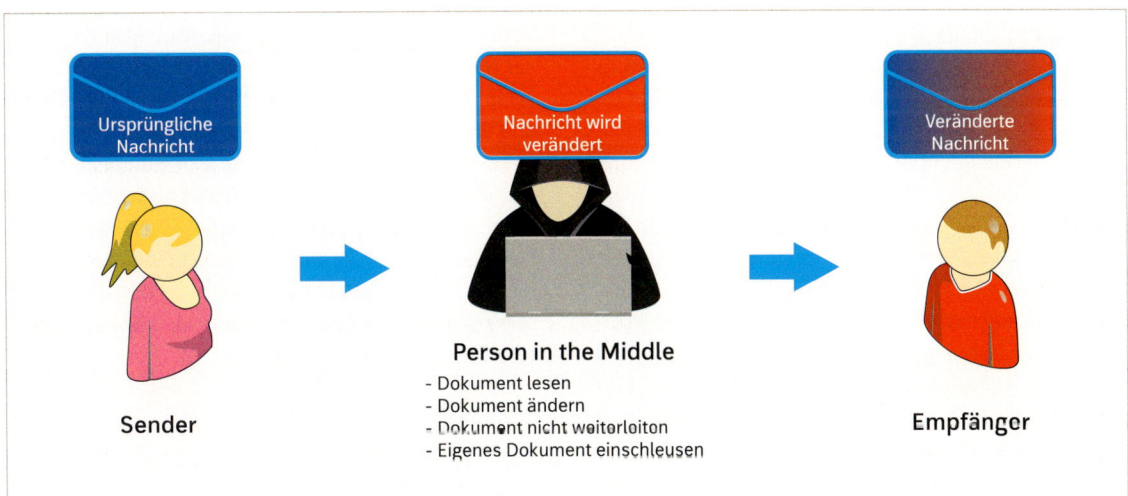

Person-in-the-Middle-Attacke

6.5.4.2 Zertifikate und digitale Signaturen

Ein **Zertifikat** funktioniert als **digitaler Ausweis** und dient der Identifikation des Senders oder der Senderin, also einer Person. Ein Zertifikat wird von einer vertrauenswürdigen zertifizierenden Stelle herausgegeben und bei Bedarf auch überprüft. Es ist daher in der Regel kostenpflichtig.

Das Zertifikat muss sicher aufbewahrt werden, damit es nicht unzulässig verändert werden kann. Die Beantragung eines Zertifikats muss über ein sicheres Verfahren erfolgen.

Die digitale **Signatur** ist eine **digitale Unterschrift.** Anhand einer Signatur kann man die Unterzeichnenden bzw. Signaturerstellenden identifizieren und die In-

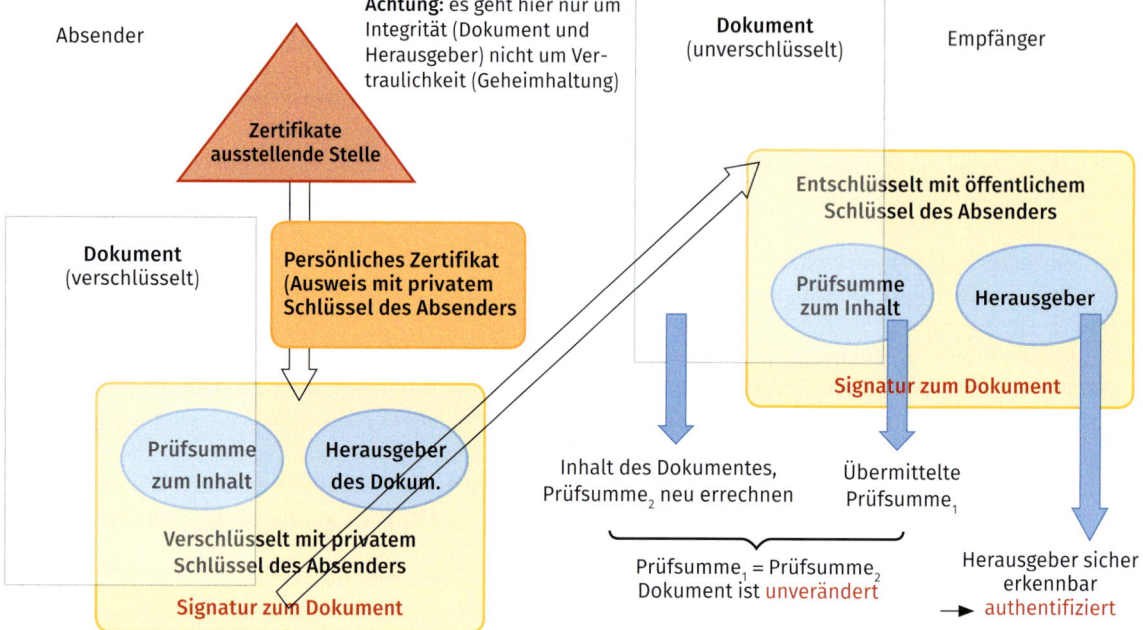

Sicherung von Integrität und Authentizität durch Zertifikat und Signatur

tegrität des signierten digitalen Dokumentes prüfen. **Eine Signatur beruht auf einem Zertifikat.**

Die **Signatur** eines Dokumentes enthält eine Prüfsumme (Prüfsumme$_1$), allgemein ein Hash-Wert (siehe nächster Absatz), und einen Hinweis auf das Zertifikat des Absenders oder der Absenderin. Beim Empfänger bzw. der Empfängerin muss die Prüfsumme (Hash-Wert) zum Dokument neu berechnet (Prüfsumme2) und mit der gespeicherten Prüfsumme1 verglichen werden. Bei Gleichheit kann man voraussetzen, dass das Dokument unverändert ist. Außerdem ist aus der Signatur der Absender oder die Absenderin eindeutig erkennbar.

In Deutschland erfüllt eine qualifizierte elektronische Signaturen gemäß § 2 Nr. 3 **Signaturgesetz** (SigG) die Anforderungen an die elektronische Form gemäß § 126a BGB, die die gesetzlich vorgeschriebene Schriftform ersetzen kann. Damit erhalten mit einer qualifizierten elektronischen Signatur versehene elektronische Dokumente den gleichen Beweiswert wie Papierurkunden.

6.5.4.3 Kommunikation über virtuelle private Netze (VPN))

Ein **VPN (Virtual Private Network)** ist eine verschlüsselte Verbindung zwischen einem Arbeitsplatz (Client) und einem Server, die über das Internet aufgebaut wird. Auf dem Arbeitsplatz wird eine VPN-Software als Firmware installiert, die mit dem Server des gleichen Anbieters kommuniziert. Das ermöglicht es z. B., vom Computer im Homeoffice sicher mit dem Server des Unternehmens zu kommunizieren, also eine sichere Verbindung zu einem anderen Netzwerk über das Internet herzustellen. Ein VPN schützt gleichzeitig die Privatsphäre, indem der Datenverkehr verschlüsselt wird und über die IP-Adresse des Unternehmens erfolgt.

Man spricht auch von einem verschlüsselten Tunnel, über den der gesamter Internetverkehr zwischen Ihrem Computer und einem Remote-VPN-Server verläuft. Der Tunnel ist von außen nicht sichtbar, die Internetkommunikation läuft über die IP-Adresse des Servers. Der VPN-Server fungiert als Vermittler zwischen Ihrem Gerät und dem Internet.

6.5.4.4 Firewall

Eine Firewall kann man, getreu ihrem Namen, als Brandschutzmauer zwischen dem Internet und einem Computer verstehen. Unerwünschte Programme dürfen nicht hinein und private Daten nicht hinaus. Die Firewall ist ein Sicherheitsgateway:

> „ein System aus soft- und hardware-technischen Komponenten. Es gewährleistet die sichere Kopplung von IP-Netzen durch Einschränkung der technisch möglichen auf die in einer Sicherheitsrichtlinie als ordnungsgemäß definierte Kommunikation.

> Sicherheit bei der Netzkopplung bedeutet hierbei im Wesentlichen, dass ausschließlich erwünschte Zugriffe oder Datenströme zwischen verschiedenen Netzen zugelassen und die übertragenen Daten kontrolliert werden."
> Quelle: BSI IT-Grundschutz-Kompendium 2020, Glossar

Eine **Firewall** ist in erster Linie eine **Software**, die alle ein- und ausgehende Kommunikation überwacht. Basierend auf Absende- oder Zieladresse und genutzten Diensten überwacht die Firewall den laufenden Datenverkehr und entscheidet anhand festgelegter **Regeln**, ob bestimmte Netzwerkpakete durchgelassen werden oder nicht. Diese umfangreiche Aufgabe überträgt man im Rahmen eines Unternehmensnetzwerkes oft einer spezifischen **Hardware**.

Für die Regel gibt es schwarze oder weiße Listen:

Black List	Eine Liste von Webseiten (URL) oder IP-Adressen, mit denen ein Datenaustausch nicht erlaubt ist. Hier werden z. B. pornografische oder volksverhetzende Webseiten aufgenommen. Vom Computer aus kann man dann nicht mehr direkt auf diese Seiten zugreifen.
White List	Eine Liste von Webseiten (URL) oder IP-Adressen, mit denen unter Ausschluss aller anderen ein Datenaustausch erlaubt ist. Hier werden z. B. Geschäftspartner, staatliche Stellen oder bestimmte Organisationen aufgenommen. Vom Computer aus kann man dann nur noch auf diese Seiten zugreifen.

Eine White List kann auch für die Kontrolle der Kommunikation nach außen genutzt werden. Hier steht, welche Programme Daten vom Computer nach außen ins Internet senden dürfen. Da sich die meisten Programme bei der Installation diese Rechte selbst in die Liste der Firewall eintragen, ist diese Beschränkung in dieser Hinsicht wirkungslos. Die Kommunikation der Programme nach außen wird aber auch gebraucht. Sie suchen nach verfügbaren Updates und überprüfen die Lizenzeintragungen.

Aslan hat hierzu eine Bemerkung. Er hat sich schon immer gewundert, dass bestimmte Programme sofort nach dem Start den Hinweis auf verfügbare Updates geben. Das bedeutet doch, dass das Programm zuerst die auf dem Computer verfügbare Version an den Hersteller gemeldet hat und dort festgestellt wurde, dass es eine neuere Version bzw. Updates gibt. Eine Kommunikation, von der Aslan eigentlich nichts gewusst hat.

Funktionsweise einer Firewall

Die Microsoft Defender Firewall läuft als Software auf praktisch allen Windows-PCs. Sie kümmert sich nicht um den Inhalt der Kommunikation. Nur die Adressen der Sender und Senderinnen und Empfänger und Empfängerinnen werden mit den gespeicherten Listen verglichen und gegebenenfalls die Kommunikation verhindert.

Da die Firewall sowieso den gesamten Datenverkehr „anfasst", können ihr auch inhaltliche Aufgaben übertragen werden, z. B. das Scannen auf Malware. Firewall-Systeme können so auch ganze Netzwerke absichern. Sie werden deshalb auch auf spezieller Hardware eingerichtet und direkt zwischen dem Internetzugang und dem lokalen Netzwerk eingebunden.

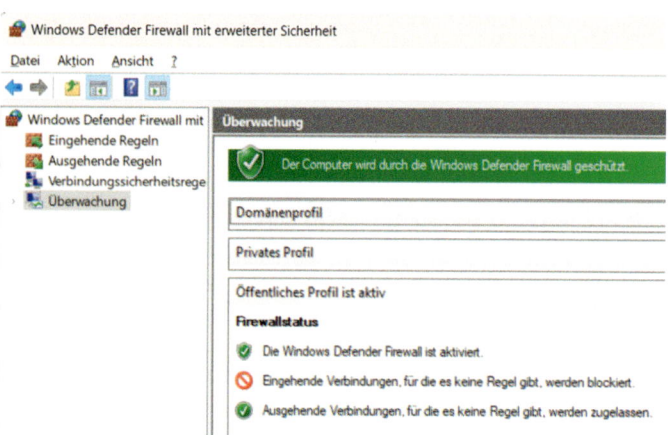

S Herr Pelz verweist darauf, dass eine Firewall von vielen als Hardware verstanden wird, genau wie ein Server. Ursprünglich sind beide jedoch Software – allerdings Software mit speziellen Hardwareanforderungen und einer hohen Bedeutung für das Gesamtsystem, sodass man für diese Software gerne spezielle und separate Geräte bereitstellt, also eine extra Hardware, die bei Serverfarmen ganze Gebäude füllen kann.

6.5.5 Maßnahmen zum Schutz der Integrität der Daten

Die Integrität von Dokumenten, also die Tatsache, dass sie unverändert geblieben sind, kann man durch das Hinzufügen von Prüfsummen kontrollieren. Es gibt verschiedene Verfahren zur Bestimmung der Prüfsummen. Bei Textdokumenten kann man z. B. die Anzahl der Worte oder die Anzahl der Zeichen bestimmen und in das Dokument einfügen. Verändert man das Dokument, so wird sich eventuell auch die Anzahl der Worte oder Zeichen verändern.

S Svenja erinnert sich, dass in Zeugnissen neben der Note als Zahl auch deren Bedeutung als Text (sehr gut, gut, befriedigen, genügend, mangelhaft) aufgeführt wird. Wenn man ein Zeugnis fälscht, kann man die Zahl eventuell noch leicht überschreiben, aber beim Text ändert sich die Anzahl der Worte. Daran sind Manipulationen leicht erkennbar.

6.5.5.1 Prüfziffern

Die Verwendung von Prüfziffern oder Prüfsummen ist ein klassisches Verfahren zur Sicherung der Integrität von eingelesenen oder übertragenen Daten. Nach einem festgelegten Algorithmus wird bei nummerischen Daten aus den Einzelziffern eine Prüfziffer errechnet. Diese gehört mit zu dem Schlüsselwert und wird mit eingelesen oder übertragen. Nach dem Eingang der kompletten Ziffernfolge wird die Prüfziffer neu berechnet und mit der übermittelten Zahl verglichen. Abweichungen signalisieren einen Fehler, Gleichheit gibt ein gewisses Maß an Sicherheit, dass die Eingabe oder Übertragung korrekt war.

Typische Anwendungen solcher Prüfziffernverfahren sind:
- EAN-Nummern auf allen Handelswaren im Supermarkt
- Kontonummern bzw. IBAN
- ISBN-Nummern

Aufgaben

1. Ermitteln Sie die Algorithmen zur Prüfziffernberechnung zu den oben genannten Nummernsystemen.
2. Sie geben eine Kontonummer (IBAN) ein, aber das Banking-Programm akzeptiert diese Nummer nicht. Sie stellen fest, dass Sie sich vertippt haben. Wie konnte das Programm dies erkennen?
3. Typische Fehler bei der Eingabe von Zahlen sind Zahlendreher. Aus der 51 wird 15. Wie reagieren Prüfziffer-Algorithmen auf diese typische Fehlerquelle?

S Svenja schaltet sich wieder ein. An der Kasse im Supermarkt wird der Barcode auf jedem Artikel gescannt. Manchmal muss ein Artikel mehrfach gescannt werden, erst dann piept es. Das Piepen ist wohl das Signal, dass der Barcode erfolgreich gescannt, die Prüfziffer berechnet und die eingelesene EAN korrekt ist. Wenn es nicht piept, dann wurde ein Fehler erkannt und das Einlesen muss wiederholt werden.

6.5.5.2 Hash-Werte

Die Berechnung eines Hash-Wertes ist ein besonders ausgereiftes Verfahren zur Bestimmung einer Art von „Prüfsumme" zu einem digitalen Dokument. Hashing ist die Berechnung einer Zeichenfolge (Hash-Wert) aus einem gegebenen digitalen Dokument unter Verwendung einer mathematischen Funktion. Die Anforderungen an Hash-Funktionen sind hoch:

- Sie sollte **deterministisch** sein, d. h., dasselbe digitale Dokument, das von derselben Hash-Funktion verarbeitet wird, sollte immer denselben Hash-Wert erzeugen.
- Sie darf **nicht reversible** sein, d. h., es darf funktional nicht möglich sein, aus dem Hash-Wert wieder das ursprüngliche digitale Dokument zu generieren.
- Sie hat **hohe Entropie**, d. h., kleine Änderungen am Original des digitalen Dokumentes führen zu sehr unterschiedlichen Hash-Werten.
- Sie produziert möglichst **wenige Kollisionen**, d. h., zwei verschiedene digitale Dokumente sollten nicht zu den gleichen Hash-Werten führen.

Aufgaben

1. Die Berechnung einer Quersumme zu einer Zahl ist eine sehr einfache Art von Hash-Funktion. Prüfen Sie die Erfüllung der vier Kriterien für diese einfache Hash-Funktion.
2. Wieso kann man Hash-Funktionen nicht zur Verschlüsselung von Dokumenten nutzen?

Wichtige international eingesetzte Hash-Funktionen sind **MD5** und **SHA**. Der MD5 (Message-Digest Algorithm 5) ist eine weit verbreitete Hash-Funktion, die aus digitalen Dokumenten jeweils einen 128-Bit-Hash-Wert erzeugt. Diese Funktion wird zur Überprüfung eines Downloads auf Korrektheit eingesetzt.

Das National Institute of Standards and Technology der USA (NIST) entwickelte 1993 den Secure Hash Algorithm (SHA). 2002 wurden drei weitere Varianten des Algorithmus veröffentlicht, die jeweils längere Hash-Werte erzeugen. Es handelt sich dabei um SHA-256, SHA-384 und SHA-512. Die angefügte Zahl gibt die Länge des Hash-Werts in Bit an.

Eine Hash-Funktion wird auch beim Speichern von Passwörtern verwendet, denn nicht das Passwort im Klartext sollte gespeichert werden, sondern sein Hash-Wert. Aus diesem kann das ursprüngliche Passwort nicht ermittelt werden. Nach der Eingabe eines Passwortes bei der Anmeldung wird erneut ein Hash-Wert berechnet und dieser Hash mit dem gespeicherten Hash verglichen.

Zertifikate oder Hash-Verfahren sind technische Maßnahmen. Ihre Verwendung setzt aber entsprechende organisatorischen Maßnahmen bzw. auch Selbstdisziplin voraus.

Leon erinnert sich, dass seriöse Anbieter beim Download von Software stets auch einen Hash-Wert mit anbieten. Bisher wusste er damit nichts anzufangen. Jetzt weiß er, dass dieser Hash-Wert mit einem neu zu berechnenden Wert zu dem Download zu vergleichen ist. Nur wenn beide Werte übereinstimmen, ist der Download vertrauenswürdig.

Der Hash-Wert einer Datei stellt einen eindeutigen, nur einmal existierenden Wert dar. Software-Anbieter sollten diesen Wert bestimmen und beim Download zu ihren Produkten bereitstellen. Durch Neuberechnung nach dem Download lässt sich leicht überprüfen, ob die Programmdateien im Originalzustand vorliegen oder manipuliert wurde. Für die Neuberechnung des Hash-Wertes und den Vergleich sind jedoch zusätzliche Tools (z. B. HashMyFiles) notwendig.

6.5.6 Maßnahmen zur Gewährleistung der Vertraulichkeit

Vertrauliche Dokumente sollten unbefugten Personen ihre enthaltenen Informationen nicht offenbaren. Eine gute und bewährte Methode zum Schutz der Vertraulichkeit ist das **Verschlüsseln**. Auch wenn die unbefugte Person Zugriff auf das Dokument hat und es lesen kann, so bleiben die enthaltenen Informationen doch unverständlich.

Angreifende bekommen ein Dokument in Geheimschrift, dass sie nicht verstehen. Damit sind wir bei der Kryptographie, der Wissenschaft über die Erstellung von Geheimschriften.

Schon aus der Antike sind Verfahren zur Geheimhaltung von Botschaften bekannt. Man korrespondierte in weitgehend unbekannten oder künstlichen Sprachen oder mittels geheimer Symbole. Später nutzte man die Buchstabenverschiebung. Ein sehr einfaches Beispiel ist der historisch belegte Cäsar-Chiffre: Beim Verschlüsseln wird jedes Zeichen im Text durch seinen Nachfolger im Alphabet ersetzt: Aus „A" wird „B", aus „B" wird „C" usw. Beim Entschlüsseln muss man im Alphabet wieder rückwärtsgehen. Auf dieses Verfahren gehen wir im Kapitel 9 Algorithmen näher ein. Wichtig war nur, dass beide Seiten der Kommunikation das

Verfahren kannten und noch wichtiger war es, dass das Verfahren ansonsten geheim blieb.

> **Aufgabe**
> 1. Was bedeutet „Ibmmp Xfmu" im Klartext?
> 2. Wie wird das „Z" am Ende des Alphabets nach dem Verfahren des Cäsar-Chiffre umgewandelt?
> 3. Erproben Sie die Nutzung des Cäsar-Chiffre mit anderen Schrittweiten.

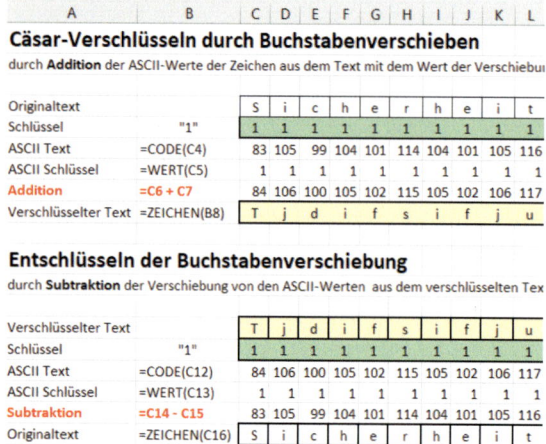

6.5.6.1 Symmetrische Verschlüsselung

Heute konzentriert man sich in der Kryptographie auf die Verschlüsselung, d.h. die Verknüpfung einer Folge von Zeichen aus dem Originaldokument mit einem Schlüssel (Hinzurechnen des Schlüssels) und umgekehrt mit dem Herausrechnen des Schlüssels.
Bei der symmetrischen Verschlüsselung wird das digitale Dokument mit einem Schlüssel verschlüsselt und mit dem gleichen Schlüssel wieder entschlüsselt.

Die Verschlüsselung basiert auf zwei Säulen:
- dem Verschlüsselungsverfahren und
- dem Schlüssel.

> „Die Sicherheit eines Verschlüsselungsverfahrens beruht auf der Geheimhaltung des Schlüssels und nicht auf der Geheimhaltung des Verschlüsselungsverfahrens."
>
> Kerckhoffs' Prinzip – Grundsatz der Kryptografie

Das Verschlüsselungsverfahren spielt für die Sicherheit der symmetrischen Verschlüsselung somit eine untergeordnete Rolle. Es gibt sogar eine Reihe von Standardverfahren für die symmetrische Verschlüsselung. Das macht es für beide Seiten der Kommunikation einfacher, sie müssen nur Schlüssel und verschlüsseltes Dokument austauschen, nicht aber das Verfahren übermitteln.

Entscheidend für die Sicherheit ist die Geheimhaltung des Schlüssels. Wichtig ist dabei die Schlüssellänge. Die Länge der Schlüssel wird in Bit gemessen. Beispiele für Schlüssellängen sind 56, 64, 128, 256, 512, 1024 oder 2048 Bit usw. Die Anzahl der zur Verfügung stehenden unterschiedlichen Schlüssel ist umso größer, je länger der Schlüssel ist.

Um die Bedeutung der Schlüssellänge zu verdeutlichen, hier ein Rechenbeispiel:

Schlüssellänge	Anzahl unterschiedlicher Schlüssel
2 Bit	$2^2 = 4$ Schlüssel (00; 01; 10 und 11)
56 Bit	$2^{56} = 72.057.594.037.927.936$ Schlüssel

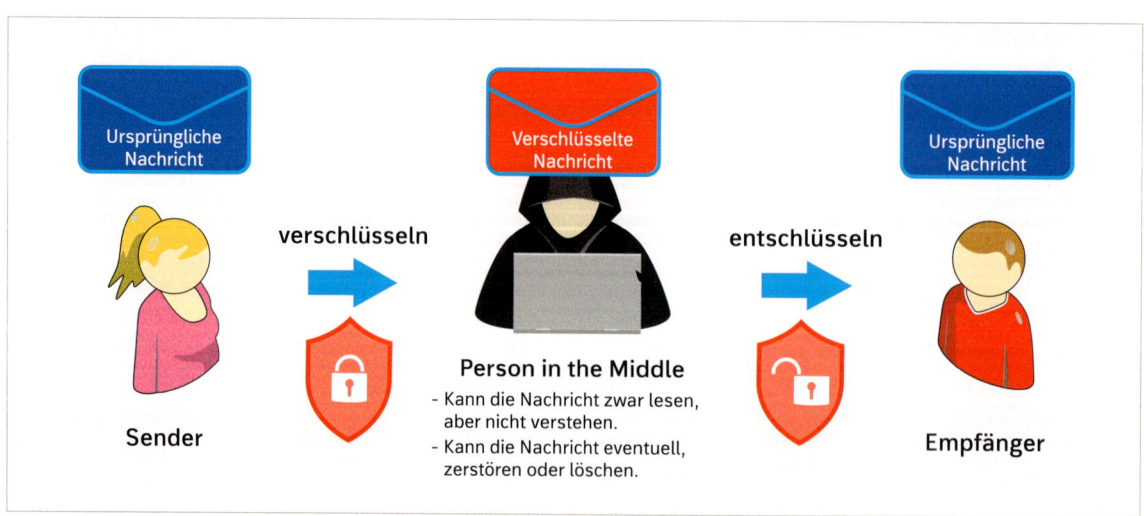

Beträgt die Länge eines Schlüssels 56 Bit, so stehen über 72 Billiarden verschiedene Schlüssel zur Verfügung. Unter diesen 72 Billiarden Schlüsseln müssen Angreifende den richtigen finden, um den Klartext erzeugen zu können. Eine derartige Form eines Angriffs, bei der nacheinander alle möglichen Varianten durchprobiert werden, bis der richtige Schlüssel entdeckt wird, wird als **Brute-Force-Attacke** bezeichnet (s. o.). Dennoch gelten Verfahren mit einer Schlüssellänge von 56 Bit nicht mehr als ausreichend sicher, da es Angreifenden mit heute verfügbarer Rechnerkapazität möglich ist, im Zweifel alle Schlüssel auszuprobieren und auf diese Weise einen Geheimtext zu entschlüsseln.

> **Aufgabe**
> 1. Wie kann man beim Anmelden für den Zugriff auf eine Software das wiederholte Ausprobieren verschiedener Passworte verhindern?
> 2. Wie groß ist die Schlüssellänge beim Cäsar-Chiffre?
> 3. Neben der Verschlüsselung Zeichen für Zeichen gibt es auch Verfahren zur Verschlüsselung ganzer Blöcke von Zeichen (Blockchiffre). Wieso sind diese Verfahren noch sicherer?

Als Verschlüsselungsverfahren kann übrigens die einfache XOR-Operation genutzt werden. Schlüssel und digitales Dokument werden bitweise mit der XOR-Operation verknüpft. Dieses Verfahren lässt sich sowohl zur Verschlüsselung als auch zur Entschlüsselung einsetzen.

Zusammenfassend muss man jedoch feststellen, dass die symmetrische Verschlüsselung in der Praxis wesentliche Schwächen offenbart:

- Der Schlüssel muss immer auf einem sicheren Weg übermittelt werden. Wenn es aber einen sicheren Weg gibt, dann könnte man gleich das gesamte Dokument unverschlüsselt über diesen Weg versenden.
- Die Verschlüsselung kann heute dank der leistungsfähigen Computertechnik und der Möglichkeit des Einsatzes von Bot Netzen mittels Brute Force Attack geknackt werden.

Mit Aufkommen der asymmetrischen Verschlüsselung werden seit der Jahrtausendwende kaum noch symmetrische Verschlüsselungen genutzt..

6.5.6.2 Asymmetrische Verschlüsselung

Die Schwächen der symmetrischen Verfahren haben zur Entwicklung von asymmetrischen Verschlüsselungsverfahren geführt, die auch als Public-Key-Verfahren bezeichnet werden. Diese Verfahren werden als asymmetrisch bezeichnet, **weil die Ver- und Entschlüsselung mit unterschiedlichen Schlüsseln** durchgeführt werden.

Damit asymmetrische Verschlüsselungsverfahren angewendet werden können, müssen die Kommunikationsparteien jeweils ein Schlüsselpaar bestehend aus einem privaten und einem öffentlichen Schlüssel besitzen. Im englischen Sprachraum werden diese als **private key** und **public key** bezeichnet.

Privater und öffentlicher Schlüssel können nicht frei gewählt werden. Sie müssen aufeinander bezogen sein, damit ein asymmetrisch verschlüsseltes Dokument auch wieder entschlüsselt werden kann. Deshalb werden ein privater und der zugehörige öffentliche Schlüssel auch als Schlüsselpaar bezeichnet. Solche Schlüsselpaare werden durch aufwendige Algorithmen, u. a. auf Basis von hohen Primzahlen, generiert und allgemein vom Aussteller eines Zertifikates bereitgestellt (siehe Abbildung auf S. 176).

6.5.7 Zugriffsschutz durch persönliche Merkmale

Wenn eine unberechtigte Person schon Zutritt zu dem Arbeitsraum (Büro) und dort auch Zugang zu den Computern hatte, so kann man den Zugriff auf die Daten noch durch eine Prüfung der Identität und der Zugriffsberechtigung dieser Person verhindern. Dieser Vorgang wird auf der Seite des Computers auch als Authentifizierung bezeichnet (Ist die sich anmeldende Person wirklich die Person, die sie vorgibt zu sein?).

6.5.7.1 Identifikationsmerkmale

Identifikationsmerkmale

Exklusives Wissen:
- Passwort
- geheimer Code
- Zahlenkombination
- Schließfachnummer
- etc.

Exklusive (körperliche) Merkmale:
- Fingerabdruck
- Irishintergrund
- Stimme
- DNA
- etc.

Exklusiver Besitz:
- Schlüssel
- Ausweis
- Kreditkarte
- Betriebsausweis
- Zugangskarte
- etc.

Die Identifikationsmerkmale einer Person müssen exklusiv sein, d. h., sie dürfen nur der jeweiligen Person zuzuordnen sein und müssen damit andere Personen ausschließen (**ex**klusiv):

1. Exklusiver Besitz an bestimmten Objekten (Kreditkarte, physischer Schlüssel, Schlüsselkarte, spezielle Hardware/Dongle, ...)
2. Individuelle Merkmale; Merkmale, die nur eine einzelne Person hat (Fingerabdruck, Iris-Muster, Stimme etc.)
3. Exklusives Wissen; Wissen, das nur eine Person besitzt (Passwort, Sicherungsabfrage zum **Passwort** etc.)
4. Weitere Merkmale werden gesucht.

Der Zugriffsschutz über Passwörter ist heute am weitesten verbreitet. Die Verwendung von exklusivem Besitz, z. B. von Schlüsselkarten, ist ebenfalls weit verbreitet. Schlüsselkarten werden aber vorwiegend wirklich als Schlüssel für Räume (Zutrittsschutz) oder als Identifikationsmerkmal beim Starten der Computer (Zugangsschutz) eingesetzt. Ihre Verwendung verursacht relativ hohen organisatorischen Aufwand.

Die Verwendung biologischer Merkmale (Fingerabdruck, Iris-Scan etc.) ist rückläufig. Man hat bemerkt, dass auch diese Merkmale entwendet oder kopiert werden können. Und wenn einmal der Fingerabdruck durch Kriminelle nachempfunden wurde, dann kann man das Original nicht mehr wechseln. Ein Passwort kann man schnell ändern, den Finger nicht.

6.5.7.2 Passwortregeln

Klassisch ist die Überprüfung der Identität anhand speziellen Wissens. Benutzende kennen ihre Benutzernamen und das Passwort. Benutzernamen sind eventuell allgemein bekannt, das Passwort sollte spezielles Wissen sein und bleiben. Durch die Eingabe von Benutzernamen und Passwort in der richtigen Kombination werden zulässige Benutzende erkannt.

Kritisch bei der Verwendung von Passwörtern ist die Balance zwischen der Merkbarkeit und der Geheimhaltung. Zu einfache Passwörter können erraten oder durch das sogenannte Social Engineering ermittelt werden (vgl. Kap. 6.5.7.6). Bei komplizierten Passwörtern ist man verleitet, sie irgendwo aufzuschreiben, was der Geheimhaltung widerspricht.

Folgende Regeln zur Bildung von Passwörtern werden allgemein empfohlen:

Empfohlen wird die Verwendung von Merksätzen aus denen komplizierte Passwörter abgeleitet werden wie z. B.: „Nach der Schule gehe ich für 2 Stunden ins Freibad im Wasser schwimmen." Für das Passwort „NdSgif2hiFiW~s".
  Software wie der **Passwortmanager** unterstützt bei der Verwaltung mehrerer Passwörter und sorgt dafür, dass sie nicht vergessen werden.

Passwortregel	Konsequenzen
Möglichst lange Passwörter (mindestens 12 Zeichen) verwenden	▪ viele Variationen möglich
Möglichst keine einfachen Begriffe verwenden, die eventuell so auch im Duden stehen (Duden-Wörter)	▪ diese Liste steht am Anfang der Suche in den Brute-Force-Attacken, werden schnell gefunden
Verwendung einer Kombination aus Buchstaben, Ziffern und Sonderzeichen	▪ viele Variationen möglich
Regelmäßiger Wechsel der Passwörter	▪ technisch eigentlich vorteilhaft (neue Suche durch Angreifende nötig), subjektiv menschlich ungünstig – Passworte werden irgendwo notiert ▪ wird aktuell nicht mehr standardmäßig verlangt

6.5.7.3 Passwortverwaltung in Anwendungssystemen

Bei der Registrierung melden sich Benutzende in einem Anwendungssystem an und vergeben ihr Passwort. Benutzername und Passwort müssen in der Anwendung gespeichert werden. Bei vielen Anwendenden entsteht so eine Datei mit Benutzernamen und Passwörtern. Diese Datei wird bei späteren Anmeldungen gebraucht, denn das eingegebene Passwort muss mit dem gespeicherten Passwort zu dem Benutzernamen verglichen werden. Diese gespeicherten Werte können von außen gelesen werden, damit wären alle Passwörter bekannt und der Zugriffsschutz überwunden

Lösung:
- Nicht die Passwörter werden gespeichert, sondern die Hash-Werte zu den Passwörtern.
- Bei der Passworteingabe wird der Hash-Wert neu berechnet und mit den gespeicherten Hash-Wert verglichen.

Eventuell gerät die Speicherung der Passwörter (als Hash-Werte) in unberechtigte Hände. Die Hash-Werte sind für die Eingabe wertlos. Die Angreifenden müssen erst mittels Brute-Force-Attacken versuchen, die Passwörter durch systematisches Probieren zu ermitteln.

6.5.7.4 Zwei-Faktor-Authentifizierung (2FA)

Da sich ein Merkmal für die Authentifizierung als zu unsicher erwiesen hat, nutzt man heute vielfach die **Zwei-Faktor-Authentifizierung (2FA)**. Hierzu werden zwei Identifikationsmerkmale genutzt, meist ein exklusives Wissen (Passwort) und ein exklusiver Besitz (ein bestimmtes Smartphone). Als zusätzlicher Vorteil kann hier auch die Übertragung der Merkmale über zwei verschiedenen Kanälen angesehen werden, was eine Person-in-the-Middle-Attacke erschwert.

6.5.7.5 FIDO2-Protokoll zur passwortfreien Authentisierung

Die FIDO („Fast IDentity Online") Alliance ist ein seit 2013 arbeitender offener Verbund von Unternehmen, der sich zum Ziel gesetzt hat, Authentifizierungsstandards zu entwickeln und zu fördern, die ohne Passwörter auskommen. Man will die Benutzerinnen und Benutzer entlasten, die sich für ihre zahlreichen Anwendungen jeweils Benutzernamen und Passwörter erstellen und merken müssen. Dazu muss sowohl die Authentisierung auf Seiten der Benutzenden („Wer bin ich? Und wie beweise ich, dass ich das wirklich bin?") als auch die Authentifizierung auf Seiten der Anwendungen („Darf diese Person wirklich auf diese Daten zugreifen?") neu gedacht werden.

Zwei-Faktor-Authentifizierung

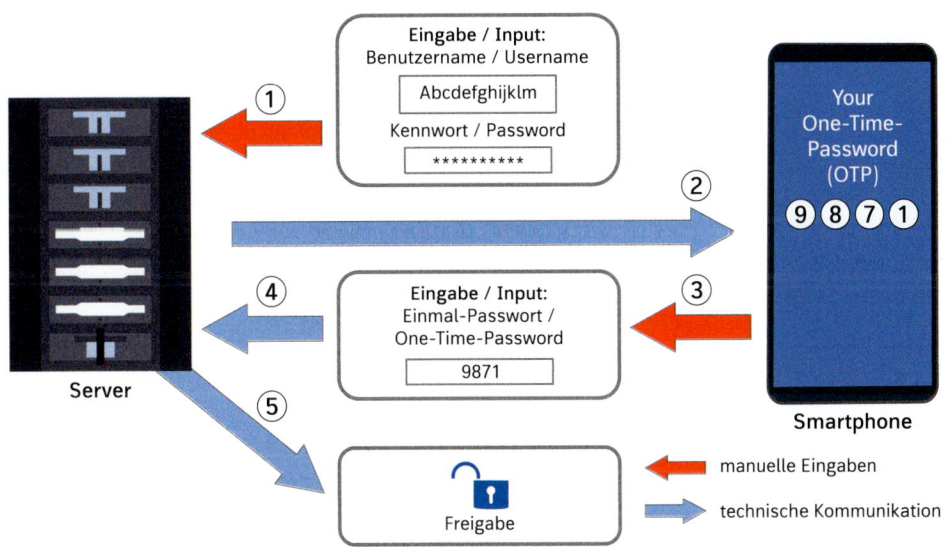

Die FIDO2-Spezifikationen verbinden die Web-Authentifizierungsspezifikation (WebAuthn) des World Wide Web Consortium (W3C) mit dem Client-to-Authenticator-Protokoll (CTAP) der FIDO Alliance. FIDO2 ermöglicht es Benutzerinnen und Benutzern, sich sowohl von mobilen Geräten als auch von Desktop-Geräten problemlos bei Onlinediensten anzumelden und authentifiziert zu werden. Dazu werden Hardware-basierte Komponenten (Token, Fingerabdruckerkennung, Gesichtserkennung etc.) in Verbindung mit asymmetrischen Verschlüsselungsverfahren mit privaten und öffentlichen Schlüsseln genutzt.

Die kryptografischen Anmeldedaten von FIDO2 sind für jede Webseite eindeutig, bleiben auf den Geräten der Benutzenden und werden nicht auf Servern gespeichert. Damit beseitigt dieses Sicherheitsmodell die Risiken von Phishing und Passwortdiebstahl. Gleichzeitig hilft es beim Schutz der Privatsphäre. Die kryptografischen FIDO-Schlüssel werden für jede Webseite individuell berechnet. Sie können nicht genutzt werden, um das Surfverhalten der Benutzenden über mehrere Webseiten hinweg zu verfolgen. Außerdem werden biometrische Daten niemals übertragen, sie bleiben auf dem Gerät und können damit nicht aus der Netzwerkübertragung gestohlen werden.

Dieses Verfahren bedarf einiger technischer und organisatorischer Voraussetzungen sowohl auf den Geräten als auch in den Anwendungen, die sich erst sukzessive im Rahmen des Erneuerungsprozesses von Hardware und Software verbreiten werden. Die Vorteile sind jedoch so groß, dass sich diese Verfahren in den nächsten Jahren sicherlich durchsetzen wird.

6.5.7.6 Social Engineering

Bei **Social Engineering** nutzen Kriminelle positive menschliche Eigenschaften wie Hilfsbereitschaft, Mitleid, Respekt vor Autorität oder Vertrauen in scheinbare Autoritäten aus, um an sicherheitstechnisch relevante Daten oder an finanzielle Leistungen zu gelangen. Die Täterinnen und Täter wählen den Menschen als schwächstes Glied in der Sicherheitskette und verleiten die Opfer dazu, eilige Rechnungen zu bezahlen, für scheinbar wohltätige Organisationen zu spenden, vertrauliche Informationen wie Passwörter preiszugeben, scheinbar nützliche Software mit Trojanern auf den privaten PC oder den Rechner im Firmennetzwerk herunterzuladen und Sicherheitsfunktionen außer Kraft zu setzen.

Social Engineering ist für Kriminelle eine uralte Einstiegsmöglichkeit. Im Zeitalter der digitalen Kommunikation können die Kriminellen ohne großen persönlichen Aufwand Millionen von Opfer erreichen, frei nach dem Motto: „Irgendwer wird schon auf den Betrug reinfallen."

Social Engineering basiert auf **der Täuschung über die Identität und die Absicht des Täters**. Beispielsweise meldet sich ein angeblicher Systemadministrator, der zur Behebung eines Systemfehlers oder einer Sicherheitslücke Ihr Passwort benötigt oder eine angebliche gute Freundin eines Verwandten, die zur Regelung eines Schadensfalles dringen die Überweisung einer bestimmten Summe verlangt.
Dabei haben es die Betroffenen nicht mit einer echten Person zu tun, nur mit einer vom IT-System vorgetäuschten Identität. Dank künstlicher Intelligenz können sich Angreifende auch mit der Stimme einer bekannten und vertrauten Person melden, was die Erkennung und die Abwehr derartiger Social-Engineering-Angriffe schwer macht.

Aufgaben

1. In welchem Fall spricht man von einem sogenannten DDoS-Angriff?
   a) Man versucht, Ihren Computer als Zombie-Computer in ein ferngesteuertes Netz zu integrieren.
   b) Man versucht, Ihren Server durch wiederholte Anfragen von verschiedenen Computern aus dem Netz zu überfordern und damit lahm zu legen.
   c) Man versucht, durch rhythmische Wiederholung von bestimmten Instruktionen Ihre Hardware in einen Resonanzzustand zu bekommen, um so den Computer physisch zu zerstören.
   d) Man versucht, Sie zu erpressen, indem Ihre Daten verschlüsselt werden. Nur gegen Zahlung eines Lösegeldes sollen die Daten wieder entschlüsselt werden.
   e) Man versucht, durch Übertragung Ihrer Tastatureingaben an einen externen Rechner an Ihre Passworte bzw. Banking-Daten zu kommen.
2. In welchem Fall spricht man von einem sogenannten Ransomware-Angriff?
   a) Man versucht, durch rhythmische Wiederholung von bestimmten Instruktionen Ihre Hardware in einen Resonanzzustand zu bekommen, um so den Computer physisch zu zerstören.
   b) Man versucht, Ihren Computer als Zombie-Computer in ein ferngesteuertes Netz zu integrieren.

c) Man versucht, Ihren Server durch wiederholte Anfragen von verschiedenen Computern aus dem Netz zu überfordern und damit lahm zu legen.
d) Man versucht, Sie zu erpressen, indem Ihre Daten verschlüsselt werden. Nur gegen Zahlung eines Lösegeldes sollen die Daten wieder entschlüsselt werden.
e) Man versucht, durch Übertragung Ihrer Tastatureingaben an einen externen Rechner an Ihre Passworte bzw. Banking-Daten zu kommen.

3. Welche der folgenden technischen und organisatorischen Maßnahmen (TOM) des Datenschutzes sind den technischen Maßnahmen zuzurechnen? (Wählen Sie mehrere Antworten: Vier Antworten sind korrekt.)
   a) Einsatz einer USV und Notstromaggregate
   b) Schulung der Mitarbeitenden zu Datensicherheit und Datenschutz
   c) Bestimmung der zugriffsberechtigten Personen
   d) Verschlüsselung der Datenträger bzw. der Datenübermittlung
   e) Einsetzen einer Firewall
   f) Vier-Augen-Prinzip
   g) Vertraulichkeitsverpflichtung der Mitarbeitenden
   h) automatisierte Back-ups

4. Welche der folgenden technischen und organisatorischen Maßnahmen (TOM) des Datenschutzes sind den organisatorischen Maßnahmen zuzurechnen? (Wählen Sie mehrere Antworten: Vier Antworten sind korrekt.)
   a) Einsetzen einer Firewall
   b) Bestimmung der zugriffsberechtigten Personen
   c) Schulung der Mitarbeitenden zu Datensicherheit und Datenschutz
   d) Verschlüsselung der Datenträger bzw. der Datenübermittlung
   e) Einsatz einer USV und Notstromaggregate
   f) Vertraulichkeitsverpflichtung der Mitarbeitenden
   g) Vier-Augen-Prinzip
   h) automatische Back-ups

6.6 Organisation der Informationssicherheit im Unternehmen

Für IT-Dienstleistungsunternehmen wie die ACI GmbH stellt die Gewährleistung der Informationssicherheit eine besondere Herausforderung dar. Einerseits werden sie zunehmend selbst Ziel von Angriffen, andererseits erwarten auch ihre Kunden kompetente Beratung zu vorbeugenden Maßnahmen und leider auch immer öfter bei der Überwindung der Folgen eines Angriffes.

Das **Bundesamt für Sicherheit in der Informationstechnik (BSI)** beobachtet regelmäßig die Bedrohungslage in Deutschland und veröffentlich hierzu einen jährlichen Lagebericht. Die Bedrohungslage befindet sich unverändert auf sehr hohem Niveau.

> „Beispielsweise Ransomware-Angriffe bei IT-Dienstleistern, in Landkreisen und Kommunen sowie bei großen Unternehmen, Überlast-Angriffe (DDoS) auf Onlineshops an verkaufsstarken Tagen – all diese IT-Sicherheitsvorfälle machen deutlich, wie wichtig Informationssicherheit für unsere sichere Digitalisierung ist. Immer häufiger werden unbeteiligte Dritte durch Cyber-Angriffe beeinträchtigt. Dann zum Beispiel, wenn Bürgerinnen und Bürger kommunale Dienstleistungen nicht mehr in Anspruch nehmen können, weil Verwaltungen von Ransomware betroffen sind oder wenn Verbraucherinnen und Verbraucher ihre Einkäufe nicht bezahlen können, weil Anbieter durch Cyber-Angriffe handlungsunfähig sind. Insbesondere die Hersteller und Anbieter digitaler Angebote sind in der Pflicht:
>
> Sie müssen ihrer Verantwortung gerecht werden und sicherstellen, dass die ihnen anvertrauten Daten nicht abhandenkommen oder missbraucht werden können. Des Weiteren müssen sie dafür sorgen, dass ihre digitalen Dienstleistungen sicher und Produkte uneingeschränkt verfügbar sind."
>
> *Quelle: Dr. Gerhard Schabhüser: Vorwort, in: BSI [Hrsg.]: Die Lage der IT-Sicherheit in Deutschland 2022, S. 8 f.*

Unternehmen und Behörden sind in der Pflicht, ihre Informationssicherheit zu verbessern. Das BSI unterstützt sie beim Aufbau eines Informationssicherheitsmanagementsystems (ISMS), denn:

- Informationssicherheit muss Teil eines ganzheitlichen Risikomanagements sein,
- durch geeignete Präventionsmaßnahmen lassen sich bereits viele Angriffe verhindern,

Informationssicherheit sollte dabei stets als Wettbewerbs- und Erfolgsfaktor gesehen werden: Investitionen in Informationssicherheit sind letztlich Investitionen in Unternehmenserfolg. Informationssicherheit hat den Schutz von Daten als Ziel, aus denen die Informationen gewonnen werden können. Grundwerte sind dabei immer die Verfügbarkeit, Vertraulichkeit und Integrität der Daten.

Bei allen Überlegungen zur Sicherung von Daten sollte man sich bewusst halten: Sicherheit ist kein käufliches Produkt: Man muss sie selbst schaffen und kann dazu auf vorhandene Produkte und Beratungsangebote zurückgreifen. Das Schaffen von Sicherheit muss zudem als Prozess verstanden werden, denn sie kann nicht einmalig geschaffen, sondern muss kontinuierlich aufrechterhalten werden.

6.6.1 Informationssicherheitsmanagementsystem ISMS

Die Gewährleistung der Informationssicherheit im Unternehmen muss als **ganzheitliche Aufgabe** verstanden und organisiert werden. Alle Komponenten eines Unternehmens, auch scheinbar IT-ferne Bereiche, müssen als potenzielle Schwachstellen gesehen und aufgerüstet werden.

> Herr Pelz: „Es nützt nichts, die Eingangstür mit drei Schlössern zu sichern, wenn die Kellerfenster ungesichert zur Lüftung offenstehen."

Entsprechend liegt die Verantwortung für Informationssicherheit bei der obersten Managementebene, denn sie überblickt den gesamten Wertschöpfungsprozess des Unternehmens, sie ist verantwortlich für alle materiellen und ideellen Werte im Unternehmen und sie ist weisungsbefugt für alle Mitarbeitenden. Die oberste Managementebene muss außerdem die erforderlichen Mittel für den Aufbau eines Sicherheitssystems bewilligen.

Das Management muss den Sicherheitsprozess initiieren, steuern und kontrollieren. Die oberste Leitungsebene ist diejenige Instanz, die die Entscheidung über den Umgang mit Risiken treffen und die entsprechenden Ressourcen zur Verfügung stellen muss. Die Verantwortung für Informationssicherheit verbleibt dort. Die operative Aufgabe „Informationssicherheit" wird allerdings typischerweise an einen Informationssicherheitsbeauftragten oder eine Informationssicherheitsbeauftragte (ISB) delegiert.

6.6.1.1 Ganzheitliche Sicht

Aus Sicht der Informationssicherheit ist das Unternehmen ein System, bestehend aus den Komponenten:
- Geschäftsprozesse mit ihrer technischen Basis
- Industrial Control System (ICS) für die industrielle Prozesskontrolle
- Daten zur Informationsgewinnung für die Steuerung der Prozesse
- Kommunikationstechnik
- Computergestützte Arbeitsplätze
- Personal
- Arbeitsräume für Verwaltung, Fertigung, Logistik etc.

Entsprechend muss man ein Managementsystem aufbauen, das all diese Komponenten einbezieht und Vorkehrungen zur Gewährleistung der Informationssicherheit

| Kritische Analyse der eigenen Erfahrungswelt durchführen | Bedrohungen und allgemeine IT-Sicherheitsanforderungen kennenlernen | BSI-Methoden der Schutzbedarfsfeststellung kennenlernen | Eine Schutzbedarfsanalyse im Modellunternehmen durchführen | betriebliches Informationssicherheitsmanagement umsetzen |

Vorgehensweise zur Schaffung eines ISMS

für alle Bereiche vorsieht. Ein derartiges System wird als Informationssicherheitsmanagementsystem, kurz ISMS, bezeichnet. Es umfasst folgende Teile:
- Managementprinzipien
- Personal
- Richtlinien zur Informationssicherheit und
- Ressourcen

Eine wichtige Rolle spielt dabei das Personal. Alle Mitarbeitenden müssen ein Sicherheitsbewusstsein entwickeln und in all ihren Handlungen auch auf die Informationssicherheit achten.

Komponenten eines Informationssicherheitsmanagementsystems

6.6.1.2 Sicherheit als Prozess

Man kann zwar viele Produkte zum Schutz der Daten oder IT-Technik (z. B. Virenscanner) kaufen oder sich Dienstleitungen zur Beratung und Überwachung einkaufen, ohne ein sicherheitsbewusstes Verhalten bleiben diese Investitionen jedoch fragwürdig.

Auch hier spielen die Mitarbeitenden eine entscheidende Rolle. Alle zu erreichen, alle einzubeziehen und alle mitzunehmen, erfordert einen langwierigen und kontinuierlichen Prozess. Zuerst muss das Management Leitlinien erarbeiten. Was will man erreichen? Welches Sicherheitsniveau wird angestrebt? Welchen Aufwand ist man bereit zu investieren?

> **W** Sicherheit zu gewährleisten erfordert einen kontinuierlichen Prozess. Dieser Prozess sollte durch ein Informationssicherheitsmanagementsystem, kurz ISMS, gesteuert werden.
> Sicherheit kann man nicht kaufen, man muss sie sich selbst organisieren. Dazu kann man Dienstleitungen, Beratungen und Überwachungsleistungen einkaufen.

6.6.1.3 Sicherheit aufrechterhalten

Sicherheitsbewusstes Gestalten und Verhalten muss für alle Geschäftsprozesse eingeführt werden, sicherheitsbewusstes Verhalten muss in den Köpfen aller Mitarbeitenden verankert werden. Das ist ein langwieriger Prozess, der auch zyklisch erneuert werden muss. Neue Gefährdungen treten auf, neues Personal wird eingestellt und bereits erworbenes Verhalten verschwindet in der Routine der täglichen Arbeit.

Zur Aufrechterhaltung der Informationssicherheit wird das ISMS in den klassischen Managementzyklus nach dem PDCA-Modell eingebunden. Nach der Initiierung erfolgt die Planung (Plan) und Umsetzung (Do), anschließend werden der Erfolg der Maßnahmen überwacht (Check) und eventuelle Verbesserungen (Act) vorgenommen, bevor eine qualitative Verbesserung geplant (Plan) wird und damit der Managementzyklus in eine neue Runde eintritt.

6.6.2 Unterstützung durch das BSI

Das Bundesamt für Sicherheit in der Informationstechnik (BSI) als die nationale Cyber-Sicherheitsbehörde ist für Staat, Wirtschaft und Gesellschaft oberste verantwortliche Behörde für Informationssicherheit in der Digitalisierung. Informationssicherheit ist die Voraussetzung einer erfolgreichen Digitalisierung, denn diese kann nur gelingen, wenn Anwendende Vertrauen in neue Technologien entwickeln und diese zu ihrem Nutzen sicher einsetzen können.

Das BSI wurde bereits 1991 gegründet und sieht sich als Kompetenzzentrum für Fragen der IT-Sicherheit mit international anerkannter fachlicher Expertise. Der Dreiklang der Digitalisierung, der zunehmenden Vernetzung und der extrem hohen Innovationsgeschwindigkeit macht es umso wichtiger, dass es für das Thema Informationssicherheit mit dem BSI einen zentralen Ansprechpartner für Prävention, Detektion und Reaktion gibt. Mit seiner technisch tiefgehenden und

```
┌─────────────────────────┐  ┌─────────────────┐  ┌─────────────────────────┐
│   BSI-Standard 200-1    │  │                 │  │     Leitfaden zur       │
│     IS Management       │  │                 │  │ Informationssicherheit  │
│     Systems (ISMS)      │  │ IT-Grundschutz- │  └─────────────────────────┘
└─────────────────────────┘  │   Kompendium    │
┌─────────────────────────┐  │                 │  ┌─────────────────────────┐
│   BSI-Standard 200-2    │  │                 │  │      Bericht zur        │
│    IT-Grundschutz-      │  │                 │  │  Lage der IT-Sicherheit │
│      Methodik           │  └─────────────────┘  │     in Deutschland      │
└─────────────────────────┘                       └─────────────────────────┘
┌─────────────────────────┐  ┌─────────────────┐  ┌─────────────────────────┐
│   BSI-Standard 200-3    │  │ BSI-Standard    │  │      Webkurs zum        │
│    Risikoanalyse auf    │  │  200-4 Business │  │     Selbststudium       │
│   Basis IT-Grundschutz  │  │   Continuity    │  └─────────────────────────┘
└─────────────────────────┘  │   Management    │
                             └─────────────────┘
┌───────────────────────────────────────────────────────────────────────────┐
│              und zahlreiche weitere Publikationen                         │
└───────────────────────────────────────────────────────────────────────────┘
```

Zentrale Publikationen des BSI

in einer Behörde gebündelten IT-Sicherheitsexpertise leistet das BSI:
- **Abwehr von Cyber-Angriffen,**
- **Beratungsdienstleistungen,**
- die **Entwicklung sicherheitstechnischer Empfehlungen, Best Practices und Standards** und
- **Zertifizierung**.

6.6.2.1 IT-Grundschutz-Kompendium

Die zentrale Publikation des BSI ist das IT-Grundschutz-Kompendium. Es wird jährlich aktualisiert und versucht, alle relevanten Sicherheitsaspekte grundlegend zu beleuchten. Es erklärt den IT-Grundschutz als Basis für Informationssicherheit, erläutert das Schichtenmodell und Modellierung,

relevante Rollen, nennt elementare Gefährdungen für die IT-Sicherheit und erläutert einzelne Bausteine zum IT-Schutz aus den Bereichen:
- ISMS: Sicherheitsmanagement
- ORP: Organisation und Personal
- CON: Konzeption und Vorgehensweise
- OPS: Betrieb
- DER: Detektion und Reaktion
- APP: Anwendungen
- SYS: IT-Systeme
- IND: Industrielle IT
- NET: Netze und Kommunikation
- INF: Infrastruktur

6.6.2.2 Die vom BSI empfohlene Methodik

„Die Methodik nach IT-Grundschutz ermöglicht es, **Sicherheitskonzepte einfach und arbeitsökonomisch zu erstellen**. Bei der traditionellen Risikoanalyse werden zunächst die Bedrohungen ermittelt und mit Eintrittswahrscheinlichkeiten bewertet, um dann die geeigneten Sicherheitsmaßnahmen auszuwählen und anschließend das noch verbleibende Restrisiko bewerten zu können. Diese Schritte sind beim IT-Grundschutz bereits für jeden Baustein durchgeführt worden. Es wurden die **für typische Einsatzszenarien** passenden, standardisierten Sicherheitsanforderungen ausgewählt, die dann von den Anwendern in Sicherheitsmaßnahmen überführt werden können, die zu den individuellen Rahmenbedingungen passen.
Bei der IT-Grundschutz-Methodik reduziert sich die Analyse auf einen Soll-Ist-Vergleich zwischen den **im IT-Grundschutz-Kompendium empfohlenen und den bereits umgesetzten Sicherheitsanforderungen**. Die noch offenen Anforderungen zeigen die Sicherheitsdefizite auf, die es zu beheben gilt.

> Erst bei einem signifikant höheren Schutzbedarf muss zusätzlich zu den Anforderungen aus den IT-Grundschutz-Bausteinen eine individuelle Risikoanalyse unter Beachtung von Kosten- und Wirksamkeitsaspekten durchgeführt werden."
>
> Quelle: BSI IT-Grundschutz-Kompendium 2023, Seite 3, „Analyseaufwand reduzieren"

6.6.3 Beauftragte

Die Verantwortung für Informationssicherheit verbleibt bei der obersten Managementebene. Die operative Aufgabe wird allerdings typischerweise an Informationssicherheitsbeauftragte (ISB) übertragen. Ihre Aufgaben sind nicht zu verwechseln mit den Aufgaben der (allgemeinen) Sicherheitsbeauftragten oder gar mit den Aufgaben der Datenschutzbeauftragten. Deshalb sollen hier die Tätigkeiten abgegrenzt werden.

6.6.3.1 Informationssicherheitsbeauftragte

Der oder die Informationssicherheitsbeauftragte (ISB) ist für alle Fragen rund um die Informationssicherheit im Unternehmen zuständig. Zu seinen oder ihren Aufgaben gehört es, den Sicherheitsprozess zu steuern und zu koordinieren, das Management bei der Erstellung von Sicherheitsleitlinien zu unterstützen (s. Kap. 6.6.4), die Umsetzung der Sicherheitsleitlinie zu überprüfen und den Sicherheitsprozess zu initiieren, zu steuern und zu kontrollieren.

Informationssicherheitsbeauftragte sind für die Analyse vorhandener Maßnahmen zur Gewährleistung der Informationssicherheit zuständig und arbeiten entsprechend dem PDCA-Zyklus an deren Verbesserung. Sie ermitteln und definieren die sicherheitsrelevanten Objekte sowie die Bedrohung und Risiken und entwickeln Sicherheitsziele. Informationssicherheitsbeauftragte implementieren ein Informationsmanagementsystem und dokumentieren die Maßnahmen.

Bei größeren Unternehmen untersteht dem oder der ISB ein Team für das Informationssicherheitsmanagement.

6.6.3.2 Datenschutzbeauftragte

Die Datenschutz-Grundverordnung regelt in den Artikel 37 bis 39 die Einsetzung und die Aufgaben von Datenschutzverantwortlichen in allen Arten von Organisationen. Paragraf 38 des Bundesdatenschutzgesetzes regelt für Deutschland die Bedingungen für die Benennung eines oder einer Datenschutzbeauftragten in nichtöffentlichen Stellen (z. B. in Unternehmen):

> „Ergänzend zu Artikel 37 Absatz 1 Buchstabe b und c der Verordnung (EU) 2016/679 benennen der Verantwortliche und der Auftragsverarbeiter eine Datenschutzbeauftragte oder einen Datenschutzbeauftragten, soweit sie in der Regel **mindestens 20 Personen** ständig mit der automatisierten Verarbeitung personenbezogener Daten beschäftigen."

Der oder die Datenschutzbeauftragte hat die Aufgabe, das Management und das Personal über ihre Pflichten nach der Datenschutz-Grundverordnung (DSGVO) und anderen Datenschutzvorschriften (Bundesdatenschutzgesetz, Landesdatenschutzgesetz) zu unterrichten und zu beraten. Die Aufgaben der Datenschutzbeauftragten werden in Artikel 38 und Artikel 39 DSGVO geregelt. Sie umfassen unter anderem:

- Anregung und Kontrolle von Maßnahmen zum Schutz von Personen vor Missbrauch ihrer personenbezogenen Daten, wobei als Personen sowohl Mitarbeitende als auch externe Kontaktpersonen gemeint sind
- Unterrichtung und Beratung der Unternehmensführung
- Überwachung der Einhaltung von datenschutzrechtlichen Vorgaben
- Zuweisung von Zuständigkeiten
- Sensibilisierung und Schulung der an den Verarbeitungsvorgängen beteiligten Mitarbeitenden und der diesbezüglichen Überprüfungen
- Zusammenarbeit mit der Aufsichtsbehörde
- Beratung zu Datenschutz-Folgenabschätzungen
- Überwachung der Einhaltung der Maßnahmen zum Datenschutz
- Beratung der Belegschaft zu Fragen des Datenschutzes

6.6.4 IT-Sicherheitsrichtlinie

Eine Informationssicherheitsrichtlinie ist ein Dokument, das die Ziele und Grundsätze der Informationssicherheit in einem Unternehmen festlegt. Es beschreibt die organisatorischen Rahmenbedingungen und die Verantwortlichkeiten für die Umsetzung der Informationssicherheit.

Es gibt viele Vorlagen für eine Informationssicherheitsrichtlinie im Internet. Man kann sich an folgender Gliederung orientieren:

Gliederung einer Sicherheitsrichtlinie

1. Festlegung des Geltungsbereiches
   a) Betroffene Arbeitsvorgänge und Fachverfahren
   b) Betroffene Datenkategorien, Schutzbedarf und Schutzziele
2. Abzuwehrende Bedrohungen, bestehende Gefahren und mögliche Konsequenzen
3. Bezug zu Gesetzen, Verordnungen und Standards, Verhältnis zu anderen Sicherheits- und Benutzerrichtlinien
4. Konkrete Verantwortlichkeiten für die Schutzmaßnahmen
5. Auflistung der zu ergreifenden Schutzmaßnahmen in kurzer, verständlicher Form
6. Hinweis auf Schulungsangebote
7. Konsequenzen bei Nichtbeachtung der IT-Sicherheitsrichtlinie, Sanktionen
8. Kontaktdaten der Informationssicherheitsbeauftragten und der Datenschutzbeauftragten

6.6.5 Informationssicherheit als Dienstleistung

Sicherheit kann man sich nicht kaufen, aber man kann sich kompetent beraten lassen und entsprechende Tools zur Gefahrenabwehr kaufen.

6.6.5.1 Beratung, Schulung und Monitoring

Über die Jahre haben sich zahlreiche Unternehmen als IT-Sicherheitsdienstleister profiliert. Diese Unternehmen bieten eine Beratung und Begleitung beim Aufbau eines Informationssicherheitsmanagementsystems (ISMS), sie unterstützen bei der Analyse des Istzustandes und bei der Modellierung der Sicherheitsstrukturen. Eventuell helfen sie auch bei der Ausarbeitung der Sicherheitsrichtlinie.

Wichtig sind auch die angebotenen Schulungen für das Personal, welche vielfach als Online-Kurse konzipiert sind. Durch diese Veranstaltungen soll das Sicherheitsbewusstsein bei den Mitarbeitenden entwickelt werden, aber auch Fachwissen zum Umgang mit möglichen Angriffen vermittelt werden.

Eine kontinuierliche Leistung kann das Monitoring aller Prozesse von außen sein. Auf diese Art und Weise kann die Beachtung und Verwendung von sicherheitsrelevanten Maßnahmen kontrolliert werden, z. B. die regelmäßige Erstellung von Sicherheitskopien, die ausschließliche Kommunikation über VPN bis hin zur Überwachung der Aktualität von Zertifikaten und viele mehr. Das darf natürlich nicht zu einer Überwachung der Mitarbeitenden führen, allein technische Komponenten dürfen überwacht werden.

6.6.5.2 Durchführung von Penetrationstests

Ein Penetrationstest ist der abgestimmte Versuch, in das IT-System des Auftraggebers einzudringen und Schwachstellen aufzudecken, um bei dem Unternehmen die Sicherheit seiner IT-Systeme zu testen. Der Penetrationstest ist quasi ein White Hack: ein gutartiger Versuch in IT-Systeme einzudringen. Er wird von einem unabhängigen IT-Dienstleister durchgeführt und umfasst sowohl manuelle als auch automatisierte Angriffe. In Abstimmung mit dem Auftraggeber kann der Test verschiedene Arten von Angriffen umfassen, wie z. B. Denial-of-Service-Angriffe, Netzwerkangriffe, Angriffe auf Webanwendungen oder Social Engineering.

Ein Penetrationstest ist eine heikle Aufgabe. Es gibt viele Begrenzungen: Man darf keine Schäden verursachen, der Test sollte dem Management bekannt sein, aber nicht den Mitarbeitenden, man darf keinen Zugriff gewinnen auf sensible oder personenbezogene Daten und dennoch sollte der Test Schwachstellen aufdecken.

Und wann ist ein Penetrationstest erfolgreich? Wenn er viele Schwachstellen aufzeigt oder wenn sich das IT-System als unangreifbar erweist? In beiden Fällen gibt ein Penetrationstest dem Unternehmen das Hinweise auf die Sicherheit seiner IT-Systeme, ob sie sicher sind und ob man in der Lage ist, auf Bedrohungen zu reagieren. Er hilft, Schwachstellen im System zu identifizieren und zu beheben, bevor sie von Hackern im Rahmen eines Black-Hack ausgenutzt werden können.

6.6.5.3 Zertifizierung

Durch eine Zertifizierung weist man nach, dass man ein Informationssicherheitssystem nach den Vorgaben der internationalen Norm ISO/EC 2100x korrekt und vollständig aufgebaut hat und in der Lage ist, es kontinuierlich zu betreiben. Eine Zertifizierung bedeutet keine 100%ige Informationssicherheit, jedoch den Nachweis, dass ein ISMS ordnungsgemäß organisiert ist.

Da Sicherheit kein Zustand ist, ist auch die Zertifizierung nur für eine begrenzte Zeit gültig und muss danach durch eine Rezertifizierung aufgefrischt werden.

Für eine Zertifizierung sind umfangreiche Unterlagen zu erstellen, die dann durch die zertifizierende Stelle überprüft werden. Für die Erstellung der Zertifizierungsunterlagen empfiehlt es sich, eine kompetente Beratung eines IT-Sicherheitsunternehmens heranzuziehen.

Aufgaben

1. Erläutern Sie die Aufgaben des Bundesamtes für Sicherheit in der Informationstechnik (BSI).
2. Erläutern Sie die Aufgaben des oder der Beauftragten für Informationssicherheit in Ihrem Ausbildungsunternehmen.
3. Erläutern Sie die Aufgaben des oder der Datenschutzbeauftragten in Ihrem Ausbildungsunternehmen.
4. Sie sollen für Ihr Unternehmen eine IT-Sicherheitsrichtlinie entwickeln. Welche Empfehlungen gibt der BSI für die Erstellung einer IT-Sicherheitsrichtlinie?

6.7 Schutzbedarfsfeststellung im Arbeitsbereich

Der Stand der IT-Sicherheit ist bestimmt durch die Einhaltung der Grundwerte Verfügbarkeit, Integrität und Vertraulichkeit. Die Herstellung und dauerhafte Gewährleistung der IT-Sicherheit ist mit erheblichem Aufwand verbunden. Es ist daher sinnvoll, vorher zu prüfen, wie viel Schutz unser IT-System und seine einzelnen Komponenten benötigen. Dieser Schutzbedarf hängt einerseits vom Wert der IT-Komponenten, aber noch mehr von der Bedeutung der Anwendungen ab, die auf diesen IT-Systemen laufen. Die IT-Systeme erben damit die Wichtigkeit und den Schutzbedarf von den Anwendungssystemen.

S Herr Pelz verdeutlicht das für die Azubis mit einem Beispiel: „Früher konnte man mit einem Handy hauptsächlich telefonieren. Der Verlust war traurig, man konnte nicht mehr telefonieren oder angerufen werden. Heute organisieren wir mit unseren Smartphones unser gesamtes Leben: Kontakte, Termine, Notizen, Fotos, Fahrkarten, Banking, Bezahlung, Steuerung von Smart-Home-Komponenten und vieles mehr – alles läuft über das eine Gerät! Bei seinem Verlust ist der Schaden groß.

‚Gestern ist mir mein Gehirn ins Klo gefallen.' sagte mal ein Azubi ganz treffend zum Verlust seines Smartphones. Der potenzielle Schaden ist groß, entsprechend groß ist der Schutzbedarf für das Smartphone! Und das nicht, weil das Smartphone so teuer ist, sondern weil die vielen Anwendungen so wichtig für uns sind. Die Wichtigkeit der Anwendungen überträgt sich somit auf das Gerät Smartphone."

Bei der Schutzbedarfsfeststellung muss geklärt werden, welcher Schaden entstehen kann, wenn für das IT-System als Ganzes, für einzelne Komponenten und die damit verbundenen Anwendungen die Grundwerte Verfügbarkeit, Integrität und Vertraulichkeit verletzt werden. Die begründete und nachvollziehbare Einschätzungen des Schutzbedarfs führt zur Festlegung der Sicherheitsanforderungen und der Auswahl angemessener Sicherheitsmaßnahmen. Die Methode der Schutzbedarfsfeststellung des BSI zielt damit nicht auf die Umsetzung maximaler Sicherheitsmaßnahmen, sondern mit Blick auf die Kosten auf die Umsetzung begründeter Sicherheitsmaßnahmen.

6.7.1 Vorbereitung der Dokumente für den Sicherheitsprozess

Sicherheit verlangt eine umfassende Sicht, die das gesamte Unternehmen einbezieht. Ziel ist die angemessene Gewährleistung der Informationssicherheit

eigener Arbeitsplatz

Analysegegenstand und -techniken:

- Personen
  - Interview
  - Fragebögen
  - Beobachtung
- Prozesse
  - Dokumentation
  - Beobachtung
  - Simulation
- Dokumente
  - Organisationsdokumente
  - Arbeitsunterlagen
  - Zertifizierungsunterlagen
- Objekte
  - Beschaffungsunterlagen wie Kaufverträge, Lizenzverträge, Miet- oder Leasingverträge mit entsprechenden Leistungsbeschreibungen
  - Netzpläne
  - Arbeitsanweisungen

durch den Aufbau eines ISMS. 100%ige Sicherheit wird man nicht erreichen, aber mit den einsetzbaren Mitteln möchte man ein höchstes Maß an Sicherheit erreichen. Um diese Anstrengungen nach außen zu dokumentieren, empfiehlt sich die Zertifizierung des ISMS. Aus der Ganzheitlichkeit, dem Bestreben, alle Mitarbeitenden einzubeziehen und eine Zertifizierung zu erreichen, ergibt sich die Notwendigkeit, eine Vielzahl von Dokumenten zu erarbeiten. Dies sind im Einzelnen:

1. **Dokumente für das Sicherheitsmanagement (Zielgruppe: Sicherheitsmanagement)**
   - **Sicherheitskonzept** mit den Berichten zur Risikoanalyse
   - Schulungs- und Sensibilisierungskonzept
   - Audit- oder Revisionsberichte
2. **Technische Dokumentation und Dokumentation von Arbeitsabläufen (Zielgruppe: Fachkräfte)**
   - Installations- und Konfigurationsanleitungen
   - Anleitungen für den Wiederanlauf nach einem Sicherheitsvorfall
   - Dokumentation von Test- und Freigabeverfahren
   - Anweisungen für das Verhalten bei Störungen und Sicherheitsvorfällen

   Auf Basis dieser Dokumente sollten Administratorinnen und Administratoren zwar auf ihr Wissen, nicht aber auf ihr Gedächtnis angewiesen sein, um die Systeme und Anwendungen wiederherzustellen.
3. **Anleitungen für Mitarbeitende (Zielgruppe: Personal)**
   - Arbeitsabläufe und organisatorische Vorgaben
   - Richtlinien zur Nutzung des Internets
   - Regeln oder Empfehlungen zur Bildung von Passwörtern
   - Regeln zum Umgang mit Passwörtern
   - Verhalten bei Sicherheitsvorfällen
4. **Aufzeichnung von Managemententscheidungen (Zielgruppe: Leitungsebene)**
5. **Gesetze und Regelungen (Zielgruppe: Leitungsebene)**
6. **Referenzdokumente für die Zertifizierung (Zielgruppe: Auditteam, interne Verwendung)**
   - Richtlinien zur Risikoanalyse
   - Richtlinien zur Lenkung von Dokumenten und Aufzeichnungen
   - Richtlinien zur Auditierung des Managementsystems für Informationssicherheit
   - Richtlinien zur Lenkung von Korrektur- und Vorbeugungsmaßnahmen
7. **Dokumentation im ICS-Bereich (Industrial Control Systems; Zielgruppe: Anwendende)**

Vgl. BSI-Standard 200-2 IT-Grundschutz-Methodik, 2023

6.7.2 Abgrenzung des Geltungsbereiches

Für die Abgrenzung des Geltungsbereiches muss man die Grundlagen der Systemtheorie (vgl. Kapitel 4.1.2 Systemverständnis) heranziehen. Es sind die folgenden Fragen zu klären:
- Welche Komponenten gehören zum eigenen Arbeitsbereich, d. h. zu unserem betrachteten System?
- Welche Komponenten gehören nicht dazu? Diese Komponenten können wichtig sein, aber sie sind aktuell nicht Gegenstand der Betrachtungen.
- Welche Beziehungen oder Abhängigkeiten gibt es zwischen den Komponenten?

Nach der Analyse des Arbeitsbereiches muss es möglich sein, den Geltungsbereich abzugrenzen für die folgende Schutzbedarfsfeststellung und Modellierung eines IT-Sicherheitssystems. Die Systemkomponenten sind dabei zu unterscheiden nach:
- Organisation
- IT-Infrastruktur
- Anwendungen
- Personal

Für diese Komponenten sind die IT-Grundschutz-Bausteine des BSI auszuwählen und mit den darin enthaltenen Maßnahmen wird der IT-Grundschutz aufgebaut (modelliert).

Das BSI bietet in seinem Standard 200-2 drei Stufen der Absicherung für Unternehmen an:
- Basis: einfache zügige Erreichung eines Grundschutzes
- Kern: schnell handeln für einzelne Schwerpunktaufgaben
- Standard: weitgehend vollständige Absicherung

6.7.3 Methodik der Basis- und Kernabsicherung

Die **Basis-Absicherung** für Unternehmen ist laut BSI unter folgenden Bedingungen empfehlenswert:
- „Die Umsetzung von Informationssicherheit steht noch am Anfang, d. h., die Informationssicherheit hat bisher nur einen niedrigen Reifegrad erreicht.
- Die Geschäftsprozesse weisen kein deutlich erhöhtes Gefährdungspotenzial bezüglich der Informationssicherheit auf.
- Das angestrebte Sicherheitsniveau ist normal.

- Es sind keine Assets vorhanden, deren Diebstahl, Zerstörung oder Kompromittierung einen existenzbedrohenden Schaden für das Unternehmen bedeutet.
- Kleinere Sicherheitsvorfälle können toleriert werden – also solche, die zwar Geld kosten oder anderweitig Schaden verursachen, aber in der Summe nicht existenzbedrohend sind."

Quelle: BSI-Standard 200-2, IT-Grundschutz-Methodik, 2023, S. 29

6.7.4 Methodik der Standard-Absicherung

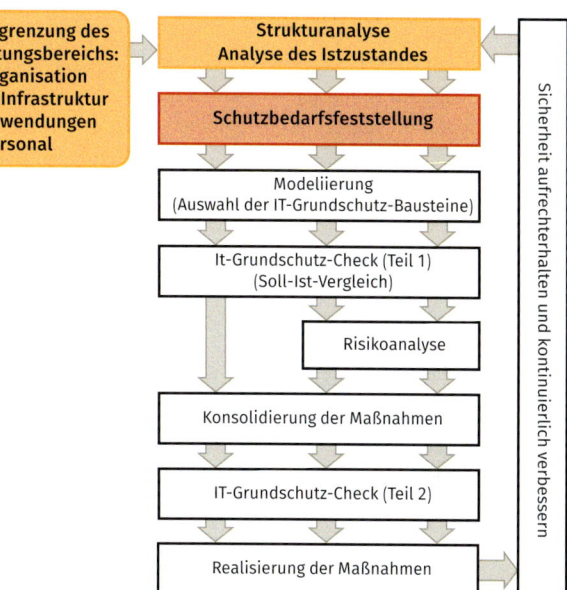

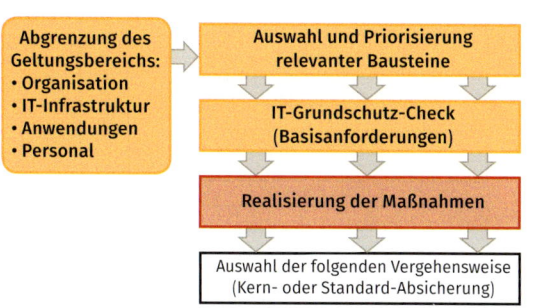

vgl. BSI Standard 200-2 „IT-Grundschutz-Methodik" 2017, Abbildung 8 „Basis-Absicherung" S. 61

Über die **Kern-Absicherung** kann eine Institution als beschleunigten Einstieg in den IT-Grundschutz bzw. den Sicherheitsprozess zunächst besonders gefährdete oder besonders relevante Geschäftsprozesse und Ressourcen vorrangig absichern. Die Kern-Absicherung ist empfehlenswert, wenn

- die Menge der Geschäftsprozesse mit erhöhtem Schutzbedarf überschaubar ist bzw. nur einen kleinen Anteil aller Geschäftsprozesse im Unternehmen umfasst,
- die Geschäftsprozesse, die ein deutlich erhöhtes Gefährdungspotenzial bezüglich der Informationssicherheit aufweisen, zügig zu identifizieren und eindeutig abgrenzbar sind,
- das Unternehmen eindeutig benennbare Werte (analog und/oder digital) besitzt, deren Diebstahl, Zerstörung oder Kompromittierung einen existenzbedrohenden Schaden für das Unternehmen bedeuten würde (sogenannte Kronjuwelen) und die vorrangig geschützt werden sollen, und
- kleinere Sicherheitsvorfälle, die Geld kosten oder anderweitig Schaden verursachen, aber keinen existenzbedrohenden Schaden bedeuten, akzeptabel sind.

Vgl. BSI-Standard 200-2, IT-Grundschutz-Methodik, 2023, S. 29

Ablauf bei der Standard-Absicherung
vgl. BSI Standard 200-2 „IT-Grundschutz-Methodik" 2017, Abbildung 11 „Erstellung der Sicherheitskonzeption bei der Standard-Absicherung" S. 76

Die Vorgehensweise nach der Standard-Absicherung bietet die Möglichkeit, allen Anforderungen der ISO-Normen 2700x gerecht zu werden.

6.7.4.1 Strukturanalyse im eigenen Arbeitsbereich

Die Strukturanalyse ist die Erfassung aller für den IT-Betrieb relevanten Objekte. Damit sie nicht zu komplex und umfangreich wird, werden die Objekte dabei zu Gruppen zusammengefasst und jeweils Typ und Anzahl der zusammengefassten Objekte vermerkt. Auch die Geschäftsprozesse, alle Anwendungen, IT-Systeme und ICS-Systeme werden erfasst. Als Grundlage dafür wird die Erstellung eines Netzplanes empfohlen; eine graphische Übersicht über die eingesetzten Komponenten und deren Vernetzung. Auch die genutzten Räume und allen sonstigen Geräte werden aufgenommen.

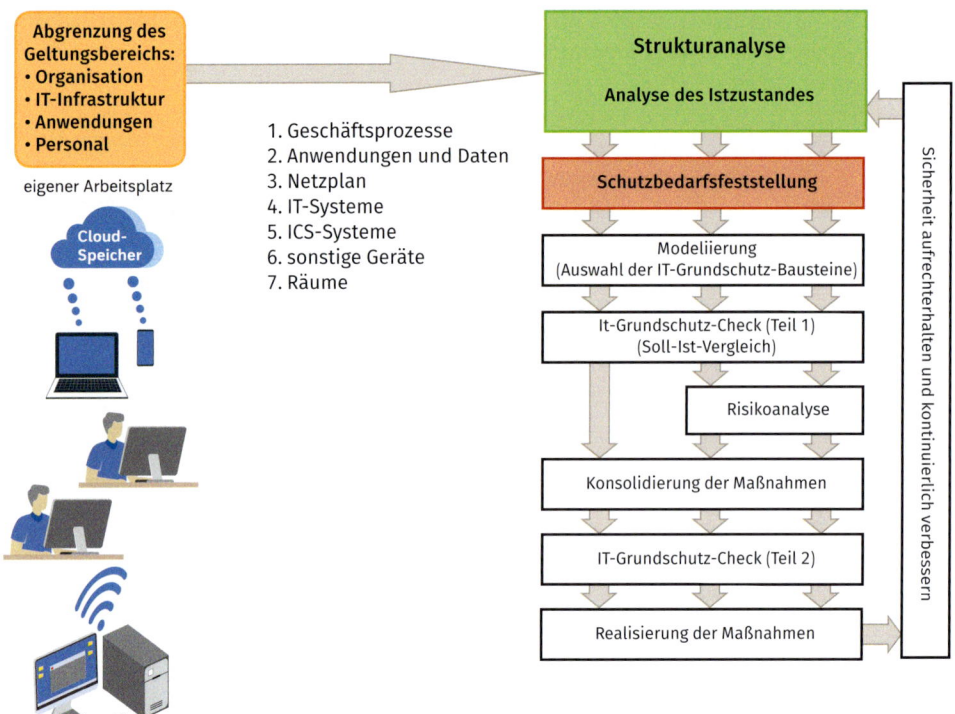

Strukturanalyse als erster Schritt

6.7.4.2 Schutzbedarfsfeststellung für den eigenen Arbeitsbereich

Definition der Schutzbedarfskategorien

Da Schutzbedarf in der Regel nicht quantifizierbar ist, beschränkt sich der IT-Grundschutz auf eine qualitative Aussage, indem der Schutzbedarf in drei Kategorien unterteilt wird:

Schutzbedarfskategorien nach BSI-Standard 200-2	
normal	Die Schadensauswirkungen sind begrenzt und überschaubar.
hoch	Die Schadensauswirkungen können beträchtlich sein.
sehr hoch	Die Schadensauswirkungen können ein existenziell bedrohliches, katastrophales Ausmaß erreichen.

„Die Schäden, die bei dem Verlust der Vertraulichkeit, Integrität oder Verfügbarkeit für einen Geschäftsprozess bzw. eine Anwendung einschließlich ihrer Daten entstehen können, lassen sich typischerweise folgenden Schadensszenarien zuordnen:
- Verstoß gegen Gesetze/Vorschriften/Verträge,
- Beeinträchtigung des informationellen Selbstbestimmungsrechts,
- Beeinträchtigung der persönlichen Unversehrtheit,
- Beeinträchtigung der Aufgabenerfüllung,
- negative Innen- oder Außenwirkung und
- finanzielle Auswirkungen"

Quelle: BSI-Standard 200-2: IT-Grundschutz-Methodik, S. 104 f.

Schlussfolgerungen aus den Ergebnissen der Schutzbedarfsfeststellung

Schutzbedarfskategorie	„normal"	„hoch"	„sehr hoch"
1. Verstoß gegen Gesetze oder Vorschriften	Verstöße mit geringfügigen Konsequenzen	Verstöße gegen Vorschriften und Gesetze mit erheblichen Konsequenzen	Fundamentaler Verstoß gegen Vorschriften und Gesetze
2. Vertragsverletzungen	Geringfügige Vertragsverletzungen mit geringen Konventionalstrafen	Vertragsverletzungen mit hohen Konventionalstrafen	Vertragsverletzungen, deren Haftungsschäden ruinös sind
3. Beeinträchtigung des informationellen Selbstbestimmungsrechts	Es handelt sich um personenbezogene Daten, durch deren Verarbeitung Betroffene in ihrer gesellschaftlichen Stellung oder ihren wirtschaftlichen Verhältnissen beeinträchtigt werden können.	Es handelt sich um personenbezogene Daten, bei deren Verarbeitung Betroffene in ihrer gesellschaftlichen Stellung oder ihren wirtschaftlichen Verhältnissen erheblich beeinträchtigt werden können.	Es handelt sich um personenbezogene Daten, bei deren Verarbeitung eine Gefahr für Leib und Leben oder die persönliche Freiheit der Betroffenen gegeben ist.
4. Beeinträchtigung der persönlichen Unversehrtheit	Eine Beeinträchtigung erscheint nicht möglich.	Eine Beeinträchtigung der persönlichen Unversehrtheit kann nicht absolut ausgeschlossen werden.	Gravierende Beeinträchtigungen der persönlichen Unversehrtheit sind möglich, Gefahr für Leib und Leben besteht.
5. Beeinträchtigung der Aufgabenerfüllung	Die Beeinträchtigung würde von den Betroffenen als tolerabel eingeschätzt werden.	Die Beeinträchtigung würde von einzelnen Betroffenen als nicht tolerabel eingeschätzt.	Die Beeinträchtigung würde von allen Betroffenen als nicht tolerabel eingeschätzt werden.
6. Maximal tolerierbare Ausfallzeit	zwischen 24 und 72 Stunden	zwischen einer und 24 Stunden	kleiner als eine Stunde
7. Negative Innen- oder Außenwirkung	Eine geringe bzw. nur interne Ansehens- oder Vertrauensbeeinträchtigung ist zu erwarten.	Eine breite Ansehens- oder Vertrauensbeeinträchtigung ist zu erwarten.	Eine landesweite Ansehens- oder Vertrauensbeeinträchtigung, eventuell sogar existenzgefährdender Art, ist denkbar.
8. Finanzielle Auswirkungen	Der finanzielle Schaden bleibt für die Institution tolerabel.	Der Schaden bewirkt beachtliche finanzielle Verluste, ist jedoch nicht existenzbedrohend.	Der finanzielle Schaden ist für die Institution existenzbedrohend.

Quelle: nach BSI-Standard 200-2 IT-Grundschutz-Methodik, 2023, S. 104 ff.

6.7.4.3 Modellierung des geschützten Arbeitsbereiches

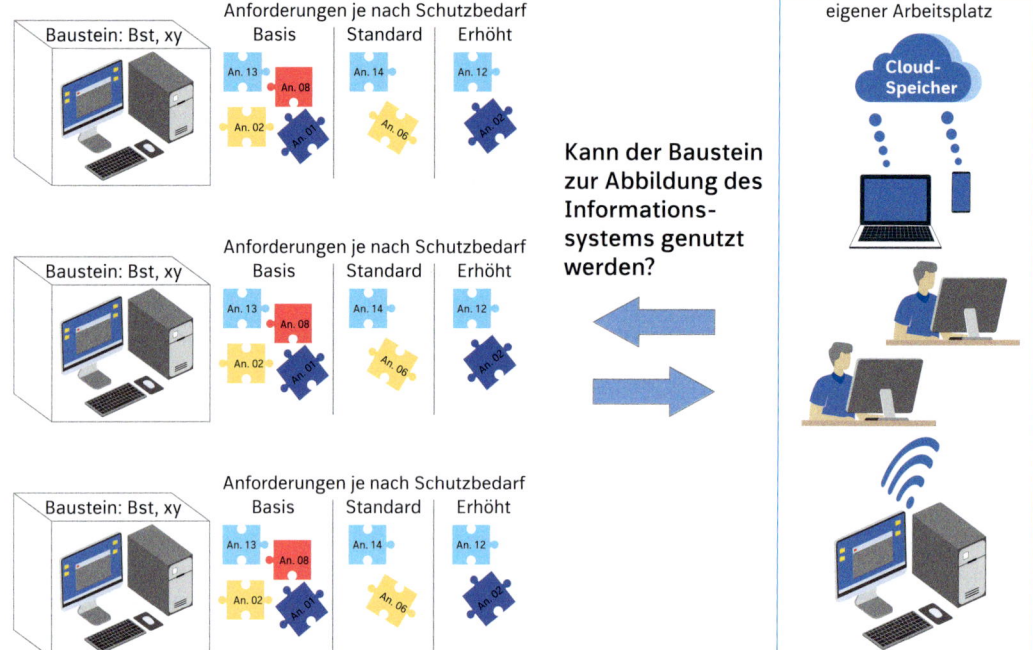

Modellierung mit den Bausteinen des IT-Grundschutz-Kompendiums

Die Modellierung nach dem IT-Grundschutz besteht nun darin, für die Bausteine einer jeden Schicht zu entscheiden, **ob und wie sie zur Abbildung des eigenen Informationssystems herangezogen werden können**. Je nach betrachtetem Baustein können die Zielobjekte dieser Abbildung von unterschiedlicher Art sein: einzelne Geschäftsprozesse oder Komponenten, Gruppen von Komponenten, Gebäude, Liegenschaften, Organisationseinheiten usw.

Das BSI verwendet hier den Begriff des „Informationsverbundes" zur Zusammenfassung aller infrastrukturellen, organisatorischen, personellen und technischen Objekten, die der Informationsverarbeitung in einem bestimmten Anwendungsbereich dienen.

Auswahl der relevanten IT-Grundschutzbausteine

Für jeden Baustein des IT-Grundschutz-Kompendiums wird nun ermittelt, auf welche Zielobjekte er im betrachteten Informationsverbund anzuwenden ist. So werden die **Bausteine Zielobjekten** zugeordnet („IT-Grundschutz-Modell") und jeweils die entsprechende Ansprechperson dokumentiert.

Zielobjekte, die nicht geeignet modelliert werden können, werden für eine **Risikoanalyse** vorgemerkt.

Für die Umsetzung der Bausteine wird eine Reihenfolge festgelegt und nach sorgfältiger Prüfung der Sicherheitsanforderungen aus den identifizierten Bausteinen werden passende Sicherheitsmaßnahmen abgeleitet.

Modellierung der Schutzmaßnahmen für den Arbeitsbereich

1. Das IT-Grundschutz-Kompendium als Basis nutzen
2. Modellierung eines Informationsverbunds: Auswahl von Bausteinen
3. Reihenfolge der Umsetzung der Maßnahmen aus den Bausteinen festlegen
4. Zuordnung von Bausteinen zu IT-Objekten
5. Modellierung für Sonderfälle, z. B. Modellierung bei Virtualisierung und Cloud-Systemen
6. Anpassung der geforderten Sicherheitsmaßnahmen aus den einzelnen Bausteinen an die Situation in Arbeitsbereich
7. Zusammenarbeit mit externen Dienstleistern, Nutzung der Kompetenz dieser Dienstleister

6.7.4.4 IT-Grundschutz-Check

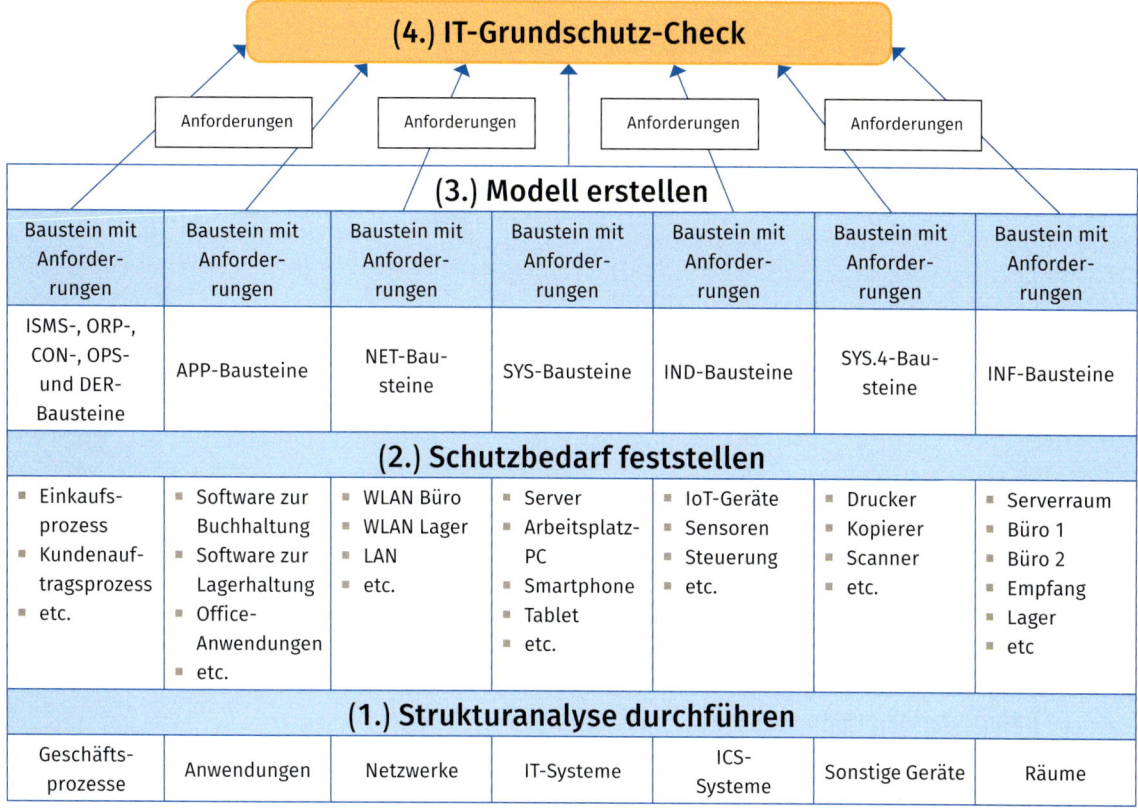

Der IT-Grundschutz-Check ist ein Soll-Ist-Vergleich:
- Welche Sicherungsmaßnahmen sind bereits eingeführt (Ist-Zustand)?
- Welche Sicherungsmaßnahmen sollten auf Basis der Empfehlungen aus den relevanten IT-Grundschutz-Bausteinen eingeführt werden (Soll)?

Für den IT-Grundschutz-Check müssen die Ergebnisse der Analyse des Arbeitsbereiches und die Ergebnisse der Modellierung im Rahmen der Schutzbedarfsfeststellung vorliegen. Dazu muss die oben abgebildete Tabelle von unten nach oben durchgearbeitet werden. Entsprechend erfolgt der IT-Grundschutz-Check in drei Schritten.

1. Organisatorische Vorarbeiten für den IT-Grundschutz-Check
2. Durchführung des Soll-Ist-Vergleichs
3. Dokumentation der Ergebnisse

6.7.4.5 Risikoanalyse für Objekte ohne Empfehlung aus dem IT-Grundschutz

Da sich Risiken immer wieder verändern und neue hinzukommen können, ist die Risikoanalyse kein einmaliger Prozess, sondern er braucht ein kontinuierliches Risikomanagement. Es gilt fortlaufend Risiken zu erkennen, zu bewerten und ihnen zu begegnen:
Risiken erkennen
- Risiken bewerten: Wie hoch ist die Eintrittswahrscheinlichkeit? Welche kurzfristigen Auswirkungen und längerfristigen Konsequenzen hätte das?
- Wie können Risiken beseitigt oder abgeschwächt werden?
- Information der Mitarbeitenden über die Risiken und ggf. Schulung aller involvierten Parteien und Personen
- Überwachung aller getroffenen Maßnahmen
- bewusstes Tragen der Restrisiken oder Übertragung der Risiken auf Versicherungsunternehmen

6.7.4.6 Konsolidierung und Realisierung der Maßnahmen

Die Konsolidierung beschreibt, wie die Umsetzung von Sicherheitsmaßnahmen geplant, durchgeführt, begleitet und überwacht werden kann. Zu vielen Bausteinen des IT-Grundschutzes existieren Umsetzungshinweise mit beispielhaften Empfehlungen für Sicherheitsmaßnahmen, mittels derer die Anforderungen der Bausteine umgesetzt werden können. Diese basieren auf Best Practices und langjähriger Erfahrung von Fachkräften aus dem Bereich der Informationssicherheit. Die Maßnahmen aus den Umsetzungshinweisen sind jedoch nicht als verbindlich zu betrachten, sondern können und sollten durch eigene Maßnahmen ergänzt oder ersetzt werden.

Die Konsolidierung umfasst somit nach der Auswahl der relevanten IT-Grundschutz-Bausteine die Zusammenstellung der Anforderungen und die Bestimmung der Reihenfolge der Realisierung.

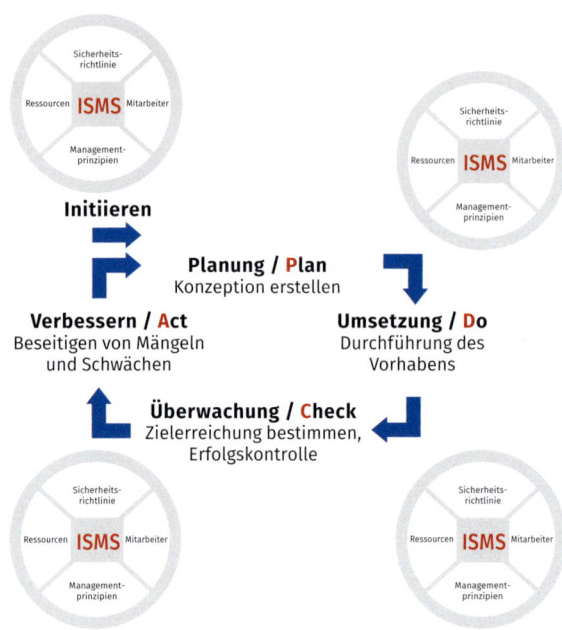

PDCA-Zyklus des Informationssicherheitsmanagementsystems

6.7.4.7 Umsetzung der Maßnahmen im Rahmen eines ISMS

Nachdem die Sicherheitsanforderungen und die umzusetzenden Maßnahmen für das IT-System und seine Komponenten feststehen, müssen diese in einem kontinuierlichen Sicherheitsprozess umgesetzt, kontrolliert und angepasst werden. Das geschieht im Rahmen des Informationssicherheitsmanagementsystems (ISMS), welches wiederum den bekannten PDCA-Zyklus (Plan, Do, Check, Act) umsetzt.

Für den Aufbau und den Betrieb des ISMS werden folgende Schritte als Best Practice empfohlen:

1. Aufbau der Organisationsstruktur
- Zusammenstellen eines Projektteams
- Benennung der oder des Beauftragten für Informationssicherheit
- Benennung der jeweiligen Prozessverantwortlichen

2. Schutzbedarfsfeststellung zur Erstellung der IT-Sicherheitskonzeption
- Abgrenzung des Geltungsbereiches
- Analyse des eigene Arbeitsbereiches
- Modellierung mithilfe der Bausteine des IT-Grundschutzes
- Erstellung der IT-Sicherheitskonzeption (Plan)

3. Kontinuierlicher Sicherheitsprozess
- Umsetzung der Maßnahmen aus der IT-Sicherheitskonzeption (Do)
- Kontrolle der Umsetzung und der Wirksamkeit der Maßnahmen (Check)
- Vorschläge zur Verbesserung, zur Beseitigung von Mängeln und Schwächen (Act)
- Überarbeitung der IT-Sicherheitskonzeption, Mängel beseitigen und neue Anforderungen und Erkenntnisse einarbeiten (Plan)

Damit schließt sich der Kreis von Plan/Do/Check/Act und das Informationssicherheitsmanagementsystem repräsentiert den Prozess der kontinuierlichen Gewährleistung, Anpassung und Verbesserung der IT-Sicherheit.

Ein derartig entwickeltes und stabiles ISMS kann dann auch nach ISO 2700x zertifiziert werden. Ein Zertifikat ist immer ein gute Aushängeschild für ein Unternehmen und belegt die systematische Arbeit zur Gewährleistung der IT-Sicherheit auch im Kontakt mit Geschäftspartnern.

Aufgaben

1. Wer ist in einem Unternehmen verantwortlich für die Informationssicherheit?
   a) Der oder die Informationssicherheitsbeauftragte (ISB) zusammen mit dem oder der Datenschutzbeauftragten
   b) Die Unternehmensleitung
   c) Der Berater oder die Beraterin vom BSI
   d) Das Informationssicherheitsmanagementteam
   e) Die oder der Informationssicherheitsbeauftragte (ISB) alleine
2. Die Schutzbedarfsfeststellung für einen Informationsverbund gliedert sich in mehrere Schritte. Was ist der erste Schritt bei der Schutzbedarfsfeststellung?
   a) Hinzuziehung einer Beraterin/eines Beraters vom BSI
   b) Bestimmung der Gefährdungslage
   c) Identifikation der Angreifer
   d) Definition der Schutzbedarfskategorien
   e) Benennung des Informationssicherheitsmanagementteams
3. Da der Schutzbedarf meist nicht quantifizierbar ist, beschränkt sich der IT-Grundschutz auf qualitative Aussagen, indem der Schutzbedarf in drei Kategorien unterteilt wird. Welcher Kategorie wird folgende Aussage zugeordnet: „Die Schadensauswirkungen sind begrenzt und überschaubar."?
   a) normal
   b) sehr hoch
   c) hoch
   d) unkritisch
   e) kritisch

6.8 Normen, Gesetze und Standards zur Informationssicherheit

6.8.1 ISO/IEC 2700x Normfamilie

Bei der ISO/IEC 2700x spricht man von einer Normfamilie, da es neben der ISO/IEC 27000 noch eine lange Reihe weitere Normen gibt:

Norm	Inhalt
ISO/IEC 27000	Begriffsnorm
ISO/IEC 27001, 27006, 27009	Anforderungsnormen
ISO/IEC 27002, 27003, 27004 usw.	Leitfadennormen
ISO/IEC 27010 usw.	Sektorspezifische Leitfadennormen
ISO/IEC 2703x und 04x	Maßnahmenbezogene Leitfadennormen

Die Normen liegen in zahlreichen Sprachen vor. Die **ISO/IEC 27000** als Begriffsnorm liefert einen Überblick über die ISMS-Normenfamilie, eine Einführung zu Informationssicherheitsmanagementsystemen (ISMS) und eine Übersicht zu Begriffen, die durchgehend in der ISMS-Normenfamilie verwendet werden.

Die ISO/IEC 27001 legt die Anforderungen an die Einführung, die Umsetzung, den Betrieb, die Überwachung, die Überprüfung, die Aufrechterhaltung und Verbesserung von formalisierten Informationssicherheitsmanagementsystemen (ISMS) im Zusammenhang mit den übergreifenden Unternehmensrisiken einer Organisation fest.

6.8.2 Gesetze und Verordnungen zur Informationssicherheit

In der Europäischen Union und in Deutschland gibt es zahlreiche Gesetze und Verordnungen, welche direkt oder indirekt die IT-Sicherheit betreffen. Hier nur eine Auswahl:
- Das IT-Sicherheitsgesetz (IT-SiG) von 2015
- Die Verordnung zur Bestimmung Kritischer Infrastrukturen nach dem BSI-Gesetz (KRITIS-Verordnung) von 2016

- Die EU-Richtlinie zur Netz- und Informationssicherheit (NIS-Richtlinie) von 2016
- Das Telekommunikationsgesetz (TKG) von 2004
- Das Telemediengesetz (TMG) von 2007

Das IT-Sicherheitsgesetz ist das wichtigste Gesetz zum Thema Informationssicherheit in Deutschland. Es legt die Anforderungen an die IT-Sicherheit für Unternehmen fest und verpflichtet Unternehmen, angemessene technische und organisatorische Maßnahmen zum Schutz ihrer IT-Systeme zu ergreifen.

Die KRITIS-Verordnung gilt für Betreiber kritischer Infrastrukturen wie Energieversorger, Wasserwerke oder Krankenhäuser und legt spezifische Anforderungen an die IT-Sicherheit dieser Unternehmen fest. Zu den Kritischen Infrastrukturen gehören Unternehmen, Organisationen und Einrichtungen, die besonders wichtig für das Gemeinwesen sind und bei deren Ausfall oder einer Beschädigung es zu nachhaltigen Versorgungsengpässen, erheblichen Störungen der öffentlichen Sicherheit oder anderen dramatischen Folgen kommen könnte.

Die NIS-Richtlinie gilt für Betreiber wesentlicher Dienste wie Suchmaschinen, Cloud-Dienste oder Online-Marktplätze und legt ebenfalls spezifische Anforderungen an die IT-Sicherheit dieser Unternehmen fest.

6.8.3 Gesetze und Verordnungen zum Datenschutz

In der Europäischen Union und in Deutschland ist der Datenschutz durch folgende Gesetze und Verordnungen streng geregelt:
- Europäische Datenschutzgrundverordnung, DSGVO von 2018
- Bundesdatenschutzgesetz, BDSG (Umsetzung der DSGVO auf Bundesebene) von 2018
- Landesdatenschutzgesetze (Umsetzung der DSGVO und des BDSG auf Ebene der Bundesländer)
- EU-US Data Privacy Framework

Die DSGVO gilt in allen Mitgliedstaaten der Europäischen Union. Sie regelt den Schutz personenbezogener Daten und legt die Anforderungen an die Verarbeitung personenbezogener Daten fest.
Auch in den USA gibt es strenge Regeln zum Schutz personenbezogener Daten. Diese beschränken sich jedoch auf den Schutz der Daten von US-Bürgerinnen und -Bürgern. Personen, die keine US-Staatsbürgerschaft besitzen, unterliegen damit nicht ihren Datenschutzbestimmungen, was auf Seiten der EU besondere Vereinbarungen für die Weitergabe von Daten von EU-Bürgerinnen und -Bürgern zur Verarbeitung in den USA notwendig macht.

Das BDSG ergänzt die DSGVO und enthält spezifische Regelungen für Deutschland.

Die Landesdatenschutzgesetze regeln den Datenschutz auf Landesebene und enthalten spezifische Regelungen für die jeweiligen Bundesländer.

Für den Austausch personenbezogener Daten mit Drittländern, also mit Ländern außerhalb der Europäischen Union, muss es spezielle Vereinbarungen geben, die den Datenschutz für personenbezogene Daten der Bürgerinnen und Bürger der EU auch in diesen Drittländern garantieren. Ansonsten wäre eine Datenübermittlung nicht zulässig.

Das EU-US Data Privacy Framework ist beispielsweise das entsprechende Abkommen zwischen der Europäischen Union und den USA, das den Schutz personenbezogener Daten bei der Übermittlung und Verarbeitung von personenbezogenen Daten aus der EU in den USA regelt. Mit einem sogenannten „Angemessenheitsbeschluss" hat die Europäische Kommission 2023 das EU-US Data Privacy Framework angenommen. Damit besteht eine rechtssichere Grundlage für Datenübermittlungen an zertifizierte Organisationen in den USA. So können personenbezogene Daten aus der EU in die USA fließen, ohne dass weitere Maßnahmen erforderlich sind. Dies gilt jedoch nur, sofern die Organisation, an die sie übermittelt werden, auch unter dem EU-US Data Privacy Framework zertifiziert ist. Dies müssen Unternehmen in der EU vorab prüfen.

Nachdem die Azubis nun einiges zur Informationssicherheit gelernt haben, gilt es zu prüfen, inwieweit Maßnahmen zur Gewährleistung der Informationssicherheit in ihrem Webshop-Projekt zu beachten sind.

Céline fällt ein, dass sie bereits im Lastenheft und im Pflichtenheft entsprechende Anforderungen formuliert haben. Sicherlich muss der Schutz der Daten auch bei der Programmierung, bei der Erstellung des Datenmodells und beim Aufbau der Client-Server-Kommunikation beachtet werden.

Herr Pelz bestätigt diese Aussage. „Informationssicherheit ist kein abgeschlossenes Thema, das man behandelt und damit ist alles erledigt. Die Gewährleistung von Informationssicherheit ist ein kontinuierlicher Prozess, der sich sowohl in den Entwicklungsphasen einer Anwendung als auch im Routinebetrieb jederzeit wiederfinden muss. Auch wenn wir in der Testphase Ansätze eines Penetrationstests durchführen werden, so ist unser Webshop damit nicht als sicher einzustufen. Er muss auch in das gesamte Sicherheitsmanagementsystem der ACI GmbH für den Routinebetrieb eingebunden werden. Dazu machen wir ja die Schutzbedarfsfeststellung, um das Unternehmen und seine IT-Systeme als Ganzes abzusichern."

7 Werkzeuge zur Softwareentwicklung

Klassische Werkzeuge zur Modellierung: PAP und Struktogramm → Objektorientierte Modellierung mit UML: Anwendungsfalldiagramm, Klassendiagramm und andere → Objektorientierte Analyse (OOA) und objektorientiertes Design (OOD) am Beispiel → Computersprachen: Historie und Überblick → Entwicklungsumgebung Eclipse → Übersetzer formaler Sprachen: Compiler und Interpreter, Browser

7.1 Überblick zu den Werkzeugen

Die Notwendigkeit einer systematischen Entwicklung von Software wurde bereits herausgearbeitet. In diesem Kapitel sollen die Werkzeuge zur systematischen Entwicklung von Software unter folgenden Schwerpunkten vorgestellt werden:

- **Werkzeuge zur Modellierung.** Es werden verschiedene Modelle zur Darstellung der Ergebnisse des Entwurfsprozesses besprochen
- **UML**, die Unified Modeling Language, bildet den Schwerpunkt in diesem Kapitel
- Das **objektorientierte Herangehen** von der Analyse über den Entwurf bis hin zur Programmierung bildet eine wesentliche Grundlage erfolgreicher Softwareentwicklung.
- In der **Entwicklungsumgebung** werden die Anweisungen an den Computer als Quelltext erfasst, gestaltet, kontrolliert und im Rahmen der Tests auch ausgeführt.
- Die **Computersprachen** mit den Übergängen von den prozeduralen zu den objektorientierten Sprachen sowie dem Aufkommen deskriptiver Sprachen verdeutlicht die Fortschritte in der Technologie der Softwareentwicklung.
- Die **Übersetzer der Computersprachen** beenden den Überblick zu den Werkzeugen, denn schließlich bringen sie die entwickelte Software in Funktion.

Bei den Werkzeugen zur Entwicklung von Software fällt das Augenmerk wahrscheinlich zuerst auf die Programmiersprachen, wobei man besser den Begriff **Computersprachen** verwenden sollte. Es handelt sich um formale und damit maschinenverständlichen Sprachen, die der Übermittlung von Anweisungen an den Computer dienen.

Sprachen sind Werkzeuge zur Kommunikation. Der Mensch schreibt seine Anweisungen an den Computer als Programm. In der heutigen Zeit, die vom „Internet of Things" gekennzeichnet wird, erfolgt die Kommunikation zunehmend direkt zwischen den Maschinen oder Robotern, aber auch hierfür bedarf es einer formalen Sprache.

Zu den Computersprachen gehören neben den Programmiersprachen die deskriptiven Sprachen. Deskriptive Sprachen sind z. B. die Datenbanksprache SQL und HTML5 als Sprache zur Beschreibung von Webseiten. Für die **Kommunikation von Maschine zu Maschine** verwendet man überwiegend deskriptive Sprachen, wie z. B. XML, also rein beschreibende Sprachen ohne Elemente zur Ablaufsteuerung (Zyklen und Alternativen).

Doch vor der Programmierung steht die Modellierung. Mit den Modellen werden die Erkenntnisse aus der Entwurfsphase festgehalten und als Vorgaben für die Programmierung dokumentiert. Auch die **Modelle** können als formale Sprachen angesehen werden. Dabei ist nicht die Verständlichkeit durch den Computer das vordergründige Ziel, sondern die Festschreibung der Ergebnisse des Entwurfs zur Dokumentation eines gemeinsamen Verständnisses zwischen Auftraggeber und Softwareentwicklungsteam.

Eine der wichtigsten Darstellungsmittel zur Modellierung bezeichnet sich selbst als Sprache (Language): **UML (Unified Modeling Language)**. Hier spricht man in Bildern, denn bekanntlich gilt: „Ein Bild sagt mehr als 1000 Worte!"

Das Schreiben eines Programmes geschieht allgemein mithilfe einer komfortablen Entwicklungsumgebung. Diese **integrierte Entwicklungsumgebung** (IDE, integrated development environment) enthält Texteditor, Compiler bzw. Interpreter, Linker, Debugger und Quelltextformatierungsfunktionen. IDEs werden mehrheitlich als freie Software angeboten, wie z. B. die

Produkte „Eclipse" oder „Android Studio". Es gibt aber auch proprietäre IDEs, also kostenpflichtige und firmenspezifischen Lösungen. Microsoft Visual Studio ist hierfür ein gutes Beispiel.

Die IDE „Eclipse" wird im nächsten Kapitel als Umgebung für die C#- bzw. Java-Programmierung genutzt. Die IDE „Android Studio", die vom Konzept her auf Eclipse aufbaut, wird für die Webentwicklung eingesetzt, wo XML und Java zusammenlaufen und so die Basis für eine einfache Smartphone-App bilden.

Zu jeder Computersprache benötigt man spezielle Software, die diese Sprache versteht und für den Computer übersetzt, also verständlich macht. Früher kamen **Compiler** zum Einsatz, womit ganze Programme übersetzt wurden. Heute werden mehrheitlich **Interpreter** genutzt, die aus dem Quellprogramm nacheinander Anweisung für Anweisung analysieren und für den Computer übersetzen, also interpretieren. Die Java-Technologie verbindet die beiden Techniken: Das Quellprogramm wird zuerst in einen Zwischencode übersetzt, welcher dann Anweisung für Anweisung interpretiert und umgesetzt wird.

Auch die üblichen **Webbrowser**, wie Safari, Mozilla Firefox, Google Chrome oder Microsoft Edge, sind eigentlich Interpreter. Sie werten die in der Sprache HTML geschriebenen Webseiten Zeile für Zeile aus und erstellen so die gewünschten Ansichten der Webinhalte (siehe auch Kap. 10).

7.2 Klassische Darstellungsmittel für den Entwurf

Bevor man mit der Programmierung beginnt, sollte ein Plan existieren. Dieser Plan muss Vorstellungen von der Funktionsweise und Bedienung der Software enthalten, aber auch den Ablauf der Entwicklung berücksichtigen. Die Planung des Ablaufs und der Arbeitsschritte, der Zeitplan sowie der Einsatz von Ressourcen (Personen, Technik, etc.) sind Gegenstand des Projektmanagements (vgl. Kap. 2).

Funktionsweise und Bedienung der zu erstellenden Software sollten sich nach den Anforderungen der Auftraggeber richten. Auch wenn man selbst eine Idee umsetzen möchte, also selbst die auftraggebende Person ist, sollte man vorher genau überlegen, was man eigentlich realisieren möchte. Die Ermittlung der Anforderungen an das zu entwickelnde System kann durch Befragungen oder Analysen beim Auftraggeber (vgl. Anforderungsanalyse, Kap. 4) erfolgen. Es eignet sich auch die Analyse der Bedürfnisse der potenziellen Nutzerinnen und Nutzer, also die Methode des „Design Thinking". Wichtig ist auf jeden Fall die Dokumentation der Ergebnisse des Entwurfs.

Für die Dokumentation von Entwürfen haben sich die Modelle bewährt. Modelle verbinden Auftraggeber und Entwicklungsteam und dienen der Kommunikation zwischen beiden. Der Auftraggeber kann anhand des Modelles zeigen, was ihm gefällt oder nicht gefällt und was er sich noch wünscht. Das Entwicklungsteam kann anhand des Modells die Funktionsweise und Bedienung der Software veranschaulichen und auch auf weitere Leistungsmöglichkeiten verweisen. Es gibt viele Arten von Modellen, wie zum Beispiel:

- **Haptische Modelle**, also Modelle zu Anfassen. Architektinnen oder Designer verwenden diese Modelle.
- **Funktionale Modelle**, also Prototypen der zukünftigen Produkte. Hier kann man ausgewählte Eigenschaften in Funktion erleben.
- **Abstrakte Modelle**, d. h. Gedankenspiele oder exakte mathematische Systeme zur Abbildung realer Zusammenhänge.
- **Grafische Modelle**, dargestellt mit einfachen Zeichnungen oder umfangreichen Skizzen.

Die grafischen Modelle finden in der Softwareentwicklung breite Verwendung. Meistens basieren sie auf wenigen eindeutigen Symbolen, sind mithilfe spezieller Editoren am Computer erstellbar und können häufig automatisch in Quelltext überführt werden (Modell-Driven Development).

Bei der Softwareentwicklung dienen Modelle zur Beschreibung von Funktionsweise und Bedienung. Zur Modellierung der Funktionsweise und der verwendeten Algorithmen können Struktogramme (Kap. 7.2.1) genutzt werden. Die Struktur und Arbeitsweise der Software lässt sich mit der vereinheitlichten Modellierungssprache UML (Kap. 7.3) beschreiben.

7.2.1 Struktogramm

Der Ausbildungsleiter Herr Köhler wünscht sich Struktogramme zur Dokumentation der Programmstruktur, weil sich daraus eine strukturierte Programmierung entwickeln lässt. Deshalb versuchen die beiden Azubis Céline und Felix den Algorithmus zur Umrechnung einer Dezimalzahl in eine Dualzahl mithilfe eines Struktogrammes abzubilden.

> **W** Ein **Struktogramm** ist die grafische Darstellung eines Programmablaufs in Form eines geschlossenen Blocks, der entsprechend den einzelnen logischen Grundstrukturen in verschiedene untergeordnete Blöcke aufgeteilt werden kann.

- **Sequenz:** Folge von Anweisungen
- **Alternative:** Mögliche Auswahl zwischen weiteren Wegen der Abarbeitung
- **Zyklus:** Wiederholung von Anweisungsfolgen

Struktogramme wurden im Jahre 1973 von I. Nassi und B. Shneiderman als Darstellungsmittel für einen Algorithmus beim strukturierten Programmentwurf entwickelt.

Bei der Festlegung der Symbole für die Blöcke bezieht man sich wie beim Programmablaufplan auf die Erkenntnis, wonach jeder Algorithmus durch folgende Elemente dargestellt werden kann:

Ein Programmbaustein aus mehreren logisch zusammengehörenden Befehlen wird als **Strukturblock** bezeichnet. Ein einzelner Befehl heißt **Elementarblock**. Zur Darstellung von Programmabläufen in Struktogrammen werden Symbole verwendet, die in der folgenden Übersicht zusammengefasst sind.

Die Symbole stehen für die verschiedenen Operationsarten, genormt nach DIN 66261. Sie werden von oben nach unten betrachtet (Top-down-Betrachtung).

Verarbeitung (Prozess)	☐	Mit dem Verarbeitungssymbol werden Struktur- und Elementarblöcke dargestellt, die Ein- und Ausgabebefehle, Berechnungen und Unterprogrammaufrufe enthalten.
Folge (Sequenz)	Strukturblock 1 Strukturblock 2	Abfolgen mit zwei oder mehreren Arbeitsschritten werden durch aneinandergereihte Strukturblöcke dargestellt.
Auswahl, Alternative (Verzweigung)	Auswahl ja / nein Strukturblock 1 / Strukturblock 2	Mit dem Symbol „Alternative" wird eine Bedingung im Programmablauf dargestellt. Ist die Bedingung erfüllt, wird der Strukturblock 1 ausgeführt, ansonsten der Strukturblock 2.
Fallauswahl (Mehrfachverzweigung)	Auswahl 1 / 2 / sonst Strukturblock 1 / Strukturblock 2 / Alternativblock	Bei einer mehrfachen Bedingung im Programmablauf wird kontrolliert, welche Auswahl vorgenommen wurde, und dann wird in den entsprechenden Strukturblock verzweigt. Trifft keine der Bedingungen zu, wird der Alternativblock ausgeführt.
Zyklus/Wiederholung (kopfgesteuerte Schleife)	Wiederholen, solange Bedingung gilt Strukturblock 1	Bei einer kopfgesteuerten Schleife wird die Bedingung geprüft, bevor der Strukturblock 1 ausgeführt wird. Es ist möglich, dass der Strukturblock 1 nicht ausgeführt wird. Nach Ausführung von Strukturblock 1 wird die Bedingung erneut geprüft. Solange diese Bedingung wahr ist, werden die Anweisungen innerhalb des Strukturblockes 1 ausgeführt.
Zyklus/Wiederholung fußgesteuerte Schleife	Strukturblock 1 Wiederholen, solange Bedingung gilt	Bei einer fußgesteuerten Schleife erfolgt die Überprüfung der Bedingung erst, nachdem der Strukturblock 1 ausgeführt wurde. Der Strukturblock 1 wird hier in jedem Falle einmal ausgeführt. Nach Ausführung von Strukturblock 1 wird die Bedingung erneut geprüft. Solange diese Bedingung wahr ist, werden die Anweisungen innerhalb des Strukturblockes 1 ausgeführt. In den Programmiersprachen erfolgt die Überprüfung mit dem Schlüsselwort WHILE (solange) als Laufbedingung, bzw. mit dem Schlüsselwort UNTIL (bis) als Abbruchbedingung.

Symbole der Struktogramme laut Definition

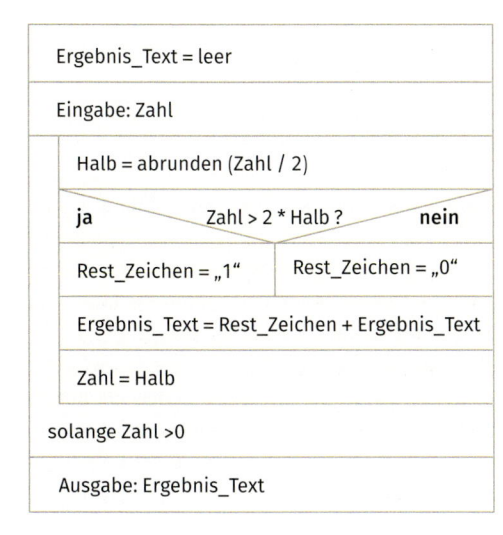

Als Beispiel dient die Umrechnung einer Dezimalzahl in eine Dualzahl durch die wiederholte Division durch den Wert 2 und das Notieren der Restwerte. Aus den Restwerten, gelesen von unten nach oben, ergibt sich die Dualzahl.

Gegeben: Zahl = 25

25 / 2 = 12 Rest 1
12 / 2 = 6 Rest 0
6 / 2 = 3 Rest 0
3 / 2 = 1 Rest 1
1 / 2 = 0 Rest 1

Ist der Quotient Null, bricht der Algorithmus ab.
Die Dualzahl ist von unten nach oben zu lesen:
25dez = 11001dual
Im Algorithmus erreicht man dieses Lesen von unten nach oben durch das jeweilige Voranstellen des neuen „Rest_Zeichen" vor den bisherigen „Ergebnis_Text".

Aufgaben

1. Beschreiben Sie mit einem Struktogramm den Ablauf, der das Betanken eines Fahrzeuges an einer Tankstelle darstellt.
2. Erstellen Sie ein Struktogramm zur Umsatzberechnung aus einzelnen Kassenbuchungen.
3. Entwerfen Sie ein Struktogramm, mit dessen Hilfe der Einbau einer Festplatte beschrieben wird.
4. Entwickeln Sie ein Struktogramm, das beschreibt, wie nach der Eingabe einer Schulnote die Bewertung in Textform ausgegeben wird.

7.2.2 Pseudocode

Von ihrer IT-Lehrerin erhalten die beiden Azubis Céline und Felix den Tipp, statt der Struktogramme Pseudocodes zu verwenden und bei kniffligen Auswahlkriterien Entscheidungstabellen zu benutzen. Damit soll die Lesbarkeit des Programmablaufs erhöht werden.

> Der **Pseudocode** ist die umgangssprachliche Beschreibung eines Programmablaufs, der sich syntaktisch an eine Programmiersprache anlehnt. Der Pseudocode ist nicht genormt und kann deshalb relativ frei formuliert werden.

Der Aufbau von Pseudocodes sollte der Programmiersprache entsprechen, in der das Programm geschrieben wird. In Pseudocodes können bereits Variablen- und Konstantendeklarationen enthalten sein.

Die folgende Aufgabenstellung entspricht wieder der Aufgabenstellung für die Entwicklung eines Programmablaufplanes (PAP) aus Kapitel 7.2.1.

```
Beginne Modul Umrechnung_Dezimal_Dual
Definiere Ergebnis_Text als leere Zeichenkette
Definiere Rest als Zeichen
Definiere Halb als ganze Zahl
Eingabe Dezimalzahl
Wiederhole bis Dezimalzahl gleich Null
      Halb = Dezimalzahl / 2
      Wenn glatt teilbar dann Rest="0"
      Ansonsten Rest="1"
      Dezimalzahl = Halb
      Ergebnis_Text <= Rest vor Ergebnis_
      Text setzen
Ende der Schleife
Ausgabe von Ergebnis_Text
Ende des Moduls
```

Als Beispiel dient die Umrechnung einer Dezimalzahl in eine Dualzahl mit wiederholter Division durch den Wert 2 und das Notieren der Restwerte. Im Pseudocode muss man nicht genau mathematisch definieren, wie der Restwert ermittelt wird. Wenn die Dezimalzahl glatt teilbar ist, also ohne Restwert, wird das „Rest"-Zeichen auf „0" gesetzt, ansonsten auf „1".

Aus den Restwerten baut sich dann die Dualzahl auf. Dazu wird der neue Rest immer vor die bestehende Zeichenkette gesetzt, was dem „Lesen von unten nach oben" entspricht.

Aufgaben

1. Entwickeln Sie ein Programm in Pseudocode, womit nach der Eingabe einer Schulnote die Bewertung in Textform ausgegeben wird.
2. Aus dem Rechnungswesen eines Unternehmens liegen folgende Daten vor:
   - Warenanfangsbestand lt. Inventur   60.000,00 €
   - Warenendbestand lt. Inventur   80.000,00 €
   - Wareneinkäufe während des Abrechnungszeitraums   230.000,00 €

   Schreiben Sie ein Programm in Pseudocode, das folgende Lagerkennziffern berechnet:
   - Umschlagshäufigkeit
   - durchschnittlicher Lagerbestand
   - Wareneinsatz
   - durchschnittliche Lagerdauer
3. Svenja Nowak muss im Versand Päckchen einpacken, die von unterschiedlicher Größe sind. Um den Platzbedarf im Lager zu ermitteln, soll mittels eines Programms die Berechnung für das Volumen eines jeden Päckchens vorbereitet werden. Zur Sicherheit werden zum ermittelten Volumen 15 % hinzugefügt. Erstellen Sie einen entsprechenden Pseudocode zur Beschreibung des Programms.
4. Erklären Sie die Funktion des Programmes, das durch folgenden Pseudocode beschrieben wird.

```
Beginne Modul Umsatzberechnung
Eingabe Produkt-Nr.
Öffne Datei "Auftragspositionen"
Wiederhole bis das Dateiende erreicht ist
    Wenn Artikel-Nr = Produkt-Nr
    Dann
    Ermittlung der Produkte pro Auftrag
Berechnung des Umsatzes
Ausgabe des Umsatzes
```

7.3 UML (Unified Modeling Language)

7.3.1 Überblick zu UML

> **Unified Modeling Language (Abk. UML)** ist eine Sprache zur Spezifikation, Visualisierung, Konstruktion und Dokumentation von Modellen für Softwaresysteme. Sie kann aber auch für andere Themen, z. B. zur Darstellung von Geschäftsmodellen genutzt werden. UML bietet Softwareentwicklungsteams die Möglichkeit, den Entwurf auf einheitlicher Basis zu dokumentieren und zu diskutieren. UML wird seit 1998 als Standard angesehen. Die Verantwortung für die Standardisierung der Symbole dieser Sprache liegt bei der Object Management Group (OMG).

Entwickelt wurde UML von Grady Boch, Ivar Jacobsen und Jim Rumbaugh, auch genannt „die drei Amigos" von Rational Rose Software (IBM). Viele führende Unternehmen der Computerbranche, wie Microsoft, Oracle und Hewlett-Packard, unterstützen UML und wirkten bzw. wirken aktiv an der Entwicklung mit.

Die aktuelle UML-Spezifikation der OMG umfasst fast 800 Seiten (in Englisch) und beinhaltet in der im Jahre 2017 veröffentlichten Version 2.5.1 insgesamt 14 Diagrammtypen, die den Strukturdiagrammen oder den Verhaltensdiagrammen zugerechnet werden.

Strukturdiagramme sind Darstellungsmittel eines Zustandes und somit statisch. Sie stellen den Aufbau und die Beziehungen der Komponenten zu einem bestimmten Zeitpunkt dar.

Verhaltensdiagramme bilden die Aktivitäten und Abläufe ab, d. h., sie sind dynamisch und orientieren sich am Zeitablauf.

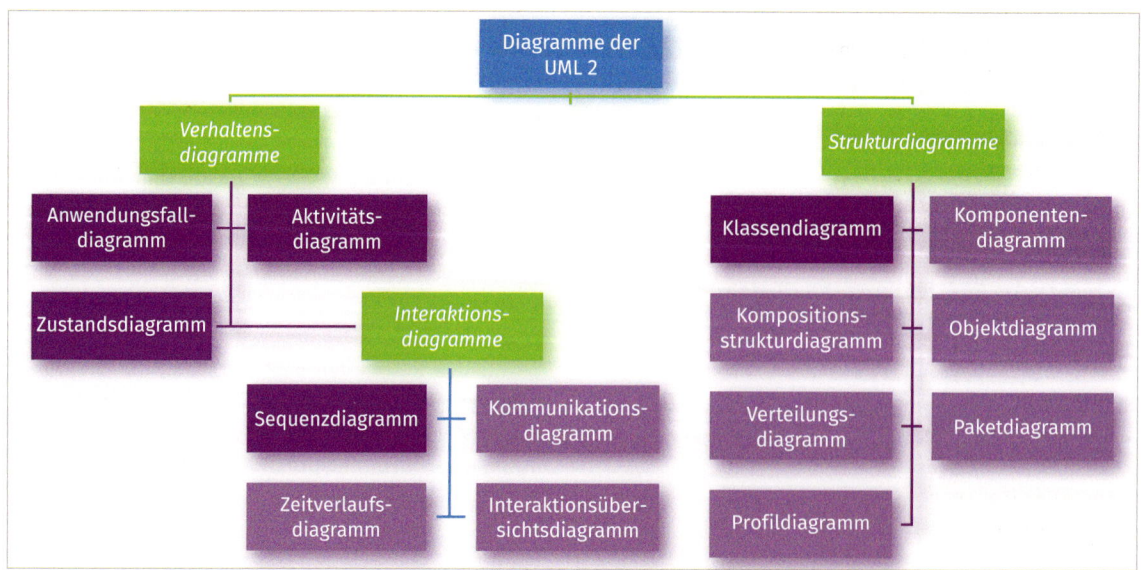

Systematik der UML-Diagramme

Die nachfolgende Übersicht enthält alle UML-Diagramme und beschreibt deren Inhalt mit kurzen Erläuterungen.

Strukturdiagramme (Structured Classifiers, Classifications, Packages and Deployment)	**Verhaltensdiagramme** (Use Cases, Activities, Interactions and State Machine)
1. Das **Klassendiagramm** (class diagram) ist der wichtigste Diagrammtyp der UML. Mit diesem Diagramm werden Klassen beschrieben und Zusammenhänge zwischen Klassen dargestellt. Es verdeutlicht die grundlegende Architektur der Software.	2. Das **Anwendungsfalldiagramm** (UseCase diagram) ist das am häufigsten verwendete Diagramm der UML, woraus die verschiedenen Szenarien ersichtlich werden, die durch die Software zu bedienen sind. Es verdeutlicht die grundlegenden Anwendungsszenarien.
3. Im **Komponentendiagramm** (component diagram) werden als Komponenten die Funktionseinheiten der Software beschrieben. Sie stellen quasi die nächsthöhere Ebene über den Klassen dar und werden vor allem über Schnittstellen beschrieben.	4. Das **Aktivitätsdiagramm** (activity diagram) ist das Diagramm zur Beschreibung von Abläufen. Es beschreibt den Ablauf von Aktionen und ist in seinen Darstellungsmöglichkeiten sehr flexibel.
5. Das **Kompositionsstrukturdiagramm** (composite structure diagram) ist das Gegenstück zum Komponentendiagramm. Es beschreibt die interne Struktur der Kompositionen.	6. Das **Zustandsdiagramm** (state machine diagram) beschreibt den Ablauf nicht als Aneinanderreihung von Aktionen, sondern als Zustandswechsel. Es wird daher auch als Zustandsautomat bezeichnet.
7. Das **Objektdiagramm** (object diagram) bildet die während der Laufzeit zu einem bestimmten Zeitpunkt existierenden Objekte und deren Zusammenhänge ab. Die Klassen existieren während der gesamten Laufzeit eines Programms, während Objekte erstellt und freigegeben werden können. Das Objektdiagramm stellt eine Momentaufnahme dar, das Klassendiagramm ist zeitlos.	8. Das **Sequenzdiagramm** (sequence diagram) wird mit anderen Diagrammen auch der Gruppe der Interaktionsdiagramme zugeordnet. Im Sequenzdiagramm liegt der Fokus auf den Abläufen, die zwischen mehreren interagierenden Partnern stattfinden. Das können zum Beispiel Klassen oder nur einzelne Objekte sein.
9. Der Diagrammtyp **Verteilungsdiagramm** (deployment diagram) findet Verwendung bei verteilter Software, wenn beschrieben werden muss, auf welchen Geräten welche Programme ausgeführt werden und wie diese Programme miteinander kommunizieren. Client-Server-Applikationen, Chat-Systeme oder Online-Spiele basieren auf verteilter Software.	10. Das **Kommunikationsdiagramm** (communication diagram) ist eine andere Form des Sequenzdiagramms, wobei der Fokus nicht mehr auf den Abläufen zwischen interagierenden Partnern, sondern auf den interagierenden Partnern selbst liegt.
11. Im **Paketdiagramm** (package diagram) werden Klassen zu Paketen gruppiert. Pakete werden in modernen Programmiersprachen wie Java oder C# eingesetzt, um Klassen übersichtlich anzuordnen.	12. Das **Zeitverlaufsdiagramm** (timing diagram) wird eingesetzt, wenn neben der Reihenfolge von Abläufen auch Zeitangaben wichtig sind. So kann im Zeitverlaufsdiagramm beschrieben werden, nach wie vielen Sekunden eine Aktion auf eine andere zu folgen hat.
13. Das **Profildiagramm** (profile diagram) wird auf der Metamodell-Ebene verwendet. Hier werden Stereotype für die Klassen bzw. neue Profile definiert. Das Profildiagramm steht somit über allen anderen UML-Diagrammen, da hier Vorgaben für die weiteren Diagramme erteilt werden können. Praktisch wird von dieser Möglichkeit selten Gebrauch gemacht.	14. Der Diagrammtyp **Interaktionsübersichtsdiagramm** (interaction overview diagram) vereint mehrere Verhaltensdiagramme, um deren Zusammenspiel darzustellen. So können zum Beispiel mehrere Aktivitäts- und Sequenzdiagramme in einem Interaktionsübersichtsdiagramm zusammengefügt werden, um Zusammenhänge zwischen den in den verschiedenen Diagrammen abgebildeten Abläufen darzustellen.

 Die Auszubildenden erhalten von Herrn Köhler den Auftrag, sich in die Darstellungsmittel der UML einzuarbeiten sowie Beispiele der wichtigsten Diagramme zu erstellen und deren Notation zu verstehen. Dazu sollen sie sich ein vereinfachtes Anwendungsbeispiel aussuchen. Herr Köhler regt an, dass die Auszubildenden ein Modell für eine Software zur Unterstützung der Ausleihtätigkeit einer Stadtbibliothek erstellen. Nach der Einarbeitung in die Grundlagen der UML soll mit einem Entwurfswerkzeug ein Modell für die Software eines Online-Portals für eine Buchausleihe nach folgendem Szenario erstellt werden. Diese Aufgabe dient uns im Folgenden zur Illustration der jeweiligen Diagrammart aus UML:

7.3.2 Anwendungsfalldiagramm

Die Funktion eines Programms lässt sich übersichtlich durch Beschreibung seiner Anwendungsfälle (Use Cases) strukturieren. Die Anwendungsfälle werden in einem Anwendungsfalldiagramm (use case diagram) zusammengefasst.

> Ein **Anwendungsfalldiagramm** besteht aus einer Menge von Anwendungsfällen und stellt die Beziehungen zwischen Akteurinnen und Akteuren und Anwendungsfällen sowie das äußerlich erkennbare Systemverhalten aus der Sicht der Anwendenden dar. Es beschreibt die Zusammenhänge
> - zwischen verschiedenen Anwendungsfällen untereinander,
> - zwischen den Anwendungsfällen und den beteiligten Akteurinnen und Akteuren und
> - zeigt die verschiedenen Anwendungsfälle und wie mit ihnen verfahren wird.

Szenario für die Software zur Verwaltung der Ausleihvorgänge

- Mit der Software arbeiten nur die Bibliotheksmitarbeitenden.
- Mit der Software erfolgt die Einschreibung der Benutzerinnen und Benutzer der Bibliothek sowie deren Abmeldung.
- Die Software dient der Erfassung der Ausleihe von Büchern, Zeitschriften und Spielfilmen. Bücher, Zeitschriften und Spielfilme werden allgemein als Medien oder Bibliotheksgüter bezeichnet.
- Die Software dient zur Erfassung der Rückgabe ausgeliehener Medien.
- Für jede Ausleihe gilt eine Leihfrist von drei Wochen.
- Bei verspäteter Rückgabe ist eine Verzugsgebühr zu berechnen. Pro Kalendertag und Medium beträgt die Verzugsgebühr 20 Cent.

Symbol	Beschreibung
Diagramm-ID: Diagramm-Titel (Rahmen)	Rahmen mit Identifikationsmerkmalen für das System
Akteur (Person) – Strich-Person mit Bezeichnung; Akteur (System) – Rechteck mit Bezeichnung; Akteur (Icon) – Icon mit Bezeichnung	Akteur in drei zulässigen Darstellungsformen (Strich-Person, Rechteck als Verweis auf eine Klasse, Icon zur Visualisierung) Ein Akteur spezifiziert eine Rolle, die eine Benutzerin oder ein Benutzer, aber auch ein anderes System spielt, welche mit dem Subjekt interagieren. Ein Akteur muss eine Bezeichnung haben. Ein Akteur kann nur über Zuordnungen zu Anwendungsfällen, Komponenten und Klassen verfügen.
Ellipse mit Bezeichnung	Anwendungsfall
Ellipse mit Bezeichnung und extention point: xxxxx	Anwendungsfall mit Erweiterungspunkten
Strich-Person verbunden mit Ellipse (Bezeichnung)	**Assoziation**, d. h., der Akteur/die Akteurin ist mit dem Anwendungsfall verbunden.
Anwendungsfall A - - << include >> - -> Anwendungsfall B (Name)	**Include-Beziehung.** Der Anwendungsfall A schließt immer den Anwendungsfall B ein.

(Fortsetzung auf folgender Seite)

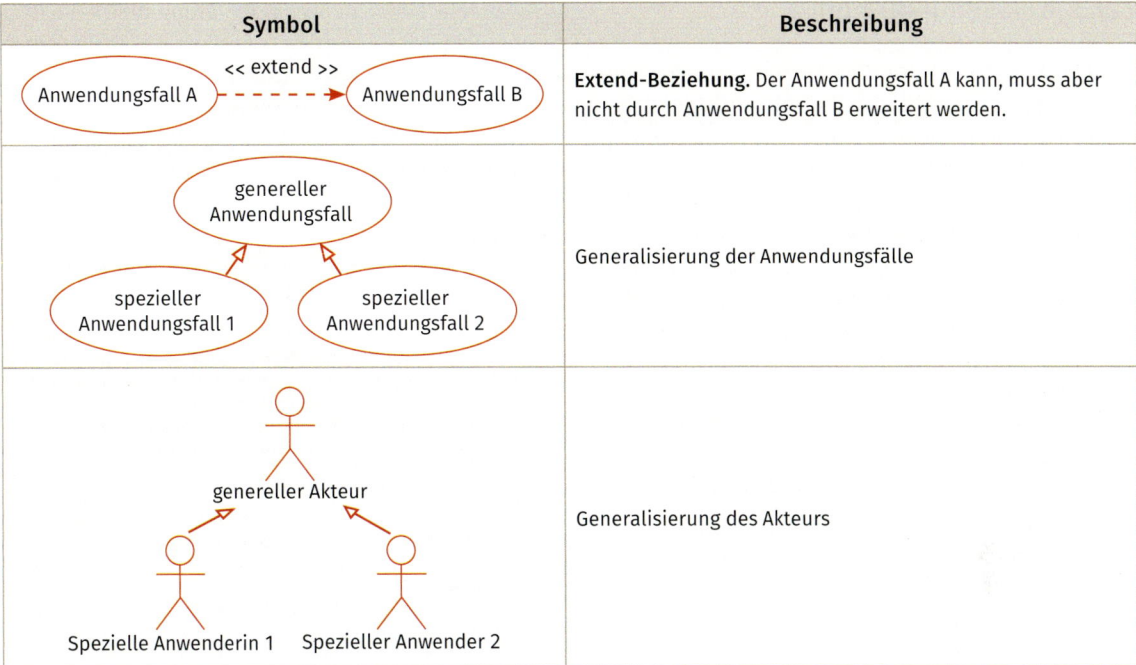

Symbole zum „Use Case"

Das Anwendungsfalldiagramm stellt das zu entwickelnde System (vgl. Kap. 4.1.2, Systemtheorie, Abgrenzung) als großes Rechteck dar. Zur Identifikation des Systems werden oben links in der Ecke die Diagrammart und der Systemname angegeben. Die innerhalb des Rechtecks dargestellten Anwendungsfälle formulieren die Anforderungen an die zu erstellende Software. Außerhalb des Rechtecks werden die Akteure eingezeichnet, die diese Software benutzen. Die Akteure, auch die nicht menschlichen, werden den Anwendungsfällen zugeordnet (assoziiert), die sie ausführen können. Alle Angaben außerhalb des Rechtecks gehören nicht zum Gegenstand der Entwicklungsaufgabe.

Im Rahmen der Softwareentwicklung sind jedoch geeignete Schnittstellen vorzuhalten, damit externe Programme auf den betreffenden Anwendungsfall zugreifen können. Allgemein ergeben sich aus den Verbindungen zwischen den Akteuren und den Anwendungsfällen die Schnittstellen, die im Programm implementiert werden müssen. Bei einem menschlichen Akteur kann z. B. eine interaktive grafische Benutzeroberfläche (GUI) als mögliche Schnittstelle fungieren.

Die im Anwendungsfalldiagramm zusammengestellten Anwendungsfälle werden nach einem vorgegebenen Schema zu Anwendungsfallbeschreibungen ausformuliert. Bei einem größeren Softwareprojekt dienen die Anwendungsfallbeschreibungen als Grundlage zur Ableitung der Klassen, z. B. durch eine Nominalphrasenanalyse, bei der alle Nomen (Namen) aufgelistet und hieraus die Klassenkandidaten bestimmt werden.

Für die Illustration der UML-Diagramme schlägt Herr Köhler vor, dass sich die Azubis zunächst die hinlänglich bekannte Arbeitsweise einer Software zur Verwaltung von Ausleihvorgängen in einer Stadtbibliothek vorstellen sollen. Zu den Zuständen, Abläufen und verwendeten Objekten lassen sich auf diese Weise verständliche UML-Diagramme erstellen.

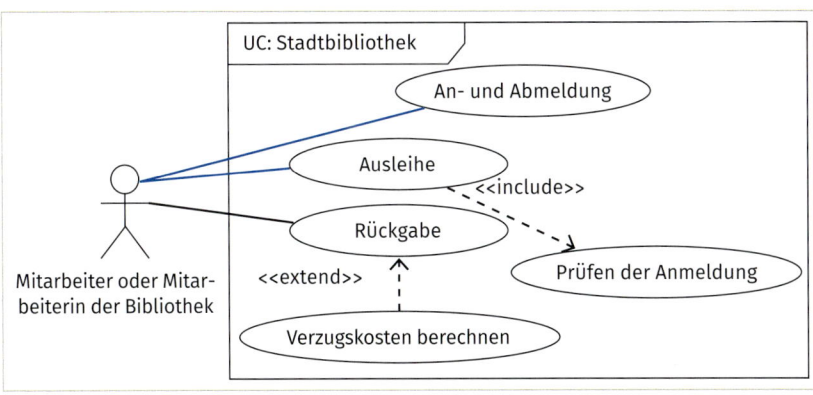

Das Anwendungsfalldiagramm verdeutlicht die Arbeitsweise der Software. Als Akteur arbeitet nun ein Mitarbeiter oder eine Mitarbeiterin der Bibliothek mit der Software. Sie kann drei Anwendungsfälle bearbeiten, wobei die Rückgabe eventuell eine Berechnung der Verzugskosten beinhalten kann.

Beispiel eines Anwendungsfalldiagramms zur Software „Stadtbibliothek"

7.3.3 Klassendiagramm

Bei der objektorientierten Programmiertechnik (OOP) stehen Objekte im Mittelpunkt. Die Objekte, allgemein sind es mehrere gleichartige Objekte, leiten sich aus einer Klasse ab. Objekte sind Repräsentanten (Instanzen) dieser Klasse und werden daher auch als Instanzen der Klasse bezeichnet.

Jedes Objekt kapselt in sich Daten und Funktionen bzw. Methoden und besitzt deshalb einen aktuellen und spezifischen Zustand bzw. eine Identität und ein Verhalten. Der Zustand des Objektes ergibt sich aus seinen Daten (Attribute und Attributswerte). Das Verhalten des Objektes wird durch seine Funktionen (Methoden) beschrieben. Die Identität unterscheidet ein Objekt von anderen Objekten, auch wenn alle Objekte ein übereinstimmendes Verhalten zeigen.

Ein Beispiel soll diesen Zusammenhang verdeutlichen: Die Schaltfläche (Button) auf der Bedienoberfläche einer Software, z.B. von Microsoft Windows, ist ein Objekt. Auf der Benutzeroberfläche einer Software kann es mehrere Schaltflächen geben. Sie sind alle ähnlich, haben aber unterschiedliche Eigenschaften bezüglich ihrer Position, Beschriftung, eventuell einer Vorauswahl (Fokus), ihrer Farbe usw. Auch ihr Verhalten ist ähnlich, denn sie rufen jeweils eine Programmfunktion oder andere Datenmasken auf. Andererseits sind die Objekte unterschiedlich, denn jede Schaltfläche ruft ihre spezielle Funktion oder Maske auf. Alle Schaltflächen sind somit Instanzen einer Klasse.

> **W** Eine **Klasse** ist die Beschreibung einer Menge von Objekten hinsichtlich der Definition ihrer
> - Eigenschaften (Attribute),
> - Funktionen (Methoden oder Operationen) und
> - Semantik (Bedeutung).
>
> Alle Objekte einer Klasse entsprechen dieser Festlegung.

Außerdem können sogenannte **Stereotype** enthalten sein. Stereotype werden zu UML-Modellelementen hinzugefügt, um zusätzliche Informationen für den Leser oder für die maschinelle Verarbeitung bereitzustellen. Das Stereotyp stammt als Fachausdruck aus der Drucktechnik und führt letztlich zu dem, was man heute auch als Textbausteine bezeichnet.

Stereotype erlauben allein durch die Nennung des stereotypen Begriffs den zugehörigen komplexen Inhalt schnell präsent zu machen. Begriffe wie „Organisationseinheit", „Fachabteilung" oder „Server" sind Stereotype. Man versteht sie, aber eigentlich bedarf es einer näheren Definition. Stereotype werden in Profilen definiert (vgl. Kap. 7.3.1, Übersicht Profildiagramm), und jedes Profil stellt Sätze von Stereotypen bereit.

Das Klassendiagramm enthält die folgenden drei Rubriken:

Klassenname
Attribute (Eigenschaften oder Daten)
Methoden (Funktionen oder Operationen)

Klassen werden in der UML durch Rechtecke dargestellt, die den Namen der Klasse und/oder die Attribute und Methoden der Klasse enthalten. Klassenname, Attribute und Methoden werden durch eine horizontale Linie getrennt.

Der **Klassenname** steht im Singular und beginnt mit einem Großbuchstaben. **Attribute** können näher beschrieben werden, z.B. durch ihren Typ, einen Initialwert und Zusicherungen eines Wertebereiches. Sie werden aber mindestens mit ihrem Namen aufgeführt. **Methoden** können ebenfalls durch Parameter, Initialwerte, Zusicherungen usw. beschrieben werden. Auch sie werden mindestens mit ihrem Namen aufgeführt.

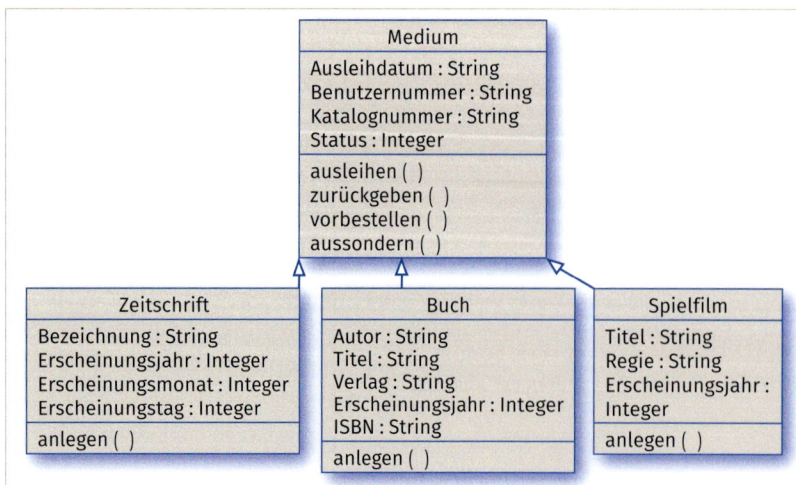

Die Klasse „Medium" in der Stadtbibliothek repräsentiert die Sicht auf das Bibliotheksgut als „ausleihbares Medium". Dementsprechend gehören zu dieser Klasse nur die Attribute und Methoden, die die Ausleihe betreffen. Die Klassen der Zeitschriften, Bücher und Spielfilme besitzen jeweils spezielle Merkmale, die sie aber an die Klasse „Medium" vererben.

Beispiel eines Klassendiagramms zum Projekt „Stadtbibliothek"

7.3.3.1 Attribute

> **Attribute** beschreiben die Eigenschaften einer Klasse. In der Programmierung werden sie mithilfe von Variablen oder Konstanten abgebildet. Den Variablen können Wertebereiche (von ... bis) zugewiesen werden. Auf der Ebene der Objekte werden die Attribute mindestens durch ihren Namen beschrieben, aber sie können zusätzlich einen Initialwert und Zusicherungen besitzen.

Mit Zusicherungen kann der Wertebereich bzw. die Wertemenge eines Attributwertes eingeschränkt werden. Mithilfe von Merkmalen können zusätzlich besondere Eigenschaften von Attributen beschrieben werden, z. B. dass ein Attribut nur gelesen werden darf.

Neben den normalen Attributen existieren noch sogenannte **abgeleitete Attribute**. Diese Attribute werden durch eine Berechnungsvorschrift automatisch berechnet. Sie sind innerhalb eines Objektes nicht durch einen physischen Wert repräsentiert und sie benötigen keinen Initialwert.

Eine weitere Ausprägung von Attributen sind die **Klassenattribute**. Sie gehören nicht zu einem einzelnen Objekt, sondern zu einer Klasse. Alle Objekte dieser Klasse können ein solches Klassenattribut benutzen.

Je nach Programmiersprache gibt es die Möglichkeit, die Sichtbarkeit der Attribute nach außen hin einzuschränken.

Notation
attribut: Klasse = Initialwert {Merkmal} {Zusicherung}
Die Attributnamen beginnen immer mit einem Kleinbuchstaben, Klassennamen erkennt man an einem Großbuchstaben, Merkmale und Zusicherungen stehen in geschweiften Klammern.

Abgeleitete Attribute werden mit einem vorangestellten Schrägstrich markiert, Klassenattribute werden unterstrichen, und die Angabe zur Sichtbarkeit geschieht mithilfe der folgenden Sichtbarkeitskennzeichen:

+	public	verfügbar für alle Klassen des Systems
#	protected	verfügbar für Objekte der eigenen Klasse und aller abgeleiteten Klassen
-	private	verfügbar nur für Objekte dieser Klasse
~	package	verfügbar nur für Klassen im gleichen Paket

Das folgende Beispiel „WindowKreis" verdeutlicht den Zusammenhang zwischen Klasse, Attribut und Zusicherung.

WindowKreis	Klassenname für die Kreise auf der Windows-Oberfläche

`farbe: String = "weiss" { farbe ∈ {"blau", "gelb", "rot", "weiss"} }`
`posX: int = 1 { posX ∈ [1; fenster.getBreite()] }`
`posY: int = 1 { posY ∈ [1; fenster.getHoehe()] }`
`fenster: Window`
	Attribute mit Initialwert und Zusicherung eines Wertebereiches

`setRadius()`
`setMitte()`
`getFlaeche()`
`getUmfang()`
	Methoden

7.3.3.2 Methoden

Mit den Methoden wird die Funktionalität der Objekte zu der jeweiligen Klasse beschrieben. Verwandte Begriffe zum Begriff „Methode" sind: Operation, Funktion, Prozedur, Routine, Service, Nachricht, Message.

> Eine **Methode** ist die Umsetzung einer Dienstleistung, die vom Objekt erbracht werden kann. Sie wird in der Programmierung durch eine Funktion oder Prozedur mit einer Folge von Anweisungen implementiert.

Die beiden Programmstrukturen (Prozedur und Funktion) werden unter der Bezeichnung „Operation" zusammengefasst und können Parameter besitzen. Die Parameter einer Operation entsprechen in ihrer Definition den Attributen (siehe auch Kapitel 8 „Programmierung").

Notation
name (argument: Argumenttyp=Standardwert,...): Rückgabetyp {Merkmal} {Zusicherung}
Der Name einer Operation beginnt mit einem Kleinbuchstaben. Der Name des Argumentes/Parameters beginnt ebenfalls mit einem Kleinbuchstaben.

7.3.3.3 Beziehungen zwischen den Klassen

Die verschiedenen Klassen können zueinander in Beziehung stehen. Die Beziehung zwischen den Klassen wird durch eine Assoziation beschrieben, in UML dargestellt als Verbindungslinie.

Notation	Beschreibung
Klasse 1	**Klasse** ohne Angabe von Attributen und Methoden
Klasse 1 —1——1..*— Klasse 2	**Assoziation** mit Angabe der Kardinalitäten/Multiplizitäten Die Kardinalität 1..* bedeutet, dass wenigstens ein Objekt der Klasse 2, aber auch beliebig viele Objekte der Klasse 2 mit einem einzigen Objekt der Klasse 1 verbunden sein können.
Klasse 1 ◇——1..*— Klasse 2	**Aggregation**
Klasse 1 ◆——1..*— Klasse 2	**Komposition**
Klasse 1 △ Klasse 2	**Vererbung**

Notation im UML-Klassendiagramm (Auszug)

Für die Assoziation gibt es zahlreiche Beispiele und Anwendungen. Wichtig zum Verständnis der beiden Varianten **Aggregation** und **Komposition** ist die sogenannte **Ganzes-Teil-Beziehung**:

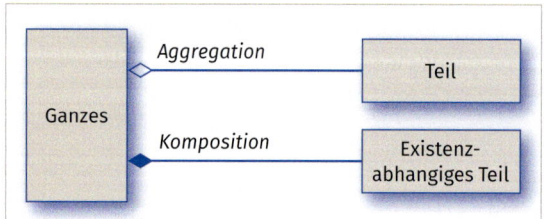

Assoziation als Ganzes-Teil-Beziehung

Assoziation

> **W** Eine **Assoziation** ist eine Relation zwischen Klassen. Varianten der Assoziation sind die **Aggregation** und die **Komposition**. Die **Multiplizität** oder **Kardinalität** einer Assoziation gibt an, mit wie vielen Objekten der gegenüberliegenden Klasse ein Objekt assoziiert sein kann.

Der Wertebereich wird wie folgt notiert:
- Die Angabe des Minimums und des Maximums erfolgt getrennt durch zwei Punkte.
- Mit einem „*" wird der Joker beschrieben, also „beliebig viele" oder auch nur zwei.
- Mit einem Komma können unterschiedliche Möglichkeiten der Multiplizität aufgezählt werden.

Auf jeder Seite der Assoziation können **Rollennamen** vergeben werden. Diese Namen beschreiben, welche Rolle die jeweiligen Objekte in der Beziehung einnehmen. Außerdem können Zusicherungen verwendet werden, um die Beziehung einzuschränken.

Aggregation

> **Aggregationen** oder **gerichtete Assoziationen** sind Beziehungen, die nur in eine Richtung navigierbar/gangbar sind. Dargestellt wird die Navigation durch eine offene Pfeilspitze, die die zugelassene Navigationsrichtung angibt. **W**

Folgendes Beispiel soll die Aggregation verdeutlichen: Die Beziehung zwischen einem Personalcomputer (PC) und seinen Bauteilen stellt eine Ganzes-Teil-Beziehung dar. Ein PC setzt sich aus Bauteilen zusammen bzw. die Bauteile gehören zu einem PC. Für ein Bauteil ist es möglich, in einem anderen PC verwendet zu werden. Fällt ein PC aus, so kann das Bauteil ausgetauscht werden.

Die Ganzes-Teil-Beziehung wird durch eine Verbindungslinie zwischen den Klassen mit einer nicht ausgefüllten Raute am Ende zur „Ganzes"-Klasse geschrieben. Die „Ganzes"-Klasse wird auch als **Aggregationsklasse** bezeichnet.

Den Umstand, dass ein Teilobjekt zu mehreren Aggregationsobjekten gehören kann, bezeichnet man als „shared aggregation" oder als „weak ownership" (schwacher Besitz).

Komposition

> Unter einer **Komposition** versteht man eine **starke Form der Aggregation**. Abweichend von der Aggregation erfordert die Komposition einen starken Besitz (strong ownership bzw. unshared ownership) über seine Teilobjekte.

Die Kardinalität an der Aggregationsklasse (Klasse, die das Ganze repräsentiert) darf nicht größer als 1 sein. Daraus resultiert, dass ein Teilobjekt unabhängig von einem Aggregationsobjekt existieren kann. Sobald jedoch eine Verbindung zum Aggregationsobjekt hergestellt wurde, ist diese Verbindung ausschließlich.

Der starke Besitz hat auch Auswirkungen auf den Umgang mit dem Aggregationsobjekt. Wird das Ganze (ganzes Objekt) kopiert, so werden auch seine Teile (Teilobjekte) kopiert. Ebenso werden die Teile gelöscht, wenn das Ganze gelöscht wird.

Die Ganzes-Teil-Beziehung der Komposition wird durch eine Verbindungslinie zwischen den Klassen mit einer ausgefüllten Raute am Ende zur Ganzes-Klasse geschrieben. Die Ganzes-Klasse wird auch für die Komposition als Aggregationsklasse bezeichnet.

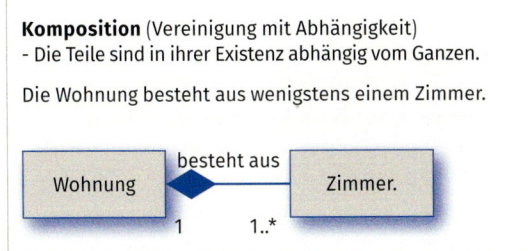

Komposition mit Kardinalität

Vererbung

Die UML verwendet das Konstrukt der Vererbung, um unnötige Mehrarbeit, aber auch potenzielle Fehlerquellen bei der Modellierung und Implementierung zu vermeiden. Damit kann auch das Prinzip der Lokalität (vgl. Kap. 3.2.4.1, Prinzipien) gesichert werden: Attribute und Methoden werden nur dort definiert, wo sie auch hingehören. Abgeleitete Klassen haben spezielle Eigenschaften und erben die allgemeinen Eigenschaften.

> Mithilfe der **Vererbung** können Klassen hierarchisch strukturiert werden. Dabei werden Eigenschaften einer **Oberklasse** an die zugehörige **Unterklasse** weitergegeben. Bei der Generalisierung bzw. Spezialisierung werden Eigenschaften hierarchisch gegliedert, d. h., Eigenschaften mit allgemeiner Bedeutung werden den Oberklassen und speziellere Eigenschaften werden den Unterklassen zugeordnet.

Die Eigenschaften der Oberklasse werden an die zugehörige Unterklasse weitergegeben. Eine Unterklasse verfügt folglich über ihre speziellen Eigenschaften und über die Eigenschaften ihrer Oberklasse(n).

Die Unterscheidung in Ober- und Unterklasse erfolgt mittels eines Unterscheidungsmerkmals, des sogenannten **Diskriminators**. Er definiert den für die Strukturierung maßgeblichen Aspekt und ist nicht von selbst gegeben, sondern das Ergebnis der Modellierungsentscheidung. Beispielsweise kann man Fahrzeuge aufgrund des Diskriminators Antriebsart (Benzinmotor, Dieselmotor, Elektromotor) gliedern oder aufgrund des Fortbewegungsmediums (Luft, Wasser, Straße, Schiene).

In der UML wird die Vererbung durch eine Linie mit einer dreieckigen, nicht ausgefüllten Pfeilspitze dargestellt, die von der Unterklasse zur Oberklasse weist.

Anwendungen der Assoziation finden sich besonders in den Datenmodellen, die im Kapitel 10 ausführlicher behandelt werden. In der folgenden Übersicht werden die Beziehungen zwischen den Klassen mit Beispielen zusammengefasst.

Assoziation	Es bestehen Verbindungen zwischen den Objekten unterschiedlicher Klassen. Die Assoziation kann mit Hinweisen auf die Anzahl der möglichen verbundenen Objekte versehen werden. Diese Hinweise bezeichnet man als **Kardinalität** oder **Multiplizität**.

(Fortsetzung auf rechter Seite)

	Beispiel: Ein Auto ist mit vier bis fünf Rädern verbunden. Das fünfte Rad kann als Ersatzrad beigefügt sein.	
Aggregation	Die Aggregation ist eine Variante der Assoziation, eine Ganzes-Teil-Beziehung. Die „Ganzes"-Klasse wird auch als **Aggregationsklasse** bezeichnet. **Beispiel:** Eine Ehe besteht aus zwei Ehepartnern, die auch nach einer Scheidung der Ehe als selbstständige Personen fortbestehen.	
Komposition	Die Komposition ist eine Variante der Assoziation. Die Komposition erfordert einen **starken Besitz über die Teilobjekte**. Der starke Besitz hat Auswirkungen auf den Umgang mit dem Aggregationsobjekt. Wird das Ganze kopiert, so werden auch seine Teile (Teilobjekte) kopiert. Ebenso werden die Teile gelöscht, wenn das Ganze gelöscht wird. **Beispiel:** Ein Gebäude besteht aus mehreren Stockwerken, die nach der Zerstörung des Gebäudes ebenfalls nicht mehr selbstständig bestehen.	
Vererbung	Die Eigenschaften einer **Oberklasse** werden an die zugehörige **Unterklasse** weitergegeben. **Beispiel:** Die Objekte der Klassen: „Buch", „Spielfilm" und „Zeitschrift" erben die Eigenschaften der Klasse „Medium"	

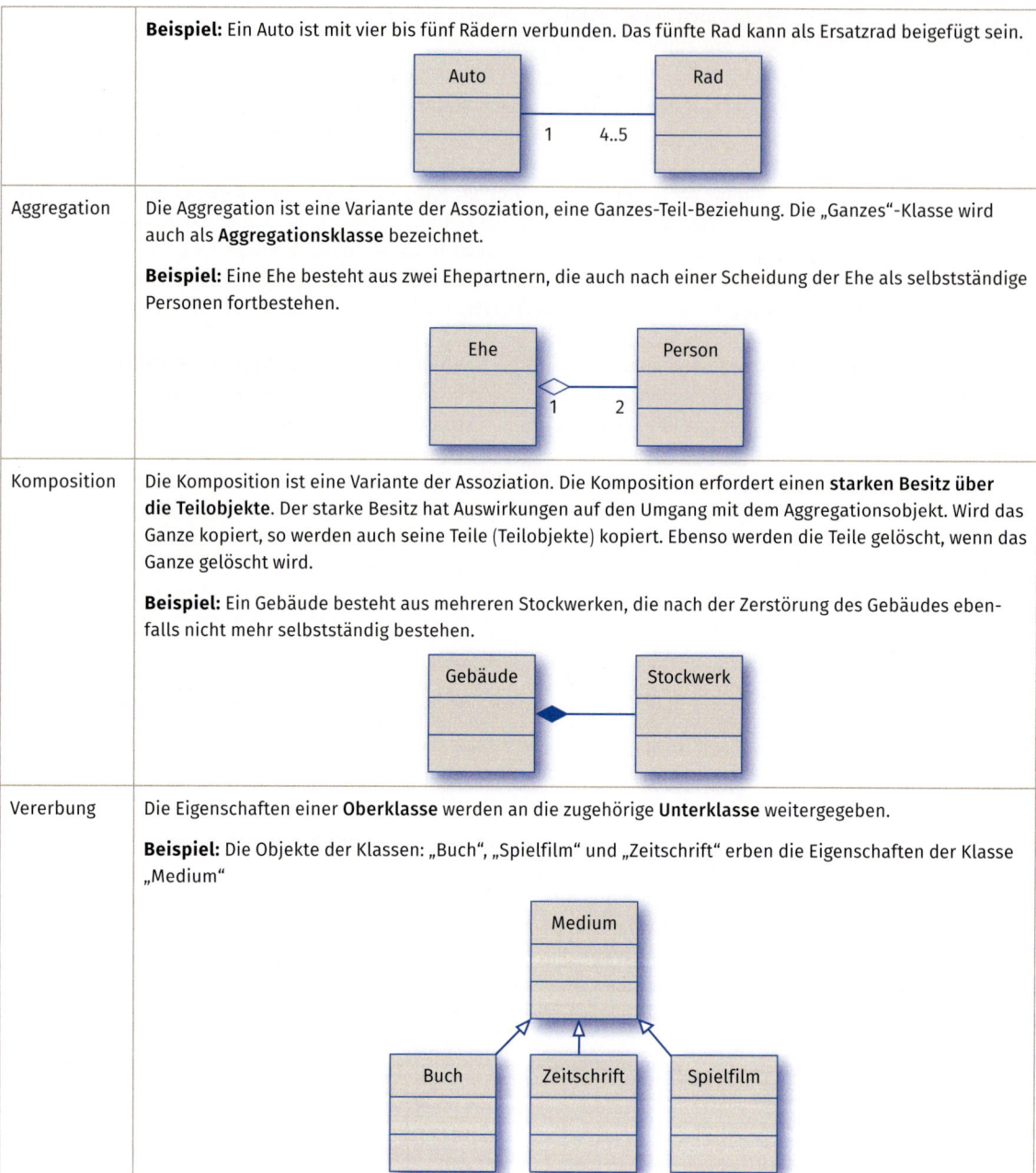

Darstellung der Klassenbeziehungen im UML-Klassendiagramm

7.3.4 Sequenzdiagramm

> **W** Das **Sequenzdiagramm** beschreibt die zeitliche Abfolge von Interaktionen zwischen einer Menge von Objekten. Mit diesem Modell wird das Ziel verfolgt, die Zusammenarbeit der Objekte (den Nachrichtenaustausch) darzustellen.

Sequenzdiagramme werden sinnvoll eingesetzt, um den Ablauf interaktiver, ereignisgesteuerter Programme zu verdeutlichen. Man erkennt, wann (bei welcher Nachricht oder bei welchem Ereignis) ein Objekt aktiviert wird und mit welchen Nachrichten es reagiert. Die Details der internen Implementierung spielen dabei keine Rolle. Die konkret handelnden Objekte werden daher im Modell auch durch den Namen ihrer Klasse ersetzt.

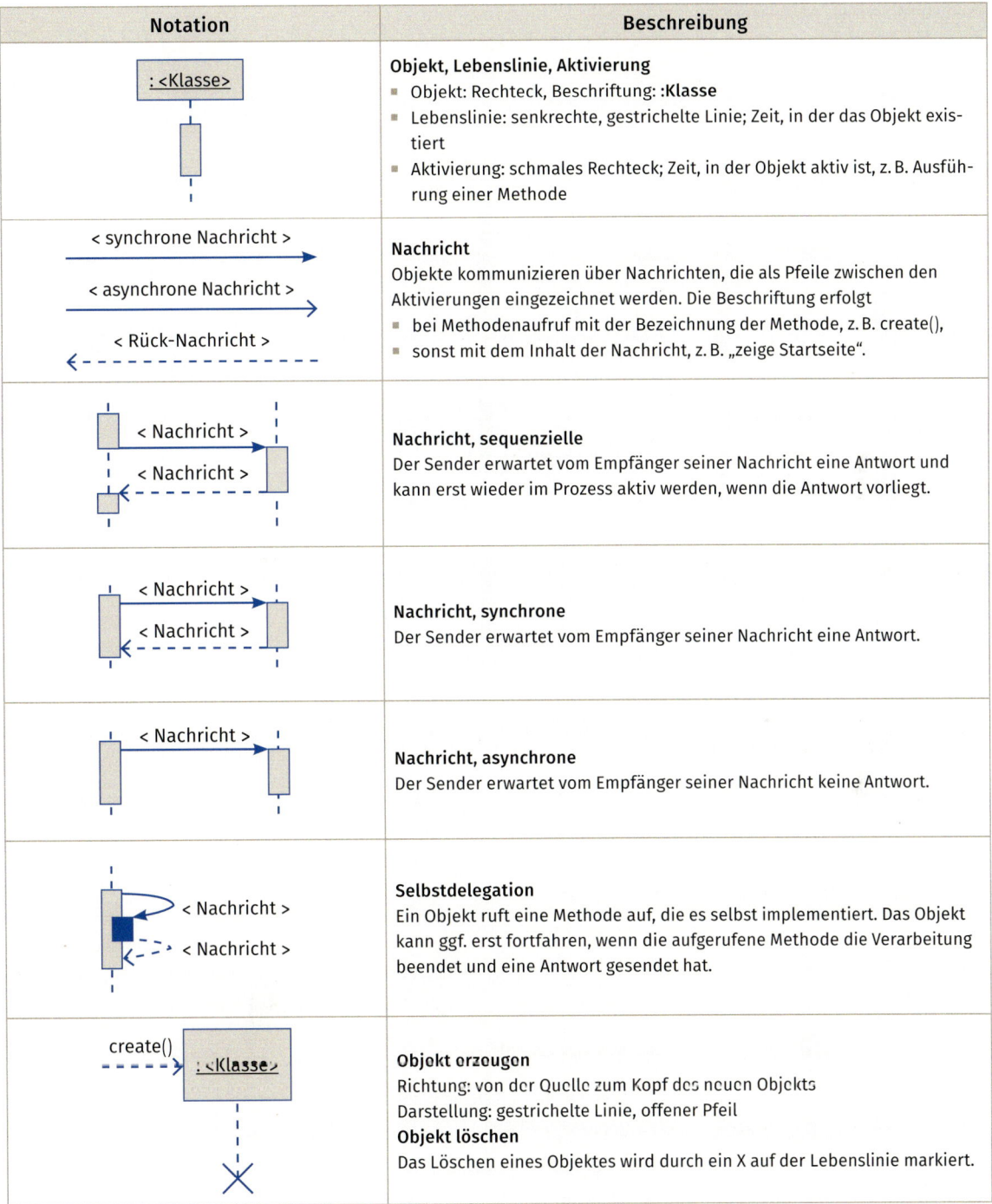

Symbole im UML-Sequenzdiagramm

Die Zeitlinie verläuft senkrecht von oben nach unten, die Objekte werden durch senkrechte Lebenslinien beschrieben und die gesendeten Nachrichten waagerecht entsprechend ihrem zeitlichen Auftreten eingetragen. Diese zeitliche Abfolge (Sequenz) steht beim Sequenzdiagramm im Vordergrund.

Die Objekte werden durch Rechtecke visualisiert, von denen die senkrechten Lebenslinien ausgehen, dargestellt durch gestrichelte Linien. Die Nachrichten werden durch waagerechte Pfeile zwischen den Objektlebenslinien beschrieben. Auf diesen Pfeilen werden die Nachrichtennamen notiert. Iterationen von Nachrichten werden durch ein Sternchen „*" vor dem Nachrichtennamen beschrieben.

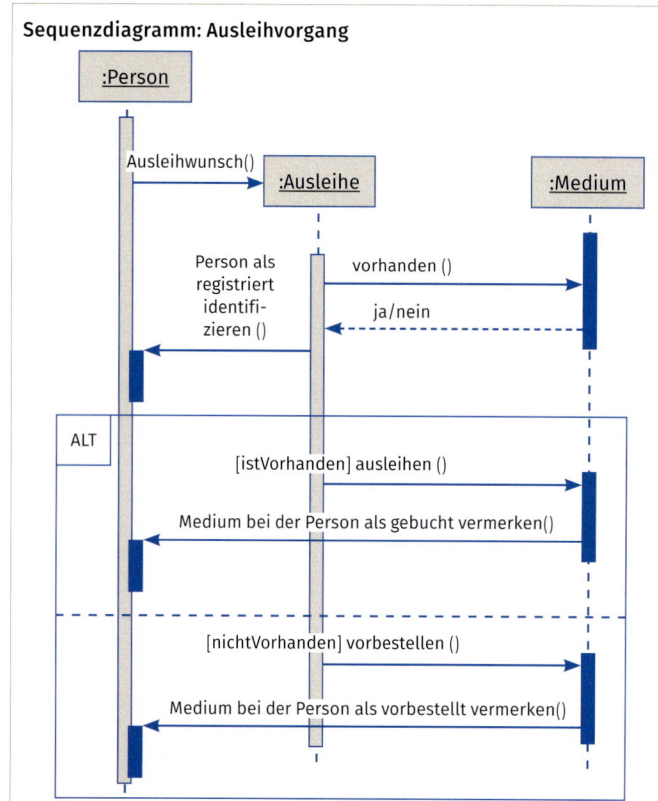
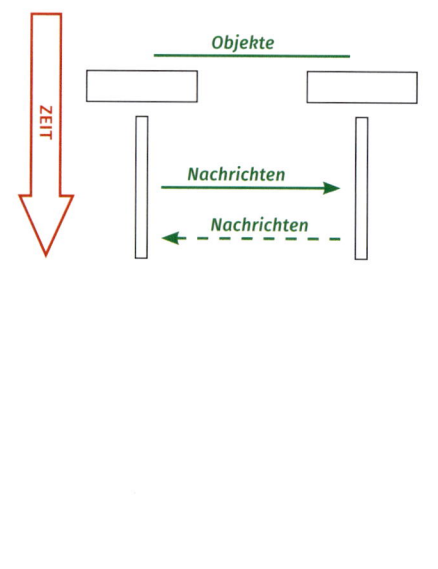

Das Sequenzdiagramm verdeutlicht den Ablauf und die notwendige Kommunikation zwischen den Objekten zur Abwicklung eines Ausleihvorganges in der Stadtbibliothek.

Beispiel eines Sequenzdiagramms zum Projekt „Stadtbibliothek"

7.3.5 Zustandsdiagramm

> **W** Ein Objekt kann in seinem „Leben" verschiedenartige Zustände annehmen. Mithilfe des **Zustandsdiagrammes** visualisiert man diese Zustände sowie die Funktionen, die zu Zustandsänderungen des Objektes führen.

Ein Zustandsdiagramm beschreibt eine hypothetische Maschine, die sich zu jedem Zeitpunkt in einem Zustand aus einer endlichen Menge von Zuständen befindet:
- Anfangszustand
- Zustände in endlicher Menge
- Ereignisse in endlicher Menge
- Transitionen, die den Übergang des Objektes von einem zum nächsten Zustand beschreiben, in endlicher Anzahl
- Endzustand (einer oder mehrere)

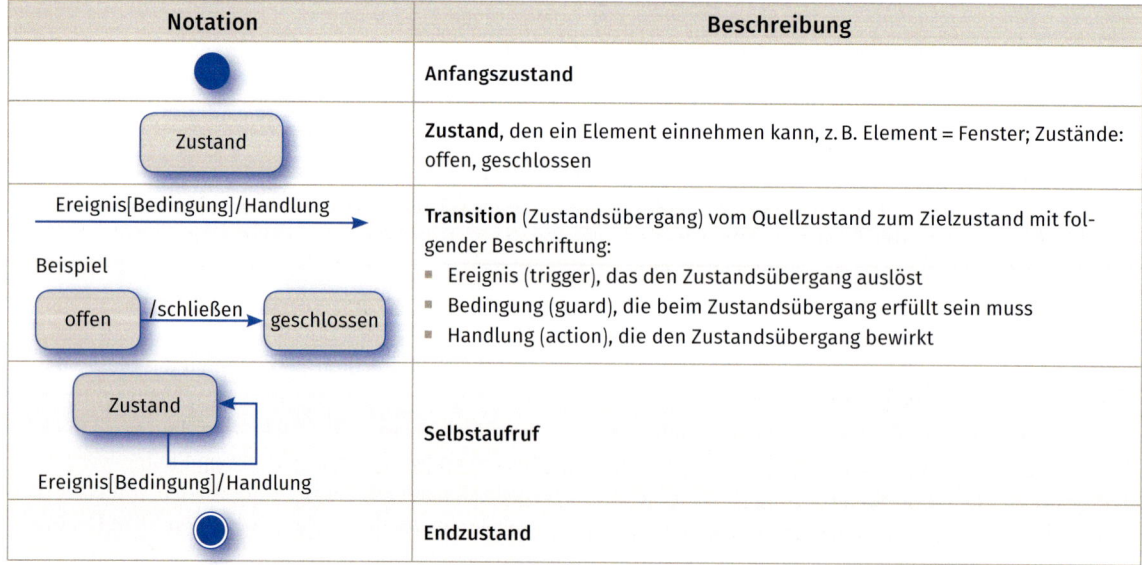

Notation im UML-Zustandsdiagramm

218 Werkzeuge zur Softwareentwicklung

Ein **Zustand** bleibt für die Zeitspanne zwischen zwei Ereignissen bestehen. Eine Änderung von Attributwerten eines Objektes, die das Verhalten des Objektes maßgeblich verändern, heißt **Zustandsänderung**. Zustände sind durch einen eindeutigen Namen definiert. Zustände werden durch Rechtecke mit abgerundeten Ecken visualisiert. Sie können in bis zu drei Bereiche geteilt werden.
- Der obere Bereich beinhaltet den Namen des Zustandes.
- Der mittlere Bereich enthält die Zustandsvariablen.
- Im unteren Bereich werden mögliche innere Ereignisse, Bedingungen und daraus resultierende Operationen definiert.

Gleichnamige Zustände innerhalb eines Zustandsdiagrammes beschreiben den gleichen Zustand eines Objektes. Zusätzlich können **anonyme Zustände** definiert werden. Zwei namenlose Zustände in einem Diagramm beschreiben grundsätzlich verschiedene Zustände eines Objektes.

Start- und **Endzustand** eines Objektes sind als besondere Zustandstypen anzusehen, da zu einem Startzustand kein Übergang stattfinden kann und dem Endzustand eines Objektes keine Zustandsänderung folgt.

Die **Transition** ist ein Ereignis, dass den Übergang von einem Zustand eines Objektes in den nächsten Zustand auslöst, definiert durch einen Namen und eine Liste möglicher Ereignisargumente. Ein Zustand kann mit dem Ereignis Bedingungen verbinden, die erfüllt sein müssen, um den Folgezustand zu erreichen, bzw. um zu entscheiden, welchen Folgezustand das Objekt einnimmt. Ein Ereignis kann eintreten, wenn eine oder mehrere notwendige Bedingungen für eine Transition erfüllt sind oder ein Objekt eine ereignisauslösende Nachricht erhalten hat.

Durch Ereignisse können Aktionen innerhalb eines Zustandes eines Objektes ausgelöst werden. Ein Zustandsübergang als Folge eines Ereignisses wird als Pfeil zwischen zwei Zuständen symbolisiert. Der Pfeil kann auch zum Ausgangszustand zurückführen.

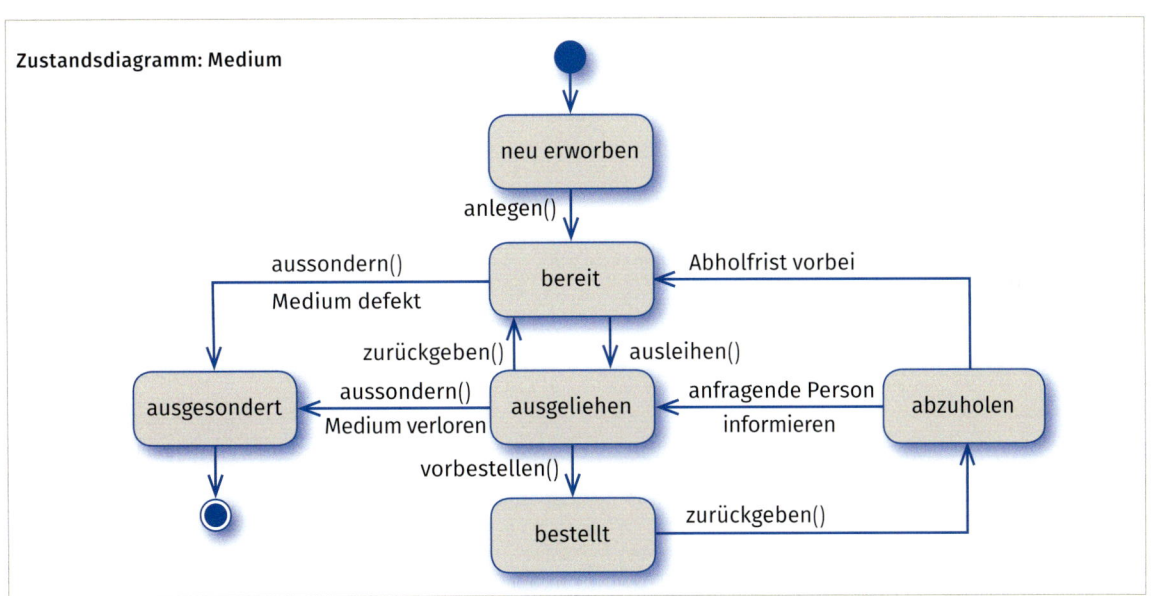

Beispiel eines Zustandsdiagramms zum Projekt „Stadtbibliothek"

Das Zustandsdiagramm illustriert die Statusänderung eines Mediums über die Lebenszeit. Nach dem Ankauf ist der Status „neu erworben", was eigentlich bedeutet: „noch nicht im System erfasst". Nach dem Anlegen steht es bereit und kann ausgeliehen werden. Wenn es ausgeliehen ist, kann es bestellt werden. Defekte oder verlorene Medien werden ausgesondert.
Wichtig ist hier die Übereinstimmung mit dem Klassendiagramm bei den Methoden zum Statuswechsel.

7.3.6 Aktivitätsdiagramm

> Das **Aktivitätsdiagramm** beschreibt den Ablauf von Aktionen und verwendet wenige Symbole für sehr umfangreiche Darstellungsmöglichkeiten. Das Aktivitätsdiagramm kann hinsichtlich seiner Darstellungsweise und seiner Aussagen mit einem Programmablaufplan verglichen werden (vgl. Kap. 7.2.1).

Notation	Beschreibung
●	**Startknoten** Markiert den Beginn eines Ablaufs.
Aktion	**Aktion** Legt das Verhalten fest, das eine Veränderung herbeiführt.
—[Bedingung]→	**Pfeil** Beschreibt den Fluss zwischen den Aktionen. Eine Bedingung kann in eckiger Klammer angegeben werden.
a ◇ [nein] [ja] b ← → c	**Entscheidung** (XOR – „entweder … oder …") Nach dem Ende der „Aktion a" wird entweder die „Aktion b" oder die „Aktion c" ausgeführt.
a → ◇ ← b ↓ c	**Zusammenführung** Nach dem Ende der „Aktion a" oder der „Aktion b" wird die „Aktion c" ausgeführt.
a ↓ ▬ ↓ ↓ b c	**Splitting** (UND) Nach dem Ende einer Aktion werden mehrere Aktionen gleichzeitig begonnen, z. B. wenn die „Aktion a" beendet wurde, beginnen „Aktion b" und „Aktion c" gleichzeitig und laufen parallel.
a b ↓ ↓ ▬ ↓ c	**Synchronisation** Nach dem Ende mehrerer Aktionen wird eine Aktion ausgeführt, z. B. wenn „Aktion a" und „Aktion b" beendet wurden, beginnt die Ausführung der „Aktion c".
⊗	**Ablaufende** Markiert das Ende eines Zweiges.
◉	**Endknoten** Markiert das Ende eines Ablaufs.

Notation im UML-Aktivitätsdiagramm

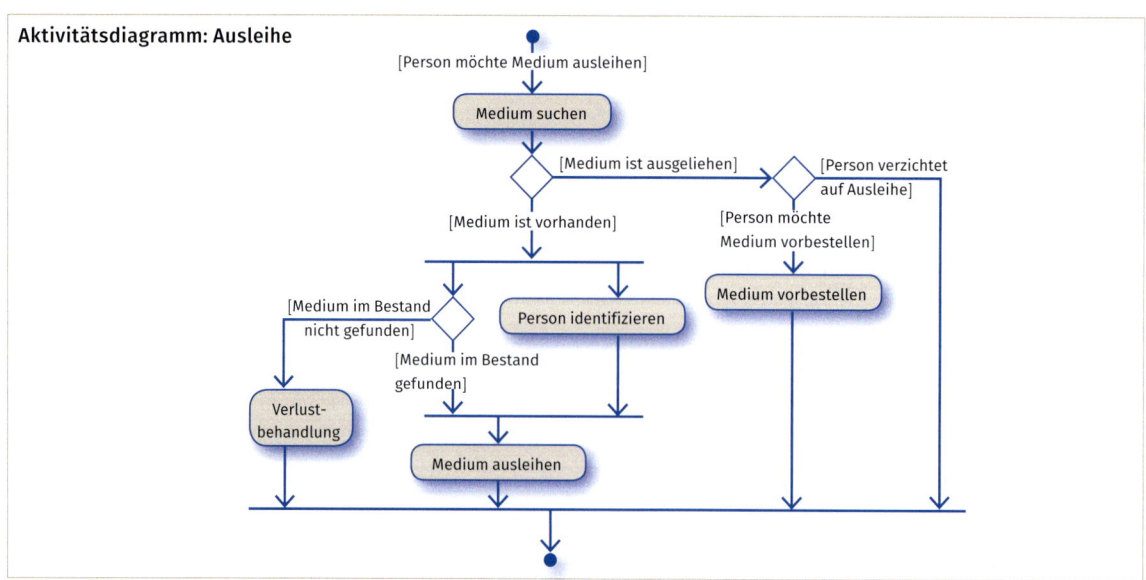

Beispiel eines Aktivitätsdiagramms zum Projekt „Stadtbibliothek"

Das Aktivitätsdiagramm zeigt den Ablauf der Ausleihprozesse. Zuerst muss das Medium (Buch, Zeitschrift oder Spielfilm) im Katalog gesucht werden.

Wenn das Medium laut Katalog vorhanden ist, aber nicht im Bestand (Regal) gefunden werden kann, dann ist eine Verlustbehandlung notwendig.

7.3.7 Kommunikationsdiagramm

Die Kommunikation zwischen Objekten lässt sich neben dem Sequenzdiagramm auch in einem Kommunikationsdiagramm modellieren. Im ursprünglichen Sinne geht es um die Zusammenarbeit der Objekte. Zusammenarbeit lautet im Englischen „Collaboration", daher wird das Kommunikationsdiagramm im Englischen auch als „Collaboration Diagram" bezeichnet.

> **W** Das **Kommunikationsdiagramm** visualisiert die einzelnen Objekte und ihre Kommunikation untereinander. Dabei steht im Vergleich zum Sequenzdiagramm nicht der zeitliche Ablauf dieser Interaktionen im Vordergrund, sondern es werden die für den Programmablauf und dessen Verständnis wichtigen kommunikativen Aspekte zwischen den einzelnen Objekten ereignisbezogen dargestellt.

Das Kommunikationsdiagramm legt den Schwerpunkt auf die Objektbeziehungen (Collaborations), die durch Verbindungslinien ausgedrückt werden. Die Kommunikation zwischen Objekten kann an diesen Verbindungslinien vermerkt werden. Hierzu wird der Methodenname zusammen mit einem Pfeil angegeben, der vom aufrufenden zum aufgerufenen Objekt weist. Die Reihenfolge wird durch die Nummerierung der Methoden verdeutlicht.

Führt eine Methode zum Aufruf weiterer Methoden, so wird dies durch eine hierarchische Nummerierung hervorgehoben. Eine Reihenfolge der abzuarbeitenden Operationen muss hier nicht gleich von Anfang an festgelegt werden, sondern sie kann später nachgetragen werden. Darin besteht der Vorteil gegenüber dem Sequenzdiagramm, wo der zeitliche Ablauf zur Erstellung bereits bekannt sein muss.

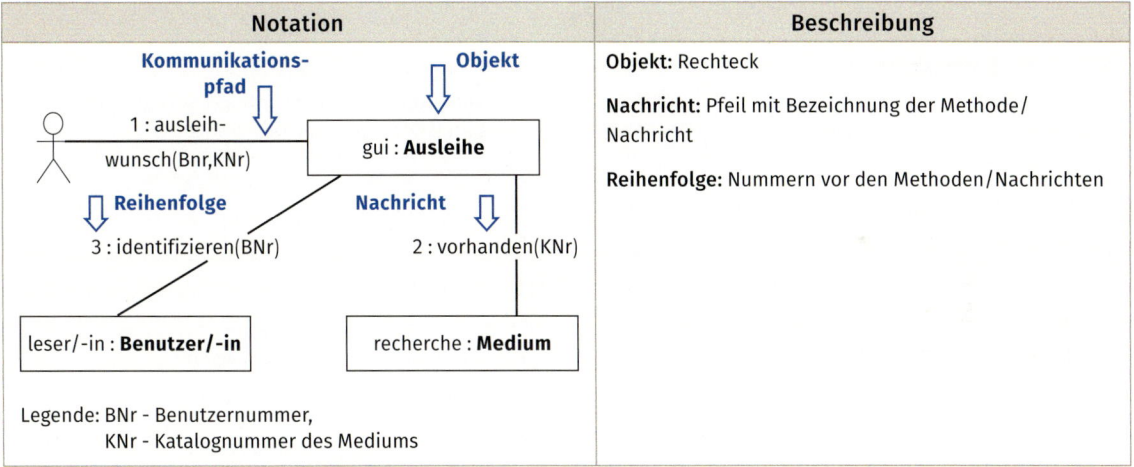

Notation im UML-Kommunikationsdiagramm

7.3.8 Komponentendiagramm

> **W** Das **Komponentendiagramm** verdeutlicht die Bemühungen, wonach Software aus fertigen, aber anpassbaren Bausteinen (Komponenten) zusammengesetzt werden soll. Jede Komponente enthält eine größere Menge von Klassen und arbeitet über Schnittstellen mit anderen Komponenten zusammen.

Am rechten Rand tragen die Komponenten ein kleines Rechteck mit zwei an Rand eingebetteten Rechtecken, die die Schnittstellen nach außen symbolisieren. Eine Komponente kann wiederum weitere Elemente, wie Klassen, Artefakte (Dokumente) und andere Komponenten besitzen. Diese internen Elemente werden üblicherweise genauer durch Stereotype gekennzeichnet.

Die Abhängigkeiten zwischen den einzelnen Komponenten werden durch gestrichelte Pfeile symbolisiert. Die in dieser Art dargestellten Abhängigkeiten zeigen z. B. auch die spätere Reihenfolge des Kompilierens auf. Nachgelagerte Komponenten können erst erstellt werden, wenn die vorhergehenden Komponenten existieren. Das folgende Beispiel zeigt das Komponentendiagramm über die Komponenten eines Webservices (siehe auch Kap. 11).

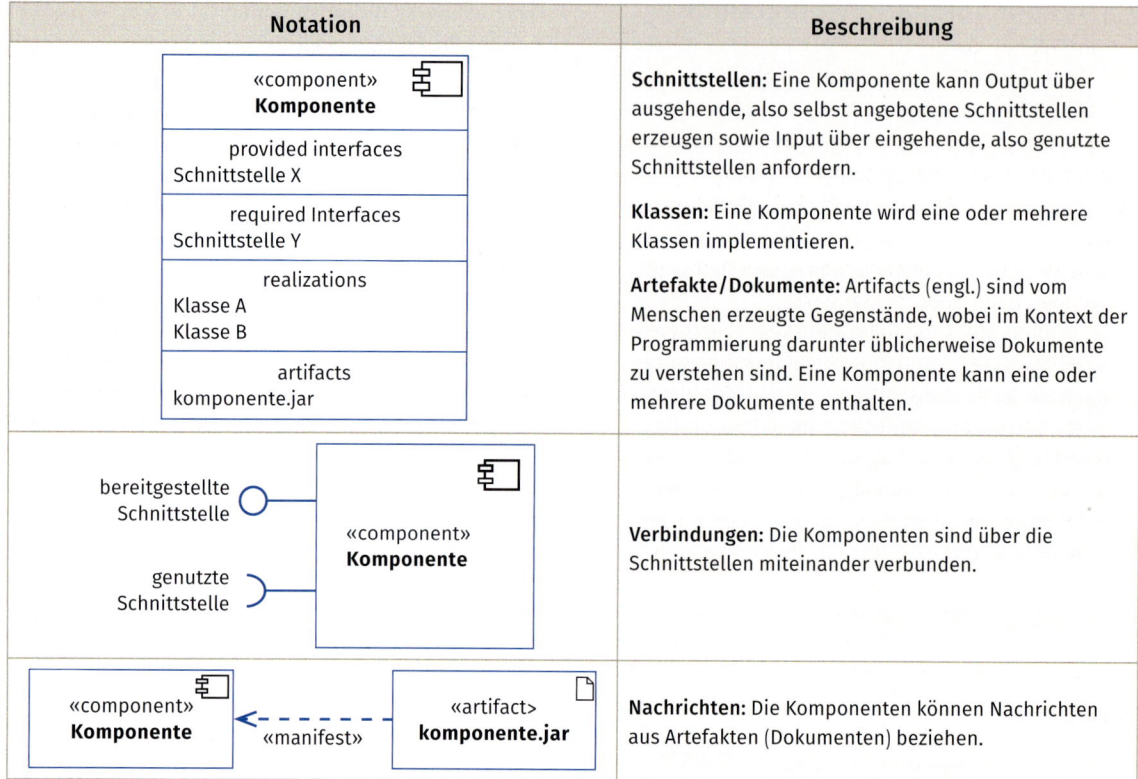

Notation im UML-Komponentendiagramm

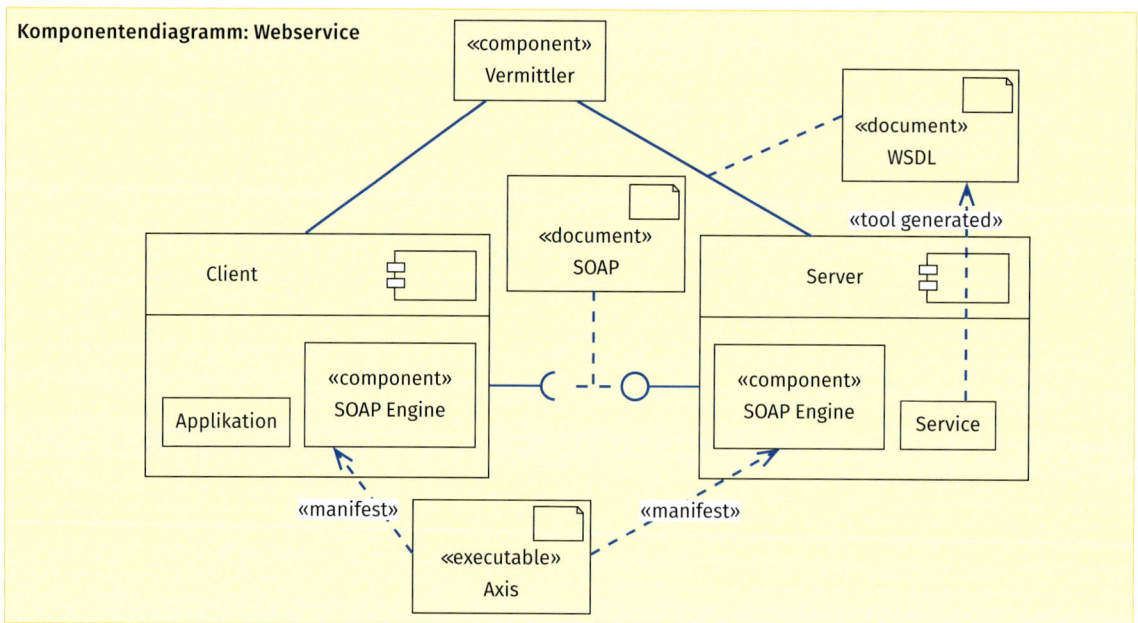

UML-Komponentendiagramm zum Webservice

Aufgaben

1. Für die Haftpflichtversicherung einer Autovermietung sind bei der Klasse „Auto" die folgenden Attribute von Bedeutung:
   - Hersteller
   - Typ
   - Baujahr
   - Hubraum
   - Motorleistung
   - Zahl der Türen

   Das Verhalten der Fahrzeuge, d.h. die folgenden Methoden, interessieren die Versicherung vorerst nicht, sind aber bereits in der Modellierung zu beachten:
   - Auto bremsen
   - Motor starten
   - Blinker setzen
   - Auto beschleunigen

a) Erstellen Sie ein Klassendiagramm (Klassenmodell) „Auto".
b) Modellieren Sie Ihr Traumauto mit konkreten Attributwerten in einem Objekt der Klasse „Auto".
2. Gibt es Fahrzeuge, die nicht nach dem obigen Muster versichert bzw. dargestellt werden können?
3. Ergänzen Sie die Methoden und Attribute der Klasse „Auto".
4. Ergänzen Sie die Bezeichnungen der Elemente im folgenden UML-Klassendiagramm.

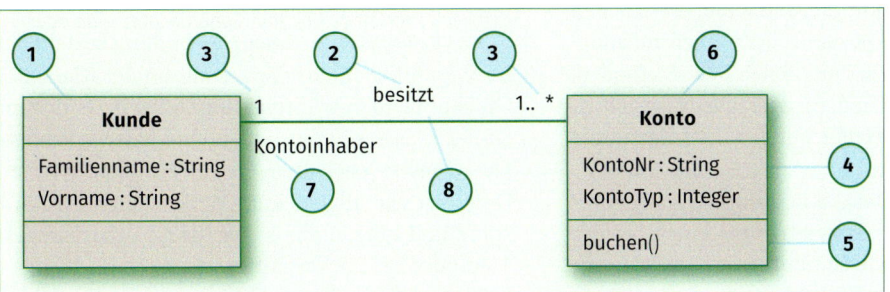

5. Das folgende unvollständige Klassendiagramm ist zu erweitern.

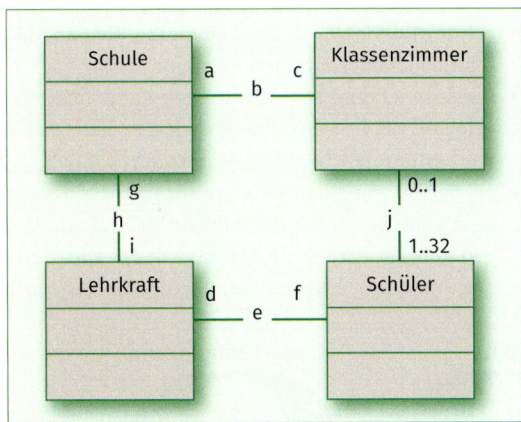

a) Geben Sie sinnvolle Kardinalitäten für „a und c", „d und f" sowie „g und i" an und erklären Sie die Beziehungen.
b) Modellieren Sie die Ganzes-Teil-Beziehungen (b, j, e und f) mit einer Aggregation oder Komposition und erklären Sie die Auswahl.
6. Beantworten Sie ausgehend von Aufgabe 5 folgende Fragen:
a) Was passiert mit dem Objekt „Klassenzimmer", wenn das zugehörige Objekt „Schule" gelöscht wird?
b) Kann es leere Objekte „Klassenzimmer" geben?
c) Wie muss das Klassendiagramm geändert werden, damit leere „Klassenzimmer" entstehen?
d) Muss sich jemand in einem Klassenzimmer aufhalten?

7. Geben Sie zu den UML-Elementen (Assoziation, Komposition, Aggregation) je ein Beispiel aus dem Bereich der Warenwirtschaft an.
8. Die Software einer Autovermietung verwaltet Kundinnen und Kunden und Fahrzeuge. Ein Kunde oder eine Kundin und ein Fahrzeug können über mehrere Buchungen verfügen. Eine Buchung beinhaltet immer ein Fahrzeug und einen Kunden oder eine Kundin.
a) Erstellen Sie für diesen Fall ein Anwendungsfalldiagramm.
b) Stellen Sie den Ablauf einer Kundenbuchung im Sequenzdiagramm dar.
c) Fertigen Sie zu dem Sequenzdiagramm das dazugehörige Kommunikationsdiagramm an.
9. Die Autovermietung stellt ihre Fahrzeuge in verschiedenen Filialen an verschiedenen Orten zur Verfügung. Bis zur Abholung durch den Kunden oder die Kundin werden die Fahrzeuge in einem Abhollager bereitgehalten.
a) Stellen Sie das zum Auftrag A0815 gehörende Fahrzeug F007 in der Zweigniederlassung Z008 im Ort 23456 Musterstadt bereit.
b) Aktualisieren Sie das Klassendiagramm aus Aufgabe 1.
10. Der Notebook-Akku soll mithilfe eines Füllstandsmessers überwacht werden. Fertigen Sie ein Zustandsdiagramm an.
Es wird angenommen, dass der Akku anfänglich leer ist. Für den Akku kann ein maximales Fassungsvermögen definiert werden. Der Akku kann befüllt werden, bis er voll ist. Danach kann der Akku wieder entleert werden. Es ist aber auch möglich, den Akku im Befüllungsmodus zu entleeren. Die Befüllung wird nach dem Entleeren sofort wieder vorgenommen.
11. Bei der Firma ACI GmbH wird die Arbeit nach Projekten organisiert. Deshalb erhalten Sie den Auftrag, ein Klassendiagramm zu erstellen, wo Sie in der UML-Notation ein Objekt der Klasse „Projekt" mit dem Projektnamen „Multimedia-PC" modellieren. Zu einem Projekt gehören immer mindestens eine Projektleitung und ein Projektname. Hinzu kommen beliebig viele Mitarbeiterinnen und Mitarbeiter, die an dem Projekt teilnehmen. Die Projektleitung selbst wird auch als mitarbeitende Person geführt und sie darf auch nur ein Projekt leiten.

7.4 Objektorientierter Entwurf

7.4.1 Objekte in der Softwareentwicklung

Der objektorientierte Ansatz in der Softwareentwicklung basiert auf der Idee, alles auf die für die Programmierung wesentlichen Komponenten von Zustand und Verhalten zu reduzieren. Objekte haben einen Zustand, sie haben Merkmale, die durch Daten abbildbar sind. Außerdem haben Objekte ein Verhalten, sie machen etwas: Sie ändern ihren Zustand oder wirken auf andere Objekte ein. Sie haben Funktionen bzw. Methoden, um ihre Merkmale zu ändern oder um Nachrichten an andere Objekte zu senden, mit dem Ziel, dass diese ihren Zustand verändern.

Das klingt zuerst sehr abstrakt und erinnert stark an den Ansatz aus der Systemtheorie. Auch bei der objektorientierten Analyse und dem objektorientierten Entwurf ist es wichtig, wesentliche Dinge zu erkennen und für die Anwendung unwesentliche Dinge auszugrenzen:

- Welche Merkmale des Objektes sind für die Anwendung notwendig und welche können weggelassen werden?
- Welche Daten sind zur Beschreibung des Objektes im Kontext der Anwendung notwendig?
- Welches Verhalten des Objektes ist für die Anwendung wichtig und welches nicht?
- Welche Methoden sollten implementiert werden und womit muss man sich nicht beschäftigen?

Für die Erzeugung der Objekte ist die Definition von Klassen notwendig. Die Klasse enthält die notwendigen Vorgaben für die Merkmale der Objekte, nämlich die Daten und Datentypen. Die Klasse enthält auch die Methoden für das Verhalten der Objekte. Die Klasse ist eine Vorlage für die Erzeugung von Objekten mit vergleichbaren Merkmalen und ähnlichem Verhalten. In unserer Sprache benutzen wir auch Klassen und Objekte: Wir reden vom Auto allgemein, mein Auto, dein Auto oder ihr Auto sind die Objekte mit unterschiedlichen Merkmalen, z.B. unterschiedlichen Farben.

Das Programm zu einer Anwendung besteht damit im Wesentlichen aus der Definition der Klassen. Die Objekte werden während der Laufzeit als Instanzen zu der Klasse erzeugt und auch wieder geschlossen. Die Objekte enthalten die spezifischen Werte als Daten zu den allgemeinen Merkmalen als ihren Zustand und nutzen die in der Klasse programmierten Methoden als ihr Verhalten.

Dieser Ansatz hat einige bedeutende Vorteile:
- Der Programmcode einer Anwendung setzt sich aus einer Sammlung von Klassendefinitionen zusammen,
- zahlreiche Klassen dieser Sammlung können aus Bibliotheken übernommen werden,
- die Entwicklung der Anwendung kann arbeitsteilig erfolgen, so dass einzelne Entwicklerteams sich nur auf bestimmte Klassen konzentrieren können,
- bei der Wartung der Software zur Ausbesserung von Mängeln oder zur Anpassung an neue Anforderungen können einzelne Klassen ausgetauscht werden, ohne dass das Gesamtsystem gefährdet wird, und

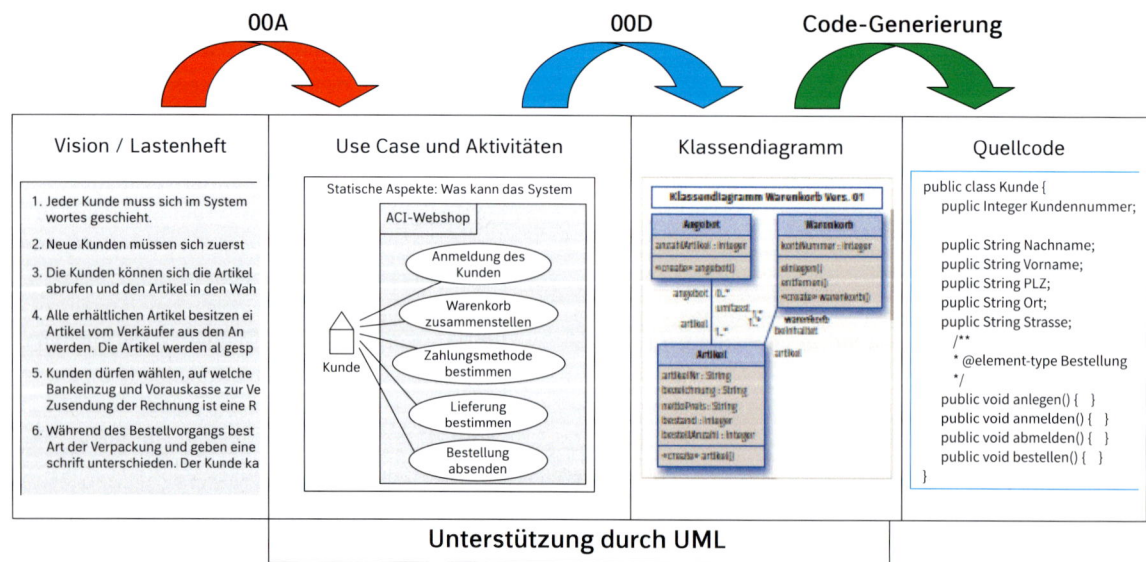

UML im Mittelpunkt von OOA und OOD

- Klassen können für den Schutz der Daten ihrer Objekte sorgen indem die Daten gekapselt werden. Die Daten sind private Daten der einzelnen Objekte und können nur durch die Methoden der Klasse verändert werden (vgl. hierzu die Idee der Business Objects in Kapitel 5.2.1).

7.4.2 Tools zur Unterstützung von OOA und OOD

S Den beiden Auszubildenden stellt sich aber immer noch eine Frage: Wie kann UML mit all seinen Diagrammtypen zur objektorientierten Softwareentwicklung beitragen? Herr Pelz erklärt ihnen, dass die Modellierung von Software helfen soll, den Überblick zu behalten.

- Der **erste Schritt** ist bereits getan: Die ausführliche Beschreibung des Prozesses zur Bearbeitung eines Kundenauftrages hilft bereits, sich von einer Vielzahl weiterer Aktivitäten abzugrenzen und die zu verwendenden Sachverhalte klarzustellen. Die Vision liegt vor, auch wenn sie hier noch recht bescheiden ist.
- Die UML-Diagramme stellen den **zweiten Schritt** in Richtung der Abstraktion dar. Mit der objektorientierten Analyse (OOA) der Vision konzentrieren sich die weiteren Aktivitäten auf das angedachte Verhalten der Objekte im System und es werden die Anwendungsfalldiagramme (Use Cases) und die Aktivitätendiagramme erstellt. Der anschließende Wechsel von der anwendungsorientierten zur implementierungsorientierten Sicht schafft die Voraussetzungen, um im Rahmen des objektorientierten Designs (OOD) die wichtigsten Strukturen mithilfe von Klassendiagrammen zu modellieren.
- Im **dritten Schritt** kann der Entwurf in Gestalt des Modells von Auftraggebern, Entwicklungsteam und potenziellen Anwendenden diskutiert und modifiziert werden. Eventuell helfen die Tools zur Modellierung, Fehler, Widersprüche oder Unvollständigkeiten im Modell zu erkennen. Das Entwicklungsteam muss das Ganze im Blick behalten, anstatt sich tausende Zeilen von Quellcode mit unendlich vielen technischen Details anzusehen. Die Diagrammtypen der UML können die Software zunächst aus unterschiedlichen Blickwinkeln überschaubar darstellen, ergeben aber letztlich zusammengenommen ein aussagefähiges Gesamtbild der Software.

Zahlreiche Tools unterstützen die objektorientierte Analyse (OOA) und das objektorientierte Design (OOD). Wichtig hinsichtlich der Funktionalität sind bei diesen Tools

- die **grafische Oberfläche zum Zeichnen der Diagramme** in Verbindung mit der inhaltlichen/semantischen Kontrolle der Darstellungen sowie
- die **Fähigkeit,** aus den grafischen Darstellungen schließlich **Quellcode zu generieren.**

Bei diesen umfangreichen Anforderungen ist es verständlich, dass nicht alle angebotenen Tools dieses Leistungsspektrum erfüllen. Reduziert man die Auswahl auf kostenfrei nutzbare Tools aus dem Bereich „Open Source", empfiehlt sich das Tool **ArgoUML**.

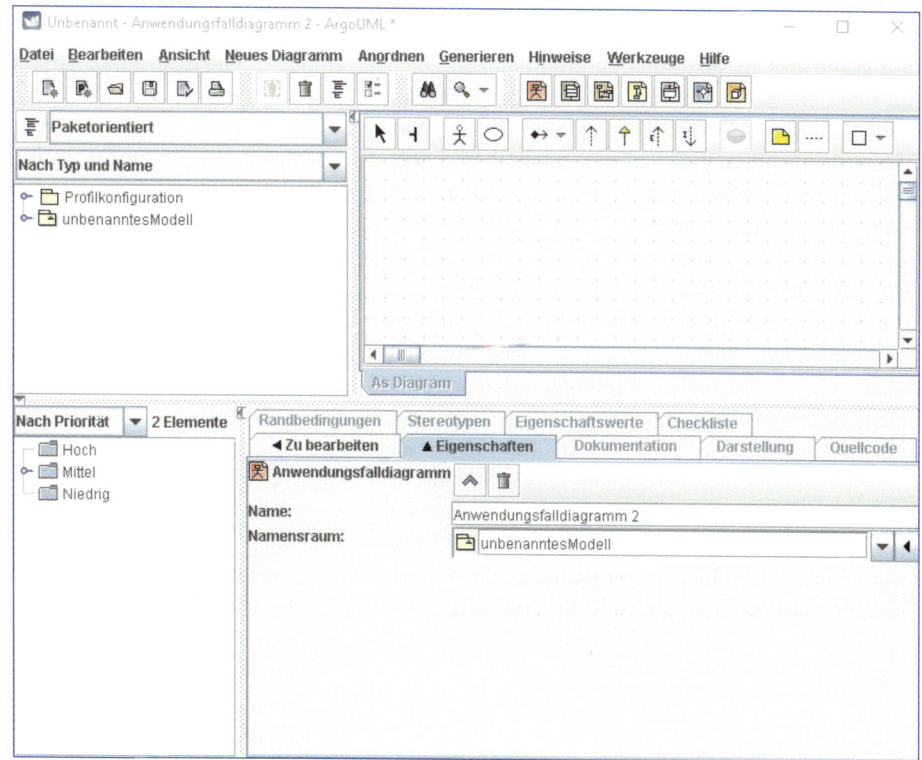

ArgoUML-Editor

Objektorientierter Entwurf

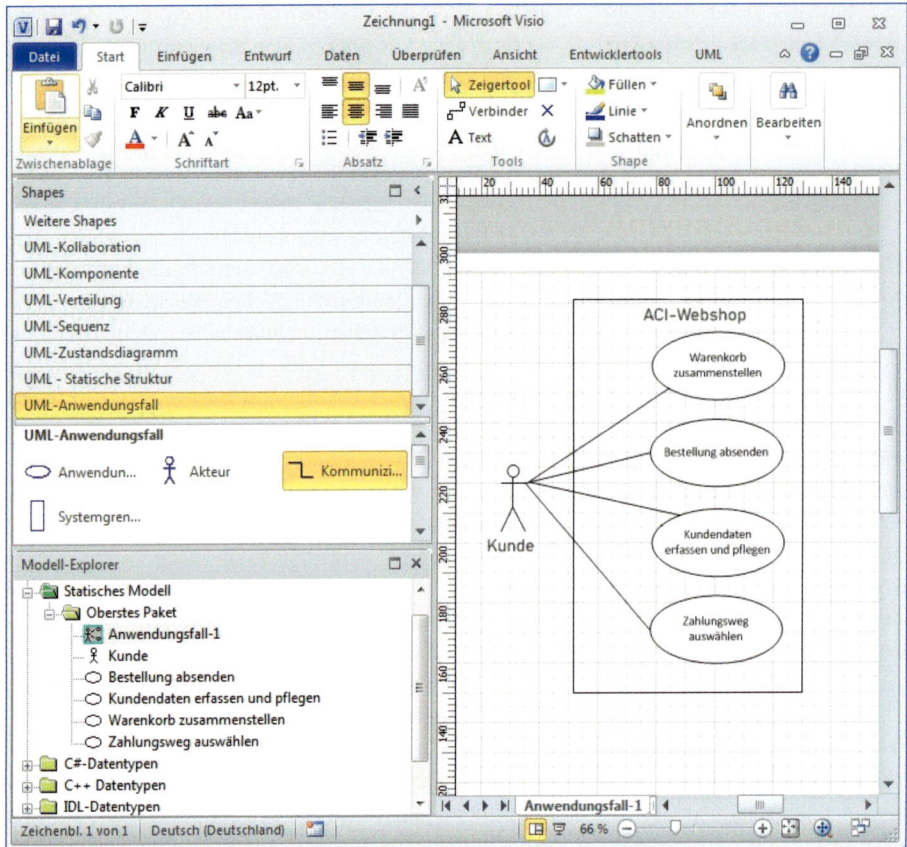

UML-Editor in Microsoft Visio

S Herr Pelz schlägt den beiden Azubis das Tool **ArgoUML** vor, das als Open-Source-Programm im Internet bereitsteht. Die Vorteile von ArgoUML bestehen darin, dass es kostenlos zu beziehen ist, aber dennoch eine umfangreiche Funktionalität anbietet, die auch die Generierung von Programmcode auf der Basis der Modelle ermöglicht.

ArgoUML liegt als Java-Projekt vor und kann auch in eine Eclipse-Umgebung (siehe Kap. 7.5.2) eingebunden werden. Nachteilig erweisen sich die nicht vollständig ausgearbeitete Dokumentation und der eingeschränkte Umfang der unterstützten Diagrammarten. Eine Alternative bietet das Programm **Microsoft Visio**, das in Unternehmen häufig im Rahmen von Microsoft-Office-Lizenzen vorliegt. Microsoft Visio bietet Unterstützung beim Zeichnen von UML-Diagrammen. Allerdings beherrscht nur die Version „Visio Professional" die Kontrolle der Semantik in den Modellen.

7.4.3 Fallstudie zur Entwicklung des Webshops mit UML

UML ist eine Notation, die die objektorientierte Analyse und das objektorientierte Design unterstützt. Außerdem kann man UML im Rahmen unterschiedlicher Vorgehensmodelle einsetzen, weil kein bestimmtes Modell vorgeschrieben ist. Allgemein gilt, dass ein neues System in mehreren Phasen „konstruiert" wird.

1. **Erfassen der Anforderungen**. In dieser Phase werden die Anforderungen des Kunden an das System identifiziert. Dabei verwendet man die Sprache des Kunden bzw. des betreffenden Fachbereiches im Unternehmen. Anders formuliert, man beschreibt das System mit den Begrifflichkeiten des „Kunden". Ein Denken in Begriffen der späteren Lösung verbietet sich in dieser Phase (vgl. Methode des „Design Thinking"). Hier gibt es noch keine Dateien, keine Abfragen usw.

2. **Analyse**. Man beginnt die unter Punkt 1 fixierten Anforderungen in die Sprache der vermeintlichen Lösung umzuformen und gelangt somit in den **Lösungsbereich**. Man verbleibt auf einer hohen Abstrakti-

onsebene, obwohl bereits in den Begrifflichkeiten der Lösung gedacht werden darf, jedoch ohne dass man an die konkreten Details einer spezifischen Lösung denkt. Dieser Vorgang ist als **Abstraktion** bekannt, woraus die **Spezifikation** entsteht.

Hierbei werden die beteiligten Objekte abgegrenzt, z. B. Kunde, Mitarbeiterin_Mitarbeiter, Artikel, Bestellung oder Zahlung.

3. **Design.** Auf Basis der Spezifikation aus der Analyse kann nun die Lösung detailliert konstruiert oder entworfen werden. Damit bewegt man sich von der **Abstraktion** des Systems hin zu seiner **Realisierung** in einer konkreten Form.
4. **Abstimmung mit den Auftraggebern**
5. **Build-Phase.** Das aktuelle Design wird abschließend in eine reale Programmiersprache umgesetzt, was nicht nur die Programmierung umfasst, sondern das Testen und das Verfassen der gesamten Anwenderdokumentation einschließt. Folgende Fragen sind zu beantworten:
   - **Verifikation.** Entspricht das Programm den Anforderungen der Auftraggeber?
   - **Validierung.** Löst das Programm die aktuellen Probleme der Auftraggeber?

7.4.3.1 Entwicklung nach dem Wasserfallmodell

In den letzten Jahren gab es zahlreiche Bemühungen, den notwendigen Entwicklungsaufwand für die Software zu reduzieren. Dies führte zur Entstehung von kleineren Vorgehensmodellen (bekannt als *Agile Computing oder Extreme Programming*), die auf sehr kleine Entwicklungsteams zugeschnitten waren. Im folgenden Abschnitt soll aber das Wasserfallmodell als Vorgehensmodell für die Entwicklung angewendet werden.

In diesem Vorgehensmodell wird jeder Schritt abgeschlossen (Erfassen der Anforderungen, Analyse, Design und Build mit Codierung und Test), bevor der nächste Schritt beginnt. Dies ist ein allgemein zufriedenstellendes Vorgehensmodell, sofern die Anforderungen gut erfasst und spätere Änderungen vermieden werden.

Der Schwachpunkt dieses Vorgehensmodells bzw. Ansatzes zeigt sich bei weniger gut definierten Aufgabenstellungen. Einige Anforderungen bleiben bis zur Phase „Analyse und Design" oder sogar bis zur Codierung ungeklärt. Besonders ungünstig ist es, dass ausführbarer Code erst zum Ende des Projektes verfügbar wird. Zu diesem Zeitpunkt treten Probleme mit den ursprünglichen Anforderungen erst deutlich hervor, was dann ein Zurückgehen erfordert, um notwendige Arbeiten nachzuholen. Hier bewähren sich die Vorzüge einer mit Tools gestützten Modellierung, wo man an den Modellen mit geringerem Aufwand die notwendigen Änderungen vornehmen kann.

Das objektorientierte Denken bringt im Softwareentwicklungsprozess einen besonderen Vorteil mit sich. Die Softwaresysteme werden nicht als monolithische Produkte konzipiert, sondern sie werden nach Klassen mit deren Objekten, ihren Zuständen (Daten) und ihrem Verhalten (Methoden) unterteilt. Die Softwareprojekte untergliedern sich entsprechend in Pakete und Klassen. Das sind Begriffe, die auch in der UML vertreten sind.

Der Softwareentwicklungsprozess erfolgt für jede Klasse von Objekten nach den gleichen Regeln, aber bei auftretenden Schwierigkeiten mit überschaubaren Konsequenzen. Treten Fehler, Leistungsschwächen oder Fehlfunktionen in den Methoden auf, muss der Entwicklungsprozess für die Klasse wiederholt werden. Man spricht hier auch von einem **iterativen Prozess** mit **rekursiver Entwicklung**. Objektorientierte Analyse und objektorientiertes Design mit anschließendem Build-Prozess werden solange wiederholt (Iterationen), bis stabile und leistungsfähige Klassen und Methoden entstehen. Das alles geschieht in einem arbeitsteiligen Entwicklungsprozess, der von unterschiedlichen Entwicklungsteams und mithilfe von leistungsstarken Tools getragen wird, die einen Rückgriff (rekursiv) auf die bereits erstellten Modelle ermöglichen. Die rekursive Entwicklung kann parallel in allen Vorgehensmodellen angewendet werden, d. h., sie verläuft als eine Ergänzung zu diesen Prozessen.

Im Beispiel „Webshop" wird ein vereinfachter iterativer Prozess mit rekursiver Entwicklung verwendet. Die Fallstudie führt durch die erste Iteration und am Ende des Abschnittes wird man sehen, wie das Projekt vollständig entwickelt wird. Innerhalb der ersten Iteration wird jede Aktivität näher vorgestellt, also das Erfassen der Anforderungen, die Analyse, das Design und der Build-Prozess, wobei die verschiedenen UML-Diagramme in ihrer Anwendung betrachtet werden.

7.4.3.2 Analyse: Erfassen und Dokumentieren der Anforderungen

Zum Erfassen der Anforderungen verwendet man das **UML-Anwendungsfalldiagramm**. Es bildet die Struktur des zu entwickelnden Systems ab, zeigt die statischen Aspekte und liefert die Antwort auf die Frage: **„Was kann das Objekt?"**

Die dynamischen Aspekte werden durch das **UML-Aktivitätsdiagramm** abgebildet. Es zeigt die Abläufe und gibt damit die Antwort auf die Frage: **„Wie funktioniert das Objekt?"**

W	Schrittfolge bei der Erfassung der Anforderungen
	1. Werten Sie das Lastenheft/**Visionsdokument** hinsichtlich der Gesamtsicht auf die Aufgabenstellung und die gewünschten Charakteristika seiner Lösung aus. 2. Identifizieren Sie die **Anwendungsfälle** und **Akteurinnen und Akteure** aus dem Lastenheft/Visionsdokument und stellen Sie deren Beziehungen zueinander in einem oder mehreren **Anwendungsfalldiagrammen** dar. 3. Erstellen Sie für jeden Anwendungsfall eine detaillierte **Beschreibung der Abläufe**. Wichtig ist die Festschreibung der allgemein zu durchlaufenden Bearbeitungsschritte. Verwenden Sie hierzu die **Aktivitätsdiagramme**. Die Aktivitäten können später in den Programmpaketen implementiert werden. 4. Verbessern Sie die Beschreibung von Anwendungsfällen und Aktivitäten in mehreren **Iterationen**. Mit der Unterstützung geeigneter Tools ist es an dieser Stelle einfacher, eine Zeichnung im Modell zu verbessern, als später das gesamte Programm zu verändern.

Auf dieser Top-Level-Ebene der Analyse wird mit den Begriffen der Anwendungsebene, also mit den Fachbegriffen des Kunden gearbeitet. Besonders agile Vorgehensmodelle involvieren während dieses Prozesses deshalb vollständig den maßgeblichen Repräsentanten oder die Repräsentantin des Kunden.

Erste Iteration

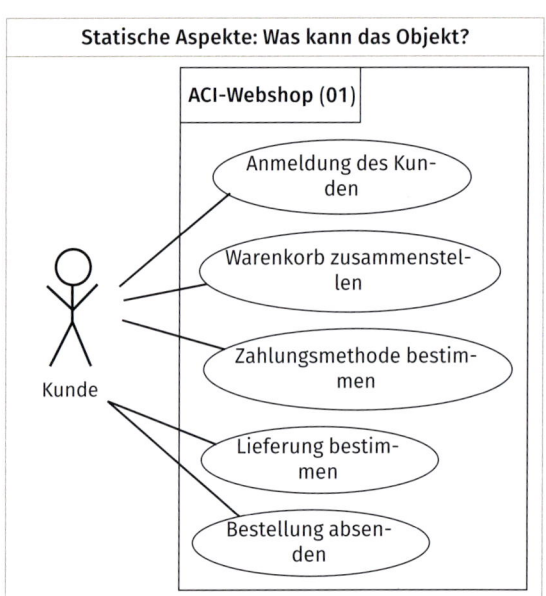

Anwendungsfalldiagramm (erster Entwurf)

Im ersten Entwurf des Anwendungsfalldiagramms sieht man den **Kunden** als Akteur mit den verbundenen (assoziierten) Anwendungsfällen, wie sie im **Lastenheft** beschrieben sind.

Der Akteur steht für die Anwender und Anwenderinnen, das System stellt die zu entwickelnde Software dar. Der Akteur gehört nicht zum System, er interagiert mit dem System. Er tauscht in irgendeiner Form Informationen mit dem System aus und steht daher außerhalb der Systemgrenzen, die durch das Rechteck symbolisiert werden. In dem als Rechteck dargestellten System werden die wesentlichen Anforderungen platziert.

Zitate aus dem Lastenheft	Anwendungsfall
(1.) Zuerst muss sich jeder <u>Kunde</u> im System des Webshops **anmelden**,	Anmeldung des Kunden
(3.) ... den Artikel schließlich in den **Warenkorb** legen.	Warenkorb zusammenstellen
(5.) ... auf welche Weise sie ihre Bestellung bezahlen. Als **Zahlungsmethoden** ...	Zahlungsmethode bestimmen
(6.) ... bestimmen die <u>Kunden</u> die Art der **Lieferung**	Lieferung bestimmen
(10.) Abschließend muss der <u>Kunde</u> seine **Bestellung** absenden.	Bestellung absenden

Das Lastenheft benennt mit dem **Verkäufer** neben dem Kunden noch einen weiteren Akteur. Der Verkäufer sorgt für die Aktualität des angezeigten Warenangebotes. Er stellt neue Artikel in das System ein oder sperrt die Anzeige bestehender oder ausgelaufener Artikel. Diese Anwendungsfälle werden allerdings in einem separaten Anwendungsfalldiagramm abgebildet.

Bei der **Analyse der Aktivitäten** beschränken wir uns an dieser Stelle auf die Erfassung der Rechnungs- oder Lieferanschrift (Lastenheft, Punkt 7): Die Rechnungs- und Lieferanschrift des Kunden besteht aus dem Unternehmensnamen, der Anrede, die aus einer Liste gewählt wird, sowie Vor- und Nachname, Straße, Hausnummer, Postleitzahl und Ort.

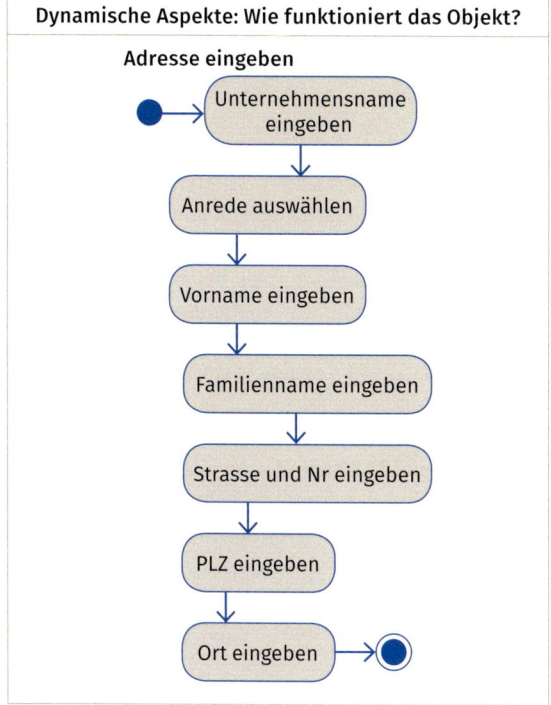

Aktivitätsdiagramm (erster Entwurf)

Der Anwendungsfall „Adresse eingeben" wird mithilfe des Aktivitätsdiagramms dargestellt. Tritt der Fall ein, dass ein Kunde im Webshop aufgefordert wird, seine Anschrift einzugeben, wird eine Aktivität gestartet. Zuerst wird im Startpunkt ein Token erzeugt, das entlang der Verbindungslinie zum ersten Knoten wandert. Der erste Knoten im Aktivitätsdiagramm ist mit „Unternehmensname eingeben" beschriftet. Die erste Aktion des Kunden bei der Eingabe seiner Anschrift besteht also darin, den Unternehmensnamen einzutippen.

Danach wandert das Token weiter zum Knoten „Anrede auswählen", nach Ausführung der Auswahl zu „Vorname eingeben", nach der Ausführung dieser Aktivität zum Knoten „Familienname eingeben" usw. Das Token bewegt sich also Schritt für Schritt von einem Knoten zum nächsten, bis alle Aktionen durchlaufen sind und der Endpunkt erreicht ist. Dort wird das Token „zerstört". Die Aktivität ist in diesem Fall beendet, weil sich nur ein Token im Diagramm bewegt hat.

Die Ergebnisse der ersten Iteration werden exemplarisch dargestellt. Das Ergebnis der ersten Iteration kann auch dazu dienen, dass man das Lastenheft genauer hinterfragt und in Zusammenarbeit mit dem Kunden korrigiert bzw. ergänzt.

Zweite Iteration

Durch die erste Iteration wurde eine Basis geschaffen, die in weiteren Iterationen ergänzt und ausgebaut werden kann. So können auch andere Akteurinnen und Akteure und andere Anwendungsfälle zum System gehören, auf deren Darstellung im Rahmen dieser Fallstudie jedoch verzichtet wird. Es können aber Erweiterungen und Alternativen vorgestellt werden.

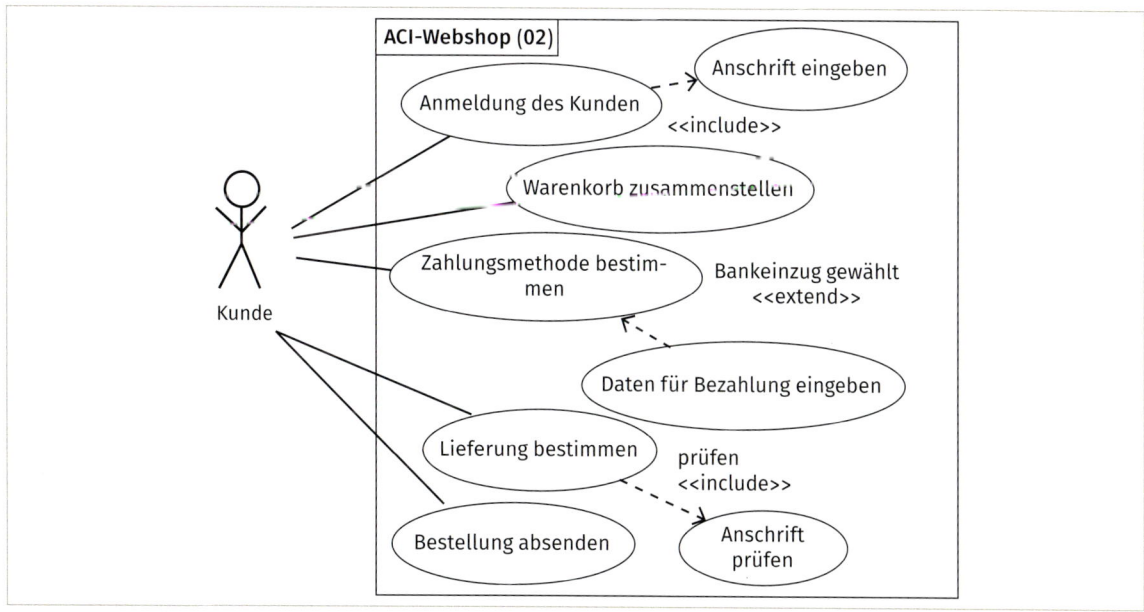

Anwendungsfalldiagramm aus zweiter Iteration mit Ergänzungen

Im Anwendungsfalldiagramm wird der Webshop als System beschrieben, das dem Kunden fünf wesentliche Funktionen anbietet (siehe auch Anwendungsfalldiagramm zum ersten Entwurf). Der Kunde kommt mit allen fünf Anwendungsfällen (Use Cases) in Kontakt, was durch die Verbindungslinien zwischen dem Akteur und den fünf Ellipsen erkennbar ist. Dabei gibt er Daten in das System ein oder ihm werden Daten vom System angezeigt.

Mit der zweiten Iteration werden Erweiterungen dargestellt. Wie aus der Erweiterung des dargestellten Anwendungsfalldiagramms ersichtlich wird, gibt es nicht zu jedem Anwendungsfall eine Assoziation vom Akteur. Das Anwendungsfalldiagramm umfasst zusätzlich eine Funktion, um bei der Anmeldung des Kunden die Eingabe der Anschrift anzufordern. Ein anderer Anwendungsfall soll bei der Lieferadresse die eingegebene Anschrift auf Vollständigkeit und Richtigkeit überprüfen. Zwischen dem Akteur und dem Anwendungsfall „Anschrift prüfen" gibt es nicht die übliche Verbindungslinie. Die Anschrift wird nicht nur dann überprüft, wenn es der Kunde wünscht und deshalb zum Beispiel auf eine entsprechende Schaltfläche im Webshop klickt, sondern die Prüfung erfolgt immer automatisch vom System nach deren Eingabe.

Die Verbindungslinie zwischen den beiden Anwendungsfällen „Lieferung bestimmen" und „Anschrift prüfen" wird mit dem **Stereotyp** (Beziehung) <<includes>> spezifiziert. Das bedeutet, wann immer der Anwendungsfall „Lieferung bestimmen" ausgeführt wird, schließt dies die Ausführung des Anwendungsfalls „Anschrift überprüfen" ein. Es werden also grundsätzlich alle Anschriften überprüft, die die Kunden im Webshop eingeben.

> **Beziehungen <<include>> und <<extend>>**   W
>
> Zwischen den Anwendungsfällen (Funktionen) können die Beziehungen **<<include>>** und **<<extend>>** bestehen. Der entscheidende Unterschied zwischen beiden Assoziationen besteht darin, dass bei der Beziehung **<<include>>** der zweite Anwendungsfall immer ausgeführt werden muss, während dies bei der Beziehung <<extend>> nur in Abhängigkeit von Bedingungen im ersten Anwendungsfall erfolgt.
> <<include>> schließt den zweiten Anwendungsfall immer mit ein, während <<extend>> den ersten Anwendungsfall nur unter bestimmten Bedingungen um den zweiten Anwendungsfall erweitert.

Das Aktivitätsdiagramm zum Anwendungsfall „Anschrift eingeben" liegt in der zweiten Iteration ebenfalls in modifizierter Form vor. Folgende Aspekte wurden im Rahmen der Entwicklung ergänzt:

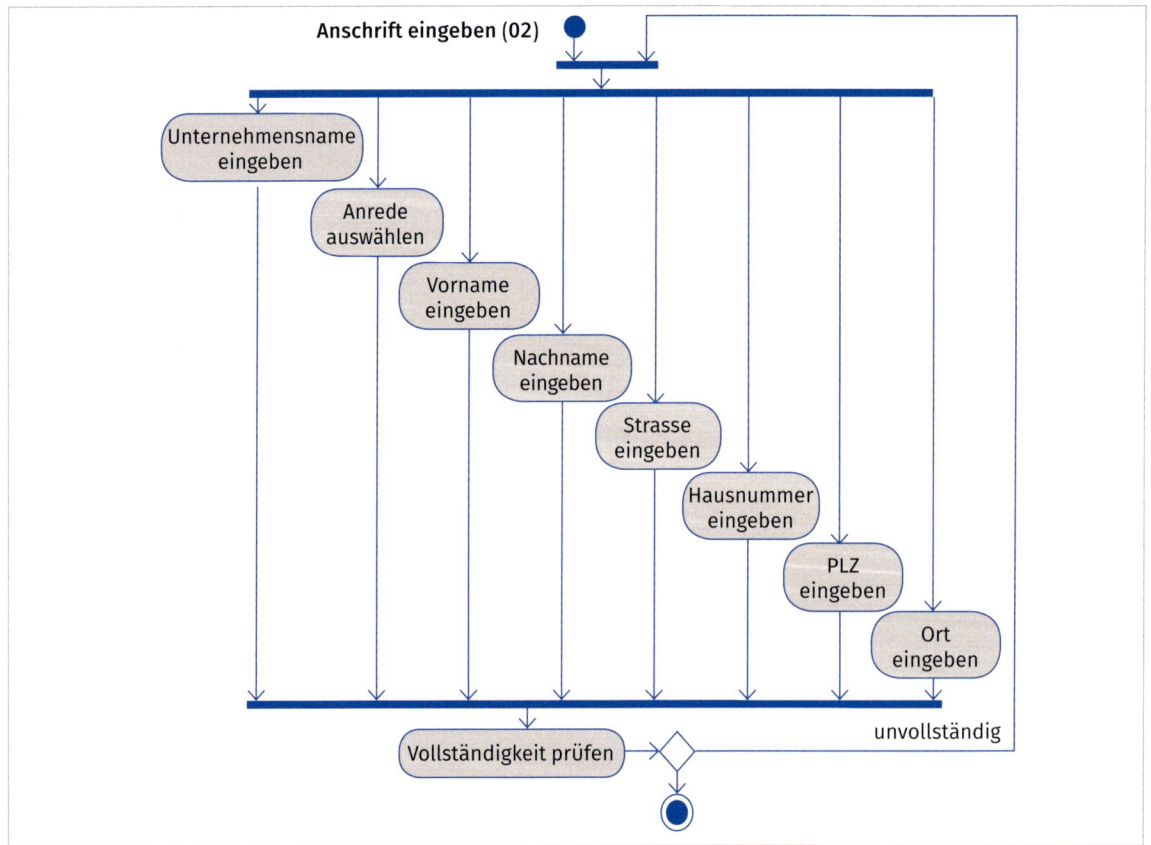

Aktivitätsdiagramm aus zweiter Iteration mit Alternativen

- Es gibt eigentlich keine notwendige Reihenfolge für die Erfassung der Daten. Man kann z.B. die Anrede auch als letzte Aktion auswählen.
- Die Bezeichnung „Familienname" wird durch die Bezeichnung „Nachname" ersetzt, was den allgemein üblichen Konventionen entspricht.
- Die Daten von Straße und Hausnummer werden separat erfasst, hierzu sind dann auch zwei separate Datenfelder vorzusehen.

Das Token kann jetzt in diesem Aktivitätsdiagramm auf mehreren Wegen laufen, weil es keine vorgeschriebene Reihenfolge der Eingaben gibt. Andererseits kann das Token auch mehrere Wege ohne besondere Vorkehrungen wiederholen. So kann man seinen Nachnamen mehrfach eingeben, falls man sich z. B. verschrieben hat. Man kann die Eingabe jedoch nur verlassen, wenn die Eingaben vollständig sind.

Interessant ist das Aktivitätsdiagramm zum Anwendungsfall „Anschrift prüfen". Hier werden Verzweigungen für die Überprüfung der Anschrift eingebaut. Eigentlich müsste es hier auch zwei Endknoten geben, weil die Überprüfung der Anschrift positiv oder negativ ausfallen kann, je nachdem, ob der Anwender seine oder die Anwenderin ihre Daten vollständig und richtig eingegeben hat oder nicht. Aber zum guten Stil eines Aktivitätsdiagrammes gehört, dass es nur einen Anfang und ein Ende gibt. Im Falle fehlender Angaben wird daher auf die Aktivität „Anschrift eingeben" erneut Bezug genommen.

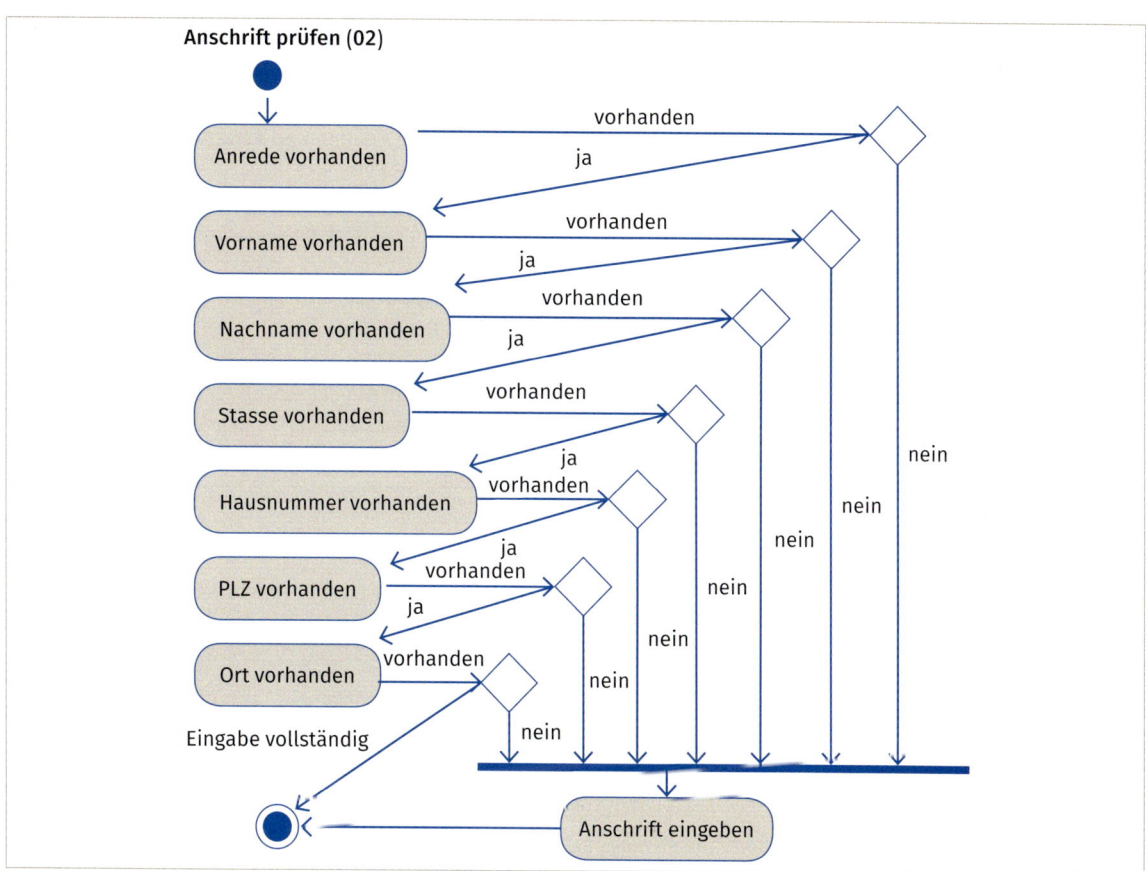

Aktivitätsdiagramm aus zweiter Iteration mit Alternativen zur Überprüfung

Ein Token wandert durch das Aktivitätsdiagramm und der Reihe nach wird das Vorhandensein der Angaben überprüft. Fehlt eine Angabe, so verzweigt der Ablauf sofort zur Aufforderung, die Anschrift (erneut) einzugeben. An dieser Stelle ergeben sich weitere Anforderungen an den Ablauf und die Art der Implementierung dieser Überprüfung:

- Bei einer erneuten Aufforderung zur Eingabe der Anschrift sollten die bereits belegten Felder erhalten bleiben. Man darf in diesem Fall nicht mit einer leeren Eingabemaske starten.
- Bei der Prüfung auf das Vorhandensein der Daten bieten sich eventuell auch inhaltliche Prüfungen an, z. B. ob die eingegebene PLZ überhaupt vergeben wurde.

7.4.3.3 Design: Klassendiagramme erstellen

Zum Erfassen der Anforderungen nutzten wir bisher das UML-Anwendungsfalldiagramm, das die **Struktur** des zu entwickelnden Systems abbildet. Die dynamischen Aspekte werden durch das UML-Aktivitätsdiagramm abgebildet, wodurch die **Abläufe** aufgezeigt werden.
Ausgehend von den UML-Dokumenten Anwendungsfalldiagramm und Aktivitätsdiagramm werden die Objekte anschließend mit ihren allgemeinen Merkmalen im UML-Klassendiagrammen modelliert. Damit verlassen wir das Top-Level der Anwendersicht, d. h., wir wechseln bei den Begriffen von der Sprache der Anwenderinnen und Anwender hin zu der Sprache der Implementierung. An dieser Stelle wird z. B. erstmalig der „Datentyp" genutzt, auch wenn die Datentypen mit der einfachen Unterscheidung von Daten als Zahlen (Integer, Float) oder Texten (String) noch wenig mit der Implementierung in Verbindung stehen.

> **Schrittfolge im Design-Prozess**
>
> 1. Nutzen Sie die Anwendungsfall- und Aktivitätendiagramme als Grundlage der weiteren Modellierung. Sie zeigen eine **Gesamtsicht** auf die Aufgabenstellung und die gewünschten Charakteristika ihrer Lösung.
> 2. Identifizieren Sie die **angesprochenen Objekte**, beschreiben Sie deren notwendige Eigenschaften (Merkmale, Attribute) und stellen deren Beziehungen zueinander in einem oder in mehreren **Klassendiagrammen** dar. Erinnern Sie sich hierzu an die Ausführungen zum Systembegriff. Die Klassendefinition stellt eine Verallgemeinerung der Merkmale und Beziehungen ähnlicher Objekte dar.
> 3. Die Beziehungen der Objekte zueinander werden auch als Nachrichten zwischen den Objekten verstanden. Ermitteln Sie, welche Nachricht ein Objekt an ein anderes sendet. Zum Erstellen und Verarbeiten dieser Nachrichten benötigen die Objekte Funktionalitäten, auch **Methoden** genannt.
> 4. Verbessern Sie die Definition ihrer Klassen in mehreren Iterationen. Bedenken Sie, dass es viel einfacher und effektiver ist, an dieser Stelle eine Zeichnung im Modell zu ändern, als später ein Programm zu verändern.

Das Klassendiagramm ist das wichtigste Strukturdiagramm der UML. Es stellt Zusammenhänge zwischen Klassen und den Aufbau von Klassen dar. An den verschiedenen Klassendiagrammen kann jeweils ein Teil der Softwarearchitektur des geplanten ACI-Webshops betrachtet werden. Jedes Klassendiagramm stellt eine oder mehrere in Beziehung zueinanderstehende Klassen dar. Diese Klassen können später in einem Paket der „Zielsprache" implementiert werden.

Wir beginnen die Betrachtung mit der Klasse „Warenkorb" und den mit dieser Klasse in Beziehung stehenden weiteren Klassen.

- Im Webshop werden verschiedene Artikel angeboten. Alle Artikel, die durch die gleichnamige Klasse repräsentiert werden, werden in einer **Klasse „Angebot"** zusammengefasst. Dazu wird zwischen der Klasse „Angebot" und der **Klasse „Artikel"** eine Assoziation eingezeichnet. Es handelt sich um eine 1:n-Assoziation: Das bedeutet, auf ein Objekt der Klasse „Angebot" kommen mehrere Objekte der Klasse „Artikel".
- Die **Klasse „Artikel"** besitzt fünf Eigenschaften. Ein Artikel ist durch eine **Artikelnummer**, eine **Bezeichnung** und einen **Preis** gekennzeichnet. Außerdem kann für einen Artikel angegeben werden, wie hoch sein **Bestand** ist und wie viele **Bestellungen** von Kunden bereits existieren. Alle fünf Eigenschaften sind „privat", sie sind damit geschützt und können nur von Methoden der Klasse „Artikel" geändert werden. Der Datentyp jeder Eigenschaft steht hinter dem Namen, getrennt durch einen Doppelpunkt.
- Als dritte Klasse im Diagramm wird die **Klasse „Warenkorb"** definiert. Für Artikelbewegungen im Warenkorb werden zwei Methoden deklariert: Die Methode **einlegen( )** wird verwendet, um einen Artikel mit der angegebenen Artikelnummer in den Warenkorb zu legen. Die Methode **entfernen( )** wird verwendet, um einen Artikel zu entfernen, der sich bereits im Warenkorb be-

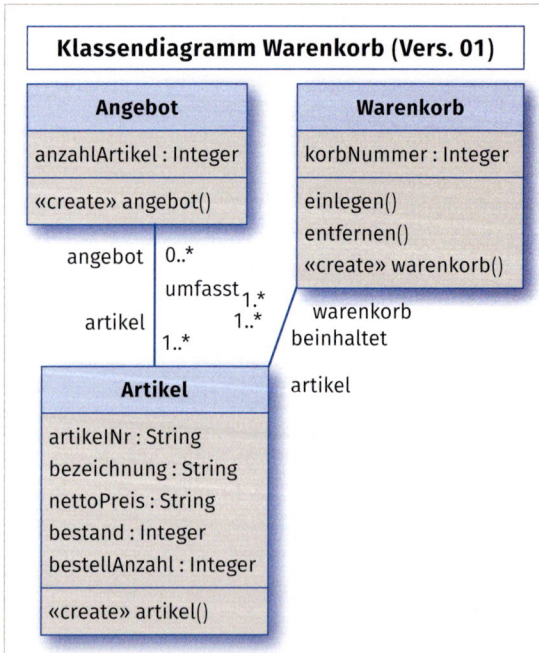

Klassendiagramm zum Warenkorb

findet. Beide Methoden erwarten als Parameter eine Zahl, die angibt, wie viele Artikel in den Warenkorb gelegt bzw. wie viele Artikel aus dem Warenkorb entnommen werden sollen. Beide Methoden sind „öffentlich", können also von Objekten anderer Klassen angesprochen werden.

Iterationen sind auch beim Entwurf der Klassen nützlich. Das Klassendiagramm zum Warenkorb muss erweitert werden, wobei wichtig ist, dass die bereits existierenden Klassendefinitionen „Angebot", „Artikel" und „Warenkorb" übernommen werden. Es wäre nicht im Sinne einer verbessernden Iteration, wenn die Klassen vollkommen neu definiert werden müssen.

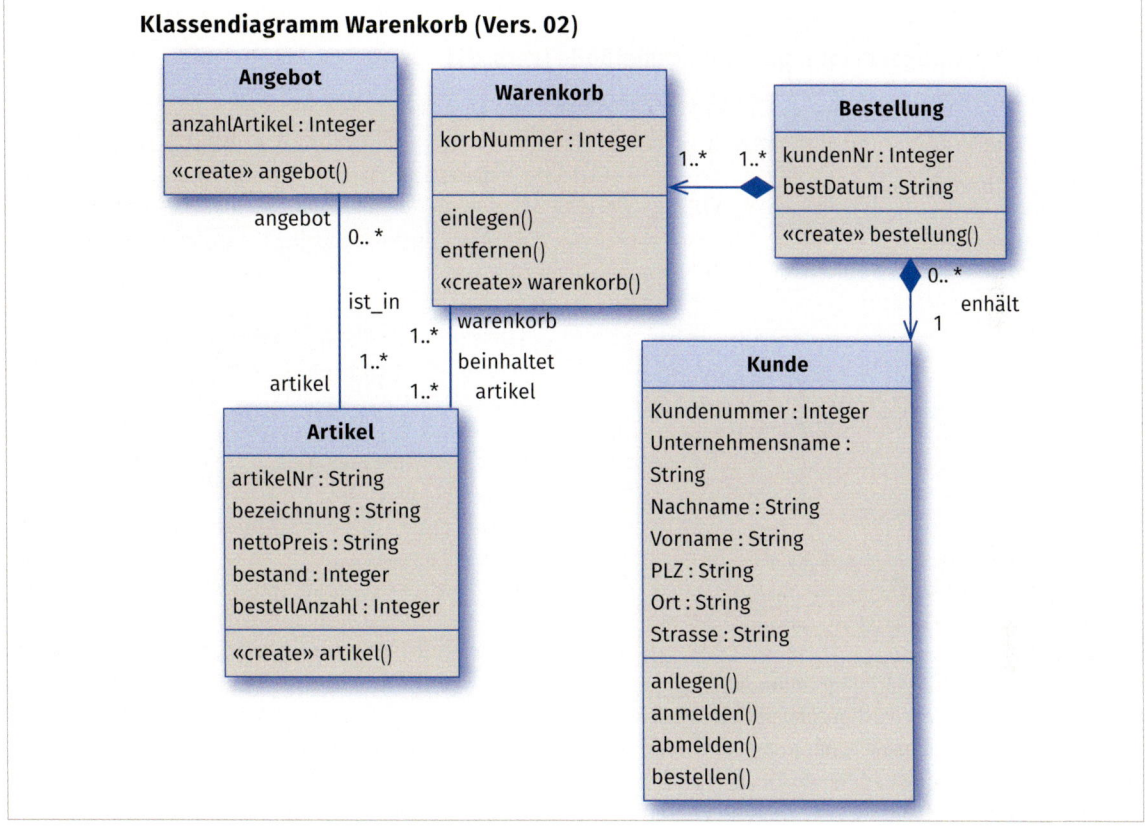

Klassendiagramm aus der zweiten Iteration mit Alternativen

Der Warenkorb reicht für eine Bestellung noch nicht aus. Es werden weitere Angaben benötigt, um ausgewählte Artikel ausliefern zu können. Das erweiterte Klassendiagramm zum Warenkorb stellt die **Klasse „Bestellung"** im Mittelpunkt der Betrachtung.

- Die Klasse „Bestellung" hat Zugriff auf die bereits bekannte Klasse „Warenkorb" und auf eine Klasse „Kunde". Dieser Zugriff findet über eine private Eigenschaft „Kundennummer" statt. Außerdem besitzt die Klasse „Bestellung" eine private Eigenschaft „Bestelldatum" vom Typ „String". Während es aber genau eine Kundennummer zur Bestellung gibt, kann an der Kardinalität (0...*) abgelesen werden, dass eine Bestellung nicht für jeden Kunden zwingend ist.
- Die Verbindungslinien von der Klasse „Bestellung" zu den Klassen „Warenkorb" und „Kunde" sind Kompositionen, erkennbar an der Raute. Damit soll ausgedrückt werden, dass eine Bestellung eine Kombination aus „Warenkorb" und „Kunde" darstellt. Eine Bestellung kann ohne diese beiden Klassen nicht existieren.

Eine komplette Bestellung beinhaltet auch die Festlegung der Zahlungsmethode, dargestellt in einem weiteren Klassendiagramm auf der folgenden Seite.

- Die **Klasse „Zahlungsmethode"** ist durch eine Komposition mit der Klasse „Bestellung" verbunden. Da für eine Bestellung jedoch eine konkrete Zahlungsmethode ausgewählt werden muss, ist die Klasse „Zahlungsmethode" abstrakt, was an der kursiven Darstellung des Klassennamens „Zahlungsmethode" zu erkennen ist. Es kann aber kein Objekt der „Klasse Zahlungsmethode" erstellt werden, weil dieses Objekt keine Auskunft geben würde, welche Zahlungsmethode vom Kunden gewählt wurde.
- Die vom Webshop unterstützten Zahlungsmethoden werden als abgeleitete Klasse(n) dargestellt, erkennbar

an den Verbindungslinien mit dem ausgeprägten dreieckigen Pfeil. Die **Klassen Online-Bezahldienst", „Kreditkarte"** und **„Bankeinzug"** sind **Kindklassen** der **Elternklasse** „Zahlungsmethode". Die Klassen „Nachnahme" und „Vorauskasse" definieren keine Eigenschaften. Die Klasse „Bankeinzug" wird durch die privaten Eigenschaften IBAN, BIC und Bankname charakterisiert. Alle drei Kindklassen erben von der Klasse „Zahlungsmethode" die Eigenschaft „gebühr", hier vom Datentyp „String", da bisher keine Klasse „Währung" zur Definition von Objekten mit Währungsangaben existiert.

- Hinzuweisen ist auch auf den **Konstruktor „zahlungsmethode"**, der hier deutlich hervorgehoben wird durch das Stereotyp <<create>>. Dessen Angabe ist bei abstrakten Klassen immer notwendig.

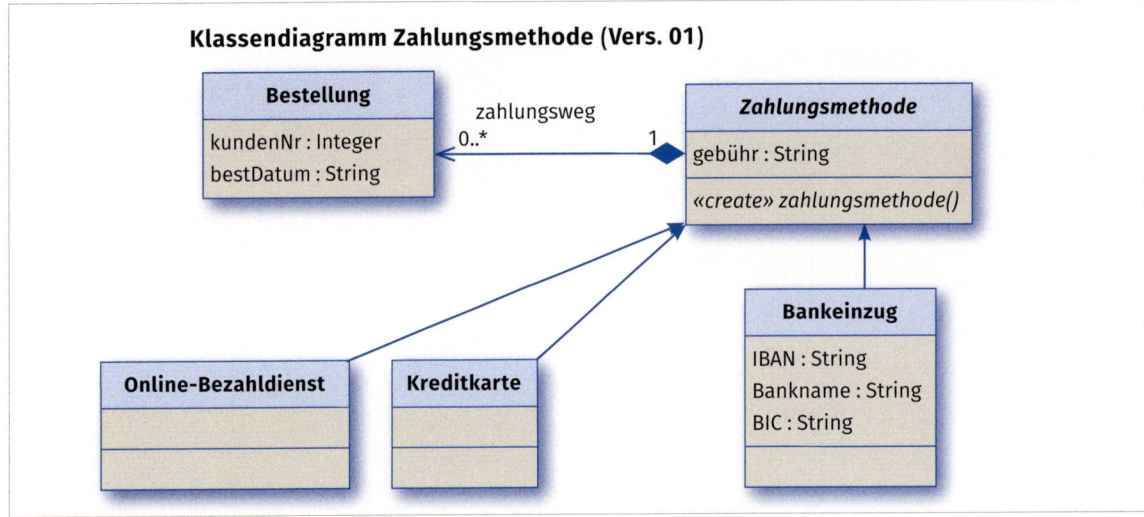

Klassendiagramm zur Zahlungsmethode

Aufgaben

1. Ergänzen Sie das Klassendiagramm um eine Klasse „Distributor", die über Verbindungslinien mit der bereits bekannten Klasse „Bestellung" verknüpft ist. Diese Assoziationen sollen ausdrücken, dass der Distributor auf beliebig viele Bestellungen zugreifen kann.
2. Ergänzen Sie das Klassendiagramm um die Klasse „Format". Diese Klasse soll das Format festlegen, in dem die Kunden- und Bestelldaten für den Distributor zur Verfügung gestellt werden.
3. Ergänzen Sie im Klassendiagramm die Klasse „Bestellung" um das Attribut „Lieferanschrift".

7.4.3.4 Build-Phase: Überprüfung des Modells und Code-Generierung

Bevor aus den Modellen der Quellcode erzeugt wird, sollte deren formale Korrektheit überprüft werden. Das Tool ArgoUML bietet hierzu umfangreiche Prüfkriterien an. Auf Wunsch der Anwender und Anwenderinnen erfolgt auch eine automatische Modifikation am Modell, sodass die Prüfkriterien erfüllt werden.

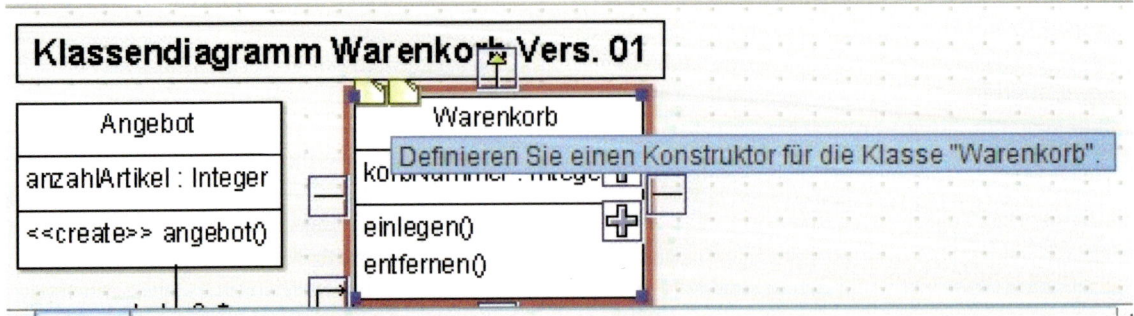

Anzeige von Prüfhinweisen bei der Modellierung

Bereits bei der Modellierung erscheinen an den Zeichnungen oben rechts kleine Kommentarsymbole, die auf notwendige Aktivitäten hinweisen. In der Abbildung zur Anzeige von Prüfhinweisen wird man z. B. daran erinnert, den Konstruktor zur Klasse „Warenkorb" zu erstellen.

Auf der Registerkarte „Zu bearbeiten" (rechts unten) erscheinen bei Bedarf umfangreiche Hinweise zur Vervollständigung der Modelle. Besonders kritisch werden die Kardinalitäten ausgewertet, sodass man viele Hinweise zu notwendigen Änderungen oder Ergänzungen erhält.

Im Falle eines fehlenden Konstruktors kann das Tool ArgoUML sogar selbst eingreifen, was man in der folgenden Abbildung daran erkennt, dass für diesen Hinweis die Schaltfläche „Fertigstellen" aktiviert wurde. Durch das Betätigen dieser aktivierten Schaltfläche wird der erkannte Mangel vom Tool durch das Einfügen des Konstruktors unter die Methoden automatisch beseitigt.

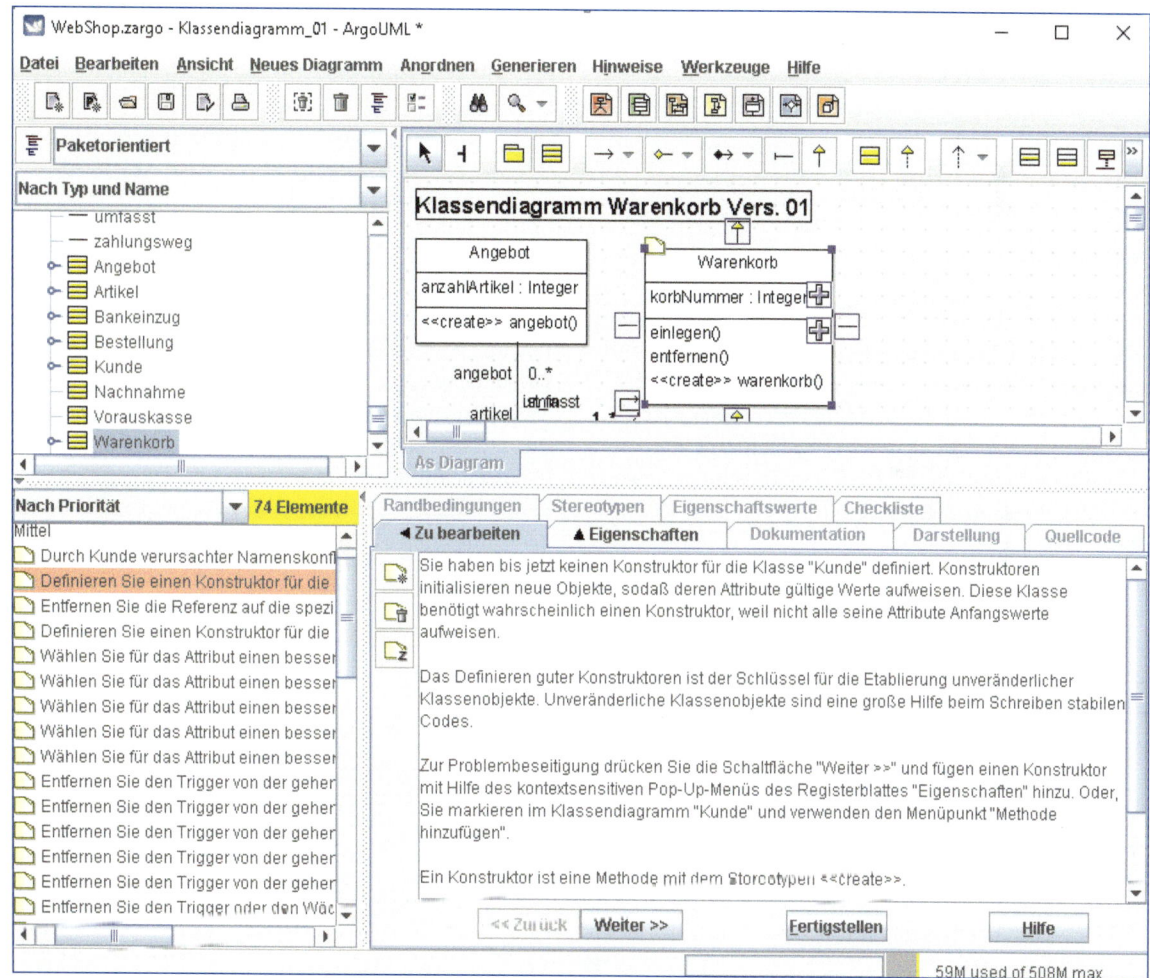

Unterstützung von ArgoUML bei der Überprüfung der Modelle

Code-Generierung

> **W** Unter **Code-Generierung** versteht man den Prozess, der die UML-Diagramme in Quellcode überführt. Dieser Prozess ist möglich, da UML-Diagramme ein Modell der Software darstellen.

UML ist nicht direkt für das Generieren von Programmcode konzipiert. Jedoch kann an dieser Stelle gezeigt werden, wie z.B. das Tool ArgoUML für die Code-Generierung eingesetzt wird.

Die Überführung in Quellcode kann manuell vorgenommen werden, wobei jedoch die automatische Übersetzung in den Quellcode zu empfehlen ist.

Objektorientierter Entwurf 235

```
public class Kunde {
  public Integer Kundennummer;
  public String Unternehmensname;
  public String Nachname;
  public String Vorname;
  public String PLZ;
  public String Ort;
  public String Strasse;
    /**
     * @element-type Bestellung
     */
  public void anlegen() { }
  public void anmelden() { }
  public void abmelden() { }
  public void bestellen() { }
}
```

Auswahlfenster zur Code-Generierung

ArgoUML berücksichtigt für die Code-Generierung ausschließlich Klassendiagramme. Als Grundlage für die Code-Generierung sollte daher ein Klassendiagramm dienen, das eine Gesamtübersicht aller Klassen darstellt, die z. B. für den Webshop benötigt werden. Dafür bietet ArgoUML die Generierung von Quellcode in zahlreichen Sprachen an, darunter auch Java, C# und PHP.

Wurde die Code-Generierung erfolgreich ausgeführt, stehen im Ausgabeordner die generierten Dateien als Quellcode zur Verfügung, wie z. B. der erzeugte Quellcode für die Klasse „Kunde".

Die Klassen liegen daraufhin mit ihren Eigenschaften und Methoden in Java-Quellcode vor. Allerdings ist keine einzige Methode implementiert, d. h., die Methodenrümpfe sind leer. Im generierten Quellcode müssen alle Methoden implementiert werden, um den Quellcode für die gewünschte Software kompilieren zu können. Ein Kompilieren des erzeugten Quellcodes in der vorliegenden Fassung würde daher nicht viel Sinn machen.

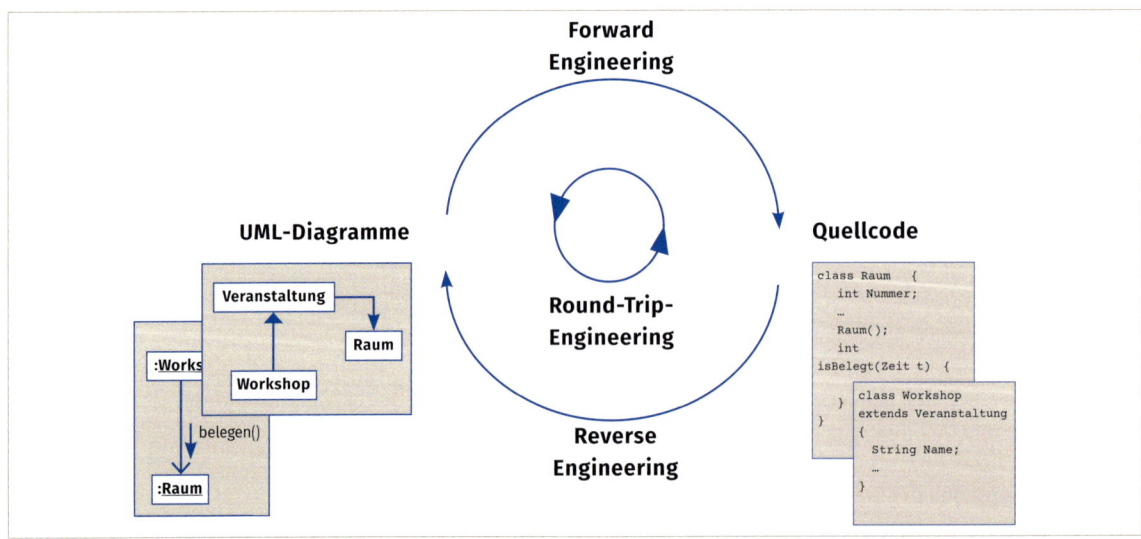

Reverse Engineering – vom Modell zum Quellcode und umgekehrt

Reverse Engineering

> **W** Die Erstellung eines Modells, z. B. eines UML-Diagramms aus einem vorhandenen Quellcode (z. B. Java-Code) wird Reverse Engineering genannt.

Der Zusammenhang zwischen UML-Diagramm (Modell) und Quellcode wird mit der folgenden Abbildung verdeutlicht. Reverse Engineering wird von einigen Tools ermöglicht, die auch für die Code-Generierung geeignet sind.

Reverse Engineering ist jedoch umstritten. Es ist in vielen Fällen durch Lizenzverträgen zu proprietärer Software (Software, die Eigentum eines Entwicklers ist) sogar explizit verboten, denn so konnte man mit viel Aufwand die Geheimnisse einiger Algorithmen ergründen.

7.5 Computersprachen

Zuerst ist es sinnvoll, einen Blick auf die Historie der Computersprachen zu werfen. Damit bietet sich die Gelegenheit zur Erklärung der wesentlichen Unterschiede zwischen den Sprachen, z. B. ob es sich um eine imperative oder deskriptive Sprache, prozedurale oder objektorientierte Herangehensweise oder um Spezialsprachen einzelner Fachgebiete handelt.

Im Rahmen der Ausbildung stehen die Programmiersprachen **Java** und **C#** im Mittelpunkt. Auf deren Anwendung wird im Kapitel 8 ausführlich eingegangen. Die Datenbanksprache **SQL** bildet einen Schwerpunkt im Kapitel 10. Die deskriptiven Sprachen **HTML**, **XML** und **CSS** werden im Kapitel 11 in Verbindung mit der Webentwicklung ausführlicher erläutert.

7.5.1 Entwicklung der Computersprachen

Die Geschichte formaler Computersprachen in der Informationsverarbeitung begann in den 50er-Jahren des 20. Jahrhunderts mit der Entwicklung einer Spra-

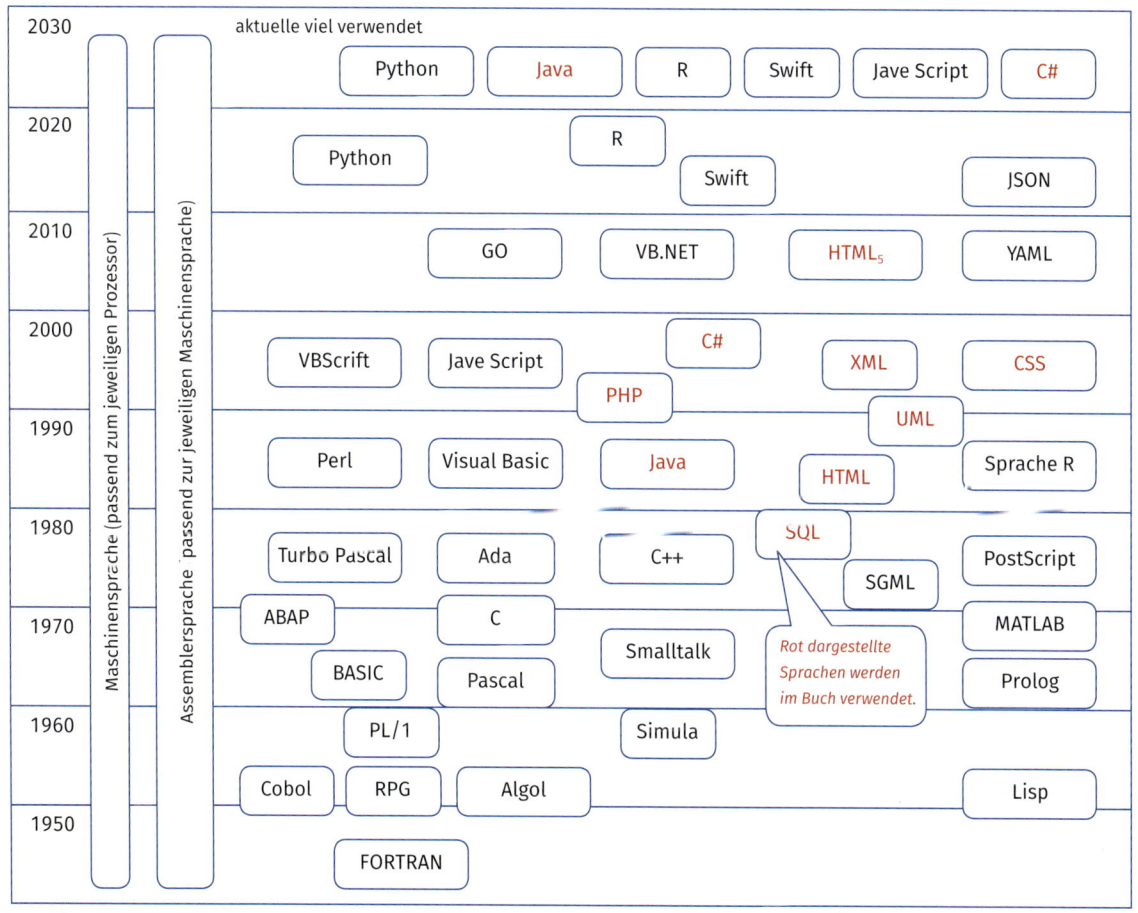

Geschichte der formalen Computersprachen

che zum Übersetzen mathematischer Formeln (Formel Translator – kurz FORTRAN). Die folgende Übersicht zeigt den Weg der Entwicklung einzelner Computersprachen, jeweils aufbauend auf den Erfahrungen mit vorherigen Sprachkonzepten.

7.5.2 Programmiersprachen

Es gibt viele Programmiersprachen, die derzeit in der Anwendung sind. Hier sind einige der beliebtesten und weitverbreiteten Programmiersprachen:

1. Python ist eine beliebte Hochsprache, die für verschiedene Anwendungsbereiche wie Webentwicklung, Datenanalyse, künstliche Intelligenz und maschinelles Lernen verwendet wird. Sie ist bekannt für ihre einfache Syntax und ihre große Auswahl an Bibliotheken und Frameworks.
2. JavaScript wird hauptsächlich für die Entwicklung von interaktiven Webseiten und Webanwendungen verwendet. Es ist eine Skriptsprache, die in Kombination mit HTML und CSS eingesetzt wird, um Frontend-Interaktionen zu ermöglichen. Darüber hinaus kann JavaScript auch für serverseitige Entwicklung (Node.js) verwendet werden.
3. Java ist eine weitverbreitete Programmiersprache, die für die Entwicklung von plattformunabhängigen Anwendungen, Mobil- und Webanwendungen sowie Unternehmenssoftware eingesetzt wird. Java wird häufig in großen Unternehmensumgebungen eingesetzt und ist für seine Stabilität und Sicherheit bekannt.
4. C++ ist eine leistungsstarke und effiziente Programmiersprache, die für die Entwicklung von systemnaher Software, Spiele, Embedded-Systeme und performante Anwendungen verwendet wird. Sie erweitert die ursprüngliche C-Sprache um zusätzliche Funktionen wie Objektorientierung.
5. C# (ausgesprochen „C sharp") ist eine von Microsoft entwickelte Programmiersprache, die für die Entwicklung von Windows-Anwendungen, Webanwendungen und Spielen auf der Microsoft-Plattform eingesetzt wird. C# ist eng mit der .NET-Plattform verbunden.
6. Swift ist eine von Apple entwickelte Programmiersprache, die hauptsächlich für die Entwicklung von iOS-, macOS- und watchOS-Anwendungen verwendet wird. Sie zeichnet sich durch eine klare Syntax aus und wurde entwickelt, um die Entwicklung von Apps für Apple-Plattformen zu erleichtern.
7. Go, auch bekannt als Golang, ist eine von der Alphabet Inc. (vormals Google) entwickelte Programmiersprache. Go wurde speziell für die Entwicklung von skalierbaren und effizienten Systemen entwickelt. Es wird bei Alphabet für Backend-Systeme und infrastrukturelle Dienste eingesetzt.
8. PHP: Obwohl Hack die bevorzugte Sprache für die Entwicklung bei der Meta Platforms, Inc. ist, wird PHP immer noch in einigen Teilen der Plattform verwendet. Insbesondere älterer Code und bestimmte Bereiche der Infrastruktur basieren auf PHP.

Natürlich gibt es noch viele andere Programmiersprachen, die je nach Anwendungsfall und Präferenzen eingesetzt werden können. Die Auswahl der Programmiersprache hängt oft von den Anforderungen des Projekts, dem Entwicklungsteam und den verfügbaren Ressourcen ab.

7.5.2.1 Syntax und Semantik

Svenja und Felix stehen vor der Frage, mit welcher Programmiersprache sie arbeiten sollen. Sie beschließen, zunächst im Internet zu recherchieren und sich über die geeigneten Programmiersprachen zu informieren, bevor sich danach endgültig entscheiden.

> Unter einer **Programmiersprache** versteht man nach DIN 44300, Teil 4, eine formale Sprache zum Abfassen (Formulieren) von Verarbeitungsanweisungen für Rechnersysteme. Die mithilfe einer Programmiersprache ausgedrückte, von einem Menschen lesbare Beschreibung heißt Quelltext (oder auch Quellcode/Programmcode).

> Unter der **Syntax** versteht man die in der Sprache übliche Verbindung von Wörtern zu Wortgruppen und Sätzen. Für die Programmierung wird durch die Syntax die korrekte Verknüpfung sprachlicher Einheiten zu Anweisungen definiert. So wird es möglich, erlaubte Konstruktionen festzulegen und unerlaubte Konstruktionen auszuschließen. Die Syntax einer Programmiersprache wird formal durch die Syntaxdiagramme oder in der einfachen oder erweiterten Backus-Naur-Form angegeben.

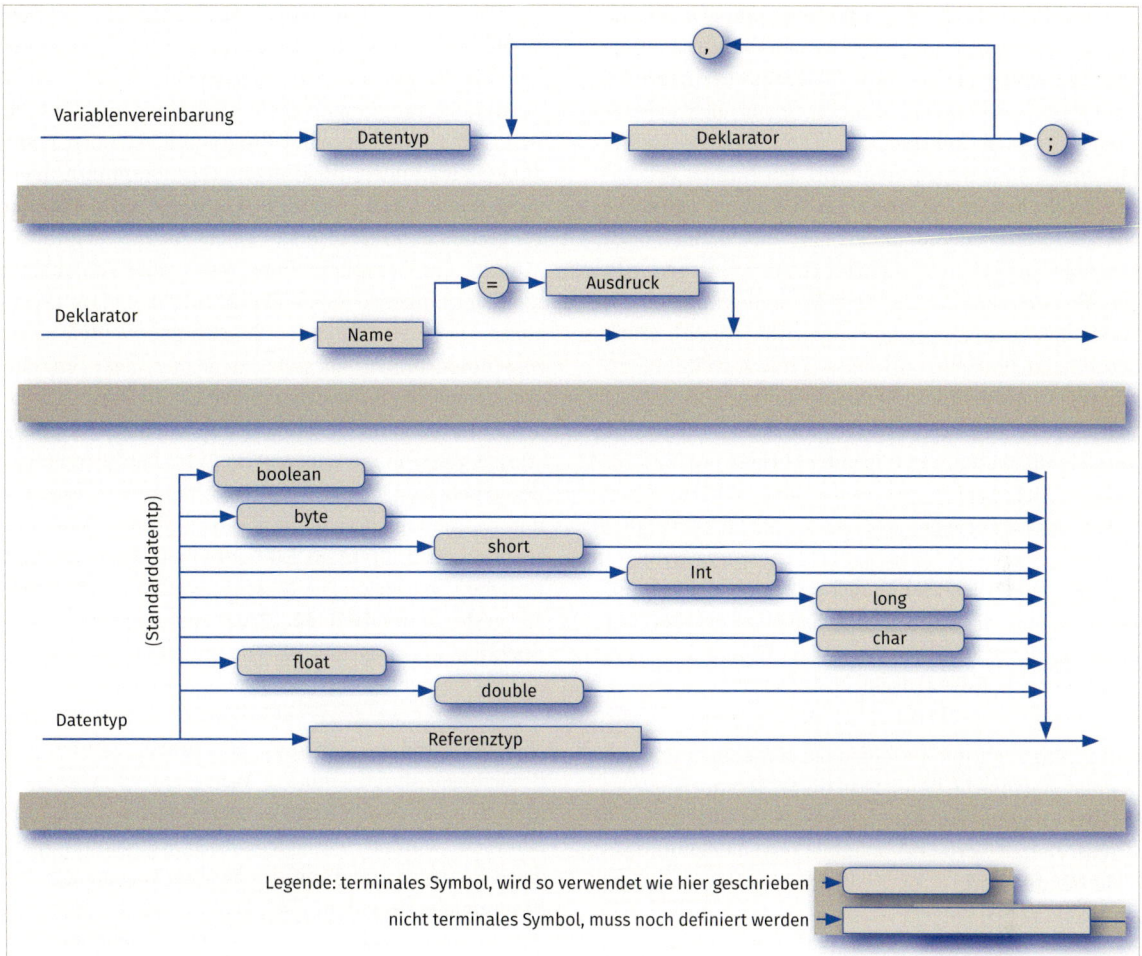

Syntaxdiagramm

Erweiterten Backus-Naur-Form (EBNF)
(1) <Variablenvereinbarung> ::= <Datentyp> <Deklarator> {„,“ <Deklarator>}* „;“.
(2) <Deklarator> ::= <Name> [„=“ <Ausdruck>].
(3) <Datentyp> ::= <Standardtyp> | <Referenztyp>
(4) <Standardtyp> ::= boolean | byte | short | int | long | char | float | double
Die nicht terminalen Symbole <Datentyp>, <Name> und <Ausdruck> sind an anderer Stelle zu definieren. (Hinweis: Die Syntax der Variablendefinition ist hier im Interesse der Übersichtlichkeit etwas verkürzt dargestellt.)

Bedeutung (Semantik) der Notation in der Erweiterten Backus-Naur-Form (EBNF):

(Einfache) EBF-Notation	<ul><li>Zeichen „ | “ (vertikaler Strich) kennzeichnet eine Alternative.</li><li>Zeichenfolge „::=“ kennzeichnet eine Definition.</li><li>Nicht-Terminale-Symbole werden mit spitzen Klammern „<…>“ umschlossen.</li></ul>
„{…}“	**Zeichen für optionale Wiederholungen.** Die Symbole innerhalb der geschweiften Klammern müssen einmal auftreten, können sich aber wiederholen.
„[…]“	**Zeichen für Optionen.** Die Symbole innerhalb der eckigen Klammern können einmal auftreten, müssen aber nicht zwingend vorhanden sein.
„…“	**Zeichen für terminale Symbole.** Diese Symbole stehen für sich selbst (z. B. „,“ oder „=“).

Computersprachen

Die Abbildung zeigt ein Syntaxdiagramm aus der Definition der Sprache Java und beschreibt den Aufbau einer Variablenvereinbarung. Man muss nur den Pfeilen folgen und erkennt die zulässigen, also syntaktisch korrekten Konstruktionen. Es beginnt immer mit einem Datentyp, gefolgt von den Namen der Variablen. Es können mehrere durch Komma getrennte Namen folgen. Außerdem darf nach dem Namen auch eine Wertzuweisung aus einem Ausdruck folgen. Abgeschlossen wird die Deklaration immer mit einem Semikolon. Die verwendeten Begriffe „Name", „Ausdruck" und „Referenztyp" müssen durch weitere Syntaxdiagramme definiert werden.

Im Quellcode eines Java-Programmes erscheint die Variablendeklaration in folgender Form:

```
int Wert, Anfang=0, Ende;
```

Das sieht natürlich viel einfacher aus als die komplizierte Syntaxdefinition. Das Beispiel zeigt aber nur einen speziellen Fall, während die Syntaxdefinition **alle** zulässigen Fälle abdeckt.

> **W** Die Bedeutung der einzelnen Elemente einer Programmiersprache nennt man deren **Semantik**. Zu jeder Programmiersprache gibt es eine Liste der reservierten Worte, die mit einer festen Bedeutung verbunden sind.

Syntax und Semantik der Programmiersprache können aus deren Spezifikation bzw. Dokumentation entnommen werden.

- Die Sprache Java verwendet bei den Wertzuweisungen z.B. das Gleichheitszeichen „=" im Sinne von „ergibt sich aus". Der Ausdruck „a=3;" bedeutet, dass sich der Wert der Variablen a aus der Konstanten 3 ergibt. Andere Sprachen verwenden hierfür das Symbol „:=".
- Für die Gleichheit von zwei Ausdrücken verwendet Java das doppelte Gleichheitszeichen „==".
- Die Worte der Programmiersprachen als terminale Symbole (wie: boolean, byte, short, int, long, char, float oder double) lehnen sich in ihrer Bedeutung und in ihrer Semantik allgemein an die englische Sprache an.

7.5.2.2 Maschinenorientierte Sprachen

Die Sammlung der unmittelbar vom Prozessor ausführbaren Befehle und die Festlegung ihrer Struktur (Syntax) zur Angabe von Speicheradressen und Prozessorregistern bezeichnet man als **Maschinensprache**. Eigentlich ist es keine Sprache im Sinne einer Sammlung von Worten und Symbolen, denn die Anweisungen werden durch Folgen von 1 und 0 binär angegeben. Eine Übersetzung der Maschinenbefehle ist nicht notwendig. Programmcode in Maschinensprache wird von Programmierern und Programmiererinnen heutzutage kaum noch direkt erzeugt, sondern unter Nutzung von Compilern oder Interpretern einer höheren Programmiersprache oder einer Assemblersprache. Mithilfe des Compilers, Interpreters oder Assemblers und/oder Linkers entsteht der ausführbare Maschinencode. Alle auszuführenden Programme werden so in Maschinensprache übersetzt, denn nur diese Sprache „verstehen" die Prozessoren.

Es besteht keine Notwendigkeit, in Maschinensprache zu programmieren. Nur in sehr hardwarenahen Bereichen mag das sinnvoll sein, denn man erreicht mit Maschinensprache eine hohe Verarbeitungsgeschwindigkeit direkt im Takt des Prozessors und ohne jeglichen Overhead. Die Maschinensprache wird auch als **erste Generation der Programmiersprachen** bezeichnet, weil man die ersten Computer noch direkt mit Maschinenbefehlen programmieren musste.

Um komfortabler Arbeiten zu können, wurden die Binärfolgen durch einfache Worte ersetzt, wie z. B. MOVE oder ADD. Anstelle der direkten Speicheradressen wurden Variablennamen verwendet. Auf diese Weise entstand mit der **zweiten Generation der Programmiersprachen** die erste wirkliche Sprache zum Programmieren, die allgemein als **Assemblersprache** bezeichnet wird. Eine Assemblersprache (von „to assemble" = „montieren") ist ebenfalls eine hardwarenahe Programmiersprache. Der Quelltext wird durch einen sogenannten Assembler in direkt ausführbaren Maschinencode umgewandelt.

Assemblersprachen unterscheiden sich von den Maschinensprachen dadurch, dass die Anweisungen nicht mehr als Binärfolgen angegeben werden, sondern mithilfe von Abkürzungen, die für den Menschen eher verständlich sind. Auch die physischen Adressen der Operanden werden durch Variablennamen ersetzt. Damit ist es im Gegensatz zu der ersten Generation von Programmiersprachen endlich möglich, dass der Mensch den Code lesen und auch einfach schreiben kann. Allerdings muss dieser Programmcode nun übersetzt werden in eine vom Computer – genauer gesagt vom Prozessor – ausführbare Form. Der Assembler ist ein derartiges Programm, das Quelltext in Maschinensprache übersetzt. Die Assemblersprache ist speziell für eine bestimmte Prozessorfamilie und deren Umfeld abgestimmt. Da sie die „Muttersprache" eines Prozessors ist, erreicht man erhebliche Geschwindigkeitsvorteile, die für sehr häufig verwendete Programme unerlässlich sind, z. B. im Kern des Betriebssystems oder in Gerätetreibern. Die folgende Übersicht zeigt das Beispiel eines Assemblerprogrammes.

Anweisung	Kommentar
`DATA SEGMENT`	Beginn des Datensegments, identifiziert durch den Variablennamen DATA
`Meldung db "Hello World"`	Zeichenkette „Hello World" unter der Variablenbezeichnung „Meldung" ablegen
`db "$"`	Zeichen, das INT 21h (Betriebssysteminterrupt 21 hex) als Ende der Zeichenkette erkennt
`DATA ENDS`	Ende des Datensegments
`CODE SEGMENT`	Beginn des Codesegments
`ASSUME CS:CODE,DS:DATA`	dem Assembler die vorgesehenen Segmente und Segmentregister mitteilen
`Anfang:`	Einsprung-Label für den Anfang des Programms
`mov ax, DATA`	Adresse des Datensegments in das Register „AX" laden
`mov ds, ax`	in das Segmentregister „DS" übertragen (in das DS-Register kann nicht direkt geladen werden)
`mov dx, offset Meldung`	die zum Datensegment relative Adresse des Textes in das „DX"-Datenregister laden die vollständige Adresse von „Meldung" befindet sich nun im Registerpaar DS:DX
`mov ah, 09h`	die Unterfunktion 09 hex (übertrage den Registerinhalt in den Ausgabe-Stream) des Betriebssysteminterrupts 21h auswählen
`int 21h`	den Betriebssysteminterrupt 21h aufrufen (hier erfolgt die Ausgabe des Textes am Bildschirm)
`mov ax, 4C00h`	die Unterfunktion 4Ch (Programmbeendigung) des Betriebssysteminterrupts 21h festlegen
`int 21h`	diesen Befehl ausführen, damit wird die Kontrolle wieder an das Betriebssystem zurückgegeben
`CODE ENDS`	Ende des Codesegments
`END Anfang`	dem Assembler- und Linkprogramm den Programm-Einsprung-Label mitteilen

7.5.2.3 Höhere Programmiersprachen

FORTRAN gilt als erste höhere Programmiersprache mit prozeduralem Charakter, die insbesondere für numerische Berechnungen erfolgreich eingesetzt wird. Der Name entstand aus den Begriffen „FORmula" und „TRANslation". Entwickelt wurde FORTRAN bei IBM auf Anregung von John W. Backus.

Die Worte der höheren Programmiersprachen lehnen sich in ihrer Bedeutung bzw. Semantik an die englische Sprache an. Mit der Annäherung an die menschliche Sprache wird die binäre Notation verlassen. Quelltexte in einer höheren Programmiersprache müssen mit einem Compiler oder Interpreter übersetzt werden, bevor sie ausgeführt werden können.

Wichtiger als die Performance ist die Verständlichkeit durch den Menschen, denn die Quelltexte sind leicht lesbar und damit auch leicht änderbar. Die Programmiersprache verlässt damit die unterste Ebene (Hardware des Computers) und begibt sich auf das höhere Niveau des Menschen.

Auf Basis der guten Erfahrungen mit FORTRAN entwickelte man eine Vielzahl von Programmiersprachen, die in ihren Sprachkonstrukten der menschlichen Sprache immer ähnlicher wurden, wie z. B. Pascal oder Modula. Man bezeichnet diese Sprachen auch als **dritte Generation der Programmiersprachen**.

Prozedurale Programmiersprachen

In der klassischen Datenverarbeitung dominieren die sogenannten prozeduralen Programmiersprachen. In diesen Programmiersprachen wird zwischen den Daten und den Anweisungsfolgen unterschieden. Dieses Prinzip hat zur Folge, dass alle global verfügbaren

Datenkomponenten in jedem Unterprogramm bzw. jeder Prozedur verändert werden können.

Eine typische Vertreterin der prozeduralen Programmiersprachen ist die Sprache **Modula**. Im folgenden Programmbeispiel eines Modula-Programmes soll die Fläche eines Kreises berechnet werden.

```
PROGRAM Flaechenberechnung;
    VAR Flaeche, Radius : REAL;
    PROCEDURE BerechneFlaeche;
        CONST Pi = 3.14;
        BEGIN Flaeche : Pi * Radius *
        Radius;
    END;
BEGIN
    Radius := 42;
    WriteLn('Der Kreisradius betraegt:
    ', Radius);
    BerechneFlaeche;
    WriteLn('Die Kreisflaeche betraegt ',
    Flaeche);
END.
```

Im Quelltext ist ersichtlich, dass eine parameterlose Prozedur definiert wird, die die Berechnung der Kreisfläche ausführt. Zu diesem Zweck erfolgt der Zugriff auf die folgenden globalen Variablen:
- Variable „Radius", die den Kreisradius enthält und mit dem Wert 42 belegt wird
- Variable „Flaeche"

Objektorientierte Programmiersprachen

Objektorientierte Programmiersprachen definieren sogenannte Objekte, die aus **internen Objekten**, die im einfachsten Fall nur Daten darstellen, und zugehörigen **Operationen** bzw. **Methoden** bestehen. Die internen Objekte sind normalerweise nicht zugänglich, weil sie nur für den Autor oder die Autorin des Objektes von Interesse sind. Die Anwender und Anwenderinnen des Objektes kennen nur die Methoden als sichtbaren Teil des Objektes. Damit wissen sie, welche Aktion eine bestimmte Methode ausführt. Nicht bekannt ist hingegen, wie eine Methode ihr Ziel erreicht. Die Objekte können deshalb auch als „Blackbox" betrachtet werden.

Die objektorientierte Programmierung unterscheidet zwischen **Entwicklerinnen** und **Entwicklern** und den **Anwendern** und **Anwenderinnen** der Objekte.
- Die **Entwickler** und **Entwicklerinnen** können die Objekte als Bausteine großer Programme bereitstellen, wobei diese Objekte meist von Fachkräften entwickelt, getestet und gegebenenfalls auch weiterentwickelt werden. Wichtig ist, dass die publizierten Eigenschaften und Methoden der Objekte erhalten bleiben.
- Die **Anwenderinnen** und **Anwender** greifen auf die Objekte zu und nutzen deren publizierte Methoden, ohne sich darum zu kümmern, wie diese funktionieren.

Die interne Arbeitsweise der Objekte kann auch während der Implementierung von Anwendungen ausgetauscht werden können. Durch diese „Datenkapselung" werden die internen Objekte gegen ungewollte Veränderungen geschützt, denn der Schreibzugriff ist nur über die Methode als der ausgezeichneten Schnittstelle möglich.

Felix erinnert sich, dass er bei der Entwicklung einer Windows-Oberfläche nur auf Bausteine wie „Button/Schaltfläche", „Textfeld", „Listenfeld" oder „Radio-Button" zugreifen musste. Aus diesen Objekten konnte er schnell eine komfortable Benutzeroberfläche zusammenbauen.

Mit einer objektorientierten Programmiersprache kann das Beispiel zur Berechnung der Kreisfläche folgendermaßen realisiert werden, wobei im konkreten Fall Java verwendet wird:

```java
package flaechen;

public class Kreis {
    public static double radius;
    final static double pi=3.1415926;

    public static void main(String[] args) {
        radius=1;
        System.out.println(flaeche(radius));
    }
    public static double flaeche(double r) {
        double ergebnis= r + r + pi;
        return ergebnis;
    }
}
```

Die Klasse „Kreis" aus dem Projekt „flaechen" enthält die Eigenschaften „radius" und als Konstante „pi", sowie die Hauptmethode „main()" und die Methode „flaeche()". Beim Aufruf der Methode „flaeche()" muss der Radius als Parameter übergeben werden. Es wird daraufhin ein Objekt „Kreis" mit dem angegebenen Radius erzeugt und die berechnete Fläche ausgegebenen.

Ein weiteres Programmbeispiel auf der folgenden Seite zeigt die Umrechnung einer Dezimalzahl in eine Dualzahl mit wiederholter Division durch den Wert 2 und das Notieren der Restwerte (siehe Kap. 7.2.1).

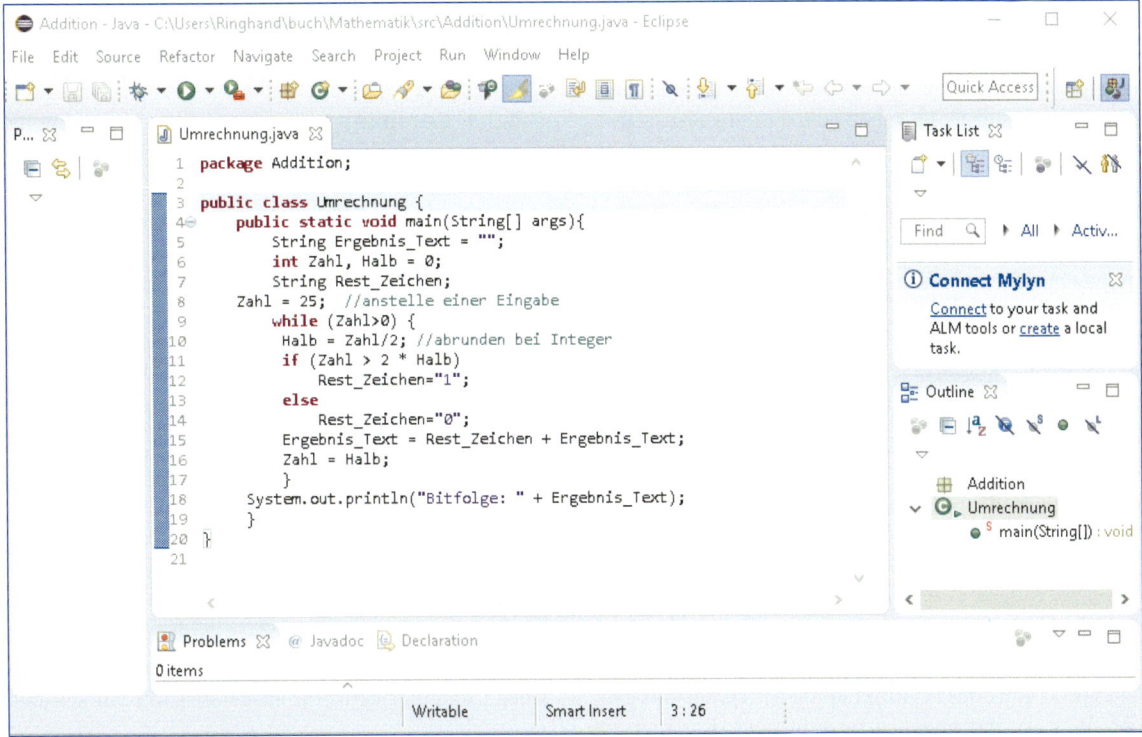

Java-Quelltext ohne Eingabe

Spezialsprachen

Zu den Spezialsprachen gehören imperative oder deklarative Sprachen für einzelne Spezialgebiete, wobei sich deren Sprachkonstrukte in den jeweiligen Fachgebieten besonders eignen. Eigentlich sind es prozedurale oder objektorientierte Sprachen, die über spezielle Bibliotheken mit Funktionen oder Objekten verfügen, die im jeweiligen Fachgebiet optimal eingesetzt werden können.

Der folgende Quelltext zeigt ein gutes Beispiel für die **Sprache R**, mit der man Aufgaben aus der Statistik, aber auch Analysen im Umfeld von „Big Data" schnell und effizient durchführen kann.

```
# Anwendung der Funktion zur Bestimmung von Parametern einer linearen Regressionsgleichung
x <- c(151, 174, 138, 186, 128, 136, 179, 163, 152, 131)
y <- c(63, 81, 56, 91, 47, 57, 76, 72, 62, 48)

relation <- lm(y~x)

print(relation)
```

Es folgt die Ausgabe:

```
Call:
lm(formula = y ~ x)

Coefficients:
(Intercept)            x
   -38.4551       0.6746
```

R ist eine auf Statistik spezialisierte Programmiersprache, die hauptsächlich als Befehlsinterpreter arbeitet. Als Programmiersprache ist R recht einfach, fast schon primitiv. Ihre größte Stärke ist die Möglichkeit, mit Paketen unbegrenzt erweitert zu werden. Das R-Basispaket enthält einen Kernsatz von Paketen, aber inzwischen sind mehr als 20.000 spezialisierte Statistik- und Grafik-Pakete verfügbar. R implementiert fast alle Werkzeuge statistischer Berechnungen, wie z. B. Regressionsanalyse und Zeitreihenanalyse, sowie viele spezifische Algorithmen zur Datenanalyse im Rahmen unterschiedlicher Forschungen.

Ein weiterer Vorzug der Sprache ist die Möglichkei qualitativ hochwertig Grafiken auf typografischem Niveau zu erstellen, die in gängige Grafikformate exportiert und für Präsentationen oder Publikationen verwendet werden können. Auch hierfür stehen zahlreiche Pakete zur Verfügung.

7.5.3 Übersetzer formaler Sprachen

Quelltexte von höheren Programmiersprachen müssen vor ihrer Ausführung übersetzt werden. Kommerzielle Software wird in ausführbarer Form ausgeliefert, d. h., die Quelltexte sind beim Hersteller vorab mittels Compiler übersetzt worden. Diese Verfahrensweise hat zwei Vorteile:
- Die ausgelieferte Software arbeitet als Ganzes mit hoher Effizienz, d. h., sie ist schnell und sicher.
- Anwendende können an der Software keine (unerlaubten) Veränderungen vorzunehmen, ohne sich komplizierter Hacker-Methoden zu bedienen. Die Produkte der Softwarehersteller werden damit geschützt.

Zu den bekannten **Compiler-Sprachen** gehören C und C++ sowie Pascal.
Will man den Quelltext hingegen lesbar und damit auch änderbar übergeben, eigenen sich hierfür die **Interpreter-Sprachen**, bei denen der Quelltext erst unmittelbar vor der Ausführung übersetzt wird. Eigentlich wird jede Anweisung einzeln (Schritt für Schritt) übersetzt und sofort abgearbeitet. In den Sprachen sind andere Konstrukte erlaubt und erforderlich, da man sich nicht mehr auf das Programm als Gesamtheit beziehen kann, sondern nur der bisherige Ablauf der Bearbeitung bekannt ist. Für den Vertrieb der Software ergibt sich jedoch der Vorteil, dass die ausgelieferte Software ohne Änderungen auf unterschiedlichen Computerplattformen eingesetzt werden kann. Vorausgesetzt, es gibt für die jeweilige Plattform einen Interpreter.

Bekannte **Interpreter-Sprachen** sind BASIC, JavaScript und PHP. Für einige Sprachen, wie z. B. Smalltalk, gibt es je nach Anbieter Interpreter, Bytecode-Interpreter sowie verschiedene Compiler.

7.5.3.1 Compiler

Ein Programm muss vor der Laufzeit in Maschinenbefehle umgewandelt werden, die der Prozessor versteht und schnell ausführen kann. Diese Aufgabe übernimmt der Compiler.

> **W** Der **Compiler** übersetzt die Programme der Programmiersprache in einen Maschinencode, ohne jedoch die Befehle auszuführen. Die Programmiersprache, aus der die übersetzten Programme stammen, wird als **Quellsprache** bezeichnet. Entsprechend nennt man das zu übersetzende Programm **Quellprogramm** und das übersetzte Programm **Zielprogramm** oder einfach nur Programm.

Ein Nachteil besteht darin, dass die kompilierten Programme maschinenabhängig sind und somit nicht auf jeder Computerplattform ausgeführt werden können.

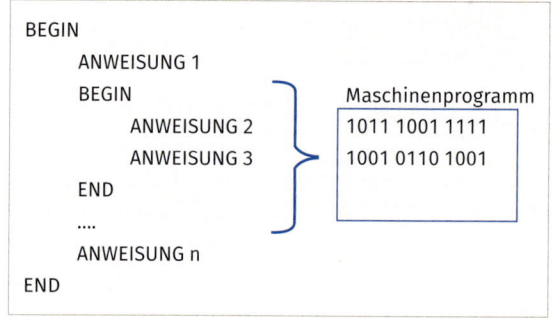

Arbeitsweise eines Compilers

Bei der Übersetzung eines Programms durch einen Compiler wird jede Anweisung auf die korrekte Syntax der Befehle geprüft. Manche Compiler brechen die Übersetzung ab, sobald ein Fehler aufgetreten ist. Art und Position des Fehlers werden angegeben, wobei nach der Korrektur die Kompilierung erneut gestartet werden kann. Es gibt auch Compiler, die den gesamten Quellcode übersetzen, ohne bei einem bemerkten Fehler abzubrechen. Nach der Übersetzung übergeben sie dann eine Liste der aufgetretenen Fehler.

Java geht in dieser Hinsicht einen neuen Weg:
- Der Java-Programmcode wird nicht zu einem ausführbaren Programm, sondern in einen Java-Bytecode kompiliert (1. Schritt),

- Java-Bytecode ist mithilfe des entsprechenden Java-Interpreters (2. Schritt) auf jeder Plattform ausführbar. Java-Interpreter werden auch virtuelle Maschinen genannt und sind optimal auf das jeweilige Betriebssystem zugeschnitten.

Linker

Vom Objektcode zum ausführbaren Programm sind weitere Schritte unter Einbeziehung des sogenannten **Linkers** erforderlich. Unter dem Begriff „Linker" werden der eigentliche Binder (Linker) sowie der **Lader** und der **Bindelader** zusammengefasst.

Die separat kompilierten Module eines Programms sind noch nicht lauffähig, da die verwendeten Adressen der Funktionen, Prozeduren usw. angepasst werden müssen. Der Binder verbindet die einzelnen Programmmodule mithilfe der relativen Adressauflösung innerhalb der Module und dem Anfügen eines Programmheaders zu einem vollständigen Programm. Der Programmheader zählt zu den Bibliotheksverwaltungsprogrammen, gehört aber inzwischen zu jedem Betriebssystem mit einem Compiler bzw. zu der verwendeten Programmiersprache.

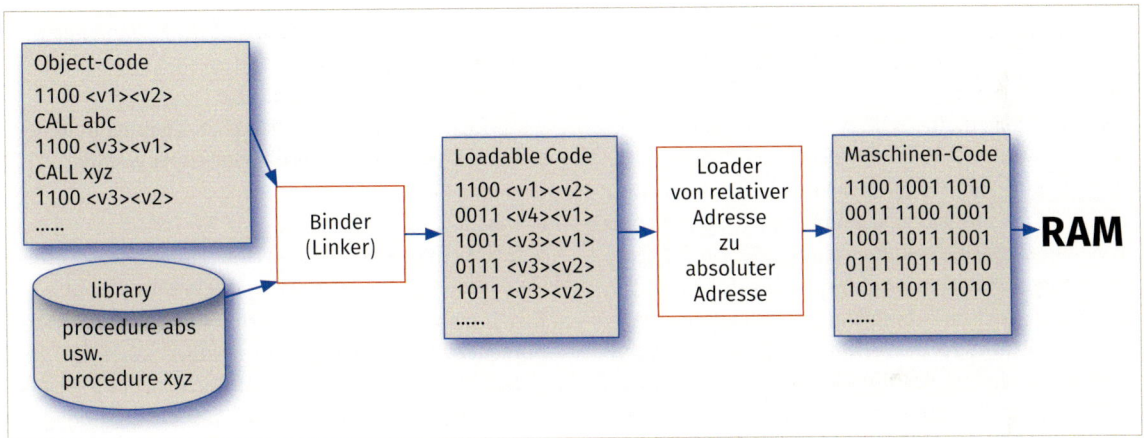

Zusammenstellen und Laden eines Programmes in den Arbeitsspeicher

Lader

Ein Lader oder Ladeprogramm hat die Aufgabe, ein übersetztes und gebundenes Programm an eine Ladeadresse im Arbeitsspeicher zu transportieren. Dabei werden alle Adressangaben dieses Programms auf diese Ladeadresse ausgerichtet, d. h., die relativen Adressen werden in absolute Adressen umgesetzt, damit das Programm von dort ausgeführt werden kann.

Bindelader

Mit einem Bindelader können die Vorgänge „Binden" und „Laden" zusammengefasst werden, d. h., die einzelnen Module werden zu einem vollständigen Programm zusammengesetzt und anschließend wird das Programm in den Arbeitsspeicher geladen.

In der letzten Phase werden die Teile des Programmcodes aus der getrennten Übersetzung der Unterprogramme zu einem endgültigen ausführbaren Programm zusammengesetzt.

7.5.3.2 Interpreter

> Der **Interpreter** übersetzt während der Laufzeit eines Programms den vorhandenen Quelltext Anweisung für Anweisung in eine maschinenverständliche Form, d. h., er bearbeitet ein Programm zeilenweise, wobei jede Zeile einer Syntaxprüfung unterzogen wird. Programme, die von einem Interpreter bearbeitet werden, laufen im Vergleich zu kompilierten Programmen relativ langsam ab und sind daher für komplexe Lösungen ungeeignet.

Sind die Befehle in einer Zeile (Anweisung) formal korrekt, werden sie vom Interpreter übersetzt und vom Prozessor sofort ausgeführt. Anschließend wird die nächste Zeile geprüft usw. Tritt während des Interpreterlaufs ein Syntaxfehler auf, wird der Übersetzungsvorgang abgebrochen und eine entsprechende Fehlermeldung ausge-

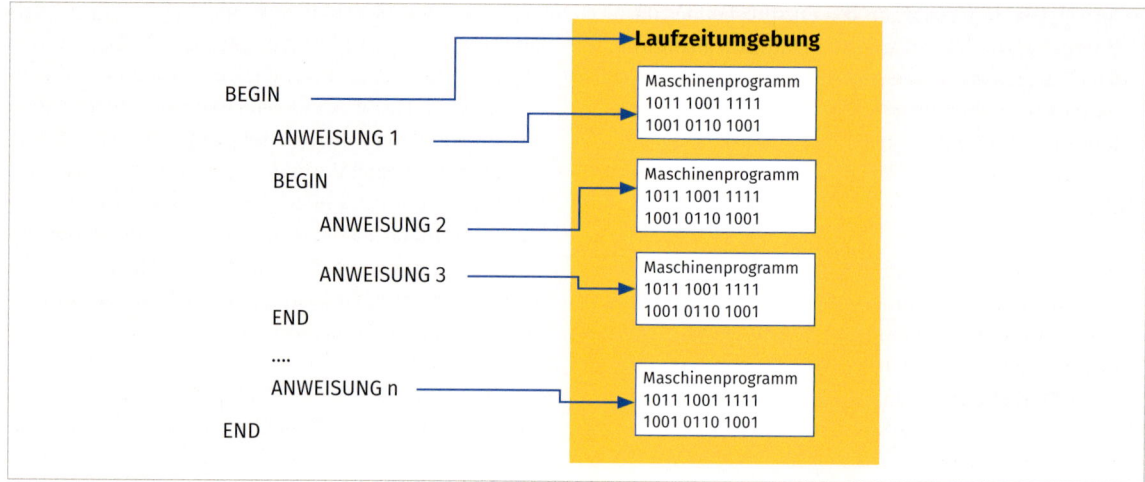

Arbeitsweise eines Interpreters

geben. Die fehlerhafte Zeile wird angezeigt und kann korrigiert werden, sofern der Quelltext vorliegt. Danach setzt der Interpreter seine Arbeit fort. Der Interpreter verfügt im Gegensatz zum Compiler nicht über Kenntnisse vom nachfolgenden Programmcode. Die interpretierten Programme werden aufgrund der ständigen Prüfung zur Laufzeit nicht besonders schnell ausgeführt.

Der BASIC-Interpreter gehört zur BASIC-Programmiersprache und ist der wohl bekannteste Interpreter. Mittlerweile gibt es Programmiersprachen, wo der Interpreter bereits vor dem Start eines Programms die Syntax kontrolliert und verschiedene Optimierungen vornimmt, wie z. B. die Anordnung des Programmcodes. Diese Programme werden schneller abgearbeitet, da während der Laufzeit keine weitere Überprüfung erfolgen muss. Eine Vertreterin dieser Art ist die Programmiersprache Perl, die vorwiegend auf Servern genutzt wird, die im Internet eingesetzt werden.

7.5.3.3 Browser

Ein Browser ist ein Interpreter für eine deklarative Sprache. Der HTML-Quelltext einer Webseite wird Zeile für Zeile gelesen und am Bildschirm dargestellt. Aber das passiert alles mit höchster Geschwindigkeit. Dabei gibt es keine Kontrollstrukturen. Zeilen können nicht zyklisch wiederholt werden. Es ist auch nicht möglich, Zeilen unter bestimmten Bedingungen auszulassen. Wenn etwas auf dem Bildschirm geändert werden soll, dann muss der Bildschirminhalt komplett neu geschrieben werden.

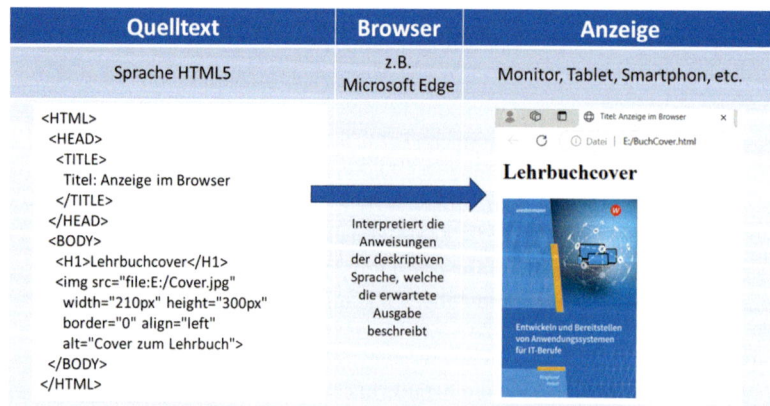

Arbeitsweise eines Browsers

* Auf die Details der Sprache HTML5 wird im Kapitel 11 (Webanwendungen) näher eingegangen. Hier nur kurz eine Erklärung zu dem Quelltext. Die Schlüsselworte in den eckigen Klammern (in HTML5 nennt man sie Tags) treten paarweise auf als eröffnende und als schließende Tags (mit Schrägstrich beginnend). Im Kopf (<HEAD> Bereich) wird ein Titel-Bereich definiert und ein Text ausgegeben. Im Körper der Anzeige (<BODY> Bereich) wird eine Bilddatei linksbündig ohne Rahmen angezeigt. Wichtig ist der Alternativtext für die barrierefreie Anzeige mit Sprachausgabe für Blinde.

7.6 Entwicklungsumgebungen

Im letzten Abschnitt haben wir einen Überblick zu den Computersprachen gewonnen. Es sind formale Sprachen, die man unterteilen kann in Programmiersprachen und deskriptive Sprachen, also beschreibende Sprachen. HTML5 ist eine beschreibende Sprache, mit ihr wird die darzustellende Webseite mit Text und Bildern beschrieben. Der Browser versteht diese Beschreibung und zeigt die Webseite an.

Die Programmiersprachen haben sich von der schwer verständlichen und schwer zu lesenden Assemblersprache hin zu eher für den Menschen verständlichen Sprachen weiterentwickelt, weg von den technischen Aspekten hin zu den für Menschen als Programmierer und Programmiererinnen einprägsamen und leicht zu merkenden Konstrukten, z. B. sind die Schlüsselworte allgemein aus der englischen Sprache entnommen. Dennoch bleiben es formale Sprachen mit fester Syntax und Semantik. Diese Formalismen brauchen die Compiler oder Interpreter. Jede Nachlässigkeit hier erhöht das Risiko von Programmfehlern und inhaltlich falschen Programmabläufen.

Für eine einfache und sichere Softwareentwicklung hat man Systeme geschaffen, die den Umgang mit den formalen Sprachen im Entwicklungsprozess unterstützen und sicher machen. Zur Erstellung von Webseiten gibt es die Content-Management-Systeme (z. B. TYPO3 oder WordPress). Man baut die Webseite aus Bausteinen zusammen und die Content-Management-Systeme generieren die HTML5-Dateien automatisch.

Auch bei der Programmierung nutzt man mehr und mehr Bausteine aus Bibliotheken (siehe Kapitel 7.4 Objektorientierung), man muss aber weiterhin wichtige Teile selbst programmieren, d. h., Quelltext schreiben. Hierbei unterstützen die sogenannten IDE (Integrated Development Environment) die Entwicklerinnen und Entwickler. Integrierte Entwicklungsumgebungen gibt es seit den 1980er Jahren. Sie vereinten ursprünglich nur Editor, Compiler, Linker und Debugger, die bis dahin getrennt ausgeführt werden mussten. Heute bieten diese Umgebungen auch Versionsverwaltungen, Teamentwicklung mit Cloudnutzung (GitHub), Dokumentationshilfen und viele andere Möglichkeiten, die als Plug-ins hinzugeladen werden können. Auf die weit verbreitete Entwicklungsumgebung Eclipse wird im Folgenden im Kontext der Java-Programmierung näher eingegangen.

7.6.1 Die Java-Technik

Mit dem Begriff „Java" verbindet man in der Informatik nicht nur eine Programmiersprache, sondern eine besondere Technik der Entwicklung und Distribution (Verbreitung, Bereitstellung) von Anwendungssystemen. Die Java-Technik trennt die Entwicklungsumgebung von der Laufzeitumgebung. Man kann ein Anwendungssystem in Java z. B. auf einem Windows-Computer entwickeln und später auf einem anderen Betriebssystem, z. B. Android System oder Linux System, nutzen. Mit klassischen Programmiersprachen erstellte Anwendungen mussten wegen der Besonderheiten der Betriebssysteme für jedes einzelne Betriebssystem angepasst und neu kompiliert werden, was die Verbreitung (Distribution) und Wartung erheblich erschwert hat.

Diese Java-Technik hat die Programmiersprache Java so populär gemacht und zu deren weltweiter Verbreitung beigetragen. Inzwischen bieten auch andere Sprachen ähnliche Techniken. Java bleibt aber nach Python die populärste Programmiersprache. Java ist objektorientiert und damit offen für die Entwicklung von Klassenbibliotheken für die unterschiedlichsten Aufgabenstellungen. Die weltweite Java-Community hat inzwischen einen großen Schatz an Bibliotheken erstellt, die auch mehrheitlich kostenlos nach der Gnu-Lizenz genutzt werden dürfen. Es spricht als vieles für Java, deshalb beschäftigen wir uns hier unter der Überschrift „Werkzeuge zur Softwareentwicklung" auch schwerpunktmäßig mit Java.

7.6.1.1 Java-Laufzeitumgebung

Für die Nutzung von Java-Anwendungen benötigt man eine Java-Laufzeitumgebung, womit das Ausführen der zuvor übersetzten Java-Programme möglich ist. Die Java-Laufzeitumgebung (JRE, Java Runtime Environment) besteht aus drei Komponenten:

- Die **Java Virtual Machine (JVM)** ist für die Ausführung der vom Java-Compiler übersetzten Java-Anwendungen zuständig.
- Die **API** (Application Programming Interface) definiert eine Programmierschnittstelle zur Nutzung der Schnittstellen des Betriebssystems auf Quelltextebene. Neben dem Zugriff auf die Hardware, wie Festplatte oder Grafikkarte, kann eine Programmierschnittstelle auch die Verwendung von Komponenten der grafischen Benutzeroberfläche ermöglichen oder vereinfachen.
- Die mitgelieferten **Programmbibliotheken** (Runtime Libraries) enthalten die Standardklassen der Programm-

miersprache Java, wie „java.lang.String". Die API verwendet diese Standardklassen und stellt sie Programmierenden in komfortabler Form bereit.

Die Java-Laufzeitumgebung wird von der Firma Oracle angeboten und in verschiedenen Versionen (Editionen) ausgeliefert. Auf diese Weise können Java-Anwendungen auf unterschiedlichen Geräten mit unterschiedlichen Leistungsmerkmalen laufen. Die Editionen sind abgestimmt auf die jeweiligen Einsatzumgebungen in Mobilgeräten, Desktop-Computern (PCs) oder Servern:

- Java **Platform CE** (Card Edition): Diese Plattform erlaubt Java-Applets auf Chipkarten auszuführen.
- Java **Platform ME** (Micro Edition): Diese Plattform eignet sich für sogenannte „embedded consumer products", wie Smartphones oder Tablets.
- Java **Platform SE** (Standard Edition): Diese Plattform ist der allgemeine Standard für den Einsatz auf PCs und Servern.
- Java **Platform EE** (Enterprise Edition): Es handelt sich um eine Plattform, wo die Standard Edition mit Schnittstellen für die Ausführung von Unternehmens- und Webanwendungen ergänzt wurde, z. B. mit einer Multiuser-Verwaltung.

Die Java-Laufzeitumgebung enthält keine Entwicklungswerkzeuge und ist nicht für die Übersetzung der Java-Quellprogramme in den Java-Bytecode geeignet.

7.6.1.2 Java Development Kit (JDK)

Wer Java-Programme erstellen will, benötigt eine **Java-Entwicklungsumgebung**, auch bekannt als Java Development Kit (JDK). Das JDK beinhaltet neben der Laufzeitumgebung Java Runtime Environment (JRE) die wichtigsten Java-Entwicklungswerkzeuge. Installiert man z. B. die Entwicklungsumgebung (JDK) der Firma Oracle, ist die Java-Laufzeitumgebung darin enthalten. Die folgende Übersicht listet die wichtigsten Entwicklungswerkzeuge aus dem Java Development Kit auf:

Java-Compiler (**javac**)	Der Java-Compiler (javac) übersetzt den Java-Quellcode in Java-Bytecode. Er verarbeitet Quellcode aus Dateien mit der Endung **.java** und erzeugt Bytecode in Dateien mit der Endung **.class**. Der eigentliche Dateiname muss dem Namen der zu übersetzenden Klasse entsprechen. Damit sind Referenzen auf andere Klassen aus fremden Dateien möglich. Das Paket, in dem die Klassen liegen, wird auf einen Verzeichnispfad abgebildet. Ein Java-Paket (englisch **package**) ist ein eigener Namensraum. Der Java-Compiler ist in Java programmiert. Somit benötigt er als Voraussetzung die Laufzeitumgebung (JRE), um arbeiten zu können. Der erzeugte Java-Bytecode des Compilers ist auf unterschiedlichen Plattformen identisch. Das Ergebnis der Übersetzung ist demnach plattformunabhängig.
Java-Debugger (**jdb**)	Der Java-Debugger (jdb) ist ein Tool zur Unterstützung der Suche nach logischen Fehlern in einer laufenden Java-Anwendung. Das wichtigste Leistungsmerkmal besteht im Setzen von Unterbrechungspunkten (Breakpoints), womit die Möglichkeit zum Inspizieren von Variablenwerten zur Laufzeit besteht. Man kann nachvollziehen, wie sich die Variablenwerte Schritt für Schritt verändern, und Schlussfolgerungen auf mögliche logische Fehler ableiten.
Java-Dokumentationswerkzeug (**javadoc**)	Das Tool **javadoc** sammelt aus dem Java-Quellcode speziell gekennzeichnete Kommentare und erzeugt daraus eine Programmdokumentation im HTML-Format (Hypertext). Neben den Kommentaren werden auch die Programmstrukturen berücksichtigt.
Java-Archiver (**jar**)	Das Tool **jar** erstellt die Java-Archive, wo alle für die konkrete Anwendung benötigten Java-Klassen in verteilbaren Einheiten zusammengefasst werden. Diese JAR-Dateien sind die finale, ausführbare Version der entwickelten und kompilierten Java-Programme.

Ergänzt man die Entwicklungswerkzeuge aus dem JDK mit einem **Texteditor**, so ist es möglich, brauchbare Java-Anwendungen zu entwickeln und zu verteilen. Im Prinzip können Java-Anwendungen auch ohne eine Entwicklungsumgebung entwickelt werden, doch ist dies wenig komfortabel. Allein die Verwaltung von Dateien, notwendigen Bibliotheken und Umgebungsvariablen verlangt einen erheblichen Aufwand, verbunden mit viel Aufmerksamkeit und Sorgfalt.

7.6.2 Eclipse als Java-Entwicklungsumgebung

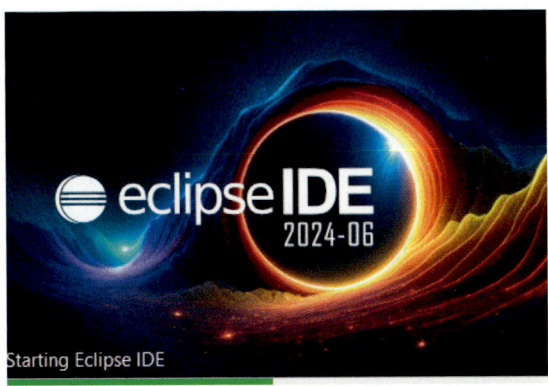

Opener von Eclipse

Eclipse ist eine bewährte integrierte Entwicklungsumgebung (IDE, integrated development environment) für die Anwendungsentwicklung unter Java oder anderen Programmiersprachen mit einer komfortablen Benutzeroberfläche, die die Komponenten der Java-Entwicklungsumgebung vereint und ergänzt. Inzwischen kann man Eclipse auch für die Entwicklung in anderen Programmiersprachen (z. B. PHP) einsetzen. Für Eclipse existieren zahlreiche Plug-ins zur Erweiterung und Aufwertung der Entwicklungsumgebung, wie z. B. für die Modellierung in UML.

Der Erfolg von Eclipse basiert auf seiner konsequent objektorientierten Arbeitsweise. Eclipse ist voll auf die Entwicklung von Klassen ausgerichtet und verwaltet diese Klassen in Paketen und Bibliotheken. Für Einsteigerinnen und Einsteiger erscheint das Prinzip zunächst aufwendig. Auch das erste einfache Programm muss sich in diese Hierarchie einordnen. Wenn man sich die Möglichkeiten jedoch Schritt für Schritt erschließt, vor allem fremde Bibliotheken mit leistungsstarken Klassen einbindet, wird man die komfortable Arbeit mit Eclipse schätzen lernen.

Der Programmstart erfordert etwas Zeit. Eclipse ist in Java geschrieben. Außerdem werden viele Plug-ins installiert. Der Byte-Code muss zunächst von der Java VM in den Maschinencode des Computers übersetzt werden. Wird der Code erneut benötigt, dann liegt er bereits übersetzt vor, weshalb Java-Programme dann genauso schnell wie andere Programme laufen.

Nutzerinnen und Nutzer werden nach dem Start aufgefordert, einen Workspace zu wählen. Dies ist der Ordner, in dem Eclipse alle Dateien und seine Verwaltungsinformationen speichert. Dieser Ordner sollte nie direkt bearbeitet werden, da Eclipse sonst instabil werden kann. Der Workspace kann sich auch auf einem USB-Stick befinden.

Danach erscheint die Begrüßungsseite mit einigen Informationen zur Version und zu nützlichen Beispielen, die man aber später auch über die **Hilfe** auswählen kann.

Um mit der Arbeit zu beginnen, klickt man rechts oben auf das Symbol zur **Workbench**.

7.6.2.1 Aufbau der Benutzeroberfläche

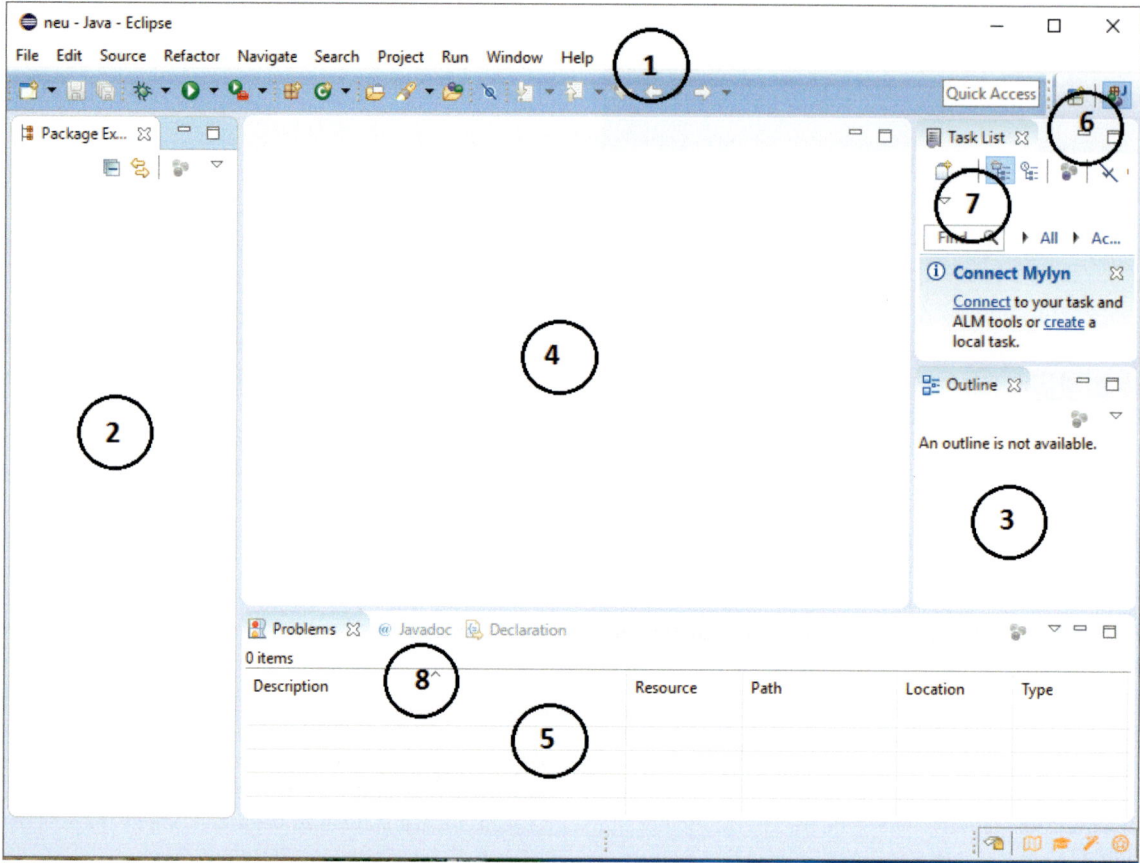

Layout der Teilbereiche (Ansichten) von Eclipse

Die Benutzeroberfläche von Eclipse hat sich mit ihrer Aufteilung fast schon als Standard etabliert. Die vielen Teilbereiche gruppieren sich um den Editor-Bereich und erleichtern den Nutzern und Nutzerinnen die Navigation zwischen seinen Programmteilen und zwischen den Teilbereichen (Ansichten) der Entwicklungsumgebung. In der folgenden Übersicht werden die üblichen Teilbereiche 1 bis 8 kurz beschrieben:

Teilbereich	Beschreibung
1	**Menü und Werkzeugleiste:** In der Werkzeugleiste sind alle vorhandenen Entwicklungswerkzeuge sichtbar. Die gesamte Funktionalität ist auch über das Menü erreichbar.
2	**Package-Explorer:** Hier werden die von Eclipse verwalteten Projekte angezeigt, also die Verzeichnisse mit den einzelnen Klassen. Die Anzeige erfolgt hierarchisch.
3	**Outline:** Hier befindet sich eine Zusammenfassung der Informationen über den aktuell ausgewählten Projektbaustein. Dies kann z. B. eine Liste aller Variablen und Methoden einer Klasse sein.
4	**Editor:** Hier findet die eigentliche Entwicklungsarbeit statt. Eclipse kann mit verschiedenen Editoren arbeiten. Es wird ein zur Aufgabe passender Editor geöffnet, typischerweise ein Editor mit Syntax-Highlighting (Syntaxhervorhebung).
5	**Problems, Javadoc, Declaration:** Am unteren Bildschirmrand werden, verteilt auf die verschiedenen Reiter, Ausgaben zu aktuellen Vorgängen angezeigt. Dies können z. B. Meldungen des Kompilierungsprozesses, Listen mit Syntaxfehlern oder Eingabeaufforderungen von Nutzungsdialogen sein (siehe auch Teilbereich 8).

(Fortsetzung auf folgender Seite)

Teilbereich	Beschreibung
6	**Perspektive:** Eine Perspektive ist in Eclipse ein bestimmtes Layout von Fenstern auf dem Bildschirm mit den entsprechenden Menüpunkten und Symbolschaltflächen. Jede Sicht beinhaltet spezielle Fenster und kann eine etwas andere Darstellung des Projektinhalts bieten.
7	**Task List:** In diesem Fenster befindet sich eine Liste der aktuellen Aufgaben. „Mylyn" ist z. B. ein Eclipse-Plug-in, das eine „aufgabenfokussierte Benutzeroberfläche" anbietet. Damit wird die Arbeit mit sehr großen Projekten erleichtert, weil die Entwickler/-innen nur die aufgabenbezogenen Entwicklungsdokumente (Dateien, Klassen) sehen und andere Elemente ausgeblendet werden.
8	**Javadoc:** Am unteren Bildschirmrand erscheinen verteilt auf die verschiedenen Reiter die Ausgaben zu aktuellen Vorgängen. Der Reiter „Javadoc" zeigt die Ergebnisse des Programmes javadoc aus dem Java Development Kit an.

Die Teilbereiche (Fenster) können frei verschoben und an verschiedenen Stellen angedockt werden. Zum Verschieben wird auf die Mitte eines Reiters mit der linken Maustaste gedrückt und diese dann festgehalten. Pfeile zeigen an, wo das Fenster dann angezeigt werden würde. Man sollte jedoch zu viele Veränderungen bezüglich der Anordnung der Fenster vermeiden, da die Oberfläche von Eclipse dann zumindest für andere Personen eher „unleserlich" wirkt. Mit dem Menüpunkt **Window | Reset Perspective ...** lässt sich der Ursprungszustand der Fensteranordnung wiederherstellen.

S Leon, der Azubi in der Fachrichtung Anwendungsentwicklung, ist schon recht ungeduldig. Er will loslegen mit dem Programmieren: „Wir haben nun die Werkzeuge zur Softwareentwicklung kennengelernt, jetzt kann es losgehen. Was machen wir zuerst?" Herr Pelz muss ihn bremsen und zieht ein kurzes Resümee: "Wir habe bisher einen Überblick über den gesamten Prozess der Anwendungsentwicklung gewonnen:

- Wir haben Vorgehensmodelle für den Gesamtprozess kennengelernt.
- Wir haben über Systemanalyse und Entwurf gesprochen. Dabei haben wir wichtige Dokumente des Entwurfs kennengelernt.
- Wir haben frühzeitig auf die Gefährdung der Informationssicherheit hingewiesen und Abwehrmaßnahmen kennengelernt.
- Und zuletzt haben wir über Werkzeuge zur Softwareentwicklung gesprochen.

Das sind viele Aussagen zu der Frage ‚Wie machen wir das?'. Uns fehlt aber noch ein Blick auf das ‚WAS machen wir?' bzw. auf das ‚Was machen unsere Anwendungen?'. Dazu ist es sinnvoll, sich noch kurz mit wesentlichen Algorithmen zu befassen, was im nächsten Kapitel folgt."

8 Programmierung in Java und C#

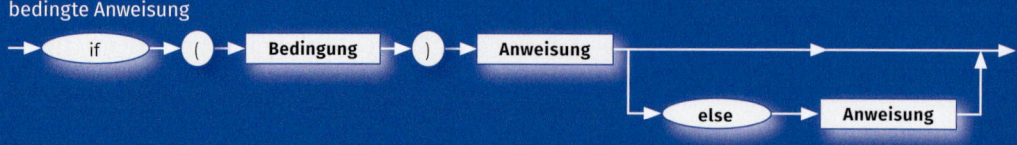

bedingte Anweisung

8.1 Auswahl einer Programmiersprache

Im Kapitel 7 „Werkzeuge zur Softwareentwicklung" wurde bereits ein Überblick zu den Computersprachen (Kapitel 7.5) gegeben. Dabei wurden nach der maschinenorientierten Programmierung (Assemblersprache) vorrangig die sogenannten höheren Programmiersprachen mit den Möglichkeiten zur prozeduralen und zur objektorientierten Programmierung angesprochen.

S Leon und Aslan stehen vor dem Problem, mit welcher Programmiersprache sie ein Programm programmieren sollen. Um sich endgültig zu entscheiden, beschließen sie, im Internet zu recherchieren und sich über die möglichen Programmiersprachen zu informieren.

Unter einer **Programmiersprache** versteht man nach DIN 44300, Teil 4, eine formale Sprache zum Abfassen (Formulieren) von Verarbeitungsanweisungen für Rechnersysteme. Die durch eine Programmiersprache ausgedrückte, von einem Menschen lesbare Beschreibung heißt Quelltext (oder auch **Quellcode/Programmcode**, vgl. hierzu Kapitel 7.5.2 Programmiersprachen).

Unter der **Syntax** versteht man eine formale Grammatik, die es ermöglicht, erlaubte Konstruktionen festzulegen und unerlaubte Konstruktionen auszuschließen. Der Quelltext besteht aus folgenden Elementen oder einer Kombination dieser Elemente:

- Wörter
- Regeln
- Symbole
- Trennzeichen

Die Bedeutung eines speziellen Symbols in einer Programmiersprache nennt man dessen **Semantik**. Die **Syntax** und die **Semantik** kann man der **Spezifikation**, teilweise auch der **Dokumentation** der Programmiersprache entnehmen. Die syntaktische Definition einer Programmiersprache wird meist in der formalen Notation **Backus-Naur-Form** angegeben (vgl. hierzu Kapitel 7.5.2 Programmiersprachen).

Die Weiterentwicklung der prozeduralen Programmierung führte zur **objektorientierten Programmiersprache.** Das Problem der prozeduralen Programmierung besteht darin,

- dass globale Variablen in jedem Teil des Programms aufgerufen und überschrieben werden können und
- Verbindungen zwischen den Daten eines Programms und den sie manipulierenden Funktionen fehlen.

Dies führt dazu, dass große Programme sehr leicht unübersichtlich werden und sich schwerer testen lassen.

Im Jahre 1970 erkannte David Parnas das Problem und hatte die Idee, in einem Modul jede einzelne Variable zu kapseln. Der direkte Zugriff auf die Variablen wurde nur über eine bestimmte Schnittstelle mit einem Satz von Operationen, wie z. B. über Prozeduren oder Funktionen, erlaubt. Sollen andere Module ebenfalls auf die Variable zugreifen, können sie dies nur indirekt, indem sie die Variable über eine Schnittstelle für ein solches Modul aufrufen.

Statt ein Problem in Teilprobleme zu zerlegen und diese Teilprobleme durch Unterprogramme wie bei der prozeduralen Programmierung zu lösen, werden hier das Problem und seine Lösung durch eine Untergliederung der einzelnen Elemente reduziert. Es entstehen sogenannte **Klassenhierarchien.**

Typische Vertreter für diesen Lösungsansatz sind C++, Java oder C#. Dabei ist C++ die älteste dieser Programmiersprachen. Bereits im Jahre 1982 begann Bjarne Stroustrup eine Erweiterung der prozeduralen Programmiersprache C zu entwickeln. Im Jahre 1989 wurde die Basissprache definiert und 1996 der internationale Standard verabschiedet. C++ eignet sich auch zur Entwicklung von systemnahen Programmen.

Java wurde im Jahre 1991 von einem Ingenieursteam der Firma SUN mit dem Ziel eines interaktiven Fernsehens unter dem Namen „OaK" entwickelt. Nach und nach änderte sich die Zielvorstellung und heute wird Java hauptsächlich für Internet- bzw. plattformübergreifende Anwendungen eingesetzt.

Im Jahr 2001 entwickelte Microsoft die Programmiersprache **C#** für ihre .Net-Plattform. Dabei wurde auf bewährte Konzepte der Programmiersprachen C, C++, Java, Delphi und Haskell zurück gegriffen. Wie Java ist auch C# eine reine objektorierentierte Sprache.

8.2 Das erste Programm

8.2.1 Grundlagen von Java

Java ist eine moderne, einfach zu erlernende und konsequent objektorientierte **Programmiersprache**. Gleichzeitig steht Java aber auch für eine spezielle **Technologie** der Bereitstellung von Software und hat sich quasi zu einer **Philosophie** der IT-Branche entwickelt.

Als Programmiersprache unterstützt Java den Programmiererinnen und Programmierer dabei, kleine, zuverlässige und fehlerfreie Programmeinheiten zu erstellen. Wichtig ist in diesem Zusammenhang die konsequente Objektorientierung. Unter Java entstehen Objekte mit gesicherter Qualität, wobei die Performance etwas in den Hintergrund tritt.

Als Technologie umfasst Java zum einen das JDK (**J**ava **D**evelopment **K**it) als komfortable Entwicklungsumgebung und zum anderen die JRE (**J**ava **R**untime **E**nvironment) als Laufzeitumgebung. In der Entwicklungsumgebung werden die Programme erfasst, getestet und übersetzt. Die Laufzeitumgebung realisiert die Java-Plattform und muss auf den Computern installiert sein, wo Java-Anwendungen ausgeführt werden sollen. Die Laufzeitumgebung beinhaltet zum einen die virtuelle Maschine (VM) zur Interpretation und Ausführung des vorab übersetzten Java-Programms und zum anderen die Java-API (**A**pplication **P**rogramming **I**nterface) als Bibliothek mit vorgefertigten Softwarebausteinen.

Aufgaben

1. Nennen Sie den Unterschied zwischen einer prozeduralen und einer objektorientierten Programmiersprache.
2. Diskutieren Sie den Unterschied zwischen den Programmiersprachen C++, Java und C#.
3. Informieren Sie sich über weitere moderne Programmiersprachen wie Rust, Go und Swift. Erarbeiten Sie deren Gemeinsamkeiten und Unterschiede.

S Leon und Aslan finden sowohl Java als auch C# sehr interessant. Deshalb beschließen sie, beide Sprachen besser kennenzulernen und in Projekten auszuprobieren. Leon möchte sich mit Java beschäftigen und Aslan mit C#. Anschließend informieren sich beide über Entwicklungsumgebungen (IDEs), mit deren Hilfe sie ein Programm in der entsprechenden Sprache schreiben und ausführen können.

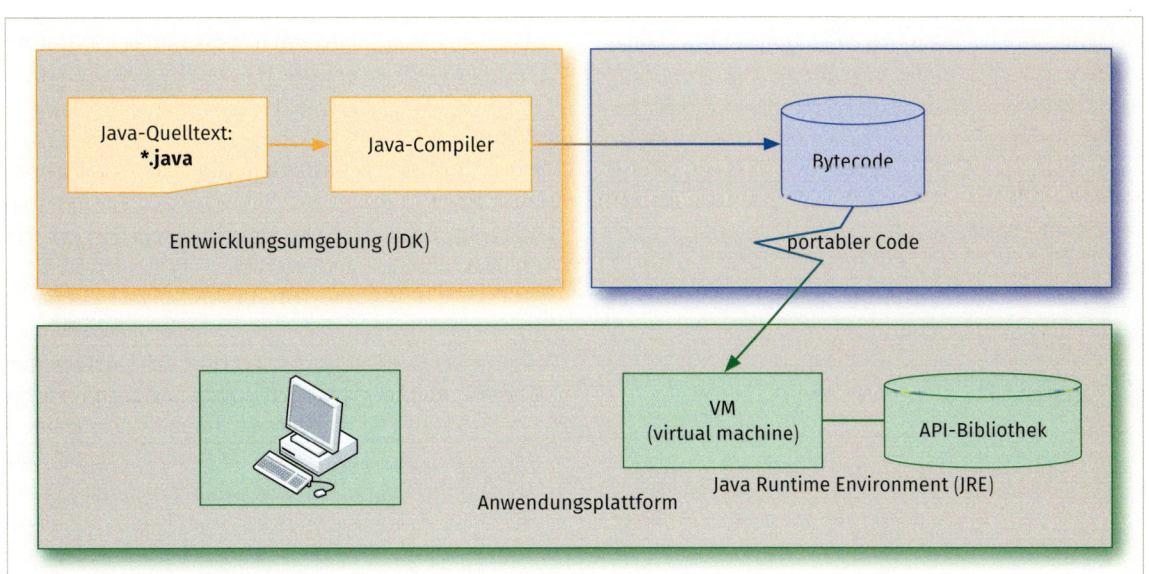

Entstehung einer Java-Applikation

Java zielt als Philosophie auf Unabhängigkeit und Qualität. Unabhängig will man von konkreten Hard- und Softwareplattformen sein, unabhängig aber auch von jeglichen kommerziellen Einflüssen. Java ist das Werkzeug der Open-Source-Community. Es gibt in diesem Bereich umfangreiche Unterstützung und eine Vielzahl von frei nutzbaren Tools, wie z.B. Eclipse, worauf bereits in Kapitel 7 verwiesen wurde.

8.2.2 Programm in Java mithilfe von Eclipse erstellen

S Leon informiert sich über die Entwicklung von Java-Programmen und entsprechenden integrierten Entwicklungsumgebungen (IDEs). Dabei stellt er fest, dass es möglich ist, Java-Programme auch ohne Hilfe einer IDE zu entwickeln. Allerdings lassen sich Programme mithilfe einer IDE komfortabler erstellen und Projekte besser verwalten. Nach einigen Recherchen und aufgrund von Empfehlungen entscheidet sich Leon für „Eclipse" als Entwicklungsumgebung.

Eclipse ist ein sehr flexibles und leistungsfähiges Open-Source-Framework für eine Entwicklungsumgebung, das nach entsprechender Aufrüstung durch Plug-ins durchaus mit kommerziellen IDEs konkurrieren kann. Um ein Programm in „Eclipse" zu erstellen, sind folgende Schritte notwendig.

Eclipse starten

Gestartet wird Eclipse durch einen Doppelklick auf das Programmsymbol. In das folgende Fenster muss dann das Arbeitsverzeichnis eingegeben und mit „Ok" bestätigt werden.

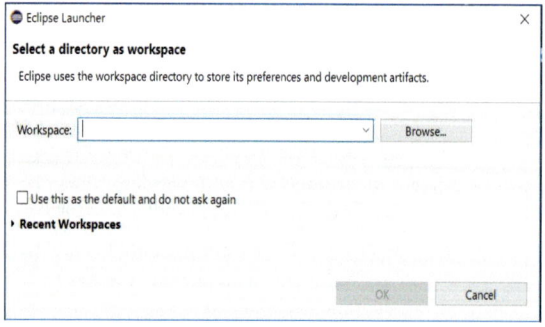

Projekt anlegen

Durch den Menübefehl **File | New | Java Project** wird ein neues Projekt erzeugt. Es ist dabei ein Projektname anzugeben, hier z.B. „MeinErstesProgramm", und mit Betätigen des „Finish"-Buttons zu bestätigen.

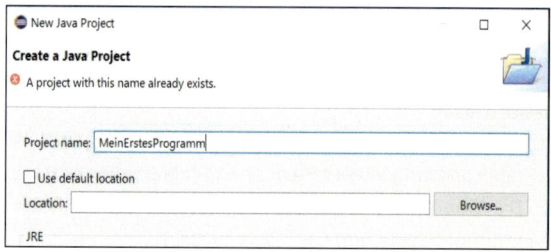

Klasse erzeugen

Durch den folgenden Menübefehl wird eine Klasse erzeugt: **File | New | Class**

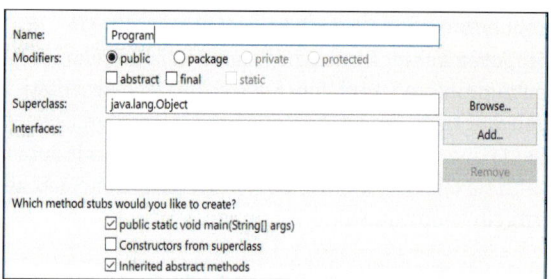

Dabei ist ein Name für die Klasse anzugeben, hier z.B. der Name „Program". Weiterhin ist der Haken bei dem Auswahlpunkt „public static void main(String[] args)" zu setzen. Danach wird durch das Betätigen des Button „Finish" die Klasse erzeugt.

Programm schreiben

Jetzt sollte folgende Ansicht zu sehen sein und es kann mit dem Schreiben des Programmes begonnen werden.

Als erstes Programm soll das klassische „Hello World" ausprobiert werden. Nachfolgend ist der Quelltext für dieses Programm angegeben.

```java
public class Program {
    public static void main(String[] args) {
        System.out.println("Hello World");
    }
}
```

```
  File Edit Source Refactor Navigate Search Project Run Window Help

  Package Explorer              Program.java
                              1
  MeinErstesProgramm          2  public class Program {
                              3
                              4      public static void main(String[] args) {
                              5          // TODO Auto-generated method stub
                              6
                              7      }
                              8
                              9  }
                             10
```

Dieser Quelltext kann in die IDE „Eclipse" zum Ausprobieren übertragen werden. Dabei ist zu beachten, dass jene Teile, die automatisch generiert wurden und im Quelltext schon vorhanden sind, nicht erneut eingegeben werden müssen. In unserem Fall reicht es also, die Anweisung „System.out.println("Hello World");" zu übertragen. Danach kann das Programm ausgeführt und getestet werden.

Programm starten

Durch den folgenden Menübefehl wird das Programm gestartet: **Run | Run**

Alternativ kann auch der in der Menüleiste abgebildete Button zum Ausführen betätigt werden. Das Programm wird ausgeführt und das Ergebnis erscheint im Ausgabefenster von Eclipse.

```
 Problems  Javadoc  Declaration  Console
<terminated> Program [Java Application] C:\Program Files\Java\jre1.8.0_121\bin\javaw.exe
Hello World
```

8.2.3 Grundlagen der Programmiersprache C#

C# ist eine einfache, sichere, moderne und leistungsfähige sowie rein objektorientierte Sprache. Sie wurde unter anderem von Andres Hejlsberg entwickelt, der früher auch für die Entwicklung des Produktes Borland Delphi zuständig war. In die Entwicklung von C# sind die Erfahrungen aus unterschiedlichen Programmiersprachen der letzten 30 Jahre eingeflossen, wie z. B. von C++ und Java. Die Grundlage für das Programmieren mit C# ist das **.Net-Framework**. Das .Net-Framework wurde von Microsoft entwickelt. Dabei handelt es sich nicht nur um eine besondere Laufzeitumgebung, sondern das .Net-Framework stellt gleichzeitig eine umfangreiche Klassenbibliothek für die Programmierung unter Windows zur Verfügung. Microsoft hat sich bei der Entwicklung von .Net von vielen schon vorhandenen Technologien inspirieren lassen. Das Ergebnis war eine Technologie, die der von Java sehr ähnlich ist. Auch hier wird aus dem Quellcode zunächst ein Zwischencode erzeugt, der erst zur Laufzeit in nativen Code übersetzt wird. Dieser Zwischencode wird **Intermediate Language (IL)** genannt und zum Ausführungszeitpunkt durch einen Just-in-Time-Compiler übersetzt und ausgeführt.

8.2.4 Programm in C# mithilfe von Visual Studio erstellen

Während sich Leon mit Eclipse als Entwicklungsumgebung für Java beschäftigt, lernt Aslan Visual Studio als IDE für C#-Programme kennen.

Visual Studio ist eine von Microsoft entwickelte integrierte Entwicklungsumgebung (IDE), womit standardmäßig verschiedene Sprachen unterstützt werden. Neben C# sind das unter anderem C++ und Visual Basic.NET. Mithilfe von Plug-ins können weitere Sprachen in Visual Studio genutzt werden. Außerdem existiert mit Visual Studio Community eine Version, die aus dem kostenpflichtigen Visual Studio hervorgegangen ist und von allen Anwenderinnen und Anwender gratis genutzt werden darf.

Um ein Programm in „Visual Studio" zu erstellen, sind folgende Schritte notwendig:

Visual Studio starten

Gestartet wird Visual Studio durch einen Doppelklick auf das Programmsymbol.

Projekt anlegen

Durch den folgenden Menübefehl wird ein neues Projekt erzeugt: **Datei | Neu | Projekt**

Es wird ein Fenster angezeigt, in dem die Programmiersprache und die Art der Anwendung ausgewählt werden muss. Für die ersten Übungen wird der Menüpunkt „Konsolenanwendung" ausgewählt, ein Projektname eingegeben und ein Speicherort ausgewählt. Anschließend sind die Eingaben mit „Ok" zu bestätigen.

Das erste Programm, das ausprobiert werden soll, ist auch hier das klassische „Hello World". Der Quelltext für das Programm erscheint in der folgendem Box.

Zur besseren Unterscheidung sind die Quelltexte für C#-Programme im gesamten Kapitel grün eingerahmt.

```csharp
using System;

namespace MeinErstesProgramm
{
    class Program
    {
        static void Main(string[] args)
        {
            Console.WriteLine("Hello World");
            Console.ReadKey();
        }
    }
}
```

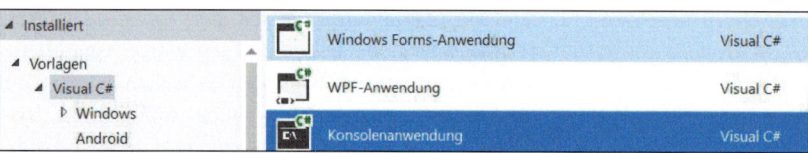

Dieser Quelltext kann nun in den Editor von Visual Studio zum Ausprobieren übertragen werden. Dabei ist zu beachten, dass bereits automatisch generierte Teile, die schon im Quelltext vorhanden sind, nicht noch einmal eingegeben werden müssen. In unserem Fall reicht es, die Anweisungen „Console.WriteLine("Hello World");" und „Console.ReadKey();" einzugeben. Danach kann das Programm ausgeführt und getestet werden.

Programm schreiben

Nachdem die folgende Ansicht erscheint, kann mit dem Schreiben des Programmes begonnen werden.

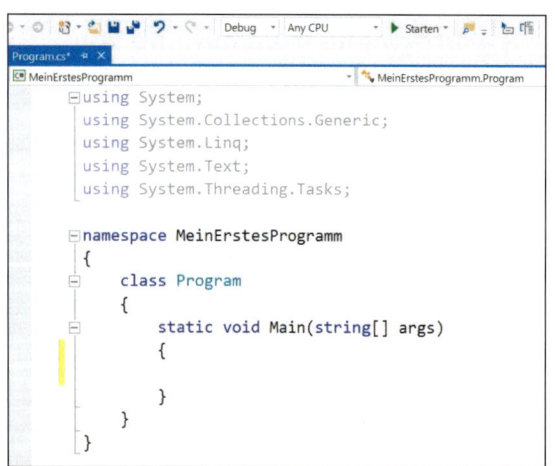

Programm starten

Durch den folgenden Menübefehl wird das Programm dann gestartet: **Debuggen | Debugging starten**

Alternativ kann auch der in der Menüleiste abgebildete Startbutton betätigt werden. Das Programm wird ausgeführt und das Ergebnis erscheint in einem sich öffnenden, separaten Fenster.

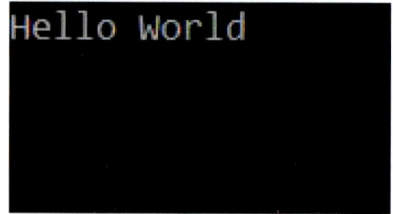

8.3 Grundlegende Sprachelemente

8.3.1 Grundgerüst eines Programmes

Die nachstehenden Beispiele zeigen jeweils das **Grundgerüst für Java- und C#-Programme**. Die Quelltexte, die für Java-Programme, C#-Programme und für beide Programme gelten, sind farblich verschieden unterlegt.

Wie man in den Beispielen sehen kann, sind Java und C# in den grundlegenden Sprachelementen syntaktisch sehr ähnlich. Folgende syntaktische Eigenschaften gelten deswegen auch für beide Sprachen:

```
public class Program {
    public static void main(String[] args) {
    }
}
```

```
class Program
{
    static void Main(string[] args)
    {
    }
}
```

1. Es wird zwischen Groß- und Kleinschreibung unterschieden. Beide Sprachen sind „case sensitive".
2. Die Programme bestehen aus Klassen. Die Klassendefinition wird mit dem Schlüsselwort **class** eingeleitet.
3. Damit aus der Klasse eine Anwendung (Application) wird, muss eine Funktion mit dem Namen **main** vorhanden sein. Dies ist die Hauptfunktion, die beim Aufruf der Anwendung gestartet wird. In C# muss **Main** großgeschrieben werden.
4. Die Schlüsselwörter der Funktion **main** verkörpern folgende Sachverhalte:
   - **void** - Diese Funktion hat keinen Rückgabewert. Der Datentyp der Funktion ist damit unbestimmt.
   - **static** - Diese Funktion gehört fest zu der Klasse und kann aufgerufen werden, ohne dass ein Objekt von der Klasse erzeugt wurde.
5. Geschweifte Klammern { } markieren die Anweisungsblöcke. Das erste Klammerpaar fasst alles zusammen, was zur Klasse gehört. Das innere Klammerpaar schließt die Anweisungen der Funktion **main** ein. In der Regel wird aber in Java im Gegensatz zu C# die öffnende Klammer "{" in der Zeile wie der Ausdruck davor geschrieben. z. B.

```
public class Program {
}
```
oder
```
public static void main(String[] args) {
}
```

Dies hat aber mehr mit den üblichen Programmierkonventionen zu tun und stellt keine Notwendigkeit dar.

6. Anweisungen werden immer mit einem Semikolon abgeschlossen. Das Komma ist nur ein Trennzeichen für Aufzählungen, wie z.B. bei der Aufzählung der Variablen, die mit dem Datentyp **int** deklariert werden.

Java- und C#-Quelltexte verwenden kein vorgegebenes Format und es gibt keine vorgeschriebene Zeilenstruktur. Das Leerzeichen, das Zeilenendezeichen, der Zeilenvorschub, der Tabulator und Kommentare werden außerhalb von Zeichenkonstanten und Zeichenketten (Strings) als Trennzeichen behandelt, wodurch auch alle Schlüsselwörter und Anweisungen voneinander getrennt werden. Eine Folge von Trennzeichen wirkt sich dabei wie ein Trennzeichen aus. Im Prinzip kann der Quelltext in einer Datei in einer einzigen Zeile geschrieben werden. Allerdings ist es für den besseren Überblick zweckmäßig, eine Strukturierung des Quelltextes vorzunehmen. Für die Schreibweise von Namen für Variablen, Klassen oder Funktionen gibt es Namenskonventionen, die sinnvoll, aber nicht notwendig sind.

8.3.2 Reservierte Wörter

> **Reservierte Wörter** (Schlüsselwörter) sind feste, vorgegebene Wörter, die der entsprechenden Sprache entstammen. Da jedes dieser Wörter eine feste, definierte Bedeutung besitzt, dürfen diese Wörter nicht als Bezeichner (s. Kap. 9.3.6.5) in Namen verwendet werden.

Die reservierten Wörter für Java und C# sind in den folgenden Tabellen zusammengefasst.

Schlüsselwörter in Java				
abstract	continue	for	new	switch
assert	default	if	package	synchronized
boolean	do	goto	private	this
break	double	implements	protected	throw
byte	else	import	public	throws
case	enum	instanceof	return	transient
catch	extends	int	short	try
char	final	interface	static	void
class	finally	long	strictfp	volatile
const	float	native	super	while

Schlüsselwörter in C# (Auszug)				
abstract	continue	finally	new	string
as	decimal	float	null	struct
base	default	for	private	switch
bool	do	foreach	protected	this
break	double	goto	public	true
case	else	if	readonly	try
catch	enum	int	return	using
char	event	interface	sbyte	void
class	extern	long	short	volatile
const	false	namespace	static	while

8.3.3 Kommentare

> **Kommentare** dienen dazu, Notizen oder Bemerkungen direkt in den Quelltext des Programms aufzunehmen.

Programmierer und Programmiererinnen gestalten mithilfe von Kommentaren ihre Programme für die Leserinnen und Leser einfacher und verständlicher. Folgende Kennzeichnungen für Kommentare sind möglich und können in Java und C# mit gleicher Syntax genutzt werden.

`//`	einzeilige Kommentare, reichen bis zum Ende der Zeile
`/*...*/`	mehrzeilige Kommentare, reichen über mehrere Zeilen

Außerdem gibt es beiden Sprachen die Möglichkeit, mehrzeilige Kommentare direkt in eine Programmdokumentation umzuwandeln.

Diese Kommentare werden in beiden Sprachen unterschiedlich gekennzeichnet. In Java wird der entsprechende Kommentar in folgende Zeichen eingeschlossen: /**...*/. In C# sind diese Kommentarzeilen mit /// anstatt mit // gekennzeichnet.

8.3.4 Datentypen

> Der **Datentyp** einer Variablen oder Konstanten legt den Wertebereich sowie die Größe des Speicherplatzes fest. Des Weiteren bestimmt er die Operationen und Funktionen, die für diesen Datentyp angewendet werden können.

Java und C# besitzen unter anderem die folgenden elementaren Datentypen:
- Zahlen (numerische Datentypen)
- Zeichen
- boolesche Datentypen

Diese Datentypen sind in Java und C# weitestgehend identisch. Bei den in beiden Sprachen abweichenden Datentypen wird hinter dem Datentyp die entsprechende Programmiersprache in Klammern vermerkt.

8.3.4.1 Numerische Datentypen

Die numerischen Datentypen werden in Integer- und Gleitkomma-Typen unterteilt. Sie werden für Berechnungen, Aufzählungen und Nummerierungen eingesetzt.

Integer-Datentyp

Integer-Datentypen besitzen keine Nachkommastellen und werden im Computer immer genau dargestellt. Sie treten in verschiedenen Varianten auf:

Datentyp	Wertebereich	Speichergröße
byte (Java) sbyte (C#)	−128 ... +127	1 Byte
short	−32.768 ... +32.767	2 Byte
int	−2.147.483.648 ... +2.147.483.647	4 Byte
long	−9.223.372.036.854.775.808 ... +9.223.372.036.854.775.807	8 Byte

Gleitkomma-Datentyp

Gleitkomma-Datentypen enthalten Kommastellen. Der Computer kann jedoch nicht jede Zahl genau darstellen. Dies führt auch bei einfachen Rechnungen zu Rundungsfehlern. Je nach verwendetem Typ ist eine bestimmte Genauigkeit in den Nachkommastellen möglich. Auch diese beiden Datentypen sind in Java und C# gleich.

Datentyp	Wertebereich	Genauigkeit	Speichergröße
float	$1{,}4E^{-45}$ ... $3{,}4028235E^{+38}$	7 Stellen	4 Byte
double	$5E^{-324}$ ... $1{,}797693134E^{+308}$	15 Stellen	8 Byte

8.3.4.2 Zeichen-Datentyp

Der Zeichen-Datentyp **char** kann beliebige Zeichen in Unicode enthalten. Java und C# gehen damit über die Möglichkeiten des ASCII-Codes hinaus. Dadurch sind die Zeichen nicht nur auf Zahlen und Buchstaben begrenzt. Es können auch Sonderzeichen (! , ", § , $,%, /) sowie Buchstaben anderer Alphabete enthalten sein, wobei immer nur ein Zeichen gespeichert werden kann. Einzelne Zeichen werden bei der Zuweisung durch Apostrophe eingeschlossen.

Datentyp	Wertebereich	Speichergröße
char	0 ... 65.536	2 Byte

8.3.4.3 Boolescher Datentyp

Java besitzt zur Verwaltung von Wahrheitswerten den Datentyp **boolean**, der in C# **bool** lautet. Dieser Datentyp kann als Wert nur die Literale (s. u.) **true** oder **false** annehmen. Logische Ausdrücke liefern in beiden Sprachen immer einen booleschen Wert zurück.

Datentyp	Wertebereich	Speichergröße
boolean (Java) bool (C#)	true, false	1 Byte

8.3.5 Literale

> **W** **Literale** sind unveränderliche, namenlose Darstellungen eines Wertes. Es gibt die vordefinierten Literale **null**, **true** und **false**.

In der folgenden Programmzeile ist die Zahl 100 ein Literal, weil sie einen konstanten Wert besitzt und weil man nicht über einen Bezeichner auf diese Zahl zugreifen kann.

```
anzahl = 100;
```

8.3.6 Variablen und Konstanten

Um Zwischenergebnisse von Berechnungen während der Programmausführung zu speichern oder konstante Werte, wie die Zahl Pi, am Programmanfang zu definieren, muss Speicherplatz reserviert werden, wo diese Werte gespeichert werden können. Man unterscheidet in diesem Zusammenhang zwischen Variablen und Konstanten.

8.3.6.1 Variablen

Variablen können während der Programmausführung unterschiedliche, veränderbare Werte annehmen, wie z. B. Zwischen- und Endergebnisse aus Berechnungen.

Für jede Variable wird ein Speicherplatz im Arbeitsspeicher des Computers reserviert, auf den mit dem Variablennamen zugegriffen werden kann. Es gilt: Variablen werden mit einem Namen und einem Datentyp vereinbart. Jede Variable, die in einem Programm verwendet wird, muss vor ihrer ersten Verwendung deklariert werden. Diese Deklaration kann aber an beliebiger Stelle in der Klasse geschehen.

Ein Beispiel soll die Berechnung und die Speicherung der Eingabe verdeutlichen. Die Werte ändern sich während der Programmausführung, denn es sind variable Werte. In diesem Beispiel wird der Variablen **ergebnis** die Summe der beiden Zahlen 100 und 200 zugewiesen.

```
int ergebnis;          // Deklaration
ergebnis = 100 + 200;  // Zuweisung
```

8.3.6.2 Syntax der Variablendeklaration

Die Deklaration von Variablen erfolgt in beiden Programmiersprachen übereinstimmend, was die folgenden Beispiele zeigen:

```
// Deklaration einer einzelnen Variablen
int anzahl;

// Deklaration einer einzelnen Variablen
// und gleichzeitige Initialisierung
double preis = 12.30;

// Deklaration mehrerer Variablen
double breite, laenge, hoehe;
```

Die Deklaration besteht aus einem Datentyp (hier: **int** oder **double**) und dem Namen der Variablen (hier z. B. **anzahl** oder **preis**). Die Deklaration wird mit einem Semikolon abgeschlossen. Die Namen der Variablen werden direkt nach dem Datentyp, getrennt durch ein oder mehrere Leerzeichen, angegeben. Die Namen der Variablen halten sich an die Vorgaben für Bezeichner. Es kann hinter dem Variablennamen eine Initialisierung vorgenommen werden, wobei ein Gleichheitszeichen (Zuweisungsoperator) sowie ein Ausdruck angefügt werden (hier: **= 12.30**). Es ist auch möglich, mehrere Variablen gleichzeitig zu deklarieren. Dies geschieht dadurch, dass man die einzelnen Variablen durch Komma getrennt aufzählt. Standardmäßig werden aber Variablendeklarationen einzeln in eine Zeile geschrieben und meist auch gleich initialisiert.

8.3.6.3 Konstanten

Konstanten können wie Variablen deklariert werden und Werte aufnehmen. Im Gegensatz zu Variablen kann der vereinbarte Wert aber während des Programmablaufs nicht mehr verändert werden. Wird dies trotzdem versucht, reagiert das Programm mit einer Fehlermeldung. Bezeichner für Konstanten enthalten üblicherweise nur Großbuchstaben.

8.3.6.4 Syntax der Deklaration von Konstanten

Um Konstanten zu deklarieren, wird vor den Datentyp ein Schlüsselwort geschrieben, wobei sich in diesem Fall die Schlüsselwörter in Java und in C# unterscheiden. In Java lautet das Schlüsselwort **final**, in C# ist es das Schlüsselwort **const**.

```
final double PI = 3.1415;
final int ANZAHL_MONATE = 12;
```

```
const double PI = 3.1415;
const int ANZAHL_MONATE = 12;
```

8.3.6.5 Variablen- und Konstantennamen oder Bezeichner

Namen oder Bezeichner benennen u. a. Konstanten und Variablen in den Java- und C#-Programmen. Bei der Programmierung kann über einen Namen auf diese Elemente zugegriffen werden. Der Name wird von den Programmierern und Programmiererinnen festgelegt. Dabei müssen folgende Regeln beachtet werden:

Namenskonventionen	
Anfang	Namen müssen mit ‚a' … ‚z', ‚A' … ‚Z', ‚_' oder ‚$' beginnen und können dann beliebig fortgesetzt werden. Sie dürfen keine Leerzeichen enthalten. Mehrere Worte als Name müssen daher zusammengezogen werden („anzahlArbeitskraefte").
Länge	Namen können eine beliebige Länge haben. Es ist ein angemessener Kompromiss aus Lesbarkeit (lang) und Schreibaufwand (kurz) zu finden.
groß/ klein	Variablennamen sollten mit einem Kleinbuchstaben beginnen. Bei Namen aus mehreren Wörtern ist der Beginn der einzelnen Wortstämme innerhalb des Namens zur besseren Lesbarkeit jeweils mit einem Großbuchstaben zu beginnen („maxWert").
Gültigkeit	Namen dürfen in ihrem Gültigkeitsbereich nur einmal vorkommen, d. h., man kann keine Namen mehrfach deklarieren.

8.3.6.6 Wertzuweisungen an Variablen und Konstanten

Um einer Variablen einen Wert zuzuweisen, wird der Zuweisungsoperator „=" verwendet. Einer Variablen oder Konstanten dürfen nur Werte zugewiesen werden, die dem vereinbarten Datentyp entsprechen.

```
// Deklaration von Variablen
int i, j;
char zeichen;

// Wertzuweisungen
i = 10;
j = i + 20;
zeichen = 'A';
```

8.3.7 Operatoren

> **Operatoren** sind Symbole, die Verarbeitungsaktionen in Ausdrücken auslösen.
>
> In einem Ausdruck werden die Operatoren hinsichtlich der Ausführungsreihenfolge nach Prioritäten eingeteilt. Die Ausführungsreihenfolge kann auch durch das Setzen von runden Klammern festgelegt werden. Der Inhalt der Klammern wird immer zuerst ausgewertet, da ihm die höchste Priorität zukommt.

8.3.7.1 Arithmetische Operatoren

Arithmetische Operatoren, auch Rechenoperatoren genannt, führen mathematische Berechnungen durch, wobei sie in der Eingabe Ganz- oder Gleitkommazahlen erwarten und ein numerisches Ergebnis liefern. Diese Operatoren sind in der nachfolgenden Übersicht aufgeführt und für beide Programmiersprachen gleich.

Operator	Name	Bedeutung
+	Addition	a + b ergibt die Summe von a und b.
–	Subtraktion	a – b ergibt die Differenz von a und b.
*	Multiplikation	a * b ist das Produkt aus a und b.
/	Division	a / b ist der Quotient von a und b.
%	Modulo	a % b ist der Rest der ganzzahligen Division von a und b.
++ oder --	Preinkrement .. Predekrement	++a erhöht oder (--a) verringert die Variable a um 1 vor der weiteren Verwendung.
++ oder --	Postinkrement .. Postdekrement	a++ erhöht und a-- verringert die Variable a um 1 vor der weiteren Verwendung.

8.3.7.2 Relationale Operatoren

Relationale Operatoren werden auch Vergleichsoperatoren genannt, weil sie Ausdrücke miteinander vergleichen und ein logisches Ergebnis liefern, entweder „true" (wahr) oder „false" (falsch). Die folgenden Operatoren sind in Java und in C# gleich:

Operator	Name	Bedeutung
==	Gleichheit	a == b ergibt true, wenn a und b gleich sind.
!=	Ungleichheit	a! = b ergibt true, wenn a und b ungleich sind.
<	kleiner	a < b ergibt true, wenn a kleiner b ist.
>	größer	a > b ergibt true, wenn a größer b ist.
<=	kleiner gleich	a <= b ergibt true, wenn a kleiner oder gleich b ist.
>=	größer gleich	a >= b ergibt true, wenn a größer oder gleich b ist.

8.3.7.3 Boolesche Operatoren

Boolesche Operatoren werden auch logische Operatoren genannt. Sie stammen aus der booleschen Algebra und dienen der logischen Verknüpfung von Aussagen. Mit ihrer Hilfe werden einzelne Vergleichsoperationen zu komplexeren Bedingungen zusammengefügt.

Operator	Name	Bedeutung
!	Negation	invertiert den Ausdruck
&&	UND	ergibt **true**, wenn beide Operanten **true** sind
||	ODER	ergibt **true**, wenn mindestens ein Operant **true** ist
^	Exclusive ODER	ergibt **true**, wenn genau ein Operant **true** ist

In der nachfolgenden Übersicht sind die Ergebnisse bei der Anwendung boolescher Operatoren für die Variablen x und y erkennbar.

x	y	x && y	x || y	x ^ y	!(x && y)	!(x || y)	!(x ^ y)
true	true	true	true	false	false	false	true
true	false	false	true	true	true	false	false
false	true	false	true	true	true	false	false
false	false	false	false	false	true	true	true

8.3.8 Ein- und Ausgabe in der Konsole

Konsolenprogramme sind sehr nützlich zum schnellen Ausprobieren von Algorithmen, ohne mit hohem Aufwand eine Benutzeroberfläche erstellen zu müssen. Man kann sich so auf das Wesentliche im Algorithmus konzentrieren. Trotzdem ist es notwendig, grundlegende Ein- und Ausgabebefehle zu kennen, um mit dem Programm interagieren zu können. Die Befehle für die Ein- und Ausgabe unterscheiden sich zwischen Java und C#.

8.3.8.1 Ein- und Ausgabe mithilfe von Java

Ausgabe

Zur Ausgabe von Zeichenketten, Zahlen und weiteren Elementen verwendet man folgenden Befehl:

```
// Ausgabe ohne Zeilenwechsel
System.out.print(<Ausgabe>);

// Ausgabe mit Zeilenwechsel
System.out.println(<Ausgabe>);
```

Das folgende Beispiel zeigt: Zeichenketten werden in Hochkommata eingeschlossen. Variablen werden mit Zeichenketten durch ein „+" verbunden.

```
// einfache Ausgabe
System.out.print("Geben Sie einen Wert ein");

// Ausgabe Text + Variable
System.out.println("Das Ergebnis ist: " + ergebnis);
```

Eingabe

Benutzereingaben über die Konsole realisiert man in Java vorzugsweise mit der Klasse „java.util.Scanner", wie das folgende Beispiel zeigt:
Die Eingabe untergliedert sich in folgende Schritte:

1. Einbinden der Import-Anweisung für das Paket **java.util**, da dort die Scannerklasse definiert ist:

```
import java.util.*;
```

2. Anlegen eines Objektes der Klasse **Scanner**, welche als Eingabestrom die Standardeingabe **System.in** nutzt. Es genügt sich zu merken, dass der Eingabepuffer benötigt wird. Mit dem Deklarieren und Anlegen von Speicherplatz für den Scanner besteht nun die Möglichkeit, direkt Eingaben von der Eingabekonsole vorzunehmen:

```
Scanner input = new Scanner(System.in);
```

3. Deklarierung einer Variable (meistens als String), in die der Inhalt von Scanner geschrieben wird, sowie Einlesen der Konsoleneingabe der Benutzerinnen und Benutzer:

```
String text = input.nextLine();
```

4. Beim Einlesen von Integer-Zahlen empfiehlt sich statt „nextLine( )" die Methode „nextInt( )". Für Kommazahlen empfiehlt sich die Methode „nextDouble( )".

Für die Konsoleneingabe und -ausgabe in Java ist auf der folgenden Seite ein Programm zu sehen, in dem man aufgefordert wird, verschiedene Daten einzugeben, und das im Anschluss daran die eingegebenen Werte wieder ausgibt.

```java
import java.util.*;

public class Program {
    public static void main(String[] args) {
        Scanner input = new Scanner(System.in);
        System.out.println("Geben Sie einen Text ein");
        String text = input.nextLine();
        System.out.println("Sie haben folgenden Text eingeben: " + text);
    }
}
```

```java
import java.util.*;

public class Program {
    public static void main(String[] args) {
        Scanner input = new Scanner(System.in);
        System.out.println("Geben Sie bitte ihren Namen ein");
        String name = input.nextLine();
        System.out.println("Geben Sie bitte ihr Alter ein");
        int alter = input.nextInt();
        System.out.println("Geben Sie bitte Ihre Körpergröße ein");
        double groesse = input.nextDouble();
        System.out.println("Sie heißen " + name + ", sind " + alter +
                           "Jahre alt und sind " + groesse + "groß.");
    }
}
```

8.3.8.2 Ein- und Ausgabe mithilfe von C#

Ausgabe

Zur Ausgabe von Zeichenketten, Zahlen und weiteren Elementen verwendet man folgenden Befehl:

```
// Ausgabe ohne Zeilenwechsel
Console.Write(<Ausgabe>);

// Ausgabe mit Zeilenwechsel
Console.WriteLine(<Ausgabe>);
```

Zeichenketten werden in Hochkommata eingeschlossen. Variablen werden mit Zeichenketten durch ein „+" verbunden.

```
// einfache Ausgabe
Console.Write("Geben Sie einen Wert ein");

// Ausgabe Text + Variable
Console.WriteLine("Das Ergebnis ist: " +
                   ergebnis);
```

Eingabe

Benutzereingaben über die Konsole realisiert man in C# vorzugsweise mit der Methode „ReadLine()", wie das folgende Beispiel zeigt:

```
using System;

namespace BeispielKonsole
{
    class Program
    {
        static void Main(string[] args)
        {
            Console.WriteLine("Geben Sie eine Text ein");
            String text = Console.ReadLine();
            Console.WriteLine("Sie haben folgenden Text eingegeben: " + text);
            Console.ReadKey();
        }
    }
}
```

Die Eingabe untergliedert sich in folgende Schritte:
1. Einbinden des Namespace **System** mithilfe der Using-Anweisung, da dort die Konsolenklasse definiert ist:

    ```
    using System;
    ```

2. Deklarierung einer Variable (meistens als String), in die der Inhalt der Eingabe geschrieben wird, und Einlesen der Konsoleneingabe der Benutzer und Benutzerinnen:

    ```
    String text = Console.ReadLine();
    ```

3. Da alle Eingaben immer als Text interpretiert werden, egal ob es sich um Zahlen oder Zeichen handelt, müssen Zahlen noch entsprechend konvertiert werden. Für Integerzahlen wird der Befehl **Convert.ToInt32** und für Doublezahlen der Befehl **Convert.ToDouble** benutzt.

Im folgenden Beispiel für die Konsoleneingabe und -ausgabe in C# ist ein Programm zu sehen, in dem man aufgefordert wird, verschiedene Daten einzugeben, und das im Anschluss daran die eingegebenen Werte wieder ausgibt.

```
using System;

namespace BeispielKonsole
{
    class Program
    {
        static void Main(string[] args)
        {
            Console.WriteLine("Geben Sie bitte ihren Namen ein");
            String name = Console.ReadLine();
            Console.WriteLine("Geben Sie bitte ihr Alter ein");
            int alter = Convert.ToInt32(Console.ReadLine());
            Console.WriteLine("Geben Sie bitte Ihre Körpergröße ein");
            double groesse = Convert.ToDouble(Console.ReadLine());
            Console.WriteLine("Sie heißen " + name + ", sind " + alter +
                              " Jahre alt und sind " + groesse + " groß.");
            Console.ReadKey();
        }
    }
}
```

8.3.9 Kontrollstrukturen

Anweisungen beschreiben einzelne Arbeitsschritte, die zur Lösung einer Problemstellung erforderlich sind.

Anweisungen werden nacheinander (sequenziell) von oben nach unten und genau einmal abgearbeitet. Oft ist es jedoch erforderlich, dass Programmteile mehrmals oder gar nicht abgearbeitet werden sollen. Dafür gibt es Kontrollstrukturen.

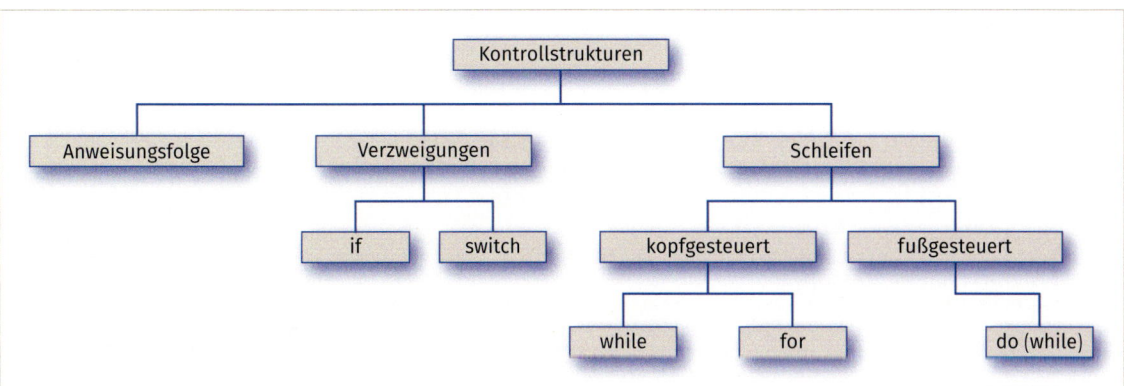

Kontrollstrukturen

8.3.9.1 Anweisungen und Anweisungsfolgen (Sequenz)

Einzelne Anweisungen in Programmen können z.B. Zuweisungen, Berechnungen oder Ein- und Ausgaben sein. Sollen für die Lösung einer Aufgabe einfach nur mehrere Anweisungen hintereinander ausgeführt werden, können sie in der gleichen Reihenfolge beschrieben werden, wie im folgenden Struktogramm dargestellt:

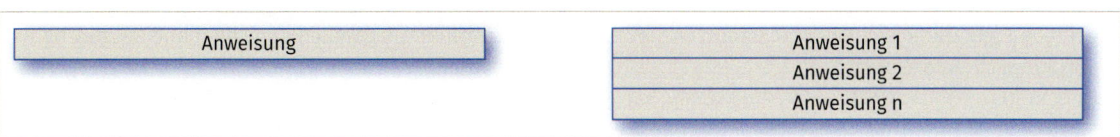

Anweisung und Anweisungsfolge

Als Beispiel soll ein Programm dienen, wo die Benutzerinnen und Benutzer zwei ganze Zahlen eingeben können und wo danach die Summe dieser Zahlen berechnet und ausgegeben wird.

Zuerst wird das Struktogramm für den Algorithmus entwickelt. Mithilfe des Struktogramms kann ein Programm in Java oder C# geschrieben werden, das die Summe zweier ganzer Zahlen berechnet.

| Eingabe zahl1 |
| Eingabe zahl2 |
| summe = zahl1 + zahl2 |
| Ausgabe summe |

Struktogramm

```java
import java.util.*;

public class Program {
    public static void main(String[] args) {
        Scanner input = new Scanner(System.in);
        System.out.println("Geben Sie bitte die erste Zahl ein");
        int zahl1 = input.nextInt();
        System.out.println("Geben Sie bitte die zweite Zahl ein");
        int zahl2 = input.nextInt();
        int summe = zahl1 + zahl2;
        System.out.println("Die Summe beider Zahlen ist: " + summe);
    }
}
```

```csharp
using System;

namespace BeispielSumme
{
    class Program
    {
        static void Main(string[] args)
        {
            Console.WriteLine("Geben Sie bitte die erste Zahl ein ");
            int zahl1 = Convert.ToInt32(Console.ReadLine());
            Console.WriteLine("Geben Sie bitte die zweite Zahl ein ");
            int zahl2 = Convert.ToInt32(Console.ReadLine());
            int summe = zahl1 + zahl2;
            Console.WriteLine("Die Summe beider Zahlen ist: " + summe);
            Console.ReadKey();
        }
    }
}
```

Aufgaben

1. Schreiben Sie ein Programm, das den Durchschnittsverbrauch an Kraftstoff von Fahrzeugen auf 100 km berechnet. Einzugeben sind die gefahrenen Kilometer und die getankte Menge an Kraftstoff.
2. Ermitteln Sie mithilfe eines Programmes den ganzzahligen Rest einer Division. Dabei werden der ganzzahlige Dividend und der ganzzahlige Divisor eingeben und der Rest ausgegeben. Benutzen Sie dafür den Modulo-Operator.
3. Der Computer soll mithilfe eines Programms nach Eingabe von Listenpreis, Lieferantenrabatt und Skonto des Lieferers in Prozent den Bareinkaufspreis berechnen und ausgeben.
4. Schreiben Sie ein Programm, das nach Eingabe der elektrischen Spannung und der elektrischen Stromstärke den elektrischen Widerstand ausrechnet und ausgibt.
5. Nach Eingabe der Länge und der Breite eines Rechtecks sollen Umfang, Flächeninhalt und die Länge der Diagonalen berechnet und ausgegeben werden.
6. Schreiben Sie ein Programm, das nach Eingabe einer Speichergröße in Byte die Größe des

Speichers in Megabyte (MB) und in Mebibyte (MiB) berechnet und ausgibt.
7. Der Computer soll mithilfe eines Programms nach Eingabe von vier Zahlen den Durchschnitt dieser Zahlen berechnen und ausgeben.
8. In einem Programm sollen die Länge und die Breite eines Bildes in Pixeln eingeben werden. Des Weiteren sollen Benutzer und Benutzerinnen den Speicherbedarf pro Pixel in Byte eingeben können, sowie die Anzahl der Bilder, die sie speichern möchten. Ausgegeben werden soll der Speicherplatzbedarf in Gibibyte (GiB).

8.3.9.2 Verzweigungen

Die Verzweigung (Auswahl, Alternative) unterstützt den Programmablauf, wenn er von einer oder mehreren Bedingungen abhängt.

> Die mehrseitige **Auswahl** ist dann sinnvoll, wenn eine einzige Variable auf unterschiedliche Werte abgefragt wird. In diesem Falle ist die mehrseitige Auswahl übersichtlicher als eine mehrfache, zweiseitige Auswahl.

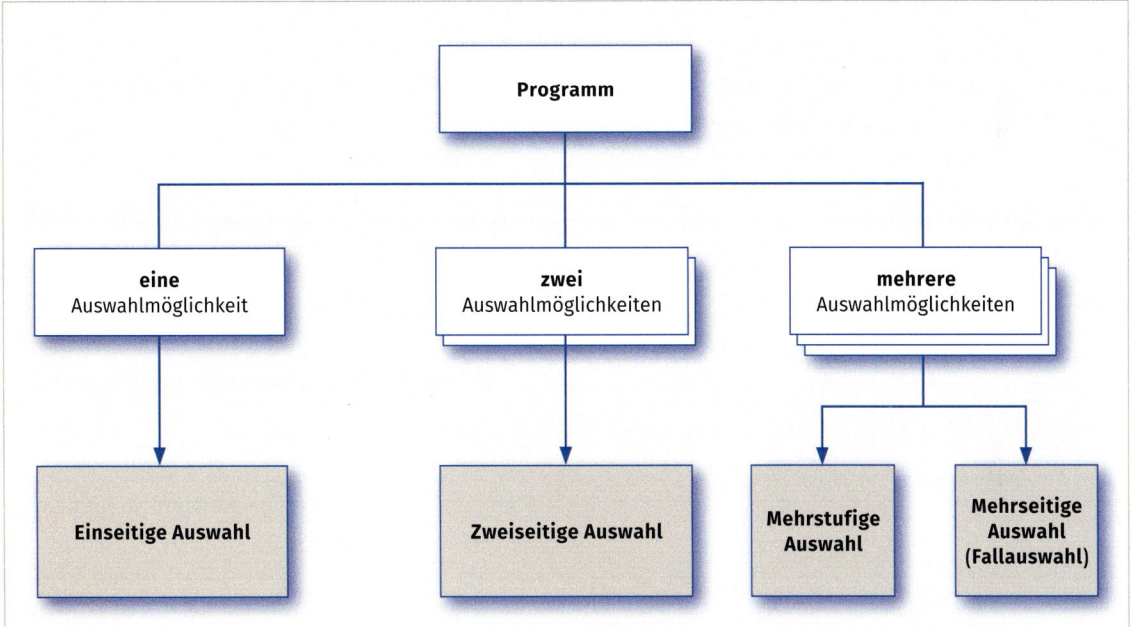

Verzweigungen

Bedingte Anweisung, einseitige Auswahl

Bei vielen Problemstellungen ist die Verarbeitung der Anweisungen an eine Bedingung geknüpft. Ist die Bedingung erfüllt, werden die betreffenden Anweisungen ausgeführt. Andernfalls wird der jeweilige Anweisungsblock, der der Bedingung folgt, übersprungen.

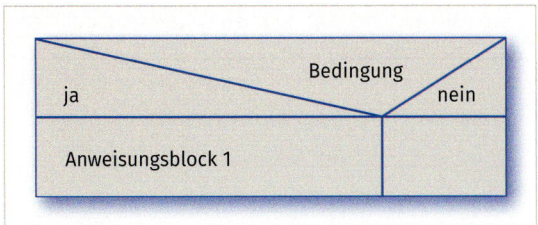

Alternative

Syntaktisch ist die einseitige Auswahl in Java und in C# gleich. Hinter dem Schlüsselwort **if** folgt in Klammern der Bedingungsausdruck. Die sich anschließende Anweisungsgruppe wird in geschweifte Klammern { } eingeschlossen.

```
if (Bedingung)
{
    Anweisung1;
    Anweisung2;
    ……
}
```

Bedingte Anweisung, zweiseitige Auswahl

Häufig ist die Verarbeitung der Anweisungen von mehreren Bedingungen abhängig. Sind die Bedingungen erfüllt, werden die betreffenden Anweisungen ausgeführt. Andernfalls wird der jeweilige Anweisungsblock, der der Bedingung folgt, übersprungen und möglicherweise ein alternativer Anweisungsblock ausgeführt (else-Zweig).

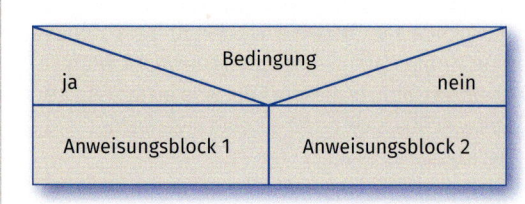

Zweiseitige Alternative

Wie bei der einseitigen Verzweigung ist auch hier die Syntax für beide Programmiersprachen gleich. Die Syntax der einseitigen Struktur wird dabei um einen **else**-Zweig erweitert. Der Anweisungsblock des **else**-Zweiges wird wieder in { } eingeschlossen.

```
if (Bedingung)
{
    Anweisung11;
    Anweisung12;
    ……
}
```

```
else
{
    Anweisung21;
    Anweisung22;
    ……
}
```

Als Beispiel soll ein Programm entwickelt werden, das nach der Eingabe einer Zahl ausgibt, ob die Zahl größer oder kleiner gleich Null ist. Zuerst wird wieder ein Struktogramm für den Algorithmus entwickelt.

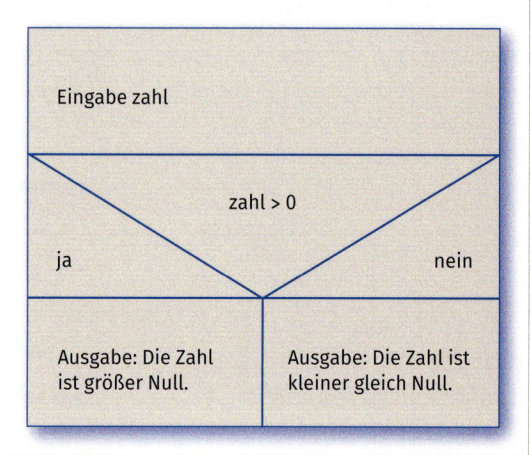

Struktogramm

Mithilfe des Struktogramms wird ein Programm in Java oder C# geschrieben.

```java
import java.util.*;

public class Program {
    public static void main(String[] args) {
        Scanner input = new Scanner(System.in);
        System.out.println("Geben Sie bitte eine Zahl ein");
        int zahl = input.nextInt();
        if (zahl > 0) {
            System.out.println("Die Zahl ist größer Null");
        }
        else {
            System.out.println("Die Zahl ist kleiner gleich Null");
        }
    }
}
```

```csharp
using System;

namespace BeispielVerzweigung
{
    class Program
    {
        static void Main(string[] args)
        {
            Console.WriteLine("Geben Sie bitte eine Zahl ein");
            int zahl = Convert.ToInt32(Console.ReadLine());
            if (zahl > 0)
            {
                Console.WriteLine("Die Zahl ist größer Null");
            }
            else
            {
                Console.WriteLine("Die Zahl ist kleiner gleich Null");
            }
            Console.ReadKey();
        }
    }
}
```

Bedingte Anweisung, mehrseitige Auswahl

				Selektor	
Wert(ebereich) 1	Wert(ebereich) 2	Wert(ebereich) 3	Wert(ebereich) n		sonst
Anweisungsblock 1	Anweisungsblock 2	Anweisungsblock 3	Anweisungsblock n		Alternativblock (optional)

Mehrseitige Alternative

Neben der zweiseitigen gibt es die mehrseitige Auswahl. Mit einer switch-Anweisung kann eine Bedingung auf verschiedene Werte überprüft werden. Die Variable, deren Inhalt geprüft wird, heißt Selektor. Es sind nur Selektoren der Datentypen **char**, **byte**, **short** und **int** zugelassen. Es kann auch immer nur auf Gleichheit geprüft werden.

```
switch (<Selektor>)
{
    case Wert1:
    {
        Anweisung11;
        Anweisung12;
        ...
        break;
    }
    case Wert2:
    {
        Anweisung21;
        Anweisung22;
        ...
        break;
    }
    case Wert3:
    {
        Anweisung31;
        Anweisung32;
        ...
        break;
    }
    ...
    default:
    {
        Anweisung_d1;
        Anweisung_d2;
        ...
        break;
    }
}
```

```java
import java.util.*;

public class Program {
    public static void main(String[] args) {
        System.out.println("Aufgabe1 : 1");
        System.out.println("Aufgabe2 : 2");
        System.out.println("Ende : beliebige andere Zahl");
        System.out.println("Geben Sie bitte eine Zahl ein.");
        Scanner input = new Scanner(System.in);
        int auswahl = input.nextInt();
        switch (auswahl) {
            case 1: {
                Aufgabe1();    //  Funktionsaufruf
                break;
            }
            case 2: {
                Aufgabe2();    //  Funktionsaufruf
                break;
            }
            default: {
                System.out.println("Das Programm wird beendet.");
                break;
            }
        }
    }
}
```

```csharp
using System;

namespace BeispielMenue
{
    class Program
    {
        static void Main(string[] args)
        {
            Console.WriteLine("Aufgabe1 : 1");
            Console.WriteLine("Aufgabe2 : 2");
            Console.WriteLine("Ende : beliebige andere Zahl");
            Console.WriteLine("Geben Sie bitte eine Zahl ein.");
            int zahl = Convert.ToInt32(Console.ReadLine());
            switch (auswahl)
            {
                case 1:
                {
                    Aufgabe1();    //  Funktionsaufruf
                    break;
                }
                case 2:
                {
                    Aufgabe2();    //  Funktionsaufruf
                    break;
                }
                default:
                {
```

```
                Console.WriteLine("Das Programm wird beendet.");
                break;
            }
        }
        Console.ReadKey();
    }
  }
}
```

In Abhängigkeit des Wertes wird ein case-Zweig ausgewählt und abgearbeitet. Trifft keine Übereinstimmung zu, so wird der default-Zweig gewählt. Jeder case-Zweig sollte mit einem **break** abgeschlossen werden. Ansonsten wird der nachfolgende case-Zweig auch mit abgearbeitet. Die Syntax für eine mehrseitige Auswahl stimmt in Java und C# überein. Die Mehrfachauswahl kann z. B. gut dafür verwendet werden, ein Auswahlmenü in der Konsole zu erstellen, wo der Benutzer und Benutzerinnen einen bestimmten Menüpunkt auswählen, indem sie eine Zahl eingeben. Die oben aufgeführten Quelltexte zeigen eine mehrseitige Auswahl in Java und C#.

Aufgaben

Generelle Aufgabenstellung: Schreiben Sie zuerst ein Auswahlmenü, wo Benutzerinnen und Benutzer durch die Eingabe einer Zahl bestimmen können, welche der Aufgaben 1 bis 6 sie ausgeführt haben möchten. Lösen Sie anschließend die folgenden Aufgaben:

1. Ein Unternehmen gewährt seinen Kundinnen und Kunden 5 % Bonus, wenn deren Nettoabnahmemenge pro Jahr 70.000,00 € übersteigt. Schreiben Sie ein Programm, das den Bonus eines Kunden oder einer Kundin errechnet und ausgibt. Falls der Kunde oder die Kundin den erforderlichen Umsatz nicht erbringt, soll eine entsprechende Meldung ausgegeben werden.
2. Eine Bank gewährt ihren Kunden und Kundinnen bei einer Festgeldanlage folgende Zinsen pro Jahr:

Anlagebetrag	Zinsen
bis zu 5.000,00 €	2,00 %
bis zu 10.000,00 €	2,25 %
bis zu 50.000,00 €	2,50 %
über 50.000,00 €	2,75 %

Berechnen Sie mithilfe eines Programmes die Zinsen bei verschiedenen Anlagebeträgen.

3. Ermitteln Sie den Bruttolohn eines Arbeiters oder einer Arbeiterin durch die Eingabe der geleisteten Arbeitsstunden pro Woche und des Stundenlohnes. Für jede über 35 Wochenstunden abgeleistete Stunde wird ein Zuschlag von 50 % gewährt, an Sonn- und Feiertagen zusätzlich weitere 25 %. Eingaben über 80 Stunden und Stundenlöhne über 50,00 € soll das zu erstellende Programm nicht verarbeiten.
4. Schreiben Sie ein Programm, dass Ihnen nach Eingabe einer positiven ganzen Zahl ausgibt, ob es sich um eine gerade oder ungerade Zahl handelt. (Hinweis: Nutzen Sie den Modulo-Operator)
5. Ein Programm soll nach Eingabe von drei Zahlen die größte Zahl ausgeben.
6. Schreiben Sie ein Programm, welches nach der Eingabe einer Jahreszahl ausgibt, ob es sich um ein Schaltjahr handelt oder nicht. Ein Jahr ist ein Schaltjahr, wenn die Jahreszahl durch 4 und nicht durch 100 teilbar ist. Ausnahme: Ein Jahr ist ein Schaltjahr, wenn es durch 4 und durch 100 und durch 400 teilbar ist. (Hinweis: Nutzen Sie den Modulo-Operator.)

8.3.9.3 Schleifen

Mithilfe von Schleifen können bestimmte Anweisungen mehrfach wiederholt werden. Schleifen bestehen aus einer Schleifensteuerung und einem Schleifenkörper. Es werden grundsätzlich drei Arten von Schleifen unterschieden:

- kopfgesteuerte Schleife (kopfgesteuerte Wiederholung)
- fußgesteuerte Schleife (fußgesteuerte Wiederholung)
- Zahlschleife (zählergesteuerte Wiederholung)

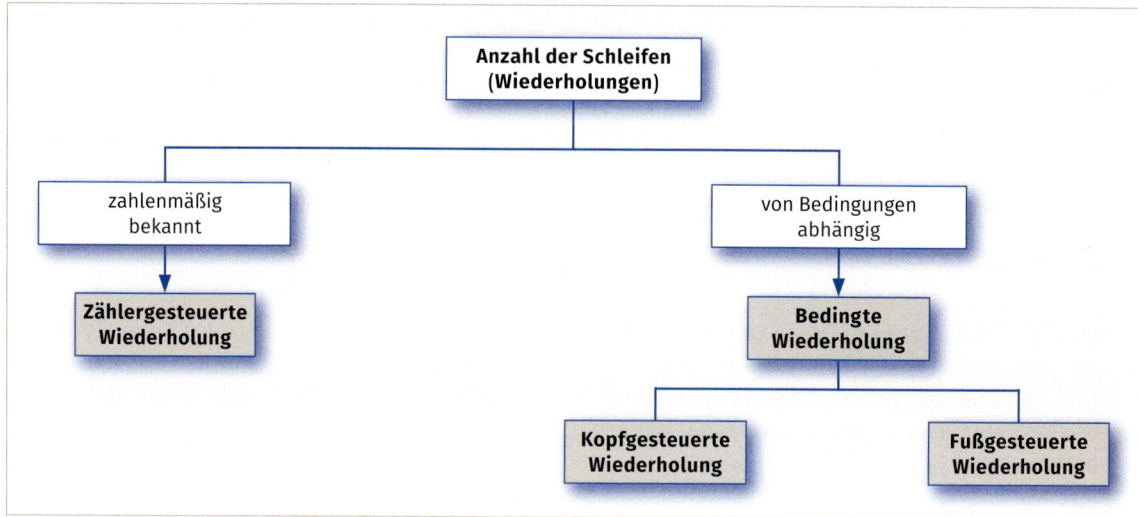

Schleifen

Wiederholung mit vorausgehender Bedingungsprüfung (kopfgesteuerte Schleife)

In der **while-Anweisung** wird die Ausführung von Anweisungen von der Gültigkeit eines beliebigen Ausdrucks abhängig gemacht. Der Ausdruck liefert einen booleschen Wert. Solange der Wert **true** ist, wird der folgende Anweisungsblock wiederholt ausgeführt. Beim Rückgabewert **false** wird die Ausführung nach der while-Anweisung fortgesetzt. Der Ausdruck wird in jedem Durchlauf zu Beginn der while-Anweisung ausgewertet.

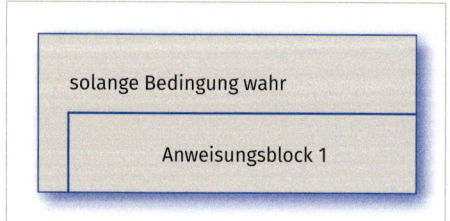

Kopfgesteuerter Zyklus

Die Syntax der kopfgesteuerten Schleife ist in Java und C# gleich. Nach dem Schlüsselwort **while** folgt in runden Klammern der Bedingungsausdruck, welcher angibt, wie lange die Schleife durchlaufen wird. Der nachfolgende Anweisungsblock wird wieder in geschweifte Klammer {} eingeschlossen.

```
while (<Bedingung>)
{
    Anweisung1;
    Anweisung2;
    ...
}
```

Als Beispiel sollen alle ganzen Zahlen von 1 bis 10 auf dem Bildschirm ausgeben werden, wie im entsprechenden Struktogramm dargestellt:

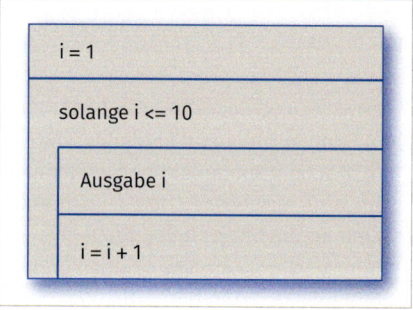

Aus dem Struktogramm wird das Programm einer kopfgesteuerten Schleife in Java und C# entwickelt.

```java
import java.util.*;

public class Program {
    public static void main(String[] args) {
        int i = 1;
        while (i <= 10) {
            System.out.println(i);
            i = i + 1;
        }
    }
}
```

```
using System;

namespace BeispielKopfgesteuerteSchleife
{
    class Program
    {
        static void Main(string[] args)
        {
            int i = 1;
            while (i <= 10)
            {
                Console.WriteLine(i);
                i = i + 1;
            }
            Console.ReadKey();
        }
    }
}
```

Wiederholung mit nachfolgender Bedingungsprüfung (fußgesteuerte Schleife)

Dieser Schleifentyp ist eine annehmende Schleife, da die Schleifenbedingung erst nach einem Schleifendurchgang geprüft wird. Bevor es zum ersten Test kommt, wird der Anweisungsblock also schon einmal durchlaufen.

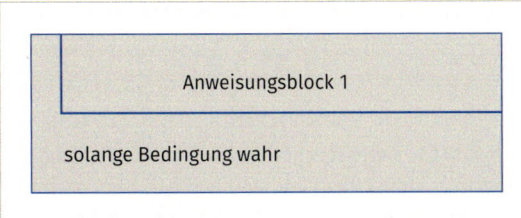

Fußgesteuerter Zyklus

Die Syntax dieser Schleife besteht aus den Schlüsselwörtern **do** und **while**. Hinter dem **while** steht wieder in runden Klammern eine Bedingung. Es ist wichtig, auf das Semikolon hinter der Bedingung zu achten. Liefert die Bedingung den Wert **true**, so wird der Rumpf erneut ausgeführt. Andernfalls wird die Schleife beendet und das Programm wird mit der nächsten Anweisung nach der Schleife fortgesetzt. Die Syntax der fußgesteuerten Schleife stimmt ebenfalls für die beiden Programmiersprachen Java und C# überein.

```
do
{
    Anweisung1;
    Anweisung2;
    ...
} while (<Bedingung>);
```

Als Beispiel dient wieder die Ausgabe der Zahlen 1 bis 10. Das Struktogramm sieht wie folgt aus:

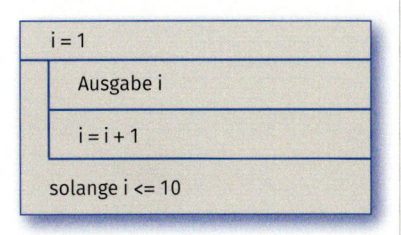

In Java bzw. C# wird der Quelltext für eine fußgesteuerte Schleife folgendermaßen dargestellt:

```
import java.util.*;

public class Program {
    public static void main(String[] args) {
        int i = 1;
        do {
            System.out.println(i);
            i = i + 1;
        } while (i <= 10);
    }
}
```

```
using System;

namespace BeispielKopfgesteuerteSchleife
{
    class Program
    {
        static void Main(string[] args)
        {
            int i = 1;
            do
            {
                Console.WriteLine(i);
                i = i + 1;
            } while (i <= 10);
            Console.ReadKey();
        }
    }
}
```

Wiederholung mit Zähler (Zählschleife)

Bei der Zählschleife steht von Anfang an fest, wie viele Wiederholungen des Schleifenkörpers ausgeführt werden. Dabei wird ein Zähler in der Regel um den Wert 1 erhöht.

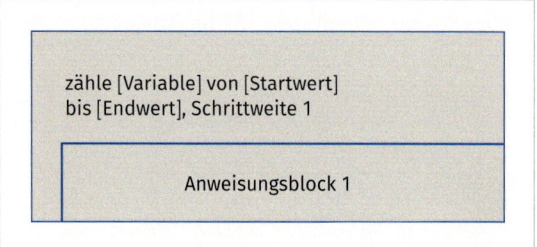

Abgezählter Zyklus

```
import java.util.*;

public class Program {
    public static void main(String[] args) {
        for (int i = 1; i <= 10; i++)
        {
        System.out.println(i);
        }
    }
}
```

Die Syntax der beiden Sprachen ist in diesen Fall wieder gleich und beginnt mit dem Schlüsselwort **for**.

```
for (<Startwert>; <Bedingung>; <SW>)
{
    Anweisung1;
    Anweisung2;
    ...
}
```

```
using System;

namespace BeispielZaehlSchleife
{
    class Program
    {
        static void Main(string[] args)
        {
            for (int i = 1; i <= 10; i++)
            {
                Console.WriteLine(i);
            }
            Console.ReadKey();
        }
    }
}
```

Nach dem Schlüsselwort **for** erfolgt die Initialisierung der Zählervariablen mit einem Anfangswert. Diese Anweisung wird durch ein Semikolon abgeschlossen. Es folgt eine Bedingung, die angibt, wie lange die Schleife durchlaufen wird. In Java und C# wird die Schleife durchlaufen, solange die Bedingung erfüllt ist. Diese Anweisung wird wieder mit einem Semikolon abgeschlossen.

Zuletzt erfolgt die Angabe, um welchen Betrag sich der Wert der Zählervariablen verändern soll. In der Regel wird die Zählervariable um den Wert 1 erhöht, was mit der Kurzschreibweise **i++** angeben wird. Es sind aber auch andere Veränderungen (Schrittfolgen) für den Wert möglich.

Für das gewählte Beispiel zur Ausgabe der Zahlen 1 bis 10 hat das Struktogramm in diesem Fall folgendes Aussehen:

Hinweis: Da Schleifen häufig im Zusammenhang mit Feldern (Arrays) benutzt werden, befinden sich die Übungsaufgaben zu den Schleifen erst am Ende von Kapitel 8.3.11.2.

8.3.10 Funktionen

In objektorientierten Programmen interagieren die Objekte zur Laufzeit miteinander und senden sich gegenseitig Nachrichten mit der Aufforderung, etwas zu tun. Die Operationen einer Klasse, also die Verarbeitungsangebote ihrer Objekte, sind ein Grund für Funktionsdeklarationen in einer objektorientierten Programmiersprache. Daneben gibt es aber noch weitere Gründe, die für Funktionsdeklarationen sprechen:

- **Komplexe Programme** werden in kleine Teilprogramme zerlegt, womit die Komplexität des Pro-

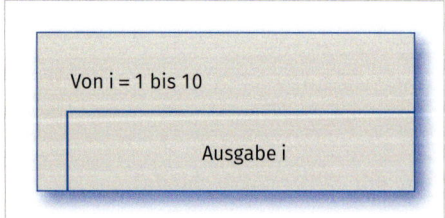

In Java und C# stellt sich der Quelltext dann folgendermaßen dar:

gramms heruntergebrochen wird. Auf diese Weise ist der Kontrollfluss leichter zu erkennen. In klassischen Programmen heißen die Funktionen daher auch **Unterprogramme**.
- **Wiederkehrende Programmteile** sollen nicht immer wieder programmiert, sondern an einer zentralen Stelle im Programm angeboten werden. Änderungen an der Funktionalität lassen sich dann leichter durchführen, wenn der Programmcode lokal zusammengefasst ist.
- **Vorteile von Funktionen** sind deren hohe Wiederverwendbarkeit, Untergliederung in mehrere Teilprogramme, Übersichtlichkeit und Möglichkeit der Aufteilung der Programmieraufgaben auf mehrere Entwicklerinnen und Entwickler.

In der nachfolgenden Übersicht ist der grundlegende Aufbau einer Funktion zu erkennen. Dieser Aufbau ist in Java und C# wieder gleich und anhand der Funktion „berechneSumme" dargestellt:

```
static double berechneSumme(double x,
                            double y)
{
    double summe = x + y;
    return summe;
}
```

Aufbau einer Funktion	
static	Angabe, dass es sich um eine statische Funktion handelt, d. h., die Funktion kann direkt über die Klasse aufgerufen werden, ohne das ein Objekt erstellt werden muss.
double	Datentyp des Rückgabewertes der Funktion. Gibt die Funktion keinen Wert zurück, steht an dieser Stelle das Schlüsselwort **void**.
berechneSumme	Name der Funktion, der frei gewählt werden kann. Es sollte aber ein aussagekräftiger Name sein, aus dem man die Aufgabe der Funktion ableiten kann. (Hinweis: In C# werden die Funktionsnamen im Gegensatz zu Java mit Großbuchstaben begonnen, wobei dies aber keine Pflicht ist.)
(double x, double y)	Liste von Übergabeparametern an die Funktion. Diese Liste kann auch leer sein.
{	öffnende Klammer des Funktionsrumpfes
double summe = x + y;	Einzelne Anweisungen, die in der Funktion ausgeführt werden.
return summe;	Rückgabewert der Funktion. Dieser Wert ist nur erforderlich, wenn die Funktion einen Rückgabewert haben soll.
}	schließende Klammer des Funktionsrumpfes

Je ein Programm in Java und in C# dokumentiert beispielhaft, wie die Funktion „berechneSumme" benutzt werden kann.

```java
import java.util.*;

public class Program {
    public static void main(String[] args) {
        double summe = berechneSumme(17.3, 18.4);
        System.out.println(summe);
    }

    static double berechneSumme(double x, double y) {
        double summe = x + y;
        return summe;
    }
}
```

Grundlegende Sprachelemente

```
using System;

namespace BeispielZaehlSchleife
{
    class Program
    {
        static void Main(string[] args)
        {
            double summe = BerechneSumme(17.3, 18.4);
            Console.WriteLine(summe);
            Console.ReadKey();
        }

        static double BerechneSumme(double x, double y)
        {
            double summe = x + y;
            return summe;
        }
    }
}
```

8.3.11 Felder und Zufallszahlen

8.3.11.1 Felder

Die bisher verwendeten Variablen können immer genau einen Wert des entsprechenden Datentyps speichern. Um mehrere Werte des gleichen Datentyps zu speichern, werden Felder verwendet. In Java und C# versteht man unter einem Feld (Array) einen Container, in dem mehrere Objekte vom gleichen Typ aufgenommen und verwaltet werden. Dabei wird das Feld (Array) als spezielle Klasse repräsentiert, was gleichzeitig bedeutet, dass auf spezielle Methoden und Operationen bei Arrays zurückgegriffen werden kann.

Ein Array kann mit der gleichen Syntax in Java und C# angelegt werden, wobei es im folgenden Beispiel fünf Integer-Werte aufnimmt.

```
Typ[] Name = new Typ[Anzahl];

// Beispiel
int[] feld = new int[5];
```

> Beim Zugriff auf ein Feld (Array) muss beachtet werden, dass intern ab dem Wert 0 gezählt wird.

Auf die einzelnen Feldelemente des Feldes kann man in diesem Beispiel über die Indizes 0 bis 4 zugreifen, z. B. feld[4] = 17, während feld[5] einen Fehler ergibt.

Schleifen sind ein komfortables Mittel, um alle Elemente eines Arrays zu erfassen, auszugeben oder andere Operationen mit diesen Elementen auszuführen. Allerdings muss darauf geachtet werden, die Länge des Arrays in der Schleife nicht zu überschreiten oder auf nichtexistierende Felder zuzugreifen.

8.3.11.2 Zufallszahlen

Um Felder mit sehr vielen Elementen zu testen, wäre es sehr umständlich, alle Testdaten per Hand einzugeben. Stattdessen ist es einfacher, sich Testdaten zu erzeugen und diese mithilfe einer Schleife in das Feld zu schreiben. Damit man auch unterschiedliche Testdaten erhält, bietet sich deren Erzeugung per Zufallszahlengenerator an. Wie dies in Java und C# geschehen kann, wird anhand der folgenden Quellcodes für ein Beispielprogramm „Feld mit Zufallszahlen" deutlich.

```java
import java.util.*;

public class Program {
    public static void main(String[] args) {
        int anzahlElemente = 20;
        int[] feld = new int[anzahlElemente];

        for (int i = 0; i < anzahlElemente; i++) {
            feld[i] = (int)(Math.random() * 10);
            System.out.println(feld[i]);
        }
    }
}
```

Eine einfache Möglichkeit zur Erzeugung von Zufallszahlen in Java, bietet die Klasse „Math". Die Methode Math.random() erzeugt eine Zufallszahl im Bereich größer gleich 0,0 und kleiner 1,0. Um Zahlen im Bereich von 0 bis 9 zu erhalten, muss die Zufallszahl noch mit 10 multipliziert werden. Im Beispiel wird ein Array mit 20 Elementen angelegt und mit Zufallszahlen im Bereich von 0 bis 9 gefüllt und ausgegeben. Etwas anders wird die gleiche Aufgabe in C# umgesetzt.

```csharp
using System;

namespace BeispielZufallszahlen
{
    class Program
    {
        static void Main(string[] args)
        {
            int anzahlElemente = 20;
            int[] feld = new int[anzahlElemente];
            Random zufallszahl = new Random();
            for (int i = 0; i < anzahlElemente; i++)
            {
                feld[i] = zufallszahl.Next(0, 10);
                Console.WriteLine(feld[i]);
            }
            Console.ReadKey();
        }
    }
}
```

In C# wird die Klasse „Random" zur Generierung der Zufallszahlen verwendet. Dazu muss zuerst ein neues Objekt dieser Klasse erzeugt werden. Im Beispiel heißt das Objekt **zufallszahl**. Um eine neue Zufallszahl zu erzeugen, wird von diesem Objekt die Methode „Next" aufgerufen. Dabei wird ein Bereich angegeben, in dem sich die Zufallszahl befinden soll. Die linke Zahl ist in den Bereich eingeschlossen, die rechte Zahl nicht. In unserem Beispiel sollen Zufallszahlen im Bereich von 0 bis 9 erzeugt werden. Also lautet die Anweisung **Next(0, 10)**, da der rechte Zahlenwert nicht mehr zum Bereich gehört.

Aufgaben

Generelle Aufgabenstellung: Es ist ein Auswahlmenü zu erstellen, in dem Benutzerinnen und Benutzer eine der nachfolgenden Aufgaben 1 bis 9 auswählen können. Bei Eingabe einer entsprechenden Zahl wird die dazugehörige Aufgabe ausgeführt und danach wieder das Menü angezeigt. Dies soll solange geschehen, bis die Benutzer und Benutzerinnen die Zahl zum Beenden des Programmes eingeben. (Hinweis: Erstellen Sie die Lösung mithilfe einer fußgesteuerten Schleife und schreiben Sie für jede Aufgabe eine einzelne Funktion, welche dann im Hauptmenü aufgerufen wird.)

Erstellen Sie folgende Programme:
1. Es sollen alle geraden Zahlen von 0 bis 20 ausgeben werden.
2. Die Benutzer und Benutzerinnen geben eine ganze Zahl ein und es werden alle ganzen Zahlen ab dieser Zahl bis Null ausgeben, z. B.: Eingabe: 5; Ausgabe: 5, 4, 3, 2, 1, 0
3. Die Benutzerinnen und Benutzer geben eine ganze Zahl ein und es soll die Summe aller ganzen Zahlen von Null bis zu dieser Zahl berechnet und ausgegeben werden, z. B.: Eingabe: 4; Ausgabe: 10
4. Die Benutzer und Benutzerinnen geben eine ganze Zahl ein und das Programm soll die Fakultät dieser Zahl berechnen. (Hinweis: 0! = 1)
5. Es ist ein Feld von Monatsumsätzen mit Zufallszahlen von 1 000 bis 5 000 zu füllen und der Durchschnitt auszugeben.
6. Das Programm fragt nach einer ganzen Zahl und gibt nach der Eingabe alle Primzahlen bis zu dieser Zahl aus.
7. Das Programm gibt nach Eingabe eines Anlagebetrages und eines Zinssatzes aus, wie lange Sie das Geld anlegen müssen (in Jahren), um eine Million zu erhalten. (Hinweis: Die erwirtschafteten Zinsen werden wieder angelegt und im nächsten Jahr mitverzinst.)
8. Mithilfe von Schleifen sind folgende Figuren aus Sternen auf dem Bildschirm auszugeben. (Hinweis: Pro Schreibvorgang darf jeweils immer nur ein Stern ausgegeben werden.)

```
    *******     7 Sterne
     *****      5 Sterne
      ***       3 Sterne
       *        1 Stern
```

9. Die Benutzerinnen und Benutzer geben eine ganze Zahl ein und bestimmen damit die größte Zahl eines Integerfeldes. Anschließend ist das Integerfeld mit Zufallszahlen im Bereich von 0 bis 200 zu füllen und auszugeben. Danach soll das Feld sortiert werden. Das sortierte Feld soll wieder ausgegeben werden.

8.3.12 Exception Handling

Es ist nicht zu vermeiden, dass beim Programmieren Fehler entstehen. Logische Fehler lassen sich durch Testen des Programmes finden und können im Anschluss beseitigt werden. Schwieriger wird es mit dem Erkennen und Beseitigen von nicht vorhersagbaren Fehlern, wie z. B. falschen Benutzereingaben. In älteren Programmiersprachen (z. B. C) werden Fehler in Funktionen durch einen sogenannten Fehlercode angezeigt, den die jeweilige Funktion zurückgibt. Dieser Fehlercode besitzt aber meist nur beschränkten Informationsgehalt.

Java und C# bieten hier die elegante Methode des Exception Handlings (Ausnahmebehandlung). Durch das Verwenden von Exceptions (Ausnahmen) werden Objekte erzeugt, die das Fehlerverhalten ganz genau beschreiben. Außerdem wird der Programmfluss durch Abfrage der Fehlercodes nicht unterbrochen.

Gegenüber der Fehlerbehandlung mit Rückgabewerten kann eine Exception nicht ignoriert werden. Programmierer und Programmiererinnen können das Auswerten von Rückgabewerten vergessen oder ganz bewusst vermeiden. Eine Exception wird hingegen solange weitergereicht, bis sie zu einer Stelle im Programm kommt, wo sie behandelt wird. Programme mit Exception Handling laufen deshalb in der Regel stabiler als Programme ohne diese Methode.

Die Schlüsselwörter für das Exception Handling sind in Java und C# wieder gleich. Es ist zu sehen, dass sich das Exception Handling in drei Blöcke unterteilt.

```
try
{
        Anweisung1;
        Anweisung2;
        …
}
catch (<Exception>)
{
        // Behandlung der Exception
}
finally
{
        // dieser Block wird immer
        // durchlaufen, egal ob
        // eine Exception auftritt oder
        // nicht. Er ist aber optional
}
```

Block	Beschreibung
try	Hier steht der Quelltext, in dem eine Exception auftreten könnte.
catch	In diesen Block wird gewechselt, wenn im try-Block eine Exception auftritt. Die Expedition kann hier behandelt werden, d. h., der Fehler kann ausgewertet und es kann entsprechend reagiert werden.
finally	Dieser Block wird immer ausgeführt, egal ob im try-Block eine Exception auftritt oder nicht. Tritt eine Exception auf, wird zuerst der catch-Block abgearbeitet und danach der finally-Block.

```java
import java.util.*;

public class Program {
    public static void main(String[] args) {
        try {
            Scanner input = new Scanner(System.in);
            System.out.println("Geben Sie bitte eine ganze Zahl ein");
            int zahl = input.nextInt();
            System.out.println("Sie haben eine " + zahl + "eingegeben");
        }
        catch (Exception ex) {
            System.out.println("Im Programm ist folgender Fehler aufgetreten: " + ex);
        }
    }
}
```

Als Beispiel für Exception Handling in Java und C# soll das Abfangen von falschen Benutzereingaben dienen. Bisher wurde davon ausgegangen, dass Benutzerinnen und Benutzer auch immer korrekte Werte eingibt. Was passiert aber bei der Eingabe von Werten, die nicht den Anforderungen entsprechen. In der Regel stürzt das Programm an dieser Stelle ab, weil es z. B. nicht in der Lage ist, einen Buchstaben in eine Fließkommazahl umzuwandeln. Das Ziel besteht darin, den Fehler zu erkennen und eine Fehlermeldung auszugeben. Das Programm soll außerdem nicht mehr abstürzen.

In den Beispielen in Java und C# sollen Benutzer und Benutzerinnen eine ganze Zahl eingeben. Bei allen korrekten Eingaben wird diese Zahl wieder ausgegeben, ansonsten erscheint eine Fehlermeldung.

```csharp
using System;

namespace BeispielException
{
    class Program
    {
        static void Main(string[] args)
        {
            try
            {
                Console.WriteLine("Geben Sie bitte eine Zahl ein");
                int zahl = Convert.ToInt32(Console.ReadLine());
                Console.WriteLine("Sie haben eine" + zahl + "eingegeben");
            }
            catch (Exception ex)
            {
                Console.WriteLine("Es ist folgender Fehler aufgetreten: " + ex.Message);
            }
            finally
            {
                Console.ReadKey();
            }
        }
    }
}
```

8.4 Objektorientierte Programmierung (OOP)

Objektorientierte Programmiersprachen wie Java oder C# definieren sogenannte **Objekte**. Diese Objekte bestehen aus internen Objekten, die im einfachsten Fall nur Daten darstellen, sowie den zugehörigen Operationen bzw. Methoden.

Die internen Objekte sind normalerweise nicht zugänglich, weil Sie nur für den Autor des Objektes von Interesse sind. Anwender des Objektes kennen nur die Methoden als den sichtbaren Teil und müssen wissen, welche Aktion eine bestimmte Methode ausführt. Nicht bekannt ist, wie eine Methode ihr Ziel erreicht. Die internen Objekte werden daher auch als „Blackbox" betrachtet, wobei deren Implementationen ausgetauscht werden können. Mithilfe dieser „Datenkapselung" erfolgt ein Schutz der internen Objekte gegen ungewollte Veränderungen. Der Schreibzugriff ist nur über die ausgezeichnete Schnittstelle bzw. Methode möglich.

In der objektorientierten Programmierung (OOP) wird angestrebt, alle Objekte zu abstrahieren und für diese Objekte jeweils eine sogenannte Klasse zu generieren. Eine Klasse ist eine allgemeine Beschreibung für Objekte mit ähnlichen Eigenschaften und Methoden. So wird beispielsweise nicht eine Klasse für (farbig) gefüllte Kreise generiert, sondern eine Klasse „Kreise". Die Klasse „Kreise" beinhaltet die Grundeigenschaften aller Kreise, wie den Radius und eine Methode zur Berechnung der Kreisfläche.

Diese Grundeigenschaften gelten auch für gefüllte Kreise. Wird eine Klasse für ein Objekt „gefüllter Kreis" benötigt, so können alle Eigenschaften der Klasse „Kreise" übernommen (vererbt) und erweitert werden. Dafür wird eine konkrete Ausprägung dieser Klasse bzw. eine Instanz erzeugt, z. B. ein gefüllter Kreis mit der Farbe Rot.

Diese Wiederverwendbarkeit von Klassen gehört zu den Grundeigenschaften der objektorientierten Programmierung (OOP). Klassen werden nicht für einen speziellen Anwendungsfall programmiert, sondern ein allgemeiner Ansatz soll alle denkbaren Eigenschaften und Methoden bereitstellen. Allerdings fällt der Programmieraufwand für eine Klasse höher aus und der Quelltext wird länger als in einem mit einer prozeduralen Programmierung erstellten Pendant. Aber dafür kann die programmierte Klasse ohne zusätzlichen Aufwand in viele weitere Anwendungsfälle übernommen werden. Somit reduziert sich im Laufe der Zeit der Aufwand für die Programmierung, indem auf bereits verfügbare Definitionen bzw. Klassen zurückgegriffen wird.

Die Eigenschaften einer Klasse „Kreis" können für andere Anwendungsfälle genutzt werden. Die Bildung von neuen, sogenannten Unterklassen wird durch ein Verfahren der „Vererbung" unterstützt, wo die internen Objekte und Methoden an die Unterklasse übergeben und durch neue, zusätzliche Eigenschaften zu einer neuen Klasse ergänzt werden.

Vorteile der objektorientierten Programmierung	
Nähe zur natürlichen Umgebung	Alle Eigenschaften ähnlicher Objekte können in einer Klasse beschrieben werden. Objekte, die im realen Leben verbunden sind, sollten auch im Programm zusammengehören.
Wiederverwendbarkeit	Die erstmals erzeugte und überprüfte Implementierung einer Klasse kann in vielen anderen Anwendungen erneut eingesetzt werden, wobei die vorhandenen Programmteile dann nicht erneut kontrolliert oder gar programmiert werden müssen.
Kontrollfunktion	Es erfolgt eine strengere Überprüfung während der Übersetzung und Laufzeit. Der Compiler führt gegenüber prozeduralen Programmiersprachen eine strengere Typ- und Code-Überprüfung durch. Insbesondere bei Java laufen auch während des Programmablaufs viele Tests für die korrekte Ausführung ab, um Speicherzugriffsfehler und andere unerwünschte Ereignisse zu vermeiden.

8.4.1 Klassen, Methoden, Zugriffsrechte und Objekte

8.4.1.1 Klassen und Methoden

Für die Erstellung einer Software können hunderte von Objekten notwendig sein. Es ist nicht sinnvoll, jedes einzelne Objekt gesondert zu programmieren. Also fasst man gleichartige Objekte zu Klassen zusammen und programmiert nur diese zusammengefassten Klassen.

> **W** **Klassen** sind die wichtigsten Struktureinheiten objektorientierter Programme. Eine Klasse beschreibt die Eigenschaften und Verhaltensweisen der Objekte. Jedes einzelne Objekt wird aus dieser Klasse abgeleitet, es ist ein Exemplar (auch „Instanz" oder „Ausprägung") einer Klasse.

Eine Klasse definiert Attribute und Operationen sowie weitere Klassen (innere Klassen). Attribute heißen auch Eigenschaften eines Objektes. Welche Eigenschaften eine Klasse tatsächlich besitzen soll, wird in der Entwurfs- und Designphase festgesetzt.

Die Operationen der Klassendefinition werden in einer Programmiersprache durch Funktionen (auch Methoden genannt) umgesetzt. Die Attribute eines Objektes definieren die Zustände, die durch Variablen implementiert werden. Die konkrete Repräsentation der Daten (Datentyp und Datenstruktur) innerhalb des Objektes muss für die Verwendung von außen nicht beachtet werden. Die Daten des Objektes sind gegenüber der Objektumgebung gekapselt. Die Methoden bilden die Schnittstellen zwischen einem Objekt und dessen Umgebung.

An einem einfachen Beispiel soll der Aufbau einer Klasse erläutert und die Umsetzung in Java und C# dargestellt werden. Dazu soll das UML-Klassendiagramm „Arbeitskraft" dienen.

Die Klasse besteht aus einem Klassennamen, Attributen und Methoden. Der Zugriff auf die einzelne Attribute und Methoden wird durch die Zugriffsrechte geregelt.

Wenn man diese Klasse in Java programmiert, ergibt sich folgendes Ergebnis:

Arbeitskraft
- name: string - alter: int - gehalt: double
+ Arbeitskraft() + getName():string + setName(string): void + getAlter():int: void + setAlter(int) + getGehalt():double + setGehalt(double): void

```java
class Arbeitskraft {
    //-----------------------------
    // Attribute der Klasse
    //-----------------------------
    private String name;
    private int alter;
    private double gehalt;

    //-----------------------------
    // Konstruktor der Klasse
    //-----------------------------
    public Arbeitskraft() {
        this.name = "unbekannt";
        this.alter = -1;
        this.gehalt = 0.0;
    }

    //-----------------------------
    // Getter und Setter der Klasse
    //-----------------------------
    public String getName() { return this.name; }
    public void setName(String name) { this.name = name; }

    public int getAlter() { return this.alter; }
    public void setAlter(int alter) { this.alter = alter; }

    public double getGehalt() { return this.gehalt; }
    public void setGehalt(double gehalt) { this.gehalt = gehalt; }
}
```

Die gleiche Klasse sieht in C# programmiert ähnlich aus. Der größte Unterschied besteht darin, dass die Syntax für die **Getter** und **Setter** (siehe Kap. 8.4.1.3) anders aufgebaut ist. Dabei ist unbedingt auf Groß- und Kleinschreibung zu achten. Der Übergabeparameter heißt immer **value**.

```csharp
class Arbeitskraft
{
    //----------------------------
    // Attribute der Klasse
    //----------------------------
    private string name;
    private int alter;
    private double gehalt;

    //----------------------------
    // Konstruktors der Klasse
    //----------------------------
    public Arbeitskraft()
    {
        this.name = "unbekannt";
        this.alter = -1;
        this.gehalt = 0.0;
    }

    //----------------------------
    // Getter und Setter der Klasse
    //----------------------------
    public string Name
    {
        get { return this.name; }
        set { this.name = value; }
    }

    public int Alter
    {
        get { return this.alter; }
        set { this.alter = value; }
    }

    public double Gehalt
    {
        get { return this.gehalt; }
        set { this.gehalt = value; }
    }
}
```

8.4.1.2 Konstruktoren und Destruktoren

> **W** Ein **Konstruktor** ist die Methode einer Klasse, die automatisch beim Erzeugen eines Objektes aufgerufen wird.
>
> Eine Klasse kann einen oder mehrere Konstruktoren besitzen.
>
> Der Konstruktor hat den gleichen Namen wie die Klasse und besitzt keinen Rückgabetyp. Er sollte in der Regel **public** sein, damit ein Objekt überhaupt erzeugt werden kann.

Konstruktoren werden meistens dafür benutzt, um das Objekt zu initialisieren, d.h. den Variablen Anfangswerte zuzuweisen oder weiteren Speicherplatz zu reservieren. Das folgende Beispiel zeigt den Konstruktor der Klasse „Arbeitskraft", der für Java und C# gleichermaßen aufgebaut ist.

```
public Arbeitskraft()
{
    this.name = "unbekannt";
    this.alter = -1;
    this.gehalt = 0.0;
}
```

Ein **Destruktor** ist jene Methode einer Klasse, die als letzte Methode vor dem Zerstören des Objektes aufgerufen wird. Destruktoren stellen das Gegenteil von Konstruktoren dar. Es kann nur einen Destruktor pro Klasse geben, und dieser darf keine Übergabeparameter besitzen.

In der Regel werden Destruktoren dafür benutzt, um den vom Objekt belegten Speicher freizugeben, Da moderne Programmiersprachen wie Java und C# einen sogenannten Garbage-Collector besitzen, der sich automatisch um die Freigabe von Speicher kümmert, werden Destruktoren kaum noch eingesetzt und müssen somit auch nicht implementiert werden.

8.4.1.3 Getter und Setter

Es ist ein Gebot der OOP, den direkten Zugriff auf die Attribute eines Objekts von außen zu verhindern. Um trotzdem auf die Werte der Attribute kontrolliert zugreifen zu können, werden sogenannte Getter und Setter implementiert. Getter und Setter sind Methoden einer Klasse, mit deren Hilfe die Werte der Attribute eines Objektes von außen gelesen bzw. gesetzt werden können. Sie stellen eine Art Schnittstelle dar. Der Vorteil besteht darin, dass bei notwendigen Änderungen nur der Quelltext der Schnittstellen angepasst werden muss. Der Rest des Programms bleibt von den Änderungen unbeeinflusst. Das folgende Beispiel zeigt Getter und Setter der Klasse „Arbeitskraft", die für Java und C# gleichermaßen aufgebaut sind.

```
public String getName()
{ return this.name;}
public void setName(String name)
{ this.name = name;}
```

8.4.1.4 Zugriffsmodifier

Allen Komponenten (Attribute und Methoden) einer Klasse sind Zugriffsmodifier zugeordnet. Die Zugriffsmodifier legen fest, welchen Klassen der Zugriff gestattet ist. Es werden hier nur die drei wesentlichen Zugriffsmodifier betrachtet, die bei Java und C# gleich sind:
- **public:** Auf öffentliche (public) Komponenten darf uneingeschränkt zugegriffen werden.
- **private**: Ein Zugriff auf private (private) Komponenten ist nur innerhalb der Klasse erlaubt.
- **protected:** Auf geschützte (protected) Komponenten kann nur innerhalb der eigenen Klasse und aus Klassen, die von dieser Klasse abgeleitet wurden, zugegriffen werden.

Zugriffs-modifier	Zugriff von fremden Klassen	Zugriff von abgeleiteten Klassen	Zugriff innerhalb der Klasse
public	x	x	x
protected		x	x
private			x

Wird kein Zugriffsmodifier angegeben, ist der Zugriffsmodifier der Komponente automatisch auf **private** gesetzt. Eine Datenkapselung wird erreicht, indem man die Attribute einer Klasse auf **private** setzt und über Getter und Setter auf diese Klasse zugreift. Die Getter und Setter müssen dafür natürlich als **public** deklariert werden.

8.4.1.5 Objekte

Aus den Klassen können nun beliebige Objekte erzeugt werden. Die Syntax für das Anlegen eines Objektes ist in diesem Fall für die beiden Programmiersprachen Java und C# wieder gleich und lautet:

```
<Klasse> <Objektbezeichnung> = new <Klasse>();
```

Zur Veranschaulichung dient das Beispiel „Erzeugen eines Objektes aus der Klasse „Arbeitskraft". Über die Getter und Setter des Objektes kann nun auf die Attribute zugegriffen werden. In diesem Beispiel wird der Name der Arbeitskraft gesetzt. Zu beachten ist die voneinander abweichende Syntax von Java und C#, die durch die unterschiedliche Implementierung der Getter und Setter bedingt ist.

```
Arbeitskraft arbeitskraft = new
                           Arbeitskraft();
arbeitskraft.setName("Schulz");
```

```
Arbeitskraft arbeitskraft = new
                           Arbeitskraft();
arbeitskraft.Name = "Schulz";
```

8.4.2 Vererbung

Die Vererbung ist ein wichtiges Merkmal der objektorientierten Sprachen. Über die Vererbung kann man eine neue Klasse auf der Basis einer bereits vorhandenen Klasse erzeugen, die als **Elternklasse** bezeichnet wird. Die abgeleitete Klasse übernimmt dabei sämtliche Eigenschaften und Methoden der Elternklasse und ihr können weitere Eigenschaften und Methoden hinzugefügt werden. Die abgeleitete Klasse erweitert damit die Elternklasse.

Als Beispiel soll die Klasse „Arbeitskraft" erweitert werden. Diese Erweiterung ist im UML-Klassendiagramm dargestellt.

Aus der Klasse „Arbeitskraft" werden zwei neue Klassen (Lehrling, Fachkraft) abgeleitet. Dabei erben die beiden neuen Klassen die Attribute und Methoden der Klasse „Arbeitskraft". Es kann aber nur auf die Methoden zugegriffen werden, da diese **public** sind. Die Attribute sind als **private** gekennzeichnet und deswegen wird der Zugriff auf diese Methoden in den abgeleiteten Klassen verweigert. Soll der Zugriff möglich sein, müssen die Attribute das Zugriffsrecht **protected** erhalten.

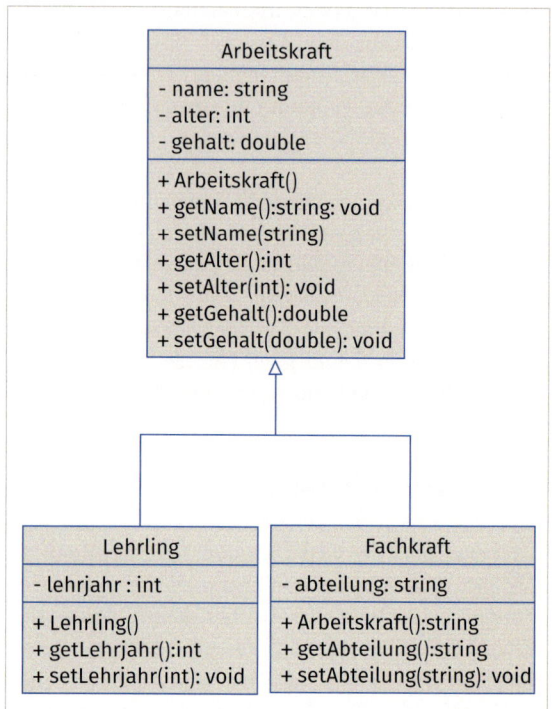

UML-Klassendiagramm

```
class Lehrling extends Arbeitskraft {
    private int lehrjahr;
    public Lehrling() {
        this.lehrjahr = -1;
    }
    public int getLehrjahr() { return this.lehrjahr; }
    public void setLehrjahr(int lehrjahr) { this.lehrjahr = lehrjahr; }
}


class Fachkraft extends Arbeitskraft {
    private String abteilung;
    public Fachkraft() {
        this.abteilung = "unbekannt";
    }
    public String getAbteilung() { return this.abteilung; }
    public void setAbteilung(String abteilung) { this.abteilung = abteilung; }
}
```

Die syntaktische Darstellung der Vererbung in Java und C# unterscheidet sich voneinander. Das Schlüsselwort für Vererbung lautet in Java **extends**, während in C# ein Doppelpunkt (:) gesetzt wird. Da die Klasse „Arbeitskraft" als Quelltext schon vorliegt, wird in den folgenden Beispielen nur noch die Implementierung der Klasse „Lehrling" und der Klasse „Fachkraft" aufgeführt.

```csharp
class Lehrling : Arbeitskraft
{
    private int lehrjahr;
    public Lehrling()
    {
        this.lehrjahr = -1;
    }

    public int Lehrjahr
    {
        get { return this.lehrjahr; }
        set { this.lehrjahr = value; }
    }
}

class Fachkraft : Arbeitskraft
{
    private string abteilung;
    public Fachkraft()
    {
        this.abteilung = "unbekannt";
    }
    public string Abteilung
    {
        get { return this.abteilung; }
        set { this.abteilung = value; }
    }
}
```

8.4.3 Überladen und Überschreiben von Methoden

Das Überladen und Überschreiben von Methoden ist zentraler Bestandteil der Polymorphie in der objektorientierten Programmierung (OOP).

8.4.3.1 Überladen von Methoden

> **W** Das **Überladen von Methoden** bedeutet, dass mehrere Methoden mit demselben Methodennamen in einer Klasse existieren dürfen.

Die Methoden müssen aber trotzdem zu unterscheiden sein. Dies kann auf zwei Arten geschehen.
- Der Datentyp von mindestens einem Übergabeparameter ist anders als in den übrigen gleichnamigen Methoden.
- Die Anzahl der Übergabeparameter ist unterschiedlich.

Das Überladen von Methoden findet häufig bei Konstruktoren statt und ist für die beiden Programmiersprachen Java und C# gleich. In dem folgenden Beispiel wurde der Konstruktor der Klasse „Arbeitskraft" überladen. Es existieren drei Konstruktoren mit dem gleichen Namen aber mit unterschiedlichen Übergabeparametern.

```
class Arbeitskraft
{
    …

    public Arbeitskraft() { … }
    public Arbeitskraft(String name) { … }
    public Arbeitskraft(String name, int
    alter, double gehalt) { … }

    …
}
```

Damit eine Methode überschrieben werden kann, müssen die folgenden Bedingungen erfüllt sein:
1. Die Methoden müssen namentlich übereinstimmen.
2. Die Methoden müssen im Datentyp und in der Anzahl ihrer Übergabeparameter übereinstimmen.
3. Der Rückgabedatentyp muss übereinstimmen.
4. Die überschreibende Methode darf in ihren Zugriffsrechten nicht stärker beschränkt sein als die überschriebene Methode. Die Zugriffsrechte dürfen jedoch „gelockert" werden, z.B. von **protected** auf **public**.
5. Die zu überschreibende Methode muss auch tatsächlich vererbt werden. Auf **private** gesetzte Methoden werden nicht vererbt und können damit auch nicht überschrieben werden.

8.4.3.2 Überschreiben von Methoden

> **W** Das **Überschreiben von Methoden** bedeutet, dass eine Methode von einer Basisklasse in der abgeleiteten Klasse neu implementiert (überschrieben) wird. Die überschreibende Methode kann jedoch die überschriebene Methode aufrufen.

Auch hier gelten für Java und C# die gleichen Regeln (Hinweis im Quelltext des Beispiels beachten!). Als Beispiel wird aus einer vorhandenen Klasse „Rechteck" eine neue Klasse „AusgefuelltesRechteck" abgeleitet und die Methode „zeichne" überschrieben, sodass statt einem nicht ausgefüllten Rechteck ein ausgefülltes Rechteck gezeichnet wird. Der Rest der Funktionalität bleibt aber gleich.

```
class Rechteck
{
        …
        public void zeichne() { … }  // überschriebene Methode
        …
}
//---------------------------------------------------------------
// Hinweis: in C# einen Doppelpunkt statt extends verwenden
//---------------------------------------------------------------
class AusgefuelltesRechteck extends Rechteck
{
        …
        public void zeichne() { … }    // überschreibende Methode
        …
}
```

8.4.4 Abstrakte Klasse und Interface

8.4.4.1 Abstrakte Klasse

Eine abstrakte Klasse ist eine spezielle Klasse, die neben normalen Methoden auch sogenannte abstrakte Methoden enthält. Abstrakte Methoden sind Methoden, die eine Methodensignatur, aber keinen Methodenrumpf besitzen, z. B **void schreibeDaten()**. D. h., abstrakte Methoden sind nicht implementiert und können deshalb auch nicht ausgeführt werden. Aus diesem Grund ist es auch nicht möglich, von abstrakten Klassen Objekte zu bilden. Oder anders ausgedrückt: Es ist nicht möglich, abstrakte Klassen zu instanziieren.

Der Sinn und Zweck einer abstrakten Klasse besteht darin, dass von ihr geerbt wird. Die nichtimplementierten Methoden müssen dann in der neuen Klasse „ausprogrammiert", also überschrieben werden. Erst dann ist es möglich, eine Instanz von der neuen Klasse zu bilden.

Verwendet werden abstrakte Klassen zum Beispiel als Basisklassen, um grundlegende Eigenschaften und Methoden ihrer Unterklassen festzulegen, ohne diese bereits konkret zu implementieren. Zur Veranschaulichung soll das folgende Beispiel dienen.

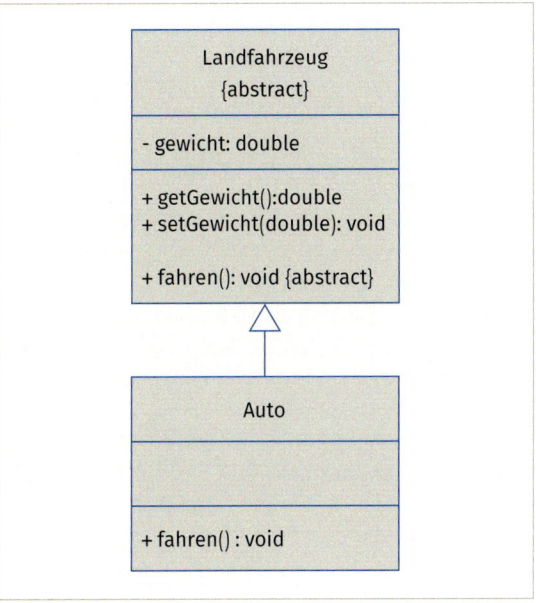

UML-Klassendiagramm

Eine abstrakte Klasse „Landfahrzeug" stellt, neben anderen Methoden auch die abstrakte Methode „fahren()" zu Verfügung. Diese Methode muss in den abgeleiteten Klassen, in diesem Fall in der Klasse „Auto", noch implementiert werden, damit Objekte erzeugt werden können.

Das UML-Klassendiagramm soll in Java bzw. C# umgesetzt werden. In beiden Programmiersprachen werden abstrakte Klassen durch das Schlüsselwort „abstract" gekennzeichnet. Bei der Implementierung gibt es jedoch kleine Unterschiede. Generell sind aber folgende Vorgaben zu beachten:

- Die Implementierung in der abgeleiteten Klasse muss mittels „override" erfolgen.
- Da die abstrakte Methode keine Implementierung enthält, entfallen die geschweiften Klammern für den Methodenrumpf und die Deklaration wird durch ein Semikolon abgeschlossen.
- Abstrakte Methoden können niemals „static" sein, da statische Methoden auch ohne Instanzbildung aufgerufen werden können. Diese Methoden müssten dann aber implementiert sein.

```java
public abstract class Landfahrzeug {
    private double gewicht;
    …

    public double getGewicht()  { return this.gewicht; }
    public void setGewicht(double gewicht) {this.gewicht = gewicht; }
    …

    public abstract void fahren();    // abstrakte Methode
    …
}

public class Auto extends Landfahrzeug {
    @Override
    public void fahren() {
              …    // Implementierung der Methode "fahren"
    }
    …
}
```

```
public abstract class Landfahrzeug
{
    private double gewicht;
      …

    public  double Gewicht
    {
       get { return this.gewicht; }
       set { this.gewicht = value; }
    }
      …

    public abstract void fahren();     // abstrakte Methode
      …
}

public override class Auto : Landfahrzeug
{
    public void fahren()
    {
          …    // Implementierung der Methode "fahren"
    }
       …
}
```

8.4.4.2 Interface

Ein Interface (Schnittstelle) ist eine besondere Form einer abstrakten Klasse, die ausschließlich abstrakte Methoden und Konstanten enthält. Wird eine Klasse aus einem Interface abgeleitet, müssen alle Methoden des Interfaces in der neuen Klasse implementiert werden. Es ist auch möglich, dass eine Klasse nicht alle Methoden des Interfaces implementiert. In diesem Fall muss die Klasse aber als abstrakt gekennzeichnet werden.

In den folgenden Punkten unterscheidet sich ein Interface von einer abstrakten Klasse:
- In einem Interface sind alle Methoden abstrakt, während eine abstrakte Klasse auch implementierte Methoden enthalten kann.
- In einem Interface ist die Sichtbarkeitsstufe für alle Elemente immer **public**, in abstrakten Klassen können auch andere Sichtbarkeitsstufen verwendet werden.
- Abstrakte Klassen werden als Klassen gesehen und somit kann in Java bzw. C# nur von einer abstrakten Klasse gleichzeitig geerbt werden. Im Gegensatz dazu ist es möglich, dass eine Klasse von mehreren Interfaces erbt und diese implementiert.

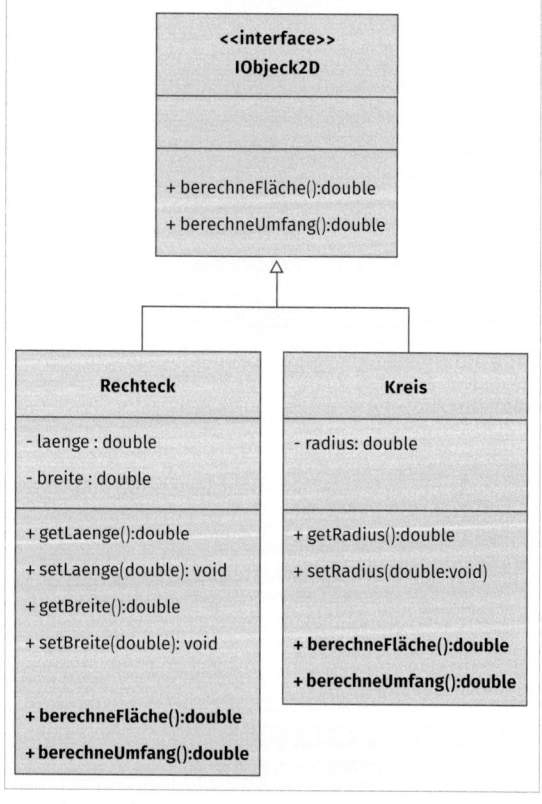

UML-Klassendiagramm

Im folgenden Beispiel wird ein Interface „IObject2D" angelegt, das die abstrakten Methoden „berechneFläche" und „berechneUmfang" definiert. Diese Methoden müssen in allen abgeleiteten Klassen implementiert werden, im konkreten Fall in den Klassen „Rechteck" und „Kreis".

Die Implementierung von einem Interface ist in Java und C# gleich. In beiden Programmiersprachen wird das Schlüsselwort „class" durch das Schlüsselwort „interface" ersetzt. Es ist zum Standard geworden, dass vor den Interfacenamen ein großgeschriebenes „I" gesetzt wird, z. B. „IMeinInterface".

Wenn von einem Interface eine neue Klasse abgeleitet wird, geschieht dies in Java durch das Schlüsselwort „implements", während in C# weiterhin der Doppelpunkt verwendet wird.

```
public interface IObjekt2D {
    public double berechneFläche();
    public double berechneUmfang();
}

public class Rechteck implements IObjekt2D {
    private double laenge;
    private double breite;

    public double getLaenge()  { return this.laenge; }
    public void setLaenge(double laenge) { this.laenge = laenge; }

    public double getBreite()  { return this.breite; }
    public void setBreite(double breite) { this.breite = breite; }

    public double berechneFläche() {
        return (laenge * breite);
    }

    public double berechneUmfang() {
        return ((laenge + breite) * 2);
    }
}

public class Kreis implements IObjekt2D {
    private double radius;

    public double getRadius()  { return this.radius; }
    public void setRadius(double radius) { this.radius = radius; }

    public double berechneFläche() {
        return (Math.PI * radius * radius);
    }

    public double berechneUmfang() {
        return (2 * Math.PI * radius);
    }
}
```

```csharp
public interface IObjekt2D
{
    public double BerechneFläche();
    public double BerechneUmfang();
}

public class Rechteck : IObjekt2D
{
    private double laenge;
    private double breite;

    public double Laenge
    {
        get { return this.laenge; }
        set { this.laenge = value; }
    }

    public double Breite
    {
        get { return this.breite; }
        set { this.breite = value; }
    }

    public double BerechneFläche()
    {
        return (laenge * breite);
    }

    public double BerechneUmfang()
    {
        return ((laenge + breite) * 2);
    }
}

public class Kreis : IObjekt2D
{
    private double radius;

    public double Radius
    {
        get { return this.radius; }
        set { this.radius = value; }
    }

    public double BerechneFläche()
    {
        return (Math.PI * radius * radius);
    }

    public double BerechneUmfang()
    {
        return (2 * Math.PI * radius);
    }
}
```

8.5 Programmierung einer grafischen Benutzeroberfläche

Die Programmierung einer grafischen Benutzeroberfläche in Java und C# kann im folgenden Abschnitt nur sehr kurz angesprochen werden, da das Thema ansonsten den Rahmen dieses Buches sprengen würde. Der wesentliche Unterschied zwischen grafischer Benutzeroberfläche und Konsolenanwendung besteht in der unterschiedlichen Interaktion der Benutzerinnen und Benutzer mit dem Programm, d.h., Ein- und Ausgabe sind verschieden.

Eine grafische Benutzeroberfläche bietet viel mehr Möglichkeiten der Interaktion, nicht zuletzt durch eine sehr große Anzahl an Oberflächenelementen. Das Entwerfen und Gestalten von Oberflächen, die erwartungskonform und benutzerfreundlich sind, ist vielfach mit erheblichem Aufwand verbunden. Der folgende Abschnitt beschränkt sich darauf, die Grundlagen anhand eines Beispiels zu erläutern.

Das Beispiel ist bereits bekannt. Es soll die Summe zweier Zahlen berechnet und ausgegeben werden. Anhand dieses Beispiels soll gezeigt werden, dass sämtliche Algorithmen, die mithilfe einer Konsolenanwendung realisiert wurden, auch mit einer grafischen Benutzeroberfläche programmiert werden können.

8.5.1 Programmierung in Java

In Java muss eine grafische Benutzeroberfläche meistens per Hand implementiert werden. Es wird zunächst viel Quelltext geschrieben, der mit der eigentlichen Aufgabenstellung erst einmal nicht viel zu tun

```java
import java.awt.*;
import java.awt.event.*;

public class MainWindow extends Frame {

    // Erzeugen der Labels
    private Label lblZahl1 = new Label("Zahl1");
    private Label lblZahl2 = new Label("Zahl2");
    private Label lblErgebnis = new Label("Ergebnis");

    // Erzeugen der Textfelder
    public TextField txtZahl1 = new TextField(10);
    public TextField txtZahl2 = new TextField(10);
    public TextField txtErgebnis = new TextField(10);

    // Erzeugen der Button
    private Button btnBeenden = new Button("Beenden");
    private Button btnBerechnen = new Button("Berechnen");

    // Erzeugen der LayoutContainer
    private Panel pnlCenter = new Panel(new GridLayout(3,1));
    private Panel pnlSouth = new Panel(new GridLayout(1,0));
    private Panel pnlCenterLine1 = new Panel(new FlowLayout(FlowLayout.LEFT));
    private Panel pnlCenterLine2 = new Panel(new FlowLayout(FlowLayout.LEFT));
    private Panel pnlCenterLine3 = new Panel(new FlowLayout(FlowLayout.LEFT));

    // Erzeugen des ActionListener zum Berechnen der Summe
    private MyActionListener myActionListener = new MyActionListener(this);

    public MainWindow() {
        // Zuweisen und Anordnen der Oberflächenelemente
        this.pnlCenterLine1.add(this.lblZahl1);
        this.pnlCenterLine1.add(this.txtZahl1);
        this.pnlCenterLine2.add(this.lblZahl2);
        this.pnlCenterLine2.add(this.txtZahl2);
```

hat. Außerdem erweist sich das Gestalten einer Oberfläche in Java zeitaufwendiger als in C#, obwohl in den letzten Jahren auch für Java einige GUI-Editoren entwickelt wurden. Auf diese soll in diesem Buch aber nicht eingegangen werden.

Für das Beispiel werden neben der Klasse „Program" noch zwei weitere Klassen angelegt. In der Klasse „MainWindow" werden die Oberflächenelemente erzeugt und angeordnet. In der Klasse „MyActionListener" wird dann die Berechnung der Summe implementiert.

```java
        this.pnlCenterLine3.add(this.lblErgebnis);
        this.pnlCenterLine3.add(this.txtErgebnis);
        this.pnlCenter.add(this.pnlCenterLine1);
        this.pnlCenter.add(this.pnlCenterLine2);
        this.pnlCenter.add(this.pnlCenterLine3);
        this.pnlSouth.add(this.btnBerechnen);
        this.pnlSouth.add(this.btnBeenden);
        this.add(this.pnlCenter,BorderLayout.CENTER);
        this.add(this.pnlSouth,BorderLayout.SOUTH);
        this.setSize(300,200);
        this.setVisible(true);

        // Ereignissteuerung
        this.addWindowListener(new WindowAdapter() {
            public void windowClosing (WindowEvent e) { System.exit(0);}
        });

        this.btnBeenden.addActionListener(new ActionListener() {
            public void actionPerformed(ActionEvent e) { System.exit(0);}
        });

        this.btnBerechnen.addActionListener(myActionListener);
    }
}

// Klasse: MyActionListener
import java.awt.event.*;
import java.text.*;

public class MyActionListener implements ActionListener {
    private MainWindow mw;
    public MyActionListener(MainWindow mw) {
       this.mw = mw;
    }

    public void actionPerformed(ActionEvent e) {
       // Hier ist der Quelltext zum Berechnen der Summe
       double zahl1, zahl2, ergebnis;
       zahl1 = Double.parseDouble(mw.txtZahl1.getText());
       zahl2 = Double.parseDouble(mw.txtZahl2.getText());
       ergebnis = zahl1 + zahl2;
       mw.txtErgebnis.setText(String.valueOf(ergebnis));
    }
}
// Klasse: Program
public class Program {
   public static void main(String[] args) {
      MainWindow m = new MainWindow();
   }
}
```

Nach der Eingabe des Quelltextes kann das Programm gestartet werden und es wird das folgende Fenster angezeigt.

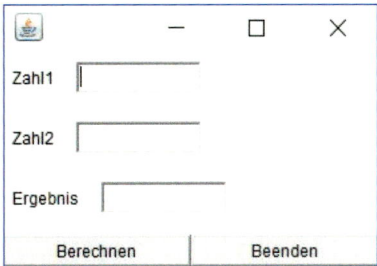

Mit dieser Programmoberfläche kann nun beliebig oft die Summe der Zahlen 1 und 2 berechnet werden. Allerdings ist auf eine korrekte Eingabe zu achten, da falsche Eingaben noch nicht abgefangen (geprüft) werden und somit zum Absturz des Programms führen. Das Abfangen bzw. Verhindern falscher Eingaben kann mit den Techniken aus Kapitel 8.3.12 „Exception Handling" gelöst werden.

8.5.2 Programmierung in C#

Es ist einfacher, eine grafische Benutzeroberfläche für Windows mit Visual Studio statt in Java mit Eclipse zu erstellen. Hier können Entwicklerinnen und Entwickler ihre Oberfläche nach Belieben mit Drag-and-Drop gestalten und der Quelltext wird im Hintergrund automatisch erzeugt. Mit dem Quelltext muss sich der Entwickler in der Regel nicht weiter auseinandersetzen.

Der erste Schritt für das Erstellen einer Windowsanwendung in Visual Studio besteht darin, den Menüpunkt „Windows Forms-Anwendung" auszuwählen, also nicht wie in Kapitel 8.2.4 beschrieben mit dem den Menüpunkt „Konsolenanwendung".

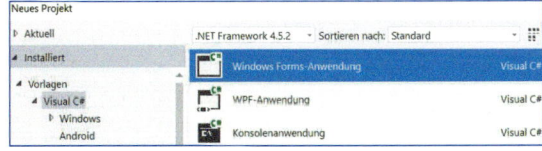

Nach dem Aufruf erscheint das folgende Fenster.

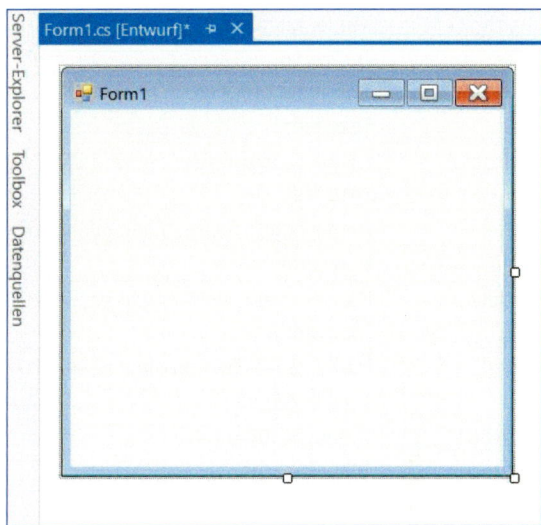

Hier besteht die Möglichkeit, alle Oberflächenelemente per Drag-and-Drop zu benutzen, die von der Toolbox (auf der linken Seite in Visual Studio) zu Verfügung gestellt werden. So lassen sich beliebige Oberflächen gestalten. Für die konkrete Aufgabenstellung wird die folgende Oberfläche erstellt.

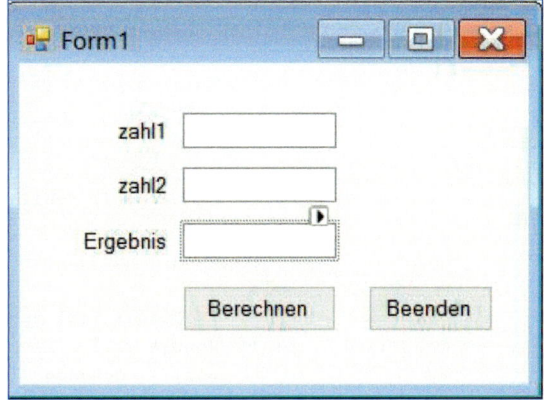

Als Oberflächenelemente kommen drei Textboxen, drei Label und zwei Buttons zum Einsatz. Die Eigenschaften dieser Elemente lassen sich auf der rechten Seite im Eigenschaftsfenster verändern. Für das Beispiel werden nur die Eigenschaften „Name" und „Text" der entsprechenden Elemente verändert.

Oberflächen-element	Eigenschaft geändert
Textbox1	Name: txtZahl1 Text: leer
Textbox2	Name: txtZahl2 Text: leer
Textbox3	Name: txtErgebnis Text: leer
Label1	Name: label1 (wurde nicht geändert) Text: Zahl1
Label2	Name: label2 (wurde nicht geändert) Text: Zahl2
Label3	Name: label3 (wurde nicht geändert) Text: Ergebnis
Button1	Name: btnBeenden Text: Beenden
Button2	Name: btnBerechnen Text: Berechnen

Durch einen Doppelklick auf die Buttons wird eine entsprechende Methode erzeugt, in welche der Quelltext eingeben werden kann.

```csharp
private void btnBeenden_Click(object sender,
                              EventArgs e)
{
}
private void btnBerechnen_Click(object sender,
                                EventArgs e)
{
}
```

Nachfolgend ist der komplette Quelltext des Programms abgebildet. Dabei ist zu beachten, dass jener der Teil des Quelltextes eingeben werden muss, der nicht automatisch vom Programm erzeugt wird.

```csharp
using System;
using System.Windows.Forms;
namespace Berechnesumme
{
    public partial class Form1 : Form
    {
        public Form1()
        {
            InitializeComponent();
        }
        private void btnBeenden_click(object sender, EventArgs e)
        {
            Close(); // Schließt das Programm (muss eingeben werden)
        }
        private void btnBerechnen_click(object sender, EventArgs e)
        {
            // Dieser Teil muss noch eingeben werden
            double zahl1, zahl2, ergebnis;
            zahl1 = Convert.ToDouble(txtZahl1.Text);
            zahl2 = Convert.ToDouble(txtZahl2.Text);
            ergebnis = zahl1 + zahl2;
            txtErgebnis.Text = Convert.ToString(ergebnis);
        }
    }
}
```

Abschließend wird das Programm ausgeführt und nach dem Starten des Programms kann beliebig oft die Summe der Zahlen 1 und 2 berechnet werden.

Allerdings ist auf eine korrekte Eingabe zu achten, da falsche Eingaben noch nicht behandelt werden und somit zum Absturz des Programms führen. Diese Einschränkung kann mit den Techniken gelöst werden, die im Kapitel 8.3.12 „Exception Handling" behandelt wurden.

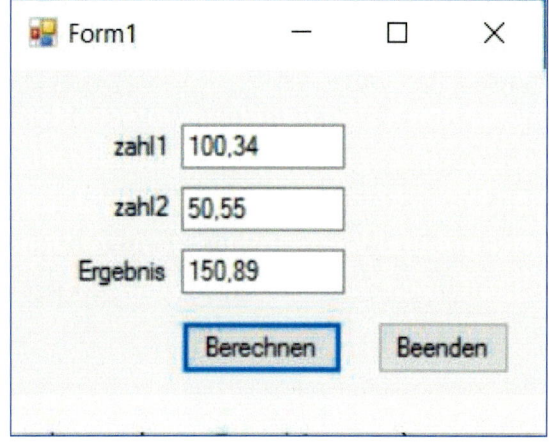

9 Algorithmen

Algorithmen sind Handlungsvorschriften; für den Computer werden sie als Programm festgeschrieben; Computer handeln/arbeiten nach Algorithmen; die Entwicklerinnen und Entwickler von Anwendungssystemen müssen in Algorithmen denken, oft in ungewohnter Weise; rekursive Algorithmen, Suchalgorithmen, Sortieralgorithmen und Algorithmen zur Verschlüsselung.

Dem Begriff „Algorithmus" begegnet man heutzutage sehr häufig. In vielen Fällen wird er mit den Begriffen „Programm" oder sogar „Software" synonym verwendet. Diese Begriffe sind aber nicht gleichzusetzen. Ein Algorithmus ist erst einmal nichts weiter als eine Handlungsvorschrift, mit der man eine Aufgabe lösen kann.

> **Algorithmus**
> Ein Algorithmus ist eine definierte und endliche Handlungsvorschrift, mit der ein Aufgabe gelöst werden kann. Er besteht aus Anweisungen, welche Schritt für Schritt und in der definierten Reihenfolge abgearbeitet werden.

Die Umsetzung von einem Algorithmus muss nicht auf einem Computer erfolgen. Er kann z. B. auch das Kochen einer Mahlzeit beschreiben. Algorithmen gibt es schon sehr lange. Der älteste bekannte Algorithmus ist z. B. der euklidische Algorithmus, mit dessen Hilfe der größte gemeinsame Teiler zweier natürlicher Zahlen ermittelt werden kann.

```
Euklidischer Algorithmus

int ggt(int a, int b) {
    if (a==0) return b;
    while (b != 0) {
        if (a > b) a = a - b;
        else b = b - a;
    }
    return a;
}
```

Heutzutage werden Algorithmen mithilfe von Computern abgearbeitet. Diese sind in vielen Fällen sehr viel schneller als der Mensch und genauer. Dazu muss zunächst der entsprechende Algorithmus in dem Computer eingegeben werden. Dieses wird mithilfe von Programmen umgesetzt. Um ein Programm zu schreiben, bedient man sich dann einer Programmiersprache wie z. B. Java oder C#. Der Algorithmus selbst ist aber programmiersprachenunabhängig und sollte im Vorfeld sorgfältig geplant werden. Dies kann z. B. mithilfe von grafischen Beschreibungsmitteln geschehen. Ein wichtiger Aspekt bei der Entwicklung von Algorithmen ist die Komplexität. Die Komplexitätstheorie beschäftigt sich ausführlich mit diesem Thema.

> **Komplexität eines Algorithmus**
> Unter der Komplexität eines Algorithmus versteht man, wie aufwendig dieser bezüglich des Zeitaufwandes oder des Speicherbedarfs auf einem Rechner auszuführen ist.

In vielen Fällen gibt es für die Lösung einer Aufgabe verschiedene Algorithmen, welche zum gleichen Ergebnis führen, sich aber in der Komplexität unterscheiden. Es wird dann der Algorithmus implementiert, welcher schneller ist oder welcher weniger Ressourcen verbraucht. In der Regel steigt die Komplexität eines Algorithmus mit der Anzahl der Elemente, die verarbeitet werden müssen.

> **Zeitkomplexität eines Algorithmus**
> Unter der Zeitkomplexität eines Algorithmus die Anzahl der Rechenschritte verstanden, die zur Lösung einer Aufgabe benötigt werden. Es wird in diesem Fall auch vom Laufzeitverhalten gesprochen. Dabei ist nicht der Zeitaufwand bei Ausführung auf einem bestimmten Computer gemeint, sondern wie sich der Zeitaufwand des Algorithmusverhält, wenn mehr Daten zu verarbeiten sind.

Wenn z. B. die doppelte Anzahl an Daten von einem Algorithmus zu verarbeiten sind, wird durch die Zeitkomplexität beschrieben, ob der Algorithmus für die Bearbeitung auch die doppelte, die 1,5-fache oder die vierfache Zeit benötigt.

9.1 Rekursive Algorithmen

Rekursion ist ein spezielles Verfahren, mit dem eine komplexe Aufgabe auf eine einfachere zurückgeführt und auf diese Weise gelöst wird. Einfache Algorithmen, z. B. die Berechnung einer quadratischen Gleichung, das Lesen einer Datei oder das Senden einer Nachricht, erfordern keine Rekursion.

> **Rekursiver Algorithmus**
> Generell ruft ein rekursiver Algorithmus sich selbst auf und übergibt einen Rückgabewert als Parameter an den neuen Aufruf. Oder anderes ausgedrückt: Das Ergebnis einer Rekursion ist die Eingabe für die nächste Rekursion. Um nicht in einer Endlosschleife zu landen, muss der Algorithmus eine Bedingung enthalten, unter der kein weiterer rekursiver Aufruf stattfindet.

Algorithmen, welche rekursiv ausgeführt werden können, sollten in der Regel gewisse Merkmale aufweisen. Merkmale von Algorithmen, welche rekursiv ausgeführt werden können
- Der Algorithmus muss mehrmals ausgeführt werden.
- Der Algorithmus benötigt Daten, die sich jedes Mal ändern.
- Der Algorithmus bleibt gleich und ändert sich nicht.
- Es gibt eine Bedingung, bei deren Erfüllung der Algorithmus endet.

Allerdings müssen diese Merkmale nicht immer vollständig zutreffen. Es gibt z. B. rekursive Algorithmen, welche keine Abbruchbedingung haben. Diese unendlichen Rekursionen haben ihren eigenen Anwendungsbereich, sind aber nicht Gegenstand der nachfolgenden Betrachtungen.

Alle rekursiven Algorithmen lassen sich auch durch iterative Lösungen darstellen. Eine iterative Lösung ist meist effizienter und benötigt weniger Speicherplatz. Eine rekursive Lösung hingegen ist in der Regel eleganter, übersichtlicher und kommt mit weniger Quellcode aus, weil z. B. auf Hilfsvariablen und Schleifenzähler verzichtet werden kann. Trotz aller Eleganz sollte man sich jederzeit der Anfälligkeit für Stack Overflows (Überläufe) von rekursiven Lösungen bewusst sein. Es ist wichtig, sich das Ende der Rekursion (Abbruchbedingung) genau zu überlegen. Der Grund dafür ist, dass die wiederholten Funktionsaufrufe mit allen zwischengespeicherten Werten auf dem Stapelspeicher (Stack) abgelegt werden. Hier kann die Rekursion zu einem Stack Overflow führen, wenn sie nicht abgebrochen wird, was in der Regel das Programm abstürzen lässt. Nachfolgend einige Beispiele für rekursive Algorithmen. Dabei gilt es zu beachten, dass aus den kleinen Beispielen nicht unbedingt die Vorteile der Rekursion ersichtlich werden. Diese kommen vor allem bei größeren und komplexeren Algorithmen zu tragen. Die Beispiele dienen vor allem der Veranschaulichung der Rekursion.

Berechnung der Fakultät

Die Fakultät einer positiven ganzen Zahl kann durch folgenden einfachen Algorithmus, welcher in einer Funktion eingebettet ist, berechnet und zurückgegeben werden. Dabei ist zu beachten, dass die Fakultät von Null gleich 1 ist.

```
int calcFactorial (int x) {
    int result = 1;
    while (x > 1) {
        result = result * x;
        x = x - 1;
    }
    return result;
}
```

Dieser Algorithmus kann auch rekursiv umgesetzt werden, da er alle Bedingungen dafür erfüllt. In der Regel muss er mehrfach ausgeführt werden. Er bleibt gleich, besitzt eine Abbruchbedingung und benötigt einen Übergabeparameter, dessen Wert sich ändert. Bei der Umsetzung bleibt die Signatur der Funktion gleich. D. h., für die Anwenderinnen und Anwender, welche die Funktion verwenden und nicht die interne Struktur kennen, ändert sich nichts.

```
int calcFactorial (int x) {
    int result = 1;
    if (x == 1) return result;     // Abbruchbedingung
    result = calcFactorial (x - 1) * x;
    return result;
}
```

Intern ruft die Funktion „calcFactorial" sich selbst auf. Dieses erfolgt so lange bis die Abbruchbedingung erreicht wurde. Durch diese Vorgehensweise entfällt die „while"-Schleife.

Umrechnung dezimaler Zahlen in duale Zahlen

Als nächstes Beispiel soll hier ein Algorithmus für die Umrechnung einer positiven ganzen Dezimalzahl in eine Dualzahl nach der Divisionsmethode vorgestellt werden. Bei der Divisionsmethode wird eine ganzzahlige Division durchgeführt. Bei jedem Divisionsergebnis ohne Rest wird eine 0 und bei einem Ergebnis mit Rest eine 1 notiert. Das ganzzahlige Divisionsergebnis ist dann die nächste Zahl, mit der der Algorithmus wieder durchlaufen wird. Dieses wird so lange wiederholt, bis nur noch eine dezimale 0 übrigbleibt. Eine Funktion, welche eine solche Umrechnung vornimmt, ist nachfolgend aufgeführt.

```
String decimalToBinary(int number) {
    if (number < 0) {
        return "Es muss eine positive ganze Zahl sein!";
    }
    if (number == 0) {
        return "0";
    }
    String binary = "";
    int n = number;
    while (n != 0) {
        int r = n % 2;
        binary = binary + Integer.toString(r);
        n = n / 2;
    }
    return binary;
}
```

Auch dieser Algorithmus erfüllt die Kriterien für eine rekursive Umsetzung. Sicherlich ist der Einsatz der Rekursion auch in diesem Fall ein wenig übertrieben, aber das Beispiel soll auch hier die rekursive Variante verdeutlichen.

```
String decimalToBinary(int number) {
    if (number < 0) {
        return "Es muss eine positive ganze Zahl sein!";
    }
    int n = number / 2;        // Ganzzahldivision
    int r = number % 2;        // ganzzahliger Rest 0 oder 1
    if (n == 0) {              // Abbruchbedingung für die Rekursion
        return Integer.toString(r);
    } else {
        return decimalToBinary(n) + Integer.toString(r);        // rekursiver Funktionsaufruf
    }
}
```

Als letztes kleines Beispiel soll die Berechnung der Fibonacci-Zahlen vorgestellt werden.

Fibonacci-Zahlen

Die Fibonacci-Folge ist eine unendliche Reihe von Zahlen, in der jede Zahl, außer den beiden ersten Zahlen, die Summe ihrer beiden Vorgänger ist. Beispiel: 0, 1, 1, 2, 3, 5, 8, 13, 21, 34, 55 ... Jede Fibonacci-Zahl kann nach folgender Formel berechnet werden: fib(n) = fib(n-1) + fib(n-2)

Mithilfe dieser Formel kann nun ein rekursiver Algorithmus geschrieben werden, welcher die Fibonacci-Zahl an einer bestimmten Stelle der Reihe berechnet und ausgibt. Dabei wird die Stelle als Parameter übergeben.

```
int calFibonacciNumber(int n) {
    if (n < 2) {
        return n;
    } else {
        return calFibonacciNumber(n - 1) +
        calFibonacciNumber(n - 2);
    }
}
```

In diesem Beispiel wurde zunächst der rekursive Algorithmus vorgestellt. Dieser kann natürlich in eine iterative Variante umgewandelt werden. Eine mögliche Lösung dafür ist nachfolgend dargestellt.

```
int calFibonacciNumber(int n) {
    if (n == 0 || n == 1) {
        return n;
    }
    int a = 0, b = 1;
    int temp;
    for (int i = 2; i <= n; i++) {
        temp = a + b;
        a = b;
        b = temp;
    }
    return b;
}
```

S Felix wundert sich: „Rekursive Algorithmen sind schon recht abstrakt. Wer denkt schon so?" Herr Pelz gibt ihm Recht: „Normalerweise denken wir Menschen nicht rekursiv. Wir haben immer auch eigene Optimierungsziele im Kopf. Stellt euch folgende Situation vor: Felix will sich einen Milchvorrat anlegen. Er schaut in den Kühlschrank. Weil Platz im Kühlschrank ist, kauft er sich eine Flasche Milch. Und das wiederholt er, solange Platz im Kühlschrank ist. Das wäre eine rekursive Handlungsweise. Er kauft immer nur eine Flasche Milch, Abbruchkriterium ist die Frage, ob noch Platz im Kühlschrank ist. Das ist für den Menschen natürlich nicht optimal; Felix müsste jedes Mal für nur eine Flasche zum Supermarkt laufen.
Beim Computer ist die Situation anders, der arbeitet schnell und ohne zu ermüden. Für ihn sollte die Handlungsvorschrift möglichst einfach und klar sein: nur verfügbaren Platz im Kühlschrank (Speicher) prüfen und eine Flasche (einen Datenwert) beschaffen, ohne komplizierte Berechnung der Restkapazität.
Rekursive Algorithmen verwendet man übrigens immer erfolgreich, wenn man nicht genau die Anzahl der notwendigen Wiederholungen kennt."

9.2 Suchalgorithmen

Eine oft benötigte Aufgabe in der Informatik ist die Suche nach Daten in großen Datenmengen. Eines von vielen Beispielen hierfür sind Suchmaschinen. Hier müssen große Datenmengen nach bestimmten Kriterien durchsucht werden. Dabei ist der verwendete Suchalgorithmus von entscheidender Bedeutung. Viele andere Algorithmen bauen auf Suchalgorithmen auf und verwenden diese. So beinhalten z. B. Sortieralgorithmen in vielen Fällen einen Suchalgorithmus. Aber auch Operationen wie das Bearbeiten, das Einfügen oder das Löschen von Daten innerhalb verschiedener Datenstrukturen können Suchalgorithmen erforderlich machen. Somit gehören Suchalgorithmen zu den grundlegenden Algorithmen in der Informatik und es ist das vorrangige Ziel, das Laufzeitverhalten von Suchalgorithmen zu optimieren und die Zeit zum Finden der Daten möglichst gering zu halten.

> **W** Bei einem Suchalgorithmus handelt es sich um ein Verfahren, welches bestimmte Daten mit bestimmten Eigenschaften aus einer Datenmenge ermittelt.

Für verschiedene Aufgaben wurden verschiedene Suchalgorithmen entwickelt. Die lassen sich in spezielle Gruppen einteilen. In der Regel wird zwischen einfachen und heuristischen Suchalgorithmen unterschieden. Einfache Suchalgorithmen benutzen intuitive Methoden für das Durchsuchen der Datenmenge, während heuristische Suchalgorithmen Wissen über den Suchraum, z. B. Wissen über die Datenverteilung innerhalb der Datenmenge, miteinbeziehen. Die Verfahren beider Gruppen haben ihre Vor- und Nachteile. Einfache Suchalgorithmen können für eine Vielzahl von Aufgaben eingesetzt werden, während heuristische Suchalgorithmen an bestimmte Voraussetzungen gebunden und nicht für alle Aufgaben geeignet sind. Dafür weisen sie aber in der Regel ein besseres Laufzeitverhalten als einfache Suchalgorithmen auf und sind effizienter. Die nachfolgend näher vorgestellten Suchalgorithmen fallen in die Gruppe der einfachen Suchalgorithmen.

9.2.1 Lineare Suche

Die einfachste Form der Suche stellt die lineare Suche, auch sequenzielle Suche genannt, dar. Hier werden die Elemente vom Anfang bis zum Ende durchlaufen und mit dem gesuchten Element verglichen. Der große Vorteil ist dabei, dass sie sehr einfach zu implementierten ist. Allerdings steigt die notwendige Anzahl an Vergleichen mit der Anzahl der Elemente linear an, weshalb dieses Verfahren bei großen Datenmengen sehr langwierig wird. Deshalb wird die lineare Suche in aller Regel bei Datenmengen angewendet, die nicht sortiert und nicht allzu groß sind. Ein einfaches Beispiel für eine lineare Suche wäre das Suchen des kleinsten Elementes in einem Array. Um den Code einfach zu halten, wird davon ausgegangen, dass das übergebenen Array a mindestens einen Wert enthält.

```
int minValue(int[] a) {
    int min = a[0];
    for (int i = 1;  i < a.length; i++) {
        if (a[i] < min) {
            min = a[i];
        }
    }
    return min;
}
```

9.2.2 Binäre Suche

Ein effektiveres Verfahren der Suche ist die binäre Suche. Allerdings setzt die binäre Suche voraus, dass die Datenmenge vorher sortiert wurde. Nun kann die zu durchsuchende Menge in zwei Hälften geteilt werden: Ist das zu suchende Element größer als das mittlere Element, geht die Suche in der rechten Hälfte weiter, ansonsten in der linken. Diese Vorgehensweise wird nun mit der verbliebenen Menge so lange wiederholt, bis das gesuchte Element gefunden wurde. Diese Art der Suche ist vergleichsweise schnell. Allerdings wird dafür das Einfügen von neuen Elementen langsamer, da dabei dafür gesorgt werden muss, dass die Datenmenge sortiert bleibt. Im nachfolgenden Beispiel soll die konkrete Stelle von einem bestimmten Element in einem Array gefunden wird. Dabei werden sowohl das Array als auch das zu suchende Element der Funktion übergeben. Auch hier werden der Einfachheit halber folgende Annahmen gemacht: Das Array ist aufsteigend sortiert und enthält mindestens ein Element. Außerdem kommt jeder Wert in diesem Array nur einmal vor.

```
int position(int value, int[] a) {
    int left = 0, right = a.length - 1;
    while (left <= right) {
        int m = left + (right - left) / 2;
        if (a[m] == value) { return m; }
        if (a[m] < value)  { left = m + 1; }
        else { right = m - 1; }
    }
    return -1;
}
```

Eine Erweiterung der binären Suche ist die Interpolationssuche. Hier wird die Datenmenge nicht in der Mitte unterteilt, sondern die Größe der Teilmengen dynamisch gewählt. Das bietet den Vorteil, dass man die Datenmenge zielgerichtet nach dem gesuchten Wert unterteilen kann und somit die Suchzeit eventuell verkürzt. Allerdings setzt das voraus, dass die Verteilung der Daten in der Datenmenge ungefähr bekannt ist.

9.3 Sortieralgorithmen

Die Sortierung von Datenmengen ist ein grundlegendes Anliegen in der Informatik, z. B. weil sich vorsortierte Mengen schneller nach Werten durchsuchen lassen. Generell ist ein Sortieralgorithmus ein Verfahren, durch welches eine Datenmenge nach einem bestimmten Kriterium geordnet wird. Ein Beispiel wäre die Eingabe eines Array mit einer bestimmten Anzahl an Werten (z. B. Zahlen, Buchstaben usw.) und eventuell einem Sortierkriterium (z. B. aufsteigend, absteigend). Die Ausgabe ist dann das sortierte Array. Das Ziel ist es nicht nur, das Array zu sortieren, sondern dies auch noch so effizient wie möglich auszuführen. Die Effizienz der Sortieralgorithmen ist in den meisten Fällen vom Ausgangszustand des Arrays abhängig. Ist z. B. das Array schon sortiert, brauchen die meisten Sortieralgorithmen weniger Zeit. Deswegen wird bei der Betrachtung der Laufzeit immer zwischen einem Best Case, einem Average Case und einem Worst Case unterschieden.

Es gibt verschiedene Sortieralgorithmen, welche sich in der Komplexität und der Geschwindigkeit der Sortierung unterscheiden. Beispiele hierfür sind:

- Bubble Sort
- Heap Sort
- Insertion Sort
- Merge Sort
- Quick Sort
- Selection Sort
- Shell Sort

Während es bei kleinen Datenmengen in der Regel keine Rolle spielt, welchen Sortieralgorithmus man verwendet, ist bei großen Datenmengen ein zeiteffizienter Algorithmus notwendig. Solche stehen in Form von Bibliotheken zur Verfügung, so dass sie nicht neu implementiert werden müssen. Um ein grundlegendes Verständnis für die Belange der Sortierung von Datenmengen zu bekommen, bietet es sich jedoch an, einfache Sortieralgorithmen zu durchdenken und selbst zu implementieren. Ein wichtiger Algorithmus, welcher bei der Sortierung von Datenmengen zur Anwendung kommt, ist ein Tauschalgorithmus, denn in der Regel müssen die Plätze der Daten geändert werden, um eine Sortierung zu erreichen. Auch wenn es verschiedene Möglichkeiten zum Tauschen von Elementen gibt, wird überwiegend der Tausch mithilfe einer Hilfsvariablen verwendet. Dieser ist nachstehend abgebildet. Hier wird zunächst der Wert der ersten Variable (a) in einer Hilfsvariable (temp) gesichert und danach wird der ersten Variable der Wert der zweiten Variable (b) zugewiesen. Die zweite Variable erhält im Anschluss den Wert der Hilfsvariablen. Somit wurden die Werte der beiden Variablen getauscht. Dieser kleine Algorithmus zum Tauschen von Variableninhalten finden in allen nachfolgenden Sortieralgorithmen seine Verwendung.

```
temp = a;
a = b;
b = temp;
```

9.3.1 Selection Sort

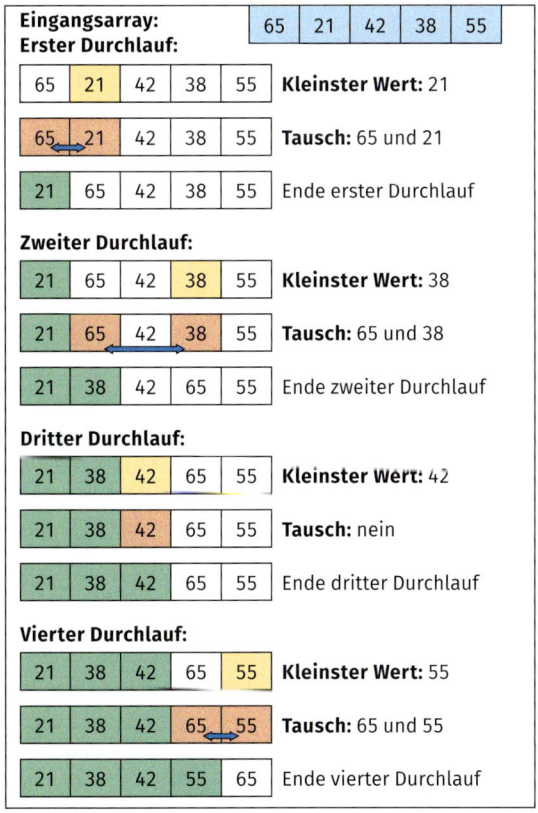

Der Selection Sort gehört zur Kategorie der einfachen Sortieralgorithmen. Die Grundidee bei diesem Algorithmus besteht darin, je nach Sortierrichtung den größten bzw. den kleinsten Wert aus Datenmenge zu ermitteln und diesen mit dem Wert an der ersten Stelle zu tauschen. Nach diesem Tausch wird der erste Wert als „feststehend" gesetzt, das heißt er wird nicht mehr betrachtet und der Algorithmus wird nur noch auf die restlichen Elemente der Datenmenge angewandt. Diese Vorgehensweise wird so lange wiederholt, bis alle Elemente der Datenmenge sortiert sind.

Das nebenstehende Beispiel soll diesen Vorgang verdeutlichen. Dabei wird ein Array mit fünf Werten vorgegeben und es soll aufsteigend sortiert werden; d. h., es wird immer dann getauscht, wenn das erste Element größer als das aktuelle Element ist. Im ersten Durchlauf wird die 21 als kleinster Wert ermittelt und mit der 65, welche an der ersten Stelle steht, getauscht. Die 21 steht danach an der richtigen Stelle und ist nun „feststehend". Die 65 wird nun zum neuen ersten Wert und der Vorgang wiederholt. Im dritten Durchlauf muss kein Tausch durchgeführt werden, da das jetzige erste Element, die 42, gleichzeitig auch das kleinste Element der verbliebenen Datenmenge ist. Nach dem vierten Durchlauf ist die Datenmenge sortiert. Das letzte Element ist dann automatisch an der richtigen Stelle.

Eine mögliche Umsetzung des Algorithmus ist nachfolgend dargestellt. Das „Festsetzen" der Elemente wird dadurch erreicht, dass die innere Schleife immer beim Wert j = i + 1 beginnt.

```
void selectionSort(int a[]) {
    int temp = 0;
    int indexMin = -1;
    int n = a.length;
    for (int i = 0; i < n-1; i++) {
        indexMin = i;
        for (int j = i + 1; j < n; j++) {
            if (a[indexMin] > a[j]) {
                indexMin = j;
            }
        }
        if (indexMin > i) {
            temp = a[i];
            a[i] = a[indexMin];
            a[indexMin] = temp;
        }
    }
}
```

9.3.2 Exchange Sort

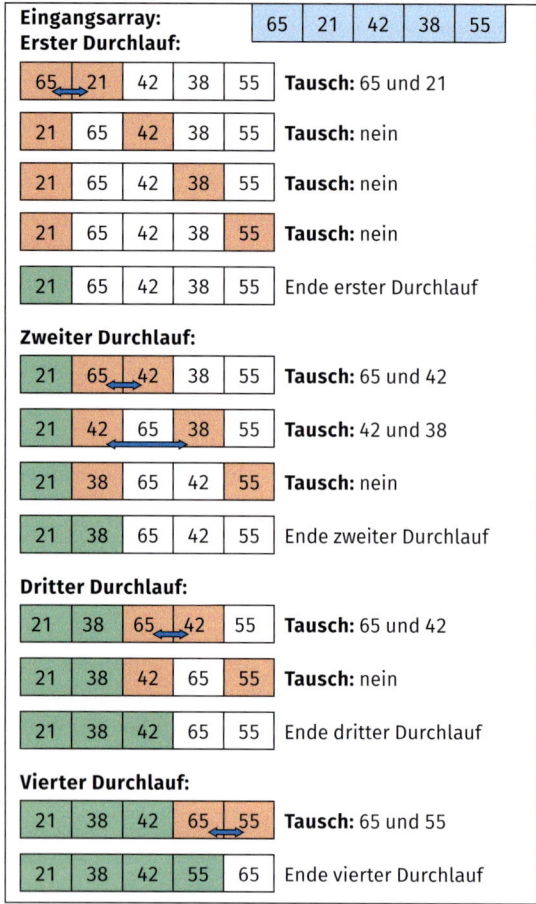

mente des Arrays „feststehend" sind. Das letzte Element ist dann automatisch an der richtigen Stelle.

Eine mögliche Umsetzung des Algorithmus ist nachfolgend dargestellt. Das „Festsetzen" der Elemente wird dadurch erreicht, dass die innere Schleife immer beim Wert j = i + 1 beginnt.

```
void exchangeSort(int a[]) {
    int temp = 0;
    int n = a.length;
    for (int i = 0; i < n-1; i++) {
        for (int j = i + 1; j < n; j++) {
            if (a[i] > a[j]) {
                temp = a[i];
                a[i] = a[j];
                a[j] = temp;
            }
        }
    }
}
```

Auch der Exchange Sort ist ein einfacher Sortieralgorithmus. Bei diesem wird jedes Element der Datenmenge mit dem ersten Element verglichen. Ist das jeweilige Element größer bzw. kleiner als das erste Element, je nachdem ob aufsteigend oder absteigend sortiert werden soll, dann werden beide getauscht. Nach dem ersten Durchlauf befindet sich das größte bzw. kleinste Element an der ersten Stelle und wird als „feststehend" betrachtet und das nächste Element der Datenmenge wird zum Vergleichselement. Dieser Vorgang wird so lange wiederholt, bis alle Elemente der Datenmenge „feststehend" sind.

Das Beispiel am Anfang dieses Abschnittes soll diesen Vorgang verdeutlichen. Dabei wird ein Array mit fünf Werten vorgegeben und es soll aufsteigend sortiert werden, d.h., es wird immer dann getauscht, wenn das erste Element größer als das aktuelle Element ist. Dieses ist zum Beispiel im Durchlauf 1 der Fall, wo die 65 größer als die 21 ist. Da die 21 das kleinste Element im Array ist, findet danach kein Tausch mehr statt und die 21 wird als „feststehend" betrachtet. Dieser Vorgang wird so lange fortgesetzt, bis die ersten vier Ele-

9.3.3 Bubble Sort

Der Bubble Sort ist ein weiterer einfacher Sortieralgorithmus, welcher ähnlich dem Exchange Sort ist. Allerding werden hier die einzelnen Elemente nicht mit dem ersten Element verglichen, sondern immer mit dem benachbarten Element. Diese werden getauscht, wenn sie sich in falscher Reihenfolge befinden und so die Datenmenge sortiert. Je nachdem, ob aufsteigend oder absteigend sortiert werden soll, wandert das größte bzw. kleinste Element wie eine „Bubble" durch die Datenmenge, bis es am Ende angekommen ist. Dort angekommen wird es als sortiert betrachtet und muss im nächsten Durchlauf nicht mehr berücksichtigt werden. Jetzt wiederholt sich der Vorgang wieder von vorne. Der Ablauf ist dann beendet, wenn kein Tausch im letzten Durchlauf erfolgt ist oder so viele Durchläufe durchgeführt wurden, wie die Anzahl der Elemente der Datenmenge minus eins. Der Ablauf wird im abgebildeten Beispiel verdeutlicht. Dabei wird ein Array mit fünf Werten vorgegeben und es soll aufsteigend sortiert werden, d.h., es werden immer dann zwei benachbarte Elemente getauscht, wenn das erste Element größer als das zweite Element ist. Nach dem zweiten Durchlauf ist in diesem Beispiel das Array eigentlich schon sortiert. Allerdings braucht der Algorithmus noch einen Durchlauf ohne Tausch damit er weiß, dass das Array sortiert ist. Dies ist nach dem dritten Durchlauf der Fall. Da dort kein Tausch stattgefunden hat, ist das Array sortiert und der Algorithmus kann abgebrochen werden. Eine mögliche Umsetzung des Algorith-

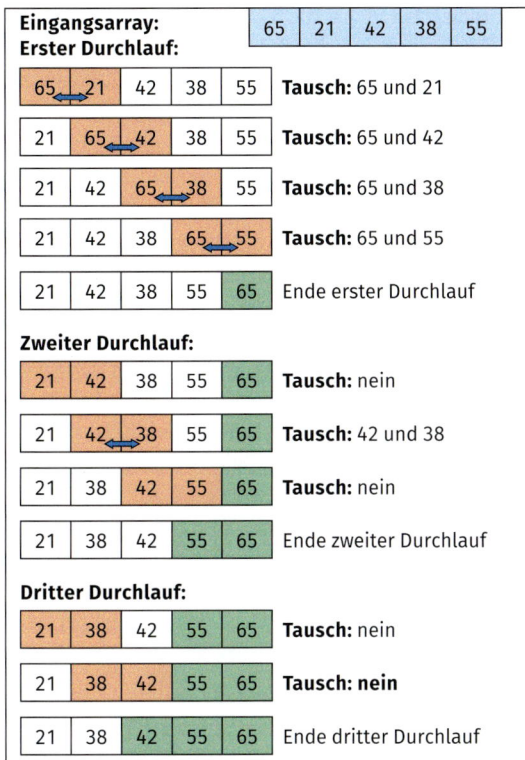

Wort Case ist bei diesem Algorithmus, dass die Datenmenge umgekehrt sortiert vorliegt. In diesem Fall muss jedes Element einmal von links nach rechts verschoben werden.

9.3.4 Quicksort

Der Quicksort ist ein schnelles Verfahren, um eine Datenmenge zu sortieren, welches nach dem Prinzip „teile und herrsche" arbeitet. Er wurde schon in den 70er-Jahren entwickelt und seitdem kontinuierlich verbessert. Das Grundprinzip dieses Algorithmus besteht darin, die Datenmenge in zwei Hälften zu teilen. Dazu wird zunächst ein beliebiges Element aus der Datenmenge ausgewählt, welches auch als Pivot bezeichnet wird. Jetzt werden alle Elemente der Datenmenge so getauscht, dass links von dem Pivot alle Elemente kleiner oder gleich dem Pivot sind und rechts davon sich alle Elemente befinden, welche größer sind. Dies erfolgt so, dass von rechts beginnend ein Element gesucht wird, welches kleiner als oder gleich dem Pivot-Element ist. Danach, von links beginnend, ein Element, welches größer als das Pivot-Element ist. Diese beiden Elemente werden getauscht. Danach wird der Vorgang wiederholt, bis sich der Laufindex von der linken und der rechten Seite treffen. Dann befindet sich das Pivot-Element schon an der richtigen Stelle in der Datenmenge und wird als „feststehend" betrachtet. Links davon befinden sich alle Elemente, welche kleiner oder gleich, und rechts davon alle Elemente, welche größer sind. Dieses Verfahren wird auch Partitionierung genannt. Jetzt wird das Verfahren für die linke Seite des Pivot-Elementes wiederholt. Es wird also wieder für die Teilmenge ein Pivot bestimmt und alle Elemente, welche kleiner bzw. gleich sind auf dessen linke Seite und alle größeren Elemente auf die rechte Seite getauscht. Danach ist das Pivot-Element wieder an der richtigen Stelle und der Vorgang wiederholt sich für die linke Seite der Teilmenge neu. Dies wird so lange durchgeführt, bis nur noch ein Element auf der linken Seite übrig ist. Danach wird das Prinzip auf alle Elemente der rechten Seiten angewandt.

mus ist nachfolgend dargestellt. In diesem Fall wurden Zählschleifen eingesetzt. Es ist auch möglich, andere Schleifen zu verwenden. Wie zuvor erwähnt wird der Bubble Sort abgebrochen, wenn kein Tausch stattgefunden hat, d.h. in diesem Fall, wenn der Wert der Variablen t nach dem Durchlauf der inneren Schleife immer noch false ist.

```
void bubbleSort(int a[])  {
    int temp = 0;
    boolean t = false;
    int n = a.length;
    for (int i = 0; i < n-1; i++) {
        t = false;
        for (int j = 0; j < n-i-1; j++) {
            if (a[j] > a[j+1]) {
                temp = a[j];
                a[j] = a[j+1];
                a[j+1] = temp;
                t = true;
            }
        }
        if (t == false) { break; }
    }
}
```

Im Best Case muss die innere Schleife nur einmal durchlaufen werden. Dies ist nur dann der Fall, wenn die Datenmenge schon richtig sortiert vorliegt. Der

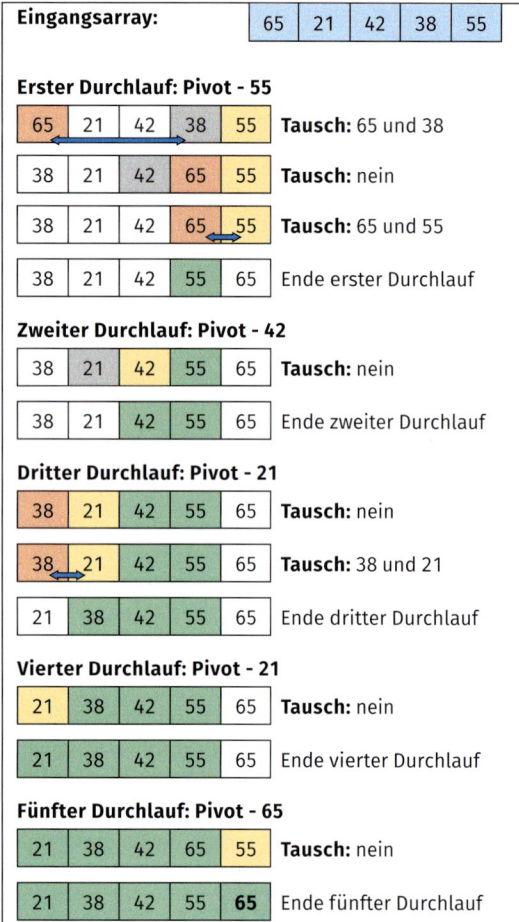

getauscht. Danach ist die 55 „feststehend". Im zweiten Durchlauf wird nun die Teilmenge links neben der 55 betrachtet. Das Pivot-Element ist nun die 42. Jetzt wird wieder von links aus, ein Element gesucht, welches größer als das Pivot-Element ist. Da kein Element gefunden wurde, welches dieses Kriterium erfüllt, endet die Suche beim Pivot-Element selbst und der linke Index hat den Wert 2. Von rechts aus wird nun ein Wert kleiner als das Pivot-Element gesucht. Dieses ist die 21 an der Stelle 1, welches gleichzeitig der rechte Index wird. Da der linke Index wieder größer als der rechte ist, wird nicht getauscht. Zum Schluss wird das Pivot-Element noch mit dem Element an dem linken Index getauscht. In diesem Fall sind die beiden Indizes gleich. Entweder man tauscht in diesem Fall das Element mit sich selbst oder man verzichtet ganz auf den Tausch. Nun steht die 42 auch schon an der richtigen Stelle. Weiter geht es wieder mit der linken Teilmenge. Das Pivot-Element ist nun die 21. Das erste Element größer 21 ist die 38 an der Stelle 0. Von rechts aus wird kein Element gefunden, welches kleiner 21 ist. Somit erhält der rechte Index den Wert −1. Da der linke Index wieder größer als der rechte ist, erfolgt wiederum kein Tausch. Es wird nur das Pivot-Element mit dem Element an der Stelle von dem linken Index getauscht. In diesem Fall 38 und die 21. Die Datenmenge ist nun eigentlich schon sortiert. Das ist aber dem Algorithmus nicht bekannt, weswegen er noch fortgesetzt wird. Das neue Pivot-Element die nun die 21. Da aber kein weiteres Element übrig ist und somit der linke Index den Index vom Pivot-Element annimmt und der rechte Index -1 muss nicht mehr getauscht werden. Da die linke Seite nun fertig getauscht wurde, kommt nun die jeweils rechte Seite ran. Da bis auf die erste Teilmenge die jeweils rechte Seite keine Elemente enthält, wir dieser Teil übersprungen. In der ersten Teilmenge wird nun die 65 zum Pivot-Element. Da dieses Element aber wieder das einzige Element ist, muss aus den zuvor beschriebenen Gründen nicht mehr getauscht werden und der Algorithmus wird beendet.

Am besten lässt sich dieses Verfahren an einem Beispiel erklären. Der Einfachheit halber wird stets das rechte Element der jeweils aktuellen Datenmenge als Pivot gewählt. In dem abgebildeten Beispiel wäre es die 55. Nun wird zunächst links beginnend ein Element gesucht, welches größer als 55 ist. Das wäre in diesem Fall die 65. Der linke Index wäre in diesem Fall 0. Nun wird von rechts aus ein Element gesucht, welches kleiner gleich 55 ist. Dieses wäre die 38 an der Stelle 3, welches dem rechten Index entspricht. Beide Elemente werden getauscht, wenn der linke Index kleiner als der rechte Index ist. Danach wird die nächste Zahl von links gesucht, welche größer als 55 ist. In diesem Fall wäre es die 65 an der Stelle 3. Diese wurde gerade zuvor dorthin getauscht. Nun erfolgt von rechts aus die Suche nach dem nächsten Element, welches kleiner als 55 ist. Dieses ist die 42 an der Stelle 2. Diese beiden Elemente werden aber nicht mehr getauscht, weil der Index der linken Seite (3) schon größer als der Index der rechten Seite (2) ist. Zum Anschluss des ersten Durchlaufes wird noch das Pivot-Element mit dem Element an dem Index der linken Seite, in diesem Fall mit der 65

Eine mögliche Umsetzung vom Algorithmus ist nachfolgend dargestellt. In diesem stellt die rekursive Umsetzung von dem Algorithmus eine elegante Lösung dar. Allerdings muss genau darauf geachtet werden, dass auch eine entsprechende Abbruchbedingung formuliert wird.

```
void quickSort(int a[], int left, int right) {
    int pivot, i, j, temp;
    if (right > left) {
        pivot = a[right];
        i = left - 1;
        j = right;
        while (true) {
            do {
                i = i + 1;
            } while (a[i] < pivot && i < right);

            do {
                j = j - 1;
            } while (a[j] > pivot && j > left);

            if (i >= j) { break; }

            temp = a[i];
            a[i] = a[j];
            a[j] = temp;
        }
        temp = a[i];
        a[i] = a[right];
        a[right] = temp;
        quickSort(a, left, i - 1);
        quickSort (a, i + 1, right);
    }
}
```

S Felix bemerkt hierzu: „Mir ist schon klar, dass wir Funktionen wie das „Suchen" oder „Sortieren" für unseren Webshop benötigen. Man muss Kunden aus der Kundenliste suchen und sicherlich ständig Artikel aus den Artikelbestand suchen. Auch das Sortieren der Kunden nach Umsatz oder nach der Dauer seit der letzten Bestellung mag wichtig sein. Aber dazu brauche ich keine Algorithmen, dazu gibt es Funktionen in den Programmiersprachen. Bei Datenbanken kenne ich das SELECT zum Suchen oder das ORDER BY zum Sortieren."
Herr Pelz gibt ihm Recht: „Heute gibt es für alle Standardalgorithmen fertige Bausteine. Ich erinnere hier nur an das Angebot in den Klassenbibliotheken zu den gängigen Programmiersprachen. Oder denkt nur an die Sprache R für die Datenanalyse. Das Thema Datenanalyse ist relativ neu, die Sprache R selbst recht einfach, aber die Stärke liegt in der wachsenden Sammlung von Bausteinen mit immer neuen Algorithmen.

Ihr wollt die Softwareentwicklung lernen, also fangen wir mit relativ einfachen Algorithmen an. Das rekursive Denken fällt uns zuerst schwer, aber gerade Quicksort zeigt den Erfolg dieser Herangehensweise."

9.4 Verschlüsselungsalgorithmen

Die Verschlüsselung von Daten spielt eine große Rolle in der Informatik. Hierdurch soll u. a. gewährleistet werden, dass die Informationsinhalte dieser Daten nur Befugten zugänglich sind. Der Bedarf der Menschen an Möglichkeiten zur Sicherung von vertraulichen Informationen war schon immer sehr groß, sodass schon sehr früh Verschlüsselungsverfahren entwickelt wurden. Gleichzeitig wurde auch immer versucht, an die verschlüsselten Daten zu gelangen und die Verschlüsselung zu knacken. So wurden mit der Zeit immer bessere Verschlüsselungsalgorithmen notwendig, besonders weil es mit dem Beginn des Computerzeitalters immer einfacher wurde, die vorhandenen Verschlüsselungsalgorithmen zu knacken. Die Verschlüsselungsalgorithmen werden in zwei große Hauptgruppen, die symmetrische und die asymmetrische Verschlüsselung, unterschieden (vgl. Kap. 6.5.6). Symmetrische Verschlüsselungsverfahren verwenden zur Ver- und Entschlüsselung den gleichen Schlüssel. Das Kennzeichen von asymmetrischen Verschlüsselungsverfahren ist, dass zur Verschlüsselung ein anderer Schlüssel verwendet wird als zur Entschlüsselung. Zum Verschlüsseln wird ein „öffentlicher Schlüssel" benutzt, zu dem jeder Zugang hat und zum Entschlüsseln ein „privater Schlüssel", den nur die empfangende Person der Nachricht kennt. Beide Verfahren haben ihre Vor- und Nachteile. Heutzutage wird meist eine Kombination der beiden Verfahren angewendet. Es gibt einige, im Augenblick als sicher geltende Verschlüsselungsverfahren. Beispiele dafür Verschlüsselungsalgorithmen sind Triple DES (Data Encryption Standard), RSA oder AES (Advanced Encryption Standard). Diese Verfahren sind schon implementiert, stehen in Form von Bibliotheken zur Verfügung und sollten in der Praxis auch

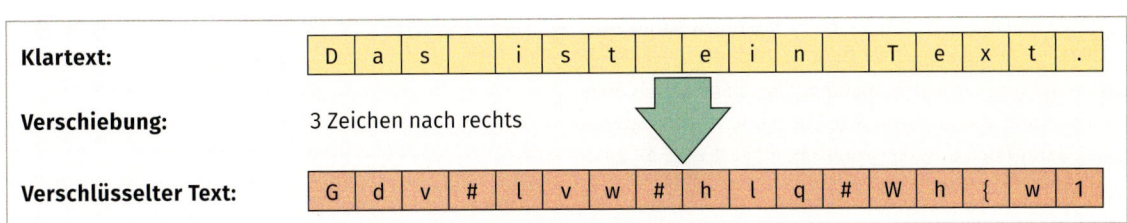

verwendet werden. Es ist davon abzuraten, eigene Verschlüsselungsverfahren zu entwickeln und zu implementieren. Zu Übungszwecken und um ein Grundverständnis für diese Art von Algorithmen zu bekommen, bietet es sich aber an, bestehende, einfache Verfahren zu durchdenken und zu implementieren. Exemplarisch soll an dieser Stelle die Cäsar-Chiffre vorgestellt werden.

9.4.1 Cäsar-Chiffre

Die Cäsar-Chiffre ist ein sehr einfaches Verschlüsselungsverfahren, welches sehr unsicher ist und vor allem zum Einstieg in die Welt der Verschlüsselung dient. Die Methode ist nach Julius Cäsar benannt, welcher sie zur geheimen Kommunikation verwendete. Bei dieser Technik wird jedes Zeichen in einem Klartext durch ein anderes Zeichen aus einem Zeichensatz ersetzt. Die neuen Zeichen werden ermittelt, in dem man alle Zeichen des Klartextes um einen bestimmten Wert nach rechts oder links im Zeichensatz verschiebt. Dabei können verschiedene Zeichensätze zugrunde gelegt werden. In vielen Fällen wird einfach das Alphabet der jeweiligen Sprache genommen. Diese Vorgehensweise soll im nachfolgenden Beispiel verdeutlicht werden.

In diesem Beispiel wird zur Verschlüsselung der ASCII-Zeichensatz mit 128 Zeichen zugrunde gelegt. Die ersten 32 Zeichen und das Zeichen an der Stelle 127 eignen sich nicht zur Verschlüsselung, weil es sich um Steuerzeichen handelt. Dieser Fakt muss später bei der Entwicklung vom Algorithmus berücksichtigt werden. Hier wird nun ein Zeichen im Klartext jeweils um 3 Zeichen nach rechts verschoben, um das neue Zeichen zu ermitteln. Wenn man nun z. B. das große „D" um 3 Zeichen nach rechts in der ASCII-Tabelle verschiebt, erhält man das große „G" (E -> F -> G). Das Leerzeichen ergibt z. B. die # und der Punkt die 1. Der Algorithmus für eine mögliche Umsetzung der Cäsar-Chiffre ist im nachfolgenden Struktogramm abgebildet. Hier werden zwei Funktionen verwendet:

1. toASCII(Zeichen) – gibt den ASCII-Code eines Zeichens zurück
2. toChar(ASCIICode) – gibt das Zeichen, welches zu einem ASCII-Code gehört, zurück

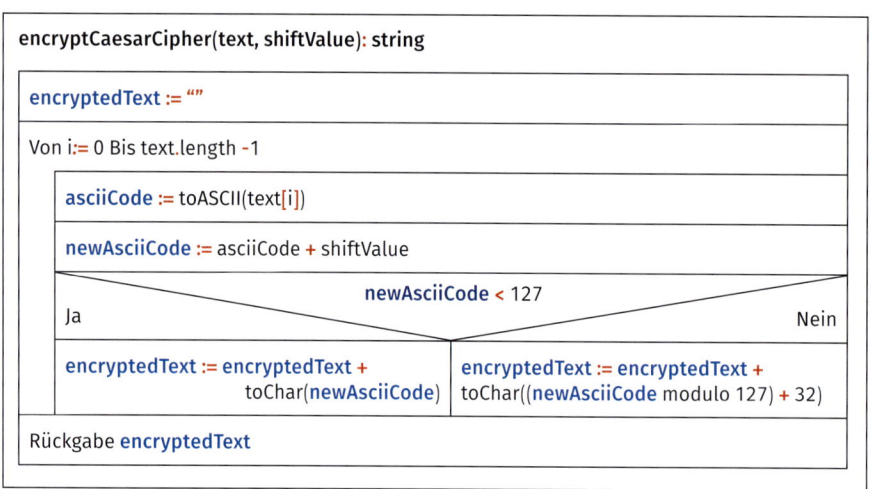

Beim Algorithmus wird von jedem Zeichen des Klartextes der ASCII-Code ermittelt und zu diesem ein fester Wert addiert, wodurch man den ASCII-Code des neuen Zeichens erhält. Zu beachten ist dabei, dass der Zeichensatz auf 128 Zeichen begrenzt ist. Wird diese Grenze überschritten, dann wird der Zeichensatz wird von vorne durchlaufen. Dies kann durch die Verwendung von Modulo erreicht werden. Allerdings muss dann noch zu dem ermittelten Wert eine 32 addiert werden, da die Zeichen 0 bis 31 Steuerzeichen im ASCII-Zeichensatz sind und nicht zur Zeichendarstellung verwendet werden. Die Implementierung des Algorithmus in einer Programmiersprache ist nachfolgend aufgeführt.

```
String encryptCaesarCipher(String text, int shiftValue) {
    String encryptedText = "";
    for(int i = 0; i < text.length(); i++) {
        int asciiCode = text.charAt(i);
        int newAsciiCode = asciiCode + shiftValue;
        if (newAsciiCode < 127) {
            encryptedText += (char)newAsciiCode;
        } else {
            encryptedText += (char)((newAsciiCode % 127) + 32);
        }
    }
    return encryptedText;
}
```

Die Entschlüsselung verläuft in umgekehrter Richtung. Dazu werden der verschlüsselte Text und die Verschiebung eingeben. Eine mögliche programmtechnische Umsetzung ist nachfolgend aufgeführt.

```
String decryptCaesarCipher(String text, int shiftValue) {
    String decryptedText = "";
    for(int i = 0; i < text.length(); i++) {
        int asciiCode = text.charAt(i);
        int newAsciiCode = asciiCode - shiftValue;
        if (newAsciiCode >= 32) {
            decryptedText += (char)newAsciiCode;
        } else {
            decryptedText += (char)(newAsciiCode + 127 - 32);
        }
    }
    return decryptedText;
}
```

9.4.2 Vigenère-Chiffre

Wie schon erwähnt lässt sich die Verschlüsselung mithilfe der Cäsar-Chiffre recht schnell und ohne Computerhilfe durch Ausprobieren entschlüsseln. Der Vigenère-Verschlüsselungsalgorithmus [benannt nach dem Franzosen Blaise de Vigenère (1523–1596)] erweitert im Prinzip die Cäsar-Verschlüsselung. Das Grundprinzip bleibt zunächst einmal gleich; d. h., es wird jedes Zeichen um einen gewissen Wert verschoben. Allerdings wird jedes Mal ein anderer Wert verwendet.

Bei der Cäsar-Chiffre war dieser Wert immer gleich. Um unterschiedliche Werte zu erhalten, kommt nun zusätzlich ein „geheimer Key" zum Einsatz, anhand dessen verschlüsselt wird. In der Regel stellt dieser „Key" ein Wort oder eine Wortgruppe dar. Das nachfolgende Beispiel soll diesen Vorgang verdeutlichen. Der Einfachheit halber wird für das Beispiel als Zeichensatz für den „Key" ein Alphabet von A bis Z verwendet. Dabei wird nicht zwischen Groß- und Kleinbuchstaben unterschieden. Es stehen also 26 Buchstaben zur Verfügung. A wäre der erste Buchstabe und bedeutet

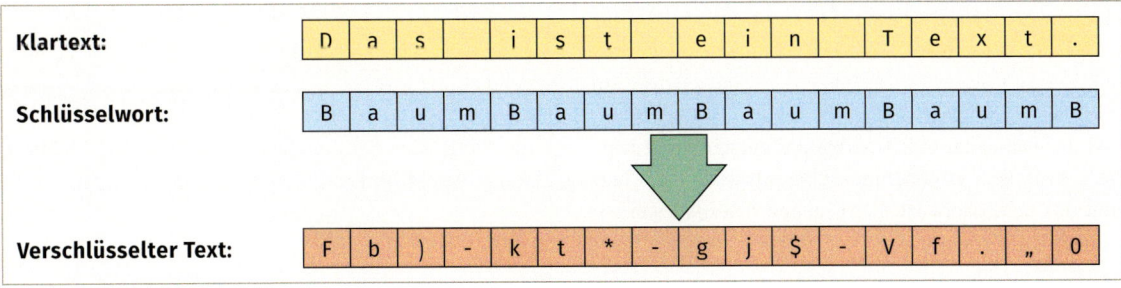

eine Verschiebung um 1. Z wäre der 26. Buchstabe und bedeutet eine Verschiebung um 26. Als Schlüsselwort wird das Wort „Baum" verwendet.

Die einzelnen Zeichen des Klartextes werden nun im ASCII-Zeichensatz um den Wert des jeweiligen Zeichens des Keys verschoben. Auch wird zur Verschlüsselung der ASCII-Zeichensatz mit 128 Zeichen zugrunde gelegt und berücksichtigt, dass die ersten 32 Zeichen und das Zeichen an der Stelle 127 sich nicht zur Verschlüsselung eignen, weil es sich um Steuerzeichen handelt. So wird das „D" aus dem Klartext um 2 Zeichen verschoben, weil das „B" im Zeichensatz des Keys an zweiter Stelle steht. Somit ergibt sich das „F" als verschlüsseltes Zeichen. Das „a" aus dem Klartext wird nur um eine Stelle verschoben, aufgrund der Position des „a" aus dem Key im Alphabet. Somit ergibt sich ein „b". Dieser Vorgang wird nun bis zum Ende wiederholt. Der Vorteil dieser Vorgehensweise besteht darin, dass nicht wie bei der Cäsar-Chiffre immer der gleiche Buchstabe im Klartext das gleiche verschlüsselte Zeichen ergibt. Im Beispiel wird das Zeichen „s" einmal als „)" und einmal als „t" verschlüsselt. Allerdings bleibt das Leerzeichen durch Zufall hier immer gleich. Um bessere Ergebnisse zu erzielen, sollte die Länge des Keys erhöht werden.

Generell kann gesagt werden, dass die Sicherheit der Vigenère-Chiffre von der Länge des Schlüsselwortes und natürlich auch von der Länge des Klartextes abhängt. Je länger das Schlüsselwort, desto sicherer ist die Verschlüsselung. Die „sicherste" Variante ist, wenn der Key genauso lang ist wie der Klartext. Außerdem sollte der Schlüssel zufällig erzeugt werden und nicht wie im Beispiel ein bekanntes Wort darstellen. Eine wirkliche Sicherheit bietet die Vigenère-Verschlüsselung auch nicht. So lässt sich mit einer computergestützten Häufigkeitsanalyse diese Verschlüsselung in der Regel effektiv knacken. Hierbei wird z.B. davon ausgegangen, dass bestimmte Buchstaben oder Buchstabenkombinationen in einer Sprache häufiger oder gar nicht vorkommen. Werden verschlüsselte Texte darauf hin untersucht, wird in der Regel auch der Key gefunden.

Nachfolgend wird eine mögliche programmtechnische Umsetzung der Vigenère-Chiffre vorgestellt. Das zuvor beschriebene Prinzip bleibt das gleiche. Allerdings sind alle möglichen Zeichen vom ASCII-Zeichensatz zugelassen und es wird u.a. auch zwischen großen und kleinen Buchstaben unterschieden. Zu dem ASCII-Wert des zu verschlüsselnden Zeichens wird der ASCII-Wert des entsprechenden Zeichens des Keys addiert. Um dieses Zeichen zu ermitteln wird die Berechnung „i % key.length" verwendet. Ist die aktuelle Stelle im Klartext (i) z.B. 5 und der Key besteht aus 3 Zeichen (key.length), dann ergibt die Berechnung des Modulo-Wertes den Wert 2. Das bedeutet, dass das dritte Zeichen vom Key verwendet wird. Wird nach der Addition die 127 überschritten, wird zur Ermittlung des neuen Zeichens in der ASCII-Tabelle der Wert Modulo 127 gerechnet und 1 dazu addiert. Dadurch wird wieder in der Tabelle von vorne ab der Stelle 32 angefangen. Ein entsprechender Quelltext ist nachfolgend aufgeführt.

```
String encryptVigenereCipher(String text, String key) {
    String encryptedText = "";
    for(int i = 0; i < text.length(); i++) {
        int asciiCodeText = text.charAt(i);
        int asciiCodeKey = key.charAt(i % key.length()) ;
        int newAsciiCode = asciiCodeText + asciiCodeKey;
        if (newAsciiCode < 127) {
            encryptedText += (char)newAsciiCode;
        } else {
            encryptedText += (char)((newAsciiCode % 127) + 1);
        }
    }
    return encryptedText;
}
```

Soll der verschlüsselte Text wieder entschlüsselt werden, wird dem Algorithmus der entsprechende Text und das Schlüsselwort übergegeben. Diesmal werden die Werte vom Schlüsselwort allerdings nicht addiert, sondern subtrahiert.

```
String decryptVigenereCipher(String text, String key) {
    String decryptedText = "";
    for(int i = 0; i < text.length(); i++) {
    int asciiCodeText = text.charAt(i);
        int asciiCodeKey = key.charAt(i % key.length()) ;
        int newAsciiCode = asciiCodeText - asciiCodeKey;
        if (newAsciiCode >= 32) {
            decryptedText += (char)newAsciiCode;
        } else {
            decryptedText += (char)(newAsciiCode + 127 - 1);
        }
    }
    return decryptedText;
}
```

S Céline, die angehende Kauffrau für Digitalisierungsmanagement, stellt abschließend die Frage: „Es heißt doch vielfach, dass die Algorithmen uns beherrschen oder dass die Algorithmen die Menschheit bedrohen. Wie kann das sein? Was wir hier gesehen haben, ist doch verständlich und nützlich." Herr Pelz greift diese Bemerkung auf: „Es sind nicht die Algorithmen, von denen eine Gefahr ausgeht, es sind vielmehr die Anwender der Algorithmen, vor allem die großen Technologieunternehmen, die mittels geheimer Algorithmen unsere Daten analysieren und das so gewonnenen Wissen über uns verkaufen für Werbung oder andere Einflussnahmen.

Die Algorithmen dieser Unternehmen sind geheim, weil sie deren Unternehmenserfolg sichern. Dazu gehören das Ranking von Suchmaschinen oder die Profilbildung in Social Media. Sie sind geheim und dieses Geheimnis schürt die Ängste.

Eine neue Stufe der Verunsicherung bringt die Künstliche Intelligenz, wenn Algorithmen wieder selbst Algorithmen entwickeln. Aber darauf gehen wir in Kapitel 12 näher ein."

Aufgaben

1. Erläutern Sie den Unterschied zwischen einem Programm und einem Algorithmus.
2. Beschreiben Sie, was Sie unter der Komplexität eines Algorithmus verstehen.
3. Beschreiben Sie rekursive Algorithmen und welche Vor- und Nachteile diese besitzen.
4. Nennen Sie drei Merkmale für einen Algorithmus, welcher auch rekursiv umgesetzt werden kann.
5. Erläutern Sie den Vorgang der linearen Suche und zählen Sie verschiedene Vor- und Nachteile dieser Vorgehensweise auf.
6. Grenzen Sie die lineare Suche von der binären Suche ab.
7. Recherchieren Sie im Internet weitere Tauschalgorithmen, welche ohne eine Hilfsvariable auskommen.
8. Schreiben Sie ein Programm in einer beliebigen Sprache, welches Ihnen ein Array mit Zufallszahlen füllt und dieses im Anschluss ausgibt. Benutzende sollen nun zwischen verschiedenen Sortieralgorithmen auswählen können. Nach der Auswahl soll das Programm die Werte im Array aufsteigend sortieren und das sortierte Array ausgeben.
9. Schreiben Sie ein Programm, welches einen gegebenen Klartext nach einem von den Benutzenden auswählbaren Verfahren ver- und entschlüsselt.
10. Informieren Sie sich über den Aufbau und die Funktionsweise von asymmetrischen Verschlüsselungsalgorithmen und präsentieren Sie Ihre Ergebnisse.

10 Datenbankanwendungen

Externe Speicherung → File-System → ANSI-SPARC-Architektur → Datenbankmanagementsysteme (DBMS) → Datenmodell → ER-Modell → Tabellen → Schlüssel → Referenzen → Normalformen → SQL → Abfragen SELECT → Einfügen, Ändern, Löschen → Zugriffsrechte → Transaktionen → ACID → Arbeit mit MySQL → Vom Modell zur Tabelle → Alternative DBMS → Hadoop → NoSQL → In-memory database

10.1 Von der Datei zur Datenbank

10.1.1 Dauerhafte externe Speicherung von Daten

Die Daten computergestützter Anwendungssysteme müssen für eine längere Aufbewahrung auf externen Datenträgern gespeichert werden. Der Arbeitsspeicher des Computers (RAM) benötigt zur Aufrechterhaltung der gespeicherten Werte eine ständige Energiezufuhr, während er mit der Unterbrechung oder Abschaltung der Energiezufuhr seinen Inhalt verliert. Der Arbeitsspeicher eignet sich so nicht zur dauerhaften Speicherung von Daten.

So muss zum Beispiel jedes Smartphone einen niedrigen Ladezustand seiner Batterie erkennen und rechtzeitig die aktuellen Daten vor dem Ausfall der Energiezufuhr auf eine eingebaute Speicherkarte „retten". Das braucht etwas Zeit, denn es müssen normalerweise viele Daten abgespeichert werden. Umgekehrt kostet es nach dem erneuten Einschalten ebenfalls Zeit, die Daten von der Speicherkarte wieder in den Arbeitsspeicher zu laden. Auch die Programme bzw. Apps liegen als Daten auf der Speicherkarte und müssen zuerst gelesen und dann gestartet werden. Wird ein Smartphone abgeschaltet, so befindet es sich eigentlich nur in einem Ruhemodus. Die Daten verbleiben im Arbeitsspeicher, die Programme arbeiten weiter, warten z. B. auf Anrufe oder andere Nachrichten. Im diesem Ruhemodus verbrauchen die Programme weniger Prozessorleistung und damit weniger Energie, denn das Smartphone ist eigentlich weiter in einem eingeschalteten Zustand.

Die externe Speicherung erfordert eine Technologie, die die Daten ohne ständige Energiezufuhr erhält. Zuerst dienten zur dauerhaften Speicherung Lochstreifen, dann **Magnetbänder** oder **Festplatten** mit magnetisierbaren Oberflächen. Jetzt werden **optische Speicher** oder **Flash-Speicher** mit veränderbarer Kristallstruktur genutzt.

Aus der Anfangszeit der Magnetbänder stammt das Verständnis des Schreibens und Lesens der Daten als Datenstrom. Beim Schreiben „fließen" die Daten „hinaus" auf den Datenträger und beim Lesen „fließen" sie wieder „hinein" in den Arbeitsspeicher des Computers. Jedes Betriebssystem unterstützt diese Form der Datenströme. Im Konzept der UNIX-Betriebssysteme ist der Stream ein elementares Konstrukt. „Everything should be a stream!" heißt es dort.

Strom der Daten (Stream) zwischen Computer und Magnetband

10.1.2 Dateiorganisation

Der Datenstrom fließt in eine Datei bzw. in einen File, wenn der englische Begriff verwendet wird. Jeder File ist eine sequenzielle Struktur von Daten, wo diese Daten ordentlich hintereinander aufgereiht sind. Jeder File ist damit eine eindimensionale Datenstruktur, also nur auf eine Dimension beschränkt, aber in der Länge unbegrenzt. Der Strom der Daten besteht, solange Daten vorhanden sind. Einzig der Datenträger zum Speichern bestimmt die maximale Länge eines Files.

Das Lesen und Schreiben von Files wird von allen Betriebssystemen hocheffizient unterstützt. Diese Systeme schreiben die Daten in einen Puffer und veranlassen dann das Kopieren des Puffers auf den Datenträger. Umgekehrt wird ein Block in den Puffer kopiert und dann dort nach Bedarf ausgelesen (siehe z. B. BufferedReader in Java).

Programmiererinnen und Programmierer kennen die Verwendung der Puffer bei der Dateiarbeit. Zuerst wird die Datei bzw. der File geöffnet, d. h., es wird ein Puffer angelegt und der Puffer wird mit dem externen File verbunden. Man muss sich hier entscheiden, ob man den File lesen oder schreiben möchte. Das Lesen von Daten aus dem File erfolgt immer sequenziell, also immer hintereinander. Auch beim Schreiben kann man Daten nur am Ende des Files, d. h. am Ende des Datenstroms, anfügen. Wird der File nicht mehr gebraucht, sollte man ihn schließen. Praktisch gibt man den Speicherplatz für den Puffer frei. Beim Schließen wird nach dem Schreiben der Pufferinhalt auf den Datenträger kopiert. Da dies häufig von den Programmierern und Programmiererinnen vergessen wird, sorgen die Compiler am Ende jeder Prozedur automatisch für das Schließen der Dateien und die Freigabe der Puffer.

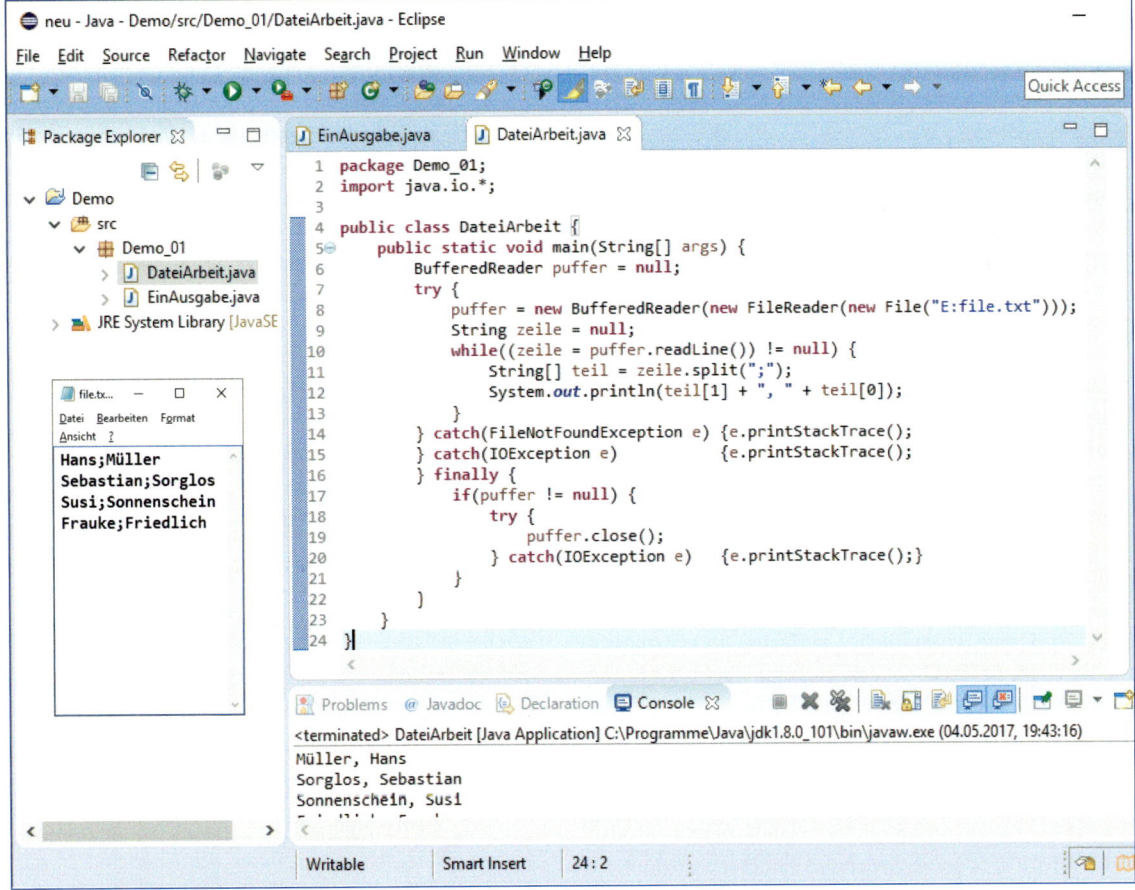

Puffer beim Input und Output in Java

Im Programmbeispiel stehen in der Datei „namen.txt" auf dem Laufwerk H: im Verzeichnis „Test". Die Daten zeilenweise (**puffer.readLine**()) organisiert. In einer Zeile stehen Vorname und Familienname, getrennt durch ein Semikolon (**zeile.split(";")**), die dann in umgekehrter Reihenfolge (erst **teil[1]**, dann **teil[0]** ausgegeben werden. Ansonsten sind noch einige Vorkehrungen zur Fehlerbehandlung im Quelltext zu finden. Es kann passieren, dass die Datei nicht aufzufinden ist (**FileNotFoundException**) oder dass bei der Eingabe oder Ausgabe Fehler (**IOException**) auftreten. Zum Schluss wird der Puffer geschlossen (**puffer.close**()).

Es gilt: „Jedes Programm muss die Struktur seiner Files kennen." Diese Erkenntnis macht den entscheidenden Nachteil der File-Organisation deutlich. Nur nach Hinweisen des Programmautors oder der -autorin kann auf „fremde" Files zugegriffen werden. Jedes Programm kann seine individuelle Dateistruktur definieren.

Für Unbeteiligte ist es damit fast unmöglich, unbekannte, fremde Dateien zu lesen. Für unsere heutige Welt der digitalen Kommunikation wäre das ein fatales Hindernis gewesen. So musste man schnell nach Lösungen suchen, wobei sich folgende Lösungsvorschläge entwickelten:

- Die **Datei erhält im Namen eine Information zum verursachenden Programm.** Auf diese Weise entstand der Namensteil „Typenbezeichnung" im Dateinamen nach dem Punkt, womit ggf. auch das Anwendungssystem erkannt wird, z. B. dass eine Datei „neu.docx" wahrscheinlich vom Programm Microsoft Word gelesen und interpretiert werden kann. Man könnte die Datei umbenennen und die Typenbezeichnung ändern. Dann würde Microsoft Word nicht mehr automatisch zugeordnet werden können, das Programm könnte aber weiterhin die Datei verarbeiten. Für ein eigenes Programm kann man eine eigene Typenbezeichnung definieren. Man muss nur aufpassen, dass diese Bezeichnung nicht bereits vergeben ist.
- Es wird **eine einheitliche, einfache Dateistruktur** festgelegt**.** So ergeben sich einfache Textdateien, in denen die kleinste Einheit ein Zeichen ist und die größte Einheit eine Zeile darstellt. Zur Abgrenzung von Worten kann man beliebige Trennzeichen definieren, üblicherweise Komma, Semikolon oder Leerzeichen. Dieses austauschbare Dateiformat wird als CSV-Format (Comma Separated Values) bezeichnet.
- Es wird **eine Sprache zur Beschreibung der Dateistruktur** definiert und verwendet. Diese Lösung ist komplizierter, aber wesentlich flexibler. XML oder JSON sind derartige Sprachen.
- Die **Entkopplung der Datenverwaltung von den Programmen** stellt die universellste Lösung zur Bereitstellung von Daten für unterschiedliche Programme dar. Die Datenverwaltung wird unabhängigen Datenbanksystemen übertragen, mit denen die Programme über definierte Schnittstellen zusammenarbeiten können.

10.1.3 Datenbanken

Die Datenbanken „kapseln" die Datenverwaltung, d. h., sie überlagern die Daten mit einem Datenbankmanagementsystem (DBMS), das den Zugriff auf die Daten organisiert. Über eine definierte Schnittstelle erhalten die Anwendungsprogramme Zugriff auf die Daten. Die Datenverwaltung geschieht unabhängig von den Anwendungsprogrammen.

> Ein **Datenbanksystem** besteht aus den folgenden Bestandteilen:
> - **Datenbestand** als eine strukturierte Sammlung von Daten. Der Datenbestand wird grafisch oft noch als Zylinder dargestellt, was an den rotierenden Stapel von magnetisierbaren Oberflächen aus einem Festplattenlaufwerk erinnern soll.
> - **Datenbankmanagementsystem** (DBMS) zur Verwaltung der Zugriffe auf den Datenbestand, womit der Datenbestand umschlossen (gekapselt) wird. Nur über das Datenbankmanagementsystem kann man auf den Datenbestand zugreifen.
> - **Schnittstelle**, die dem Datenaustausch zwischen den Anwendungen und dem Datenbankmanagementsystem dient.

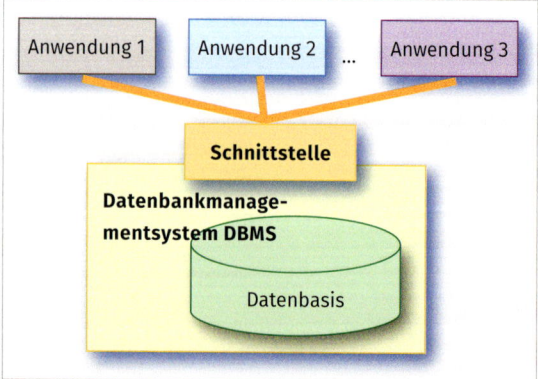

Datenbanksystem

Typische Vertreter von Datenmanagementsystemen sind Microsoft Access, MySQL, SAP HANA, IBM DB2 oder Oracle DB. Alle diese Datenbankmanagementsysteme haben einen standardisierten Aufbau, der dem ANSI-SPARC-Architekturmodell folgt.

10.1.4 ANSI-SPARC-Architektur für Datenbanksysteme

Die ANSI-SPARC-Architektur wurde im Jahre 1975 vom „Standards Planning and Requirements Committee" (SPARC) des „American National Standards Institute" (ANSI) entwickelt. Das American National Standards Institute ist der nationale Normenausschuss der USA, der dem Deutschen Institut für Normung (DIN) in Deutschland entspricht. Mit dem Architekturmodell unterbreitete ANSI einen Vorschlag für die prinzipielle Architektur von Datenbanksystemen, an dem sich sowohl die Hersteller von Datenbanksoftware als auch die Betreiber von Datenbanken orientieren sollten. Ziel war die Entkopplung von Anwendung und Datenspeicherung, um

- **die Nutzerinnen und Nutzer** einer Datenbank vor nachteiligen Auswirkungen von Änderungen in der Datenbankstruktur zu schützen und

- **den Entwicklerinnen und Entwicklern** von Datenbankmanagementsystemen den Raum für kreative Lösungen zu geben.

Im Zentrum der ANSI-SPARC-Architektur befindet sich die konzeptionelle Ebene bzw. das **konzeptionelle Schema**. Über dem konzeptionellen Schema liegt das **externe Schema** und unter dem konzeptionellen Schema befindet sich das **interne Schema**. Im internen Schema wird die Speicherung der Daten mit ihren Zugriffspfaden auf den physischen Speicher festgelegt. Das externe Schema regelt, welche Daten bestimmte Benutzer und Benutzerinnen bzw. Programme sehen und bearbeiten können.

Außerdem definiert das ANSI-Architekturmodell die Zuordnung von personellen Instanzen, die als Anwendungs-, Unternehmens- und Datenbankadministrator oder -administratorin bezeichnet werden und die für das externe, konzeptionelle oder interne Schema zuständig sind.

Das **ANSI-SPARC-Architekturmodell** für Datenbanksysteme zeigt die verschiedenen Teile eines Datenbankkonzeptes, aber nicht die Schritte der Datenbankentwicklung.

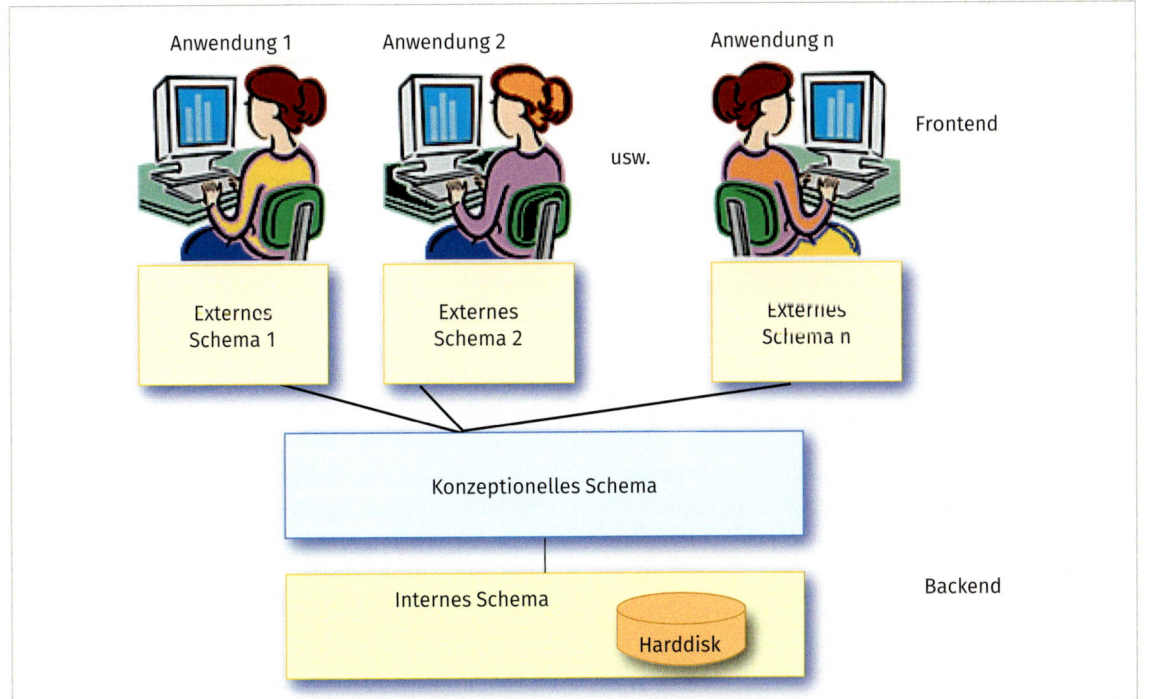

ANSI-SPARC-Architekturmodell für Datenbanksysteme

10.1.4.1 Konzeptionelles Schema

> **W** Das **konzeptionelle Schema** benennt und beschreibt alle logischen Dateneinheiten (entities) sowie die Beziehungen (relationships) zwischen den Dateneinheiten. Das konzeptionelle Schema enthält keine Datenwerte (values), sondern beschreibt lediglich deren Struktur in anwendungsübergreifender Form.

Im konzeptionellen Schema werden alle Daten und ihre Beziehungen zueinander modelliert. Hier liegen nicht die Daten sondern die Informationen über die Struktur der Daten. Der Inhalt dieses Schemas ist unabhängig von der eingesetzten Hardware zur Datenspeicherung und unabhängig von den Anforderungen einzelner Benutzer. Dadurch wird die Entkopplung der Anwendungsprogramme von der physischen Datenspeicherung erreicht.

Die Form der Beschreibung und die Beschreibungsmöglichkeiten werden durch das Datenmodell festgelegt, das zur Erstellung des konzeptionellen Schemas herangezogen wird. So kann ein hierarchisches, ein netzwerkartiges oder ein relationales Datenmodell gewählt werden. Keinesfalls enthält ein konzeptionelles Schema Angaben zur physischen Organisation der Speicherung, die nur dem internen Schema zugeordnet sind.

Als anwendungsunabhängiges Instrument zur Beschreibung der Struktur der Datenwelt eines Unternehmens zeichnet sich das konzeptionelle Schema durch folgende Vorteile aus:

- Beschreibung der Datenbasis für alle aktuellen und künftigen Anwendungen eines Unternehmens
- Dokumentation der Informationszusammenhänge eines Unternehmens in einer einheitlichen Form
- Änderung im Vergleich zu den einzelnen Anwendungen erfolgt nur langsam.

10.1.4.2 Internes Schema

> **W** Als **internes Schema** bezeichnet man die Organisation der physischen Datenspeicherung bezüglich der im konzeptionellen Schema definierten logischen Datenstrukturen.

Das interne Schema legt die physikalische Realisierung auf den Speichermedien fest und enthält die Algorithmen zur Speicherung, Indizierung, Sortierung und Selektion der Daten aus dem Datenbestand. Diese Informationen sind das eigentliche Know-how des Entwicklers oder der Entwicklerin des Datenbankmanagementsystems, die den Anwendern und Anwenderinnen im Allgemeinen verborgen bleiben. So sehen Microsoft-Office-Anwenderinnen und -Anwender eine Microsoft-Access-Datenbank immer nur als eine einzige Datei, die außerdem noch eine unverständliche Größe besitzt. Das interne Schema müssen Anwender und Anwenderinnen aber nicht kennen, denn in der Hauptsache muss es funktionieren.

Eine besondere Anforderung im internen Schema ist die Transaktionssicherheit, d. h., es muss die Sicherheit einer Transaktion (siehe hierzu auch Kap. 10.4.9) gewährleistet sein.

10.1.4.3 Externes Schema

> Das **externe Schema** beschreibt einen Ausschnitt aus dem konzeptionellen Schema eines Unternehmens, der auf die spezielle Datensicht einer bestimmten Benutzergruppe zugeschnitten ist. **W**

Das externe Schema verdeckt gegenüber der betroffenen Benutzergruppe die logische Gesamtsicht, d. h., es zeigt nur den Teil der logischen Gesamtsicht, der für die Anwendungen der betroffenen Benutzergruppe von Interesse ist.

Da ein externes Schema nur einen Teil der konzeptionellen Gesamtsicht wiedergibt, bezeichnet man es auch als Subschema. Das auf die Bedürfnisse einer Benutzergruppe abgestimmte externe Schema soll nicht die Dateneinheiten und Beziehungen enthalten, die diese Benutzerinnen und Benutzer nicht sehen wollen oder nicht sehen sollen. In einem Unternehmen existieren in der Regel mehrere Benutzergruppen. Es sind daher mehrere, unterschiedliche Subschemata zu entwickeln – je ein Schema pro Benutzergruppe.

Unterschiedliche externe Subschemata ermöglichen den **Multi-User-Betrieb**, d. h., mehrere Anwender und Anwenderinnen können aus mehreren (unterschiedlichen) Anwendungen gleichzeitig auf die Daten im Datenbanksystem zugreifen. Das stellt einen gewaltigen Fortschritt gegenüber der Arbeit mit einzelnen Files dar. Der Multi-User-Betrieb verlangt aber zusätzlich die Einrichtung eines Berechtigungskonzepts, welches sicherstellt, dass nur Anwenderinnen und Anwender auf die Daten zugreifen, die hierzu gemäß ihrer Tätigkeit auch berechtigt sind.

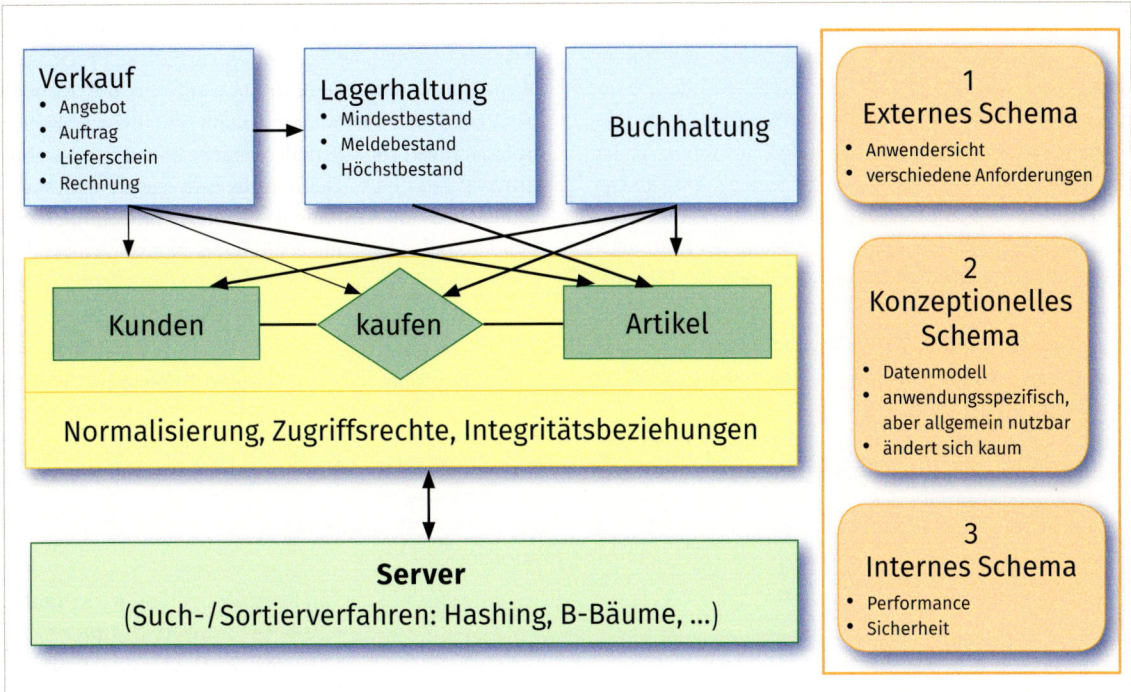

Beispiel für Inhalte der Schemata

10.2 Entwurf von Datenbanken

Der Entwurf einer Datenbank kann auf bekannten Daten basieren, wobei oft eine vorhandene, gewachsene Tabelle als Ausgangsbasis dient. Wenn eine Datenbank komplett neu konzipiert wird, empfiehlt es sich davon auszugehen, in welchen Beziehungen die Daten untereinander stehen. Aus diesem Entwurf werden die Tabellen direkt abgeleitet, die dann häufig bereits normiert sind. Es ist aber unerlässlich, die entstandenen Tabellen trotzdem auf die Einhaltung der Normalitätsregeln zu überprüfen.

In diesem Abschnitt wird die Analyse der Daten und die Darstellung der Ergebnisse mithilfe eines Entity-Relationship-Modells (ER-Modell) erläutert.

10.2.1 Datenanalyse

Bei der Datenanalyse für eine neue Datenbank werden zuerst alle projektrelevanten Informationen ermittelt. Das können zum Beispiel Informationen über Arbeitsprozesse, Personen oder verschiedene Objekte sein, die später in der Datenbank erfasst werden sollen. Die Erhebung der Daten kann im Rahmen einer Bedarfsanalyse, einer Fragebogenaktion oder ganz einfach in einem oder mehreren Gesprächen mit dem Auftraggeber erfolgen. Am Ende dieser Phase steht eine Anforderungsliste, die mit dem Auftraggeber abgestimmt ist und als Vorlage für den Datenbankentwurf dient. Aus den erhobenen Daten werden dann Entitäten mit ihren Attributen und deren Beziehungen untereinander abgeleitet und dargestellt.

10.2.2 Entity-Relationship-Modell (ER-Modell)

Das Entity-Relationship-Modell (oder auch ER-Modell) wird dazu benutzt, um Informationen darzustellen, die bei der Datenanalyse erhoben wurden. Dieses Modell kommt u. a. in der Planungsphase zum Einsatz und dient zur Verständigung zwischen Anwender und Entwickler der Datenbank.

Das ER-Modell wurde im Jahre 1976 das erste Mal von Peter Chen vorgestellt und ist inzwischen zum De-facto-Standard für die Datenmodellierung geworden. Nachfolgend werden der Aufbau und die Bestandteile eines ER-Modells näher betrachtet.

10.2.2.1 Entität und Entitätstyp

Eine **Entität** oder Entity ist vergleichbar mit einem Objekt. Die konkreten Daten eines Kunden oder einer Kundin sind z.B. eine solche Entität. Eine Datenbank besteht demnach aus vielen Entitäten, wobei die Entitäten gleichen Typs zu einem **Entitätstyp** oder Entity-Typ zusammengefasst werden. Entitäten sind z.B. Herr Maier, Frau Schulz oder Herr Kowalski. Der dazugehörige Entitätstyp wäre z.B. „Person".

10.2.2.2 Attribute

Attribute werden als „Daten" der Entität bezeichnet. Wenn die Entität ein eindeutig identifizierbares Attribut besitzt (z.B. Kundennummer), dann wird dieses Attribut unterstrichen. Die Attribute werden den entsprechenden Entitätstypen oder auch den Beziehungen direkt zugeordnet, d.h., die Attribute werden mit Entitätstypen verbunden. Dabei kann die Anordnung frei erfolgen.

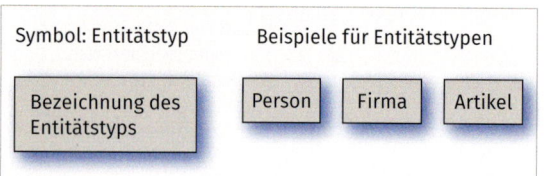

Entitätstypen

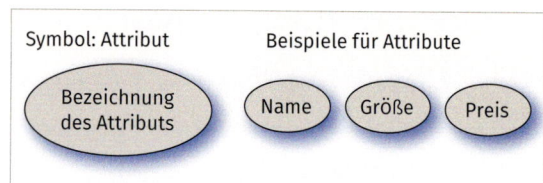

Attribute

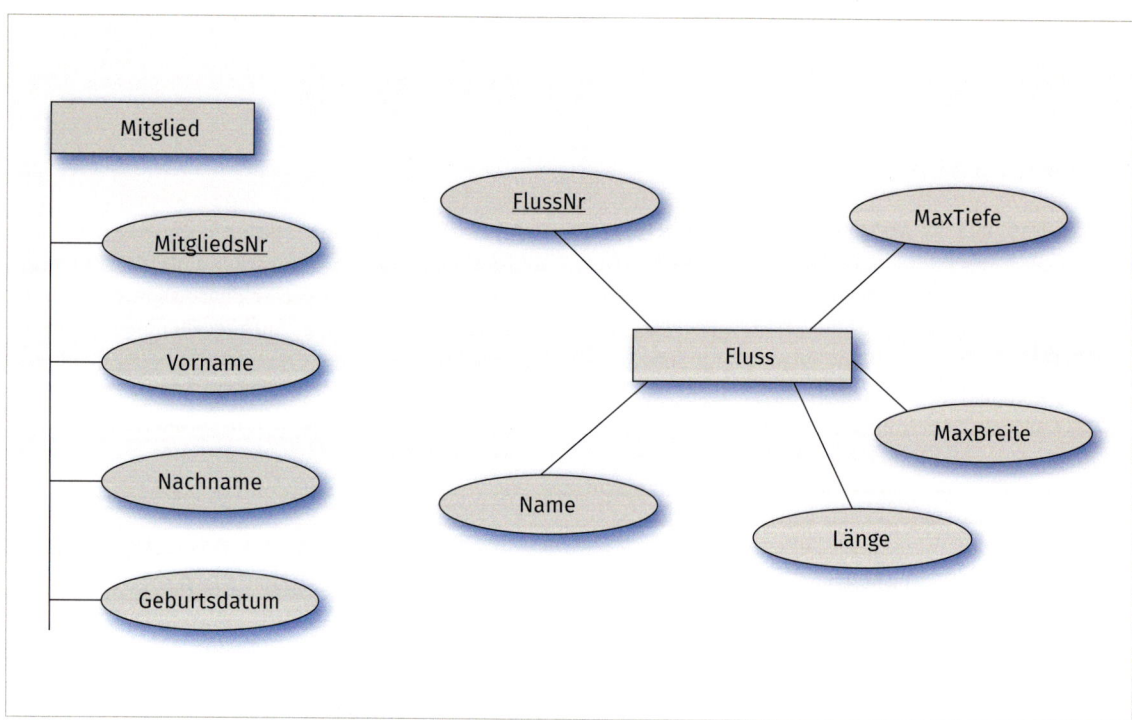

Entitätstypen mit Attributen

10.2.2.3 Beziehung

Durch eine Beziehung, auch Relation genannt, wird eine semantische Verbindung zwischen zwei Entitäten dargestellt. Das ER-Modell kennzeichnet die Beziehungen der Entitäten mithilfe einer Raute. Den Beziehungen können auch Attribute direkt zugeordnet werden (siehe Grafik auf folgender Seite)

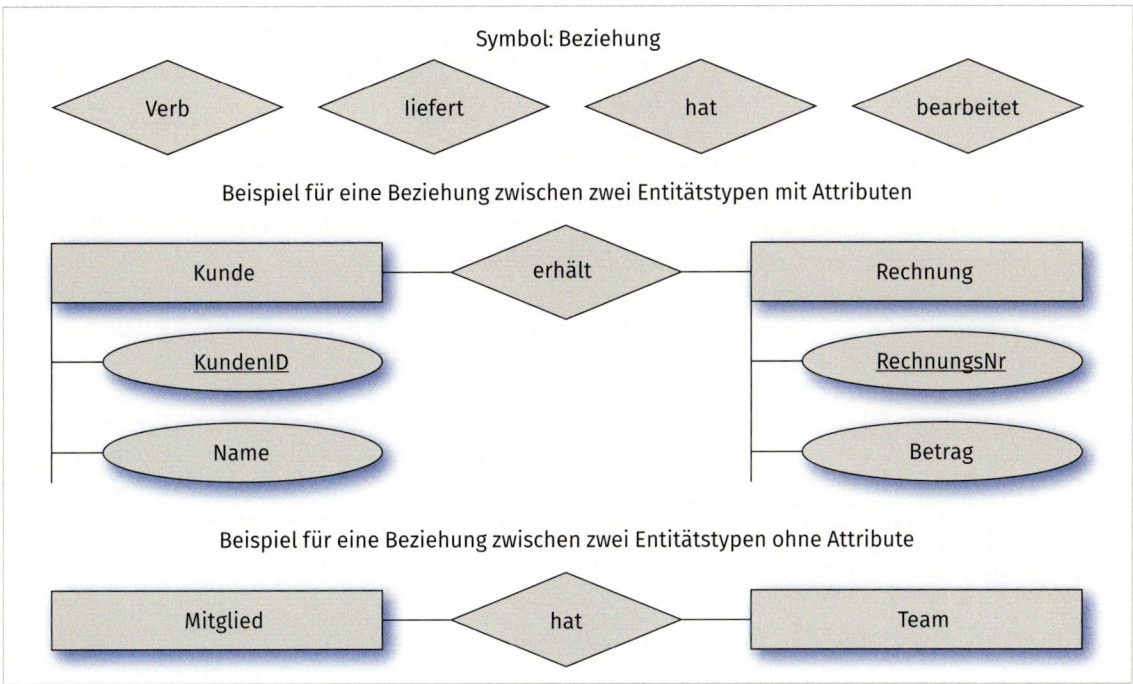

Beispiele für Beziehungen

10.2.2.4 Kardinalität

Die Kardinalität dient der genauen Charakterisierung von Beziehungen und gibt an, in welchem Verhältnis die beteiligten Entitätstypen zueinander in Beziehung stehen.

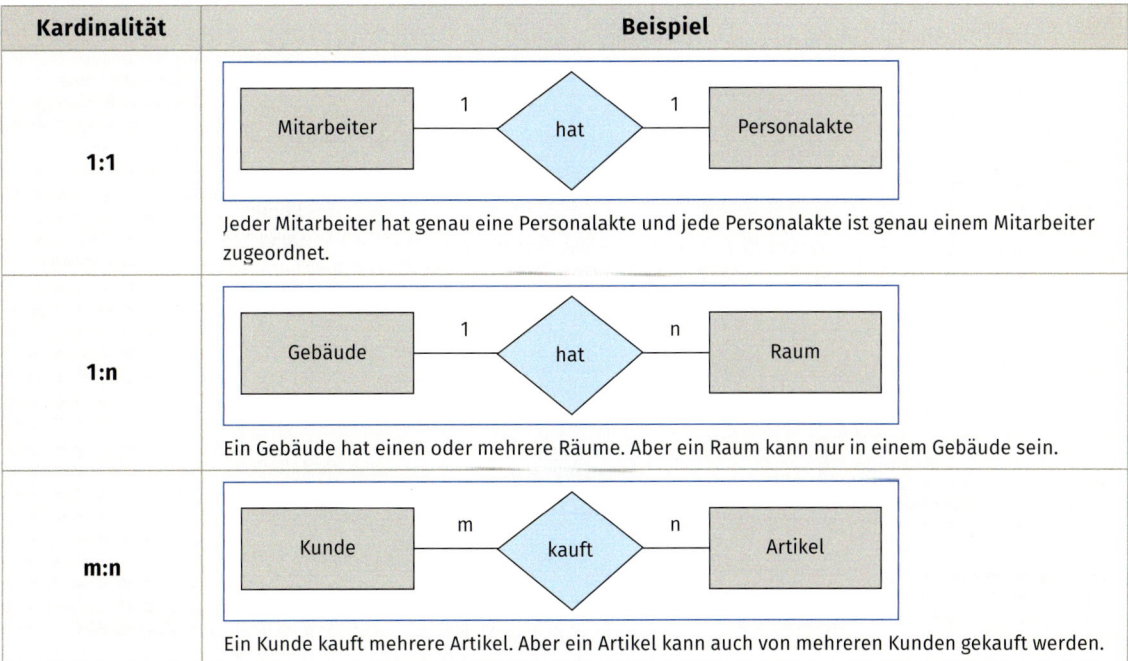

Beispiele für Kardinalitäten

Entwurf von Datenbanken

10.2.2.5 Überführung eines ER-Modells in ein relationales Datenmodell

Nach der Datenanalyse und dem Entwurf der Datenbank mithilfe des ER-Modells wird dieser Entwurf dann in ein relationales Datenmodell überführt, welches anschließend noch normalisiert wird. Auf das relationale Datenmodell und dessen Normalisierung wird im nächsten Abschnitt des Buches eingegangen. An dieser Stelle soll aufgezeigt werden, wie das relationale Datenmodell aus einem ER-Modell abgeleitet wird.

Die nachfolgenden Regeln sind für eine schrittweise Überführung ins ER-Modells in ein relationales Datenmodell gedacht:

W **Erste Regel**
Wertetypen werden 1:1 auf Datentypen abgebildet.

Es werden die Datentypen festgelegt. Hier wird vereinbart, dass z. B. ein Attribut Name ein Textfeld ist und das ein Attribut Geburtsdatum in einem Datumsfeld gespeichert wird.

W **Zweite Regel**
Ein Entitätstyp wird mit all seinen Attributen zu jeweils einer Tabelle zusammengefasst.

Durch die zweite Regel erfolgt die Umsetzung in Tabellen. Die **strong entities** werden mit den dazugehörigen **weak entities** in einer Tabelle abgelegt. Ab diesem Punkt existieren die ersten Tabellen des Modells und damit besteht eine gute Basis für weitere Regeln.

Dritte Regel **W**
Jeder Entitätstyp erhält ein 1:1-Attribut als Identifikator (Primärschlüssel), soweit noch nicht vorhanden.

Die Notwendigkeit eines Primärschlüssels in einem relationalen Datenbankmodell wird im nächsten Abschnitt näher erläutert. Als Primärschlüssel kann hier ein vorhandenes Datenfeld benutzt werden, oder es wird ein Feld hinzugefügt (z. B. eine Personalnummer). Nach diesem Schritt sind alle Objekte untergebracht und es müssen nur noch deren Beziehungen untereinander in einer weiteren Regel definiert werden.

Vierte Regel **W**
Jede m:n-Beziehung wird in einer eigenen Tabelle abgebildet. Diese Tabelle enthält die Primärschlüssel der beteiligten Entitäten und die Datenfelder, die die Beziehung selbst beschreiben.

1:n-Beziehungen werden durch Einfügen des Primärschlüssels der 1-Tabelle in die n Tabelle als Fremdschlüssel realisiert.

Als Beispiel soll das abgebildete ER-Modell in ein relationales Datenmodell überführt werden.

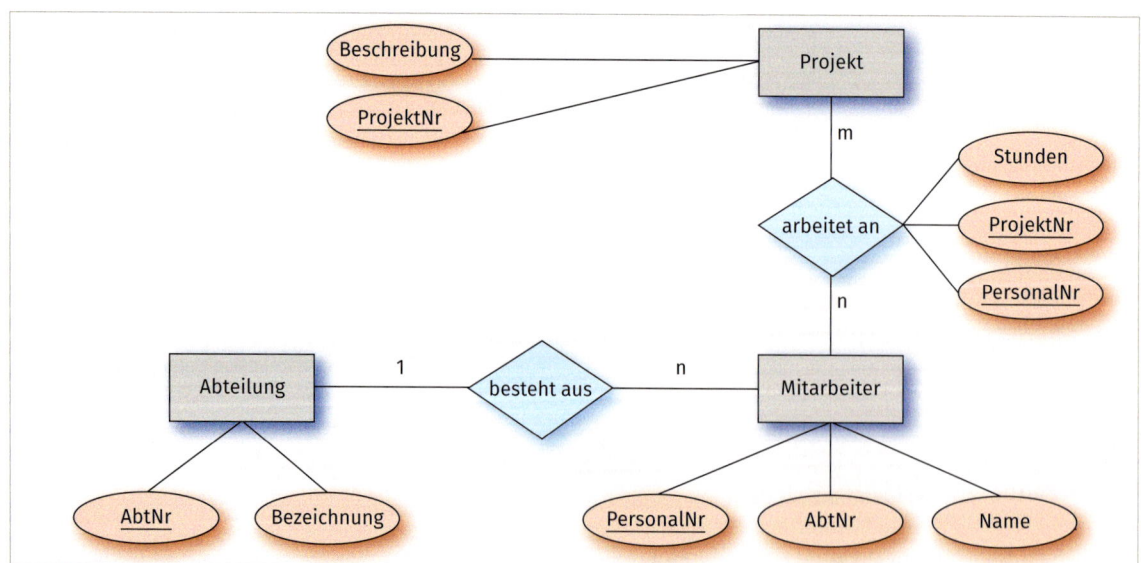

ER-Modell

In diesem Beispiel sind die Entitätstypen „Abteilung", „Mitarbeiter" und „Projekt" mit entsprechenden Attributen abgebildet. Eine Abteilung besitzt mehrere Mitarbeiter und die Mitarbeiter arbeiten in verschiedenen Projekten mit. Durch die m:n-Beziehung zwischen Mitarbeiter und Projekt können auch Attribute direkt an der Beziehung angegeben werden. Man kann wie folgt vorgehen, um daraus ein relationales Datenmodell zu entwickeln:

Aus jedem Entitätstyp des ER-Modells wird eine Tabelle mit dem entsprechenden Namen erstellt. Die Attribute der einzelnen Entitätstypen werden zu Spalten der jeweiligen Tabelle. Die 1:1- und die 1:n-Beziehungen werden ohne Veränderungen übernommen. Die m:n-Beziehungen müssen aufgelöst und in zwei 1:n-Beziehungen überführt werden. Dazu werden die m:n-Beziehung und deren Attribute in einer neuen Tabelle dargestellt, einer sogenannten Kreuz- oder Zwischentabelle. Im Beispiel betrifft es die m:n-Beziehung zwischen Mitarbeiter und Projekt. Das relationale Datenmodell entspricht im Ergebnis der Abbildung.

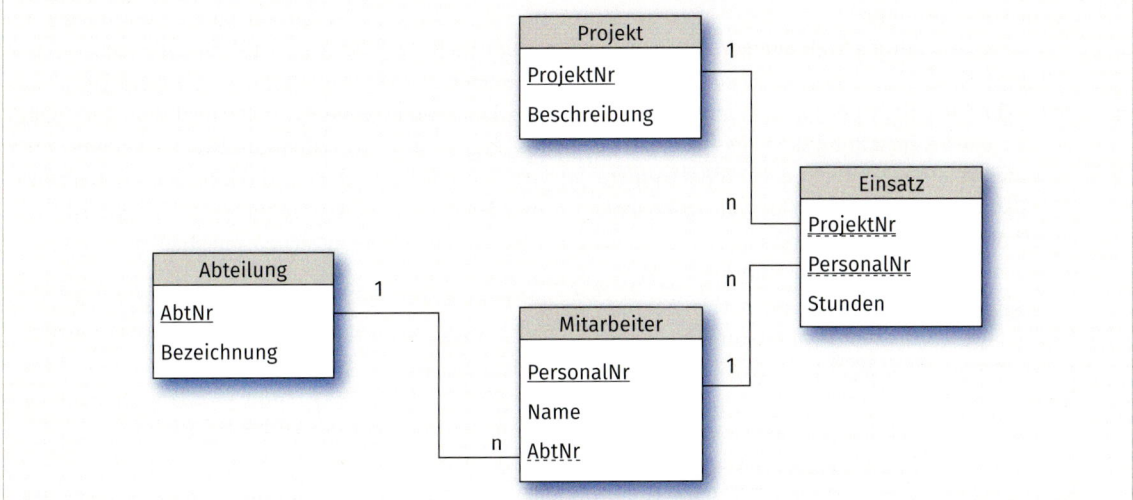

Relationales Datenmodell

Aufgaben

1. Untersuchen Sie, welche Kardinalitäten in folgenden Beziehungen möglich sind, und erstellen Sie jeweils ein ER-Modell.
   a) Postleitzahl ↔ Ort
   b) Steuernummer ↔ Steuerpflichtiger
   c) Land ↔ Gebirge
   d) Planet ↔ Mond
   e) Kunde ↔ Rechnung

2. Zeichnen Sie ein ER-Modell für folgende Entitätstypen und deren Beziehungen:
   - Entitätstyp: Artikel; Attribute: ArtikelNr, Bezeichnung, Listenpreis, Bestand, Mindestbestand
   - Entitätstyp: MwSt_Satz; Attribute: MwStNr, Prozent, Beschreibung
   - Entitätstyp: Kunde; Attribute: KundenNr, Name, Straße, PLZ, Ort

   Beschreibung der Beziehungen:
   - Ein Artikel hat genau einen MwSt_Satz.
   - Ein Kunde kauft eine bestimmte Menge von verschiedenen Artikeln an unterschiedlichen Tagen.

3. Erstellen Sie mithilfe der folgenden Begriffe ein ER-Modell:

Entitäten	Schüler, Schule, Ort, Klasse, Schulart
Attribute	PLZ, Einwohnerzahl, Ortsname, Schülername, Schulname, Schülernummer, Klassennummer, Schulartbezeichnung, Schüleranzahl, Vorname, Klassenname, Schulnummer, Schulartnummer (Unterstreichen des eindeutigen Attributs nicht vergessen!)
Beziehungen	wohnt, besucht, liegt in, gehört zu, hat

4. Erstellen Sie für die folgenden Aufgaben ein ER-Modell ohne Attribute. Es werden nur die Entitätstypen, Beziehungen und Kardinalitäten eingezeichnet.
   a) Es soll eine Datenbank zum Speichern von Bestellungen und Rechnungen entwickelt werden. Dazu liegen folgende Informationen vor.

- Ein Kunde tätigt mehrere Bestellungen und bekommt dafür die Rechnungen.
- Eine Bestellung wird von genau einem Mitarbeiter bearbeitet.
- Eine Bestellung besteht aus mehreren Bestellpositionen.
- Mehrere Bestellpositionen werden zu einer Rechnungsposition zusammengefasst.
- Mehrere Rechnungspositionen werden zu einer Rechnung zusammengefasst.

b) Für eine Veranstaltungsdatenbank wurden folgende Daten erhoben:
- Eine Veranstaltung findet immer an einem Ort statt.
- Es gibt verschiedene Veranstaltungsarten und jede Veranstaltung kann einer Veranstaltungsart immer eindeutig zugeordnet werden.
- Es können mehrere Künstler gleichzeitig bei einer Veranstaltung auftreten.
- Künstler werden auch für mehrere Veranstaltungen gebucht.

c) Es soll eine Datenbank für Stundenpläne erstellt werden, die folgende Informationen enthält:
- Welche Klasse hat in welchem Raum mit welchem Lehrer in welchem Fach Unterricht?
- Es wird erst einmal davon ausgegangen, dass eine Klasse pro Unterrichtsstunde nur von einem Lehrer in einem Fach unterrichtet wird. Dafür steht immer genau ein Raum zur Verfügung.
- Erweitern Sie das Modell um sinnvolle Zeitangaben.
- Wie sieht das Modell aus, wenn davon ausgegangen wird, dass pro Unterrichtsstunde auch zwei Lehrer in einer Klasse unterrichten können oder dass die Klasse geteilt und in zwei Räumen in verschiedenen Fächern unterrichtet wird.

5. Es soll eine Datenbank für Fußballspiele erstellt werden. Entwickeln Sie aus den gegebenen Informationen ein ER-Modell, wobei zu jedem Entitätstyp ein eindeutiges Attribut und zwei weitere sinnvolle Attribute zu ergänzen sind.
- Ein Verein hat mehrere Mannschaften.
- Eine Mannschaft besteht aus mehreren Spielern, wobei ein Spieler auch in mehreren Mannschaften spielen kann.
- Ein Ort kann mehrere Vereine haben.
- Eine Mannschaft absolviert pro Saison mehrere Spiele.
- Ein Spiel findet immer in einem Ort statt.
- Pro Spiel gibt es mehrere Schiedsrichter, die in dem Spiel immer genau eine Funktion ausüben.

10.3 Relationales Datenbanksystem

Heutzutage werden meist „relationale Datenbanken" genutzt. Anfang der 1970er-Jahre entwickelten die Mathematiker Codd, Chen u. a. das relationale Datenbankmodell, das bereits Anfang der 1980er-Jahre unter der Bezeichnung „dBase" auf Personalcomputern implementiert wurde und sich bis heute allgemein für Datenbanken durchgesetzt hat. In relationalen Datenbanken werden die Daten meist in mehreren Tabellen, die miteinander in Beziehung stehen, unabhängig voneinander gespeichert.

Für den Umgang mit relationalen Datenbanken hat E. F. Codd zwölf Regeln aufgestellt, die das Arbeiten erleichtern sollen.

10.3.1 Relationales Datenbankmodell

> Ein **relationales Datenbankmodell** ist eine Sammlung von Tabellen (Relationen), die miteinander verknüpft sind, d. h., miteinander in Beziehung stehen.

> Eine **Tabelle** (Relation) besteht aus einem Tabellennamen (Relationsname) sowie den Spalten (Attribute, Felder) und den Datensätzen (Zeilen, Tupel).

10.3.1.1 Tabelle

> In einem **Datensatz** werden Informationen über ein ganz konkretes Objekt, beispielsweise eine ganz bestimmte Arbeitskraft, zusammengefasst.

> Ein Datensatz besteht aus **Datenfeldern** (= entsprechend der Spaltenbezeichnung). In einem **Datenfeld** wird eine ganz bestimmte Eigenschaft (Attributwert) des Objektes beschrieben.

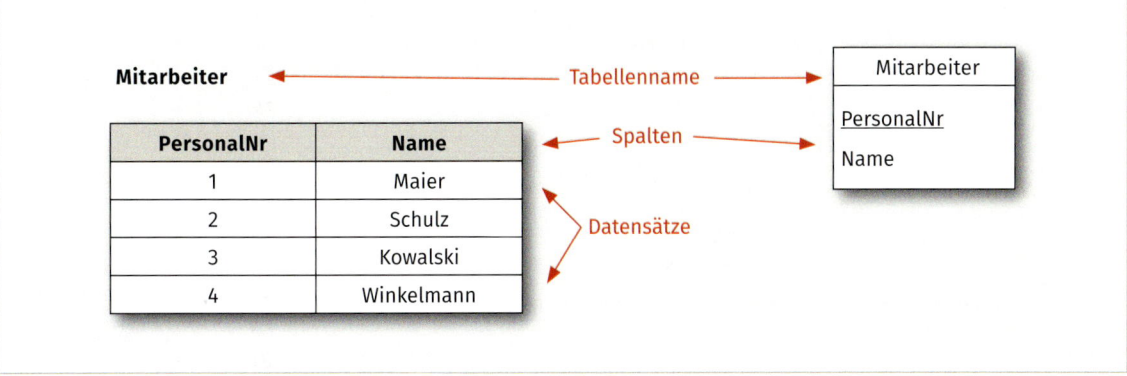

Beispiel einer Tabelle

10.3.1.2 Schlüssel

Primärschlüssel

> **W** Der **Primärschlüssel** einer Tabelle ist eine minimale Kombination von Spalten (Attributen), mit dessen Hilfe jeder Datensatz eindeutig identifiziert werden kann. Jede Tabelle muss genau einen Primärschlüssel besitzen.

Im relationalen Datenbankmodell werden in den Tabellen nur die reinen Daten gespeichert. Wie diese Werte miteinander in Beziehung stehen, muss in Form von Verknüpfungen realisiert werden. Damit eine Verknüpfung von zwei Tabellen überhaupt funktionieren kann, muss jeder einzelne Datensatz eindeutig identifiziert werden. Dieses Merkmal nennt man Primärschlüssel. Im Prinzip kann jedes natürliche Schlüsselattribut verwendet werden. Dadurch entstehen aber oft Probleme mit der Eindeutigkeit. Gleiche Namen existieren oft mehrfach für verschiedene Personen. Deshalb verwendet man meist eine Nummer (Nr) oder einen Identifier (ID), wobei dieser künstliche Schlüssel stets so gewählt werden kann, dass er eindeutig ist.

Der künstliche, willkürlich gewählte Schlüssel besitzt noch einen weiteren Vorteil, denn er dient ausschließlich der Identifikation des Datensatzes und enthält keinerlei weitere Informationen. Anders verhält es sich, wenn beispielsweise die Postleitzahl ein Bestandteil des Schlüssels ist. Dieser „sprechende Schlüssel" enthält eine zusätzliche Information. Ändert sich aber das Merkmal, weil die Person umzieht, so wird der Schlüssel fortan mit „gespaltener Zunge" sprechen,

weil ja der Schlüssel nicht geändert werden darf. Wird jedoch bei einem Eintrag der Schlüssel nachträglich geändert, gehen alle bisherigen Verknüpfungen verloren bzw. müssen alle Verknüpfungen erneut angepasst werden.

Der Primärschlüssel muss folgende Bedingungen erfüllen:

- **Eindeutigkeit:** Die Werte des Primärschlüssels müssen eindeutig sein.
- **Minimalität:** Der Primärschlüssel sollte aus so wenig wie möglich Spalten bestehen. In der Regel reicht eine Spalte aus.
- **Unveränderbarkeit:** Die Werte des Primärschlüssels sollten sich nicht ändern.

Fremdschlüssel

> Der **Fremdschlüssel** ist eine Spalte (Attribut) einer Tabelle, die auf den Primärschlüssel einer anderen oder der gleichen Tabelle verweist, d. h., die Werte des Primärschlüssels werden in diese Spalte eingetragen. Dabei muss der Fremdschlüssel vom gleichen Datentyp wie der Primärschlüssel sein. Eine Tabelle kann keinen, einen oder mehrere Fremdschlüssel besitzen. **W**

Der Fremdschlüssel wird benötigt, um Beziehungen zwischen den Tabellen herzustellen. Er dient als Verweis zwischen zwei Tabellen und zeigt an, welche Datensätze der Tabellen inhaltlich miteinander in Verbindung stehen.

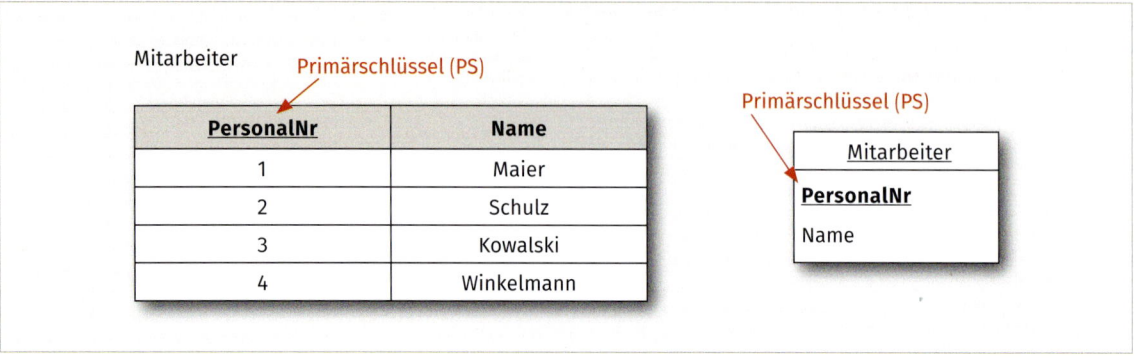

Beispiel für Primärschlüssel

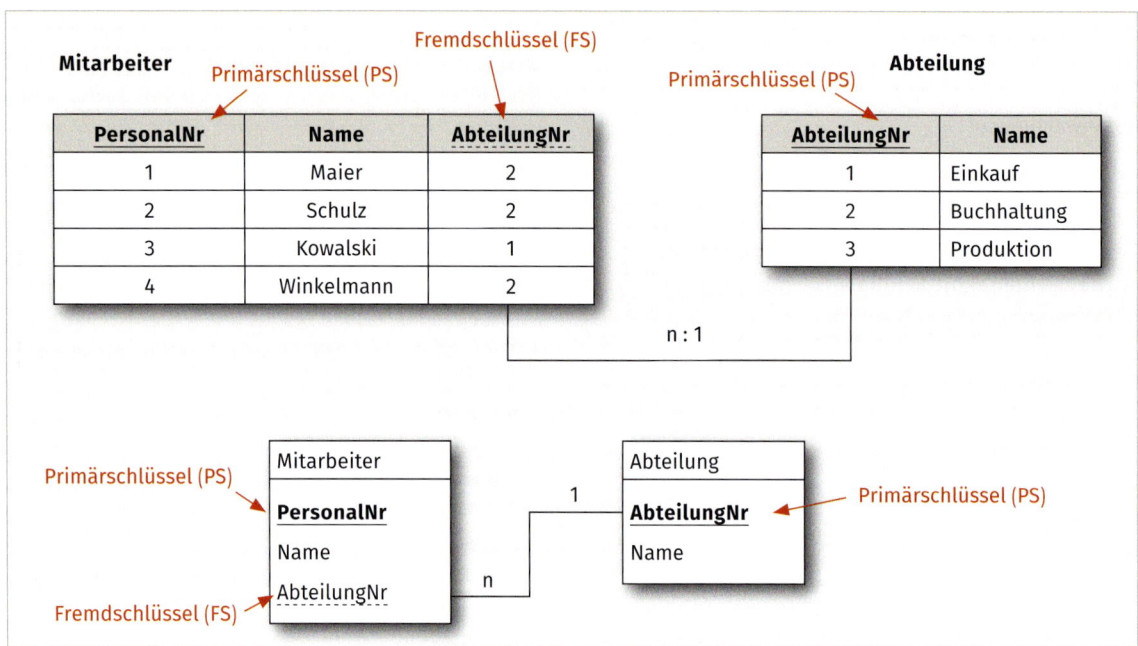

Beispiel für Fremdschlüssel

10.3.1.3 Kardinalität (Beziehungsart)

> **W** Die **Kardinalität** dient der genauen Charakterisierung von Beziehungen. Sie gibt an, in welchem Verhältnis die beteiligten Tabellen zueinander in Beziehung stehen.

Im relationalen Datenmodell werden folgende Beziehungsarten unterschieden:
- 1:1 (eins zu eins)
- 1:n (eins zu viele)
- m:n (viele zu viele)

1:1-Beziehung

> Eine **1:1-Beziehung** liegt vor, wenn jedem Datensatz der ersten Tabelle genau ein Datensatz der zweiten Tabelle zugeordnet ist.

Im Beispiel erhält jeder Mitarbeiter ein individuelles Gehalt, nicht eine Lohngruppe, wo eine andere Kardinalität zutreffen würde. Die meisten Daten, die auf diese Weise miteinander in Beziehung stehen, befinden sich normalerweise nur in einer Tabelle, weshalb diese Art der Beziehung selten ist. Zum Beispiel könnte das Gehalt auch direkt in die Tabelle „Arbeitskraft" eingetragen werden.

Sinnvoll kann die Kardinalität verwendet werden, wenn eine Tabelle zum Beispiel aus Gründen der Rechtevergabe in mehrere Tabellen aufgeteilt werden muss. Im Beispiel kann der Zustand hinterlegt sein, dass eine Person die Daten der Gehaltstabelle nur lesen, während sie eine andere Person zusätzlich noch bearbeiten kann. Beide besitzen aber die gleichen Rechte an der Tabelle „Mitarbeiter". Ein anderer Grund für eine 1:1-Beziehung besteht, wenn Attribute wegen der Übersichtlichkeit in andere Tabellen ausgelagert werden müssen.

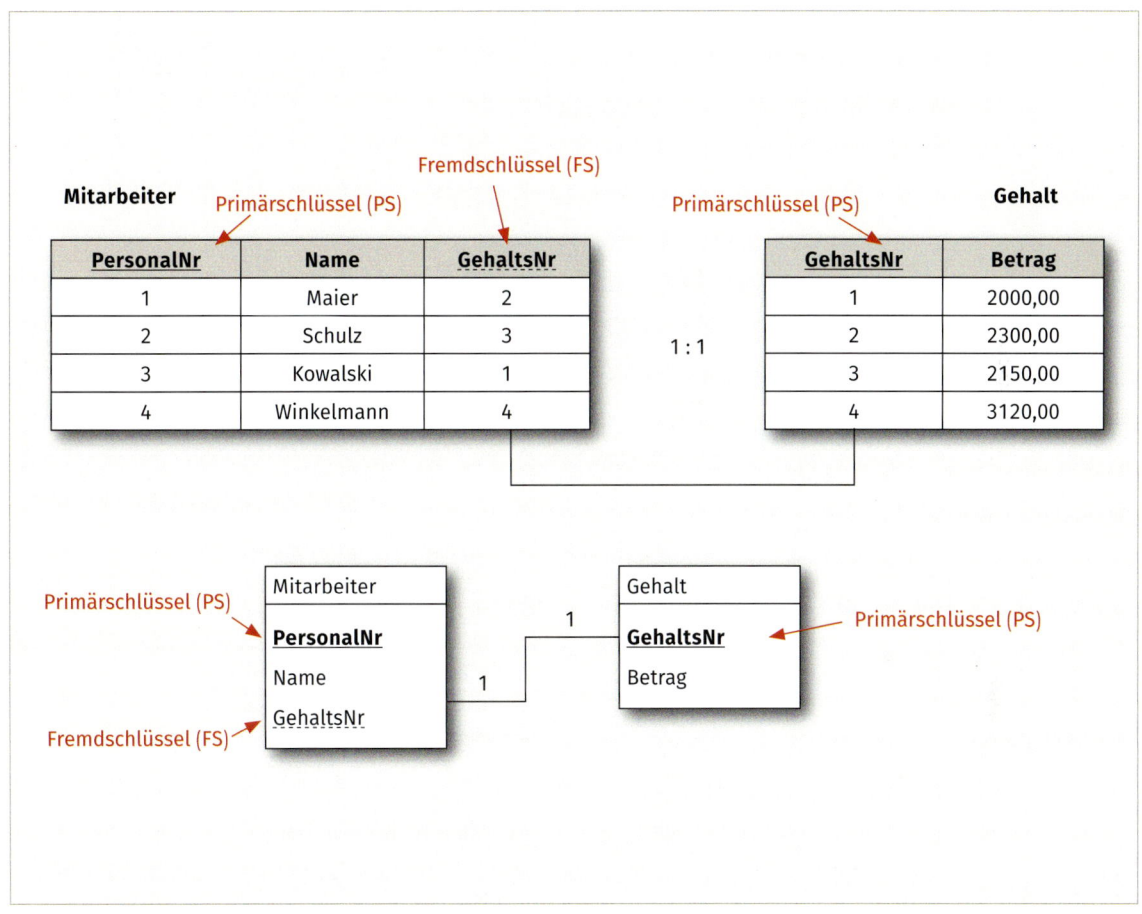

Beispiel für 1:1-Beziehung

1:n-Beziehung

> **W** Eine **1:n-Beziehung** liegt vor, wenn ein Datensatz der ersten Tabelle mit keinem, einem oder mehreren Datensätzen der zweiten Tabelle in Beziehung steht.

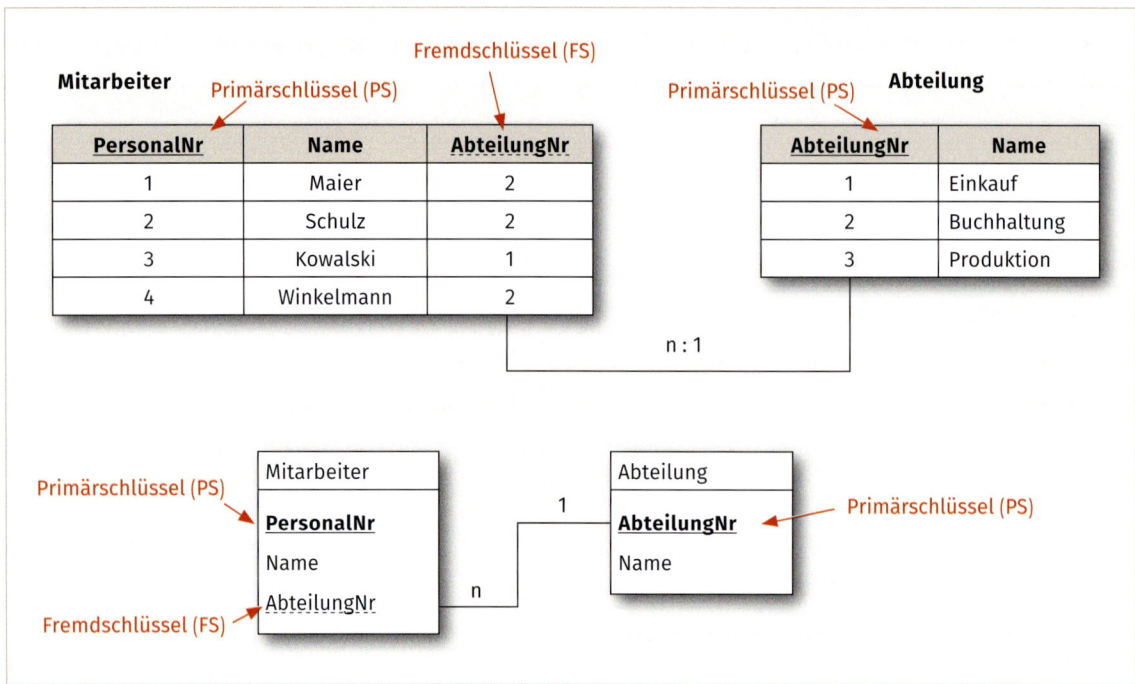

Beispiel für 1:n-Beziehung

Im Beispiel ist jeder Mitarbeiter genau einer Abteilung zugeordnet. Jede Abteilung hat aber mehrere Mitarbeiter.

m:n-Beziehung

> **W** Eine **m:n-Beziehung** liegt vor, wenn ein Datensatz der ersten Tabelle mit keinem, einem oder mehreren Datensätzen der zweiten Tabelle in Beziehung steht und umgekehrt.

Die m:n-Beziehung kann in einem relationalen Datenbankmodell nicht direkt dargestellt werden. Um diese Beziehungsart abzubilden, ist normalerweise eine dritte Tabelle notwendig, eine sogenannte Zwischentabelle. In dieser Zwischentabelle sind meistens nur zwei Fremdschlüssel enthalten, worüber sie mit den beiden anderen Tabellen verbunden wird. Die beiden Fremdschlüssel ergeben in Kombination auch einen zusammengesetzten Primärschlüssel. Daraus resultiert, dass die m:n-Beziehung in zwei 1:n-Beziehungen aufgelöst werden kann.

Im Beispiel 1 auf der folgenden Seite besitzt ein Projekt mehrere Mitarbeiter, aber ein Mitarbeiter kann auch an verschiedenen Projekten arbeiten. Findet sich für die Zwischentabelle kein geeigneter Name, wird er aus den Namen der beiden anderen Tabellen gebildet (Mitarbeiter_Projekt).

Normalerweise wird jede m:n-Beziehung durch die Einführung einer Zwischentabelle dargestellt. In einigen Fällen ist es auch möglich, darauf zu verzichten und eine andere Abbildungsform zu wählen, wie im Beispiel 2 auf der folgenden Seite zu sehen ist.

Im Beispiel 2 existiert eine m:n-Beziehung zwischen der Tabelle „Mannschaft" und der Tabelle „Spiel". Eine Mannschaft kann an mehreren Spielen teilnehmen und ein Spiel (z. B. Fußball) besteht immer aus mehreren Mannschaften. Das Besondere daran ist, dass an einem Spiel genau zwei Mannschaften teilnehmen und dass sich diese Anzahl auch nicht ändern wird. In solchen Fällen kann auf eine Zwischentabelle verzichtet werden.

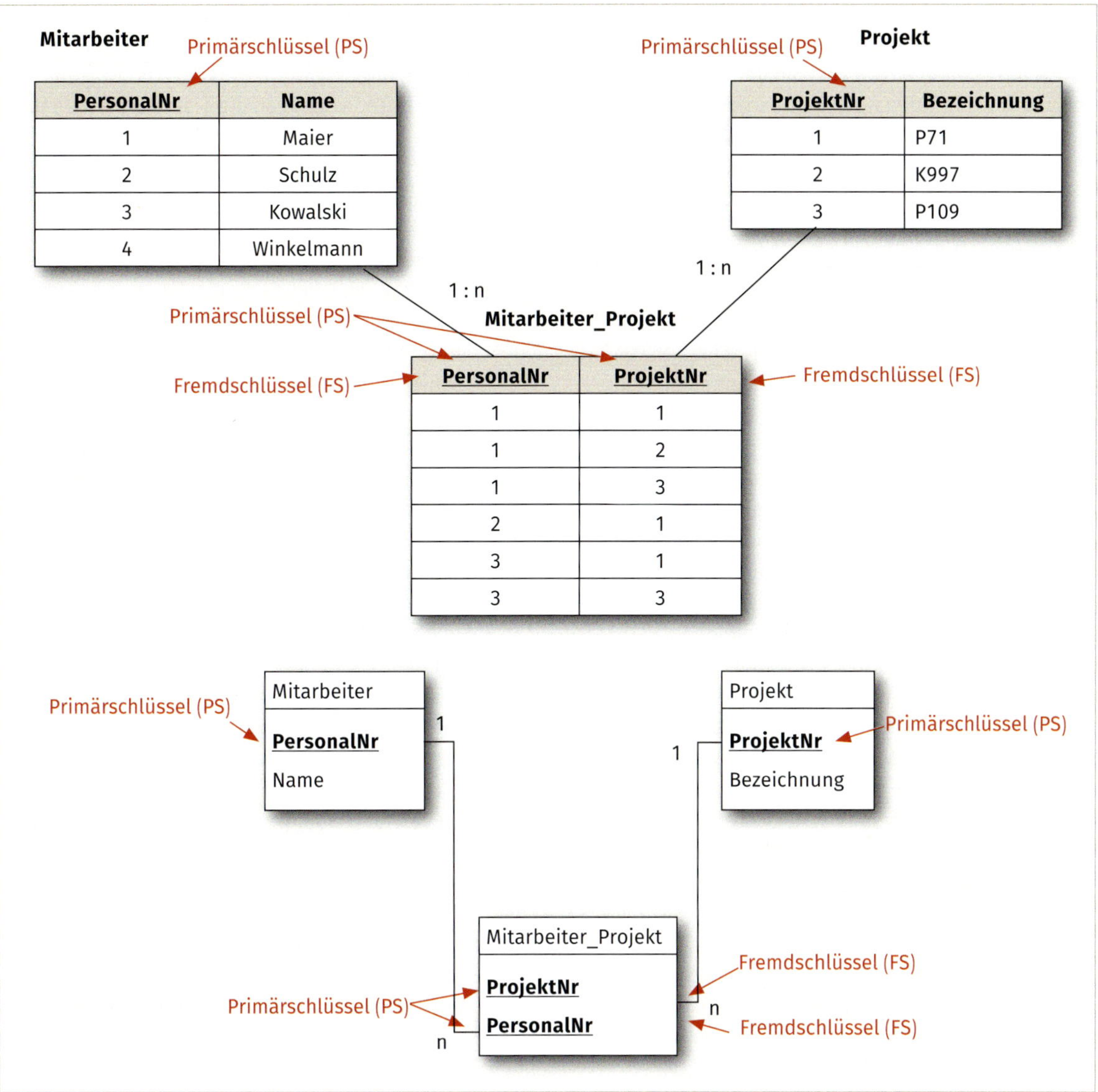

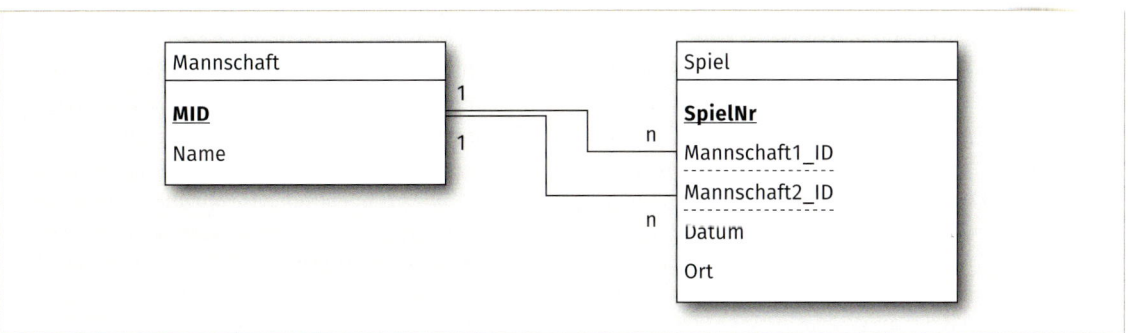

Beispiel 1 für m:n-Beziehung

Beispiel 2 für m:n-Beziehung

Aufgaben

Erstellen Sie für die nachfolgenden Angaben jeweils ein ER-Modell und entwickeln Sie daraus im Anschluss in ein relationales Datenbankmodell.

1. a) Es gibt Personen, Filme und Verlage. Jeder Film hat einen oder mehrere Regisseure. Jeder Film kann zu gegebener Zeit von höchstens einem Ausleiher ausgeliehen werden. Ein Ausleiher kann mehrere Filme leihen. Ein Film stammt von einem Produzenten.
   b) Ein Auto kommt von einem Hersteller. Es hat zum Zeitpunkt der Herstellung keinen Halter, sonst höchstens einen Halter. Auf einen Halter können mehrere Autos zugelassen sein.
   c) In einer Bibliothek wird nach Filmtitel und Filmexemplar unterschieden. Für einen Filmtitel können mehrere Filmexemplare, muss jedoch immer mindestens ein Filmexemplar vorhanden sein. Ausleiher leihen Filmexemplare aus. Ausleiher können Filmtitel vormerken lassen. Ausleiher und Produzenten sind Personen.
   d) Studenten oder Professoren sind Personen. Jede Vorlesung wird von einem Professor gehalten. Ein Professor halt mehrere Vorlesungen. Ein Student besucht mehrere Vorlesungen. Eine Vorlesung wird von mehreren Studenten besucht, aber erst nach Semesterbeginn steht fest, von welchen Studenten. Ein Professor empfiehlt für eine bestimmte Vorlesung einen Film.

2. Eine Jachtagentur will die Törns (Touren) ihrer Segeljachten mit einer Datenbank verwalten. Dabei geht es darum, die Mitfahrer ebenso zu erfassen wie die im Laufe der Tour angelaufenen Hafen. Es gelten folgende Regeln:
   - Eine Crew setzt sich aus mehreren Mitfahrern zusammen. Mitfahrer müssen an keiner Crew teilnehmen, können aber auch an mehreren Crews beteiligt sein.
   - Eine Crew bezieht sich immer auf eine Tour. Während einer Tour kann aber die Crew wechseln.
   - Kapitäne und Mitfahrer sind Personen. Für jede Tour gibt es einen Kapitän. Ein Kapitän kann natürlich an mehreren Touren teilnehmen.
   - Eine Tour wird immer von einer Jacht gefahren. Meistens übersteht eine Jacht die erste Tour. Dann kann sie an weiteren Touren teilnehmen.
   - Während einer Tour läuft eine Jacht mehrere Häfen an.

3. Es soll eine relationale Datenbank für einen Zoo erstellt werden. Es stehen folgende Informationen zur Verfügung.
   - In dem Zoo versorgen die Tierpflegerinnen die Tiere. Ein Pfleger versorgt immer mehrere Tiere. Die Pfleger sind gekennzeichnet durch eine Personalnummer, Nachname, Vorname und Geschlecht.
   - Tiere sind charakterisiert durch einen Bestand, eine Gattungsangabe (z. B. Säugetier, Reptil usw.) und ein Alter. Für ein Tier ist immer ein bestimmter Pfleger zuständig. Ein Tier frisst verschiedene Futtersorten in bestimmter Menge.
   - Die gleiche Futtersorte kann aber auch von verschiedenen Tieren gefressen werden. Eine Futtersorte ist gekennzeichnet durch eine eindeutige Bezeichnung und eine vorhandene Menge. Alle Futtersorten können in allen Gebäuden (Gebäudenummer, Gebäudename) des Zoos gelagert werden.
   - In einem Gebäude können verschiedene Tiere wohnen.

4. Ein Transportunternehmen benötigt zur Abwicklung der Abläufe in der Transportzentrale eine Datenbank. Früher erfolgte die Abwicklung mit einem Tabellenkalkulationsprogramm. Ein Dispatcher soll die neue Stand-alone-Datenbank verwalten. Die Fahraufträge kommen per Fax oder telefonisch. Angegeben werden bei der Bestellung die Route, das Transportgut und die am Auftragsort zuständige Person. Des Weiteren gelten folgende Annahmen:
   - Der Dispatcher wählt mithilfe der Datenbank anhand des Transportguts und der Strecke das passende Fahrzeug sowie einen Fahrer aus, der dieses Fahrzeug führen kann.
   - In der Datenbank sind alle Fahrer erfasst. Unterschieden werden sie anhand der eindeutigen Fahrnummer. Weiterhin besitzen die Fahrer noch einen Vor- und Zunamen und den Führerschein einer bestimmten Kategorie.
   - In einer Tabelle Kategorie sind der Name der Kategorie und die Bezeichnung der dazugehörigen, zugelassenen Fahrzeuge gespeichert. Zu einer Kategorie können mehrere Fahrer die Erlaubnis zum Führen der Fahrzeuge haben.
   - Die Fahrzeuge müssen polizeilich zugelassen werden. Jedes Fahrzeug besitzt eine eindeutige Nummer, ein Kfz-Kennzeichen und eine Bezeichnung.
   - Ein bestimmtes Fahrzeug gehört zu einem Typ. Ein Typ kann mehrere Fahrzeuge beinhalten. Der

Typ beinhaltet die Bezeichnung, Höhe, Breite, das Leergewicht sowie das Höchstgewicht in Kilogramm.

a) Erweitern Sie den Entwurf und das Datenmodell so, dass je Fahrauftrag mehrere Artikel transportiert werden können.
b) Erweitern Sie den Entwurf und das Datenmodell so, dass jeder Artikel einen anderen Zielort erhält. Dazu müssen je Fahrauftrag mehrere Ziele gespeichert werden.
c) Ändern Sie den Entwurf und das Datenmodell dahingehend, dass die Fahrer alle Kraftfahrzeuge fahren dürfen.

10.3.2 Datenbankbegriffe

Zunächst werden einige Begriffe definiert, die insbesondere für die Arbeit mit relationalen Datenbanken wichtig sind.

10.3.2.1 Datenredundanz

> **Datenredundanz** besteht, wenn dieselbe Information mehrfach in einer Datenbank vorhanden ist.

Datenredundanz liegt vor, wenn zum Beispiel der Name einer Person mehrfach in der Datenbank abgespeichert ist, d.h., es existiert derselbe Datenwert mehrfach an verschiedenen Stellen in der Datenbank.

In der folgenden Tabelle kommt auf den ersten Blick kein Wert mehrfach vor.

ID	Artikel	Preis	Anzahl	Gesamtbetrag
1	Festplatte	200,00	3	600,00

Trotzdem ist die Information über den Gesamtbetrag zweimal vorhanden. Sie steht als Datenwert in der Spalte „Gesamtbetrag" und kann als Produkt aus Preis und Anzahl berechnet werden. Deswegen liegt auch hier Datenredundanz vor.

Bei einer Datenredundanz kann die Speicherplatzverschwendung als das kleinere Problem angesehen werden. Viel problematischer ist die Gefahr, dass sich eine **Dateninkonsistenz** „einschleicht". Ganz allgemein bezeichnet man eine Änderung auf einem Datensatz als **Mutation**. Derartige Änderungen sind nie zu vermeiden, wie z. B. die erforderliche Namensänderung nach einer Heirat im Beispiel 1 für die m:n-Beziehung. Wird bei einer solchen Mutation vergessen, sämtliche Datenredundanzen ebenfalls zu verändern, dann entstehen widersprüchliche oder inkonsistente Datensätze, die als **Datenanomalien** bezeichnet werden. Deshalb ist Datenredundanz unbedingt zu vermeiden.

10.3.2.2 Datenkonsistenz

> Als **Datenkonsistenz** wird die Korrektheit der in der Datenbank gespeicherten Daten bezeichnet. Daten sind konsistent, wenn sie widerspruchsfrei sind.

Konsistente Datenbestände zeugen von einer hohen Qualität des Datenbestandes. Dadurch werden schwerwiegende Fehler und damit Mehrkosten zur Pflege des Datenbestandes vermieden. Sind die Datenbestände nicht konsistent, wird von **Dateninkonsistenz** gesprochen.

10.3.2.3 Referenzielle Integrität

> **Referenzielle Integrität** besagt, dass die Werte des Fremdschlüssels der Fremdschlüsseltabelle auch als Werte beim Primärschlüssel der Primärschlüsseltabelle vorhanden sein müssen. Dadurch wird Dateninkonsistenz vermieden.

Um die referenzielle Integrität zu gewährleisten, muss ein Datensatz zuerst mit einem entsprechenden Wert in der Tabelle mit dem Primärschlüssel vorhanden sein, bevor dieser Wert in die Tabelle mit dem Fremdschlüssel eingetragen wird. Beim Löschen eines Datensatzes aus der Primärschlüsseltabelle verhält es sich umgekehrt. Zuerst müssen alle Datensätze aus der Fremdschlüsseltabelle entfernt werden, deren Wert mit dem des Primärschlüssels im Datensatz der Primärschlüsseltabelle übereinstimmt.

10.3.2.4 Datenanomalien

> **Datenanomalien** entstehen bei einer nicht vorhandenen oder fehlerhaften Normalisierung der Datenbank.

Es werden die folgenden Datenanomalien unterschieden:

Bezeichnung	Beschreibung
Änderungsanomalie	Wenn dieselben Daten an verschiedenen Stellen gespeichert wurden (Datenredundanz) und diese Daten geändert werden sollen, können beim Ändern einige Datensätze vergessen werden. In diesem Fall spricht man von einer Änderungsanomalie. Ändert zum Beispiel eine Arbeitskraft ihren Namen, muss diese Änderung an allen Stellen vorgenommen werden.
Einfügeanomalie	Eine Einfügeanomalie liegt vor, wenn bestimmte Daten nur in Verbindung mit anderen Daten erfasst werden können. Soll zum Beispiel eine neue Arbeitskraft erfasst werden, muss ihr auch eine Abteilung zugewiesen werden. Steht die Abteilung zum Erfassungszeitpunkt aber noch nicht fest, so muss zunächst eine „Dummy-Abteilung" zugewiesen werden.
Löschanomalie	Eine Löschanomalie tritt auf, wenn beim Löschen bestimmter Daten ungewollt andere Daten gelöscht werden. Wird zum Beispiel eine Abteilung gelöscht, werden ggf. auch alle Daten der Arbeitskräfte dieser Abteilung gelöscht, obwohl diese Arbeitskräfte in andere Abteilungen aufgeteilt werden.

10.3.3 Normalisierung

> **Normalisierung** ist ein Verfahren zur Verringerung von Datenredundanz in relationalen Datenbankmodellen, verbunden mit dem Ziel, die Datenkonsistenz zu erhöhen.

Die Einhaltung der Integrität bei einer relationalen Datenbank erzwingt bestimmte Anforderungen an die Form der Tabellen, die über den Weg der Normalisierung erreicht werden. Am Ende der Normalisierung stehen Relationen, die einer vorgegebenen Normalform entsprechen. Je höher die gewählte Normalform (NF) definiert wird, desto höher sind die Anforderungen an die innere Struktur der Relation.

Durch die Normalisierung sollen einerseits die Relationen aufgebaut und andererseits die Redundanzen verringert bzw. ganz vermieden werden. In der Praxis beschränkt man sich auf die erste bis dritte Normalform. Vierte und fünfte Normalform werden nur in seltenen Fällen angewandt.

Als Beispiel dient die folgende unnormalisierte Tabelle „Bestellung":

BestellNr	Datum	Kunden	Bestellliste
1	12.08.20xx	Kanzlei Richter, KNr: 71	▪ 2 St. Computer ▪ 2 St. Monitor ▪ 2 St. Tastatur
2	13.08.20xx	Gemeinschaftspraxis Hügel, KNr: 72	▪ 1 St. WLAN Verstärker ▪ 100 m Netzkabel ▪ 1 St. Router
3	13.08.20xx	Steuerhilfeverein Süd, KNr: 73	▪ 1 Einheit RAID-Speicher ▪ 5 St. USB-Kabel 5 Meter
4	13.08.20xx	Frau Dr. med. Krause, KNr: 74	▪ 1 St. Computer ▪ 1 St. Monitor ▪ 1 St. Tastatur ▪ 1 St. Computermaus ▪ 1 St. Laserdrucker
5	14.08.20xx	Kanzlei Richter, KNr: 71	▪ 2 St. Computermaus ▪ 1 St. Laserdrucker
6	14.08.20xx	Herr Dr. med. dent. Sauber, KNr: 75	▪ 1 St. WLAN Verstärker ▪ 1 St. WLAN Router

Anhand dieser Tabelle werden die ersten drei Normalformen erläutert. Dabei wird die Tabelle Schritt für Schritt in die dritte Normalform (3. NF) überführt.

10.3.3.1 Erste Normalform (1. NF)

> Eine Tabelle liegt dann in der **ersten Normalform** vor, wenn alle Attribute der Tabelle nur einfache Werte aufweisen, d. h., wenn die Werte **atomar** vorliegen.

Die Beispieltabelle entspricht noch nicht der 1. NF, da sowohl in der Spalte „Kunde" als auch in der Spalte „Bestellliste" eine Aufzählung von Werten zu finden ist.

Um die Tabelle in die 1. NF zu überführen, wird für

jeden Wert, der in den Aufzählungen vorkommt, eine neue Spalte angelegt. Dazu wird die Spalte in die Spalten „Kunde" und „KNr" aufgeteilt. Aus der Spalte „Bestellliste" entstehen die Spalten „Pos" (Bestellpostion), „Anzahl", „Artikel" und „ANr" (ArtikelNr). Die Spalte „BestellNr" ist in der neuen Tabelle nicht mehr eindeutig und wird um die Spalte „Pos" erweitert. Somit ergibt sich der Primärschlüssel aus den Spalten „BestellNr" und „Pos", erkennbar an der Unterstreichung. Die Beispieltabelle sieht in der 1. NF wie folgt aus:

BestellNr	Pos	Datum	KNr	Kunde	ANr	Artikel	Anzahl
1	1	13.11.20xx	71	Maier	12	Tisch	2
1	2	13.11.20xx	71	Maier	88	Schrank	2
2	1	14.11.20xx	71	Maier	67	Stuhl	4
3	1	14.11.20xx	33	Schulz	12	Tisch	4
3	2	14.11.20xx	33	Schulz	67	Stuhl	8
3	3	14.11.20xx	33	Schulz	88	Schrank	1

Diese Tabelle enthält trotz erster Normalform noch viele Redundanzen. Redundanzen sind zum Beispiel in den Spalten „Datum", „KNr", „Kunde", „ANr" und „Artikel" erkennbar, die durch die nächsten Normalisierungsschritte beseitigt werden.

10.3.3.2 Zweite Normalform (2. NF)

> **W** Eine Tabelle liegt dann in der **zweiten Normalform** vor, wenn sie der ersten Normalform genügt und alle Nichtprimärschlüsselattribute vom gesamten Primärschlüssel abhängig sind.

Die zweite Normalform wird angewendet, wenn eine Tabelle einen zusammengesetzten Primärschlüssel besitzt. Die Beispieltabelle liegt nicht in der 2. NF vor, da die Attribute „Datum", „KNr" und „Kunde" nur vom Attribut „BestellNr", also nicht vom gesamten Primärschlüssel abhängig sind. Das Datum einer Bestellung kann ermittelt werden, wenn man die „BestellNr" kennt. Um einen bestimmten Artikel einer Bestellung zu ermitteln, sind beide Angaben des Primärschlüssels erforderlich, also „BestellNr" und „Pos".

Die Tabelle wird in die 2. NF überführt, indem alle Attribute in eine neue Tabelle ausgelagert werden, die nur von einem Teil des Primärschlüssels abhängig sind. Auf diese Weise entstehen in unserem Beispiel zwei Tabellen, die durch eine 1:n-Beziehung über die „BestellNr" miteinander verknüpft sind.

Bestellung

BestellNr	Datum	KNr	Kunde
1	13.11.20xx	71	Maier
2	14.11.20xx	71	Maier
3	14.11.20xx	33	Schulz

BestellPosition

BestellNr	Pos	ANr	Artikel	Anzahl
1	1	12	Tisch	2
1	2	88	Schrank	2
2	1	67	Stuhl	4
3	1	12	Tisch	4
3	2	67	Stuhl	8
3	3	88	Schrank	1

Durch den zweiten Normalisierungsschritt wurde die Datenredundanz in der Spalte „Datum" beseitigt. Allerdings bestehen noch Redundanzen in den Spalten „KNr" und „Kunde" in der Tabelle „Bestellung" sowie „ANr" und „Artikel" in der Tabelle „BestellPosition". Diese Redundanzen können mithilfe der 3. NF vermieden werden.

10.3.3.3 Dritte Normalform (3. NF)

> Eine Tabelle liegt dann in der **dritten Normalform** vor, wenn sie der zweiten Normalform genügt und kein Nichtschlüsselattribut **transitiv** abhängig ist.

Transitive Abhängigkeiten sind vermittelte oder berechnete Abhängigkeiten, die z. B. zwischen dem Nettopreis und dem Bruttopreis bei eindeutigem Mehrwertsteuersatz bestehen. Die beiden erzeugten Beispieltabellen befinden sich nicht in der 3. NF, da sie transitive Abhängigkeiten enthalten.

In der Tabelle „Bestellung" sind „KNr" und „Kunde" voneinander abhängig. In der Tabelle „BestellPosition" besteht Abhängigkeit zwischen „ANr" und „Artikel". Um die beiden Tabellen in die 3. NF zu überführen, werden die transitiv abhängigen Attribute jeweils in eine neue Tabelle ausgelagert, aber mit den alten Tabellen über eine 1:n-Beziehung verbunden.

In den neuen Tabellen „Kunde" und „Artikel" werden die Spalten „Kunde" und „Artikel", die eigentlich den Kundennamen bzw. den Artikelnamen enthalten, in „Name" umbenannt. Damit entsprechen alle Tabellen der 3. NF und die Datenredundanz ist beseitigt.

Bestellung

BestellNr	Datum	KNr
1	13.11.20xx	71
2	14.11.20xx	71
3	14.11.20xx	33

BestellPosition

BestellNr	Pos	ANr	Anzahl
1	1	12	2
1	2	88	2
2	1	67	4
3	1	12	4
3	2	67	8
3	3	88	1

Artikel

ANr	Name
12	Tisch
67	Stuhl
88	Schrank

Kunde

KNr	Name
33	Schulz
71	Maier

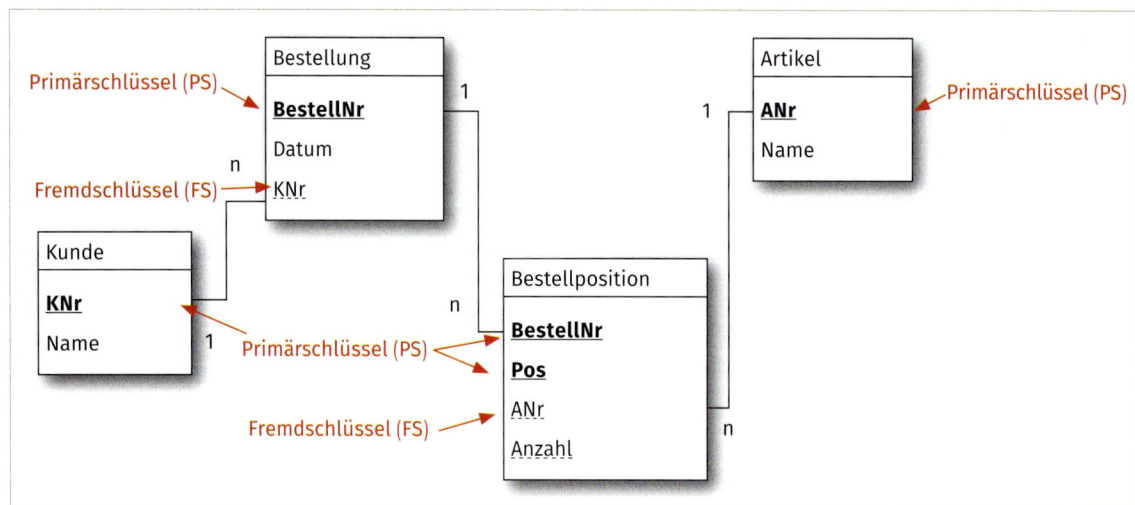

Beispiel in der dritten Normalform (3. NF)

10.3.3.4 Weitere Normalformen und Nachteile der Normalisierung

Auf Tabellen können noch weitere Normalformen angewandt werden, die in der folgenden Übersicht zusammengefasst sind.

Normalform	Beschreibung
Boyce-Codd-Normalform (BCNF)	nur Abhängigkeiten vom Schlüssel zugelassen
Vierte Normalform (4. NF)	keine Mehrwertabhängigkeiten
Fünfte Normalform (5. NF)	nur triviale Verbundabhängigkeit

Mit einer zu starken Normalisierung können auch Nachteile verbunden sein:
- Es entstehen viele kleine Tabellen, die die Leistung (z.B. das Antwortverhalten) der Datenbank negativ beeinflussen können.
- Aufgrund der vielen künstlichen Schlüssel und der erforderlichen zusätzlichen Verknüpfungen wird das System komplexer, was zu größerer Fehleranfälligkeit führen kann.
- Die zusätzlichen Schlüssel erfordern zusätzlichen Speicherplatz, stellen also auch eine Art von Redundanz dar.

Es ist daher immer ein sinnvoller und ausgewogener Kompromiss zwischen Redundanzfreiheit der Daten und der Performance des Systems anzustreben. Nicht jede, sondern nur die „unkontrollierte" Redundanz sollte entfernt werden.

Aufgaben

Geben Sie an, wo die Ziele der Redundanzfreiheit in den folgenden Tabellen 1 bis 3 verletzt sind, und führen Sie die Normalisierung bis zur dritten Normalform durch.

1. Tabelle: **Buch**

ISBN	Autoren	Titel	Jahr	Seiten
978-0-201-14192-4	Codd, E. F.	The Relational Model for Database Management: Version 2	1990	525
978-3-89319-117-8	Finkenzeller, H.; Kracke, U.; Unterstein, M.	Systematischer Einsatz von SQL-Oracle	1989	494
978-1-55860-245-8	Melton, J. Simon, A.	Understanding the new SQL	1993	536

2. Tabelle: **Kursnoten**

Student_ID	Studentname	Kurs-Nr	Kurstitel	Note
30321	Meyer, J.	706S6	Datenbanksysteme	1,0
30321	Meyer, J.	715S4	Software-Engineering	1,7
30346	Ahrens, H.	715S4	Software-Engineering	3,0
30346	Ahrens, H.	706S6	Datenbanksysteme	2,0
30346	Ahrens, H.	713S5	relationale u. funktionale Programmierung	1,7
30378	Knudsen, K.	706S6	Datenbanksysteme	2,0

3. Tabelle: **Land**

Land_ID	Name	Hauptstadt	Flüsse
1	Deutschland (DE)	Berlin	Donau (2857 km), Rhein (1233 km), Weser (451 km), Oder (866 km), Elbe (1094 km)
2	Österreich (AT)	Wien	Donau (2857 km), Rhein (1233 km)
3	Polen (PL)	Warschau	Oder (866 km), Weichsel (1047 km)
4	Tschechische Republik (CZ)	Prag	Elbe (1094 km), Oder (866 km)

10.4 Datenbankzugriffe mit SQL

Gegenwärtig ist **SQL** unbestritten die verbreitetste Sprache für relationale Datenbanken. Auch in Zukunft wird diese Sprache keine Konkurrenz bekommen, was sich aus der Tatsache ableiten lässt, dass mittlerweile alle Hersteller relationaler Datenbanken ihr System auf diese Sprache umgestellt haben.

> **SQL** (Structured Query Language) ist eine Datenbanksprache, mit der in relationalen Datenbanken die Datenstrukturen definiert und die Datenbestände bearbeitet bzw. abgefragt werden können.

Die Entwicklung von SQL begann Anfang der 1970er-Jahre. Zu dieser Zeit startete in den IBM-Forschungslaboratorien in San Jose im US-Bundesstaat Kalifornien ein Forschungsprojekt, das sich „System R" nannte. Es sollte die Praktizierbarkeit der relationalen Theorien untersuchen. Die IBM-Mitarbeiter R. F. Boyce und D. D. Chamberlain entwickelten die Sprache SEQUEL (sprich: siequel), die später in SQL umbenannt wurde. Die Syntax wurde an die Begriffe der englischen Umgangssprache angelehnt, erkennbar an SELECT, FROM oder WHERE. Seit dieser Zeit entwickelten fast alle Datenbankhersteller die erforderlichen SQL-Schnittstellen zu ihren relationalen und nichtrelationalen Datenbanksystemen.

SQL ist als Standardsprache für alle relationalen Datenbanksysteme zu betrachten, da eine ANSI- und eine ISO-Definition der Sprache SQL vorliegt. Trotz ihrer Standardfunktion wird SQL von den gängigen Datenbanksystemen in unterschiedlichem Maße unterstützt. Außerdem können die verschiedenen „Dialekte" von SQL leicht vom Standard abweichen.

Als Standards wurden in den vergangenen Jahren die folgenden Dokumente veröffentlicht und eingeführt (Standards von 1987 bis 2016):
- SQL-87 : *ISO 9075:1987*
- SQL-89 : *ISO/IEC 9075:1989*
- SQL-92 : *ISO/IEC 9075:1992*
- SQL-1999 : *ISO/IEC 9075:1999*
- SQL-2003 : *ISO/IEC 9075:2003*
- SQL-2006 : *ISO/IEC 9075:2006*
- SQL-2008 : *ISO/IEC 9075:2008*
- SQL-2011 : *ISO/IEC 9075:2011*
- SQL-2016 : *ISO/IEC 9075:2016*

SQL besitzt verschiedene Sprachelemente, die nach ihrer Funktion in Kategorien (siehe folgende Seite) eingeteilt werden.

Sprache	Erklärung
Data Definition Language (DDL) Datendefinitionssprache	Die DDL umfasst alle Anweisungen, die verwendet werden, um Datenstrukturen und verwandte Elemente zu beschreiben, zu ändern oder zu entfernen. Zum Beispiel können damit Tabellen erzeugt oder vorhandene Tabellenstrukturen verändert werden. Zu den SQL-Befehlen der DDL gehören u. a. CREATE TABLE oder DROP VIEW.
Data Manipulation Language (DML) Datenbearbeitungssprache	Die DML umfasst alle Anweisungen an das Datenbanksystem, die dazu dienen, grundlegende Operationen an Datensätzen auszuführen, wie z. B. das Auswählen von Datensätzen aus einer Tabelle, das Einfügen neuer Datensätze, das Löschen von Datensätzen oder die Veränderung von bestehenden Datensätzen. Zu den SQL-Befehlen der DML gehören u. a. SELECT, UPDATE oder INSERT INTO.
Data Control Language (DCL) Datenüberwachungssprache	Die DCL enthält Befehle, um an Nutzerinnen und Nutzer der Datenbank Berechtigungen zu vergeben oder ihnen Berechtigungen zu entziehen. Typische Befehle der DCL sind u. a. GRANT und REVOKE.
Transaction Control Language (TCL) Transaktionsüberwachungssprache	Die Transaktionsbefehle der SQL stellen die Datenintegrität sicher, indem logisch zusammenhängende Anweisungen entweder komplett oder gar nicht ausgeführt werden. Zu den SQL-Befehlen der TCL gehören u. a. COMMIT oder ROLLBACK.

10.4.1 Grundlagen der SQL

SQL ist bewusst sehr einfach gehalten. Es wird nicht zwischen Groß- und Kleinschreibung unterschieden, d. h., es ist also völlig egal, ob in der SQL-Anweisung alles groß, alles klein oder als Kombination geschrieben wird. Allerdings existiert ein üblicher Standard, wonach SQL-Befehle nur mit Großbuchstaben geschrieben werden. Im Normalfall wird eine SQL-Anweisung mit einem Semikolon beendet. Allerdings gibt es auch hier Ausnahmen. Im Zweifelsfall sollte immer ein Semikolon gesetzt werden.

Nachfolgend werden grundlegende Sprachelemente der SQL erläutert, die in unterschiedlichen Formen immer wieder in SQL-Befehlen auftauchen.

10.4.1.1 Anführungszeichen und Hochkommata

Diese Sprachelemente werden immer dann genutzt, wenn in der SQL-Anweisung Zeichenketten enthalten sind. Der entsprechende Text erscheint in einfachen Hochkommata oder in normalen Anführungszeichen oben, wie zum Beispiel: WHERE Name = 'Maier' oder WHERE Name = "Maier"

10.4.1.2 Vergleichsoperatoren

Vergleichsoperatoren kommen hauptsächlich in WHERE-Anweisungen vor, die in verschiedenen Zusammenhängen verwendet werden. Mit den Operatoren werden die Bedingungen beschrieben, unter denen die SQL-Anweisung ausgeführt wird.

Operator	Beschreibung
=	gleich
>	größer
>=	größer gleich
<	kleiner
<=	kleiner gleich
<>	ungleich

10.4.1.3 Logische Operatoren

Für die logischen Operatoren gilt wie für die Vergleichsoperatoren, dass sie bevorzugt in der WHERE-Anweisung verwendet werden und verschiedene Bedingungen miteinander verknüpfen. Mithilfe von Klammern können diese Operatoren zu logischen Einheiten gebündelt werden.

Operator	Beschreibung
AND	logisches UND
OR	logisches ODER
NOT	logisches NICHT

10.4.1.4 Rechenoperatoren

Rechenoperatoren können an verschiedenen Stellen einer SQL-Anweisung angewendet werden. Auch hier kann durch den Einsatz von Klammern gezielt ein mathematischer Ausdruck beschrieben werden.

Operator	Beschreibung
+	Addition
-	Subtraktion
*	Multiplikation
/	Division

10.4.1.5 Zuweisungsoperator

Der Zuweisungsoperator wird hauptsächlich benutzt, um Werte einer Spalte zu verändern (siehe Befehl UPDATE).

Operator	Beschreibung
=	Der Zuweisungsoperator ist identisch mit dem Vergleichsoperator, wird aber in einem anderen Zusammenhang benutzt.

10.4.1.6 Wert NULL

Der Wert NULL steht für einen nicht definierten Wert und ist nicht vergleichbar mit der Ziffer „0" oder einem Leerstring „".

Man verwendet den Vergleich **IS NULL**, um zu testen, ob eine Spalte einen nicht definierten Wert enthält, wie z. B.: WHERE Ort **IS NULL**

10.4.1.7 Datentypen

Des Weiteren werden beispielsweise für das Anlegen von Tabellen oder für das Hinzufügen von Spalten Datentypen benötigt. Auch hier gibt es Standardvorgaben, die von den meisten Datenbankmanagementsystemen unterstützt werden. Darüber hinaus hat aber fast jeder Datenbankhersteller seine eignen Erweiterungen geschaffen, welche sich teilweise erheblich unterscheiden. Es ist zu empfehlen, sich jeweils die Datentypen für das Datenbankmanagementsystem, welches man benutzt, zu erarbeiten. Nachfolgend sind exemplarisch verschiedene Datentypen von MySQL aufgeführt.

Zeichenketten in MySQL

Zu den Zeichenketten-Datentypen in MySQL gehören CHAR, VARCHAR TEXT und BLOB.

CHAR(n) sind Zeichenketten mit einer festen Länge, wobei n die Anzahl der Zeichen definiert und maximal den Wert 255 besitzen kann. Ein Feld, das mit CHAR(50) definiert ist, kann also maximal 50 Zeichen aufnehmen. Für CHAR-Felder werden von der Datenbank immer n Bytes an Speicherplatz reserviert, und zwar unabhängig davon, wie viele Zeichen jeweils wirklich gespeichert sind. Der Speicherbedarf von CHAR-Feldern lässt sich deshalb mit Byte mal Länge der Felder einfach berechnen.

VARCHAR(n)-Datentypen haben keinen festen Speicherbedarf. Hier wird nur der Speicherplatz belegt, der auch der Länge der gespeicherten Zeichenkette entspricht. Für diesen Datentyp darf n maximal 65 535 betragen. In der Regel sind VARCHAR-Felder aufgrund der besseren Speichernutzung den CHAR-Feldern vorzuziehen. Hinzu kommt, dass CHAR-Felder mit allen Stellen, also auch den Leerstellen, ausgegeben werden, was zu Formatierungsschwierigkeiten führen kann.

Falls größere Zeichenketten zu speichern sind, kann man dies mithilfe des Datentyps TEXT tun. Hierbei können Zeichenketten bis zu einer variablen Länge von 216 - 1 Zeichen gespeichert werden. Außer dem Datentyp TEXT stehen in Abhängigkeit von der benötigten Feldgröße auch die Datentypen TINYTEXT

(28 - 1 Zeichen), MEDIUMTEXT (224 - 1 Zeichen) oder LONGTEXT (232 - 1 Zeichen) zur Verfügung. Textfelder werden in anderen Datenbanken auch als Memo-Felder bezeichnet.

Binäre Datentypen sind BLOB, TINYBLOB, MEDIUMBLOB und LONGBLOB. Die maximale Zeichenlänge verhält sich analog dem Datentyp TEXT.

Bei TEXT- und BLOB-Datentypen werden auch führende Leerzeichen gespeichert, während VARCHAR führende Leerzeichen löscht.

Numerische Datentypen in MYSQL

MySQL unterstützt alle numerischen Datentypen, die in der Norm ANSI SQL99 definiert sind. Dies sind die Datentypen mit fester Länge:
- NUMERIC
- DECIMAL
- INTEGER (INT)
- SMALLINT

Hinzu kommen die Fließkommazahlen FLOAT, REAL und DOUBLE.

Darüber hinaus hat MySQL einige Erweiterungen implementiert. So können ganzzahlige Werte je nach Länge noch als
- TINYINT (1 Byte),
- SMALLINT (2 Byte),
- MEDIUMINT (3 Byte),
- INT (4 Byte) und
- BIGINT (8 Byte)

definiert werden. Optional kann mit dem Schlüsselwort UNSIGNED festgelegt werden, dass nur positive Werte zulässig sind. Die genannten Datentypen definieren z. B. folgende Werte:
- INT: Ganzzahl mit der Länge von 32 Bit (4 Byte); zulässige Werte sind also 2147483648 bis +2147483647
- UNSIGNED TINYINT: positive Ganzzahl mit einer Länge von 8 Bit (1 Byte); zulässige Werte sind also 0 bis 255

MySQL bietet mit FLOAT und DOUBLE (REAL) zwei Datentypen für Fließkommazahlen an. Der Unterschied zwischen diesen beiden Zahlentypen besteht lediglich in ihrer Größe. Während der 32-Bit-Datentyp (4 Byte) FLOAT eine einfache Genauigkeit aufweist, besitzt der 64-Bit-Datentyp (8 Byte) DOUBLE die doppelte Genauigkeit. REAL und DOUBLE sind unter MySQL synonyme Bezeichnungen. Fließkommazahlen können optional mit zwei Parametern in der Form DOUBLE (M,D) für die Definition der Länge und der Nachkommastellen definiert werden.

> Das Dezimaltrennzeichen wird bei numerischen Datentypen in MySQL immer als Punkt (z. B. 7654533.452) dargestellt.

Während Fließkommazahlen beliebig viele Nachkommastellen haben können, werden Festkommazahlen mit fester Stellenzahl definiert. So wird der Datentyp für Festkommazahlen DECIMAL mit der Anzahl der Vorkomma- und Nachkommastellen definiert. Mit Umsatz DECIMAL (9,2) wird z. B. eine Dezimalzahl (für das Feld Umsatz) definiert, die 9 Ziffern mit 2 Nachkommastellen lang ist.

Für DECIMAL verwendet MySQL auch die beiden Synonyme DEC und DEC(IMAL) NUMERIC.

Datentypen für Datum und Zeit in MYSQL

Datentypen für Datums- und Zeitangaben sind sehr praktisch für alle Felder, mit denen Datums- und Zeitinformationen, wie z. B. Geburtsdatum oder Datum der letzten Änderung, gespeichert werden sollen. Mit diesem Datentyp lassen sich ebenso leicht Datums- und Zeitberechnungen durchführen, wie z. B. die Differenz von Tagen auf Basis des Datums.

MySQL bietet hierfür folgende Datentypen an:
- DATETIME
- DATE
- TIME
- YEAR

DATETIME nimmt Werte auf, die sowohl das Datum als auch die Zeit in der Form JJJJ-MM-DD HH:MM:SS (z. B. 2010-12-24 12:00:00) speichern.

DATE kann benutzt werden, wenn nur das Datum gespeichert werden soll. Das Format hierfür ist JJJJ-MM-DD (z. B. 2010-12-24).

Ein besonderer Datentyp für das Datum ist TIMESTAMP. Bei Einfüge- oder Updatevorgängen wird ein Feld, das mit einem solchen Datentyp definiert ist, automatisch mit dem aktuellen Datum und der aktuellen Zeit versehen. Standardmäßig erfolgen Ausgaben von TIMESTAMP-Feldern 14-stellig in der Form JJJJMMDDHHMMSS. Die Angabe 20111212215103 würde also für den 12. Dezember 2011, 21 Uhr 51 Minuten und 3 Sekunden stehen. Befinden sich mehrere TIMESTAMP-Felder in einer Tabelle, wird nur jeweils das erste Feld aktualisiert.

Sollen Zeitwerte gespeichert werden, steht hierfür der Datentyp TIME zur Verfügung. Die Zeiten werden im Format HH:MM:SS gespeichert, also z. B. 11:50:00. Da MySQL auch Zeitdifferenzen berechnen kann, dürfen Felder dieses Typs Werte zwischen -838:59:59 und

838:59:59 annehmen. Ungültige Eingaben werden auf den Wert 00:00:00 gesetzt.

YEAR ist ein Datentyp, der vierstellige Jahreswerte zwischen 1901 und 2155 speichern kann. Mit nur einem Byte verbraucht dieser Datentyp sehr wenig Speicherplatz. Werte in YEAR-Feldern können als Zahl (z. B. 1999) oder Zeichenkette (z. B. '1998') dargestellt werden. Jahresangaben können auch zweistellig von 00 bis 99 erfolgen. Die Zahlen 70 bis 99 stehen dabei für die Jahre 1970 bis 1999, die übrigen Zahlen für die Jahre 2000 bis 2069. Falls Sie ungültige Werte (z. B. Jahreszahlen größer 2155) oder leere Werte speichern, werden diese als 0000 gespeichert.

Für die Behandlung von Datums- und Zeitwerten verfügt MySQL über verschiedene Funktionen, wie z. B. zur Berechnung von Zeitdifferenzen.

Datentypen für Aufzählungen in MYSQL

Als besondere Datentypen hält MySQL noch die Aufzählungstypen ENUM und SET bereit. Sie sind Varianten von Datentypen für Zeichenketten und dienen dazu, eine Liste von definierten Werten zu speichern. Wenn beispielsweise die Produkte nach ihrer Art, wie Video, Buch, DVD oder CD, kategorisiert werden sollen, ist der Einsatz dieser Datentypen sinnvoll.

ENUM- bzw. SET-Datentypen werden wie folgt definiert:
- ENUM ('Buch', 'CD', 'DVD', 'Video', 'MC')
- SET ('Buch', 'CD', 'DVD', 'Video', 'MC')

Die gewünschten Werte werden also mit Komma getrennt und in Hochkommas eingeschlossen. Der Unterschied zwischen beiden Datentypen besteht in den verschiedenen Möglichkeiten, die definierten Werte zu speichern. Während ENUM-Datentypen nur einen jeweils definierten Wert erlauben, können in SET-Feldern auch Kombinationen gespeichert werden. Im Beispiel der Kategorisierung von Produkten könnte in einem SET-Feld die Kombination aus DVD und CD gespeichert werden. ENUM- und SET-Datentypen werden intern mit einem fortlaufenden numerischen Index versehen. Aus diesem Grund liefern diese Datentypen insbesondere bei verknüpften Abfragen und Einfügevorgängen schnellere Reaktionszeiten. Ein weiterer Vorteil ist die Tatsache, dass nur die definierten Werte zugelassen werden, Fehleingaben aber von der Datenbank abgefangen (verweigert) werden.

Datentyp	Speicherplatz	Optionen	Beschreibung
TINYINT	1 Byte	[(M)] [U] [Z]	Ganzzahlen von 0 bis 255 oder von −128 bis +127
SMALLINT	2 Bytes	[(M)] [U] [Z]	Ganzzahlen von 0 bis 65.535 oder von −32.768 bis +32.767
MEDIUMINT	3 Bytes	[(M)] [U] [Z]	Ganzzahlen von 0 bis 16.777.215 oder von −8.388.608 bis +8.388.607
INT	4 Bytes	[(M)] [U] [Z]	Ganzzahlen von 0 bis ~4,3 Mill. oder von 2.147.483.648 bis +2.147.483.647
INTEGER	4 Bytes	[(M)] [U] [Z]	Alias für INT
BIGINT	8 Bytes	[(M)] [U] [Z]	Ganzzahlen von 0 bis $2^{64} - 1$ oder von $-(2^{63})$ bis $(2^{63}) - 1$
FLOAT	4 Bytes	[(M,D)] [U] [Z]	Fließkommazahl, vorzeichenbehaftet Wertebereich von $-3{,}402823466^{38}$ bis $1{,}175494351^{38}$, 0 und $1{,}175494351^{38}$ bis $3{,}402823466^{38}$
DOUBLE	8 Bytes	[(M,D)] [U] [Z]	Fließkommazahl, vorzeichenbehaftet Wertebereich von $\sim -1{,}798^{308}$ bis $\sim -2{,}225^{-308}$, 0 und $\sim 2{,}225^{-308}$ bis $\sim 1{,}798^{308}$
REAL	8 Bytes	[(M,D)] [U] [Z]	Alias für DOUBLE
DECIMAL	M + x Bytes	[(M,D)] [U] [Z]	Fließkommazahl, vorzeichenbehaftet Speicherbedarf: x=1 wenn D=0, sonst x=2
NUMERIC	M + x Bytes	[(M,D)] [U] [Z]	Alias für DECIMAL Speicherbedarf: x=1 wenn D=0, sonst x=2
DATE	3 Bytes	–	Datum im Format 'YYYY-MM-DD' Wertebereich von 01.01.1000 bis 31.12.9999
DATETIME	8 Bytes	–	Datumsangabe im Format 'YYYY-MM-DD hh:mm:ss' Wertebereich entspricht DATE
TIMESTAMP	4 Bytes	–	Zeitstempel. Wertebereich: 1.1.1970 bis 2037. Ab Version 4.1 ist die Anzahl der Stellen M fix und die Darstellung entspricht DATETIME.

(Fortsetzung auf folgender Seite)

Datentyp	Speicherplatz	Optionen	Beschreibung
TIME	3 Bytes	–	Zeit zwischen –838:59:59 und +839:59:59 Ausgabe: 'hh:mm:ss'
YEAR	1 Byte	[(2|4)]	Jahr zwischen 1901 und 2155 (bei 4 Stellen) und zwischen 1970 und 2069 (bei 2 Stellen)
CHAR	M Byte(s)	(M) [BINARY]	Zeichenkette fester Länge M Wertebereich für M: 0 bis 255
VARCHAR	L + 2 Bytes L < 216	(M) [BINARY]	Zeichenkette variabler Länge, Maximum ist M Wertebereich für M: 0 bis 65 635
BLOB	L + 2 Bytes	(M)	Binäres Objekt mit variablen Daten. Weitere Typen: TINYBLOB, MEDIUMBLOB und LONGBLOB. M ist ab Version 4.1 definierbar.
TEXT	L + 2 Bytes	(M)	Wie BLOB. Berücksichtigt beim Sortieren und Vergleichen die Groß- und Kleinschreibung nicht. Weitere Typen: TINYTEXT, MEDIUMTEXT, LONGTEXT. M ist ab Version 4.1 definierbar
ENUM	1 oder 2 Bytes	('val1','val2' …)	Liste von Werten (val1, val2 …). Maximal 65.535 eineindeutige Elemente sind möglich.
SET	x Bytes	('val1','val2' …)	String-Objekt mit verschiedenen Variablen. Maximal 64 'Mitglieder' sind möglich. Speicherbedarf: x ist 1, 2, 3, 4 oder 8

Legende
^ = Potenzzeichen
[ ] = optionaler Parameter BINARY
 = Attribut für die Stornierung
D = Anzahl der Kommastellen bei einer Dezimalzahl
L = Stringlänge (Berechnung Speicherbedarf)
M = maximale Anzahl der gezeigten Stellen
Mill. = Milliarden
U = UNSIGNED (Zahl ohne Vorzeichen)
Z = ZEROFILL (Auffüllen mit Nullen)

10.4.2 Beispieldatenbank

In den nachfolgenden Abschnitten werden die wichtigsten Befehle der SQL näher betrachtet und an Beispielen erläutert. Als Grundlage für alle Beispiele dient ein relationales Datenmodell der Beispieldatenbank „Personenverwaltung". Zum Testen der Beispiele für die SELECT-Anweisungen müssen die Tabellen noch mit entsprechenden Datensätzen gefüllt werden.

10.4.3 Anlegen und Löschen einer Datenbank

Um mit einer Datenbank arbeiten zu können, muss diese Datenbank zuerst erzeugt bzw. angelegt werden. Mit dem Befehl CREATE DATABASE wird eine leere Datenbank „Personenverwaltung" angelegt, in die anschließend Tabellen mit entsprechenden Datensätzen geschrieben werden können.

Syntax	**CREATE DATABASE** Datenbankname;
Erläuterung	Datenbankname = Name der anzulegenden Datenbank
Beispiel	**CREATE DATABASE** Personenverwaltung;

Der Befehl DROP DATABASE wird verwendet, um eine bestehende Datenbank komplett zu löschen.

Syntax	**DROP DATABASE** Datenbankname;
Erläuterung	Datenbankname = Name der zu löschenden Datenbank
Beispiel	**DROP DATABASE** Personenverwaltung;

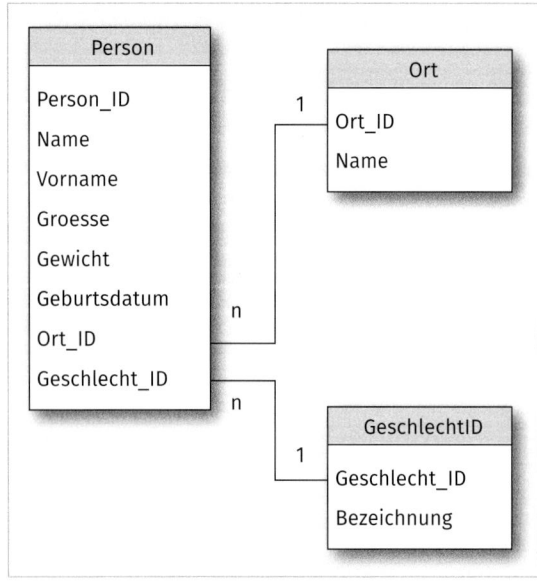

Beispieldatenbank „Personenverwaltung"

10.4.4 Anlegen, Ändern und Löschen von Tabellen

10.4.4.1 Anlegen einer Tabelle

Zum Anlegen einer Tabelle wird der Befehl CREATE TABLE verwendet. Dessen Syntax kann anhand des folgenden Beispiels beschrieben werden, wo die Tabelle „Person" mit den entsprechenden Spalten erzeugt wird.

Es bestehen zwei Möglichkeiten, um den Primär- und die Fremdschlüssel festzulegen: Beim Definieren der Spalte oder nach der Definition aller Spalten. Im Beispiel „Personalverwaltung" müssen in beiden Fällen die Tabellen „Ort" und „Geschlecht" für das Anlegen der Fremdschlüssel bereits existieren, d.h., beide Tabellen müssen schon vorab mithilfe des Befehls CREATE TABLE erzeugt werden.

Syntax	**CREATE TABLE** Tabellenname
	(
	  Spaltenname1 Datentyp1 [**NOT NULL**] [**AUTO_INCREMENT**] [**PRIMARY KEY**]
	  Spaltenname2 Datentyp2 [**FOREIGN KEY REFERENCES**]
	  …
	);

Erläuterung	Tabellenname = Name der Tabelle Spaltenname = Name der jeweiligen Spalte Datentyp = Datentyp der jeweiligen Spalte (z.B INT, VARCHAR(50) ect.) **NOT NULL** = Wert der Spalte darf nicht NULL sein **AUTO_INCREMENT** = Zahl wird bei jedem neuen Datensatz automatisch um eins erhöht **PRIMARY KEY** = Spalte wird zum Primärschlüssel **FOREIGN KEY** = Spalte wird zum Fremdschlüssel **REFERENCES** = Verknüpfung mit dem Primärschlüssel einer anderen Tabelle

Beispiel(e)	**CREATE TABLE** Person (Person_ID **INT NOT NULL AUTO_INCREMENT PRIMARY KEY,**
	  Name **VARCHAR(50) NOT NULL,**
	  Vorname **VARCHAR(50),**
	  Groesse **FLOAT,**
	  Gewicht **FLOAT,**
	  Geburtsdatum **DATE**
	  Ort_ID **INT FOREIGN KEY REFERENCES** Ort(Ort_ID)
	  Geschlecht_ID **INT FOREIGN KEY REFERENCES** Geschlecht(Geschlecht_ID)
	);

	Oder:
	CREATE TABLE Person (Person_ID **INT NOT NULL AUTO_INCREMENT,**
	  Name **VARCHAR(50) NOT NULL,**
	  Vorname **VARCHAR(50),**
	  Groesse **FLOAT,**
	  Gewicht **FLOAT,**
	  Geburtsdatum **DATE,**
	  Ort_ID **INT,**
	  Geschlecht_ID **INT,**
	  PRIMARY KEY (Person_ID),
	  FOREIGN KEY (Ort_ID) **REFERENCES** Ort(Ort_ID),
	  FOREIGN KEY (Geschlecht_ID) **REFERENCES** Geschlecht(Geschlecht_ID),
	);

10.4.4.2 Ändern der Tabelle

Hinzufügen einer neuen Spalte

Mithilfe des Befehls ALTER TABLE kann zu einer bereits existierenden Tabelle eine Spalte hinzugefügt werden. Dabei müssen auf jeden Fall „Spaltenname" und „Datentyp" angegeben werden.

Die Angabe von weiteren Optionen ist möglich. Dazu zählt zum Beispiel die Kennzeichnung als Primär- oder Fremdschlüssel oder die Angabe von NOT NULL.

Im Beispiel wird in die Tabelle „Person" die neue Spalte „Nationalitaet" eingefügt. Als Datentyp wird ein Text mit einer Länge von 30 Zeichen festgelegt. Weitere Optionen existieren nicht.

Syntax	ALTER TABLE Tabellenname ADD COLUMN Spaltenname Datentyp Optionen;
Erläuterung	Tabellenname = Name der aktuellen Tabelle Spaltenname = Name der neuen Spalte Datentyp = Datentyp der neuen Spalte (z. B. INT, VARCHAR(30) usw.) Optionen = Angabe von zusätzlichen Optionen, wie NOT NULL, FOREIGN KEY usw.
Beispiel	ALTER TABLE Person ADD COLUMN Nationalitaet VARCHAR(30);

Ändern des Datentyps einer Spalte

Mit diesem Befehl wird einer bereits vorhandenen Spalte ein neuer Datentyp zugewiesen. Im Beispiel wird der Datentyp „Nationalitaet" auf eine Länge mit 50 Zeichen verändert.

Syntax	ALTER TABLE Tabellenname MODIFY COLUMN Spaltenname Datentyp;
Erläuterung	Tabellenname = Name der aktuellen Tabelle Spaltenname = Name der zu bearbeitenden Spalte Datentyp = neuer Datentyp der ausgewählten Spalte
Beispiel	ALTER TABLE Person MODIFY COLUMN Nationalitaet VARCHAR(50);

Löschen einer Spalte

Dieser Befehl löscht eine vorhandene Spalte aus einer Tabelle.

Syntax	ALTER TABLE Tabellenname DROP COLUMN Spaltenname;
Erläuterung	Tabellenname = Name der aktuellen Tabelle Spaltenname = Name der zu löschenden Spalte
Beispiel	ALTER TABLE Person DROP COLUMN Nationalitaet;

10.4.4.3 Löschen einer Tabelle

Der Befehl zum Löschen einer Tabelle ist einfach aber wirkungsvoll. Nach DROP TABLE wird der Name der zu löschenden Tabelle angeben. Im Beispiel wird die Tabelle „Person" gelöscht.

Syntax	DROP TABLE Tabellenname;
Erläuterung	Tabellenname = Name der zu löschenden Tabelle
Beispiel	DROP TABLE Person;

10.4.5 Anlegen und Löschen von Indexen

10.4.5.1 Anlegen eines Indexes

Indexe werden verwendet, um Daten schneller aus der Datenbank abzurufen und damit Abfragen zu beschleunigen. Dazu werden die entsprechenden Attribute mit einem Index versehen. Der Befehl dazu lautet CREATE INDEX.

Syntax	**CREATE INDEX** Indexname **ON** Tabellenname (Spaltenname1, Spaltenname2, …);
Erläuterung	Indexname = Name des zu erstellenden Indexes (frei wählbar) Tabellenname = Name der Tabelle Spaltenname = Name der Spalte, welche mit einem Index versehen werden soll
Beispiel	**CREATE INDEX** Beispielindex **ON** Person (Geburtsdatum)

10.4.5.1 Löschen eines Indexes

Der nachfolgende Befehl löscht einen vorhandenen Index aus einer Tabelle.

Syntax	**DROP INDEX** Indexname **ON** Tabellenname;
Erläuterung	Indexname = Name des zu löschenden Indexes Tabellenname = Name der Tabelle
Beispiel	**DROP INDEX** Beispielindex **ON** Person

10.4.6 Einfügen, Ändern und Löschen von Datensätzen

In diesem Abschnitt werden die wesentlichen Befehle zum Einfügen, Ändern und Löschen von Datensätzen in einer Tabelle vorgestellt.

10.4.6.1 Einfügen von Datensätzen

Zum Einfügen von Datensätzen dient der Befehl INSERT. Im Beispiel wird ein neuer Datensatz in die Tabelle „Person" geschrieben, wobei nur die Spalten „Vorname", „Name" und „Gewicht" Werte erhalten. Da der Primärschlüssel „Person_ID" als Autowert gekennzeichnet ist, wird der Wert automatisch erzeugt und muss nicht extra vergeben werden.

Syntax	**INSERT INTO** Tabellenname (Spalte1, Spalte2, …) **VALUES** (Wert1, Wert2, ……);
Erläuterung	Tabellenname = Name der aktuellen Tabelle Spalte – Name der Spalte, in die ein Wert geschrieben werden soll Wert = Wert, der in die entsprechende Spalte geschrieben werden soll
Beispiel	**INSERT INTO** Person (Vorname, Name, Gewicht) **VALUES** ("Lukas", "Kowalski", 80.5);

10.4.6.2 Ändern von Datensätzen

Sollen die Werte von vorhandenen Datensätzen verändert werden, kommt der Befehl UPDATE zum Einsatz. Mithilfe der Bedingungen in der WHERE-Klausel werden jene Datensätze ausgewählt, bei denen der Wert geändert werden soll. Entfällt die WHERE-Klausel, erfolgt die Änderung bei allen Datensätzen der Tabelle.

Im Beispiel soll das Gewicht einer bestimmten Person geändert werden, die durch die Person_ID bestimmt wird. Der Befehl UPDATE kann auch zum Löschen von einzelnen Werten verwendet werden. Dazu wird der Wert der entsprechenden Spalte auf NULL gesetzt. Der Datensatz bleibt dabei aber erhalten.

Syntax	**UPDATE** Tabellenname **SET** Spalte = Wert **WHERE** Bedingungen;
Erläuterung	Tabellenname = Name der aktuellen Tabelle Spalte = Name der Spalte, in der der Wert geändert werden soll Wert = neuer Wert, der in die Spalte geschrieben wird Bedingungen = Einschränkung auf Datensätze, die einen neuen Wert erhalten
Beispiel	Ändern des Wertes eines Datensatzes: **UPDATE** Person **SET** Gewicht = 79.25 **WHERE** Person_ID = 10;
Beispiel	Löschen (auf NULL setzen) von Werten einer Spalte: **UPDATE** Person **SET** Gewicht = NULL **WHERE** Person_ID = 21 **OR** Person_ID = 43;

10.4.6.3 Löschen von Datensätzen

Zum Löschen von Datensätzen wird der Befehl DELETE verwendet. Mit diesem Befehl werden immer komplette Datensätze gelöscht. Deswegen ist es auch unnötig, nach DELETE Spalten anzugeben. Auf den Befehl DELETE folgt stattdessen das Schlüsselwort FROM.

Der Befehl UPDATE wird verwendet, wenn einzelne Werte von Datensätzen gelöscht werden sollen, aber nicht der der gesamte Datensatz.

Mithilfe der Angabe von Bedingungen in der WHERE-Klausel können die zu löschenden Datensätze eingegrenzt werden. Fehlt die Angabe von Bedingungen, werden alle Datensätze der Tabelle gelöscht. Im Beispiel werden alle Datensätze aus der Tabelle „Person" gelöscht, in denen kein Name enthalten ist.

Syntax	**DELETE FROM** Tabellenname **WHERE** Bedingungen;
Erläuterung	Tabellenname = Name der aktuellen Tabelle Bedingungen = Einschränkung auf jene Datensätze, die gelöscht werden
Beispiel	**DELETE FROM** Person **WHERE** Name **IS NULL**;

10.4.7 Datenabfrage in SQL

Die Datenabfrage erfolgt mithilfe des Befehls SELECT. Dabei reicht das Spektrum der Abfragen von „sehr einfach" bis „sehr komplex", weil der Befehl SELECT durch verschiedene Befehle erweitert werden kann. Die Möglichkeiten für die Befehlserweiterungen werden in der folgenden Abbildung veranschaulicht.

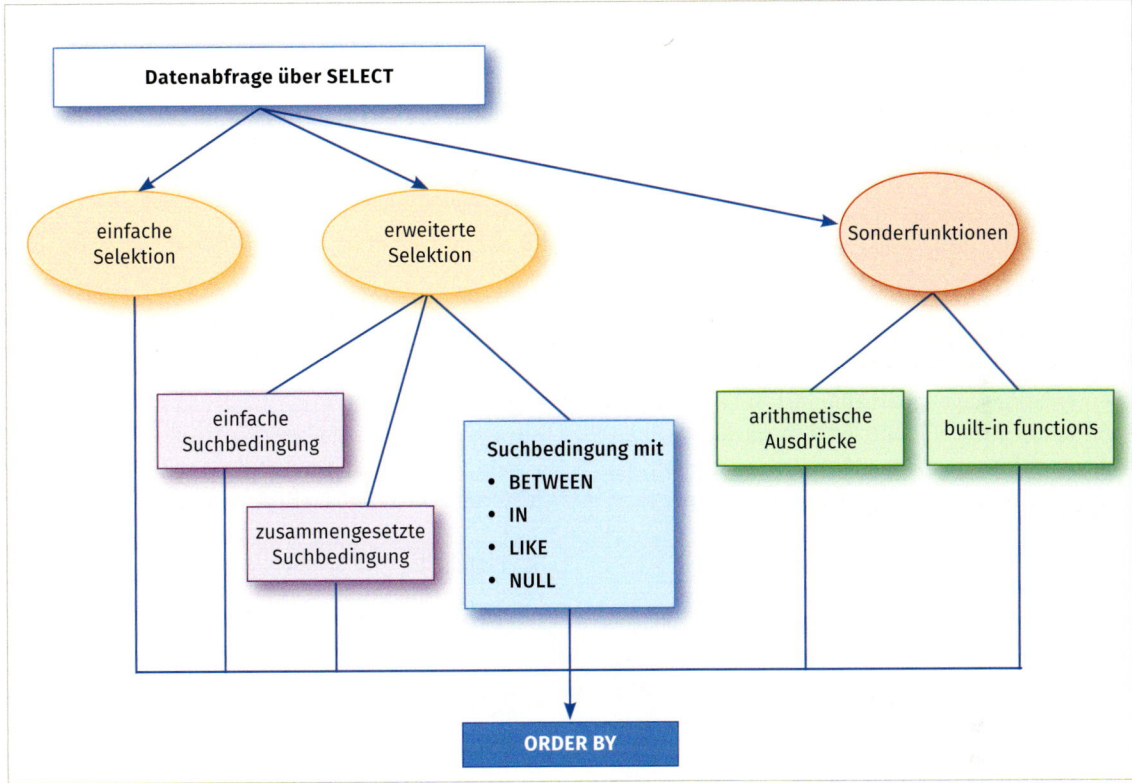

Möglichkeiten von SELECT

Die Erläuterungen zur allgemeinen Syntax des Befehls SELECT sollen die Verständlichkeit erhöhen.

Syntax	**SELECT** [**DISTINCT**] Spalte1 [**AS** Alias], Spalte2, ……. **FROM** Tabelle1 [AS Alias], Tabelle2 [AS Alias] … [**WHERE** Bedingungen] [**GROUP BY** Spalte [**HAVING** Bedingungen]] [**ORDER BY** Spalte1[**ASC** | **DESC**], Spalte2…];
Erläuterung	**SELECT** Spalte = Angabe der Spalten, deren Werte abgefragt werden sollen Alias = Temporärer Name der Spalte oder der Tabelle **FROM** Tabelle = Angabe der Tabellen, aus denen die Datensätze abgefragt werden **WHERE** Bedingung = dient zum Filtern der Datensätze **GROUP BY** und **HAVING** = dient zum Gruppieren der Datensätze **ORDER BY** = dient zum Sortieren der Datensätze

10.4.7.1 Einfache Abfrage und Anweisung DISTINCT

In unserem **Beispiel** werden für eine einfache SQL-Abfrage „Name", „Vorname" und „Geburtsdatum" aller Personen abgefragt. Dabei wird immer der Tabellenname vor dem Spaltennamen angegeben. Es kann auch ein Alias für den Tabellennamen vergeben und benutzt werden, um Schreibarbeit zu sparen. Die entsprechende SQL-Anweisung sieht wie folgt aus:

Einfache SQL-Abfrage:
SELECT Person.Name, Person.Vorname, Person.Geburtsdatum **FROM** Person
Oder:
SELECT P.Name, P.Vorname, P.Geburtsdatum **FROM** Person P

Die Ergebnismenge innerhalb einer SELECT-Abfrage kann mit dem Befehl DISTINCT zusätzlich reduziert werden, sodass mehrfach auftretende Werte nur einmal angezeigt werden. Mit der SQL-Anweisung

SELECT Person.Name **FROM** Person

werden die Namen aller Personen angezeigt. Dabei ist die Wahrscheinlichkeit groß, dass Namen in der Ergebnismenge mehrfach auftreten, z. B. die Namen „Müller", „Maier" oder „Schulz". Wenn man aber nur wissen möchte, welche unterschiedlichen Namen es gibt, dann muss die Ergebnismenge entsprechend eingeschränkt werden. Hier kommt der Befehl DISTINCT zum Einsatz.

Einfache SQL-Abfrage mit DISTINCT:
SELECT DISTINCT Person.Name **FROM** Person

10.4.7.2 Abfrage mit Bedingungen

In den wenigsten Fällen wird die Anzeige aller Datensätze einer Tabelle angestrebt. Es ist eher so, dass ganz bestimmte Datensätze herausgefiltert werden sollen. Hier kommt die WHERE-Klausel zum Einsatz. Mehrere Bedingungen in der WHERE-Klausel werden mithilfe von logischen Operatoren verknüpft, die durch Klammern zu logischen Blöcken zusammengefasst werden können.

Im **Beispiel** werden alle Personen mit ihren Namen aufgelistet, deren Größe über 1,80 m beträgt, deren Gewicht unter 100,00 kg liegt und die „Müller" heißen.

SELECT P.Name, P.Vorname
FROM Person P
WHERE P.Groesse > 1.80 **AND** P.Gewicht < 100 **AND** P.Name = 'Müller';

10.4.7.3 Operator BETWEEN

Sollen alle Personen in einem bestimmten Größenbereich (z. B. von 1,60 m bis 1,80 m) ermittelt werden, bestehen zwei Möglichkeiten für die Gestaltung der Abfrage. Die erste Möglichkeit entspricht der Verfahrensweise einer Abfrage mit Bedingungen. Die zweite Möglichkeit besteht in einer SQL-Abfrage mit dem Operator BETWEEN.

SELECT P.Name, P.Vorname
FROM Person P
WHERE P.Groesse **BETWEEN** 1.60 **AND** 1.80;

10.4.7.4 Operator LIKE und Platzhalter

Der Operator LIKE ermöglicht den Vergleich eines Strings mit einem Muster. Das Muster kann ein einzelnes Zeichen oder ein Teilstring sein. Dazu können noch folgende Platzhalter verwendet werden:

Platzhalter	Symbol	Beschreibung
Prozentzeichen	%	Steht für kein Zeichen, ein Zeichen oder mehrere Zeichen.
Unterstrich	_	Präsentiert immer genau ein Zeichen.

Im **Beispiel** einer SQL-Abfrage mit LIKE werden alle Personen abgefragt, die ein „m" im Namen tragen.

SELECT P.Name, P.Vorname
FROM Person P
WHERE P.Name **LIKE** '%m%';

Weitere Beispiele für die Formulierung von Bedingungen mit Platzhaltern sind in der folgenden Übersicht zusammengefasst:

Bedingung	Beschreibung
P.Name LIKE 'm%'	Der Name beginnt mit einem „m".
P.Name LIKE '_m%'	Der Name hat an der zweiten Stelle ein „m".
P.Name LIKE '%m'	Der Name endet mit einem „m".
P.Name LIKE 'st_m%'	Der Name beginnt mit „st", dann folgt erst ein beliebiges Zeichen, darauf ein „m", gefolgt von beliebigen Zeichen.

10.4.7.5 Rechnen in Abfragen

In SQL-Abfragen können auch Berechnungen mit den bereits erwähnten Rechenoperatoren ausgeführt werden. Sollen z. B. alle Personen und der dazugehörige BMI (Body-Mass-Index) ausgegeben werden, besteht zunächst das Problem, dass in der Tabelle „Person" keine Spalte „BMI" mit entsprechenden Werten existiert. Dieses Problem kann aber durch die Berechnung des BMI aus dem Gewicht und der Größe nach folgender Formel gelöst werden:

BMI = Gewicht / (Groesse) ^{2}

Das Gewicht wird in Kilogramm und die Größe in Metern angegeben. In der SQL-Anweisung für die Berechnung erscheint zusätzlich der vergebene Alias „BMI".

> **SELECT** P.Name, P.Vorname,
> (P.Gewicht / (P.Groesse * P.Groesse)) **AS** BMI
> **FROM** Person P

10.4.7.6 Sortieren der Ergebnismenge

Das Schlüsselwort ORDER BY wird zum Sortieren der Ergebnismenge verwendet. Dabei kann die Reihenfolge der Sortierung angegeben werden. Mit dem Schlüsselwort ASC (ASCENDING) wird aufsteigend und mit dem Schlüsselwort DESC (DESCENDING) absteigend sortiert. ASC ist standardmäßig voreingestellt und muss nicht angegeben werden. Es ist auch möglich, mehrere Spalten anzugeben, nach denen sortiert werden soll. So kann z. B. zuerst nach "Name" und innerhalb der Namen nach "Groesse" sortiert werden. Im **Beispiel** der SQL-Abfrage mit Sortierung werden alle Personen absteigend nach Namen ausgegeben.

> **SELECT** P.Name, P.Vorname
> **FROM** Person P
> **ORDER** BY P.Name **DESC**;

10.4.7.7 Aggregatfunktionen und Gruppen

SQL verfügt über Aggregatfunktionen bzw. arithmetische Funktionen. In der Übersicht sind diese Funktionen, deren Bedeutung und jeweils ein Beispiel dargestellt.

Aggregatfunktion	Bedeutung	Beispiel
COUNT (Spalte)	Liefert die Anzahl der Datensätze, die in der Spalte einen definierten Wert enthalten. Werte, die NULL sind, werden nicht gezählt.	SELECT COUNT (P.Person_ID) FROM Person P
SUM (Spalte)	Liefert die Summe der Werte der Spalte.	SELECT SUM (P.Gewicht) FROM Person P
MIN (Spalte)	Liefert den kleinsten Wert der Spalte.	SELECT MIN (P.Gewicht) FROM Person P
MAX (Spalte)	Liefert den größten Wert der Spalte.	SELECT MAX (P.Groesse) FROM Person P
AVG (Spalte)	Liefert den Durchschnittswert über alle Werte der Spalte.	SELECT AVG (P.Groesse) FROM Person P

In den aufgeführten Beispielen werden die Aggregatfunktionen immer nur auf eine ganze Tabelle angewendet. Daher besteht das Abfrageergebnis immer nur aus einem Datensatz.

In SQL ist es aber auch möglich, eine Tabelle in Gruppen „aufzuteilen", d. h., die Datensätze einer Tabelle zu gruppieren und die Aggregatfunktionen jeweils auf die Gruppen anzuwenden. Dazu dient die Anweisung GROUP BY. Im **Beispiel** für die SQL-Abfrage mit GROUP BY soll die Durchschnittsgröße von allen Personen gruppiert nach Geschlecht ermittelt werden.

Syntax	SELECT .... FROM ... GROUP BY Spalte HAVING Bedingungen;
Erläuterung	GROUP BY Spalte = Spalte, nach der gruppiert werden soll HAVING Bedingungen = dient zum Filtern der Gruppe
Beispiel	SELECT AVG (P.Groesse) FROM Person P GROUP BY P.Geschlecht_ID;

10.4.7.8 Abfrage über mehrere Tabellen

Alle Abfragen bezogen sich bisher nur auf eine Tabelle. In vielen Fällen werden aber Informationen aus mehreren Tabellen benötigt. Dazu müssen die entsprechenden Tabellen in der FROM-Klausel angegeben und der Primärschlüssel der einen Tabelle mit dem dazugehörigen Fremdschlüssel der anderen Tabelle gleichgesetzt werden. Das geschieht mithilfe der WHERE-Klausel oder mithilfe von INNER JOIN in der FROM-Klausel. Außerdem gibt es die Schlüsselwörter LEFT JOIN, RIGHT JOIN, FULL JOIN und SELF JOIN, die wie INNER JOIN verwendet werden, aber eine unterschiedliche Ergebnismenge liefern.

Schlüsselwort	Beschreibung
LEFT JOIN	Liefert alle Werte der linken Tabelle und alle Werte der rechten Tabelle, die eine Verknüpfung mit der linken Tabelle besitzen.
RIGHT JOIN	Liefert alle Werte der rechten Tabelle und alle Werte der linken Tabelle, die eine Verknüpfung mit der rechten Tabelle besitzen.
FULL JOIN	Liefert alle Werte der rechten und der linken Tabelle, unabhängig davon, ob eine Verknüpfung besteht oder nicht.
SELF JOIN	Verknüpfung einer Tabelle mit sich selbst. Hier können die Angaben einer Tabelle miteinander verknüpft und verglichen werden. Dabei müssen Aliasnamen für die Tabellen wegen der garantiert doppelt vorkommenden Namen vergeben werden.

Im **Beispiel** einer SQL-Abfrage über mehrere Tabellen sollen alle Personen ausgegeben werden, die in Hamburg geboren wurden. Die Verknüpfung der Tabellen erfolgt in der WHERE-Klausel. Wie schon zuvor erwähnt, kann diese Abfrage auch mithilfe von JOINs erfolgen. Die gleiche Ergebnismenge erhält man nach der SQL-Abfrage über mehrere Tabellen mithilfe von INNER JOIN. Mit INNER JOIN werden alle Datensätze ermittelt, die durch Primär- und Fremdschlüssel miteinander verknüpft sind.

```
SELECT P.Name, P.Vorname, O.Name
FROM Person P, Ort O
WHERE O.Ort_ID = P.Ort_ID
      AND
      O.Name = 'Hamburg';
```

```
SELECT P.Name, P.Vorname, O.Name
FROM Person P INNER JOIN Ort O ON P.Ort_ID = O.Ort_ID
WHERE O.Name = 'Hamburg';
```

10.4.7.9 Datumsabfrage

Es gibt viele nützliche Funktionen zur Berechnung von Zeitangaben. Welche Funktionen zur Verfügung stehen, hängt sehr stark vom benutzten Datenbanksystem ab. Exemplarisch werden hier die MySQL-Funktionen NOW(), CURDATE() und CURTIME() vorgestellt.

Funktion	Beschreibung
NOW()	Gibt das aktuelle Datum und die aktuelle Zeit zurück.
CURDATE()	Gibt das aktuelle Datum zurück.
CURTIME()	Gibt die aktuelle Zeit zurück.

Im **ersten Beispiel** einer einfachen SQL-Datumsabfrage werden alle Personen ermittelt, die vor dem 01.01.2000 geboren wurden. Im **zweiten Beispiel** werden alle Personen gesucht, die am aktuellen Datum Geburtstag haben. Außerdem sind in diesem Beispiel noch weitere Datumsfunktionen ersichtlich, wie MONTH() und DAYOFMONTH().

```
SELECT P.Name, P.Vorname
FROM Person P
WHERE P.Geburtsdatum < '2000-01-01';
```

```
SQL-Datumsabfrage mithilfe von Zeitfunktionen
(MySQL):
SELECT P.Name, P.Vorname
FROM Person P
WHERE MONTH(P.Geburtsdatum) = MONTH(CURDATE())
      AND
      DAYOFMONTH(P.Geburtsdatum) = DATEOFMONTH
      (CURDATE());
```

10.4.7.10 Unterabfrage

> **W** Eine **Unterabfrage** ist eine Abfrage, die in eine andere SQL-Anweisung eingebettet wird. Es werden einzeilige und mehrzeilige Unterabfragen unterschieden.

Eine SELECT-Unterabfrage ist **einzeilig**, wenn sie genau eine Zeile als Ergebnis liefert. Das Ergebnis der einzeiligen SELECT-Unterabfrage kann mit <, =, >, <= und >= verglichen werden.

Eine SELECT-Unterabfrage ist **mehrzeilig**, wenn sie als Ergebnis eine mehrzeilige Tabelle liefert, die nur mit Mengenoperatoren verglichen werden kann.

Als **Beispiel** für eine einzeilige SQL-Unterabfrage sollen alle Personen angezeigt werden, die maximale Körpergröße haben.

```
SELECT P.Name, P.Vorname, P.Groesse
FROM Person P
WHERE P.Groesse = (SELECT MAX (Person.Groesse)
FROM Person)
```

Für den Vergleich von Unterabfragen mit mehrzeiligen Ergebnissen können folgende Mengenoperatoren verwendet werden:

Operator	Beschreibung
IN	Prüft, ob ein bestimmter Wert in einer Menge von Werten der Unterabfrage enthalten ist.
ALL	Prüft, ob eine Bedingung für alle Ergebnisse der Unterabfrage erfüllt ist.
ANY	Prüft, ob eine Bedingung für ein beliebiges Ergebnis der Unterabfrage erfüllt ist.
EXISTS	Prüft, ob die Unterabfrage ein Ergebnis hat. Gibt den Wert „wahr" zurück, wenn die Unterabfrage einen oder mehrere Datensätze liefert.

Im **Beispiel** werden mit der folgenden Anweisung einer SQL-Abfrage über zwei Tabellen alle Personen ermittelt, die den gleichen Namen haben wie ihr Geburtsort. Dazu ist keine Unterabfrage notwendig.

```
SELECT Person.*
FROM Person INNER JOIN Ort ON Ort.Ort_ID = Person.Ort_ID
WHERE Person.Name = Ort.Name;
```

Sollen aber alle Personen ermittelt werden, deren Name mit irgendeinem beliebigen Ort übereinstimmt, dann kann dieses nur mithilfe einer Unterabfrage und dem IN-Operator geschehen. Das folgende **Beispiel** zeigt eine mehrzeilige SQL-Unterabfrage mit IN-Operator:

```
SELECT Person.*
FROM Person
WHERE Person.Name IN (SELECT Ort.Name FROM Ort);
```

10.4.8 Benutzer- und Rechteverwaltung mit SQL

Besonders in einer Mehrbenutzerumgebung ist es notwendig, den Zugang zur Datenbank und die Rechte an den einzelnen Datenbankobjekten zu verwalten. Rechte können zum Beispiel zu den Befehlen INSERT, SELECT, ALTER, DELETE usw. vergeben werden. Nachfolgend werden die wichtigsten Befehle vorgestellt.

10.4.8.1 Anlegen eines Benutzers

Syntax	CREATE USER Benutzername IDENTIFIED BY Passwort;
Erläuterung	Benutzername = Zugangsname des Benutzers Passwort = Zugangscode des Benutzers
Beispiel	CREATE USER Schulz IDENTIFIED BY 'xyz';

10.4.8.2 Löschen eines Benutzers

Syntax	DROP USER Benutzername;
Erläuterung	Benutzername = Name des Benutzers, der gelöscht werden soll
Beispiel	DROP USER Schulz;

10.4.8.3 Erteilen von Rechten

Syntax	**GRANT** Rechteliste **ON** Objektname **TO** Benutzername [**WITH GRANT OPTION**];
Erläuterung	Rechteliste = Aufzählung aller Rechte, die der Benutzer erhalten soll Objektname = Name des Datenbankobjektes Benutzername = Name des Benutzers **WITH GRANT OPTION** = Damit darf der Benutzer seine Rechte weitergeben.
Beispiel	**GRANT INSERT, UPDATE ON** Personenverwaltung.Person **TO** Schulz;

10.4.8.4 Entziehen von Rechten

Syntax	**REVOKE** Rechteliste **ON** Objektname **FROM** Benutzername;
Erläuterung	Rechteliste = Aufzählung aller Rechte, die dem Benutzer entzogen werden sollen Objektname = Name des Datenbankobjektes Benutzername = Name des Benutzers
Beispiel	**REVOKE INSERT, UPDATE ON** Personenverwaltung.Person **FROM** Schulz;

10.4.9 Transaktion

> **W** Eine **Transaktion** ist eine Folge von Datenbankmanipulationen (INSERT, UPDATE, DELETE usw.), die die Datenkonsistenz bei der Änderung von Daten gewährleistet und als eine logische Einheit betrachtet wird. Es werden entweder alle oder keine Änderungen in die Datenbank übernommen.

Eine Transaktion besitzt folgende Eigenschaften, die auch ACID-Eigenschaften genannt werden.

Transaktionen sind von Bedeutung, wenn mehrere Benutzerinnen und Benutzer gleichzeitig auf dieselben Datenbestände zugreifen und diese manipulieren wollen (Mehrbenutzerbetrieb). Dabei können sich die Änderungen gegenseitig beeinflussen und zu inkonsistenten Datenbeständen führen. Die Konsistenz von

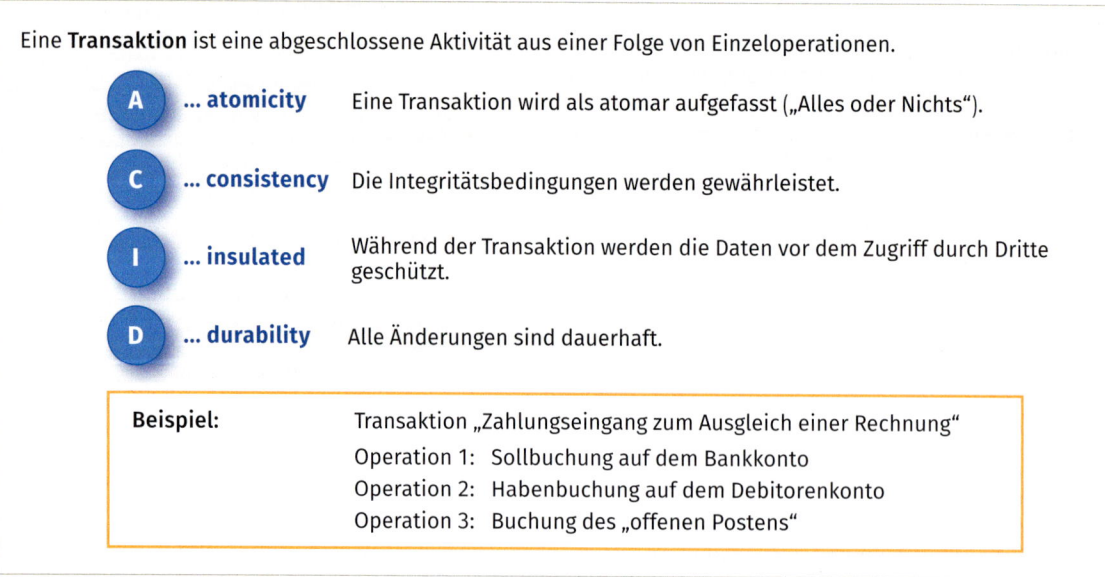

ACID-Eigenschaften der Transaktion

Daten hat aber höchste Priorität. Deswegen werden die Datensätze während ihrer Manipulation für konkurrierende Zugriffe gesperrt.

Befehl	Beschreibung
START TRANSACTION;	Startet eine Transaktion.
COMMIT;	Mit dieser Anweisung werden die Änderungen infolge von Datenbankmanipulationen dauerhaft in der Datenbank gespeichert.
ROLLBACK;	Mit dieser Anweisung werden die Änderungen infolge von Datenbankmanipulationen rückgängig gemacht, d. h., es wird der Zustand vor der Transaktion hergestellt.

Im **ersten Beispiel** sollen in einer SQL-Transaktion mit COMMIT zwei SQL-Befehle ausgeführt und die Änderungen dauerhaft in die Datenbank übernommen werden.

```
START TRANSACTION;
INSERT INTO Person (Vorname, Name, Gewicht) VALUES ("Claudia", "Lehmann", 75.3);
DELETE FROM Person WHERE Person.Person_ID = 712;
COMMIT;
```

Im **zweiten Beispiel** wird im Rahmen einer SQL-Transaktion mit ROLLBACK zu Testzwecken das Gewicht aller Personen um 5,00 kg erhöht und die geänderten Daten zur Kontrolle abgerufen. Anschließend werden die Änderungen wieder rückgängig gemacht.

```
START TRANSACTION;
UPDATE Person SET Person.Gewicht = Person.Gewicht + 5.00;
SELECT Person.* FROM Person;
ROLLBACK;
```

10.4.10 Stored Procedures und Trigger

Stored Procedures sind gespeicherte Prozeduren (Unterprogramme), mit deren Hilfe ganze Abläufe von Anweisungen ausgeführt werden können. Sie stellen eigenständige Befehle dar, welche wiederum eine Abfolge gespeicherter Befehle ausführen. Neben SQL-Anweisungen können Stored Procedures auch zusätzliche Befehle zur Ablaufsteuerung und Auswertung von Bedingungen enthalten. Die Vorteile von Stored Procedures liegen in einer höheren Verarbeitungsgeschwindigkeit und einer besseren Systemsicherheit, was den Anforderungen der Informationssicherheit entspricht.

Datenbanktrigger (oder kurz: Trigger) stellen eine besondere Form der Stored Procedures dar, welche nicht von den Anwenderinnen und Anwendern, sondern von der Datenbank selbst gestartet werden.

Aufgaben

Die gesamte Aufgabenstellung bezieht sich auf das abgebildete Datenmodell.

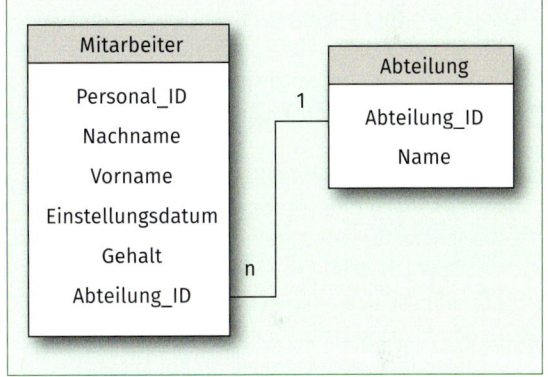

Erstellen Sie zu den folgenden Aufgaben 1 bis 30 die nötigen SQL-Anweisungen. Benutzen Sie dazu auch die SQL-Befehlsübersicht im Anhang des Buches.

1. Legen Sie die beiden Tabellen „Mitarbeiter" und „Abteilung" an und wählen Sie dafür sinnvolle Datentypen.
2. Fügen Sie in die Tabelle „Mitarbeiter" eine Spalte „Wohnort" mit einer Textlänge von 10 ein.
3. Ändern Sie den Datentyp der Spalte „Wohnort" auf eine Textlänge von 50.
4. Nehmen Sie einen neuen Mitarbeiter mit folgenden Daten (Lukas, Kowalski, Gehalt: 2.500,00 €, Einstellungsdatum: der aktuelle Tag, Abteilung: noch unbekannt) in die Datenbank auf.
5. Fügen Sie die Abteilung „Buchhaltung" ein.
6. Geben Sie die Mitarbeiter mit „Nachname", „Vorname" und „Gehalt" in einer Liste aus. Die Liste soll alphabetisch aufsteigend sortiert sein.
7. Geben Sie die Mitarbeiter der Abteilung „Buchhaltung" mit „Nachname", „Vorname" und „Einstellungsdatum" in einer Liste aus. Die Liste soll nach Einstellungsdatum absteigend sortiert sein.
8. Geben Sie eine Liste aller Mitarbeiter mit Gehältern zwischen 2.000,00 € und 2.500,00 € aus.

9. Welche drei Mitarbeiter beziehen die höchsten Gehälter?
10. Geben Sie eine Liste aller Mitarbeiter aus, die vor dem 01.01.1995 eingestellt wurden.
11. Geben Sie eine Liste aller Mitarbeiter aus, die im Jahre 2005 in das Unternehmen eingetreten sind.
12. Geben Sie eine Liste aller Mitarbeiter aus, die in einem Monat Januar in das Unternehmen eingetreten sind.
13. Geben Sie eine Liste aller Mitarbeiter aus, deren Nachname mit „SCH" beginnt.
14. Geben Sie eine Liste aller Mitarbeiter aus, in deren Nachnamen die Zeichenkette „mann" vorkommt.
15. Geben Sie eine Liste aller Mitarbeiter mit dem Namen „Meier" und alternativen Schreibweisen (Mayer, Meyer, Maier) aus.
16. Zeigen Sie das kleinste und das größte Gehalt, die Anzahl der Gehälter, die Summe der Gehälter sowie das durchschnittliche Gehalt an.
17. Alle Gehälter werden linear um 1,5 Prozent erhöht.
18. Die Gehälter der Beschäftigten in der Produktion werden linear um 2 Prozent erhöht.
19. Weisen Sie für jede Abteilung die Summe der Gehälter aus. Dabei soll auf der Liste auch der Abteilungsname ausgegeben werden.
20. Geben Sie eine Liste aller Abteilungen aus, bei denen das Durchschnittsgehalt der Mitarbeiter über dem Durchschnittsgehalt aller Mitarbeiter liegt.
21. Geben Sie eine Liste der Anzahl aller Abteilungen aus, in denen mehr als fünf Mitarbeiter arbeiten.
22. Geben Sie eine Liste aller Mitarbeiter der Abteilungen „Buchhaltung" und „Einkauf" aus, die heute Geburtstag haben.
23. Löschen Sie alle Mitarbeiter, für die in der Datenbank kein Name angegeben ist.
24. Löschen Sie alle Mitarbeiter aus den Abteilungen „Einkauf" und „Verkauf", die im letzten Jahr eingestellt wurden.
25. Löschen Sie die Wohnorte bei allen Mitarbeiter, die zur Abteilung „Produktion" gehören.
26. Löschen Sie die Spalte „Wohnort".
27. Löschen Sie die Tabelle „Abteilung".
28. Der Benutzer „Maier" soll das Recht erhalten, Werte in der Tabelle „Arbeitskraft" zu verändern.
29. Der Benutzer „Müller" soll alle Rechte an der Tabelle „Mitarbeiter" erhalten mit der Option zur Weitergabe.
30. Dem Benutzer „Schulz" sollen die Leserechte an der Tabelle „Mitarbeiter" entzogen werden.

10.5 Weitere Datenbanksysteme

10.5.1 NoSQL-Datenbanksysteme

NoSQL steht für „Not only SQL" und bedeutet im Kontext von Datenbanken, dass es auch etwas neben SQL und den damit verbundenen, tabellenorientierten relationalen Datenbanksystemen gibt.

Relationale Datenbanksysteme arbeiten sehr gut mit strukturierten Daten, wie sie in Tabellen dargestellt werden. Aber was geschieht mit unstrukturierten Daten, z. B. mit allgemeinen Dokumenten, Bilddateien oder Audio- und Videoaufzeichnungen?

Insbesondere die Verbreitung der sozialen Medien und die damit verbundene massenhafte Produktion unstrukturierter Daten verdeutlicht die Grenzen relationaler Datenbanksysteme. Mit relationalen Datenbanksystemen fällt die Handhabung der Daten schwer, weil sie aus unterschiedlichen Quellen stammen, in unterschiedlichen Formaten vorliegen und über mehrere Datenknoten verteilt werden. Hier ergab sich die Notwendigkeit, spezielle Datenbanksysteme zu entwickeln und so entstanden die Konzepte für NoSQL-Datenbanken. Sie wurden vor allem deswegen entwickelt, um sehr große Datenmengen, wie sie z. B. im Big-Data-Bereich anfallen, effizient zu speichern und zu verarbeiten. Sie lassen sich für Anwendungen nutzen, bei denen relationale Datenbanken an ihre Grenzen stoßen und sind sehr gut skalierbar. So sind sie im Laufe der Zeit zu einer etablierten Alternative für relationale Datenbanken geworden. Die meisten von diesen Datenbanken sind aber auf eine bestimmte Aufgabe spezialisiert, für die sich hervorragend eigenen. Bei anderen Aufgaben bieten sie in der Regel eine schlechtere Performance oder eigenen sich gar nicht. Nachfolgend eine kleine Übersicht über verschiedene Arten von NoSQL-Datenbanken.

Key-Value-Datenbanken
In diesem Datenmodell werden die Daten in Form von Schlüssel-Werte-Paaren abgespeichert. Der Schlüssel dient dabei als Index, über den auf die Daten zugegriffen werden kann. Die Werte selbst bestehen aus strukturierten oder unstrukturierten Daten. Beispiele: Amazon Dynamo, Google BigTable
Dokumenten-Datenbanken
Das dokumentenorientierte Datenmodell nutzt Dokumente als Grundeinheit zur Speicherung der Daten. Ein Dokument kann strukturierte oder unstrukturierte Daten enthalten. Eingesetzt werden solchen Datenbanken z. B. bei Blogs, Wikis oder Content-Management-Systemen (CMS). Beispiele: BaseX, MongoDB

Graph-Datenbanken
Dieses Datenmodell stellt eine Art Weiterentwicklung des Netzwerkdatenmodells dar. Es benutzt Graphen zur Darstellung und Speicherung stark vernetzter Informationen. Hier spielen neben den eigentlichen Daten auch deren Beziehungen untereinander eine große Rolle, wie z. B. bei Twitter die Beziehungen der Follower untereinander. Beispiele: Neo4j, HyperGraphDB
Spaltenorientierte Datenbanken
In diesem Datenmodell werden die Daten, anders als beim relationalen Datenmodell, nicht Zeile für Zeile, sondern spaltenweise im Speicher abgelegt. Das macht sie besonders für analytische Aufgaben interessant. Beispiele: Apache Cassandra, Sybase IQ

MongoDB ist eines der am weitesten verbreiteten dokumentenorientierten Datenbankmanagementsysteme. Die unstrukturierten Dokumente können über eine Vielzahl von Knoten verteilt vorliegen. Sie werden erreichbar und auswertbar durch eine Hierarchie: MongoDB-Server → Datenbanken → Collections → Documents

Eine spezielle Rolle spielen die Collections, die der Zusammenfassung ähnlicher Dokumente dienen. Die Collection ist eine Gruppierung von MongoDB-Dokumenten sowie das Äquivalent zu einer Tabelle in einem relationalen DBMS, denn sie enthält eine Auflistung der Dokumente. Die Dokumente in einer Auflistung können verschiedene Felder haben und sie dienen normalerweise einem ähnlichen Zweck.

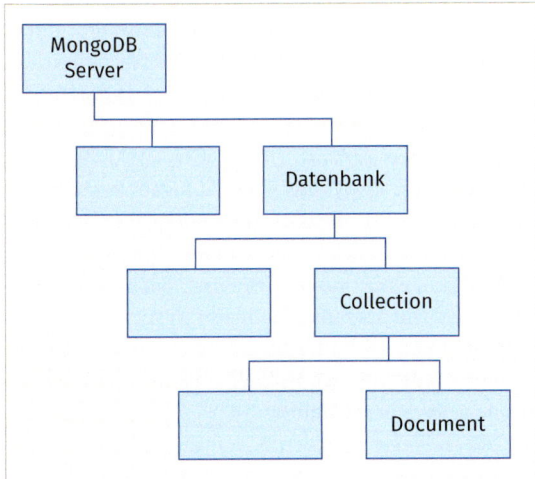

Hierarchie von MongoDB

MongoDB ist vorrangig für sehr große, wachsende, aber möglichst nicht zu ändernde Datenbestände geeignet. Ändert sich ein Dokument, wird es als gelöscht markiert und das neue Dokument wird angefügt. Das ist eine Vorgehensweise, die schon bei der simplen Arbeit mit Files praktiziert wurde.

10.5.2 Verteilte Datenbanksysteme

Zu den verteilten Datenbanksystemen zählen **Hadoop** und **Hbase**.

Hadoop ist ein Framework der Apache Foundation für das verteilte Ausführen von Berechnungen über sehr große und ebenfalls verteilt gespeicherte Datenmengen.

Die Datenverwaltung übernimmt das **H**adoop **D**istributed **F**ile **S**ystem (HDFS). HDFS zerlegt große Dateien in Datenblöcke mit fester Länge und verteilt die Blöcke auf die teilnehmenden Knotenrechner. Die Masterknoten (sogenannte NameNodes) arbeiten mit Metadaten, also Daten zur Beschreibung der anderen (echten) Daten. Die NameNodes wissen, wo sich welche Daten befinden. Sie bearbeiten eingehende Datenanfragen und organisieren die Ablage von Dateien auf den Slave-Rechnern. Die Daten werden dabei bewusst redundant angelegt, d. h., die Datenblöcke werden auf mehreren Slave-Rechnern gleichzeitig abgelegt. HDFS ist ein Dateisystem zur Verwaltung von mehreren Millionen Datenblöcken bzw. Dateien.

Logo Hadoop

Ein wichtiges Element im Framework Hadoop ist **MapReduce**, ein vom Unternehmen Google Inc. eingeführtes Programmiermodell für parallele Berechnungen über sehr große Datenmengen in Rechnernetzen (Computercluster). MapReduce ist auch der Name einer entsprechenden Softwarebibliothek. MapReduce verkörpert die Umsetzung der Idee, Aufgaben – meist sind es Suchanfragen – auf viele Computer in einem Cluster aufzuteilen und anschließend die Ergebnisse der einzelnen Teile wieder zusammenzuführen. Dadurch lassen sich Berechnungen „parallelisieren", d. h., sie werden auf mehrere Rechner verteilt und die Ergebnisse stehen schneller bereit. MapReduce korrespondiert hervorragend mit dem HDFS (Hadoop Distributed File System), das die verteilten Daten verwaltet.

Das Vorgehen von MapReduce kann an einem Beispiel gut verdeutlicht werden. Anstatt alle Dateien auf einem Rechner nacheinander zu durchsuchen, werden

Dateien jeweils auf einen anderen (eigenen) Rechner kopiert (**map**). Das Kopieren kostet Zeit, aber bei weiteren Suchanfragen entfällt dieser Aufwand. Jeder Rechner durchsucht nun mit der Leistung seines Prozessors nur eine Datei und alle Rechner arbeiten parallel. Schließlich werden die Ergebnisse zusammengeführt (**reduce**) und stehen zur Ausgabe bereit.

Nachdem eine Datei auf mehrere Rechner kopiert und dort durchsucht wurde, entstehen beim Zusammenführen der Ergebnisse keine Fehler. Der Suchbegriff befindet sich in der Datei oder er ist nicht in der Datei vorhanden, egal ob dieses Ergebnis einmal oder mehrmals erzielt wurde. Die Redundanz sorgt hier für mehr Sicherheit, falls ein Knoten im Cluster ausfällt.

Das skalierbare Datenbankmanagementsystem **HBase** komplettiert das Framework **Hadoop** für die Verwaltung sehr großer Datenmengen innerhalb eines Hadoop-Clusters. HBase-DBMS basiert auf einer freien Implementierung von **Google BigTable**. Diese Datenstruktur ist für Daten geeignet, die selten verändert, dafür aber sehr häufig abgefragt und ergänzt werden.

10.5.3 In-memory-Datenbanken

Im Zusammenhang mit den Datenbankmanagementsystemen wurde bereits auf das ANSI-Architekturmodell der drei Ebenen hingewiesen, wo wir die externe, die konzeptionelle und die interne Ebene unterscheiden. Zur **externen** Ebene gehören die Anforderungen der Anwender und Anwenderinnen an die Auswertungen, die vom Datenbanksystems erwartet werden, sowie die Gestaltung der Benutzeroberfläche mit den Eingabemasken und Listenauswertungen.

Bisher wurde hauptsächlich die Gestaltung der **konzeptionellen** Ebene (Schema) erläutert, wozu folgende Schritte bzw. Bestandteile gehören:
- Entwicklung eines Datenmodells
- Sicherung der Konsistenz des Datenbestandes
- Einbindung von Zugriffsroutinen auf den Datenbestand in die Anwendungsprogramme

Die **interne** Ebene stellt hingegen eine „Black Box" dar, für deren Innenleben die Entwicklerinnen und Entwickler von Softwareprodukten zum Management einer Datenbank verantwortlich sind. Wer mit Microsoft Access arbeitet, erlebt dieses Phänomen in Gestalt einer meist sehr großen Datenbankdatei von Typ: *.accdb. Diese Datei enthält Tabellen mit Daten, Abfragen, Formulare und Berichte. Es ist sinnvoll, die ständig wachsende Datei innerhalb von Microsoft Access regelmäßig zu komprimieren, aber was in dieser Datei intern in welcher Form gespeichert wird, bleibt den Anwenderinnen und Anwendern verborgen.

Wer sich mit der internen Ebene (Schema) näher beschäftigt, stößt auf Indextabellen, verkettete Listen, Baumstrukturen und balancierte Bäume. Das sind alles sehr interessante und erfolgreiche Lösungen, um die Zugriffszeiten auf die Daten in den konventionellen, sequenziellen Speicherungsformen zu optimieren. Im Wesentlichen orientiert sich die aktuelle Speicherorganisation auf den Festplatten und anderen externen Datenträgern noch immer an den sequenziellen Filestrukturen. In einem klassischen „flat"-File stehen die Daten hintereinander, sind also nur sequenziell erreichbar. Sucht man in dieser eindimensionalen Struktur, muss man den File von Beginn an durchlesen. Das funktioniert bei schnellen Medien und relativ kleinen Datenbeständen noch ganz gut.

Inzwischen haben die Datenbestände aber Größenordnungen erreicht, die auf konventionelle Art und Weise nicht mehr mit vertretbaren Antwortzeiten auszuwerten sind. Die ständige Erweiterung der Angaben für Dateigrößen von Byte auf Kilobyte, Megabyte, Gigabyte, Terabyte, Petabyte, Exabyte, Zettabyte und Yottabyte spricht für diese Entwicklung. Man kann aber nicht Milliarden von Datensätzen hintereinander durchlesen, wenn man innerhalb von Sekundenbruchteilen eine Information benötigt. Auch die permanent verbesserten „geheimen" Techniken in der „Black Box" stoßen hier an ihre Grenzen.

Zum Glück existiert eine technische Weiterentwicklung, womit prinzipiell neue Lösungswege ermöglicht werden. Die Technologie zur Herstellung von direkt adressierbaren Massenspeichern hat sich so verbessert, dass deren Größe und Energiebedarf wesentlich reduziert werden konnten und gleichzeitig deren Herstellungskosten gesunken sind. Bereits kleine USB-Speicher mit Kapazitäten von 32 Gigabyte sind relativ preiswert. Die direkte Adressierbarkeit der Speichermedien wird den Nutzern und Nutzerinnen dieser USB-Speicher nur indirekt bewusst, denn ein Defragmentieren wie bei einer Festplatte ist nicht mehr notwendig. Beim Defragmentieren werden die „zerstückelten" Teile von sequenziell organisierten Dateien auf dem Speichermedium wieder „zusammenkopiert". Auf diese Weise reduzieren sich die Lesezeiten, weil das Lesen der nicht zur Datei gehörenden Bereiche (Lücken) eingespart wird.

Bei den direkt adressierbaren Massenspeichern wird nur noch gelesen, was gerade angefordert wird. Das entspricht der Funktionsweise im Arbeitsspeicher des Computers, wo die Zugriffe wesentlich schneller erfolgen als auf einer Festplatte. Der Wechsel von einer klassischen, auf Rotation und mechanischen Bewegungen des Zugriffsarmes beruhenden HD-Festplatte zur SSD-Festplatte (Solid State Drive) sorgte bereits für eine gewaltige Zunahme der Performance.

Die In-memory-Database-Lösungen nutzen den Gewinn an Performance bei der Speicherung der Daten auf direkt adressierbaren Speichermedien. Derartige Speichermedien stehen kostengünstig zur Verfügung, sind extrem klein und damit platzsparend zu verbauen. Sie benötigen wenig Energie, erwärmen sich nicht und erfordern daher auch keine aufwendige Kühlung. Ordnet man diese direkt adressierbaren Speicher in Clustern an, die jeweils mit einem eigenen Prozessor ausgestattet sind, so kann man auch parallel oder zumindest gruppenweise parallel in mehreren Clustern suchen.

Die Abbildung der Speicher-Cluster auf der folgenden Seite verdeutlicht die Verbindung der klassischen Speichertechnologie für Massendaten auf externen Speichermedien (HD) mit der Möglichkeit zum schnellen Zugriff und damit zum schnellen Suchen im direkt adressierbaren Arbeitsspeicher. Nicht nur das Suchen kann parallel in mehreren Clustern erfolgen, gleichzeitig können andere Cluster auch wieder mit neuen Daten beladen werden. Durch ein Switchen zwischen dem in der Abbildung dargestellten linken und rechten Cluster kann somit parallel gesucht und geladen werden. Auch das Schreiben bzw. das Ändern von Daten ist auf diese Weise parallel möglich. Die veränderten Cluster werden abschließend wieder auf die externen Datenträger zurückgeschrieben. Bereits heute nutzt man die Technik der Pufferung, um auf diese Weise viele Daten sehr schnell von externen (sequenziellen) Datenträgern lesen und schreiben zu können.

Praktische Implementierungen der In-memory-Database-Technologie „verpacken" diese Speicherverwaltung im internen Schema des Datenbankmanagementsystems, bieten jedoch nach außen die gewohnte Schnittstelle eines relationalen Datenbankmanagementsystems. Schließlich setzen fast alle existierenden Anwendungssysteme eine Schnittstelle zu einem relationalen Datenbankmanagementsystem voraus.

Das Unternehmen SAP AG bietet seit 2010 das Produkt **SAP HANA** (**H**igh Performance **An**alytic **A**ppliance) als neue Datenbanktechnologie an. Es handelt sich um eine Kombination aus Hardware und Software. Mithilfe der In-memory-Database-Technologie werden Datenbankauswertungen mit höchster Performance erreicht. Diese Technologie entstand speziell für Business-Intelligence- und Business-Analytics-Anwendungen, wobei es primär darum geht, riesige Datenmengen („Big Data") möglichst schnell und variabel auszuwerten. Es ist mit SAP HANA aber auch möglich, andere Anwendungen zu betreiben, also auch alle SQL-basierten Anwendungen. Andere Anbieter vertreiben inzwischen auch In-memory-Datenbanksysteme. Zum Beispiel stellte die Firma Oracle im Jahre 2011 ihr Produkt **Oracle Exalytics** vor.

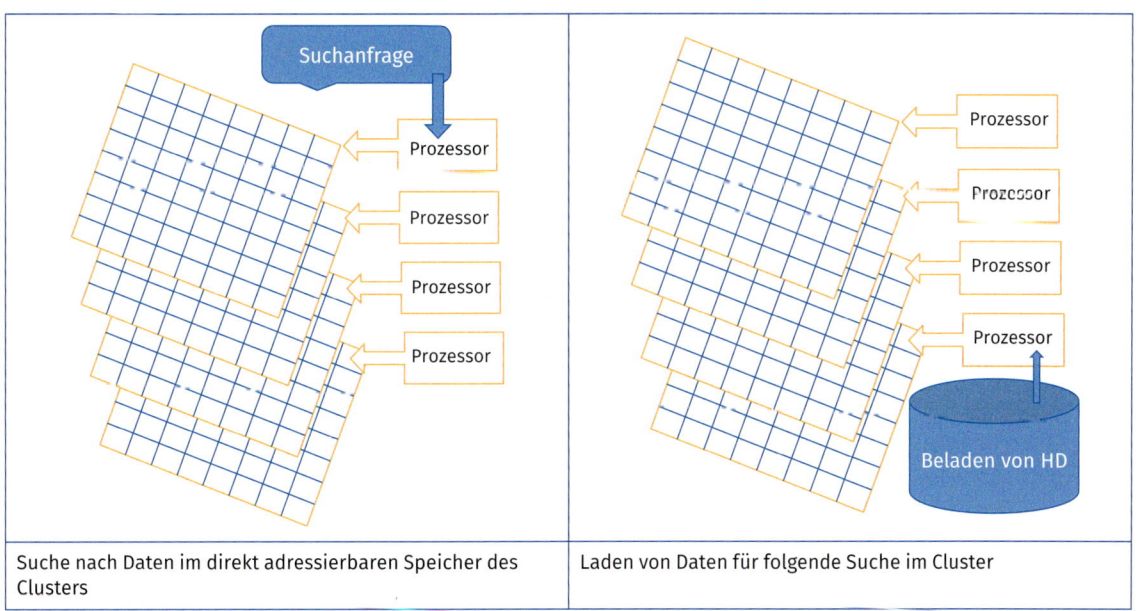

| Suche nach Daten im direkt adressierbaren Speicher des Clusters | Laden von Daten für folgende Suche im Cluster |

Speicher-Cluster für die In-memory-Technologie

Weitere Datenbanksysteme 351

Die direkte Adressierung der Daten in der In-memory-Technologie ermöglicht neben der höheren Performance auch eine neue Form der Auswertung. Die Daten sind bei relationalen Datenbanksystemen in Tabellen organisiert und werden dort Zeile für Zeile, also sequenziell, ausgewertet.

Mit der neuen Technologie kann man auch spaltenweise oder diagonal vorgehen. Die Datenorganisation kann als mehrdimensionaler Datenwürfel interpretiert werden, wobei der Würfel beliebig gedreht und projiziert werden kann. Diese Technik ist von Microsoft Excel bezüglich der Arbeit mit PIVOT-Tabellen bereits bekannt. Microsoft Excel arbeitet nur mit Daten im Hauptspeicher, ist daher von der Datenmenge begrenzt, nutzt aber die In-memory-Technologie schon lange. Auch Microsoft Access profitiert von dieser Technologie.

In dem angedeuteten Beispiel zur Arbeit mit dem Datenwürfel kann man eine Tabelle mit den Spalten „Verkaufstag", „Verkauftes Produkt" und „Ort des Verkaufes" beliebig nach „Zeit und Produkt" oder „Produkt und Geografie" oder „Zeit und Geografie" auswerten, wobei gleichzeitig die angezeigten Gruppierungen möglich sind.

Auch bei den relationalen Datenbanken steht diese PIVOT-Funktionalität mit der In-memory-Technologie nun zur Verfügung. Für die angestrebten Business-Intelligence- und Business-Analytics-Anwendungen ist eine derartig variable Auswertung von besonderer Bedeutung.

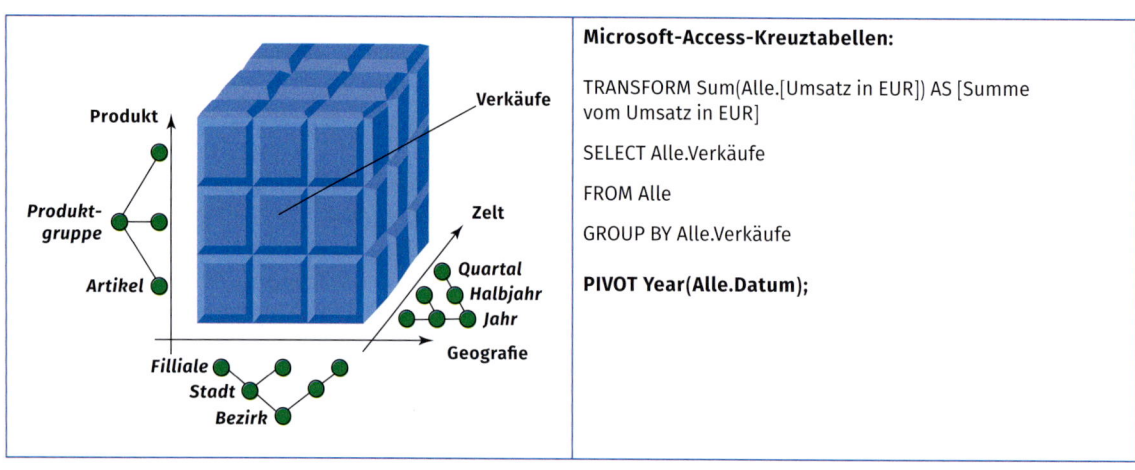

Arbeit mit dem Datenwürfel (Quelle: In Anlehnung an Saake; Sattler; Heuer (2010), S. 625)

10.5.4 Die H2 Database

H2 ist ein relationales Datenbankmanagementsystem, das komplett in der Programmiersprache Java geschrieben wurde. H2 ist eine Open-Source-Software, die als JAR-Datei direkt in Java-Anwendungen einbezogen werden kann (Inline-Betrieb) oder eigenständig als Server genutzt werden kann (Server-Betrieb). Der Server startet eine Browser-Oberfläche, sodass man H2 auch ohne Java-Programmierung nutzen kann. H2 eignet sich damit hervorragend sowohl für das Erlernen und Erproben von SQL-Anweisungen als auch für die Entwicklung von Anwendungssystemen in Java mit Datenbankschnittstelle.

H2 wurde von dem Schweizer Softwareentwickler Thomas Müller als Einzelleistung erstellt und seit 2005 weiterentwickelt. Zuerst arbeitete er an „Hypersonic SQL". H2 basiert auf diesen Erfahrungen, ist aber eine von Grund auf neue Entwicklung (vgl. Lukas Eder: jOOQ Tuesdays: Thomas Müller Unveils How HSQLDB Evolved into the Popular H2 Database, erschienen 18.8.2015 unter https://blog.jooq.org/jooq-tuesdays-thomas-muller-unveils-how-hsqldb-evolved-into-the-popular-h2-database/ [14.11.2024]).

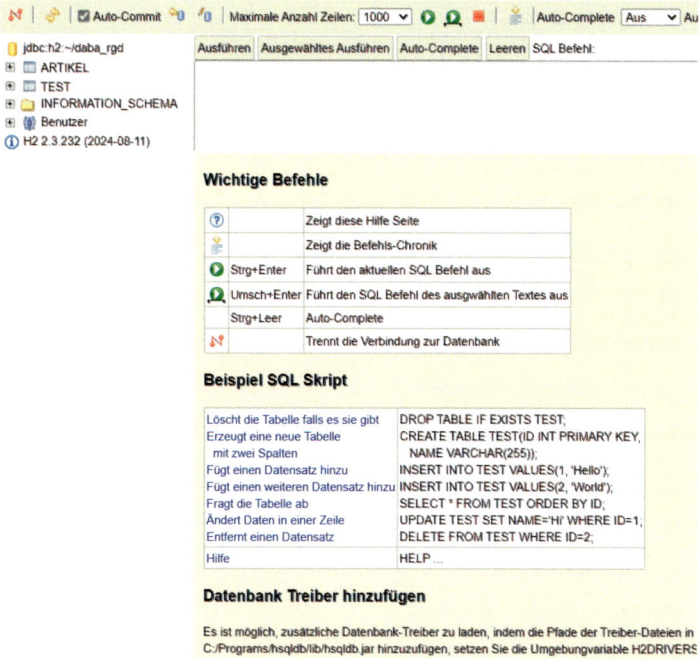

H2-Browser-Oberfläche

Für Entwicklerinnen und Entwickler sind besonders die Kompatibilitäts-Modi zu anderen, weit verbreiteten und zum Teil kostenpflichtig angebotenen Datenbankmanagementsystemen wie MySQL, PostgreSQL, aber auch zu Oracle database, IBM DB2 oder MS SQL Server wertvoll. Neben dem Standard-SQL verwenden diese Systeme auch eigene Sprachelemente, vorrangig Datentypen und eingebaute Funktionen, die leider nicht übertragbar sind. In H2 kann man den entsprechenden Modus wählen und seine Anwendung auch ohne Verbindung zu den großen Systemen testen.

```
package lehrbuch;
import java.sql.Connection;
import java.sql.DriverManager;
import java.sql.Statement;
import java.sql.ResultSet;

public class H2DatabaseExample {
    public static void main(String[] args) {
        // H2-Treiber laden
        try { Class.forName("org.h2.Driver");
        } catch (ClassNotFoundException e) { e.printStackTrace(); }

        // Verbindung zur H2-Datenbank herstellen
        try (Connection conn = DriverManager.getConnection("jdbc:h2:tcp://localhost/~/daba_rgd", "sa", "")) {

          // SQL-Befehl zum Erstellen einer neuen Tabelle
            String createTableSQL = "CREATE TABLE IF NOT EXISTS artikel (id INT AUTO_INCRE-MENT, " +
                "bezeichnung VARCHAR(255), preis DECIMAL(10,2), PRIMARY KEY (id))";
            // SQL-Befehl ausführen
```

Weitere Datenbanksysteme 353

```
            try (Statement stmt = conn.createStatement()) {
                stmt.execute(createTableSQL);
                System.out.println("Tabelle 'artikel' wurde erfolgreich erstellt oder blieb
                erhalten.");
            }
            // SQL-Befehl zum Anlegen eines Datensatzes
            String insertTableSQL = "INSERT INTO artikel (bezeichnung, preis) VALUES ('Dru-
            cker', 200)";
            // SQL-Befehl ausführen
            try (Statement stmt = conn.createStatement()) {
                stmt.execute(insertTableSQL);
                System.out.println("Datensatz in Tabelle 'artikel' wurde erfolgreich ange-
                legt.");
            }
            // SQL-Befehl zum Abfragen der Daten
            try (Statement stmt = conn.createStatement()) {
                ResultSet rs = stmt.executeQuery("SELECT * FROM artikel");
                // Ergebnisse durchlaufen und anzeigen
                while (rs.next()) {
                    int id = rs.getInt("id");
                    String name = rs.getString("bezeichnung");
                    double preis = rs.getDouble("preis");
                    System.out.println("ID: " + id + ", Name: " + name + ", Preis: " + preis);
                }
            }
        } catch (Exception e) { e.printStackTrace(); }
    }
}
```

Java-Programm zur Arbeit mit einer H2-Datenbank

In dem vorliegenden Beispiel wird die Datenbank im Servermodus (manchmal auch als Remotemodus oder Client/Server-Modus bezeichnet) angesprochen. Die Anwendung öffnet die Datenbank remote mithilfe der JDBC-API. Dazu muss vorher ein Server innerhalb derselben oder einer anderen virtuellen Maschine gestartet werden.

10.6 Die Datenbank im ACI-Webshop

S Her Pelz regt nun eine Diskussion unter den Auszubildenden an, wie die Datenbank in die Architektur der ACI-Webshop-Lösung zu integrieren ist.

Felix verweist auf das **Pflichtenheft** (siehe Kapitel „Design" ab Seite 145). Dort wurden bereits drei Varianten eines **mehrstufigen Client-Server-Systems** vorgestellt.

Die Client-Server-Architektur ist ein gängiges Modell für Webanwendungen, bei dem der Client (z. B. ein Webbrowser) Anfragen an den Server (z. B. einen Webserver) sendet, der die Anfragen verarbeitet und entsprechende Antworten zurücksendet. In dem Web-Shop-Projekt spielt die Datenbank eine zentrale Rolle, um Daten wie Produktinformationen, Benutzerkonten und Bestellungen zu speichern und zu verwalten.

10.6.1 Architektur des WebShops

Die typische Client-Server-Architektur für das WebShop-Projekt besteht aus den folgenden Hauptkomponenten:

- **Frontend** der Anwendung, welches die Benutzeroberfläche für die Anwender anbietet. Hier können die Kunden, aber auch die Mitarbeiter/-innen ihre Anfragen an den Server formulieren und versenden.
- **Backend** der Anwendung, hier wird die Geschäftslogik abgebildet. Dazu werden die Daten aus der Datenbank verwendet.
- **Datenbank** als das ‚Gedächtnis' der Anwendung, hier werden alle benötigten Daten gespeichert und verwaltet.

Ein wesentlicher Vorteil der Client-Server-Architektur besteht in ihrer **Flexibilität** und **Skalierbarkeit**.

Für die Implementierung der einzelnen Ebenen stehen mehrere Varianten zur Verfügung. Die Backend-Ebene kann z. B. in Java, C# oder in Python programmiert werden. Wichtig ist, dass Programmierschnittstellen (z. B. JDBC für Java, SQLAlchemy für Python) bereitstehen, um Verbindungen zur Datenbank herzustellen. Hier müssen die CRUD-Operationen (CREATE, READ, UPDATE, DELETE) zum Erstellen, Lesen, Aktualisieren und Löschen von Datensätzen in der Datenbank implementiert werden.

Neben der Programmiersprache kann auch das Datenbankmanagementsystem ausgetauscht werden. So kann in der Anfangsphase z. B. H2 unter Java einfach genutzt werden, später kann man auf MySQL umstellen oder bei wachenden Datenbeständen und erhöhten Anforderungen an die Performance auch auf große, kommerzielle Datenbankmanagementsystem (DBMS) umsteigen. Wichtig ist nur, dass es relationale DBMS sind mit einer SQL-Schnittstelle. Hier erkennt man deutlich den Vorteil der Arbeit mit standardisierten Schnittstellen.

Die drei Hauptkomponenten Frontend, Backend und Datenbank können räumlich weit voneinander entfernt installiert und betrieben werden. Damit ist die Client-Server-Architektur geeignet für das **Cloud-Computing**. Hieraus ergeben sich jedoch zusätzliche Anforderungen zur Gewährleistung der Datensicherheit auf den Übertragungswegen.

Moderne Datenbankmanagementsysteme bieten eine nahtlose Integration mit Cloud-Diensten, was es ermöglicht, die Infrastruktur des WebShop flexibel und kosteneffizient zu skalieren. Cloud-Datenbanken bieten außerdem automatische Backups und Wiederherstellungsmechanismen, um die Datensicherheit zu gewährleisten.

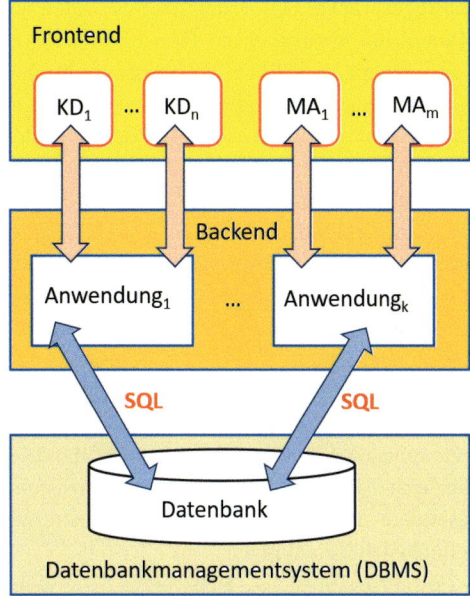

Client-Server-Architektur im ACI-WebShop

10.6.2 Das Datenmodell des ACI-WebShops

Ein gut durchdachtes Datenmodell ist entscheidend für die Leistung und Wartbarkeit des WebShops. Hier zur Wiederholung die grundlegenden Schritte:

- **Datenmodelle** erstellen: zuerst müssen die Tabellen und deren Beziehungen definiert werden, um die Daten zu organisieren. Für einen WebShop sind z. B. Tabellen für Produkte, Benutzer, Bestellungen und Kategorien zu erstellen.
- **Normalisierung**: Redundanz und Inkonsistenz der Daten muss vermieden werden, indem die Daten in inhaltlich zusammenhängende Einheiten aufgeteilt werden. Die Einhaltung der Anforderungen der 3. Normalform ist zu überprüfen.

10.6.3 Die Rolle von SQL im ACI-WebShop

SQL (Structured Query Language) ist die standardisierte Sprache zur Verwaltung und Manipulation relationaler Datenbanken. Sie spielt eine zentrale Rolle in dem WebShop-Projekt:

- Als **Abfragesprache**: SQL ermöglicht es, Daten aus der Datenbank abzurufen, zu filtern, zu sortieren und zu aggregieren (SELECT). Typische Abfragen umfassen das Suchen nach Produkten, das Anzeigen von Benutzerinformationen und das Zusammenstellen von Bestellungen.
- Für die **Datenmanipulation**: Mit SQL können Sie Daten in der Datenbank einfügen (INSERT), aktualisieren (UPDATE) und löschen (DELETE). Diese Operationen sind entscheidend für die Verwaltung von Produktkatalogen, Benutzerkonten und Bestellinformationen.
- Für **Transaktionen**: SQL unterstützt Transaktionen, die es ermöglichen, mehrere Datenbankoperationen als eine atomare Einheit auszuführen (ACID). Dies gewährleistet die Datenintegrität und -konsistenz, insbesondere bei finanziellen Transaktionen wie Bestellungen und Zahlungen.
- Zur Gewährleistung der **Sicherheit**: SQL bietet Mechanismen zur Zugriffskontrolle und Berechtigungsverwaltung, um sicherzustellen, dass nur autorisierte Benutzer auf bestimmte Daten zugreifen oder diese ändern können.

10.6.4 Datensicherheit im ACI-WebShop

Die Datensicherheit ist bei der Verwaltung von Datenbanken in einer Client-Server-Architektur besonders zu beachten. Die Software des DBMS und alle zugehörigen Komponenten muss durch Updates stets auf dem neuesten Stand gehalten werden, um bekannte Sicherheitslücken zu schließen und potenzielle Bedrohungen zu minimieren. Außerdem sind regelmäßig Sicherheitsaudits und Penetrationstests durchzuführen, um potenzielle Schwachstellen in der Datenbankinfrastruktur zu identifizieren und zu beheben.

Die Maßnahmen zur Gewährleistung der Datensicherheit gliedern sich nach den bekannten Sicherheitszielen:

Verfügbarkeit:

- Regelmäßiges Erstellen von **Backups** von der Datenbank und Verwahrung der Kopien getrennt vom Original an einem sicheren Ort. Cloud-Datenbanken bieten automatische Backups und Wiederherstellungsmechanismen, um die Datensicherheit zu gewährleisten.

Integrität:

- Verwendung von **Verschlüsselungstechniken**, um Daten sowohl bei der Speicherung als auch während der Übertragung vor Veränderungen zu schützen. Dies stellt sicher, dass sensible Informationen wie Benutzerkonten und Zahlungsdaten vor unbefugtem Zugriff geschützt sind.

Vertraulichkeit:

- **Datenbankzugriffe** sicher machen, indem Authentifizierungs- und Autorisierungs-mechanismen verwenden werden, Implementierung von strengen Zugriffskontroll-mechanismen, um sicherzustellen, dass nur autorisierte Benutzer auf die Datenbank zugreifen und Änderungen vornehmen können. Dies kann durch die Verwendung von Benutzerrollen und Berechtigungen erreicht werden, Verhinderung der Möglichkeit der SQL-Injektion.
- Einsatz von **Firewalls** und anderen Netzwerksicherheitsmechanismen, um unbefugten Zugriff auf Ihre Datenbank zu verhindern. Dies kann durch die Segmentierung des Netzwerks und die Überwachung des Datenverkehrs erreicht werden.

Abschließend fasst Herr Pelz zusammen: „Die Datenbank ist ein wesentlicher Bestandteil unseres WebShop-Projekts und spielt eine zentrale Rolle in der Client-Server-Architektur. Durch die sorgfältige Auswahl des DBMS, ein gut durchdachtes Datenbankdesign und die Implementierung von Sicherheits- und Leistungsstrategien können wir sicherstellen, dass unser WebShop effektiv und skalierbar ist. Die Nutzung von SQL als leistungsfähiges Werkzeug zur Datenbankverwaltung und -manipulation trägt maßgeblich zum Erfolg dieses Projekts bei. Die Implementierung robuster Sicherheitsmaßnahmen schützt die Daten und gewährleistet die Integrität und Vertraulichkeit unserer WebShop-Daten."

11 Webanwendungen

Das World Wide Web als Basis der Kommunikation; technische Kommunikation in Client-Server-Systemen; HTML als Mittel zur Beschreibung von Webseiten; Komponenten der für Auszeichnungssprache; Trennung von Inhalt und Form durch Cascading Style Sheets CSS; Formate für den Datenaustausch; XML und JSON; Skripte als clientseitig arbeitende Programme; JavaScript; serverseitig arbeitende Programme; Servlets; PHP

11.1 Technische Kommunikation

Die Azubis verfügen jetzt über die erforderlichen Grundlagen für die Entwicklung von Webanwendungen. Ausgangspunkt sind Kenntnisse zu Art der Kommunikation im Netz. Die Kommunikation setzt Sprachen und Protokolle voraus. Anschließend kann die Entwicklung aktiver Komponenten für Client und Server besprochen werden.

11.1.1 Client-Server-Systeme

Computergestützte Anwendungssysteme bedienen sich heute der Möglichkeiten der technischen Kommunikation. Die Anwendungen nutzen dazu die Technologie des Internets und verbinden diese technologische Basis mit ihren eigenen Inhalten. Wichtig für das Verständnis dieser Technologie ist es, die Funktionsweise der Client-Server-Systeme zu erkennen.

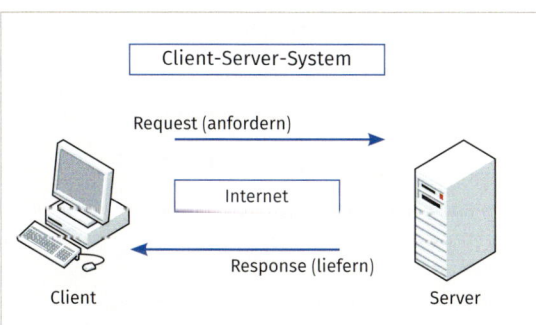

Client-Server-System

Vom Client wird unter Verwendung eines Programmes, allgemein ist das ein Webbrowser oder kurz Browser, eine Anfrage an das System „Internet" gestellt. Meist ist das die Anforderung zur Bereitstellung einer bestimmten Webseite (Homepage), identifiziert durch ihre Adresse (beispielsweise http://www.westermann.de). Das System „Internet" sucht nach dem zuständigen Server, der die geforderten Dokumente an den Client liefert, wo sie dann wieder mittels seines Webbrowsers dargestellt werden.

Die Arbeit mit dem Browser ist allen vertraut. Der Browser liest das mittels **HTML** (Hypertext Markup Language) formulierte Dokument und stellt es am Bildschirm dar. Wichtig ist daher zuerst das Verständnis der Arbeitsweise von und mit HTML.

Bekannt ist, dass die Kommunikation auch ohne Nutzung eines Browsers über das Internet laufen kann. Vieles davon ist gewollt und angenehm, z. B. die Bereitstellung von Updates oder der Austausch von E-Mails. Einiges läuft aber auch ohne Zutun und Zustimmung der Benutzer: Trojaner, Würmer und Spyware sind da einige Schlagworte aus dem Bereich der ungewollten Kommunikation. Diese Beispiele zeigen, dass es auf der Seite der Clients nicht immer nur ein Browser sein muss, der die Kommunikation anregt. Auch ohne den Eingriff des Menschen sind Kommunikationsprozesse von Computer zu Computer möglich. Die ungewollte Kommunikation soll eine sogenannte **Firewall** signalisieren und verhindern. Gewollte Kommunikation ohne menschlichen Eingriff kann hingegen im Rahmen der Webservices für viele Anwendungen von Vorteil sein.

Heute spricht man vom Internet der Dinge (Internet of Things oder kurz: IoT). Die Dinge, wie z. B. Maschinen, Fahrzeuge oder Haushaltsgeräte, verfügen über eigene Computer und besitzen eine eigene Verarbeitungskapazität, die auch zur technischen Kommunikation befähigt. Die Dinge können auf diese Weise über das Internet auch Nachrichten austauschen und sich gegenseitig beeinflussen.

Die Java-Technik ist dabei für die Entwicklung von Kommunikationsanwendungen aus folgenden Gründen besonders lukrativ:
- Java-Applikationen sind durch die Verwendung der JVM (Java Virtual Machine) auf unterschiedlichsten Plattformen von Hardware und Betriebssystemen einsetzbar. Das Internet ist eine sehr inhomogene Sammlung von Hard- und Software, trotzdem können alle diese unterschiedlichen Komponenten dank der Java-Technik in eine Kommunikation von Anwendung zu Anwendung einbezogen werden.
- Die Java-Technik ist weitgehend Public Domain, d. h., alle Anwender haben Zugang zu dieser Technik und können sie kostenlos nutzen.

11.1.2 Formen der Client-Server-Kommunikation

Für die Kommunikation zwischen Client und Server gibt es auf der bereits erwähnten Basis grundsätzlich **vier** mögliche Varianten:

- **Übermittlung statischer Webseiten.** Die Webseiten liegen auf dem Server als Dokumente mit festgelegtem Inhalt vor. Der Inhalt wird unverändert an den Client übermittelt.
- **Übermittlung aktiver Webseiten.** Die Webseiten liegen auf dem Server als Dokumente mit festgelegtem Inhalt vor. Sie enthalten jedoch kleine Programme mit aktiven Komponenten. Der Inhalt wird unverändert an den Client übermittelt. Beim Client werden anschließend die aktiven Komponenten (Applets) ausgeführt. Dieses Prinzip kann beispielsweise zur Annahme und Kontrolle von Eingabedaten genutzt werden.
- **Übermittlung dynamischer Webseiten.** Die Webseiten werden auf dem Server erst zum Zeitpunkt des Aufrufes als Dokumente erzeugt (Servlets). Üblicherweise greift der Server dazu auf eine Datenbank mit aktuellen Informationen zurück und erstellt daraus die richtigen Webseiten. Diese Dokumente werden dann komplett an den Client übermittelt. Beim Client sind keinerlei aktive Komponenten notwendig. Diese Variante wird beispielsweise zur Anzeige von Theaterspielplänen genutzt, die sich in Abhängigkeit vom eingegebenen Zeitraum jeweils aktualisieren und neu aufbauen müssen.
- **Übermittlung von Dokumenten mit variablen Daten.** Die Daten werden auf dem Server erst zum Zeitpunkt des Aufrufes erzeugt und in ein Dokument verpackt. Üblicherweise greift der Server dazu auf Programmobjekte zurück und erstellt aus deren Output das bzw. die Dokumente (siehe SOAP). Das Dokument wird dann komplett an den Client übermittelt. Beim Client sind **aktive Komponenten** notwendig, um das Dokument lesen und auswerten zu können. Diese Variante wird als Webservice beispielsweise zur aktuellen Abfrage von Währungskursen genutzt.

Rolle des Clients	Rolle des Servers	Bemerkungen	Technische Basis
Passiv, Browser startet den Request und interpretiert HTML-Datei	**Passiv**, nur Bereitstellen des Dokuments	Aufruf eines HTML-Dokuments, gespeichert auf dem Server	Statische Webseite
Aktiv, nach dem Laden wird das Skript aktiviert	**Passiv**, nur Bereitstellen des Dokuments	HTML-Datei mit eingeschlossenem JavaScript-Quelltext oder mit Verweis auf eine Datei mit dem Quelltext	JavaScript
Aktiv, nach dem Laden wird das Applet aktiviert	**Passiv**, nur Bereitstellen des Dokuments	HTML-Datei mit Verweis auf Datei im Java-Bytecode, die dann auf der virtuellen Maschine des Clients ausgeführt wird. Das ist aber gefährlich, denn so können auf den Client-Computern Dinge passieren, die vom Client nicht beabsichtigt waren, z. B. durch Spyware. Diese Technik wird daher allgemein gesperrt.	Applet
Passiv, Browser startet den Request und interpretiert HTML-Datei	**Aktiv**, PHP-Präprozessort erstellt HTML-Dokument	Erstellen einer HTML-Datei durch den PHP-Präprozessort unter Verwendung aktueller Parameter oder unter Nutzung einer Datenbank	PHP
Passiv, Browser startet den Request und interpretiert HTML-Datei	**Aktiv**, Servlet erstellt HTML-Dokument	Erstellen einer HTML-Datei durch ein Programm auf dem Server unter Verwendung aktueller Parameter oder unter Nutzung einer Datenbank	Servlet
Aktiv bei Auswertung der XML-Datei	**Aktiv**, Servlet erstellt HTML-Dokument	Datenaustausch, organisiert in Form einer XML-Datei	Webservice

11.1.3 Dokumente der Client-Server-Kommunikation

Jedes Dokument, auch die im Internet übertragenen Dokumente, ist gekennzeichnet durch
- Struktur,
- Inhalt und
- Gestaltung.

Struktur und Gestaltung sorgen dafür, dass der Empfänger (hier empfangendes Gerät) den Inhalt des Dokumentes versteht oder eben auch nicht versteht. Struktur und Gestaltung sind Gegenstand einer Vereinbarung (auch als Protokoll bezeichnet) zwischen Sender (hier sendendes Gerät) und Empfänger des Dokumentes. Erst die Kenntnis der Syntax ermöglicht, bezogen auf die Mittel der Strukturierung und Gestaltung, die Semantik (Inhalt) zu erschließen.

Die Begriffe Syntax und Semantik sind den Programmierern aus der Erstellung von Quelltexten bekannt. Nur wenn die Syntax korrekt ist, kann der Compiler den gewünschten Inhalt und die gewünschten Aktionen des Programmes erschließen. Wenn immer noch etwas schiefläuft, stimmt die Semantik nicht. Aber dann hilft eventuell der Debugger.

Für die Beschreibung von Dokumenten zur Kommunikation zwischen Client und Server haben sich allgemein die Sprachen HTML und XML durchgesetzt.

Aufgaben

1. Erklären Sie die Begriffe Syntax und Semantik mit Bezug auf die deutsche Sprache.
2. Aus dem Urlaub senden Sie Ihren Eltern eine Postkarte. Auch diese Postkarte ist ein Dokument der Kommunikation. Erläutern Sie anhand der Postkarte die Begriffe Struktur, Inhalt und Gestaltung des Dokumentes.
3. Eine bewährte Basis für das Verständnis der technischen Kommunikation ist das OSI-Modell, bekannt aus dem Band zu „Informations- und Telekommunikationstechnik". Was sagt dieses Modell aus?
4. Die Kommunikation erfolgt zwischen Sender und Empfänger. Warum ist die Vereinbarung von Protokollen für die Kommunikation zwischen Sender und Empfänger wichtig?
5. Gibt es während des Unterrichts ein bewusst oder unbewusst vereinbartes Protokoll für die Kommunikation zwischen Ihrem Berufsschullehrer/Ihrer Berufsschullehrerin und Ihnen?
6. Wie behindern Verstöße gegen das Protokoll die Kommunikation in Ihrer Klasse?

11.2 HTML bzw. HTML5

> **W** HTML steht für **Hypertext Markup Language** und ist die Standardsprache zur Beschreibung der Struktur und der Gestaltung von Dokumenten für die Kommunikation im Internet.
> HTML5 ist der neueste Standard der Hypertext Markup Language (HTML) und enthält zahlreiche Verbesserungen und neue Funktionen. Wenn man von modernen Webentwicklungstechniken spricht, ist es oft besser, explizit "HTML5" zu sagen. Das zeigt, dass man auf dem neuesten Stand der Technik ist und die neuen Möglichkeiten von HTML5 nutzt. Man kann aber auch einfach von "HTML" sprechen, insbesondere wenn der Kontext klar ist und man vorrangig von dem Prinzip der Dokumentenbeschreibung spricht und weniger von speziellen Funktionen und Sprachkonstrukten.

11.2.1 Entwicklung von HTML zu HTML5

Webseiten sind das wichtigste Mittel zur Kommunikation zwischen Menschen und Computern oder zwischen Mensch und Mensch über das Internet. Die Webseite ist ein Dokument, das über das Internet übertragen wird. Das Dokument wird auf einem Server erstellt und beim Leser oder der Leserin durch einen Browser dargestellt. Wie jedes Dokument hat auch eine Webseite ihre Struktur, ihre Gestaltung und ihren Inhalt.

Zur Beschreibung dieser Dokumente wurde die Sprache HTML entwickelt. Die Abkürzung HTML steht für „HyperText Markup Language", auf Deutsch „Hypertext-Auszeichnungssprache" oder besser: „Dokumenten-Beschreibungssprache". Man kann damit die Struktur der Webseite festlegen, kann Kopf- oder Fußzeilen festlegen, Größe und Position von Bildern bestimmen usw. Zur Gestaltung der Webseite bestimmt man die Schriftarten, die Schriftgröße, die Ausrichtung der Texte und anderer Objekte. Bleibt schließlich noch der Inhalt, der durch die Texte oder Links auf die gewünschten Objekte vorgegeben werden kann.

HTML ist die Sprache, mit der Webseiten geschrieben werden. Die Ersteller einer Webseite schreiben den Text der Webseite und strukturieren und formatieren (z. B. Schriftgröße und Schriftart) diesen Text mithilfe der Sprachelemente von HTML. Außerdem kann man via HTML-Links auch andere Webseiten einbinden oder den Text um Bilder, Videos oder Animationen ergänzen.

Browser wie Mozilla, Chrome, Firefox, Safari oder Microsoft Edge lesen die HTML-Datei, interpretieren die Anweisungen und zeigen die Webseite anschließend grafisch an. Wichtig ist hierfür eine standardisierte Definition der Sprache, damit die unterschiedlichen Browser stets das gleiche Ergebnis anzeigen.

Für die Standardisierung der Sprachen der technischen Kommunikation über das Internet engagierte sich das „World Wide Web Consortium", kurz W3C, wobei man sich stark an den Grundideen von XML orientierte. XML hat die Aspekte der Kommunikation von Computer zu Computer im Fokus. Eine Gruppe mit Vertreterinnen und Vertretern aus der Browser-Entwicklung hat daraufhin innerhalb des W3C eine Arbeitsgruppe unter dem Namen WHATWG („Web Hypertext Application Technology Working Group") gegründet, welche HTML speziell unter dem Aspekt der Mensch-Computer-Kommunikation mit den Erfahrungen der Browser-Entwicklung weiterentwickelt. So entstand HTML5, für welche WHATWG einen sogenannten „Living-Standard zu HTML" anbietet. Sie nennen es selbst nicht HTML5, bekennen sich aber zu dieser Versionsbezeichnung.

Geschichtliche Entwicklung von HTML
- HTML 1.0 wurde 1993 veröffentlicht. Damals wurden nicht viele Webseiten erstellt und die Möglichkeiten von HTML waren sehr eingeschränkt.
- HTML 2.0 wurde 1995 veröffentlich, enthielt die komplette Funktionalität von HTML 1.0 und fügte noch einige neue Funktionen hinzu. HTML 2.0 war bis Januar 1997 Standard für die Webentwicklung und definierte erstmals viele HTML-Kernfunktionen.
- HTML 3.0 enthielt viele neue und verbesserte Funktionen für HTML und bot weitaus leistungsfähigere Funktionen. Leider unterstützten viele Browserentwicklerinnen und -entwickler diesen Standard nur unzureichend und so wurde die HTML-3.0-Spezifikation aufgegeben.
- Mit der Zeit wurde es immer offensichtlicher, dass ein Standard gefunden werden musste. Zu diesem Zweck wurde 1994 das „World Wide Web Consortium" (W3C) gegründet und dieses entwickelte HTML 3.2, welches 1997 zum offiziellen Standard wurde. Dieser Standard wurde schnell zu HTML 4.0 vom W3C weiterentwickelt, das 1998 veröffentlicht wurde.
- Nachdem HTML 4.0 erschienen war, wurde es in einigen kleineren Schritten zu HTML 4.01 korrigiert, welches dann die endgültige Version war.
- Um den neuen Anforderungen der Webentwicklung gerecht zu werden, wurden viele weitere Ideen, z. B. XHTML, entwickelt. Allerdings entschied das W3C, dass HTML weiterhin die Zukunft des Webs sein soll und andere Ideen wurden eingestellt.
- So wurde HTML 5.0 2014 zum neuen Standard der Webentwicklung, welcher zumindest für das nächste Jahrzehnt gelten soll. Für HTML 5.0 wurden die meisten Teile aus HTML 4.1 übernommen und um viele neue Elemente, Attribute und Fähigkeiten ergänzt.
- WHATWG pflegt und publiziert seither den „Living-Standard" als Webseite, wo alle Browser-Entwickler/-innen und die Entwickler/-innen von Webseiten die aktuellen Definitionen einsehen können. Dabei will man keine neuen Versionen publizieren und auch nur geringe Änderungen vornehmen.

Geschichte von HTML

In HTML wird der Inhalt in elementare Strukturelemente, d.h. in sogenannte Tags (Teile oder Glieder) aufgesplittet. Jedes Glied, jeder Tag, erhält ein Anfangs- und ein Endekennzeichen. Die Tags werden in spitze Klammern eingeschlossen, z. B. <html>. Jeder neue Tag kennzeichnet den Anfang seines Gültigkeitsbereiches. Als Endekennzeichen wird der Tag wiederholt, jedoch mit einem führenden „/", wie z. B. </html>. Formate können den einzelnen Tags zugeordnet oder global für das Dokument vereinbart werden.

HTML ist keine Programmiersprache im herkömmlichen Sinne, da Kontroll- und Ablaufstrukturen sowie Variablen fehlen, sondern eine Beschreibungssprache. Ein korrektes HTML-Dokument besteht aus **vier** Teilen sowie ggf. Kommentaren:

Teil des Dokumentes	Beschreibung	Beispiel für HTML-Tags
Merkmale des Dokuments	Referenz auf die zugrunde liegende Document-Type-Definition Angaben zur Sprache, Codierung und weiteren Meta-Daten	<!DOCTYPE html> <html lang="de"> ... </html> <meta name="keywords" content="Software, Technologie"> ... </meta> usw.
Struktur der Webseite	Strukturelemente mit Kopf und Körper der Webseite, Themenbereiche und Unterkapitel können strukturiert werden	<head> ...</head> <body> ... </body> <article> ... </article> <section> ... </section> usw.
Gestaltung der Webseite	Formatierungsinformationen zu Schriftarten und typografischer Behandlung [Achtung: Angaben zur Gestaltung werden heute allgemein in eine CSS-Datei ausgelagert (Cascading Style Sheet).]	<strong> ... </strong> <code> ... </code> usw.
Inhalt der Webseite	Der anzuzeigende Text liegt zwischen den Tags der Dokumentenbeschreibung; alles, was nicht zwischen den spitzen Klammern steht, wird angezeigt	anzuzeigender Text zwischen den Tags
Kommentare im Dokument	Innerhalb des HTML-Dokumentes sind Kommentare möglich, die nicht angezeigt werden.	<!—Kommentar beginnt mit Ausrufezeichen-->

Hieraus resultiert folgender Grundaufbau für ein HTML-Dokument:

```
<!DOCTYPE html>
<html>
    <head>
            <title>Titel der Seite</title>
    </head>
    <body>
            Inhalt der Seite
    </body>
</html>
```

Zur Erklärung kann hier nur auf einige wenige und wesentliche HTML-Sprachelemente eingegangen werden. Für weitere Informationen muss auf die reichlich verfügbare Literatur verwiesen werden oder auch auf die Webseite https://wiki.selfhtml.org/wiki/Startseite.

Zur Erzeugung des Quellcodes wird ein Editor als Texterfassungsprogramm benötigt. Dies kann ein einfacher Texteditor oder ein spezieller HTML-Editor sein. In der Praxis können übliche Dokumente, so z. B. Word-Dokumente, automatisch in HTML konvertiert werden. Es gibt zahlreiche Tools, um aus einem mit einer Textverarbeitung erstellten Dokument ein HTML-Dokument zu generieren. Trotzdem ist die Fähigkeit zum Lesen der erstellten HTML-Dokumente sinnvoll, um eventuelle Fehler oder unerwünschte Formate zu erkennen und zu beseitigen. Dazu sind die Erklärungen zu einigen wichtigen Sprachelementen hilfreich.

Folgendes Beispiel zeigt die Wirkung von HTML-Quelltext auf die Anzeige im Browser.

HTML-Quelltext	`<html lang="de"><head>`
	`    <title>HTML-Beispiel</title>`
	`</head>`
	`<body>`
	`    <h1>Hauptüberschrift</h1>`
	`    <p>Das ist ein Absatz auf der Webseite</p>`
	`    <h2>Überschrift</h2>`
	`    <p>Das ist ein <strong>wichtiges</strong> Wort</p>`
	`    <!---Das ist ein Kommentar ---->`
	`</body></html>`

Ergebnis im Browser	**Hauptüberschrift** Das ist ein Absatz auf der Webseite **Überschrift** Das ist ein **wichtiges** Wort **Hauptüberschrift** Überschrift einfacher Text noch ein Absatz

Anmerkung: `<p>` und `</p>` kennzeichnen einen Absatz mit Zeilenwechsel in HTML.

11.2.2 Textauszeichnung und Textformatierung

Für verschiedene Zeichenformatierungen existieren spezielle Start- und End-Tags, die das eingeschlossene Zeichen oder die Zeichenkette formatieren. Die folgende Tabelle zeigt hierzu eine Auswahl.

> Nicht alle Browser unterstützen den gleichen HTML-Standard, sodass gleiche Webseiten auf verschiedenen Browsern zu unterschiedlichen Darstellungen führen können.

Formatierung	Bedeutung
`<b>     darzustellender Text </b>`	fett geschrieben
`<i>     darzustellender Text </i>`	kursiv geschrieben
`<strong>  darzustellender Text </strong>`	betont den auszugebenden Text stärker, Darstellung in fetter Schrift
`<em>    darzustellender Text </em>`	betont den auszugebenden Text stärker (engl. emphasized text), Darstellung in kursiver Schrift
`<sub>   darzustellender Text </sub>`	tiefgestellter Text
`<sup>   darzustellender Text </sup>`	hochgestellter Text
`<pre>   darzustellender Text </pre>`	Nicht-Proportionalschrift
`<h1>      . . .           </h1>`	Überschriften (von h1 = größte bis h6 = kleinste)

Das Beispiel auf der folgenden Seite zeigt einige Anwendungsmöglichkeiten zur Zeichenformatierung mit der Seitenbeschreibungssprache HTML und deren Effekte in der Anzeige.

HTML-Quelltext im Editor	Ergebnisanzeige im Browser
| ```html
<html><head><meta charset="utf-8">
  <title>Goethe: Faust 1</title>
</head><body>
  <b>Johann Wolfgang von Goethe:</b>
  <h2>Faust, <br>Der Tragödie erster Teil</h2>
  <b>Vorspiel auf dem Theater</b>
  <br>DIREKTOR:<br><br>
  <i> <!--Kommentar: kursiv -->
    Der Worte sind genug gewechselt,<br>
    Laßt mich auch endlich Taten sehn!<br>
  </i><br>
  Indes ihr Komplimente drechselt,<br>
  kann etwas Nützliches geschehn. <br>
  <strong> <!-- groessere Schrift -->
    Was hilft es, viel von Stimmung reden?<br>
    Dem Zaudernden erscheint sie nie.<br>
  </strong>
  <p> Gebt ihr euch einmal für Poeten,<br>
      So kommandiert die Poesie.<br>
      Euch ist bekannt, was wir bedürfen,<br>
      Wir wollen stark Getränke schlürfen;<br>
      Nun braut mir unverzüglich dran!<br></p>
  <b> <!-- fett -->
    Was heute nicht geschieht,<br>
    ist morgen nicht getan, <br>
    Und keinen Tag soll man verpassen,<br>
  </b>
  Das Mögliche soll der Entschluß<br>
  Beherzt sogleich beim Schopfe fassen,<br>
  Er will es dann nicht fahren lassen<br>
  Und wirket weiter, weil er muß.<br>
  <em> <!-- betonter Text-->
    Ihr wißt, auf unsern deutschen Bühnen<br>
    Probiert ein jeder, was er mag;
  </em>
  <hr> <!-- horizontale Linie-->
  <p><b>Quelle: Die freie digitale Bibliothek</b><br>
    <a href="http://www.digbib.org">www.digbib.org</a>.
  </p>
</body></html>
``` | **Johann Wolfgang von Goethe:**<br><br>**Faust,**<br>**Der Tragödie erster Teil**<br><br>**Vorspiel auf dem Theater**<br>DIREKTOR:<br><br>*Der Worte sind genug gewechselt,*<br>*Laßt mich auch endlich Taten sehn!*<br><br>Indes ihr Komplimente drechselt,<br>kann etwas Nützliches geschehn.<br>**Was hilft es, viel von Stimmung reden?**<br>**Dem Zaudernden erscheint sie nie.**<br><br>Gebt ihr euch einmal für Poeten,<br>So kommandiert die Poesie.<br>Euch ist bekannt, was wir bedürfen,<br>Wir wollen stark Getränke schlürfen;<br>Nun braut mir unverzüglich dran!<br><br>**Was heute nicht geschieht,**<br>**ist morgen nicht getan,**<br>**Und keinen Tag soll man verpassen,**<br>Das Mögliche soll der Entschluß<br>Beherzt sogleich beim Schopfe fassen,<br>Er will es dann nicht fahren lassen<br>Und wirket weiter, weil er muß.<br>*Ihr wißt, auf unsern deutschen Bühnen*<br>*Probiert ein jeder, was er mag;*<br><br>**Quelle: Die freie digitale Bibliothek**<br>www.digbib.org |
```

Textstrukturierung und -formatierung. Die Elemente einer HTML-Seite lassen sich durch weitere Angaben zu den Attributen genauer strukturieren und formatieren.

Strukturierung und Formatierung	Bedeutung
`<article>`	kennzeichnet Inhalte, die unabhängig sind und für sich alleinstehen könnten. *<article>* signalisiert den Suchmaschinen einen in sich geschlossener Inhalt.
`<section>`	kennzeichnet einen Abschnitt des Inhalts, ein Kapitel oder ein Unterkapitel; deshalb werden bei Sections allgemein auch Überschriften erwartet.
`<header>`	Der Bereich ist für die Einleitung der Section gedacht mit Elementen wie Datum der Erstellung und Autor/-in. *Header* und *Section* gehören inhaltlich zusammen.
`<nav>`	Enthält Links zu Stellen innerhalb der Section. Der <nav>-Tag sollte nur für die Haupt-Navigation der Seite benutzt werden.
`<footer>`	Der Bereich ist für den Abschluss der Section gedacht mit Elementen wie Links zum Impressum und zum Datenschutz. Footer und Section gehören inhaltlich zusammen.
`<p>`	Paragraph, kennzeichnet einen Absatz
` `	Break, fügt einen Zeilenwechsel ein
`<hr>`	horizontal row, fügt eine waagerechte Linie ein, signalisiert den Suchmaschinen aber auch einen inhaltlichen Wechsel
`<div>`	Kennzeichnung von Abschnitten (mit Zeilenumbruch)
`<span>`	Kennzeichnung von Abschnitten (ohne Zeilenumbruch)

11.2.3 Tabellen und Listen

Tabellen bestehen immer aus Zeilen und Spalten und können optional Zeilenüberschriften enthalten.

Tabellen-Tags	Bedeutung
`<table> . . . </table>`	leitet die Tabellendeklaration ein und schließt sie ab
`<tr> . . . . </tr>`	leitet die Zeilendeklaration ein und schließt sie ab
`<th> . . . . </th>`	kennzeichnet Tabellenüberschriften
`<td> . . . . </td>`	kennzeichnet einzelne Tabellenfelder

Nachfolgendes Beispiel stellt eine einfache Tabelle dar:

HTML-Quelltext	Anzeige im Browser
| ```html
<html>
<head> <meta charset="utf-8">
   <title>Tabelle</title>
</head>
<body>
<table>
  <tr> <th>Familienname</th><th>Vorname</th>
  <th> Geburtsdatum </th> </tr>
  <tr> <td> Nagler </td> <td> Felix </td>
  <td> 04.07.2006 </td> </tr>
  <tr> <td> Schwabe </td> <td> Céline </td>
  <td> 09.11.2008 <td> </tr>
  <tr> <td> Quantor </td> <td> Leon </td>
  <td> 23.04.2004 </td> </tr>
  <tr> <td> Nowak </td> <td> Svenja </td>
  <td> 02.04.2007 </td> </tr>
  <tr> <td> Yilmas </td> <td> Aslan </td>
  <td> 02.09.2007 </td> </tr>
</table> </body> </html>
``` | 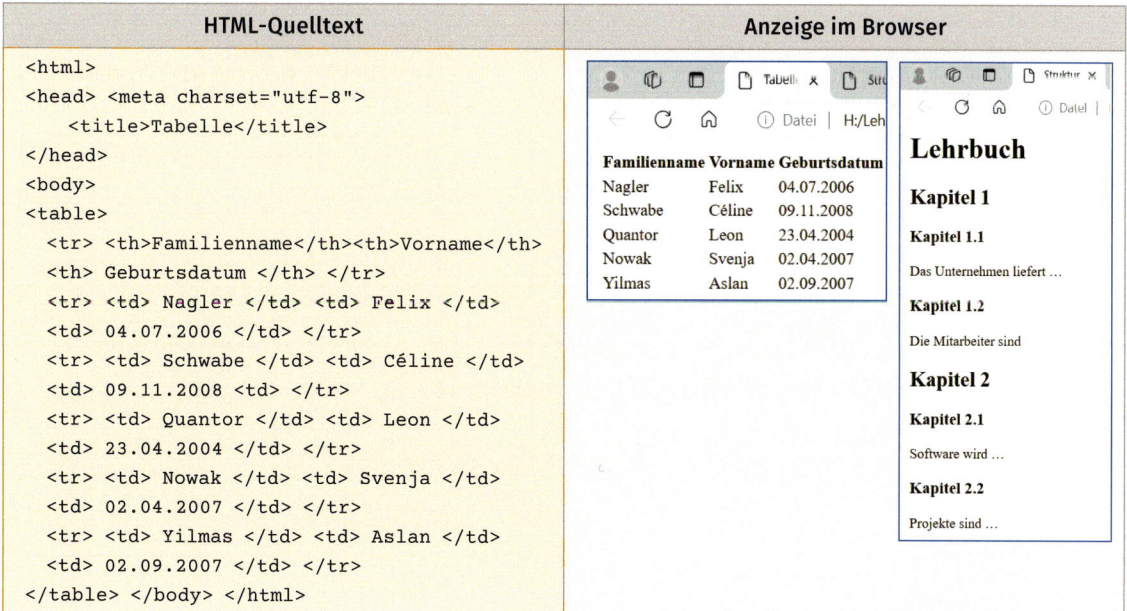 |
```

Fehlende Angaben über die Tabellen- und Spaltengrößen werden durch die meisten Browser als „AUTO" oder „100%" interpretiert.

Zur Definition einer Tabellenspalte als nummerierte Liste gibt es die folgenden Möglichkeiten der Codierung:

Formatierung	Bedeutung
`<ol> . . . </ol>`	umschließt eine **nummerierte Liste**
`<ol type ="wert">`	definiert die Nummerierungsart („I" = röm. Zahlen/„1" arab. Zahlen/„A" = Buchstaben)
`<ol start ="wert">`	legt den Anfangswert fest (default = 1 oder I bzw. A)
`<ul> . . . </ul>`	umschließt eine **Aufzählungsliste**
`<ol type ="wert">`	definiert das Aufzählungszeichen („Disc" = ⊙/„Circle" = ○/„Square" = ■)
`<li> . . . </li>`	kennzeichnet ein einzelnes Listenelement

Leon konstruiert ein Anwendungsbeispiel: Man könnte dann auch „Die Zehn Gebote" (nach Martin Luther) als nummerierte Liste anzeigen lassen. Mithilfe einer Suchmaschine findet er auch schnell eine autorisierte Internetseite mit dem genauen Wortlaut. Im Browser kann er sich über den Menüpunktpfad **Ansicht/Quelltext** auch den HTML-Text der Seite ansehen. Anschließend kopiert sich Leon die notwendigen Texte und erstellt die folgende nummerierte Liste zur Anzeige über einen Browser.

```
<html lang="de"><head>
   <meta charset="iso-8859-15">
   <title>Die Zehn Gebote</title>
</head>
<body>
  <h1>Die Zehn Gebote</h1>
  <p>(nach Martin Luther)</p>
  <ol type="â???1â???"> <!-- Beginn arab. num. Liste-->
    <li>Ich bin der Herr, dein Gott.<br>
      Du sollst keine anderen Götter
      haben neben mir.</li>
    <li>Du sollst den Namen des Herrn,<br>
      deines Gottes, nicht mißbrauchen.</li>
    <li>Du sollst den Feiertag heiligen.</li>
    <li>Du sollst deinen Vater und deine
      Mutter ehren.</li>
    <li>Du sollst nicht töten.</li>
    <li>Du sollst nicht ehebrechen.</li>
    <li>Du sollst nicht stehlen.</li>
    <li>Du sollst nicht falsch Zeugnis reden
      wider <br> deinen Nächsten.</li>
    <li>Du sollst nicht begehren deines
      Nächsten Haus.</li>
    <li>Du sollst nicht begehren deines
      Nächsten<br> Weib, Knecht, Magd,
      Vieh noch alles,<br> was dein
      Nächster hat.</li>
  </ol>
  <p>Die ausführliche Fassung der Zehn
    Gebote steht in<br> der Bibel an zwei Stellen:
   2. Mose 20 und 5. Mose 5</p>
  <p>Quelle: <a href="https://www.ekd.de/Zehn-Gebote-10802.htm">EKD</a>
</p></body></html>
```

Die Codierung der deutschen Umlaute sowie vom Buchstaben ß erfolgt bei Verwendung der inzwischen veralteten Zeichensätze nach ASCII durch spezielle Umlaut-Konstruktionen (siehe Tabelle unten). Passend zu dem historischen Bibeltext hat Leon hier den Zeichensatz charset="iso-8859-15" verwendet. Aktuell wird der Zeichensatz für den UNICODE charset="utf-8" empfohlen.

Umlaut	HTML-Notation		Umlaut	HTML-Notation
Ä	&Auml;		ä	&auml;
Ö	&Ouml;		ö	&ouml;
Ü	&Uuml;		ü	&uuml;
ß	&szlig;		<	&lt;
Leerzeichen			>	&gt;

11.2.4 Sprünge mittels Links

Unter Links werden die Verweise auf Dateien (Positionen in der aktuellen Webseite, andere Webseiten, Texte, Bilder oder Videos) verstanden, die vom jeweiligen Browser an der aktuellen Stelle einzubinden sind bzw. zu denen die Steuerung der Anzeige zu springen hat. Durch die Verwendung von Links wird das Strukturieren von größeren Webseiten erleichtert.

> **W** Die Idee zur Arbeit mit Links, also mit Verweisen auf andere Dokumente, liegt der ursprünglichen Entwicklung des World Wide Web zugrunde. Man stellte sich damals ein weltweites Netzwerk als Ergebnis der Verlinkungen von Dokumenten vor, das heute bereits zur Realität geworden ist.

Links im eigenen Dokument

Um innerhalb eines Dokumentes zu verlinken, muss das Ziel als Linkziel gekennzeichnet werden. Dazu wird an dieser Textstelle eine Marke (Textmarke) gesetzt. Die erste Zeile zeigt die Definition einer Textmarke, mit der zweiten Zeile wird diese Marke angesprochen (referenziert).

```
<a id="ziel">Marke im Text als Ansprungziel</a>

<a href="#ziel">Link auf das Ansprungziel</a>
```

> **W** Bei Marken und Adressen ist unbedingt auf die korrekte Groß- oder Kleinschreibung zu achten (sie sind case sensitive).

Links in andere Dokumente

Liegt das Linkziel in einer anderen Datei des Verzeichnisses oder in Unterverzeichnissen, so erfolgt der Aufruf mit Angabe des Dateipfades:

```
<a id="ziel">Marke im Text als Ansprungziel</a>

<a href="verzeichnis/datei.html#ziel">Link auf das Ansprungziel</a>
```

Links auf WWW-Adressen

Natürlich können Links auch auf eine andere Webadresse verweisen. Dazu wird mit **href = "…"** die Zieladresse festgelegt. Dies kann durch Angabe des Namens der Domain oder durch deren IP-Adresse erfolgen.

```
<a href=https://verlage.westermanngruppe.
de/westermann>Textausgabe für Link</a>
```

Es ist aber auch möglich, das Ziel in einem anderen als dem aktuellen Fenster darzustellen (siehe Tabelle unten).

Einbinden von Bildern

Um Bilder oder Grafiken auf einer HTML-Seite einzubauen, muss an den entsprechenden Positionen auf die Bilddatei verwiesen werden und die Grafik als Linkziel angegeben werden.

Mit dem Attribut alt=" " kann ein Alternativtext für ein Bild oder eine Grafik hinterlegt werden. Dieser Text wird angezeigt, wenn das Objekt nicht dargestellt werden kann. Beim Vorlesen der Webseite für Sehbehinderte wird dieser Text anstelle des Bildes vorgelesen.

```
<img src="ACI_Logo.png" alt="ACI-Logo">
```

> **W** Auch in Bildverweisen ist es möglich, bei der Angabe der Quelle auf Unterverzeichnisse oder andere Webadressen zu verweisen. Der Browser muss aber in der Lage sein, den angegebenen Grafiktyp (*.typ) darzustellen.

Ab HTML5 können für verschiedene Endgeräte Grafiken in verschiedenen Auflösungen vorgegeben werden. Für die unterschiedlichen Grafiken wird das Tag „source" verwendet. Weitere Parameter sind:
media – Informationen über das Endgerät
srcset – Bilddatei

```
<audio id="audio_with_controls" controls
    src="sounddatei.mp3" type="audio/mp3"
    alt="Sounddatei">
    Ihr Browser unterstützt die Wiedergabe
    nicht.
</audio>
```

Einbinden von Audio- und Videodaten

Nach dem ähnlichen Prinzip wie bei den Bilddaten funktioniert der Einbau von Audio- und Videoelementen.

> **W** Auch Sound und Film gehören in den Body-Bereich des HTML-Dokuments an die entsprechende Stelle auf der Seite, wo sie zu hören bzw. zu sehen sein sollen.

Ab HTML5 werden Audiodateien mit dem Tag <audio> beschrieben und abgespielt. Übergabeparameter sind dabei:
„source" – hier können unterschiedliche Audiodateien angegeben werden.
src – Audiodatei
type – Typ der Audiodatei
Im folgenden Beispiel dient die Datei sounddatei.wav als Quelle (src = source), die direkt nach dem Aufruf der Website automatisch abgespielt wird und sich fortwährend wiederholt (loop).

Für den Fall, dass der Browser die angegebene Datei nicht abspielen kann, kann noch die Nachricht angegeben werden, welche dann angezeigt werden soll. In dem Beispiel: „Ihr Browser unterstützt nicht die Wiedergabe der Audiodatei."

Videos werden sehr ähnlich wie Audiodateien behandelt, allerdings wird dazu der Tag <video> verwendet. Auch die Parameter sind nahezu identisch. Im folgenden Beispiel dient die Datei videodatei.mp4 als Quelle (src = source), die direkt nach dem Aufruf der Website automatisch abgespielt wird.

```
<video src="video.mp4" width="450"
height="250"
    autoplay controls>
    Ihr Browser unterstützt die Wiedergabe
    nicht.
</video>
```

Zielfenstersteuerung in Links	Bedeutung
`<a href="datei1.html">Datei_1</a>`	Darstellung im aktuellen Browserfenster
`<a... target="_self"...>Datei_1</a>`	Darstellung im aktuellen Browserfenster
`<a... target="_blank"...>Datei_1</a>`	Link wird in neuem Browserfenster geöffnet

HTML-Quelltext	Anzeige im Browser
| ```html
<!DOCTYPE html>
<html lang="de">
  <head>
    <meta charset="utf-8">
    <title>Sprungziele</title>
  </head>
  <body>
  <header>
    <img src="ACI_logo.png" alt="ACI-Logo">
    <h1>Unser Angebot</h1>
    <nav> <ol type="1">
    <li><a href="#hard">HW & Software</a></li>
    <li><a href="#serv">Service</a></li>
    <li><a href="#entw">Entwicklung</a></li>
    <li><a href="#bera">Beratung</a></li>
    </ol> </nav>
  </header>
<! Abstand schaffen für den Sprung>
<br><br><br><br><br><br><br><br><br><br><br>
<br><br><br><br><br><br><br><br><br><br><br>
<br><br><br><br><br><br><br><br><br><br><br>
<section>
  <h2>Unsere Angebotspalette</h2>
  <p><a id="hard">Wir haben die Auswahl ___
  <a href="#">nach oben</a></p>
  <p><a id="serv">Zuverlässiger Service ___
  <a href="#">nach oben</a></p>
  <p><a id="entw">Wir entwickeln schnell ___
  <a href="#">nach oben</a></p>
  <p><a id="bera">Wir beraten kompetent ___
  <a href="#">nach oben</a></p>
</section>
<footer>
  <p><a href=AGB.html>AGB der ACI</a>
  <a href=Datenschutz.html>Datenschutz</a>
  <a href=Impressum.html>Impressum</a></p>
  <a href="">neu laden</a>
</footer>
</body>
</html>
``` | |

11.2.5 RGB – Farbmodell

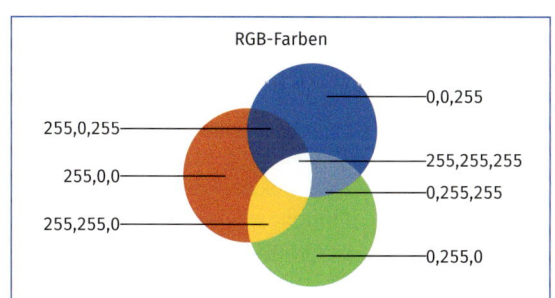

Für Web-Grafiken ist das RGB-Farbmodell maßgeblich. Beim RGB-Modell wird eine Farbe durch ihre Anteile an den drei Grundfarben **R**ot, **G**rün und **B**lau (**red, green, blue**) definiert. Alle Farben besitzen also einen Rotwert, einen Grünwert und einen Blauwert. Jeder der drei Werte wird durch Zahlen zwischen 0 und 255 definiert. Mit diesem Schema können bis zu 16,7 Millionen unterschiedliche Farben dargestellt werden.

Zur Vereinfachung gibt es 16 fest benannte Farben, die von jedem VGA-kompatiblen System aus Bildschirm und Grafikkarte angezeigt werden können.
```

black	#000000	gray	#808080
maroon	#800000	red	#FF0000
green	#008000	lime	#00FF00
olive	#808000	yellow	#FFFF00
navy	#000080	blue	#0000FF
purple	#800080	fuchsia	#FF00FF
teal	#008080	aqua	#00FFFF
silver	#C0C0C0	white	#FFFFFF

VGA-Farbpalette mit Farbnamen

Die Farben können dem gesamten Anzeigefenster, einzelnen Textpassagen und den vorgesehenen Links zugeordnet werden. Dazu wird das Farbattribut jeweils in den eröffnenden Tag eingebunden, z. B.:

```
<h1 style = "color:#0000FF;">
Überschrift in aqua </h1>
```

> **W** Die angestrebte Formatierung erreicht man eleganter mithilfe von **Stylesheets,** die im Dateikopf zwischen <head> und </head> eingebunden werden.

Die folgende Stylesheet-Definition zeigt die Farbgebung. Die gewählte Vordergrundfarbe für den Text (color) soll mit der gewählten Hintergrundfarbe (background-color) kontrastieren.

```
<html>
<head><title>Farben im Stylesheet</title>
<style>
   body { background-color:yellow;
   color:blue; }
   a:link { background-color:white;
   color:maroon; }
   a:visited { background-color:white;
   color:green; }
   a:active { background-color:white;
   color:olive; }
</style>
</head>
<body>
  <h1>Alles in Farbe</h1>
  <a href="abc1.html">erster Link</a><br>
  <a href="abc2.html">zweiter Link</a><br>
  <a href="abc3.html">dritter Link</a><br>
</body>
</html>
```

11.2.6 Cascading Style Sheets (CSS)

Einheitliches Konzept für XML und HTML

Wie wir bereits gesehen haben, entwickelte sich HTML über mehrere Versionen bis zum heutigen Stand von HTML5 immer weiter. Dabei ergaben sich neue technische Anforderungen und Möglichkeiten. Es entstehen aber auch neue Einsatzbedingungen, wie z. B. das Mobile Computing. Überholte oder ursprünglich ungünstig gewählte Sprachelemente werden ausgeschlossen (deprecated tags = abgelehnte Sprachelemente) und neue Sprachelemente kommen hinzu. Dabei muss stets ein solider Standard gewahrt bleiben, denn schließlich sollen neben den neuen auch ältere Anwendungen weiter nutzbar bleiben.

Bei HTML heißt der aktuelle Entwicklungsstand HTML 5.2. In den folgenden Ausführungen wird aber weiter von HTML gesprochen, worunter alle vorherigen Versionen inklusive XHTML zusammengefasst werden, da sich die weiteren Ausführungen stets auf die Kernsprache des alten HTML-Standards beziehen.

XML an sich kennt nur die Daten und keine Angaben zur Formatierung der Ausgabe. Für HTML sind Formatangaben jedoch unerlässlich, denn schließlich soll die anzuzeigende Webseite ansprechend gestaltet sein. Will man den Inhalt von XML-Dateien anzeigen, benötigt man eventuell auch Formatierungshinweise. Die dazu erforderlichen Formatangaben sind nur extern in einer XSL-Datei zulässig. Analog zu dieser Verfahrensweise werden die Formatierungsangaben für HTML als Cascading Style Sheets (CSS) in eine CSS-Datei ausgelagert.

Position der Formatangaben

Formatangaben für HTML-Sprachelemente können heute an vier unterschiedlichen Positionen platziert werden:

Globale Stilvorlage des Browsers	Der Browser muss das HTML-Dokument auch ohne besondere Angaben zur Formatierung darstellen können. Dazu greift er auf die Festlegungen aus seiner eigenen globalen Stilvorlage zurück.
Externe Stilvorlage der Webseite	Die externe Stilvorlage wird als CSS-Datei gespeichert, worauf eine Referenz im Kopf (<HEAD>) des HTML-Dokumentes verweist. Diese Referenz wird mit <LINK REL eingeleitet (link = Verweis), dann folgt der Typ dieser Datei und schließlich der Verweis auf den Dateinamen (rel = relationship).

Integrierte Stilvorlage zum HTML-Dokument	<STYLE> leitet innerhalb des HTML-Dateikopfs (<HEAD>) den Bereich zum Definieren von Formaten ein (style = Stil). Alle hier definierten Formate gelten für das gesamte HTML-Dokument.
Lokale Stilvorlage zum HTML-Tag	Die Gestaltungsangaben befinden sich unmittelbar beim HTML-Tag.

Kaskade der Stilvorlagen

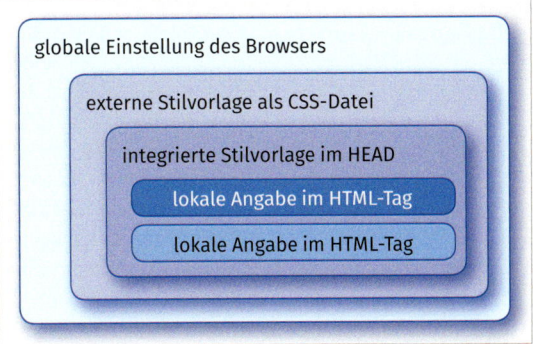

```
<html>
<head>
    <link rel=stylesheet type="text/css"
    href="R_Vorlage.css"/>
    <style type="text/css">
        body {font-family: Arial;
        background-color: #A8D8D8;}
    </style>
</head>
<body>
    <p style= "font-weight: bold;
    font-family:Times;">
    Text in Times: fett</p>
    <p>Text in Arial: normal</p>
</body>
</html>
```

Positionierung von Gestaltungsangaben zu einem HTML-Dokument

Die unterschiedlich positionierten Stilvorlagen können miteinander kombiniert werden. So entsteht eine Kaskade der Stilvorlagen. Die höchste Priorität in dieser Kaskade besitzen die lokalen Stilvorlagen, gefolgt von den integrierten, externen und globalen Stilvorlagen. Wenn Angaben zur Formatierung fehlen, so benutzt der Standard des Browsers die globale Stilvorlage, ansonsten überschreiben sich die Formatierungsangaben auf dem Weg zur unmittelbaren Anzeige, sodass die lokalen Angaben direkt beim HTML-Tag die höchste Priorität besitzen.

Die Abgrenzung und zentrale Speicherung von Formatinformationen in sogenannten CSS-Dateien stellt einen wichtigen Fortschritt bei der Flexibilisierung von HTML-Dokumenten dar. Format und Inhalt können getrennt verwaltet und gestaltet werden. Die zentrale Speicherung der Formatangaben bietet besonders für die mittels PHP dynamisch generierten Inhalte eine wesentliche Erleichterung.

Zuordnung zwischen Formatangabe und HTML-Tag

Bei den lokalen Formatangaben, die unmittelbar innerhalb des HTML-Tags angeordnet sind, ist die Zuordnung klar. Externe und integrierte Stilvorlagen definieren die Formate jedoch getrennt und entfernt von den zu formatierenden HTML-Elementen. In CSS gibt es die sogenannten Selektoren zum Kennzeichnen der HTML-Elemente, für die das Format gelten soll. Die nachfolgende Regel ordnet dem Selektor, der die gewünschten Elemente später identifiziert, eine oder mehrere Eigenschaften mit deren Werten zu:

```
Selektor { Eigenschaft : Wert;…; }
```

Die Kombination aus Eigenschaft und Wert wird auch **Deklaration** genannt. Die Deklarationen zu den einzelnen Selektoren werden im <STYLE>-Bereich platziert. Die Angaben zu den Eigenschaften sind jeweils mittels **Semikolon** abzuschließen. Es gibt mehrere Möglichkeiten zur Angabe von Selektoren, die in der folgenden Übersicht zusammengefasst sind:

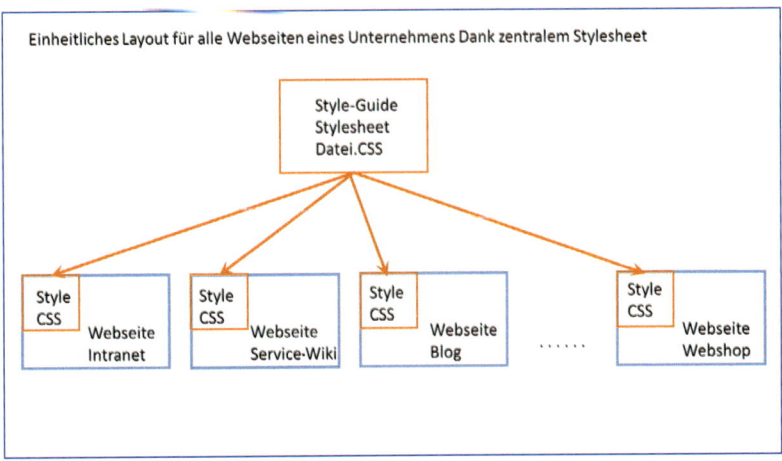

Art der Selektoren	Erklärung
Klassen zum Klassifizieren von HTML-Tags	In der Formatdefinition wird der HTML-Tag durch einen Punkt mit dem Selektor verbunden. Analog zur allgemein üblichen Notation spezifiziert der Selektor damit den HTML-Tag. In einem Beispiel wird mit **.hinterlegt** eine Klasse namens **hinterlegt** angesprochen, die für den HTML-Tag H1 (Hauptüberschrift) eine farbliche Hinterlegung sichern soll. Abgerufen wird dieses Format später durch das Konstrukt **<H1 class= "hinterlegt">**. Die jetzt folgende Hauptüberschrift wird entsprechend mit farblicher Hinterlegung dargestellt. Man kann den gleichen Klassennamen der Formatierung auch für mehrere HTML-Tags verwenden. Dann ersetzt man in der Formatdefinition den konkreten HTML-Tag durch einen Stern (*.hinterlegt). Der Stern gilt als Platzhalter für „beliebig", was so viel wie „für alle Elemente zutreffend" bedeutet, oder kann auch ganz entfallen, was üblicherweise bei der Formatdefinition auch praktiziert wird.
Pseudoklassen als vordefinierte funktionale Klassen von HTML-Tags	Der Selektor einer Pseudoklasse wird wie die Selektoren der Klassen definiert, jedoch wird statt des Punktes ein Doppelpunkt eingesetzt. Man schreibt zuerst den betroffenen HTML-Tag, zum Beispiel das A-Element für Verweise, dahinter folgt ein Doppelpunkt und das entsprechende Schlüsselwort, wie zum Beispiel: ▪ **link** (noch nicht besuchte Verweise) ▪ **visited** (bereits besuchte Verweise) ▪ **focus** (gerade ausgewählter Verweis) ▪ **hover** (Verweis unter dem Mauszeiger ohne Klick) ▪ **active** (ausgewählter Verweis). Pseudoklassen haben feste Schlüsselwörter. Auch die Reihenfolge ihrer Definition ist von Bedeutung, da später notierte Angaben die zuvor notierten Angaben überschreiben. Folgende Formatdefinitionen für Verweise werden empfohlen: A:link { font-weight:bold; color:blue; text-decoration:none; } A:visited { font-weight:bold; color:silver; text-decoration:none; } A:focus { font-weight:bold; color:red; text-decoration:underline; } A:hover { font-weight:bold; color:green; text-decoration:none; } A:active { font-weight:bold; color:lime; text-decoration:underline; }
Selektoren für Individualformate	Man muss Individualformate definieren, wenn man die Formatangaben nicht den üblichen HTML-Tags als Klassifizierung zuordnen kann. Selektoren für Individualformate beginnen mit dem Doppelkreuz/Hash **#**, gefolgt von ihrem Namen. Derartige Individualformate werden üblicherweise für die Beschreibung von Größe und Position einzelner Bildschirmbereiche eingesetzt, wie **#kopf**, **#menu** oder **#inhalt**. Im HTML-Tag müssen diese Selektoren durch das Schlüsselwort „ID" identifiziert werden.

Die Selektoren identifizieren die Formatangaben. In den HTML-Tags bezieht man sich mittels der class="Selektor"-Referenz auf diese Selektoren.

Die folgende Übersicht zeigt eine Auswahl der wichtigsten HTML-Tags, die Bezugspunkt von Formatangaben sind.

HTML-Tag	Erklärung
`<a>`	Das A-Element (a = anchor = Anker) umschließt einen **Verweis** in HTML. Das Attribut href (hyper reference = Hypertext-Verweis) gibt das gewünschte Verweisziel (Pfad und Dateiname) an.
`<p>`	`<p>` kennzeichnet einen **Absatz** (p = paragraph = Absatz) im Text. Das **Absatzende** wird durch `</p>` markiert, was zugleich einen Zeilenwechsel in der Anzeige bewirkt. Das Element `<p>` darf keine weiteren Elemente enthalten.
`<div>`	Der Tag `<div>` kennzeichnet ein allgemeines **Block-Element** (div = division = Bereich), welches mehrere andere Block-Elemente einschließen kann. Es bietet eine Struktur, welche einheitlich mithilfe von CSS formatiert werden kann.

`<span>`	`<span>` markiert einen allgemeinen **Inline-Bereich.** Analog zum `<div>`-Element, das andere Block-Elemente enthalten kann, umschließt `<span>` den Text und andere Inline-Elemente, hat aber selbst keine Eigenschaften und bewirkt nichts. Es bietet eine andere Struktur, welche einheitlich mithilfe von CSS formatiert werden kann.

Kurzreferenz zu ausgewählten Formatierungsmöglichkeiten

Eigenschaften	Beschreibung	Werte
background-color	Hintergrundfarbe	transparent, Farbe
background-image	Hintergrundbild	url(), none
border-color	Rahmenfarbe	transparent, Farbe
border-style	Rahmenart	none, dotted, dashed, solid, double, groove, ridge, inset, outset
border-width	Rahmenbreite	thin, medium, thick, absolute Zahl
float	Text umfließen	left, right, none
font-family	Schriftfamilie	Schriftart
font-size	Schriftgröße	Absolute Zahl, Prozentsatz, small, medium, large
font-style	Schriftstil	italic, oblique, normal
font-weight	Schriftgewicht	normal, bold
letter-spacing	Zeichenabstand	normal, absolute Zahl
line-height	Zeilenhöhe	normal, Zahl
margin-bottom	Außenabstand unten	Absolute Zahl, Prozentsatz, auto
margin-left	Außenabstand links	Absolute Zahl, Prozentsatz, auto
margin-right	Außenabstand rechts	Absolute Zahl, Prozentsatz, auto
margin-top	Außenabstand oben	Absolute Zahl, Prozentsatz, auto
padding	Innenabstand	Absolute Zahl, Prozentsatz
padding-bottom	Innenabstand unten	Absolute Zahl, Prozentsatz
padding-left	Innenabstand links	Absolute Zahl, Prozentsatz
padding-right	Innenabstand rechts	Absolute Zahl, Prozentsatz
padding-top	Innenabstand oben	Absolute Zahl, Prozentsatz
text-align	Ausrichtung horizontal	left, right, center, justify
text-decoration	Textdekoration	none, underline, overline, line-through, blink

Beispiel für den Einsatz von CSS-Formaten

```html
<html>
<head>
<style type="text/css">
/* (1.) Selektoren zur Klasse */
    body {font-family:Arial; background-color:RGB(250,100,0)}
    .hinterlegt {color:black; background-color:yellow;}

/* (2.) Selektoren zur Pseudoklasse */
    a:link { font-weight:bold; color:blue; text-decoration:none; }
    a:visited { font-weight:bold; color:silver; text-decoration:none; }
    a:focus { font-weight:bold; color:red; text-decoration:underline; }
    a:hover { font-weight:bold; color:green; text-decoration:none; }
    a:active { font-weight:bold; color:lime; text-decoration:underline; }

/* (3.) Selektoren zum Individualformat */
div#links { position:absolute; top:20px; left:30px;
    width:120px; height:80px;
    background-color:#99CCCC;
    padding:10px; border:10px solid blue;
    margin:5px;}
  #mitte { position:absolute; top:20px; left:200px;
    width: 35%; height:30%;
    background-color:#A8D8A8; }
</style>
</head>
<body>
    <div id="links">
        <h1 class="hinterlegt">Box</h1>
        width:120px; height:80px; padding:10px; border:10px solid blue; margin:5px;
    </div>
    <div id="mitte" style="clear:right;">
        <h1 class="hinterlegt">Text auf gelbem Grund</h1>
        <a href="teil_1.htm">Verweis 1</a><br>
        <a href="teil_2.htm">Verweis 2</a><br>
        <a href="teil_3.htm">Verweis 3</a><br>
        <a href="teil_4.htm">Verweis 4</a><br>
        <p STYLE="color:red;">
           Franz jagt im komplett verwahrlosten Taxi quer durch Bayern.<br>
           Franz jagt im komplett verwahrlosten Taxi quer durch Bayern.<br>
           Franz jagt im komplett verwahrlosten Taxi quer durch Bayern.<br>
        </p>
    </div>
</body>
</html>
```

Ergebnis der Anzeige des Quelltextes im Browser

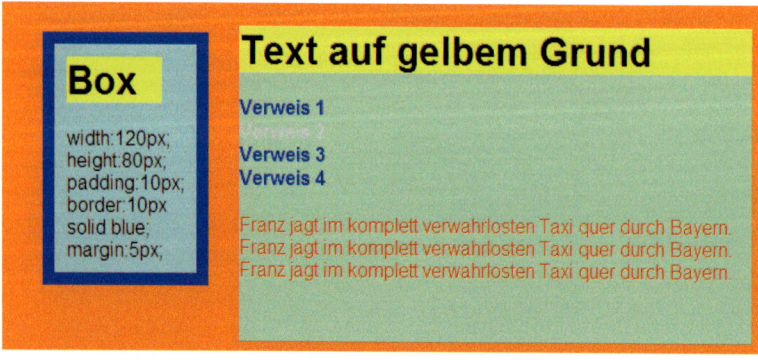

11.2.7 Formulare

Formulare dienen zur Kommunikation der Webseite mit den Anwenderinnen und Anwendern. Sie vereinfachen die Erhebung von Daten, sorgen für Vollständigkeit sowie Datenintegrität und schützen vor Mehrdeutigkeiten, die bei freier Wortwahl oder in einem formlosen Antrag auftreten können.

Leider existiert in HTML keine Möglichkeit, Formularinhalte selbst auszuwerten. Formulare in HTML können nur Inhalte sammeln und müssen diese Daten dann an andere Instanzen weiterleiten. Mit einem Formular kann man eine E-Mail versenden oder die Daten zur Auswertung an Programme auf dem Server übergeben.

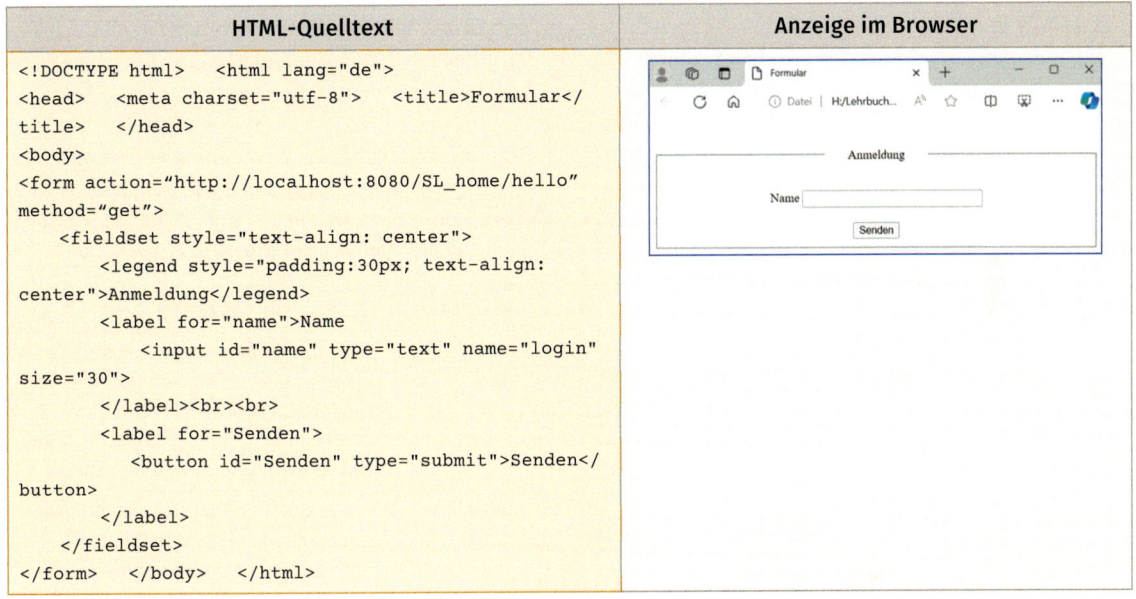

HTML-Quelltext	Anzeige im Browser

```
<!DOCTYPE html>    <html lang="de">
<head>    <meta charset="utf-8">    <title>Formular</title>    </head>
<body>
<form action="http://localhost:8080/SL_home/hello" method="get">
    <fieldset style="text-align: center">
        <legend style="padding:30px; text-align: center">Anmeldung</legend>
        <label for="name">Name
            <input id="name" type="text" name="login" size="30">
        </label><br><br>
        <label for="Senden">
            <button id="Senden" type="submit">Senden</button>
        </label>
    </fieldset>
</form>    </body>    </html>
```

```
<!DOCTYPE html>
<html>
    <head>
        <title>Titel der Seite</title>
        <script type="text/javascript">
            function quadrat( zahl ){
            if(zahl<1000){
                var square=zahl*zahl;
                alert("Das Quadrat der von Ihnen gewaehlten Zahl ("+zahl+") ist "+square+"!");
            } else {
                alert("Die von Ihnen gewaehlte Zahl war zu gross!");
            }
            }

            function eingabe(){
                var meineZahl = prompt("Geben Sie eine Zahl ein!");
                quadrat(meineZahl);
            }
        </script>
    </head>

    <body>
        <form action="#">
            <input type="button" value="Click me!" onclick="eingabe()">
        </form>
    </body>
</html>
```

Die Attribute „action", „method" und „target"

HTML stellt komfortable Möglichkeiten zur Verfügung, um Formulare zu erstellen. Über Formulare können am Browser Eingaben erfolgen, die dann vom Server verarbeitet werden. Mit den Tags **<form>** und **</form>** definiert man ein Formular (form = Formular). Alles, was zwischen dem einleitenden **<form>**-Tag und dem abschließenden **</form>**-Tag steht, gehört zum eigentlichen Formular.

1. Im einleitenden **<form>**-Tag erscheint zuerst das Pflichtattribut **action**. Hier wird angegeben, an welchen **Uniform Resource Identifier** (URI, deutsch: einheitlicher Bezeichner für Ressourcen) die Formulardaten beim Absenden des Formulars zu übertragen sind. Der URI kann hier die Referenz auf ein Programm auf dem Server-Rechner sein, das die Formulardaten weiterverarbeitet und damit die Aktion ausführt. Für den URI ist eine bestimmte Struktur vorgeschrieben.

< Typ > : < spezifischer Teil >

Der erste Teil eines URI (vor dem Doppelpunkt) gibt den Typ an, der die Interpretation des folgenden Teils festlegt. Unter anderem sind die folgenden Typen definiert:

Typ	Verwendung
data	direkt eingebettete Daten
file	Dateien im lokalen Dateisystem
ftp	File Transfer Protocol
http	Hypertext Transfer Protocol
mailto	E-Mail-Adresse
pop	Mailboxzugriff über POP3

Die URI-Schemata von **http** und **ftp** besitzen den folgenden Aufbau:

<http/ftp>://[<Benutzername>[:<Passwort>]@]<Server>[:<Port>][/<Pfad>][?<Anfrage>][#<Fragment>]

<Server> benennt die IP-Adresse des Servers, **<Port>** steht für den TCP-Port. **<Port>** ist wie alle anderen in eckigen Klammern gesetzten Parameter optional und nur anzugeben, wenn vom Standard des Protokolls abgewichen wird. **<Benutzername>** und **<Passwort>** erscheinen ebenfalls optional, können aber zur Authentifizierung benutzt werden. Der bedeutendste Typ ist **http** für das Hypertext Transfer Protocol.

Die Tabelle der URI-Typen zeigt weiterhin, dass auch die Angabe eine E-Mail-Adresse als Wert für das Attribut **action** möglich ist, z. B.: **action="mailto:maxi.mustermann@web.de"**. Die Angabe erfolgt zusammen mit den Attributen method = "post" und enctype = "text/plain". Bei Angabe von action = "mailto: ..." wird der Browser die Formulardaten an die angegebene E-Mail-Adresse versenden.

2. Das **zweite Attribut** bei der Formulardefinition ist das Attribut **method**. Es bestimmt, nach welcher HTTP-Übertragungsmethode die Formulardaten zum Ziel gelangen. Dabei gibt es zwei Möglichkeiten:

Methode	Wirkung
method = "get"	Der Browser hängt die Formulardaten als Parameter an die Aufrufadresse an. Die Angabe der get-Methode ist nicht zwingend erforderlich, da **get** als **Standardeinstellung** vordefiniert ist.
method = "post"	Der Browser übermittelt die Formulardaten mit einer speziellen POST-Anfrage an den Webserver (post = verschicken). Der Webserver stellt die Daten dem verarbeitenden Programm über den Standardeingabekanal zur Verfügung.

Nach der Empfehlung des W3-Konsortiums ist die get-Methode dann zu wählen, wenn das auswertende Programm die Daten nur zur Ablaufsteuerung benötigt, z. B. zur Anmeldung oder für eine Suche. Mit der post-Methode können größere Datenmengen übermittelt werden. Sie wird für Fälle empfohlen, in denen die Daten über das auswertende Programm hinaus weiterverarbeitet werden sollen, z. B. zur Speicherung in einer Datenbank.

Elemente der Formulardefinition

Die folgende Tabelle zeigt verschiedene Möglichkeiten zur Gestaltung der Eingaben innerhalb eines Formulares.

Eingabemöglichkeit	HTML-Tag und seine Attribute	Bemerkung
Textfelder	`<input type="Text" id="feld1">`	Es wird ein Textfeld zur Eingabe bereitgestellt. Der eingegebene Wert wird dem Parameter **(feld1)** zugeordnet.
Passworteingabe	`<input type="Password" id="feld2"> </input>`	Der eingegebene Wert wird nicht im Klartext angezeigt, sondern durch anonyme Platzhalter.
alternative Auswahl	`<input type="Radio" id="feld3" value="1">`	Innerhalb eines Absatzes **<p>** können mehrere Radio-Buttons angezeigt werden. Nur ein Button kann ausgewählt werden. Der ausgewählte Wert (value =) wird dem Parameter **(feld3)** zugeordnet.
Mehrfachauswahl	`<input type="Checkbox" id="feld4" value="1">`	Innerhalb eines Absatzes **<p>** können mehrere Auswahlfelder angezeigt werden, wovon mehrere ausgewählt werden können. Die ausgewählten Werte (value =) werden dem Parameter **(feld 4)** zugeordnet.

Angabe der Auswahlwerte	`<select id="feld5">`
	`  <option value="1">Anton</option>`
	`  <option value="2">Berta</option>`
	`  <option value="3">Caesar</option>`
	`  <option value="4">Dorle</option>`
	`</select>`
		In einer Listbox werden die angegebenen Werte zur Auswahl gestellt. Nur ein Wert kann ausgewählt werden. Der ausgewählte Wert (value =) wird dem Parameter **(feld 5)** zugeordnet.

versteckte Eingabefelder	`<input type="hidden" id="feld6">`	Das Eingabefeld bleibt in diesem Formular verborgen. Diese Option kann bei der dynamischen Erstellung von Webformularen genutzt werden. Der Typ wird vom Programm variabel gesetzt, d. h., dass das Feld in einem Fall angezeigt wird und in einem anderen Fall nicht.
großes Feld für Texteingabe	`<input type="textarea" id="feld7">`	Längere Texte können über ein „Textarea" eingegeben werden. Für die Übermittlung wird empfohlen, die post-Methode zu verwenden.
Dateiname suchen	`<input type="file" id="feld8">`	Über diesen Weg kann man die Dateiauswahlanzeige öffnen und die Verzeichnisse durchsuchen. Der ausgewählte Dateiname mit Pfadangabe wird dem Parameter **(feld 8)** zugeordnet.

Im nachfolgenden Beispiel werden diese Gestaltungsmöglichkeiten für die Eingaben in einem Formular dargestellt.

```html
<html>
  <head><title>Formularelemente</title>
  </head>
<body>
<form action="...">
  <p>Kundennummer: <input name="feld1" type="text">
  </input></p>
  <p>Kennwort: <input name="feld2" type="password"
              size="12" maxlength="12">
  </input></p>
  <select name="feld3">
      <option value="1" >Anton</option>
      <option value="2" >Berta</option>
      <option value="3" >Caesar</option>
      <option value="4" >Dorle</option>
  </select>
  <p>Geben Sie Ihren Kundentyp an:</p>
  <p><input type="radio" name="Ktyp"
        value="Stammkunde"> Stammkunde<br>
      <input type="radio" name="Ktyp"
        value="Neukunde"> Neukunde<br>
      <input type="radio" name="Ktyp"
        value="Mitarbeiter"> Mitarbeiter
  </p>
  <p>Welche Artikelgruppen sollen angezeigt werden:</p>
  <p>
    <input type="checkbox"
     name="Agrup" value="hw"> Hardware<br>
    <input type="checkbox"
     name="Agrup" value="sw"> Software<br>
    <input type="checkbox"
     name="Agrup" value="li"> Literatur
  </p>
  <p>AGB annehmen?<br>
    <textarea cols="20" rows="4"
     name="feld"></textarea><br>
    <input type="button" name="Agb1" value="annehmen"
     onclick="this.form.feld.value='Ich akzeptiere die
     AGB'">
    <input type="button" name="Agb2" value="unbekannt"
     onclick="this.form.feld.value='Ich kenne die AGB
     nicht.'">
  </p>
  <p>
   <input name="Datei" type="file"
    size="25" accept="text/*">
<!-- Die Schaltfläche wird automatisch beschriftet.>
</form>
</body>
</html>
```

Dateneingabe über ein HTML-Formular

Ein weiteres Beispiel zeigt die Verbindung von Formular und Tabelle. Die Eingabeelemente aus dem Formular werden durch eine Tabellenstruktur übersichtlich angeordnet. Die Eingaben werden entsprechend dem action-Attribut an eine Mail-Adresse versandt.

```html
<html>
<head>
  <title>Kunden</title>
</head>
<body>
  <h2>ACI-Kundenmitteilung</h2>
  <form action="mailto:service@aci-demo.de"
   method="post" enctype="text/plain">
  <table border="0" cellpadding="5" cellspacing="0"
    bgcolor="#FF8040">
    <tr>
      <td align="right">Kundenkennung:</td>
      <td><input name="Knr" type="text" size="20"
          maxlength="20"></td>
    </tr>
    <tr>
      <td align="right">Passwort:</td>
      <td><input name="Kpw" type="password" size="20"
          maxlength="20"></td>
    </tr>
    <tr>
      <td align="right" valign="top">Kommentar:</td>
      <td><textarea name="Text" rows="5"
          cols="22"></textarea></td>
    </tr>
    <tr>
      <td align="right">Formular:</td>
      <td>
        <input type="submit" value="Absenden">
        <input type="reset" value="Abbrechen">
      </td>
    </tr>
  </table>
</body>
</html>
```

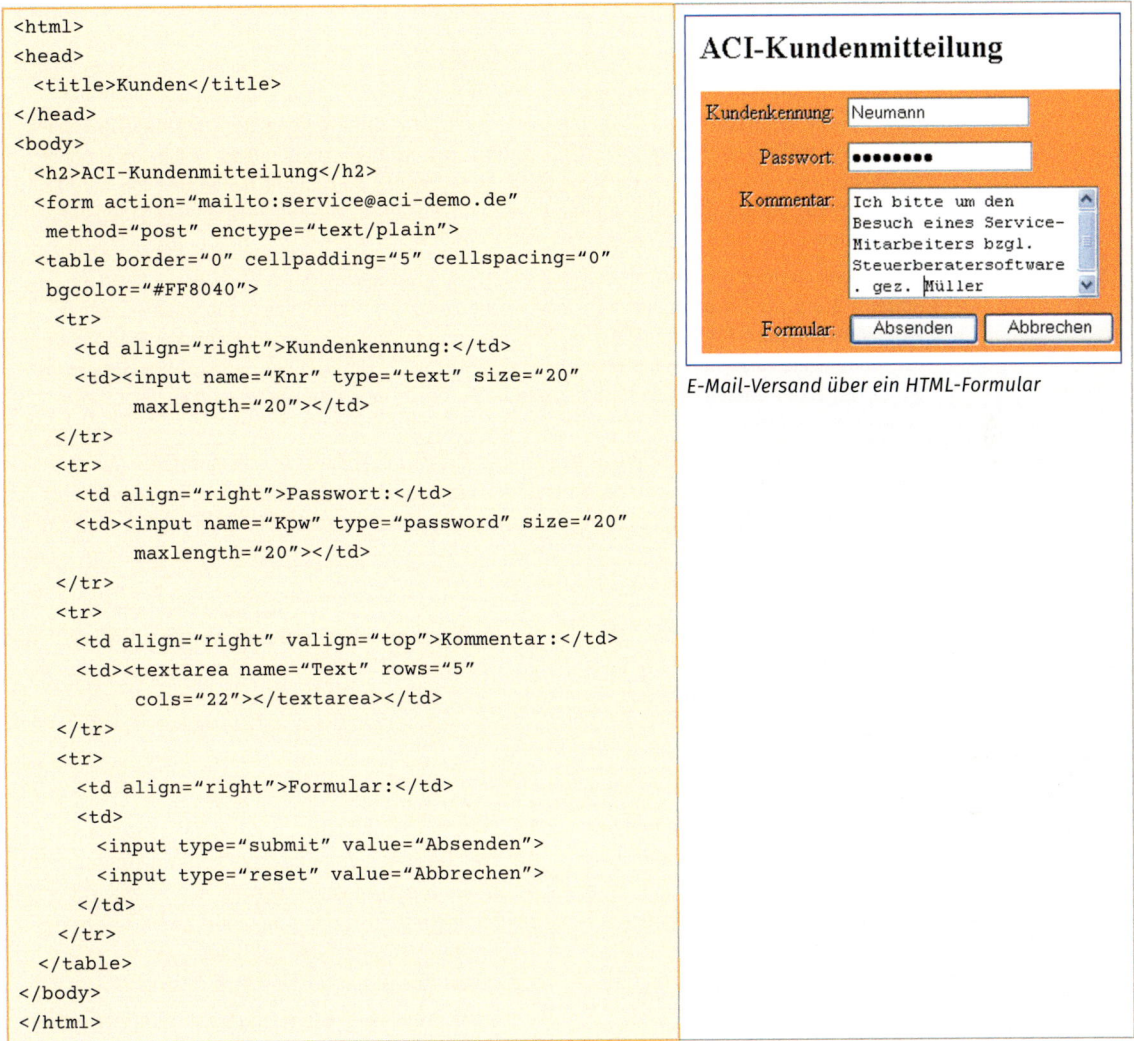

E-Mail-Versand über ein HTML-Formular

11.2.8 Navigation und Struktur von Webauftritten

In der Regel besteht ein Webauftritt nicht nur aus einer Seite, sondern es sind mehrere Seiten durch entsprechende Links miteinander verknüpft. Dabei können die einzelnen Webseiten in Startseite, Haupt- und Unterseiten unterteilt werden.

Startseite	Die Startseite eines Webauftritts ist der Ausgangspunkt für alle weiteren Seiten. Sie ist die erste Seite, die Besuchende sehen, wenn sie eine URL laden. Sie enthält u. a. Informationen über die Inhalte des Webauftritts, ansprechende Bilder und es gibt eine Menüleiste, in der die Hauptseiten verlinkt sind.
Hauptseiten	Hauptseiten enthalten Informationen über einen bestimmten größeren Abschnitt oder Bereich des Webauftritts, wie z. B. Forum, News etc.
Unterseiten	Unterseiten enthalten detaillierte Informationen zu Inhalten der Hauptseite, z. B. verschiedene Themen im Forum.

Diese einzelnen Seiten sind durch Links untereinander verknüpft. Die Art der Verknüpfung der Seiten untereinander bildet die Struktur eines Webauftrittes. Bei der Wahl der Verknüpfung ist besonders wichtig, dass Benutzende alle Unterseiten schnell und einfach finden können. Dabei werden verschiedene Strukturen unterschieden.

Lineare Struktur	Die einfachste Art, Webseiten zu organisieren, besteht darin, diese hintereinander anzuordnen. Diese Struktur entspricht der von Büchern oder Zeitschriften. Die Reihenfolge kann chronologisch sein, eine logische Reihe von Themen, die vom Allgemeinen zum Spezifischen übergehen, oder alphabetisch wie in Indizes, Enzyklopädien und Glossaren. Diese Art der Struktur eignet sich beispielsweise für Schulungen oder Umfragen, bei denen sich die Nutzenden durch einen festen Satz von Material durcharbeitet. Die einzigen Links auf den Seiten sind diejenigen, die den linearen Navigationspfad ermöglichen.
Baumstruktur	Die Baumstruktur ist die Struktur, welche am häufigsten vorkommt. Da Websites in der Regel um eine einzelne Startseite herum organisiert sind, die dann auf Haupt- und Unterseiten verweist, eignet sich die Baumstruktur besonders für die Organisation von Webauftritten. Die meisten Webauftritte verwenden eine Form von mehrstufiger Baumarchitektur. Die Unterteilung in Haupt- und Unterkategorien hat einen starken Vorteil für komplexe Webauftritte, da die meisten Benutzenden mit einer Baumstruktur vertraut sind.
Netzstruktur	Bei dieser Struktur sind alle Seiten untereinander direkt verknüpft. Diese Struktur ist für Webauftritte i. d. R. nicht geeignet, weil sie für Benutzende schwer zu verstehen ist und man sich leicht verliert. Diese Struktur funktioniert am besten bei kleinen Webauftritten, wo der Überblick leicht zu behalten ist.

Heutzutage sind bei den meisten Webauftritten Mischformen der vorgestellten Strukturen zu finden, um Benutzende optimal bei der Benutzung des Webauftrittes zu unterstützen.

Aufgaben

1. Rufen Sie über Ihren Browser die Startseite von Google auf und lassen Sie sich den Quelltext der dargestellten HTML-Seite anzeigen.
2. Schreiben Sie mit Ihrem Textverarbeitungsprogramm einen kurzen Text und speichern Sie diesen Text im HTML-Format. Vergleichen Sie die Textdatei und den generierten HTML-Quellcode.
3. Aus welchen Hauptteilen besteht ein vollständiger und korrekt definierter HTML-Quelltext?
4. Wer ist das W3-Konsortium und welche Rolle spielt es für die Entwicklung von Webanwendungen?
5. Wie werden die Elemente eines HTML-Quelltextes bezeichnet und gekennzeichnet?
6. Welche Möglichkeiten bietet HTML zur Textformatierung?
7. Was ist ein Link und wie kann man innerhalb eines Dokumentes einen Link setzen?
8. Welche Möglichkeiten zur farblichen Gestaltung gibt es?
9. Mit welchen Schlüsselworten (tags) definiert man in HTML eine Tabelle?
10. Was ist ein Stylesheet und welche Vorteile bringt die Verwendung dieses Elements?
11. Warum definiert man unter HTML Formulare?
12. Welche Typen von Aktionen können Sie mit dem Attribut **action** veranlassen?
13. Mit welcher Übertragungsmethode arbeitet die Startseite von Google (get oder post)?
14. Geben Sie unter Google auf der Startseite eine Suchanfrage ein und analysieren Sie nach erfolgreicher Suche in der Anzeige die aufgerufene Adresse. Erkennen Sie Ihre Suchanfrage als Parameter?
15. Wie kann man den Inhalt eines Formulares als E-Mail versenden?
16. Wie definiert man für ein HTML-Formular eine Auswahlliste?
17. Mit welcher HTML-Anweisung erstellt man die Schaltfläche zum Absenden der Eingaben im Formular?
18. Wieso erhalten die Eingabeelemente im Formular jeweils einen Namen?
19. Beschreiben Sie den Unterschied zwischen einer Start-, Haupt- und Unterseite eines Webauftrittes.
20. Begründen Sie, warum die Baumstruktur heutzutage die am häufigsten verwendete Verknüpfungsstruktur von Webseiten darstellt.

11.3 Datenaustauschformate

11.3.1 XML

XML steht für „Extensible Markup Language" und ist wie HTML aus der Metasprache SGML abgeleitet. Die Sprache SGML steht für „Standard Generalized Markup Language" und wurde 1986 standardisiert als ISO 8879.

> SGML ist eine Metasprache, d.h. eine Sprache zur Beschreibung anderer Sprachen. Damit ist sie vergleichbar mit anderen, bereits angesprochenen Darstellungsmitteln zur Beschreibung von Sprachen, wie z.B. der Backus-Naur-Form, kurz BNF, oder den Syntaxdiagrammen von Java. Metasprachen sind extrem kurz und einfach. Sie nutzen nur wenige Symbole.
> BNF ist eine kompakte formale Metasprache unter Verwendung folgender Symbole: Klammern, Listentrennzeichen, Striche und Wiederholungszeichen [ ] { }; | ….
> Die SGML definiert für XML die Tags durch die einleitenden und schließenden Kennzeichen unter Verwendung der folgenden Symbole:
> - < .. > für einleitende Tags
> - < /.. > für schließende Tags
>
> Die Metasprache SGML erlaubt das Definieren von Auszeichnungssprachen mithilfe sogenannter DTDs (Document Type Definitions = Dokumenttyp-Definitionen). In HTML sind die Bedeutungen der Tags fest definiert. In XML besteht jedoch die Möglichkeit, die Bedeutung der Tags selbst zu definieren, worauf im Namen das Wort „Extensible" (gleich „erweiterbar") hindeutet. XML besitzt somit das Potenzial zur universellen Dokumentenbeschreibungssprache.

Viele Anwendungsprogramme bieten heute bereits die Möglichkeit, ihre Ergebnisse in einem universellen XML-Format zu speichern. Die zahlreichen proprietären Formate (firmeneigene Formate), wie *.doc oder *.xls, werden damit in Zukunft an Bedeutung verlieren.

Als Reaktion gibt es zu den Office-Programmen nun die *.docx oder *.xlsx Formate. Mit Microsoft Office 2003 wurde ein XML-basiertes Dateiformat für Microsoft Word eingeführt. Ab Microsoft Office 2007 wurden die XML-basierten Dateiformate überarbeitet und als Office-Open-XML-Standard publiziert.

11.3.1.1 Aufbau eines XML-Dokuments

Ein XML-Dokument besteht aus **Elementen, Attributen** und ihren **Wertzuweisungen**. Den Grundbaustein eines XML-Dokuments bilden die Elemente, die durch die Tags begrenzt werden. Jedes Element beginnt mit einem Start-Tag, das den Namen des Elements zwischen einer öffnenden und schließenden spitzen Klammer (< >) einschließt, und endet mit einem End-Tag, das bis auf einen Slash (/) vor dem Elementnamen mit dem Start-Tag identisch ist (z.B. <elementname>Inhalt</elementname>).

Alles was sich zwischen dem Start-Tag und End-Tag eines Elements befindet, wird als Inhalt des Elements betrachtet und kann einfachen Text oder weitere Elemente beinhalten, sogenannte Kind-Elemente.

Elemente, die keinen Inhalt haben, werden als leere Elemente bezeichnet und können durch einen einzelnen Tag repräsentiert werden (<elementname/>). XML-Dokumente haben in der Regel die in der folgenden Übersicht zusammengefassten Bestandteile.

Prolog	<?xml version="1.0" encoding="ISO-8859-1" standalone="yes"?> - Notation in spitzen Klammern - Verwendung von Kleinbuchstaben - Am Beginn und am Ende des Prologs erfolgt die Kennzeichnung mit einem Fragezeichen. - Das Attribut **version** gibt an, welche Version der XML-Spezifikation im Dokument verwendet wird. - Das Attribut **encoding** gibt an, welche Zeichenkodierung zum Speichern der XML-Datei verwendet wurde. - Mit dem Attribut **standalone** wird dem XML-Parser mitgeteilt, ob sich die vorliegende Datei auf eine externe DTD-Datei (document type definition) bezieht oder nicht. Mit **standalone="yes"** befindet sich die DTD **innerhalb der aktuellen Datei.** Mit **standalone="no"** befindet sich die DTD **in einer separaten Datei.**
Referenzierung einer DTD-Datei	<!DOCTYPE artikel SYSTEM "artikel.dtd"> Damit die Überprüfung einer XML-Datei möglich ist, benötigt der Parser die Informationen aus einer DTD-Datei. Dazu muss im XML-Dokument direkt nach der Zeile <?xml … ?> in einem <!DOCTYPE>-Element die Referenz auf die zu verwendende DTD-Datei erscheinen.
Datenteil	- Elemente - Attribute: Ein Attribut besteht dabei aus einem Namen und einem Wert, das dem Start-Tag eines Elements zugewiesen wird: (<elementname attribut="wert">) - Wertzuweisung = Inhalt des Elements
Epilog (optional)	<!-- Kommentar -->

Bei XML steht nur der Inhalt im Mittelpunkt. Formatangaben, wie Schriftgrößen oder Schriftarten, und Gestaltungselemente, wie Überschriften, gibt es hier nicht. Die Namen der Strukturelemente (XML-Elemente) für eine XML-Anwendung sind frei wählbar. Ein XML-Element kann unterschiedliche Datentypen enthalten, wie Texte, Zahlen oder Grafiken. Das Grundprinzip von XML besteht darin, Daten und ihre Repräsentation zu trennen.

11.3.1.2 Gültige und wohlgeformte XML-Dokumente

Die Gültigkeit von XML-Dokumenten nach einer Datenübertragung kann überprüft werden, wenn das Format mittels einer Grammatik, einer Dokumenttypdefinition (DTD) oder eines XML-Schemas definiert ist. So sind Übertragungsverluste oder Verfälschungen bei der Dokumentenübermittlung erkennbar. Standardmäßig gilt ein XML-Dokument als gültig, wenn es wohlgeformt ist, den Verweis auf eine Grammatik enthält und das durch die Grammatik beschriebene Format einhält.

XML-Parser sind Programme, die XML-Dateien auslesen, interpretieren und auf deren Gültigkeit prüfen. Für die Schaffung wohlgeformter XML-Dokumente gibt es einige Regeln.

W
- Jedes Dokument besitzt genau ein Wurzelelement.
- Alle Elemente mit Inhalt haben eine Beginn- und eine End-Kennung (tags).
- Leere Elemente ohne Inhalt können auch nur aus einer Kennung (tag) bestehen, die jedoch mit einem Slash am Ende (/>) abschließt.
- Beginn- und End-Kennungen (tags) sind immer paarig und können ineinander geschachtelt sein.
- Ein Element darf nicht mehrere Attribute mit gleichem Namen besitzen.

Der folgende Quelltext zeigt ein Beispiel für ein wohlgeformtes XML-Dokument mit drei Datensätzen zu Artikeln.

```
<?xml version="1.0" encoding="iso-8859-1"
  standalone="no" ?>
<!DOCTYPE Warenwirtschaft SYSTEM
  "artikel.dtd">
<ARTIKEL>
  <DATENSATZ>
     <ARTIKELNR>1111</ARTIKELNR>
     <BEZEICHNUNG>USB-Stick
       1GByte</BEZEICHNUNG>
     <PREIS>8.75</PREIS>
  </DATENSATZ>
  <DATENSATZ>
     <ARTIKELNR>2222</ARTIKELNR>
     <BEZEICHNUNG>USB-Stick
       2GByte</BEZEICHNUNG>
     <PREIS>16.75</PREIS>
  </DATENSATZ>
  <DATENSATZ>
     <ARTIKELNR>3333</ARTIKELNR>
     <BEZEICHNUNG>USB-Stick
       4GByte</BEZEICHNUNG>
     <PREIS>46.15</PREIS>
  </DATENSATZ>
</ARTIKEL>
```

Die dazugehörige Dokumenttypdefinition DTD befindet sich im folgenden Quelltext. Das Element ARTIKEL ist vom Typ DATENSATZ. Dieser Typ wird sofort als Einheit der Elemente ARTIKELNR, BEZEICHNUNG und PREIS erklärt. Diese Elemente sind wiederum vom Typ #PCDATA. Das ist ein für den Parser erkennbarer finaler Datentyp, gekennzeichnet durch das Zeichen „#". PCDATA steht für „parsed character data" und sagt aus, dass es sich um eine Zeichenkette handelt.

```
<!-- ARTIKEL.DTD -->
<!ELEMENT ARTIKEL (DATENSATZ)>
<!ELEMENT DATENSATZ (ARTIKELNR,
  BEZEICHNUNG, PREIS)>
<!ELEMENT ARTIKELNR (#PCDATA)>
<!ELEMENT BEZEICHNUNG (#PCDATA)>
<!ELEMENT PREIS (#PCDATA)>
```

11.3.1.3 Parser für XML-Dateien

Bei der Benutzung von XML gilt es zu beachten, dass XML nicht allein verwendet werden kann, sondern auf einen Parser angewiesen ist, vergleichbar mit einem Interpreter bei Programmiersprachen. Bei XML ist ein Parser diejenige Software, die XML-Strukturen ausliest, analysiert und nachgeschaltete Software zur Verfügung stellt. Ein XML-fähiger Browser besitzt beispielsweise ein eigenes Softwaremodul, das den Parser darstellt.

Im Parser wird die Baumstruktur der XML-Daten analysiert. Ein erfolgreiches Analysieren dieser Struktur ist die Voraussetzung für eine korrekte Darstellung bzw. Wiedergabe der Daten. Ein Parser muss nicht zwingend auf der Client-Seite im Browser integriert sein. Er kann ebenso in die Umgebung eines Webservers eingebunden sein und Daten umwandeln, die auf dem Server abgelegt sind und vom Browser über HTTP angefordert werden, schon bevor diese Daten überhaupt übers Internet übertragen werden. Genauso arbeitet beispielsweise ein serverseitiger **XSLT-Parser**, der XML-Daten in HTML-Daten übersetzen kann. Ein Browser, der die XML-Daten über HTTP angefordert hat, erhält dann vom Server den für ihn verständlichen HTML-Code.

Generell kann man unterscheiden zwischen Parsern, die den Quelltext validieren, bzw. nicht validieren. Validierende Parser erwarten zu allen XML-Daten eine DTD und prüfen den gesamten Inhalt der XML-Daten gegen die zugehörige DTD. Ergibt die Prüfung Fehler, melden solche Parser Fehler und brechen die Verarbeitung ab.

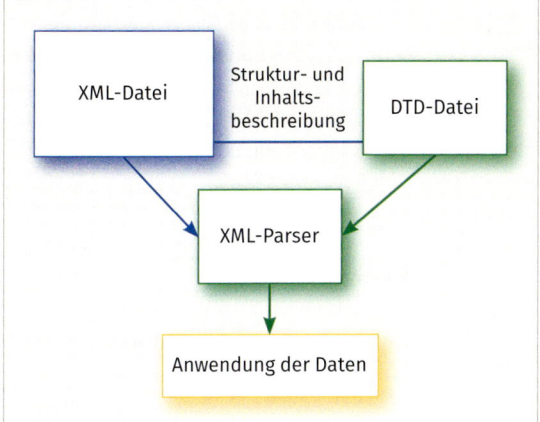

Parser zur Verarbeitung einer XML-Datei

11.3.1.4 XML-Schemata

Alternativ zur DTD kann auch ein sogenanntes XML-Schema zur Beschreibung der Struktur eines XML-Dokuments verwendet werden. Das XML-Schema wurde vom W3C als neuer Standard entwickelt, weil sich mit der DTD die Datenstruktur oft nur unzureichend beschreiben lässt, da Angaben über Datentypen und Wertebereiche gar nicht oder nur minimal vorhanden sind. Dies macht sich insbesondere bei der Verwendung von XML als Datenaustauschformat negativ bemerkbar, was z. B. bei vielen E-Business Lösungen der Fall ist.

Das XML-Schema erweitert die Sprachmöglichkeiten von DTDs erheblich und gestattet die Definition von eigenen Datentypen, das Ableiten neuer Datentypen aus vorhandenen, die Wiederverwendung von Datentypen aus anderen Schemata sowie die eindeutige Spezifizierung der Dokumentstrukturen. Ein weiterer Vorteil von XML-Schemata gegenüber DTDs besteht darin, dass ein XML-Schema selbst in der XML-Syntax verfasst wird.

11.3.1.5 XSL zur Formatangabe

XML-basierte Dateien enthalten nichts anderes als semantische Auszeichnungen. Eine Auszeichnung wie **<bezeichnung>...</bezeichnung>** sagt nur etwas über die Bedeutung der an dieser Stelle gespeicherten Daten aus. Es fehlen Angaben darüber, wie solche Daten darzustellen sind. Die so bezeichneten Daten sind völlig unabhängig vom Ausgabemedium (Bildschirm, Display, Lautsprecher, Drucker), und sie enthalten keinerlei Angaben zur Formatierung (Schriftart, Schriftgröße, Farben usw.). Der Browser besitzt im Gegensatz zu HTML-Daten, für deren Darstellung angegebene Formatwerte existieren, bei XML-Daten keine Anhaltspunkte zu deren Darstellung.

Bevor XML-Daten präsentiert werden können, müssen mithilfe einer Style-Sprache Festlegungen zur Formatierung dieser Daten getroffen werden. Dazu stehen heute zwei Formatsprachen zur Verfügung: CSS und XSL. CSS (Cascading Style Sheets), auch für HTML eingesetzt, ist dabei die Standardsprache. Sie genügt, um einem Webbrowser mitzuteilen, wie er die Elemente einer XML-Datei darstellen soll. XSL (Extensible Stylesheet Language) ist dagegen wesentlich mächtiger und enger an den Konzepten von XML orientiert. Ganz besonders wichtig ist die sogenannte Transformationskomponente XSLT (XSL Transformations). Mithilfe von XSLT kann man beispielsweise XML-Daten in HTML transformieren – und zwar serverseitig, also bevor der Browser in die Darstellung überhaupt einbezogen ist. Das hat den Vorteil, dass XML in Verbindung mit XSL auch mit älteren Browsern funktioniert, die gar kein XML kennen. Der Webserver muss eine entsprechende Schnittstelle besitzen, die das Einbinden eines XSL/XSLT-verarbeitenden Softwaremoduls erlaubt.

Aufbereitung einer XML-Datei mittels XSLT

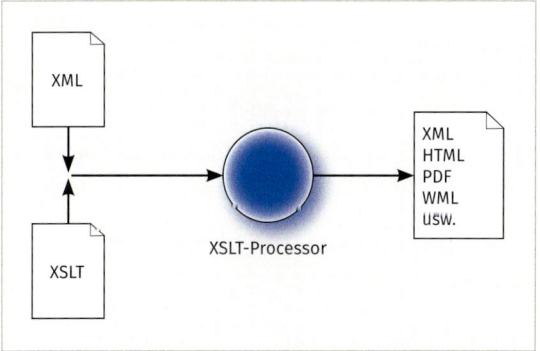

Daneben stehen in XSL verschiedene Möglichkeiten zur Verfügung, die in CSS unbekannt sind. Das betrifft zum Beispiel die bedingte Formatierung (wie if-Bedingungen in Programmiersprachen) oder die Sortierung von Daten. Ein entscheidender Vorteil von XSL liegt außerdem darin begründet, dass im Gegensatz zu CSS keine eigene, vom Auszeichnungssprachenschema abweichende Syntax benutzt wird. Stattdessen ist XSL selbst eine mithilfe von XML definierte Auszeichnungssprache.

Eine mit XSL erstellte Stylesheet-Datei ist also selber eine XML-gerechte Datei. Somit sind Softwaretools, die für XML entwickelt wurden, auch für XSL anwendbar.

Das folgende Script einer XSL-Datei dient zur Erzeugung einer HTML-Datei.

```xml
<?xml version="1.0">
<xsl:stylesheet
xmlns:xsl="http://www.w3.org/1999/XSL/Transform">

<xsl:template match="ARTIKEL">
  <html>
  <head>
     <title>Artikelliste</title>
  </head>

  <body>
     <h1>Tabelle mit den Artikeln</h1>
     <table border="1" cellspacing="1"
      cellpadding="3">
      <tr bgcolor="#CCCCCC">
        <td> <b> Nummer </b> </td>
        <td> <b> Bezeichnung </b> </td>
        <td> <b> Preis </b> </td>
      </tr>

      <xsl:for-each select="DATENSATZ">
        <tr>
           <td> <xsl:value-of select="ARTIKELNR"/> </td>
           <td> <xsl:value-of select="BEZEICHNUNG"/> </td>
              <td> <xsl:value-of select="PREIS"/> </td>
        </tr>
      </xsl:for-each>
     </table>
  </body>
  </html>
</xsl:template>
</xsl:stylesheet>
```

Der Aufruf dieser XSL-Datei erfolgt im Kopf der XML-Datei durch folgende Hinweiszeile:

```xml
<?xsl-stylesheet type="text/xsl" href= "artikel.xsl"?>
```

11.3.1.6 Epilog zu XML

XML-Dateien sind genau wie HTML-Dateien sehr aufwendig zu schreiben und zu lesen. Für den Menschen ist dabei vieles redundant und damit eigentlich überflüssig. Wer versucht, HTML- oder XML-Dateien im Editor per Hand zu schreiben, wird sehr schnell am großen Schreibaufwand und den vielen formalen, aber menschlich verursachten Fehlern scheitern. Diese Sprachen sind auch nicht als Schnittstelle für den Menschen gedacht, sondern zur Kommunikation von Programm zu Programm.

In den folgenden Abschnitten zu dynamischen Webseiten oder Webservices wird man sehen, dass diese Dokumente alle per Programm erzeugt und gelesen werden. Diese Verfahrensweise stellt hohe Ansprüche an eine saubere Softwarearchitektur. Das eine Programm erzeugt die XML-Datei, und das nachfolgende Programm liest diese Datei sofort ein. Unter Unix gibt es dafür die sogenannten Pipelines, unter Windows organisiert man diesen Ablauf in Containern, d. h., Programme und ihre Daten bzw. Dateien gelangen in einen Container und sind damit zuordenbar und für die sofortige Verarbeitung bereit.

11.3.2 JSON

Ein weiteres Austauschformat heißt JSON, das steht für JavaScript Object Notation. Das Austauschformat orientiert sich bei seiner Syntax an JavaScript. Die verschiedenen Datentypen wie Zeichenketten, Zahlen, Arrays und Objekte werden mit den Ausdrucksmitteln von JavaScript dargestellt. Jedes JSON-Dokument sollte ein syntaktisch korrektes JavaScript sein, ohne jedoch aktive Komponenten zu enthalten. JSON ist eine einfache Form der Datenbeschreibung, hauptsächlich für den Datenaustausch zwischen Servern und Webanwendungen bestimmt. Es ist sowohl von Menschen als auch von Maschinen einfach zu lesen und zu verstehen. JSON hält sich an die Syntax von JavaScript, ist aber unabhängig von dessen Semantik. Daher können Parser zu allen verbreiteten Sprachen entwickelt werden. JSON ist:

- textbasiert
- sprachunabhängig
- standardisiert

Das JSON-Schema definiert wie bei XML die Datenstruktur. Die Daten folgen dann ähnlich redundant gespeichert wie bei XML, jedoch kürzer und einfacher ohne die Tags mit eckigen Klammern. Ein einfaches JSON-Beispiel sieht so aus:

JSON-Schema	HTML-Tag und seine Attribute
| ```
{
  "type": "array",
  "$schema": "http://json-schema.org/
   draft-04/schema#",
  "description": "Azubis",
  "minItems": 1,
  "uniqueItems": true,
  "items": {
    "type": "object",
    "required": [
      "name",
      "geburtsjahr",
      "hobbys"
    ],
    "properties": {
      "name": {"type": "string", "minLength": 1},
      "geburtsjahr": {"type": "number"},
      "hobbys": {"type": "array",
        "items": {required": [], "properties": {}
      }
    }
  }
}
``` | ```
[
  {
    "name": "Felix Nagler",
    "geburtsjahr": 2006,
    "hobbys": ["Lesen", "Gaming", "Reisen"]
  },
  {
    "name": "Svenja Nowak",
    "geburtsjahr": 2007,
    "hobbys": ["Reiten", "Zeichnen", "Tanzen"]
  },
  {
    "name": "Aslan Yilmas",
    "geburtsjahr": 2007,
    "hobbys": ["Kochen", "Fußball"]
  }
]
``` |

Aufgaben

1. Was ist eine Metasprache?
2. Was beinhaltet die Backus-Naur-Form?
3. Wiederholen Sie die Informationen über die Syntaxdiagramme zu Java.
4. Welchen gemeinsamen Ursprung haben HTML und XML?
5. Wann ist eine Datenübertragung mittels einer XML-Datei gültig?
6. Was stellt die DTD-Datei dar?
7. Wodurch unterscheidet sich eine DTD von einem XML-Schema?
8. Wann ist ein XML-Dokument wohlgeformt?
9. Was ist notwendig zum Verstehen einer XML-Datei?
10. Welche Aufgabe hat ein XML-Parser?
11. Welche Rolle spielen Cascading Style Sheets (CSS) in HTML und wie sind sie vergleichbar mit XSL-Dateien für XML?
12. Wo werden die XSL-Dateien ausgeführt?

11.4 Clientseitige Programmierung

11.4.1 Skripte

Will man das Web nicht nur zum Publizieren von Dokumenten festen Inhaltes benutzen, besteht eine Möglichkeit darin, aktive Elemente in die zu übertragenden HTML-Dateien einzubinden. Eingebettet werden da für Skripte (kleine Programme), geschrieben in einer sogenannten Skriptsprache, die dann im Browser beim Client ausgeführt werden.

Skriptsprachen stellen meist einfach gehaltene, interpretierbare Programmiersprachen dar. Programme in Skriptsprachen sind nicht umfangreich und müssen darum nicht vor dem Einsatz kompiliert werden. Zu den wichtigen Skriptsprachen gehören:

- JavaScript
- JScript
- VBScript

JavaScript ist eine Programmiersprache für einfache, in HTML eingebundene Anwendungen, die clientseitig ausgeführt werden (z. B. Reaktion auf einen Mausklick der Benutzenden). JavaScript ist wesentlich simpler als Java aufgebaut.

JavaScript wird mit dem Tag **<SCRIPT LANGUAGE= "JavaScript">Quelltext</SCRIPT>** in HTML-Dokumente eingefügt. Microsofts Variante von JavaScript ist **JScript**. Die bisher vorliegenden Anwendungen von JavaScript erscheinen für die Anwender und Anwenderinnen nicht gerade überzeugend. Vielfach deaktiviert man im Browser bewusst die JavaScript-Funktionalität, um schädliche Wirkungen fremder Programme zu verhindern. Trotzdem gibt es zahlreiche berechtigte Anwendungsgebiete. Die folgenden Beispiele sollen die Funktionsweise von JavaScript verdeutlichen.

11.4.2 JavaScript

Im ersten Beispiel geht es um eine einfache, direkt in die HTML-Datei eingebundene Skriptanwendung, die die Vollständigkeit und Korrektheit der Eingaben in einem Formular überprüft, also ob die Felder für den Namen und die E-Mail-Adresse ausgefüllt sind und ob die E-Mail-Adresse formal annehmbar ist. Hierzu wird nach dem @-Zeichen in der Eingabekette gesucht.

Für die Programmierung in JavaScript sind hier wichtig:
- Platzierung der JavaScript-Funktion **testForm( )** direkt im HTML-Text im Kopfbereich (**<head>-tag**)
- Aufruf der JavaScript-Funktion **Zugang( )** sofort beim Versuch zum Übertragen der Daten durch die **onsubmit-Direktive**
- Anzeige von Meldungen durch die Funktion **alert( )**

JavaScript, eingebettet in eine HTML-Seite

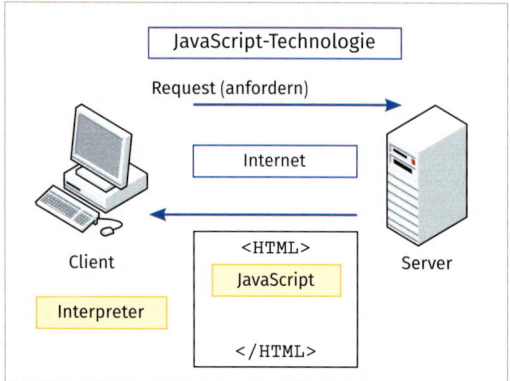

HTML-Quelltext

```
<!DOCTYPE html>
<html lang="de">
<head>
  <meta charset="UTF-8">
  <title>überprüfen</title>
</head>
<body>
  <h2> Ihre Eingaben bitte:</h2>
  <form id="myForm" method="get">
   <pre>
    <label for="name">Name:</label>
    <input type="text" id="name" name="name">
    <label for="email">Email:</label>
    <input type="email" id="email" name="email">
    <input type="submit" value="absenden">
    <input type="reset" value="neu eingeben">
   </pre>
  </form>

  <script>
    document.getElementById('myForm').
addEventListener('submit', function(event) {
    var nameField = document.getElementById('name');
    var emailField = document.getElementById('email');
     if (nameField.value === '' || emailField.value === '') {
     event.preventDefault(); //Standard-Event verhindern
     alert('Bitte füllen Sie alle Felder aus');}
    });
  </script>
</body>
</html>
```

Anzeige im Browser (falls alle Felder leer bleiben)

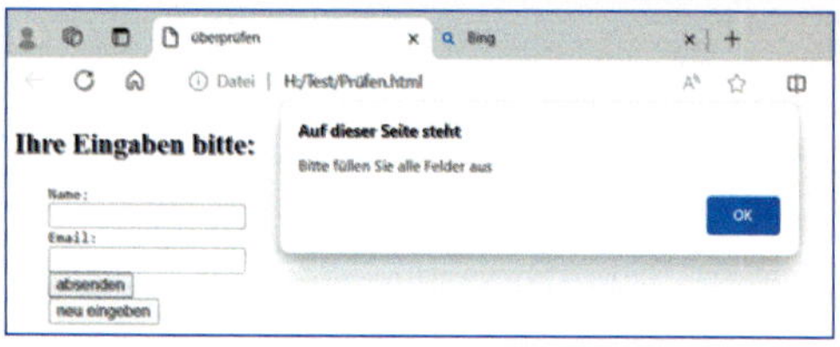

Wenn der Anwender zum Absenden des Formulars auf den **submit-Button** klickt, wird durch den Event-Handler **onsubmit** die JavaScript-Funktion **testForm( )** aufgerufen. Stellt die Funktion **Fehler** bei den Eingaben fest, gibt sie den Wert **false** zurück, ansonsten den Wert **true**. Durch den Zusatz **return** vor dem Funktionsnamen wird dieser Wert im einleitenden **<form>-Tag** an den Browser übergeben. Der Browser kennt nur die beiden Werte **true** und **false**. Im Zusammenhang mit **onsubmit** wird das Formular nur dann abgeschickt, wenn der Wert **true** ist. Ist der Wert **false**, wird das Absenden der Formulardaten verhindert, und die Nutzer und Nutzerinnen erhalten durch die Alert-Box eine Information.

11.4.2.1 Eingabekontrolle mit Prüfzifferberechnung in JavaScript

Im zweiten Beispiel geht es um eine durchaus praktische Skriptanwendung, mit der die korrekte Eingabe einer Artikelnummer (EAN) anhand der Prüfziffer kontrolliert wird. Damit können fehlerhafte Artikelnummern bei der Eingabe erkannt werden. Es wird dabei jedoch nicht geprüft, ob zu der eingegebenen Artikelnummer ein Artikel existiert, sondern nur die formale Richtigkeit der Ziffernfolge. So können ausgelassene Ziffern oder Zahlendreher bei einer manuellen Eingabe erkannt werden.

> Die letzte Ziffer ist die Prüfziffer der 13-stelligen EAN. Sie errechnet sich, indem die einzelnen Ziffern von links nach rechts abwechselnd mit 1 und 3 multipliziert und anschließend diese Produkte addiert werden. Die Prüfziffer ergänzt diese Summe dann zum nächsten Vielfachen von 10, d. h., es gilt: (Summe + Prüfziffer) mod 10 = 0

In Microsoft Excel könnte ein Berechnungsschema wie in folgender Abbildung aussehen.

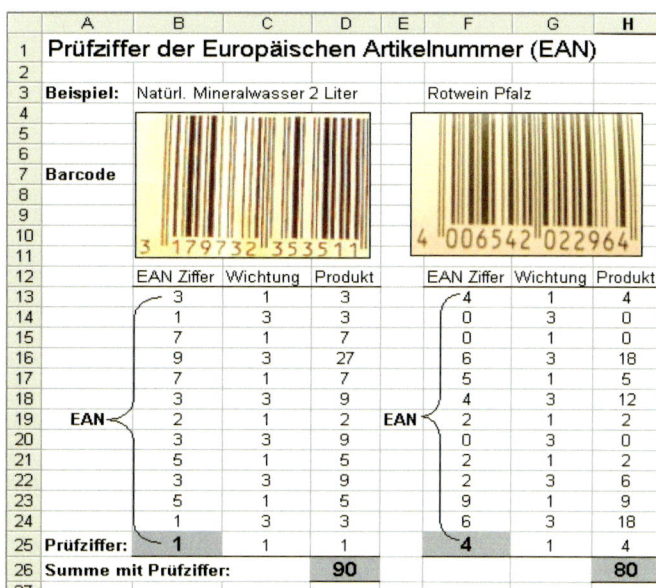

Beispiel für Prüfziffernkontrolle mit Microsoft Excel

Für Verwendung von JavaScript sind nachfolgende Aspekte zu beachten:
- Platzierung der JavaScript-Funktion **EANpruefen( )** als **externe Datei** neben dem HTML-Text im gleichen Verzeichnis
- Aufruf der JavaScript-Funktion **EANpruefen( )** über eine Schaltfläche, verbunden mit der **onclick-Direktive**
- Übergabe von **Parameter** aus HTML an die JavaScript-Funktion durch die Bezugnahme auf das durch **name="EAN"** benannte Datenfeld aus der HTML-Umgebung

Daraus ergibt sich das folgende JavaScript zur Kontrolle der Artikelnummerneingabe.

| HTML-Quelltext | ```html
<!DOCTYPE html>
<html lang="de">
<head>
    <meta charset="UTF-8">
    <title>EAN-Test</title>
    <script src="EAN.js"> </script>
</head>
<body>
    <h1>EAN-Test</h1>
    <form onsubmit="event.preventDefault(); testEAN();">
        <label for="ean">EAN eingeben:</label><br>
        <input type="text" id="ean" name="ean" required><br>
        <button type="submit">Prüfen</button>
    </form>
    <p id="ergebnis"></p>
</body>
</html>
``` |
| Externe JavaScript-Datei | ```js
function guteEAN(ean) {
    if (ean.length !== 13) return false;

    let sum = 0;
    for (let i = 0; i < 12; i++) {
        let digit = parseInt(ean[i]);
        if (i % 2 === 0) {
          sum += digit;
        } else {
          sum += digit * 3;
        }
    }
    let checksum = (10 - (sum % 10)) % 10;
    return checksum === parseInt(ean[12]);
}

function testEAN() {
    const eanInput = document.getElementById('ean');
    const ergebnis = document.getElementById('ergebnis');
    const ean = eanInput.value;

    if (guteEAN(ean)) {
        ergebnis.textContent = "Die EAN ist gültig.";
        ergebnis.style.color = "green";
    } else {
        ergebnis.textContent = "Die EAN ist ungültig.";
        ergebnis.style.color = "red";
    }
}
``` |
| Ergebnis im Browser | **EAN-Test**

EAN eingeben:
`4006542022964`
[Prüfen]

<span style="color:green">Die EAN ist gültig.</span> |

JavaScript in externer Datei

Die JavaScript-Datei existiert hier unabhängig vom HTML-Text, befindet sich aber im gleichen Verzeichnis, sodass sie dort automatisch gefunden werden kann. HTML verweist dann nur noch auf die Quelle (z. B. src = "JSeanpr.js"). Eine JavaScript-Datei sollte die Namenserweiterung ***.js** erhalten.

Im folgenden HTML-Text wird die JavaScript-Datei im **<head>-Tag** als Quelle referenziert. Die Eingabe erfolgt im Rahmen einer Formulardefinition **<form>**. Wichtig ist, die Benennung des Eingabefeldes **name="EAN"** für die Parameterübergabe an die JavaScript-Routine zu beachten. Folgendes HTML-Beispiel zeigt den Aufruf des Java-Scripts zur Kontrolle der Artikelnummerneingabe.

Diese beiden Beispiele können den Leistungsumfang für die Arbeit mit JavaScript nur in bescheidenem Maße andeuten. Zu den typischen Anwendungsgebieten von JavaScript gehören:
- Plausibilitätsprüfung von Formulareingaben, bevor diese Daten zur weiteren Bearbeitung zum Server versandt werden
- Animationen, die beim Überfahren mit der Maus aktiviert werden
- Laufschriften und bewegte Schriftzüge

Leider bietet JavaScript auch breiten Raum für Missbrauch. Deshalb werden die JavaScript-Anwendungen am besten in einen sogenannten **„Sandkasten"** verbannt, aus dem heraus sie möglichst wenig Zugriff auf kritische Ressourcen haben. So erhält JavaScript standardmäßig nur Zugriff auf die Objekte des Browsers und kann nicht auf das Dateisystem zugreifen, d. h., keine Dateien lesen oder schreiben. JavaScript kann auch keine Grundeinstellungen des Browsers beeinflussen. Besondere Aktionen, wie das Schließen des Browserfensters, erfordern die explizite Erlaubnis der Nutzerinnen und Nutzer. Insgesamt sind die Leistungsmöglichkeiten von JavaScript sehr umfangreich. Weitere Informationen liefern die bekannten Quellen, wie z. B.: https://wiki.selfhtml.org/wiki/JavaScript

Zu Abschluss ein kleine Auswahl von JavaScript-Syntax.

```
Kommentare: // Einzeilenkommentar
            /* Mehrzeilenkommentar */
Rechenoperatoren: +, -, *, /,
            % - Modulo, ** - Exponential
Vergleichsoperatoren: >, >=, <, <=, ==, !=
Logische Operatoren: && - Und, || - Oder, !
 - Nicht
Anweisung: let x = 0;
Verzweigung: if ( Bedingung) { … }
            else { … }
Kopfgesteuerte Schleife: while (Bedingung) {
                …
            }
Zählschleife: for (Startwert; Bedingung;
Schrittweite) {
                …
            }
Umwandeln von Zeichenketten:
parseInt(string) parseFloat(string)
```

Aufgaben

1. Warum sichert man so eine wichtige Schlüsselnummer wie die Artikelnummer EAN durch eine Prüfziffer?
2. Nennen Sie weitere allgemein verwendete Schlüsselnummern.
3. Wo wird das JavaScript innerhalb des HTML-Textes platziert?
4. Welche Risiken sind mit der Zulassung von JavaScript innerhalb des Browsers verbunden?
5. Welchen Sicherheitsvorteil kann man als Anbieter der Webseite durch eine Platzierung der Skript-Datei außerhalb des HTML-Textes erreichen?
6. Was bedeutet die Abarbeitung in einem „Sandkasten" für JavaScript?
7. JavaScript wird im Browser interpretiert. Welche Gemeinsamkeiten und Unterschiede gibt es zu Java als Programmiersprache und als Softwaretechnologie?
8. Wie wird ein Skript innerhalb des Formulares aufgerufen?
9. Wie erfolgt die Übergabe der Eingangsparameter an ein Skript?
10. Wie erfolgt die Rückgabe der Ergebnisse vom Skript zum HTML-Text?
11. Was ist ein **Alert**?

11.4.3 Applets

Der Java-Idee folgend wird ein Java-Quelltext in eine Objektcode-Datei übersetzt, die dann auf einer Java Virtual Machine (JVM) abgearbeitet wird. Also kann man auch eine Java-Objektcode-Datei im Internet übertragen und beim Empfänger erwarten, dass sie mittels der dort platzierten JVM ausgeführt wird. Java ermöglicht den Einbau sogenannter **Applets** in die Web-Dokumente. Dabei handelt es sich um kleine Anwendungsprogramme auf Bytecode-Basis, die dann auf dem Client ausgeführt werden.

11.4.3.1 Aufruf von Applets

Applets werden mit dem Tag <applet Attribute></applet> in HTML-Dokumente eingefügt. Aufgerufen werden sie wie JavaScript im Kopf der Formulardefinition durch das **action-Attribut** im **form-Tag**. In HTML 4.0 wird dies verallgemeinert und statt des <applet>-Elements das <object>-Element vorgeschrieben: <object Attribute></object>.

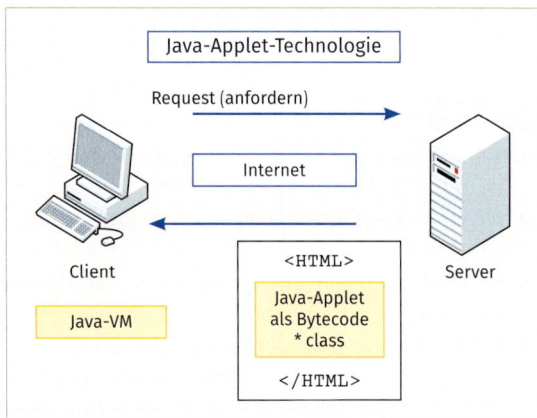

Java-Applet, eingebettet in eine HTML-Seite

Die Java Virtual Machine ist frei von Lizenzkosten nutzbar und kann auf allen Rechnern, auch mit unterschiedlicher Architektur, eingesetzt werden. Damit wäre eine universelle Laufzeitumgebung geschaffen. So versucht man, kleine Applikationen oder Applets zu entwickeln und eingebettet in die HTML-Dokumente weltweit zu übertragen. Beim Client sollen diese Applets dann im Rahmen des Browsers ausgeführt werden (siehe Grafik).

Alle Java-Applets werden von der Java-Klasse **java.applet.Applet** abgeleitet. Sie arbeiten ereignisorientiert, wobei die sonst bei Java-Anwendungen verlangte Methode main( ) nicht verwendet wird. Applets nutzen standardmäßig die folgenden **Methoden**:

- **init( )** – wird genau einmal aufgerufen, wenn das Applet erstmals in den Browser geladen wird. Das Initialisieren von Applets kann beispielsweise das Einlesen von Parametern, das Erstellen anderer Objekte oder das Setzen von Voreinstellungen für das Ausgabefenster beinhalten.
- **start( )** – wird jedes Mal aufgerufen, sobald das Applet sichtbar wird. Während die Initialisierung nur einmal stattfindet, kann ein Applet während einer Sitzung mehrmals gestartet werden. Es bleibt deshalb auch im Arbeitsspeicher des Browsers aktiv.
- **paint( )** – Zeichenmethode für die Anzeigefunktionen des Applets
- **repaint( )** – aktualisiert die Ausgabe von paint( )
- **stop( )** – wird jedes Mal aufgerufen, sobald der Benutzer oder die Benutzerin die Seite mit dem Applet verlässt, z. B. weil das Browser-Fenster von einem anderen Fenster überdeckt wird. Standardmäßig werden aber alle vom Applet gestarteten Threads (Steuerfluss) weiter ausgeführt.
- **destroy( )** – wird aufgerufen, wenn das Applet aus dem Hauptspeicher entladen wird. Durch das Zerstören hinterlässt das Applet einen „aufgeräumten" Arbeitsspeicher, sodass alle laufenden Threads oder erzeugten Objekte freigegeben werden. Standardmäßig zerstört sich ein Applet beim ordentlichen Beenden des Browsers, sodass diese Methode normalerweise nicht gesondert programmiert werden muss.

11.4.3.2 Gefährdung durch Applets

Die Idee der Applets basiert auf einem einfachen Wirkprinzip und ist eigentlich für alle nutzbar. Leider wurde es deshalb sehr schnell auch für schädliche Zwecke missbraucht. So kann beim Laden einer HTML-Seite unbemerkt auch ein Applet mit Schadfolgen für den Client-Rechner übertragen werden und dort sofort zur Ausführung gelangen.

Die anfängliche Euphorie bezüglich der Anwendung von Applets ist heute einer großen Ernüchterung gewichen. Dafür gibt es mehrere Gründe:
- verlängerte Ladezeiten der HTML-Dokumente
- Abhängigkeit vom Browser
- Gefahr des Missbrauchs mit Schadfolgen

Im allgemeinen Internetbetrieb finden Applets keine Verwendung. Der auf den Client in den Browser geladene Byte-Code ist inhaltlich nicht kontrollierbar und begründet damit ein hohes Sicherheitsrisiko. Er kann durch die lokale Java Virtual Maschine ausgeführt werden, und das birgt große Gefahr unerwünschter Funktionen. Mit dem Applet lädt man sich quasi eine Bombe auf den eigenen Rechner. Nur in speziell gesicherten Verbindungen werden sie noch eingesetzt. In HTML5 gehört der <applet>-Tag explizit zu den Deprecated Tags (Veraltete Tags). Er ist nicht mehr verfügbar.

Browser → Einstellungen → Cookies und Websiteberechtigungen → Alle Berechtigungen → JavaScript

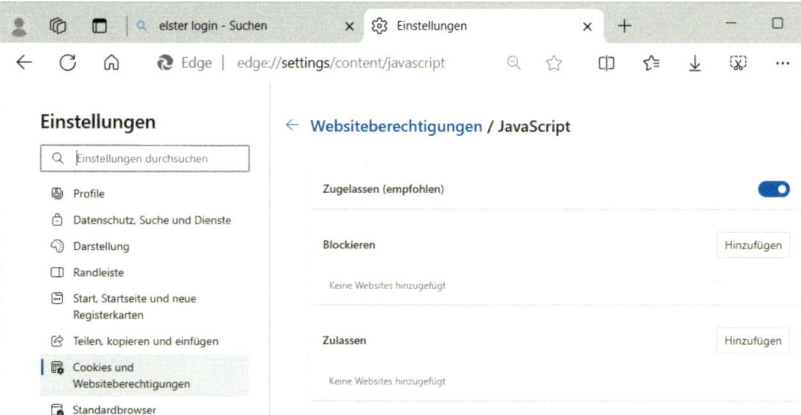

Auch mit JavaScript lädt man sich aktive Komponenten auf seinen Rechner, aber sie stehen als Quelltext bereit und können ohne sie auszuführen interpretiert und kontrolliert werden. Damit ist das Sicherheitsrisiko geringer. Trotzdem verlangen die meisten Browser die explizite Freigabe der Nutzung von JavaScript (siehe Screenshot).

Die spezielle Laufzeitumgebung für die serverseitige Programmierung bietet der eigentliche Webserver als sogenannten **Web-Container** an, worin die serverseitigen Anwendungsprogramme laufen. Diese Container haben Bestand, solange eine Webanwendung läuft, was für die Performance wichtig ist. So bleibt beispielsweise die Anmeldung eines Kunden oder einer Kundin einschließlich seiner eingegebenen Daten so lange in einem Web-Container bestehen, solange die Sitzung läuft, also bis zur Abmeldung durch den Kunden oder die Kundin. Die Anwendung muss nicht für jeden Kommunikationsschritt neu geladen werden, was zu einer beschleunigten Verarbeitung beiträgt.

Der Austausch von Daten zwischen dem HTTP-Server und dem Webserver erfolgt entsprechend der sogenannten CGI-Spezifikation. CGI steht für Common Gateway Interface und ist ein Standard für den Server. CGI regelt, wie die Eingaben aus der HTML-Seite an die Anwendungsprogramme übergeben werden.

Eingaben werden vom Client allgemein durch Anklicken des submit-Buttons versandt. Je nachdem, ob die GET- oder die POST-Methode verwendet wird (siehe HTML), werden die Parameter zunächst als Teil der URL oder als gesonderter Datenblock übertragen, anschließend vom HTTP-Server empfangen und erkannt und danach an den Webserver weitergeleitet und dort ausgewertet.

Die Auswertung und weitere Verarbeitung kann im Webserver auf unterschiedlichen Wegen erfolgen. Häufig genutzt werden die folgenden Methoden und Techniken:

11.5 Serverseitige Programmierung

11.5.1 Arbeitsteilung zwischen HTTP-Server und Webserver

Sobald vom Server besondere Anwendungen abgerufen werden, müssen dort auch besondere Server-Programme gestartet werden. Dazu ist eine spezielle Laufzeitumgebung (runtime environment) erforderlich, die der bisher eingesetzte HTTP-Server nicht bieten kann.

> **W** Der **HTTP-Server** ist standardmäßig mit dem Port 8080 verbunden. Über diesen Port spricht ihn der Client mit seinem Request (Anforderung) an. Der HTTP-Server verwaltet statische Dokumente (HTML-Dateien, Dateien mit Applet-Klassen oder Multimediadaten), die er dem Client auf dessen Anfrage ordentlich verpackt und adressiert nach den Vorschriften des HTTP-Protokolls zur Verfügung stellt.

- CGI-Skripte
- PHP im Rahmen einer LAMP-Installation (**L**inux, **A**pache, **m**ySQL, **P**HP)
- ASP im Rahmen der .NET-Umgebungen (sprich: **dot net**)
- Java-Servlets, Java Server Pages (JSP)
- Webservices

Zur Erläuterung dieser Arbeitsweise werden Beispiele für Java-Servlets und für die Realisierung von Webservices mittels Java vorgestellt. Zum einfachen Testen dieser Beispiele ohne Nutzung eines Providers sind ein HTTP-Server und ein Webserver auf dem eigenen Entwicklungscomputer notwendig. In der Java-Entwicklungsumgebung wird mit dem **Tomcat-Server**

Serverseitige Programmierung 389

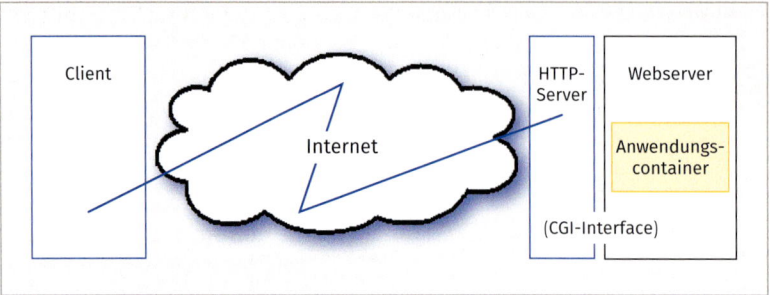

Server in der Multi-Tier-Umgebung

eine Lösung angeboten, die für die weitere Arbeit sowohl einen HTTP-Server als auch einen Webserver mit Servlet-Container bereitstellt.

> **W** Der **Webserver** führt die Webanwendung aus, er steuert den Zugriff und stellt die Ergebnisse bereit. Zusammen mit den Anwendungsprogrammen wird er zum Applikationsserver, der folgende Aufgaben übernimmt:
> - Verwaltung der Programme (Servlets und JSP)
> - Bereitstellung der Laufzeitumgebung für die Servlets und JSP
> - Kommunikation mit anderen Servern (HTTP-Server, Datenbankserver)
> - Gewährleistung von Sicherheitsstandards (HTTPS, SSL etc.)
> - Gewährleistung eines Session-Managements, da HTTP zustandslos (stateless) ist. Bei HTTP wird jeder einzelne Request unabhängig von allen anderen Requests behandelt.

S Als Voraussetzung für die weitere Arbeit soll der Tomcat-Server installiert werden. Die Ressourcen für den Tomcat-Server sind wie die meisten Ressourcen der Java-Entwicklungsumgebung frei verfügbar und über das Internet als Download erhältlich. Die Tomcat-Dateien finden sich z. B. unter: http://tomcat.apache.org/

11.5.2 Servlets

11.5.2.1 Das Konzept der Servlets

Servlets sind das serverseitige Gegenstück zu den Applets. Als Servlet bezeichnet man Java-Klassen, deren Instanzen innerhalb eines Webservers Anfragen von Clients entgegennehmen und beantworten. Die Schnittstelle **javax.servlet.Servlet** muss durch diese Klassen implementiert werden. Das englische Wort „servlet" wird nicht übersetzt. Es handelt sich hierbei um eine Wortbildung aus den Begriffen „Server" und „Applet", also „serverseitiges Applet", bzw. Servlet.

Die eintreffenden Anfragen stellen für das Servlet ein besonderes Ereignis dar und werden ereignisorientiert behandelt. Der Inhalt der Antworten wird dynamisch erstellt, also im Ergebnis der Anfrage, und muss nicht bereits statisch (etwa in Form einer HTML-Seite) für den Webserver verfügbar sein. Servlets stellen somit das Java-Pendant dar zu CGI-Skripten, PHP oder anderen Konzepten, mit denen dynamisch Webseiten bzw. Inhalte erstellt werden können.

Im Gegensatz zu CGI-Skripten laufen die Servlets innerhalb des Webservers ab. Sie werden einmal geladen, initialisiert und stehen dann permanent zur Bearbeitung von Anfragen (Requests) zur Verfügung. Servlets werden auch nicht aus dem Server entladen, sobald eine Anfrage beantwortet ist, sondern sie stehen für weitere Anfragen bereit. Der Server bedient mehrere Clients, kann also aus vielen unterschiedlichen Quellen Anfragen erhalten. Für das Servlet gibt es keine feste Sitzung zwischen einem Client und dem Server.

> Eine Anfrage (Request) an das Servlet wird in folgenden Schritten bearbeitet: **W**
> - Die Anfrage wird an die Servlet-Engine weitergeleitet.
> - Die Servlet-Engine lädt das konkrete Servlet.
> - Das Servlet ruft die **service( )-Methode** auf und übergibt ihr den Request.
> - Die **service( )-Methode** ruft die entsprechenden Methoden zur Aufnahme und Interpretation des Request auf, z. B. die **doGet( )-Methode**.
> - Der Request wird entsprechend seinem Inhalt abgearbeitet.
> - Die Antwort wird über das **response( )-Objekt** zum Client zurückgesendet.

Das Servlet befindet sich in ständiger Bereitschaft, um Anfragen von allen möglichen Clients zu bedienen. Diese Persistenz (Beständigkeit) des Servlets erhöht auch die Performance der Lösung im Vergleich zu CGI-Skripten.

Als Entwicklerin oder Entwickler muss man im Rahmen einer entsprechenden Umgebung in jedem Fall die **doGet( )-** und die **doPost( )-Methoden** implementieren, der Rest kann automatisch hinzugefügt werden. Bei Verwendung der Servlet-Spezifikation und einer entsprechenden Web-Container-Umgebung (z. B. Apache Tomcat) wird eine vom **javax.servlet.http.HttpServlet** abgeleitete Klasse erstellt. Die beiden Methoden **doGet( )** und **doPost( )** der Ausgangsklasse werden überschrieben. Damit können die beiden wichtigsten HTTP-Methoden GET und POST verarbeitet werden.

Die Meta-Informationen über das Servlet werden in der XML-Datei **web.xml** hinterlegt (Deployment-Deskriptor). Diese XML-Datei wird zusammen mit der kompilierten Klasse in eine einzige Archivdatei (***.war** für Web-Archiv) zusammengeführt. Diese Archivdatei wird dem Web-Container über eine von ihm bereitgestellte Funktionalität wiederum zur Verfügung gestellt.

Dieses Anmelden und Bereitstellen der Anwendung beim Server bezeichnet man als **Deployment**.

11.5.2.2 Einfaches Beispiel zur Abfrage von Serverdaten

Als erstes Beispiel soll ein Servlet erstellt werden, das vom Server das aktuelle Datum und die Uhrzeit abfragt und dann an den Client zurückgibt. Das Servlet wird vom Client über seinen Browser aus einer HTML-Seite heraus aufgerufen.

Nach dem Aufruf erscheint im Browser folgende Ansicht:

Der zugehörige HTML-Quelltext ist nicht besonders spektakulär und aufwendig. Wichtig sind jedoch die folgenden Elemente:
- Der Rahmen mit den Tags **html**, **head**, **title** und **body** entspricht den Standardkonventionen.
- Der **form-Tag** schafft das Formular für den Aufruf des Servlets.
- Die Zeile **Action=SL_Datum** bewirkt, dass beim Anklicken des **submit-Buttons** das Programm **SL_Datum.class** im Servlet-Container gestartet wird.
- Der **input**-Tag stellt den Button vom Type „**submit**" (übermitteln) bereit.

Der HTML-Quelltext zur Bearbeitung eines Servlets sieht dann wie folgt aus:

```
<html>
  <head>
    <title> Aufruf eines Servlets </title>
  </head>
  <body>
    <h1> Erstes Beispiel eines Servlets </h1>
    <p><p>
    <form
      Action="SL_Datum">
      <p><br>
      Rufen Sie hier bitte Datum und Uhrzeit des Servers ab!
      <input Type="submit" Value="Aufruf">
    </form>
  </body>
</html>
```

Dieser Quelltext beschreibt die Darstellung auf dem Bildschirm. Im Moment der Betätigung der Schaltfläche **Aufruf** veranlasst der Browser eine Aktion. Er versendet an die Adresse, von der er diesen Quelltext bezogen hat, einen **Request**. Der Inhalt dieser Anfrage wird in folgendem Bild dargestellt.

GET/SL_Datum? HTTP/1.1	
Accept:	image/gif, ..., application/....
Referer:	http://localhost:8080/SL_Datum.html
Accept-Language:	de
Accept-Encoding:	gzip, deflate
User-Agent:	Mozilla/4.0 (compatible: MSIE 6.0, Windows NT 5.0)
Host:	localhost:8080
Connection:	Keep-Alive

Zum Verständnis sind einige Erläuterungen erforderlich:
- **Accept** definiert die anzunehmenden Bildformate und sonstigen einzubindenden Applikationen.
- **Referer** gibt die URL von dem Dokument an, das auf die angeforderte Aktion verwiesen hat.
- **Host** verweist auf den Host-Namen und die Portadresse des vom Client angesprochenen Hosts.
- **Connection: Keep-Alive** verweist darauf, dass die Verbindung aufrechterhalten werden soll. Das ist jedoch eine rein technische Anweisung und bezieht sich nicht auf die inhaltlich zusammenhängende Sitzung.

Damit sind alle Sachverhalte beschrieben, die auf der Seite des Clients passieren. Die Dokumente selbst werden auf dem Server verwaltet. Auch die HTML-Seite mit der Möglichkeit zum Aufruf des Servlets kommt vom Server, während der Aufruf aber am Client veranlasst wird.

11.5.2.3 Codieren und Kompilieren des Servlets

Das Servlet ist seinem Quelltext nach ein normales Java-Programm, jedoch unter Verwendung spezieller Bibliotheken, aus denen die notwendigen Schnittstellen, Klassen und Ausnahmebehandlungen abgeleitet werden können. Eine zentrale Rolle spielen hier die Pakete **javax.servlet** und **javax.servlet.http**. Sie enthalten für den Betrieb von Servlets die folgenden Elemente:

- Schnittstellen (Interfaces)
- Klassen (Classes)
- Ausnahmebehandlungen (Exceptions)

```
package SL_Datum;
import java.io.IOException;
import java.io.PrintWriter;
import java.util.Date;

import javax.servlet.ServletException;
import javax.servlet.http.HttpServlet;
import javax.servlet.http.HttpServletRequest;
import javax.servlet.http.HttpServletResponse;

public class SL_Datum extends HttpServlet {

  public void doGet( HttpServletRequest anfrage,
                    HttpServletResponse antwort)
        throws ServletException, IOException {

    antwort.setContentType("text/html");
    PrintWriter out = antwort.getWriter();

    out.println(
      "<html>  <head>" +
      "    <title>SL_Datum: Aktuelles Datum und
                        Uhrzeit vom Server </title>" +
      "  </head>" +
      "  <body>" +
      "    <p>" +
      "      Aktuelles Server-Datum und
             Server-Uhrzeit: " + new Date() +
      "    </p>" +
      "  </body>  </html>" );
  }
}
```

Das folgende Servlet zeigt die Verwendung dieser Pakete. Wie bereits erwähnt, müssen dann eigentlich nur noch die **doGet( )**- und die **doPut( )**-Methoden programmiert, oder wie man auch sagt: „überschrieben" werden.

Zuerst werden die Pakete (package) für die Ein- und Ausgabe sowie die Datums- und Zeitroutinen geladen. Dann folgen die Pakete für die Ausnahmebehandlung (Exception) von Servlets und deren zu implementierende Klassen (siehe oben).

Zu programmieren ist dann eigentlich erst die Klasse **SL_Datum**. In ihr befindet sich die **doGet( )**-Methode mit den Parametern **anfrage** und **antwort**, wobei der Parameter **anfrage** ungenutzt bleibt, da beim Aufruf keine Werte übertragen werden. Der Parameter **antwort** wird jedoch als **html/text** typisiert und dann aus dem Ausgabestream durch die **getWriter( )**-Methode gefüllt. In den Ausgabestream **out** wird eine einfache Textkette gesetzt, hier in blau dargestellt und als Beschreibung einer Webseite in HTML zu erkennen. Variabel ist dabei einzig das Ergebnis aus dem Aufruf der **Date( )-Funktion**, die das jeweilige Datum mit der Uhrzeit in die Textkette einfügt.

Das Servlet liegt damit als Java-Quelltext vor. Es kann alternativ zu Eclipse auch auf einfache Art und Weise im cmd-Fenster durch den Java-Compiler (javac.exe) in eine Java-Objekt-Datei übersetzt werden. Wichtig hierfür ist eine korrekte Einstellung der **classpath**-Umgebungsvariablen, damit der Compiler auch alle importierten Packages findet.

Aslan arbeitet lieber mit Eclipse. Unter Eclipse kann er ein „Dynamic Web Project" anlegen. Dabei wird er nach einem auszuwählenden Server gefragt. Aslan wählt Tomcat und teilt Eclipse dessen Installationsverzeichnis mit. Zukünftig kann Eclipse so auch auf Tomcat automatisch zurückgreifen und für den Test der Servlets gegebenenfalls auch den Server starten.

Eclipse legt automatisch die für den Server notwendigen Verzeichnisse innerhalb des Workspace an (siehe Abbildungen). Diese Struktur ist zum Testen, aber nicht für den Routinebetrieb des Servlets ausreichend. Hierzu ist ein Deployment-Prozess notwendig. Der Assistent von Eclipse erzeugt das Programmskelett für das Servlet und beschafft auch die notwendigen Bibliotheken.

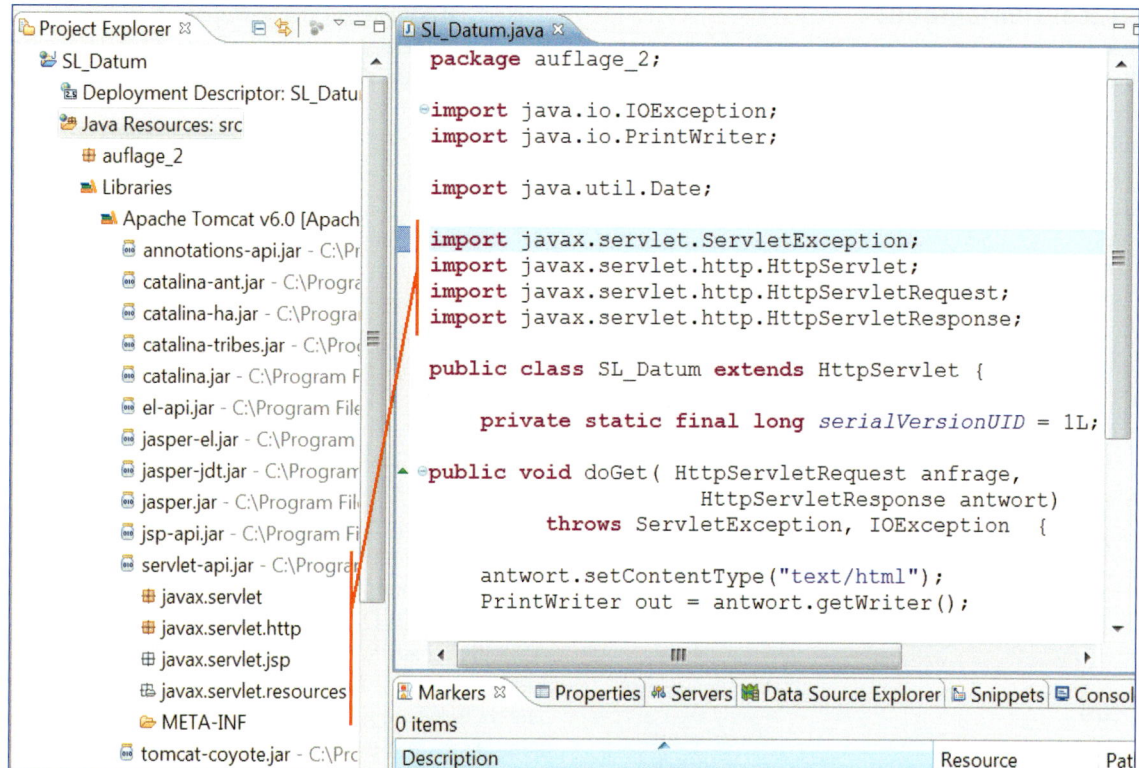

Eclipse mit Tomcat und Servlet

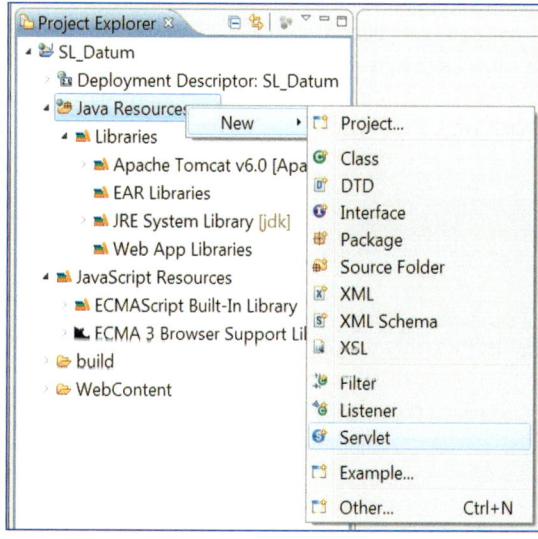

Eclipse Servlet Project

Aufgaben

1. Was unterscheidet ein Servlet von einem Applet?
2. Wie wird die Verwendung von einem Servlet im HTML-Text vereinbart?
3. Wo wird das Servlet im HTML-Text aufgerufen?
4. Welche Möglichkeiten gibt es für die Parameterübergabe an das Servlet?
5. Wie gibt das Servlet seine Ergebnisse an die HTML-Umgebung zurück?
6. Welche Methoden können durch das Servlet-Programm überschrieben werden?
7. Lokalisieren Sie auf Ihrem Rechner den Request vom Browser an den Webserver und interpretieren Sie seinen Inhalt.
8. Geben Sie unter Google eine Suchanfrage ein, und analysieren Sie nach der Bestätigung die veränderte Adresszeile. Finden Sie Ihre Anfrageparameter wieder?
9. Wodurch unterscheiden sich die Methoden **doGet** und **doPost**?
10. Wie erstellt man unter Eclipse ein Servlet?

11.5.3 Deployment

Das **Deployment** veröffentlicht das Servlet, macht es dem Server bekannt (to deploy: aufbieten, entfalten, aufstellen, stationieren). Das Programm muss dort installiert werden, wo es auszuführen ist. In der Praxis unterscheiden sich die Computersysteme für Entwicklung und Server-Betrieb. Also müssen die Servlets vom Entwicklungsrechner zum Server transportiert werden.

Web-Application-Archiv		
Dateierweiterung	enthaltene Dateien	Beschreibung
*.war	*.class	Servletklasse oder JSP als Objekt-Code
	*.html	aufrufende Webseite
*.war	web.xml	Beschreibung zum Deployment
	*.xml	herstellerspezifische Dateien

Zur Vereinfachung des Transports werden alle Dateien als ein **Archiv** in gepackter Form übermittelt. Für das Bereitstellen muss der Server gestartet sein, und es muss eine TCP/IP-Verbindung zwischen Entwicklungsrechner und Server bestehen.

Nach dem Erstellen der aufrufenden Webseiten in HTML und dem Programmieren und Übersetzen der Servlets in **class-Files** erfolgt das Deployment in drei Schritten:
1. Packen der erstellten Dateien in ein Archiv
2. Vergabe von symbolischen Namen für die gesamte Applikation
3. Durchführen des Deployments

Die notwendigen Werkzeuge für das Deployment werden vom Anbieter des Webservers mitgeliefert.

11.5.4 Verwendung des Servlets

Der Test des Servlets kann sofort durch Aufruf der HTML-Seite vom lokalen Server aus dem Verzeichnis **SL_Datum_Content** heraus erfolgen. Der Browser interpretiert die HTML-Datei, erkennt das Formular und stellt die Schaltfläche **Aufruf** bereit.

Durch Betätigung der Schaltfläche **Aufruf** vom Typ **submit** wird die im Formular vereinbarte Aktion **action=SL_Datum** aufgerufen. Dieser Request gelangt zum Server. Dort wurde bereits durch den Aufruf der HTML-Seite das Servlet **SL_Datum** gestartet. Das Java-Programm ruft das lokale Objekt **Date( )** vom Server auf und generiert die einfache HTML-Seite, deren Interpretation durch den Browser im folgenden Bild zu sehen ist.

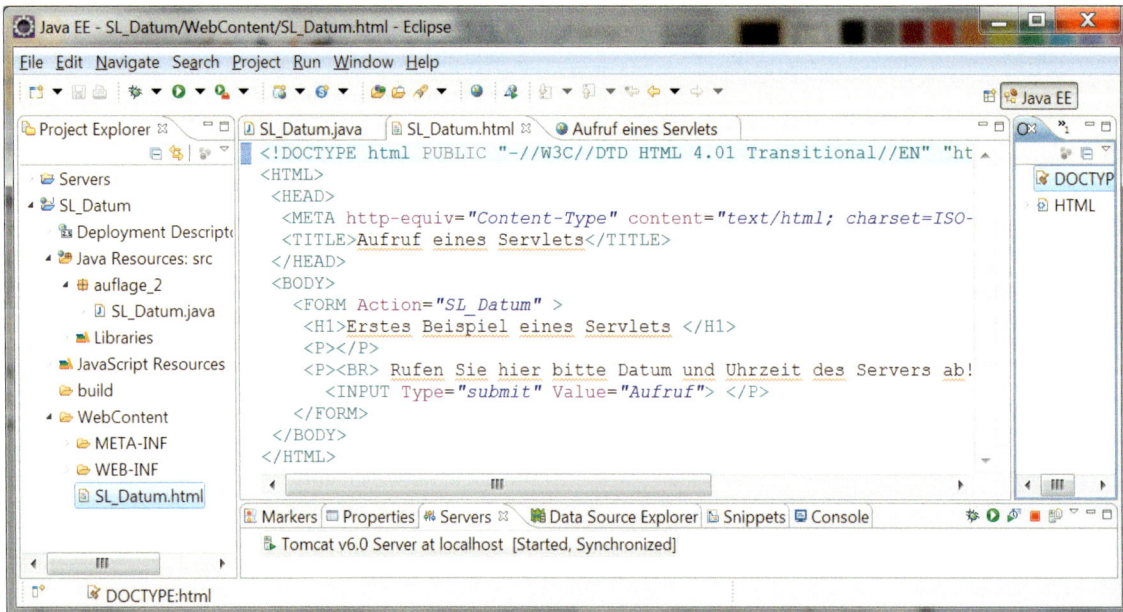

Aufruf des Servlets

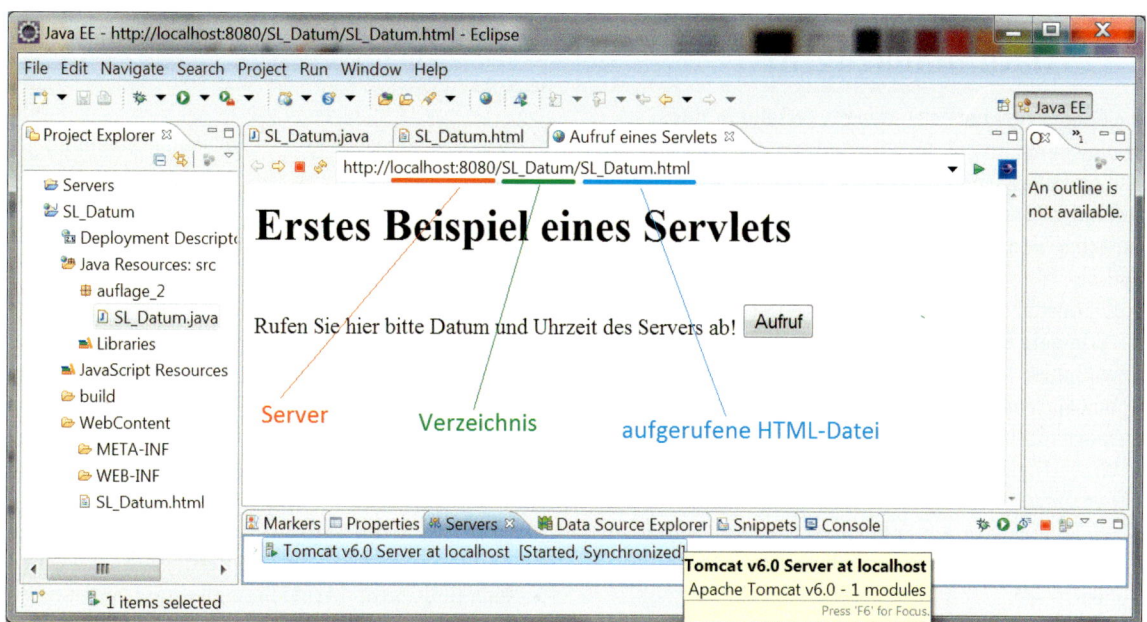

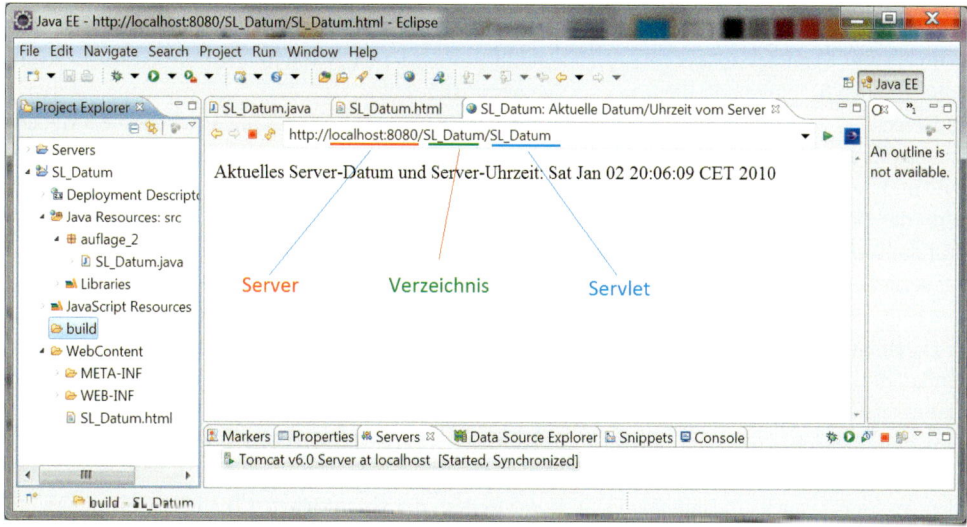

Ergebnis des Aufrufs

11.6 ACI-Webshop: Servlet mit Datenbankzugriff

Nachdem Leon und Aslan nun die Erstellung, das Deployment und den Test des Servlets verstanden und praktiziert haben, wollen sie die Aufgaben zur Erstellung des ACI-Webshops erledigen. Dazu zählen sie zunächst für alle Teammitglieder das bisher Erreichte auf:

- Wir besitzen Grundkenntnisse in HTML und können Formulare erstellen.
- Wir haben Java installiert, wodurch uns die Java Virtual Maschine (JRE) und die Java-Entwicklungswerkzeuge (JDK) zur Verfügung stehen.
- Wir verfügen über Grundkenntnisse in Java und können eigene Objekte und Methoden erstellen.
- Wir können Java-Bibliotheken nutzen und Methoden der dort angebotenen Standardklassen überschreiben.
- Wir beherrschen das Werkzeug Eclipse zum komfortablen Entwickeln von Java-Anwendungen.
- Wir installierten mit Tomcat einen eigenen lokalen Webserver zu Testzwecken.
- Wir entwickelten ein eigenes Servlet, und uns gelang die erfolgreiche Übertragung (Deployment) dieses Servlets zum Webserver.
- Wir haben das Verzeichnis **SL_Datum_Content** zum Aufruf der Webseite und den Aliasnamen im HTML-Formular zum Aufruf des Servlets verwendet.
- Der Test zum Aufruf der Webseite mit Servlet vom lokalen Webserver verlief erfolgreich.

Jetzt fehlt noch eine Datenbank für die Verwaltung der Artikel- und Kundendaten. Über eine HTML-Seite erfolgt der Zugriff auf die Datenbank und deren Datenbestände. Die Datenbank befindet sich in der Zentrale des Unternehmens. Dort muss für diesen Zweck neben dem HTML-Server und dem Webserver auch ein Datenbankserver installiert werden. Als Datenbankmanagementsystem eignet sich in der Testphase das frei verfügbare Produkt MySQL. Für den ersten lokalen Test kann auch Microsoft Access verwendet werden.

Herr Pelz formuliert als nächsten Entwicklungsschritt folgende Aufgabe: Für das Personal der Niederlassungen soll die Möglichkeit bestehen, den Artikelbestand der ACI GmbH über das Internet zu nutzen. Die Mitarbeiterinnen und Mitarbeiter sollen Artikeldaten abrufen und neue Artikel anlegen können, wobei sich diese Funktionen zunächst nur auf die Artikelstammdaten erstrecken, nicht auf die Bestände und Preise.

Ein Datensatz der Artikelstammdaten besteht für einen ersten Prototyp vorerst nur aus folgenden Datenfeldern:

Artikelnummer (EAN)	Artikelbezeichnung
3179732353511	Natürl. Mineralwasser 2 Liter
4006542022964	Rotwein Pfalz
...	...

Die Artikelnummer muss eine offiziell verwendete EAN sein und kann nach dem bereits beschriebenen Algorithmus geprüft werden. Die Artikelbezeichnung besteht aus Text mit einer Länge von maximal 40 Zeichen.

Die Ansicht bzw. Eingabe von Artikelstammdaten soll in folgenden Schritten ablaufen:
- Nach Eingabe der Artikelnummer wird zuerst deren formale Korrektheit dezentral im Client geprüft.
- Die korrekte EAN wird zum Server übertragen.
- Der Server prüft, ob sich der zur übermittelten EAN passende Artikel bereits in der Datenbank befindet.
- Zu vorhandenen Artikeln wird die Artikelbezeichnung angezeigt.
- Bei unbekannter EAN erhält der Client die Möglichkeit zur Eingabe der Artikelbezeichnung.

Herr Pelz sieht in der Lösung dieser Aufgabe den Prototyp für die Arbeitsweise des Webshops der ACI GmbH. Für besonders wichtig hält er in der Client-Server-Verbindung den sicheren Umgang mit Applets, Servlets sowie den Datenbankzugriff.

11.6.1 Installationshinweise

Vor Beginn der eigentlichen Arbeit sind für die Installation von Java-Komponenten einige allgemeine und sehr wesentliche Hinweise zu beachten:

1. Versionen

Für die Entwicklung von Programmen in Java und für deren Nutzung gibt es viele nützliche Tools, wovon wiederum viele Tools von technologisch führenden Unternehmen der IT-Branche, wie z. B. Sun Microsystems, IBM oder Apache, in die Open-Source-Community der Java-Entwicklerinnen und -Entwickler eingebracht wurden. Diese Tools liegen als Quelltext vor und werden von der Open-Source-Community **ständig weiterentwickelt** und ergänzt. Es gibt daher **ständig neue Versionen**, die auch im Internet zum Download veröffentlicht werden.

Jedes Buch und jeder geschriebene Text ist damit eigentlich immer veraltet gegenüber der aktuellen Entwicklung der Tools, die mit ständig neuen Versionen aufwarten. Als besonders wichtig erweist sich aber die Hierarchie der Tools, da sie alle mehr oder weniger aufeinander aufbauen, wobei als Basis von allen Tools die Java Virtual Machine genutzt wird. Man muss also stets genau darauf achten, auf welcher Version der unteren Schicht ein Tool der übergeordneten Schicht basiert, bzw. welche Version von einer übergeordneten Schicht vorausgesetzt wird.

Als **Faustregel** gilt, dass die Tools vom Zeitpunkt ihrer Freigabe her von unten nach oben immer jünger werden müssen, d. h., am ältesten ist immer das Tool in der untersten Schicht.

2. Umgebungsvariablen

Die Arbeitsweise der Java-Tools entspricht weitgehend den Vorgaben der **UNIX-Welt**. UNIX arbeitet z. B. in der Dateiverwaltung mit einem einheitlichen Verzeichnisbaum ohne Angabe von Laufwerken. Verzeichnisse werden wie Dateien behandelt. In der Umgebung von **Microsoft Windows** gibt es dafür eine zentrale Registrierung von Programmen (Registry). Während der Installation von Programmen werden in der Registrierung im Idealfall die Speicherorte aller notwendigen Bibliotheken und Dateien vermerkt. Das muss aber nicht so sein, denn oft finden sich die Bibliotheken auch im zentralen Systemverzeichnis (c:\windows\system32) wieder.

Zur Verwaltung der Programmzugriffe kennt UNIX die zentralen **Umgebungsvariablen** und den **Pfad-Parameter** mit der Angabe der möglichen Speicherorte, wo ein aufgerufenes Programm zu finden ist. Für eine erfolgreiche Installation von Java-Tools unter Windows ist es oft notwendig, diese Parameter bewusst festzulegen. Das Fenster „Systemeigenschaften" zur Einstellung der Umgebungsvariablen wird über den Weg **Start/Computer/Basisinformationen über den Computer anzeigen/Erweiterte Systemeinstellungen** erreicht. Das Menü zur Parametereinstellung ist in der Abbildung zu erkennen (siehe Screenshot auf folgender Seite oben).

3. Verzeichnisstruktur

Eine bewusst aufgebaute Verzeichnisstruktur ist unter Microsoft Windows notwendig, um bei den vielen Installationen und automatisch angelegten Verzeichnissen den Überblick zu behalten. Nachträgliches Verschieben von Verzeichnissen kann fatale Folgen haben. So speichert Eclipse beispielsweise auch die Struktur der Arbeitsbereiche von Projekten. Beim erneuten Aufruf eines Projektes sucht Eclipse alle Dateien in den angelegten Verzeichnissen und nach Verschiebungen funktioniert nichts mehr, wie es soll. Für einige Komponenten ist kein gesondertes Verzeichnis notwendig. So signalisiert die Einbettung von AXIS in das Tomcat-Verzeichnis die enge Verbindung von beiden Komponenten. Allgemein wird empfohlen, die aus einem Download stammenden Zip-Archive zuerst in ein temporäres Verzeichnis zu entpacken und dann nur die notwendigen Bibliotheken oder Verzeichnisse an die geforderten Stellen zu kopieren.

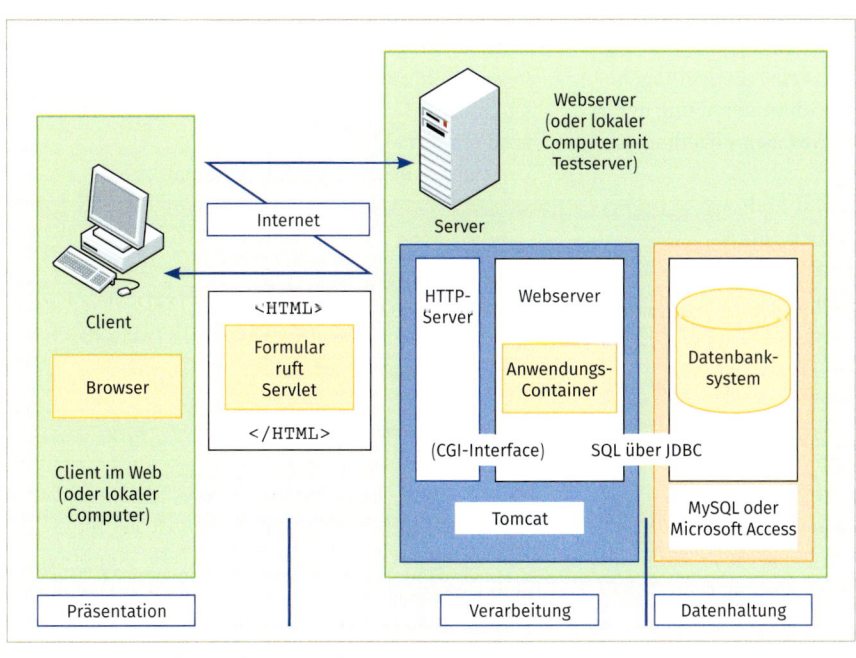

Erweiterte „Three Tier Architecture" mit Datenbankserver

ACI-Webshop: Servlet mit Datenbankzugriff 397

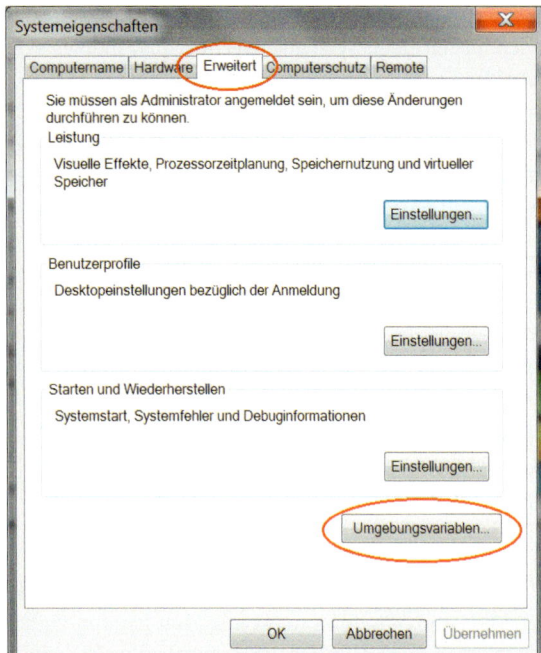

Systemeigenschaften und Umgebungsvariablen

4. Datei- und Verzeichnisnamen
Folgende Hinweise für die Einhaltung der Java-Namenskonventionen sind besonders wichtig:
- Java ist **case-sensitive**, d. h., Groß- oder Kleinschreibung spielt eine Rolle. Auch wenn in Microsoft Windows die Groß- oder Kleinschreibung von Dateinamen und Verzeichnisnamen keine Bedeutung besitzt, so sollte die Groß- oder Kleinschreibung unter Java und in den Installationsangaben unbedingt beachtet werden.
- Die deutschen **Umlaute ä, ü, ö** und auch **ß** sind tabu. Das gilt auch für alle anderen länderspezifischen Sonderlaute und Besonderheiten sowie den **Unterstrich** („_") als Trennzeichen. Dafür sind **Punkte** und **Leerzeichen** in Verzeichnisnamen erlaubt.
- UNIX verwendet den einfachen Schrägstrich („/") als **Trennzeichen** zwischen Verzeichnissen, Microsoft Windows nutzt hierfür den „Backslash" („\"). Als Entwickler oder Entwicklerin muss man die Systemumgebung berücksichtigen, für die man gerade arbeitet, also z. B. UNIX (Linux) oder Microsoft Windows.
- Plug-ins verwenden als Namen eine umgekehrte Notation der URL durch Punkte separiert.

11.6.2 Datenbankzugriff aus Java mit SQL

Für den Zugriff auf eine MySQL-Datenbank muss dem Projekt der JDBC-Treiber hinzugefügt werden. Dies geschieht über die Properties des Projektes:
1. Project Properties
2. Java Build Path
3. Libraries
4. Add External JARS
5. mysql-connector-java-5.1.23-bin.jar

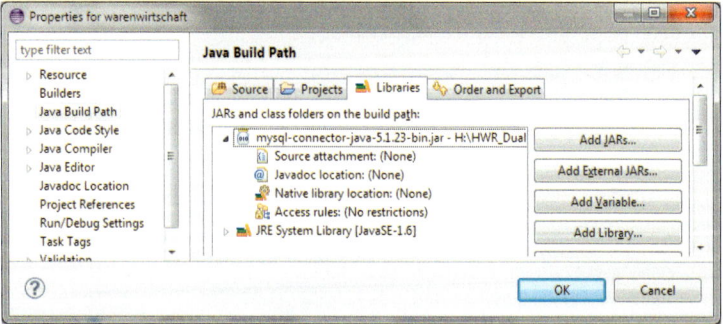

Der MySQL-JDBC-Treiber enthält alle Funktionalitäten, die für den Zugriff auf die MySQL-Datenbank notwendig sind. Diese Funktionalitäten werden hierbei auch fest in das vorcompilierte Java-Programm übernommen, sodass ein Wechsel zu einer anderen SQL-fähigen Datenbank nur durch Änderungen im Quelltext möglich ist. Der Quelltext „import java.sql.*" ermöglicht den Zugriff auf die MySQL-Datenbank.

```java
import java.sql.*;
public class warenliste {

    private java.sql.Statement stm;
    public static void main(String argv[]) {
       new warenliste().access();
    }
    public void access() {
       try {
          Class.forName("com.mysql.jdbc.Driver");
          String Quelle;
          Connection con = null;
          Quelle = "jdbc:mysql://localhost:3306/handsim";
          con = DriverManager.getConnection(Quelle, "root","");
          stm = con.createStatement();
          stm.executeUpdate("INSERT INTO Material (EAN, Bezeichnung) VALUES
                         ('1234567890123','Computer')");
          System.out.println("Daten erfolgreich in die Datenbank eingetragen");
          System.out.println("Daten aus der Datenbanktabelle auslesen");
          ResultSet rs = stm.executeQuery ("SELECT * FROM Material");
          while (rs.next ()) {
             String ean = rs.getString (2);
             String bez = rs.getString (3);
             System.out.println(ean + " " + bez);
          }
          System.out.println("Ende der Datenausgabe");
          // Ressourcen_freigabe
          rs.close();   con.close();
       }
       }catch(ClassNotFoundException ex) {
           System.out.println("Class.forName : " + ex.getMessage());
       }
       catch (SQLException ex) { System.out.println(ex.getMessage()); }
    }
}
```

Der Zugriff auf die Datenbank erfolgt durch die Übermittlung von SQL-Anweisungen. Dazu wird zuerst ein Statement-Objekt zu der bestehenden Datenbankverbindung erzeugt. Dieses Statement-Objekt kennt hier die folgenden Methoden:
- **.executeQuery( )** zum Ausführen einer Abfrage mit SELECT (als Rückgabewert wird ein Objekt vom Typ **ResultSet** geliefert)
- **.executeUpdate( )** zum Ausführen einer Änderung mit INSERT, UPDATE oder DELETE.

Dazu wird die jeweilige SQL-Anweisung als Zeichenkette aufgebaut und als Parameter übergeben.

Als Ergebnis liefert **executeQuery( )** ein Objekt vom Typ **ResultSet**, das leer sein kann oder einen Datensatz bzw. eine ganze Tabelle enthält.

Standardmäßig steht der Datensatzzeiger in der Ergebnistabelle des Objektes vom Typ **ResultSet** immer vor dem ersten Datensatz. Das Objekt kann nun mit folgenden Methoden ausgewertet werden:
- **.next( )** – springt mit dem Datensatzzeiger in der Tabelle um eine Position weiter, bei der ersten Anwendung zeigt der Datensatzzeiger auf den ersten Datensatz. Wird das Tabellenende überschritten, liefert **.next( )** als Rückgabewert ein „false".
- **.getString(pos)** – liefert den Inhalt des mit **pos** bestimmten Datenfeldes aus dem aktuellen Datensatz als Zeichenkette. Der Wert von **pos** ist eine Zahl.

Die genaue Struktur des Abfrageergebnisses vom Typ **ResultSet** bleibt damit verborgen. Für die Auswertung wird hier nur eine Zeichenkette aus der anonymen Datenstruktur gezogen. Es folgt der entsprechende Quelltext zum Lesen mit SELECT * FROM für das Beispiel.

```
static ResultSet Lesen(Connection Daba, String SQLtext) {
  try {
    Statement SQLanw = Daba.createStatement();
    return SQLanw.executeQuery(SQLtext);
  }
  catch(SQLException ex) {
    System.err.println("SQL-Fehler beim Lesen: " + SQLtext);
    System.err.println(ex);
    return null;
  }
};
```

Eine Fehlerbehandlung ist jedoch notwendig. Java verlangt ein „Exception-Handling", der Compiler selbst akzeptiert keine Anweisungen ohne Ausnahmebehandlung. Deshalb werden die kritischen Anweisungen des Datenbankzugriffes mittels „**try**" gekapselt und gegebenenfalls mit „**catch**" abgefangen. Als Ausnahmen werden behandelt:

Die Methode **.executeUpdate( )** zum Ausführen einer Änderung liefert als Rückgabewert eine ganze Zahl, die der Anzahl der erfolgreich veränderten Datensätze in der angesprochenen Tabelle entspricht. Dieser Wert ist für das Beispiel zuerst uninteressant, muss aber entgegengenommen werden. Es folgt der Quelltext zum Ändern in der Datenbank für das Beispiel (siehe oben).

Ausnahmesituation	Bemerkung
ClassNotFoundException	Der gewünschte Treiber kann beim dynamischen Methodenaufruf nicht gefunden werden. Hier ist eventuell der CLASSPATH-Wert anzupassen.
IOException	Bei der Ein- oder Ausgabe tritt ein Fehler auf, was hier durch die allgemeine Arbeit mit Zeichenketten kaum passieren kann.
NullPointerException	Im Objekt vom Type **Result-Set** bewegt sich der Zeiger in unvorgesehene Regionen.
SQLException	Die SQL-Anweisung ist falsch und kann daher nicht ausgeführt werden, meistens durch einen Syntaxfehler in SQL verursacht.

```
static int Einfuegen(Connection Daba,
String SQLtext) {
  try {
    Statement SQLanw = Daba.createStatement
    ();
    return SQLanw.executeUpdate(SQLtext);
  }
  catch(SQLException ex) {
    System.err.println("SQL-Fehler beim Ae-
    ndern/Einfuegen:" + SQLtext);
    System.err.println(ex);
    return 0;
  }
};
```

11.6.3 Datensicherung und Fehlerbehandlung beim Datenbankzugriff

Für den Webshop wurden in den Anforderungen (vgl. Lastenheft, Abgrenzung gegenüber nicht zu realisierenden Leistungen) keine Maßnahmen zur Datensicherung vereinbart:

> **2.3 Abgrenzungskriterien**
> (Anmerkung der Autoren: Die ersten **vier** Abgrenzungskriterien sind nur in der Modellsituation akzeptabel.)
> 1. Es sind keinerlei Maßnahmen zur **Datensicherung** vorzusehen.
> 2. Es sind keinerlei Maßnahmen zur **Datenarchivierung** vorzusehen.
> 3. Es sind nur einfache Maßnahmen zur **Zugriffssicherheit** vorzusehen.
> 4. Die **Pflege des Warenbestandes** erfolgt ausschließlich über das bestehende Warenwirtschaftssystem.

11.6.4 Antwort des Servlets

Die Verbindung zwischen Browser und HTTP-Server wird als „stateless" bezeichnet, sie ist zustandslos. Eine zustandslose Verbindung hat kein eigenes Gedächtnis, sie kann Informationen aus dem Seitenaufruf nicht speichern, um sie bei einem späteren Aufruf einer anderen oder der gleichen Seite wieder zur Verfügung zu stellen. Deshalb kann man auf der Seite des Servers eine bestehende Webseite nicht modifizieren, sondern sie muss komplett neu geschrieben werden.

Auch der Client kann die Webseite nicht ändern, sondern nur Formulare ausfüllen und Daten aus Auswahllisten auswählen. Für das Beispiel des Webshops bedeutet diese zustandslose Verbindung, dass die Anzeige im Browser nicht partiell verändert werden kann, sondern nach einer Änderung stets wieder komplett zu schreiben ist. Also muss vom Servlet auch eine komplette Seite erzeugt werden, wobei sich der Inhalt der Seite nach den Abfrageergebnissen richtet.

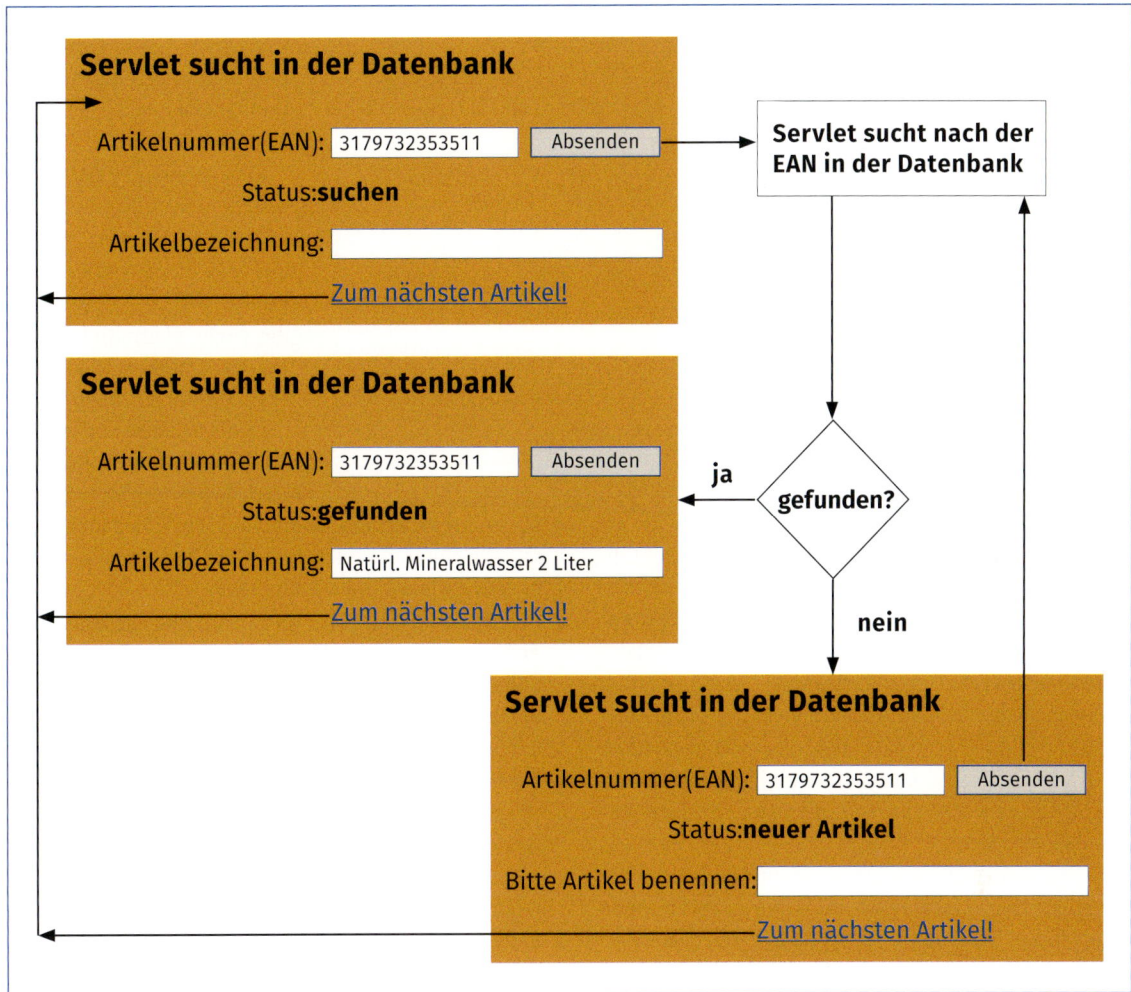

Varianten der HTML-Seite

Das Servlet muss eine neue HTML-Seite erzeugen, deren Aussehen sich in Abhängigkeit vom Abfrageergebnis nur in wenigen Details unterscheidet. Hierfür ist es sinnvoll, einen Entwurf der HTML-Seitenansichten zu erstellen.

Zur Realisierung dieser drei Varianten der Browser-Anzeige sind zwei verschiedene HTML-Dateien notwendig:

- **DabaSL.html** als Startseite mit dem Aufruf des Servlets
- **Response** als Rückgabedatei des Servlets, erzeugt durch die Methode **HTMLSeite( )**

Die Ursprungsseite wird durch den folgenden HTML-Quelltext der Webseite **DabaSL.html** beschrieben.

```
<!DOCTYPE html>
<html>
<head>
<meta http-equiv="Content-Type" content="text/html; charset=ISO-8859-1">
<title>Aufruf der Datenbank</title>
</head>
<body bgcolor="#FF8040" lang=DE>
<h2>Servlet sucht in der Datenbank</h2>
<form action="DabaSL">

  <table border="0" cellpadding="5" cellspacing="0" >
  <colgroup width="250" span="2"></colgroup>
    <tr>
      <td align="right">Artikelnummer(EAN):</td>
      <td> <input name="eingabe" type="text" size="20" maxlength="15">
      <input type="submit" value=" Absenden "> </td>
  </tr>
```

```
   <tr><td align="right">Status:</td><td><b>suchen</b></td></tr>
   <tr>
     <td align="right">Artikelbezeichnung:</td>
     <td><input name="bezeichnung" type="text" size="41"
           maxlength="40"></td>
   </tr>
   <tr>
     <td> </td>
     <td align="left">
       <a href="Artikel.html" target=_self> Zum n&auml;chsten Artikel!
       </a>
     </td>
   </tr>
  </table>
 </form>
 </body>
</html>
```

Überflüssigerweise wird hier auch eine Tabelle erzeugt, die aus zwei Zeilen mit zwei Spalten besteht. In diese Zeilen wird das Servlet seine Ausgaben platzieren. Eigentlich schreibt das Servlet jedoch eine komplett neue Seite, die freigehaltenen Zeilen sind Platzhalter und erwecken nur den Eindruck, dass hier etwas überschrieben wird. Die Platzhalter in der ersten Zeile der Tabelle werden später bei bekannter EAN durch die ermittelte Bezeichnung ersetzt. In der zweiten Zeile wird für neue EAN die Eingabe der Artikelbezeichnung abgefordert.

Es folgt die Komponente aus dem Servlet zur Erzeugung des Quelltextes für die anzuzeigende HTML-Seite. Die Funktion **HTMLtext( )** liefert als Rückgabewert einen einzigen String. Diese Zeichenkette umfasst den gesamten HTML-Quelltext zur Erzeugung der Webseite, einschließlich des Formulars und der Anweisung **Action=DabaSLAlias** zum erneuten Aufrufen des Servlets.

Die Funktion **HTMLtext( )** erstellt diese Zeichenkette in zwei Varianten, abhängig vom Eingangsparameter **Erfolg**, der signalisiert, ob die zuvor übermittelte EAN in der Datenbank zu finden ist. Bei **Erfolg=true** ist die EAN bekannt und die Artikelbezeichnung konnte ermittelt werden. Sie wird als Parameter **ABezeich** an die Funktion übergeben. Diese Bezeichnung wird später in die Zeichenkette in der oberen Zeile der Tabelle eingefügt.

Bei **Erfolg=false** ist die zuvor eingegebene EAN nicht in der Datenbank enthalten. Der Artikel ist somit unbekannt und muss zuerst in die Datenbank aufgenommen werden. Dazu wird in der zweiten Zeile der auszugebenden Tabelle ein Eingabefeld (<INPUT>) eröffnet, wo der Anwender die neue Artikelbezeichnung eingeben kann. Diese Eingabe wird durch erneutes Betätigen der Schaltfläche **Übernehmen** an das Servlet gesandt, anschließend vom Servlet mit der SQL-Anweisung INSERT als neuer Datensatz, bestehend aus EAN und Artikelbezeichnung, in die Datenbank aufgenommen.

```
static String HTMLtext(boolean Erfolg, String EAN, String ABezeich) {
   String Ausgabe;
   Ausgabe="<html><head><title>Aufruf der Datenbank</title></head>" +
     "<body  bgcolor='#FF8040' lang=DE> " +
     "<h2>Servlet sucht in der Datenbank</h2> " +
     "<form action='DabaSL'> " +
     "<table border='0' cellpadding='5' cellspacing='0'>" +
     "<colgroup width='250' span='2'></colgroup>" +
     "<tr><td align='right'>Artikelnummer(EAN):</td>" +
     "<td><input name='eingabe' type='text' size='20'" +
     "value='"+ EAN + "' readonly>";
   if (Erfolg) {
     Ausgabe = Ausgabe +
     "</td></tr>" +
     "<tr><td align='right'>Status:</td><td><b>gefunden</b></td></tr>" +
     "<tr><td align='right'>Artikelbezeichnung:</td>" +
     "<td><input name='bezeichnung' type='text' size='40'" +
     "value='" + ABezeich + "' readonly></td></tr>";
     }
   else {
     Ausgabe = Ausgabe +
     "<input type='submit' value=' Absenden '></td></tr>" +
     "<tr><td align='right'>Status:</td><td><b>neuer Artikel</b></td></tr>" +
```

(Fortsetzung auf folgender Seite)

```
        "<tr><td align='right'>Bitte Artikel benennen:</td>" +
        "<td><INPUT name='bezeichnung' type='text' size='40'" +
        "</td></TR>";
    }
    Ausgabe = Ausgabe + "<tr><td></td>" +
    "<td align='left'>" +
    "<a href='Artikel.html' target=_self>" +
    "Zum n&auml;chsten Artikel!</a></td></tr></table>" +
    "</form></body></html>";
    return Ausgabe;
};
```

11.6.5 Servlet mit Datenbankabfrage

Der komplette Quelltext zum Servlet wird nachfolgend verkürzt dargestellt. Auf die Details zu den Methoden **JDBCOpen( )**, **lesen( )**, **einfuegen( )** und **HTMLtext( )** kann hier verzichtet werden, da diese Methoden bereits beschrieben wurden.

Die Klasse **DabaSL** enthält keine **main( )**-Funktion, dafür aber die für ein Servlet typische **doGet( )**-Methode zur Verarbeitung der Anfrage vom Client. In diesem Umfeld werden zuerst die Zugriffsdaten für die Datenbank definiert, was auf professionelle Art durch das Einlesen der jeweiligen Parameterdateien erfolgen würde. Mit **JDBCOpen( )** kann die Verbindung zur Datenbank hergestellt werden.

Anschließend wird die eingegebene EAN aus dem Eingabestrom vom Parameter **eingabe** ermittelt und mit diesem Wert eine SQL-Abfrage als Zeichenkette zusammengestellt. Diese Zeichenkette wird an die Funktion **lesen( )** übergeben, die das Objekt **Ergebnis** vom Typ **ResultSet** liefert.

Wurde die EAN in der Datenbank gefunden, so enthält **Ergebnis** einen Datensatz, dessen zweites Element die zur EAN passende Artikelbezeichnung ist. An die Funktion **HTMLtext( )** geht somit die Erfolgsmeldung **true**, die EAN und die ermittelte Artikelbezeichnung.

Wurde die EAN nicht in der Datenbank gefunden, so enthält **Ergebnis** keinen Datensatz und die Methode **Ergebnis.next( )** liefert den Wert **false**. Anschließend erfolgt die Prüfung, ob eine Bezeichnung eingegeben wurde. Trifft dies zu (Länge der Zeichenkette größer Null), dann muss diese Bezeichnung in die Datenbank aufgenommen werden. Dazu wird die SQL-Anweisung INSERT zusammengestellt und an die Funktion **einfuegen( )** übergeben. Die Funktion **HTMLtext( )** erhält dann die Erfolgsmeldung **true**, die EAN und die neue Artikelbezeichnung.

Wurde keine Bezeichnung übermittelt (Länge der Zeichenkette gleich Null), erfolgt eine weitere Frage nach der Eingabe der Bezeichnung. An die Funktion **HTMLtext( )** geht jetzt keine Erfolgsmeldung (Erfolg=false) sowie die neue EAN und anstelle der Artikelbezeichnung der Text „unbekannt". Mit dieser Prozedur erhält der Client eine Aufforderung zur Eingabe der Artikelbezeichnung.

Abschließend wird das Ergebnis vom Typ **ResultSet** geschlossen und die Verbindung zur Datenbank wieder freigegeben. Der folgende Quelltext **DabaSL.java** fasst alle Abläufe zusammen.

```
package DabaSL;
import java.io.*;
import java.sql.*;
import java.io.IOException;
import javax.servlet.ServletException;
import javax.servlet.http.HttpServlet;
import javax.servlet.http.HttpServletRequest;
import javax.servlet.http.HttpServletResponse;
public class DabaSL extends HttpServlet { private static final long serialVersionUID = 1L;
    //   Lesen() und Einfuegen() als Methoden,
    //   JDBCOpen() oeffnet die Datenbank,
    //   Einfuegen() konstruiert die Antwort und
    //   gibt HTMLtext() als Antwort in eine eigene Anzeige
    public Connection JDBCOpen( String driverName, String url,
                     String user, String passwd) { /*... s.o. */     };
```

```
static ResultSet Lesen(Connection Daba, String SQLtext) { /*... s.o. */   };
static int Einfuegen(Connection Daba, String SQLtext) { /*... s.o. */   };
static String HTMLtext(boolean Erfolg, String EAN, String ABezeich) { /*... s.o. */      };
protected void doGet( HttpServletRequest anfrage,
                 HttpServletResponse antwort)
     throws ServletException, IOException  {
   // Hauptteil verarbeitet Browsereingaben
   Connection Daba = null;
   ResultSet Ergebnis = null;
   String DBTreiber, DBOrtName, DBUser, DBPassw;
   String EAN, Bezeichnung, Anw;
   // Bestimmt Antwort als HTML-Text
   antwort.setContentType("text/html");
   PrintWriter out = antwort.getWriter();
   try {
      // Zugriff auf MS Access ueber die JDBC-ODBC-Bruecke
      // Datenbank "Wawi" ist als ODBC-Quelle angemeldet
      DBTreiber="sun.jdbc.odbc.JdbcOdbcDriver";
      DBOrtName="jdbc:odbc:Wawi";
      DBUser="";
      DBPassw="";
      Daba = JDBCOpen(DBTreiber,DBOrtName,DBUser,DBPassw);
      // Lies den Parameter aus dem Formular
      EAN=anfrage.getParameter("eingabe");
      Bezeichnung="";
      // SQL-Abfrage
      Anw = "SELECT * FROM Artikel WHERE EAN =" + " '" + EAN + "' ;";
      Ergebnis = Lesen(Daba, Anw);
      Ergebnis.next();
      if (Ergebnis.getRow() == 0)
        { // Es wurde kein Artikel gefunden ...
           Bezeichnung=anfrage.getParameter("bezeichnung");
           if (Bezeichnung.length()==0) {
              // ... und die Bezeichnung ist noch leer.
              out.println(HTMLtext(false, EAN, "unbekannt")); }
           else {
              // ... und die Bezeichnung wurde eingetragen ...
              Anw = "INSERT INTO Artikel (EAN, Bezeichnung) "+
              "VALUES(" + " '" + EAN + "', '" + Bezeichnung + "');";
              int Zahl = Einfuegen(Daba, Anw);
              // ... und das Formular erneut aufgerufen.
               out.println(HTMLtext(true, EAN, Bezeichnung));
              }
         }
      else
      { // Ein Artikel wurde gefunden.
         out.println(HTMLtext(true, EAN, Ergebnis.getString(3)));}
      Ergebnis.close();
      Daba.close();
   }
   catch(NullPointerException e) {
     System.out.println("Fehler beim Lesen der Tabelle: " + e);
     System.exit(0); // Abbruch des Programms
   }
   catch(SQLException e) {
     System.out.println("Sonstiger SQL-Fehler: " + e);
     System.exit(0); // Abbruch des Programms
   }
 }
}
```

11.7 PHP

> Svenja kennt bereits PHP und ist von den Möglichkeiten der Sprache sehr begeistert. Sie fragt Herrn Pelz, warum es überhaupt notwendig ist, Java zu lernen.

PHP ist eine leicht zu erlernende und daher populäre, weit verbreitete Skriptsprache, die wie Java speziell für die serverseitige Webprogrammierung geeignet ist. Die Abkürzung PHP ist ein rekursives Akronym (sich selbst enthaltene Abkürzung unter Verwendung der Anfangsbuchstaben) für **P**HP: **H**ypertext **P**reprocessor. Dieser Präprozessor steht als Open-Source-Software bereit.

11.7.1 Arbeitsweise

Der PHP-Code wird entsprechend dem Prinzip eines Präprozessors einfach in den HTML-Text einer Webseite eingebettet. Anschließend erfolgt die Verarbeitung des PHP-Codes durch den Präprozessor und die Ergebnisse werden als neuer HTML-Text an selber Stelle in den ursprünglichen HTML-Text eingefügt. Der so veränderte HTML-Text der ursprünglichen Webseite wird danach vom Webserver, auch Server genannt, an den aufrufenden Webbrowser, auch Browser genannt, versandt. Dort erscheinen je nach Vorgabe des PHP-Codes unterschiedliche Ausgaben und es entstehen somit dynamische Webseiten.

Der PHP-Präprozessor arbeitet auf dem Server. Daher ist es etwas komplizierter, PHP-Programme zu testen. Der HTML-Text mit dem eingebetteten PHP-Code muss zuerst auf den Server übertragen und von dort durch einen Browser abgerufen werden. Dabei ist zu beachten, dass die PHP-Programmdatei die Typenbezeichnung ***.php** erhält, da sie sonst vom Präprozessor ignoriert wird. Der PHP-Code steht zwischen den speziellen Anfangs- und Abschluss-Tags **<?php** und **?>**, womit der PHP-Präprozessor aktiviert oder deaktiviert werden kann.

Der PHP-Code wird auf dem Server ausgeführt und generiert einfachen HTML-Text, den der Client mit dem Browser abruft. Der Client erhält nur das Ergebnis der Skriptausführung und kann nicht erkennen, wie der eigentliche PHP-Code aussieht. PHP enthält bewusst keine Funktionen, die den Server in seiner Arbeit gefährden könnten, d. h., man darf mit PHP alles lesen, aber kaum etwas verändern. Das Schreiben und Lesen eigener Dateien und die Zusammenarbeit mit Datenbanken werden jedoch unterstützt.

PHP kann auf allen gängigen Betriebssystemen eingesetzt werden, wie Linux, Microsoft Windows und macOS. PHP unterstützt die Mehrzahl der heute gebräuchlichen Webserver, also auch Tomcat, Apache Server und Microsoft Internet Information Server.

Mit PHP ist man nicht auf die Ausgabe von HTML-Code beschränkt. Das Angebot an Standardfunktionen wird ständig ausgebaut und umfasst auch das dynamische Generieren von Bildern, PDF-Dateien und Ausgaben in XML. Die größte Stärke von PHP ist seine Unterstützung für eine Vielzahl von Datenbanken. PHP unterstützt MySQL, aber auch den Standard ODBC (Open Database Connectivity), womit die Verbindung zu jeder Datenbank möglich ist, die diesen weltweit gültigen Standard unterstützt.

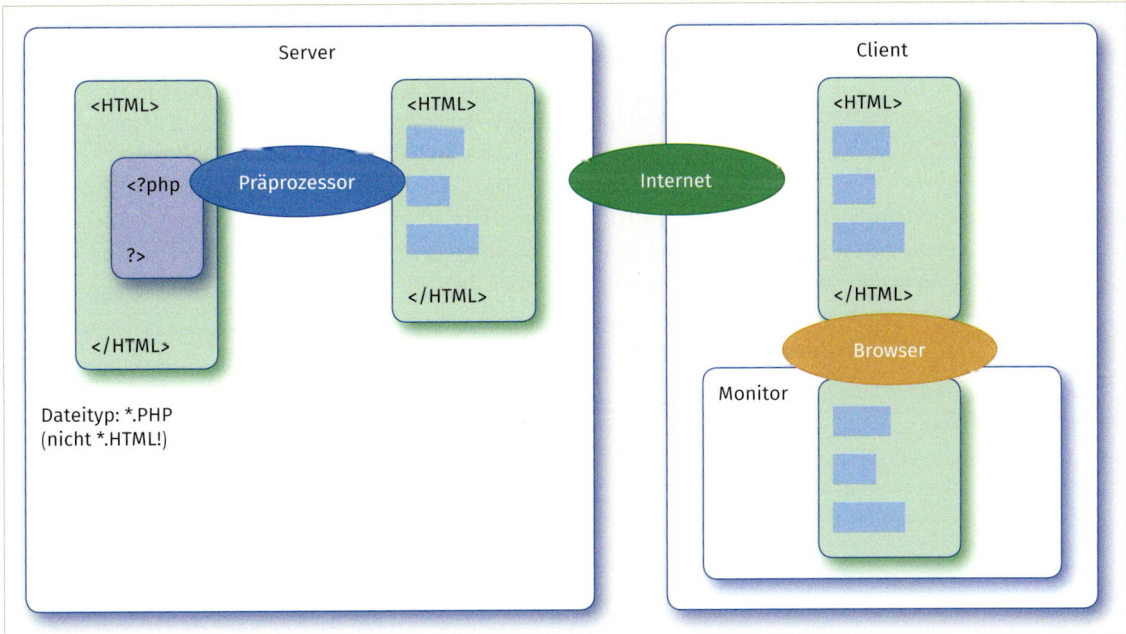

Arbeitsweise von PHP

Um zu ermitteln, welche Einstellungen für PHP gelten, rufen Sie die PHP-Funktion **phpinfo( )** auf. Binden Sie dazu folgende Zeile in eine HTML-Datei ein (Achtung: Typenbezeichnung auf ***.php** ändern) und rufen Sie diese HTML-Datei vom Server aus auf:

```
<?php
    phpinfo();
?>
```

Aufgaben

1. Kann man mit PHP den Typ des Browsers ermitteln?
2. Kann man mit PHP die Größe des Bildschirms für die spätere Ausgabe ermitteln, um sie benutzungsgerecht zu gestalten?
3. Wie kann man mit PHP die Parameter der Serverumgebung ermitteln?
4. Welche Bedeutung hat eine Session (Sitzung) für die Arbeit mit dynamischen Webseiten?

11.7.2 Anweisungen, Variablen und Kontrollstrukturen

Die wichtigste Anweisung in PHP ist die Anweisung **echo,** womit eine Zeichenkette an das umgebende HTML-Dokument gesandt wird. Dieses Echo erscheint dann später über den Browser auf dem Bildschirm. Ein einfacher Text wird dazu in doppelte Anführungszeichen gesetzt, ansonsten muss der Text als Inhalt einer Variablen oder Konstanten bereitstehen.

Jede Anweisung in PHP endet mit einem **Semikolon,** wobei sich Anweisungen auch über mehrere Zeilen erstrecken können, aber Schlüsselwörter natürlich nicht getrennt werden dürfen.

PHP ist **case-sensitive,** d. h., es wird zwischen Groß- und Kleinschreibung unterschieden.

Kommentare werden benutzt, um die einzelnen Programmschritte zu erklären. Um in einem PHP-Programmtext einen einzeiligen Kommentar einzufügen, benutzt man die Raute (#) oder doppelte Schrägstriche (//). Mehrere Zeilen werden als Kommentar zusammengefasst, indem man diese Zeilen mit /* (Schrägstrich-Stern) und */ (Stern-Schrägstrich) klammert.

PHP bietet wie jede andere vollständige Programmiersprache die Verwendung von **Variablen** an. Dazu existieren in PHP die folgenden Festlegungen:

- Der Variablenname beginnt immer mit dem Dollar-Zeichen ($). Nach dem Dollar-Zeichen muss ein Buchstabe oder das Unterstreichungszeichen folgen. Der Variablenname kann weiterhin Buchstaben oder Ziffern enthalten. Leerzeichen sind nicht erlaubt.
- Der Datentyp einer Variablen richtet sich nach dem Datentyp ihres zugewiesenen Inhaltes, d. h., es gibt keine explizite Deklaration von Variablen.
- Zeichenketten werden in doppelte Anführungszeichen eingeschlossen.

Häufig werden Variablen in PHP als Felder (Arrays) genutzt. Eine Besonderheit sind die assoziativen Arrays, bei denen eine Bezeichnung zur Auswahl des Datenfeldes statt des üblichen numerischen Indexes verwendet wird. Die assoziativen Feldbezeichnungen stehen jeweils in einfachen Anführungszeichen.

Die üblichen Kontrollstrukturen, wie Alternativen und Zyklen, existieren als besondere Anweisungen. Innerhalb der Kontrollstrukturen können mehrere Anweisungen mittels geschweifter Klammern zu einem Block zusammenfasst werden.

Das folgende Beispiel zeigt die Verwendung von Variablen anhand der Zeichenkettenvariablen **$anrede, $famname** und **$ausg.** Dabei ist auch hier zu beachten, dass PHP case-sensitive ist, also müssen Groß- und Kleinschreibung einheitlich gehandhabt werden.

$anrede und **$famname** erhalten einen Anfangswert. **$ausg** sammelt die Inhalte für die spätere Ausgabe der Grußformel mithilfe der Echo-Anweisung.

Die if-Kontrollstruktur entscheidet anhand der Anrede „Herr" oder „Frau" über den Aufbau der Grußformel „Sehr geehrter Herr" oder „Sehr geehrte Frau" und ist ohne **then** und **endif** sehr einfach definiert. Dafür müs-

Alternativen	Zyklen
if (Bedingung) {Anweisungsblock;} else {Anweisungsblock;}	while (Bedingung) {Anweisungsblock;}

switch (Variable) {
  case Wert1: Anweisungsblock; break;
  case Wert1: Anweisungsblock; break;
  ….
  default: Anweisungsblock; break;
}
	do {Anweisungsblock;} while (Bedingung);

	for (Initialisierung; Bedingung; Inkrement) {Anweisungsblock;}

sen eventuell mehrere Anweisungen nach dem **if** in einem Block in geschweiften Klammern zusammengefasst werden.

Zu beachten ist der Punkt als Zeichenkettenoperator. Durch den Punkt kann man in PHP zwei Zeichenketten, aber auch den Inhalt einer Zeichenkettenvariablen mit einer Zeichenkette verbinden.

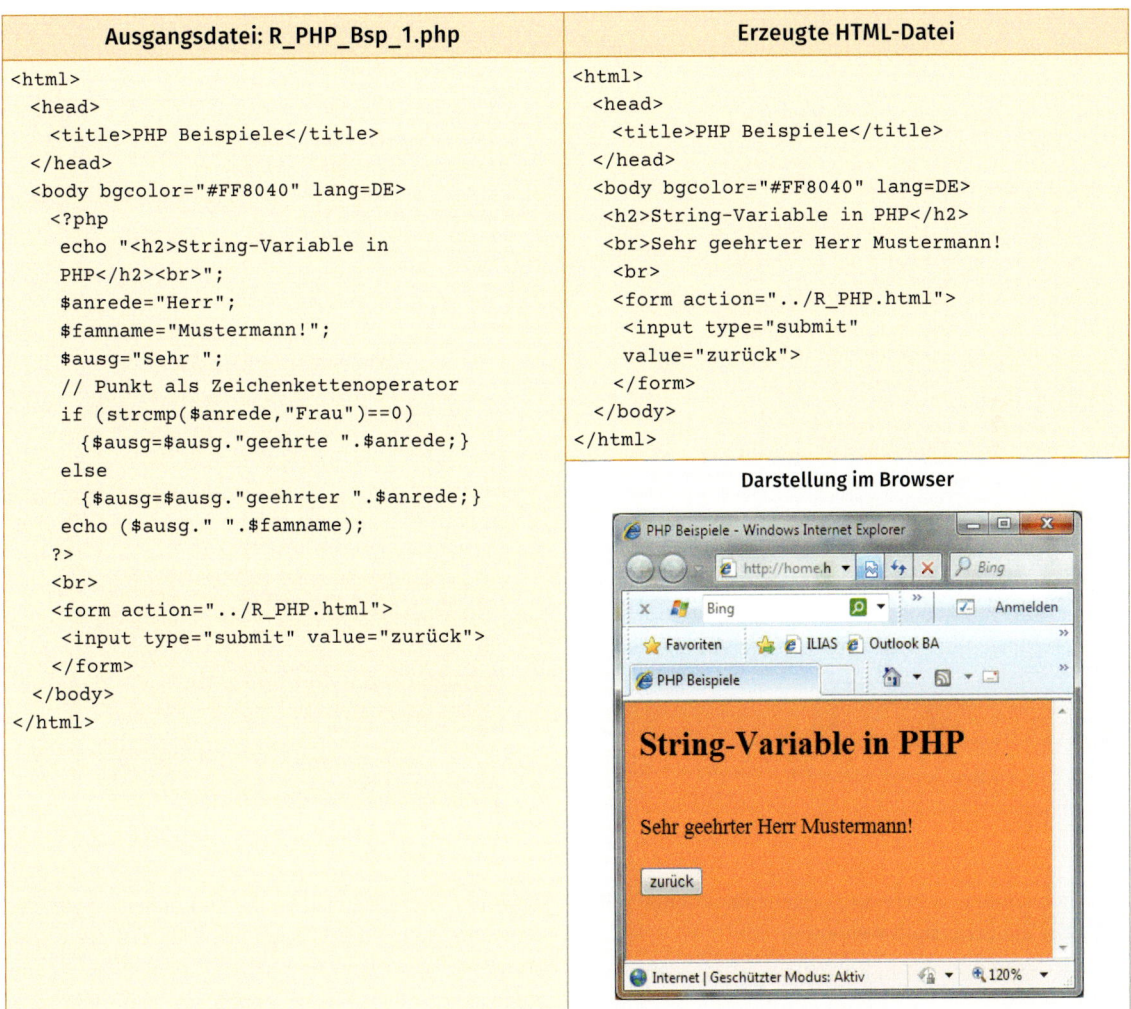

11.7.3 Funktionen

Als besondere Stärke von PHP gilt das umfangreiche Angebot an Funktionen, dass ständig wächst. Hierzu gibt es auf der offiziellen Webseite www.PHP.net aktuelle Informationen. Generell unterscheidet man zwischen den eingebauten Funktionen und der großen Anzahl von offiziell dokumentierten Zusatzfunktionen. Zu folgenden wichtigen Teilgebieten existieren eingebaute Funktionen:

- Trigonometrische Funktionen
- Datums- und Zeitfunktionen
- Rundungsfunktionen
- Datentypumwandlungsfunktionen
- Kommunikationsfunktionen
- Datenbankfunktionen
- String-Funktionen

Das folgende Beispiel zeigt die Verwendung der Datumsfunktion **getdate**( ) und der Rundungsfunktion **floor**( ). Die Datumsfunktion **getdate**( ) liefert ein Array mit den einzelnen Angaben zum Kalenderdatum und zur Uhrzeit zurück. Die Variable **$datum** übernimmt ohne besondere Deklaration dieses Array, das auch als assoziatives Array zur Bestimmung der Stunde angesprochen werden kann.

Die Funktion **floor**( ) rundet zur nächsten ganzen Zahl ab und löscht damit alle Stellen nach dem Komma. Teilt man die 24 Stunden des Tages durch 8, so erhält man mit einem Versatz von zwei Stunden die drei Bereiche **Morgen**, **Mittag** und **Abend**, die für die Begrüßung verwendet werden. Über die Kontrollstruktur **switch** werden die auszugebenden Texte zusammengestellt.

Ausgangsdatei: R_PHP_Bsp_2.php	Erzeugte HTML-Datei
``<html>
<head>
<title>PHP Beispiele</title>
</head>
<body bgcolor="#FF8040" lang=DE>
<?php
echo "<h2>Funktionen in PHP</h2> ";
$famname="Frau Blum!";
$ausg="Guten ";
// getdate() aktuelles Tagesdatum
$datum=getdate();
$stunde=$datum['hours'];
echo "aktuelle Stunde: ".$stunde." ";
if ($stunde>2) $stunde=$stunde-2;
// floor() abrunden zur ganzen Zahl
switch(floor($stunde/8)) {
// 10 Uhr, 18 Uhr, 24 Uhr
case 0: $ausg=$ausg."Morgen"; break;
case 1: $ausg=$ausg."Tag"; break;
case 2: $ausg=$ausg."Abend"; break;
}
echo ($ausg." ".$famname);
?>
<form action="../R_PHP.html">
<input type="submit" value="zurück">
</form>
</body>
</html>```	```<html>
<head>
<title>PHP Beispiele</title>
</head>
<body>
<h2>Funktionen in PHP</h2>
 aktuelle Stunde: 17
Guten Tag Frau Blum!
<form action="../R_PHP.html">
<input type="submit" value="zurück">
</form>
</body>
</html>```

Darstellung im Browser

Funktionen in PHP

aktuelle Stunde: 14
Guten Tag Frau Blum!

[zurück]

Natürlich können in PHP auch eigene Funktionen mit folgender Syntax erstellt werden:

```
function functionName()
{
    Anweisungen;
}
```

11.7.4 Arbeit mit Formularen

Formulare ermöglichen den Versand von Daten vom Client zum Server. Die Inhalte eines Formulars werden entweder mit der GET- oder der POST-Methode übermittelt. Das Formular erzeugt mit dem Input-Type **submit** einen String zum Versand an den Server, der auch kurzzeitig in der Eingabezeile des Browsers erkennbar ist. Übermittelt werden die Variablennamen und deren aktuelle Werte.

Im Formular kann für die Aktion eine HTML-Datei mit eingebettetem PHP-Programm benannt werden, die auf dem Server verfügbar ist. Durch die Verwendung der Kommunikationsfunktionen wertet das PHP-Programm die übermittelte Nachricht aus und nutzt die Werte der gesendeten Variablen zur Erzeugung einer neuen HTML-Datei für die spätere Anzeige im Browser des Clients.

Das folgende Beispiel zeigt als Ausgangsdatei eine HTML-Datei zur Erzeugung eines Formulars. Im Rahmen der INPUT-Tags werden die Variablen **Gesch** und **Fname** mit Werten belegt. Das Formular selbst verwendet die Methode GET zur Übermittlung und fordert eine Antwort von der Datei **Form_Lesen.php** an, die auf der folgenden Seite dargestellt ist.

Die Datei **Form_Lesen.php** liest die Servervariable **$_SERVER[]** aus. Aus dem assoziativen Array wird die ‚REQUEST_METHOD' ermittelt. Erwartungsgemäß handelt es sich um die GET-Methode. Somit kann auch auf die Servervariable **$_GET[]** zugegriffen werden, ebenfalls ein assoziatives Array.

Hier interessieren nur die Werte aus den Feldern ‚**Gesch**' und ‚**Fname**'. Auf diese Weise können das Geschlecht und der Familienname ermittelt und in den Ausgabestring eingebunden werden.

$_SERVER[] und **$_GET[]** sind Standardvariablen von PHP. Zu beachten sind die notwendige Großschreibung und die eckigen Klammern. Es handelt sich um keine Funktionen, denn Funktionen halten ihre Parameter in runden Klammern. Eckige Klammern weisen dagegen auf ein Array hin. Die Namen der Felder müssen bei assoziativen Arrays in einfache Anführungszeichen gesetzt werden.

Ausgangsdatei: R_PHP_Bsp_3.php

```
<html>
  <head>
    <title>PHP Beispiele</title>
  </head>
  <body bgcolor="#FF8040" lang=DE>
    <h2>Werte aus Formular senden</h2>
    <form method="get"
          action="Form_Lesen.php"
          target="_blank">
      <p>Geben Sie Ihr Geschlecht an:<br>
       <input type="radio" name="Gesch"
         value="Herr"> männlich<br>
       <input type="radio" name="Gesch"
         value="Frau"> weiblich
      </p>
      <p>und Ihren Namen bitte:<br>
       <input type="text" size="20"
          name="Fname">
       <input type="submit" value="Aufruf">
      </p>
    </form>
  </body>
</html>
```

Darstellung im Browser

Ausgangsdatei: Form_Lesen.php

```
<html>
<head>
 <title>PHP Antwort</title>
</head>
  <body bgcolor="#FF8040" lang=DE>
  <h2>Werte des Formulars</h2>
   <?php
    $m = $_SERVER['REQUEST_METHOD'];
    if ($m == "GET")
     echo
     "Daten mit GET-Methode uebermittelt";
    if ($m == "POST")
     echo
     "Daten mit POST-Methode uebermittelt";
    echo "<br><br>";
    echo "Name: ", $_GET['Fname'], "<br>";
    echo "Anrede: ", $_GET['Gesch'];
   ?>
    <br>
    <form action="../R_PHP.html">
     <input type="submit" value="zurück">
    </form>
 </body>
</html>
```

Erzeugte HTML-Datei

```
<html>
<head>
 <title>PHP Antwort</title>
</head>
  <body bgcolor="#FF8040" lang=DE>
  <h2>Werte des Formulars</h2>
   Daten mit GET-Methode uebermittelt
<br><br>Name: Bertram<BR>Anrede: Herr    <br>
    <form action="../R_PHP.html">
     <input type="submit" value="zurück">
    </form>
 </body>
</html>
```

Darstellung im Browser

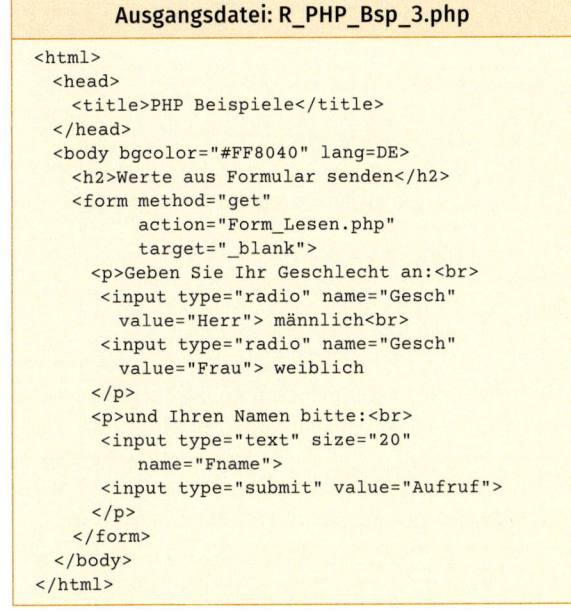

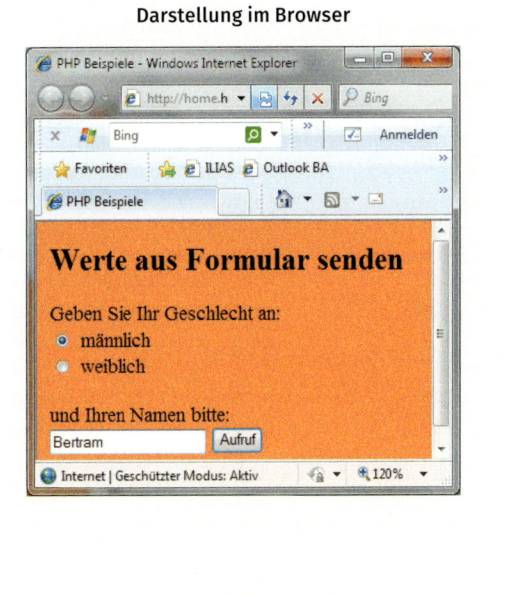

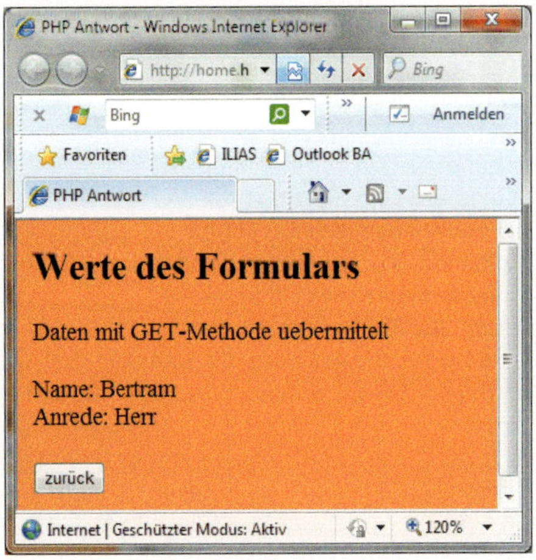

11.7.5 Arbeit mit einer Datenbank

Ein besonderes Merkmal von PHP ist die problemlose Zusammenarbeit mit Datenbanken. PHP unterstützt MySQL, aber auch ODBC, also den Standard „Open Database Connectivity", mit dem man sich mit jeder Datenbank verbinden kann, die diesen weltweiten Standard unterstützt. Für jede unterstützte Datenbank stehen spezielle Funktionen bereit. Die folgende Tabelle zeigt einige MySQL-Datenbankfunktionen:

mysql_connect( )	Verbindung zum MySQL-Server aufnehmen
mysql_error( )	Ausgabe eines SQL-Fehlers
mysql_select_db( )	Auswahl der Datenbank auf dem MySQL-Server
mysql_query( )	Ausführen einer SQL-Anweisung auf dem MySQL-Server
mysql_affected_rows( )	Funktion liefert die Anzahl der Datensätze, die mittels der SQL-Anweisungen INSERT, DELETE oder UPDATE geändert oder gelöscht worden sind.
mysql_num_rows( )	Funktion liefert die Anzahl der Datensätze, die mittels der SQL-Anweisung SELECT an das Skript zurückgeliefert worden sind.
mysql_fetch_array( )	Funktion ordnet die Rückgabe der SELECT-Anweisung in eine Tabelle ein. Die Werte der jeweils aktuellen Zeile können anhand der Feldnamen aus dem assoziativen Array ausgelesen werden.
mysql_close( )	Verbindung zum MySQL-Server schließen

Das folgende Beispiel (unten) nutzt ein Formular, um auf bekannte Weise Daten an den Server zu übermitteln. Danach wird eine Reihe spezieller Datenbankfunktionen aufgerufen.

Zuerst wird die Verbindung zum MySQL-Server hergestellt. Die notwendigen Parameter stehen in Variablen bereit, die hier jedoch aus Gründen der Datensicherheit unkenntlich gemacht wurden.

Anschließend wird überprüft, ob die Verbindung tatsächlich hergestellt werden konnte. PHP ist bezüglich der Fehlersuche wenig kommunikativ, d.h., bei Fehlern wird normalerweise keine Information an die HTML-Umgebung zurückgegeben. Es gibt wenig direkte Hinweise auf mögliche Fehlerursachen. Somit sollte man vorhersehbare Laufzeitfehler möglichst bewusst behandeln.

Nach der Verbindungsaufnahme kann die Datenbank auf dem Server ausgewählt werden. In dieser Datenbank muss sich die Tabelle befinden, die durch die SELECT-Anweisung angesprochen wird. Diese SELECT-Anweisung wird zuerst als Textkette aufgebaut. Dabei kann man wie im Beispiel gezeigt, das Suchkriterium aus einer Variablen einbinden. Diese Variable erhält vorab ihren Wert durch das Auslesen der Variable **$_GET,** die wiederum durch das Absenden des Formulars gefüllt ist. So entstehen dynamische Webseiten, die jeweils ihr Aussehen in Abhängigkeit von der Eingabe verändern, wobei die zugehörigen Daten aus der Datenbank entnommen werden.

Mit der zentralen Anweisung **mysql_query( )** wird der String mit der SQL-Anweisung zur Ausführung an den MySQL-Server übermittelt. SELECT kann kein Ergebnis, ein Ergebnis oder viele Ergebnisse liefern. Das Resultat muss daher in eine interne Tabelle **mysql_fetch_array( )** mit einem assoziativen Array pro Zeile transformiert werden. Hieraus können nun in einem Zyklus solange der aktuelle Datensatz und seine Felder gelesen werden, bis kein weiterer Datensatz in der Tabelle steht.

Abschließend ist dann nur noch die Datenbankverbindung zu schließen.

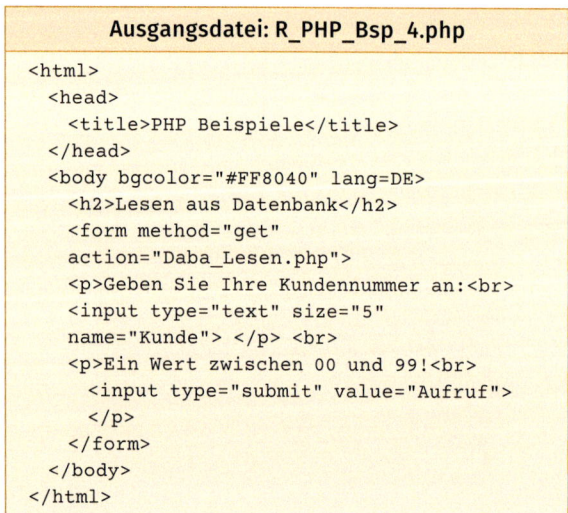

Ausgangsdatei: R_PHP_Bsp_4.php

```
<html>
  <head>
    <title>PHP Beispiele</title>
  </head>
  <body bgcolor="#FF8040" lang=DE>
    <h2>Lesen aus Datenbank</h2>
    <form method="get"
    action="Daba_Lesen.php">
      <p>Geben Sie Ihre Kundennummer an:<br>
      <input type="text" size="5"
      name="Kunde"> </p> <br>
      <p>Ein Wert zwischen 00 und 99!<br>
        <input type="submit" value="Aufruf">
      </p>
    </form>
  </body>
</html>
```

Darstellung im Browser

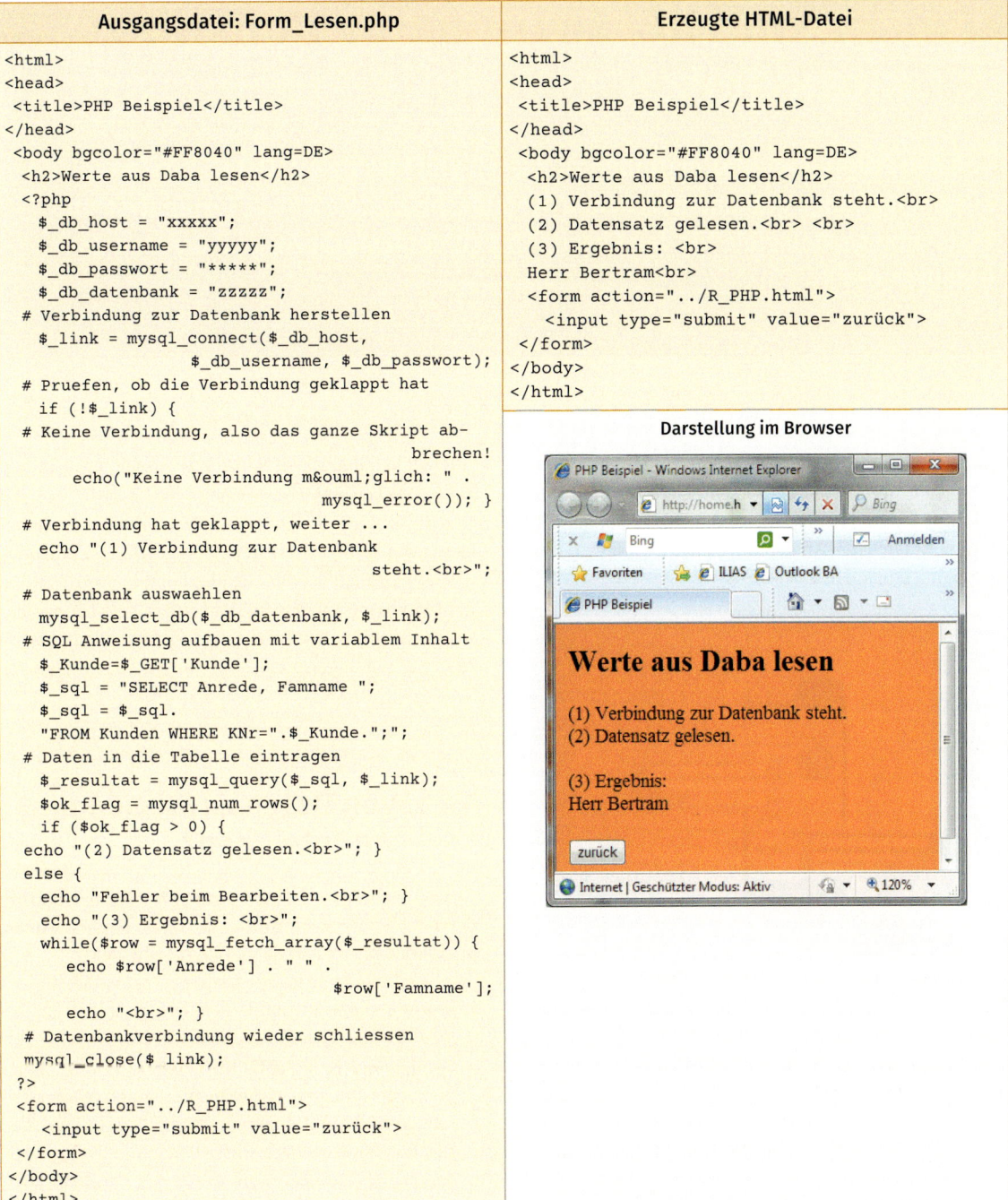

Content-Management-System

Das Content-Management-System (CMS) beinhaltet eine Software und eine Datenbank zur einfachen und arbeitsteiligen Erstellung und Aktualisierung der Inhalte (Content) von Webseiten. Das CMS ist meist in PHP programmiert und nutzt eine MySQL-Datenbank. Ein Autor oder eine Autorin oder ein Team mit Zugriffsrechten können ein solches System ohne HTML-Kenntnisse bedienen, weil es meist über eine grafische Bedienoberfläche verfügt.

Erstellte Texte, hochgeladene Bilder und alle anderen Medieninhalte werden in der Datenbank gespeichert und von dort in die aufzubauende Webseite geladen. Für die Gestaltung der Webseiten werden zahlreiche Templates angeboten.

12 Maschinelles Lernen und künstliche Intelligenz

Von den Daten über Informationen zu Wissen und Intelligenz; Daten auswerten und Zusammenhänge erkennen; lernende Systeme; neuronale Netze; Textanalyse und Textsynthese; Beispiele für den Einsatz von KI; Herausforderungen, Grenzen und Gefahren der KI

Systeme mit künstlicher Intelligenz finden sich heute in vielen Bereichen von Forschung, Wirtschaft und auch im Alltagsleben. Deshalb erscheint es notwendig, auch im Bereich der Anwendungsentwicklung auf dieses Thema einzugehen.

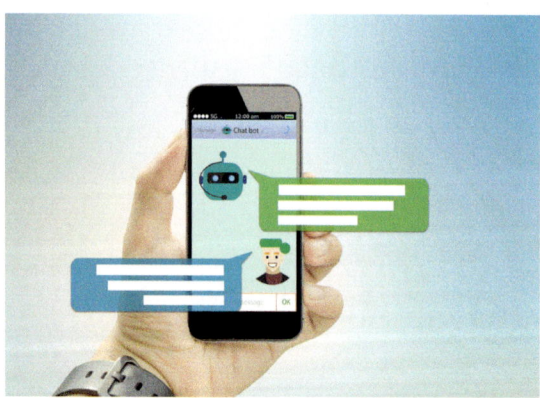

Besonders die Chatbots sind für Schülerinnen und Schüler, Auszubildende und Studierende sehr interessant. Quasi als neue Stufe der Informationsbereitstellung nach den Suchmaschinen und Wikipedia bieten sie Antworten auf nahezu alle Fragen. Besonders der Dienst **ChatGPT (Generative Pre-trained Transformer)** wird gerne genutzt. Das US-amerikanische Unternehmen OpenAI mit Sitz in Kalifornien hat ihn entwickelt und im November 2022 veröffentlicht.

Auch der folgende Text basiert in großen Teilen auf einem Dialog mit ChatGPT. Zusätzlich wird an einem kleinen Beispiel demonstriert, dass ChatGPT auch Programmquelltexte erzeugen kann, was für die Anwendungsentwicklung besonders interessant ist.

Dabei ist aktuell noch unklar, wie in Publikationen von ChatGPT erstellte Texte „zitiert" werden und welche Kennzeichnungen erfolgen sollten. Dies gilt insbesondere für Programmquelltexte, die das KI-System irgendwo kennengelernt hat und eventuell anpasst. Unklarheit herrscht, inwieweit geistiges Eigentum verletzt werden könnte, wenn ChatGPT vorhandene Dokumente nutzt, die urheberrechtlich geschützt sind, auch wenn Inhalte nicht wörtlich übernommen werden.

Etwas besser ist der Copilot von Microsoft Bing; hier werden die Quellen für die Aussagen im Chat, soweit zitierbar, mit angegeben.

12.1 Von Daten zu Wissen und zur Intelligenz

Aus der bisherigen Ausbildung kennen wir die Begriffe Zeichen, Daten und Information. Diese Begriffe stehen in einer aufbauenden Beziehung zueinander:

1. **Zeichen** sind die grundlegenden symbolhaften Elemente, die verwendet werden, um Nachrichten aufzuzeichnen. Es können Buchstaben, Ziffern, Symbole oder andere visuelle oder auditive Darstellungen sein. Im Rahmen der Digitalisierung werden Zeichen binär codiert, Buchstaben und Ziffern werden beispielsweise nach ASCII oder mittels UNICODE codiert.
2. **Daten** sind Aufzeichnungen, üblicherweise unter Verwendung von Zeichen, die in beständiger Form vorliegen. Daten an sich haben noch keine Bedeutung oder Interpretation, erst im Kontext können sie verstanden werden. Die Datenverarbeitung organisiert die Erfassung, Speicherung, Auswertung und Ausgabe von Daten.
3. **Informationen** sind Nachrichten mit Neuigkeitswert. Informationen können gewonnen werden, wenn Daten in einem bestimmten Kontext organisiert, inter-

pretiert und verstanden werden. Informationen vermitteln eine Bedeutung und können für die Empfängerinnen und Empfänger relevant und nützlich sein. Informationen werden für Entscheidungen benötigt, von trivialen alltäglichen Entscheidungen bis hin zu wirtschaftlichen und politischen Entscheidungen. Informationen sind wertvoll, vielfach bezahlen wir oder Unternehmen für Informationen.

4. **Wissen** ist das Verständnis über Sachverhalte oder bestimmte Fakten, Konzepte, Zusammenhänge oder Regeln. Es entsteht, wenn Informationen verarbeitet und interpretiert werden und zu einem tieferen Verständnis führen. Wissen bedeutet, dass die Fakten, die aktuellen Informationen, in einen Zusammenhang gebracht werden können, wenn Zusammenhänge erkannt werden.

> Herr Pelz schaltet sich hier ein mit der Bemerkung. „Wissen kann man Informatikern und Informatikerinnen vielleicht mit einer If-Then-Else-Anweisung illustrieren. Ich weiß: Wenn der Zustand xyz eintritt, dann muss ich so oder so handeln. Vielleicht macht eine Switch-Anweisung die Komplexität von Wissen noch deutlicher."

5. **Können** bezieht sich auf die Fähigkeit, etwas zu tun bzw. eine bestimmte Aufgabe zu erfüllen. Das Können basiert auf dem Wissen und den Fähigkeiten der Person oder der Maschine und umfasst die praktische Anwendung von Wissen.
6. **Handeln** bezieht sich auf das Ausführen von Handlungen oder Aktivitäten auf der Grundlage von Wissen und Können. Es beinhaltet die Umsetzung des Wissens und der Fähigkeiten in praktische Handlungen, um bestimmte Ziele zu erreichen. Handlungen sind immer auf ein Ziel ausgerichtet, auch wenn dies von außen oft nicht eindeutig erkennbar ist.
7. **Kompetenz** zeigt sich in der Fähigkeit, Handlungen unter bestimmten Umständen und in einem bestimmten Kontext bewusst anzuwenden. Kompetenz setzt nicht nur Wissen und Handlungsbereitschaft voraus, sondern auch die Fähigkeit, effektiv zu handeln bzw. Aufgaben effektiv zu lösen.

> Hier kann Leon nicht an sich halten. „Wissen bedeutet nicht gleichzeitig Kompetenz. Ich kenne auch hier in unserem Kreis einige Schlaumeier, die alles wissen, aber nichts auf die Reihe bekommen bzw. nie fertig werden. Man muss sein Wissen auch gezielt anwenden können.

Herr Pelz verweist hier auf die vielfach hinterfragte Forderung der IHK, den Praxisteil der Prüfung in einer bestimmten Zeit zu erbringen. Die Prüflinge sollen hier auch ihre Kompetenz beweisen, eine Aufgabe effektiv und in einer vorgegebenen Zeit zu lösen.

Zum Thema Kompetenz gibt es noch folgende Abstufungen:
1. Unbewusste Inkompetenz (Ignoranz): In dieser Stufe ist einer Person nicht bewusst, dass ihr in einem bestimmten Bereich Wissen oder Fähigkeiten fehlen.
2. Bewusste Inkompetenz (Erkenntnis): Hier erkennt eine Person, dass sie in einem bestimmten Bereich des Wissens oder der Fähigkeiten Defizi-

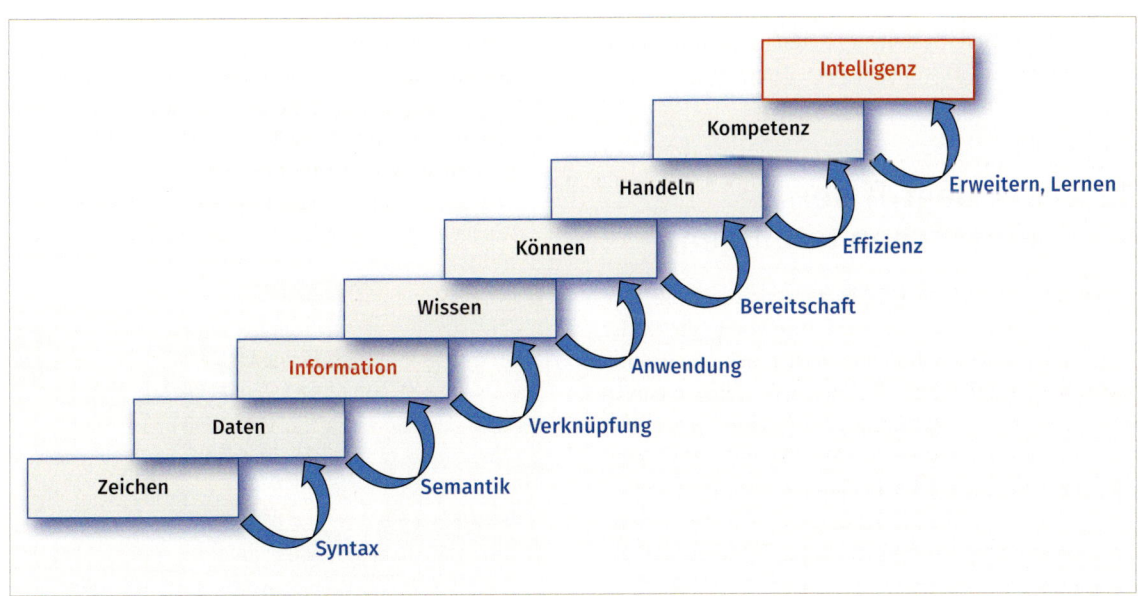

Wissenstreppe

te hat. Sie erkennt, dass ihr das notwendige Wissen fehlt.
3. **Bewusste Kompetenz (Lernen):** In dieser Stufe beginnt eine Person, Wissen und Fähigkeiten in einem bestimmten Bereich zu erwerben und zu entwickeln. Die Person beginnt zu lernen. Sie weiß, dass sie nichts weiß (in Anlehnung an einen berühmten Satz des griechischen Philosophen Sokrates).
4. **Unbewusste Kompetenz (Meisterschaft):** Auf dieser Stufe hat eine Person so viel Wissen und Erfahrung in einem bestimmten Bereich, dass es zu einer automatisierten und intuitiven Anwendung des Wissens kommt. Der Person ist möglicherweise nicht immer bewusst, dass sie das Wissen anwendet.

8. **Intelligenz** bezieht sich auf die Fähigkeit, sich Wissen anzueignen, Wissen und Fähigkeiten flexibel anzuwenden, um Aufgaben zu lösen und zu lernen und sich an neue Situationen anzupassen. Intelligenz umfasst das Lernen, die kognitive Verarbeitung und die Fähigkeit, abstrakte Konzepte zu verstehen. Intelligenz kann als übergeordneter Begriff betrachtet werden, der die Fähigkeit zur Anwendung von Wissen, Können und Handeln in komplexen Situationen umfasst. Kompetenz und Intelligenz sind eng miteinander verbunden und können sich gegenseitig beeinflussen. Intelligenz ermöglicht es, Wissen zu erwerben, Wissen und Fähigkeiten auf innovative und kreative Weise einzusetzen, um neue Lösungen zu finden, und sich an neue Herausforderungen anzupassen.

Intelligente Systeme sind immer auch lernende Systeme, die ihre Fähigkeiten selbst weiterentwickeln. Sie sind eine neue Entwicklungsstufe gegenüber den kybernetischen Systemen, deren Steuerung nach festen Regeln (if ... then ... else ...) abläuft..

12.2 Der Begriff der künstlichen Intelligenz

Künstliche Intelligenz (KI) bezieht sich auf die Entwicklung von Computern oder Maschinen, die in der Lage sind, menschenähnliches Verhalten zu zeigen und Aufgaben auszuführen, die normalerweise menschliche Intelligenz erfordern. KI-Systeme verwenden Algorithmen und Daten, um Muster und Zusammenhänge zu erkennen, Entscheidungen zu treffen, Aufgaben zu lösen und menschenähnliche Tätigkeiten wie Spracherkennung, Bildverarbeitung, Fehlererkennung und allgemein automatisierte Entscheidungsfindung durchzuführen.

Es gibt verschiedene Arten von KI, darunter schwache KI und starke KI.
- Schwache KI wird für spezifische Aufgaben entwickelt und kann nur in einem begrenzten Bereich gute Ergebnisse erzielen. Ein Beispiel für schwache KI sind Sprachassistenzen wie Siri oder Alexa.
- Starke KI hingegen ist ein Konzept, bei dem Maschinen ein allgemeines Verständnis und Bewusstsein besitzen und in der Lage sind, jede kognitive Aufgabe auszuführen, die ein Mensch bewältigen kann. Starke KI wird bisher noch nicht erreicht, aber es ist ein Ziel der Forschung und Entwicklung auf dem Gebiet der KI.

Es ist wichtig anzumerken, dass KI von menschlicher Intelligenz inspiriert ist, aber sie reproduziert nicht das volle Ausmaß der menschlichen kognitiven Fähigkeiten. Dennoch hat KI das Potenzial, viele Bereiche des menschlichen Lebens zu beeinflussen, von der Automatisierung von Arbeitsprozessen über die Medizin und Wissenschaft bis hin zur Unterhaltungsindustrie.

12.3 Beispiele für den Einsatz von KI im täglichen Leben

Es gibt viele Beispiele für den Einsatz von künstlicher Intelligenz im täglichen Leben. Hier sind einige davon:
1. **Sprachassistenz:** Sprachgesteuerte KI-Assistenzen wie Siri, Alexa, Google Assistant und Cortana nutzen KI-Algorithmen, um Sprache zu erkennen, Befehle zu interpretieren und entsprechend zu reagieren. Sie können Aufgaben wie das Abspielen von Musik, das Beantworten von Fragen, das Steuern von Smart-Home-Geräten und das Erstellen von Texten wie Memos durchführen.
2. **Empfehlungssysteme:** Plattformen wie Netflix, Amazon und Spotify verwenden KI-Algorithmen, um personalisierte Empfehlungen basierend auf unseren Vorlieben und Verhaltensmustern zu generieren. Auch Google wählt dem Nutzungsverhalten entspre-

chend Werbung aus. Sie analysieren unser bisheriges Verhalten, um uns neue Filme, Produkte oder Musik vorzuschlagen, die unseren Interessen entsprechen.
3. Spam-Filter: E-Mail-Dienste verwenden KI, um Spam-Filter zu verbessern. Durch das Lernen aus früheren E-Mails und Feedback der Nutzerinnen und Nutzer können diese Filter unerwünschte oder betrügerische E-Mails identifizieren und in den Spam-Ordner verschieben.
4. Autonome Fahrzeuge: Die Entwicklung von selbstfahrenden Autos ist ein Bereich, in dem KI intensiv genutzt wird. KI-Systeme analysieren Echtzeitdaten von Kameras, Sensoren und Radaren, um Verkehrssituationen zu erkennen, Entscheidungen zu treffen und das Fahrzeug sicher zu steuern.
5. Bilderkennung: KI-Algorithmen werden in Anwendungen wie Gesichtserkennung, Objekterkennung und Bildklassifizierung eingesetzt. So können beispielsweise auf Social-Media-Plattformen Personen in Fotos automatisch erkannt und markiert werden. Die Software zur Kamera im Smartphone erkennt Gesichter und fokussiert sich automatisch auf diese.
6. Chatbot: Diese Programme können sich in natürlicher Sprache, schriftlich oder mündlich, mit ihren Anwenderinnen und Anwendern unterhalten und Fragen beantworten.

Diese Beispiele zeigen, wie KI in verschiedenen Bereichen unseres täglichen Lebens Einzug hält und uns dabei hilft, Aufgaben effizienter zu erledigen und personalisierte Erfahrungen zu erhalten.

12.4 Wie funktioniert künstliche Intelligenz?

Künstliche Intelligenz (KI) basiert auf einer Kombination von Algorithmen und Daten, die es Computern ermöglichen, bestimmte Handlungen zu erlernen, Muster zu erkennen, Entscheidungen zu treffen und Probleme zu lösen. Allgemeine folgt das Funktionsprinzip von KI folgendem Schema:
1. **Datenerfassung:** Zuerst werden große Mengen an relevanten Daten benötigt. Diese Daten können strukturiert (z. B. in Tabellen) oder unstrukturiert (z. B. als Texte, Bilder, Videos) vorliegen. Je mehr qualitativ hochwertige Daten vorhanden sind, desto besser kann die KI lernen und ihre Aufgaben ausführen.
2. **Datenbereinigung und -vorverarbeitung:** Die gesammelten Daten werden formal bearbeitet um Fehler, Ausreißer und andere unerwünschte Einflüsse zu entfernen. Anschließend werden die Daten in ein geeignetes Format umgewandelt und aufbereitet, damit sie von den KI-Algorithmen verarbeitet werden können.
3. **Auswahl des richtigen Algorithmus:** Es gibt verschiedene Arten von KI-Algorithmen, die für unterschiedliche Aufgaben geeignet sind. Beispiele für KI-Algorithmen sind neuronale Netzwerke, Entscheidungsbäume, Bayes'sche Netze und Support-Vektor-Maschinen. Der passende Algorithmus wird basierend auf der Art der Aufgabe und den verfügbaren Daten ausgewählt.
4. **Training** der KI: Bei diesem Schritt wird der ausgewählte Algorithmus mit den vorbereiteten Daten trainiert. Das Training beinhaltet die Anpassung der internen Parameter des Algorithmus, um Muster und Zusammenhänge in den Daten zu erkennen. Dies geschieht durch wiederholtes Präsentieren der Trainingsdaten und das Anpassen der Parameter basierend auf den erwarteten Ergebnissen.
5. **Validierung und Optimierung:** Nach dem Training wird die KI mit neuen Daten getestet, um ihre Leistung zu validieren. Es werden Metriken verwendet, um die Genauigkeit und Effizienz der KI zu bewerten. Falls erforderlich, werden Anpassungen am Algorithmus vorgenommen, um die Leistung weiter zu verbessern.
6. **Einsatz der KI:** Sobald die KI erfolgreich trainiert und validiert wurde, kann sie in Echtzeit oder auf spezifische Anfragen angewendet werden, um Aufgaben auszuführen oder Entscheidungen zu treffen. Die KI nutzt dabei das gelernte Modell, um auf neue Eingaben zu reagieren und entsprechende Ergebnisse zu liefern.

KI entspricht nicht der menschlichen Intelligenz im eigentlichen Sinne. KI basiert auf Mustern und Regeln, die in den Trainingsdaten vorhanden sind. Der Erfolg von KI hängt daher von der Qualität der Daten, der Auswahl des richtigen Algorithmus und dem Trainingsprozess ab.

Die Ergebnisse der KI müssen nicht zu 100 % richtig sein. Während man bisher vom Computer immer korrekte Berechnungsergebnisse erwarten konnte, muss man bei der KI auch mit Fehlern rechnen. Die Trefferquote sollte möglichst hoch sein, aber Fehler sind möglich.

12.5 Wie lernen KI-Systeme?

KI-Systeme lernen in der Regel durch den Prozess des maschinellen Lernens. **Maschinelles Lernen** ist ein Teilbereich der künstlichen Intelligenz, der es Computern ermöglicht, aus Daten zu lernen und Muster oder Regeln zu erkennen, ohne explizit programmiert zu werden.

Es gibt verschiedene Ansätze und Techniken des maschinellen Lernens, aber im Allgemeinen durchlaufen KI-Systeme die folgenden Schritte:

1. **Merkmalsextraktion:** Aus den gesammelten und bereinigten Daten werden zunächst relevante Merkmale oder Eigenschaften extrahiert. Dies kann manuell durchgeführt werden, indem menschliche Expertinnen und Experten Merkmale auswählen, oder automatisch mit Algorithmen, die Muster in den Daten erkennen.

    Wichtige Merkmale sind auch Proportionen, die Position der Objekte zueinander und die Hintergrundsituation. So könnte ein Oval mit zwei Punkten im oberen Drittel, einem senkrecht Strich in der Mitte und einem waagerechten Strich parallel zu den Punkten als Gesicht erkannt werden.

2. **Auswahl des Modells:** Das Modell definiert die Struktur und den Algorithmus, mit dem das KI-System trainiert wird. Es gibt verschiedene Arten von Modellen, darunter neuronale Netzwerke, Entscheidungsbäume, Support-Vektor-Maschinen und viele mehr (s. u.). Die Wahl des Modells hängt von der Art der Aufgabe und den verfügbaren Daten ab.

3. **Training:** Beim Training des KI-Systems werden die vorbereiteten Daten verwendet, um das Modell anzupassen und zu optimieren. Das Modell lernt, Muster und Zusammenhänge in den Daten zu erkennen, indem es iterativ die Daten präsentiert bekommt und die internen Parameter anpasst. Dieser Prozess wird normalerweise durch Optimierungsalgorithmen unterstützt, die das Modell schrittweise verbessern.

4. **Evaluation:** Nach dem Training wird das KI-System mit neuen Daten getestet, die es nicht während des Trainings gesehen hat. Dies ermöglicht die Bewertung der Leistung und Genauigkeit des Modells. Es können verschiedene Metriken verwendet werden, um die Leistung zu bewerten, z. B. Genauigkeit, Präzision und Reaktionsgeschwindigkeit.

5. **Feinabstimmung und Iteration:** Basierend auf den Ergebnissen der Evaluation kann das Modell weiter optimiert und angepasst werden. Dieser Schritt kann mehrere Iterationen umfassen, um die Leistung des Modells zu verbessern und es an neue Daten oder Anforderungen anzupassen.

Durch diesen iterativen Prozess des maschinellen Lernens kann ein KI-System seine Fähigkeiten verbessern und Aufgaben effizienter und genauer ausführen. Es ist jedoch wichtig zu beachten, dass das Training und die Leistung der KI stark von den zur Verfügung stehenden Daten abhängen.

Beispiele für einen Lernprozess

Angenommen, wir möchten ein KI-System entwickeln, das zwischen Pferden und Kühen auf Bildern unterscheiden kann.

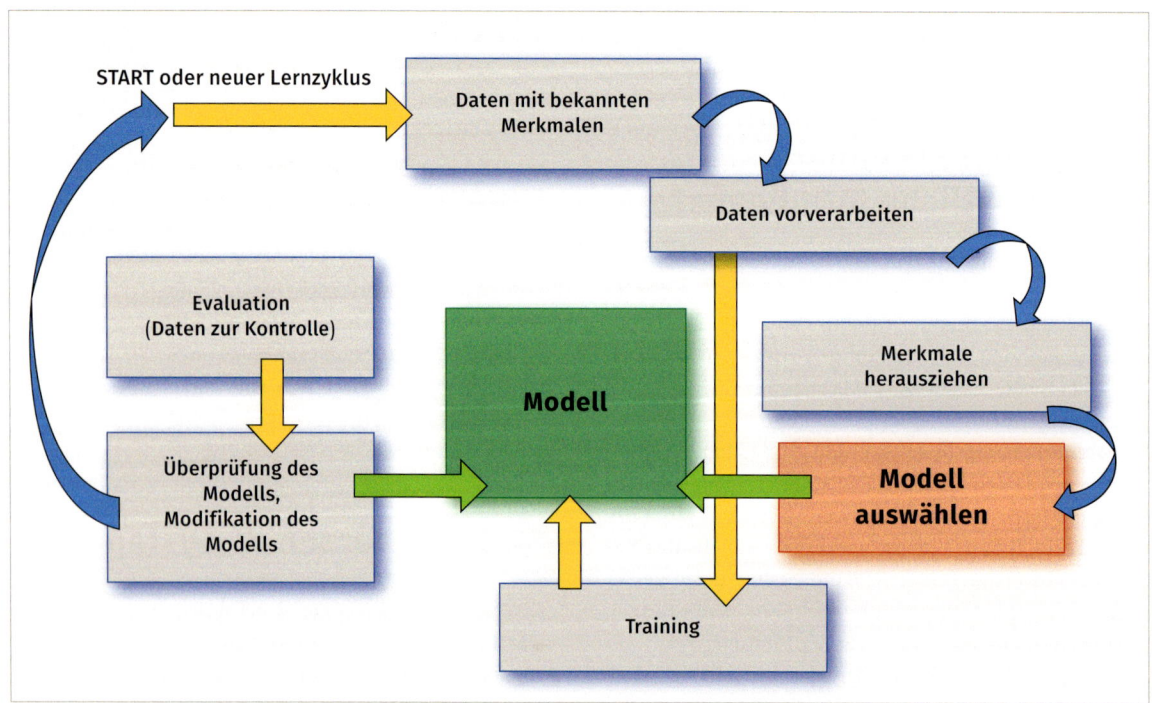

Lernendes System

1. Datensammlung: Wir sammeln eine große Menge an Bildern von Pferden und Kühen. Diese Bilder dienen als Trainingsdaten für das KI-System. Bei diesen Bildern sollte die jeweilige Zugehörigkeit zur Gruppe der Pferde oder der Kühe bekannt sein, was z. B. aus einer entsprechenden Benennung des Bildes ermittelt werden kann.
2. Datenbereinigung und -vorverarbeitung: Zuerst bereinigen wir den Datenbestand, indem wir alle Bilder entfernen, bei denen die Zugehörigkeit zu einer der Gruppen nicht eindeutig gegeben ist. Dann entfernen wir unerwünschte Objekte aus den Bildern. Auf jedem Bild sollte nur ein Tier zu sehen sein, weitere Tiere sowie der Hintergrund werden entfernt. Die Bilder werden möglicherweise auch in ein einheitliches Format und eine einheitliche Größe gebracht, die Tiere werden durch Zoomen auf eine einheitliche Körpergröße gebracht.
3. Merkmalsextraktion: Wir extrahieren relevante Merkmale aus den Bildern, wie beispielsweise die Körperproportionen, die Ohren- oder die Schwanzform. Die Auswahl und Menge der Merkmale können sich in dem iterativen Prozess verändern.
4. Auswahl des Modells: Wir entscheiden uns für ein neuronales Netzwerk als Modell, das in der Lage ist, komplexe Muster zu erkennen.
5. Training: Das Modell wird mit den vorbereiteten Trainingsdaten gefüttert. Das Netzwerk passt seine internen Gewichtungen und Parameter an, um die Muster und Merkmale zu lernen, die Pferde und Kühen unterscheiden.
6. Evaluation: Wir testen das trainierte Modell mit neuen Bildern, die es nicht während des Trainings gesehen hat. Wir vergleichen die Ausgabe des Modells mit der tatsächlichen Zugehörigkeit der abgebildeten Tiere, um die Genauigkeit des Modells zu bewerten.
7. Feinabstimmung und Iteration: Basierend auf den Evaluierungsergebnissen können wir das Modell weiter optimieren. Dies kann beinhalten, dass wir die Netzwerkarchitektur im neuronalen Netz anpassen, die Trainingsdaten erweitern oder die Merkmale ändern, um eine bessere Leistung zu erzielen.

Durch diesen Prozess lernt das KI-System, bestimmte Merkmale zu erkennen und die Bedeutung dieser Merkmale für seine Auswahlentscheidung einzuschätzen. Mit zunehmendem Training und Iteration kann die Genauigkeit des Modells verbessert werden.

Dieses Beispiel ist stark vereinfacht, dennoch veranschaulicht es den allgemeinen Ablauf, wie KI-Systeme durch Training aus Daten lernen können. Es veranschaulicht auch, dass die Treffergenauigkeit nicht bei 100 % liegen kann.

12.6 Künstliche neuronale Netze

Künstliche neuronale Netze sind ein wichtiger Bestandteil des maschinellen Lernens und der künstlichen Intelligenz. Sie sind von der Struktur und Funktionsweise des menschlichen Gehirns inspiriert und bestehen aus künstlichen Neuronen, die Daten verarbeiten und miteinander verknüpft sind.

Ein künstliches neuronales Netzwerk besteht aus mehreren Schichten von künstlichen Neuronen, die als Knoten oder Units bezeichnet werden. Diese Neuronen sind in Schichten angeordnet, die als Eingabeschicht, versteckte Schichten (sofern vorhanden) und Ausgabeschicht bezeichnet werden.

Jedes künstliche Neuron empfängt Eingaben von anderen Neuronen, multipliziert sie mit Gewichten und führt eine Aktivierungsfunktion aus, um eine Ausgabe zu erzeugen. Die Gewichte bestimmen die Stärke der Verbindungen zwischen den Neuronen und werden während des Trainingsprozesses angepasst.

Der Informationsfluss im neuronalen Netzwerk erfolgt in Form von Signalen, die von der Eingabeschicht durch die versteckten Schichten bis zur Ausgabeschicht wandern und dabei Einstellungen beeinflussen (man nennt das „propagieren"). Jedes Neuron berechnet seine Ausgabe basierend auf den Eingaben, den Gewichten und der Aktivierungsfunktion. Dieser Prozess wird als Vorwärtspropagation bezeichnet.

Während des Trainingsprozesses werden die Gewichte des neuronalen Netzes angepasst, um die gewünschten Ausgaben zu erzeugen. Dies geschieht durch einen Prozess namens Rückwärtspropagation oder Backpropagation, bei dem der Fehler zwischen den tatsächlichen und den erwarteten Ausgaben berechnet und zurück durch das Netzwerk propagiert wird. Auf diese Weise werden die Gewichte schrittweise optimiert, um die Leistung des neuronalen Netzes zu verbessern.

Neuronale Netze haben aufgrund ihrer Fähigkeit, komplexe Muster zu lernen und abstrakte Konzepte zu erfassen, breite Anwendungsbereiche. Sie werden in der Bild- und Spracherkennung, bei der Vorhersage von Trends und Mustern, im Natural Language Processing (NLP) und vielen anderen Bereichen eingesetzt. Je nach Netzwerkarchitektur können neuronale Netze verschiedene Formen und Größen haben, wie z. B. Feed-forward-Netzwerke, rekurrente neuronale Netze (RNN) oder Faltungsnetzwerke (CNN).

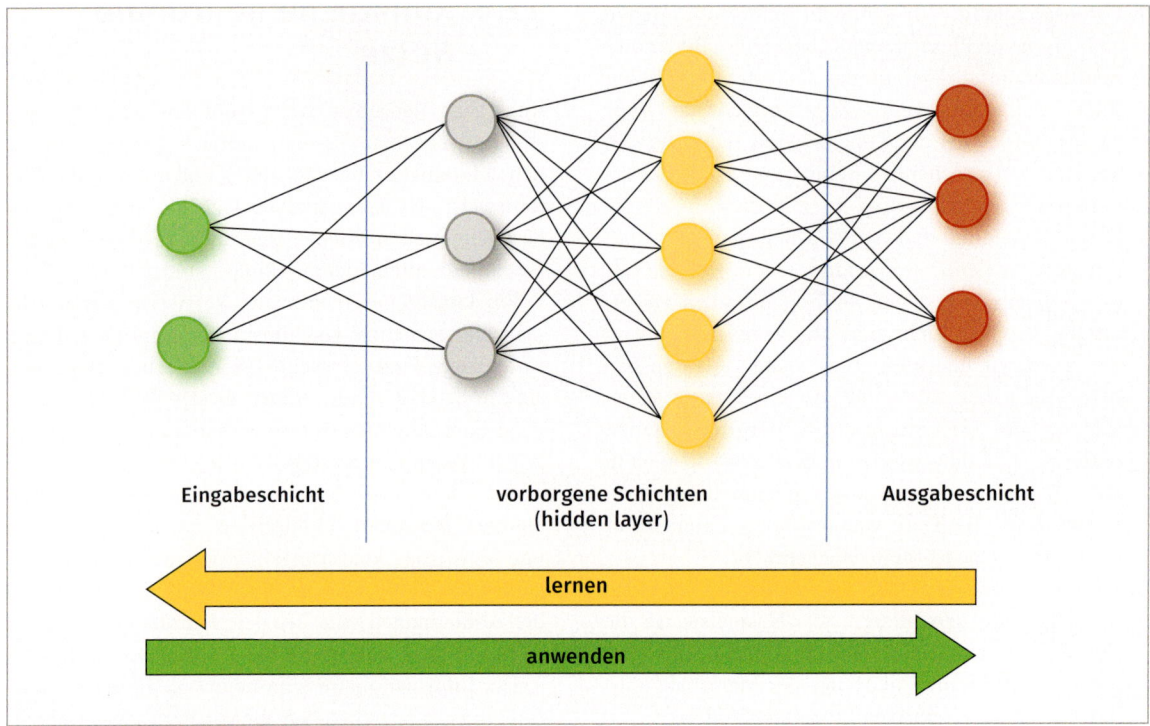

Schema eines künstlichen neuronalen Netzes

12.7 Arbeit von Chatbots

Als KI-Modell basieren Chatbots auf einer großen Menge an Textdaten, die als Trainingsdaten verwendet wurden, um die Fähigkeiten des Chatbots zu entwickeln. Während des Trainings habe sie gelernt, die Muster und Zusammenhänge zwischen den Eingabeaufforderungen (Fragen) und den entsprechenden Antworten zu erfassen. Wenn man ihnen eine Frage stellen, durchlaufen sie einen Prozess, um die Eingabe zu analysieren und eine angemessene Antwort zu generieren:

1. Tokenisierung: Die Eingabe wird in sinnvolle Einheiten wie Wörter und Satzzeichen aufgeteilt. Dies ermöglicht es, den Text besser zu verstehen und zu verarbeiten.
2. Verstehen der Absicht: Anschließend analysieren die Chatbots den Inhalt der Frage, um die Absicht oder das gewünschte Ziel zu erfassen. Dies kann durch die Identifizierung von Schlüsselwörtern, Satzstruktur und Kontext geschehen.
3. Suche nach relevantem Wissen: Basierend auf dem verstandenen Inhalt durchsuchen sie ihre Wissensdatenbank, die während des Trainings aufgebaut wurde. Dort finden sie Daten, die zur Beantwortung der Frage relevant sein könnten.
4. Generierung einer Antwort: Basierend auf dem gefundenen Wissen generieren die Chatbots eine Antwort auf die gestellte Frage. Die Antwort wird in natürlicher Sprache formuliert und an die fragestellende Person zurückgegeben.

Dabei muss man beachten, dass das KI-Modell über keine eigene Wahrnehmung oder persönliche Erfahrung verfügt. Die Antworten basieren ausschließlich auf den Daten, die während des Trainings zur Verfügung gestellt wurden.

Andererseits sollte man auch beachten, dass diese KI-Systeme in einem beständigen Lernprozess sind. Sie lernen auch aus den Chats, sie lernen etwas über unser Wissen, über unsere Interessen und über unsere Kommunikationsfähigkeiten..

12.8 Erzeugung eines Quellprogramms

Abschließend soll noch die Erstellung eines Quellprogrammes mittels Chat GPT und GitHub Copilot vorgestellt werden. Im Dialog muss man die Anforderungen

Frage: Kannst du mir ein Programm in Java schreiben mit einem Näherungsverfahren zur Berechnung der dritten Wurzel auf 4 Stellen genau?

Antwort: Ja, natürlich! Hier ist ein Beispiel für ein Java-Programm, das das Näherungsverfahren zur Berechnung der dritten Wurzel verwendet, um eine Genauigkeit von 4 Stellen zu erreichen:

```java
public class CubeRootApproximation {
    public static void main(String[] args) {
        double number = 4.0; // Die Zahl, deren dritte Wurzel berechnet werden soll
        double precision = 0.0001; // Gewünschte Genauigkeit auf 4 Stellen
        double guess = number / 3.0; // Startwert für die Näherung
        while (true) {
            double previousGuess = guess;
            guess = (2.0 * previousGuess + number / (previousGuess * previousGuess)) / 3.0; // Näherungsformel
            if (Math.abs(guess - previousGuess) < precision) {
                break; // Genauigkeit erreicht, Schleife beenden
            }
        }
        System.out.println("Die dritte Wurzel von " + number + " ist etwa " + guess);
    }
}
```

Dieses Programm verwendet das Näherungsverfahren, das als Heron-Verfahren oder Kubikwurzel-Verfahren bekannt ist. Es iteriert, bis die Differenz zwischen der vorherigen Vermutung und der aktuellen Vermutung kleiner als die gewünschte Genauigkeit ist.
Der Startwert für die Näherung wird als die Hälfte der gegebenen Zahl angenommen. Sie können den Wert von `number` ändern, um die dritte Wurzel einer anderen Zahl zu berechnen.

sehr genau formulieren. Im Folgenden ist der Dialog mit dem Ergebnis abgebildet:

GitHub ist ein Onlinedienst zur Softwareentwicklung und Versionsverwaltung, getragen von dem Unternehmen GitHub Inc. mit Sitz in San Francisco, das seit 2018 zur Microsoft Corp. gehört. GitHub bietet einen Copiloten an, der auf dem Codex-Modell von OpenAI basiert. Der Dienst verwendet den vorliegenden Programmcode der Benutzerinnen und Benutzer und lernt daraus mithilfe des zugrunde liegenden Codex-Modell von OpenAI. Copilot generiert auf Anfrage neuen Code und passt ihn an den aktuellen Arbeitsstand der Entwicklerinnen und Entwickler an.

Der GitHub Copilot kann als Erweiterung in gängige IDEs installiert werden, unter anderem auch in Eclipse. Nach der Installation fügt sich Copilot nahtlos in den Entwicklungsprozess ein und bietet während der Eingabe des Programmcodes kontinuierlich Vorschläge an. Die Entwicklerinnen und Entwickler können aus der IDE heraus Anfragen an den Assistenten stellen und so ohne Unterbrechungen oder Sprünge in andere Umgebungen von den Leistungen des Copiloten profitieren.

12.9 Risiken der künstlichen Intelligenz

Eigentlich sollte man über die **Chancen und Risiken** der künstlichen Intelligenz schreiben, aber das Feld der Chancen ist heute noch nicht überschaubar. Wir haben im Abschnitt 3 bereits Einsatzfelder der KI im täglichen Leben aufgelistet. Das sind bei weitem nicht alle aktuellen Einsatzfelder, und die Menge der Möglichkeiten wächst ständig.

Naturgemäß gehört die Erzeugung von Programmquelltext nicht zum Alltagsleben, es ist aber ein Einsatzgebiet für künstliche Intelligenz. Und diese Fähigkeit eröffnet eine Perspektive, die von vielen als besonderes Risiko gesehen wird. **Wenn ein Programm selbst wieder ein Programm erstellen kann, dann kann es sich auch kontinuierlich selbst verbessern.** Hier ist keine Grenze abzusehen. Welche Rolle wird der Mensch in diesem System zukünftig spielen?

Hieraus ergeben sich für die Auszubildenden viele Fragen. Sie diskutieren z. B. welche Auswirkungen die Verbreitung der künstlichen Intelligenz auf ihre Jobs, auf ihre Arbeitsinhalte haben wird. Sie sehen aber auch gravierende Veränderungen voraus für zahlreiche andere Berufe.

Eher aktuelle und fassbare Risiken der Nutzung von Systemen mit künstlicher Intelligenz liegen im Lernprozess:
1. **Fehlende Repräsentativität** der Daten: KI-Systeme lernen aus den zur Verfügung gestellten Trainingsdaten. Wenn diese Daten nicht ausreichend repräsentativ sind oder Verzerrungen oder Vorurteile enthalten, weil der eingeschränkte Erfahrungs- und Wissenshorizont der Trainerinnen und Trainer sich in der Auswahl der Daten widerspiegelt, kann das Modell diese Muster übernehmen und sie in seinen Entscheidungen oder Vorhersagen reproduzieren. Dies führt zu diskriminierenden oder unfairen Ergebnissen. Hierzu muss man bedenken, dass die aktuell verfügbaren Chatbots alle in den USA entwickelt wurden. Sie sprechen zwar gut Deutsch, haben aber sicherlich in ihrem Lernprozess vorwiegend Quellen aus den USA verwendet, wobei diese nicht immer mit den europäischen Vorstellungen übereinstimmen und in den USA marginalisierte Gruppen und Themen auch in den Daten unterrepräsentiert und damit von der KI nicht „kennen gelernt" werden.
2. **Manipulation und Angriffe:** KI-Systeme können anfällig für Manipulationen und Angriffe sein. Beispielsweise können gezielte Eingaben oder Verzerrungen in den Daten dazu führen, dass das Modell irreführende oder falsche Ergebnisse liefert. Das ist vergleichbar mit möglichen Manipulationen in der Wikipedia. Kurzzeitig kann man als vermeintlicher Autor oder vermeintliche Autorin Texte ändern. Erst die Community korrigiert die Manipulation. Es ist daher wichtig, die Sicherheit von KI-Systemen zu berücksichtigen und Schutzmaßnahmen zu implementieren, um solche Angriffe zu verhindern.

Diese Risiken zeigen, dass der Lernprozess in KI-Systemen sorgfältig gestaltet und überwacht werden muss. Es ist wichtig, ethische Aspekte zu berücksichtigen, qualitativ hochwertige und repräsentative Daten zu verwenden, die Interpretierbarkeit der Modelle zu verbessern und Maßnahmen zur Sicherheit und Robustheit zu implementieren.

12.10 Die richtigen Fragen an den Chatbot stellen

Abschließend muss noch auf einen wichtigen Aspekt in der Arbeit mit Chatbots verwiesen werden: **Man muss die richtigen Fragen stellen.** Die Fragen müssen präzise, ausführlich und klar in den Begriffen formuliert werden. Nur so kann der Chatbot auch die erwartete Antwort liefern.

„Das Problem kenne ich", schaltet sich Felix in den Vortrag ein. „Ich sollte mal an der Schule eine Hausarbeit schreiben zu dem Thema ‚Wieso mache ich eine Ausbildung zum Kaufmann für IT-System-Management bei der ACI GmbH?' Eigentlich ist das eine klare Frage, aber der Chatbot konnte mir hier nicht helfen, er kennt ja meine Motive nicht. Besser wäre folgende Liste von Fragen:
- Was ist der Ausbildungsinhalt der Kaufleute für IT-System-Management?
- Welche Leistungen bietet die ACI GmbH ihren Kunden an?
- Was verdienen Azubis bei der ACI GmbH?
- Was verdienen Kaufleute für IT-System-Management?

Die Antworten auf diese Fragen gehören in meine Hausarbeit. Und wenn sie sich mit meinen persönlichen Vorstellungen treffen, dann ist das auch die Antwort auf die ursprüngliche Frage."

12.11 EU-Verordnung über künstliche Intelligenz

Die Risiken beim Einsatz der künstlichen Intelligenz hat man auf politischer Ebene erkannt, nicht zuletzt durch die Forderungen der Pioniere der KI-Entwicklung vor dem US-Kongress nach strengen Regularien für die weitere Entwicklung. Im Europaparlament und der Europäischen Kommission entwickelte man daraufhin eine Verordnung über Künstliche Intelligenz, die im Mai 2024 nach der Zustimmung der 27 Mitgliedsländer veröffentlicht wurde.

> Gegenstand der KI-Verordnung der EU (international als „KI-Act der EU" bezeichnet)
> „(1) Zweck dieser Verordnung ist es, das Funktionieren des Binnenmarkts zu verbessern und die Einführung einer auf den Menschen ausgerichteten und vertrauenswürdigen künstlichen Intelligenz (KI) zu fördern und gleichzeitig ein hohes Schutzniveau in Bezug auf Gesundheit, Sicherheit und die in der Charta verankerten Grundrechte, einschließlich Demokratie, Rechtsstaatlichkeit und Umweltschutz, vor schädlichen Auswirkungen von KI-Systemen in der Union zu gewährleisten und die Innovation zu unterstützen."
> *(Quelle: https://eur-lex.europa.eu/legal-content/DE/TXT/?uri=CELEX:32024R1689[14.11.2024])*

Die Verordnung beinhaltet harmonische, also auf alle Mitgliedsländer der EU gleichermaßen wirkende Vorschriften zu folgenden Komplexen:
- zur Bereitstellung von KI-Systemen, zu deren Inbetriebnahme und Verwendung;
- zum Verbot bestimmter Praktiken im KI-Bereich
- zu besonderen Anforderungen an Hochrisiko-KI-Systeme und Pflichten für Akteurinnen und Akteure in Bezug auf solche Systeme
- zur notwendigen Transparenz beim Umgang mit KI-Systemen
- zur Bereitstellung von KI-Modellen mit allgemeinem Verwendungszweck (generative KI-Systeme, KI-Systeme zur öffentlichen Nutzung)
- zur Marktbeobachtung und Marktüberwachung (durch ein zu schaffendes AI-Büro der EU)
- zur Innovationsförderung innerhalb der EU, speziell für KMU und Start-Up-Unternehmen

Darüber hinaus sieht die KI-Verordnung spezielle Vorschriften für leistungsfähige Sprachmodelle vor, speziell für die GPAI (General Purpose Artificial Intelligence) und für Modelle, die eine besonders hohe Rechenleistungen verlangen.

Risikoeinstufung

Die Verordnung soll die Bürgerinnen und Bürger und die Wirtschaft der EU vor den Risiken aus der Anwendung von KI-Systemen schützen, entsprechend folgt die KI-Verordnung einem risikobasierten Ansatz. Vier Risikokategorien werden abgegrenzt:
- KI-Systemen mit inakzeptablem Risiko (vgl. Kapitel II: „Verbotene Praktiken im KI-Bereich")
- KI-Systemen mit hohem Risiko (vgl. Kapitel III: „Hochrisiko-KI-Systeme")
- KI-Systemen mit Transparenzanforderungen (Kennzeichnungspflicht von Produkten und Ausgaben, Dokumentation der Lernprozesse)
- KI-Systemen ohne oder mit nur niedrigem Risiko

Zur Einstufung einzelner Anwendungen finden sich im Anhang III „Hochrisiko-KI-Systeme gemäß Artikel 6 Absatz 2" detaillierte Aussagen. Die Auflistung in einem Anhang erlaubt es, den Geltungsbereich der KI-Verordnung den jeweiligen inhaltlichen Entwicklungen entsprechend leichter anzupassen. Hinzuweisen ist auch auf den Artikel 3 „Begriffsbestimmungen", in dem sich eine umfangreiche Liste von Definitionen findet, welche eine eindeutige Verwendung der Begriffe sichern soll.

Innovationsförderung

Im Kapitel VI werden Maßnahmen zur Innovationsförderung zusammengestellt. Die zentrale Idee ist die Schaffung von jeweils mindestens einem KI-Reallabor auf nationaler Ebene. Die EU-Kommission wird technische Unterstützung, Beratung und Instrumente für die Einrichtung und den Betrieb von KI-Reallaboren bereitstellen. Diese sollen dann in Zusammenarbeit mit Unternehmen – besonders kleinen und mittleren Unternehmen und Start-Ups – die KI-Entwicklungen voranbringen, aber auch im Sinne der Verordnung kontrollieren.

Kennzeichnungspflich

Auf die Kennzeichnungspflicht wurde bereits im Zusammenhang mit den Transparenzanforderungen hingewiesen. Den Nutzerinne und Nutzern muss stets klar sein, dass sie mit KI-Systemen interagieren, was besonders bei ChatBots und automatischen Auskunftssystemen zu vermerken ist. Mit generativer KI erstellte Bilder, Videos und Tonaufnahmen (Deepfakes) müssen als KI-Ausgaben maschinenlesbar gekennzeichnet werden. Dazu soll auch eine spezielle CE-Kennzeichnung (vgl. Artikel 48) eingesetzt werden, sowohl in physischer als auch in digitaler Form. Mit dem CE-Kennzeichen weisen die Hersteller allgemein die Einhaltung von Konformitätsanforderungen zu den jeweils gültigen Verordnungen nach.

Sanktionen

Kapitel XII „Sanktionen" enthält eine Liste von Verboten und Strafandrohungen. Technologien mit einem inakzeptablen Risiko sind komplett verboten. Für Strafverfolgungsbehörden, das Militär und Geheimdienste gibt es jedoch weitreichende Ausnahmen. Schließlich werden auch Geldbußen bei Verstößen gegen diese Verordnung angedroht.

Zusammenfassung

Allgemein und besonders international wird die KI-Verordnung der EU als ein mutiger Schritt bewertet, da man hier ein hochinnovatives Entwicklungsfeld doch relativ frühzeitig zu kanalisieren versucht, um gefährliche Fehlentwicklungen zu vermeiden und damit die Bevölkerung und die Unternehmen der EU zu schützen. Gleichzeitig besteht die Gefahr, dass derartige Regelungen die Innovationen innerhalb der EU ausbremsen und unregulierte internationale Konkurrenz ungewollt unterstützen.

Aufgaben

1. Nennen Sie Beispiele, wo und wie (in welcher Form) Sie für Informationen bezahlen.
2. Nennen Sie Beispiele, bei denen Ihr Ausbildungsunternehmen für Informationen bezahlt.
3. Erläutern Sie den Unterschied zwischen schwachen und starken KI-Systemen.
4. Recherchieren Sie die Bedeutung des Begriffes „Deep Learning".
5. Erläutern Sie die Vorgehensweise beim Trainieren von neuronalen Netzwerken.
6. Welche Rolle spielt die Datenqualität beim Training von maschinellen Lernmodellen?
7. Wie beeinflusst die Verfügbarkeit großer Datenmengen die Entwicklung von maschinellem Lernen und KI?
8. Wie funktioniert ein neuronales Netzwerk und welche Rolle spielt es im Deep Learning?
9. Wie kann Diskriminierung und ideologische Beeinflussung in KI-Modellen erkannt und minimiert werden?
10. Was sind die Hauptanwendungsgebiete von maschinellem Lernen in der Industrie 4.0?
11. Wie kann maschinelles Lernen zur Verbesserung der Cybersicherheit beitragen?
12. Welche Vorteile und Risiken bringt der Einsatz von KI im autonomen Fahren mit sich?
13. Wie wird maschinelles Lernen in der Finanzbranche eingesetzt, um Betrug zu erkennen?
14. Welche ethischen Herausforderungen ergeben sich beim Einsatz von künstlicher Intelligenz in der Medizin?
15. Was sind die größten Herausforderungen bei der Implementierung von KI in kleinen und mittleren Unternehmen?
16. Wie kann maschinelles Lernen zur Vorhersage von Kundenverhalten im E-Commerce genutzt werden?
17. Wie können KI-Modelle in der Landwirtschaft zur Ertragssteigerung beitragen?
18. Welche Fortschritte gibt es bei der Entwicklung von KI für die Verarbeitung natürlicher Sprache (NLP)?
19. Erläutern Sie, warum ein ChatBot nicht auf persönliche Fragen antworten kann.
20. Erläutern Sie, warum die großen Tech-Unternehmen mit ihren zum Teil kostenlosen Angeboten von Cloud-Speicherkapazität besondere Vorteile bei der Entwicklung intelligenter Anwendungslösungen haben.

13 Testverfahren

Die Azubis haben den Auftrag erhalten, ihre selbst geschriebenen Programme zu überprüfen und deren Korrektheit nachzuweisen. Dabei nutzen sie die im Berufsschulunterricht erhaltenen Unterlagen über das Testen von Software.

13.1 Zielstellung

Die Testverfahren prüfen und bewerten die Software bezüglich der Erfüllung der Qualitätsanforderungen. Leider wird dies oft auf die Überprüfung der Korrektheit der Software reduziert. Dabei umfassen die Qualitätskriterien die gesamte Funktionalität, die Zuverlässigkeit, die Benutzbarkeit, die Effizienz, die Änderbarkeit und die Übertragbarkeit (siehe Kapitel 3.1.4.1).

Die gewonnenen Erkenntnisse aus den Testverfahren werden zur Identifikation und Behebung von Fehlern genutzt. Tests während der Programmierung dienen dazu, das Programm möglichst fehlerfrei in Betrieb zu nehmen. Zur Softwareentwicklung gehören aber neben der Programmierung auch die Analyse und der Entwurf sowie die Dokumentation. In der Designphase oder bei der Dokumentation können ebenfalls Fehler entstehen. Ist zum Beispiel eine Funktion der Software falsch, unzureichend oder gar nicht beschrieben (dokumentiert), so kann die Benutzbarkeit, die auch zu den Qualitätsmerkmalen gehört, erheblich eingeschränkt sein.

Der Softwaretest erbringt nicht den Nachweis, dass keine Fehler vorhanden sind. Der Test kann lediglich feststellen, ob bestimmte Testfälle erfolgreich oder nicht erfolgreich waren. Das Testen von Programmen kann die Existenz von Fehlern zeigen, aber niemals deren Nichtvorhandensein. Hierzu müssten alle möglichen Programmfunktionen mit allen möglichen Werten unter allen möglichen Umgebungsbedingungen getestet werden, was schon bei sehr einfachen Testobjekten viel zu aufwendig ist. Aus diesem Grund beschäftigen sich verschiedene Teststrategien mit der Anforderung, wie mit einer möglichst geringen Anzahl von Testfällen eine möglichst große Testabdeckung erreichbar ist.

Fehler ist nicht gleich Fehler. Die Begriffe „Failure", „Fault" oder „Error" haben im Englischen eine andere Bedeutung als im Deutschen:

Error	fehlerhafte Aktion (Irrtum), die zu einer fehlerhaften Programmstelle führt
Fault/Defect/Bug	fehlerhafte Stelle (Zeile) eines Programms, die ein Fehlverhalten auslösen kann
Failure	Fehlverhalten eines Programms, das während seiner Ausführung (tatsächlich) auftritt

Fehler bei der Programmierung (errors) können zu Fehlern in einem Programm (faults) führen, die anschließend Fehler bei der Programmausführung (failure) bewirken.
 Anstelle von „Failure" wird leider oft auch von „Error" gesprochen, weshalb oft „error codes", „error handler" oder ähnliche Begriffe verwendet werden.

13.2 Überblick

In der Literatur wird zunächst zwischen **Systemverifikation** (korrekt im Sinne der Spezifikation) und **Systemvalidation** (praktischer Test in einer definierten Testumgebung) unterschieden.

Die Erfahrung hat gezeigt, dass auf die Validierung eines Systems trotz erfolgreicher Verifikation nicht verzichtet werden kann.

Nach der Art des Testverfahrens unterscheidet man **konventionelle** und **formale** Testverfahren, z. B. Programmverifikation über Schleifeninvarianten oder symbolisches Testen. Bei den **formalen** Testverfahren wird versucht, die Korrektheit eines Softwaresystems mithilfe festgelegter mathematischer Regeln zu beweisen. In der Praxis scheitert dies oft schon bei einfacheren Systemen am notwendigen Formalisierungsaufwand, sodass solche Methoden wenig praktische Bedeutung besitzen.

Bei der Anwendungsentwicklung stehen nach wie vor **konventionelle** Testverfahren im Vordergrund.

13.3 Teststufen

Zunächst werden nicht alle Tests zur gleichen Zeit durchgeführt, sondern sie erfolgen in Abhängigkeit vom Entwicklungsstand der zu entwickelnden Software. Dabei unterscheidet man je nach Entwicklungsstand verschiedene Teststufen (siehe Tabelle).

Art des Tests	Ziel des Tests
Unit-, Komponenten-, Modul- oder Klassentest	Test einer einzelnen Einheit
Integrationstest	Überprüfung des fehlerfreien Zusammenwirkens von Systemkomponenten
Systemtest	abschließender Test des Gesamtsystems bezüglich Funktion, Leistung, Benutzerkeit, Sicherheit
Abnahmetest	Test des Gesamtsystems in der Kundenumgebung; wird in der Regel durch die auftraggebende Firma selbst oder mit deren Beteiligung durchgeführt; dieser Test bildet die Grundlage für die Entscheidung zur Abnahme der Software

Eine weitere Methode zur Einteilung der Teststufen orientiert sich an den Softwareversionen, die den Entwicklungsstand der Software widerspiegeln. Dazu gehören beispielsweise die Alpha- und Betaversion einer Software oder der Release Candidate. Entsprechend gibt es auch Tests wie den Alphatest und den Betatest. Der Alphatest ist eng mit der gleichnamigen Alphaphase der Softwareentwicklung verknüpft, ebenso wie es eine Betaphase und Betatests gibt. Beide Phasen sind wichtige Meilensteine in der Entwicklung eines Softwareprojektes, unterscheiden sich jedoch in einem entscheidenden Aspekt.

Beim **Alphatest** wird das System in der Zielumgebung des Herstellers durch ausgewählte Anwenderinnen und Anwender erprobt. Im **Betatest** wird das System hingegen bei ausgewählten Zielkunden in einer eigenen Umgebung zur Probenutzung zur Verfügung gestellt. Auftretende Probleme und Fehler werden protokolliert. Betatester und -testerinnen erhalten meistens einen Preisnachlass auf das endgültige Produkt. Betatests erfolgen iterativ mit aufeinanderfolgenden „**release candidates**" (RC).

Statische Testverfahren dienen hauptsächlich dem Testen von Software, ohne diese auf einem Rechner auszuführen. Bei den Prüfobjekten handelt es sich

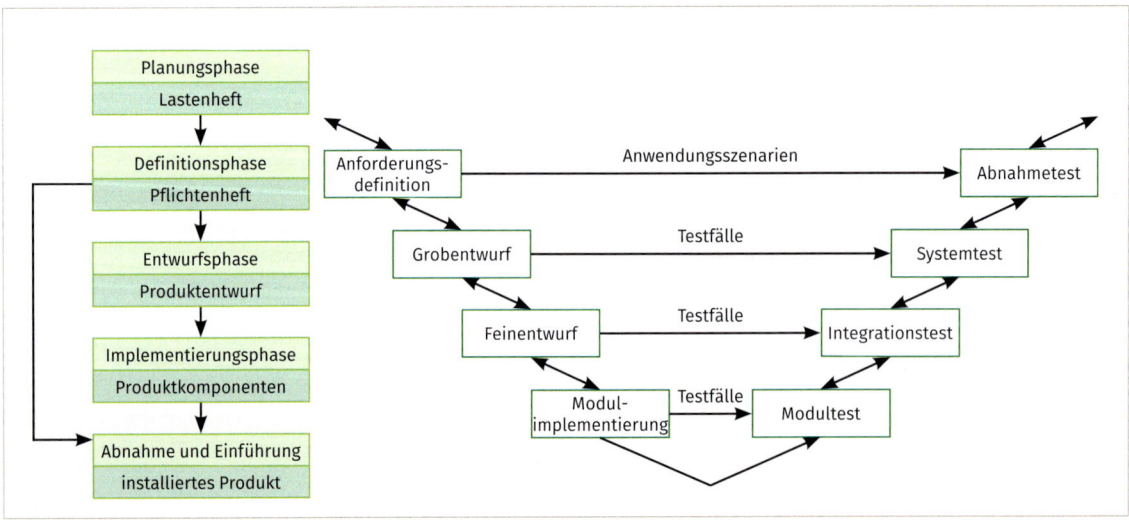

Teststufen im V-Modell

Alphatest	Der Alphatest ist der erste Test, welcher nicht nur durch die Entwicklerinnen und Entwickler allein durchgeführt wird. Getestet wird die sogenannte Alphaversion der Software. Obwohl dieser Begriff nicht genau bestimmt ist, enthält die Alphaversion in der Regel bereits die wesentlichen Bestandteile des Softwareproduktes, muss aber noch um viele Funktionen erweitert werden. Durch den frühen Beginn des Testens können schon rechtzeitig grundlegende Fehler gefunden und beseitigt werden. Die Alphaversion wird zum Testen, neben den Entwicklerinnen und Entwicklern, meist einem kleinen exklusiven Kreis von externen Testerinnen und Testern zur Verfügung gestellt.
Betatest	Ein Betatest ist normalerweise die zweite große Testphase bei der Entwicklung von Software. Während eines Betatests wird das neue Produkt einem Teil der Zielgruppe vorgeführt und zum Testen überlassen. In der Betaversion sind schon alle Funktionen des Programms implementiert. Diese wurden aber noch nicht ausreichend genug getestet. Das Programm kann daher noch viele Fehler enthalten, die einen produktiven Einsatz nicht empfehlenswert machen.
Release Candidate	Ein Release Candidate ist die abschließende Testversion der Software. Darin sind alle Funktionen schon verfügbar und die meisten Fehler sind behoben. Aus dem Release Candidate wird die endgültige Version erstellt, um einen abschließenden Systemtest durchzuführen.

meistens um Entwicklungsdokumente oder um den Quellcode selbst. Prinzipiell kann aber jedes Arbeitsergebnis der Softwareentwicklung durch statische Testtechniken überprüft werden, z.B. die Anforderungsspezifikation, die Testspezifikation oder das Benutzerhandbuch für den Kunden.

Zu den statischen Testverfahren gehören u.a. Inspektion, Review, Walkthrough und Audit. Diese Verfahren sind häufig Bestandteil formalisierter Qualitätsmanagementansätze im Projektalltag. Sie werden in fast allen Phasen einer Entwicklung angewendet.

Teammitglieder, externe Fachleute oder auch Benutzerinnen und Benutzer überprüfen dabei anhand einer aufgestellten Checkliste oder spontan die Korrektheit des erstellten Programms. Die erste Stufe eines statischen Tests umfasst die Verifizierung des Quellcodes, bei dem die Abarbeitung eines Programmcodefragments als korrekt bewiesen wird. Als zweite Stufe des statischen Tests wird die Analyse des Quellcodes angesehen, bei der das untersuchte Objekt zergliedert und in seine Bestandteile zerlegt wird. Die Bestandteile werden anschließend geordnet und ausgewertet.

13.4 Testverfahren

Testverfahren geben an, wie etwas getestet wird. Einen Überblick über die verschiedenen Testverfahren finden Sie auf dieser Seite. Nachfolgend werden die statischen und dynamischen Testmethoden näher betrachtet.

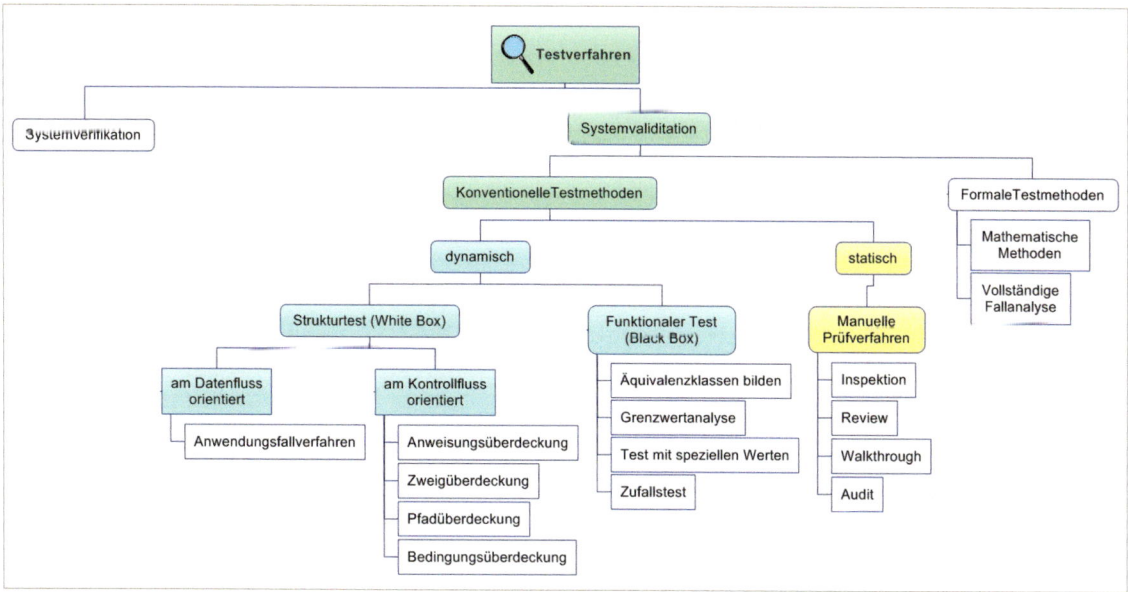

Überblick zu den Testverfahren

13.4.1 Statische Testverfahren

[S] In einem **ersten** Test kontrollieren die Azubis den geschriebenen Programmcode im Rahmen einer **Inspektion.** Sie achten besonders darauf, dass die Programmierkonventionen eingehalten und die Kommentare aussagekräftig formuliert wurden. Zusätzlich überwachen sie das korrekte Schreiben der Variablennamen.

> Die DIN EN ISO 8402 versteht unter **Verifizierung** eine Bestätigung aufgrund einer Untersuchung und durch Bereitstellung eines Nachweises, dass festgelegte Forderungen erfüllt worden sind. Diese Norm bezieht sich auf die Qualitätssicherung von organisatorischen und betrieblichen Abläufen. Sie bezieht sich nicht direkt auf den Bereich der Datenverarbeitung, weshalb keine weiteren Spezifizierungen vorgenommen werden.

Inspektion	Stark formalisiertes Verfahren, bei dem der Programmcode nach genau festgelegter Vorgehensweise durch ein Team zur Begutachtung untersucht wird. Nach empirischen Untersuchungen können durch Inspektionen 50 % bis 75 % aller Entwurfsfehler gefunden werden.
Review	Im Vergleich zur Inspektion weniger formal und durch weniger Aufwand gekennzeichnet. Das Verfahren bewirkt einen ähnlichen Nutzen, d. h., 60 % bis 70 % aller Fehler werden gefunden.
Walkthrough	Unstrukturierte Vorgehensweise. Die Autorinnen und Autoren (Programmierer/-innen) präsentieren ihr Programm und die Gutachter/-innen stellen spontan Fragen.
Audit	Strukturiertere Vorgehensweise als bei Walkthrough. Die Autorinnen und Autoren (Programmierer/-innen) präsentieren ihr Programm und die Gutachter/-innen stellen Fragen nach einem vorher festgelegten Prüfkatalog.

[S] In einem **zweiten** Test bitten die Azubis Herrn Pelz zu einem **Walkthrough.** Zuerst präsentieren sie ihren Programmcode. Anschließend stellt Herr Pelz entsprechende Fragen, die die Azubis beantworten müssen.

13.4.2 Dynamische Testverfahren

Dynamische Testverfahren dienen dem Auffinden von Fehlern durch Ausführen des Programms in einer Testumgebung. Die wichtigsten dynamischen Testverfahren sind der White-Box- und der Black-Box-Test. Bei White-Box-Tests liegt der Quelltext vor und es wird versucht, eine möglichst hohe Testabdeckung zu erreichen. Deswegen ist ein White-Box-Test auch ein strukturorientiertes Testverfahren. Der Black-Box-Test hingegen ist ein spezifikationsorientiertes Verfahren, weil hier nicht der Quellcode, sondern nur die Schnittstelle und deren Anforderungsspezifikationen getestet werden. White-Box-Tests haben den Nachteil, dass sie sehr stark an den Quellcode gekoppelt sind. D. h., bei Optimierung, Erweiterung oder einfach nur bei einigen Änderungen am Quellcode verlieren sie ihre Gültigkeit, da man sich nicht sicher sein kann, ob die komplette Anweisungs- oder Entscheidungsüberdeckung noch gegeben ist. Die Tests müssen also jedes Mal überprüft und gegebenenfalls angepasst werden. Black-Box-Tests hingegen weisen diesen Nachteil nicht auf. Sie können, solange keine Änderungen in der Anforderungsspezifikation vorliegen, immer wieder zum Testen des Programms verwendet werden.

13.4.2.1 White-Box-Test

Beim White-Box-Test stehen den Testpersonen im Gegensatz zum Black-Box-Test Informationen über den internen Aufbau des Testobjekts zur Verfügung. In der Regel sind solche Informationen Programmcodedokumente, sodass der White-Box-Test auch als **codebasierter Test** bezeichnet wird.

Wie beim Black-Box-Test muss die Spezifikation des Testobjekts vorhanden sein, damit nach der Abarbeitung eines Testfalls das Testergebnis auch in Form eines abschließenden Urteils als bestanden (PASS) oder verfehlt (FAIL) bestimmt werden kann.

Die Testfallableitung orientiert sich beim White-Box-Test an der Zielstellung, möglichst viele Programmteile durch die Menge an Testfällen abzudecken, d. h., diese Programmteile auszuführen. Hierzu existiert eine Vielzahl von geeigneten Tests.

```
public String EANpruefung(String ein) {
    String ziff, Fehlertext="Artikelnummer ist korrekt.";
    boolean keinfehler=true;
    int pos=0, faktor=1, summe=0;
    if (ein.length( ) == 13) {
         pos=0;
         while(pos < 13 && keinfehler) {
              ziff=ein.substring(pos,++pos);
              if (ziff.equals("0")||ziff.equals("1")||ziff.equals("2")||
                  ziff.equals("3")||ziff.equals("4")||ziff.equals("5")||
                  ziff.equals("6")||ziff.equals("7")||ziff.equals("8")||
                  ziff.equals("9"))
              {
                   summe += Integer.parseInt(ziff)*faktor;
                   if (faktor==1) {faktor=3;}  else {faktor=1;}
              }
              else {   keinfehler=false;
                   Fehlertext="Bitte nur Ziffern verwenden!";
              }
         }
         if (keinfehler) {
              if (summe % 10!=0) // Modulo 10
              {
                   Fehlertext=!Prüfziffer zeigt Eingabefehler!";
              }
         }
    }
    else {
         Fehlertext=EAN muss 13 Ziffern umfassen!";
    }
    return Fehlertext;
}
```

Kontrollflussgraph für einen kontrollflussorientierten Test

Bei den kontrollflussorientierten Tests werden Programme oder Programmteile in Form von Kontrollflussgraphen dargestellt. Wichtige Darstellungselemente sind hierbei:

Anweisungen (Anweisungsblöcke)	Knoten des Kontrollflussgraphen
Kontrollfluss	gerichtete Kanten zwischen den Knoten
Zweig	Einheit aus einer Kante und den dadurch verbundenen Knoten
Pfad	Sequenz von Knoten und Kanten, die am Startknoten beginnt und am Endknoten endet

Bei diesem Testverfahren werden Kontrollstrukturen wie Anweisungen, Verzweigungen oder Bedingungen genutzt, um Testziele zu definieren. Zu den bekanntesten kontrollflussorientierten Testverfahren gehören:

Anweisungsüberdeckung (C0-Test)	Alle Anweisungen im Kontrollfluss werden mindestens einmal ausgeführt.
Zweigüberdeckung (C1-Test)	Alle Verzweigungen im Kontrollfluss werden mindestens einmal verfolgt.
Bedingungsüberdeckung (C2,3-Test)	Alle booleschen Wertekonstellationen von (Teil-)Bedingungen werden einmal berücksichtigt.
Pfadüberdeckung (C4-Test)	Alle Pfade werden vom Start- zum Endknoten durchlaufen (außer bei sehr kleinen Programmen, dort nur theoretisch möglich!)

Allen diesen Verfahren ist ihr Ziel gemeinsam, wonach mit einer bestimmten Anzahl von Testfällen alle vorhandenen Anweisungen, Verzweigungen und Pfade ausgeführt werden. Der Pfadüberdeckungstest (C4-Test) kann allerdings aufgrund seiner Komplexität bei produktiv arbeitenden Programmen nicht sinnvoll eingesetzt werden.

Die Auswahl geeigneter kontrollflussorientierter Testverfahren kann nach folgender Checkliste erfolgen:

Liegt das Programm im Quellcode vor?	wenn nicht, ist kein Strukturtestverfahren möglich
Besteht das Programm nur aus aufeinanderfolgenden Anweisungen?	Anweisungsüberdeckung sinnvoll
… Anweisungen und Verzweigungen mit atomaren Testbedingungen?	Zweigüberdeckung sinnvoll
… Anweisungen, Verzweigungen und Schleifen mit atomaren Testbedingungen?	Pfadüberdeckung, je nach Komplexität der Schleifensemantik doppelte oder mehrfache Schleifenüberdeckung
… komplexen Testbedingungen?	Kopplung geeigneter Verfahren mit Bedingungsüberdeckung

Für die Durchführung eines kontrollflussorientierten Tests ist es sinnvoll, sich den Kontrollflussgraphen zu zeichnen. Hieraus kann man alle möglichen Wege der Programmbearbeitung erkennen und aufschreiben. Die Testszenarien und Testdaten müssen dann so gewählt werden, dass man wirklich jeden möglichen Weg testet.

13.4.2.2 Black-Box-Verfahren

Dieses Testverfahren basiert auf der Idee, dass die Testfälle aus den Programmspezifikationen abgeleitet werden, weshalb der Quellcode nicht benötigt wird. Genau aus diesem Grund wird das Testverfahren auch als „Black-Box-Test" bezeichnet.

Der **Strukturtest** bewertet dabei die innere Programmlogik, während sich der **Funktionaltest** auf die äußere Programmsemantik konzentriert. Das Ziel besteht in einer möglichst umfassenden, aber redundanzarmen Prüfung der spezifizierten Funktionalität, wobei man analog zur strukturellen von einer funktionellen Überdeckung spricht.

Das prinzipielle Problem beim Black-Box-Test liegt in der Tatsache begründet, dass der Bereich der möglichen Eingabewerte sehr groß bis unendlich werden kann.

Äquivalenzklassenbildung

Zunächst findet eine Einteilung des Definitionsbereichs in eine endliche Anzahl von Klassen „ähnlicher Werte" statt, wobei die Prüfung an je einem exemplarischen Vertreter pro Klasse durchgeführt wird.

Oft ergibt sich die Einteilung des Eingabebereichs als Vereinigung von Urbildmengen. Eingaben, die dieselbe Ausgabe erzeugen, werden in einer Klasse zusammengefasst.

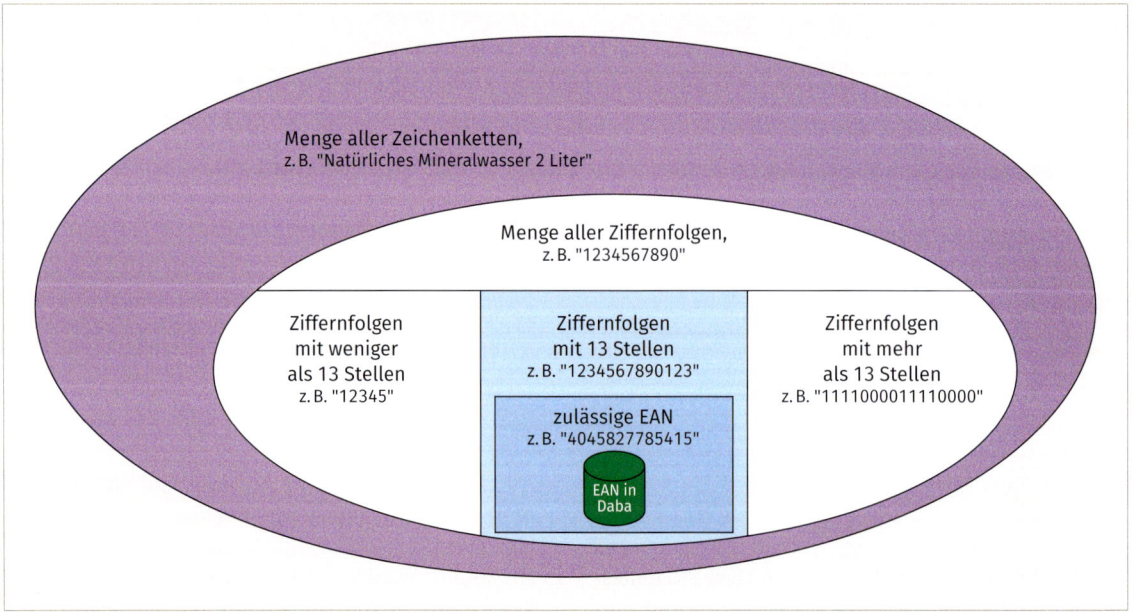

Äquivalenzklassen

Dieses Verfahren eignet sich zur Herleitung repräsentativer Testfälle und gestattet die Betrachtung von einzelnen Werten. Wechselwirkungen oder Abhängigkeiten werden mit diesem Verfahren jedoch nicht getestet.

Ein Beispiel für eine Äquivalenzklassenbildung als Testvoraussetzung zeigt die folgende Darstellung zur Eingabe der EAN. Hier werden statt der Klassen die bekannten Mengen und Untermengen dargestellt. Bei der Eingabe der EAN muss man zuerst davon ausgehen, dass eine beliebige Zeichenkette eingegeben wird. Die Menge aller beliebigen Zeichenketten ist unbegrenzt, in einem Test können allerdings nicht alle diese Zeichenketten durchprobiert werden. Also wählt man einige typische Vertreter dieser Menge. Man nimmt beim Test nun an, dass das Programmverhalten für alle Vertreter aus dieser Menge gleich ist, also äquivalent. Aus der Äquivalenzklasse, d.h. aus der Menge von Elementen mit äquivalentem Programmverhalten, müssen für den Test somit nur wenige Elemente ausgewählt werden.

Aus diesem Sachverhalt ergibt sich folgendes Anwendungsfalldiagramm.

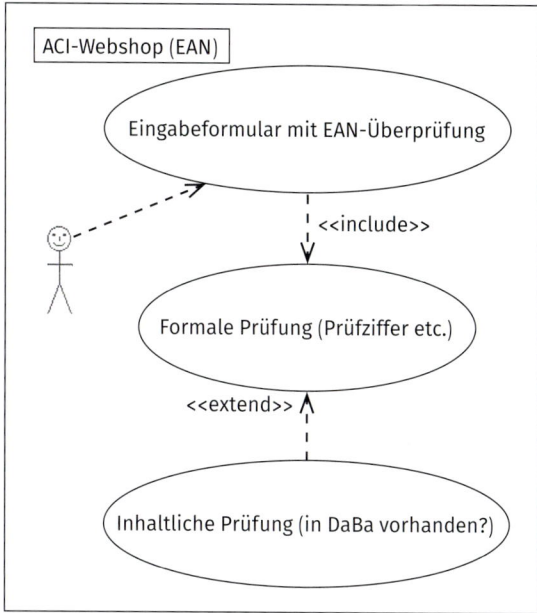

Anwendungsfalldiagramm

Grenzwertanalyse

Die Grenzwertanalyse stellt eine sinnvolle Erweiterung und Verbesserung der funktionalen Äquivalenzklassenbildung dar. Sie basiert auf der funktionalen Äquivalenzklassenbildung, nutzt jedoch nicht irgendwelche Elemente aus den Klassen. Betrachtet werden die Werte, die am Rand der Klasse liegen. Diese Vorgehensweise basiert auf der Erfahrung, wonach Fehler durch Grenzwerte besonders effektiv entdeckt werden können. Die Grenzwertanalyse setzt einen sinnvollen Grenzbegriff (Topologie, Ordnung) voraus, bezogen auf die Menge der Eingabewerte, z. B. EAN = 0000000000000.

Testsequenzermittlung anhand eines Beispiels

Die Testsequenzermittlung ist eine Kombination von
- Anwendungsfällen,
- Beispielabläufen und
- Zustandsdiagrammen

zur Ermittlung der funktionalen Korrektheit eines Programms oder bestimmter darin enthaltener Programmteile. Die Tests vollziehen sich auf der Grundlage von Anwendungsfällen, die im Pflichtenheft vordefiniert und im Use-Case-Diagramm dokumentiert sind. Aus diesen beiden Dokumenten werden Szenarien abgeleitet, mit denen Produktivsysteme in gleicher oder ähnlicher Weise konfrontiert werden. Die Szenarien werden in Testskripten erfasst und beim späteren Testen abgearbeitet.

Der korrekte Ablauf wird durch folgendes Aktivitätsdiagramm dokumentiert.

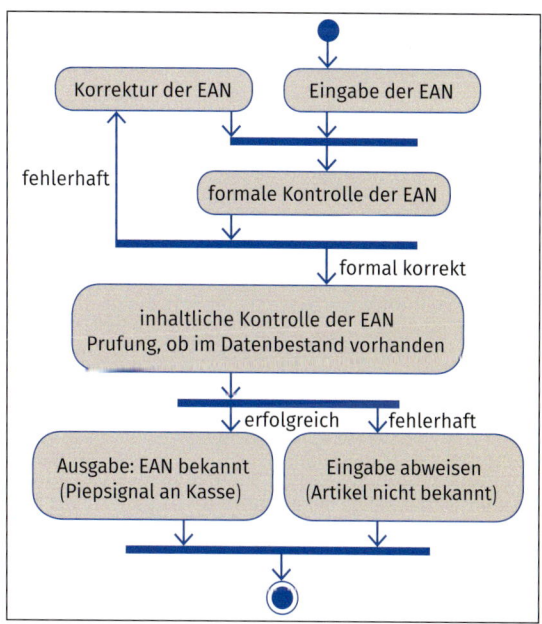

Aktivitätsdiagramm

Als **dritte** Testmaßnahme schlägt Herr Pelz einen Black-Box-Test in Form einer **Testsequenz** vor. Die Azubis sollen für den folgenden Sachverhalt die passenden UML-Diagramme erstellen und mit Beispielabläufen testen und dokumentieren:

Gibt das Personal am Client-Rechner eine Artikelnummer (EAN) ein, wird zuerst dezentral im Client deren formale Korrektheit geprüft. Korrekte EAN werden zum Server übertragen, nicht korrekte EAN werden abgewiesen. Der Server prüft, ob sich dieser Artikel mit seiner EAN bereits in der Datenbank befindet. Zu vorhandenen Artikeln wird die Artikelbezeichnung angezeigt. Bei unbekannten EAN erhält man am Client-Rechner die Möglichkeit zur Eingabe der Artikelbezeichnung.

Auf der Basis dieser beiden Diagramme werden die nachfolgenden Testszenarios entworfen, welche die formale Korrektheit der Artikelnummer zeigen sollen. Die Artikelnummer ist formal dann korrekt, wenn sie dem Aufbau einer EAN entspricht.

Testzenario 1

Inhalt	Formal nicht korrekte Eingaben für die EAN sollen abgewiesen werden.
Testdatenquelle	Aus den Überlegungen zu den Äquivalenzklassen leiten sich die Testdatengruppen ab.

Testdatengruppe	konkrete Testdaten	Hypothese zum Ergebnis
beliebige Zeichenkette	„Natürliches Mineralwasser 2 Liter"	Ablehnung: EAN muss 13 Ziffern umfassen.
beliebige Zeichenkette, aber 13 Zeichen lang	„das sind 13 Z"	Ablehnung: Bitte nur Ziffern verwenden.
Ziffernfolgen mit mehr als 13 Zeichen	„1111000011110000" „010101010101010101"	Ablehnung: EAN muss 13 Ziffern umfassen.
Ziffernfolgen mit weniger als 13 Zeichen	„12345" „678"	Ablehnung: EAN muss 13 Ziffern umfassen.

Testzenario 2

Inhalt	Scheinbar formal korrekte Eingaben von Folgen aus 13 Ziffern für die EAN sollen nur dann abgewiesen werden, sobald die Prüfziffernberechnung fehlschlägt.
Testdatenquelle	Zu den zufällig gewählten Ziffernfolgen ist manuell die Prüfziffernkontrolle durchzuführen.

Testdatengruppe	konkrete Testdaten	Hypothese zum Ergebnis
wahllose Ziffernfolge mit genau 13 Zeichen, bei der die Prüfziffernberechnung einen formalen Fehler anzeigt	„1111111111111" „3333333333333" „1234567890123"	Ablehnung: Prüfziffer zeigt Eingabefehler.
wahllose Ziffernfolge mit genau 13 Zeichen, bei der die Prüfziffernberechnung keinen formalen Fehler anzeigt	„0000000000000" „2222222222222" „1234567890111"	**Annahme:** Artikelnummer ist korrekt.
Artikel wird in der Batenbank erkannt	„4045827785415"	**Annahme:** Artikelnummer ist korrekt. Datenbankeintrag zur Bezeichnung: „Fujitsu P5730"

Testzenario 3

Inhalt	Scheinbar formal korrekte Eingaben von Folgen aus 13 Ziffern für die EAN sollen abgewiesen werden, sobald die Prüfziffernberechnung fehlschlägt.
Testdatenquelle	Zu den zufällig gewählten Ziffernfolgen ist manuell die Prüfziffernkontrolle durchzuführen.

Testdatengruppe	konkrete Testdaten	Hypothese zum Ergebnis
scheinbar korrekte Folge von 13 Ziffern, aber mit einem Tippfehler in Gestalt eines Sonderzeichens (zweimal kleines „o")	„0000000oo0000"	Ablehnung: Bitte nur Ziffern verwenden
scheinbar korrekte Folge von 13 Ziffern, aber mit einem Tippfehler in Gestalt eines Zahlendrehers (aus 89 wird 98)	„1234567980111"	Ablehnung: Prüfziffer zeigt Eingabefehler

Nicht korrekte Artikelnummer

Korrekte Artikelnummer

13.5 Schnittstellen testen

Wie die Funktionalität einer Software getestet werden kann, wurde in den vorhergehenden Abschnitten beschrieben. Neben der Funktionalität gibt es aber noch weitere Softwarequalitätskriterien, welche getestet werden sollten und müssen. Nicht funktionale Anforderungen wie die Wartbarkeit von Software können u. a. im Rahmen von Audits oder Reviews überprüft werden. Aber wie wird z. B. das Qualitätskriterium „Benutzbarkeit" getestet und ist das überhaupt notwendig? Um Antworten auf diese Frage zu erhalten, muss man die Perspektive wechseln und die Rolle der Benutzerinnen und Benutzer der Software einnehmen. Benutzerinnen und Benutzer haben am Anfang keine Kenntnisse über die Software und deren Funktionalität. Es ist die Benutzbarkeit der Anwendung, welche entscheidend dazu beiträgt, ob sie die Anwendung weiterverwenden oder nicht. Normalerweise bewerten Benutzerinnen und Benutzer zunächst das Design und das Aussehen der Anwendung und wie einfach es ist, die Bedienoberfläche zu verstehen. Wenn sie mit der Bedienoberfläche nicht vertraut sind oder die Anwendung zu komplex ist und dadurch schwer zu verstehen, dann sind sie von Anfang an ablehnend gegenüber der Anwendung eingestellt. Deswegen ist die Beurteilung der „Benutzbarkeit" mithilfe von Tests von entscheidender Bedeutung.

Das Testen von Schnittstellen zwischen Software und Benutzerinnen und Benutzer kann in zwei große Bereiche eingeteilt werden. Zum einen den Bereich der Funktionalität und zum anderen den Bereich der Darstellung der grafischen Oberfläche.

Funktionalität	Dieser Bereich behandelt das Testen der Funktionalität hinter den Nutzelementen einer GUI und testet die Funktion und das Verhalten der jeweiligen Elemente. Es soll gewährleistet sein, dass die implementierte Funktion wie gewünscht fehlerfrei ausgeführt wird und das zu erwartende Verhalten übermittelt. Z. B. muss das Zoomen von Inhalten ohne Probleme funktionieren.
Design der grafischen Oberfläche	Dieser Bereich befasst sich mit der Darstellung der grafischen Oberfläche hinsichtlich des vorgebenden Designs und prüft, ob die Vorgaben eingehalten werden. Kriterien sind dabei u. a. die Übersichtlichkeit und die Einheitlichkeit der gesamten Bedienoberfläche, grafische Eigenschaften der Oberflächenelemente, z. B. die Ausrichtung, die Größe und die Farbe von Textbausteinen, aber auch das Einhalten der Erwartungskonformität. Hierzu gehört beispielsweise die Anzeige einer Sanduhr, wenn das Programm beschäftigt ist.

Nachfolgende sind einige Verfahren aufgeführt, mit deren Hilfe Schnittstellen getestet werden können.

Manuelles Testen	Beim manuellen Testen führen menschliche Tester/-innen eine Reihe von Operationen durch, um zu überprüfen, ob die Anwendung ordnungsgemäß funktioniert und ob die grafischen Elemente den dokumentierten Anforderungen entsprechen. Manuelles Testen kann sehr zeitaufwendig sein und die Testabdeckung ist teilweise sehr niedrig. Die Qualität des Testens hängt hierbei sehr stark von den Kenntnissen und Fähigkeiten der Testenden ab.
Aufnahme- und Wiedergabe-Testen	Das Aufnahme- und Wiedergabe-Testen wird mithilfe von Automatisierungstools ausgeführt. Das automatisierte UI-Testtool zeichnet alle Aufgaben, Aktionen und Interaktionen mit der Anwendung auf. Die aufgezeichneten Schritte werden dann reproduziert, ausgeführt und mit dem erwarteten Verhalten verglichen. Zum weiteren Testen kann die Replay-Phase mit verschiedenen Datensätzen wiederholt werden.
Modellbasiertes Testen	Das modellbasierte Testen wird auf der Grundlage grafischer Modelle, welche das Verhalten eines Systems beschreiben, durchgeführt. Diese Vorgehensweise bietet ein tieferes Verständnis des Systems und ermöglicht den Testerinnen und Testern, hocheffiziente Testfälle zu generieren. Es wird eine sehr hohe Testabdeckung erreicht. Es gibt verschiedene Formen des modellbasierten Testens: - Ereignisbasiertes Modell: Hier müssen alle Ereignisse der GUI mindestens einmal ausgeführt werden. - Zustandsbasiertes Modell: Hier sind alle „Zustände" der GUI mindestens einmal auszuführen. - Domänenmodell: Basierend auf der Anwendungsdomäne (abgegrenzter Einsatzbereich) der Software und ihrer Funktionalität.

Es spielen noch weitere Aspekte beim Testen einer Schnittstelle eine Rolle. Dazu zählen z. B. die Sicherheit, die Leistung oder die User Experience. Das Testen der User Experience (UX) ist ein sehr umfangreiches Thema, welches hier nur kurz angerissen werden soll. Bei den UX-Tests lässt man ausgewählte Versuchspersonen die Software eine bestimmte Zeit lang testen und protokolliert dabei, bei welchen Aufgaben Schwierigkeiten auftreten oder wie die visuelle Attraktivität die Software wahrgenommen wird. Beim UX-Testen wird versucht herauszufinden, ob der Speichern-Button an der richtigen Stelle platziert wurde und eine benutzerfreundliche Bedienung ermöglicht und nicht, ob die Funktionalität gegeben ist oder den Designvorgaben entspricht.

UX-Tests können zu jedem Zeitpunkt in der Entwicklung durchgeführt werden und sind ein wichtiger Bestandteil im Entwicklungsprozess von Schnittstellen. Es wird empfohlen, mit UX-Tests so früh wie möglich anzufangen. So können mögliche Irritationen der Nutzerinnen und Nutzer und Probleme bei der Benutzung der Anwendung frühzeitig erkannt und behoben werden.

Auch für das Testen der User Experience gibt es verschiedene Verfahren.

Kontextanalyse	Bei der Kontextanalyse werden die Benutzer/-innen vor Ort (z. B. am Arbeitsplatz) bei der Anwendung der Software befragt und die Aufgabenbewältigung beobachtet und protokolliert.
Test mit Fokusgruppen	Bei diesem Testverfahren wird eine ausgewählte, homogene Zielgruppe von einer moderierenden Person zu Aspekten der UX befragt und dazu angehalten, Optimierungsvorschläge und Ideen für die Weiterentwicklung abzugeben.
Online-Befragung	Dieses Verfahren kommt vor allem beim Test von Webseiten zum Einsatz. Die Nutzer/-innen einer Webseite werden gebeten, an einer Online-Umfrage bezüglich der Usability der Webseite teilzunehmen.
Überprüfung durch Sachverständige	Hierbei überprüfen mehrere Usability-Fachleute anhand verschiedener Kriterien die Benutzerfreundlichkeit der Anwendung. Die Ergebnisse werden gesammelt und anschließend ausgewertet.
Labortest	Anders als beim Testen vor Ort wird hier eine Anwendung auf Grundlage eines speziellen Szenarios unter Laborbedingungen getestet. Dazu erfolgt im Vorfeld deine zielgruppenspezifische Auswahl an Testenden. Auch hier beobachten Usability-Fachleute die Testpersonen bei der Arbeit mit der Software und stellen dazu Fragen.
Blickverlaufsmessung	Bei der Blickverlaufsmessung (Eye-Tracking) werden die Blickverläufe der Testpersonen per Infrarottechnik aufgezeichnet und daraus Schlussfolgerungen über die Usability gezogen. Dieses Verfahren findet auch im Labor statt.

Diese Verfahren sind teilweise sehr zeitaufwendig und werden von speziellen Testteams durchgeführt. Dabei müssen auch die Testpersonen sorgfältig ausgewählt werden. Um nicht einen so hohen Aufwand zu betreiben, kann sich das Entwicklungsteam auch durch einfache Maßnahmen Informationen über die User Experience verschaffen. Dazu kann man eigene Mitarbeiterinnen und Mitarbeiter oder Kundinnen und Kunden bitten, die Software eine Zeit lang zu nutzen, sich Notizen zu machen und im Anschluss ein Feedback zu geben. Auch das Erstellen kleiner Fragebögen kann dabei sehr hilfreich sein.

13.6 Pentest

Bei einem Penetrationstest (oft kurz „Pentest" genannt) versucht man, in ein fremdes IT-System einzudringen. Es handelt sich somit um einen Hacking-Angriff, jedoch mit guten Absichten. Der Angriff auf IT-Systeme, Netzwerke oder Webanwendungen erfolgt mit dem Ziel, Schwachstellen oder Sicherheitslücken zu identifizieren. Dies ist ein besonders kritischer Test, der nur im Auftrag und in enger Abstimmung mit den Verantwortlichen für die zu testenden IT-Systeme erfolgen darf. Folgende Aspekte sind dabei zu beachten:

- Gelingt das Eindringen in das IT-System, so zeigt dies Schwächen beim **Unternehmen** als Auftraggeber, was zu einem Image-Verlust führen kann.
- Gelingt das Eindringen in das IT-System, so zeigt das eventuelle Schwächen bei verantwortlichen **Mitarbeitenden**, was zu deren persönlichem Nachteil führen kann.
- Gelingt das Eindringen in das IT-System, so besteht die Gefahr, dass **kritische Daten**, Firmengeheimnisse oder personenbezogene Daten in fremde Hände geraten.
- Gelingt das Eindringen in das IT-System, so besteht die Gefahr, dass über den Weg des Angreifenden gewollt oder ungewollt **Malware** in das System geraten kann.
- Gelingt das Eindringen in das System nicht, so ist das noch immer kein Beweis für vollständige Sicherheit.
- Angekündigte Versuche führen zu einem höheren Sicherheitsbewusstsein bei den Mitarbeitenden, was nach der Angriffsphase wieder nachlassen kann.

Aslan muss hier etwas ergänzen. Er hat einmal folgenden Vergleich gehört: „So ein Sicherheitstest läuft etwa so: Jemand kratzt mit seinem Schlüssel heftig auf deinem Auto herum. Als man ihn zur Verantwortung zieht, sagt er: ‚Das war nur ein Test. Im Ergebnis muss ich feststellen, dass ihr Autolack nicht kratzfest ist.'"
Herr Pelz muss lachen, ermahnt aber seine Azubis, niemals einen Penetrationstest unaufgefordert und ohne Absprache durchzuführen. Auch unter besten Freunden kann das zu Problemen führen.

13.7 Testdokumentation

Die einzelnen Testschritte und deren Ergebnisse müssen protokolliert und dokumentiert werden. Dazu hat das IEEE einen Standard veröffentlicht, nach dem man sich richten kann. Im der ISO/IEC/IEEE 29119 wurden der Inhalt und die Form von den nachfolgenden acht Basisdokumenten beschrieben:

- Testkonzept
- Testentwurfsspezifikation
- Testfallspezifikation
- Testablaufspezifikation
- Testobjektübergabebericht
- Testprotokoll
- Testabweichungsbericht
- Testabschlussbericht

Dokumentation für den Anwendungstest

Datum: 02.12.20..   **Uhrzeit:** 14:30 Uhr

- **Aufsicht:** Aslan
- **Testerin:** Céline
- **Verwendetes Testszenario:** Testszenario 1

(Formal nicht korrekte Eingaben für die EAN sollen abgewiesen werden.)

Beim Test bitte ausfüllen:

Nr.	konkrete Testdaten	Hypothese zum Ergebnis	Erfolg	Fehler
1	„Natürliches Mineralwasser 2 Liter"	EAN muss 13 Ziffern umfassen		
2	„alle Artikel bitte"	EAN muss 13 Ziffern umfassen		
3	„das sind 13 Z"	Bitte nur Ziffern verwenden		
4	„1111000011110000"	EAN muss 13 Ziffern umfassen		
5	„0101010101010101"	EAN muss 13 Ziffern umfassen		
6	„12345"	EAN muss 13 Ziffern umfassen		
7	„678"	EAN muss 13 Ziffern umfassen		

Notwendige Korrektur:

Bei positiv verlaufendem Test bitte ausfüllen:

Anzahl der positiv verlaufenden Tests	

_____   _____
Unterschrift des Testers/der Testerin   Unterschrift der Aufsicht

Es müssen nicht alle acht Dokumente für die Dokumentation des Testprozesses verwendet werden. Welche Dokumente Anwendung finden, hängt auch ganz entscheidend von Art und Größe des Softwareprojektes ab. Céline und Aslan erstellen für die Beispielaufgabe zunächst ein Testprotokoll, welches zu den Testberichten gehört. In einem Testprotokoll werden alle Ergebnisse eines Tests festgehalten, die während des Testens auftraten. Das heißt, der Tester oder die Testerin führt die in den Testfällen definierten Aufgaben durch und dokumentiert die Ergebnisse. Das kann im einfachsten Fall schlicht ein „OK" oder „Fehler" sein. In der Praxis wird es oftmals aber auch eine Beschreibung sein, was im Fehlerfall die genaue Fehlermeldung bzw. das exakte Fehlverhalten war.

S Um die Tests zu dokumentieren, haben Céline und Aslan den folgenden Testbogen zur Testdokumentation entworfen. Damit sind sie in der Lage, die Ein-/Ausgabedaten zu erfassen und auch die daraus resultierenden Fehlermeldungen und die ergriffenen Korrekturmaßnahmen zu dokumentieren.

Aufgaben

1. Wieso kann ein Test allgemein nur die Abwesenheit bestimmter Fehler nachweisen, nicht jedoch die Fehlerfreiheit eines Programmes?
2. Wieso steigen die Kosten zur Beseitigung eines Fehlers in der Spezifikation mit jeder Phase im Entwicklungsprozess überproportional an?
3. Was ist ein „Bug" und woher stammt diese Bezeichnung? Erklären Sie auch die Begriffe „debugging" und „bug fixes".
4. Was ist erforderlich, um formal vollständig nachzuweisen, dass ein Programm im Bereich der Integer-Zahlen die Multiplikation mit „2" korrekt ausführt?
5. Welche Konsequenzen haben syntaktische Fehler und semantische Fehler in einem Programm?
6. Erklären Sie kurz die statischen Testverfahren.
7. Warum bezeichnet man den White-Box-Test als „white", und was ist „black" am Black-Box-Test?
8. Vergleichen Sie die Teststufen mit den Phasen im V-Modell.
9. Erstellen Sie den Kontrollflussgraphen für den Log-in-Vorgang mit der Anmeldung über Name und Passwort.
10. Bilden Sie die Äquivalenzklassen möglicher Eingaben beim Log-in-Vorgang, bei dem sich Benutzerinnen und Benutzer mit ihren Namen und einem Passwort anmelden sollen.
11. Suchen Sie nach Grenzwerten für die Eingabe der EAN.
12. Wieso erkennt das Prüfziffernverfahren einen Fehler in der EAN, auch wenn es sich nur um einen Zahlendreher handelt?
13. Erstellen Sie auch für das Testszenario 3 einen Bogen zur Testdokumentation.
14. Welche zusätzlichen Voraussetzungen müssen im Testszenario benannt sein, um das Vorhandensein von Eintragungen in der Datenbank zu einer EAN testen zu können?
15. Nennen Sie verschiedene Beispiele für die Funktionalität, welche bei Schnittstellen zwischen Software und Benutzerinnen und Benutzern getestet werden kann.
16. Nennen Sie verschiedene Beispiele, welche Aspekte beim grafischen Design von Schnittstellen zwischen Software und Benutzerinnen und Benutzern getestet werden können.
17. Warum ist das Testen des UX-Designs wichtig?
18. Wie kann die User Experience getestet werden?
19. Nennen Sie vier mögliche Testdokumente.
20. Beschreiben Sie, welche Angaben ein Testprotokoll beinhalten sollte.

14 Dokumentation

Software wurde als Einheit von Programm, Dokumentation und Daten definiert, die zum Betrieb eines Rechnersystems beiträgt. Die Dokumentation ist Bestandteil der Software. Auch die Ausführungen zur Wartung von Softwarekomponenten unterstreichen die Bedeutung der Dokumentation für einen langfristigen erfolgreichen Betrieb des Produktes Software, denn Software muss gewartet werden.

14.1 Rolle der Dokumentation im Softwarelebenszyklus

Zur Softwarewartung gehören korrigierende, anpassende, optimierende und vorbeugende Maßnahmen. **Korrigierende Maßnahmen** sind notwendig, denn niemand kann garantieren, dass die Software zum Zeitpunkt der Auslieferung in einem absolut fehlerfreien Zustand ist. Sie ist gebrauchsfähig, aber im Laufe der Anwendung tauchen Fehler auf und müssen behoben werden. Hier erweist sich eine gute **Programmdokumentation** als besonders wertvoll. Oft sind die ursprünglichen Entwickler nicht mehr erreichbar oder die Hauptentwicklung liegt schon zu lange zurück. In jedem Fall erleichtert eine gute Dokumentation das Verständnis der Software und verkürzt wesentlich die notwendige Einarbeitungszeit, wodurch letztendlich das Budget geschont wird.

Anpassende Maßnahmen sind erforderlich, wenn sich die Umgebungsbedingungen der Software ändern, sodass bestimmte Programmänderungen notwendig sind. Hier ist eine mehr inhaltlich orientierte **Problemdokumentation** sinnvoll, aus der hervorgeht, warum bestimmte Funktionalitäten entwickelt wurden. Ändern sich die Umgebungsbedingungen bzw. ändert sich das „Warum", dann sind auch diese Funktionalitäten hinfällig oder zu verändern. Die Dokumentation muss zeigen, wo was verwendet wird, damit der Ort und die Konsequenzen für notwendige Änderungen ersichtlich werden.

Optimierende Maßnahmen sind notwendig, um den wachsenden Anforderungen an die Leistungsfähigkeit der Software zu entsprechen. Leistung ist Arbeit pro Zeit. Auch die Software muss eventuell mehr Arbeit verrichten, größere Datenbestände auswerten oder mehr Anwender gleichzeitig bedienen, d. h. im gleichen Zeitintervall und bei gleichbleibenden Antwortzeiten. Für die Optimierung muss die Software oftmals völlig neu organisiert werden, Komponenten sind auszutauschen und neue Funktionalitäten sind hinzuzufügen. Man spricht dann von Software-Reengineering, einer in der Praxis sehr häufig vorkommenden Aufgabe. Es geht dabei um die Sanierung von Altsystemen, sogenannten „legacy systems".

Häufig wird das Altsystem in der Praxis erfolgreich eingesetzt, läuft schon seit vielen Jahren, keiner kann auf dieses System verzichten, nur die Performance ist schlecht. Das Altsystem wurde über die Jahre immer wieder ergänzt und an veränderte Umgebungsbedingungen angepasst. In diesem Prozess leidet allgemein die Qualität der Dokumentation. Oft ändern sich Systematiken, Ergänzungen werden vergessen, Versionen vertauscht, sodass das Know-how über das System mit den Jahren immer „dünner" wird. Software-Reengineering-Projekte beginnen daher häufig mit der **Nachdokumentation,** d. h. der Wiederherstellung einer brauchbaren Dokumentation.

Die **vorbeugenden Maßnahmen** in der Softwarewartung verfolgen das Ziel, die Software auf zukünftige veränderte Anforderungen oder Einsatzbedingungen vorzubereiten. Dafür muss bekannt sein, wie die Software entstanden ist, welche Ziele sie verfolgt, wie sie aufgebaut ist und unter welchen Voraussetzungen sie nutzbar ist. Ähnlich wie bei den anpassenden Maßnahmen benötigt man hierfür eine inhaltlich orientierte **Problemdokumentation.** Die Software ist anzupassen an moderne Hardware- und Softwarearchitekturen sowie an moderne Schnittstellen (z. B. XML-Datenaustausch), Sicherheitsstandards oder Mobilitätsanforderungen. Hierfür sollten möglichst standardisierte, wiederverwendbare Softwarekomponenten eingesetzt werden. Die **Wiederverwendbarkeit** ist ein wesentliches Argument der objektorientierten Softwareent-

wicklung. Die wesentlichen Vorteile dieser Verfahrensweise werden mit den folgenden Argumenten begründet:
- Das Rad muss nicht immer wieder neu erfunden werden.
- Die Qualität der Komponente kann als gesichert angesehen werden.
- Notwendige Änderungen sind nur an einer Stelle auszuführen.

Leider scheitert die Wiederverwendung bestehender Softwarekomponenten in der Praxis oft an der fehlenden oder nicht mehr verfügbaren Dokumentation. Häufig beschränkt sich die Dokumentation auf Kommentare im Quellcode. Als fatale Folge meiden die Softwareentwickler und -entwicklerinnen solche Softwarekomponenten, entwickeln die benötigten Funktionalitäten lieber neu und verzichten damit auf all die Vorteile der objektorientierten Programmierung.

Das Erstellen einer Dokumentation kann auch im Entwicklungsprozess der Entstehung von Fehlern vorbeugen. Viele Entwicklerinnen und Entwickler dokumentieren ihre Programme mit dem Ziel, auf diese Weise frühzeitig Ungereimtheiten und Fehler zu entdecken. Beim Dokumentieren betrachtet man ein Programm aus einer anderen Perspektive, man muss sich mit allen Dingen auf neue Weise auseinandersetzen. Dieser Abstand, diese neue Perspektive lässt manche Entscheidung als problematisch erscheinen. Die erneute Durchsicht ermöglicht es, Fehler zu erkennen. So ist das Dokumentieren auch eine effektive Form des Debuggings.

Besondere Effekte ergeben sich, wenn der Entwickler oder die Entwicklerin nicht selbst an der Dokumentation arbeitet, sondern eine andere Person. Der oder die „Andere" betrachtet alles unvoreingenommen und hinterfragt die Entscheidungen kritisch. Das „Pair Programming" beim Extreme Programming (XP) führt zwar nicht zu besseren Dokumentationen, aber offensichtlich zu einer besseren Softwarequalität.

S Die Notwendigkeit zur Dokumentation sehen die Azubis weitgehend ein. Bisher unbeantwortet bleiben eher die folgenden Fragen:
- Was ist zu dokumentieren?
- Wie muss eine Dokumentation aufgebaut sein?
- Gibt es Hilfsmittel zur Erstellung der Dokumentation?
- Wer erstellt die Dokumentation?
- Für wen wird die Dokumentation erstellt?
- Wann wird die Dokumentation erstellt?

14.1.1 Dokumentation als kollektives Gedächtnis der Entwicklerinnen und Entwickler

Große Teile der Dokumentation dienen der Wartung der Software. Benötigt werden besonders Hinweise, warum und wie bestimmte Details in der Software realisiert wurden. Diese Informationen können nur von den Entwicklerinnen und Entwicklern kommen. Die Dokumentation ist ihr kollektives Gedächtnis.

Damit ergibt sich die Antwort auf die Frage: Wer erstellt die Dokumentation? Alle beteiligten Entwicklerinnen und Entwickler müssen ihre Entwicklungsleistungen dokumentieren oder zumindest eine andere Person beauftragen, die das Wissen des Entwicklers oder der Entwicklerin abfragt und festhält.

Software als Produkt für den Markt wird allgemein im Rahmen eines Projektes durch ein oder mehrere Projektteams erarbeitet. Im Projektteam sitzen nach der Terminologie des V-Modells Personen in folgenden Rollen:
- Projektleitung
- Projektkaufmann/-frau
- Anforderungsanalytiker/-in
- Ergonomieverantwortliche/-r
- Systemarchitekt/-in
- Softwarearchitekt/-in
- Softwareentwickler/-in
- Systemintegrator/-in
- Prüfer/-in
- Änderungsverantwortliche/-r
- Verantwortliche/-r für Qualitätssicherung

Alle im Projektteam mitarbeitenden Personen haben auch ihren Beitrag zur Dokumentation zu leisten. Alle dokumentieren die eigenen erbrachten speziellen Entwicklungsleistungen. Den Tätigkeitsprofilen der Beteiligten entsprechen die einzelnen Teile der Softwaredokumentation:
- Die Projektdokumentation oder **Projektablaufdokumentation** wird federführend von der Projektleitung in Zusammenarbeit mit dem Projektkaufmann oder der Projektkauffrau erstellt.
- Die **Problemdokumentation** erstellt der Anforderungsanalytiker bzw. die -analytikerin, eventuell in Zusammenarbeit mit dem Systemintegrator oder der Systemintegratorin.
- Die **Systemdokumentation** ist ein Werk des Systemarchitekten oder der -architektin.
- Die **Programmdokumentation** erarbeiten die Softwarearchitektinnen und -architekten, Ergonomieverantwortlichen und Softwareentwicklerinnen und -entwickler.
- Die **Testdokumentation** erstellt der Prüfer oder die Prüferin.

Änderungsverantwortliche und Verantwortliche für Qualitätssicherung koordinieren und verwalten alle Aktivitäten zur Dokumentation. Nach der Klärung der Arbeitsteilung und der Verantwortlichkeiten wird auch klar, wann die Dokumentation zu erstellen ist – sie entsteht gleichzeitig oder parallel zum Entwicklungsfortschritt.

Die begleitende oder parallele Dokumentation findet sich auch im Wasserfallmodell als Vorgehensmodell zur Softwareentwicklung wieder. Dokumentiert wird parallel zu allen Kaskaden des Wasserfalls. Eine eindeutige Zuordnung von Entwicklungsphasen zu Teilen der Softwaredokumentation kann nicht erfolgen. Die Problemdokumentation wird im Wesentlichen in den Phasen Analyse und Entwurf angelegt. Die Systemdokumentation wird ebenfalls in der Entwurfsphase angelegt, aber erst nach dem Integrationstest vollendet. Eindeutig zuzuordnen zur Implementierung ist die Programmdokumentation, während die Testdokumentation sowohl die Modultests aus der Implementierung als auch die Integrationstests aus der Integrationsphase umfasst. In der Phase „Einführung, Routinenutzung und Wartung" kommen dann nach Entwicklern auch die Anwender der Software ins Spiel. Auch für sie müssen Dokumente erstellt werden. Spätestens hier wird klar, dass bei der Dokumentation auch benutzerorientierte Aspekte eine Rolle spielen.

14.1.2 Dokumentation als Hilfe für Benutzerinnen und Benutzer

Mit der Software als Produkt kommen im Wesentlichen drei Personengruppen in Berührung:
- Entwicklerinnen und Entwickler und mit ihnen die Fachkräfte für Vertrieb und Schulung sowie wirtschaftliche Entscheidungsbefugten aus dem entwickelnden Unternehmen
- Anwender/-innen mit ihren wirtschaftlichen Entscheidungsbefugten, ihrem technischen Personal und den eigentlichen Benutzerinnen und Benutzern der Software
- unabhängige Prüferinnen und Prüfer und Markthelferinnen und -helfer für den Vertrieb der Software

All diese Personen müssen durch Teile der Dokumentation angesprochen werden, d.h., über diese Teile der Dokumentation gewinnt der Personenkreis einen Zugang zur Software (siehe Grafik unten).

Die Bedeutung der Dokumentation für die **Entwicklerinnen und Entwickler** und das zukünftige **Wartungspersonal** wurde bereits im letzten Abschnitt herausgearbeitet:
- kollektives Gedächtnis
- Hilfsmittel im Debugging
- Grundlage der Optimierung

Die Bedeutung der Dokumentation als **Kommunikationsmittel** im Entwicklungsprozess ist nicht zu unterschätzen. Sicherlich geht es schneller, wenn Fragen von kompetenter Stelle direkt und mündlich beantwortet werden, anstatt die Antworten in Dokumenten nachzulesen. Aber diese kompetenten Auskunftsgeberinnen und -geber sind nicht immer verfügbar und außerdem werden sie durch die Beantwortung der Fragen in ihrem Arbeitsprozess gestört.

Für ein Kommunikationsmittel braucht man eine einheitliche Sprache, einheitliche Begriffe und Symbole, die mit gleichem Inhalt von allen verstanden werden. Bereits beim Thema „Design" (Kapitel 5) wurde die Notwendigkeit der Standardisierung von Begriffen und Symbolen in der Informationsverarbeitung angesprochen. Einheitliche Begriffe sind notwendig, um die unterschiedlichen Denk- und Sprechweisen von Entwicklern und Benutzern zu überbrücken. Symbole sind immer dort gut, wo man Sachverhalte schnell erfassen soll und kann. Ein Bild sagt mehr als tausend Worte und ist schneller durch den Menschen zu erfassen. Die Benutzerorientierung von Dokumentationen impliziert damit auch die Verwendung einer einheitlichen, standardisierten und weitgehend an den Benutzern und Benutzerinnen orientierten Sprache und Symbolik.

Symbole, besonders standardisierte Symbole, besitzen einen weiteren Vorteil, denn sie müssen bei einer Nutzung der Software in einem anderen geografischen Sprachraum nicht in die jeweilige Landessprache übersetzt werden. Genau wie wir in anderen Ländern die Verkehrszeichen im Straßenverkehr verstehen und einheitlich interpretieren, erkennen wir eine Schaltfläche mit dem Symbol einer Fluchttür als Exit-Button zum Verlassen der Anwendung, auch wenn dem Symbol oder Button ein fremdsprachiger Text zugeordnet ist.

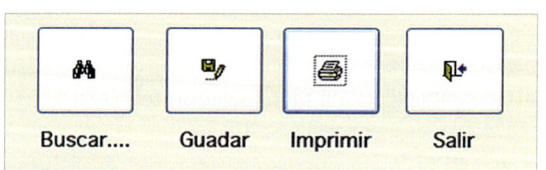

Symbole statt Worte

Kurzbeschreibungen auf Flyern sowie Referenzlisten zufriedener Kunden oder Prüfzertifikate helfen den **wirtschaftlichen Entscheidungsbefugten** den Kauf der Software zu befürworten. Diese Dokumente müssen vom Ver-

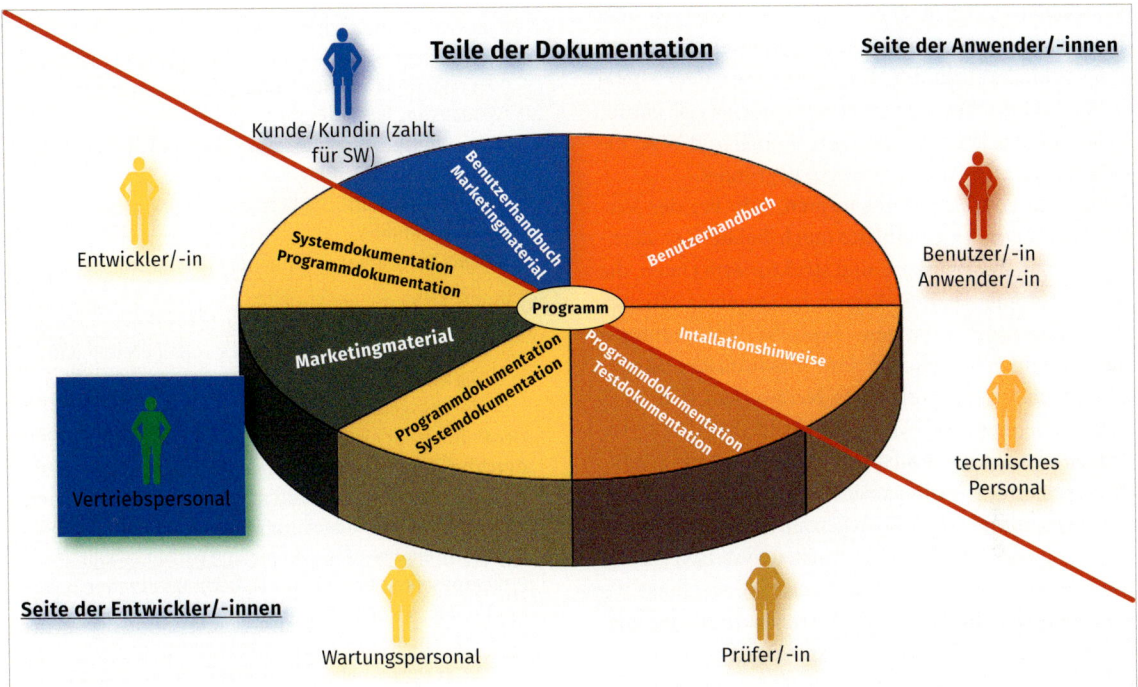

Dokumentation benutzerorientiert

trieb des entwickelnden Unternehmen erstellt werden. Das setzt aber auch eine gute Zusammenarbeit zwischen Entwicklungsabteilung und Vertrieb voraus, damit nur versprochen wird, was auch wirklich realisiert werden kann.

Auf der Seite des **anwendenden Unternehmens** stehen die wirtschaftlichen Entscheidungsbefugten, das technische Personal und die eigentlichen Benutzerinnen und Benutzer. Die wirtschaftlichen Entscheidunsgbefugten sollen den Kauf der Software befürworten und somit für den Aufwand der Entwicklung die finanzielle Anerkennung liefern. Sie müssen schnell und wirksam von den Leistungen, der Qualität und der Passfähigkeit der Software überzeugt werden. Es muss klar werden, dass die Software zur Lösung ihrer Aufgaben geeignet ist. Sie müssen in der Dokumentation ihre Aufgaben wiederfinden und erkennen, dass die Software passende Lösungen anbietet. Referenzen auf andere zufriedene Anwenderinnen und Anwender der Software sind sehr nützlich. All diese Informationen müssen kurz und leicht erfassbar in einer **Produktinformation** dargestellt werden. Dazu reicht in den meisten Fällen ein zweiseitiger Flyer, erstellt vom Marketing-Verantwortlichen oder Vertriebspersonal beim entwickelnden Unternehmen.

Wenn die Software in eine Nutzwertanalyse einbezogen wird, dann kann sie detaillierter durch Leistung und Qualität überzeugen. Hierzu eignen sich Problemdokumentationen, Benutzerhandbücher und Demoversionen der Software.

Hat sich der Anwender dann für die Software entschieden, so benötigt sein technisches Personal konkrete Installationshinweise, z. B. welche Objektbibliotheken sind notwendig, in welcher Reihenfolge sind die Bibliotheken zu installieren oder wann und wie sind die Daten zu sichern?

Die eigentlichen Benutzerinnen und Benutzer brauchen Schulungsunterlagen, Benutzerhandbücher, eine Onlinehilfe und eine kurze Betriebsanleitung. Auch diese Dokumente müssen übersichtlich, gut illustriert und in der Fachsprache der Benutzerinnen und Benutzer verfasst werden.

Die **unabhängigen Prüfer und Prüferinnen** spielen heute auf dem Softwaremarkt eine zunehmende Rolle. Software muss für den Nachweis der Einhaltung spezieller Normen und Vorschriften zertifiziert werden. Hierzu folgende Beispiele:

Einhaltung der Voraussetzungen einer ordnungsgemäßen Buchführung, die gewissen formalen und inhaltlichen Prinzipien genügen muss, damit sich sachverständige Dritte in angemessener Zeit einen Überblick über die Geschäftsvorfälle und die Lage des Unternehmens verschaffen können. Diese Prinzipien werden unter dem Begriff „Grundsätze ordnungsgemäßer Buchführung" **(GoB)** zusammengefasst.

Gewährleistung des barrierefreien Arbeitens ermöglicht jene Software, die von allen Benutzern und Benutzerinnen unabhängig von ihren körperlichen und technischen Möglichkeiten uneingeschränkt genutzt werden kann. Eingeschlossen sind Menschen mit und ohne Behinderungen und mit technischen oder altersbedingten Einschränkungen. Um beispielsweise das Internet barrierefreier zu gestalten, wurde vom W3C die Web Accessibility Initiative (WAI) gegründet.

Einhaltung von Sicherheitsnormen, z. B. bei der Verwendung digitaler Zertifikate (auch Public-Key-Zertifikat). Digitale Zertifikate sind strukturierte Daten, die den Eigentümer und die Eigenschaften eines öffentlichen Schlüssels bestätigen. Typische Anwendungen von digitalen Zertifikaten sind elektronische Signaturen, Sicherheitsprotokolle in Netzwerken (z. B. SSL) oder der Schutz von E-Mails (z. B. mit PGP).

Gewährleistung der Transaktionssicherheit bei Datenbanken. Bei der Ausführung von Transaktionen muss das Transaktionssystem die folgenden Eigenschaften von Transaktionen in DBMS und verteilten Systemen (AKID) garantieren (siehe Kapitel 10 „Datenbankanwendung"):

- **Atomarität** (Atomicity): Eine Transaktion wird entweder ganz oder gar nicht ausgeführt.
- **Konsistenz** (Consistency): Nach Ausführung der Transaktion befindet sich der Datenbestand in einer widerspruchsfreien Form.
- **Isolation** (Isolation): Bei gleichzeitiger Ausführung mehrerer Transaktionen dürfen sich diese Transaktionen nicht gegenseitig beeinflussen.
- **Dauerhaftigkeit** (Durability): Die Auswirkungen einer Transaktion müssen im Datenbestand dauerhaft bestehen bleiben.

Sicher versuchen die Entwicklerinnen und Entwickler, diese Anforderungen zu erfüllen. Aber erst unabhängige Prüfer und Prüferinnen können die Einhaltung auch nachweisen und bestätigen, d. h. „zertifizieren". Doch auch der Prüfer oder die Prüferin muss sich in die Software einarbeiten und beginnt dazu mit dem Lesen der Dokumentation.

S Die Azubis denken in diesem Zusammenhang an ihre Prüfungen vor der IHK. Auch die IHK-Prüferinnen und -Prüfer stellen besondere Anforderungen an die Dokumentation. Schließlich sollen durch die Prüfung die Auszubildenden ihre Kenntnisse, Fertigkeiten und Fähigkeiten nachweisen, um schließlich „als Fachkraft zertifiziert" zu werden.

Verordnung über die Berufsausbildung zum Fachinformatiker und zur Fachinformatikerin (Fachinformatikerausbildungsverordnung - FIAusbV)

Ausfertigungsdatum: 28.02.2020
§ 12 Prüfungsbereich Planen und Umsetzen eines Softwareprojektes

---

(1) Im Prüfungsbereich Planen und Umsetzen eines Softwareprojektes besteht die Prüfung aus zwei Teilen.
(2) Im ersten Teil hat der Prüfling nachzuweisen, dass er in der Lage ist,
  1. kundenspezifische Anforderungen zu analysieren,
  2. eine Projektplanung durchzuführen,
  3. eine wirtschaftliche Betrachtung des Projektes vorzunehmen,
  4. eine Softwareanwendung zu erstellen oder anzupassen,
  5. die erstellte oder angepasste Softwareanwendung zu testen und ihre Einführung vorzubereiten und
  6. die Planung und Durchführung des Projektes anforderungsgerecht zu dokumentieren.

Der Prüfling hat eine betriebliche Projektarbeit durchzuführen und mit praxisbezogenen Unterlagen zu dokumentieren. Vor der Durchführung der betrieblichen Projektarbeit hat er dem Prüfungsausschuss eine Projektbeschreibung zur Genehmigung vorzulegen. In der Projektbeschreibung hat er die Ausgangssituation und das Projektziel zu beschreiben und eine Zeitplanung aufzustellen. Die Prüfungszeit beträgt für die betriebliche Projektarbeit und für die Dokumentation mit praxisbezogenen Unterlagen höchstens 80 Stunden.

(3) Im zweiten Teil hat der Prüfling nachzuweisen, dass er in der Lage ist,
  1. die Arbeitsergebnisse adressatengerecht zu präsentieren und
  2. seine Vorgehensweise bei der Durchführung der betrieblichen Projektarbeit zu begründen.

Der Prüfling hat die betriebliche Projektarbeit zu präsentieren. Nach der Präsentation wird mit ihm ein Fachgespräch über die betriebliche Projektarbeit und die präsentierten Arbeitsergebnisse geführt. Die Prüfungszeit beträgt insgesamt höchstens 30 Minuten. Die Präsentation soll höchstens 15 Minuten dauern.

Bereits bei der Vorlage zur Genehmigung des Projektes wird durch das Onlinesystem „PAO" (Projektantrag Online) eine Gliederung für den Antrag und die spätere Dokumentation vorgegeben.

Projektantrag

Auszubildende/-r:
Ausbildungsstätte:

1. Projektbezeichnung
1.1 Kurzform der Aufgabenstellung
1.2 Ist-Analyse

2. Zielsetzung entwickeln/Soll-Konzept
2.1 Was soll am Ende des Projektes erreicht sein?
2.2 Welche Anforderungen müssen erfüllt sein?
2.3 Welche Einschränkungen müssen berücksichtigt werden?

> 3. Projektstrukturplan entwickeln
> 3.1 Was ist zur Erfüllung der Zielsetzung erforderlich?
> 3.2 Hauptaufgaben auflisten
> 3.3 Teilaufgaben auflisten
> 3.4 Grafische oder tabellarische Darstellung
> 4. Projektphasen mit Zeitplanung in Stunden
> 5. Geplante Präsentationsmittel

Die abzugebende Dokumentation als Gegenstand der Prüfung muss im Wesentlichen als Projektbericht verfasst sein, also als **Projektablaufdokumentation**.

Die von den einzelnen Kammern (IHK) vorgegebenen Begrenzungen für den Umfang (maximal 10 bis 15 Seiten) orientieren praktisch auf eine Ablaufdokumentation. Die **Ergebnisse der Projektarbeit** können in der **Anlage** dargestellt werden, aber nur in Art und Umfang der oben beschriebenen Marketingmaterialien zur schnellen Erfassung von Leistung und Qualität der erstellten Produkte.

14.1.3 Programm ohne Dokumentation

Ein Programm ohne Dokumentation ist keine Software und kann nicht an unbekannte Nutzerinnen und Nutzer zur langfristigen erfolgreichen Verwendung übergeben werden. Dieser Satz ruft viel Widerspruch hervor. Gegen eine Dokumentation werden meistens folgende Argumente genannt:

- **Das Programm ist klein, verständlich geschrieben und im Quelltext gut kommentiert.** Dieses Argument wird sogar messbar gemacht, wenn man von Programmen mit maximal 500 Zeilen Quelltext oder maximal 10 Seiten Programmcode spricht. Aber für wen ist dieses Programm gedacht? Verstehen Kundinnen und Kunden den Quelltext? Sie müssten hier ebenfalls Entwicklerinnen und Entwickler sein, die Bausteine für ihre Programmierarbeiten brauchen. Viele gute Programme gehen so von Hand zu Hand. Dem Ziel dieses Lehrbuches, Anwendungssysteme zu entwickeln und bereitzustellen, können diese Programme jedoch nicht entsprechen.
- **Das Programm wird nur einmal eingesetzt und ist generell nur für den internen Gebrauch gedacht.** Derartige „Wegwerf-Programme" werden beispielsweise zur Konvertierung von Daten für die Übernahme in ein neues Softwaresystem benötigt. Befindet sich die neue Software erfolgreich im Einsatz, sind alle Daten im neuen System verfügbar, verliert das Konvertierungsprogramm seine Bedeutung und wird nicht mehr benötigt. Hier kann wirklich auf eine aufwendige Dokumentation verzichtet werden. Für die Qualitätssicherung sollten die Konvertierungsalgorithmen jedoch dokumentiert werden. Tauchen später Fehler in den Daten auf, können hier mögliche Ursachen aufgedeckt werden.
- **Interne Programme, oft Ergebnis von User Development, werden kaum dokumentiert.** Wenn ein Mitarbeiter oder eine Mitarbeiterin sich selbst ein VBA-Makro zur Rationalisierung seiner Office-Arbeit schreibt, dann verbleibt das Wissen bei ihm oder ihr. Vielleicht könnte man aber im gesamten Unternehmen große Effekte durch den Einsatz dieses kleinen Makros erreichen. Hier muss allerdings vom Management der Publikationsaufwand für das Dokumentieren der Lösung entsprechend honoriert werden.
- **Das Programm ist selbsterklärend.** Bei diesem Argument muss bedacht werden, dass erheblich mehr an Aufwand notwendig ist, um eine gute, selbsterklärende Benutzeroberfläche zu erstellen. Damit entsteht die Benutzerdokumentation quasi online. Aber wo befinden sich die Installationshinweise? Dafür ist eine aufwendige Installationsroutine mit einem langen Dialog und dem Abtesten aller erdenklichen Konstellationen notwendig. Auch das kostet viel Zeit. Schließlich werden bei den Benutzerinnen und Benutzern Kenntnisse und Fertigkeiten im Umgang mit der Software vorausgesetzt, die sie sich aus anderen Dokumentationen und Schulungsunterlagen bereits angeeignet haben müssen. Selbsterklärende Software wird vom Markt nur dann angenommen, wenn es sich um den „Nachbau" bekannter Softwaresysteme handelt.

Es mag spezielle Situationen geben, wo eine Dokumentation überflüssig ist. In den meisten Fällen kann bei einer Softwareentwicklung jedoch nicht auf eine Dokumentation verzichtet werden, denn der Markt verlangt danach. Die Dokumentation schafft die Voraussetzung für eine langfristige, sichere Nutzung der Software. Entwicklerinnen und Entwickler kennen die Anwenderinnen und Anwender im Normalfall nicht. Erst mit der Dokumentation vermitteln sie ihr Wissen über die Software an die Anwenderinnen und Anwender.

14.2 Dokumentationsarten

Nachdem die Bedeutung der Dokumentation und ihre Rolle im Lebenszyklus eines Softwareproduktes klar ist, bleibt immer noch die Frage nach dem Inhalt und der Gestaltung der Dokumentation zu beantworten.

Der Inhalt und damit die Art der Dokumentation richten sich zuerst nach den Zielgruppen: **Entwickler** oder **Anwender**. Die Entwicklerinnen und Entwickler benötigen die Dokumente zur Planung, Durchführung und Absicherung des Entwicklungsprozesses sowie im späteren Lebenszyklus zur Wartung der Software. Die Anwenderinnen und Anwender müssen die Software installieren und betreiben können und deren Benutzer und Benutzerinnen benötigen Material zum Erlernen und Bedienen der Software. Für die Prüferinnen und Prüfer, mit Ausnahme der IHK-Prüfer und -Prüferinnen, wird keine gesonderte Dokumentation erstellt. Sie prüfen die erstellten Dokumentationen auf die Einhaltung ihrer spezifischen Prüfkriterien.

> **W** Die **Norm** ist ein Dokument, das durch breite Beteiligung aller interessierten Kreise im Konsens erarbeitet und publiziert wird.
>
> Der **Standard** kann von einem geschlossenen Kreis von Unternehmen oder auch nur von einem Unternehmen unter Ausschluss der Öffentlichkeit entwickelt werden. Dann spricht man von einem „Industriestandard" oder „Herstellerstandard".

Zur Gliederung der verschiedenen Arten von Dokumentationen, d. h. für deren konkreten Inhalt, gibt es zahlreiche, aber leider auch unabgestimmte Vorgaben. Zuerst sind hier die zahlreichen **Normen** oder **Standards** zu nennen. Schon die beiden Begriffe „Norm" und „Standard" sorgen für leichte Verunsicherung. Im deutschen Sprachraum unterscheidet man die Begriffe Norm und Standard. Im Englischen existiert dieser Unterschied nicht. Der Konsensgrad, d. h. der Grad der allgemeinen Zustimmung, kann die Unterscheidung zwischen Norm und Standard ausmachen.

Die folgende Liste enthält eine Auswahl von anerkannten Normen zum Projektmanagement und zur Dokumentation in der Softwareentwicklung.

Projektmanagement und Dokumentation	
Bezeichnung	**Inhalt**
DIN 69900-1	Projektwirtschaft; Netzplantechnik; Begriffe
DIN 69900-2	Projektwirtschaft; Netzplantechnik; Darstellungstechnik
DIN 69900	Projektwirtschaft; Projektmanagement; Begriffe
DIN 69902	Projektwirtschaft; Einsatzmittel; Begriffe
DIN 69903	Projektwirtschaft; Kosten und Leistung, Finanzmittel; Begriffe
DIN 69904	Projektwirtschaft; Projektmanagementsysteme – Elemente und Strukturen
DIN 69905	Projektwirtschaft; Projektabwicklung – Begriffe
ISO 10006	Leitfaden für Qualitätsmanagement in Projekten
DIN EN 62079	Erstellen von Anleitungen; Gliederung, Inhalt und Darstellung (In dieser Norm sind allgemeine Grundlagen, detaillierte Anforderungen für den Entwurf und die Erstellung aller Arten von Anleitungen enthalten.)
ISO/IEC 6592:2000	Information technology – Guidelines for the documentation of computer-based application systems (Informationstechnik – Leitfaden für die Dokumentation von computergestützten Anwendungssystemen)
ISO/IEC 18019:2004	Software und System-Engineering-Richtlinien für die Gestaltung und Vorbereitung von Benutzerdokumentation für Anwendungssoftware
ISO/IEC TR 9294:2005	Richtlinien für die Handhabung der Softwaredokumentation
DIN 66001	Informationsverarbeitung; Sinnbilder und ihre Anwendung
DIN 66241	Informationsverarbeitung; Entscheidungstabelle, Beschreibungsmittel
DIN 66261	Informationsverarbeitung; Sinnbilder für Struktogramme nach Nassi-Shneiderman
IEEE 1063	Standard for Software User Documentation
DIN 66230 (alt)	Informationsverarbeitung; Programmdokumentation
DIN 66231 (alt)	Informationsverarbeitung; Programmentwicklungsdokument
DIN 66232 (alt)	Informationsverarbeitung; Datendokumentation

Neben den internationalen und nationalen Normen gibt es nationale Empfehlungen oder verbindliche Vorgaben, wie sie bereits im Zusammenhang mit dem **V-Modell XT** vorgestellt wurden. Diese Empfehlungen sind allgemein zugänglich und bilden die Grundlage für die weiteren Darstellungen.

Darüber hinaus existieren auch die „Industriestandards" oder unternehmensinternen Vorgaben zu Inhalt und Gestaltung von Dokumentationen. Praktisch wird das durch Formularsätze realisiert, die Seite für Seite auszufüllen sind. An vielen Stellen ist der Eintrag „nicht relevant" zu finden, was durchaus berechtigt sein kann. Auf diese Weise können auch Azubis schnell eine 90-Seiten-Dokumentation erstellen, weil beispielsweise zur selbst entwickelten Software mindestens die vorgegebenen 90 Seiten an Formularen für die Dokumentation auszufüllen sind, auch wenn auf vielen Seiten steht: „nicht relevant".

Leider gehen die Azubis leer aus, deren Ausbildungsbetrieb keine Dokumentationsrichtlinien erarbeitet hat. Hier hilft aber die IHK. Auf den Internetseiten zur Aus- und Weiterbildung finden sich die lokalen Vorgaben der Prüfungsausschüsse. Damit definiert die IHK quasi den Industriestandard zu Inhalt und Gestaltung der Prüfungsdokumentation.

14.2.1 Entwicklungsdokumentation

Für die genauere Betrachtung der Dokumentationsarten sollen hier die Empfehlungen aus dem **V-Modell XT** herangezogen werden. Diese Empfehlungen sind ebenfalls allgemein zugänglich, deshalb beziehen sich die weiteren Darstellungen in den folgenden Punkten auch nur auf einzelne Aspekte und Teile der Dokumentation. Der vollständige Text zum V-Modell XT ist über die Webseite des ITZ Bund (Informations Technik Zentrum Bund) erreichbar auf folgendem Pfad: ITZBund Startseite → Digitale Mission → Trends und Technologien → Projektsteuerung mit V-Modell® XT.

14.2.1.1 Planungsdokumente

Projekthandbuch
Für die Projektbeteiligten ist das Projekthandbuch eine zentrale Informationsquelle mit verbindlichen Richtlinien für alle Projektaktivitäten. Das Projekthandbuch gibt Auskunft zu folgenden Themen:

- Projektziele und Erfolgsfaktoren, **Projektleitbild**
- **Projektdurchführungsplan** mit der Festlegung von Terminen und Entscheidungspunkten

> „Das V-Modell ist ein generischer Vorgehensstandard, der für ein konkretes Projekt angepasst und konkretisiert werden muss. Das Projekthandbuch legt die für Management und Entwicklung notwendigen Anpassungen und Ausgestaltungen fest. Somit dokumentiert es Art und Umfang der Anwendung des V-Modells im Projekt und ist Informationsquelle und Richtlinie für alle Projektbeteiligten.
> Das Projekthandbuch beinhaltet eine Kurzbeschreibung des Projekts, die Beschreibung des Tailoring-Ergebnisses, den grundlegenden Projektdurchführungsplan, die notwendige und vereinbarte Unterstützung des Auftraggebers sowie Organisation und Vorgaben für die Planung und Durchführung des Projekts und die anstehenden Entwicklungsaufgaben. Der Projektleiter muss dieses zentrale Produkt in Abstimmung mit den Schlüsselpersonen des Projekts erarbeiten …"
> (Quelle: V-Modell XT, Version 2.3, Referenz: Produkte, Teil C)

- Organisation und Vorgaben zum **Projektmanagement,** Aufgabenverteilung und Verantwortlichkeiten, Konfliktmanagement, Kommunikationswege
- **Risikomanagement,** erkannte Risiken und Chancen
- Problem- und **Änderungsmanagement,** Bearbeitung und Status von Änderungsanträgen (erstellt, genehmigt, abgelehnt, in Arbeit, erledigt)
- **Konfigurationsmanagement,** Verwaltung der Produktexemplare, Versionsverwaltung, Namenskonventionen, Dateiablagestruktur und Datensicherung
- **kaufmännisches Projektmanagement,** Ressourcenbewertung, Budget, Kostencontrolling und Abbruchkriterien
- **Anforderungsmanagement,** Aufnahme, Bearbeitung und Grad der Realisierung von Anforderungen
- **Berichtswesen** und Kommunikationswege, zu erstellende Berichte sowie Form und Regelmäßigkeit der Kommunikation im Entwicklungsteam
- **Abkürzungsverzeichnis,** an zentraler Stelle besonders wichtig: Es sollte auch laufend aktualisiert werden, denn in der engen Zusammenarbeit an einem Projekt entwickelt sich auch eine eigene Sprache mit einer Vielzahl von Abkürzungen.

Projektplan

> „Für die gesicherte und geordnete Durchführung eines Projekts ist ein solider Projektplan zwingend erforderlich. Der Projektplan beschreibt die gewählte Vorgehensweise des Projekts und legt detailliert fest, was wann und von wem zu tun ist. Der Projektplan ist damit die Basis für die Kontrolle und Steuerung des Projektes. Der Projektleiter ist für ihn verantwortlich. Die Erstellung und Bearbeitung des Projektplanes erfolgt aber in Abstimmung mit allen Projektbeteiligten." (Quelle: V-Modell XT, Version 2.3, Referenz: Produkte, Teil C.1.2.2 Projektplan S. 74)

Der Projektplan konkretisiert den Projektdurchführungsplan aus dem Projekthandbuch durch folgende Aussagen:

- **Ablaufplan.** Ein Gantt-Diagramm kann die Verbindung von Terminen, Meilensteinen und Ressourcen gut visualisieren.
- **Prüfplan** für Prozesse, Systemelemente und Dokumente; regelmäßige Kontrollen zur Qualitätssicherung
- **Ausbildungsplan** zur Weiterbildung der Projektteammitglieder.

Risikoliste

> „Ziel des Risikomanagements ist es, mögliche Risiken im Projekt frühzeitig zu erkennen und auf diese Risiken proaktiv zu reagieren, bevor sie zu einem Problem für das Projekt werden. In der Risikoliste werden die identifizierten Risiken verwaltet und die geplanten Gegenmaßnahmen festgehalten.
>
> Für die Risikoliste ist der Projektleiter verantwortlich. Zur Bearbeitung greift er auf die notwendigen Projektbeteiligten und gegebenenfalls auf weitere zusätzliche Experten zurück. Die erkannten Risiken und die zugehörigen Gegenmaßnahmen fließen dann wieder in die Projektplanung ein." (Quelle: V-Modell XT, Version 2.3, Referenz: Produkte, Teil C.1.3.1 Risikoliste S. 81)

Die Risikoliste enthält eine Gegenüberstellung der identifizierten Risiken und der Maßnahmen, die als Reaktion auf das Risiko geplant sind. Jede Maßnahme ist detailliert zu beschreiben und eine verantwortliche Person für die Durchführung der Maßnahme zu benennen.

Qualitätssicherungshandbuch (QS-Handbuch)

> „... Das QS-Handbuch beinhaltet eine Kurzbeschreibung der Qualitätsziele im Projekt, die Festlegung der zu prüfenden Produkte und Prozesse, die Organisation und Vorgaben für die Planung und Durchführung der Qualitätssicherung im Projekt sowie die Vorgaben für die Qualitätssicherung von externen Zulieferungen. Der QS-Verantwortliche muss dieses zentrale Produkt in Abstimmung mit den Schlüsselpersonen des Projekts erarbeiten.
>
> Dabei werden im QS-Handbuch insbesondere auch Häufigkeit und Notwendigkeit der Erzeugung weiterführender Produkte, die für die Qualitätssicherung im Projekt notwendig sind, festgelegt, zum Beispiel QS-Berichte, Nachweisakten und Prüfprotokolle." (Quelle: V-Modell XT, Version 2.3, Referenz: Produkte, Teil C.1.6.1 OS-Handbuch S. 86)

14.2.1.2 Dokumente für Design und Implementierung

Von den vielen Dokumenten aus dem V-Modell XT für das Design und die Implementierung werden hier nur drei Dokumente exemplarisch angesprochen. Die Dokumente Anforderungen (Lastenheft) und Gesamtspezifikation (Pflichtenheft) wurden bereits im Kapitel 5 behandelt. In den vom digitalen Projektassistenten mit den Dokumenten vom V-Modell XT generierten Verzeichnissen

- Anforderungen und Analysen,
- Systementwurf und
- Systemspezifikation

finden sich weitere Dokumente zu folgenden Schwerpunkten:

Systemarchitektur

> „Ausgehend von den funktionalen und nicht-funktionalen Anforderungen an das System ist es Aufgabe des Systemarchitekten, eine geeignete Systemarchitektur zu entwerfen. Die Architekturprodukte dienen dabei sowohl als Leitfaden als auch zur Dokumentation der Entwurfsentscheidungen.
>
> In einem ersten Schritt werden richtungweisende Architekturprinzipien festgelegt und mögliche Entwurfsalternativen untersucht. Entsprechend der gewählten Entwurfsalternative wird die Zerlegung (Dekomposition) des Systems in Segmente, HW-, SW- und Externe Einheiten beschrieben. Beziehungen und Schnittstellen zwischen den Elementen und zur Umgebung werden identifiziert und im Überblick dargestellt. Zusätzlich werden querschnittliche

> Systemeigenschaften wie Sicherheitskonzept, Transaktionskonzept oder Loggingkonzept festgelegt. Die gewählte Architektur wird hinsichtlich ihrer Eignung für das zu entwickelnde System bewertet. Offene Fragen können beispielsweise im Rahmen einer prototypischen Entwicklung geklärt werden.
>
> Hauptverantwortlicher für den Architekturentwurf ist der Systemarchitekt. Unterstützt wird er von verschiedenen Experten zu Einzelthemen wie HW-Entwicklung, SW-Entwicklung, Logistik, Systemsicherheit oder Ergonomie.
>
> Die Architektur stellt das zentrale Dokument für die Erstellung weiterer Produkte dar. Sie legt alle Segmente, HW-, SW- und Externe Einheiten des Systems fest. Entsprechend den Vorgaben werden für jede HW- oder SW-Einheit eine Architektur sowie für die jeweiligen Elemente die Spezifikationen erstellt." (Quelle: V-Modell XT, Version 2.3, Referenz: Produkte, Teil C.1.11.2 Systemarchitektur S. 140)

Das Dokument **Systemarchitektur** leitet sich aus dem Lastenheft ab. Entsprechend den Aussagen zur Systemanalyse liefert dieser Teil der Entwicklungsdokumentation die Vorgaben für den weiteren Aufbau des Softwaresystems durch folgende Bestandteile:

- Komponenten des Systems, Dekomposition des Systems: Woraus besteht das System?
- Allgemeine Systemeigenschaften: Was kennzeichnet das System und was grenzt es gegenüber seinem Umfeld ab?
- Schnittstellenübersicht: Welche Schnittstellen gibt es zum Umfeld des Systems?
- Datenkatalog: Welche Daten werden im System erfasst, verwaltet und ausgewertet? (Das „Wie" spielt hier noch keine Rolle!)
- Design: Wie ist das Erscheinungsbild der Software?

Datenbankentwurf, Technisches Datenmodell, Physikalisches Datenmodell

> „Datenzentrierte SW-Systeme, wie beispielsweise Informationssysteme, benötigen einen persistenten Speicher zur Datenhaltung. In der Regel handelt es sich dabei um eine oder mehrere Datenbanken. Im Rahmen des Systementwurfs ist in diesem Fall zusätzlich ein Datenbankentwurf zu erstellen. Der Datenbankentwurf unterstützt den SW-Architekten bei der Ableitung des technischen Datenmodells aus den Anforderungen sowie beim Entwurf des physikalischen Datenbankschemas.
>
> Grundlage des Datenbankentwurfs sind die zu persistierenden Entitäten des Systems. Die Entitäten (relationales Datenmodell) bzw. Klassen (objektorientiertes Datenmodell) repräsentieren in ihrer Gesamtheit das fachliche Datenmodell des Systems. Für den Datenbankentwurf werden alle Entitäten bzw. Klassen des Systems identifiziert und im technischen Datenmodell zusammengefasst. Technisches und physikalisches Datenmodell sind Verfeinerungen und Konkretisierungen des fachlichen Datenmodells auf dem Weg hin zum Datenbankschema. Verantwortlich für den Datenbankentwurf ist der SW-Architekt. [...]
>
> Das technische Datenmodell beschreibt die Entitäten bzw. die Klassen des Geschäftsmodells im Zusammenhang. Die relevanten Eigenschaften (Attribute) sowie die Beziehungen der Entitäten bzw. Klassen zueinander werden identifiziert und beschrieben.
>
> Das technische Datenmodell kann als Entity-Relationship-Diagramm, Klassendiagramm oder als Tabelle dargestellt werden. Es ist die Grundlage für den Entwurf des physikalischen Datenmodells. [...]
>
> Das physikalische Datenmodell beschreibt den konkreten Datenbankentwurf. Es wird abgeleitet aus dem technischen Datenmodell und dient als Vorlage für das Datenbankschema in der Datenbank.
>
> Im physikalischen Datenmodell werden den Attributen der Entitäten bzw. Klassen konkrete Datentypen zugeordnet. Es werden Primär- und Fremdschlüssel festgelegt sowie Beziehungen definiert. Das Modell definiert Konsistenzbedingungen für Datenänderungen. Handelt es sich um relationale Datenbanken, werden Entitäten und Attribute konkreten Tabellen und Feldern im Schema zugeordnet.
>
> Der Entwurf des physikalischen Datenmodells erfolgt in der Regel über Entity-Relationship-Diagramme oder Klassendiagramme. Bei Verwendung geeigneter Werkzeuge kann das Datenbankschema direkt aus dem Diagramm generiert werden." (Quelle: V-Modell XT, Version 2.3, Referenz: Produkte, Teil C.1.11.12 Datenbankentwurf S. 167/168)

Hier wird der Datenkatalog aus dem Dokument **Systementwurf** weiter ausgearbeitet. Zur Visualisierung dienen die folgenden und bereits bekannten Darstellungsmittel:

- ERD
- Klassendiagramm
- Datenbankschema aus der Datenbanksoftware

Mensch-Maschine-Schnittstelle (Styleguide) und Gestaltungsprinzipien

> „Um den Entwurf einer (grafischen) Benutzerschnittstelle einheitlich zu gestalten beziehungsweise auf ein vorgegebenes Layout abzustimmen, sind verbindliche Vorgaben notwendig. Das Produkt zur Definition der Mensch-Maschine-Schnittstelle, im Rahmen der Softwareentwicklung häufig auch Styleguide genannt, definiert Regeln und Gestaltungskriterien, nach denen die Mensch-Maschine-Schnittstelle zu gestalten ist.
>
> Die Regeln umfassen beispielsweise Gestaltungsregeln zu den Oberflächenelementen, zum Beispiel haptische und optische Eigenschaften, Gestaltungsregeln für die grafische Benutzeroberfläche sowie Gestaltungsregeln für die Hardwareschnittstelle.
>
> Verantwortlich für den Styleguide ist der Ergonomieverantwortliche. Seine Aufgabe ist es, die Regeln aus den Anforderungen sowie der Anwenderaufgabenanalyse abzuleiten, beziehungsweise in Zusammenarbeit mit dem Auftraggeber zu erarbeiten. Alle im Rahmen der System-, HW- und SW-Spezifikation erarbeiteten Entwürfe müssen die Vorgaben des Styleguides umsetzen. [...]
>
> Gestaltungsprinzipien legen die generellen Richtlinien zur Gestaltung der Mensch-Maschine-Schnittstelle fest. Diese werden aus den Ergebnissen der Anwenderaufgabenanalyse abgeleitet sowie anhand von allgemein anerkannten Normen identifiziert."
> (Quelle: V-Modell XT, Version 2.3, Referenz: Produkte, Teil C.1.11.13 Mensch-Maschine-Schnittstelle S. 168)

Hier werden die Aussagen zum Design aus dem Dokument **Systementwurf** detailliert. Dabei sind die folgenden Grundsätze zur Gestaltung ergonomischer Benutzerschnittstellen nach EN ISO 9241 (Norm) zu beachten (siehe auch Softwarequalität):

- Aufgabenangemessenheit
- Selbstbeschreibungsfähigkeit
- Steuerbarkeit
- Erwartungskonformität
- Fehlertoleranz
- Individualisierbarkeit
- Lernförderlichkeit

Programmdokumentation

Die Frage nach der Gestaltung der Programmdokumentation steht bei den Auszubildenden sicherlich an erster Stelle. Fehlen unternehmensinterne Vorgaben, dann bietet die „Richtlinie für die Softwaredokumentation" der Softwareprüfstelle der Physikalisch-Technischen Bundesanstalt (PTB) unter www.ptb.de eine nützliche Hilfe. Dort wird unter der Rubrik Downloads eine Gliederung vorgeschlagen.

Diese Gliederung enthält deutlich mehr, als zur reinen Programmbeschreibung gehört. Hier sind bereits Elemente der Anwendungsdokumentation zu finden.

14.2.2 Anwendungsdokumentation

Dieser Teil der Dokumentation richtet sich an den Kunden, der das Produkt Software kauft (oder besser: lizenziert). Nachdem er als potenzieller Kunde von der Leistung und Qualität des Produktes überzeugt ist, muss er die Software installieren und nutzbar machen lassen, um sie schließlich lange und sicher benutzen zu können.

Die Ansprüche der Personengruppen beim anwendenden Unternehmen wurden bereits aufgeführt:

- Die wirtschaftlichen Entscheidungsbefugten, d.h. das Management beim potenziellen Kunden, müssen mit Marketingunterlagen versorgt werden.
- Die IT-Abteilung, das Rechenzentrum oder die Administratoren bzw. Administratorinnen benötigen Installationshinweise.
- Die eigentlichen Benutzerinnen und Benutzer müssen geschult werden. Für die Routinenutzung erhalten sie ein Benutzerhandbuch.

14.2.2.1 Marketingunterlagen

Marketingunterlagen müssen optisch ansprechend, kurz und aussagekräftig zu inhaltlichen Aspekten informieren. Wichtig sind auch Referenzen auf andere erfolgreiche Anwender der Software. Praktisch wird das realisiert durch:

- Flyer im Umfang von maximal zwei DIN-A4-Seiten
- Präsentationen im Internet
- Whitepapers mit Managementinformationen

14.2.2.2 Installationshinweise

Die Installationshinweise fallen vom Umfang her sehr unterschiedlich aus. Früher sprach man in der DIN 66 230 sogar vom „Datenverarbeitungstechnischen Handbuch (DV-Handbuch)". Heute geht es hauptsächlich um die genaue Festlegung der systemtechnischen Voraussetzungen, die sehr genau beschrieben sein müssen.

Für die Arbeit mit Java muss zum Beispiel klar definiert sein, dass die Laufzeitumgebung zu installieren ist, welche Bibliotheken in welcher Version zur Verfügung stehen und wie die Zugriffspfade vereinbart werden müssen.

„Simple Office-Anwendungen" mit VBA-Makros scheitern hingegen regelmäßig an folgenden fehlenden Installationsvoraussetzungen:
- Verweise auf Objektbibliotheken, die nicht installiert sind
- feste Zugriffspfade im Quelltext

Zu oft entsteht folgende Situation: Bei der Entwicklung funktioniert die Software, beim Kunden läuft nichts mehr, weil hier andere Einsatzbedingungen herrschen. Spätestens hier muss den Entwicklerinnen und Entwicklern bewusst werden, dass sie ihr Programm einem fremden Kunden in einer fremden Umgebung überlassen. Für die korrekte Einrichtung der notwendigen Umgebung sind dem Kunden die erforderlichen Hinweise zu geben.

14.2.2.3 Benutzungsdokumente

Für die Benutzungsdokumente liefert der Projektassistent zum V-Modell XT zwei Vorlagen, auf die hier zuerst verwiesen wird.

Ausbildungsunterlagen

> „Die Ausbildung für ein System gliedert sich in unterschiedliche Ausbildungsmaßnahmen. Für diese Maßnahmen sind diverse Unterlagen notwendig, zum Beispiel Lehrplan und Lernunterlagen. Die Ausbildung kann auf unterschiedlichen Medien realisiert werden, beispielsweise auf Printmedien oder als Computerunterstützte Ausbildung (CUA).
>
> Ausbildungen werden in der Regel auf Tätigkeitsprofile ausgerichtet, zum Beispiel Bediener-, Instandhaltungs-, Instandsetzungs- und Serviceausbildung. Für sicherheitskritische Systeme findet eine gesonderte Sicherheitsausbildung statt." (Quelle: V-Modell XT, Version 2.3, Referenz: Produkte, Teil C.1.13.3 Ausbildungsunterlagen S. 192)

Auch die Vorbereitung der Anwender auf den Softwareeinsatz kann als Projekt organisiert werden. Wichtig ist die zielgruppenorientierte Gestaltung von Lehrplänen und Unterlagen. Vielfach bewährt hat sich eine computergestützte Ausbildung am Arbeitsplatz, wofür namhafte Softwarehersteller Onlinekurse anbieten (z. B. https://support.office.com/de-de).

Nutzungsdokumente

> „Die Nutzungsdokumentation enthält alle Angaben, die ein Nutzer benötigt, um das System bestimmungsgemäß bedienen zu können und bei Problemen richtig zu reagieren. Die Art und Anzahl der zu erstellenden Nutzungsdokumentationen entspricht den Vorgaben der Gesamtsystemspezifikation (Pflichtenheft)." (Quelle: V-Modell XT, Version 2.3, Referenz: Produkte, Teil C.1.13.2 Nutzungsdokumente S. 191)

Die Begriffe „Benutzerhandbuch" oder „User Manual" haben sich als Bezeichnung für die begleitenden Dokumente zur Nutzung von Software eingebürgert. Benutzerhandbücher erklären mithilfe von Screenshots Schritt für Schritt die Verwendung der Software. Ihre Lektüre ist oft ermüdend für die Leserinnen und Leser. Daher werden die Benutzerhandbücher zunehmend als Nachschlagewerke zur Problembehandlung konzipiert.

Im heutigen Informationszeitalter und der damit verbundenen Reizüberflutung stellen die Anwenderinnen und Anwender höhere Anforderungen an Benutzerhandbücher. Festzustellen ist eine allgemeine Leseunlust. Die Gestaltung von Handbüchern muss dem Rechnung tragen und das Ziel anstreben, den Benutzern und Benutzerinnen zeitraubendes Lesen von uninteressanten Textpassagen zu ersparen. Das Einführen von Symbolen zum schnelleren Auffinden wichtiger Passagen kann den Lesenden dabei helfen. Eine vernünftige und zielgruppenorientierte Gliederung erleichtert ebenfalls das Auffinden von spezifischen Informationen.

> Zu den wichtigen Qualitätsmerkmalen für Benutzerhandbücher gehören
> - Glossare,
> - Zusammenfassungen,
> - Abkürzungsverzeichnisse,
> - Hinweise auf Fehlermeldungen mit möglichen Reaktionen sowie,
> - Hinweise auf weiterführende Literatur.

14.2.2.4 Onlinehilfe

Software muss heute ein hohes Maß an Selbstbeschreibungsfähigkeit besitzen. Die Onlinehilfe trägt dazu bei. Meist wird das Benutzerhandbuch in weiten Teilen online über die Benutzerschnittstelle präsentiert. Zur Erstellung einer Onlinehilfe aus einem sorgfältig ausgearbeiteten Dokument gibt es zahlreiche Tools.

Eine andere Möglichkeit zur computergestützten Hilfe für Anwenderinnen und Anwender verkörpern Demoversionen und Lernsoftware. Sie ermöglichen einen spielerischen Einstieg in die Software und reduzieren den Aufwand für das notwendige Lesen von Benutzerhandbüchern.

14.3 Erstellung der Dokumentation

Das Erstellen der Dokumentation ist für die meisten Entwicklerinnen und Entwickler eine lästige Angelegenheit, denn sie schreiben lieber Programmcode, aber keine Texte: „Wenn ich Bücher schreiben wollte, wäre ich Schriftstellerin geworden, aber ich bin nun mal lieber Programmiererin!"

Bei dieser Haltung muss wenigstens das Schreiben der Dokumentation so einfach wie möglich gestaltet werden. Dazu gibt es im Wesentlichen drei Möglichkeiten:
- Formulardokumentation
- strenge Verbindung von Entwicklungs- und Dokumentationsarbeiten
- Tools zur Erzeugung der Dokumentation in Verbindung mit dem Quelltext

Auf diese Möglichkeiten wird später genauer eingegangen. An dieser Stelle sollen zunächst einmal allgemeine Kriterien einer guten Dokumentation betrachtet werden, welche für alle Dokumentationen gültig sind.

> **W** **Kriterien einer guten Dokumentation**
> - Die Informationen werden schnell und einfach gefunden.
> - Es sind nur die relevanten Informationen enthalten.
> - Die Informationen sind verständlich dargestellt.
> - Die Informationen sind zielgruppengerecht aufbereitet.
> - Die Informationen können praxisnah nachvollzogen werden.
> - Das Dokument ist schnell zu lesen.
> - Die Inhalte sind aktuell.
> - Die Inhalte sind widerspruchsfrei.
> - Die Inhalte sind vollständig.

Der schwierigste Teil beim Erstellen einer Dokumentation ist, die Dokumentation so zu verfassen, dass sie auch der Zielgruppe entspricht. Dies gilt insbesondere für die Systemdokumentation. Diese Texte werden gleichermaßen von Systemadministratorinnen und -administratoren, Programmiererinnen und Programmierern, aber auch von der Projektleitung oder dem Auftraggeber gelesen. Wegen unterschiedlicher Vorkenntnisse dieser Gruppen kann es sinnvoll sein, im Rahmen der einzelnen Systemdokumente nochmals zu differenzieren.

Eine Benutzerdokumentation hingegen muss anderen Ansprüchen genügen. Sie muss die Fragen der Benutzerinnen und Benutzer präzise beantworten und sie befähigen, das Produkt vollständig und effizient zu nutzen. Technische Details, welche die Benutzerinnen und Benutzer nicht zwangsläufig kennen, haben in einer Benutzerdokumentation ebenso wenig verloren wie hochtrabende Phrasen und Schlagwörter aus der Marketingabteilung.

Außerdem wird immer darüber gestritten, ob die Entwicklerinnen und Entwickler selbst oder technische Redakteurinnen und Redakteure die Dokumentation erstellen sollten. Beide Varianten haben ihre Vor- und Nachteile. Ein Vorteil, wenn Entwicklerinnen und Entwickler die Dokumentation schreiben, ist die unmittelbare Beteiligung an der Entwicklung. Damit können sie Dinge beschreiben, die Unbeteiligten möglicherweise entgehen. Dieser Vorteil stellt aber in vielen Fällen auch einen Nachteil dar, weil sie tief in der Materie stecken und Außenstehenden die benötigten Informationen nicht in allgemeinverständlicher Form vermitteln können. Dieses gilt ganz besonders für die Benutzerdokumentation. Um eine gute Benutzerdokumentation zu schreiben, muss man die Sicht der Benutzerinnen und Benutzer einnehmen können und sich von der rein technischen Sichtweise lösen. Dieses fällt nicht allen Entwicklerinnen und Entwicklern leicht.

Um dieses Problem zu lösen, wird in vielen Fällen die Arbeit zur Erstellung einer Dokumentation zwischen den Entwicklerinnen und Entwicklern und technischen Redakteurinnen und Redakteuren aufgeteilt. Die Entwicklerinnen und Entwicklern stellen die wichtigen Fakten zusammen und schreiben eine erste Fassung der Dokumentation. Sie konzentrieren sich dabei ausschließlich auf die Inhalte und liefern alle benötigten Informationen. In einem zweiten Schritt bereiten technische Redakteure die Inhalte so auf, dass daraus eine für die Benutzer verständliche Dokumentation entsteht.

14.3.1 Formulardokumentation

Die Formulardokumentation entstand historisch bedingt und erfreute sich besonders in Großunternehmen einer weiten Verbreitung. Inhaltlich wurde die Formulardokumentation bereits erläutert. Sie reduziert die Schreibarbeit und sichert die Vollständigkeit und Einheitlichkeit der unternehmensinternen Dokumentation. Heute wird das Formular auf den Computer übertragen und ist dort auszufüllen, wobei zahlreiche Informationen wie Datumsangaben, Versionsnummern oder Namen der Autorinnen und Autoren automatisch generiert werden.

Auch der Projektassistent zum V-Modell XT ist ein derartiger Formulargenerator. Zahlreiche Dokumente werden als Dateien in einem kompatiblen Textformat (*.rtf) erstellt und können dann mit einem Office-Editor ausgefüllt werden.

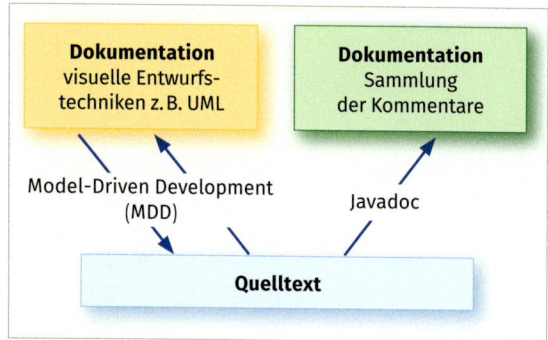

Tools zur Erzeugung einer Dokumentation

14.3.2 Parallele Dokumentation

Fast alle Vorgehensmodelle zur Softwareentwicklung verlangen eine strenge Verbindung von Entwicklungs- und Dokumentationsarbeiten: „Die im Ergebnis des einen Schrittes erstellten Dokumente sind die Ausgangsbasis für die Arbeit im nächsten Entwicklungsschritt."

So kann man eine Grundphilosophie des Wasserfallmodells formulieren. Während des gesamten Entwicklungsprozesses entstehen Dokumente, und aus diesen Dokumenten lassen sich die oben beschriebenen Elemente der Softwaredokumentation schnell ableiten. Die Softwaredokumentation entsteht somit parallel zu den gesamten Entwicklungsarbeiten.

Große Softwareprojekte verlangen eine strenge Arbeitsteilung im Entwicklungsteam (vgl. Rollenkonzept im V-Modell XT). Die Arbeitsteilung funktioniert nur bei ständiger Kommunikation. Die Elemente der Softwaredokumentation sind hier ein notwendiges und gefordertes Hilfsmittel für diese Kommunikation. Nur „Einzelkämpfer/-innen", die ihre Software allein entwickeln, brauchen keine Kommunikation mit anderen Entwicklerinnen und Entwicklern (oder glauben dies zumindest) und haben damit oft kein Verständnis für die Notwendigkeit einer Dokumentation.

14.3.3 Werkzeuge zur Dokumentationserstellung

Die meisten Tools zur Erzeugung von Dokumentationen nutzen den Quelltext. Auf der einen Seite wird bei der modellgestützten Softwareentwicklung der Quelltext weitestgehend automatisch generiert, auf der anderen Seite wird der konventionell geschriebene Quelltext nach Kommentaren und Objektdefinitionen durchsucht.

Die Werkzeuge zur modellgestützten Softwareentwicklung (Case-Tools) erlauben die Generierung von Quelltext aus verschiedenen Quellen.

Besonders leistungsfähige Tools wirken auch in entgegengesetzter Richtung vom Quelltext auf das Modell. Ändert man per Hand den Quelltext, wird auch das Modell neu gezeichnet. Auf diesem Wege lassen sich aus konventionell erstellten Quelltexten unter bestimmten Umständen sogar Modelle generieren.

Javadoc

Ein anderer Weg besteht darin, Kommentare und Objektdefinitionen aus dem Quelltext zu sammeln und als Programmdokumentation zu nutzen. Ein verbreitetes Hilfsmittel hierfür ist **Javadoc**. In Java gibt es drei Arten von Kommentaren:
- Einzeilige Kommentare sind durch "//" am Zeilenanfang gekennzeichnet.
- Mehrzeilige Kommentare beginnen mit "/*" und enden mit "*/".
- Dokumentierende Kommentare beginnen mit "/**" und enden mit "*/".

Aus dokumentierenden Kommentaren erzeugt das Tool **Javadoc** klassische HTML-Seiten. Innerhalb des dokumentierenden Kommentars können HTML-Tags verwendet werden, um die Texte der HTML-Seiten speziell zu formatieren. Ferner gibt es eine Reihe von vorgefertigten Javadoc-Tags, die weitere Features in die HTML-Seiten integrieren. Javadoc-Tags beginnen mit dem Zeichen @. Um das Symbol @ zu nutzen, ohne ein Javadoc-Tag zu beginnen, kann der HTML-Zeichencode @ verwendet werden.

Übersicht der Javadoc-Tags (Auswahl)		
Tag & Parameter	Ausgabe	Verwendung in
@author Name	Programmautor/-in	Klasse, Interface
@version Version	Version des Objektes	Klasse, Interface
@since jdk-Version	Seit wann existiert die Funktionalität?	Klasse, Interface, Instanzvariable, Methode
@see Reference	Link auf ein Element der Dokumentation	Klasse, Interface, Instanzvariable, Methode
@param Name Beschreibung	Parametername und -beschreibung zu einer Methode	Methode
@return Beschreibung	Beschreibung des Rückgabewerts einer Methode	Methode
@exception Klassenname Beschreibung @throws Klassenname Beschreibung	Beschreibung einer Ausnahme (Exception), die von dieser Methode erzeugt werden kann	Methode

Ein Beispiel zur Programmdokumentation soll den Einsatz von **Javadoc** verdeutlichen.

```java
/* Java unter Verwendung dokumentierender Kommentare */

import java.util.*;
import java.text.*;
import java.awt.*;
/**
 * Klasse zur formalen Prüfung einer EAN als Applet.
 * @author Ringhand
 * @version 2.01
 */
public class AP_EAN_Test extends java.applet.Applet {

 Button kont, leer;    TextField t1, t2;    Object arg;
/**
 * Initialisieren der Ausgabe mit Windows-Objekten.
 * Erzeugt werden der Ereignis-Handler, die Textfelder und Schaltflächen.
 */
  public void init() {
        AP_EAN_Actions2 handlebutton = new AP_EAN_Actions2(this,arg);
        setBackground(Color.red);
        add(new Label("Artikelnummer"));
        t1 = new TextField(15); add(t1);
        add(new Label("Kontrolle"));
        t2 = new TextField(23); add(t2);
        kont = new Button("Kontrolle");
        kont.addActionListener(handlebutton);
        add(kont);
        leer = new Button("Leeren");
        leer.addActionListener(handlebutton);
        add(leer);
   }
/**
 * Überprüfung der EAN-Zeichenkette auf Form und konforme Prüfziffer
 * @param ein Zeichenkette mit potentieller EAN.
 * @return Text mit Aussage zum Fehler.
 */
  public String EANpruefung(String ein) {
        String ziff, Fehlertext="Artikelnummer ist korrekt.";
        boolean keinfehler=true;
        int pos=0, faktor=1, summe=0;
        if (ein.length() == 13) {
```

```
            pos=0;
            while (pos < 13 && keinfehler){
                    ziff=ein.substring(pos,++pos);
                    if (ziff.equals("0")||ziff.equals("1")||ziff.equals("2")||
                      ziff.equals("3")||ziff.equals("4")||ziff.equals("5")||
                      ziff.equals("6")||ziff.equals("7")||ziff.equals("8")||
                      ziff.equals("9"))
                    {
                            summe += Integer.parseInt(ziff) * faktor;
                            if (faktor==1) {faktor=3;} else {faktor=1;}
                    }
                    else {   keinfehler=false;
                            Fehlertext="Bitte nur Ziffern verwenden!";
                    }
            }
            if (keinfehler) {
                    if (summe % 10 != 0) // Modulo 10
                    {
                            Fehlertext="Prüfziffer zeigt Eingabefehler!";
                    }
            }
        }
        else {
                    Fehlertext="EAN muss 13 Ziffern umfassen!"; }
        return Fehlertext;
    }
/**
 * Aktion zur Schaltfläche, der String Nummer aus Textfeld1 wird als EAN überprüft.
 */
    public void kontrolle() {
        String Nummer = t1.getText( );
        t2.setText(EANpruefung(Nummer));
        repaint( );
    }
/**
 * Aktion zur Schaltfläche: Inhalte von Textfeld1 und Textfeld2 werden leer überschrieben.
 */
    public void leeren( ) {
        t1.setText(""); t2.setText(""); repaint( );
    }
}
```

Javadoc generiert anschließend aus dem Quelltext verschiedene HTML-Seiten. Das Tool kann mit unterschiedlichen Parametern gestartet werden, z. B. durch folgenden Programmaufruf:

javadoc -private -d doku AP_EAN_Test.java

Die Option **-private** besagt, dass alle Inhalte, also auch alle privat deklarierten Inhalte, in die Dokumentation aufgenommen werden sollen. Die Option **-d** gibt wie beim Aufruf des Compilers an, in welchem Verzeichnis die erzeugten HTML-Seiten abgelegt werden sollen (hier im Verzeichnis **doku**). Am Ende wird angegeben, aus welchen Quellen die HTML-Seiten generiert werden sollen.

Die Dokumentation der Klasse **AP_EAN_Test** besteht aus vielen **HTML-Dateien**. Die Verwendung der **Javadoc-Kommentare** ist aus dem Screenshot auf der folgenden Seite ersichtlich.

```
C:\ACIWeb\Applet>dir
 Datenträger in Laufwerk C: ist Lokaler Datenträger
 Volumeseriennummer: B895-23DA

 Verzeichnis von C:\ACIWeb\Applet

07.03.20..  14:37    <DIR>          .
07.03.20..  14:37    <DIR>          ..
05.03.20..  22:16               238 AeanKont.html
07.03.20..  14:01               741 AP_EAN_Actions2.class
06.03.20..  12:45               523 AP_EAN_Actions2.java
07.03.20..  14:03             2.129 AP_EAN_Test.class
07.03.20..  14:06             2.552 AP_EAN_Test.java
               5 Datei(en)          6.183 Bytes
               2 Verzeichnis(se),   390.422.528 Bytes frei

C:\ACIWeb\Applet>javadoc -private -d doku AP_EAN_Test.java
Loading source file AP_EAN_Test.java...
Constructing Javadoc information...
Standard Doclet version 1.4.2_04
Generating doku\constant-values.html...
Building tree for all the packages and classes...
Building index for all the packages and classes...
Generating doku\overview-tree.html...
Generating doku\index-all.html...
Generating doku\deprecated-list.html...
Building index for all classes...
Generating doku\allclasses-frame.html...
Generating doku\allclasses-noframe.html...
Generating doku\index.html...
Generating doku\packages.html...
Generating doku\AP_EAN_Test.html...
Generating doku\serialized-form.html...
Generating doku\package-list...
Generating doku\help-doc.html...
Generating doku\stylesheet.css...

C:\ACIWeb\Applet>
```

Ablauf von Javadoc mit Kommentaren

Constructor Detail

AP_EAN_Test
public **AP_EAN_Test**()

Method Detail

init
public void **init**()

Initialisieren der Ausgabe mit Windows-Objekten. Erzeugt werden der Ereignis-Handler, die Textfelder und Schaltfächen.

EANpruefung
public java.lang.String **EANpruefung**(java.lang.String ein)

Überprüfung der EAN-Zeichenkette auf Form und konforme Prüfziffer

Parameters:
ein - Zeichenkette mit potentieller EAN.

Returns:
Text mit Aussage zum Fehler.

kontrolle
public void **kontrolle**()

Aktion zur Schaltfläche, der String Nummer aus Textfeld1 wird als EAN überprüft.

leeren
public void **leeren**()

Aktion zur Schaltfläche: Inhalte von Textfeld1 und Textfeld2 werden leer überschrieben.

Package Class Tree Deprecated Index Help

PREV CLASS   NEXT CLASS   FRAMES   NO FRAMES   All Classes
SUMMARY: NESTED | FIELD | CONSTR | METHOD   DETAIL: FIELD | CONSTR | METHOD

Ergebnis von Javadoc im Browser

DocBook

Insbesondere bei Public-Domain-Software und im Internet ist es üblich, die Dokumentation durch eine **FAQ** (Sammlung von häufig gestellten Fragen) zu ergänzen oder gar zu ersetzen. Als oft verwendetes Format eignet sich hierzu **DocBook** auf XML-Basis (www.DocBook.de).

14.3.4 Dokumentation in der ACI GmbH

S Die Auszubildenden fragen Herrn Pelz nach Vorgaben für die Erstellung der Dokumentation in der ACI GmbH. Herr Pelz verweist auf den Beschluss der Geschäftsleitung zur Arbeit nach dem Vorgehensmodell **V-Modell XT**, wonach die prozessbegleitende Erstellung diverser Dokumente verlangt wird, die auch bereits in den vorherigen Abschnitten angesprochen wurden.

Die Auszubildenden erstellen nur ein Teilprojekt, das aber als vollständige Einheit im Interesse der geforderten Prüfungsdokumentation präsentiert werden muss. Herr Pelz schlägt den Auszubildenden folgende Gliederung für ihre Prüfungsdokumentation vor.

Dokumentation einer Programmentwicklung

1. **Problembeschreibung**
   1.1. Aufgabenstellung
   1.2. Vorgesehene Leistungen des Programms
   1.3. Abgrenzungen
2. **Analyse und Entwurf**
   2.1. Analyseergebnisse, Schwachstellen im Anwendungsumfeld
   2.2. Softwarearchitektur, Grobstruktur, Module, Klassen
   2.3. Datenmodell, Datenfluss, ERM
   2.4. Markante Algorithmen, Struktogramme
   2.5. Teststrategie, Testszenarien und Testdaten
3. **Realisierung**
   3.1. Entwicklungsumgebung und Einsatzumgebung
   3.2. Kommentare zu ausgewählten Quelltextpassagen
   3.3. Verwendete Bibliotheken
4. **Nutzungsanleitung**
   4.1. Installationshinweise (erforderliche Dateien, Pfade)
   4.2. Vorstellung der notwendigen Eingaben und möglichen Ausgaben
   4.3. Bedienungshinweise, Menüpunkte, Zugangsdaten, Programmabbruch
   4.4. Fehlerbehandlung, Fehlermitteilungen und notwendige Reaktionen

---

5. **Einschätzung der Ergebnisse**
   5.1. Bewertung der Testergebnisse
   5.2. Stellungnahme zur Änderung gegenüber dem Konzept
   5.3. Ausblick auf Erweiterungsmöglichkeiten

Anlagen
A   Testdaten und Testergebnisse
B   Kommentierter Quelltext, eventuell auf CD
C   Musterausdrucke der Benutzerführung und/oder der Programmergebnisse

---

Diese Empfehlung zur Gliederung hat sich bei der ACI GmbH bereits über einige Jahre bewährt. Sie ist allerdings nur geeignet für die Anwendungsentwicklerinnen und -entwickler. Die Auszubildenden in den kaufmännischen Berufen müssen vorrangig kaufmännische Aspekte in den Mittelpunkt stellen wie z. B. Kosten und Nutzen, Nutzwertanalysen oder Preiskalkulationen.

> **W**
> - Die Dokumentation ist erforderlich, damit ein Programm zu einer verwertbaren Software wird.
> - Die Dokumentation muss zielgruppengerecht erstellt werden.
> - Die Entwickler/-innen benötigen die Dokumentation während der Erstellung als Kommunikationsmittel und in der Phase der Wartung zum Verständnis der Veränderungen.
> - Die Anwender/-innen verschaffen sich anhand der Dokumentation einen Eindruck von dem Leistungspotenzial der Software und benötigen eine Benutzungsanleitung zur Bedienung und zur korrekten Reaktion auf Fehlerhinweise der Software.
> - Den Entwicklern und Entwicklerinnen fällt das Erstellen der Dokumentation oft nicht leicht, weshalb verschiedene Hilfsmittel zur Dokumentationserstellung genutzt werden. Dazu gehören die Formulardokumentationen, die nur noch auszufüllen sind, sowie Tools zur Generierung von Beschreibungen und Grafiken aus dem Quelltext.

Die in der Berufsabschlussprüfung geforderte Dokumentation stellt einen Sonderfall dar. Sie vereint eine Projektablaufdokumentation mit einer Ergebnisdokumentation. Im Sinne der Formulardokumentationen gibt es hierfür umfangreiche Hilfestellungen auf den Internetseiten der zuständigen IHK.

Aufgaben

1. Wie ist Software definiert?
2. Welche Zielgruppen gibt es für die Dokumentation?
3. In welchen Fällen kann auf eine Dokumentation verzichtet werden?
4. Was bedeutet **Parallele Dokumentation?**
5. Was ist eine Formulardokumentation?
6. Welche Normen gibt es zur Gestaltung einer Dokumentation?
7. Was muss in den Installationshinweisen angegeben werden?
8. Welche Darstellungsmittel können in den Projektplanungsdokumenten eingesetzt werden?
9. Welche Darstellungsmittel sind für die Systemdokumentation geeignet?
10. Wie arbeitet **Javadoc?**
11. Welche Tools unterstützen die Generierung von Quelltexten aus Teilen der Dokumentation?
12. Welche Unterstützung bietet das **V-Modell XT** für die Dokumentation?

15 Routinebetrieb von IT-Systemen

Wenn eine Software endlich ausgetestet und fertiggestellt ist, dann muss sie sich im täglichen Routinebetrieb bewähren. Dazu ist es notwendig, diesen Routinebetrieb so zu organisieren, dass die Software den anwendenden Unternehmen beim geringsten Verbrauch von Ressourcen im erforderlichen Maße zur Nutzung bereitsteht.

15.1 Informationsmanagement

Die anwendenden Unternehmen arbeiten selten mit nur einer Software, sondern sie erwarten den Zugriff auf verschiedene Softwaresysteme. Auch die Software kann sehr komplex sein und aus vielen Komponenten bestehen. Der Anwender sieht diese Komplexität nicht, er erwartet aber die Bereitstellung von Services, d. h. Speicherung, Verwaltung, Auswertung und Bereitstellung seiner Informationen. Er betrachtet die Einheit der gesamten Softwaresysteme mit ihren notwendigen Hardware- und Kommunikationskomponenten als **Informationssystem** mit gesicherter Verfügbarkeit und hoher Zuverlässigkeit.

Der Betrieb eines derartigen Informationssystems ist vergleichbar mit dem Betrieb anderer Dienstleistungsunternehmen. Wie in jedem Dienstleistungsunternehmen bestimmt der Kunde Art und Umfang der Inanspruchnahme der Leistungen. Für die Bereitstellung der Leistungen sind jedoch verschiedene **Ressourcen** notwendig.

Ressourcen	Beispiele
technisch (technische Infrastruktur)	Hardware, Netzwerke, Energieversorgungsleitungen, Kühlaggregate, Räumlichkeiten
personell	Fachkräfte für Betrieb und Instandhaltung der Technik, zur Installation und Wartung der Software, zur Betreuung der Anwender und zur Organisation der Abläufe
finanziell	Deckung der einmaligen und laufenden Kosten, z. B. Kosten von Energie und Verbrauchsmaterialien, Lizenzkosten, Personalkosten etc.

Der Betrieb eines Informationssystems setzt ein qualifiziertes Management voraus, das Aufgaben aus den Bereichen Betriebswirtschaft und Informatik erfüllen muss. Um diese Besonderheit herauszustellen, verwendet man hierfür den Begriff **Informationsmanagement**.

> Das **Informationsmanagement** ist eine betriebswirtschaftliche Führungsaufgabe und beschäftigt sich mit der Planung, dem Einsatz und der Kontrolle der Ressource **Information**. Das Informationsmanagement ist damit eine wichtige Führungsaufgabe im Unternehmen und wird heute neben Arbeit, Kapital und Boden als vierter Produktionsfaktor bezeichnet.

15.1.1 Entwicklungsstufen im betrieblichen Informationsmanagement

Die Hauptaufgabe des Informationsmanagements besteht darin, für das Unternehmen den „Produktionsfaktor" Information zu beschaffen, zu verwalten und über eine geeignete und flexible Informationsinfrastruktur bereitzustellen. Das Informationsmanagement als Managementfunktion verlangt eine ganzheitliche Sicht. Zum Informationsmanagement gehören u. a. folgende Teilbereiche:

- Planung der Informationsinfrastruktur
- Erstellung von Informationsbedarfsanalysen und Informationsportfolios
- Datenmanagement
- Gestaltung der Aufbau- und Ablauforganisation der Informationsverarbeitung

Das Fünf-Ebenen Modell in Anlehnung an Venkatraman verdeutlicht in der folgenden Abbildung die Veränderungen im Unternehmen, die durch einen immer stärkeren Einsatz der Informationssysteme erreicht werden können. Damit verbunden ist auch eine qualitative Umorientierung des Informationsmanagements von einem Management der Hilfsmittel aus der Informationsverarbeitung über ein Management der Informationen zu einem strategischen Management mit und durch die Informationsverarbeitung.

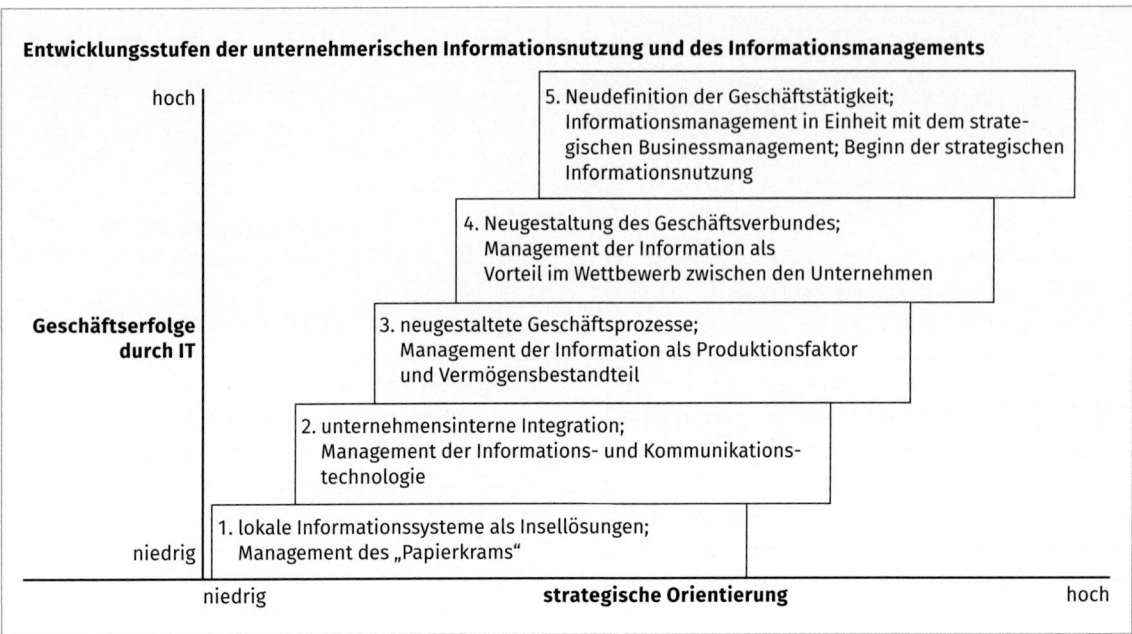

Fünf-Ebenen-Modell nach Venkat Venkatraman

15.1.2 Strategische, taktische und operative Aufgaben des Informationsmanagements

Strategische Aufgaben

Unter **Strategie** versteht man in der Wirtschaftspraxis die langfristig geplanten Verhaltensweisen der Unternehmen zur Erreichung ihrer Ziele. Die langfristige Planung bezieht sich immer auf eine Perspektive von mehreren Jahren. Eine genaue Festschreibung des Planungshorizontes ist in der schnelllebigen IT-Branche besonders schwer.

Im Zusammenhang mit der Unternehmensstrategie wird oft von den vorgeordneten Konzepten, der Vision und dem Leitbild gesprochen. Als nachgeordnet werden dagegen Teilstrategien (z. B. Marketingstrategie, IT-Strategien, Finanzierungsstrategie) und die taktische (mittelfristige) sowie die operationale (kurzfristige) Ebene angesehen.

Wichtig für die Strategiebildung ist die eindeutige Formulierung von Zielen, möglichst von messbaren Zielen. Erinnern Sie sich: „**You can't manage, what you can't measure.**"

Ein Ziel ist ein Zustand, der erreicht oder erhalten werden soll. Zielformulierungen beschreiben also nicht den Weg (Vorgang), sondern das gewünschte Ergebnis. Eine Maßnahme ist kein Ziel. Bei der Formulierung der Ziele muss an die objektive Überprüfbarkeit (Messbarkeit) gedacht werden. Deshalb ist es erforderlich, das Ziel hinreichend genau in Qualitäten und Quantitäten zu beschreiben.

Zielinhalt	messbare Größen
Sicherheit	▪ Verfügbarkeit des Systems, nutzbare Zeit ▪ durchschnittliche Zeit zwischen zwei Fehlern ▪ durchschnittliche Wiederanlaufzeit ▪ Fehlertoleranz
Wirtschaftlichkeit	▪ Kostenbudget ▪ Erlös ▪ erbrachte Leistungsmenge ▪ einmaliger Aufwand ▪ laufender Aufwand
Produktivität	▪ Verfügbarkeit des Systems ▪ durchschnittliche Antwortzeit ▪ Anzahl der Transaktionen
Anpassbarkeit	▪ Anpassungsaufwand ▪ Einsatz von Standards ▪ Personalqualifikation ▪ Methodeneinsatz
Annahme der Leistung (Durchdringung)	▪ Akzeptanz ▪ Zahl der Zugriffe ▪ Vermeiden von Medienbrüchen (Wechsel des informationstragenden Mediums)
Wirksamkeit	▪ verfügbare Funktionalität ▪ effektiv genutzte Funktionen ▪ verfügbare Leistung ▪ Kosten ▪ Akzeptanz

Zur Erreichung der Ziele sind in der Strategie der weiteren Entwicklung folgende Prämissen zu setzen:
- Entwicklung der IT-Organisation und ihrer Position im Unternehmen, z. B. bezüglich des Erhaltes und der Entwicklung einer internen Struktureinheit oder einer Entwicklung in Richtung der Auslagerung der IT-Dienstleistungen im Rahmen des Outsourcings
- Personalentwicklung im IT-Bereich, z. B. bezüglich der Entwicklung eigener Fachkräfte durch die Ausbildung von Auszubildenden oder der Inanspruchnahme von Selbstständigen
- Infrastrukturentwicklung, z. B. bezüglich der zukünftigen Betriebssystemplattform oder der Auswahl einer Hardwaregrundausstattung unter Bevorzugung eines einzelnen Herstellers

Die IT-Strategie muss immer abgestimmt sein mit der Business-Strategie des Unternehmens, denn heute ist die IT nicht mehr nur Hilfsmittel für das Business, sondern bestimmt auch Inhalt und Umfang der Geschäftstätigkeit wesentlich mit. So wird beispielsweise ein guter Webshop der ACI GmbH entscheidend zur langfristigen Verbesserung der Marktposition beitragen.

Taktische Aufgaben
Auf **taktischer Ebene** muss die Unternehmensstrategie mit einem Planungshorizont von wenigen Monaten umgesetzt werden. Der Charakter dieser Aufgaben ist eher administrativ, wobei im Informationsmanagement von der Tatsache ausgegangen werden muss, dass jedes Unternehmen über eine mehr oder weniger weit entwickelte **Informationsinfrastruktur** verfügt, die zielorientiert geplant, überwacht und gesteuert wird.

Zum Informationsmanagement gehört auch die **projektbezogene** Planung des Informationssystems. Die Durchführung der administrativen Aufgaben schafft die Voraussetzungen für die Nutzung der Informationsinfrastruktur auf der operativen Ebene. Das Ergebnis der administrativen Aufgaben hat Auswirkungen auf Datenbestand, Personalbestand, Hardwarebestand usw. Im Einzelnen umfasst das taktische Informationsmanagement folgende Aufgabenbereiche:
- Planen, Überwachen und Steuern von Projekten zum Aufbau der Informationsinfrastruktur, insbesondere Projekte der Informationssystem-Planung (**Projektmanagement**). Dafür sind festzulegen: Die Projektleitung und ihre Kompetenzen, Projektphasen und Meilensteine zwischen den einzelnen Phasen, Projektberichterstattung und Projektdokumentation sowie die Vorgehensweisen für den Fall, dass Abweichungen zwischen dem geplanten Projektverlauf und dem tatsächlichen Projektverlauf festgestellt werden.
- Planen, Überwachen und Steuern des unternehmensweiten Datensystems unabhängig vom einzelnen Informationssystem und der Art seiner Implementierung (**Datenmanagement**). Teilziele sind: Entwickeln eines Datenmodells, Implementierung eines Datenmodells, Organisation der Datenbeschaffung und -nutzung, Wartung und Pflege des Datensystems, Datensicherung und -archivierung.
- Pflegen und Weiterentwickeln des unternehmensweiten Informationssystems, insbesondere des Bestandes an Anwendungssoftware (**Lebenszyklusmanagement**). Das Lebenszyklusmodell hat die bekannten vier Phasen: Einführung, Wachstum, Sättigung/Reife und Rückgang. Die Phasen können eine gewisse zeitliche Überlappung aufweisen. In der **Einführungsphase** werden durch Korrekturwartung Fehler beseitigt und Maßnahmen durchgeführt, die der Vermeidung von Fehlern dienen. Ziel ist es, die volle Funktionsfähigkeit herzustellen. In der **Wachstumsphase** wird Anpassungswartung durchgeführt, wenn sich die Anforderungen der Aufgaben oder die Aufgabenträger ändern. Jede Anpassung führt erfahrungsgemäß zu schlechteren Wartungsvoraussetzungen, da das Programm komplexer wird. In der **Sättigungs- oder Reifephase** werden Funktionen und Leistungen durch Perfektionswartung verbessert, um den erzielbaren Nutzen zu erhöhen. Rückgangsphasen sollten vermieden werden.
- Beschaffen und Führen des Personals für die Informationsinfrastruktur, insbesondere des Personals der IT-Abteilung (**Personalmanagement**). Das Personalmanagement erfasst den quantitativen und qualitativen Ist-Bestand, ermittelt den Bedarf an IT-Personal, leitet Maßnahmen zur Höherqualifikation des IT-Personals ein, beschafft und entlässt Personal und teilt das Personal den Aufgaben zu; das Personalmanagement betreibt Personalführung zur Harmonisierung arbeitsteiliger Prozesse.
- Schaffen und Aufrechterhalten der Sicherheit der Informationsinfrastruktur (**Sicherheitsmanagement**). Dies bedeutet das Abwenden von realen Schäden an der IT-Infrastruktur und den daraus folgenden wirtschaftlichen Schäden im Unternehmen. Abwenden heißt dabei das Vermeiden oder Vermindern von Schäden durch Sicherungsmaßnahmen, Übernahme von Kosten durch Versicherungen sowie Selbsttragen des Restrisikos.
- Schützen der Informationsinfrastruktur vor Katastrophen (**Katastrophenmanagement**). Katastrophenmanagement zielt auf solche Schäden, deren Eintrittswahrscheinlichkeit als niedrig und deren Schadenshöhe als groß eingestuft wird. Katastrophen können solche Wirkung auf die IT-Infrastruk-

tur haben, dass die IT aus eigener Kraft nicht weitergeführt werden kann. Aufgaben sind hier das Herstellen und Erhalten einer Überlebenszeit des Unternehmens ohne funktionsfähige Informationsinfrastruktur durch Notfallorganisationen (z. B. Beschleunigung der Ersatzbeschaffung, Benutzung eines Ausweichrechenzentrums).

- Gestalten der Rechtsbeziehungen, insbesondere durch Verträge mit den Partnern (Kunden und Lieferanten) und das Verwalten des Vertragsbestandes (**Vertragsmanagement**). Kernaufgaben sind hier das Überwachen der Vertragsdauer (rechtzeitig verlängern oder kündigen) und der Vertragstermine (Erfüllung von Lieferterminen), Erfassen von Lieferungs- und Leistungsstörungen, Überprüfen der Lieferungen und Leistungen, Überprüfen der Angemessenheit von Preisen im Vergleich zur Lieferung, Aktualisieren von Zusatzvereinbarungen und Anlagen (z. B. Anlagenverzeichnis bei der Computersachversicherung).

Das taktische Informationsmanagement führt im Ergebnis zu einer Informationsinfrastruktur, die für den Benutzerinnen und Benutzer durch die Verfügbarkeit produktiv verwendbarer Komponenten gekennzeichnet ist, und so die Systemnutzung und damit die Durchführung der operativen Aufgaben des Informationsmanagements ermöglicht.

Operative Aufgaben

Operatives Informationsmanagement befasst sich damit, die Nutzbarkeit des Informationssystems für die Anwenderinnen und Anwender zu gewährleisten. Anfragen der Anwenderinnen und Anwender (Requests) und Meldungen von Störungen (Incidents) sind zu bearbeiten. Je mehr eine Informationsinfrastruktur dezentralisiert wird, desto mehr verlagern sich die operativen Aufgaben von der IT-Abteilung in die Fachabteilungen und damit zu den Benutzerinnen und Benutzern. Typische operative Aufgaben des Informationsmanagements sind:

- Erhalten der Verfügbarkeit der IT-Systeme (**Produktionsbetrieb**), insbesondere des Betriebs des Rechenzentrums (Wartung): Installation, Wartung und Reparatur der Betriebsmittel, Übernahme neuer oder veränderter Anwendungsprogramme (Applications) und Datenbestände in den Produktionsprozess, Planung und Abwicklung der Benutzeraufträge, Vorhersage der Arbeitslast, Abstimmung zwischen Kapazität der Betriebsmittel und Arbeitslast, Nachbearbeitung von Produktionsergebnissen (z. B. Versand von Druckerausgaben), Sicherung und Archivierung von Programmen.
- Erkennen und Beseitigen jeder Art von Störungen des Produktionsbetriebs (**Incidentmanagement**): vorbeugende Maßnahmen, um Störungen rechtzeitig zu erkennen und Fehler zu diagnostizieren, Beseitigung oder Minimierung der Auswirkungen einer Störung, Dokumentation der Störung.
- Betreuen der Benutzer und Benutzerinnen in den Fachabteilungen (**Service Desk**)

Die Durchführung jeder operativen Aufgabe ist gleichbedeutend mit der Produktion von Information und ihrer Verbreitung einschließlich der damit im Zusammenhang stehenden Dienste wie Benutzerservice, Netzdienste und Wartung.

15.2 Organisationsmanagement

Die Organisation des Routinebetriebes von Informationssystemen für Unternehmen kann auf unterschiedliche Art und Weise erfolgen. Der klassische Weg führte zum Aufbau einer IT-Abteilung im eigenen Hause. Inzwischen haben sich die Anforderungen an die Informationssysteme in den Unternehmen wesentlich weiterentwickelt. Viele Unternehmen sind dazu

Vorteile der Erbringung von IT-Leistungen im eigenen Hause (Inhouse-Betrieb)	Vorteile des Fremdbezuges von IT-Leistungen (Outsourcing)
- Vorhandenes Know-how kann zur Leistungserstellung genutzt werden. - Die individuelle Lösung von IT-Aufgaben mit strategischer Bedeutung kann zum Wettbewerbsvorteil werden. - Es entstehen keine dauernden Abhängigkeiten von den Leistungsanbietern. - Anwendernähe bringt die Kompetenz der Fachbereiche in die IT ein. - Es entstehen keine Kosten für die Koordination der unternehmensfremden Leistungen.	- Konzentration auf die Kernkompetenzen - schlanke Unternehmensstrukturen - Nutzung von fehlendem Know-how durch dessen Einkauf - rasche Verfügbarkeit der Kapazitäten - keine Personalkosten für IT-Bereich - laufende Kosten statt Investitionen und Kapitalbindung - Outsourcer trägt das technische, organisatorische und rechtliche Risiko - erhöhte Sicherheit durch die Redundanzen in der Technik beim Outsourcer - umfassende Betreuung durch den Dienstanbieter - Nutzung der IT-Innovationen ohne eigene Leistungen

übergegangen, den Betrieb und die Betreuung der eigenen Informationssysteme an Fachleute zu übergeben, d. h., die IT-Betreuung auszulagern. Dieses sogenannte **Outsourcing** bringt Vorteile gegenüber dem konventionellen Inhouse-Betrieb.

Outsourcing (Auslagerung) bezeichnet in der Wirtschaft die Übertragung von Unternehmensaufgaben und -strukturen an Fremdunternehmen. Es ist eine spezielle Form des Fremdbezugs von bisher intern erbrachter Leistung, wobei Dauer und Gegenstand der Leistung durch Verträge fixiert werden. Die Entscheidung über Outsourcing ist somit eine „Make-or-Buy-Entscheidung" über die Eigenerstellung oder den Fremdbezug von IT-Leistungen.

Wichtig ist für viele Unternehmen die Spezialisierung bei flachen Unternehmenshierarchien. Das Unternehmen beschränkt sich auf seine Kernkompetenzen und überträgt alle weiteren notwendig zu erbringenden Leistungen (Rechnungswesen, Lohn- und Gehaltsrechnung, Lagerhaltung, Betrieb eines Informationssystems usw.) an andere spezialisierte Unternehmen.

Neben den Vorteilen ergeben sich aus dem Outsourcing auch folgende Nachteile:
- laufende Transaktionskosten
- Abhängigkeit vom Anbieter
- Problematik der Qualitätssicherung
- langfristig kein Know-how im Hause
- Verlust an Flexibilität und Innovationsfähigkeit
- hoher Koordinierungsaufwand
- Eine spätere Rücknahme des Outsourcing (Insourcing) ist mit sehr hohen Kosten und Risiken verbunden.

Eine andere Organisationsform des Angebots von IT-Dienstleistungen ist das sogenannte Application Service Providing.

> **W** **Application Service Providing (ASP)** ist ein Geschäftsmodell für die zentrale Bereitstellung und Ausführung von vorkonfigurierten, serverbasierten Softwarelösungen und der damit verbundenen Dienstleistungen für eine Vielzahl von Kunden über öffentliche oder private Netze.

Das ASP-Modell bietet seinen Anwendern und Anwenderinnen in den verschiedensten Bereichen Vorteile:

Kostenvorteile: Die Anwenderinnen und Anwender haben keine Investitionsausgaben für Software oder Softwarelizenzen. Sie bezahlen nur eine Gebühr für die Nutzung einer Software. Auch die Anforderungen an die Hardware verringern sich, denn die Rechenleistung findet im Rechenzentrum des Application Service Providers (ASP) und nicht auf den Rechnern der anwendenden Unternehmen statt. Insgesamt verringern sich also die Investitionskosten im IT-Bereich und es sinkt damit die Total Cost of Ownership (TCO). Durch die nutzungsabhängige Bezahlung ist eine schnellere und flexiblere Planung und Kontrolle der Kosten möglich.

Technologievorteile: Die Anwenderinnen und Anwender machen sich unabhängig von immer kürzeren Softwarelebenszyklen und wird damit von einigen Investitionsentscheidungen befreit. Der ASP kümmert sich um das Bereitstellen von Updates sowie Migration und Sicherheit. Die Anwenderinnen und Anwender profitieren davon, denn sie arbeiten ohne Sicherheitsbedenken immer mit der neuesten Software. Sie sind also immer up to date und können sich trotzdem oder gerade dadurch auf ihr Kerngeschäft konzentrieren.

Performance-Vorteile: Service Level Agreements (SLA) bieten rechtliche Sicherheit und definieren ganz klar die Leistungen und Verantwortlichkeiten des ASP. Auf diese Weise werden eine hohe Verfügbarkeit, Ausfallsicherheit und Datensicherheit gewährleistet.

15.3 Informationsinfrastrukturmanagement

Die Informationsinfrastruktur ist die Gesamtheit der Einrichtungen zur Erfassung, Übertragung, Speicherung, Verarbeitung, Wiederauffindung und Darstellung der Informationen in einem Informationssystem einschließlich der baulichen sowie ver- und entsorgungstechnischen Einrichtungen.

Entscheidungen zur Informationsinfrastruktur haben immer strategischen Charakter, denn die Auswahl dieser Basiskomponenten bestimmt langfristig die Leistungsfähigkeit und besonders die Flexibilität des Informationssystems. Folgende Basiskomponenten sind zu unterscheiden:
- Hardware
- Betriebssystem
- Datenformate zur Datenübertragung und langfristigen Speicherung
- Softwaretools, besonders Entwicklungssysteme, Programmiersprachen
- Kommunikationsmittel, Protokolle und Formate

Die **Enterprise Application Integration** (EAI) gilt heute als strategische Herausforderung für fast alle großen Unternehmen. EAI bezeichnet den Integrationsprozess von mehreren, voneinander unabhängig entwickelten

Softwaresystemen, die meist auf unterschiedlichen und zum Teil inkompatiblen Technologien beruhen. Das können verschiedene Alt-Systeme (Legacy Systems) in einem Unternehmen sein, aber auch Systeme bei juristisch unabhängigen Anwendern und Anwenderinnen. EAI soll die Kommunikation über Daten und zwischen Prozessen über beliebige Anwendungen und Geschäftsprozesse hinweg ermöglichen.

Auf die Probleme der Integration betrieblicher Anwendungen über Unternehmensgrenzen hinweg mit Anwendungen staatlicher und privatwirtschaftlicher Stellen wurde bereits hingewiesen.

Die Form der Integration mit völlig fremden Softwaresystemen setzt eine einheitliche Gestaltung der Schnittstellen dieser Systeme voraus. Zu einer zukunftsfähigen Informationsinfrastruktur gehört daher auch eine zukunftsfähige Softwarearchitektur einschließlich einer einheitlichen Bauweise der Softwarekomponenten unter Verwendung einheitlicher Konstruktionsprinzipien. Ein vielversprechender Ansatz ist hier die SOA, die serviceorientierte Architektur unter Nutzung der Webservices.

Aufgaben

1. Was rechnet man zu der IT-Infrastruktur?
2. Welche Aufgaben hat das Informationsmanagement?
3. Wodurch unterscheiden sich strategische und taktische Aufgaben des Managements?
4. Warum ist ein Manager, der nur mit Tagesproblemen zu kämpfen hat, kein guter Manager?
5. Untersuchen Sie die Rolle der Informationsverarbeitungssysteme in Ihrem Ausbildungsunternehmen. Schätzen Sie ein, auf welcher Stufe des Fünf-Ebenen-Modells sich Ihr Ausbildungsbetrieb befindet.
6. Was macht eine CIO?
7. Welche Möglichkeiten eröffnet das IT-Weiterbildungssystem nach Abschluss der Berufsausbildung?
8. Was bedeutet die Erwartungshaltung, wonach der CIO die Rechtssicherheit des IT-Betriebes zu gewährleisten hat?
9. Was ist Gegenstand des Datenschutzes?
10. Wiederholen Sie die notwendigen Maßnahmen zur Gewährleistung des Datenschutzes nach § 9 BDSG (alt).
11. Welche Vorteile und Nachteile erreicht ein Unternehmen durch das Outsourcing seiner IT-Abteilung?
12. Informieren Sie sich über Formen des Outsourcings und klären Sie dabei die Begriffe „Outtasking" und „Offshoring".
13. Ermitteln Sie in Ihrem Umfeld, welche Dienste von Application Service Providern dort genutzt werden. Wie organisieren Sie z. B. Ihren privaten E-Mail-Verkehr?

16 Daten- und Prozessanalyse

Einsatzbeispiele von Datenanalysen zur Prozessverbesserung; Herausforderungen der Datenbeschaffung und Datenvorbereitung; gängige Methoden der Datenanalyse; Daten analysieren und visualisieren; Merkmale der Prozessqualität; Arbeit mit Prozesskennzahlen

16.1 Einsatzbeispiele für die Daten- und Prozessanalyse

Die Datenanalyse wird im Rahmen des Prozessmanagements, z. B. in der Fertigungsindustrie oder bei Bedienprozessen, eingesetzt, um die Effizienz, Qualität und Produktivität der Prozesse zu verbessern. Hier sind einige Beispiele für die Datenanalyse in diesem Kontext:

1. **Qualitätskontrolle:** In der Fertigung werden Sensoren und Messgeräte eingesetzt, um Daten über verschiedene Prozessparameter und Produktmerkmale zu erfassen. Die Analyse dieser Daten ermöglicht es, Prozessabweichungen zu erkennen und die Produktqualität in Echtzeit zu überwachen, um potenzielle Ausschussproduktion zu reduzieren.

2. **Vorausschauende Wartung (Predictive Maintenance):** Durch die Analyse von Sensordaten und Betriebsparametern in Fertigungsmaschinen können mögliche Anzeichen für Verschleiß und Defekte erkannt werden. Dadurch kann die Wartung vorausschauend geplant werden, um ungeplante Ausfallzeiten zu minimieren.

3. **Fehleranalyse:** Die Analyse von Produktionsdaten kann dazu beitragen, die Ursachen von Fehlern oder Qualitätsproblemen zu identifizieren. Dadurch können effektive Maßnahmen ergriffen werden, um wiederkehrende Fehler zu beseitigen und die Prozesse zu verbessern.

4. **Optimierung von Fertigungsprozessen:** Die Datenanalyse wird verwendet, um ineffiziente oder zeitaufwendige Prozessschritte (auch Flaschenhälse genannt) in der Produktion zu identifizieren. Durch die Veränderung dieser Prozessschritte können die Produktionsgeschwindigkeit erhöht und die Kosten gesenkt werden.

5. **Verbesserung der Energieeffizienz:** In Produktionsanlagen können Daten über den Energieverbrauch analysiert werden, um Energieeinsparpotenziale zu identifizieren und insgesamt den Energieverbrauch zu reduzieren.

6. **Bewertung der Personalleistung:** Die Datenanalyse kann verwendet werden, um die Leistung von Mitarbeitenden in der Fertigung zu überwachen und zu bewerten. Dadurch können Schulungsbedarfe erkannt und die Effizienz der Bedienprozesse gesteigert werden. Für derartige Beobachtungen und Messungen ist die Zustimmung des Personals und des Betriebsrates notwendig.

7. **Materialverwaltung:** Durch die Analyse von Daten zu Lagerbeständen, Lieferzeiten und Verbrauch kann die Materialverwaltung optimiert werden, um Überbestände oder Lieferengpässe zu vermeiden.

Die Datenanalyse in der Fertigung und bei Bedienprozessen kann zur Steigerung der Produktivität, der Qualität und der Rentabilität beitragen. Sie ermöglicht es Unternehmen, datengesteuerte Entscheidungen zu treffen und ihre Prozesse kontinuierlich zu verbessern.

16.2 Vorbereitende Arbeiten

16.2.1 Vorgehensweise bei der Datenanalyse

Zum Komplex „Datenanalyse" gehören verschiedene Aktivitäten, die jeweils weitere Aspekte und Techniken umfassen. Ihre verantwortungsvolle Bearbeitung kennzeichnet eine professionelle Datenanalyse und ist Voraussetzung für belastbare Ergebnisse. Hier zuerst eine Übersicht über die Aktivitäten:

1. **Datenbeschaffung, Auswahl der Datenquellen:** Woher kommen die Daten? Welche Arten von Daten werden gesammelt (strukturierte, unstrukturierte, halbstrukturierte)?
2. **Gewährleistung von Datensicherheit und Datenschutz:** Sind die Daten Vertrauenswürdigkeit? Ist die Erfassung, Sammlung und Verarbeitung der Daten zulässig?
3. **Datenvorverarbeitung:** Harmonisierung der Daten, Entfernung von Duplikaten, Behandlung fehlender Werte, Normalisierung und Standardisierung. Dieser Schritt sichert die Qualität der Daten, denn nur aus qualitativ hochwertigen Daten können auch brauchbare Erkenntnisse gewonnen werden.
4. Ausgewählte **mathematisch-statistischen Verfahrene** zur Datenanalyse:
   - Deskriptive Statistik: Zusammenfassende Statistiken, um die wichtigsten Merkmale der Daten zu verstehen (z. B. Mittelwert, Median, Standardabweichung)
   - Zeitreihenanalyse: Analyse von Daten, die über einen Zeitraum hinweg gesammelt wurden, um Trends zu erkennen, Regressionsfunktionen zur Bestimmung funktionaler Abhängigkeiten
   - Data Mining: Korrelationsrechnung und Clusteranalyse, eventuell pivotisieren von Daten, um Zusammenhänge oder verborgene Muster in den Daten zu erkennen, um neue Erkenntnisse zu gewinnen
5. **Visualisierung der Daten:** Erstellung von Diagrammen, um komplexe Zusammenhänge leichter verständlich zu machen.
6. **Validierung der Ergebnisse und Dateninterpretation:** Qualitätssicherung, Gewinnen von Erkenntnissen aus den Analyseergebnissen und Ableiten von Handlungsempfehlungen oder Entscheidungen. Hierzu ist eventuell die Verknüpfung bzw. der Vergleich mit anderen Daten sinnvoll.

Die Datenanalyse ist ein vielseitiges Feld, das verschiedene Methoden und Techniken umfasst, um aus Daten wertvolle Erkenntnisse zu gewinnen und fundierte Entscheidungen zu treffen.

16.2.2 Datenbeschaffung

Man unterscheidet zwischen **primären und sekundären Datenquellen**. An primären Datenquellen werden die Daten direkt erfasst, z. B. durch Zählungen im Rahmen von Beobachtungen, durch das Ablesen von Messgeräten und überwiegend durch Sensoren, die die Daten direkt erfassen und zur Steuerung von Anlagen verwenden.

Sekundäre Datenquellen liegen außerhalb der eigenen Verantwortung. Die Daten werden durch Fremde, durch staatliche Stellen, Dienstleistungsunternehmen oder Wirtschaftsorganisationen erfasst. Die Daten sind oft bereits vorverarbeitet, teilweise auch verdichtet. Ihre unmittelbare Anwendbarkeit und Aussagekraft für den konkreten Prozess sind jedoch genau zu beurteilen.

Ein gutes Beispiel für die Unterscheidung der beiden Arten von Datenquellen ist der Wetterbericht. Die Temperaturangabe auf dem Smartphone für den aktuellen Ort stammt aus der zentralen Wettervorhersage, das ist eine sekundäre Quelle. Das Thermometer vor Ort ist die primäre Quelle und liefert eventuell eine andere Temperatur als die Anzeige auf dem Smartphone.

Art der Daten

Bevor man einen Datenbestand analysiert, muss man die **Art der Daten** bestimmen. Es gibt folgende Arten:
- diskrete oder kontinuierlich Daten,
- äquidistante oder unregelmäßige Daten,
- univariate oder multivariate Daten.

Praktisch haben wir es heute immer mit diskreten Daten, also mit zahlenmäßig bestimmten Werten zu tun. Kontinuierliche Daten liegen meist als Längen vor: z. B. die Höhe der Quecksilbersäule in einem konventionellen Thermometer oder der Stand der Zeiger auf einer Analoguhr. Durch das Ablesen entstehen diskrete Werte, abgebildet in digitaler Form.

Äquidistante Daten bestehen aus Werten, die in konstanten Abständen gemessen werden, z. B. die Lufttemperatur täglich um 12 Uhr oder die Fließgeschwindigkeit eines Flusses alle fünf Kilometer. Eine unregelmäßige Datenreihe besteht aus Werten, die in variablen Abständen gemessen werden, z. B. die Erdbebenstärke an einem Ort.

Eine univariate Datenreihe besteht aus einem einzelnen Wert pro Messpunkt, zum Beispiel der Umsatz eines Unternehmens pro Monat. Eine multivariate Datenreihe besteht aus mehreren Werten pro Messpunkt, z. B. die Temperatur, die Windgeschwindigkeit und die Sonnenstrahlung täglich um 12 Uhr.

Qualitätsmerkmale von Daten

- Genauigkeit bzw. Korrektheit:
  Stimmen die erfassten bzw. gemeldeten Daten mit der Realität überein? Besonders bei Schätzungen kann der Fehler relativ groß sein.
- Aktualität:
  Wurden die Daten zeitnah mit aktuellen Werten zu den Analyse- bzw. Entscheidungssituationen bereitgestellt? Veraltete Daten können zu falschen Entscheidungen führen. Man denke nur an die Notwendigkeit zur Bereitstellung aktueller Daten zu Baustellen oder Stausituationen im Navigationssystem zur Tourenplanung.
- Vollständigkeit:
  Liegen alle relevanten Daten vor? Für die Optimierung von Produktionsprozessen müssen neben den Daten zur Fertigungsstrecke auch die Verfügbarkeit von Material und Energie, die Transportwege und die Verfügbarkeit von Arbeitskräften ausgewertet werden.
- Wahrhaftigkeit bzw. Aussagefähigkeit:
  Sind die vorliegenden Daten vertrauenswürdig? In Zeiten von Fake-News sollte man alle Meldungen kritisch hinterfragen. Auch Messwerte aus der Produktion können durch Schadsoftware manipuliert werden. Absichtserklärungen sind oft nicht sehr aussagefähig. Die Absicht mag noch wahrhaftig sein, aber die Umsetzung ist damit noch lange nicht gesichert.
- Metrische Skalierung:
  Kann man die Daten in mathematisch-statistischen Verfahren direkt verwenden? Verbale Einschätzungen, wie die Noten „sehr gut" oder „befriedigend" sind problematisch als Eingangsgrößen für Berechnungen. Derartige Angaben müssen quasi „vermessen" werden und durch numerische Größen ersetzt werden. Erst so ist eine sinnvolle Verwendung in Kalkulationen oder Sortierungen möglich.

Die Qualität von Daten aus primären Datenquellen bestimmt man selbst, bei sekundären Datenquellen muss man dem Herausgeber oder der Herausgeberin vertrauen.

Auch bei selbst durchgeführten Messungen muss man sich zur Sicherung von Wahrhaftigkeit und Aussagefähigkeit an Standards halten, um die Vergleichbarkeit der Werte zu sichern. Eine Temperaturmessung im Fenster auf der Sonnenseite kann korrekt abgelesen zur Mittagszeit schnell Werte von 60 °C oder mehr liefern. Das ist aber nicht die Raumtemperatur.

> **Aufgabe**
> Diskutieren Sie unter dem Aspekt der Qualität der Daten folgenden Ausspruch:
> „Wer einen Sumpf trockenlegen will, darf nicht die Frösche fragen."

16.2.3 Datensicherheit und Datenschutz

Personenbezogene Daten unterliegen den Bestimmungen des Datenschutzes. Ihre Erfassung und Verarbeitung bedarf allgemein der Zustimmung der betroffenen Person, wenigstens müssen die Personen informiert werden (z. B. durch die Anzeige: „Dieser Bereich wird videoüberwacht."). Entsprechend korrekt und zurückhaltend muss man bei der Erfassung personenbezogener Daten vorgehen.

Kritisch bei der Verarbeitung sind das Gebot zur Datenminimierung und die Verbote zur Weitergabe und Zusammenführung personenbezogener Daten, soweit keine Einwilligung der Person vorliegt.

Bei der Datensicherheit sind bekanntlich die Aspekte von Datenverlust, Verlust der Integrität der Daten und Missbrauch der Daten zu beachten. Der Verlust der Integrität, die Verfälschung der Daten – ob fahrlässig oder böswillig – ist für die weitere Analyse der Daten ein besonders schwerwiegendes Problem, besonders wenn die Verfälschung nicht auffällt. Beispielsweise können bewusst zu hohe Ausschusszahlen gemeldet werden, um Diebstähle aus der laufenden Produktion zu verschleiern.

16.2.4 Datenmenge, Arbeit mit Stichproben

Die Erfassung, Speicherung und Verarbeitung von Daten verursacht Kosten, die in der Regel mit wachsender Datenmenge steigen. Die Kosten der Datenerfassung sind besonders bei Interviews oder Umfragen erheblich. Daher arbeitet man hier nicht mit der Gesamtheit der möglichen Daten, sondern mit Stichproben.

Die in die Datenanalyse einzubeziehenden Daten repräsentieren immer nur einen Ausschnitt aus der Realität. Auch wenn man bei Big Data Millionen oder Milliarden von Daten analysiert, so stellen sie doch nur eine Teilmenge der möglichen Daten dar. In der Statistik spricht man daher auch hier von Stichproben.

> **W** Eine Stichprobe ist eine Teilmenge von Elementen oder Individuen aus einer größeren Gesamtheit oder Population. Stichproben werden verwendet, um Schlussfolgerungen über die gesamte Population zu ziehen, ohne die Notwendigkeit, alle Elemente in der Population zu untersuchen.

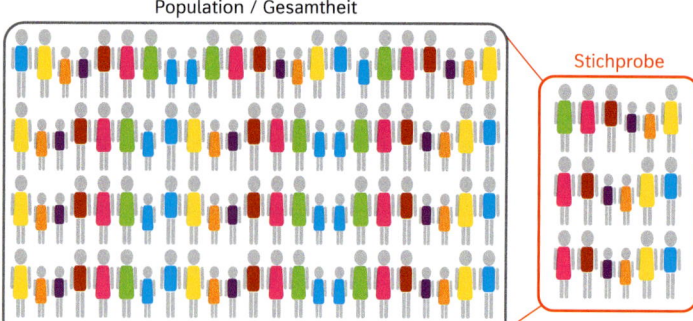

Auswahl einer Stichprobe aus der Gesamtheit

Auswahl der Stichprobe

Die Wahl der Stichprobe bestimmt wesentlich die Aussagekraft der Ergebnisse der Datenanalyse. Der Umfang der Stichprobe, also die Anzahl der einbezogenen Werte, bei Umfragen die Anzahl der angesprochenen Personen, bestimmt die Relevanz der Ergebnisse für die Gesamtheit. Man bezeichnet dies auch als das Konfidenzniveau. Es bestimmt, mit welcher Wahrscheinlichkeit die Grundgesamtheit durch die berechnete Stichprobe widergespiegelt, also repräsentiert wird. Man arbeitet allgemein mit einem Konfidenzniveau von 90 %, 95 % oder 99 %. Je höher der Prozentwert, desto besser repräsentiert die Stichprobe die Grundgesamtheit.

Wenn man nur die Schülerinnen und Schüler einer Klasse befragt, dann kann das Ergebnis nicht auf die ganze Schule übertragen werden. Umgekehrt kann es zu aufwendig sein, alle Schülerinnen und Schüler der Schule zu befragen und man würde eventuell zu gar keinem Ergebnis kommen.

Wichtig ist auch die zufällige Auswahl der Probandinnen und Probanden bei einer Stichprobe. Wenn man nur die Schülerinnen und Schüler einer Gruppe befragt, dann ist diese Stichprobe einerseits zu klein und andererseits inhaltlich auf die Belange dieser Gruppe fokussiert, repräsentiert somit nicht die gesamte Schule.

Für die Auswahl der Probanden und Probandinnen gibt es viele Verfahren (Zufallsstichproben, Quotenstichproben, Klumpenstichproben etc.), auf die unten nur kurz eingegangen werden kann. Genauso gibt es für die Berechnung der notwendigen Anzahl der Probandinnen und Probanden in der Stichprobe zahlreiche komplizierte Formeln, deren Ergebnis stark von dem geforderten Konfidenzniveau, also der erwarteten Aussagefähigkeit abhängt.

Wenn man Daten aus oder über den Produktionsprozess erfasst, dann sind das in der Regel Daten über einen ausgewählten Zeitraum oder zu ausgewählten Fertigungsschritten. Eine gut ausgewählte und repräsentative Stichprobe kann genügend Informationen über die Gesamtheit liefern. Wenn die Stichprobe korrekt ausgewählt wird, können statistische Methoden angewendet werden, um Aussagen über Merkmale der Gesamtheit mit einer hohen Zuverlässigkeit zu machen.

Erstellung einer repräsentativen Stichprobe

Eine repräsentative Stichprobe ist eine Teilmenge von Elementen (Personen, Objekten, Ereignissen usw.) aus einer Gesamtmenge, die so ausgewählt wurde, dass sie die relevanten Merkmale der Gesamtmenge möglichst genau widerspiegelt. Das bedeutet, dass die Merkmalsverteilung in der Stichprobe ähnlich der Merkmalsverteilung in der Gesamtmenge sein soll.

Klassischer Methoden, um eine repräsentative Stichprobe zu ziehen, sind:

1. **Zufallsstichprobe:** Jedes Element in der Gesamtmenge hat eine gleiche Chance, in die Stichprobe aufgenommen zu werden. Dies kann beispielsweise durch Ziehen von Zufallszahlen oder Verwendung von Zufallsgeneratoren erreicht werden.
2. **Stratifizierte Stichprobe:** Die Gesamtmenge wird in verschiedene Schichten oder Ebenen (lat. strata) unterteilt, und dann wird aus jeder Schicht eine zufällige Stichprobe gezogen. Diese Methode stellt sicher, dass verschiedene Ebenen in der Gesamtmenge angemessen vertreten sind.
3. **Klumpenstichprobe:** Die Gesamtmenge wird in Klumpen oder Gruppen unterteilt, und dann werden einige oder alle Klumpen zufällig ausgewählt, um die Stichprobe zu bilden. Diese Methode wird oft verwendet, wenn die Zugänglichkeit der Elemente eine Rolle spielt.
4. **Quotenstichprobe:** Die Stichprobe wird so ausgewählt, dass bestimmte Merkmale in der gleichen Proportion wie in der Gesamtmenge vertreten sind. Dies kann durch gezielte Auswahl von Elementen mit bestimmten Merkmalen erreicht werden.

Repräsentative Stichproben sind besonders wichtig, wenn statistische Analysen und Schlussfolgerungen auf eine Gesamtmenge angewendet werden sollen. Durch die Verwendung repräsentativer Stichproben können Verzerrungen und Fehler minimiert werden, und die Ergebnisse werden zuverlässiger und aussagekräftiger.

Umfang der Stichprobe

Die Bestimmung der notwendigen Anzahl von Elementen in einer repräsentativen Stichprobe hängt von mehreren Faktoren ab, einschließlich:

- des gewünschten **Zuverlässigkeitsniveaus (Z)** der ermittelten Aussagen. Das Zuverlässigkeitsniveau gibt an, wie sicher Sie sein möchten, dass die Ergebnisse Ihrer Stichprobe die tatsächlichen Merkmale der Gesamtmenge genau widerspiegeln.
- des **akzeptierbaren Fehlers (e)**. Das ist die maximale Abweichung in Prozent, die zwischen den Schätzungen aus der Stichprobe und den tatsächlichen Werten in der Gesamtmenge akzeptiert werden kann.
- der **Variabilität in der Gesamtmenge (d)**: Wenn man eine Vorstellung von der Variation der Merkmale in der Gesamtmenge hat, kann man dies in die Berechnung der Stichprobengröße einbeziehen.
- die bekannte oder geschätzte **Größe der Gesamtheit (N)**.

Mit diesen Werten kann man eine Stichprobengrößenformel verwenden. Es gibt verschiedene Formeln, um die notwendige Stichprobengröße zu berechnen.

> **Aufgabe**
>
> Recherchieren Sie die Formeln zur Bestimmung der Stichprobengröße.

16.2.5 Vorbereitung der Daten

Leider sind die erfassten Daten, besonders aus Primärquellen, oft nicht direkt für Analysen geeignet. Unterschiede in der Art der Daten, in den Datenformaten, den Maßeinheiten und in der inhaltlichen Interpretation der Daten können aussagefähige Analysen verhindern. Beispiele sind:

- Datenreihen mit Daten in unterschiedlichen nationalen Datumsformaten
- Daten mit unterschiedlichen Maßeinheiten (Meter oder Zentimeter, Kilometer oder Miles, Grad Celsius oder Grad Fahrenheit etc.)
- Datenreihen oder Messwerte, bei deren Erhebung sich die äußeren Bedingungen verändert haben (Temperatur an Produktionsanlagen nach Installation einer Klimaanlage, Preise auf dem internationalen Markt unter Bedingungen unterschiedlicher Inflationsraten etc.)

Harmonisierung

Zur Harmonisierung von Daten im Rahmen der Vorbereitung einer Datenanalyse gehören verschiedene Aktivitäten mit dem Ziel, die Daten in einem konsistenten und geeigneten Format zu organisieren. Es ist eine wichtige Phase in der Datenanalyse, da sie sicherstellt, dass die Datenqualität hoch ist und die Analyse effektiv durchgeführt werden kann. Hier sind einige wichtige Aspekte der Datenharmonisierung:

Datenbereinigung

Zunächst werden Ausreißer, fehlende und inkonsistente Daten ermittelt. **Ausreißer** sind Werte, die nicht in den üblichen Wertebereich passen, z. B. entstanden bei der manuellen Datenerfassung durch vergessene Kommata oder Eingabe von zwei Zahlen in eine Zelle. Es ist besser, diese Werte zu löschen, als sie mit in die Analyse einzubeziehen.

Fehlende Werte werden manchmal durch Null-Stellen ersetzt. Auch hier ist es besser, den Wert aus dem Datenbestand zu entfernen, als mit der Null weiterzuarbeiten.

Inkonsistente Daten sind Daten, die nicht in die Datenmenge passen, die eventuell formal oder inhaltlich falsch sind. Manchmal wird bei der Datenübernahme die Reihenfolge der Datenfelder vertauscht oder einzelne Felder werden übergangen.

Standardisierung

Hierzu gehört die Umwandlung von Daten in ein einheitliches Format und die Umwandlung von Maßeinheiten. Bei internationalen Preisangaben kann auch die Umrechnung auf Euro zum aktuellen Tageskurs für eine bessere Vergleichbarkeit sorgen.

Zur Standardisierung gehört auch die Festlegung von Umweltbedingungen für zu vergleichende Messungen, z. B.

- Temperaturmessung in stehenden Gewässern in Abhängigkeit von der Eintauchtiefe bei der Messung
- Kraftstoffverbrauchsmessung auf 100 km Fahrstrecke im definierten Mix von Stadt- und Landfahrt

Normalisierung

Skalierung von Daten auf ein einheitliches Bezugssystem, um sicherzustellen, dass sie vergleichbar sind. Dies kann wichtig sein, wenn verschiedene Variablen unterschiedliche Einheiten oder Skalen haben. An Schulen kennt man dieses Problem. Einzelne Lehrkräfte bewerten mit Skalen von 0 bis 100 Punkten, andere mit gestaffelten Noten (2,0; 2,3 und 2,7), andere wieder mit einfachen Noten und ganz extreme nur mit „bestanden" und „nicht bestanden". Wie soll man dazu einen Durchschnitt bilden?

Zur Normalisierung gehört auch die Behandlung von Brüchen in Zeitreihen, z. B.
- bei Zählerwechsel im laufenden Jahr mit Neubeginn der Messung
- beim Aktiensplitt, wenn der Herausgeber formal den Kurs reduzieren möchte (vorher war der Kurs bei 200,– € pro Aktie, jetzt erhält jeder zwei Aktien für 100,– €)

Zusammenführung von Datenquellen

Wenn die Daten aus verschiedenen Quellen stammen, müssen sie häufig harmonisiert werden, um eine Vergleichbarkeit herzustellen. So sind z. B. Preisangaben in Vertriebslisten allgemein Nettopreise, Preise in öffentlichen Verkaufsprospekten jedoch Bruttopreise. Dies erfordert die Festlegung auf eine Preiskategorie für die Kombination von Datensätzen.

Dokumentation der Metadaten

Abschließend sei noch auf die Bedeutung einer Dokumentation der Datenquellen hingewiesen. Diese Metadaten beschreiben bekanntlich andere Daten. Nach der Harmonisierung geht oft das Wissen über die Ursprungsdaten verloren. Deshalb sollte im Rahmen der Metadaten dokumentiert werden:

- Woher stammen die Daten (Datenquelle)?
- Welche Bedeutung haben die Werte, welche Schlüsselsystematiken oder anderen Codierungen wurden verwendet?
- Wo und wann wurden die Daten erfasst bzw. auf welchen Zeitraum beziehen sie sich (Zeitstempel)?
- Welche Anpassungen wurden vorgenommen (Harmonisierung)?

16.3 Deskriptiver Statistik

Die deskriptive Statistik ist ein Zweig der Statistik, der sich mit der Beschreibung und Zusammenfassung von Daten befasst. Ihr Hauptziel ist es, Informationen über die Daten zu gewinnen und diese in einer verständlichen und prägnanten Weise zu präsentieren. Zur deskriptiven Statistik gehören verschiedene statistische Maßnahmen und Methoden, um die Daten zu analysieren. Hier sind einige der wichtigsten Aspekte der deskriptiven Statistik:

1. Ermittlung von **Lageparametern**: Nicht die geografische Lage ist gemein, sondern die Lage/die Position einzelner Objekte in der Gesamtheit. Dazu ist die Berechnung von charakteristischen Werten für die Gesamtheit notwendig.
   - Minimum und Maximum: kleinste und größte Wert aus der Gesamtheit. Es gibt jeweils ein Objekt, das den kleinsten Wert oder den größten Wert hat. Als Lage dieser Objekte ergibt sich in einer geordneten Menge die Grenzlage, entweder ganz unten oder ganz oben.
   - Arithmetisches Mittel: Mittelwert oder Durchschnitt, der Mittelwert ist ein errechneter Wert, es muss kein Objekt geben, das diesen Wert als Maß besitzt. Beispiel: Das Durchschnittseinkommen im Unternehmen wird mit 100 000 € angegeben. Das klingt gut, liegt aber daran, dass die Eigentümerin eine Million verdient, währende die Beschäftigten mehrheitlich nur 4000 € verdienen.
   - Median: Objekt in der Mitte einer geordneten Datenreihe, es gibt wenigstens ein Objekt, das diesen Wert besitzt. Beispiel: Kollege Müller verdient 4200 €. Vor ihm liegen genauso viele Mitarbeitende, die mehr verdienen, wie nach ihm, die weniger verdienen.
   - Modus oder Modalwert als am häufigsten vorkommender Wert: Die meisten Objekte aus der untersuchten Gesamtheit besitzen diesen Wert. Beispiel: Die meisten Beschäftigten verdienen 4100 €.
2. Ermittlung von **Streuungswerten**: Wie stark verteilen sich die Werte in der Gesamtheit, bilden sie eher einen kompakten Klumpen oder eine lichte Wolke mit großen Unterschieden?

- Spannweite: Die Entfernung zwischen dem Maximum und dem Minimum. Ist die Entfernung gering, handelt es sich wohl eher um eine recht homogene Gesamtheit. Extreme Unterschiede können auch durch Ausreißer-Werte bedingt sein. Im oben zitierten Beispiel ist das Einkommen der Unternehmerin bezogen auf die Gesamtheit der Belegschaft wohl ein Ausreißer-Wert.
- Varianz: Wie stark variieren die Werte? Der Mittelwert ist nur ein errechneter Wert. Die wahren Werte können alle weit weg vom Mittelwert liegen, höher oder tiefer. Je näher sich die wahren Werte zum Mittelwert befinden, desto geringer ist die Varianz, desto homogener ist die Gesamtheit.
- Standardabweichung: Die Varianz ist einfach zu berechnen, aber schwer mit anderen Gesamtheiten zu vergleichen. Die Standardabweichung ist eine bessere Maßzahl. Sie berechnet sich als Quadratwurzel über die Summe der Abweichungen vom Mittelwert im Quadrat. Die Standardabweichung gibt praktisch die durchschnittliche Abweichung vom Mittelwert an.

3. Ermittlung von Kenngrößen zum **Zusammenhang** in der Gesamtheit:
   - Kausalzusammenhänge: Im einfachsten Fall kann man einen kausalen Zusammenhang feststellen, d.h., die Änderung eines Wertes begründet die Änderung eines anderen Wertes oder ein Wert folgt einem anderen Wert in einer direkten Abhängigkeit, z. B. bedeutet steigender Umsatz allgemein auch mehr Arbeit für die Beschäftigten.
   - Korrelation: Ausdruck für ähnliches Verhalten bei unterschiedlichen Werten der Objekte aus der Gesamtheit. Das kann ein Kausalzusammenhang sein, muss aber nicht. Es können einfache lineare Korrelationen durch Funktionen dargestellt werden. Korrelationen können aber auch komplex funktional oder auch nur indirekt bestehen.
   - Es gibt zahlreiche weitere Kennzahlen als Ausdruck für den Zusammenhalt in der Gesamtheit, jeweils mit Aussagen zu speziellen Aspekten des Zusammenhaltes.

4. **Grafische** Darstellungen: Visualisierung der Werte der analysierten Gesamtheit
   - Histogramm: Darstellung der absoluten Häufigkeit einzelner Merkmalswerte in der Gesamtheit. Dazu muss man für das Merkmal eine Schrittweite vorgeben. So entstehen Klassen von Objekten innerhalb dieser Schrittlängen. Man kann z. B. Personen nach ihrem Alter (Merkmal: Alter, Merkmalswerte: zwischen 0 und 120 Jahre) gruppieren in Schrittweiten von jeweils 10 Jahren, also von 0 bis 9 Jahre alte Personen, von 10 bis 19 Jahre, von 20 bis 29 Jahre usw. Im Histogramm werden nebeneinander Rechtecke über der waagrechten Achse mit den Schrittweiten dargestellt, deren Flächeninhalt die Häufigkeit der Objekte in dieser Klasse entspricht. Die Höhe jedes Rechtecks stellt dann die Dichte dar. Je mehr Objekte in diese Klasse gehören, desto höher wird das Rechteck.
   - Tortendiagramme: visualisieren die relative Häufigkeit einzelner Merkmalswerte in der Gesamtheit. Während Histogramme die absolute Häufigkeit der Merkmale visualisieren, stellen die Tortendiagramme deren relative Häufigkeit dar, also deren Anteile an der Gesamtheit.
   - Zahlreiche weitere grafische Darstellungsmöglichkeiten stehen zur Verfügung.

5. **Abgrenzung** zur induktiven Statistik:
   - In der deskriptiven Statistik beziehen sich alle Aussagen auf die vorliegenden Daten aus der Grundgesamtheit. In der Statistik spricht man hier auch von „dem Datensatz", also von der Menge der verfügbaren und auswertbaren Daten. Die deskriptive Statistik versucht diesen Datensatz zusammenzufassen und mit wenigen Merkmalen zu beschreiben.
   - In der induktiven Statistik blickt man über diesen Datensatz hinaus, man schließt von den Daten aus der Stichprobe auf Merkmale der Grundgesamtheit.

6. **Zusammenfassende Statistiken** geben eine kompakte Übersicht über die wichtigsten Merkmale der Daten, einschließlich der Anzahl der Beobachtungen, der Minima und Maxima, der zentralen Tendenz und der Streuung.

16.3.1 Minimum und Maximum

Das Minimum „MIN(Stichprobe)" als Maßzahl liefert den kleinsten Wert aus der Stichprobe und das Maximum „MAX(Stichprobe)" den größten Wert aus der Stichprobe.

Hier bemerkt man schnell die Notwendigkeit der Bereitstellung qualitativ geeigneter Daten. Die Daten in der Stichprobe müssen metrische Daten, also messbare Daten mit einer Möglichkeit zur Bestimmung der Größenrelationen sein. Auch müssen die Daten bereinigt sein von Ausreißern und leeren Angaben. Die Ausreißer würden schnell zum Maximum und die leeren Angaben eventuell mit Null ersetzt zum Minimum.

Minimum und Maximum klingen als Kennzahlen vorerst unspektakulär. Für die Prozessanalyse können sie jedoch eine wichtige Rolle spielen. Jeder Prozess besteht bekanntlich aus einer Folge von Arbeitsschritten, die jeweils eine bestimmte Zeit benötigen. Die Fertigung eines Fahrzeuges z. B. läuft über mehrere Stationen, an denen Arbeitskräfte beschäftigt sind. Sie beginnt mit dem Schweißen oder Kleben der Karosserie, dann wird die Karosserie lackiert, die Karosserie wird mit Rahmen und Motor verbunden, das Cockpit wird eingebaut, Scheiben eingebaut, Räder montiert und betankt. Jede dieser Tätigkeiten benötigt eine bestimmte Zeit.

Das Maximum an Zeit für einen Arbeitsschritt bestimmt die notwendige Taktzeit, bestimmt das Tempo der gesamten Fertigung. Dieser Arbeitsschritt wird zum Flaschenhals, hier muss jedes Fahrzeug durch und die maximale Bearbeitungszeit bremst den gesamten Prozess.

Zur Beschleunigung der Produktion muss man den Arbeitsschritt mit der maximalen Bearbeitungszeit ermitteln und beschleunigen, entweder durch Veränderung der Technologie oder durch den Einsatz zusätzlicher Arbeitskräfte. Dann werden z. B. die vier Räder nicht durch eine Person montiert, sondern durch zwei.

Nach diesen Maßnahmen ändert sich alles. Ein anderer Arbeitsschritt wird zum Flaschenhals und die Anstrengungen zur Beschleunigung der Produktion müssen sich auf diesen Schritt beziehen.

Auch der Arbeitsschritt mit der minimalen Bearbeitungszeit verlangt Aufmerksamkeit. Hier haben die Arbeitskräfte im Vergleich zu ihren Kolleginnen und Kollegen am Band etwas Ruhe. Hier könnte man eventuell eine Person abziehen, aber das würde wahrscheinlich zu einem neuen Flaschenhals führen. Eine faire Arbeitsorganisation bietet den Arbeitskräften den regelmäßigen Tausch der Tätigkeit an allen Arbeitsstationen.

16.3.2 Mittelwert, Median und Modus

Der Mittelwert ist eine einfache und häufig verwendete Maßzahl zur zusammenfassenden Charakterisierung eine Gesamtheit von Objekten oder Subjekten. Der Mittelwert, auch einfach als Durchschnitt bezeichnet, beschreibt die Menge der untersuchten Objekte mit einer einzigen Zahl.

Mittelwert = Summe der Messwerte/Anzahl der Messwerte

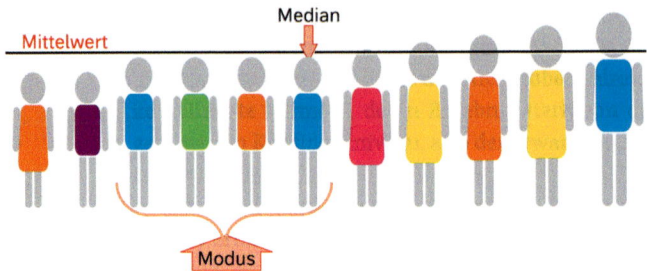

Mittelwert, Median und Modus in einer geordneten Gesamtheit

Der **Mittelwert** gibt an, wo die Daten im Durchschnitt liegen. Seltener verwendet wird der **Median**, der Wert, der die Daten bei einer aufsteigend geordneten Reihenfolge in der Mitte teilt. Der Median repräsentiert ein existierendes Objekt oder Subjekt. Es lässt sich eventuell keine Person exakt durchschnittlicher Größe finden, die Person als Median lässt sich jedoch genau bestimmen.

Der **Modus** repräsentiert den am häufigsten auftretende Wert. Hierzu lassen sich ebenfalls die konkreten Objekte oder Subjekte bezeichnen,

16.3.3 Streuung oder Standardabweichung

Die Streuung oder Standardabweichung ist ein Maß für die Aussagefähigkeit eines Mittelwertes, sie zeigt an, wie weit die Daten um den Mittelwert verteilt sind. Bei einer geringen Streuung liegen die Daten alle nahe zum Mittelwert, der Mittelwert repräsentiert die Daten daher recht gut. Ein hoher Wert bei der Streuung zeigt an, dass die Daten sehr stark streuen, also weit entfernt vom Mittelwert liegen.

In der oberen Datenreihe zu Wert 2 schwanken die Werte viel stärker um den Mittelwert herum als in der unteren Datenreihe (Wert 1). Entsprechend größer ist der Wert der Standardabweichung mit 6,8799 gegenüber dem Wert für die untere Datenreihe mit 2,4495.

Die Standardabweichung errechnet sich übrigens als Mittelwert der Abweichungen zwischen den jeweiligen Werten und dem Mittelwert. Da die Abweichungen positiv (nach oben) oder negativ (nach unten) sein können, berechnet man die Summe über die Quadrate der Abweichungen. Entsprechend muss man zum Schluss die Wurzel ziehen, um auf die Standardabweichung zu kommen.

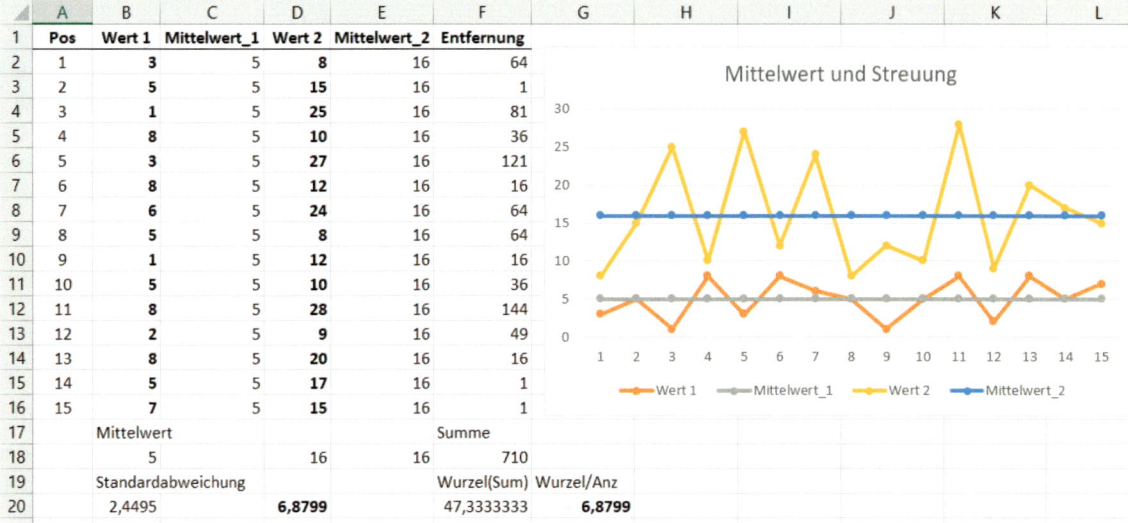

Mittelwert und Streuung

16.4 Zeitreihenanalyse und Trendrechnung

Liegen Daten mit einem Zeitbezug vor, z.B. tägliche oder stündliche Messungen, dann bezeichnet man diese als Zeitreihe. Die Zeitreihenanalyse ist ein statistischer Ansatz, der verwendet wird, um Veränderungen im Laufe der Zeit zu identifizieren und eventuell die weitere Entwicklung zu prognostizieren. Die Trendrechnung ist eine wichtige Methode der Zeitreihenanalyse, die in verschiedenen Bereichen wie Wirtschaft, Politik, Produktion, Finanzen, Gesundheitswesen oder Umwelt angewendet wird. Bei der Trendrechnung wird der Zeitreihe ein funktionaler Zusammenhang zwischen Zeitpunkt und Messwert unterstellt und die Parameter der Trendfunktion berechnet. Die Trendfunktion kann dann zur Prognose zukünftiger Werte genutzt werden.

16.4.1 Trendrechnung

Der Trend bildet einen funktionalen Zusammenhang zwischen einer Zeitkomponente und den ermittelten Daten ab. Dabei gilt: $y = f(x)$, wobei x die Zeitkomponente ist und y der erwartete Trendwert. Allgemein geht man zunächst von einem linearen Trend aus, d. h., die Funktion hat folgende Gestalt: $f = a \cdot x + b$.

In der Funktion kann es mehrere Komponenten geben, die den Verlauf der Daten beeinflussen.

- **Trendkomponente:** Beschreibt die langfristige Richtung der Zeitreihe, zum Beispiel einen Anstieg oder Abfall.
- **Saisonkomponente:** Beschreibt die regelmäßigen Schwankungen der Daten innerhalb eines Jahres oder eines anderen Zyklus, z.B. den Umsatzanstieg vor Weihnachten und den Abfall im Sommer.
- **Konjunkturkomponente:** Beschreibt die unregelmäßigen Schwankungen der Daten über einen längeren Zeitraum, z.B. einen Anstieg des Außenhandels in einer Konjunkturphase und den Rückgang in einer Rezessionsphase.
- **Restkomponente:** Beschreibt die zufälligen Schwankungen der Daten, die vorerst nicht durch andere Komponenten erklärt werden können.

Um die Trendfunktion zu bestimmen, muss man ein Modell finden, das die Beziehung zwischen den Zeitpunkten und den Daten sowie den Komponenten beschreibt.

- **Lineares Trendmodell:** Beschreibt eine Zeitreihe mit einem konstanten Trend und einer Restkomponente: $y = a \cdot x + b$ mit x als Zeitwert und a als Trendkomponente sowie b als Restwert.
- **Exponentielles Trendmodell:** Beschreibt eine Zeitreihe mit einem exponentiellen Trend und einer Restkomponente.
- **Saisonales Modell:** Beschreibt eine Zeitreihe mit einer Saisonkomponente und einer Restkomponente. Die saisonalen Schwankungen kann man durch ein SIN()-Funktionselement abbilden.

Microsoft Excel bietet die Berechnung der Trendfunktion an. Im Liniendiagramm kann man die Linie der realen Datenwerte mit Rechtsklick ansprechen und bekommt hier die Möglichkeit „Trendlinie hinzufügen" angeboten.

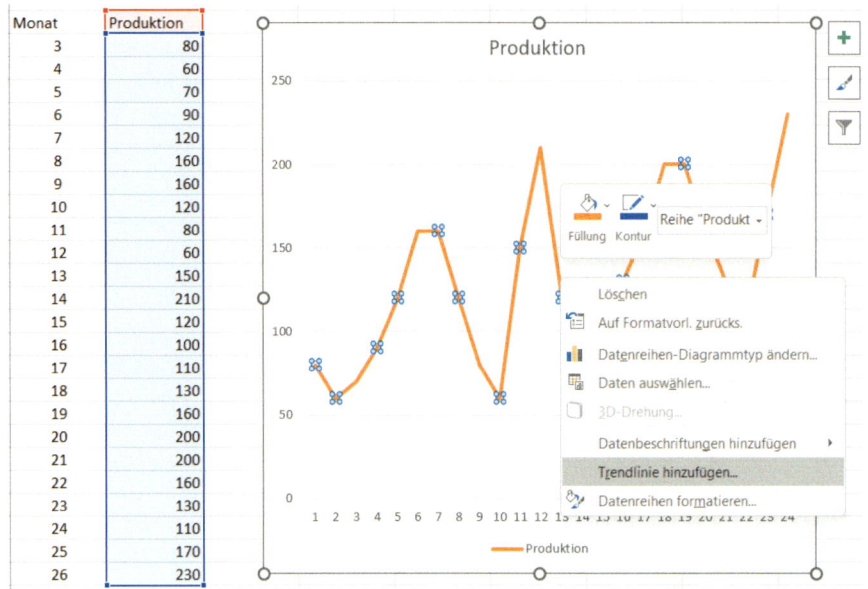

In dem Fenster „Trendlinie formatieren" kann man folgende Trendlinienoptionen wählen:
- Exponentiell
- Linear
- Logarithmisch
- Polynomisch
- Potenz
- Gleitender Durchschnitt

Außerdem kann man die Formel, den Funktionsausdruck der Trendfunktion im Diagramm anzeigen lassen. Auch das Bestimmtheitsmaß (siehe Abschnitt Regression) kann optional angezeigt werden.

Einfügen einer Trendlinie in MS Excel

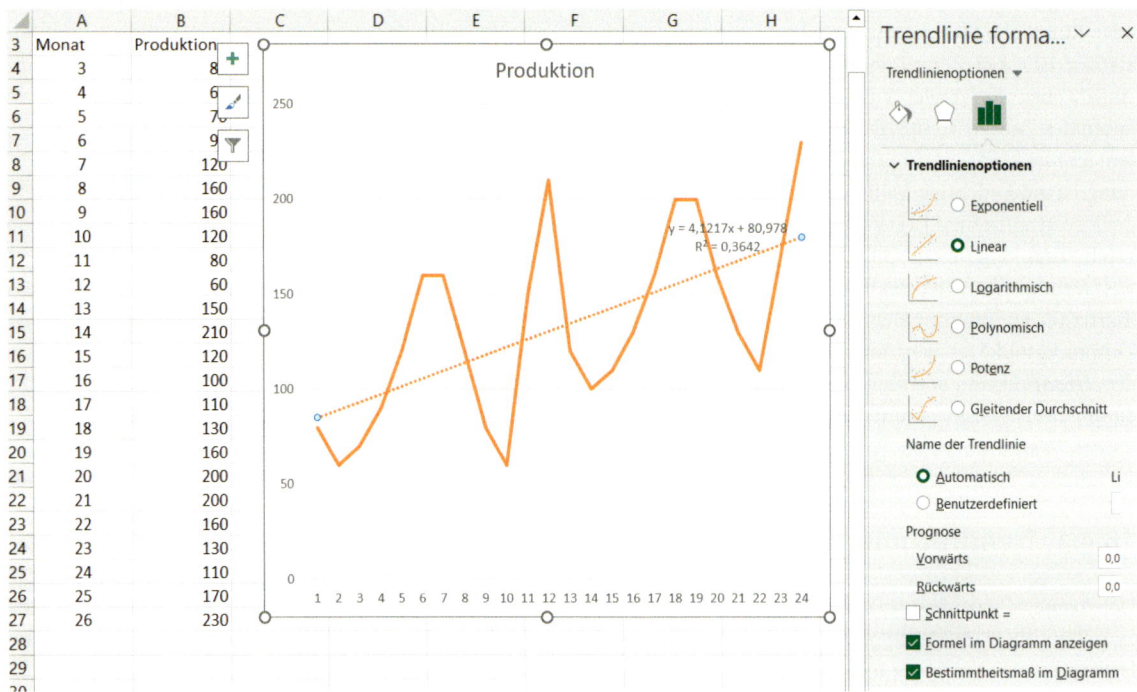

470   Daten- und Prozessanalyse

Die Zeitreihenanalyse ist ein nützliches Werkzeug für die Erforschung und Vorhersage von Phänomenen, die sich im Zeitverlauf verändern. Sie erfordert jedoch eine sorgfältige Auswahl und Anwendung der geeigneten Modelle und Methoden, um valide und zuverlässige Ergebnisse zu erzielen.

Als Ergebnis der Trendrechnung bekommt man eine Trendfunktion, die die bisherige Entwicklung der Daten möglichst gut abbildet. Verwendet man diese Trendfunktion nun für zukünftige Zeitpunkte, so kann man eine **Prognose** berechnen.

16.4.2 Sättigungskurve

Ein typisches Verhalten von Zeitreihenwerten in der Wirtschaft kann durch die sogenannte Sättigungskurve abgebildet werden. Die Sättigungskurve bildet die Entwicklung im Absatz von Gütern ab. Inhaltlich unterscheidet man eine Anlaufphase, eine Wachstumsphase und schließlich die Sättigungsphase.

Zuerst entwickelt sich der Absatz nur langsam, das Produkt ist noch unbekannt und die Konsumentinnen und Konsumenten zögern. Schließlich wird ein kritischer Bekanntheitsgrad erreicht, die Konsumenten und Konsumentinnen greifen zu und der Absatz wächst relativ schnell. Bis schließlich eine Sättigung erreicht wird. Die potenziellen Kundinnen und Kunden haben das Produkt erworben, mehr geht nicht.

Die Sättigungskurve ist ein wichtiges Modell im Bereich Marketing. Hier soll sie nur unter dem Aspekt der Trendrechnung betrachtet werden, denn sie provoziert zwei wesentliche Fehler bei Prognosen:
Unterschätzung: Die Bestimmung einer linearen Trendfunktion in der **Anlaufphase** kann zu falschen Prognosen bei den potentiellen Absatzzahlen (zu geringes Wachstum) und damit zu falschen Entscheidungen beim Ausbau der Produktionskapazität führen.
Überschätzung: Die Bestimmung einer linearen Trendfunktion in der **Wachstumsphase** kann zu falschen Prognosen bei den potentiellen Absatzzahlen (langfristiges schnelles Wachstum) und damit zu falschen Entscheidungen beim Ausbau der Produktionskapazität führen.

16.5 Regression und Korrelation

Die Analyse von Regression und Korrelation verallgemeinert den Ansatz der Trendanalyse. Bei der Trendanalyse geht es um den Zusammenhang einer abhängigen Variablen (Funktionswert) vom Zeitpunkt: Wie entwickeln sich die Werte in Abhängigkeit von der Zeit?

Regression und Korrelation sind zwei verschiedene statistische Konzepte, die oft im Zusammenhang mit der Analyse von Daten verwendet werden, um Beziehungen zwischen Variablen zu verstehen, jedoch unterschiedlichen Zwecken dienen.

16.5.1 Regression

Regression befasst sich mit der Vorhersage einer abhängigen Variable basierend auf einer oder mehreren unabhängigen Variablen. Das Ziel der Regressionsanalyse besteht darin, eine mathematische Beziehung zwischen den Variablen zu finden, die es ermöglicht, zukünftige Werte der abhängigen Variable vorherzusagen. Das Ergebnisse einer Regressionsanalyse ist eine Gleichung, die die Beziehung zwischen den Variablen beschreibt.

Es gibt verschiedene Arten von Regressionsgleichungen, darunter die lineare Regression, die multiple Regression und die logistische Regression. Die lineare Regression entspricht der Trendbestimmung; sie ist die gebräuchlichste und wird verwendet, wenn eine lineare Beziehung zwischen den Variablen angenommen wird.

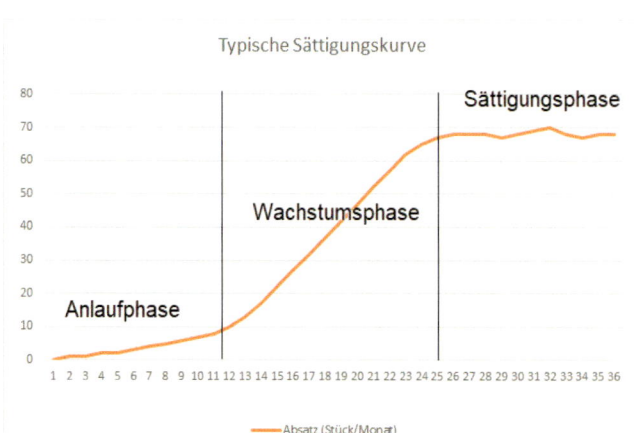

16.5.2 Korrelation und Korrelationskoeffizient

Die Korrelation beschreibt die Stärke und Richtung des Zusammenhangs zwischen zwei kontinuierlichen Variablen. Das Ziel der Korrelationsanalyse ist es, festzustellen, ob und wie stark sich Änderungen in einer Variable auf Änderungen in einer anderen Variable auswirken. Hier geht es nicht um die Bestimmung eines funktionalen Zusammenhangs, hier geht es allein um den Nachweis eines Zusammenhanges. Eine Maßzahl für die Stärke des Zusammenhanges ist der Korrelationskoeffizient.

Der **Pearson-Korrelationskoeffizient** wird verwendet, um die lineare Beziehung zwischen den Variablen zu messen. Um den Pearson-Korrelationskoeffizienten zu berechnen, muss man die Werte der beiden Variablen x und y kennen, für die man die Korrelation untersuchen möchten. Zuerst berechnet man den Durchschnitt der Werte von x und y, dann bildet man die Summe der Produkte der Abweichungen der Werte von x und y von ihren jeweiligen Durchschnittswerten (vgl. Standardabweichung). Schließlich teilt man diese Summe durch das Produkt der Quadratwurzeln der Summen der quadratischen Abweichungen von x und y von ihren jeweiligen Durchschnittswerten.

Der Pearson-Korrelationskoeffizient liegt immer zwischen -1 und 1.
- Ein Korrelationskoeffizient von 1 zeigt einen perfekt positiven Zusammenhang an, d.h., wenn eine Variable steigt, steigt die andere auch in genau gleichem Maße.
- Ein Korrelationskoeffizient von -1 zeigt einen perfekt negativen Zusammenhang an, d.h., wenn eine Variable steigt, sinkt die andere in genau gleichem Maße.
- Ein Korrelationskoeffizient nahe 0 zeigt an, dass kein Zusammenhang zwischen den Variablen besteht.

Es ist wichtig zu beachten, dass der Pearson-Korrelationskoeffizient nur die lineare Beziehung zwischen den Variablen misst. Wenn die Beziehung nicht linear ist, kann eine andere Art von Korrelationskoeffizient, wie der Rangkorrelationskoeffizient (z.B. Spearman- oder Kendall-Korrelationskoeffizient), verwendet werden.

16.6 Visualisierung der Daten

Zur Datenanalyse gehört auch die Visualisierung von Daten mithilfe von Diagrammen und Graphen. Es gibt eine große Menge von Darstellungsmöglichkeiten, wobei man sich bei der Auswahl stets an der vorgesehenen inhaltlichen Aussage orientieren muss. Liniendiagramm, Balkendiagramm und Tortendiagramm sind die gängigsten Arten von Diagrammen, die in der Datenvisualisierung eingesetzt werden.

Liniendiagramm

Ein Liniendiagramm zeigt Datenpunkte als Linien auf einem Koordinatensystem. Es wird verwendet, um **Entwicklungen**, Trends und Veränderungen über einen Zeitraum hinweg zu visualisieren. Es eignet sich besonders gut, um Entwicklungen, Schwankungen und Muster in Daten zu zeigen.

Anwendungsbeispiele:
- Darstellung von Umsatz- oder Gewinnentwicklungen über mehrere Jahre
- Entwicklung von Produktionszahlen im Laufe der Zeit
- Darstellung von Temperaturänderungen oder Wetterdaten im Verlauf eines Tages, Monats oder Jahres

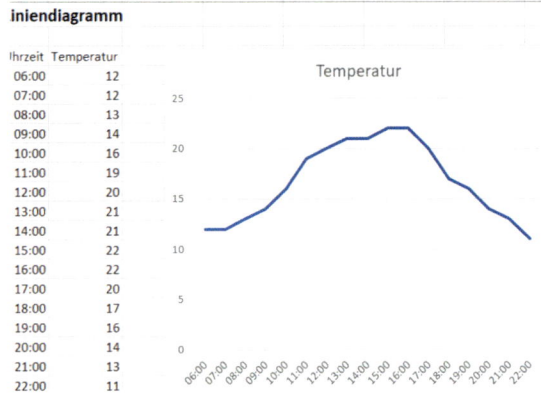

Liniendiagramme werden dort eingesetzt, wo man eigentlich auch jeden Punkt auf der Linie als realen Wert interpretieren kann. Wenn sich z.B. das Diagramm auf Tageswerte stützt, dann könnte man die Punkte der Linie auch auf Werte um 12 Uhr oder 16 Uhr oder 18 Uhr beziehen.

Balkendiagramm

Ein Balkendiagramm repräsentiert Datenpunkte als horizontale oder vertikale Balken. Es eignet sich, um **Vergleiche** zwischen verschiedenen Gruppen zu ziehen. Die Länge der Balken stellt den Wert der Daten dar.

Anwendungsbeispiele:
- Vergleich von Verkaufszahlen verschiedener Produkte oder Dienstleistungen
- Vergleich der fertiggestellten Produkte pro Tag einzelner Montageteams
- Darstellung von Bildungsabschlüssen nach Studiengängen
- Präsentation von Bevölkerungsanteilen nach Altersgruppen oder Ländern

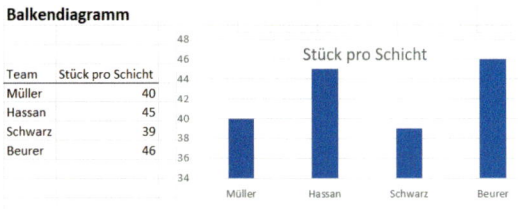

Balkendiagramme werden dort eingesetzt, wo man zwischen den Balken keine realen Werte interpretieren kann. Es gibt nur die Teams, aber keine Werte zwischen den Teams.

Tortendiagramm

Ein Torten- oder Kreisdiagramm zeigt die Anteile einzelner Merkmale an der Gesamtheit. Das Diagramm teilt eine Menge in verschiedene Teile auf und stellt diese als Sektoren des Kreises dar. Es wird verwendet, um den **prozentualen Anteil** jeder Kategorie an einer Gesamtmenge zu zeigen.

Anwendungsbeispiele:

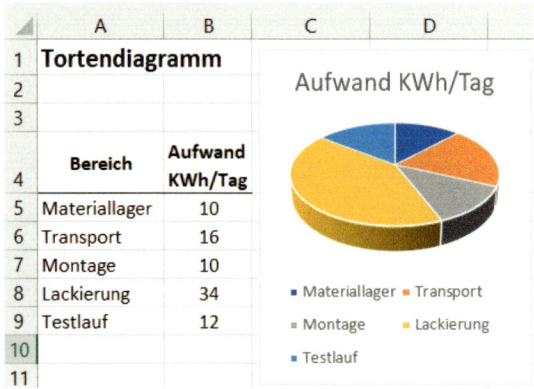

- Darstellung der Verteilung von Budgetanteilen für verschiedene Abteilungen
- Aufzeigen der Verteilung von Marktanteilen zwischen verschiedenen konkurrierenden Unternehmen
- Zusammensetzung der Bevölkerung einer Region nach Berufs- oder Altersgruppen

Tortendiagramme werden dort eingesetzt, wo man den Anteil an der Gesamtheit darstellen will. Die Werte müssen dazu nicht als Prozentwerte vorliegen, sie werden aber prozentual als Anteile an der Torte dargestellt.

Die Wahl des richtigen Diagrammtyps hängt von der Art der Daten ab, die Sie darstellen möchten, und dem Ziel, das Sie mit der Visualisierung verfolgen. Jeder Diagrammtyp hat seine eigenen Stärken und kann dazu beitragen, Daten auf eine klare und ansprechende Weise zu präsentieren.

16.7 Clusteranalyse

Die Clusteranalyse ist eine Methode der statistischen Datenanalyse, die verwendet wird, um ähnliche Datenelemente zu identifizieren und diese in Gruppen oder Cluster zu gruppieren. Das Hauptziel der Clusteranalyse besteht darin, Muster in den Daten zu erkennen, indem ähnliche Elemente in einem Clustern zusammengefasst werden, während unterschiedliche Elemente in unterschiedliche Cluster eingeordnet werden.

16.7.1 Clusterbildung oder Gruppenerkennung

Die Clusteranalyse kann in verschiedenen Bereichen eingesetzt werden, darunter Mustererkennung, Bildverarbeitung, Marktforschung und viele andere. Es gibt verschiedene Methoden und Algorithmen für die Clusteranalyse, die je nach Art der Daten und den Zielen der Analyse verwendet werden können. Hier sind einige der häufigsten Methoden:

- **k-Means-Clustering:** Dies ist einer der bekanntesten Cluster-Algorithmen. Er teilt die Daten in eine vordefinierte Anzahl von Clustern auf. Die Datenpunkte werden in dem Cluster gruppiert, dessen Durchschnittswert am nächsten zu ihnen liegt.

Hier werden zuerst die Durchschnittswerte als Merkmal eines Clusters gesetzt und dann die Objekte oder Subjekte diesen Clustern zugeteilt. Z. B. wählt man die drei Werte 40.000,- €, 80.000,- € und 120.000,- € für den Jahresverdienst. Anschließend ordnet man die Arbeitskräfte ihrem Jahresverdienst entsprechend den drei Gruppen zu, jeweils zu der Gruppe, bei der der eigene Jahresverdienst dem Gruppenwert an dichtesten ist.

Diese Methode wird kritisiert, weil sie eigentlich keine echte Analyse darstellt. Die Anzahl und Merkmale der Cluster werden gesetzt. Im Beispiel könnte eine echte Gruppe bei einem Jahresverdienst von 55.000,- € liegen. Diese Gruppe wird aber nicht erkannt, den alle werden der 40.000er-Gruppe zugeordnet.

- **Hierarchische Clusteranalyse:** Diese Methode baut eine Hierarchie von Clustern auf, indem sie Schritt für Schritt Elemente zusammenführt. Es gibt verschiedene Ansätze hierfür, wie agglomeratives Clustering (von unten nach oben) und divisives Clustering (von oben nach unten).

  Divisiv, von oben nach unten, werden die Objekte oder Subjekte zuerst nach einem Merkmal gruppiert, die Gruppen dann weiter nach einem zweiten Merkmal unterteilt usw. Z. B. unterteilt man die Arbeitskräfte in ältere und in jüngere (irgendwo definiert man eine Grenze). Dann unterteilt man diese Gruppen weiter in Rauchende und Nichtrauchende, sodass man jetzt vier Gruppen hat, usw. nach anderen gewünschten Merkmalen.

- **DBSCAN (Density-Based Spatial Clustering of Applications with Noise):** Dieser Algorithmus identifiziert Cluster, indem er Regionen dichter Datenpunkte identifiziert. Er kann Cluster von unterschiedlicher Form und Dichte erkennen.

  Diese Methode ist extrem rechenaufwendig und kann nur mit Computern bearbeitet werden, da im mehrdimensionalen Raum der Merkmale (je mehr Merkmale, desto mehr Dimensionen) die Distanz zwischen allen Datenpunkten berechnet werden muss. Bei geringer Distanz können die Punkte zu einem Cluster zusammengeführt werden. Ersetzt man die zusammengeführten Punkte durch eine „Wolke", dann kann man auch die Distanz zur Wolkenhülle berechnen, was die Menge der Distanzberechnungen wesentlich verringert (nicht Punkt zu Punkt, sondern Punkt zu Wolke). Außenstehende Punkte bilden dann das Rauschen, Noise.

16.7.2 Arbeit mit den Clustern

Die Clusteranalyse kann dazu beitragen, Muster und Gruppierungen in großen Datensätzen zu identifizieren und die Struktur der Daten besser zu verstehen. Der Nutzen ist jedoch auch abhängig von der richtigen Wahl des Algorithmus, der Anzahl der Cluster und der Interpretation der Ergebnisse.

Merkmalsgruppen

Wenn man Cluster ermittelt hat, besonders beim DBSCAN-Algorithmus, dann enthalten sie Objekte oder Subjekte, die sich in vielen Merkmalen ähnlich sind. Das können Kundinnen und Kunden nach Kaufverhalten, Alter, Wohnort usw. sein, aber auch Komponenten von Maschinen nach Material, Einsatzgebiet, Hersteller, Hitzeempfindlichkeit usw. Der DBSCAN-Algorithmus hat dabei den Vorteil, dass sich Cluster zu Merkmalen bilden, deren Zusammenhang man vorher in Theorie und Praxis noch nie gesehen hat. Das kann zu echtem Data Mining führen, wenn man Zusammenhänge zwischen Merkmalen erkennt, an die vorher niemand gedacht hatte.

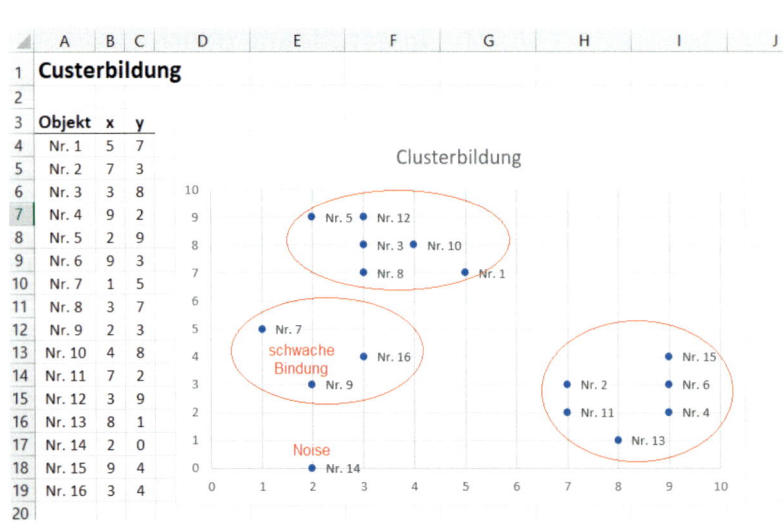

Punkte geringer Distanz bilden Cluster

Mächtigkeit der Cluster

Wenn man sich vor der Cluster-Bildung über die relevanten Merkmale im Klaren war, z.B. beim k-Means-Clustering, dann ist sicherlich von Interesse, wie viele Objekte oder Subjekte zu den einzelnen Clustern gehören. Wenn man so zum Beispiel eine überschaubar kleine Gruppe von Bauteilen identifizieren kann, die häufig ausfallen und aus einem bestimmten Material bestehen, von einem bestimmten Hersteller kommen und bei bestimmten Temperaturen ausfallen, dann kann man hier aktiv werden und gezielt nach den Ursachen suchen.

Die Clusteranalyse kann genutzt werden, um aus der großen Menge der Objekte oder Subjekte kleine Gruppen bestimmter Merkmale abzugrenzen. Das Einwirken auf die kleinere Gruppe ist effizienter und erfolgversprechend. Wenn man z.B. eine Gruppe jugendlicher Wählerinnen und Wähler in einer bestimmten Region abgegrenzt hat, die wahrscheinlich die „falsche" Partei wählen würden, dann kann man die Individuen dieser Gruppe gezielt durch Nachrichten, eventuell auch Fake-News, beeinflussen. Diese Manipulation ist wirksam, wenig aufwendig und wahrscheinlich auch unauffällig. Mit der Gesamtheit könnte man das nicht machen.

Profilbildung

Die Clusteranalyse bestimmt die Gruppen anhand der Objekte oder Subjekte mit mehreren ähnlich ausgeprägten Merkmalen. Die Profilbildung ist dazu der quasi reziproke Weg. Man nimmt diese Gruppe mit mehreren ähnlich ausgeprägten Merkmalen und definiert damit ein Profil. Anschließend versucht man alle Objekte oder Subjekte der Gesamtheit jeweils einem Profil zuzuordnen. Ihrem Profil entsprechend werden sie zukünftig bedient, mit Nachrichten versorgt, mit Werbung angesprochen oder eben auch ignoriert.

Wechsel der Gruppe

Eine weitere Möglichkeit zur Arbeit mit Clustern ist die zeitlich wiederholte Bestimmung der Cluster mit der Möglichkeit eine Migration zwischen den Clustern zu beobachten. So kann man z.B. die Abwanderung von Kunden und Kundinnen, die Veränderung des Kaufverhaltens oder die Verbesserung der Nutzbarkeit von Produkten beobachten. Erkennt man dabei typische Migrationsbewegungen, so hat man die Möglichkeit nach Ursachen zu forschen. Kennt man die Ursachen, so kann man ihnen gezielt entgegenwirken oder auch ihre Wirkung bewusst ausnutzen.

16.8 Pivot-Tabellen

Pivot-Tabellen sind ein leistungsstarkes Werkzeug in Tabellenkalkulationssoftware. Man kann damit große Datenbestände schnell und einfach filtern, gruppieren und zusammenzufassen. Es ist möglich, innerhalb der Gruppen die Daten zu summieren oder die Anzahl zu ermitteln. Die Ergebnisse sind damit vergleichbar zu den Ergebnissen der bekannten GROUP-BY-Instruktion aus SQL. So kann man z. B. Zeitreihen einfach nach Wochen, Monaten oder Quartalen zusammenfassen. Man kann im Rahmen der Auswertung auch die Tabellen quasi drehen, sodass aus den ehemaligen Ordnungsmerkmalen die auswertbaren Merkmale werden. Hat man z. B. die Produktionszahlen pro Stunde erfasst, so kann man die Tabelle drehen und ermitteln, welche Produktionsmengen zu welcher Stunde durchschnittlich zu erwarten sind.

Rohdaten für die Pivot-Auswertung mit knapp 5000 Datensätzen

Die Hauptfunktionen einer Pivot-Tabelle sind:

- **Filtern**
  Man kann Daten nach bestimmten Kriterien filtern, um eine Teilmenge der Daten auszuwählen, die für eine Analyse relevant ist.
- **Gruppieren**
  Man kann Daten nach verschiedenen Kategorien oder Dimensionen gruppieren. Z. B. kann man Verkaufsdaten nach Region, Produktkategorie oder Zeitraum gruppieren.
- **Summieren und Zusammenfassen**
  Pivot-Tabellen können numerische Werte in den Daten summieren, Durchschnittswerte berechnen, Maximal- und Minimalwerte ermitteln und andere mathematische Operationen durchführen.
- **Umschalten von Zeilen und Spalten**
  Man kann die Anordnung von Daten in der Tabelle umkehren, um verschiedene Perspektiven auf die Daten zu erhalten.

Die Erstellung einer Pivot-Tabelle erfordert in der Regel, die zu analysierenden Daten in einer tabellarischen Form zu organisieren. Dann kann man die Pivot-Tabelle verwenden, um diese Daten nach den gewünschten Analyseanforderungen umzugestalten und zusammenzufassen.

Gruppieren

Sofern Gruppierungsmöglichkeiten in den Daten bestehen, können die Werte leicht nach Gruppen berechnet werden. Typisch sind innerhalb der Datumswerte Gruppensummen pro Jahr, Monat oder Quartal. (s. Abb. unten).

Tabellen drehen

Die Auswahl von Werten für die Darstellung in Zeilen oder Spalten ist einfach möglich. Angezeigt werden dann die jeweiligen Gruppensummen (s. Abb. auf der nächsten Seite).

Gruppieren nach Datumswerten (Jahren) in der Pivot-Tabelle

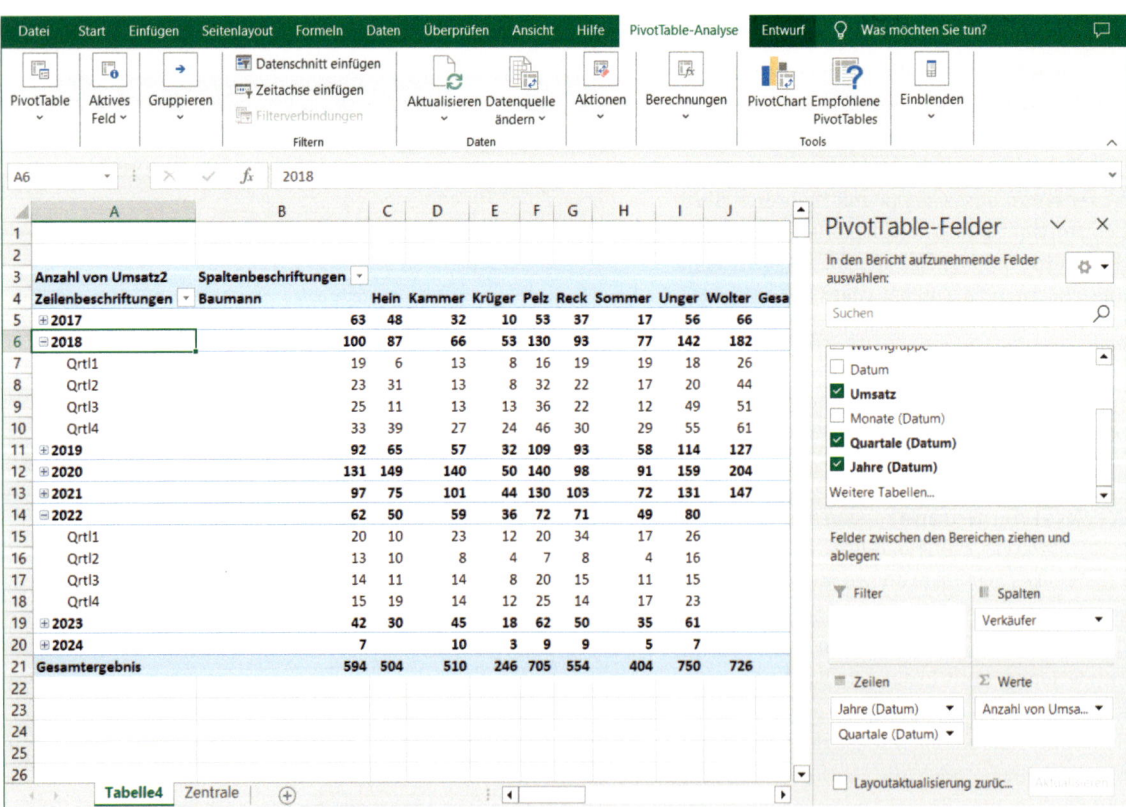

476 Daten- und Prozessanalyse

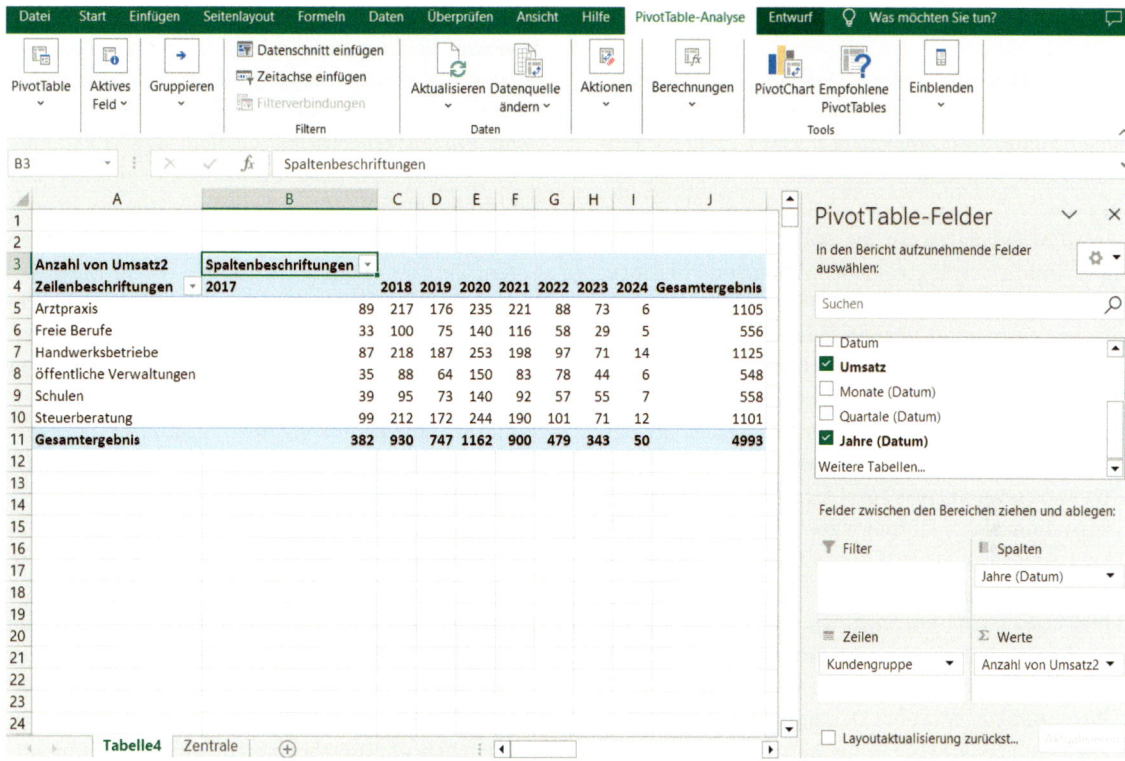

Freie Auswahl von Werten in Zeilen und Spalten in der Pivot-Tabelle

Aufgaben

1. Was versteht man unter Datenanalyse und warum ist sie wichtig?
2. Welche verschiedenen Arten der Datenanalyse gibt es?
3. Welche Schritte sind notwendig, um eine Datenanalyse durchzuführen?
4. Welche Software-Tools werden häufig für die Datenanalyse verwendet?
5. Wie kann die Datenqualität sichergestellt werden?
6. Welche Rolle spielt die Datenvisualisierung in der Datenanalyse?
7. Was sind Key Performance Indicators (KPIs) (deutsch: Kennzahlen) und wie werden sie in der Datenanalyse verwendet?
8. Wie können Daten aus verschiedenen Quellen integriert werden?
9. Welche Herausforderungen können bei der Datenanalyse auftreten und wie können sie überwunden werden?
10. Wie kann maschinelles Lernen in der Datenanalyse eingesetzt werden?
11. Was sind die ethischen Überlegungen bei der Datenanalyse?
12. Wie kann die Datenanalyse zur Verbesserung der Geschäftsprozesse beitragen?
13. Welche Methoden gibt es zur Vorhersage von Trends und Mustern in Daten?
14. Wie kann die Datenanalyse im Marketing eingesetzt werden?
15. Welche Unterschiede gibt es zwischen strukturierten und unstrukturierten Daten?
16. Wie kann die Datenanalyse zur Entscheidungsfindung in Unternehmen beitragen?
17. Welche Rolle spielt Big Data in der modernen Datenanalyse?
18. Wie können Anomalien in Datensätzen erkannt werden?
19. Welche Fähigkeiten und Kenntnisse sind für einen Datenanalysten wichtig?

16.9 Prozessanalyse

Der Prozess-Begriff wurde bereits im Zusammenhang mit dem Projekt-Begriff eingeführt. Während ein Projekt eine einmalige Tätigkeit bezeichnet, steht der Prozess für eine sich häufig wiederholende Folge von Tätigkeiten.

Die Prozessanalyse ist die systematische Untersuchung und Bewertung von allen Arten von Prozessen, um diese besser zu verstehen und Verbesserungspotential identifizieren zu können. Die Prozessanalyse erfolgt in der Regel in folgenden Schritten:

1. **Prozessidentifikation:** Hier geht es zuerst um die Abgrenzung des Prozesses, der analysiert werden soll. Welche Prozessschritte gehören zu dem zu untersuchenden Prozess? Welchen Input hat der Prozess und welcher Output wird erwartet? Im Grunde genommen kann jeder Prozess als ein Teilprozess innerhalb eines größeren Ganzen gesehen werden und hier muss zuerst festgelegt werden, welche Schritte zu dem zu untersuchenden Prozess gehören sollen und welche nicht (vgl. Kap. 4.1.2).
2. **Prozessdokumentation:** Der zu untersuchende Prozess muss zunächst in seiner aktuellen Form erfasst und dokumentiert werden Hierzu bietet sich die Erstellung eines Prozessmodelles an (vgl. Kap. 5 Design). Zusätzlich kann man aktuelle Arbeitsanweisungen, Checklisten oder anderen geeigneten Dokumenten erfassen.
3. **Ziele der Verbesserung:** Wenn man Klarheit über den Prozess hat, sollte man Klarheit zu den Zielen der Prozessverbesserung schaffen. Welche Veränderungen am Input oder Output will man erreichen? Das sind klare Managemententscheidungen, die mit der Unternehmensstrategie abgestimmt sein müssen.
4. **Datenerfassung:** Nun kann man gezielt Daten zu relevanten Merkmalen des Prozesses (siehe Prozessparameter) sammeln. Diese können quantitative Daten wie Durchlaufzeiten, Fehlerquoten, Energieeinsatz und Ressourcennutzung sowie qualitative Daten wie Benutzerfeedback oder Personalmeinungen umfassen.
5. **Quantifizierte Prozessmodelle:** Mit den erfassten Daten und der bereits vorhandene Prozessdokumentation kann man nun Prozesskarten, Flussdiagramme und andere Prozessmodelle erstellen, um den Ablauf des Prozesses grafisch darzustellen. Dies hilft Kolleginnen und Kollegen sowie weiteren Stakeholdern dabei, den Prozess visuell zu erfassen, zu verstehen und mögliche Schwachstellen zu identifizieren. Bei geeigneter Software lässt sich der Prozessablauf, basierend auf den erfassten Daten, jetzt auch simulieren.

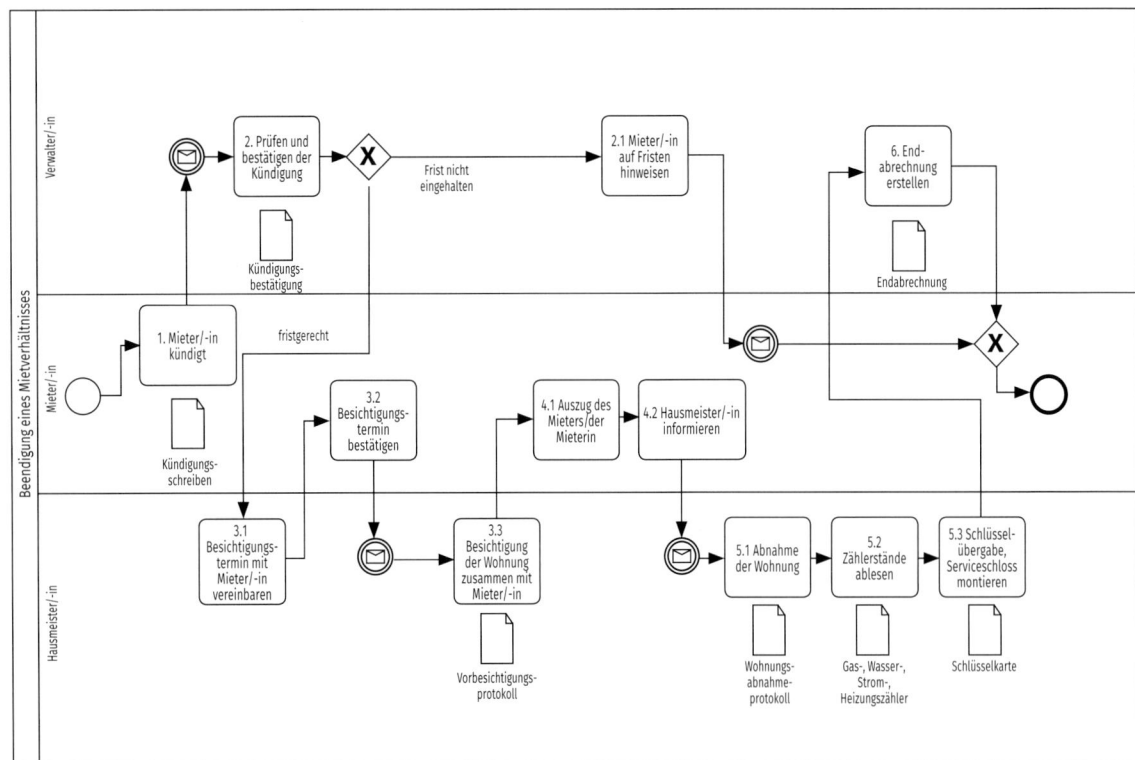

Prozessmodell mit BPMN

6. **Schwachstellenanalyse:** Durch die Anschauung am Modell, durch Diskussionen mit Beteiligten oder durch die Simulation kann man Schwachstellen im Prozess identifizieren, darunter Engpässe („Flaschenhälse", siehe deskriptive Statistik), redundante Schritte, Wartezeiten und Fehlerquellen. Eine Analyse der Daten kann helfen, die Gründe für diese Schwachstellen zu ermitteln.
7. **Prozessbewertung:** Bevor man mit der Verbesserung beginnt, sollte man den aktuellen Stand bewerten. Hierzu muss man Daten erfassen und Prozesskennzahlen ermitteln.
8. **Benchmarking:** Die ermittelten Prozesskennzahlen muss man nun mit Vorgaben und gesteckten Zielen vergleichen. Sinnvoll ist es, den analysierten Prozess mit bewährten Verfahren und Best Practices in der jeweiligen Branche zu vergleichen. Wo steht der analysierte Prozess im Vergleich zu anderen? So kann man Bereiche identifizieren, in denen Verbesserungen notwendig sind.
9. **Prozessoptimierung:** Zuerst sind Vorschläge zur Verbesserung des Prozesses zu entwickeln. Eine Verbesserung von Prozessen setzt die Orientierung an Prozesskennzahlen voraus und kann folgende Maßnahmen beinhalten:

Reorganisation von Arbeitsschritten
- Anzahl der Schnittstellen reduzieren
- Streichung überflüssiger Arbeitsschritte
- Anzahl der Prozessschritte reduzieren
- Keine Schleifen einbauen
- Parallel statt sequenziell arbeiten
- Zusammenlegung von Arbeitsschritten

Effizienz einzelner Prozessschritte steigern
- Aufwand und Dauer reduzieren
- Output steigern
- Engpässe gezielt eliminieren bzw. umgehen
- Automatisierung von Tätigkeiten

Durchgängige personifizierte Prozessverantwortung und Kompetenz
- Direktes Feedback über die Qualität jeder Prozessstufe
- Schulung von Personal oder
- Neugestaltung von Abläufen

Verbesserung von Flexibilität und Skalierbarkeit
- Prozesse so gestalten, dass sie mit ihren Leistungen auf unterschiedliche Produkte oder unterschiedliche Anforderungen flexibel reagieren können
- Prozesse so gestalten, dass sie mit ihren Kapazitäten auf wachsenden oder sinkenden Bedarf z. B. bei saisonalen Schwankungen eingestellt sind

Wenn möglich sollte man diese Ideen im Prozessmodell erfassen und zur Erprobung ihrer Wirkung Simulationen durchführen.

10. **Implementierung von Verbesserungen:** Wenn vorgeschlagene Verbesserungen umgesetzt werden, müssen deren Auswirkungen auf den Prozess genau beobachtet werden. Es ist sicher zu stellen, dass die Änderungen den gewünschten Nutzen bringen.
11. **Überwachung und Kontrolle:** Auch auf Dauer sollte ein Überwachungssystem eingerichtet werden, um sicherzustellen, dass der optimierte Prozess effizient und effektiv bleibt. Die Leistung muss regelmäßig gemessen werden und ggf. sind Maßnahmen zur Korrektur zu ergreifen, wenn Abweichungen auftreten.
12. **Dokumentation:** Parallel zu der Implementierung von Verbesserungen sollten alle relevanten Dokumentationen zu dem Prozess aktualisiert werden, um die Änderungen im Prozess widerzuspiegeln. Dies schließt Arbeitsanweisungen, Richtlinien und Schulungsmaterialien ein.
13. **Kommunikation:** Alle Beteiligten, also die Belegschaft und das Management, aber auch Kundinnen und Kunden und Lieferfirmen sollten in gebührendem Umfang über die Prozessänderungen informiert werden. Besonders das beteiligte Personal sollte geschult werden, um die neuen Abläufe zu verstehen und umzusetzen.

Die Prozessanalyse ist ein kontinuierlicher Prozess, der darauf abzielt, die Leistung von Geschäftsprozessen im Laufe der Zeit zu verbessern. Sie erfordert eine gründliche Untersuchung, enge Zusammenarbeit mit dem Personal und die Fähigkeit, Daten zu analysieren und fundierte Entscheidungen zur Prozessoptimierung zu treffen.

16.9.1 Prozessqualität

Die Qualität eines Prozesses wird durch eine Reihe von Merkmalen bestimmt und durch Kennzahlen gemessen, die darauf abzielen, sicherzustellen, dass der Prozess effizient, effektiv, konsistent und kundenorientiert ist. Hier sind einige der Hauptmerkmale, die die Qualität eines Prozesses kennzeichnen und durch entsprechende Kennzahlen gemessen werden können:

- **Effizienz:** Ein gut organisierter Prozess ist besonders wirksam, zeitsparend, leistungsfähig und auch wirtschaftlich. Die Arbeitsschritte sind wirksam und zielorientiert und bringen viel Leistung in Relation zum Aufwand. Der Einsatz von Ressourcen wie Zeit, Geld und Arbeitskraft wird minimiert ohne Verschwendung und unnötige Schritte. Wichtige Datenquellen zur Bestimmung der Effizienz sind Messungen zum Ressourcenverbrauch und zum Prozess-Output.
- **Genauigkeit:** Die Genauigkeit eines Prozesses bezieht sich auf die Fähigkeit, konsistente und fehlerfreie Ergebnisse zu liefern. Ein qualitativ hochwertiger Prozess minimiert Fehler und Inkonsistenzen. Wichtige Datenquellen zur Bestimmung der Genauigkeit sind z. B. bei Fertigungsprozessen Messungen zu Produktparametern, bei Bedienprozessen zur Kundenzufriedenheit oder bei Transportprozessen zur Pünktlichkeit.
- **Zuverlässigkeit:** Ein gut organisierter Prozess leistet das, was man von ihm erwartet, und kann in verschiedenen Situationen und unter verschiedenen Bedingungen konsistente Ergebnisse erzielen. Wichtige Datenquellen zur Bestimmung der Zuverlässigkeit sind Messungen zum Prozess-Output und zu den jeweiligen Umweltbedingungen.
- **Kundenzentrierung:** Prozesse sollte an den Bedürfnissen und Erwartungen der Kundinnen und Kunden ausgerichtet sein. Ein kundenorientierter Prozess stellt sicher, dass die Anforderungen der Kundschaft erfüllt werden. Wichtige Datenquellen zur Bestimmung der Kundenzentrierung sind Messungen zu den Absatzzahlen und zur Kundenzufriedenheit. Hierfür können verschiedene Verfahren zur Einholung von Kundenfeedback genutzt werden.
- **Flexibilität:** Gut organisierte Prozesse sind so gestalten, dass sie mit ihren Leistungen auf unterschiedliche Produkte oder unterschiedliche Anforderungen reagieren können. Sie können sich an veränderte Anforderungen und Bedingungen anpassen, ohne ihre Effizienz oder Qualität zu beeinträchtigen. Wichtige Datenquellen zur Bestimmung der Flexibilität sind Messungen zu den Anpassungszeiten. Wie lange dauert es, bis sich die Prozesse auf veränderte Kundenanforderungen oder Einsatzbedingungen eingestellt haben?
- **Durchlaufzeit:** Die Durchlaufzeit eines Prozesses, also die Zeit, die benötigt wird, um einen Auftrag von Anfang bis Ende zu bearbeiten, sollte so kurz wie möglich sein, ohne die Qualität zu gefährden. Wichtige Datenquellen zur Bestimmung der Durchlaufzeiten sind Messungen zur Bearbeitungsdauer vom Auftrag bis zur Fertigstellung.
- **Kosten:** Ein gut organisierter Prozess sollte die geplanten Kosten einhalten oder unterschreiten, indem er Ressourcen effizient nutzt und Verschwendung vermeidet. Die populären Forderungen nach Reduzierung der Kosten müssen stets mit den objektiven Möglichkeiten abgeglichen werden. Nur wenn man den Prozess einstellt, sind die Kosten gering, eventuell gleich Null.

  Für die Bestimmung der Kosten sei hier auf die recht umfangreiche Prozesskostenrechnung verwiesen, die neben den direkten Kosten, wie Material, Energie und Arbeitskraft, auch die indirekten Kosten für Gebäude, Verwaltung, Versicherung etc. beachtet.

  Zu beachten sind auch die sogenannten Sprungfixen-Kosten. Wenn einzelne Arbeitsschritte oder Arbeitsstationen ihre Kapazitätsgrenze erreichen, dann verlangt jedes Produkt mehr eine erhebliche Investition, die Kosten steigen in Sprüngen. Z. B. kann man eine Gruppe von 40 Personen gut mit einem üblichen Reisebus transportieren, sind es aber 45 Personen muss ein besonderer Bus oder eventuell ein zweiter Bus eingesetzt werden, was die Kosten sprunghaft erhöht.
- **Transparenz:** Ein gut organisierter Prozess ist klar strukturiert. Die Transparenz eines Prozesses bezieht sich auf die Möglichkeit, den Prozess und seine Schritte klar und verständlich zu dokumentieren und zu kommunizieren.

  Die Transparenz ist leider nicht direkt messbar. Die Länge oder besser die Kürze der Prozessdokumentation ist hierfür kein geeignetes Maß. Man kann aber die durchschnittlich notwendige Einarbeitungszeit einer neuen Arbeitskraft in Relation zur Transparenz eines Prozesses setzen.
- **Messbarkeit:** Ein gut organisierter Prozess enthält Messpunkte zur Bestimmung von Ausgangswerten für die oben beschriebenen Qualitätskennzahlen. Es werden kontinuierlich Leistungskennzahlen und Metriken verwendet, um den Prozess zu überwachen (Monitoring) und zu bewerten. Entsprechend des bekannten PDCA-Zyklus ergibt sich damit die Möglichkeit zur kontinuierlichen Verbesserung. Ein wichtiger Aspekt der Qualität eines Prozesses ist seine Fähigkeit zur kontinuierlichen Verbesserung. Ein guter Prozess sollte ständig überprüft und optimiert werden, um sich den sich ändernden Anforderungen anzupassen.

Die Qualität eines Prozesses kann durch verschiedene Methoden und Werkzeuge gemessen und bewertet werden, darunter Audits, Qualitätskontrollen, Benchmarking und Kundenzufriedenheitsumfragen. Die ständige Überwachung und Verbesserung von Prozessen ist entscheidend, um die Qualität aufrechtzuerhalten oder zu steigern und sicherzustellen, dass sie den Organisationszielen und den Bedürfnissen der Kundinnen und Kunden entsprechen.

16.9.2 Prozesskennzahlen

Nach den Merkmalen der Prozessqualität sollen hier einige Prozesskennzahlen aufgeführt werden, die in verschiedenen Arten von Prozessen verwendet werden, um deren Leistung und Qualität zu messen. Hier sind einige häufig verwendete Prozesskennzahlen:

1. **Durchlaufzeit:** Die Zeit, die benötigt wird, um einen Prozess von Anfang bis Ende zu durchlaufen. Sie misst die Gesamtdauer eines Prozesses.
2. **Bearbeitungszeit:** Die Zeit, die benötigt wird, um eine Aufgabe oder Aktivität in einem Prozessschritt abzuschließen. Die Durchlaufzeit ergibt sich aus der Summe der Bearbeitungszeiten, wobei Rüstzeiten, Wartezeiten, Transportzeiten oder technologisch bedingt Reifezeiten eventuell hinzukommen.
3. **Zykluszeit:** Die Zeit zwischen dem Start von zwei aufeinanderfolgenden Wiederholungen eines Prozesses oder einer Aktivität.
4. **Auslastung:** Das Verhältnis der tatsächlich genutzten Zeit zur verfügbaren Zeit für eine Ressource oder Maschine. Die Auslastung misst den Grad der Nutzung einer Ressource.
5. **Durchsatz:** Die Anzahl der abgeschlossenen Einheiten eines Produkts oder einer Dienstleistung pro Zeiteinheit.
6. **Erstausbeute (First Pass Yield):** Der Anteil der Produkte oder Dienstleistungen, die beim ersten Versuch fehlerfrei sind und den gesamten Prozess durchlaufen, ohne nachgebessert werden zu müssen. Eine hohe Erstausbeute ist ein Maß für die gute Vorbereitung eines Prozesses.
7. **Ausschussrate:** Der Anteil der Produkte oder Dienstleistungen, die den Prozess aufgrund von Mängeln oder Fehlern nicht erfolgreich durchlaufen.
8. **Kosten pro Einheit:** Die Gesamtkosten eines Prozesses geteilt durch die Anzahl der hergestellten Einheiten.
9. **Uptime und Downtime:** Die Gesamtdauer, in der ein System oder eine Anlage in Betrieb (Uptime) oder außer Betrieb (Downtime) ist.
10. **Prozessauslastung:** Die Menge an Arbeitszeit oder Ressourcen, die für die Ausführung eines Prozesses verwendet wird.
11. **Wartezeit:** Die Zeit, die zwischen verschiedenen Aktivitäten oder Schritten in einem Prozess verbracht wird.
12. **Kundenzufriedenheit:** Die Zufriedenheit der Kunden und Kundinnen mit einem bestimmten Prozess oder einer Dienstleistung.
13. **Personalzufriedenheit:** Die Zufriedenheit der Belegschaft mit ihren Aufgaben, der Arbeitsumgebung und den Prozessen.

Diese Kennzahlen sind nur ein kleiner Ausschnitt aus den vielen verfügbaren Prozesskennzahlen. Die Wahl der richtigen Kennzahlen hängt von den spezifischen Zielen des Unternehmens und des Prozesses ab, den Sie messen und verbessern möchten.

Aufgaben

1. Was versteht man unter Prozessmanagement?
2. Erläutern Sie, warum Prozessmanagement wichtig ist für Unternehmen.
3. Welche Hauptziele verfolgt das Prozessmanagement?
4. Welche Phasen umfasst der Prozessmanagement-Zyklus?
5. Wie unterscheiden sich strategisches und operatives Prozessmanagement?
6. Erläutern Sie den Einsatz von Prozessmodellen im Prozessmanagement.
7. Welche Arten von Prozessmodellen kennen Sie?
8. Erläutern Sie die Einsatzmöglichkeiten von UML zur Prozessmodellierung.
9. Welche Methoden und Werkzeuge werden häufig im Prozessmanagement eingesetzt?
10. Wie kann die Effizienz eines Prozesses gemessen und bewertet werden?
11. Welche Rolle spielen IT-Systeme und Automatisierung im Prozessmanagement?
12. Wie können Prozesse kontinuierlich verbessert werden (KVP)?
13. Welche Herausforderungen können bei der Implementierung von Prozessmanagement auftreten?
14. Wie kann die Prozesskultur in einem Unternehmen gefördert werden?

Anhang

SQL Befehle und Funktionen (Auszug, orientiert an MySQL)

Syntax	Beschreibung
Datentypen	
CHAR(n), TEXT, VARCHAR( )	Zeichen, Textdatentyp, variable Zeichenkette
DECIMAL	Numerischer Datentyp (Festkommazahl)
FLOAT	Numerischer Datentyp, Gleitkommazahl (einfache Genauigkeit, 7 Stellen nach Komma)
DOUBLE	Numerischer Datentyp, Gleitkommazahl (doppelte Genauigkeit)
CURRENCY (Microsoft Access)	Währung
INTEGER	Numerischer Datentyp (Ganzzahl)
DATE	Datum (Format DD.MM.YYYY)
BLOB (MySQL)	Binäres Objekt
Tabellen	
CREATE DATABASE Datenbankname	Erzeugt eine neue leere Datenbank
CREATE TABLE Tabellenname (Feldname DATENTYP, ...) **PRIMARY KEY** (Feldname, ...)	Erzeugt eine neue leere Tabelle mit der beschriebenen Struktur und einem Primärschlüssel.
ALTER TABLE Tabellenname **ADD [COLUMN]** Feldname DATENTYP **DROP [COLUMN]** Feldname	Verändert die Tabellenstruktur durch Hinzufügen oder Löschen von Spalten.
DROP TABLE Tabellenname	Löscht eine Tabelle.
Abfragen	
SELECT * | Feldname, ..., Feldname2 **AS** Alias **FROM** Tabellenname, ... **JOIN** Tabellenname **ON** Bedingung **WHERE** Bedingung [**GROUP BY** Feldname **HAVING** Gruppenbedingung] **ORDER BY** Feldname, ... [**ASC** | **DESC**] **LIMIT** Anzahl	Wählt die Spalten einer oder mehrerer Tabellen, deren Inhalte in die Liste aufgenommen werden sollen; alle Spalten (*) oder die namentlich aufgeführten Spalten.
FROM	Name der Tabelle oder Namen der Tabellen, aus denen die Daten der Ausgabe stammen sollen.
INNER JOIN (Standard-Annahme)	Liefert nur die Datensätze zweier Tabellen, die gleiche Datenwerte enthalten.
LEFT JOIN	Liefert von der erstgenannten (linken) Tabelle alle Datensätze und von der zweiten Tabelle jene, deren Datenwerte mit denen der ersten Tabelle übereinstimmen.
RIGHT JOIN	Liefert von der zweiten (rechten) Tabelle alle Datensätze und von der ersten Tabelle jene, deren Datenwerte mit denen der zweiten Tabelle übereinstimmen.
FULL JOIN	Liefert aus beiden Tabellen jeweils alle Datensätze.
WHERE	Bedingung, nach der Datensätze ausgewählt werden sollen. Beispiel: WHERE name = ´Lehmann´
GROUP BY Feldname1 [,Feldname2, ...]	Gruppierung (Aggregation) erfolgt nach Inhalt des genannten Feldes.
HAVING Gruppenbedingung	Gruppenbedingung bezieht sich auf ein Gruppierungsergebnis.
ORDER BY Feldname1 [,Feldname2, ...] **ASC** | **DESC**	Sortierung erfolgt nach Inhalt des genannten Feldes oder der genannten Felder. ASC: aufsteigend (Standard); DESC: absteigend
LIMIT Anzahl	Anzahl der anzuzeigenden Datensätze

Datenmanipulation	
INSERT INTO Tabellenname (Feldname1[, Feldname2,…]) **VALUES** (Wert für Feld 1 [,Wert für Feld 2, …]) oder **INSERT INTO** Tabellenname **SELECT … FROM … WHERE**	Fügt Datensätze in die genannte Tabelle, die entweder mit festen Werten belegt oder Ergebnis eines SELECT-Befehls sind. Beispiele: INSERT INTO personal (P_Nr, Name, Ort) VALUES (56532, 'Schmitz', 'Berlin') INSERT INTO personal SELECT * FROM vertrag WHERE stadt='Berlin'
DELETE FROM Tabellenname **WHERE** Bedingung	Löschen von Datensätzen in der genannten Tabelle.
UPDATE Tabellenname **SET** Feldname = Wert | Ausdruck **WHERE** Bedingung	Aktualisiert Datensätze einer Tabelle mit den Daten in den Feldern.

Aggregat-Funktionen	
AVG (Feldname)	Ermittelt das arithmetische Mittel aller Werte im angegebenen Feld.
COUNT (Feldname | *)	Ermittelt die Anzahl der Datensätze mit Nicht-NULL-Werten im angegebenen Feld oder alle Datensätze der Tabelle (dann mit Operator). *)
SUM (Feldname|Formel)	Ermittelt die Summe aller Werte im angegebenen Feld oder der Formelergebnisse.
MIN (Feldname|Formel) **MAX** (Feldname|Formel)	Ermittelt den kleinsten oder größten aller Werte im angegebenen Feld.

Datumsfunktionen (MySQL)	
CURDATE ( )	Liefert das aktuelle Datum
DATE (Wert)	Wandelt einen Wert in ein Datum um
DAY (Datum)	Liefert den Tag des Monats aus dem angegebenen Datum
MONTH (Datum)	Liefert den Monat aus dem angegebenen Datum
WEEKDAY (Datum)	Liefert den Tag der Woche aus dem angegebenen Datum
YEAR (Datum)	Liefert das Jahr aus dem angegebenen Datum

Zeichenkettenfunktionen (String-Funktionen) zur Benutzung in SELECT (MySQL)	
CONCAT (str1,str2,…)	Verbindet die in Klammern angegebenen Zeichenketten zu einer Zeichenkette.
FIND_IN_SET (str,strlist)	Findet eine Zeichenkette in einem Set von Zeichenketten und gibt deren Position zurück.
INSERT (str,pos,len,newstr)	Fügt in eine Zeichenkette an der angegebenen Position eine neue Zeichenkette ein.
LENGTH (str)	Ermittelt die Länge einer Zeichenkette.
LOCATE (substr,str)	Findet eine Zeichenkette in einer anderen Zeichenketten und gibt deren Position zurück.
LTRIM (str)	Beseitigt alle führenden Leerzeichen.
SUBSTRING (str,pos,len)	Liefert eine Teilkette ab der angegebenen Position in der angegebenen Länge.

Benutzerkontenverwaltung	
CREATE DATABASE Datenbankname	Erzeugt eine neue leere Datenbank
CREATE USER Name	Die Anweisung erstellt ein neues MySQL-Anwenderkonto. Ihre Verwendung setzt die globale Berechtigung „CREATE USER" oder die Berechtigung „INSERT" für die Datenbank voraus.
DROP USER Name	Die Anweisung DROP USER entfernt ein MySQL-Anwenderkonto.
GRANT	Die GRANT-Anweisung erlaubt Datenbankadministratoren und -administratorinnen die Erstellung von MySQL-Anwenderkonten und die Vergabe von Rechten. Um GRANT verwenden zu können, benötigt man die Berechtigung „GRANT OPTION".
RENAME USER	Die RENAME USER-Anweisung wird zum Umbenennen von MySQL-Anwenderkonten eingesetzt.
REVOKE	Die REVOKE-Anweisung gestattet Administratorinnen und Administratoren das Entfernen von Berechtigungen. Um REVOKE verwenden zu können, benötigt man die Berechtigung „GRANT OPTION".
SET PASSWORD	Mit der Anweisung SET PASSWORD kann man einem vorhandenen MySQL-Anwenderkonto ein neues Passwort zuweisen. SET PASSWORD FOR ‚klaus'@'localhost' = PASSWORD(‚newpass');

PHP Befehle und Funktionen (Auszug)

Grundlagen der Syntax	Erklärung
Abgrenzung von Anweisungen	Der von PHP-Interpreter zu bearbeitende Bereich beginnt mit dem Tag „<?PHP" und endet mit dem Tag „?>". PHP-Anweisungen müssen mit einem Semikolon beendet werden. Der schließende Tag eines Blocks mit PHP-Code impliziert automatisch ein Semikolon. ```<?php
echo ‚Dies ist ein Test';
?>```
Kommentare	// Die einzeilige Kommentar-Art kommentiert sämtlichen Text bis zum Zeilenende. /* ... */ Die mehrzeilige Kommentar-Art kommentiert sämtlichen Text bis zum schließenden Kommentar-Tag.
Variable	Selbst definierte Variablen werden gekennzeichnet durch ein Dollar-Zeichen ($), gefolgt vom Namen der Variablen. Bei Variablennamen wird zwischen Groß- und Kleinschreibung unterschieden, sie sind case sensitive.
Typen	
Logische Werte	Ein logischer Wert ist ein Wahrheitswert, der entweder TRUE (wahr) oder FALSE (falsch) sein kann.
Ganze Zahlen, Gleitkommazahlen	Eine Vereinbarung des Datentyps erfolgt durch die Verwendung der Variablen.
Zeichenketten	Strings sind Folgen von Zeichen, eingeschlossen in einfache oder doppelte Anführungszeichen.
Felder	Ein Feld wird durch das Schlüsselwort array( ) erzeugt. Ein Feld besitzt keinen automatisch gebildeten Index, die Feldelemente müssen einen expliziten Namen erhalten.
Variablen	
Vordefinierte Variablen	PHP arbeitet mit einer Vielzahl von vordefinierten Variablen, die abhängig sind vom jeweiligen Webserver. Die vordefinierten Variablen treten meist als Felder mit festgelegten Elemente-Namen auf (named array). ▪ $_SERVER[ ] — Server und Ausführungsumgebung ▪ $_GET[ ] — HTTP-GET-Variable ▪ $_POST[ ] — HTTP-POST-Variable ▪ $_SESSION[ ] — Session-Variable ▪ $_ENV[ ] — Umgebungsvariable ▪ $_COOKIE[ ] — HTTP-Cookies
Geltungsbereich von Variablen	Der Geltungsbereich einer Variablen begrenzt sich auf den PHP-Block, in dem sie definiert wurde.
Variable Variablen	Der PHP-Interpreter erlaubt es, variable Variablen-Bezeichner zu benutzen. Ein variabler Variablen-Name nimmt den Wert einer Variablen und behandelt ihn als Bezeichner einer anderen Variablen. Er beginnt daher stets mit zwei $-Zeichen.
Konstanten	
Syntax	Man kann eine Konstante definieren, indem man entweder die define( )-Funktion oder das Schlüsselwort *const* außerhalb einer Klassendefinition verwendet. Einmal definierte Konstanten können nicht verändert oder gelöscht werden.
Ausdrücke	Ein Ausdruck ist die Verbindung von Konstanten und Variablen mittels Operatoren. Der Wert eines Ausdruckes wird im Rahmen einer Zuweisung auf eine Variable übertragen.
Operatoren	
Operator-Rangfolge	„Punkt-Rechnung geht vor Strich-Rechnung" gilt auch unter PHP
Arithmetische Operatoren	$a + $b Addition Summe von $a und $b $a - $b Subtraktion Differenz $a abzüglich $b $a * $b Multiplikation Produkt von $a und $b $a / $b Division Quotient $a durch $b $a % $b Modulo Rest von $a geteilt durch $b
Vergleichsoperatoren	$a == $b Gleich Gibt **TRUE** zurück, wenn $a gleich $b ist. $a === $b Identisch Gibt **TRUE** zurück wenn $a gleich $b ist und beide vom gleichen Typ sind. $a != $b Ungleich Gibt **TRUE** zurück, wenn $a nicht gleich $b ist. $a <> $b Ungleich Gibt **TRUE** zurück, wenn $a nicht gleich $b ist. $a !== $b Nicht identisch Gibt **TRUE** zurück, wenn $a nicht gleich $b ist, oder wenn beide nicht vom gleichen Typ sind.
Fehler-Kontroll-Operatoren	Stellt man das **@-Zeichen** vor einen Ausdruck, so werden alle Fehlermeldungen ignoriert, die von diesem Ausdruck erzeugt werden könnten.

Operatoren

Logische Operatoren			
	$a and $b	Und	**TRUE** wenn sowohl $a als auch $b **TRUE** ist.
	$a or $b	Oder	**TRUE** wenn $a oder $b **TRUE** ist.
	$a xor $b	Entweder Oder	**TRUE** wenn entweder $a oder $b **TRUE** ist, aber nicht beide.
	!$a	Nicht	**TRUE** wenn $a nicht **FALSE** ist.
	$a && $b	Und	**TRUE** wenn sowohl $a als auch $b **TRUE** ist.
	$a || $b	Oder	**TRUE** wenn $a oder $b **TRUE** ist.

Zeichenketten-Operatoren	Der Vereinigungsoperator („.") verbindet die Zeichenkette aus dem rechten und dem linken Argument zu einer neuen durchgängigen Zeichenkette.

Kontrollstrukturen

Einfache Alternative: if	Echte Alternative: if {…} else {…}

`if (expression)`
`    statement;`
Achtung: Es wird hier kein „than" verwendet!
	`if (expression)`
	`    statement1;`
	`else`
	`    statement2;`

Mehrfach-Alternative	Abgezählter Zyklus

Die **switch**-Anweisung ermöglicht eine mehrfache Verzweigung in Abhängigkeit von einem Variablenwert. Die Verzweigung muss nach der Bearbeitung durch eine **break**-Anweisung unterbrochen werden.
`switch ($i) {`
`    case 0:`
`        echo „i hat den Wert: 0";`
`        break;`
`    case 1:`
`        echo „i hat den Wert: 1";`
`        break;`
`    case 2:`
`        echo „i hat den Wert: 2";`
`        break;`
`}`
	Bei der **abgezählten** Schleife sind drei Ausdrücke zu beachten.
	`for (expr1; expr2; expr3)`
	`    statement;`
	Der erste Ausdruck (**expr1**) wird vor der Ausführung der Schleife ausgeführt (Anfangswert setzen).
	Vor jedem Durchlauf wird die Anweisung **expr2** ausgeführt. Wenn diese Anweisung wahr ist (**TRUE**), wird die Schleife fortgesetzt und die Anweisungen werden ausgeführt. Andernfalls (**FALSE**) endet die Ausführung der Schleife (Bedingung).
	Am Ende jedes Schleifendurchlaufs wird die Anweisung **expr3** ausgeführt, womit z. B. eine Zählvariable erhöht werden kann.
	`for ($i = 0; $i < 100;$i = $i +1)`
	`    anweisung;`

Kopfgesteuerte Schleife: while( )	Fußgesteuerte Schleife: do-while( )

`while (bedingung)`
`    anweisung;`
Die Anweisung wird somit nur bei erfüllter Bedingung ausgeführt.
	Bei der fußgesteuerten Schleife wird der Wahrheitsausdruck erst am Ende eines jeden Durchlaufs geprüft. Die Anweisung wird somit garantiert einmal ausgeführt.
	`do anweisung while(bedingung)`

Funktionen

Datumsfunktionen		Zeichenkettenfunktionen	
date( )	Formatierteine angegebene Ortszeit/ein angegebenes Datum	echo( )	Gibt einen String aus
		fprintf( )	Schreibt einen formatierten String in einen Stream
		rtrim( )	Entfernt Leerraum vom Ende eines Strings
getdate( )	Gibt Datums- und Zeitinformationen zurück	sprintf( )	Gibt einen formatierten String zurück
		strcmp( )	Vergleich zweier Strings
mktime( )	Gibt den Unix-Timestamp/Zeitstempel für ein Datum zurück	strlen( )	Ermitteln der Länge eines Strings
		strpos( )	Sucht das erste Vorkommen des Suchstrings
strftime( )	Formatiert eine Zeit-/Datumsangabe nach den lokalen Einstellungen	substr( )	Gibt einen Teil eines Strings zurück
		trim( )	Entfernt Leerzeichen am Anfang und Ende eines Strings
strtotime( )	Wandelt ein (in englischer Textform angegebenes) Datum in einen UNIX-Zeitstempel um		
time( )	Gibt den aktuellen Unix-Timestamp/Zeitstempel zurück		

Sachwortverzeichnis

1:n-Beziehung 323
.executeQuery( ) 399
.executeUpdate( ) 399

A
ABAP 237
Abbruchbedingung 206
Abdeckung 119
Abfrageergebnis 401
Abgrenzungskriterien 149
Abhängigkeit, transitive 330
Abkürzungsverzeichnis 156, 443
Ablaufdokumentation 441
Ablaufelement 35
Ablauforganisation 112
Ablaufplan 144, 444
Ablaufsteuerung 204
Ablehnung 155
Ableitung 211
Abnahmeerklärung 156
Abnahmekriterien 140
Abnahmeprüfung 156
Abnahmetest 93, 424
Abrechnungssysteme, wertorientierte 107
Abschlusspräsentation 61
Abstimmungsaufwand 86
Abstraktion 97
Abwehr 175
Abwesenheit 60
Access 34
ACID 310
Act 189
Ada 237
Adaption 77
Add-in 44
Addition 261
Administration 106
Adressauflösung 245
Adressierung 352
Aggregatfunktion 343
Aggregation 214, 482
Ahrens 331
AI 421
Akronym 405
Akteur 114
Aktion 220
Aktivierung 124
Aktivitätsdiagramm 208, 209, 219
Aktualisierung 411
Akzeptanz 456
Alert 387
Alexa 414

Algebra 262
Algorithmus 262
Alias 342
Alphabet 181
Alphaversion 425
Alternative 267
Analog 368
Analysegegenstand 193
Analysetechniken 98
Analytic 351
Änderungsanomalie 328
Änderungsverantwortlicher 131
Android 86
Anfangsfolge 37
Anfangswert 274
Anfangszustand 218
Anforderung 314
Anforderungsanalytiker 131
Anforderungsmanagement 443
Anforderungsniveau 94
Angebot 109
Angemessenheit 458
Angriff 433
Anmeldung 109
Anonymisierung 174
Anpassbarkeit 456
Anpassungsaufwand 456
Anschluss 80
ANSI-Architekturmodell 313, 350
Ansicht 396
ANSI-SPARC-Architektur 313
Ansprungziel 365
Antivirenprogramm 170
Antwortzeit 456
Anweisung 483
Anweisungen 265
Anweisungsüberdeckung 427
Anwendbarkeit 462
Anwender 64
Anwenderdokumentation 57
Anwendersicht 73
Anwendung 78
Anwendungsarchitektur 118
Anwendungsdokumentation 446
Anwendungsentwicklung 122
Anwendungsfall 148
Anwendungsfalldiagramm 209, 210
Anwendungssoftware 46
Anwendungsumgebung 56
API; Application Programming Interface 247
API-Bibliothek 253
App 86

Applet 150, 387, 388
Application 247
Äquivalenzklassenbildung 428
Arbeitgeber 49
Arbeitsaufwand 58
Arbeitspaket 32, 34, 35
Arbeitsplatz 167
Arbeitsplatzsicht 113
Arbeitsteilung 59, 389
Architektur 445
Architekturmodell 74
Architektursicht 74
Archiv 109
Archivierung 458
ArgoUML 225, 236
ARIS-Modell 117
Array 276
Artefakt 78
ASCII-Codierung 52
ASP; Application Service Providing 459
ASP-Modell 459
Assemblersprache 240
Assoziation 214, 232
Atomicity 440
Attack 167
Attribut 213
Attribute 213, 281
Attribute, abgeleitete 213
Attribute, Sichtbarkeit der 213
Audiodatei 366
Audit 426
Aufbauorganisation 9
Aufbewahrung 177
Aufgabensicht 112
Aufgabenstellung 207
Aufgabenverteilung 443
Auftrag 480
Auftraggeber 10
Auftragnehmer 10
Auftragsbearbeitung 13
Auftragsverwaltung 10
Aufwand 17
Aufwandsschätzung 79
Aufzählung 257
Aufzeichnung 106
Ausbildung 412
Ausbildungsbetrieb 443
Ausbildungsordnung 3
Ausbildungsplan 444
Ausbildungsunterlagen 447
Ausdrucksmitteln 382
Ausfallsicherheit 459

Ausführungsumgebung 484
Ausgabemedium 381
Ausgabe-Stream 241
Ausgrenzung 90
Auskunftspflicht 152
Auskunftsrecht 162
Auslastung 481
Auslieferung 16
Ausnahmebehandlung 278
Ausnahmeprinzip 107
Ausprägung 151
Ausreißer-Wert 467
Ausschreibung 130
Austauschformat 382
Auswahl 267, 269
Auswahl, einseitige, mehrseitige 267
Auswahlmenü 271
Ausweis 177
Auszeichnungssprache 357
Authentifikation 19
Authentizität 141
Autowert 339
Azubi 193

B

Backdoor-Zugang 166
Backend 238
Backlog 78
Back-up 169
Backus-Naur-Form 238
Balkendiagramm 38, 472
Barrieren 31
Barry 496
BaseX 348
Basic 255
BASIC 237
Basisplan 40, 42
Basis-System 123
Baumstruktur 380
Baustein 199
BDSG 460
Bearbeitung 168
Bearbeitungszeit 481
Bedarfsplanung 122
Bedienbarkeit 53
Bedingung 485
Bedingungsüberdeckung 427
Bedrohung 191
Befehl 206
Begutachtung 426
Bekanntheitsgrad 471
Belastbarkeit 175
Beleg 156, 479
Benchmark-Test 72
Benutzerdokumentation 448
Benutzerfreundlichkeit 433
Benutzerführung 151
Benutzerhandbuch 143, 447
Benutzeroberfläche 142
Benutzerschnittstelle 448
Benutzerschnittstelle, nach EN ISO 9241 446
Berechtigungskonzepts 314
Bericht 190

Berichtswesen 443
Berufsabschluss 22
Berufsausbildung 3
Berufsschulunterricht 423
Beschaffung 123
Bestellanforderung 104
Bestimmtheitsmaß 470
Betatest 425
Betrachtungszeitraum 91
Betreuung 50
Betriebsanleitung 439
Betriebsdatenerfassung 122
Betriebsmittel 52
Betriebssystem 50
Beweis 433
Bezahlung 229
Bezeichner 484
Beziehung 316, 472
BGB 178
Bibliothek 137
Big Data 351
Big-Data 348
Bildbearbeitung 168
Bindelader 245
Bing 412
Bit 181
Bitcoin 171
Bjarne Stroustrup 252
Black-Box-Test 426
Black-Box-Verfahren 426, 428
Black-Hack 192
Blitzschlag 163
Blogs 348
Body 366
Boehm 496
Boolescher Datentyp 259
BorderLayout 292
Borland 255
Bot-Netzwerk 168
Bottom-up-Vorgehensweise 33
Boyce-Codd-Normalform (BCNF) 330
BPEL 119
BPMN-Diagramm 119
Brainstorming 117
Branchensoftware 46
Breakpoints 248
Browser 246, 359
Browser-Entwicklung 359
Brute-Force-Attack 183
BSI 158
BSI-Gesetz 201
BSI-Standard 190
Buchführung 439
Buchstabenverschiebung 181
Budget 38, 436
Bug 423
Build-Phase 234
Build-Prozess 227
Bulletin 496
Bund 62
Bundesdatenschutzgesetz 191
Bundesverwaltung 126
Bus 480
Business Frameworks 121, 123
Business-Intelligence 351

Business-Object-Kernel 120
Business Objects 121
Business Rules 121
Button 375

C

C# 253, 255, 355
CAD 122
CAD; Computer Aided Design 122
Callcenter 122
CAM 122
Cäsar-Verschlüsselung 307
Cascading 357
case sensitive 398
Case-Tools 449
CE-Kennzeichnung 421
CGI-Spezifikation 389
Chamberlain 331
Chaos 40
Charta 421
Chat 412
Chatbot 10
ChatGPT 412
Check 189
CIO 126
Classification 209
ClassNotFoundException 400
Click 294
Client 354
Client-Server-Kommunikation 358
Client-Server-System 357
Cloud-Computing 159
Cluster-Bildung 475
Coaching 78
Cobol 237
COBOL 48
Cockpit 468
Codd 320
Code-Generierung 84, 235
Code-Review 31
Codex-Modell 419
Codierung 59, 227
Collaboration 221
Collection 349
color 368
Common Gateway 389
Community 420
Compiler 84, 244
Compiler-Sprachen 244
Compliance-Regeln 161
Computer 64
Computer-Kriminalität 51
Computersprachen 204, 237
Computersprachen, deskriptive 204
Computersystem 166
Computervirus 167
Connection 391
Connectivity 410
Consortium 360
Constraint 121
Consulting 10
Container 276
Content 411
Continuity 190

Control 332
controlling 26
Copilot 412
CORBA 120
CORBA; Component Object Request Broker Architecture 121
Corp 419
Cortana 414
Cost 459
Courage 74
CPM; Critical Path Method 36
Crew 326
Critical Path Method) 36
Crystal 77
CSS 237
CSS; Cascading Style Sheets 368, 381
CSV-Format 312
CUA; Computerunterstützte Ausbildung 447
CubeRootApproximation 419
Customizing 110, 121
Cyber-Sicherheit 15
Cyber-War 162

D

Darknet 161
Darstellungsmittel 65
Darstellungstechnik 442
Datei 45
Dateiformat 312
Dateiorganisation 311
Daten 445
Datenanomalie 327
Datenarchivierung 149
Datenaustausch 179
Datenbank 310, 312
Datenbankdesign 133
Datenbankentwurf 445
Datenbankmanagementsystem (DBMS) 312
Datenbankschema 445
Datenbanksystem 312
Datenbanksysteme, verteilte 349
Datenbankzugriff 396
Datenbasis 40
Datenbestand 312
Datenfeld 318
Datenfluss 453
Datenharmonisierung 465
Dateninkonsistenz 327
Datenintegration 105
Datenkapselung 242
Datenkatalog 445
Datenkonsistenz 327
Datenmanagement 455, 457
Datenminimierung 463
Datenmodell 57, 445
Datenmodell, relationales 318
Datenqualität 18
Datenredundanz 327
Datensatz 467
Datenschutz 463
Datenschutzgrundverordnung, DSGVO 202

Datensegment 241
Datensicherheit 187, 459
Datensicherung 177
Datensicht 113, 118
Datensparsamkeit 173
Datenspeicherung 314
Datenstrom 311
Datenstruktur 311
Datentyp 258, 286
Datenverlust 176
Datenvorbereitung 461
Datenwürfel 352
DATEV 10
Datum 434
Datumsfunktion 407
DAU 84
Dauerhaftigkeit 440
David Parnas 252
DB2 313
DBSCAN-Algorithmus 474
DCL; Data Control Language 332
DCOM; Distributed Component Object Model 121
DDL; Data Definition Language 332
DDoS-Angriff 186
Debugging 438
Decision 107
Declaration 250
De-facto-Standard 315
Defect 423
Deklaration 240
Dekomposition 444
Delphi 66
Denial-of-Service 167
Deployment 209, 391, 394
Deprecated 388
deprecated tags 368
Design 431
Design Thinking 205
Desktop-Computern 171
Destruktor 283
Detaillierungsgrad 73
Detektion 189
Development 81
DevOps 81
Dezimalzahl 207
Diagramm 470
Dialog 128
Diebstahl 166
Differenz 334
Digitalisierung 412
Dimension 60
DIN 206
Diskriminierung 422
Display 381
Disponent 104
Distribution 247
DML; Data Manipulation Language 332
doGet( )-Methode 391, 392
Dokumentation 252
Dokumenten-Management 123
Domain 357
Domänenmodell 432
doPut( )-Methode 392

Download 40
Drag-and-Drop 293
DSGVO 173
DSS; Decision Support System 107
Dualzahl 298
durability 346
Durchführung 428
Durchlauf 485

E

EAI; Enterprise Application Integration 459
EAN-Nummer 180
EAN Prüfung 429, 450
E-Banking 123
Ebene, externe, konzeptionelle, interne 350
EBNF; erweiterte Backus-Naur-Form 239
Echo-Anweisung 406
Echtzeit 415
Eclipse 249, 419
Eclipse starten 254
Editor 59
E. F. Codd 320
Effizienz 51
Eigenentwicklung 105
Einfluss-Projektorganisation 29, 30
Einfügeanomalie 328
Einführungsphase 457
Einsprung-Label 241
Eintrittswahrscheinlichkeit 457
Einverständnis 155
Einwilligung 173
EIS: Executive Information System 107
Element 49
E-Mail 125
Embedding 121
Encryption 305
Endfolge 37
Endgerät 366
End-Kennung 380
Endpunkt 25
End-Tag 379
Endtermin 35
End User Development 48
Endzustand 218
Energieausfall 172
Energiebedarf 350
EN/ISO 50
Entität 316
Entitätstyp 316
Entity 445
Entity-Relationship-Diagramm (ERD) 114
Entkopplung 314
Entschlüsselung 307
entwickeln 306
Entwickler-Dokumentation 443, 445
Entwicklungsauftrag 44
Entwicklungssystem 108
Entwurf 453
Entwurfswerkzeug 209
environment 204

Epilog 382
EPK/eEPK 95
ERD 445
ERD; Entity-Relationship-Diagramm 95
Ereignis 219
Ereignissteuerung 292
Erfassung 412
Ergonomieverantwortliche 437
Erhebung 465
Erlaubnisvorbehalt 173
Erlernbarkeit 52
ERM 453
ER-Modell 310
ER-Modell; Entity-Relationship-Modell 315
ERP 10
Erpressung 170
Erprobung 479
Error 68, 423
Erstellung 71
Erwartungshaltung 460
Erwartungskonformität 432
Erweiterbarkeit 123
ESS; Executive Information System 107
ESS; Executive Support System 107
EU-Kommission 421
EU-US 202
EU-Verordnung 420
Evaluation 416
Event 79
Event-Handler 385
Excel 105
Exception 278
Exit-Button 438
Exponentiell 470
External 398
Extreme Programming (XP) 74, 437
Eye-Tracking 433

F

Facebook-Account 169
Fachinformatiker 440
Failure 423
Fake-News 463
Fakt 306
Fakturierung 150
Fälligkeit 155
FAQ 453
Farbattribut 368
Farbmodell 367
Fault 423
FAZ; frühest möglicher Anfangszeitpunkt 35
Fehler 423
Fehlerfreiheit 59
Fehlerprotokoll 34
Fehlersuche 68
Fehlertoleranz 51
Feld 276
Fertigstellungsgrad 42
FEZ; frühestmöglicher Endzeitpunkt 35
Fibonacci-Zahl 298

FIDO2-Protokoll 185
FileNotFoundException 312
File-Organisation 312
Filtern 341
Fingerabdruck 183
Firefox 205
Firewall 357
FIS 107
Fixierung 125
Flächeninhalt 467
Flexibilität 355
Fließgeschwindigkeit 462
Fließkommazahl 279
FLOAT 334
Fluchttür 438
Fluss 82
Flyer 438
Folgezustand 219
Formalisierbarkeit 104
Formalisierung 104
Format 119
Formel 238
Formular 373
Formulardokumentation 448, 453
Formulargenerator 449
FORTRAN 237, 241
Fortsetzung auf rechter Seite 215
Forward 236
Foundation 349
Fragebogenaktion 315
Fragenkatalog 100, 101
Framework 349
Freelancer 21
Freeware 49
Freiberufler 22
Fremdentwicklung 48
Fremdschlüssel 318, 321
Frist 156
Front-End 33
Frontkamera 171
Führungskraft 32
Fullservice-Konzepts 10
Fünf-Ebenen-Modell 455
Funktion 39, 274
funktionale Barrieren 29
Funktionssicht 112, 118

G

Gaming 168
Gantt-Diagramm 38, 444
Ganzes-Teil-Beziehung 214
Ganzheitlichkeit 29
Ganzzahl 54
Garbage-Collector 283
Gefahr 422
Gefährdung 251
Gefährdungspotenzial 194
Gefahrenabwehr 192
Gehalt 323
Geheimhaltung 66
Geheimhaltungsgebot 63
Geheimschrift 181
Geschäftsmodell 459
Geschäftsprozess 12, 102, 103

Gesichtserkennung 169
Gestaltungskriterien 446
Getter 283
Gewährleistung 170
GitHub 247
Glossar 179
GmbH 187
GNU 50
Gnu-Lizenz 247
GNU-Projekt 50
Go 253
Goal 80
GoB 161
GoB; Grundsätze ordnungsgemäßer Buchführung 439
GP; Gesamtpuffer 35
GPL; General Public License 50
GPM; Geschäftsprozessmodellierung 94
Grabowski 118
Grafik 130
Grammatik 252
Grenzwertanalyse 429
GridLayout 291
Grobentwurf 424
Grobplanung 33
Group 119
Gruppenarbeit 31
Gruppenwert 474
Gruppierung 482
GUI 211
GUI; Grafical User Interface 77
Gültigkeit 272

H

Hack 238
Hacker 192
Hadoop 310, 349
HANA; High Performance Analytic Appliance 351
Handy 45
Harddisk 313
Hardware 46
Hardwareausfall 163
Harmonisierung 457
Härtung 152
Hasenkamp 496
Hash 178
Hash-Funktion 181
Hash-Wert 181
Haskell 253
Haupt-Navigation 363
HBase 350
Heap 300
Hein 13
Hejlsberg 255
Herstellerstandard 442
Hewlett-Packard 208
HGB 161
Hierarchisierung 63
High 351
Histogramm 467
Hochkommata 332
Horn 140

HTML 205
HTML₅ 237
HTML; Hypertext Markup Language 357, 360
HTTPs 390
HTTP-Server 389
Hypertext 84

I

IBAN 234
IBM 208
Icon 210
IDE; integrierte Entwicklungsumgebung 204
Identifikation 211
Identität 212
Identitätsdiebstahl 169
IEEE-Standard 44
IEEE Standard 610.12 67
If-Then-Else-Anweisung 413
IHK 34
Illustration 88
Image-Verlust 433
Implementierung 438
Import-Anweisung 263
Impressum 363
Include-Beziehung 210
Index 304
Individualsoftware 47
Industriestandard 442, 443
Information 312
Informationsfluss 103
Informationsflusssicht 113
Informationsgesellschaft 173
Informationsinfrastruktur 457, 458
Informationsmanagement 457, 458
Informationsverbund 198
Infrastruktur 238
Inhouse-Betrieb 458, 459
Initialisierung 56
Initialwert 213
Inkrement 406
Inkubationszeit 165
Inline-Bereich 371
In-memory-Datenbank 350
In-memory-Technologie 352
Innovation 421
Innovationszyklus 48
Input 478
Insellösung 109
Insourcing 459
Inspektion 77, 426
Installation 106
Instanz 188
Instanzbildung 287
Integer-Datentyp 259
Integrationstest 424
Interaktionsübersichtsdiagramm 208, 209
Interface 288
Internet 226
Interpreter 67, 204, 205, 245
Interpreter-Sprachen 244
Interview 98, 99

Intranet 124
IOException 312, 400
IoT 357
IoT; Internet of Things 204, 357
Iris-Scan 184
Irrtum 423
ISBN-Nummer 180
ISMS 187
ISO 8879 379
ISO 10006 27
ISO/EC 192
ISO/IEC 15288 56
ISO/IEC/IEEE 434
Isolation 440
Ist-Bestand 457
IT 455
IT-Abteilung 457
Item 79
Iteration 79, 228
Iteration, erste 228
Iteration, zweite 229
IT-Grundschutz Kompendium 164
IT-Infrastruktur 194
IT-Sicherheit 201
IT-Sicherheitsgesetz 201
IT-Support 17
IT-Systemhaus 10
ITZBund 85

J

JAR-Datei 352
Java 252, 387
Java-API 253
Java-Applet 388
Javadoc 449, 451, 452
Java-Laufzeitumgebung 247
Java-Objektcode-Datei 387
Java-Plattform 253
JavaScript 383, 387
javax.servlet.http 392
JDBC-API 354
JdbcOdbcDriver 404
JDK 396
JDK; Java Developer Kit 253
JDK; Java Development Kit 248, 253
Jenkins 82
Jobs 419
John 241
JRE 396
JRE; Java-Laufzeitumgebung 247
JRE; Java Runtime Environment 253
JScript 383
JSON 237
JSP 389
Juristisch 159
Justiz 496
JVM 387
JVM; Java Virtual Machine 247

K

Kanban 81
Kann-Kriterien 97, 141
Kapselung 124
Kardinalität 214, 317, 322

Katastrophenmanagement 457
Kendall-Korrelationskoeffizient 472
Kennzeichnungspflicht 421
Kern-Absicherung 195
Kernkomponenten 109
Key 307
Kick-off-Meeting 31, 137, 138
Kit 248
KI-Verordnung 421
Klasse 212
Klasse, abstrakte 286
Klassen 212, 280
Klassenattribute 213
Klassendefinition 113, 232
Klassendiagramm 209, 212
Klassenhierarchie 252
KMU 421
Knowledge 26
Kommentar 258
Kommunikationsdiagramm 208, 209, 221
Kommunikationsmittel 438, 453
Kompatibilität 52
Komponentendiagramm 208, 209, 221
Komposition 215
Kompositionsstrukturdiagramm 209
Konfiguration 163
Konfigurationsmanagement 443
Konfliktmanagement 443
Konformität 52
Konsistenzbedingung 121
Konstanten 260
Konstruktor 282
Kontrollflussgraph 427
Kontrollstrukturen 265
Kowalski 316
KPI 477
Kreativzeit 75
Kreisdiagramm 473
Kreisradius 242
KRITIS-Verordnung 201
Kunde 439
Kundenauftragsprozess 199
Künstlicher Intelligenz 10
KVP 481
Kybernetik 92

L

Labor-Prototyp 70
Labortest 433
Ladegerät 88
Ladekabel 171
Lader 245
LAMP-Installation 389
LAN 199
Landesdatenschutzgesetz 191
Laptop 168
Lastenheft 57, 61, 138, 139, 140, 203
Laufzeit 209
Laufzeitumgebung 246
Law 496
Layout 60
LCD-Monitor 150
Lebenszyklus 92

Lebenszyklusmanagement 457
Leerstring 333
legacy 436
Legacy Systems 460
Leistungsmerkmal 248
Leistungsniveau 51
Leitbild 32
Leitung 12
Lenkung 194
Lenkungsausschuss 30, 39, 131
Lernfähigkeit 32
Lernprozess 416
Lesbarkeit 64
Lessons Learned 80
Liniendiagramm 469
Linienorganisation 29
Link 121
Linker 245
Links 365
Linux 121
Lisp 237
Literale 260
Lizenz 48
Lizenzgebühr 49
Lizenzvertrag 49
Logdatei 142
Logik 84
Log-in 149
Löschanomalie 328
Lösungsweg 57
Lüftung 188

M

Mac 124
Machbarkeit 94
Mahnung 169
Mailboxzugriff 374
main 403
Make-or-Buy-Entscheidung 459
Makroaufzeichnung 48
Makros 165
Management 105
Managementpyramide 106
Management System 190
Managementzyklus 189
Mangel 235
MapReduce 349
Markthelfer 438
Markup 357
Maschinenprogramm 244
Maschinensprache 240
Maßnahmen, korrigierende, vorbeugende, anpassende, optimierende 436
Matrix-Organisation 43
Matrix-Projektorganisation 29, 30
Maximum 467
MDD; Model Driven Development 449
Median 468
Medium 212
Meeting 83
Mehrbenutzerbetrieb 346
Meilenstein 39
Memos 414

Mensch-Computer-Kommunikation 359
Mensch-Maschine-Schnittstelle 130, 446
Merkmal 321
Message-Digest 181
Messwert 469
Meta Platforms, Inc. 238
Metasprache 379
Methode 213
Methoden 213, 280
Methodenaufruf 217
Methodik 81
Microsoft 85
Microsoft Visio 226
Microsystems 396
Mindjet 35
Mindmap 33, 34, 35
Minimalbesetzung 30
Minimierung 135
Minimum 467
Mining 462
MIS; Management Information System 107
Missbrauch 463
Mission 443
m:n-Beziehung 324
Modalwert 466
Modell 112, 469
Modelle, haptische, funktionale, abstrakte, grafische 205
Modul 65, 424
Modula 241, 242
Modularisierung 65
Modulo-Operator 266
Modultest 424
MongoDB 349
Monitor 405
Mozilla 50
MRP I; Material Requirements Planning 122
MSS; Management Support System 107
Multi-Tier-Umgebung 390
Multi-User-Betrieb 314
Muss-Kriterien 97, 141
Mustererkennung 473
MySQL 310

N

Nachfolger 35
Näherung 419
Namenskonvention 66, 261
Namenskonventionen 261
Namensraum 248
Nassi-Shneiderman-Diagramm 65
Navigation 377
Negation 262
Negativmotivation 32
Netflix 414
Net-Framework 255
NET-Plattform 238
Network 178
Netzplan 35
Netzplantechnik 35

Neuron 417
News 377
Newtown 26
Next 277
Nichtschlüsselattribut 329
Nominalphrasenanalyse 211
Norm 201
Normalfolge 37
Normalform 328
Normalform, dritte 329
Normalform, erste 328
Normalform, fünfte 330
Normalform, vierte 330
Normalform, zweite 329
Normalisierung 328
Normal, vierte, fünfte 330
NoSQL 310
Nötigung 164
Notstromaggregat 175
Nowak 208
NullPointerException 400
Nummerierung 174
Nummernsysteme 150
Nutzer 313
Nutzungsdokumente 447
Nutzwert 453
Nutzwertanalyse 54, 439

O

Oberflächenelement 294
Objekt 316
Objektcode-Datei 387
Objektdiagramm 208, 209
Objekte 283
Objekterkennung 415
Objektorientierung 66
ODBC 124
ODBC; Open Database Connectivity 405
Office-Anwendungen 447
Office-Open-XML-Standard 379
Off-the-Shelf 73
OLE-Technik 121
OMG 119
OMG; Object Management Group 208
Onboarding-Meeting 20
Onlinehilfe 129, 447
On-site-Customer 77
onsubmit 385
OOA; objektorientierte Analyse 66, 225
OOD 66
OOD; objektorientiertes Design 66, 225
OOP 66
OOP; objektorientierten Programmierung 280
OOP; objektorientierte Programmierung 66, 280
OpenAI 412
Open Source 50
Open-Source-Community 254
Open-Source-Framework 254
Open-Source-Projekt 84
Operant 262
Operation 346

operatives Management 106
Operator 484
Operatoren 261
Operatoren, arithmetische, relationale, boolesche 261
Operator, logischer 333
OPS 199
Optimierung 463
Organigramm 117
Organisationsdokumente 98, 100
Organisationseinheit 116
Organisationsmanagement 458
Organisationssicht 112, 114, 117
OSI-Modell 359
Outsourcing 458, 459
Oval 416
Overflow 297
Overhead 151
ownership 215

P

Pair Programming 76, 77
Paketdiagramm 208, 209
Panel 291
PAO; Projekt Antrag Online 440
PAP 65
Paragraph 363
Parallelläufigkeit 36
Parameter 150
Parametrisierung 60
Parser 379, 380
Partitionierung 303
Pascal 237, 241
Passfähigkeit 439
Passwort 483
Passwortdiebstahl 186
Passwortregel 184
Passwortsicherheit 152
PDCA-Zyklus 191
Pearson-Korrelationskoeffizient 472
Pendant 280
Penetrationstest 433
Pentest 433
Perl 84
Persistenz 390
Personalmanagement 457
PERT-Netzplan 42
PERT; Program Evaluation Review Technique 36
Pfad-Parameter 397
Pfadüberdeckung 427
Pflichtenheft 145, 146, 429
Phasenmodell 68, 133
Phishing 169
PHP 84
PHP-Funktion 406
PHP-Präprozessor 405
PIN 169
Pivot 303
Pivot-Auswertung 475
PIVOT-Funktionalität 352
Pixel 267
PK 118
PL/1 237

Plan/Do/Check/Act 201
Planung 455
Planungshorizont 457
Planungsprozess 39
Plattform 244
Platzhaltern 342
Platzierung 384
Plausibilitätsprüfung 387
Plug-ins 398
PMBoK 26
Point of Sale 122
Polymorphie 285
Pool 22
Population 464
Port 389
PostgreSQL 353
PostScript 237
Powerbank 88
PPS; Produktionsplanung und -steuerung 122
Präprozessor 405
Präsentation 440
Predekrement 261
Pre-trained 412
Primärschlüssel 318, 321
Prinzip 62, 63, 65, 358
Priorisierung 79
Probebetrieb 100
Produkteigner/-in 78
Produktivität 456
Produktqualität 461
Profil 475
Profildiagramm 208, 209
Programm 208
Programmablaufplan 219
Programmdokumentation 436, 437, 438
Programmiersprache 227, 238, 252
Programmiersprachen, objektorientierte 242
Programmiersprachen, prozedurale 241
Programmiersprache, objektorientierte 252
Programmiersprache, prozedurale 241
Programmverifikation 424
Projektablaufdokumentation 441
Projektassistent 127, 129
Projektauswertung 39, 42
Projekt-Begriff 478
Projektdreieck 26
Projektdurchführung 38, 39
Projektdurchführungsplan 443
Projektdurchführungsstrategien 133
Projektfortschrittskontrolle 42
Projekthandbuch 443
Projektkaufmann 131, 437
Projektkosten 38, 39
Projektleitbild 443
Projektleiter 131, 437
Projektmanagement 25, 26
Projektorganisation 27, 28, 29
Projektplan 61, 444
Projektsponsor 26
Projektstrukturplan 33, 34
Projekttagebuch 130

Projektteam 131
Projektvorbereitung 69, 137
Projektziele 443
Prolog 237
Protokoll 358
Prototyping 70, 71
Provider 169
Prozedur 213
Prozess 82, 227
Prozessablauf 478
Prozessautomatisierung 10
Prozesskette 103
Prozesslandkarte 114
Prozessoptimierung 479
Prozessor 63
Prozessqualität 43, 80
Prozesssicht 113
Prüfer 437
Prüfplan 444
Prüfziffer 180, 385
Prüfziffernberechnung 180
Pseudocode 207
Pseudoklasse 370
Pseudonymisierung 152
PSP-Code 33
PSP; Projektstrukturplan 33, 144
PTB; Physikalisch Technische Bundesanstalt 446
Public-Domain-Software 49
Public-Key-Zertifikat 440
Pufferung 351
Pull-Prinzip 81
Python 237

Q

QS-Handbuch 444
Quadratwurzel 467
Qualität 479
Qualitätskriterium 115
Qualitätsmanagement 53, 132, 442
Qualitätsmerkmal 51
Qualitätsplanung 53
Qualitätssicherung 31, 67, 74
Qualitätssicherungshandbuch 444
Quantor 363
Quellcode 252
Quelltext 252, 364
Query 331
Quicksort 303
Quotient 207

R

R 237
RACI 27
Radio-Buttons 375
Radius 242
RAM 245
Random 277
Rangkorrelationskoeffizient 472
Ranking 309
Ransomware-Angriff 186
Rapid Prototyping 71
Rational 208
RC; release candidates 424

Rechenoperator 333
Rechenzentrum 446
Rechnungswesen 103, 108
Rechteverwaltung 345
Rechtssicherheit 161
Rechtsstaatlichkeit 421
Recycling 18
Redundanz 331
Refactoring 76, 77
Referenzen 439
Referenzielle Integrität 327
Referenzmodell 121
Referenzmodelle 121
Referenzprozesse 102
Regelkreis 26, 92
Registerinhalt 241
Registerpaar 241
Registry 397
Regler 92
Regression 471
Regressionsgleichung 243
Reifegrad 194
Reifephase 457
Rekursion 297
Relation 316
relationship 368
Relationship-Modell 315
Release 424
Release-Stände 48
Relevanz 116, 464
Remote-Steuerung 166
Repository 81
Repräsentation 281
Request 388
Requirement 75
Research 73
Reset 251
Response 357, 390, 401
Ressource 38, 39, 40
Ressourcenkalender 39
Ressourcenplanung 38, 61
Ressourcen, technisch, personell, finanziell 455
Restkapazität 299
Restrisiko 190
Restwert 207
Resultat 410
ResultSet 399
Reverse Engineering 237
Review 71, 426
Rezertifizierung 192
RGB – Farbmodell 367
RGB-Modell 367
Richtigkeit 230
Richtung 307
Ringstruktur 91
Risiko 175
Risikoliste 444
Risikomanagement 199, 443
Roboter 166
Robustheit 420
Rollenkonzept 109
Rollenname 214
Rollenverteilung 31
root 399

Rotation 351
Round-Trip 236
Routinebetrieb 455
RSA 305
Rückwärtsrechnung 36

S

Sachmittel 38
Sachziel 26
Safari 205
Saison 320
Sandkasten (sandbox) 387
Sanduhr 432
SAP 119
SAP HANA 313
SAP R/3® 119
Sättigung 471
Sättigungsphase 457
SAZ; spätest möglicher Anfangszeitpunkt 35
Schadensfall 168
Schadfunktion 165
Schadprogramm 165
Schema, externes 314
Schema, internes 314
Schema, konzeptionelles 314
Schichtenmodell 190
Schleife, kopfgesteuerte, fußgesteuerte 271
Schleifenüberdeckung 428
Schlüssel 433
Schlüsselpaar 183
Schlüsselwort 206
Schlüsselwörter 258
Schnittstelle 211, 312
Schnittstellenübersicht 152, 445
Schreibzugriff 242
Schulung 479
Schulungsaufwand 143
Schulungsunterlagen 439, 441
Schutz 159
Schutzbedarf 168
Schutzbedarfsfeststellung 193
Schutzniveau 421
Schutzziel 171
Schwachpunkt 227
Schwierigkeit 25
Screen-Sharing 167
Screenshot 451
Script 382
Scrum 77, 79, 133
Section 363
Security 16
Seiteneffekte 60
Selektor 269, 370
Semantik 212, 240, 252, 359
Semikolon 240
Sensibilisierung 191
Sequenz 206
Sequenzdiagramm 208, 209, 216
Serienstruktur 91
Server 143
Servervariable 408
Servlet 391

Servlet-Spezifikation 391
Session 406
Session-Managements 390
Set 483
Setter 283
SEZ; spätest möglicher Endzeitpunkt 35
SGML; Standard Generalized Markup Language 379
Shareware 49
Sheet 360
Shell 300
Shneiderman 442
Sicherheit 456
Sicherheitsmanagement 457
Sicherheitsniveau 189
Sicherheitsprozess 191
Sicherung 305
Sicherungssicht 113
Signal 180
Signatur 297
Signaturgesetz 178
Simula 237
Simulation 98, 107, 193
Siri 414
Skill 77
Skript 358
Skriptanwendung 384
SLA; Service Level Agreement 459
Slash 379
Small Releases 77
Smalltalk 244
Smartphone 310
Software 11
Softwarearchitekt 131
Softwarearchitektur 122, 123, 124
Softwaredokumentation 438, 442, 446, 449
Software-Engineering 51
Softwareentwickler 437
Softwareentwicklung 56
Softwarelebenszyklus 56, 69, 436
Softwarequalität 50, 51
Software-Reengineering 436
Softwaretechnologie 45, 83
Soll-Ist-Vergleich 190
Soll-Konzept 94
Sortieralgorithmus 300
Sound 366
Spam 415
Speichermedium 176
Speicherplatz 176
Speicherung, externe 310
Spezialsprache 243
Spiralmodell 71
Splitting 220
Spotify 414
Sprache R 243
Spracherkennung 414
Sprint 79, 80
Sprint Backlog 78, 79
Sprungfolge 37
SQL 123
SQLException 400
SQL-Injection 51

SQL; Structured Query Language 331
SQL-Transaktion 347
SSL; Secure Sockets Layer 390, 440
Stabilität 52
Stack 297
Staging 82
Stahlknecht 496
Stakeholder 27
Stallmann 50
Stand-alone-Datenbank 326
Standardabweichung 467
Standardsoftware 47, 54
Stand-up-Meeting 76
Start-Tag 379
Statistik 467
Status 65
Stellenbeschreibung 102
Stellenwert 76
Stereotyp 212, 230
Steuerungsprozess 65
Steuerungssicht 118
Stichprobe 467
Stilvorlage 368
Stornierung 336
Störung 458
Story 81
Story Points 75
Strahlung 164
strategisches Management 106
Stromversorgung 143
Struktogramm 115, 206
Struktur 111
Strukturdiagramm 208
Struktureinheit 457
Stylesheet 382
Subjektivität 99
Subschema 314
Subsystem 91
Suchalgorithmus 299
Supply Chain 122
Support 143
Sutherland 496
Swift 253
Symbol 249
Symbole 447
Symbolik 438
Synchronisation 220
Syntax 238, 252
System 89, 90, 247
Systemabnahme 73
Systemadministrator 186
Systemanalyse 94, 95, 96
Systemanalytikern 93
Systemarchitekt 131, 437
Systemarchitektur 444
Systematik 97
Systembegriff 232
Systemdokumentation 437, 438
Systemeigenschaften 445
Systemelement 91
Systementwicklung 133
Systemintegration 73
Systemintegrator 131, 437
Systemsicherheit 347
Systemsoftware 46

Systemtest 424
Systemtheorie 88, 90
Systemverhalten 91
Systemverifikation 423
Systemzustand 91
Szenario 59

T

Tabelle 320
Tabellenkalkulation 40
Tabellenstruktur 377
Tablet 199
Tabulator 257
Tag 360
Tailoring 132, 135
taktisches Management 106
Tarifverträge 108
Task 251
Täter 186
TCL; Transaction Control Language 332
TCO; Total Cost of Ownership 459
TCP/IP-Verbindung 394
Teamarbeit 23
Technology 181
Teilprojekt 453
Telekommunikationsgesetz 202
Telemediengesetz 202
Tendenz 467
Terminplanung 109
Test 125
Testdokumentation 434
Testfall 154
Testprotokoll 434
Testsequenzermittlung 429
Teststufe 424
Testszenario 434
Testumgebung 16
Testverfahren 426, 427, 428
Testverfahren, konventionelle, formale 424
Textverarbeitung 33
Things 357
Thinking 205
Threads 388
Ticket 81
Tipp 207
Titel 210
Token 186
Toleranz 32
Tomcat 139
Tomcat-Server 389
Tool 144
Toolbox 293
Top-down-Betrachtung 206
Top-down-Dekomposition 65
Top-down-Vorgehensweise 33
Top-Level 228
Tortendiagramm 472
Toshiba 153
TQM; Total Quality Management 122
Trademark-Inhaberin 127
Transaktion 346
Transaktionssicherheit 314

Transition 219
Trend 472
Trendfunktion 469
Trial and Error 68
Trial-and-Error-Modell 70
Triebkraft 65
Trojaner 165
Tuckman 31
TU-Clausthal 85
Tunnel 178
Tupel 320
Turbo 237
Typ 276
Typenbezeichnung 312
TYPO3 247

U

Überladen von Methoden 285
Überschreiben von Methoden 286
UML 204
UML-Aktivitätsdiagramm 220
UML-Anwendungsfalldiagramm 227
UML-Klassendiagramm 281, 284
UML-Kommunikationsdiagramm 221
UML-Komponentendiagramm 222
UML-Sequenzdiagramm 217
UML-Spezifikation 208
UML; Unified Modeling Language 208
UML-Zustandsdiagramm 218
Ungewissheit 160
Unicode 259
Unified 208
Uniform 374
Union 202
Unit 66
Unix 382
Unterabfrage 345
Unternehmen 78
Unterprogramm 242, 275
Unterschrift 434
Unveränderbarkeit 321
Unversehrtheit 197
Update-Fähigkeit 111
Urheberrecht 49
URL 389
Usability 433
USB 153
Use-Case-Diagramm 429
Use-Case-Diagramm in UML 114
User-Agent 391
User-Schulung 19
User Story 75
USV 175
utf-8 365
UX-Designs 435
UX-Tests 432

V

Validierung 134, 227, 423
Vandalismus 163
variabel 351
Variablen 260
Variablenname 406
Variablenvereinbarung 239

Varianz 467
VBA-Makro 441
VBA-Makros 447
VBScript 383
Venkatraman 455, 456
Verarbeitungskapazität 357
Verbotsprinzip 173
Verbrauch 461
Vererbung 66, 215, 284
Verfahren 65
Verfälschung 162
Verfügbarkeit 163
Verfügung 182
Vergleich 433
Vergleichsoperator 332, 333
Vergütung 49
Verhaltensdiagramm 208
Verifikation 227
Verifizierung 134
Verlauf 469
Verletzung 162
Verlust 162
Verlustbehandlung 220
Vermeidung 60
Verordnung 174
Verschachtelung 115
Verschlüsselung 152
Version 175
Verteilungsdiagramm 208, 209
Vertrag 155
Vertraulichkeit 175
Verzeichnispfad 248
Verzeichnisstruktur 397
Verzweigung 206, 267
Vier-Augen-Prinzip 175
Vieweg 496
Vigenère-Verschlüsselung 308
Virenschutz 163
Virtual 124
Virus 165
Visio 226
Visionsdokument 228
Visualisierung 445
Visual Studio 255
V-Modell XT 131
V-Modell® XT 84, 128
Vokabular 76
Vollsicherung 176
Vorgang 35, 183
Vorgangsbeziehung 37
Vorgangsdauer 35, 40
Vorgehensbaustein 132, 133
Vorgehensmodell 127, 453
Vorwärtspropagation 417
Vorwärtsrechnung 36
VPN 178

W

W3C 381
W3-Konsortium 378
Wachstumsmodell 70
Wachstumsphase 457
Wahrhaftigkeit 463
Wahrheitswert 484
Wahrscheinlichkeit 52
WAI; Web Accessibility Initiative 440
Walkthrough 425, 426
Warenwirtschaft 104
Warenwirtschaftssystems 147
Wartbarkeit 355
Wartezeit 481
Wartung 66, 69, 455, 461
Wartungspersonal 438, 439
Wasserfallmodell 69, 139, 144, 438
Web-Archiv 391
Web-Authentifizierungsspezifikation 186
Web-Client 147
Web-Container 389
Web-Container-Umgebung 391
Web-Schnittstelle 124
Webseiten 358
Webserver 389
Webshop 396
Werkzeug/Tool 67
Wertebereich 258
Wertschöpfungsprozess 188
Wettbewerbsfaktor 161
Wettbewerbsvorteil 121
White-Box-Test 426
White-Box-Verfahren 426
Widerspruchsfreiheit 113
Widerspruchsrecht 174
Wiederholbarkeit 104
Wiederverwendbarkeit 436
Wikipedia 412
Wikis 348
Wilson 13
Windows 121
Winkelmann 322
Wirkprinzip 388
Wirtschaftsinformatik 496
Wissen 20
Wissensdatenbank 418
Wissensmanagement 110
WLAN 171
WordPress 247
Workbench 249
Workflow-Management 18, 103, 123
Workshop 236
WSDL 222
Wurm 165

X

XAMPP 84
XHTML 360
XML 368, 379
XML-Dokument 379
XML-Dokumente, gültige, wohlgeformte 380
XML; eXtensible Markup Language 380
XML-Schema 381
XML-Schemata 381
XML-Syntax 381
XSL-Datei 382
XSL; eXtensible Style Language 381
XSLT-Processor 381

Z

Zahlendreher 385
Zählschleife 271, 273
Zeichen-Datentyp 259
Zeichensatz 306
Zeilenwechsel 361
Zeitaufwand 296
Zeitstempel 466
Zeitverlaufsdiagramm 209
Zeitziel 26
Zertifikat 177
Zertifikate 440
Zertifizierung 190
Zeugnis 160
Zielbestimmung 147
Zieldreieck 27
Zielkonflikt 77
Zielort 327
Zombie-Computer 167
Zufallszahl 277
Zugangsschutz 184
Zugriffsberechtigung 175
Zugriffsrechte 283
Zukunftsfähigkeit 111
Zulassung 387
Zusicherung 213
Zustand 219
Zustandsautomat 209
Zustandsdiagramm 209, 218, 219
Zutritt 183
Zutrittsschutz 184
Zuverlässigkeit 51, 423
Zuweisungsoperator 333
Zwei-Faktor-Authentifizierung 185
Zweigüberdeckung 427
Zykluszeit 481

Literaturverzeichnis:

S. 11: Organisation und Aufgaben (in Anlehnung an Bleicher 1987); **S. 26:** Project Management Institute; https://www.pmi.org/standards/pmbok; Stand 05.07.2024; **S. 27:** Murphy's Law nach: Murphy, Edward A., International geführte Sammlung kurioser Erfahrungen, 1949; **S. 31:** Phasen der Team-Entwicklung: Tuckman, B. W., Developmental sequences in small groups, Psychological Bulletin, 63, S. 348-399, 1965; **S. 44:** ISO/IEC/IEEE 24765:2017 – Systems and software engineering –Vocabulary; **S. 49:** Bundesministerium für Justiz, Gesetz über Urheberrechte und verwandte Schutzrechte, 2007, Besondere Bestimmungen für Computerprogramme: https://www.gesetze-im-internet.de/urhg/inhalts_bersicht.html; Stand 30.04.2007; **S. 72f.:** Spiralmodell nach: Boehm, Barry W., Vorgehensmodell in der Softwareentwicklung, 1988, Boehm, Barry W., Software Engineering Economics, Englewood Cliffs, NJ: Prentice-Hall, 1981; **S. 79:** In Anlehnung an Schwaber, K./Sutherland, J. 2011, S. 5 ff.); **S. 79f.:** Tabelle nach: http://de.wikipedia.org/wiki/Extreme_programming, Abschnitt: Diskussion, 2007; **S. 80:** Ken Schwaber/Jeff Sutherland: „Der Scrum Guide. Der gültige Leitfaden für Scrum: Die Spielregeln", November 2020; https://scrumguides.org/docs/scrumguide/v2020/2020-Scrum-Guide-German.pdf Stand 18.11.2024; **S. 83:** Begriffe „Programmieren im Kleinen" und „Programmieren im Großen" aus: Dumke, R., Modernes Software Engineering, Vieweg Verlag, 1993; **S. 85f.:** V-Modell® XT: https://www.cio.bund.de/Webs/CIO/DE/digitaler-wandel/Achitekturen_und_Standards/architekturen_und_standards-node.html; **S. 103:** Leistungs-, Geld- und Informationsflüsse im Unternehmen als Beispiel für die datenorientierte Sicht; (Quelle: Gratzke, J.: Wirtschafts- und Geschäftsprozesse); **S. 107:** Begriffsdefinitionen MSS, MIS, EIS, DSS, ESS nach: Stahlknecht, P., Hasenkamp, U., Einführung in die Wirtschaftsinformatik, 10. Aufl., S. 384f., Springer Verlag, 2002; **S. 117f.:** Manuskript ARIS Architektur nach: Scheer, A., Wirtschaftsinformatik, Referenzmodelle für industrielle Geschäftsprozesse, Springer Verlag, 1997; **S. 126ff.:** V-Modell® XT: https://www.cio.bund.de/Webs/CIO/DE/digitaler-wandel/Achitekturen_und_Standards/architekturen_und_standards-node.html; **S. 161:** BSI (Hrsg.): IT-Grundschutz-Kompendium, Bonn 2023; PDF S. 37/Glossar S. 3); https://www.bsi.bund.de/DE/Themen/Unternehmen-und-Organisationen/Standards-und-Zertifizierung/IT-Grundschutz/IT-Grundschutz-Kompendium/it-grundschutz-kompendium_node.html; **S. 162:** BSI (Hrsg.): IT-Grundschutz-Kompendium, Bonn 2023, Gesamtinhaltsverzeichnis, PDF S. 7; **S. 174:** (BDSG) Bundesdatenschutzgesetz(alt) von 2010; **S. 177:** BSI (Hrsg.): IT-Grundschutz-Kompendium, Bonn 2020, Glossar; **S. 185:** Dr. Gerhard Schabhüser: Vorwort, in: BSI [Hrsg.]: Die Lage der IT-Sicherheit in Deutschland 2022, S. 8 f.; **S. 189:** BSI (Hrsg.):IT-Grundschutz-Kompendium, Bonn 2023, Seite 3, „Analyseaufwand reduzieren"; **S. 192ff.:** BSI (Hrsg.): BSI-Standard 200-2 „IT-Grundschutz-Methodik" 2023; **S. 350:** vgl. Lukas Eder: jOOQ Tuesdays: Thomas Muller Unveils How HSQLDB Evolved into the Popular H2 Database, erschienen 18.08.2015 unter https://blog.jooq.org/jooq-tuesdays-thomas-muller-unveils-how-hsqldb-evolved-into-the-popular-h2-database/ [14.11.2024]); **S. 350:** Arbeit mit dem Datenwürfel; in Anlehnung an Saake; Sattler; Heuer (2010), **S. 625;** S. 358: Goethe „Faust "; http://www.digbib.org/Johann_Wolfgang_von_Goethe_1749/Faust_I_.pdf; **S. 360:** Bibel: „Zehn Gebote"; https://www.ekd.de/Zehn-Gebote-10802.htm; **S. 361:** Beispiel für eine URL; https://verlage.westermanngruppe.de/westermann; **S. 370:** XSL-Datei dient zur Erzeugung einer HTML-Datei; https://www.w3.org/TR/xslt-30/; **S. 379:** „Clientseitige Programmierung" zur Java-Entwicklungsumgebung nach: https://www.oracle.com/java/; **S. 380:** JavaScript nach: https://wiki.selfhtml.org/wiki/JavaScript; **S. 383f.:** Applets nach: Merker, E., Grundkurs Java-Technologien, Vieweg Verlag 2004; **S. 405:** PHP-Funktionen: www.PHP.net; **S. 419:** EU AI Act: https://eur-lex.europa.eu/legal-content/DE/TXT/PDF/?uri=OJ:L_202401689; Stand 14.11.2024; **S. 441ff.:** Dokumentation: (Quelle: V-Modell XT, Version 2.3, Referenz: Produkte, Teil C); **S. 444:** Physikalisch-Technische Bundesanstalt (PTB); www.ptb.de; **S. 451:** Dokumentation durch eine FAQ, eignet sich hierzu DocBook auf XML-Basis; https://docs.oasis-open.org/docbook/docbook/v5.1/os/docbook-v5.1-os.pdf; **S. 453:** Entwicklungsstufen der unternehmerischen IT-Nutzung, Venkatraman 1991

Bildquellenverzeichnis

|ACI EDV-Systemhaus GmbH, Lüneburg: 13.1, 101.1, 103.1, 128.1, 138.1, 140.1, 144.1, 146.1, 151.1, 155.1, 188.4, 188.5; Patett, Ingo 367.1. |Bundesamt für Sicherheit in der Informationstechnik, Bonn: 188.3, 190.1. |Di Gaspare, Michele (Bild und Technik Agentur für technische Grafik und Visualisierung), Bergheim: 14.1, 15.1, 16.1, 17.1, 17.2, 18.1, 19.1, 20.1, 20.2, 159.1, 159.2, 163.1, 165.1, 165.2, 165.3, 167.1, 170.1, 170.2, 177.1, 179.1, 182.2, 185.1, 188.1, 188.2, 193.1, 196.1, 198.1, 200.1, 224.1, 464.1. |Dr. Ringhand, Klaus, Berlin: 34.1, 43.1, 100.1, 114.1, 126.1, 149.1, 180.1, 210.1, 246.1, 310.1, 353.1, 355.1, 384.1, 386.1, 389.1, 468.1, 469.1, 470.1, 470.2, 471.1, 472.1, 473.1, 474.1. |Eclipse Foundation, Ottawa, Ontario: 249.1. |fotolia.com, New York: Jan Engel 64.4. |Informationstechnikzentrum Bund - ITZBund, Bonn: Dr. Ringhand, Klaus 127.1, 129.1. |Ingo Patett, Rostock: 361.1, 362.1, 363.1, 363.2, 364.1, 369.1, 373.1. |iStockphoto.com, Calgary: 1xpert 64.2; Arndale 64.1; Fourleaflover 64.3; Frizzantine 28.1; Gaul, Pawel 9.1; koya79 62.2; peterschreiber.media 62.3; querbeet 28.2. |Jouve Germany GmbH & Co. KG, München: 118.1, 118.2, 118.3, 118.4, 313.1, 313.2, 313.3, 351.1, 351.2, 352.1. |Lithos, Wolfenbüttel: 9.2, 21.1, 21.2, 26.1, 26.2, 26.3, 26.4, 26.5, 62.1, 63.4, 72.1, 79.1, 79.2, 79.3, 79.4, 79.5, 79.6, 86.1, 172.1, 183.1, 390.1, 452.1. |Microsoft Deutschland GmbH, München: 60.1, 182.1, 226.1; Dr. Ringhand, Klaus 473.2, 475.1, 476.1, 477.1. |Picture-Alliance GmbH, Frankfurt a.M.: dpa 414.1. |ProjectLibre.de, Hagenburg: Dr. Ringhand, Klaus 37.1, 38.1, 39.1, 40.1, 41.1, 41.2, 145.1. |stock.adobe.com, Dublin: bagotaj Titel; Pakmor 130.1; panuwat 412.1; Rudie 105.1, 105.2, 105.3, 105.4, 105.5, 105.6; trodler1 63.3. |The Apache Software Foundation / Apache OpenOffice PMC: 349.1. |Valentinelli, Mario, Rostock: 63.1, 63.2, 63.5, 63.6.